中国政法大学"法证心理学"交叉学科培育与建设计划
中国政法大学"犯罪与刑事司法心理学"交叉学科建设
中国政法大学"应用心理学"重点学科建设
资助出版

WILEY

Forensic Psychology
Second Edition

Edited by
David A Crighton and Graham J Towl

[英]戴维·A.克雷顿/格雷厄姆·J.托尔◎主编

（第二版）
法证心理学

马 皑 王晓楠 等◎译
李咨含◎校

中国政法大学出版社

2019·北京

译者序

　　我们选择了一次挑战，本书的翻译难度是在前期策划时所没有想到的，这不仅是因为译者的水平有限，更大的困难源于本书多学科交叉所形成的边界壁垒。

　　本书主编之一 Graham J. Towl 教授从教于英国杜伦大学心理学系，是该系研究生部主任。其主要研究领域是心理健康，尤其擅长对罪犯的自杀行为进行评估与预测。在 2003 年的一次全英范围的同行评审中，他被评选为英国最具影响力的司法心理学家。此外，他在医院及监狱均具有丰富的实践工作经验。主编之二 David A. Crighton 是一名心理咨询学家，是英国杜伦大学心理学系荣誉教授，还是伦敦罗汉普顿大学及其他多所大学的客座教授。他拥有在各种司法环境背景下研究并预防自杀行为的多年的从业经验，并且在该领域著作颇丰。他曾担任世界卫生组织预防监狱内部自杀工作组成员，并且曾供职于英国皇家精神病学院，担任预防监管机构内暴力行为工作组成员。

　　作为英国司法部首席和副首席心理学家，他们通过运用心理学影响政府决策的实践，促进确立了司法心理学在英国的学科地位。二位主编及其他主要作者的研究更加偏向于临床，使本书具有了较为鲜明的"法证"特点。

　　全书可以类分为几大版块：一是司法制度介绍，特别是英格兰和威尔士的司法系统。二是理论研究及相关模型，体现在神经生理学研究、心理社会学研究、犯罪断念研究等章节中。三是在司法领域运用心理学方法实现的评估及干预的技术与手段，如犯罪心理画像、人格障碍、精神疾病、智力障碍、物质滥用等。这也是本书着墨最多的部分。四是现象分析，结合案例对在押犯的自杀与自残、儿童遭受性侵、种族灭绝等现象进行了描述与解释。五是宏观的描述与预测。

　　翻译之初衷是我们接受了该书对今天的司法心理学领域存在巨大影响的判断，我们认为更早地重视这个影响心理学在实践中有效性的判断，有助于中国司法心理学今后的健康发展。判断之一是"在司法领域，蕴含最大经济利益的部分或许就是心理测验了。心理测验具有丰厚的经济利益，而司法领域则是一个巨大的市场。从本书第一版以来，越来越多的民营资本进入这一领域，这一趋势在英格兰与威尔士的缓刑服务的发展方面或许最为显见。大量的私有企业与心理学家从中获利。这是一个渴望不断扩展市场、提升市场份额、提高股东利益的产业，完全可以通过一个商业模型对它进行预测。不得不说在司法领域，许多心理测验与所谓的'工具'有时被过分推销了"。判断之二是"司法心理学一旦投身于管理主义的怀抱，就意味着对测量与操作手册等定量分析盛况空前地接纳。那些被评估计算的东西变成了起关键作用的东西，而几乎不去考虑那些真正重要却无法量化的东西。然后，资源就会据此而被分配，这就会导致公共资源的潜在浪费。其中，影响力巨大且代价高昂的例证或许就是所谓的'犯罪行为项目'。这些项目（例如，所谓的严重危险人格障碍［DSPD］项目）越来越被认为是不可信的，它们都是一些关注面狭隘的零散干预，这与我们所认同的项目概念不同，项目应当包含一套综合的干预措施来被更广泛地理解"。判断之三是"在司法心理学团体中存在有这样一种普遍的误区，即这些项目在缓刑部门或监狱中的兴起仅仅且主要是因为具有大量实证证据的支持。这在很大程度上只还原了部分真相。虽然在开始之初，确实有一些令人鼓舞的国外证据支持这些项目的有效性，但在之后的数年中，许多项目在英国进行了小范围的重复测试，大部分都以失败告终，说明了这些项目课程的无效。在英国最大范围的研究已经证明，基于认知能力的课程或者对于性犯罪人的治疗很难有效地降低再次犯罪的发生概率。在英格兰及威尔士地区的监狱中，在对性犯罪罪犯治疗的20多年里，没有一个成功、有力的证据可以证明其能够降低性犯罪的再犯率。所以这些建立在证据支持之上类似观点的课程远远无法让人信服"。判断之四是"对于心理学家们来说，司法心理学未来会是一个利用基于证据、符合伦理的方法进行自我批判、自我反省，并且被独立监管的学科，更重要的是，公众（包括那些进行犯罪的个体）将会成为最大的受益者"。

应该说，在心理学作为显学越来越多地介入司法实践的今天，英国同行的经验教训对我们大有裨益，能够促使我们在事业蓬勃发展的背景下形成居安思危的思维模式。从过去只注重操作转而对法律制度、伦理要求、从业者资格、社会影响、利益关系等元素进行综合性考量，前瞻性地规范学科的发展。

一如与往，本书的译者团队主要来自于中国政法大学从事犯罪与刑事司法的师生，章节分配如下：

马　皑　中国政法大学社会学院（第1章）；

王晓楠　西南政法大学法学院（第2、11章）；

马　晴　中国政法大学社会学院（第3章、第4章部分内容）；

宋业臻　中国政法大学刑事司法学院（第4章部分内容、第5章部分内容、第14、22章）；

杜　锐　中国政法大学法学院（第5章部分内容）；

孙浚淞　武警某部政治工作处（第6章部分内容）；

刘晓倩　中国科学院心理研究所（第6章部分内容、第7章）；

白舒靓　中国政法大学社会学院（第8、26章）；

李咨含　上海第二工业大学经济与管理学院（第9、27、28章）；

梁滋璐　北京师范大学认知神经科学与学习国家重点实验室（第10、23、24章）；

户雅琪　中国政法大学刑事司法学院（第12、19、20章）；

赵茜茜　诚通人力资源有限公司（第13章）；

齐　珂　中国政法大学社会学院（第15、16、17、18章）；

王一男　中国人民财产保险股份有限公司（第21章）；

李　婕　燕山大学马克思主义学院（第25章）；

陈奕帆　中国政法大学社会学院（第29章、姓名索引、主题索引）。

此外，北京搜狗科技发展有限公司林振林博士、中国政法大学刑事司法学院博士生张蔚参与了校对工作。西南政法大学法学院教师王晓楠、上海第二工业大学经济与管理学院教师李咨含在全书翻译工作中付出了大量心血，特此感谢以上所有团队成员。

特别感谢中国政法大学出版社的马旭编辑，因为他的帮助，我们才在激励下完成了这次挑战。

因原书的独有格式，本书不便完全按照一般中文图书的结构特点统一翻译，只得在忠实于原书的情况下，便宜处理，尽量使译文的体例层次清晰、统一。同时，为使译文表述更符合中文表达习惯，在部分直译原书较为生硬的地方，用小括号加上了一些文字说明，以求更加通顺畅达。最后，谨对书中一些表述进行说明，以便读者更好地阅读本书：

see——见。

et al. ——等等。

i. e. ——也就是，即。

e. g. ——例如。

in press——出版中。

under review——审查中。

……（1996）——前述文字发表于 1996 年。

（Raine，2002）——Raine 在 2002 年发表的文章。

（2003a，2003b……）——2003 年第一篇文章，2003 年第二篇文章……

马　皑

2019 年 3 月

撰稿人名单

编　辑

戴维·A. 克雷顿	英国杜伦大学，英国罗汉普顿大学
格雷厄姆·J. 托尔	英国杜伦大学

撰稿人

乔安娜·R. 阿德勒	英国密德萨斯大学
贝林达·布鲁克斯－戈登	英国伦敦伯克贝克大学
康纳·达根	英国诺丁汉大学
戴维·P. 法林顿	英国剑桥大学
戴维·福克纳	英国牛津大学
高玉	美国南加利福尼亚大学
安德烈亚·L. 格伦	美国南加利福尼亚大学
迈克尔·格索普	英国伯利恒医院和精神病学研究所，英国伦敦国王学院
洛雷恩·霍普	英国朴茨茅斯大学
理查德·霍华德	诺丁汉大学诺丁汉大学
威廉姆·杰克斯	英国密德萨斯大学
安德烈亚斯·卡佩尔迪斯	塞浦路斯大学
利拉·卡泽米安	美国约翰杰伊刑事司法学院，美国纽约城市大学
彼得·金德曼	英国利物浦大学
威廉姆·R. 林赛	英国丹谢尔有限公司，英国阿伯泰大学
阿曼达·米基	英国国家医疗服务体系，洛锡安区，爱丁堡
梅莉萨·佩斯金	美国南加利福尼亚大学
戴维·皮尔格里姆	英国利物浦大学
阿德里安·雷恩	美国宾夕法尼亚大学
劳伦斯·W. 舍曼	英国剑桥大学
罗伯特·A. 舒格	美国南加利福尼亚大学
希瑟·斯特朗	英国剑桥大学
约翰·L. 泰勒	英国丹谢尔有限公司，英国阿伯泰大学
布莱恩·A. 托马斯－彼得	加拿大道格拉斯学院
杰基·沃顿	儿童及青少年心理咨询师，英国，杜伦
塔米·沃克	英国曼彻斯特维多利亚大学，布拉德福德大学
简·伍德	英国肯特大学
杨雅玲	美国加利福尼亚大学洛杉矶分校

目　录

第一章 导 论

格雷厄姆·J. 托尔和戴维·A. 克雷顿（Graham J. Towl and David A. Crighton）

自从本书第一版出版以来，司法实践的相关学术研究获得了持续的发展。越来越多的高校在本科生和研究生阶段均开设司法实践课程，受到了学生们的欢迎。"司法"这一术语十分流行，在众多的学术研究领域得到广泛探讨，包括人类学、考古学、计算机科学、工程学、调查、测量、心理生理学、心理学等科学（UCAS，2014）；在许多职业实践中也引起关注，如医疗健康领域，"司法"的发展和司法精神病护理、精神病理学、职业疗法和社会工作的发展之间的联系较为紧密。随着法务会计和计算机取证等领域的发展，司法也越来越广泛地出现在人们的生活中。

近年来，司法心理学实践方面发生了巨大的改变和发展。全球范围内，医疗健康和刑事司法方面工作岗位的增势趋于平缓。在英国，从事监狱、假释和安全健康工作的员工总数基本保持不变。这一方面是由于英国政府在政策方面做出的调整，尤其是在削减公共服务方面；另一方面，也是由于对"危险性人格障碍"，比如对严重的性犯罪者进行评估、治疗与干预的效果差强人意。随着应用范围的不断扩大，司法心理学在包括法庭工作以及调查和监管等实践领域不断发展。这得益于高等教育领域相关课程的开发，以及岗位资格专业培训的发展，学术工作的广度和深度得到了相应的提升（Crighton & Towl，2008；Towl，Farrington，Crighton & Hughes，2008）。正如第一版中所探讨的，司法心理学方面的发展并不都是积极的，在理论和实践方面受到的束缚越来越多，视野越来越局限。某些方面的积极发展与另一些方面的不断受限的矛盾一直存在于司法心理学发展过程中。在被笼统称为"社区路径"的领域，实践质量及视野范围都有显著提高。例如，近几年，国际上干预领域的进步主要是以戴维·法林顿（见本书第9章和第10章）颇具影响力的工作成果为基础。此外，布莱恩·托马斯－彼得（第28章）和乔安娜·阿德勒（第27章）的研究还对"社会政治暴力"——这一心理学之前很少触及的领域进行了探讨。相反，一些国际评估机构发现，监狱和安保医院等监禁场所的工作大部分处于停滞状态。一直以来，以降低罪犯再犯风险为目的的认知行为团体干预项目都被过度投资。这类工作日趋标准化、操作化、规范化，并充分市场化。美国监狱性侵者治疗项目的发展（Marques，Wiederanders，Day，Nelson & van Ommeren，2005）就是一个典型的例子。

（本书）第一版的目的是成为一本司法实践领域的指导性著作，但又不局限于该领域。（到第二版，）这依然是本书的首要目的，并且坚持从不同的视角进行思考，倾听各种"声音"；其次也是为司法心理学提供覆盖一定宽度和广度的、具有建设性意义的批判性分析。

依据上述目的，笔者将本书内容分为三部分。第一部分，在法律语境下详细探讨"侦查实务"，重点是如何将心理学理论方法运用到侦查和诉讼过程中。第二部分，则是主要探讨对罪犯群体（包括成年犯和未成年犯）所开展的工作，关注如何将心理学方法和知识应

1

用到罪犯矫治当中。第三部分，继续探讨并解决司法心理学领域的专业、法律和伦理等问题。本书内容丰富，可以使读者获得宏观的理解视角，而不仅仅是对当前实践内容的复述。司法心理学的应用领域充满了社会性和政治性争议，我们愿意直面这样的争论和挑战。

司法

英格兰和威尔士的司法体制作为国际范例，不仅为国际司法体制提供了一个起点，也为司法心理学家开展实践活动提供了背景框架。首先，应该明确司法的含义究竟是什么。考虑到无论是作为学术研究还是专业实践，司法心理学都存在诸多伦理学内容，因此对司法的内涵进行研究和反思或许是有利于长远发展的出发点。在对过去一个世纪以来司法体系的重大发展进行概述后，还需要进一步思考什么是犯罪。司法心理学可以从哲学、社会政策和犯罪学等不同领域吸收养分，更为全面地对犯罪问题进行理解。正是在对一些最基本问题进行周而复始的探讨后，一些极具价值的假设才得以验证。从科学角度来看，搜集犯罪数据的方法对于理解犯罪行为所包含的信息（例如特定犯罪行为的再犯率）具有极其重要的参考价值。犯罪心理学家对国际上主流并前沿的不同方法论都应该有所了解，包括这些方法论是如何应用在犯罪报告中或为政府政策制定提供依据的官方数据中。这里主要探讨犯罪的社会标定以及管理犯罪审判程序所需的社会结构。犯罪社会标定现象在对学生行为的社会态度中较为常见，因此学生读者对此较为熟悉。较为常见的如过度饮酒和反社会行为、学校中的性暴力等（Masoumzadeh，Jin，Joshi & Constantino，2013）。

众所周知，在一些情况下上述行为并不一定会被记录在案并被判定为犯罪。大学生群体中因故意伤害或者性侵行为而受到司法机关审判的例子很少，作案人往往只是会受到学校的训诫。相比较之下，生活在经济落后地区的年轻人若出现相似或相同的行为，却更容易被审判定罪，二者之间明显存在社会和环境对某一群体的偏见、刻板印象甚至污名化这类源于社会标定的内容。事实上，当大学生走出象牙塔之后，往往会发现失去学生身份的自己因为刑事犯罪而被指控的可能性大大增加。司法系统中工作人员的行为也反映了法律应用和司法实践中的一些问题。世界范围内警察对政治诉求抗议者实施无端暴力的行为，充分印证了犯罪的社会标定过程。穿制服或成为某个特定职业的成员可以减少他们的行为被贴上危害性标签的概率（例如，被指定为犯罪者）。当然，这种身份保护并不是无限制的，警察、狱警和其他公务人员也会被指控犯罪，其中确实有罪者会并被判处监禁等刑罚。

涉及刑事司法程序的关键管辖机构与部门在本书中常常出现，通过对它们进行讨论，可以清楚地看到服务于司法实践各个环节的心理学家的分布情况，从目前的情况看，其分布既不均匀也不合理。以英格兰和威尔士为证，司法领域只有为数很少的心理学家（尽管数量在增长），他们大部分在高等教育机构工作，主要从事犯罪和反社会行为的防范和调查研究工作。目前，更多的心理学家集中在一些属于执法部门的矫正机构（包括监狱、监狱医院等）等高度安全的环境下工作。相比之下，以犯罪预防为目的的社区服务（例如假释和社区精神健康服务）方面，心理学家的数量极少，业务能力与服务效果也十分有限。心理学在司法领域发展的不均衡现象有其历史原因，早期在心理学获得介入司法领域这一难得的机会时，几乎没有人会去考虑结果或者成本—效率的利用是否能够达到最优，这也衍生出许多与刑事司法体系或更为广义的社会需求并不匹配的、固化的利益链，成为心理学在诉讼过程中产生价值的真正障碍。

　　国际范围内，众多心理学家对日益增长的儿童犯罪率（主要指接受审判和入狱服刑）忧心忡忡。众所周知，青少年期是反社会行为和犯罪行为出现的高发期。心理学可以为解决青少年行为问题提出建设性意见和可行的解决方案，具有独特的学科价值。然而，一方面因为刑事司法心理学家的总数偏少；另一方面，那些从事与儿童相关工作的心理学家往往都被安置在惩教机构中，他们为成年人提供服务的效果都有限，更何况是相对特殊的青少年群体。最后，相较于监狱和监狱医院，政府在儿童社区服务方面的投入明显不足，产生的良性社会效益有限。

　　司法心理学家已经慢慢开始认同经济和社会不平等因素在犯罪方面起到的作用。但是，也有一些人已经采取行动反对这类观点，并且继续发明和使用伪科学术语，进一步强调犯罪的个体因素。然而，近期相关研究均表明，越不公平的社会就越不健康。因此，"相对贫困"成为和"绝对贫困"一样重要的司法心理学问题。自本书的第一版发行以来，这方面研究几乎没有取得真正的进展。全球范围内，各国公共资源的投入越来越大，大量的资金被投入到各种"评估工具"和标准化团体的运作当中。其中一些人乘机谋取利益，并没有提供实质性的服务。这导致许多国家与地区的司法心理学出现大范围的严重倒退现象，比如加拿大。另一方面，服务的市场化和交互化日益从成人扩展到儿童和青少年中。公交服务私人化就是一个例子，无论客户需求怎样，市场结构导致只有某些服务是可以盈利的。由于越来越多地使用操作性干预手段，人们得出了以下结论：由于无法认识人类行为的复杂性，"减少"心理干预确实会产生危害（Towl，2004）。从长远来看，会不断地涌现可以共享、传播的方法，例如对青少年使用更加多元化的干预措施以及使用多重系统疗法（MST）。

　　审判实践仍是司法领域的核心问题。很多国家一直采用更为严厉的审判惩罚措施，但在研究犯罪原因方面做的工作却远远不够。下一节内容，我们主要探讨减少犯罪的公共健康基础模型。这也是强调评估和识别"风险"的预防性干预措施需要完善的重要内容。

　　《什么在发挥作用?》这一著作以及类似的对现代政治进行赞颂的言论仍然存在误区（Merrington & Stanley，2007；Thomas Peter，2006）。在第一版中我们探讨过政治层面的价值取向在广义的刑事司法方面，尤其是在青少年犯罪工作方面所发挥的作用。这个主题在相对较高的公共利益层面引发了共鸣。一直以来，这不仅使干预带有更为明显的政治私利特征，其在临床和实证方面也不够严谨，而且这一趋势还在迅速蔓延。

　　在司法心理学的大背景下，专家证言处于核心地位。人们愿意花费大笔保证金以获取"专家证言"，因为他们的证言是刑事和民事司法诉讼程序的重要组成部分。但是，不同管辖权下的案例处理有着天壤之别，心理学家只是近年来才对这些案例的处理做出了一定的贡献。法庭领域中心理学的应用边际仍然具有争议，而且相关从业者的行为准则也不太明确。大部分法律系统中的专家证人只有在为法庭和裁决提供服务时才会出现。他们不代表通知他们的一方，也不作为原告或被告的律师出庭。正是由于这些界限的模糊，加之所谓的"心理学家"似乎经常代表他们的"雇主"出庭作证，其服务的倾向性导致心理学知识并没有很好地融入法庭审判当中。而且常常会出现低质量和无益的证言，损害法庭系统的正常运转。不过，代表心理学家的专业机构一直在不断地在加强指导工作（如，美国心理协会，2010；英国心理学会，2014）。

专家争论

对心理学家和精神病学家所提供的专家证据的争论，源于对其证据的科学基础深深的质疑。人们对心理学和精神病学某些方面存在重大的疑惑，比如，对其分类诊断方法和系统的科学性的质疑。一些心理学家对这种分类持批判的态度，但是更多的心理学家热衷于就个体属于哪个特定类属发表观点并作出判断（收取不菲的费用）。一般来说，针对分类法进行的科学研究的结果只是表明该类方法的信度而非效度。司法领域对心理学证据的多数要求取决于个人属于某个类别的判断。本书对精神病诊断具有的挑战和争议的问题进行了探讨。这个实证性问题的解决具有强大的专业力量和深远的影响力。我们要从专业的角度来审视病人每个方面的问题，部分法律裁决确实偏向使用简单的类别来解释行为。这可能是由于人们常常可以用这些类别来解释令人不安的行为，而且这常常比具有实证依据的方法更容易理解。

这方面的例子还包括心理咨询中的倾听，倾听的重点或者目的是罪犯或病人是否可以被"诊断"为"精神病"。人们几乎不会考虑到此类解释具有明显的逻辑上的自我循环，而且这个问题往往难以在这样的语境下进行讨论。近年来，心理测量产业的飞速发展也使这个问题变得较为复杂。市场上的某些重要言论声称各种心理测量"工具"可能会为人们提供心理机能方面令人羡慕的"目标"信息。心理测量在提供明显"目标"信息方面具有外在的吸引力，而且在传递信息方面比较容易。尽管在使用这类信息时需要在一个更为宽广的情境下进行思考，但是这一点在实践中却经常被忽视。与专家证据相关的另一个方面是记忆研究。对于记忆研究的知识和理解，使得专家对目击者的证言有更专业的看法，这些看法也可以作为一种专家证人证言。这作为实验心理学的重要应用，在本科生和研究生的司法心理学课程中被经常提及。当然，我们所理解的记忆研究的应用范围可能会更加宽广，例如，应用记忆理解来判断犯罪者是否得到了公正的审判。用来审判这些罪犯的标准评估方法通常需要通过调查收集数据或进行听证会小组访谈。这可能要求个体在小组中详细回忆他们在犯罪过程中的想法、情感和行为，回忆中如果出现遗漏或无法进行完整的回忆，他们则会得到负面的评价。但记忆研究得出的调查结果表明，记忆是一个建构性的过程。人类回忆遥远的事件的能力十分有限，而且回忆容易受到以前的经验、认知和后来经询问所获信息的干扰。这不仅仅是和记忆研究相关的可供研究的成熟领域，还可以了解发展心理学、社会心理学和神经心理学在促进司法实践方面巨大的应用潜能。

站在伦理和人权的立场上，需要确保对专家证言进行仔细的审查。显然，非专业人员无法在他们所提供的科学研究中发现错误。"专家"的职责不仅在于提供科学的观点，也在于用法庭和法官都能理解的方式将其观点表达出来。当他们所提出的专业观点出现了合理的变化时，他们还应该对此作出清楚的解释。心理学家提供的心理学证言面临的最终伦理问题一直在于其科学性，这也是专家证言为"专家"的问题之所在。

人权和伦理思考

在司法环境背景中，人权和伦理问题是许多心理学实践的重要问题。据观察，尽管司法实践有其自身的特殊性，但人权和伦理问题还是得到了高度的关注（Towl，1994）。伦理问题决定了我们的研究内容和实践方法，因此找到伦理思维的哲学基础就尤为重要。很多专业道德实践的准则都是建立在对个人权利，对广泛应用的人权以及对公共利益深刻思考的基础上。伦理和道德思考不会凭空产生，要将其放在特定文化和特殊权力关系的背景中。权力差异出现在所有文化中，专业文化为道德和非道德行为创造了环境。由于需要适应更广泛的社会准则，研究和实践的一些方面可能会随着时间迅速改变，其他方面的改变则较为缓慢。人们通常会担心专业人员很大程度上是在为自己服务而不是为公共利益服务。相较于一般劳动人员，专业人士往往希望获得更高的薪资以及更多的相关利益。为了满足特定职业从业者的个人利益，有时还需要进行类似的专业道德引导，这或许不足为奇。在这方面，心理学家的工作也不例外。近年来，司法实践中的投诉数量持续增长，尤其是监狱投诉。正如之前所谈论到的，司法实践使最基本的道德焦点问题变得更加引人注目。司法心理学家经常受到指责，即便他们在服务过程中（see e. g. , Hanson, 2009；Rose, 2009）也常常会出现防卫性的专业行为，比如避免某些领域的工作或者不愿冒险，即便冒险是在安全且正确的前提下进行的。此类行为不需要任何借口，这些实践本身确实可能是违背道德的，但也是情理之中的事情。重要的是我们要承认某些潜在的动力已经开始发挥作用。如果遭到投诉，人们会受到情感伤害并感到愤怒。投诉是件非常个人化的事情，不论投诉者的初衷是什么。司法心理学家可以使用一些高标准的指南（如，由林赛、凯恩、法瑞迪和兰在 2008 年出版的非常实用的面向整个欧洲市场的指南）为自己的判断辩护。处理投诉问题也为（司法心理学家针对）实践问题进行批判性思考提供了机会，同时（他们）还可以获得宝贵的学习经验。当然，在司法实践中，享受服务的人在自由受到影响时，更可能通过投诉的方式来解决，这也是完全可以理解的。

一般来说，权力越不平衡，出现滥用职权和不道德行为的机会就越大，这是普遍公认的规律。专业团队的典型特征是，他们努力的方向往往趋向于增加而不是降低权力，而且这种情况的确发生在司法心理学中。在许多审判体系中，心理学家能够使用的正式和非正式的权力都得到了明显的增长。由此产生的一个意想不到的结果是其滥用职权的可能性也随之增加，受到不道德对待的人选择投诉也就符合情理。总之，对某个特定职业赋予更多的权力并不一定是好事，也可以说是非常糟糕的事情。衡量专业道德一个重要的标准是在何种程度上个人会对同行的行为进行"批判"。如果同行的行为不符合专业准则，选择沉默或许较为容易，不必说对其进行干预，有些人甚至可能会掩盖同行所犯的错误，而且这在所有职业中几乎都是不被认可的道德问题。然而，人们会更加积极地利用不断增长的权力和影响力，这可能是抵消干预言论的有效举措。这类冲突的局面也提醒我们要带着尊严和敬意与他人相处，尤其是在处理分歧的时候更要如此。同情、理解、正义和善良对正确且具有伦理道德的决策过程至关重要。另一个有用的"经验法则"是"己所不欲，勿施于人"。

目击证人在法庭上的作用十分重要，或者说其证词的准确性至关重要。如果学生学习过很多心理学知识，也在本科学习阶段进行过大量记忆研究，则更容易对此产生真正的共鸣。记忆的主观重建功能容易造成证人证词的偏颇和不精确的问题。在司法心理学研究和实践领域，有很多机会可以把记忆和学习应用到学习和实验心理研究中。当然，此类研究存在生态效度的问题，即心理实验室中所观察到的具有挑战性的结果是否会转变为真实的事件。然而，实验室和课堂中所建立的模型和应用的方法完全可以应用到真实的场景学习中。显然，从记忆和学习研究中所得出的概念有助于我们理解证人的证词。例如，我们希望找出回忆过程中编码信息或系统偏见的错误。记忆衰退的影响是可以进行深入研究的有趣的领域。面部识别研究借鉴了实验心理学的成果，也颇具影响力。司法心理学领域的研究在社会政策等实践活动方面所产生的影响，在英格兰和威尔士的警察识别嫌疑犯所用的程序指南中得到了体现。

发展观

5
本书一个潜在的重要主题是从发展心理学的角度出发，对司法领域的心理学问题进行探讨。这也为犯罪和反社会行为方面的神经心理和生物研究留下了丰厚的经验遗产。自从使用临床额叶切除术控制精神病人具有攻击性或破坏性的行为以来，大脑研究得到显著的发展。技术的发展、道德标准的提升以及更为严格的科学方法加深了人们对这一复杂研究领域的认识和了解。对脑部受损患者所进行的研究把眼窝前额皮质与愤怒和敌视的经历联系起来。总体看来，额叶受损或出现功能障碍的个体更容易出现反社会行为。然而，根据该领域的研究成果建立因果关系比较困难。作为一门学科，我们对此类因果关系的理解仍然是最基础的。人们对深层的生物机制如何影响行为做出了许多假设。环境因素和基本的神经生物机制的相互作用使这个问题变得更加复杂。人们围绕"天性与教养"这一古老命题展开的哲学思辨层面的讨论，促进了神经心理学突飞猛进的发展，有关神经系统的科学研究在数量与质量上都不断提升，理论研究与实践应用的发展相辅相成。

某种形式的心理测量评估为我们探索和增进对大脑功能与反社会行为之间的联系的理解提供了方法。例如，有观点认为反社会行为和语言智能存在着某种联系。从神经生物学角度来看，可以给出的合理解释是，这可能与左脑受损或出现功能障碍相关。较高水平的"操作"智力的存在，可能反映了教育机会的缺失。这种解释当然并不是相互排斥的，特定经验的缺乏可能会导致大脑某些区域无法更好地发育或发挥功能。大脑这一"黑箱"中发生的偶然联系或特定的机制决定了涉入司法程序的群体会有不同的思想与行动，但是人们对这方面仍然知之甚少，而且这也可能是最难展现的一种联系。

司法神经心理学的研究经常与生物决定论相关的言论混淆在一起，或者利用神经心理学的研究来支持生物决定论的观点，这是断章取义的做法。目前，不断演变的证据强调大脑最初极具可塑性和恢复能力，这为我们展现了一个更加复杂而有趣的现象。同时也表明早期所进行的干预措施，尤其是增加年幼的困境儿童受教育的机会的有效性是有据可循的。这种干预形式受到了人们的欢迎，并且由许多具有社会和经济优势的群体积极承担。教育缺失是罪犯群体一个普遍的特征，建设性的进展是越来越多的心理学家对研究儿童和年轻人产生日益增长的兴趣。虽然对成人开展临床干预工作更受到研究者的偏爱，而儿童和青少年心理干预领域工作的开展相对有限，但终究有比没有好。在这个领域要想取得更好的效果，这项工作需要尽早朝着预防犯罪的方向引导，因为先期防范总比后期努力进行"治疗"更为有效。司法心理学的重点工作需要做出重大调整，转向对儿童和青少年的关注。但是这方面的趋势并不乐观，比如英国近期开展的某个针对青少年的犯罪预防服务项目的结果还未被评估，项目本身就被取消了。

这对犯罪行为的预防工作造成了影响。有效的预防工作能够减少受害者的数量，让更多的人过上安全、优质的生活。在对旨在降低犯罪（或再犯）风险的特定干预项目的效力进行评估后发现，除采用传统的心理评估方法之外，这些项目还引进了风险与收益这类涉及决策的测量。这是一项积极的发展。之所以说"积极",是因为这让我们不仅把精力集中在"治疗效果"领域,同时也关注产生此类效果所需的经济成本,使得我们在公共人力物力的投入方面表现得更加睿智。对犯罪行为产生的发展性防御进行深层理解,需要我们提前识别"危险性因素",也就是要在"危险"通过行为表现出来之前就尽早解决。同理,还需要深入识别"保护性因素",从而降低此类"危险"的出现频率和严重性。与受到父母合理监管的儿童相比,那些得不到父母合理监管的儿童的犯罪风险更大。此外,仅从经济角度来看,一些干预措施更加节省公共资源,许多高质量的、基于成本—效益分析的研究也已经说明了这一点。一个较为有名的"集中"干预措施是家庭指导员给年轻的妈妈提供产前和产后建议,(建议)主要集中在合理的营养和相关的保健方面,基本上是对父母的教育进行指导。产后进行的家庭回访可以减少忽视和虐待儿童的情况。这些妈妈的孩子犯罪的概率不到同类儿童群体的一半,这一发现产生了极大影响。通过对数据进行统计分析,特定研究方法的优势和劣势变得一目了然,但是数据的质量至关重要。公共政策出台了较为完善的国家预防机构的发展案例,其内容也极具说服力。这种思想理念还在别的地方得到了实行(如瑞典和加拿大),通过与从事教育心理学研究的人员一起工作,司法心理学专家的作用得到更好的发挥。

司法心理服务发展的一个关键问题是,从事预防工作的心理学家的数量远远少于在监狱(尤其是戒备森严的监禁环境)中工作的心理学家,这也是我们所探讨的导致司法心理服务出现严重偏离的原因。即使是在监禁场所以及减少犯罪的潜在影响方面,为儿童和青少年提供服务的心理学家也极少。资源的高效分布应该以降低社区内的儿童收容所、青年司法服务机构的人数以及控制假释期间"高危"罪犯的犯罪案件数量为目标。

对罪犯群体的研究中,心理学研究非常关键。犯罪活动的形式多种多样,可能会从一种犯罪形式转向另一种犯罪形式,比如从盗窃到伤害。已经被判刑的最暴力的犯罪者也有可能因为非暴力犯罪而被判刑。早期的一些冲动行为的现象可以用来预测其是否具有较大的(做出)反社会行为的风险。"注意力缺陷多动障碍"(Attention Deficit Hyperactivity Disorder,ADHD)的应用成为最近流行的诊断类别的现象,也体现了这一点。被诊断为该类别的人群往往在学业方面表现不佳,而且其进行暴力行为的风险不断增加,这也和之后的刑事司法审判有内在的联系。近期研究不仅特别关注这些联系,同时也开始关注影响行为结果的中介因素。例如,学业成绩不佳和违法犯罪之间的关系可以通过解除心理抑制来加以解决。年轻大脑的执行功能在预测未来方面十分重要。这也为将来更多的研究树立了良好的榜样。在广阔的神经心理学和认知心理学领域进行广泛学习,可以帮助我们理解犯罪的发展轨迹。

育儿方法和未来潜在的犯罪可能性存在联系,通常按照诸如父母监管、规则和溺爱(或冷漠)等方面对这些方法进行分类。该领域的开创性研究的结果表明,不良的父母监管、严苛的纪律和不耐烦的态度可能会导致青少年犯罪行为的增加。居高临下的管教方式最容易导致随后的暴力行为,这完全符合以暴制暴的社会学理论。依恋理论也被用来研究违法犯罪人员的心理、社会发展轨迹。其中,儿童如果没有安全可靠、可以依恋的人,常常会有不良的表现。初期的研究为后期研究奠定了基础,可以进一步确认特定的依恋形式是否和某种不良结果有关(Crighton & Towl,2008;Crittenden,2008)。

对一些人而言,家庭可能是十分重要的"保护性因素"。然而,如果儿童不幸有一个参与犯罪的父亲或母亲，那么他们最终也可能会留下犯罪的记录。"犯罪生涯"虽然缺乏调查研究和相关证据的支持，但是得到了广泛的应用，这也反映了儿童从家庭内部的行业或职业中继承的"职业选择"。事实却远非如此，有犯罪前科的父母往往会对他们子女参与犯罪活动进行非常严厉的批评。家庭规模也十分重要，孩子越多，其出现不良行为的风险也越高。这可能与情感性、社会性和经济性资源分配的减少有关。在英国，越来越多的事实表明，越贫穷地区的人未来实施刑事犯罪的风险越大。家庭收入偏低和不良的住房条件往往是高犯罪风险的主要特征。失业男孩的犯罪风险高于有工作的男孩。这些发现为明确道德准则和相关社会政策的制定提出了种种挑战。显然，亟需设计出以预防为基础的干预措施。

想要认识犯罪的保护性因素，就需要对"犯罪生涯"的发展历程有深入的理解。发展观的一个优点是为我们提供了如下观点：在不同的生命阶段，不同的因素可能会作为中止犯罪的有效保护性因素涌现出来。通过对"婚姻和稳定的工作"这两个方面进行大量研究表明，这两个因素对犯罪中止具有预测价值。个人自信和决策在中止犯罪方面也十分重要。从某种程度上说，中止犯罪和医学方面的"自然恢复"有关。通常我们心理和身体方面感觉不适，但旋即复原。即使不采取任何医学措施，此类情况也经常发生。犯罪行为也是如此，许多（可能是大多数）预谋或正在实施犯罪的人员最终将会停止犯罪。个体犯罪者的犯罪比率在很大程度上取决于年龄。因此，衰老显然是中止犯罪的一个重要因素。研究者很少探讨应该采取哪些精确的行为来中止犯罪，因此这个领域的发展空间十分宽广。对于犯罪中止的形式，有人认为是犯罪概率的减少和严重程度的降低，也有人认为中止犯罪意味着不再进行任何形式的犯罪行为。该领域具有广阔而光明的发展前景，未来可以进行进一步的研究。

调查与起诉问题

与法律心理学领域中的其他问题一样，罪犯画像引起了人们浓厚的兴趣。无论影视节目的动机是什么，最终还是激发了人们对司法领域的探究动机。这得益于明确的司法应用（如 DNA 测试）取得了真正意义上的发展，人们对整个领域发展的兴趣日益浓厚。然而，在过去，法律心理学中很多受人欢迎的部分仿佛是魔术师表演烟雾和镜子，类似于冷读术。然而，随着科学和实证方法的快速发展，最近该领域的发展过程也发生了变化：主要关注系列犯罪，而不再关注个别但引人瞩目的犯罪行为（如连环杀人）的"临床"表现。此外，人们越来越强调运用心理学知识来加快侦查进程。但目前这方面的证据基础依然很有限。尽管，更为科学有效的方法已经使该领域的实践具有更加稳固的基础。

陪审团在法庭和判决的一系列刑事和民事程序中是一个至关重要的群体。陪审团所做的决定是许多研究的主题。陪审团的参考研究可以追溯到历史早期。但是人们经常引用马格纳·卡特于 1215 年提出的历史参考论点。即便经常面临行动自由被限制的难题，陪审团在许多法律体系中仍然发挥着重要的作用。尽管陪审团成员在力求理解某些复杂的案例方面发挥了重要作用，但这也促使越来越多的研究努力限制他们的角色和作用。陪审团还可能难以跟上法官的指引，或者不同意以自然正义情感为基础的指引。当向陪审团提问时，他们可能无法忽视得不到法律认可的证据。在一些司法管辖区，围绕陪审室展开的研究进展常常被保密。

心理评估

权力关系是许多司法工作背景下的一个重要内容，在儿童和成人心理评估方面也同样如此。整体看来，法律评估需要一定的压力和强制性。这些评估也可能发生在绝对强制性环境中，例如监禁机构（Towl，2005a）。心理学家常常在司法环境中更具有影响力，且远远超过其他常见的典型情境。团体服务和服务对象有时也对此事表示深切的担忧（Leggatt，2012）。或许，这在一些案例或日常实践中都应该作为关键的道德问题被提出。当然，心理评估也会出现偏见和错误。我们每个人的日常判断与决定都会时不时地出现归因的错误。但是，良好的心理评估的核心往往在于采用较为严格的科学方法，并可以将其应用到个体评估中，用科学体现给予服务对象的人文关怀。心理评估可以采用一系列的理论模型，但是从某种程度上讲，每个理论模型都具有数据收集（最好是各种不同的资源）、构想和判断（包括正义感）的独特方式，所以仅提供法律领域科学而准确的报告是远远不够的；心理学家有责任确保他们所提供的报告的公正性，这也是其职业道德的体现。然而，该领域随处可见就心理评估方法而展开讨论与辩论的例子，对努力撰写的详细报告的公正评判相对不多。这也反映了法律心理学作为一种职业领域所存在的问题。通过报告的形式抓住工作的本质，是评估工作的一个非常重要的方面，不论是以口头还是书面的形式。精确的报告形式可能会出现变化，然而，所有的形式都应该具有固定的特征。这些形式应该以证据为基础，并通过恭敬且精确的形式恰当地书写出来。报告中所有的论证材料都应该和数据以及报告的主体部分明确地联系起来，而且需要做到准确、公正。

风险评估是法律实践中比较常见的一种心理评估形式。同时，此类评估的准确性和公正性问题也引起了人们的强烈的关注（Towl，2005b）。近年来还出现风险评估"工具"的猛烈市场营销，以及一些夸大言辞的说法。心理学家通过此类"工具"的发展和应用，包括应用和解读"工具"所进行的强制培训获得了金钱方面的收益。利用法律心理学进行"谋利（私利）"成为发展的关键领域，这似乎不足为奇。在评价特定的结构化评估的效用时，值得我们考虑的问题是如何体现其使用价值。法律心理学家往往不具备这方面的能力，相反，他们喜欢就某种"工具"的实用优缺点进行辩论，这显然也非常重要。然而，同样重要的是，从业人员知道商业的整个结构就是为了赚钱，这通常是商业最主要的驱动力。另外，相对于一些其他领域来说，法律心理学的发展几乎没有"公共领域"的评估。依靠"谋利"的评估很容易引起利益冲突。对于那些对特殊"工具"有金融利益的人来说，可以向其他人推荐使用这些工具，而不需要解释他们的利益冲突。这显然在专业上是不道德的，但是此类实践的困难相对来说较少。这可能是因为私有化的影响力没有得到认可。这个困难可能在整个系统中不太明显，但并非不重要。

在整个学科范围内，风险评估的性质还有很多可以学习的内容。当代社会和政治对气候变化、国际恐怖主义和跨国银行系统方面的担忧，导致人们采用很多跨学科的方法来解读"风险"。有很多职业和学科都对这些充满挑战和引人瞩目的领域表现出了浓厚的兴趣。这一系列的"风险"往往集中在法律心理学方面。有些"风险"往往和个人犯罪的概率有关，比如暴力犯罪和性犯罪。心理学家在提高此类"风险评估"的准确性方面做出了巨大贡献。风险评估报告可用来判断个体是否可以从监狱或医院里被释放出来，以及应该如何设计针对性的某些干预措施。法律心理学很少关注白领犯罪。当然，所谓的白领犯罪所产生的影响并不亚于暴力犯罪者或性犯罪者可能造成的影响。2008 年严重的国际"金融危机"为此提供了鲜明的例子。现代世界很多人因为贫困而进行道德犯罪，"发达"世界也不例外。这导致许多人遭受不必要的、较为严重的苦难和灾害，正如此前讨论的，这会增加社会和个人犯罪的概率。

暴力犯罪和性犯罪在很大程度上是密切相关的。尽管法律心理学家主要关注潜在的犯罪者而不是受害者。从科学角度来说，这个方法很受限。在道德实践方面也很值得人们怀疑。就暴力犯罪和性犯罪而言，人们需要扩宽对受害者和犯罪者的认知，这两者往往是重叠的群体（参见杰基·沃顿，本书第 21 章谈论儿童的部分）。这构成了刑事司法体系的一大挑战，因为我们知道很多措施都可以降低犯罪概率，这些措施也可以使政府部门不再担心刑事审判。然而，法律心理学家作为一个群体，向不合理的政策和措施提出了挑战。这从某种意义上来说也是历史遗留问题，例如，审判体系中的法律心理学家给监狱中的种族主义提出了挑战。有些法律心理学家对同行的一些可疑做法提出了挑战，他们以往进行评估前并没有获得完全知情同意。如果某个行业成员做好了被质疑的准备，那么同时他也要在必要的时候质疑同行的行为和做法。这是行业健康发展的标志。虽然这有时会让人感到不舒服，却是必经的过程。法律心理学家希望享受来自他人的尊敬，这一点极为重要，这样才能一直发挥职业角色赋予他们的影响。

批判心理学

尽管一些心理学家对精神病诊断的科学凭证依然持批判和谨慎的态度，但大多数心理学家仍然会运用这些分类。此类分类方法的使用确实见证了法律心理学的发展，这与其他心理学领域形成了鲜明的对比。令人感到安慰的是，该分类较为专业。据称，一旦诊断被贴上标签进行分类，事实上对此行为而作出的"解释"就会引起关注和兴趣。犯罪和精神疾病之间的假设关系也存在争议。心理知识和精神病知识之间存在着一定的差异。与心理学不同，精神病学主要关注精神病障碍而不是"心智秩序"。贫困和社会排斥的因素在引起精神失常上起到了一定的作用，正如同这两个因素在犯罪行为的产生中起到的作用一样。正如人们对有犯罪记录（或者被定义为一种罪行）的人一贯存在偏见一样，人们也会对那些被诊断患有某种疾病的人存在偏见。此外，这还会导致权力的不平等。

被诊断患有精神障碍的罪犯在智力发展方面也存在障碍，由此引起的权力不平等问题可能变得更加明显（Tancred，2014）。这是因为我们大多数人都很清楚，智力发展障碍显然会使人变得十分脆弱。"学习障碍"和"智能障碍"是同义词，究竟使用哪个更好，或多或少也反映了特定人的职业偏好。此外，这是实践的一个方面，心理测量产业在这方面具有坚固的根基。对智能障碍进行的很多检查措施被严格市场化。这对心理测量产业以及其支持者和受益人来说，是个商机无限的市场。很多被认为是"精神障碍"的领域，在DSM－V 和 ICD－10 的支持下，受到了有效所有权的影响，形成了一些可以额外获利的产业链，比如智力测量。一些早期的测试者对那些有智力缺陷的人的轻视是非常明显的。这是一个长久以来容易形成偏见的领域，在这个环境下产生了心理评估和干预措施。心理学家自身也可能经常会受到偏见，但作为一个专业群体，他们至少应该意识到这些潜在的偏见对行为和判断所产生的影响。

法律心理学家的一个重要实践是在案件审理过程中就适当问题发表意见，并代表法庭提出抗辩。辩方对犯罪实质和法庭程序的理解程度需要被评估，他们"指导"法定代理人的能力也需要被评估，还需要了解刑法中的责任问题。关于被告相关刑事行为"不公正"的理解程度也是法庭需要考虑的因素。相关的心理评估和证据可能导致其负有较少的责任，或者因为精神失常而不被定罪。

智能障碍患者的交流需求不同于一般人。有效的沟通对心理评估来说至关重要。但不论是进行评估还是干预，当我们和有智能障碍的人进行交流时，这种需求都会被放大。可能和犯罪者进行交流时我们需要更加直白。这些难题仍然隐藏在我们每天谈论犯罪者的话语中。

一个日益明显的学习、政策和实践领域是对人格障碍患者进行的相关工作。那些被诊断为人格障碍的人只是在某些关键的人格特质上比较极端，还是他们在本质上与一般人不一样，人们对此的讨论和辩论自古以来一直没有停息。在本书中，这个话题得到了进一步扩展，从而反映该领域里研究和实践方面的最新进展。不论读者偏爱哪个方面的讨论，这依旧是一个复杂而负有挑战的领域，因为已经对许多学者和临床医生征过税。在该领域里，关于人格障碍的假定性质（或存在）的基本问题可能会被解决。关于人格障碍公理性质（或生存）的基本问题会得到解决，实践临床问题（如潜在的恰当干预措施）也会得到回答。

近年来，政府对人格障碍患者的治疗工作进行了大量的投资。在法律领域中，对人格障碍患者的研究比其他群体多。此类研究需要考虑很多性别差异，比如男性和"反社会人格障碍"以及女性和"边缘型人格障碍"之间的联系。这方面的研究得到了公众的慷慨资助，但相关的研究和实践相对较少。英国监狱和医院中所出现的严重人格障碍综合症状（Dangerous Severe Personality Disorder，DSPD）人群总体看来也得到了资助，但是就广泛的需求而言，又很快被撤销或重新设计来满足其他更加广泛的需求。如此一来，这种自吹自擂在本质上存在着缺陷。人们在这个研究领域还投入了大量的公共资金，尤其是在欧洲，就政治条款或临床管理及实践中较为有用的结果而言，这方面的投资确实不算多。这样的现实比较让人失望，但是从长远来看不足为奇。就构成 DSPD 的精确内容而言，人们对其概念还产生了很多困惑，由此也产生了一些问题。从一开始，这显然就不属于临床方面的问题，而是政治问题。另一部分的问题是许多行为障碍似乎只能归属于混乱的标题之下。简而言之，该术语在智力方面不具备完整性。当潜在的性格特征被归因于特定的行为模式时，这也反映了更加普遍的问题。这是一个可以用来质疑人格障碍的科学基础的论证。很多意识到该术语局限性的人们仅仅采用实用的方法。正如我们在许多法律实践领域所看到的，如在心理测量领域这也表现得很突出。

10

物质滥用

药物和酒精滥用日益成为一个重大问题，而且与公共健康和刑事犯罪问题相关。对这些产品的消费冲动在习惯性吸毒者完全绝望的生活中是一个根本的共性。一些官方预测断言，约有一半的犯罪记录和毒品有关。个体在药物的作用下可能会犯罪。当他们别无选择时就会通过犯罪来获得吸毒用的资金。吸毒成瘾的人可能会说谎欺骗周围的人，甚至是朋友和亲人，因为这是为了获取毒品而产生的冲动性力量。可悲的是，如果吸毒成瘾者去坐牢，他们接受治疗的机会往往比不去的要大很多。就监禁而言，康复服务的不足为想戒毒的吸毒者提供了一种不正当动机，即他们会去犯罪并被抓进监狱。这是不正确的，确实是时候回归到管理药物滥用的健康模型，而不是很多司法管辖区所采用的刑事司法模型。

毒品犯罪也是一项大买卖，相关市场也得到了这些犯罪者有力的垄断和保护。因此，毒品的供应商、使用者或消费者之间存在显著差异。在常规的药物使用者中，药物过量使用是导致其死亡较为常见的原因。同样，吸毒者经常难以对他们所使用的毒品的质量和数量进行判断。然而，药物滥用对健康和犯罪带来了致命性的影响，尼古丁是监狱中常用的最危险的药物，（因此）在监狱全面禁烟无疑是应该被实施的最重要的公共健康政策。这表明国家部门政策的不统一造成了许多困难，这个问题的解决需要跨越政府部门的合作。拥有有效地在整个中央部门领域内（和外）发挥作用的能力，可能是公共服务最大的挑战之一。

早期干预

总的来看，早期干预似乎更加有效。我们可以在前几个以发展为主的章节中看到，哪些重复犯下重罪的成人，在他们犯罪早期就能够被人们所发现。具有暴力行为和性危害行为的儿童和年轻人尤其能够引发人们的关注。对这些儿童和年轻人进行早期干预和支持的理由似乎难以回答。认识到虐待自己和继续实施虐待行为之间的关系尤其重要，家庭中一直存在大量的性虐待行为发生。例如，青年儿童在照顾年幼的弟弟妹妹时就可能会虐待他们。从施虐者和受害者的角度来说，此类行为可能会持续到他们成人的阶段。

蒸蒸日上的性犯罪者评估和治疗产业似乎已经趋于平稳发展。此外，在该领域投入的大量公共资金在国际范围内得到了使用。尽管如此，还是没有证据证明在降低性犯罪再犯方面所产生的治疗效果。从治疗前后采用的多种自我评定方法来看，已经判刑的性犯罪者都得到了临床上的改善。但可以合理地认为这仅仅是需求特征的结果。没有发挥作用或确实可能增加风险的性犯罪者治疗项目，就像客厅里的大象一样不容忽视。与一些（浮夸的）言论形成对比的是，越来越多的证据表明当前的方法发挥了明显的作用。出于这个目的，在实验之外运用这些治疗方法最容易遭到伦理方面的质疑（Dennis et al.，2012）。该领域的研究者有时似乎不愿考虑这些遭到人们反感的假设。这可能会导致一种越过数据的防御。确实，在无法对有些令人失望的结果进行改善时，绝望和恼怒之感就会油然而生。此类实证问题尽管得到公共资金和政治约束的支持，但并没有停止持续性的扩展。随着性犯罪行为的数量和种类不断增加，该产业还得到了法律的支持。还有很多高级别的官僚主义的审查已经得到了执行。然而，绝大多数情况下，强奸犯都不会被起诉，即便被起诉，不被定罪或入狱的机会也较大。这对儿童性虐待和其他形式的性侵案件也同样适用，他们最终被定罪的概率确实非常渺茫。

我们"了解性犯罪者"这一尖锐的断言存在一个基本的假设，即我们所了解的大部分源自被判刑的性犯罪人群。这些了解显然只是冰山的一角，鉴于发病率和患病率方面的样本较少，把服刑的性犯罪代表当作一个整体来看似乎完全不可能。一些性犯罪者很难被人们发现，更不用说被定罪了。他们中很多人还得到了较高程度的保护，在一些行业中，性侵犯的机会越来越多，比如，牧师、一般的医疗从业人员以及各种专家（如妇科医生或儿科医生）。"可以信赖"的专业人员因此很可能不被人们所发现、起诉和定罪。通常医疗行业都会对其工作人员进行严格的保护，绝不会揭发他们的行为。不论是出于何种意图和目

11

的，这种做法都比较令人感到沮丧。此前，被教会领袖虐待的受害者很少发表自己的观点，但是他们此类的行为越来越多被公之于众。有足够的理由相信，在各行各业都能找到具有此类动机的人，而且一些人还希望自己能够进入监狱，因为那里施虐的机会更多。

被监禁的性犯罪者（包括被指控的、正在关押候审的性犯罪者）自杀的概率越来越大。这个事实很容易被日常的临床实践所忽视。但是，目前判断是否会在监狱自杀，最有力的预测因素就是在监狱里的时间。确保因犯在他们早期入狱的时候得到帮助是最有说服力的例子。有些情况不属于这种一般的形式。例如，尽管被判处终身监禁的囚犯自杀的危险非常高，但普遍来说他们都是在服刑的后期才自杀，这可能与假释进展的过程（或者没有进展）中他们所作出的某个特殊重大决定有关。监狱心理学家在这个重大的实践领域往往参与得并不多，他们主要采取指导性的干预措施来降低再犯风险。这让人感到很遗憾，因为心理学家已经在公共卫生这个重要的领域作出了重大贡献（Crighton，2000；McHugh & Snow，2000）。在该领域有很多"自杀的谬见"，例如年轻人或关押候审的人比其他人自杀的可能性大很多；但数据显示出来的信息并不是这样的。然而，此类谬见仍然有很多，直到2014年，监狱和缓刑监察专员认为"拘押候审状态"是监狱自杀的一个"危险因素"。此论断似乎建立在极为有限的证据的基础上，如果执行，可能会为危险评估的过程提供错误的信息。然而，鉴于刑期是自杀最强有力的"危险因素"，"还押候审"可能要考虑那些监禁时间较短的因犯。此外，比较有趣的是，黑人犯罪者自杀的概率较低，英国首次发现这个现象是在20世纪90年代后期（Towl & Crighton，1998）。自杀与故意自残之间的准确但有时又比较复杂的联系仍然模糊不清。但是这两者在监狱和医疗卫生环境下仍然是十分重要的问题。工作人员对自杀的态度不会提供任何帮助（Crighton，2000）。

恢复正义

恢复正义的形式多种多样，由于采用高质量的评估，研究方法的效度得到了保障，最近这一领域的研究基础已经取得了很大的进步。可悲的是，心理学家对这一领域并没有表现出应有的积极性。然而，心理学家参与评估研究和咨询顾问的潜力十分巨大，最重要的是，心理学家有可能减少未来受害者的数量并帮助现有的受害者。

法律领域非常宽广，而且知识基础不断加深。在政策和实践领域，通过与最有效、实用和合理的心理学实验建立明确的联系，知识基础方面可以得到进一步发展。

我们收到了读者朋友对第一版《法证心理学》的评论，对此表示十分感谢，也希望第二版的出版恰逢时机。

12

参考文献

American Psychological Society（2010），"Guidelines for child custody evaluations in family law proceedings"，*American Psychologist*，65，863 – 867.

British Psychological Society（2007），*Psychologists as expert witnesses*：*Guidelines and procedure for England and Wales*，Leicester：Author. introduction 13.

Crighton，D. A.（2000），"Suicide in prisons in England and Wales 1988 – 1998：An empirical study"，Unpublished PhD Dissertation，APU（Cambridge）.

Crighton，D. A.，& Towl，G. J.（2008），*Psychology in prisons*（2nd edn），Oxford：BPS

Blackwell.

Crittenden, P. M. (2008), *Raising parents: Attachment, parenting and child safety*, Cullompton, Devon: Willan.

Dennis, J. A., Khan, O., Ferriter, M., Huband, N., Powney, M. J., & Duggan, C. (2012) "Psychological interventions for sex offenders or those who have sexually offended or are at risk of offending", Cochrane Database of Systematic Reviews 2012, (12), Art. No.: CD007507. doi: 10. 1002/14651858. CD007507. pub2.

Hanson, C. (2009), "Thinking skills? Think again!", Insidetime, Issue 119, May, p. 20.

Home Office (2000), *Achieving best evidence in criminal proceedings*, London: Author.

Leggatt, T. (2012), "Psychology: Off on a tangent again", Insidetime, April 2012. http://www. insidetime. co. uk/articleview. asp? a = 1184andc = psychology_off_on_a_tangent_againandcat = Psychology, accessed 14 January 2015.

Lindsay, G., Koene, C., Øvreeide, H., & Lang, F. (2008), *Ethics for European psychologists*, Göttingen, Germany: Hogrefe.

Marques, J. K., Wiederanders, M., Day, D. M., Nelson, C., & Van Ommeren, A. (2005), "Effects of a relapse prevention program on sexual recidivism: Final results from California's Sex Offender Treatment and Evaluation Project (SOTEP)", *Sexual Abuse: A Journal of Research and Treatment*, 17 (1), 79 – 107.

Masoumzadeh, A., Jin, L., Joshi, J., & Constantino, R. (2013), "HELPP zone: Towards protecting college students from dating violence", iConference 2013 Proceedings, 925 – 928. doi: 10. 9776/13481.

McHugh, M. J., & Snow, L. (2000), "Suicide prevention: Policy and practice", In G. J. Towl, M. J. McHugh, & L. Snow (Eds.), *Suicide in prisons*, Oxford: BPS Blackwell.

Merrington, S., & Stanley, S. (2007), "Effectiveness: Who counts what?", In L. Gelsthorpe & R. Morgan (Eds.), *Handbook of probation*, Cullompton, Devon: Willan.

Prison and Probation Ombudsman (2014), *Learning from PPO investigations risk factors in self-inflicted deaths in prisons*, London: Author.

Rose, K. (2009), "Has ETS reduced your impulsivity?", Insidetime, Issue 119, May, p. 21.

Tancred, T. (2014), "Intellectual disabilities-differential treatment within multi agency public protection arrangements", Unpublished PsychD dissertation, University of Roehampton.

Thomas-Peter, B. (2006), "The modern context of psychology in corrections: Influences, limitations and values of 'what works'", In G. J. Towl (Ed.), *Psychological research in prisons*, Oxford: Blackwell.

Towl, G. J. (1994), "Ethical issues in forensic psychology", *Forensic Update*, 39, 23 – 26.

Towl, G. J. (2004), "Applied psychological services in HM Prison Service and the National Probation Service", In A. Needs & G. J. Towl (Eds.), *Applying psychology to forensic practice. Forensic Practice Series*, Oxford: BPS Blackwell.

Towl, G. J. (2005a), "National offender management services: Implications for applied psychological services in probation and prisons", *Forensic Update*, 81, 22 – 26.

Towl, G. J. (2005b), "Risk assessment", *Evidence Based Mental Health*, 8, 91 – 93.

Towl, G. J., & Crighton, D. A. (1998), "Suicide in prisons in England and Wales from 1988 to 1995", *Criminal Behaviour and Mental Health*, 8 (3), 184 – 192.

Towl, G. J., Farrington, D. P., Crighton, D. A., & Hughes, G. (2008), *Dictionary of forensic psychology*, Cullompton, Devon: Willan.

UCAS (2014), Website, www. ucas. com, accessed 14 January 2015.

第二章　英格兰和威尔士的
司法系统：个案研究[*]

戴维·福克纳（David Faulkner）

公正的含义

"公正"这个词有多种含义。社会改革家所说的"公正"，是权力和财富在所有公民中的合理分配；组织员工所期望的"公正"，更可能体现在薪资和工作条件方面；弱势阶层所要求的"公正"，则更多的是获得平等权利、免受歧视；个人要求"公正"，往往出于受到不公平的待遇或迫害。所以，"公正"的内涵，往往因诉求者所处境遇的不同而存在多种情势。

本章提到的"公正"主要指的是司法公正，涉及在法院里需要通过诉讼解决的刑事案件，以及通过民事或家事法庭解决的民事纠纷等。但是即使在这种情况下，"公正"也有两种含义：一是指司法结果，即公平合理的结果、公权力的合理使用，以及相关利益的合理安排；二是指刑事案件中的司法程序，包括以法院为中心的逮捕、审理和判决。同时，（"公正"）也涉及其他国家机构，如警察局、检察机关、监狱和缓刑审核机构，这些机构共同构成了刑事司法制度与体系（Criminal Justice System，CJS）。

在第一种结果公正的意义上，公正意味着一种道德和社会价值观环境，以及被人们普遍接受和认可的期望。例如，法律要高于任何个体、团体以及政府的利益。第二种程序公正则没有规范的意义，公正被视为一种工具性的目的，例如保护公众或赔偿受害者，并根据实现目的的效率和效果来进行评判。其中不存在怜悯、同情或宽恕的空间，但恢复性司法中则涉及这些内容，后文会有所提及。

刑事司法制度

英格兰和威尔士现行刑事司法制度的起源要追溯到很久以前（苏格兰和北爱尔兰的司法系统存在很大的区别[1]）。亨利二世（1154—1179）之前，国家是由单一框架的法律《普通法》来管理。《英格兰大宪章》（Magna Carta，1215）在陪审团制度出现之前提出了审判的原则，例如罪刑相当、无审判无监禁。已经存在200多年的治安法官（Justices of the Peace）制度也是在1361年的《治安法官法案》（the Justices of the Peace Act）出现后被正式确立的。历史悠久的国务大臣（Secretary of State）办公室和大法官制度（Lord Chancellor）在亨利八世时代托马斯·克伦和托马斯·威尔的努力推动下确立了日趋重要的地位。

在18世纪欧洲启蒙运动（Enlightenment）的影响下，经哲学家康德和洛克、法学家布拉克斯通和曼斯菲尔德、刑法改革家约翰·霍华德和伊丽莎白·弗莱等人的不懈努力，一

---

[*] 译者注：本章需要译者注明的内容与篇幅均较多，故采用[*]标注并在页下注明的形式，以便与原文注释区分。

种经典的公正观在法律领域应运而生，产生了罪刑法定、司法独立、无罪推定、罪刑相当、平等对抗制诉讼模式（原告与被告平等对抗）、一罪不二罚，以及人生来平等、所有人都有尊严并有权受到尊重（当时并不适用于奴隶和原住民）等影响西方社会法律制度的立法与司法原则。这些原则为美国宪法及英联邦普通法提供了范本，并且还影响了后来的《欧洲人权公约》（the European Convention on Human Rights），这份公约在 1998 年的《人权法案》中被并入英国国内法。

在维多利亚时期，刑事司法制度的框架随着正规警察部队（1829 年首先出现在伦敦，后来才出现在其他地区）、国家监狱系统（1877）和缓刑（1907）等制度的出现初现雏形，并在 20 世纪 60 年代得到飞速发展，尤其是在 20 世纪 80 年代以后。这些变化包括以下几点：

1. 1966 年《警察法案》（the Police Act 1966）、1994 年《警察和治安法院法案》（the Police and Magistrates' Courts Act 1994）、2002 年《警务改革法案》（the Police Reform Act 2002）以及 2011 年《警察改革和社会责任法案》（the Police Reform and Social Responsibility Act 2011）的变革。

2. 1971 年《法院法案》（the Courts Act 1971）确定建立统一的皇家刑事法院。

3. 1985 年《犯罪起诉法案》（the Prosecution of Offences Act 1985）确定建立皇家检察署（Crown Prosecution Service，CPS）。

4. 除了法定的警察部队，快速扩张的私人保安行业也部分履行警务职责。

5. 将一些监狱和监狱职能（例如押送犯人）外包给私营机构。

6. 正式确立将大部分的缓刑执行工作委托私人或社工等志愿者机构来进行的计划。

7. 1998 年的《犯罪及扰乱秩序法案》（the Crime and Disorder Act 1998）实现了青少年司法改革，包括青少年法庭的新权力，以及英国青少年司法委员会和青少年犯罪小组的成立。

8. 建立预防和应对恐怖主义的新措施。

9. 2007 年成立司法部。

现在的刑事司法制度越来越关注受害者的待遇、弱势群体的地位和反社会行为。许多司法过程与相关社会组织的合作程度越来越高，并持续努力地将这种合作设法打造成一个连贯的刑事司法体系。

随着国家对于司法的关注，刑事司法制度中的罪犯评估、管理和风险控制逐渐成为一个主要问题。风险评估机制包括罪犯评估系统（the Offender Assessment System，OASys），由罪犯服刑期间的监管人员和缓刑期间的监督人员进行评估，例如，决定某罪犯需要什么等级的安保和监督，是否具备假释及释放条件。评估、管理和风险控制还可以适用于警察预测可能性风险和预防犯罪方面，包括家庭暴力和儿童虐待等案件，它们也可以通过多机构组成的公共安全保护组织（Multi-Agency Public Protection Arrangements，MAPPA）进行具体实施。

所有公共服务中的管理改革更加侧重于绩效评估、循证实践、契约外包和风险评估与管理方面。2004 年建立的英国国家罪犯管理局（National Offender Management Service）希望能够将监禁和缓刑结合得更加紧密，在罪犯的刑期中对其形成一种持续性的管理，监禁和缓刑两种量刑体系由一个领导来进行管理。2010 年以来，对公共开支的控制已经得到了警察规模、监狱和缓刑服务组织、法律援助的基金支持，政府工作人员数量也大量减少。

自 1991 年后，英国现行法律中就一直有 50—60 条刑事司法或者其他议会法案的条文，增加法律制度在保障公众安全上的有效性，并使公众更加相信罪犯能够得到应有的惩罚。这些条文的改变包括：增加最高刑；限制法官"过于仁慈"的自由裁量权；公共保护监禁（Imprisonment for Public Protection，IPP）的不定刑期的判决；警察可以在现场对扰乱公共秩序的犯人处以罚款；通过删除或更改传统保护条文以便给犯人定罪；引入一些民事法规，例如反社会行为令*（Antisocial Behaviour Order，ASBO）——现在已经被提升为一条刑事法规，若违背将被实质性地判处监禁。同时，英国法律中也制定了一些针对恐怖分子的条文。经过 20 年的努力，监狱内的犯人数量从 1992 年的 42 000 人，翻倍增加到 2013 年的 84 000 人。

犯罪的含义

犯罪可以被简单定义为"违反刑法"（此处的"刑法"，比日常生活中的含义可能更加宽泛）。尽管少数犯罪（例如谋杀）仍属于习惯法的规范范畴，但是几乎对所有犯罪行为都已经有明确的法律界定。一些行为在不同的年代和文化下都被认为是有罪的，例如谋杀、侵犯他人和盗窃，所以它们应该被定义为犯罪行为，针对这些行为的法律应该坚决被执行。但是也有许多行为虽被认为是错误的，但不至于犯罪，或者行为本身没错，但为了公共秩序和安全，而被认定为犯罪。除了少数明显的犯罪行为外，许多行为是否属于犯罪会随着年代的变迁而有所不同，这反映了不同的社会态度、社会环境、经济状况，或是当时政府当局的政治选择。在这种意义上，犯罪学家们认为犯罪是一种社会标定。具体关于犯罪的法律和社会标定意义的讨论，可以阅读莱西和泽德尔（2012）的研究。

近些年来，网络犯罪处于增长态势。网络犯罪是指涉及使用网络的犯罪，包括将网络作为手段的传统犯罪，例如诈骗、身份造假等；还包括新型犯罪，例如黑客行为、故意传播电脑病毒等。其中有些犯罪很难被确定和发现，有人认为这些没有被记录下来的犯罪行为代表了一种新的隐匿型犯罪类型。

没有人能统计出到底有多少种犯罪行为。英国非官方法律改革组织"司法界"**（JUSTICE）在 1980 年计算后认为，犯罪行为大约有 7200 种，到 2000 年时这一数据增加至 8000 种。1997 年至 2007 年之间出现了 3000 种新型的犯罪形式。一种犯罪行为的法律标定一旦被确立后，几乎不会被废止，即便已经停止执行。

犯罪测量

英国有两种测量犯罪的方式：一是警方从 19 世纪中期开始一直记录在案的犯罪数据；二是从 1982 年开始的英格兰和威尔士的犯罪调查（The Crime Survey），它是英国犯罪调查（The British Crime Survey，BCS）的前身，记录的是所调查的过去一年内家庭遭遇的犯罪事件。[2]但单独来看，这两种数据都不能对犯罪作出完整的描述。第一种数据并不包括警察没有记录下来的犯罪，一般是由于受害人没有报案或者报案了但没有得到警察的重视；记录

---

* 译者注：由英国法院发出的对伤害或骚扰他人行为的禁令。

** 译者注：法学家国际委员会（the International Commission of Jurists）英国分会，以维护个人基本自由为宗旨的压力集团于 1961 年指派的一个非官方委员会。

在案的犯罪率之所以存在变化，可能是由于警务工作的重点不同、公众对不同犯罪或警察的态度变化，以及犯罪率本身的变化。第二种数据——犯罪调查则不包括针对儿童的犯罪和其他发生率低的犯罪，例如谋杀。但是，将这两种数据合起来，能够为我们提供一个比较可靠的犯罪数量，以及犯罪类型的变化趋势。

警方数据表明，从第一次世界大战结束到 1995 年，犯罪数量一直呈持续增长态势。英国犯罪调查的数据则认为，实际的犯罪率是警方记录数据的两倍（该数据一直受到怀疑）。进一步分析后发现，调查数据中的犯罪，只有大约 2% 的比例最终在法庭上被判决定罪。其他研究结果表明，大约 30% 的年轻男性在 30 岁前很可能会被判处"标准清单"（可能被起诉的一些行为，具体见下文）上的处罚，但是会有大约 5% 的已知犯罪人实施 70% 左右的犯罪行为。

犯罪率在英国的不同地区，甚至是不同类型的社区都有很大区别。犯罪率最高的地方是伦敦、伯明翰和曼彻斯特的内城区。在这些地方，人们很容易成为受害人，其中年轻男性的风险最大。许多犯罪没有结案，要么因为无法追查到犯案人，要么因为无法定罪。入室盗窃和刑事毁坏的破案率较低，约为 20%；暴力犯罪和性犯罪的破案率较高，基本超过75%；破案率最高的为谋杀，约为 90%。

1995 年后，犯罪数量开始大幅减少，尤其是占近一半犯罪数量的入室盗窃和机动车犯罪。2013 年底，当年犯罪统计结果显示：警方记录的犯罪案件共有 370 万件，接受调查的犯罪案件为 750 万件（参见 http://www.ons.gov.uk/ons/rel/crime-stats/crime-statistics/period-ending-december－2013/index.html）。两种数据来源都表明，自 1995 年以来，犯罪数量下降了 40% 左右。其中，暴力犯罪并没有显著减少，由于有的犯罪数量还有轻微增加，所以暴力犯罪占总犯罪数量的比例反而更大了（大约 20%）。

具体关于犯罪数据和统计的探讨，可以阅读马奎尔（2012）的研究。

刑事司法程序

刑事司法程序通常始于向警方报案或以其他方式让警方发现，如事件发生时警察在场。警方会对被指控的行为进行调查，对证人和嫌疑人进行问询，然后在适当的时候逮捕犯罪人。在告知其法律权利后，被带回警局接受进一步审讯的嫌疑人可能会被拘留或保释。如果被拘留，警方要尽快决定是否逮捕、起诉（否则就要释放嫌疑人），然后将嫌疑人送至治安法院。

以上所述程序在 1984 年的《警察及刑事证据法案》（Police and Criminal Evidence Act 1984，PACE）中有所规定，相关规则也在该法案下运行。其中有非常严格的程序时间限制、审讯录像规定、嫌疑人具有获得法律援助的权力和允许保释等规定。正常情况下，嫌疑人被警方拘留 24 小时内必须被起诉，被起诉的 36 小时内被移送至法院，特殊情况下经过高级警务人员或治安法院的许可将时限延长至 96 小时（多 36 小时）。如果嫌疑人被指控为恐怖主义犯罪，则时限可延长为 28 天。

替代性的程序规定，倘若嫌疑人认罪，并愿意接受罚款或警告，允许警察在某些情况中当场进行罚款，警察或皇家检察署（Crown Prosecution Service，CPS）给予警告处理后可以不予起诉。否则，嫌疑人将会按照正常程序被起诉。

嫌疑人一旦被起诉，案件会被移交皇家检察署按照《皇家检察官准则》（Code for Crown Prosecutors，http://www.cps.gov.uk/publications/code_for_crown_prosecutors/index.html）来

19

决定是否执行起诉。一般都会顺利进入起诉阶段，除非检察官发现证据不足以定罪，或者有充足的理由认为起诉与公众利益不相符。准则中还包括相关的注意事项，例如嫌疑人身患绝症，法律援助机构会为嫌疑人提供法律咨询和代理律师，但是相关的资金支持受到越来越多的限制；在嫌疑人主动认罪或法院定罪前，警方和检察院都只能进行无罪推定，嫌疑人无法被认定为罪犯，则只能被称为"有嫌疑的"。

起诉程序从治安法院的预审听证会开始。首先确认被告的身份，确认其知晓自己被控诉的罪名，并决定是否准予保释。如果案件比较简单，法院随后会释放嫌疑人、对嫌疑人罚款或者判决无罪；如果案件比较复杂，则会暂时休庭，将被告还押候审或保释释放。如果被告不被允许保释，将会被带回监狱。

接下来的程序走向则取决于犯罪性质。一共分为三类，简易审判程序案件（Summary Only Cases）可以只在治安法院进行审理，例如较轻的交通案件、一般人身侵犯案件和低于一定金额（5000英镑）的刑事毁坏案件等。尽管这类案件多数属于监禁罪行，但简易程序的刑罚通常为罚款形式。

两可案件（Either Way Cases）既可由刑事法院审判，也可由治安法院审判，案件类型包括偷窃、入室盗窃、实际身体伤害（Actual Bodily Harm，ABH）、绝大部分持有或贩卖毒品罪等。通常来说治安法院会根据检方的陈述决定庭审模式，为该犯罪行为确定相应的刑罚，以及保证该刑罚属于治安法院权力范畴。但是，如果被告坚持要求案件由刑事法院审理，希望交由法官和陪审团来进行判决，案件也可能被移交到刑事法院。[3]

必诉罪行（Indictable Only Offences）是最严重和数量最少的案件，只能在刑事法院进行审理[4]，包括谋杀、强奸、抢劫、严重的故意伤害（Grievous Bodily Harm with intent，GBH）和密谋犯罪等。

被告在治安法院被定罪判刑以后，可以针对定罪或量刑上诉至皇家刑事法院（the Crown Court），最高可上诉至上诉法庭（the Court of Appeal）。上诉内容可以是反驳定罪、判决，或者两者都有。在刑事法院的案件中，当确认案件的上诉理由在法律意义上具有普遍的公共重要性时，最高法院（the Supreme Court）或上诉法院会接受其上诉。被告有权力针对其定罪中的法律适用错误进行上诉，例如质疑法官在对陪审员进行引导时没有正确叙述其犯罪行为。如果案件事实认定问题（如证据问题），只有初审法官认为该案件符合上诉条件并出具许可书时，案件才会被移送至上诉法院，否则通常会被驳回上诉。

当被告针对量刑问题上诉至上诉法院时，必须得到上诉法院的许可。上诉法院可能会宣布刑事法院的判决无效，并重新量刑。两次量刑可能没有变化，但是最后的量刑结果绝对不会比上次量刑更重。

当检察长（the Attorney General）认为刑事法院进行不当轻判时，他有权上诉至上诉法院。这种权力一般只针对特定的严重犯罪（但实际上种类不少）。检方、受害人或其家人、议会成员（Members of Parliament）、压力集团*（Pressure Groups），以及公众都可以为案件提出量刑建议。

当所有正常上诉权力都已经主张后，有时还会存在关于冤案的申诉。20世纪90年代中

20

---

　　*　译者注：英国的压力集团是20世纪后期兴起的一种非正式组织，其性质与美国等西方国家的院外活动大同小异，主要是为了自己所支持的事业或公众利益向议会和政府施加影响与压力，从而改变官方的决定或决议（桑楚，2002）。

期，英国内政大臣被授予一项皇家特权，来对这些申诉进行处理，并在恰当的时候将申诉移交至上诉法院。一般都是由于新证据的出现或原审时没有发生的其他实质的考量。由于20世纪80年代发生了一系列著名的司法不公案件，将当时的司法制度的缺点暴露了出来。1995年的《刑事上诉法案》建立了刑事案件审查机构（The Criminal Cases Review Authority），也就是后来的刑事案件审查委员会（Criminal Cases Review Commission，CCRC），对可能存在司法不公的案件进行调查，并将存在问题的案件移交至上诉法院。

2013年，英格兰和威尔士的刑事司法制度共处理了176万人，其中331 000人是庭外处理，143万人在法庭上被起诉。这项数据在过去的20年内已经有所下降。其中大约有120万人被最终定罪。[5]

量刑框架

刑事法院的主要量刑或处置（有的并不严格）一般都是监禁刑（立即执行或缓期执行），或拘留于少年犯管教所（Young Offender Institution，YOI）、社区刑、罚款、释放、赔偿以及其他附加刑。法律规定了每种罪行的最高刑期，例如过失杀人、纵火和强奸罪的最高刑罚为终身监禁，入室盗窃和勒索罪为14年，诈骗罪和猥亵罪为10年，盗窃罪为7年，故意伤人罪为5年，携带攻击性武器罪为2年（管制刀具为4年），等等。某些犯罪有强制性或最低刑期，例如谋杀罪的最低刑期为终身监禁，持有管制武器为5年，酒驾吊销执照12个月，等等。2003年的《刑事审判法案》确立了一项针对风险罪犯的"基于公众安全的不定刑期"（Indeterminate Sentence for Public Protection，IPP）制度*。2008年的《刑事审判与移民法案》为了使法院工作更具有弹性，对这项规定进行了修改，又在2012年的《法律援助、判决与量刑法案》中废止，在此之前，还有约6000名犯人由于该制度被关押在监狱中。

社区刑包含一系列基于社区的行为要求，法庭会根据犯人的情况选择最合适的行为要求来进行判决，包括无偿工作、参与特定的活动或项目、宵禁、指定特定居所（例如经过审批的旅馆）、药物康复训练及25岁前都要到管教中心报到等。同时增加电子监控等补充措施，例如在强制宵禁中使用电子监控进行管理。另外，法院还能够下达药物治疗和检测令（Drug Treatment and Testing Order，DTTO），检测结果一旦不达标，犯人将会被带回法院，以保证治疗过程和检测令的执行。由于越来越多的犯人因违反社区刑的执行条件而被送回监狱，现在的社区刑更加重视强制执行。

大部分犯罪的量刑都涉及罚款，罚款的最高额度有5个等级。一级为100英镑，二级为200英镑，三级为1000英镑，四级为2500英镑，五级为5000英镑。同时在适当的情形下，法院还可以判处罪犯给予受害人一定的赔偿金。但是罚金和赔偿金都要在犯人可承担的能力范围之内。近些年来，罚金的适用在逐渐减少，一方面是由于执行的困难，另一方面是由于尽管法院制定的罚金数额与罪行相适应，但是许多被告依然无法承担。其他一些法令可以弥补这方面的问题，例如吊销驾驶执照、查抄或没收财产、刑事行为令等。两可犯罪和必诉犯罪的最高刑罚一般为监禁刑，但是这类罪行的许多案件定罪后，法院会根据

---

　　* 译者注：基于公众安全的不定期刑制度的主要内容是，对于严重危险的罪犯不再释放，直至假释委员会危险评估通过；保留从高度警戒监狱脱逃的人的记录；建立特别的单元解决脱逃者的问题；假释适用将社会安全保障放在第一位，要保证被假释者随时被送回监狱；与警察、监狱合作对狱外罪犯实施连续监督、危险管理。

犯罪行为的严重性判处社区刑。量刑委员会（Sentencing Council）会对某些特殊案件的量刑给予指导性建议。

我们之前有提到过关于量刑的法律修正案，其中确立了一些新的量刑标准。这些新的量刑标准，尤其是基于公众安全的不定期刑，都具有一个特点：剥夺犯人的自由不仅基于他们做了什么，还要考虑到他们以后会做什么。这种量刑标准的出现，体现了对风险评估的有效性的期望以及对刑罚效果的信任（Crighton & Towl, 2008）。这同时也出现了刑罚正当性的问题，特别表现当这种刑罚不是由法院作出的，而是由行政机关作出的（Zedner, 2004）。1998 年的《人权法案》已经为这些问题提供了检验标准。

在 2013 年里被判刑的所有犯罪人中，有 27% 的犯罪人被判处即时监禁（Immediate Custody），平均刑期为 15.5 个月。以上两项数据在过去 20 年内有所增长。[5]

目前的量刑法律框架是由 2003 年的《刑事审判法案》规定的。想要了解关于该法案的详细介绍，可以阅读吉布森（2004）的研究；关于量刑更详细的探讨，可以阅读阿什沃思和雷德梅因（2010）、阿什沃思和罗伯茨（2012）的研究；关于量刑的统计数据可以在犯罪统计数据中找到。[2]

刑事法院类型

法院是刑事司法制度的核心，但是法官和治安法官在某种程度上与法院是相分离的。这种形式上的独立源于宪法对于立法、执法和司法三权分立的要求。无论是议会或首相都不能干预法院的司法解释与司法过程。

英国的刑事法院系统现在主要由治安法院（Magistrates' Courts）、青少年法院（Youth Courts）、皇家刑事法院（the Crown Court）、高等法院（the High Court）、刑事上诉法院（Court of Appeal）和最高法院（Supreme Court）组成，后三者统称为高级法院。在 2005 年出台《宪法改革法案》后，2009 年 10 月高级法院被确立为新的最高法院。法院的日常工作由司法部的法院与法庭服务机构（HM Courts and Tribunals Service，HMCTS）进行处理。

治安法院（Magistrates' Courts）

英国有许多治安法院，一直存在很大争议。近些年来，其数量急剧减少，但是它们的规模大小和处理的案件类型仍有很大区别。这些法院大约有 29 000 名无偿兼职的治安法官或行政官，约 200 名由专业律师组成的全职全薪的地方法官队伍。

治安法庭一般要求 3 名治安法官，或 1 名地方法官进行案件审理工作，并由 1 名首席行政长官进行管理，以及由受过专业法律训练和拥有法律资格的管理人员提供法律建议。2005 年，英国司法部成立了法庭服务机构来对法院的日常工作进行管理。治安法院可以判处的监禁刑最高刑期为 6 个月，多重犯罪的刑期累计最高为 12 个月。尽管治安法院有权将这些刑期延长至 12 个月和 24 个月，但是至今还没有出现这种情况。

青少年法院（Youth Courts）

青少年法院正式建立于 1991 年，代替了以往的青少年法庭，并由受过相关训练的、加入专业青少年犯罪法官小组的治安法官组成。

青少年犯罪的调查、处理和审判程序与成人犯罪类似，并包含一些额外的保障措施、相关程序和审判权限。这种审判根据年龄的不同分为三类：10 岁（刑事责任年龄[6]）以下、10—13 岁、14—17 岁。警方在逮捕时有责任通知少年犯的相关责任人，并保证进行审

21

讯时有一名成年人在场，例如父母或社工。警方对于初犯的处理方案一般是训诫和警告，或者移送至青少年犯罪小组指定的法院，青少年犯罪小组由当地社区的两名志愿者和一名青少年犯罪特别工作组成员组成。他们会面见青少年犯罪人、他的父母或监护人，来制定一个青少年犯罪帮扶计划。在恢复性司法中，这一过程会鼓励受害人参与进来。对于青少年的严重犯罪则必须送至皇家刑事法院进行审理。

皇家刑事法院（The Crown Court）

皇家刑事法院由 6 个巡回法庭组成，坐落在 90 个地方，被称为皇家刑事法庭中心，其中最著名的是伦敦中央刑事法庭（the Old Bailey）。自 1972 年在巡回审判和季度会议的基础上建立后，皇家刑事法院一直由法院与法庭服务机构进行管理。该法院包括 100 位全职刑事法官以及许多具有执业律师资格的兼职书记官。送至该法院的案件由一名法官及陪审团进行审理。在庭上，皇家刑事法庭的法官要被尊称为"Honour Judge"或"Your Honour"。

高等法院（The High Court）

英国的高等法院有三个分庭，分别是王座法庭（Queen's Bench Division，QBD）、大法官法庭（Chancery Division）和家事法庭（Family Division），主要处理比较严重的民事纠纷，但是也通过司法审查程序对大部分的法院、法庭、相关公共机构和工作人员具有一般监督裁判权，包括刑事法庭、警察、政府部门及其部长、当地政府和其他公共权力团体等。高等法院有 30 名高等法官，这些法官也为皇家刑事法院处理重大案件，其中一些法官还可以担任巡回法庭的审判长。在庭上，高等法院的法官要被尊称为"Mr Justice""Lady Justiceor""My Lord""My Lady"。同时这些法官会被自动授予爵士封号，在日常生活中也要被尊称为"阁下"。

刑事上诉法院（The Court of Appeal-Criminal Division）

刑事上诉法院审理的是在皇家刑事法院被判决后需要上诉的案件。这些案件的审判长为英国首席大法官（the Lord Chief Justice，LCJ），高等法院的法官从旁协助。在对特殊案件进行审理后，大法官可以为其他刑事案件下达实践指南（Practice Directions）及量刑指导意见（这项权利大部分已经被英国量刑指导委员会［Sentencing Guidelines Council］所取代，具体见下文）。大法官为英国枢密院（Privy Council）成员，正式称呼一般为"The Rt. Hon. Lord/Lady Justice…""My Lord""My Lady"，在日常生活中也要被尊称为"阁下"。

最高法院（The Supreme Court）

2009 年以前，英国上议院（the House of Lords）是英国刑事和民事的最终上诉法院。案件的上诉由 9—11 位上议院高等法官（Law Lords）——也被称为常任法官（Lords of Appeal in Ordinary）组成的上诉委员会（Appellate Committee of the House）进行审理。这些法官一般为非世袭贵族，除了参与法律事件（例如刑事司法法案修改等）外，并不参与上议院的其他日常工作。

以前，高等法院和上诉法院统称为最高法院。2005 年的《宪法改革法案》对最高法院进行了重新界定，并于 2009 年 10 月正式使用。新的最高法院取代了上议院的司法功能，成了英国的最终上诉法院。英格兰、威尔士和北爱尔兰的最高法院主要处理刑事案件，苏格兰的最高法院则主要处理民事案件。最高法院的成员更名为最高法院法官（Justices of the Supreme Court）。

警察和警务

苏格兰和威尔士的警务系统以 43 支警察部队为基础，截至 2013 年共有警务人员 13 万人，其中包括 35 000 名女警和 6500 名少数民族警察。此外，还有 14 000 名权力与义务均受限的社区警察。因此，包括辅警和其他技术专家在内，总警力可达到 214 000 人。各地警力规模差别很大，大到 31 万人的伦敦警察厅服务规模，小到低于 1500 人的某些县级警务力量。高度专业化的伦敦金融城警局有 750 名警员。

1964 年发布的《警察法》要求每个警察机构都要受到第三方机构的监督，包括具有指挥权的地区首席警官、管理行政和预算的警察监管委员会以及管理国家警务部署的内政大臣等。监管委员会最初由当地政府、议员以及治安法官组成。1994 年的《警察和治安法院法案》对其进行缩减，并加入了一些独立成员，使其成为一个独立机构。2011 年的《警察改革与社会责任法案》将成员更改为经由选举选出的警察及罪案事务专员，并在 2012 年 11 月完成了第一次选举工作。

尽管首席警官的工作独立性和警察的自由裁量权并没有宪法规定的司法独立性重要，但这一直是英国警方工作所遵循的重要原则。首席警官的工作独立性可以保证自身在办理案件时不被行政命令左右而违背法律原则。自由裁量权允许警察结合自身经验对案件进行判断，例如是否逮捕嫌疑人。警务管理改革方面提出的设立工作目标与公布案件数量这两项措施一直受到批判，对警务工作的独立性产生了负面影响，歪曲了警务工作的重点，使警员为了成绩做出许多非必要的逮捕（尤其针对未成年人）。

23　　1964 年的《警察法案》颁布后，旧的警察部门混合在一起形成了现在的警察系统结构。但是这个结构存在很多问题，政府不确定到底是应该统一建立一个独立的国家部门，还是进一步合并然后建立新的地方部门。2013 年苏格兰建立了一个统一的警察服务机构——苏格兰警察局（Police Scotland）*。这个分歧在于，是否应该建立更大的管理指挥部门来提高警察的工作效率、节约经济成本，同时建立针对恐怖分子和国际犯罪的特殊部门。针对这一观点，更多人认为警察的工作更应该注重地方安全，应该以社区为标准来进行划分。所以现在英国政府和警务工作大力推行邻里警务（Neighborhood Policing）制度，来加强警察部门与本地社区之间的联系。

人们总是认为警察的工作主要是打击犯罪，但实际上还涉及其他的行政和管理功能，例如控制交通安全，逮捕罪犯其实只占警察工作的一小部分。但是这种想法导致民众总是要求更多的警察上街巡逻，认为警察应该少点官僚主义，都去上前线。毫无疑问，在街上看见警察能增加公众的信任感、安全感，社区警察们在这方面做出了很大贡献。但是其中还有很多问题没有弄清楚，例如怎样才能确保更多的警察来巡逻、要持续多长时间、是否会对犯罪数量产生显著影响，或者通过巡逻减少的犯罪会不会转化成为其他类型的犯罪等。

英国警务系统中的重要中央机构包括：2013 年成立的英国国家打击犯罪调查局（the National Crime Agency）和警察学院（the College of Policing）。英国国家打击犯罪调查局的前身为英国重大组织犯罪调查局（Serious and Organised Crime Agency）和英国国家警务改善局

---

　　* 译者注：苏格兰警察局（Police Scotland）是于 2013 年 4 月 1 日由八个地方警察部队合并成立的警察服务机构，负责监管整个苏格兰，重点保护苏格兰人民的安全和地方社区的服务工作。

（National Policing Improvement Agency），主要针对有组织犯罪、边境警察工作、经济犯罪和儿童保护工作。警察学院的主要工作是为警务人员建立工作标准、提升工作技能、职业认证培训和警察职业道德伦理教育等。2002 年的《警务改革法案》建立了警察独立监察委员会（the Independent Police Complaints Commission），其前身为警察投诉局（Police Complaints Authority），为警察投诉提供了更加独立、公开、透明的途径。这个委员会在调查处于警方控制中的嫌疑人死亡事件方面，起到了尤为重要的作用。

还有许多警务系统功能并不由警察部门来承担，而是由其他组织来负责，例如英国交通警察局（the British Transport Police）、地方政府部门、私人保安公司和英国健康与安全管理局（the Health and Safety Executive）等。

警务改革涉及警察系统结构、责任、权力以及新技术在调查、监控及犯罪记录上的应用等，这对于政府和警务系统本身来说都是一个关注度很高的问题。

想要进一步了解英国警察和警务系统，包括具体的组成人员类型、警察责任与管理方式、职业道德规范和新技术的使用，可以阅读纽伯恩（2008）以及纽伯恩和莱纳（2012）的研究。

皇家检察署

皇家检察署（The Crown Prosecution Service，CPS）承担了英格兰和威尔士的大多数公诉案件，这些案件都是由警方对嫌疑人进行逮捕和起诉后移交检察院进行处理。皇家检察署作为一个独立的国家机构建立于 1985 年，在此之前，对嫌疑人的起诉工作都是由警察或警方律师承担。20 世纪 70 年代，英国曝光了许多警察执法中的程序违规事件，为了杜绝这种情况的发生，英国设立了皇家刑事程序制定委员会（the Royal Commission on Criminal Procedure），皇家检察署也由此产生。

皇家检察署的负责人是检察长（the Director of Public Prosecutions，DPP），一般由总检察长（the Attorney General）指定和管理，这个职务首次出现是在 19 世纪，当时的检察长的职权比起现在受到更多的限制。皇家检察官一般为受过专业训练、能够出庭的初级律师，他们不能干预法院的量刑过程，但可以在被要求时为法官提供相关的建议。现在，皇家检察署的地位在刑事司法制度中还在不断提高。

监狱和监狱服务管理局

截至 2014 年，英国有 143 所监狱，除了 13 个私营监狱，其他公立监狱机构（有的已经濒临倒闭）均由英国监狱服务管理局（Prison Service）进行管理。监狱服务管理局的工作宗旨为："通过对已判决的罪犯进行关押以确保公共安全，并在狱中人性化地对待和引导罪犯，希望他们在狱中和释放后都能够过上守法、健康的生活。"截至 2014 年 5 月，监狱系统中大约共有 8.4 万名犯人，其中约有男性犯人 8 万人、女性犯人 0.4 万人。2013 年 5 月的统计数据（总数与 2014 年相同）表明，当时监狱系统中约有 1.1 万名犯人处于在押候审状态，约 1000 人为非刑事犯人，其他犯人则处于正常服刑状态。在 8 万名男性犯人中，年龄在 20 岁以上的犯人为 7.2 万人，18—20 岁的犯人为 0.7 万人，15—17 岁的犯人为 1000人。在 4000 名女性犯人中，21 岁以上的犯人有 3700 人，21 岁以下的犯人为 300 人，低于 18 岁的犯人有 23 人。英国监狱系统的犯人中，约有 10% 的黑人（占英国总人口的 2%）和

24

6%的亚裔，以及约 1 万名外籍犯人。

2013 年，英国监狱系统雇用了约 4.3 万名工作人员，监狱总开支达到 40 亿英镑，平均在每个犯人身上花费 37 000 英镑。

英国是欧洲监禁率最高的国家之一，大约每 10 万人中就有 150 人入狱，而德国和法国的这一比例人数为 93 和 85。大约有 65% 的犯人和 75% 的少年犯在两年内被重新判罪。英国监狱服务管理局一直希望能够降低监禁率，并取得一些成就，但由于再犯还受到社会和其他因素的影响——这些因素是监狱无法控制的，因此英国政府还委托了私人和第三方矫正机构来共同减少再犯，具体见后文。

想要进一步了解关于监狱的问题，可以阅读利布林（2005）以及利布林和克鲁（2012）的研究。更多关于英国监狱的资料可以参阅监狱改革基金会（Prison Reform Trust）定期出版的《布罗姆利监狱情况简报》（*Bromley Briefing Factfile*）。其可以在基金会的网站（www.prisonreformtrust. org. uk，访问于 2014 年 5 月 13 日）获取。

缓刑

英格兰和威尔士的缓刑制度是在 1907 年出现的，目的是在法院的监管下帮助罪犯、为罪犯提供建议、善待罪犯等。缓刑并不是一种刑罚，并不可以替代监禁刑。近些年来，英国政府对于缓刑服务提出了许多要求，尤其是对处于缓刑释放期间的犯人监管工作，以及社区服务的安排和管理责任等。

20 世纪 90 年代，英国处于一种严惩犯罪的氛围中，缓刑成为一种常见的刑罚。但那时的缓刑和社区服务令更加强硬而具有惩罚性，工作的重点变为要求"强制执法、康复训练和公共保护"。不同形式的社区服务令在 2003 年统一合并成为社区刑。

英国的缓刑制度经历多次改革。在 2001 年之前，英国有 42 个独立的地方缓刑局，均由各自地方治安官组成的缓刑委员会进行管理。然后，英国政府将这些缓刑服务局合并组成了一个新的英国国家缓刑服务局（National Probation Service），由司法部进行直接管理。原来的缓刑委员会则转变为商业组织，管理功能也受到限制。2004 年，英国缓刑服务局成为英国国家罪犯管理局的一部分。2007 年的《罪犯管理法案》（Offender Management Act）将缓刑委员会替换为 35 个缓刑基金会，并在其结构和功能上进行了更多的改革。然后在 2013 年，英国政府宣布大部分的缓刑工作都要由私人或第三方机构进行监管，并根据其减少再犯的效果提供相应的财政支持。其中约 30% 的工作内容被分配给一个规模更小的国家机构进行管理，例如与法院的沟通工作、对高风险犯罪人的监管等。在本文进行撰写时，这些改革还在进行当中。

2013 年，大约有 22.5 万名罪犯在任何时候都处于缓刑管理局的监管之下，其中 90% 为男性，10% 为女性。约 1/4 的犯罪人年龄低于 21 岁。超过一半的犯人被判处社区服务或缓期执行，其他犯人则在服完监禁刑后再进行缓刑的执行。每年缓刑管理局要向法院提交大约 20 万件刑前报告，提出对犯罪人是否适宜于缓刑的建议。

英国的缓刑服务中还涉及受害人，例如在安排犯人的释放和随后的监管工作时，要考虑到对受害人的影响。

在英国的缓刑系统重组之前，缓刑管理局大约有 1.6 万名工作人员，包括专业的缓刑监督官、有限责任的缓刑服务人员以及其他相关支持人员等。

青少年司法

从 19 世纪开始，人们就意识到青少年犯与成年犯存在区别，应该受到特殊对待。其中，年龄较小的儿童犯会在司法系统外接受处理，而年纪较大的青少年犯则另行安排。青少年司法在原则上注重对儿童和青少年犯人的保护。1997 年后，与其他国家不同，英国青少年司法的政策方针开始背离这一原则，反映出了当时对青少年犯罪人更具有惩罚性的公众态度。

英国的青少年司法程序在 1998 年进行了较大的改革。当时的民众认为，青少年司法只是在帮助少年犯罪人逃避惩罚，并没有起到惩戒作用。所以 1998 年的《犯罪与扰乱秩序法案》建立了英国国家青少年司法委员会（Youth Justice Board，YJB）和地方性的青少年犯罪工作组（Youth Offending Teams，YOTs）。青少年司法委员会是一个隶属于内政部的具有非部门性质的公共机构，由英国法务大臣指定的 12 名理事组成，对青少年司法进行监督，致力于减少青少年犯罪，确保青少年犯在司法过程中的人身安全，并对其犯罪行为进行处理。它的具体职能包括：向内政大臣提供建议、根据国家标准监督青少年司法制度的运行、安排青少年犯的候审与监禁工作、确立恰当的实施措施、开展青少年犯罪与司法的相关研究、推广青少年司法的经验等。

青少年犯罪工作组主要是协助当地的青少年司法机关进行工作，例如制定矫治计划、为服社区刑的犯人组织活动、减少及干预青少年犯罪、为受害人制定赔偿方案。工作组会和其他相关领域的专家一起调查青少年的犯罪原因、人身危险性，并制定防止再犯的配套方案。

内政部

在英国政府中，与司法密切相关的部门为内政部、司法部以及总检察长与副检察长办公室（Offices of the Attorney General and Solicitor General）。其中存在历史最久、权力最大的为英国内政部，起源于中世纪的国务大臣办公室（the Office of Secretary of State），在 1782 年拆分为内政部与外交部。从那时起，内政部成为处理所有政府事务的主要部门。20 世纪末，英国政府又设立了关于教育、卫生、就业、地方政府工作及儿童保护工作的独立部门，于是内政部的工作变为专门处理法律及社会稳定问题，例如犯罪、执法和司法工作等，工作目标也变为确保公共安全与个人自由之间的平衡。

自 19 世纪 60 年代开始，相关人士就认为英国内政部应该分为管理英国国内安全与司法的两个部门。这些争议一般围绕着英国内政大臣的工作负担与工作效率问题，但更重要的一点是无法确定内政部重组会不会像其他国家一样，有助于国家安全与个人自由的平衡。英国政府一直认为内政部作为一个统一的部门，能够更好地进行工作。但是随着恐怖主义与国内安全事件的频发，内政部的工作效率受到了严峻的挑战，所以在 2007 年，英国建立了司法部来分担内政部的工作，主要负责刑事司法、监狱与缓刑服务等工作。

现在英国内政部的主要职责为通过管理边境部队（UK Border Force）、签证及移民管理局（UK Visas and Immigration）、护照服务部（HM Passport Office）、犯罪记录局（Criminal-Records Bureau）和警察部门，来维护国内安全、反恐、降低犯罪率和保障社区稳定等。

25

司法部

英国司法部源于大法官部（Lord Chancellor's Department）和 19 世纪出现的大法官办公室（Office of Lord Chancellor），在 2003—2007 年被称为"宪政事务部"。当时大法官部的主要工作内容为民事案件及司法事宜，几乎没有行政职责。但是自从 1972 年英国建立了国家法院行政部后，该部门的规模和工作职责发生了很大的改变。20 世纪 90 年代，该部门开始管理地方治安法院，2003 年加入宪法事务，2007 年正式成立司法部，并加入了刑事司法、监狱和缓刑等工作。[7] 现在司法部的主要职责为宪法事务、司法系统（包括民事）、刑法、量刑政策，以及主管监狱与缓刑事务的国家罪犯管理服务。其中还单独设立了国家罪犯管理局，专门管理监狱与缓刑事务。

皇家检察官

英国的皇家检察官（Law Officers of the Crown）指的是总检察长（Attorney General）和副总检察长（Solicitor General）。总检察长是政府的首席法律顾问，有对重要案件起诉的决定权，还可以作为涉及国家公共利益案件的检控官。总检察长可以管理皇家检察署的议会工作，指定皇家检察署的负责人，同时还负责政府的某些法律部门。所以这个角色承担了许多负责的工作并且存在很多争议，例如为政府提供关于伊拉克战争合法性的建议，为了政治利益引导案件调查和起诉方向等。

其他相关国家机构

英国的假释审查委员会（Parole Board）是一个独立机构，通过风险评估来决定是否释放和重新监禁犯罪人，并由司法国务大臣决定其执行标准与程序。假释审查委员会由 1 名主席和 80 名成员组成，其中全职委员很少。成员的职业包括法官、心理学家、精神病学家、首席缓刑执行官、犯罪学家和一些独立委员。假释审查委员会的工作繁重而具有争议性，其准司法功能也无法独立于政府进行。

2009 年的《法医与司法法案》（Coroners and Justice Act）建立了量刑指导委员会（Sentencing Guidelines Council，SGC），包括 8 名司法系统成员和 6 名非司法系统成员。它的职责包括为皇家刑事法院和治安法院提供量刑指南、为量刑工作提供资源支持、确保量刑标准是基于刑罚和资源利用的有效性等；同时还要负责提升公众对量刑工作的理解和信心，保证量刑结果符合公众预期。

督察组（Inspectorates）在监督刑事司法制度上起到了重要作用。英国的督察机构包括起源于 19 世纪的皇家警察督察局（HM Inspectorate of Constabulary）、第二次世界大战前成立的皇家缓刑督察局（HM Inspectorate of Probation），以及近些年成立的皇家监狱监察局（HM Inspectorate of Prisons）和检控督察局（HM Inspectorate of the Crown Prosecution Service）等。现在这些机构都隶属于中央政府，并对司法系统的绩效进行监督。但监狱监察局是一个例外，它主要关心的是犯人在狱内的待遇和体验，关注尊严和人权问题，以及监狱是否健康运行等。

监狱和缓刑调查员（Prisons and Probation Ombudsman）的职责是处理狱内犯人或缓刑犯人的投诉。但他们只能向监狱、缓刑机构或司法部提出相关建议，并不能直接干预其工作内容。

英国的每一个监狱都有其对应的独立监察委员会（Independent Monitoring Board），这些委员会由志愿者组成，对监狱的运行和犯人待遇进行监督。这些委员会源于 1877 年《监狱法案》设立的作为监狱主要管理部门的治安委员会。委员会成员可以自由出入监狱，并在没有监狱工作人员陪同的情况下与犯人进行有关监狱运行的谈话，并向司法国务大臣提交年度总结报告。

其他相关内容

犯罪受害人

多年来，在英国的刑事司法制度中，犯罪的受害人仅能作为目击证人参与进来，并没有特殊的待遇及法律地位。直到 1964 年才引入了与受害人有关的刑事赔偿计划，然而直到 20 世纪 80 年代，支持受害人的运动才真正地开始重视受害人的权益，并在 1990 年出台了第一部《受害人宪章》。现在，所有刑事司法机构都要小心谨慎地对待受害人的经历和利益，英国受害人援助组织（Victim Support, www. victimsupport. org. uk，访问于 2014 年 5 月 13 日）也能够为受害人提供相关支持，证人服务机构也能为即将上庭的证人提供保障和帮助。

关于受害人的权利和义务问题一直非常复杂。受害人需要司法系统的帮助、关心和尊重，但是许多例子表明司法系统并没有做到。其实在司法系统中，犯罪人与受害人之间并没有绝对的利益冲突。受害人可以在法庭上作证，也就是我们经常提到的"受害人影响供述"（Victim Impact Statements）。受害人陈述中可能包含：所受伤害或损失、受害经历和感受以及情感宣泄。其中，情感宣泄可能会对量刑产生不当影响。此外，许多司法过程中的难题也与受害人有关，例如受害人或证人受到恐吓，强奸案、家庭暴力及"荣誉暴力"（Honour Violence）* 案件中的受害人逃避调查和起诉等。

恢复性司法

恢复性司法是一种更加温和地解决犯罪人和受害人之间冲突的一种司法活动，目的在于恢复犯罪所造成的社会伤害，是对现存司法过程的一种补充。它主要包括安排受害人在亲属的陪同下与犯罪人进行会面，获得犯罪人的道歉，对犯罪人的处置进行商讨，有时还包括社区服务及赔偿等司法程序。这种案件解决方式还可以在监狱（Edgar & Newell, 2006）、学校等机构使用，例如预防反社会行为、政府处理民众投诉等。在推动恢复性司法的过程中，英国出现了两个发挥重要作用的慈善机构，帮助性犯罪者的"责任承担与支持小组"（Circles of Support and Accountability）以及帮助谋杀案的受害者家庭的"逃离受害情绪小组"（Escaping Victimhood）。

尽管在推行过程中存在许多质疑，且恢复性司法现已成为刑事司法制度中的重要一环，但仍缺少专业的调解服务，这应该是恢复性司法未来的努力方向。具体内容请见本书第 26 章。

种族歧视

从 20 世纪 70 年代开始，种族歧视就已经成为英国法院和刑事司法制度的一大难题。

---

* 译者注：荣誉暴力是指个体没有遵守家庭的文化、道德期望而遭受暴力甚至死亡的现象。

其中，监狱心理学家最早发现监狱中的种族主义态度及行为，警方的拦截盘查权力（Stop and Search）也被质疑存在歧视，尤其是监狱内黑人与白人犯人的数量差距更是反映出刑事司法过程中的种族歧视现象。这种歧视行为甚至存在于司法人员内，少数民族很少能成为司法人员，更别提晋升到高级职位。

终于，在1991年的《刑事司法法案》颁布了一条英国国务大臣的要求："国务大臣在发布提升政府（刑事司法制度）管理人员工作效率的实施方案时，应该避免种族、性别或其他任何不当理由的歧视。"自此以后，歧视的话题得到热议。2000年的《种族关系修正法案》（Race Relations ［Amendment］ Act 2000）进一步规定，所有政府人员都有维护种族平等的责任。

尽管在20世纪90年代就已经出现了避免歧视的政策，但是这并没有得到有效实施。转折点发生在1994年的史蒂芬·劳伦斯谋杀案中，麦克弗森爵士对案件的调查报告中证实了警方存在制度化种族主义歧视（Macpherson，1999）。当时的英国监狱也充斥着种族歧视事件，其中最严重的就是2000年费尔塔姆少年犯管理所（Feltham Young Offenders Institution）的扎希德·穆巴拉克谋杀案。当时的监狱管理局长马丁·纳雷承认监狱内也存在制度化种族主义，并表态监狱不会继续容忍种族歧视行为和种族主义团体成员的存在，任何没有执行这一规定的监狱工作人员都会被解雇。后来，真的有一位工作人员因为穿有纳粹标志的衣服而被解雇。

这些事件发生后，整个刑事司法制度都致力于防止歧视行为，例如增加系统中少数族群成员的数量及比例。尽管如此，这些行为仍然被认为是政治作秀，媒体关于种族主义的内容依然没有减少（Sveinsson，2008），而歧视行为也依旧常有发生。

想要进一步了解刑事司法制度中的种族歧视问题，请阅读菲利普斯与鲍林（2012）的研究。

28

结论

从20世纪70年代后期开始，英国政府一直关注犯罪与司法问题。首先，由于犯罪数量的增加，更多的人成为受害人；其次，媒体对于耸人听闻的犯罪事件的报道大幅增加；最后是由于英国政府的两党相争的政治传统，以及民众对于政府解决问题的期待。

直到20世纪90年代早期，英国政府才基本接受了内政部的调查结论（Home Office，1977），发现政府的刑事司法措施无法有效地预防犯罪。随后发生的事件[8]使1997年的新政府为了唤回公众信任及减少犯罪，进行了一系列的政策改革。国务大臣不仅注意到所有公共机构急需系统化，有的人还认为刑事司法制度已经过时（Tony Blair，2004），无法处理发生涉及全球化的各类犯罪、身心障碍和反社会行为，所以必须抛弃以往的原则，制定新的刑事政策。

英国刑事司法部长和管理人员面临的一大难题是刑罚效应问题。刑罚没有威慑力，就算加重刑罚，将更多的犯罪人关入监狱，也没有对减少犯罪起到作用（Halliday，2001）。[9]增加更多的警察巡逻保证民众的安全，却没有对犯罪数量产生多大影响。就算对犯罪人进行公开羞辱也没有改正他们的行为。英国大部分男性有犯罪记录或承认曾经犯过罪，许多受害人曾经也是犯罪人，许多犯罪人曾经也是受害人。无辜的受害人或守法公民好像已经离开了这个社会。就算数据显示犯罪数量减少，犯罪控制的效果仍然受到公众的怀疑。尽管经过了 15 年的改革工作，英国民众依然觉得犯罪问题没有得到改善，政府应该更加努力。

现在英国的犯罪和司法特点包括：注重经济效益、科学性的犯罪管理和循证矫正政策、公众保护的正义观、加大政府干预等。学者们也为司法程序进行补充，希望恢复犯罪影响的社会关系、改善犯罪人的行为动机、更加注重影响再犯的因素研究（McNeill & Weaver，2007），具体见本书第 9 章。由此英国政府建立了许多基于地方而非政治化的新司法项目，例如邻里警务、社区司法等。

此外，还有许多从不同视角对过去 25 年的变化进行的介绍（Garland，2001；Faulkner，second edition，2006；Lacey，2007；Faulkner & Burnett，2011）。

注释

［1］最明显的几项区别是苏格兰的司法制度包括诉讼中的地方检察官制度、郡法院系统和少年法庭中的儿童听证会的设置等。

［2］英国政府会定期在网上公开这两种数据，http：//www. ons. gov. uk/ons/rel/crime-stats/crime-statistics/index. html，并定期公告特定的犯罪，其他一般形式的犯罪和司法方面的数据也可在网上进行查询，https：//www. gov. uk/government/collections/crime-statistics.

［3］陪审团审判的案件有许多限制，一方面是为了防止陪审团受到干扰，另一方面是由于案件过于复杂或审理时间过长，不适用于陪审团审理，例如一些诈骗罪。2003 年的《刑事司法法案》为许多案件作出了限制性的规定，意在防止不合理地要求陪审团审判，例如富有的被告被起诉轻微犯罪，并不需要被起诉，但担心定罪会影响名誉和事业，要求进行陪审团审判。北爱尔兰存在一种为了审判恐怖主义案件而设立的没有陪审团的法庭，在英格兰和威尔士则没有相关的规定。

［4］两可罪行和必诉罪行可以放在一起，统称为“可公诉罪行”。可公诉罪行和申报罪行（Notifiable Offences）相似但存在不同之处。申报罪行是指被记录下来的犯罪行为。区别在于，可公诉和简易即时程序案件或者非诉犯罪根据年代的不同有所变化，但是犯罪定义并没有变化，方便进行犯罪数据的统计和对比。

［5］See Criminal Justice Statistics，2013，England and Wales，Ministry of Justice Statistics Bulletin，May 2014.

［6］在欧洲，10 岁是一个较低刑事责任起点年龄，一直存在争议。1998 年的《犯罪及扰乱秩序法案》移除了无犯意假定（presumption of doli incapax），要求控方必须证明 14 岁以下少年知道自己犯法。

［7］司法部部长的全称是英国司法与大法官部部长（Secretary of State for Justice and Lord Chancellor），由于大法官这一职位还涉及司法部的许多工作职责，所以在没有新的法律进行规定之前，无法被其他职位所取代。平常提到的司法国务大臣（Secretary of State for Justice）、司法大臣（Justice Secretary）和司法部长（Justice Minister）等所指的都只是司法部的下级部门管理人。

［8］1993 年，一个 2 岁的儿童詹姆斯·巴尔杰被两个年仅 10 岁男孩残忍杀害。这件骇人听闻的案件引起了英国民众的公愤。

［9］监狱内的犯人增加 15% 仅减少 1% 的犯罪。

扩展阅读

1. 文中提到的相关研究。

2. 布莱恩·吉布森的《英国刑事司法制度：一本初学者指南》（*Criminal Justice：A Beginner's Guide*）对本文所涉及的刑事司法程序都有详细介绍，并简单地归纳了刑事司法制度的特征和发展。

3. 迈克·马奎尔、罗德·摩根及罗伯特·雷纳所编著的 2012 年第 5 版《牛津犯罪学指南》（*Oxford Handbook of Criminology*）详尽地对应该犯罪学和司法程序进行了介绍，包括 33 章，1000 多页，对所有视角的研究都能有所启示。其中还包括对犯罪心理学、犯罪人心理健康、物质依赖、白领犯罪、有组织犯罪、恐怖主义的相关内容，本书后文会进行介绍。

4. 露西娅·泽德尔在 2004 年出版的《刑事司法程序》（*Criminal Justice*）一书对英国的刑事司法制度中的概念、结构和程序、中心议题及历史、文化背景中存在的争议进行了深刻的分析。

参考文献

Ashworth, A., & Redmayne, M. (2010), *The criminal process* (*4th edn*), Oxford：Oxford University Press.

Ashworth, A., & Roberts, J. (2012), "Sentencing：Theory, principles and practice", In M. Maguire, R. Morgan, & R. Reiner (Eds.), *Oxford handbook of criminology*, chap. 29, Oxford：Oxford University Press.

Crighton, D., & Towl, G. (2008), *Psychology in prisons* (*2nd edn*), Oxford：BPS Blackwell.

Downes, D., & Morgan, R. (2012), "Overtaking on the left? The politics of law and order in the 'Big Society'. No turning back：The politics of law and order into the millennium", In M. Maguire, R. Morgan, & R. Reiner (Eds.), *Oxford handbook of criminology* (pp. 201 – 240), Oxford：Oxford University Press.

Edgar, K., & Newell, T. (2006), *Restorative justice in prisons：A guide to making it happen*, Winchester：Waterside Press.

Faulkner, D. (2006), *Crime, state and citizen：A field full of folk* (*2nd edn*), Winchester：Waterside Press.

Faulkner, D., & Burnett, R. (2011), *Where next for criminal justice?* Bristol：The Policy Press.

Garland, D. (2001), *The culture of control：Crime and social order in contemporary society*, Oxford：Oxford University Press.

Gibson, B. (2004), *The Criminal Justice Act*, 2003：*A guide to the new procedures and sentencing*, Winchester：Waterside Press.

Gibson, B. (2014), *Criminal justice：A beginner's guide*, Sherfield-on-Loddon：Waterside Press.

Halliday, J. (2001), *Making punishments work：Report of a review of the sentencing frame-*

work for England and Wales（pp. 130 – 132），London：Home Office.

Hollin, C.（2007），"Criminological psychology", In M. Maguire, R. Morgan, & R. Reiner（Eds.），*Oxford handbook of criminology*（pp. 43 – 77），Oxford：Oxford University Press.

Home Office（1977），*A review of criminal justice policy* 1976，London：HMSO.

Hoyle, C.（2012），"Victims, the criminal process and restorative justice", In M. Maguire, R. Morgan, & R. Reiner（Eds.），*Oxford handbook of criminology*，chap, 14. Oxford：Oxford University Press.

Innes, M., & Levi, M.（2012），"Terrorism and counter terrorism", In M. Maguire, R. Morgan, & R. Reiner（Eds.），*Oxford handbook of criminology*，chap. 22，Oxford：Oxford University Press.

Lacey, N.（2007），*Criminal Justice*，Oxford：Wiley-Blackwell.

Lacey, N., & Zedner, L.（2012），"Legal constructions of crime", In M. Maguire, R. Morgan, & R. Reiner（Eds.），*Oxford handbook of criminology*，chap. 6，Oxford：Oxford University Press.

Liebling, A.（2005），*Prisons and their moral performance：A study of values，quality and prison life*，Oxford：Clarendon Press.

Liebling, A., & Crewe, B.（2012），"Prison Life, penal power, and prison effects", In M. Maguire, R. Morgan, & R. Reiner（Eds.），*Oxford handbook of criminology*，chap. 30，Oxford：Oxford University Press.

Macpherson, W.（1999），*The Stephen Lawrence inquiry*，CM4262. London：Stationery Office.

Maguire, M.（2012），"Criminal statistics and the construction of crime", In M. Maguire, R. Morgan, & R. Reiner（Eds.），*Oxford handbook of criminology*，chap. 8，Oxford：Oxford University Press.

Mc Conville, M., & Wilson, G.（Eds.）(2002)，*Handbook of the criminal justice process*，Oxford：Oxford University Press.

Mc Neill, F., & Weaver, B.（2007），"Giving up crime：Directions for policy", Glasgow：Scottish Centre for Crime and Justice Research.

Measham, F., & South, N.（2012），"Drugs, alcohol and crime", In M. Maguire, R. Morgan, & R. Reiner（Eds.），*Oxford handbook of criminology*，chap. 23，Oxford：Oxford University Press.

Nelken, D.（2012），"White-collar and corporate crime", In M. Maguire, R. Morgan, & R. Reiner（Eds.），*Oxford handbook of criminology*，chap. 21，Oxford：Oxford University Press.

Newburn, T.（Ed.）(2008)，*Handbook of policing*（2nd edn），Cullompton, Devon：Willan.

Newburn, T., & Reiner, R.（2012），"Policing and the police", In M. Maguire, R. Morgan & R. Reiner（Eds.），*Oxford handbook of criminology*，chap. 27，Oxford：Oxford University Press.

Phillips, C., & Bowling, B.（2012），"Ethnicities, racism, crime and criminal justice",

In M. Maguire, R. Morgan, & R. Reiner (Eds.), *Oxford handbook of criminology*, chap. 13, Oxford: Oxford University Press.

Sveinsson, K. (2008), *A tale of two Englands- "race" and violent crime in the press*, London, Runnymede Trust.

Zedner, L. (2004), *Criminal justice* (pp. 39 – 47), Oxford: Clarendon Press.

第三章 犯罪心理画像

戴维·A. 克雷顿（David A. Crighton）

犯罪心理画像采用行为数据分析方式，通过对犯罪嫌疑人的犯罪特征进行可能性预测，为犯罪侦查提供有关作案人情况的信息。这项工作包括从犯罪现场和其他渠道（如目击者的描述）中收集信息数据，为侦查机关提供有价值的、关于作案人的心理画像，提高侦查效率。回顾历史，犯罪心理画像的发展主要经历了两个阶段：第一阶段主要采用有良好效果的临床方法；第二阶段以统计预测方法为主。自 20 世纪 80 年代开始，该技术迅猛发展，并逐渐成为刑事侦查过程中的例行环节，甚至发展为一种流行趋势。犯罪心理画像的早期发展建立在有限且薄弱的证据基础之上，缺乏实战经验。

近些年，犯罪心理画像的实践探索越来越重视证据基础，一些相对低效的、缺乏理论支撑的方法与模式在实战检验中被淘汰，这使得犯罪心理画像与主流法律心理学实践中的规则、方法论与理论模型越来越一致。犯罪心理画像这一领域有如一片丰收在望的实验田，但其理论和方法的科学性问题仍然是需要解决的重点。

引言

犯罪心理画像指通过对数据的观察、反思、重建，从而对犯罪者的可能性特征进行预测的过程（Kocsis，2007）。这一过程涉及了许多技术手段：犯罪侦查分析（Criminal Investigative Analysis，CIA）（Ressler，Burgess，Douglas，Hartman & D'Agostino，1986；Tenten，1989）、侦查心理学（Investigative Psychology，IP）（Canter，1989）、画像分析（Profile Analysis，PA）（Jackson & Bekerian，1997）和犯罪行为画像（Crime Action Profiling，CAP）（Kocsis，2003；2007）。每个技术手段虽然侧重点不同，但本质相似。因为它们拥有共同的逻辑和理念，且采用类似的分析技术。犯罪心理画像拥有两个核心假设：①行为具有一致性，即在系列案件中，犯罪现场所遗留的、反映作案人行为特征的痕迹往往具有一致性。②行为具有同源性。这是发展生物学中的一个专业术语——强调相似的犯罪现场表现出相似的行为特征。基于这些假设，侦查机关对有效信息进行分析与判断，进而形成可靠的犯罪心理画像（Gudjonsson & Copson，1997）。

历史发展

犯罪现场可以提供关于犯罪人有效且有用的信息，这一观点在历史上影响深远，并且许多关于犯罪心理画像的元素都出现在虚构的侦探小说中，比如《夏洛克·福尔摩斯》（Conan Doyle，1897；2001）、《赫尔克里·波罗》（Christie，1934），以及近些年出现的书籍，比如《红龙》（Harris，1981）。早在 19 世纪 80 年代，伦敦东区发生了一起系列性凶杀案，一名医师托马斯·邦德就对犯罪嫌疑人的人格特征进行了心理画像。犯罪嫌疑人在作案过程中从未被发现，最终却成了臭名昭著的"开膛手杰克"。该案例中的画像师是一名供职于警方的外科医生，他协助警方对其中一名被害人进行尸检，并指出该谋杀存在与性相关的信息特征。鉴于被害人生前与死后均遭受严重的伤害，画像师解读出犯罪嫌疑人有明显的愤怒以及对女性的仇恨。基于这些有限的信息，通过评估犯罪嫌疑人的行为与人格特征，从而对其个性与生活经历进行了进一步的还原。从他对现场证据信息的分析中可以得出这样的推测：伦敦地区集中发生的七起谋杀案件中的五起应该是同一作案人单独、系列作案，并且罪犯拥有身体强壮、性格沉稳、敢于冒险的特征，凶手很可能是一个相对安静、谦逊、与世隔绝且没有稳定工作的人，故很少能够引起公众的注意。Bond 博士诊断犯罪嫌疑人可能是色情狂——现在被称为"滥交"。与耸人听闻且不准确的新闻报道相反，基于对受害者死后的特征分析，画像师认为犯罪嫌疑人不具备任何外科医生或者屠夫的专业解剖技能（Petherick，2005）。

历史上关于犯罪心理画像的另一个里程碑案例发生在纽约，即纽约 1940 至 1956 年间的系列爆炸事件。[1]作案人通过多次在公共场所（例如电影院、电话亭和火车站）安置爆炸物进行爆炸活动。1956 年，警方委托当时担任纽约州心理卫生助理专员的詹姆斯·布鲁塞尔对犯罪嫌疑人进行心理画像。画像的结果表明，罪犯是一名来自康涅狄格州的身强力壮的中年男子，很有可能单身，并与一个兄弟或姐妹亲属一起居住，有一些基本的机械技能，是罗马天主教徒移民，拥有母亲占有式的强烈溺爱以及对父亲的极度仇恨。布鲁塞尔表示，根据"第一个炸弹被置于该城市的电力公司总部"这一信息可以得出，罪犯似乎对该电力公司怀恨在心。巧合的是，画像中指出，罪犯遭遇逮捕时很有可能穿着一件"扣紧"的双排扣外套。布鲁塞尔一直凭借犯罪心理画像技能协助纽约警方破案，直至 1972 年出版了一本广受欢迎的《犯罪心理画像工作记录》（Brussel，1968）。

完成对该案的画像后，警方开始寻找心怀不满的电力公司前雇员，并对犯罪嫌疑人进行识别指认，一名来自康涅狄格州的男子乔治·梅特斯基进入警方视野。与画像结果一致，犯罪嫌疑人确为单身，体型魁梧，系罗马天主教徒且于异国出生。据说，当犯罪嫌疑人被警察告知穿好衣服时，正如布鲁塞尔之前预测的一样，他穿上那件扣子完全扣好的双排扣外套。犯罪心理画像和这起案件及其他备受瞩目的案件所造成的神话一直持续到最近。事实上，布鲁塞尔的成果可能不如 19 世纪 90 年代 Bond 博士所取得的成果那样令人印象深刻。随后的评论指出，现实中的犯罪心理画像并没有对犯罪人或其动机了解太多。除此之外，画像还涉及了大量的主观推测，但事实证明这些推测并不准确甚至存在误导。然而，随着大量的预测不断涌现，某些预测被验证的确是正确的。随后这些准确的预测就被视作准确性的正面证据，而不准确的预测便逐渐被大家遗忘（Gladwell，2007）。

1972 年，美国联邦调查局（FBI）成立了行为科学部（Behavioral Science Unit，BSU），并设专项资金来开发新的侦查方法，以期抓捕未决案件的在逃嫌犯。行为科学部的早期工作受到加利福尼亚州警官霍华德·特滕的极大影响，他自 20 世纪 60 年代起就始终效忠于联邦调查局，且与同事一起开发了犯罪侦查分析（Criminal Investigative Analysis，CIA）方法。BSU 在这些早期方法的运用中逐步发展起来（Tenten，1989）。之后，BSU 开始进行一系列的系统研究，特别是在连环杀人案方面。最初的尝试是针对性凶杀犯罪群体开展的，通过采用半结构式访谈的方法对罪犯进行系统性的描述性分析（Ressler et al.，1986）。这项工作具体可分为四个阶段：数据同化、犯罪分类、犯罪重建、画像生成。画像生成的最后阶段都以固定的形式呈现，包含一系列社会人口统计信息、心理描写以及访谈过程中所获取的信息。基于对已知罪犯的画像分析，假设在逃罪犯也将呈现明显的相似之处。这种方法适用于许多犯罪类型，除了性犯罪以外，纵火和性侵犯的案件也同样适用。

与 BSU 开展的画像工作同期发展的还有凯佩尔和沃尔特所提出的方法（1999）。这个方法在协助侦查臭名昭著的连环杀手特德·邦迪以及加里·里奇韦时，被当时的媒体频频报道。沃尔特曾在密歇根州监狱系统担任心理专家。根据他的临床经验，所有的谋杀犯罪和性犯罪均可以分为四个类型：力量自信型、力量保证型、愤怒报复型、愤怒激发或愤怒施虐型。

犯罪心理画像在欧洲的发展稍晚于北美，且其试图在一些受人注瞩目的案例中运用一系列画像技术（Britton，1998；Canter，1994）。欧洲在画像方面的实践经常被错误地理解为沿着"临床法"和"精算法"两个不同的方向发展。原因可能是早期的画像工作多由以 NHS（全民医疗服务）为工作背景的心理学家承担，并效仿布鲁塞尔的工作方式，聚焦于识别精神病理学研究范式。这些方法的投入及使用得到了业内极大的好评，并在相当程度上满足了警察的要求。然而，好景不长，这些技术的使用逐渐遭到研究人员以及法院的不满和诟病（Copson，1995；R v. Stagg［1994］）。而之后的"实证"法可以通过以多维量表为测量工具的统计方法对画像开展一致性范式研究（Alison，Bennett，Mokros & Ormrod，D.，2002；Fujita et al.，2013）。

犯罪心理画像的方法

有研究人员指出，业界在相当高的程度上一致认为，画像师可以利用犯罪现场和目击者所提供的信息来评估犯罪嫌疑人的行为特征，并进一步生成对犯罪嫌疑人的大致印象（Kocsis，2007）。至少在理论上，这应该是可行的。随后，一系列区分犯罪心理画像不同领域的专业术语逐渐涌现，例如诊断评估（Diagnostic Evaluation，DE）、刑事侦查分析（Criminal Investigation Analysis，CIA）、犯罪行为画像（Crime Action Profiling，CAP）、侦查心理学（Investigative Psychology，IP）等。

诊断评估

这种画像方法与其他三种普遍提倡的方法存在本质区别，并且在许多方面均与布鲁塞尔早年间所提出的画像方法更为相似（1968）。这种方法事实上涉及一种得以广泛应用的临床模型和方法。在这种方法中，从业者通过对犯罪现场以及精神健康的相关诊断的分析来对犯罪嫌疑人的一系列特征进行预测和推断。预测特征的生成以独特的形式呈现，并与分析师以往处理的一系列精神健康案例经验相关。在许多方面，这种方法与精神健康的实践类似，即采用多种信息将个体按照精神病理学进行分类，据称这样做具有预后价值。但是犯罪心理画像中这些方法的应用环境与目的明显与精神健康实践不同（Copson，Badcock，Boon & Britton，2006）。

刑事侦查分析

联邦调查局（BSU）[2]在北美广泛使用刑事侦查分析法（Tenten，1989）。该方法由于需要采集犯罪嫌疑人的相关证据，故与诊断评估的方法截然不同，并且以法医科学和犯罪学的相关术语取代诊断术语，如以"犯罪现场分析"等术语表征对犯罪及犯罪场所的系统分析、以"暂存""签名"等术语来描述犯罪现场的其他方面。刑事侦查分析的方法最初针对犯罪的分析而提出，由于难以继续沿用传统的侦查手段来分析并监测日益复杂的案情，如令人棘手的系列陌生人杀人案，刑事侦查分析法应运而生。该方法不仅基于实证主义的画像数据，更是基于犯罪现场所得数据进行类型学分析。区分"预谋"犯罪和"非预谋"犯罪的罪犯，可谓刑事侦查分析区别其他方法的最有力证据。这种方法后期被运用于其他类型的罪犯案例中，包括强奸犯和纵火犯（Kocsis，2007），并被编入《犯罪分类手册（Crime Classification Manual）》（Douglas，Burgess & Ressler，2013），从而为其他侦查机关提供不同类型犯罪嫌疑人的模版参考。

犯罪行为画像

犯罪行为画像（CAP）在很大程度上类似于刑事侦查分析，但常被应用于法律心理学和精神病学（Kocsis，2007）。与刑事侦查分析类似，这种方法往往针对的是无法采用传统侦查手段解决的特定类型的犯罪。这种方法除了涵盖心理画像的相关技术，还会对画像中的数据采集和准确性评估加以表述。犯罪行为分析在很大程度上强调对多维量表（MDS）统计方法的使用。研究发现，侦查机关通过将犯罪行为分析技术与多维量表以及其他统计工具相结合的方式，生成画像的概念模型，反过来又对犯罪者的可能信息加以预测（Kocsis，2003；2007）。

侦查心理学

与侦查心理学（IP）关系最为密切的是英国利物浦大学的研究者所开展的研究和实践（Alison & Kebbell，2006）。该方法实际上是一种犯罪心理画像的实证方法。侦查心理学的研究范畴已不仅仅局限于之前的犯罪领域，还包括了盗窃和家暴。它的特点体现在对犯罪行为的表意分析，以及运用实证的方法对犯罪者的可能特征进行预测。该方法由于严重依赖多维量表的统计结果，因而经常使大家对其究竟作为"定性"研究还是"定量"研究产生困惑。多维量表同样用于对犯罪行为的分析，以及运用实证的方法预测犯罪者特征。对家庭暴力犯的分析就是运用多维量表的典型例子。运用该方法，家庭暴力行为可被划分为特征更加明显的"工具型"和"表达型"两种类别（Kocsis，2007）。

新近的发展

自20世纪80年代起，画像已经开始从原先的首创技术朝着更加循证的方向发展。这一实践领域主要涉及两个方面。首先，实践和研究都已经转变为法律心理学主流的一部分。其次，它们都和法律心理学的其他领域一样，朝着实证方向而努力。此领域中的科学研究和实践在最近几年主要关注有关犯罪现场的三个中心问题：第一，犯罪现场发生了什么？第二，在犯罪现场实施犯罪的人可能具有什么样的社会人口学特征？第三，此人最有可能的心理特征是什么（Read & Oldfield，1995）？

最近关于科学实践的描述主要集中在两个主要的假设之上：行为一致性和同源性。行为一致性，是指惯犯所表现出的变化性少于其他系列的罪犯。进化生物学中的同源性，是指反应共同本源的相似性。人格画像，是指从任何给定的犯罪类型中通过特征的相似性，假设两个罪犯的相似程度（Alison & Kebbell，2006）。

正如前文所述，以实证为基础的人格画像，作为一种罪犯识别和提供侦查优先顺序的方式，往往聚焦于严重的暴力犯罪和性犯罪。下文中所使用的案例是性罪犯，而报道的性犯罪中约一半是陌生人实施的。这类罪犯的人格画像对侦查部门有很大的吸引力，因为常常难以甄别此类犯罪群体。调查此类罪犯的警员往往对这些随机的犯罪现象缺乏相关的调查线索，所以任何能够降低不确定性的方法都很受欢迎。然而，挑战还是非常明显的。性罪犯广为人知和普遍接受的特征之一是作为群体的异质性（Prentky & Burgess，2000）。人们对此进行了很多尝试，即将性罪犯进行有效分类以便于分析其异质性以协助调查、评估和干预。这种分类的尝试有很多，例如科恩、塞格霍恩和卡尔马斯（1969）提出将强奸犯分为四种类型：补偿型、冲动型、性侵犯扩散型和替代侵犯型。他们同样建议将儿童性骚扰分为退化、侵犯、固恋和剥削这四个类型。

该分类方法在业内广为流传，目前仍然常见到以退化和固恋作为儿童犯罪类型。同样我们很容易发现，如果此分类有效，将对犯罪侦查提供巨大的帮助。然而许多类别只具备表面上的吸引力，却很少有坚实的实证基础。同时，目前也没有足够有力的证据来支持类似的归类模型。该分类因无法可靠有效地收集数据而备受诟病（Prentky，Knight & Rosenberg，1988）。因此，后续研究通常无法为此分类提供实用性的支持也就不足为奇了。

后续又开展了对实证分类系统的研究，如马萨诸塞州治疗中心分类系统，目前已是第三代（Prentky，Knight，Rosenberg & Lee，1989）。然而该系统虽然有潜在的临床效用，但过于依赖犯罪动机，因而在识别犯罪现场和侦查方面效果不佳（Alison，2006；Alison et al.，2006）。

目前，犯罪心理画像的主要目的是将科学的方法用于实际犯罪案件而不是历史案例，即从罕见恶劣罪行中甄别出真正的罪犯，如连环杀人案和强奸案。与此同时，采用行为一致性相关的画像方法来防范恐怖主义犯罪。潜在类别分析的统计方法已经被应用于拥有高发率和低破案率的犯罪案件中。例如，在美国，只有约12.7%的盗窃案件成功破案（Federal Bureau of Investigation，2011）。这种方法主要关注执法机构如何查询线索，并在证据有限的情况下缩小潜在嫌疑犯的识别和搜索范围（Chapman，Smith & Bond，2012）。一项对佛罗里达州405例盗窃犯罪的研究报告指出，根据罪犯的不同犯罪特征可以有效地将他们指定为下述四种类型中的一种：有组织的、无组织的、投机型的和组织混乱的。后来在一项关于画像实用性的研究中发现，使用画像能够显著地增加逮捕率，从而使盗窃犯罪的破案率提高3倍（Fox，Farrington，Chitwood & Janes，in press）。

画像数据库

与统计方法一同发展的是：罪犯特征数据库的发展和使用。日益增长的信息技术相关性使得此数据库越来越能够得以利用，其中几项现有的数据库已经被警方和调查机构用作调查的工具。同样，个人信息获取和存储能力的日益增长，也引起了人们对其中存在的法律和伦理问题以及其准确性和数据安全问题等方面的关注。

儿童绑架和连环谋杀案侦查资源中心

儿童绑架和连环谋杀案侦查资源中心（CASMIRC）是一家成立于美国的资源中心，通过与美国联邦、州和当地机构开展协作，来提高对暴力犯罪案件的侦查质量。该资源中心也是一个收集儿童绑架、失踪、凶杀案和连环杀人案案件数据的中央数据库。因此，CASMIRC被视为一种技术支持手段，以联邦调查局提供的行为服务向调查机构提供支持。

暴力罪犯拘捕计划

暴力罪犯拘捕计划（ViCAP）是美国司法部于1985年引入的一个由FBI运作的系统。

36

它是一个包含凶杀、性侵、失踪人员和不明身份遗骸信息的数据库。该数据库包括所有调查机构提交的广泛案例信息，包括受害者信息、犯罪嫌疑人信息、犯罪细节，如作案手法、犯罪日期和地点、犯罪现场细节、犯罪详情和需要保密的特定犯罪细节信息。该国家数据库将新近案例与数据库中的历史案例进行比较从而查找相似处。此外，新近案例会由分析师进行审查，从而对任何遗漏的相似之处进行自动识别和搜索。

暴力和性罪犯记录

ViSOR 是一个旨在促进多机构公共保护（Multi Agency Public Protection Arrangements，MAPPA）工作的英国数据库（National Probation Service，2007），涵盖了警察、保释和监狱部门整理提交的已定罪暴力罪犯和性罪犯的详细保密信息。ViSOR 目前被英格兰、威尔士、苏格兰、北爱尔兰，以及英国军队和其他专业警察部队——如儿童发展与在线保护中心（the Child Exploitation and Online Protection，CEOP）——投入使用。ViSOR 提供了一种将新旧案例进行比对的可搜索数据库。

画像的证据基础

罪犯画像相关的证据基础非常有限。通常是因为没有可靠的证据，而现有的证据在获取方法上存在缺陷。早期 FBI 在对罪犯调查分析方法有效性的研究中指出，某些领域的调查分析方法具有 80% 的准确性（Alison，2006），但是这些研究报告不够完整，且从公开的数据上也很难看出这些准确度是如何评判而来的。同样也有人提出应当提高诊断性评价的准确性。但是，此主张往往来自使用这些方法的分析人员，同时也常常缺乏实证数据的支持。

早期的犯罪画像饱受诟病，大部分实践缺乏坚实的科学基础，而早期借鉴环境心理学的研究结果，其价值通常也相当有限（Gladwell，2007；Towl & Crighton，1996）。FBI 的行为科学部（BSU）和欧洲、澳大利亚类似机构的许多早期工作成果仍缺乏可信度。格拉德韦尔（2007）指出，此类犯罪画像与许多心理学中使用的"冷读术"（Cold Reading）存在很大的共通之处。在冷读术中，会作出大量合理但很模糊、不确定的预测，人们一般也会接受这类预测。同时他们也作出了大量可进行测试和证伪的预测。最后，即使这些预测非常离谱，一些模糊和一般性的评论还是适用的，因而（这些预测）能够用来搜索回顾，并为相对准确的预测提供参照。

法律心理学领域的实践有时会远远领先于实证基础，这一问题多次被提出（Alison，2006；Copson，1995；R v. Stagg［1994］；[3] West & Alison，2006）。但法律心理学领域的实践也存在严重缺陷，甚至可能造成重大伤害。许多对该领域实践工作进行的媒体推广，同样较少关注其科学性。

关于犯罪画像实证研究的准确性有很多成果。彼尼佐托和芬克尔（1990）的一项研究通过对比一些经验丰富的画像师和许多非专业画像师，来分析画像师画像的准确性。研究的对象是一系列封闭式谋杀案与封闭式强奸案。参与者被要求通过一系列的多选项问题为基础进行画像。研究者指出，有经验的画像师在预测封闭式强奸案件群体的特征方面明显表现得更好，但是这类群体与封闭式谋杀案件差别不大。柯西斯（2003）采用了类似的方法来研究强奸和纵火案件，在这方面有经验的画像师同样表现得更好，但是存在两个明确的局限性：第一，研究中的画像师样本量比较小；第二，画像师之间存在显著的统计差异。

这些发现同其他领域的临床或专家决策的发现相呼应：在这些领域中，一些从业者表现较好，但是其他人却还处在平均水平，还有一些人的表现则明显低于平均水平。所以此研究在很多方面饱受批评。正如前文所述，他们的研究仅仅是涉及少量从业人员的小样本研究，并且还是用人工的方式呈现材料，这就与那些在实践中为调查提供实际帮助的画像师完全不同。这确实是一个方便可行的试验方法和分析手段，但降低了此类证据应用于实际的效度。

作为犯罪心理画像的基础，行为一致性概念得到了一定程度的支持。这种一致性可以帮助（研究者）从一个相当大的证据基础上获得犯罪行为的发展过程。事实上，行为的高度一致性很早就表现出来，并且会持续很长一段时间（Farrington et al.，2006）。此研究认为罪犯行为的发展通常非常稳定并且持久。目前已有证据支持犯罪现场"行为一致性"这一概念（Grubin，Kelly & Brunsdon，2001）。许多关于性犯罪的研究同样为此观点提供了证据支持，发现罪犯在某个群体层面上会具有共同的特征。例如，在被定罪的强奸犯中，更多的暴力罪犯表现出更高水平的人格障碍：偏执狂、自恋、做作，其中偏执狂要比暴力强奸犯少得多（Proulx，Aubut，Perron & McKibben，1994）。此项研究之后，又有一项研究将获罪的强奸犯分为三个群体：虐待狂、投机型强奸犯和暴怒强奸犯。对于这些群体的归类是基于他们的犯罪模式。作者报道了虐待狂和投机型强奸犯群体在人格障碍结构上的明显差异（Proulx，St. Yves，Guay & Ouimet，1999）。

对同源性概念的支持则很弱，即便有大量的研究也没能支持这一假设。一项研究中尝试了使用逻辑回归的方式，整合一些具有预测性的犯罪现场数据。但是大多数画像师认为这对于基本效率没有实质性的改善（Davies，Wittebrood & Jackson，1998）。另一项关于50名已定罪的强奸犯的研究认为，就犯罪史而言他们是相对同种类的，并且独立于已观察到的犯罪特征（House，1997）。一个更大的研究涉及100名已定罪的陌生男性强奸犯，其中有一个包含28个二分变量的样本。该研究发现犯罪现场行为和背景之间没有明显的联系（Mokros & Alison，2002）。

研究发现很多早期的画像工作与"幼稚人格理论"（naive personality theories）存在着惊人的相似（Alison，2006）。这些方法往往是以法律为根据，做出群体预测。但它们如同幼稚人格理论一样也被广为批评，因为无法充分考虑和处理情境效应。人格研究认为，我们对人格特征进行解释是一种普遍的趋势（Mischel，Shoda & Smith，2004）。同时还可能出现心理学中所谓的"巴纳姆效应"（Barnum effect），即人们常常接受模糊和歧义的描述，并误以为是对自身的准确描述，实际上它们对所有人都是普遍适用的（Forer，1949）。这就导致了很多对画像领域的怀疑要多于相似类型的"冷读术"（Gladwell，2007）。报纸上的星座占卜就是这一效应的具体例子。星座占卜被广泛阅读并取信于众，但在逻辑上却十分不严谨，每一种结论都覆盖了大量的人群。星座占卜通过保留模糊性而给出多种假设，引导人们在自身的生活背景下进行解释，同时关注于更为准确的断言，而忽略那些不适用的内容。因此很多过去已经完成的画像受到的批评是合理的，因为这是一个基于一系列歧义和矛盾陈述的基础上使用"冷读术"的复杂情形。接到此"冷读"材料的侦查人员就需要分析此材料，以及考虑其与案件的匹配性。这反过来就会产生有关画像的效度问题，并且在这一领域的可靠证据很少。同时还存在许多"消费者"满意度调查。这些调查一般是询问调查人员画像的有用性程度（Pinizzotto & Finkel，1990）。一般而言，这些调查得出的结论

38

较为积极，调查人员通常会对这些工作感到赞赏，并认为有价值。然而有人指出此方法在效用分析方面没有多大意义（Copson，1995）。

艾利森等（2003）在一项研究中采用实证方法考察了这一建议。研究中的参与者会收到一份有关真实案例进展的调查问卷，一份罪犯画像及罪犯 A 和 B 的特征。罪犯 A 是真罪犯，而罪犯 B 是一系列与 A 罪犯画像完全不同的特征虚构出来的。结果发现，所有参与者都将画像评价为"较为准确"，而没有参与者将画像评价为"一般准确"或"非常不准确"。本研究支持这种观点，即人们努力使犯罪心理画像变得有意义，并尝试获得犯罪画像和罪犯特征之间的有机结合，而这种结合很大程度上独立于准确性。

另外，如何理解画像师的建议并有效应用的问题同样缺乏可靠的实证基础。一些研究指出，近乎一半的犯罪画像和预测无法在定罪后得到确认，而约 1/5 的画像包含模糊的信息或存在开放性的解释。在超过 80% 的画像报告中，提出的预测并无明确的依据，虽然可能毫无价值，但还是在很多心理学领域中广为传播（Alison，2006；Alison et al.，2003）。艾利森认为，结构化分析技术的使用已发展为系统性地将法律修辞学（Toulmin，1958）作为一种评估罪犯画像的方式。这一框架建议使用六种相互联系的部分进行分析：声明、声明强度、支持声明的理由、担保或授权声明的理由、支持和反驳（Alison，2006；Alison et al.，2006；West & Alison，2006）。这一框架之所以有效，是因为它实际上包含一些可以用来分析罪犯档案的模型。那么反过来，如何保证它有效以及为何有效呢？调查人员考虑其行为的逻辑基础时，所面临的压力越来越大，而该框架为这些疑问的解决提供了一种系统的方法，并被视为一种有效的自我反思实践机制，这一实践鼓励应用心理学研究者的广泛参与。

一些研究人员敏锐地觉察到，许多资深法律心理学工作者十分抵触开发批判性的评估方法来进行犯罪心理画像（Alison，2006）。这一结论是因为，画像方法和公众评论通常走在非常有限的证据基础前面。柯西斯（2007）生动地将其描述为"如山的结论来自于如丘的证据"。目前确实有一种趋势，即将最初的研究推至没有证据基础的领域，类似于新类型犯罪的调查方法的扩展。同时在考虑多样性和文化问题方面也十分欠缺。比如北美系列强奸犯的档案在其他文化（如澳大利亚）中同样被当做参考模板。这些档案通常将强奸犯标记为非洲血统，但是在澳大利亚有非洲血统的人口少于 1%，这一标记不仅没有帮助，而且会产生误导（Kocsis，2007）。令人惊奇的是，人们对于犯罪现场数据有限或缺失案件的关注却很少。犯罪心理画像被广泛应用在连环杀人案中，由于罪犯保留并藏匿受害人的尸体，因而画像对此类案件的帮助很少，比如杰弗里·达默案。

一些犯罪画像的最新发展因为缺乏相关性或过于浅显而受到批评。虽然在方法上更为科学，但这些研究关注的是那些发现和调查的问题通常不重要的违法行为，例如，对家庭暴力犯罪的研究（Burgess et al.，1997）。此研究与其他研究（领域）相重叠，如更加前沿的法律心理学实践领域，其方法是通过临床评估和罪犯治疗的方式来获取他们的特征。

39　　犯罪画像的可靠性同样得到了关注，因为这是一种有效的回顾性分类形式。类型学分类是在事件发生之后展开的，它们被用来为最近的犯罪行为提供一些解释。这一过程的有效性取决于许多因素。最明显的一点就是，它要求采用的信息是准确的。实际上，这在某种程度上存在困难，因为信息通常来自于书面记录，并且，信息的可靠性来自于罪犯。这两种信息来源似乎都不够完美，反过来就会影响画像的有效性。此外，相比于其他实践领域，这一领域也缺乏统一的定义。比如说心理健康方面存在讨论心理健康问题的框架——最为典型的是 DSM-IV（American Psychiatric Association，2000）和 ICD－10（World Health Organization，1990）。虽然这些框架并不是十分完善，但至少能够作为一种参考。

尽管犯罪心理画像领域的科学化发展仍不容乐观，但是关于哪个部门"持有"该领域的问题依然是讨论的重点。英国警官协会（2000）的一则评论认为，在英国"持有"该领域的是警察。这可能在很大程度上反映了一些担忧，即敏感调查资料的发布，以及这些资料对罪犯和嫌疑人的泄露。而在科学要求和警察实践之间则存在着一种潜在的冲突，前者取决于对材料的同行审查保持高度的开放性和透明度。但是，这一区别很容易被夸大，并且良好的科学研究不可能在如此敏感的环境中进行。那么，关于归属权问题的讨论看上去还为时过早。

实践问题

犯罪心理画像的早期发展被视为基本不受监管的自由市场。这推动了公共档案管理方法的发展，以及许多从业人员对该方法的实践。这种自由市场的做法也受到了许多方面的批评。其中包括这样的事实：关于调查机构从这些工作中可能获得什么样的预期，几乎没有质量控制。同样也证明，这一自由市场很难收集足够的有关画像准确性和实用性的实证数据。这和其他法律实践领域（如病理学）截然不同。在负责此监督工作的中央政府部门（内政部）和相关从业者之间有良好的协议约定（Home Office，2005；2012）。很多人建议在法律心理学中建立一个与心理学相似的注册和协议程序。

作为法律心理学的一个领域，犯罪心理画像是否达到能够以可靠方式进行单独认可的发展阶段，依旧是一个开放性问题。普遍认可的观点是，需要对此领域进行更为有效的专业监管，而法律管制能够有效地推动这一过程。此外，犯罪画像领域的未来实践需要加强证据基础的观点，已成为广泛共识（Crighton & Towl，2008）。

为了实现更加具有证据基础的实践，很显然，当前的研究基础仍十分薄弱。艾利森（2006）认为，提供给从业人员的现有证据基础可以被分解为以下几类研究：

- 受害者信息的类型；
- 如何使用已有信息；
- 什么信息具备特殊价值；
- 提供可靠、有效的画像分析系统。

过去，来自犯罪现场的信息和作案手法（Modus Operandi，MO）是最可靠的信息来源。实际上，许多从事画像分析的专家很重视罪犯的作案手法和所谓的"死亡签名"行为，并认为二者之间存在逻辑上的区别（Ressler et al.，1986）。作案手法在功能上与犯罪嫌疑人的犯罪实施过程相关，但与心理无关；而"死亡签名"则相反，该"签名"与嫌疑人的心理相关，但与功能无关。因此，有理由认为作案手法与环境相关，会随着环境的变化而改变，而"心理签名"则独立于环境。但是还不清楚如何将作案手法和心理签名之间的区分应用于实践（Alison，2006）。

采用离散性罪犯行为也存在潜在问题，通常调查很大程度上依赖于受害者或目击者的证词。在某种程度上，这些线索都不足为据，而且有记录显示，这样的线索并不可靠。此外，似乎作案手法和心理签名这两个领域会产生混淆，在部分案件中，后者具有情境依赖 40

特征。以性行为为例，这种案例基数较高，而这就涉及了情境依赖（Alison，2006）。

并案的一个关键点在于对单个犯罪者使用一致的可靠变量进行指控。将两起案件作并案处理属于一种诊断问题，其类似于司法心理学其他领域中处理的问题。并案依靠两大要素：

- 设定一个判断阈值，证明两起案件相似；
- 确定决策应该基于的信息，以便做出最准确的决定。

有观点认为，设定精确的判断阈值是一个必不可少的步骤，它包括：

- 基准率；
- 成本—收益分析。

当然，针对各种犯罪行为采用基准率信息，形成了犯罪画像的重要部分。例如，低基准率、高收益的犯罪行为，通常会降低两个或多个案件并案处理的阈值。但是，为这样的行为建立准确的基准率并不简单，而且对于成本—收益的估计通常也需要大费周章。当然也有其他的方法可以获得判定阈值，但是其效果远没有上述的最优化方法理想。

斯韦兹、道斯与莫纳汉（2000）将诊断决策解释为在两个权重相当的选项之间反复选择的过程。这个过程可能涉及诸如自我报告信息、行为观察以及行为测试等多种数据的综合应用。OP案例中的问题是，两起或多起案件的作案者可能为同一嫌疑犯。为了验证这个判断，他们需要对案件相关性判定设定一个阈值标准，而这将会依靠或至少部分地依靠决策情境。

结论

犯罪画像最初起源于精神病学和心理诊断，为协助案件调查工作而迅速发展。这与暴力犯罪、连环凶杀案以及其他连环案件的频发有关。围绕这些相对罕见罪行的报道总会引发公众恐慌。早期的罪犯心理画像对于疑难案件，如无差别随机杀人案的侦查工作帮助很大。

据可靠资料显示，犯罪心理画像的发展已经开始超越其科学取证范围。同时也有观点认为，罪证信息采集正处于科学取证和具有伪科学性质而凭臆想猜测取证的交叉口。犯罪心理画像还处于科学取证和非法取证的分界线上。因此，犯罪心理画像的角色也发生了改变，它更多地站在了执法者的角度来进行取证，而较少地科学取证。令人欣慰的是，目前的取证工作有了理性回归的迹象，司法人员的取证程序开始正规化，他们更加清晰地界定了取证工作中的技术取证和非法取证这两个概念。

在犯罪心理画像领域中的术语和缩写过多。然而，为了预测罪犯特征，通常一个办案程序使用诸多术语，都是用于为办案人员提供罪犯特征信息。也许在经济类案件中（商业性、专业性或动产案件）这样的多术语表述是正常的，因为这些术语的应用对于庭审实践的科学健全发展很重要。当然，也可以说这样的应用有时可以将实践与理论相结合。如上文所述，很多犯罪心理学工作者对案件的客观分析较少，他们往往会在司法实践中对客观证据产生抵触。在实践中，通常由于客观证据材料的不到位，在拿到客观罪证之前，犯罪心理学家就已经得出了主观臆测的定论，并且很少兼顾到不同文化背景等方面的因素。往往早期和暂定的研究结果很少考虑到局限与警告。更加令人担忧的是，对于犯罪行为的研究往往是通过推测，很少考虑到现实中与其他犯罪相关联的因素，就这样将推测出来的理论应用于实践。显然这样的发展方向是不正确的，急于将这样的理论应用到实践中增大了风险，因为它缺乏客观依据且有待考量。

直到最近，犯罪心理画像工作才开始或多或少地考虑到案发现场的信息。当犯罪心理画像被广泛应用于连环杀人案时，对案犯藏匿受害者尸体或采取其他一系列的方式避免留下证据的案件收效良好。最近，更多犯罪心理画像的新进展也遭到质疑，其在侦办和调查程序中通常不重要，比如家庭凶杀案的研究（Salfati，2000）。有观点认为，此类研究的价值在于，在调查者对案件脉络不够清晰的情况下，为其提供线索（Alison，2006；Alison et al.，2006）。

犯罪心理画像资料的可靠性历来都是争论的焦点，因为它也是一种对案件进行回溯分类的有效形式。事件发生后，类型学也有了新进展，且被用于研究最新的案件。因为这个过程很有效，所以需要一些元素作为基础。必须准确掌握犯罪过程中的信息。事实上，这可能会引起一些信息可靠性问题，即书面记录的信息和罪犯口供信息哪种更可靠。由于两者都不是特别可靠，因而会导致犯罪心理画像的有效性受到影响。虽然这些数据带来重大的伦理和人权问题，但是高质量集中的关联数据库让目前的犯罪心理画像的发展有了很大改观。目前英国考虑在这个领域引进这样的数据库。

虽然犯罪心理画像的科学发展状态普遍不理想，但是"持有"犯罪心理画像已迅速成为焦点。"自由市场"方式下犯罪心理画像的发展堪忧，但是这或许是正常的。目前的行业发展现状过于急功近利。在这一领域，从业人员的专业知识和数量都很有限，这意味着调查当局可能已经得到了公正的信息和难得的建议。如果犯罪心理画像在司法心理学领域成为主流并在实践中得到应用，那么现状会得到很大改观。当然，整体前景还是比较乐观的。随着科技的发展，犯罪心理画像正在越来越多地用作证据基础。与其他司法实践一样，犯罪心理画像也逐渐被视为主要实验场。这样的发展对欧洲和其他地区的调查机构在办案中的伦理支持来说有很好的前景。

注释

［1］ 二战期间，美国战略情报局（OSS）委任沃尔特·兰格博士制作一份阿道夫·希特勒的心理档案。兰格将他所学的精神分析知识应用在了这份心理档案中。从另外一个角度来看，后来的犯罪心理画像也类似于这份档案。由于兰格有机会访问到更丰富的数据集，所以这份档案非常详细具体，包括了对画像对象的行为的观察记录。

［2］ 译者注：FBI 的 BSU 行为科学部现已更名为行为分析部（Behavioural Analysis Unit，BAU）。

［3］ 此档案为非公开档案，外界首次获知这份档案存在的时间是在 1994 年 9 月 14 日，中央刑事法院。详见 F. Gibb，"Judge attacks police over 'murder trap'"，*The Times*，15 September 1994；M. Doherty，"Watching the Detectives"，（1994）*New Law Journal*，1525.

扩展阅读

1. Alison，L.（Ed.）（2013），*Forensic psychologists casebook：Psychological profiling and criminal investigation*，London：Routledge.

在之前的版本的基础上更新至 16 个章节，涵盖了犯罪心理画像、心理学研究和犯罪调查务实等多方面的内容。文章采用了大幅度的证据基础法，为司法办案人员提供了一个良好的专业理论视角、该领域的证据基础以及实践反思，文章内容涵盖了犯罪调查过程中心理学应用的多个领域。

2. Fox, B. H., & Farrington, D. P. (2012), "Creating burglary profiles using latent class analysis a new approach to offender profiling", *Criminal Justice and Behavior*, 39 (12), 1582 – 1611.

本文为博士研究提供犯罪心理画像方面的总结材料。鉴于入室盗窃案件在美国频发且案件侦破率低，本文主要介绍了科学破案手段的应用，以及复杂的统计技术在常见的入室盗窃等犯罪调查中的应用。本文为近期在犯罪心理画像的发展提供了一个很好的例证，以便从频发案件中找到大案要案犯罪者的证据。

参考文献

Alison, L. (2006), "From trait-based profiling to psychological contributions to apprehension methods", In L. Alison (Ed.), *The forensic psychologists casebook*: *Psychological profiling and criminal investigation*, Cullompton, Devon: Willan.

Alison, L., Bennett, C., Mokros, A., & Ormrod, D. (2002), "The personality paradox in offender profiling. A theoretical review of the processes involved in deriving background characteristics from crime scene actions", *Psychology Public Policy and Law*, 8, 115 – 135.

Alison, L., Goodwill, A., & Allison, E. (2006), "Guidelines for profilers," In L. Alison (Ed.), *The forensic psychologists casebook*: *Psychological profiling and criminal investigation*, Cullompton, Devon: Willan.

Alison, L., & Kebbell, M. (2006), "Offender profiling: Limits and potential", In M. Kebbell & G. Davies (Eds.), *Practical psychology for forensic investigations and prosecutions*, Chichester: John Wiley.

Alison, L. J., Smith, M. D., & Morgan, K. (2003), "Interpreting the accuracy of offender profiles", *Psychology, Crime and Law*, 9 (2), 185 – 195.

American Psychiatric Association (2000), *Diagnostic and statistical manual of mental disorders*: *DSM-IV-TR*, Washington, DC: Author.

Association of Chief Police Officers (2000), "ACPO Crime Committee, Behavioural Science Sub Committee, internal report", London: Association of Chief Police Officers.

Britton, P. (1998), *The Jigsaw Man*, London: Corgi Books.

Brussel, J. (1968), *Case book of a crime psychiatrist*, New York: Bernard Geis.

Burgess, A. W., Baker, T., Greening, D., Hartman, Burgess, A. G., Douglas, J. E., & Halloran, R. (1997), "Stalking behaviours within domestic violence", *Journal of Family Violence*, 12 (4), 389 – 403.

Canter, D. (1989), "Offender profiles", *The Psychologist*, 2 (1), 12 – 16.

Canter, D. (1994), *Criminal shadows*, London: HarperCollins.

Chapman, R., Smith, L. L., & Bond, J. W. (2012), "An investigation into the differentiating characteristics between car key burglars and regular burglars", *Journal of Forensic Sciences*, 57 (4), 939 – 945.

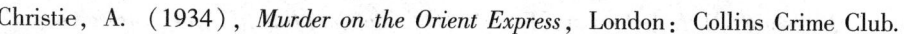

Christie, A. (1934), *Murder on the Orient Express*, London: Collins Crime Club.

Cohen, M., Seghorn, T., & Calmas, W. (1969), "Sociometric study of the sex offender", *Journal of Abnormal Psychology*, 74 (2), 249 – 255.

Conan Doyle, A. (2001), *A study in scarlet*, Contributor Iain Sinclair (Ed.), London: Penguin Classics, First published 1897.

Copson, G. (1995), *Coals to Newcastle? Part 1: A study of offender profiling*, London: Home Office.

Copson, G., Badcock, R., Boon, J., & Britton, P. (2006), "Editorial: Articulating a systematic approach to clinical crime profiling", *Criminal Behaviour and Mental Health*, 7 (1), 13 – 17.

Crighton, D. A., & Towl, G. J. (2008), *Psychology in prisons* (2nd edn), Oxford: BPS Blackwell.

Davies, A., Wittebrood, K., & Jackson, J. L. (1998), "Predicting the criminal record of a stranger rapist", Special interest series paper 12. London: Home Office Policing and Reducing Crime Unit.

Doherty, M. (1994), "Watching the Detectives", *New Law Journal*, 1525 – 1525.

Douglas, J., Burgess, A. W., Burgess, A. G., & Ressler, R. K. (2013), *Crime classification manual: A standard system for investigating and classifying violent crime*, San Francisco, CA: John Wiley & Sons.

Farrington, D. P., Coid, J. W., Harnett, L. M., Jolliffe, D., Soteriou, N., Turner, R. E., & West, D. J. (2006), "Criminal careers up to age 50 and life success up to age 48: New findings from the Cambridge Study in Delinquent Development, 2nd edition", Home Office Research Study 299, London: Home Office Research, Development and Statistics Directorate.

Federal Bureau of Investigation (2011), "Uniform Crime Report Crime in the United States 2011", Washington, DC: US Department of Justice.

Forer, B. (1949), "The fallacy of personal validation: A classroom demonstration of gullibility", *Journal of Abnormal and Social Psychology*, 44, 118 – 123.

Fox, B. H., Farrington, D., Chitwood, M., & Janes, E. (in press), "Developing a profile for burglary", FBI Law Enforcement Bulletin.

Fujita, G., Watanabe, K., Yokota, K., Kuraishi, H., Suzuki, M., Wachi, T., & Otsuka, Y, (2013), "Multivariate models for behavioral offender profiling of Japanese homicide", *Criminal Justice and Behavior*, February, 40 (2), 214 – 227.

Gladwell, M. (2007), "Dangerous minds: Criminal profiling made easy", *New Yorker* November 12, Available from www. newyorker. com/reporting/2007/11/12/071112fa_fact_gladwell, retrieved 14 January 2015.

Grubin, D., Kelly, P., & Brunsdon, C. (2001), "Linking serious sexual assaults through behaviour", *Home Office Research Study* 215, London: Home Office Research, Development and Statistics Directorate.

Gudjonsson, G. H., & Copson, G. (1997), "The role of the expert in criminal investigation", In J. L. Jackson & D. A. Bekerian (Eds.), *Offender profiling: Theory, research and practice* (*pp.* 61 – 76), Chichester, UK: Wiley.

Harris, T. (1981), *Red dragon*, New York: Random House.

Home Office (2005), *Register of forensic pathologists disciplinary guidance*, London: Home Office.

Home Office (2012), "Protocol for Home Office registered pathologist (rev. 2012)", Available from https://www. gov. uk/government/publications/protocol-for-home-office-registered-forensic-pathologists, retrieved 14 January 2015.

House, J. C. (1997), "Towards a practical application of offender profiling: The RNC's criminal suspect prioritization system", In J. L. Jackson & D. A. Bekerian (Eds.), *Offender profiling: Theory, research and practice* (pp. 177 – 190), Chichester: Wiley.

Jackson, L. , & Bekerian, D. A. (Eds.) (1997), *Offender profiling theory research and practice*, Chichester: John Wiley.

Keppel, R. D. , & Walter, R. (1999), "Profiling killers: A revised classification model for understanding sexual murder", *International Journal of Offender Therapy and Comparative Criminology*, 43 (4), 417 – 437.

Kocsis, R. N. (2003), "Criminal psychological profiling: An outcome and process study", *Law and Human Behaviour*, 14, 215 – 233.

Kocsis, R. N. (Ed.) (2007), *Criminal profiling international theory, research, and practice*, Totowa, NJ: Humana Press.

Mischel, W. , Shoda, Y. , & Smith, R. E. (2004), *Introduction to personality: Toward an integration* (7th edn), New York: Wiley.

Mokros, A. , & Alison, L. (2002), "Is profiling possible? Testing the predicted homology of crime scene actions and background characteristics in a sample of rapists", *Legal and Criminological Psychology*, 7, 25 – 43.

National Probation Service (2007), *The Violent and Sex Offender Register (ViSOR)*. *National Probation Service Briefing Issue* 37 (*August*), London: Author.

Petherick, W. (2005), *Serial crime: Theoretical and practical issues in behavioral profiling*, Burlington, MA: Academic Press.

Pinizzotto, A. J. , & Finkel, N. J. (1990), "Criminal personality profiling an outcome and process study", *Law and Human Behavior*, 14 (3), 215 – 233.

Prentky, R. A. , & Burgess, A. W. (2000), "Forensic management of sexual offenders", New York: Kluwer Academic/Plenum.

Prentky, R. A. , Knight, R. A. , & Rosenberg, R. (1988), "Validation analyses on a taxonomic system for rapists: Disconfirmation and reconceptualization", *Annals of the New York Academy of Sciences*, 528, 21 – 40.

Prentky, R. A. , Knight, R. A. , Rosenberg, R. , & Lee, A. (1989), "A path analytic approach to the validation of a taxonomic system for classifying child molesters", *Journal of Quantitative Criminology*, 5 (3), 231 – 257.

Proulx, J., Aubut, J., Perron, L., & McKibben, A. (1994), "Troubles de la personalité et viol: Implications théoriques et cliniques [Personality disorders and violence: Theoretical and clinical implications]", *Criminologie*, 27, 33–53.

Proulx, J., St-Yves, M., Guay, J. P., & Ouimet, M. (1999), "Les aggresseurs sexuels de femmes: Scénarios délictuels et troubles de la personalitié [Sexual aggressors of women: Offence scenarios and personality disorders]", In J. Proulx, M. Cusson, & M. Ouimet (Eds.), *Les violences criminelles*, Que-bec: Les Presses de L'Université Laval.

Read, T., & Oldfield, D. (1995), "Local crime analysis", *Police Research Group Paper* 65, London: Home Office.

Ressler, R. K., Burgess, A. W., Douglas, J. E., Hartman, C. R., & D'Agostino, R. B. (1986), "Sexual killers and their victims: Identifying patterns through crime scene analysis", *Journal of Interpersonal Violence*, 1, 288–308.

R v Stagg [1994] 9 Arch News 4.

Salfati, G. (2000), "The nature of expressiveness and instrumentality in homicide implications for offender profiling", *Homicide Studies*, 4 (3), 265–293.

Swets, J. A., Dawes, R. M., & Monahan, J. (2000), "Psychological science can improve diagnostic decisions", *Psychological Science in the Public Interest*, 1 (1), 1–26.

Tenten, H. D. (1989), "Offender profiling", In W. G. Bailey (Ed.), *The encyclopaedia of police science*, New York: Garland.

Toulmin, S. (1958), *The uses of argument*, Cambridge: Cambridge University Press.

Towl, G. J., & Crighton, D. A. (1996), *The handbook of psychology for forensic practitioners*, London: Routledge.

West, A., & Alison, L. (2006), "Conclusions: Personal reflections on the last decade", In L. Alison (Ed.), *The forensic psychologists casebook: Psychological profiling and criminal investigation*, Cullompton, Devon: Willan.

World Health Organization (1990), "International statistical classification of diseases and related health problems, tenth revision", Available from www.who.int/classifications/icd/en/index.html, retrieved 1 June 2009.

第四章　目击者证词

洛雷恩·霍普（Lorraine Hope）

目击者证词在刑事司法系统内发挥着重要作用。在过去的 40 多年里，它已发展成为心理学家和社会学家的重要研究领域。本章在大量文献结论的基础上进行全面概述，主要涉及目击证人的识别效率，为现有研究和未来研究提供参考。本文旨在让读者从目击者的角度、从罪犯的早期口供到后期的法庭证词，对一些易混淆的因素进行分辨，同时也兼顾了理论意义和与目击者相关研究中的难点。在本章的后半部分，主要侧重于闭路电视（CCTV）监控系统识别中的难点，并对目前英国的识别行为指南进行了概括。

目击者证词在许多司法调查中发挥着重要作用。比如，嫌疑犯身份的确认可以为调查带来重大进展（Coupe & Griffiths，1996；Kebbell & Milne，1998；Wells & Loftus，2013）。目击者证词在法庭上也极具影响力（Overbeck，2005）。然而，证词的有效性通常会富有争议或不准确。在对一系列 DNA 免责案件的复审中，289 起翻供案件中的 70% 是由于目击证人造成的（Innocence Project，2012；Scheck，Neufeld & Dwyer，2000）。错误的目击者证词为误判的首要原因，这说明陪审员未能考虑到目击者证词的客观性，并根据不真实的证词作出了错误的裁决（Boyce，Beaudry & Lindsay，2007；Huff，Rattner & Sagarin，1996）。在本章中，我们对目击者的行为进行了考量，并探讨了导致误判的一些关键因素。

目击证人指认的有效性

20 世纪 70 年代，对于目击证人指证的科学研究进入了程序化阶段，大多数研究者为认知或社会心理学家，而且采用的是标准科学实验模型。在虚拟的目击者模型中，挑选志愿者和/或对研究课题不知情的参与者，以犯罪者的身份参加全程实验，在经过犯罪活动（虚拟的）后被作为目击证人。由于研究者对事件和目标人群进行了规划，实验中的目击者指证错误将会被记录在案，之后经过一系列操作来在特定条件下模拟指证错误。因此，这些实验的主要目的是建立变量之间的因果关系（Wells & Quinlivan，2008）。

研究者和司法界所关注的是实验结果与司法实务中的证人证词的拟合程度。当然，在实验中目击者证词和罪犯供述差异很大。例如，目击者在陈述犯罪经过时很少受到提示，或者在实验结束之前，说他们对目睹的重要事件毫不知情。而司法系统更加关注的是，许多实验中的"目击者"为在校大学生，实验中所采集到的资料的同质化会导致实验结果受到影响。事实上，在对包括儿童（Pozzulo & Dempsey，2006）和老人（Badham，Wade，Watts，Woods & Maylor，2013；Dodson & Krueger，2006）在内的许多不同年龄阶段的参与者进行检查时发现，很多目击者实验中的参与者都有同质化问题（Gabbert，Hope & Fisher，2009）。重点是，众多研究结果一致表明大学生在实验中的表现明显优于其他实验对象群体。因此，正如韦尔斯与昆利文（2008）所指出的那样，大学生实验对象实际上可能低估了目击证人的错误的严重性。

证人对犯罪事件的回忆可能是在经历一个高度的情绪唤起，特别是当回溯涉及暴力和枪支犯罪时，他们会感觉到恐惧。出于对伦理道德方面的考虑，通常不允许研究人员对实验参与者进行应激诱导，因此，尚且没有有效还原暴力犯罪场景的方法。当然，值得注意的是，在可控的实验环境下所进行的应激诱发实验可能在质量方面与实际暴力犯罪受害者的指控存在区别。简而言之，压力和情绪对记忆的影响是复杂的，但是用于实验的环境不会对参与者造成伤害，并且实验结果也是来自无伤害环境。因为研究结果表明在出现应激反应时，记忆更容易受到损害（Hope，Lewinski，Dixon，Blocksidge & Gabbert，2012；Morgan et al.，2004；Morgan，Southwick，Steffian，Hazlett & Loftus，2013；Valentine & Mesout，2008）。

也许受试者不愿意接受目击者证词可信度的科研结果的首要原因是：实验室中与警方实际环境下所得到的指认结果相差很大。使实验很难证明法律后果是否会对目击证人的指证准确度产生实际影响。然而，对重大罪行证人的档案研究表明，当证人同时面对罪犯和数名无辜者进行排队辨认、指证嫌疑犯时，指证错误的概率平均为30%（Slater，1994；Wright & McDaid，1996；Wright & Skagerberg，2007）。这些档案数据表明证人非常容易出错，并且当面对高风险指证时不一定谨慎（Memon，Vrij & Bull，2003b）。

大量文献的研究结果表明，许多因素都会影响到证人的指证准确性（Wells & Olson，2003）。韦尔斯（1978）介绍了这些因素的明显区别，文中他对估计变量和系统变量进行了区分。系统变量为包括排队指证前指导、队列结构和演示法等在内的具体鉴别测试因素以及在刑事司法系统控制之下的因素。相比而言，估计变量则不在刑事司法系统的控制之下，并且当这些因素为实验可控条件时（例如证人的暴露时间、年龄和种族或作案凶器等），这些变量在实际案例中是不可控的。因此，必须要对证人指证准确性等因素的影响进行估计，或要考虑到事后归因总结。

通过亲历最初的事件到证人的法庭证词进行系统性分析，本章内容主要探讨已被证明损害目击证人指证识别准确度的几个重要估计因素和系统因素，但并非旨在全面探讨所有可能因素，而是对已经充分研究过的证人、嫌疑人以及背景因素的综合考量，以此可以进一步了解证人的指证行为和指证准确度。

目击事件

目击者要素

总的来说，稳定的目击者特征并非识别行为的有效预测因素。通过对性别、种族或智力等因素进行研究后发现，没有任何证据表明某些群体的目击指证比其他群体更加可靠。或者说，并没有发现在目击者识别的精确性与其人格因素之间存在很强的关联性。虽然少数研究对自我监察（Hosch & Platz，1984）和特质焦虑（Shapiro & Penrod，1986）进行了调查，但没有得出目击证人和人格之间的关系的理论依据（Wells & Olson，2003）。

然而，证人的年龄一直都与指证的准确性密切相关，在一定测试条件下，对幼儿的测试结果可以映射出老年人的指证表现。具体来说，当凶犯最初出现在指证队列（一排犯人排队接受证人指证）中时，幼儿和老人都不能准确地从队列中将真凶指证出来。然而，当真正的嫌疑人没有出现在队列中（肇事者没有出现在队列里）时，老人和儿童证人出现错

46

误指证的概率要比青年人指证错误的概率要大（参见元分析：Pozzulo & Lindsay，1998）。研究结果表明，老年证人（如60—80岁之间）在面对嫌疑人和队列嫌疑人进行指证时，出现错误指证的概率要比年轻证人的错误指证概率大（Memon, Hope & Bull, 2003a；Memon, Hope, Bartlett & Bull, 2002）。目前，对于这两个年龄段的证人的研究尚无统一的结论。例如，似乎儿童证人的指证错误概率更高（Brewer, Weber & Semmler, 2005）。同时，基斯特、布鲁尔与韦尔斯（2007）也指出，采用儿童证人的指证时需谨慎，因为儿童证人对记忆的控制能力相对较弱（Howie & Roebers, 2007）。尚未有合理的理论可以解释老年证人指证误差大的现象。衰老通常被认为是认知能力下降的首要因素（例如注意力集中程度下降，Craik & Byrd, 1982；Salthouse, 1982），同时，老年证人的指证会倾向于受到潜意识里似曾相识的感觉来进行判断，而并非是通过深刻的回忆来进行指证（Jacoby, 1999；Mandler, 1980）。因此，年轻证人所遇到的回忆指证困难和老年人所遇到的记忆指证困难似乎不是同一个概念。以同样的方式，最近的罗兹与阿纳斯塔西（2012）的元分析评论指出在证人指证过程中，对与自己年龄相仿的罪犯的人脸识别准确度要大于不同于自己年龄段的罪犯的人脸识别准确度。在儿童、青少年、中老年各年龄阶段的人群中，均可见同年龄段的人脸识别准确度较高这一现象。虽然该评论的研究焦点是人脸识别（而不是犯罪指证），但同时若干犯罪指证研究也指出了嫌疑人和证人处于同年龄段的指证准确度较高这一效应（Havard, Memon, Laybourn & Cunningham, 2012；Wright & Stroud, 2002）。

在记忆编码时，更有可塑性的证人因素就是血液中的酒精含量。如果证人在记忆编码和存储时喝了酒并处于醉酒状态，那么他的指证误差就会更大（Cutler & Penrod, 1995）。在指证准确度方面，戴萨特、林赛、麦克唐纳和威克（2002）的实验结果表明，在接受嫌疑人指证实验任务时，受试者血液中的酒精含量越高，其所作出的指证误差就越大。类似地，希利尔、肯普与登森（2010）也指出，中度酒精中毒与增大错误指证的概率有关，但不影响对嫌疑人的正确识别。虽然一些理论解释考虑到这些调查结果，例如醉酒状态的证人比较关注嫌疑人的突显特征（酒精近视假说），但是由于相关的方法和伦理上的困难，关于醉酒证人指证有效性的研究仍很有限。

嫌疑人因素

稳定因素（例如罪犯的性别和年龄）对正确指证嫌疑人的能力没有或只有轻微的影响（指证同年龄段嫌疑人面部特征的可行性除外；Rhodes & Anastasi, 2012）。然而，有很多记录在案的因素可以表明稳定因素可以导致证人指证准确度的增加或降低。比如，对面部特征明显的嫌疑人进行指证的难度要远远低于对不具备明显面部特征的嫌疑人进行指证。同样，也是因为明显的外部特征，有魅力的面部特征同样也比相貌平平的面部特质更容易被记住。以对这些研究结果为基础的心理机制相对比较直观。当某个面部特征被证人记住，它不但会吸引更多的关注和更多的信息处理资源，而且这个显著特征也可能在记忆中得到强化（Ryu & Chaudhuri, 2007；see Brewer et al., 2005，一个有趣的独特角色测试）。

毫无疑问，伪装往往会对指认带来负面影响（Cutler, Penrod & Martens, 1987；O'Rourke, Penrod, Cutler & Stuve, 1989）。蒙面、戴眼镜、满脸胡须或稍微改变发型等简单的变化可以大大改变面部特征（Narby, Cutler & Penrod, 1996；Shapiro & Penrod, 1986）。最近，曼索尔等人（2012）对乔装的本质进行了实验（即丝袜套头、戴墨镜、戴针织帽），并发现乔装程度越高，证人指证的准确性就越差。此外，随着时间的推移，外貌的变化

（如衰老、体重变化等）也会对证人指证造成负面影响。里德、沃基和哈默斯利（1990）开展的一项研究发现，在案发两年后证人对目击指证对象的面部照片进行辨识的误差，远远大于在案发后不久对嫌疑人照片的辨识。

　　大量的文献记载了当嫌疑人和证人来自不同种族或族群时，证人所产生的辨识障碍。对同族嫌疑人指证偏差的研究（跨种族）结果表明，当列队待证人包括多个种族的犯人时，证人比较倾向于指证非自己种族的嫌疑人为凶犯（见元分析：Meissner & Brigham，2001）。尤其是，证人对辨识目标出现在队列中的正确辨识率较高，且对队列中未出现嫌疑人的辨识错误识别率较低。实验室测试结果研究和现场研究均证明了这种偏差（Wright，Boyd & Tredoux，2001），并且在不同种族的组合中同样被证明存在这一偏差（如白人指证黑人、黑人指证白人等）。奇罗尔和瓦伦丁（1995）对"基本接触假说"（basic contact hypothesis）进行的研究表明，不同种族之间的日常接触会降低种族效应，但情况并非始终如一。其他证据表明，跨种族活动的质量远远要比数量重要，高质量的跨种族活动可以减少跨种族指证误差（Lavrakas，Buri & Mayzner，1976）。有趣的是，对年龄和性别的研究结果表明，也存在类似结果，证人和指证目标的年龄、性别的匹配可以提高辨识精确度（Wright & Sladden，2003；Wright & Stroud，2002）。综合来看，这些研究结果表明了面对熟悉的刺激时，存在一种优先处理机制。因此，麦克莱兰与查普尔（1998）认为，同族的面孔辨识更准确、有效，也是得益于证人对目标的熟悉度。最近，由佩兹德克、奥布莱恩和沃森（2012）开展的一项关于同族和跨种族的指证研究表明，两者在跨种族的社会认知过程方面存在系统和定性差异，而这种社会认知过程是跨种族辨识行为所必需的。

　　情景因素

　　在所有存在目击者的案件中，都会存在不同的环境因素从而影响随后的目击者反应。研究者提出一种很重要但一直被忽视的因素：曝光时间（exposure duration）的性质，如机会、时长、目击者不得不观察嫌疑人等。对面部识别研究进行元分析，夏皮罗与佩罗（1986）发现，曝光时长与命中率存在一种线性预测关系，即当观察目标时长增加时，正确辨认的可能性增加。由伯恩斯坦、迪芬贝科、彭罗德与麦戈蒂（2012）最近进行的元分析结果证明了这一发现：较长的暴露时间能够引起更好的识别反应。然而，研究者们也指出：暴露时间对目击辨认的影响是非线性的，其中最大程度的提升效果出现在较短暴露时间的初始阶段。除了这些发现，仅有一小部分研究在目击过程中精确控制了暴露时长。这些研究证明，增长暴露时间确实有助于随后的精确识别（Memon et al.，2003a；Read，1995）。但是，当目标不在队列中时，出现了不一致的结果，这仍需要进一步的实验检验。相似地，相对较少的研究关注到了识别距离与目击证人能力的关系对于正确估计事件或嫌疑人的影响。很显然，如果目击者不能看到嫌疑人，那么正确识别就无从谈起。因此，相关研究注意在距离上确定一个有效的"经验法则"。例如，瓦格纳与范德施里尔（1996）指出识别效果在距离目标 15 米以内为最佳条件。但是 R. C. L. 林赛、塞姆勒、韦伯、布鲁尔和 M. R. 林赛（2008）的研究表明，"15 米规则"可能没有用，或者得出的结果不精确，原因有两点：第一，如果目击者无法准确地对距离进行评估，那么他们不能确定自己距离目标是否在 15 米以内；第二，认定所有 15 米以内的目击辨识均准确，15 米以外的均错误，这是不现实的。在林赛等人（2008）的实验中，1300 多名被试在不同距离观察目标，评估与目标间的距离并对目标进行描述，最后完成列队辨认任务（包括目标在列和目标空缺两种

47

情况）。结果发现，被试在评估与目标间的距离方面表现很差，尤其采用记忆进行评估时。尽管在大约50米的距离时，对目标的描述仍然具有可靠性，但是随着与目标之间距离的增加，目击者在辨识任务（目标在列和目标空缺）中的表现越来越差。尽管这一发现与瓦格纳和范德施里尔（1996）、林赛等人（2008）的发现大体一致，但在距离目标15米时，辨识准确度并未出现突降，同时指出很多被试在15米以外仍然可以作出准确的辨识，说明"15米规则"并非特别有用的法庭判断标准。

另一个会影响目击证人的因素是目击证人可能遇到的压力或恐惧。基于显而易见的方法论与道德原因，包含现实层面压力的研究难以操控。然而，在野外训练场景中，摩根等人（2004）在战争训练营的模拟监狱，使士兵经历了超过12小时的高压力或低压力审讯，24小时以后，经历高压审讯情境的士兵很难正确辨识审讯者。摩根等人（2013）进一步在一个充满压力的监狱集中营对800名军事人员进行了辨识准确性测试。研究发现，除了观察错误信息影响之外，在目标空缺的列队辨认任务中，当要求被试识别审讯他们的人，大约50%的被试作出了错误的辨识。将警察置于具有挑战性的物理环境中（如身体锻炼），同样出现了错误辨识情况（Hope et al.，2012）。同样，在情绪唤起环境中（伦敦地牢），普通公民的表现也表明，高焦虑水平会引起错误识别（Valentine & Mesout，2008）。

其他研究关注目击者与持枪嫌疑犯之间的相关司法问题。有研究表明，在暴力目击条件下的情绪唤起可能会对记忆有帮助（Yuille & Cutshall，1986；Wright，2006）。目击者研究专家则认为，持有武器的嫌疑犯会对目击案件带来消极影响（Kassin，Tubb，Hosch & Memon，2001）。这一现象后来被称为"武器聚焦效应"（Loftus，E. F.，Loftus，G. R. & Messo，1987），即武器的出现对于目击者的唤起表现（如对于罪犯面部特征、衣服细节等）带来损害，即产生对结果的负面效应（Cutler et al.，1987；Hope & Wright，2007；Loftus et al.，1987；Maas & Kohnken，1989；Pickel，French & Betts，2003；Steblay，1992）。一种解释是武器的出现增加了压力和情绪，使得注意力都集中于武器，所以外围的线索就被忽略或过滤掉了（Hope & Wright，2007；Loftus，1980；Macleod & Mathews，1991）。迪芬贝科、伯恩斯坦、彭罗德和麦戈蒂（2004）采用元分析总结了压力对目击者记忆的影响的研究，得出结论：高压力水平会损伤目击证人回忆和识别的准确性，但是这种损害取决于压力操作引起的反应模式。研究人员指出，一些情绪操控可能引起"定向"反应，而另一些情绪操控引起"防御"反应（Deffenbacher，1994；Deffenbacher et al.，2004；Klorman，Weissberg & Wiesenfeld，1977；Sokolov，1963）。迪芬贝科等人（2004）认为，定向反应增强了（目击者）对场景"信息方面"的记忆，而防卫反应引起记忆增强或者显著的记忆损伤，这取决于其他认知、心理因素。最近，福西特、拉塞尔、皮斯和克里斯蒂（2013）在辨认识别中的"武器聚焦效应"分析中，证实了小到中等武器的出现对识别准确性的影响，但指出这一效应受环境因素影响，如暴露时长、恐惧水平等。

目击事件与辨认任务

延时间隔

在个体目击犯罪行为之后到进行辨认识别这段延迟时间，目击者的记忆并不只是有衰减倾向，同时也极容易受到许多事后信息的影响。延迟与事后信息均对回忆的完整性与准确性有影响（Anderson，1983；Ayers & Reder，1998；Ellis，Shepherd & Davies，1980；Gabbert, Memon & Allan, 2003；Loftus, Miller & Burns, 1978；McCloskey & Zaragoza, 1985；Meissner, 2002；Tuckey & Brewer, 2003）。

延迟减少了回忆的信息量（Ebbinghaus, 1885；Kassin et al., 2001；Rubin & Wenzel, 1996；see also Tuckey & Brewer, 2003）。针对关于面部识别的 128 项研究进行元分析发现，延迟会使之前所见的面孔的正确识别率降低（Shapiro & Penrod, 1986）。施波雷尔（1992）发现，正确辨认减少（的数量）与错误辨认增多（的数量）在超过 3 周延迟时会同时增加。重点是，瓦伦丁、皮克林与达林（2003b）检验了真实目击者的表现，发现延期超过 1 周后正确识别率开始大幅度降低。

事后错误信息

由伊丽莎白·洛夫特斯在 20 世纪 70 年代所进行的研究，证实了错误信息效应——由记忆扭曲造成的典型现象（Loftus, 2005；Frenda, Nichols & Loftus, 2011）。在一个经典实验中，洛夫特斯与帕尔默（1974）给被试呈现一个车祸小短片，然后要求被试回忆车祸的细节。他们发现，仅仅改变提问中的一个词语（用于修饰车祸发生时的车速），导致了速度估计的显著性差异。尤其是，要求被试评估"撞上"（contact）对方车辆时的车速，被试对车速的估计较慢（31.8mph）；而当要求被试评估"撞烂"（smash）对方车辆时的车速，他们对车速的估计较高（40.5mph）。此外，目击者也出现了对撞碎玻璃场景的错报（"撞上"组未出现撞碎玻璃）。已经有几百项实验均证实了错误信息现象，并且探索了该现象的边界条件，为其理论解释提供了帮助。目击精确性的研究与更为相关的新兴领域，即关于"共同目击"（co-witness）对记忆的影响。在一项调查中，86% 的真实目击者与共同目击者一同讨论了他们对案发现场的记忆（Paterson & Kemp, 2006）。目击同一事件或许具有相同的经历，但是他们对事件的个体记忆存在差别，其中的原因有：对事件的多个细节注意程度不同、事件的空间和时间定位不同，或回忆这些细节的能力差异（Gabbert, Memon & Wright, 2006）。研究充分证明：通过两个目击者的讨论，他们对目击事件的描述变得更加相似（Gabbert, Memon, Allan & Wright, 2004；Wright, Self & Justice, 2000）。目击者更可能被共同目击者影响，尤其当与共同目击者的关系较为亲密，如朋友、伙伴时（Hope, Ost, Gabbert, Healey & Lenton, 2008）。但是极少有对误导信息与识别后果的关系进行的研究。加伯特、布鲁尔与霍普（2007）采用列队辨认任务（目标在列、目标空缺），控制共同目击者的自信心与精确度，结果发现，当被试发现共同目击者错误辨认后，实验组被试的辨认错误率更高。但是，当被试看到共同目击者作出正确的辨认后，实验组并未作出比控制组更为准确的辨认。并且，辨认任务前的的自信表达也并未对目击者产生影响。在新近研究中，考察被试知晓共同目击者的情况下，对队列决策的影响，莱韦特（2013）观察到：听到共同目击者的队列选择的被试，相较于未听到任何信息或听到共同目击者错误辨认后，更倾向于自己作出选择；另外，这一过程也受共同目击者的自信所影响。据此，可以得出结论：辨认决策需要独立作出。

确保准确的列队辨认程序，应当不与其他目击者分享独立作出的辨认决策，细节描述的误导信息会对目击精确性产生不利影响，这一观点需要未来采用进一步实验加以验证。

中介识别任务

面部照片

在调查中，通常要求目击者在一系列面部照片中进行识别。许多研究表明，在先暴露嫌疑犯的照片会增加后来列队辨认中被认出的可能性。换言之，对嫌疑犯的重复暴露，会增加对无辜者的错认（Brigham & Cairns，1988；Dysart，Lindsay，Hammond & DuPuis，2001；Gorenstein & Ellsworth，1980；Memon et al.，2002）。研究发现承诺效应（commitment effects）（如承诺之前的照片选择）会导致辨识错误（Goodsell，Neuschatz & Gronlund，2009）。

生成画像

如果调查并未找到嫌疑犯，警方可能会与目击者合作从而形成嫌疑犯的复原画像。先前，这种画像可能由素描艺术家制作。但是随着科技的进步，这一画像可由电脑系统生成。然而，研究表明画像质量总是比较差，与嫌疑犯的相似性极低（Wells & Hasel，2007），因此，生成的画像可能会影响辨识的准确性。韦尔斯、查曼与奥尔森（2005）检验了面部画像是否会影响辨认的准确性，结果表明，制作画像使得对初始目标的辨认正确率显著降低（实验1），而实验2表明，结果可以推广到标准的目击范式。根据这些结论，韦尔斯等人（2005）认为存在多目击者时，"可以让一个目击者建立画像，而使其他目击者参与后续的列队辨认任务"。

辨认任务

在该部分，我们考虑一系列的重要因素可能对目击识别造成显著影响。这些变量最终会处于刑事司法体系的控制之下，已有研究考察了识别任务的生成与管理，关注这些存在不足的实践中的辨认偏差，并对改进程序提出了建议。

列队前的指导

通常假设，由警方提供的队列中的嫌疑犯均为具有高度可能性的准确嫌疑犯。换言之，目击者会认为如果不是警方找到了确定的嫌疑犯，他们不会被请去做辨认。而他们的作用就是去做一个积极确认，即在队列中找到这么一个人。这种认识上的偏差会在任务中被扩大。事实上，麦蒙等人（2003a）发现即便在公正的条件下，也会有超过90%的模拟目击者均认为罪犯处于队列之中。因此，告知目击者警方所寻找的人"可能或者根本不在队列中"极为重要。在目标空缺列队辨认中，误认率在得到这一指导后显著降低（详见元分析，Steblay，1997；Clark，2005）。当然，值得注意的是，有偏见的队列指导的消极影响，同样存在于音频辨认任务中（Thompson & Johnson，2008）。

队列构成

当嫌疑犯否认自己涉案，并声称辨认有误时，就需要进行列队辨认。警察组织列队辨认，主要面临两个重要的困境：①除嫌疑犯之外的队列人数，即"陪衬对象"数量；②如何选择陪衬对象。法律已经规定了队列的人数。在英国，一个队列至少包含8名陪衬对象；在美国，至少包含5名陪衬对象。研究者已经针对队列的"名义规模"与"功能规模"做出了区分（Wells，Leippe & Ostrom，1979）。功能规模与合理的列队成员数量相关。如果目击者将嫌疑犯描述为男性、黑长发、20岁出头，但是在队列中出现2个黑短发和1个40多岁的陪衬对象，那么其功能规模就减少了3人。因为这些陪衬对象与最初信息根本不符，所以会被自动忽略。列队辨认的目的是提供一个公平的识别任务，使嫌疑犯适当地从陪衬对象中"脱颖而出"。降低队列的功能规模，尤其当嫌疑犯并非真实罪犯时，会显著增加错认率（Lindsay & Wells，1980；Tredoux，2002）。因此，选择合适的陪衬对象对于构造一个公平的队列极为重要。在英国，要求警察选择与嫌疑犯相似的陪衬对象，这被称为"匹配嫌疑犯"策略。换言之，需要根据嫌疑犯的外貌特征（而非特征描述）选择陪衬对象。这种策略存在问题，因为已有研究证明，与目击者口头描述不一致的陪衬对象很容易被忽视，从而造成列队辨认误差，及增加无辜者被误认的可能性（Clark & Tunnicliff，2001）。因此，"匹配描述"策略（即根据目击者对嫌疑犯的描述进行匹配，来选择陪衬对象）可能更好（Luus & Wells，1991）。但是，达林、瓦伦丁与麦蒙（2008）的研究发现，在这些列队构成策略中，并未发现正确辨认与错误辨认的任何差异。菲茨杰拉德、普赖斯、奥利特与查曼（2013）的元分析指出，由嫌疑犯与低相似陪衬对象组成的队列，更可能促成嫌疑犯辨认，而不考虑嫌疑犯是否有罪或无辜。很显然，未来需要更多研究，探究不同队列构成如何影响选择行为。

调查者偏见

列队辨认应在双盲条件下进行，即目击者与队列管理者均不知道嫌疑犯身份。如果队列管理者知道谁是嫌疑犯，则可能不经意地将其所知转达于目击者（Harris & Rosenthal，1985），从而增加错认率（Phillips，McAuliff，Kovera & Cutler，1999）。最近，格雷特豪斯与克威拉（2009）注意到，相较于双盲条件，在管理者知晓谁是嫌疑人的单盲条件下，会表现出更多偏见行为，如让目击者"再看一下"、提供关于嫌疑犯身份的明显线索、对目击者施加更大的压力。研究也发现，目击者可能不知道管理者施加的这种影响（Clark，Marshall & Rosenthal，2009）。同样，管理者也可能并没有意识到自己对目击者的这种影响（Garrioch & Brimacombe，2001；Greathouse & Kovera，2009；see also Dysart，Lawson & Rainey，2012）。

列队程序：绝对判断与相对判断

列队程序比其他关于目击证人证言的研究更加吸引研究者们。在传统的列队辨认中，采用照片（辨认形式）还是真人（辨认形式）取决于当地司法管辖，嫌疑犯与陪衬对象同时出现。对于目击者来说，他们倾向于认为罪犯即将出现在队列中，这种同时辨认所有列队成员的方式，要求目击者对列队成员进行逐个相互比较，最终选出与他们记忆最匹配的成员。这种辨认方式被称为"相对策略"（Wells，1984；Wells & Seelau，1995）。另一种队列呈现方式叫做"顺序列队"（sequential lineup），由林赛和韦尔斯（1985）提出。与传统的"同时列队"（simultaneous lineup，即相对策略）不同，在顺序列队中，每一名列队成员是按顺序依次出现的。其要求目击者看到下一个列队成员之前，对每一位列队成员作出绝对识别（"这是你看到的嫌疑人吗"，仅回答"是"或"否"）。在队列的最优版本中，目击者并不知道将呈现多少个成员的面部，以及辨认过程什么时候终止。另外，不允许目击者查看进一步的照片、回顾先前照片或改变先前的决定。有人认为，这种列队方式能够使目击者作出"绝对识别"，与"同时列队"不同，目击者无法在队列中进行相对比较，只能将呈现的面孔与自己大脑中的记忆进行比较。许多研究已经证实，这种顺序列队辨认能够降低错认率（详见元分析：Steblay，Dysart，& Wells，2011）。然而，在目标缺失列队辨认中的错认率的降低，与目标在列列队辨认中的正确辨认率的降低呈正相关。斯坦布雷等人（2011）估计，与"同时列队"相比，"顺序列队"减少了22%的错认率，也减少了8%的正确辨认率。由于正确辨认的减少量超过了错认率的减少量，所以在顺序列队辨认中，辨认正确率整体上出现了明显增益（Clark，Howell & Davey，2008；Goodsell，Gronlund & Carlson，2010；Steblay et al.，2011）。近年来，这些关于识别损失的意义与价值成了学界热议

51

的焦点（Clark，2012b；Laudan，2012；Newman & Loftus，2012；Wells，Steblay & Dysart，2012；Wixted & Mickes，2012）。

这一争论，也将研究兴趣引向了对辨认任务中目击证人决策的机制基础的探索。一个有趣的问题是：与同时列队相比，在顺序列队条件下，错误辨认的显著减少究竟是由于目击者辨别力的差异，还是反应偏差（如关于列队的决策倾向）的差异。帕尔默与布鲁尔（2012）采用信号检测模型，对22项研究（同时列队、顺序列队任务）数据分析发现，同时队列似乎没有对辨别力产生影响。与之相反，目击者在顺序列队中的决策采用了更加保守的决策标准，使得在顺序列队中的决策偏差更小。相似地，最近的研究采用以信心为基础的接受者操作特征（Receiver Operating Characteristic，ROC），分析发现，在辨别罪犯是否在队列中时，顺序列队的程序其实不如同时列队（的程序）（Mickes，Flowe & Wixted，2012）。很显然，未来研究需要进一步理解决策行为的驱动机制，从而开发更准确的列队辨认方式。

辨认后反馈

目击者信心可能是陪审团用于评价目击者证言可靠性的重要线索（Cutler，Penrod & Dexter，1990；Douglass，Neuschatz，Imrich & Wilkinson，2010；Lindsay，Wells & Rumpel，1981）。然而，错误的证人证言也可以是很自信的（Shaw & McClure，1996；Wells & Bradfield，1999）。尤其在辨认后，目击者的自信心可以得到很大提升（Luus & Wells，1994a，1994b；Wells & Bradfield，1998）。在关于信心对证人证言可靠性影响的经典研究中，韦尔斯与布拉德菲尔德（1998）发现，给目击者积极反馈（如"很好，你确认了嫌疑人"），与没有收到任何反馈相比，目击者报告体现出更高的自信水平，并认为辨认条件比较好（详见元分析：Douglass & Steblay，2006）。与之相反，得到消极反馈的目击者不太自信，报告辨认条件较差。在目标在列、目标空缺列队辨认中也发现了这种反馈效应（Bradfield，Wells & Olson，2002），当辨认与反馈之间出现较长的时间间隔时（Wells，Olson & Charman，2002），影响甚至扩展到了证人的作证意愿（Wells & Bradfield，1998；1999）。有一项调查发现，当要求目击者辨认不只一组队列时，辨认后的反馈会对随后的列队辨认表现产生影响（Palmer，Brewer & Weber，2010）。辨认后反馈可以通过警告的方法减少，但是不能被消除（Lampinen，Scott，Leding，Pratt & Arnal，2007）。然而，戴萨特等人（2012）的近期研究发现，双盲条件下的列队辨认能减少辨认后反馈的负面影响。

辨认后反馈的影响与效果被用于其他证言评估研究。道格拉斯等人（2010）证明，相较于没有得到反馈的目击者，得到积极反馈的目击者表现出准确性的辨认，且表现得更加自信（由独立的评估者评估得出），而不管他们的陈词中是否包含自信的表达。很显然，辨认后反馈对目击者辨认有重要的影响。据此，辨认程序应规定，不能在列队辨认过程中给目击者任何反馈。

自信心与准确性

除了陪审员以外，警察、律师、法官以及其他法律工作者，均认为自信是证人证言准确性的指标（Deffenbacher & Loftus，1982；Noon & Hollin，1987；Potter & Brewer，1999）。然而，我们都知道，自信很容易受到偏见的影响，从而产生过度自信的错误识别。但是目击者的自信真的能够告诉我们一些关于辨认准确性的有用信息吗？最近，有研究指出，自信与证人证言准确性的关系并不可靠，且自信并非准确性的可信指标，二者相关性很低甚

52

至相关性不显著（Bothwell，Brigham & Deffenbacher，1987；Sporer，Penrod，Read & Cutler，1995；同见 Kassin et al.，2001）。然而，有一个大范围的研究关注自信与适应替代分析，布鲁尔与同事对这一结论提出了挑战（Brewer，2006；Brewer & Wells，2006；Sauer，Brewer & Weber，2008；Weber & Brewer，2004）。采用校正法，研究者们记录了目击者在不同刺激材料中的自信—准确性之间的实质关系（Brewer，2006；Brewer et al.，2005）。研究发现了影响目击证人自信的其他因素，如截止期限压力（Brewer，Weber，Wootton & Lindsay，2012）或自信评价模式（Sauer et al.，2008）。

采用闭路电视（CCTV）进行辨认

直观地说，如果真正的目击者（通过 CCTV 或警察翻看证据发现）能够看到嫌疑犯的影像记录或照片时，辨认效果会得到显著提高。随着案件影像资料的应用，目击证人进行辨认任务不再过于依靠记忆，或对嫌疑人的熟悉程度，而只需要目击者完成简单的匹配任务。但是，采用闭路电视进行个体辨认，并非一个简单的匹配任务。如其他辨认一样，尽管在最理想的条件下，这种方式也容易出错。

从视频图像中识别个体存在两种截然不同的情况（Bruce et al.，1999）：①由民众、闭路电视（CCTV）操作者或警察进行自发辨认，且宣称他们知道目标已出现在闭路电视（CCTV）中；②将影像中的目标与被逮捕者进行比较，判断嫌疑犯是否在案发现场。在这些条件下，辨识的准确性取决于该面孔是否系目击者先前看到的。

在一个关于事先暴露的情形下进行的自发辨认的新进研究中，洛吉、巴德利与伍德黑德（1987）在一个城镇中心检验大众能否在先前见过的照片中辨认出真实的目标个体。照片刊登在当地的一家报纸上。除了详细标记出目标的精确定位，对于大众而言，他们的自发辨认的比例极低，且错认率比较高（如识别其他无辜的路人）。

许多研究发现，当目标面孔不断向目击者呈现时，这种动态互动会造成低辨识率。肯普、托厄尔与派克（1997）检验了信用卡上附加一张卡主的照片是否会减少信用卡诈骗比率。在信用卡上附加一张卡主的合法照片，是一种用以确保卡主使用信用卡的极其简单的做法。在研究中，消费者用附加自己照片的信用卡消费，另一部分人用附有其他人照片的信用卡进行消费。要求有经验的收银员根据持卡人是否为本人来决定接受还是拒绝其消费，并记录他们确认卡上照片是否为本人的确信程度。尽管收银员知道自己在参加实验，且花费比平时更多的时间来检验信用卡消费者是否系持卡人，但仍有超过 50% 的欺骗性信用卡消费被接受了。

研究也报告，采用闭路电视（CCTV）进行目标匹配也存在很高的错误率。一般来说，人们常假设从闭路电视辨认目标的失误主要是由于这种记录画面质量比较差。如果提高画面质量，这种识别困难就会减少。尽管技术上的局限导致画面质量确实不高，但是这样的假设也受到了诸多研究结果的挑战。

布鲁斯与同事（1999）对比了人们在清晰画质的影像和清晰画质的照片下的面部匹配效果。结果显示，整体的准确率相对较差，尽管在最佳视觉条件下，准确率平均值为 70%。当目标的表达或观点变化时，正确率进一步降低。并且，即便采用彩色的目标图像，也不会对辨认结果产生什么影响。因此，这可能说明我们在辨认不熟悉的面部时，即便借助参考图片，辨认时仍很容易出现错误（Davies & Thasen，2000；Henderson，Bruce & Burton，

53

2001）。

相反，对于已知或熟悉的面孔，辨认则极为准确，甚至画质很不清晰也毫无影响。为检验相熟性对面部识别的影响，伯顿、威尔逊、考恩、布鲁斯（1999）进行了一项研究：其中一部分被试熟悉目标影像，另一部分被试不熟悉目标影像。研究结果发现，熟悉目标的被试存在一种明显的优势，即在画质不清晰的条件下，仍有73%的被试识别出了目标。布鲁斯、亨德森、纽曼、伯顿（2001）在一系列的研究中探索出了熟悉的作用，他们发现被试在画质极低的情况下，熟悉效应仍会带来极高的辨认准确率（90%以上）；当被试并不熟悉目标时，准确率显著降低（56%）。后续研究表明，暴露目标的短暂期间，不一定会产生有效的熟悉度效应，以提高对不熟悉面孔的识别和匹配，除非发生了深刻或社会性的过程（如与他人讨论该面孔）。戴维斯与瓦伦（2009）采用模拟陪审团的方法，要求陪审团决定出现在法庭上的嫌疑犯是否系在闭路电视（CCTV）证据中出现的同一个主体。研究中设置两种实验条件：①将陌生人的照片与闭路电视的录像进行匹配；②将真实的陌生人与闭路电视的录像进行匹配。由此检验两种实验条件是否存在同样高的识别错误率。通过三个实验，合并嫌疑犯在列和嫌疑犯空缺两段视频，他们注意到，即便闭路电视录像的画质十分清晰，识别的错误率依旧很高。

在警方侦查调查工作中，面部识别具有重要意义（Scott-Brown & Cronin，2007）。闭路电视（CCTV）的优势在于为事件提供了一种永久的记录方式，重点在于谁可能在案发现场的信息。闭路电视（CCTV）的优势在于，能在几千小时的影响记录中，迅速分辨出711、712的爆炸制造人（Metropolitan Police，2005）。并且，真实的闭路电视（CCTV）视频资料在法庭上可以作为有力的证据（NACRO，2002；Scott-Brown & Cronin，2007；Thomas，1993）。然而，依靠闭路电视（CCTV）视频资料识别和辨认嫌疑犯，会引起过度依赖这种证据的高风险，以及形成一种虚假的安全性。我们希望能够以高度的准确性来完成这项任务。然而，研究一直显示，即使是在最佳视觉条件下，人类完成此任务的水平依然较差。

目击者辨认证据的可信性

在目击证人辨认方面，实验心理学已经进行了四十多年的研究，产生了大量的文献与观点。虽然有大量文献、不同研究设计及不同假设，但是对比不同研究的结果，得出一个完整的结论，仍旧十分困难。在研究中，辨认的准确率波动极大（8%—80%）。为了确认目击证人实验究竟告诉了我们什么，克拉克等人（2008）对94项研究（包括目标在列和目标缺失列队）进行了元分析，其中的重要结论包括：①目标在列的辨认（identifications）正确率与目标空缺的无辨认（non-identifications）正确率无关；②辨认是为了判断嫌疑犯是否有罪，但如果辨认程序存在偏差（如队列构成），则辨认的结果没有意义；③无辨认（non-identifications）说明嫌疑犯无罪，而"不知道"则不能说明嫌疑犯是否有罪。在此基础上，克拉克等人（2008）提出一个基本原则：在某种程度上，基于目击者记忆的嫌疑犯辨认程序具有更大的证明价值；而其证明性价值小，在一定程度上是因为它是由列队构成的或更多是基于目击者的从众性、意愿或需要来证明的。因此，当评价辨认的可信度与准确性时，实践者应当考虑这些因素在辨认程序中起作用的范围（Brewer & Wells，2011）。

英国嫌疑犯辨认程序指南

在英格兰与威尔士，《警察行为准则》和《警察与刑事证据法》（Police and Criminal

Act，PACE）于 1984 年制定了侦查辨认程序指南，旨在预防错误辨认。法案包括适用于多种环境的规定、辨认的方式，及辨认程序中的层次结构。法案将德夫林（1976）报告中的许多建议实体化，用于防止后续案件中可能出现的错认辨认，以及对于嫌疑犯的错误定罪。其中一个案件是 1969 年发生在利物浦的拉斯洛·维拉格案，拉斯洛·维拉格被认定为持枪盗窃罪，并试图从警方那里逃跑。尽管有不在场证明及几个矛盾的证据，他仍被 8 名目击者指认为罪犯。其中一名目击者声称"他的脸被刻在我的脑子里"，另一个目击者说与他一起在酒吧呆了一阵子，然而事实上这些证据都是错误的。后来，有一个人承认了作案事实，才赦免了维拉格。从此案件可以看出，目击证人的辨认并非可靠，不能仅凭这些证据就进行定罪。

按照 PACE，当嫌疑犯质疑侦查识别且认为列队辨认可行时，必须进行由真人组成的列队辨认。与美国或其他地区的司法制度不同，在英格兰和威尔士，当嫌疑犯被拘留时，不允许仅仅向目击证人展示照片。法案对真人列队辨认提出以下要求：队列中必须至少包含 8 名陪衬对象（如无罪的志愿者），且陪衬对象与嫌疑犯的年龄、身高、外貌和社会地位相似；陪衬对象一些独有的特征应当被隐藏，如通过化妆师化妆或者戴帽子，使所有成员的外貌看起来彼此相似；嫌疑犯可以选择自己在队列中的位置，而非他们的法定代理人也可以在现场。重要的是，目击者必须被告知"嫌疑犯不一定在队列中"，如果无法作出肯定的判断就如实报告。列队成员可能需要按照目击证人的要求，听他们的口令做一些动作（如说话、行走或特定的姿势）。尽管有这些程序规定，在分析列队辨认的档案数据后发现，参加过正式的侦查列队辨认的目击者中，仍有超过 1/5 的人错误地将陪衬对象当成犯罪嫌疑人。斯莱特（1994）报告，在 843 名目击者（302 次列队辨认）中，仅有 36% 认出了嫌疑犯，22% 将无辜的陪衬对象认作嫌疑犯，42% 的人尚未作出肯定的辨认。同样，赖特与麦克达德（1996）审查了 1561 名目击证人（616 次列队辨认）的辨认决策，其中 39% 认出了嫌疑犯，20% 错认了陪衬对象，其余的没有作出辨认。2005 年法案修正案中增设了视频辨认的规则。法案明确要求应对嫌疑犯首先进行视频辨认，除非视频辨认的方式不可行或者进行列队辨认更加适合。

视频辨认识别需要呈现一段列队人员头部和肩膀的视频录像。每个视频片段呈现约 15 秒，且遵循以下序列：首先，成员被要求正面对着镜头进行头部、肩部全面录像；接着让他们将头部慢慢转到左边再转向右边，使之形成两个侧面镜头；最后，再进行一次正面录像。视频队列必须至少包含 8 名陪衬对象，且从国家视频识别数据库中的 2000 名陪衬对象中选出。这个数据库是由来自公众的志愿者用视频剪辑而成的，与真实的列队辨认一样，挑选的陪衬对象在年龄、身高、外貌和社会地位方面与嫌疑人类似。在英国，主要有两个用以生成视频队列的系统：视频列队辨认电子记录系统（Video Identity Parade Electronic Recording，VIPER）和画像匹配系统（Profile Matching，PROMAT）。对于这两种系统，执行动作序列的嫌疑犯的单个视频片段都可以制作。目击者会在屏幕上依次看到至少 9 条视频片段，且每一条分别标出一个数字。与早期法案中的真实列队辨认相似，目击者会被告知嫌疑犯不一定在队列中。另外，目标者也会被告知可能会再次看到一组图像中的特定部分或将某个特定图像"冻结"。但是关于可看次数则没有限制。法案也规定，将所有视频看完至少两次以上才能作出识别决定。

视频辨认相较于真实辨认确实存在许多优势。关于真实的 VIPER 视频列队辨认的研究

55

发现，相比于真实列队辨认，视频列队辨认是一种对嫌疑犯更加公平的组织方式（Valentine & Heaton，1999）。瓦伦丁与同事也发现，VIPER 视频列队辨认对欧洲、非洲和加勒比地区的嫌疑犯均是公平的（Valentine，Harris，Colom Piera & Darling，2003a）。当然，这也可能是由选取陪衬对象的大型数据库造成的。对于大型数据库的应用，常常能够减少组织一个队列的时间——视频列队（辨认）通常两个小时就能完成（Valentine et al.，2003b）。但列队辨认不太可能被取消（Pike，Kemp，Brace，Allen & Rowlands，2000）。最后，视频列队（辨认）对受害者的威胁较小，他们不用出现在有袭击者的环境中。并且，（视频列队辨认）也适用于无法出现在警局中的受害者（Valentine，Darling & Memon，2006）。

尽管照片辨认研究表明，当要求目击者对每一位队列成员作出绝对决策时，顺序呈现可以降低识别错误率（Lindsay & Wells，1985），《警察行为准则》中规定的视频列队辨认指令也与严格的顺序呈现程序不相符，因为视频列队辨认要求目击者观看整个队列至少两次以后，才能作出决定。但是，瓦伦丁、达林与麦蒙（2007）指出，相比于英国现行的"两次观看"程序，严格的顺序呈现规定不会导致识别的错误率降低。关于移动队列图像的好处，整合近期研究数据可以发现，在目标空缺列队辨认中，移动图像可以降低辨认错误率（Valentine et al.，2007）。

在特定情境下，法案另外提供了两种特殊的辨认方式：团队辨认与证人对质。前者是指当证人在非正式群体中看到嫌疑犯时，可以公开辨认（嫌疑犯合作）或者私下辨认；后者是指根据法案规定，向证人展示嫌疑犯并问"是这人吗"。相比于列队辨认，上述两种辨认方式均易受到偏差的影响（如减小了功能规模）。因此，当评估这两种形式的辨认效果时，需要格外小心谨慎。最新的法案修正案是在 2011 年出台的（详见 https://www.gov.uk/government/publications/pace-code-a-2011）。

法庭上的目击证人

目击证人在司法程序中出现的最后阶段是在法庭上。在许多司法体系中，均存在这样一种风险：目击证人的证言不可信，且通常要求陪审员审查目击者的遇到嫌疑人的目击环境（Memon，2008）。例如：在英格兰和威尔士的司法体系中，要求法官"在辨认存在争议的案件中，要避免危险的审判"（Roberts & Ormerod，2008）。特恩布尔指南（*R v. Turnbull*）规定，如果起诉案件在很大程度上依靠目击证人的证据，且证据很弱、存在疑问，法官认为证据效力不足，则案件不能继续审理。当涉及目击证人证据的案件在陪审团审议之前进行审理，则法官需要同时提供一般警告和特殊警告，前者涉及目击证人证据的风险，后者涉及特殊情况下目击证人证据的潜在弱点本质。

在司法界，是否允许专家证人介入判断目击者证人证言阶段仍在讨论过程中，这是一个有争议的话题（Benton，Ross，Bradshaw，Thomas & Bradshaw，2006），在大部分奉行当事人主义的国家中，包括北美和英国，是由法官来决定是否应当采用专家证人（Benton et al.，2006；Kovera，Russano & McAuliff，2002；Desmarais & Read，2011）。大多数地区的共同标准是，关于目击者记忆的问题被认为是陪审员常识的问题。在英国，这意味着通常需要陪审员对目击证据作出正确的决定，而不需要专家的证词。司法结论为，目击者的记忆确实是常识的问题，也是用以拒绝专家证词而最常被引用的原因之一（Benton et al.，2006；Leippe，1995；Yarmey，2001），并且法律专家也未对此表示反对（Benton et al.，

56

2006；Stuesser，2005）。

然而，陪审员对潜在的目击者错误不敏感，或者对于事件回应不敏感（Kassin & Sommers，1997）。事实上，超过25年的研究证实了目击证人心理学基础的有限性，这些心理学基础甚至存在错误（Benton et al.，2006；Brigham & WolfsKeil，1983；Deffenbacher & Loftus，1982；McConkey & Roche，1989；Noon & Hollin，1987；Desmarais & Read，2011）。陪审员也并不知道执法机关所采用的存在偏差的程序的含义，如低质量的队列构成、误导性反馈、偏差指导等（Shaw，Garcia & McClure，1999）。候选陪审员也很难区分准确和不准确的目击者证言（Lindsay，Wells & O'Connor，1989；Lindsay，Wells & Rumpel，1981）。专业法律工作者对影响目击者准确性的因素的理解也很有限（Granhag，Strömwall & Hartwig，2005；Wise & Safer，2004；Wise et al.，2009；Wise & Safer，2010）。甚至心理学专家对与目击者记忆有关的问题所掌握的知识也很有限（Magnussen & Melinder，2012），并且现在已经认识到早期主要依靠目击者的证词来定罪的方式是错误的，这说明陪审员常常无法在法庭上应用常识。

结论

目击者证词在司法过程中极其重要，在适当的环境下，可以以此为基础进行适当定罪。然而，需要谨慎地对辨认识别进行判断，因为错误定罪的主要原因往往是受到错误的目击者证词的影响。尤其是，应当考虑目击者对行凶者进行记忆加工的条件，如是否呈现任何误导性信息、辨认程序的本质和公正性，以及目击者是否无意中得到反馈等。

57

扩展阅读

1. Brewer, N., Weber, N., & Semmler, C. (2005), "*Eyewitness identification*", In Brewer, N. & Williams, K. D. (Eds.), *Psychology and law: An empirical perspective* (177 – 221), New York: Guilford Press.

2. Valentine, T., & Heaton, P. (1999), "An evaluation of the fairness of police lineups and video identifications", *Applied Cognitive Psychology*, 13, S59 – S72.

3. Weber, N., & Brewer, N. (2004), "Confidence-accuracy calibration in absolute and relative face recognition judgments", *Journal of Experimental Psychology: Applied*, 10, 156 – 172.

4. Wells, G. L., Memon, A., & Penrod, S. (2006), "Eyewitness evidence. Improving its probative value", *Psychological Science in the Public Interest*, 7, 45 – 75.

参考文献

Anderson, J. R. (1983), "A spreading activation theory of memory", *Journal of Verbal Learning and Verbal Behavior*, 22, 261 – 295.

Ayers, M. S., & Reder, L. M. (1998), "A theoretical review of the misinformation effect: Predictions from an activation-based memory model", *Psychonomic Bulletin and Review*, 5, 1 – 21.

Badham, S. P., Wade, K. A., Watts, H. J. E., Woods, N. G., & Maylor, E. A. (2013), "Replicating distinctive facial features in lineups: Identification performance in young versus older adults", *Psychonomic Bulletin and Review*, 20, 289 – 295.

Benton, T. R., Ross, D. F., Bradshaw, E., Thomas, W. N., & Bradshaw, G. S. (2006), "Eyewitness memory is still not common sense: Comparing jurors, judges and law enforcement to eyewitness experts", *Applied Cognitive Psychology*, 20, 115 – 129.

Bornstein, B. H., Deffenbacher, K. A., Penrod, S. D., & McGorty, E. K. (2012), "Effects of exposure time and cognitive operations on facial identification accuracy: A meta-analysis of two variables associated with initial memory strength", *Psychology, Crime and Law*, 18, 473 – 490.

Bothwell, R. K., Brigham, J. C., & Deffenbacher, K. A. (1987), "Correlation of eyewitnesses accuracy and confidence: Optimality hypothesis revisited", *Journal of Applied Psychology*, 72, 691 – 695.

Boyce, M., Beaudry, J. L., & Lindsay, R. C. L. (2007), "Belief of eyewitness identification evidence", In R. C. L. Lindsay, D. F. Ross, J. D. Read, & M. P. Toglia (Vol. Eds.), *The handbook of eyewitness psychology: Vol. 2. Memory for people* (pp. 501 – 529), Mahwah, NJ: Lawrence Erlbaum.

Bradfield, A. L., Wells, G. L., & Olson, E. A. (2002), "The damaging effect of confirming feedback on the relation between eyewitness certainty and identification accuracy", *Journal of Applied Psychology*, 87, 112 – 120.

Brewer, N. (2006), "Uses and abuses of eyewitness identification confidence", *Legal and criminological psychology*, 11, 3 – 21.

Brewer, N., Weber, N., & Semmler, C. (2005), "Eyewitness identification", In N. Brewer & K. D. Williams (Eds.), *Psychology and law: An empirical perspective* (pp. 177 – 221), New York: Guilford Press.

Brewer, N., Weber, N., Wootton, D., & Lindsay, D. S. (2012), "Identifying the bad guy in a lineup using confidence judgments underdeadline pressure", *Psychological Science*, 23, 1208 – 1214.

Brewer, N., & Wells, G. L. (2006), "The confidence-accuracy relationship in eyewitness identification: Effects of lineup instructions, foil similarity and target-absent base rates", *Journal of Experimental Psychology: Applied*, 12, 11 – 30.

Brewer, N., & Wells, G. L. (2011), "Eyewitness identification", *Current Directions in Psychological Science*, 20, 24 – 27.

Brigham, J. C., & Cairns, D. L. (1988), "The effect of mug shot inspections on eyewitness identification accuracy", *Journal of Applied Social Psychology*, 18, 1394 – 1410.

Brigham, J. C., & WolfsKeil, M. P. (1983), "Opinions of attorney's and law enforcement personnel on the accuracy of eyewitness identifications", *Law and Human Behavior*, 7, 337 – 349.

Bruce, V., Henderson, Z., Greenwood, K., Hancock, P., Burton, A. M., & Miller, P. (1999), "Verification of face identities from images captured on video", *Journal of Experimental Psychology: Applied*, 5, 339 – 360.

Bruce, V., Henderson, Z., Newman, C., & Burton, A. M. (2001), "Matching identities of familiar and unfamiliar faces caught on CCTV images", *Journal of Experimental Psychology:*

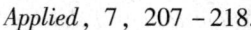

Applied, 7, 207 - 218.

Burton, A. M, Wilson, S., Cowan, M., & Bruce, V. (1999), "Face recognition in poor quality video: Evidence from security surveillance", *Psychological Science*, 10, 243 - 248.

Chiroro, P., & Valentine, T. (1995), "An investigation of the contact hypothesis of the own race bias in face recognition", *Quarterly Journal of Experimental Psychology A: Human Experimental Psychology*, 48A, 897 - 894.

Clark, S. E. (2005), "A re-examination of the effects of biased lineup instructions in eyewitness identification", *Law and Human Behaviour*, 29, 395 - 424.

Clark, S. E. (2012a), "Costs and benefits of eyewitness identification reform: Psychological science and public policy", *Perspectives on Psychological Science*, 7, 238 - 259.

Clark, S. E. (2012b), "Eyewitness identification reform: Data, theory, and due process", *Perspectives on Psychological Science*, 7, 279 - 283.

Clark, S. E., Howell, R. T., & Davey, S. L. (2008), "Regularities in eyewitness identification", *Law and Human Behavior*, 32, 187 - 218.

Clark, S. E., Marshall, T. E., & Rosenthal, R. (2009), "Lineup administrator influences on eyewitness identification decisions", *Journal of Experimental Psychology: Applied*, 15, 63 - 75.

Clark, S. E., & Tunnicliff, J. L. (2001), "Selecting lineup foils in eyewitness identification: Experimental control and real-world simulation", *Law and Human Behavior*, 25, 199 - 216.

Coupe, T., & Griffiths, M. (1996), *Solving residential burglary*, Crime Detection and Prevention Series No. 77, London: Home Office.

Craik, F. I. M., & Byrd, M. (1982), "Aging and cognitive deficits: The role of attentional resources", In F. I. M. Craik, & S. Trehub (Eds.), *Aging and cognitive processes* (pp. 191 - 211), New York: Plenum.

Cutler, B. L., & Penrod, S. D. (1995), *Mistaken identifications: The eyewitness, psychology, and the law*, New York: Cambridge University Press.

Cutler, B. L., Penrod, S. D., & Dexter, H. R. (1990), "Juror sensitivity to eyewitness identification evidence", *Law and Human Behavior*, 14, 185 - 192.

Cutler, B. L., Penrod, S. D., & Martens, T. K. (1987), "The reliability of eyewitness identification: The role of system and estimator variables", *Law and Human Behavior*, 11, 233 - 258.

Darling, S., Valentine, T., & Memon, A. (2008), "Selection of lineup foils in operational contexts", *Applied Cognitive Psychology*, 22, 159 - 169.

Davies, G., & Thasen, S. (2000), "Closed circuit television: How effective an identification aid?", *British Journal of Psychology*, 91, 411 - 426.

Davis, J. P., & Valentine, T. (2009), "CCTV on trial: Matching video images with the defendant in the dock", *Applied Cognitive Psychology*, 23, 482 - 505.

Deffenbacher, K. A. (1994), "Effects of arousal on everyday memory", *Human Performance*, 7, 141 - 161.

Deffenbacher, K. A., Bornstein, B. H., Penrod, S. D., & McGorty, E. K. (2004), "A meta-analytic review of the effects of high stress on eyewitness memory", *Law and Human Behavior*, 28, 687 – 706.

Deffenbacher, K. A., & Loftus, E. F. (1982), "Do jurors share a common understanding concerning eyewitness behavior?", *Law and Human Behavior*, 6, 15 – 30.

Desmarais, S. L., & Read, J. D. (2011), "After 30 years, what do we know about what jurors know? A meta-analytic review of lay knowledge regarding eyewitness factors", *Law and Human Behavior*, 35, 200 – 210.

Devlin Committee Report: *Report of the Committee on Evidence of Identification in Criminal Cases*, 1976. Cmnd 338 134/135, 42.

Dodson, C. S., & Krueger, L. E. (2006), "I misremember it well: Why older adults are unreliable eyewitnesses", *Psychonomic Bulletin and Review*, 13, 770 – 775.

Douglass, A. B., Neuschatz, J. S., Imrich, J., & Wilkinson, M. (2010), "Does post-identification feedback affect evaluations of eyewitness testimony and identification procedures?", *Law and Human Behavior*, 34, 282 – 294.

Douglass, A. B., & Steblay, N. (2006), "Memory distortion in eyewitnesses: A meta-analysis of the post-identification feedback effect", *Applied Cognitive Psychology*, 20, 859 – 869.

Dysart, J. E., Lawson, V. Z., & Rainey, A. (2012), "Blind lineup administration as a prophylactic against the postidentification feedback effect", *Law and Human Behavior*, 36, 312 – 319.

Dysart, J. E., Lindsay, R. C. L., Hammond, R., & DuPuis, P. R. (2001), "Mug shot exposure prior to lineup identification: Interference, transference, and commitment effects", *Journal of Applied Psychology*, 86, 1280 – 1284.

Dysart, J. E., Lindsay, R. C. L., MacDonald, T. K., & Wicke, C. (2002), "The intoxicated witness: Effects of alcohol on identification accuracy from show-ups", *Journal of Applied Psychology*, 87, 170 – 175.

Ebbinghaus, H. (1885), *Memory: A contribution to experimental psychology*, Leipzig: Duncker and Humblot.

Ellis, H. D., Shepherd, J. W., & Davies, G. M. (1980), "The deterioration of verbal descriptions of faces over different delay intervals", *Journal of Police Science and Administration*, 8, 101 – 106.

Fawcett, J. M., Russell, E. J., Peace, K. A., & Christie, J. (2013), "Of guns and geese: a meta-analytic review of the 'weapon focus' literature", *Psychology, Crime and Law*, 19, 35 – 66.

Fitzgerald, R. J., Price, H. L., Oriet, C., & Charman, S. D. (2013), "The effect of suspect-filler similarity on eyewitness identification decisions: A meta-analysis", *Psychology, Public Policy & Law*, 19, 151 – 164.

Frenda, S. J., Nichols, R. M., & Loftus, E. F. (2011), "Current issues and advances in misinformation research", *Current Directions in Psychological Sciences* 20, 20 – 23.

Gabbert, F., Brewer, N., & Hope, L. (2007, July), "*Effects of co-witness confidence on identification decisions*", Seventh Biennial Conference of the Society for Applied Research in Memory and Cognition, Lewiston.

Gabbert, F., Hope, L., & Fisher, R. (2009), "Protecting eyewitness evidence: Examining the efficacy of a self-administered interview tool", *Law and Human Behavior*, 33 (4), 298 – 307.

Gabbert, F., Memon, A., & Allan, K. (2003), "Memory conformity: Can eyewitnesses influence each other's memories for an event?", *Applied Cognitive Psychology*, 17, 533 – 543.

Gabbert, F., Memon, A., Allan, K., & Wright, D. B. (2004), "Say it to my face: Examining the effects of socially encountered misinformation", *Legal and Criminological Psychology*, 9, 215 – 227.

Gabbert, F., Memon, A., & Wright, D. B. (2006), "Memory conformity: Disentangling the steps towards influence during a discussion", *Psychonomic Bulletin and Review*, 13, 480 – 485.

Garrioch, L., & Brimacombe, C. A. (2001), "Lineup administrators' expectations: Their impact on eyewitness confidence", *Law and Human Behavior*, 25, 299 – 314

Goodsell, C. A., Gronlund, S. D., & Carlson, C. A. (2010), "Exploring the sequential lineup advantage using WITNESS", *Law and Human Behavior*, 34, 445 – 459.

Goodsell, C. A., Neuschatz, J. S., & Gronlund, S. D. (2009), "Effects of mugshot commitment on lineup performance in young and older adults", *Applied Cognitive Psychology*, 23, 788 – 803.

Gorenstein, G. W., & Ellsworth, P. C. (1980), "Effect of choosing an incorrect photograph on a later identification by an eyewitness", *Journal of Applied Psychology*, 65, 616 – 622.

Granhag, P. A., Strömwall, L. A., & Hartwig, M. (2005), "Eyewitness testimony: Tracing the beliefs of Swedish legal professionals", *Behavioral Sciences and the Law*, 23, 709 – 727.

Greathouse, S. M., & Kovera, M. B. (2009), "Instruction bias and lineup presentation moderate the effects of administrator knowledge on eyewitness identification", *Law and Human Behavior*, 33, 70 – 82.

Harris, M. J., & Rosenthal, R. (1985), "Mediation of interpersonal expectancy effects: 31 meta-analyses", *Psychological Bulletin*, 97, 363 – 386.

Havard, C., Memon, A., Laybourn, P., & Cunningham, C. (2012), "Own-age bias in video lineups: a comparison between children and adults", *Psychology, Crime and Law*, 18, 929 – 944.

Henderson, Z., Bruce, V., & Burton, A. M. (2001), "Matching the faces of robbers captured on video", *Applied Cognitive Psychology*, 15, 445 – 464.

Hilliar, K. F., Kemp R. I., & Denson, T. F. (2010), "Now everyone looks the same: Alcohol intoxication reduces the own-race bias in face recognition", *Law and Human Behavior*, 34, 367 – 378.

Hope, L., Lewinski, W., Dixon, J., Blocksidge, D., & Gabbert, F. (2012), "Witnesses in action: The effect of physical exertion on recall and recognition", *Psychological Science*, 23, 386 – 390.

Hope, L., Ost, J., Gabbert, F., Healey, S., & Lenton, E. (2008), " 'With a little help from my friends…'”：The role of co-witness relationship in susceptibility to misinformation”, *Acta Psychologica*, 127, 476 – 484.

Hope, L., & Wright, D. （2007）, “Beyond unusual? Examining the role of attention in the weapon focus effect”, *Applied Cognitive Psychology*, 21, 951 – 961.

Hosch, H. M., & Platz, S. J. （1984）, “Self-monitoring and eyewitness identification”, *Personality and Social Psychology Bulletin*, 10, 289 – 292.

Howie, P., & Roebers, C. M. （2007）, “Developmental progression in the confidence-accuracy relationship in event recall：Insights provided by a calibration perspective”, *Applied Cognitive Psychology*, 21, 871 – 893.

Huff, C. R., Rattner, A., & Sagarin, E. （1996）, *Convicted but innocent：Wrongful conviction and public policy*, Thousand Oaks, CA：Sage.

Innocence Project （2012）, “Innocence blog：Wrongful convictions affect all New Yorkers”, Retrieved from http：//www. innocenceproject. org/Content/Wrongful_convictions_affect_all_New_Yorkers. php, retrieved 6 January 2015.

Jacoby, L. L. （1999）, “Ironic effects of repetition：Measuring age-related differences in memory”, *Journal of Experimental Psychology：Learning, Memory, and Cognition*, 25, 3 – 22.

Kassin, S. M., & Sommers, S. R. （1997）, “Inadmissible testimony, instructions to disregard, and the jury：Substantive versus procedural considerations”, *Personality and Social Psychology Bulletin*, 23, 1046 – 1054.

Kassin, S. M., Tubb, V. A., Hosch, H. M., & Memon, A. （2001）, “On the ‘general acceptance’ of eyewitness memory research”, *American Psychologist*, 56, 405 – 416.

Keast, A., Brewer, N., & Wells, G. L. （2007）, “Children's metacognitive judgments in an eyewitness identification task”, *Journal of Experimental Child Psychology*, 97, 286 – 314.

Kebbell, M. R., & Milne, R. （1998）, “Police officers' perceptions of eyewitness performance in forensic investigations”, *Journal of Social Psychology*, 138, 323 – 330.

Kemp, R., Towell, N., & Pike, G. （1997）, “When seeing should not be believing：Photographs, credit cards and fraud”, *Applied Cognitive Psychology*, 11, 211 – 222.

Klorman, R., Weissberg, R. P., & Wiesenfeld, A. R. （1977）, “Individual differences in fear and autonomic reactions to affective stimuli”, *Psychophysiology*, 14, 45 – 51.

Kovera, M. B., Russano, M. B., & McAuliff, B. D. （2002）, “Assessment of the commonsense psychology underlying Daubert-legal decision makers' abilities to evaluate expert evidence in hostile work environment cases”, *Psychology Public Policy and Law*, 8, 180 – 200.

Lampinen, J. M., Scott, J., Leding, J. K., Pratt, D., & Arnal, J. D. （2007）, “‘Good, you identified the suspect…but please ignore this feedback’：Can warnings eliminate the effects of post-identification feedback?”, *Applied Cognitive Psychology*, 21 （8）, 1037 – 1056.

Laudan, L. （2012）, “Eyewitness identifications：One more lesson on the costs of excluding relevant evidence”, *Perspectives on Psychological Science*, 7, 272 – 274.

Lavrakas, P. J., Buri, J. R., & Mayzner, M. S. （1976）, “A perspective of the recognition of other race faces”, *Perception and Psychophysics*, 20, 475 – 481.

Leippe, M. R. (1995), "The case for expert testimony about eyewitness memory", *Psychology Public Policy and Law*, 1, 909 – 959.

Levett, L. M. (2013), "Co-witness information influences whether a witness is likely to choose from a lineup", *Legal and Criminological Psychology*, 18, 168 – 180.

Lindsay, R. C. L., Semmler, C., Weber, N., Brewer, N., & Lindsay, M. R. (2008), "How variations in distance affect eyewitness reports and identification accuracy", *Law and Human Behavior*, 32, 526 – 535.

Lindsay, R. C. L., & Wells, G. L. (1980), "What price justice? Exploring the relationship between lineup fairness and identification accuracy", *Law and Human Behavior*, 4, 303 – 314.

Lindsay, R. C. L., & Wells, G. L. (1985), "Improving eyewitness identifications from lineups: Simultaneous versus sequential lineup presentation", *Journal of Applied Psychology*, 70 (3), 556 – 564.

Lindsay, R. C. L., Wells, G. L., & O'Connor, F. (1989), "Mock juror belief of accurate and inaccurate eyewitnesses: A replication", *Law and Human Behavior*, 13, 333 – 340.

Lindsay, R. C. L., Wells, G. L., & Rumpel, C. M. (1981), "Can people detect eyewitness-identification accuracy within and across situations?", *Journal of Applied Psychology*, 66, 79 – 89.

Loftus, E. F. (1980), *Memory*, Reading, MA: Addison-Wesley.

Loftus, E. F. (2005), "Planting misinformation in the human mind: A 30 – year investigation of the malleability of memory", *Learning and Memory*, 12, 361 – 366.

Loftus, E. F., Loftus, G. R., & Messo, J. (1987), "Some facts about 'weapon focus'", *Law and Human Behavior*, 11, 55 – 62.

Loftus, E. F., Miller, D. G., & Burns, H. J. (1978), "Semantic integration of verbal information into a visual memory", *Journal of Experimental Psychology: Human Learning and Memory*, 4, 19 – 31.

Loftus, E. F., & Palmer, J. C. (1974), "Reconstruction of auto-mobile destruction: An example of the interaction between language and memory", *Journal of Verbal Learning and Verbal Behaviour*, 13, 585 – 589.

Logie, R. H., Baddeley, A. D., & Woodhead, M. M. (1987), "Face recognition, pose and ecological validity", *Applied Cognitive Psychology*, 1, 53 – 69.

Luus, C. A. E., & Wells, G. L. (1991), "Eyewitness identification and the selection of distracters for lineups", *Law and Human Behavior*, 15 (1), 43 – 57.

Luus, C. A. E., & Wells, G. L. (1994a), "The malleability of eyewitness confidence: Co-witness and perseverance effects", *Journal of Applied Psychology*, 79 (5), 714 – 723.

Luus, C. A. E., & Wells, G. L. (1994b), "Determinants of eyewitness confidence", In D. F. Ross, J. D. Read, & M. P. Toglia (Eds.), *Adult eyewitness testimony: Current trends and developments* (pp. 348 – 362), New York: Cambridge University Press.

Maas, A., & Kohnken, G. (1989), "Eyewitness identification: Simulating the 'weapon effect'", *Law and Human Behavior*, 13, 397 – 408.

Macleod, C., & Mathews, A. (1991), "Biased cognitive operations in anxiety-accessibility of information or assignment of processing priorities", *Behavior Research and Therapy*, 29, 599 – 610.

Magnussen, S., & Melinder, A. (2012), "What psychologists know and believe about memory: A survey of practitioners", *Applied Cognitive Psychology*, 26, 54 – 60.

Mandler, G. (1980), "Recognizing: The judgment of previous occurrence", *Psychological Review*, 87, 252 – 271.

Mansour, J. K., Beaudry, J. L., Bertrand, M. I., Kalmet, N., Melsom, E. I., & Lindsay, R. C. L. (2012), "Impact of disguise on identification decisions and confidence with simultaneous and sequential lineups", *Law and Human Behavior*, 26, 513 – 536.

McClelland, J. L., & Chappell, M. (1998), "Familiarity breeds differentiation: A subjective-likelihood approach to the effects of experience in recognition memory", *Psychological Review*, 105, 724 – 760.

McCloskey, M., & Zaragoza, M. (1985), "Misleading postevent information and memory for events-Arguments and evidence against memory impairment hypotheses", *Journal of Experimental Psychology-General*, 114, 1 – 16.

McConkey, K. M., & Roche, S. M. (1989), "Knowledge of eyewitness memory", *Australian Psychologist*, 24, 377 – 384.

Meissner, C. A. (2002), "Applied aspects of the instructional bias effect in verbal overshadowing", *Applied Cognitive Psychology*, 16, 911 – 928.

Meissner, C. A., & Brigham, J. C. (2001), "A meta-analysis of the verbal overshadowing effect in face identification", *Applied Cognitive Psychology*, 15, 603 – 616.

Memon, A. (2008), "Eye witness research: Theory and practice", In D. V. Canter & R. kauskiene (Eds.), *Psychology and law*, Aldershot: Ashgate.

Memon, A., Hope, L., Bartlett, J., & Bull, R. (2002), "Eyewitness recognition errors: The effects of mugshot viewing and choosing in young and old adults", *Memory and Cognition*, 30, 1219 – 1227.

Memon, A., Hope, L., & Bull, R. H. C. (2003a), "Exposure duration: Effects on eyewitness accuracy and confidence", *British Journal of Psychology*, 94, 339 – 354.

Memon, A., Vrij, A., & Bull, R. (2003b), *Psychology and law: Truthfulness, accuracy and credibility of victims, witnesses and suspects* (2nd edn), Chichester: Wiley.

Metropolitan Police (2005), "Police investigation continues into the 7/7 bombings", *Metropolitan Police Bulletin* 222, 18 July 2005.

Mickes, L., Flowe, H. D., & Wixted, J. T. (2012), "Receiver operating characteristic analysis of eyewitness memory: Comparing the diagnostic accuracy of simultaneous versus sequential lineups", *Journal of Experimental Psychology: Applied*, 18, 361 – 376.

Morgan, C. A., Hazlett, G., Doran, A., Garrett, S., Hoyt, G., Thomas, P. *et al.* (2004), "Accuracy of eyewitness memory for persons encountered during exposure to highly intense stress", *International Journal of Law and Psychiatry*, 27, 265 – 279.

Morgan, C. A., Southwick, S., Steffian, G., Hazlett, G. A., & Loftus, E. F. (2013), "Misinformation can influence memory for recently experienced highly stressful events",

International Journal of Law and Psychiatry, 36, 11 – 17.

NACRO (2002), *To CCTV or not to CCTV? A review of current research into the effectiveness of CCTV systems in reducing crime*. Publication Number 2002062800, London: Author.

Narby, D. J., Cutler, B. L., & Penrod, S. D. (1996), "The effects of witness, target, and situational factors on eyewitness identifications", In S. L. Sporer, R. S. Malpass, & G. Koehnken (Eds.), *Psychological issues in eyewitness identification* (pp. 23 – 52), Mahwah, NJ: Lawrence Erlbaum.

Newman, E. J., & Loftus, E. F. (2012), "Clarkian logic on trial", *Perspectives on Psychological Science*, 7, 260 – 263.

Noon, E., & Hollin, C. R. (1987), "Lay knowledge of eyewitness behaviour: A British survey", *Applied Cognitive Psychology*, 1, 143 – 153.

O'Rourke, T. E., Penrod, S. D., Cutler, B. L., & Stuve, T. E. (1989), "The external validity of eyewitness identification research: Generalizing across subject populations", *Law and Human Behavior*, 13, 385 – 395.

Overbeck, J. L. (2005), "Beyond admissibility: A practical look at the use of eyewitness expert testimony in the Federal courts", *New York University Law Review*, 80 (6), 1895 – 1920.

Palmer, M. A., Brewer, N., & Weber, N. (2010), "Postidentification feedback affects subsequent eyewitness identification performance", *Journal of Experimental Psychology: Applied*, 16, 387 – 398.

Palmer, M. A., & Brewer, N. (2012), "Sequential lineup presentation promotes less-biased criterion setting but does not improve discriminability", *Law and Human Behavior*, 36, 247 – 255.

Paterson, H. M., & Kemp, R. I. (2006), "Co-witnesses talk: A survey of eyewitness discussion", *Psychology Crime and Law*, 12, 181 – 191.

Pezdek, K., O'Brien, M., & Wasson, C. (2012), "Cross-Race (but not same-race) face identification is impaired by presenting faces in a group rather than individually", *Law and Human Behavior*, 36, 488 – 495.

Phillips, M. R., McAuliff, B. D., Kovera, M. B., & Cutler, B. L. (1999), "Double-blind photoarray administration as a safeguard against investigator bias", *Journal of Applied Psychology*, 84, 940 – 951.

Pickel, K. L., French, T. A., & Betts, J. M. (2003), "A cross-modal weapon focus effect: The influence of a weapon's presence on memory for auditory information", *Memory*, 11, 277 – 292.

Pike, G., Kemp, R., Brace, N., Allen, J., & Rowlands, G. (2000), "The effectiveness of video identification parades", *Proceedings of the British Psychological Society*, 8, 44.

Potter, R., & Brewer, N. (1999), "Perceptions of witness behaviour-accuracy relationships held by police, lawyers and jurors", *Psychiatry, Psychology and Law*, 6, 97 – 103.

Pozzulo, J. D., & Dempsey, J. (2006), "Biased lineup instructions: Examining the effect of pressure on children's and adults' eyewitness identification accuracy", *Journal of Applied Social Psychology*, 36, 1381 – 1394.

Pozzulo, J. D. , & Lindsay, R. C. L. （1998）, "Identification accuracy of children versus a-dults: A meta-analysis", *Law and Human Behavior*, 22, 549 – 570.

Read, J. D. （1995）, "The availability heuristic in person identification-the sometimes mis-leading consequences of enhanced contextual information", *Applied Cognitive Psychology*, 9, 91 – 121.

Read, J. D. , Vokey, J. R. , & Hammersley, R. （1990）, "Changing photos of faces: Effects of exposure duration and photo similarity on recognition and the accuracy-confidence relation-ship", *Journal of Experimental Psychology: Learning, Memory and Cognition*, 16, 870 – 882.

Rhodes, M. G. , & Anastasi, J. S. （2012）, "The own-age bias in face recognition: A me-ta-analytic and theoretical review", *Psychological Bulletin*, 138, 146 – 174.

Roberts, A. , & Ormerod, D. （2008）, "Identification in court", In D. Canter & R. Zukauskien（Eds.）*Bridging the gap between psychology and law: International perspectives*, Al-dershot: Ashgate.

Rubin, D. C. , & Wenzel, A. E. （1996）, "One hundred years of forgetting: A quantitative description of retention", *Psychological Review*, 103, 743 – 760.

Ryu, J. J. , & Chaudhuri, A. （2007）, "Differences in attentional involvement underlying the perception of distinctive and typical faces", *Perception*, 36, 1057 – 1065.

Salthouse, T. A. （1982）, *Adult cognition: An experimental psychology of human aging*, New York: Springer-Verlag.

Sauer, J. D. , Brewer, N. , & Weber, N. （2008）, "Multiple confidence estimates as in-dices of eyewitness memory", *Journal of Experimental Psychology: General*, 137, 528 – 547.

Scheck, B. , Neufeld, P. , & Dwyer, J. （2000）, *Actual innocence*, New York: Double-day.

Scott-Brown, K. C. , & Cronin, P. D. （2007）, "An instinct for detection: Psychological perspectives on CCTV surveillance", *The Police Journal*, 80, 287 – 305.

Shapiro, P. N. , & Penrod, S. （1986）, "Meta-analysis of facial identification studies", *Psychological Bulletin*, 100, 139 – 156.

Shaw, J. S. , III, & McClure K. A. （1996）, "Repeated postevent questioning can lead to elevated levels of eyewitness confidence", *Law and Human Behavior*, 20, 629 – 654.

Shaw, J. S. , III, Garcia, L. A. , & McClure, K. A. （1999）, "A lay perspective on the accuracy of eyewitness testimony", *Journal of Applied Social Psychology*, 29, 52 – 71.

Slater, A. （1994）, *Identification parades: A scientific evaluation*, London: Police Research Group, Home Office.

Sokolov, E. N. （1963）, *Perception and the conditioned reflex*, Oxford: Pergamon Press.

Sporer, S. L. （1992）, *Das Wiedererkennen von Gesichtern* [Recognizing faces], Weinheim: Beltz/Psychologie Verlags Union.

Sporer, S. L. , Penrod, S. , Read, D. , & Cutler, B. （1995）, "Choosing, confidence, and accuracy: A meta-analysis of the confidence-accuracy relation in eyewitness identification stud-ies", *Psychological Bulletin*, 118, 315 – 327.

Steblay, N. M. (1992), "A meta-analytic review of the weapon focus effect", *Law and Human Behavior*, 16, 413 – 424.

Steblay, N. (1997), "Social influence in eyewitness recall: A meta-analytic review of line-up instruction effects", *Law and Human Behavior*, 21, 283 – 297.

Steblay, N. K., Dysart, J. E., & Wells, G. L. (2011), "Seventy-two tests of the sequential lineup superiority effect: A meta-analysis and policy discussion", *Psychology, Public Policy and Law*, 17, 99 – 139.

Stuesser, L. (2005), "Experts on eyewitness identification: I don't just see it", *International Commentary on Evidence*, 3 (1), Article 2.

Thomas, M. (1993), *Every mother's nightmare: The killing of James Bulger*, London: Pan.

Thompson, W. B., & Johnson, J. (2008), "Biased lineup instructions and face identification from video images", *Journal of General Psychology*, 135, 23 – 36.

Tredoux, C. G. (2002), "A direct measure of facial similarity and its relation to human similarity perceptions", *Journal of Experimental Psychology: Applied*, 8 (3), 180 – 193.

Tuckey, M. R., & Brewer, N. (2003), "The influence of schemas, stimulus ambiguity, and interview schedule on eyewitness memory over time", *Journal of Experimental Psychology: Applied*, 9, 101 – 118.

Valentine, T., Darling, S., & Memon, A. (2006), "How can psychological science enhance the effectiveness of identification procedures? An international comparison", *Public Interest Law Reporter*, 11, 21 – 39.

Valentine, T, Darling, S., & Memon, A. (2007), "Do strict rules and moving images increase the reliability of sequential identification procedures?", *Applied Cognitive Psychology*, 21, 933 – 949.

Valentine, T., Harris, N., Colom Piera, A., & Darling, S. (2003a), "Are police video identifications fair to African-Caribbean suspects", *Applied Cognitive Psychology*, 17, 459 – 476.

Valentine, T., & Heaton, P. (1999), "An evaluation of the fairness of police line-ups and video identifications", *Applied Cognitive Psychology*, 13, S59 – S72.

Valentine, T., & Mesout, J. (2008), "Eyewitness identification under stress in the London Dungeon", *Applied Cognitive Psychology*, 23 (2), 151 – 161.

Valentine, T., Pickering, A., & Darling, S. (2003b), "Characteristics of eyewitness identification that predict the outcome of real lineups", *Applied Cognitive Psychology*, 17, 969 – 993.

Wagenaar, W. A., & van der Schrier, J. H. (1996), "Face recognition as a function of distance and illumination: A practical tool for use in the courtroom", *Psychology, Crime and Law*, 2, 321 – 332.

Weber, N., & Brewer, N. (2004), "Confidence-accuracy calibration in absolute and relative face recognition judgments", *Journal of Experimental Psychology: Applied*, 10, 156 – 172.

Wells, G. L. (1978), "Applied eyewitness-testimony research: System variables and estimator variables", *Journal of Personality and Social Psychology*, 36, 1546 – 1557.

Wells, G. L. (1984), "The psychology of lineup identifications", *Journal of Applied Social*

Psychology, 14, 89 – 103.

Wells, G. L., & Bradfield, A. L. (1998), " 'Good, you identified the suspect': Feedback to eyewitnesses distorts their reports of the witnessing experience", *Journal of Applied Psychology*, 83, 360 – 376.

Wells, G. L., & Bradfield, A. L. (1999), "Measuring the goodness of lineups: Parameter estimation, question effects, and limits to the mock witness paradigm", *Journal of Applied Psychology*, 13, S27 – S39.

Wells, G. L., Charman, S. D., & Olson, E. A. (2005), "Building face composites can harm lineup identification performance", *Journal of Experimental Psychology: Applied*, 11, 147 – 157.

Wells, G. L., & Hasel, L. E. (2007), "Facial composite production by eyewitnesses", *Current Directions in Psychological Science*, 16, 6 – 16.

Wells, G. L., Leippe, M. R., & Ostrom, T. M. (1979), "Guidelines for empirically assessing the fairness of a lineup", *Law and Human Behavior*, 3, 285 – 293.

Wells, G. L., & Loftus, E. F. (2013), "Eyewitness Memory for People and Events", In R. K. Otto and & I. B. Weiner (Eds.), *Handbook of Psychology*, Vol. 11 (Forensic Psychology), Hoboken, NJ: John Wiley & Sons.

Wells, G. L., & Olson, E. (2003), "Eyewitness identification", *Annual Review of Psychology*, 54, 277 – 295.

Wells, G. L., Olson, E., & Charman, S. (2002), "Eyewitness identification confidence", *Current Directions in Psychological Science*, 11, 151 – 154.

Wells, G. L., & Quinlivan, D. S. (2008), "Suggestive eyewitness identification procedures and the Supreme Court's reliability test in light of eyewitness science: 30 years later", *Law and Human Behavior*, 33 (1), 1 – 24.

Wells, G. L., & Seelau, E. P. (1995), "Eyewitness identification: Psychological research and legal policy on lineups", *Psychology, Public Policy, and Law*, 1, 765 – 791.

Wells, G. L., Steblay, N. K., & Dysart, J. E. (2012), "Eyewitness identification reforms: Are suggestiveness-induced hits and guesses true hits?", *Perspectives on Psychological Science*, 7, 264 – 271.

Wise, R. A., Pawlenko, N. B., Safer, M. A., & Meyer, D. (2009), "What US prosecutors and defence attorneys know and believe about eyewitness testimony", *Applied Cognitive Psychology*, 23, 1266 – 1281.

Wise, R. A., & Safer, M. A. (2004), "What US judges know and believe about eyewitness testimony", *Applied Cognitive Psychology*, 18, 427 – 443.

Wise, R. A., & Safer, M. A. (2010), "A comparison of what US judges and students know and believe about eyewitness testimony", *Journal of Applied Social Psychology*, 40, 1400 – 1422.

Wixted, J. T., & Mickes, L. (2012), "The field of eyewitness memory should abandon probative value and embrace receiver operating characteristic analysis", *Perspectives on Psychological Science*, 7, 275 – 278.

Wright, D. B. (2006), "Causal and associative hypothesis in psychology: Examples from eyewitness testimony research", *Psychology, Public Policy and Law*, 12, 190 – 213.

Wright, D. B., Boyd, C. E., & Tredoux, C. G. (2001), "A field study of own-race bias in South Africa and England", *Psychology, Public Policy, and Law*, 7, 119 – 132.

Wright, D. B., & McDaid, A. T. (1996), "Comparing system and estimator variables using data from real line-ups", *Applied Cognitive Psychology*, 10, 75 – 84.

Wright, D. B., Self, G., & Justice, C. (2000), "Memory conformity: Exploring misinformation effects when presented by another person", *British Journal of Psychology*, 91, 189 – 202.

Wright, D. B., & Skagerberg, E. M. (2007), "Post-identification feedback affects real eyewitnesses", *Psychological Science*, 18, 172 – 178.

Wright, D. B., & Sladden, B. (2003), "An own gender bias and the importance of hair in face recognition", *Acta Psychologica*, 114, 101 – 114.

Wright, D. B., & Stroud, J. N. (2002), "Age differences in lineup identification accuracy: People are better with their own age", *Law and Human Behavior*, 26, 641 – 654.

Yarmey, A. D. (2001), "Expert testimony: Does eyewitness memory research have probative value for the courts?", *Canadian Psychology-Psychologie Canadienne*, 42, 92 – 100.

Yuille, J. C., & Cutshall, J. L. (1986), "A case study of eyewitness memory of a crime", *Journal of Applied Psychology*, 71, 291 – 301.

第五章　陪审团决策

安德烈亚斯·卡佩尔迪斯（Andreas Kapardis）

陪审团理念

陪审团体系（抑或说"同侪审判"）的起源已经消失在时间的迷雾当中。一般来说，遍览当今世界各地的陪审团制度（Kaplan & Martin，2006），我们可以将欧洲大陆的陪审团制度与在西方讲英语的普通法系国家（如英国、美国、澳大利亚、新西兰和加拿大）中建立起的陪审团制度加以区分。后者可以追溯到 1215 年《英国大宪章》（the Magna Carta）中的下列条款：

> "任何自由人，如未经其同侪之依法裁判，或经国法判决，皆不得被逮捕、监禁、没收财产、剥夺法律保护权、流放，或加以任何其他损害。"
>
> ——1215 年《英国大宪章》第 39 条

12 人陪审团（在苏格兰是 15 人）具有英国普通法的基本特征，并且通过维京人传给了盎格鲁撒克逊人。一致裁决原则（unanimous verdicts）于 1367 年被引入英格兰，并于 1978 年被废止。在美国，约翰逊诉路易斯安那州案（1972）的裁判在非资本的重罪案件中引入了多数裁决原则（majority verdicts），并在伯奇诉路易斯安那州案（1979）中阐述了 6 人陪审团必须采用一致裁决原则。如今，对于欧盟国家的民众而言，若知晓《欧盟人权宪章》（the European Charter of Human Rights）第 6 条第 1 款规定"法庭宣判应独立且公正"，将非常令人欣慰。并且，根据欧洲人权法院，陪审团认定事实但无法给出理由的，不符合《欧盟人权宪章》第 6 条的规定。

关于陪审团的资格，自 2003 年以来，执法和司法行政人员（如警察和皇家检察署成员），以及议会和医疗专业人员才有资格充当陪审员，这使陪审员比过去更具有代表性。在英格兰，陪审员资格要求如下：①早期要求是世袭地产保有人（地主），19 世纪后要求为户主；②自 1974 年《陪审团法》以来，要求年龄在 18—70 岁之间；③自 13 岁起在英格兰连续居住 5 年以上，且在议会或地方政府中做过登记的选民；④精神正常，且未被取消过陪审员资格。各国陪审团的规模迥异，而且往往取决于审判的性质为民事审判还是刑事审判。英国议会引入了多项防止腐败和陪审员偏见的措施，包括多数裁决原则、陪审团审查、由小组确定陪审员、对不合格陪审员进行刑事制裁、以视频呈现国家安全和恐怖主义案件中的部分证据、法官对无法胜任陪审员的人负有责任。

公平公正陪审团的概念：一个关键的评估

普通法系和大陆法系国家的陪审团制度在诸多方面均存在差异。司法管辖区之间的差异意味着我们不能对跨司法管辖区的陪审员决策的调查结果一概而论。当然，选取或罢免陪审员的方式影响了陪审员的代表性（Airs & Shaw，1999）。

陪审团的概念本身存在一些问题（Darbyshire，1991）。同侪审判的方法比较可取，这一观点基于如下论点：①由一群代表自己社区的人进行审判比较合理；②"代表性"有助于陪审团裁决的公正、客观、合理、公平。马歇尔（1975）指出，"由公正陪审团审判的权利"并不是一个能够实现的理想，因为"同侪审判""代表性""公正"不能共存，即使它们可以共存，也不能保证一个陪审团的裁决是公平的。美国最高法院将一个公正的陪审员定义为"那些认真、切实运用法律，发现真相的人"（Cammack，1995）。最后，最高法院明确声明了宪法对陪审员公正性的要求通过无因回避制度（Peremptory Challenges）来实现，但回避的理由不能基于陪审员的性别或种族，因为这样做违反美国宪法第十四修正案（the Fourteenth Amendment）的《平等保护条款》（the Equal Protection Clause）。

英国著名的法官丹宁勋爵（1982）认为，在英格兰，普通人已不适合坐在陪审席上，需要探寻一条遴选陪审员的新道路。他还认为，担任陪审员需要资格审查，从而使陪审团"由社会上明智且负责的人组成，无论性别或肤色，无论年龄或职业……陪审员的遴选应当按照与当前选取地方法官大致相同的方式进行"。他还建议人们可以申请或者被推荐入围陪审团名单，参选需要提供符合参考条件的内容，最后由相关人员审查其是否合适。然而，丹宁勋爵激进的陪审团改革提议似乎被置若罔闻。

在对陪审员和陪审团决策进行实证研究之前，首先介绍一些反对和赞成陪审团制度的观点（更多观点，详见 Kapardis，2003）。

反对陪审团审判的观点

- 在英格兰、苏格兰、澳大利亚和新西兰，各自的宪法中并未规定陪审团审判权；
- 陪审团审判不是刑事审判制度的基石；
- 陪审团不能代表广泛的社会；
- 在某些司法管辖区，由陪审团审判的案件大幅减少；
- 陪审团不需（为判决）提供理由，且不需为判决负责；
- 陪审团审议秘密进行；
- 陪审团判决没有先例；
- 陪审团判决不可预测；
- 在大多数判决中，陪审团难以达成一致意见，而法官审判的速度更快、成本更低；
- 陪审团可能受到干扰；
- 陪审团的裁决会受到非法律因素的影响；
- 陪审员常常缺乏对案件的理解能力和判断能力；
- 陪审团很容易做出无罪释放的决定；
- 陪审团作出反常裁决的情况并不少见；
- 任何形式的陪审员筛选程序都无法兼顾随机性和代表性；
- 在许多地方，不再需要陪审团对死刑作出反常裁决；
- 陪审团的裁决与法官的单独审判并无显著差异；
- 陪审团的职责是为专业人士服务，而非业余人士。

赞成陪审团审判的观点

- 陪审团是暴政的一粒解药；

66

- 三个臭皮匠，胜过诸葛亮；
- 不像有经验的法官，陪审团给每次审判带来了新鲜感；
- 陪审员的常识和经验弥补了其专业知识和培训的缺陷；
- 个别陪审员的不良特质在陪审团审议中被最小化；
- 陪审团适合审判复杂的法律案件；
- 不像法官，陪审团可以忽略严格和不公平的法律规则，并作出体现社会和道德标准的判决；
- 在担任陪审员的人中，大部分人相信其司法系统，并对担任陪审员的体验感到满意。

关于陪审团的功能应该是什么，双方持截然不同的看法，但再多的相关研究也不能解决关于陪审团制度的争议。可以肯定的是，在大西洋两岸以及新西兰，陪审团审判将面临进一步的改革（见下文），但其存在目前尚未受到严重威胁。

自 20 世纪 50 年代的芝加哥陪审团项目起（Kalven & Zeisel，1966），对心理学家来说，陪审团一直是非常热门的研究话题，尤其是在美国。自 20 世纪 70 年代以来，一些模拟陪审员研究者声称，他们可以精准地预测陪审员判决的倾向，因此称之为"科学的陪审团抉择"。这引发了严重的道德问题，而不论其中的观点是否有效（Brigham，2006）。

陪审团/陪审员研究方法

了解各种研究方法的优缺点，才能体现法律心理学研究的有效性和实用性（Kerr & Bray，2005）。接下来介绍研究陪审员/陪审团决策的六种方法。

档案研究法（Archival Research）

档案研究法有两个缺陷：一是重要信息可能会因研究人员的兴趣而丢失，二是不太可能在这样的数据基础上作出因果推论。

问卷调查法（Questionnaire Surveys）

最知名的陪审团问卷调查是芝加哥法学院的卡尔文和蔡塞尔（1966）所做的名为"美国的陪审团"的开创性研究。他们向全美境内 3500 名法官派发了调查问卷，其中有 15.8% 的法官予以合作，提供了 3576 份判决的数据。这份研究经常被引用，因为它为随后大量的陪审团和陪审员研究提供了基础，但是，它也有着十分严重的局限性（[Law Reform Commission of Victoria，LRCV]，1985；Pennington & Hastie，1990；Stephenson，1992）：①调查集中在 20 世纪 50 年代的某两年时间，调查样本数量仅占该时间段陪审团审判案件总数（6万）的 3%；②3576 份判决中的一半仅由 15% 的参与调查的法官提供；③在获得了 2/3 的问卷数据后，研究人员中途改变了他们的调查问卷，还将两份问卷的调查结果予以综合，从而破坏了他们此次研究的可靠性和有效性（LRCV，1985）。此外，由法官评估陪审员对审判内容的理解能力，以及法官与陪审员间交流的质量，而非陪审员本人进行评估。

卡尔文和蔡塞尔（1966）发现：①在 75% 的案件中，法官同意陪审团的裁决意见；②绝大多数陪审员直到退出审议前或最后判决下达时都会坚持自己的决定；③大多数人的意见会占有优势。斯蒂芬森（1992）分析了由芝加哥大学提供的法官陪审团意见一致性的数据，得出了令人信服的结论，即"陪审团判决与法官本身的裁决没有显著差异"的论断是没有充分论证的。英国研究人员也报告了问卷调查的研究（McCabe & Purves，1972b；Zander，1974；Baldwin & McConville，1979；Zander & Henderson，1994），新西兰也有相关

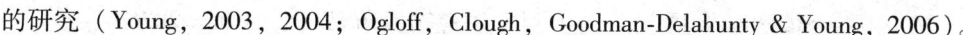

的研究（Young，2003，2004；Ogloff，Clough，Goodman-Delahunty & Young，2006）。

与大多数从事模拟陪审团的研究相反（见下文），鲍德温和麦康维尔（1979）发现，陪审团在年龄、阶层、性别、种族等方面的社会构成与其作出的裁决并没有任何关系，真正的陪审团的裁决或许很大程度上是不可预知的（同样的观点还可参见 Dunstan，Paulin & Atkinson，1995）。

模拟陪审团（Mock Juries）

模拟陪审员/陪审团研究一直是最常用的方法（Nietzel，McCarthy & Kery，1999），尤其是在美国，但是该方法吸引了大量的批评。迪瓦恩、克莱顿、邓福德和塞茵的文献综述（2001）发现，206 项研究中的 2/3 涉及模拟陪审团。实验模拟允许在控制外来影响的条件下，调查一些显著的变量，并且直接进入审议程序。然而，大量关于陪审员研究的模拟实验，其外部效度一直受到严重的质疑（对该问题的详细讨论，参见 Kerr & Bray，2005）。正如麦克尤恩（2000）所言，由于不能采访真正的陪审员，"实验室实验和模拟审判似乎是心理学家可以采取的最好选择"。但是，"在这些模拟实验的研究结果上花费太多时间将是有风险的"。

在模拟陪审员/陪审团的研究报告中，大量实验证据证明：被告和陪审员的特征与陪审团的最终裁决相关（Levett，Danielsen，Kovera & Cutler，2005）。从 20 世纪 80 年代初开始，在陪审团决策的社会和法律环境的敏感性，方法论的巧妙和法律的复杂性等问题上，模拟陪审团研究的质量均得到了提升（Hans，1992）。在深入研究并慎重评估了模拟陪审团研究后，克尔和布雷（2005）指出，那些不切实际的模拟陪审团研究应当认识到研究成果的局限性，并且避免将其作为政策转变的依据。

影子陪审团（Shadow Juries）

这是一个模拟真实陪审团最接近可行的方法。麦凯布和珀维斯（1974）研究了 30 个实际坐在庭上的"影子陪审团"（利用选民名册招募）。他们的审议被记录和转录，而且影子陪审员随后会接受采访。我们发现影子陪审团作出的裁决和真实陪审团的确实非常相似。虽然陪审团行为的实地研究比实验研究更加现实，但其研究结果由于可能混杂变量变得难以解释。

审判后陪审员采访（Post-trial Juror Interviews）

审判后陪审员采访用来了解陪审员的经验和加深对法官指令的理解（Bowers，1995；Costanzo & Costanzo，1994；Horan，2004；Ryan，2003；Tinsley，2001），以及（感知）法官与陪审员的沟通（Ogloff et al.，2006；Young，2003；2004）。尽管存在一些局限性，但审判后陪审员采访可以得出非常重要的发现。由大学生开展的与死刑陪审团长时间面对面的交谈，一直是美国国家死刑陪审团项目（CJP）的主要数据来源，该项目获得了一些重要的发现。

陪审员的著作（Books by Ex-jurors）

有些陪审员将他们的经验写作成书（Barber & Gordon，1976；Zerman，1977；Burnett，2001）。这类书籍的主要局限在于，它们只是一个或几个陪审员在孤立案例中的经验。尽管如此，这样的书仍然有助于深入了解陪审团经验。

陪审员的遴选

在英国、澳大利亚和新西兰，陪审员遴选的范围非常有限，而且不同于美国的陪审员

67

筛选制度。在美国，律师和审判顾问采用下列方法遴选陪审员（Brigham，2006）：①关注整体态度或个性特征，如法律权威主义；②对特定案件的态度；③补充陪审员调查问卷。如果针对被告人的证据薄弱，这样的"陪审团包装"（jury packing）可以对判决产生显著影响。整个陪审员遴选程序是建立在陪审员给予诚实答案这一有争议性假设的基础上（Seltzer，Venuti & Lopes，1991）。因此，问题出现了：是否如一些心理学家和陪审员遴选专家所称的那样，科学、系统地遴选陪审员可能会显著影响裁判结果？总结一些陪审员和陪审团决策的文献综述的论证（Brigham，2006；Devine et al.，2001；Levett et al.，2005），"科学遴选陪审员"给人一种准确和精确的印象，但无法用现有知识和方法来验证（这一结论）。

很多关于陪审员的研究十分关注严重刑事案件中陪审员个体在退出审议前如何表现（Hastie，1993b）。这种关注源于一种信念：大多数陪审员在退出审议前已经对判决作出决定；并且预先分析审议中陪审员的裁判偏好能够很好地预测陪审团的最终裁决（Kalven & Zeisel，1966；McCabe & Purves，1974）。然而，影响审判结果的正是指向被告人的证据的强度。如果针对被告人的证据薄弱，那么模拟陪审员的个性、外表吸引力、态度等与审判结果呈显著相关（Reskin & Visher，1986）。换句话说，模拟陪审员之间的个体差异并不能很好地预测陪审团的决策（Ellsworth，1993；Wrightsman，Greene，Nietzel & Fortune，2002）。仔细查阅关于陪审团的文献资料发现：①陪审员的一些持久特质（如权威主义）有助于理解陪审团裁决（见下文）；②陪审团研究关注陪审员间的互动和案件的特点，因为没有一组变量可以单独起作用。因为缺乏足够的研究，所以当论及关于陪审员特质和判决的研究成果时，一定程度的怀疑是有必要的。

审前公开

陪审员会受到不同种类偏见的影响（Vidmar，2002）。法院所扮演的角色就是保证审判公正，尤其要加强对审前公开的法律限制。在美国，联邦关于起诉犯罪的基本公正原则被规定在宪法第3条，宪法第六修正案、第五修正案中的正当程序条款以及联邦民事诉讼规则（Federal Rules of Civil Procedure，FRCP）中。事实上，FRCP第21条第1款规定，为保护被告免于偏见，而将案件移送其他地区进行审判。带有偏见的公开会给审判带来威胁，英国法院通过1981年实施的《蔑视法院法》（Contempt of Court Act）对审判公开加以限制。实证文献证据支持了这一限制（Steblay，Besirevic，Fulero & Jimenez-Lorente，1999，含有44项研究的元分析），结论表明：民事案件和刑事案件的审前公开，会使潜在陪审员获得关于被告的不利信息，这会对判决产生不利的影响（即更有可能作出有罪判决）（Bornstein，Wisehunt，Nemeth & Dunaway，2002；Honess，Charman & Levi，2003；Hope，Memon & McGeorge，2004）。至于审前公开对真实陪审员的影响，1997—2000年间切斯特曼、钱和汉普顿（2001）就刑事案件在与新南威尔士、澳大利亚的法官、律师和前陪审员的审后采访中发现，8%的判决被确认受到审前公开的影响大于证据影响。然而，由于研究方法存在严重缺陷，因此这一研究结果应当被谨慎对待（Goodman-Delahuntry & Tait，2006）。最后，维德马（2000）研究表明，审前公开阶段不会使得法官对某特定犯罪活动或者被告产生极端态度。

托马斯（2010）在伦敦、诺丁汉、温彻斯特三个城市，调查了参与62个案件审判的

668 名（浏览）媒体报道和使用网络的陪审团成员。她发现在被高度公开报道的案件中，大约 3/4 的陪审团成员意识到媒体对案件的覆盖性报道，且 20% 的成员发现他们在作为陪审员审案时，很难排除报道的影响。托马斯也发现，几乎所有陪审员均在审理期间上网查询过相关案件，尽管他们已经被法官告知不能那么做。事实上，在被全面报道的案件中，26% 的陪审员表示他们上网搜索信息，且在网上进行过二次搜索。托马斯的发现提出一系列新问题：陪审员是否能意识到他们不应当使用互联网？他们是否应当在互联网上参与讨论？法官应该怎么做才能避免这样的事情？

陪审员特点的重要性

已有一系列的研究表明，模拟陪审员在与被告人有相似的信仰、道德观、背景时，更倾向于判定被告人无罪。但是当与陪审员相似的这些被告人做出有辱这些相似性的行为时，陪审员会作出更加严厉的判决（Kerr, Hymes, Anderson & Weathers, 1995）。考虑到陪审员性别的重要性，英格兰、威尔士尽量减少女性陪审员的数量（Lloyd-Bostock & Thomas, 1999）。摩根和康福特（1982）在佛罗里达进行的陪审员研究表明，就审判而言，并未发现性别差异。但是，有大量研究证据表明，女陪审员更可能对被指控为强奸、儿童性虐待的被告进行定罪，尤其是在作案过程中罪犯与受害人没有目光接触的情况下（Kapardis, 2003）。有趣的是，布雷克与博尔吉道（1988）的报告称：陪审团审议会使性别造成的差异变小。托马斯（2010）在英格兰、威尔士进行了大量模拟研究，发现男性陪审员几乎不会改变对被告人的想法，而女性陪审员在审议阶段更可能改变她们的投票。关于陪审员的年龄的研究表明，年轻的陪审员倾向于作出无罪释放决定（Hans & Vidmar, 1986）。关于陪审员的受教育经历的研究表明，对此问题发现存在极大的争议（Hans & Vidmar, 1986; Mills & Bohannon, 1980）。

关于种族，已有许多研究关注这一问题（Zander & Henderson, 1993; Lloyd-Bostock & Thomas, 1999），即在英国，由非白种人或者少数民族担任陪审员的情况极少。美国最高法院已经发布声明：对陪审员种族的绝对回避（如在庭审期间不述理由就要求回避）是违宪的。鲍德温和麦康维尔（1979）发现，陪审团的种族结构并非影响判决的关键，而具有显著影响的是被告的种族问题，尤其是当陪审员为地位显赫的黑人时，他们对一个黑人被告的定罪可能会反常严重而非将其释放。梅泽拉和范戈尔德（1994）通过对 37 项研究进行元分析发现：可能是由于陪审员的类型，非裔美国人在过失谋杀中被判刑更严重，白人在诸如诈骗、盗窃等经济犯罪中被判刑更严重。有关陪审员偏见和种族歧视的证据，在加拿大也有所报道（Avio, 1988; Bagby, Parker, Rector & Kalemba, 1994）。迪瓦恩等人（2001）在总结了陪审团的种族地位问题的研究后发现：陪审员对被告的偏见，现在已经成为一种跨文化、跨环境的现象了。凯默梅尔（2005）提出：在白人参与的模拟陪审员中，种族问题已经成为显著影响决策的基础因素。托马斯（2010）的模拟陪审团研究支持这一结论，该研究在英格兰、威尔士的 3 家皇家法庭中进行，由 12 名陪审员组成的陪审团进行了 68 次模拟，发现：尽管所有白人陪审员均不歧视黑人与少数民族被告，但在诺丁汉皇家法庭，当白人陪审员在遇到涉及少数民族被告、罪犯的案件时，均难以定罪，表明当地的人口流动可能会影响陪审员的决策。有趣的是，托马斯（2010）通过对英格兰、威尔士皇家法庭 2006—2008 年的审判分析发现，在被告的民族差异问题上，陪审团的审判几乎没有显著差异。

69

按照社会心理学的相关研究，在权威主义量表中得分较高者，想法更可能绝对化、对于异常者与社会越轨行为不能忍受、更倾向于适用死刑，且对权威当局更加信奉。纳比、卡特勒和莫兰（1993）对20项权威主义研究进行了元分析，区分了"合法"权威主义与"传统"权威主义，并得出结论：后者更能预测审判结果，高权威主义者比低权威主义者更可能作出严厉的裁决。迪瓦恩等人（2001）对文献进行回顾时也得出同样结论。另外，也有证据表明，高权威主义的模拟陪审员在审理开始时就可能作出判决（Boehm, 1968）。一个陪审员的先前审判经验与有罪判决更有关联性（Dillehay & Nietzel, 1985），并且在刑事和民事案件中更有可能作出更严厉的判决（Himelein, Nietzel & Dillehay, 1991）。

布里格姆（2006）研究发现，在美国，3/4的州和地方政府都有死刑判处权。针对14个州中死刑判决变化最大的死刑案件，采用深度访谈法对案件中的前审判员进行访谈。死刑陪审团项目（Capital Jury Project, CJP）是1991年成立的以大学为基础的联合研究项目，目的是在美国改善模拟陪审员研究、处理关于死刑刑法的武断性与种族主义的问题。到2007年10月，已有来自14个州、353个死刑陪审团的1198名陪审员接受了访问。CJP的研究人员发现，种族问题是影响陪审员决策的显著因素；尤其当被告为白人时，其更可能被评估为精神不稳定，以此作为一个减轻刑罚的因素。这一因素会影响陪审员的刑罚决策，使陪审员对白人作出比死刑刑罚更轻的裁决。

在死刑判决问题上，陪审团是否必然有定罪倾向？尽管针对这一问题目前仍然存在争论，但美国心理学会（American Psychological Association, APA）递交了非当事人意见陈述，代表洛克哈特与麦克里诉讼案（1986）中的被告人麦克里发言，发现案件中的陪审员有定罪倾向。对来自11个州的257个死刑陪审团的916名真正陪审员的数据进行分析，鲍尔斯（1995）得出结论：当陪审员退庭评议时，陪审员对死亡的态度将影响其对案件信息的加工和表现。尤其是，赞成死刑的陪审员更可能认为被告人有罪，当陪审团审议嫌疑人是有罪还是无辜时，他们更倾向对被告人强制使用死刑。

陪审员胜任力

理解证据

为了支持霍伊尔和彭罗德（1994b）关于真实陪审员的研究，大量来自模拟陪审员的证据（Cutler, Penrod & Dexter, 1990；Horowitz, ForsterLee & Brolly, 1996）表明，随着案件复杂性的提高，陪审员对于证据的理解水平会下降；另外，当被要求对被告定罪时，很难忽视被告在压力之下作出的口供（Kassin & Sukel, 1997）。在模拟陪审团研究中，当法官要求陪审员忽视不被采信的证据时，陪审员是否能够做到，关于这个问题得出了复杂的结论（London & Nunez, 2000）。赞德和享德森（1993）的研究报告指出：大部分皇家法庭的陪审员是否真的能理解证据并记住证据，这一点应当被质疑，因为这些研究并不是在测量陪审员的能力。托马斯（2010）对在3个法庭的797名陪审员模拟研究进行了数据分析后发现其中31%的陪审员能够理解法官的指示，并且，随着年龄的增加，他们的理解能力逐渐下降。当给陪审员们一个书面的法律指示时，陪审员的理解能力会显著增加。令人吃惊的是，尽管死刑陪审员能记清被告人的细节，但是他们几乎不理解或无法回忆起与死刑审理相关的法律规定（Luginbuhl & Howe, 1995；Sarat, 1995）。有可信的证据（Kovera, McAuliff & Hebert, 1999；McAuliff & Kovera, 2003）表明，陪审员并不能评估专家提供的科学证

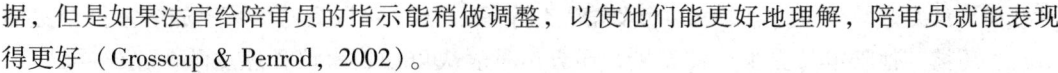

据，但是如果法官给陪审员的指示能稍做调整，以使他们能更好地理解，陪审员就能表现得更好（Grosscup & Penrod，2002）。

理解并遵照法官指示

陪审团司法指令/指控不充分可以作为上诉理由。根据奥格洛夫与罗斯（2005）的研究，加拿大报告的陪审团判决被上诉法院推翻的情况约占34%—74%。为了支持尼兹尔等人（1999）对48项公开研究的元分析结果，奥格洛夫与罗斯在大量的文献研究基础上得出结论：无论采用何种方法，陪审团在法官的传统指示方式下，在很大程度上依旧难以理解司法指令。

改善这些问题的方法包括：重新编写或重新设定法官给陪审团的指示（Hans，1992），允许陪审员记笔记，辅助他们对于重要的审理细节进行记忆（Horowitz & ForsterLee，2001；Heuer & Penrod，1994a），在审理中允许陪审员询问问题以澄清事实（Hollin，1989），以及在证据处理过程中应当提早发布指令，以促进陪审员理解并遵守司法指示（Goodman-Delahunty & Tait，2006）。

美国最高法院要求：死刑陪审员必须将犯罪与惩罚分开决定。但桑迪斯（1995）发现，在肯塔基州的67个死刑陪审团中，在死刑判决作出之前，陪审员却是同时（对犯罪和惩罚）作出决定的，因此其与随后评估的被告人减罪和加罪因素之间没有丝毫关系，从而达到作出正确判决的目的。这些发现应引起关注，需要法官对陪审团进行有效的指示。

首席陪审员

首席陪审员的特征包括：男性、高社会经济地位、坐在桌子末端、负责发起讨论（Baldwin & McConville，1980）。首席陪审员当然能够通过引导讨论、确定投票时间、决定公开或秘密投票来影响投票结果。阿尔塞、法里纳、诺沃和塞约（1999）在西班牙开展的模拟陪审团研究发现，在因意见不同而作不出判决的陪审团中，首席陪审员：①为了引导评估相关证据，导致控制审议失败；②不能避免破坏性干预；③劝服失败；④不能获得权威或赢得尊重。相似地，一项新西兰的研究访谈了审议后的陪审员，发现：如果首席陪审员在履行职责时不称职，那么审议程序则不能有效进行，也会有一些陪审员控制审议，并且有些陪审员会感觉受到了他们的暗示（Tinsley，2001）。根据阿尔塞等人（1999）的发现，首席陪审员应当进行适当训练，以充分发挥作用。一项关于新西兰司法实践的追踪调查发现，更多的法官给陪审团的首席陪审员提供了指示（Ogloff et al.，2006）。

陪审团审议

陪审团审议是通过模拟、影子陪审团研究，以及对真实陪审团进行案件审理后的调查作出的。在这一领域，没有直接对陪审团进行观察的研究。大部分模拟研究都集中于陪审团决策（Devine et al.，2001；Levett et al.，2005；Memon，Vrij & Bull，2003），研究重点放在陪审员在审议前的行为，认为大部分陪审员在审议前已经做好了判决决定，且根据第一次投票的多数结果，能够预测最终投票的结果。一些研究证实了一些悲观预测，但其他研究并未提出。美国著名研究员彭宁顿与黑斯蒂（1990）认为，个体陪审员最初的裁决与陪审团最终的裁决之间的关系比较复杂，不像卡尔文和蔡塞尔（1966）认为的那样简单。

有实证证据（Hastie，Penrod & Pennington，1983）表明，我们应当区分如下内容：①"判决驱动"审议，即审议前，陪审员说明他们的判决偏好；②"证据驱动"审议，即审议过程中，陪审员表达他们的判决偏好。

71

如果需要多数裁决，黑斯蒂、彭罗德和彭宁顿（1983）认为，少数民族陪审员会更少参与，还被其他陪审员更少地注意到，还会尽早表决以加快审议程序。而在"证据驱动"审议下，审议程序比"判决驱动"花费时间更长，但这样做不一定会导致不同的判决结果。真实陪审团的研究表明，越长的审议时间，越可能出现无罪判决（Baldwin & McConville，1980）。对被告人的多项指控，更可能导致有罪判决（Tanford，Penrod & Collins，1985）。同样，当得知被告人曾经有过被定罪的经历，也更有可能作出有罪判决（Greene & Dodge，1995）。如果强调了"合理怀疑标准"（reasonable doubt standard），则陪审团可能作出无罪判决（McCabe & Purves，1974）。最后，奥斯本、拉帕波特和迈耶斯（1986）发现，经过审议，相比于同质性陪审团，异质性陪审团更可能转向一个更严重的判决。在这个意义上，陪审团构成与其判决是相关的。

托马斯（2010）进行了真实陪审团审议与不正当行为的研究，共有196名温彻斯特皇家法庭的陪审员参与了研究，2/3的陪审员认为自己应当知晓更多的关于如何进行审议的信息，因为当他们进行退庭审议时，如果在审议室发生一些不正当的事情时，有一半的陪审员不知道该怎样处理。托马斯也报告称，82%的陪审员认为他们不能出去以后还探讨审议室发生的事。

在20世纪70年代，美国最高法院赞成在刑事案件（*Williams v. Florida*，399 US 78，86，1970）以及民事（*Colgrove v. Battin*，413 US 149，156，1973）案件（Cammack，1995）中采用6人陪审团。萨克斯与马蒂（1997）的一项元分析研究中，对比了6人陪审团与12人陪审团，发现12人陪审团：①更能代表社会；②包含丰富的观点与经验；③审议时间更长，因为有两倍的陪审员在场，但是每一位陪审员在审议过程中参与的平均时间相同（Hastie，Penrod & Pennington，1983）。同时，12人陪审团能够进行更准确的证据回顾，引起更多讨论，更有可能代表少数人的观点。尽管陪审团规模会影响审议过程，但是对审判过程并没什么影响。小陪审团不太可能进行准确的证据回顾，不太可能在全过程检验证据，容易使陪审团陷入僵局（Saks，1977），且更有可能采取无记名投票的方式加以定罪（Hans & Vidmar，1986）。此处存在一种争议：在小陪审团中，真正参与到审议的陪审员是更少（Saks，1977）还是更多（Arce，1995）？但有一点很清楚：引入小规模陪审团主要是出于经济考虑（Zeisel & Diamond，1987）。

被告人特征

许多研究表明，在模拟陪审团研究中，一名被告人的魅力可以很好地预测被告人被定罪的状况（Bagby et al.，1994），以及模拟陪审员是否会应用"合理怀疑"标准（Mac-Coun，1990）。有趣的是，如果被告人十分有魅力，并且得益于其外貌而进行诈骗行为时，陪审员会给其更重的判决（Sigall & Ostrove，1975）。关于被告人在法庭上的懊悔表现，迪瓦恩等人（2001）对相关文献回顾后，并未从众多矛盾的研究结果中发现适当的结论。

受害人/原告特征

多迪斯特、霍希、霍姆斯和格雷夫斯（1999）报告，当受害人与被告人是同一种族时，案件的审理时间会更长。美国CJP中存在一个令人担忧的发现：如果受害人是白种人，陪审员会认为被告更加具有危险性，陪审团能否主动发现减刑因素，从而导致他们作出轻于死刑的判决，在这一问题上，被害人的种族特点具有显著的影响。这样，当被告被指控谋杀白人时，陪审团更倾向于不找减刑因素而直接判处其死刑。在民事案件的审理中，则考虑原告特征的重要性，福利与皮戈特（1997）报告了受害者年龄和种族间的相互关系，他们发现：当原告年龄较小时，陪审员认为黑人原告相对白人原告（对案件）更加不负有责任，所以在性侵犯案件中会判定他们（受到）更多伤害。但是当原告年龄较大时，结论恰好相反。

律师、法官的特征

法律心理学忽视了律师、法官特征对于审判结果的重要性。布兰克（1985）通过法官对陪审团指示的录像观察法官的语言、非语言行为。他发现：如果法官少一点决断性、少一点睿智与控制力、少一点专业性，那么被告更可能被认为是有罪的。考虑到律师特征的重要性，麦卡尔与伯曼特（1977）报告称：当被告辩护律师为男性时，被告更有可能被判无罪。律师在法庭上的行为有时比较令人厌烦甚至会达到违法的程度。卡普兰与米勒（1987）发现，陪审团审议会消除由律师侵略性行为、法官对于类似行为的支持或者反对所造成的反面影响。最后，关于审判策略问题，施皮克尔与沃辛顿（2003）进行了民事模拟审判，发现使用混合组织策略（Mixed Organizational Strategy）——即以叙述式陈述为开场白并以法律解释结束争论，对原告来说更有利；反之，混合或严格法律解释组织策略（Legal Expository Organizational Strategy）对于被告来说更有利。

陪审团僵局

陪审团僵局，是指因意见不一致而未能作出裁定的现象。尽管有些人担心，在众多审判中，会存在陪审团僵局。但是，萨克斯与马蒂（1997）对 17 项研究进行了元分析发现，陪审团僵局的概率为 1%，贝克、艾伦与韦瑟伯恩（2002）在澳大利亚新南威尔士所做的2771 个陪审团案例研究发现这一比例为 8.3%。大量的实证证据表明：更大的陪审团讨论时间更长（Saks & Marti, 1997），在需要作出全体一致的判决且案件复杂性增加时，则会使陪审团更容易出现僵局。为了弥补司法制度中的这一缺点，大西洋两岸的立法者采用小陪审团（*Williams v. Florida* 399. US. 78 – 145 ［1970］）和多数裁决原则（12 个人中的 10人）。在西班牙，一个无罪判决需要 9 人中的 5 人同意，而有罪判决需要 9 人中的 7 人同意，以此减少陪审团僵局情况（Arce et al., 1999）。同时，自从艾伦案（*Allen v. U. S.*,164，US，492，［1986］）后，法官会要求陪审团重新考虑判决，以避免出现陪审团僵局情况。

陪审团决策模型

黑斯蒂（1993b）认为陪审团决策有四种基本模型（Levett et al., 2005）：①贝叶斯可能性理论模型（Hastie, 1993b）；②代数加权平均模型（Hastie, 1993b）；③随机泊松过程模型（Kerr, 1993）；④认知故事模型（Pennington & Hastie, 1993）。据此可以看出，陪审团决策模型有两大种类：数学模型和（以解释为基础的）认知模型。

与数学模型相反，故事模型（Hastie, Penrod & Pennington, 1983；Pennington & Hastie,1986）假设：陪审员对证据进行积极的解释建构，并据此作出判决。在建构故事的过程中，陪审员会运用三种类型的认识：①对罪犯的认识；②通过证据所得的认识；③陪审员将这个故事完善化的认识和期望。彭宁顿与黑斯蒂（1992）采用故事模型成功解释了关于陪审员决策的 3 个实验。故事模型是现在对陪审员决策的最有影响的模型，同样对于律师也有很大影响，且以此建议改革陪审团制度。

陪审团改革

为了支持模拟陪审团研究（Penrod & Heuer，1998；Horowitz & ForsterLee，2001），由扬、卡梅伦和廷斯利在新西兰所做的陪审团调查发现，庭审期间的笔记记录可以为陪审团审议提供帮助。彭罗德与霍伊尔（1998）支持庭审期间允许陪审员发言提问。但他们也发现，法官、律师对于允许陪审员发言的提议并不那么积极。

奥格洛夫等人（2006）与扬（2004）对新西兰法官的研究报告指出：新西兰是一个很典型的国家，越来越多的法官在复杂的庭审任务中帮助陪审员，包括任务介绍、书写帮助、证据记录、首席陪审员遴选指导、避免陪审团审议僵局、允许陪审员合理解释裁决，以及最后在程序中为陪审员提供一种特殊的裁决方式。

陪审团审理的替代选择

前文提到，有反对陪审团审理的观点，替代陪审团审理的第一个选择是：法官独任审理。第二个可替代选择是：法官与非专业陪审员的结合，如德国和日本的方式（Mack，2012；Ohtsubo，2006）。丹宁勋爵（1982）在英格兰是一名针对诈骗案件审理适用混合陪审团的坚定支持者，即由一名高等法院法官与两名非专业人士组成的陪审团。一些评论员质疑：在混合陪审团中，非专业人士是否将常常以多数投票击败法官（Knittel & Seiler，1972）。由安东尼奥与汉斯（2002）所引用的研究表明，混合陪审团限制了非专业人士对决策的影响，因为当专业法官审理和判决案件时，非专业法官往往会被边缘化（Kutnjak Ivkovich，1999；Machura，2001）。

结论

在适用普通法系的西方英语国家，陪审团观念已被侵蚀（如6人陪审团的多数人裁决原则），同时一些司法审判对陪审团的应用急剧下降。不管是从模拟陪审团研究中的低生态效度，还是从实验模拟和真实陪审团研究中的矛盾，都可以发现（陪审员制度）均存在一些问题——关于陪审员胜任力的问题，以及本章讨论的证据问题：审理的复杂性增加，陪审员对于证据的理解降低；无论真实的还是模拟的陪审员均不能理解并运用法律评估专家的科学证据，这样就否定了法庭的公正性；也有证据表明陪审员很难遵照法官指示。"科学遴选陪审员"的实践本身存在争议，所以不太可能对审理结果造成什么影响。而实验研究与真实陪审团研究的结果存在不一致。

一定程度的怀疑是依据陪审员特征与审判的关系研究得出的，因为模拟研究缺乏审议，且模拟研究与真实情况之间存在冲突。对陪审团/陪审员的研究集中于陪审员与案件的相互关系上。实证证据对6人陪审团的智慧产生疑问，审议程序比卡尔文与蔡塞尔（1966）的"释放假设"下所做的志愿者影响研究所报告的重要程度要高。陪审团"认知故事模型"的决策有助于研究陪审员特征。心理学家投入大量精力研究司法决策，为社会提供更多可供讨论的重要知识。一系列的改革会使陪审团更有社会代表性与胜任力。

在不久的将来，我们不大可能在美国、英国、澳大利亚、新西兰看到法官与非专业人士共同审理案件了。在20世纪60年代的西方英语国家，陪审团的观念奇迹般地在内部矛盾与外部批判中生存了下来。在改善我们对陪审团即陪审团决策的理解，以及提高陪审员胜任力方面，心理学家尚有许多仍需努力的空间。同时，法律心理学研究人员应当平衡好自身在科技发展中的机会与挑战，尤其是在互联网将对世界产生不可逆转的影响的背景下（更应当为之努力）（Susskind，2013）。

74

注释

［1］ See Darbyshire（1991）concerning the controversy surrounding the content and interpretation of this clause in the Magna Carta.

［2］ *Taxquet v. Belgium*［2010］ECHR（Grand Chamber）.

［3］ Criminal Justice Act（CJA）2003，s. 321，and Schedule 33.

［4］ This section draws on Archbold，2012.

［5］ See Juries Act 1974 and Juries Disqualification Act 1984. 先前不合格的项目"为公共保护而监禁"在司法协助（Legal aid）条款出台后被废止，Sentencing and Punishment of Offender Act 2012.

［6］ In *Wainwright v. Witt* 469 US 423（1985）.

［7］ In *Holland v. Illinios* 493 US at 482（1990）.

［8］ *J E B v. Alabama ex rel. T. B.* 114S. Ct 1419（1994）.

［9］ *Baston v. Kentuckey* 476 US 79［1986］.

［10］ Horan（2004），Ryan（2003）and Tinsley（2001）are cited in Goodman-Delahuntynand Tait（2006）.

［11］ See issues of Indiana Law Review，1995，vol 70（3，4）.

［12］ But see *R. v. Maxwell* case（*Bishopsgate Investment Management Ltd. v. Maxwell*，No. 2，［1993］，BCLC814），此案中经过 2 周时间，通过问卷调查选出陪审员，并且将 700 候选陪审员按照投票法选出 70 名。

［13］ Amato（1979）；Griffit and Jackson（1973）；Kerr et al.（1995）；Stephan and Stephan（1986）.

［14］ See http：//en. wikipedia. org/wiki/Capital-Jury-Project.

［15］ Elliott（1991）；Mauro（1991）；Nietzel et al.（1999）；Browers（1995）.

［16］ Cited by Levett et al.（2005）.

［17］ Cited by Levett et al.（2005）.

［18］ Saks、Hastie（1978）与 Deosoran（1993）也报告了相似的发现。

［19］ See Hastie（1993a），Levine（1992）and Nietzel et al.（1999）早期研究。

［20］ Meyers，Brasher，and Hanner（2001）；and Sandys and Dillahay（1995）.

［21］ Ellsworth（1993），Kerr and MacCoun（1985）；Hastie，Penrod，Pennington（1983）.

［22］ Cited in Hollin（1989，168）.

［23］ See also Izzett and Leginski（1974）；Landy and Anderson（1969）；Ostrom，Werner，and Saks（1978）.

［24］ 9.8% were aborted.

［25］Kalven and Zeisel, 1966; Zeisel, 1971; Saks, 1977; Kerr and MacCoun, 1985; Foss, 1981.

［26］See Hastie (1993b) and Levett et al. (2005) for a discussion.

［27］Both studies are cited by Antonnio and Hans (2001, 69).

扩展阅读

1. Devine, D. J. (2012), *Jury decision making the state of science*, New York：New York University Press.

本书对于陪审团决策过程进行了社会学、心理学方面的研究，对这一领域提供了广阔视野下的分析。现阶段关于陪审团行为中的决策行为理论，包括环境与法庭实践的细节均被包含于其中，为这一领域的研究提供了一种很好的视野与介绍。

参考文献

Airs, J., & Shaw, A. (1999), *Jury excusal and deferral*, Home Office Research Development and Statistics Directorate Report No. 102, London：Home Office.

Amato, P. R. (1979), Juror-defendant similarity and the assessment of guilt in politically-motivated crimes, "*Australian Journal of Psychology*", 31, 79 – 88.

Antonio, M. E., & Hans, V. P. (2001), "Race and the civil jury：how does a juror's race shape the jury experience?", In R. Roesch *et al.* (Eds.), *Psychology in the courts：International advances in knowledge* (pp. 69 – 81), Routledge.

Arce, R (1995), "Evidence evaluation in jury decision making", In R. Bull & D. Carson (Eds.), *Handbook of psychology in legal contexts* (pp. 565 – 580), Chichester：Wiley.

Arce, R., Fari. a, F., Novo, M., & Seijo, D. (1999), "In search of causes of hung juries", *Expert Evidence*, 6, 243 – 260.

Archbold, J. F. (2012), *Criminal pleading, evidence and practice*, London：Sweet & Maxwell.

Avio, K. L. (1988), "Capital punishment in Canada：Statistical evidence and constitutional issues", *Canadian Journal of Criminology*, 30, 331 – 45.

Bagby, R. M., Parker, J. D., Rector, N. A., & Kalemba, V. (1994), "Racial prejudice in the Canadian legal system：Juror decisions in a simulated rape trial", *Law and Human Behavior*, 18, 339 – 50.

Baker, J., Allan, A., & Weatherburn, D. (2002), "Hung juries and aborted trials：An analysis of their prevalence, predictors and effects", *Crime and Justice Bulletin*, 66, 1 – 19.

Baldwin, J., & McConville, M. (1979), *Jury trials*, Oxford：Clarendon Press.

Baldwin, J., & McConville, M. (1980), "Juries, foremen and verdicts", *British Journal of Criminology*, 20, 35 – 44.

Barber, D., & Gordon, G. (Eds.) (1976), *Members of the jury*, London：Wildwood House.

Blanck, P. D. (1985), "The appearance of justice：Judges' and verbal and nonverbal behavior in criminal jury trials", *Stanford Law Review*, 38, 89 – 164.

Boehm, V. R. (1968), "Mr. Prejudice, Miss Sympathy, and the authoritarian personality: An application of psychological measuring techniques to the problem of jury bias", *Wis. L. Rev.*, 734.

Bornstein, B. H., Wisehunt, B., Nemeth, R. J., & Dunaway, D. (2002), "Pretrial effects in a civil trial: A two-way street?", *Law and Human Behavior*, 26, 3 – 17.

Bowers, W. (1995), "The capital jury project: Rationale, design, and preview of early findings", *Indiana Law Review*, 70, 1043 – 1068.

Brekke, N. J., & Borgida, E. (1988), "Expert psychological testimony in rape trials: A social cognitive analysis", *Journal of Personality and Social Psychology*, 55, 372 – 86.

Brigham, J. C. (2006), "The jury system in the United States of America", In M. F. Kaplan & A. M. Martin (Eds.), *Understanding world systems through social psychological research* (pp. 11 – 29), New York and Hove: Psychology Press.

Burnett, D. G. (2001), *A trial by jury*, New York: Knopf.

Cammack, M. (1995), "In search of the post-positivist jury", *Indiana Law Journal*, 70 (2), 405 – 89.

Chesterman, M., Chan, J., & Hampton, S. (2001), "Managing prejudicial publicity: An empirical study of criminal jury trials in New South Wales", Sydney, Australia: Justice Research Center, Law and Justice Foundation of New South Wales.

Costanzo, S., & Costanzo, M. (1994), "Life or death decisions: An analysis of capital jury decision making under the special issues sentencing framework", *Law and Human Behavior*, 18, 151 – 170.

Cutler, B. L., Penrod, S. D., & Dexter, H. R. (1990), "Juror sensitivity to eyewitness identification evidence", *Law and Human Behavior*, 14, 185 – 191.

Darbyshire, P. (1991), "The lamp that shows that freedom lives-is it worth the candle?", *Criminal Law Review*, October, 740 – 752.

Daudistel, H., Hosch, H., Holmes, M., & Graves, J. B. (1999), "Effect of defendant ethnicity on juries' disposition of felony cases", *Journal of Applied Social Psychology*, 29, 317 – 336.

Denning, Lord. (1982), *What next in the law*, London: Butterworths.

Deosoran, R. (1993), "The social psychology of selecting jury forepersons", *British Journal of Psychology*, 33, 70 – 80.

Devine, D. J., Clayton, L. D., Dunford, B. B., & Seying, R. P. (2001), "Jury decision making: 45 years on deliberating groups", *Psychology, Public Police and Law*, 7 (3), 622 – 727.

Dillehay, R. C., & Nietzel, M. T. (1985), "Juror experience and jury verdicts", *Law and Human Behavior*, 9, 179 – 191.

Dunstan, S., Paulin, J. & Atkinson, K-a (1995), *Trial by Peers? The Composition of New Zealand Juries*, Department of Justice: Wellington, NZ.

Elliott, R. (1991), "On the alleged prosecution-proneness of death-qualified juries and jurors", In, P. J. Suedfeld & P. E. Terlock (Eds.), *Psychology and social policy* (pp. 255 – 265), New York: Hemisphere Publishing Corporation.

Ellsworth, P. C. （1993）, "Some steps between attitudes and verdicts", In R. Hastie （Ed.）, *Inside the Juror: The Psychology of Juror Decision Making*, Cambridge: Cambridge University Press. .

Foley, L. A., & Pigott, M. A. （1997）, "Race, age and jury decisions in a civil rape trial", *American Journal of Forensic Psychology*, 15（1）, 37－55.

Foss, R. D. （1981）, "Interactions between jurors as a function of majority vs. unanimity decision rules", *Journal of Applied Psychology*, 7, 38－56.

Goodman-Delahunty, J., & Tait, D. （2006）, "Lay participation in legal decision-making in Australia and New Zealand: Jury trials and administrative tribunals", In M. F. Kaplan & A. M. Martin （Eds.）, *Understanding world systems through social psychological research* （pp. 147－170）, New York and Hove: Psychology Press.

Greene, E., & Dodge, M. （1995）, "The influence of prior record evidence on juror decision making", *Law and Human Behavior*, 19, 67－78.

Griffitt, W., & Jackson, T. （1973）, "Simulated jury decisions: The influence of jury defendant attitude similarity dissimilarity", *Social Behavior and Personality*, 1, 1－7.

Grosscup, J., & Penrod, S. D. （2002, March）, "Limiting instructions'effects on juror assessment of scientific validity and reliability", Paper session presented at the biennial meeting of the American Psychology-Law Society, Austin, Texas.

Hans, V. P. （1992）, "Jury decision making", In D. K. Kagehiro & W. S. Laufer （Eds.）, *Handbook of psychology and law* （pp. 56－76）, New York: Springer.

Hans, V. P., & Vidmar, N. （1986）, *Judging the jury*, New York: Plenum.

Hastie, R. （Ed.）（1993a）, *Inside the jury: The psychology of juror decision making*, New York: Cambridge University Press.

Hastie, R. （1993b）, "Introduction. In Hastie, R. （Ed）（1993a）", *Inside the jury: The psychology of juror decision making* （pp. 3－41）, New York: Cambridge University Press.

Hastie, R., Penrod, S. D., & Pennington, N. （1983）, *Inside the jury*, Cambridge, MA: Harvard University Press.

Heuer, L., & Penrod, S. （1994a）, "Juror note taking and question asking during trials: A national field experiment", *Law and Human Behavior*, 18, 121－150.

Heuer, L., & Penrod, S. （1994b）, "Trial complexity its meaning and effects", *Law and Human Behavior*, 18, 29－51.

Himelein, M., Nietzel, M. T., & Dillehay, R. C. （1991）, "Effects of prior juror experience on jury sentence", *Behavioral Sciences and the Law*, 9, 97－106

Hollin, C. R. （1989）, *Psychology and crime: An introduction to criminological psychology*, London: Routledge.

Honess, T. M., Charman, E. A., & Levi, M. （2003）, "Factual and affective/evaluative recall of pretrial publicity: Their relative influence on juror reasoning and verdict in a simulated fraud trial", *Journal of Applied Social Psychology*, 30, 1404－1416.

Hope, L., Memon, A., & McGeorge, P. （2004）, "Understanding pretrial publicity:

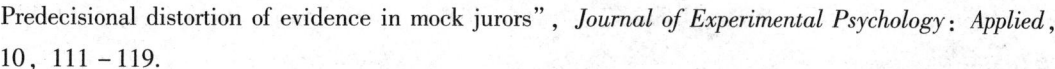

Predecisional distortion of evidence in mock jurors", *Journal of Experimental Psychology*: *Applied*, 10, 111 – 119.

Horan, J. (2004), "The civil jury system: An empirical study", Unpublished Doctoral Dissertation, University of Melbourne School of Law, Victoria, Australia.

Horowitz, I. A., & ForsterLee, L. (2001), "The effects of note-taking and trial transcript access on mock jury decisions in a complex civil trial", *Law and Human Behavior*1, 25 (4), 373 – 39.

Horowitz, I. A., Forsterlee, L., & Brolly, I. (1996), "Effects of trial complexity on decision making", *Journal of Applied Psychology*, 81, 757 – 768.

Izzett, R., & Leginski, W. (1974), "Group discussion and the influence of defendant characteristics in a simulated jury setting", *Journal of Social Psychology*, 93, 271 – 279.

Kalven, H., & Zeisel, H. (1966), *The American Jury*, Chicago: University of Chicago Press.

Kapardis, A. (2003), *Psychology and law*: *A critical introduction*, Melbourne: Cambridge University Press.

Kaplan, M. F., & Martin, A. M. (Eds.)(2006), *Understanding world systems through social psychological research*, New York and Hove: Psychology Press.

Kaplan, M. F., & Miller, L. E. (1978), "Reducing the effects of juror bias", *Journal of Personality and Social Psychology*, 36, 1443 – 1455.

Kassin, S. M., & Sukel, H. (1997), "Coerced confessions and the jury: An experimental test of the 'harmless error' rule", *Law and Human Behavior*, 21, 27 – 46.

Kemmelmeier, M. (2005), "The effects of race and social dominance orientation in simulated juror decision making", *Journal of Applied Social Psychology*, 35, 1030 – 1045.

Kerr, N. L. (1993), "Stochastic models of juror decision making", In R. Hastie (Ed.), *Inside the juror*: *The psychology of juror decision making*, Cambridge: Cambridge University Press.

Kerr, N. L., & Bray, R. M. (2005), "Simulation, realism, and the study of the jury", In N. Brewer & K. D. Wilson (Eds.), *Psychology and law*: *An empirical perspective* (pp. 322 – 364), New York, London: Guilford Press.

Kerr, N. L., Hymes, R. W., Anderson, A. B., & Weathers, J. E. (1995), "Defendant-juror similarity and mock-juror judgments", *Law and Human Behavior*, 19, 545 – 567.

Kerr, N. L., & MacCoun, R. (1985), "The effects of jury size and polling method on the process and product of jury deliberation", *Journal of Personality and Social Psychology*, 48, 349 – 363.

Knittel, E., & Seiler, D. (1972), "The merits of trial by jury", *Cambridge Law Journal*, 56, 223 – 228.

Kovera, M. B., McAuliff, B. D., & Hebert, K. S. (1999), "Reasoning about scientific evidence: Effects of juror gender and evidence quality on juror decisions in a hostile work environment case", *Journal of Applied Psychology*, 84, 362 – 375.

Kutnjak Ivkovich, S (1999), *Lay Participation in Criminal Trials*, Washington, DC: Austin & Winfield.

Landy, D., & Aronson, E. (1969), "The influence of the character of the criminal and his victim on decisions of simulated jurors", *Journal of Experimental Social Psychology*, 5, 141 – 152.

Law Reform Commission of Victoria (1985), *The jury in a criminal trial*, Melbourne, Australia.

Levett, L. M., Danielsen, E. M., Kovera, M. B., & Cutler, B. L. (2005), "The psychology of jury and juror decision making", In Brewer, N. & Wilson, K. D. (Eds.), *Psychology and law: An empirical perspective* (pp. 365 – 406), New York: The Guilford Press.

Levine, J. P. (1992), *Juries and politics*, Pacific Grove, CA: Brooks/Cole Publishing.

Lloyd-Bostock, S. (1988), "Law in practice: Applications of psychology to legal decision-making and legal skills", London: Routledge/British Psychological Society.

Lloyd-Bostock, S. (1996), "Juries and jury research in context", In G. Davies, S. Lloyd-Bostock, M. McMurran, & C. Wilson (Eds.), *Psychology, law, and criminal justice: International developments in research and practice*, New York: Walter de Gruyter.

Lloyd-Bostock, S., & Thomas, C. (1999), "Decline of the little parliament: Juries and jury reform in England and Wales", *Law and Contemporary Problems*, 7, 21.

London, K., & Nunez, N. (2000), "The effect of jury deliberation on jurors' propensity to disregard inadmissible evidence", *Journal of Applied Psychology*, 85, 932 – 39.

Luginbuhl, J., & Howe, J. (1995), "Discretion in capital sentencing: guided or misguided?", *Indiana Law Journal*, 70, 1161 – 1185.

MacCoun, R. (1990), "The emergence of extralegal bias during jury deliberation", *Criminal Justice and Behavior*, 17, 303 – 314.

Machura, S. (2001), "Interaction between lay assessors and professional judges in German mixed courts", *Revue internationale de droit pénal*, 72 (1), 451 – 479.

Mack, R. L (2012), "Reestablishing jury trails in Japan: Foundational lessons from the Russian experience", 2 *Creighton International and Comparative Law Journal*, 100.

Marshall, G. (1975), "The judgement of one's peers: Some aims and ideals of jury trial", In N. D. Walker & A. Pearson (Eds.), *The British Jury System: Papers presented at the Cropwood Round-Table Conference*, December 1974, Cambridge: Institute of Criminology.

Mauro, R. (1991), "Tipping the scales toward death: The biasing effects of death qualification", In P. Suedfeld & P. E. Tetlock (Eds.), *Psychology and social policy* (pp. 243 – 254), New York: New York Publishing Corporation.

Mazzella, R., & Feingold, A. (1994), "The effects of physical attractiveness, race, socioeconomic status, and gender of defendants and victims on judgments of mock jurors: A meta-analysis", *Applied Social Psychology*, 24, 1315 – 1344.

McAuliff, B. D., & Kovera, M. B. (2003), "Need for cognition and juror sensitivity to methodological flaws in psychological science", Unpublished manuscript, Florida International University, Miami, FL.

McCabe, S., & Purves, R. (1974), *The jury at work*, Oxford: Blackwell.

McEwan, J. (2000), "Decision making in legal settings", In M. Maguire et al. (Eds.),

Behaviour, *crime and legal processes* (pp. 111 – 131), Chichester, England: Wiley.

McGuire and Bermant, G. (1977), *Conduct of the voir dire examination: Practices and o-pinions of federal District Judges*, Washington, DC: Federal Judicial center.

Memon, A., Vrij, A., & Bull, R. (2003), *Psychology and law* (2nd edn), Bognor Regis, UK: Wiley.

Meyers, R. A., Brashers, D. E., & Hanner, J. (2001), "Majority/minority influence: Identifying argumentative patterns and predicting argument-outcome links", *Journal of Communication*, 50, 3 – 30.

Mills, C. J., & Bohannon, W. E. (1980), "Juror characteristics: To what extent are they related to jury verdicts?", *Judicature*, 64, 23 – 31.

Moran, G., & Comfort, J. C. (1982), "Scientific jury selection: Sex as a moderator of demographic and personality predictors of impaneled felony jury behaviour", *Journal of Personality and Social Psychology*, 47, 1052 – 1063.

Narby, D. J., Cutler, B. L., & Moran, G. (1993), "A meta-analysis of the association between authoritarianism on jurors' perceptions of defendant's culpability", *Journal of Applied Psychology*, 78, 34 – 42.

Nietzel, M. T., McCarthy, D. M., & Kery, M. (1999), "Juries: The current state of the empirical literature", In R. Roesch, S. D. Hart, & J. R. Ogloff (Eds.), *Psychology and law: The state of the discipline* (pp. 23 – 52), New York: Kluwer Academic/Plenum Publishers.

Ogloff, J. R. P., & Rose, G. (2005), "The comprehension of judicial instructions", In N. Brewer & K. D. Wilson (Eds.), *Psychology and law: An empirical perspective* (pp. 407 – 444), New York: The Guilford Press.

Ogloff, J. R. P., Clough, J., Goodman-Delahunty, J., & Young, W. (2006), "The jury project: stage I-A survey of Australian and New Zealand judges", Melbourne, Australia: Australian Institute of Judicial Administration Incorporated.

Ohtsubo, Y. (2006), "On designing a mixed jury system in Japan", In M. F. Kaplan & A. M. Martin (Eds.), *Understanding world systems through social psychological research* (pp. 199 – 214), New York and Hove: Psychology Press.

Osborne, Y. H., Rappaport, N. B., & Meyer, R. G. (1986), "An investigation of persuasion and sentencing severity with mock juries", *Behavioral Sciences and the Law*, 4, 339 – 349.

Ostrom, T. M., Werner, C., & Saks, M. (1978), "An integration theory analysis of jurors' presumption of guilt or innocence", *Journal of Personality and Social Psychology*, 36, 436 – 450.

Pennington, N., & Hastie, R. (1986), "Evidence evaluation in complex decision making", *Journal of Personality and Social Psychology*, 51, 242 – 258.

Pennington, N., & Hastie, R. (1990), "Practical implications of psychological research on juror and jury decision making", *Personality and Social Psychology Bulletin*, 16 (1), 90 – 105.

Pennington, N., & Hastie, R. (1992), "Explaining the evidence: tests of the story model for juror decision making", *Journal of Personality and Social Psychology*, 62, 189 – 206.

Pennington, N., & Hastie, R. (1993), "The story model for juror decision making", In

R. Hastie （Ed. ）, *Inside the juror: The psychology of juror decision making* （pp. 192 – 221）, New York: Cambridge University Press.

Penrod, S. D. , & Heuer, L. （1998）, "Improving group performance: the case of the jury", In R. S. Tindale （Ed. ）, *Theory and research on small groups* （pp. 127 – 151）, New York: Plenum.

Reskin, B. F. , & Visher, C. A. （1986）, "The impacts of evidence and extralegal factors in jurors' decisions", *Law and Society Review*, 20, 423 – 38.

Ryan, S. （2003, October）, "Jury debriefing and stress", Paper presented at the Second Annual Jury research Conference, Sydney, Australia. Cited by Goodman-Delahunty and Tait （2006）.

Saks, M. （1977）, *Jury verdicts: The role of group size and social decision rule*, Lexington, MA: Heath.

Saks, M. J. , & Marti, M. W. （1997）, "A meta-analysis of the effects of jury size", *Law and Human Behavior*, 21, 451 – 467.

Sandys, M. （1995）, "Cross overs-capital jurors who change their minds about the punishment: A litmus test for sentencing guidelines", *Indiana Law Journal*, 70, 1183 – 1221.

Sarat, A. （1995）, "Violence, representation, and responsibility in capital trials: The view from the jury", *Indiana Law Journal*, 70, 1103 – 1139.

Seltzer, R. , Venuti, M. A. , & Lopes, G. M. （1991）, "Juror honesty during voir dire", *Journal of Criminal Justice*, 19 （5）, 451 – 462.

Sigall, H. , & Ostrove, N. （1975）, "Beautiful but dangerous: Effects of offender attractiveness and nature of the crime on juridic judgements", *Journal of Personality and Social Psychology*, 31, 410 – 414.

Spiecker, S. C. , & Worthington, D. L. （2003）, "The influence of opening statement/closing statement organizational strategy on juror verdict and damage awards", *Law and Human Behavior*, 27 （4）, 437 – 456.

Steblay, N. M. , Besirevic, J. , Fulero, S. M. , & Jimenez-Lorente, B. （1999）, "The effects of pretrial publicity on juror verdicts: A meta-analytic review", *Law and Human Behavior*, 23, 219 – 235.

Stephan, C. W. , & Stephan, W. G. （1986）, "Habla Ingles? The effects of language translation on simulated juror decisions", *Journal of Applied Social Psychology*, 16, 577 – 589.

Stephenson, G. M. （1992）, *The psychology of criminal justice*, Oxford: Blackwell.

Susskind, R. （2013）, *Tomorrow's lawyers: An introduction to your future*, New York: Oxford University Press.

Tanford, S. , Penrod, S. , & Collins, R. （1985）, "Decision making in joined criminal trials: The influence of charge similarity, evidence similarity and limiting instructions", *Law and Human Behavior*, 9, 319 – 337.

Thomas, C. （2010）, *Are juries fair?* Research series 1/10, London: Ministry of Justice.

Tinsley, Y. （2001）, "Juror decision-making: a look inside the jury room", In Tarling,

R. (Ed.), *Selected proceedings: Papers from the British Society of Criminology Conference*, Leicester 2000 (Vol. 4).

Vidmar, N. (2002), "Case studies of pre-and midtrial prejudice in criminal and civil litigation", *Law and Human Behavior*, 26, 73 – 105.

Wrightsman, L. S., Greene, E., Nietzel, M. T., & Fortune, W. H. (2002). *Psychology and the legal system* (2nd ed.), Belmont, CA: Wadsworth.

Young, W. (2003), "Summing up to juries in criminal cases-what jury research says about current rules and practice", *Criminal Law Review*, 665 – 689.

Young, W. (2004, November), "Judges' assistance to jurors", Paper presented at the Third Australasian Jury Conference, Victoria, Australia.

Young, W., Cameron, N., & Tinsley, Y. (1999), "Juries in criminal trials", Law Commission, Preliminary Paper no. 37, New Zealand.

Zander, M. (1974), "Why I disagree with Sir Robert Mark", *Police*, April 16.

Zander, M., & Henderson, P. (1993), "Crown court study", The Royal Commission on Criminal Justice, Research Study No. 19, London: HMSO.

Zander, M., & Henderson, P. (1994), "The Crown court study", Royal Commission on Criminal Justice Study No. 19. Research Bulletin, 35, 46 – 48, London: Home Office Research and Statistics Department.

Zeisel, H. (1971), " '.... And then there were none': the diminution of federal jury", *University of Chicago Law Review*, 35, 35 – 54.

Zeisel, H., & Diamond, S. S. (1987), "Convincing empirical evidence on the six-member jury", In L. S. Wrightsman, S. M. Kassin, & C. E. Willis (Eds.), *In the jury box: Controversies in the courtroom* (pp. 193 – 208), Newbury Park, CA: Sage.

Zerman, M. (1977), *Call the final witness: The people vs. Mather as seen by the 11th juror*, New York: Harper & Row.

第六章 评 估

戴维·A. 克雷顿（David A. Crighton）

评估是司法实践中的一个基本环节，并且是后续分类、建构、干预等一系列工作的基础。评估的特点是尝试在个体及其所处的社会环境下，运用合乎伦理道德的科学方法，对人类功能进行测量。使用科学的方法有许多关键特征，包括利用理论推导出假设，使用可靠的观察和测量作为检验伪证假设的手段，进而可能会导致抛弃原假设，并重新构想原有的研究，结果则会产生和完善更为有效的理论。

有效的心理评估需要对相关理论有准确的理解，根据这个原则来确保心理测量的准确性和适用范围。根据一系列的心理测量特性可以了解评估方法，这些特性包括可靠性、有效性、特异性、敏感性和检验效能。司法心理评估既要合乎道德规范又要有法律能力，那么它所测量的对象就需要具有针对性，从而产生最有效的变化。为了符合道德规范，司法心理评估需要积极处理被评估人的人权问题，同时也需要解决从业人员普遍存在的偏见问题。

评估中的概念问题

司法心理学评估可以在操作上被定义为使用心理学的方法评估有关特定法律目的的个体（或群体）。这些心理评估的大部分过程在心理学领域内都很常见。因此，临床、咨询、教育和其他应用心理学家的评估，都存在许多基本特征。区分这些评估的依据是它们所处的环境。在司法心理学领域，该背景归根结底涉及法律的授权决定。

在评估中有几个基本概念和方法，它们相互关联，其中包括需要依据可靠的人类行为理论，以定量与定性的有效观察和测量，作为测试和重新基于理论进行解释过程的一部分。此外，还包括系统评价所收集的信息和数据。进行科学评估，重点是要基于大量的假设。比如，采用科学方法评估个体将提高识别与心理特性有关的差异来源的能力。这就形成了当前应用心理学领域内的主流模型——"科学家—实践者"模型的基础（Haynes & O'Brien, 2000）。

图 6.1 是采用"科学家—实践者"模型进行评估的理论层面的简化流程图。

在科学实践中，识别评估者的信念和价值观至关重要，因为这会对整个过程及所测量的内容产生重要影响。这一点不可避免，因为这既是一个技术层面的问题，也是一个伦理层面的问题。因此，在这类评估过程中不仅要识别出不利影响，而且需要做出努力来消除这些不利影响（Crighton & Towl, 2008）。这样的努力也许可以为司法实践带来很大改善，毕竟这些司法评估可能对被评估人产生一系列的法律影响。这一事实也意味着对所有评估的"客观性"的限制概念是错误的。

81　　　一种科学的评估方法通常会保持原状，首先，科学的评估方法一般以详细观察为基础。

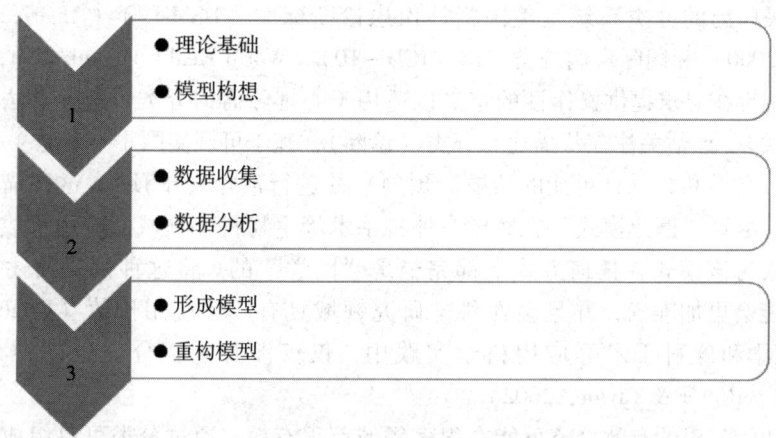

图 6.1 "科学家—实践者"模型评估流程图

反过来，细致的观察与假设提出、构想、重构的过程联系在一起，而这些过程都建立在一个清晰的理论基础上。此外，科学的评估通常还强调科学测量、多变量的使用以及变量操作。反过来，测量可以被定义为试图对人或变量的特殊属性赋值的过程（Haynes & O'Brien，2000）。精确测量是临床判断的重要辅助指标，并且更精确的测量能更好地估计协方差以及呈现因果关系。比如要揭示"饮酒"与"暴力"之间的关系，就需要估计协方差，因为协方差指标在很大程度上清晰地呈现了精确测量"饮酒"和"暴力"之间的关系（Reyes，Foshee，Bauer & Ennett，2012）。

在司法实践中，评估的主要功能是预测未来行为。这就需要建立评估结果和未来实际结果之间的联系（通常在诸如医学等其他应用科学中被称为"预后"）。尽管可精确测量预测变量（PVs），然而这些预测通常很有限。因此，任何预测变量和真正结果的关系都取决于预测变量的信效度，例如，缺乏同情和未来的暴力取决于对"缺乏同情"指标测量的信效度。

心理评估也会涉及归类和分类（有时称为"诊断"）的问题。这可以被视为精确测量的一部分，并且有效的分类可以辅助临床判定。

分类

分类在科学研究领域具有广泛且有效的应用。其中最突出的作用是可以确保在不同观察者之间保持高度的一致性。随着详细分类方法的发展，分类作为一个概念已在科学研究中做出了大量的贡献，例如在植物学等生物科学中提供的典型例子。并且，分类在疾病类别划分、医疗诊断、医学和外科手术等复杂问题中也可以作为一种辅助手段。

良好的科学分类系统的优点在于它的清晰性，它在关于纳入和排除方面，具有十分清晰的判定指标。分类系统是综合性的，因为它们可以对事物、事件、行为的集群进行分类。由于其具有良好的功能和效用，因此对于使用者具有高度的适用性，同时也具有很好的自然效度。然而，即使是最好的分类系统所进行的分类，也仅仅是概念层面而非真实事件。这在具体实践中往往不被认可或不能被整合，在具体实践中往往倾向于将类别具体化（Rutter & Taylor，2002）。

在应用科学领域，最著名、最有影响力的分类体系是在医学和外科手术领域，该领域主要关注解剖学或生理功能障碍（称为"疾病"）的分类。在心理健康领域，最著名并且在西方使用最广泛的分类系统是美国精神疾患诊断标准（DSM-IV）（American Psychiatric Association，2000）和国际疾病分类－10（ICD－10）（World Health Organization，1990）。这两种分类系统旨在寻求提供操作性的定义以适用于心理障碍的分类。这种方法有时被描述为"医疗模式"。评估关注症状描述和分类（诊断），基于可观测因子（标志）和自我报告因子（症状）的分析，估计可能的结果（预判）并进行治疗（干预）。这种描述在许多方面都有问题。尽管"医疗模式"在医学、外科手术等生物科学领域的应用很成功，但它具有误导性，认为该模式在任何方式上都完全是"医学"的。将这种模式描述为一种"分类"模型可能会更加准确，并且会在科学研究领域具有广泛应用价值（Crighton & Towl，2008）。在医学和外科手术等应用科学实践中，仅仅涉及生物分类也同样是不正确的（Clare，2003；Rutter & Taylor，2002）。

功能与功能障碍的有效分类可能在很多领域都很有效。通过分类可以组成相对同质的群体，这些群体可作为可重复的研究对象。对分类后的对象进行测量，能够形成有效的预测结果。从业者也需要知道如何将研究结果应用于个体，也许分类系统会对此带来帮助。然而，分类系统可能也会掩盖类别内部以及个体之间的显著差异，这是很明显的困难。同时也可能会影响到跨集合分类之间的相对值。例如，研究者和从业者对分类的需求也许大相径庭。对于研究者而言，许多分类系统未能将病例归类，这种情况无关紧要，然而这对于从业者而言却是十分重要的。

分类的方法受到了一些批评。其中最核心的一点，上文已经提及，即分类方法既会使概念扩大化，也会使概念具体化。这在心理学和精神病学的临床实践中很常见，即"诊断"过程中通常是描述性的，而不是解释性的。反社会人格障碍（APD）描述了一个人可能具有冲动性和攻击性，但是作为一个概念，却没有解释这类行为。这可能导致完全循环思维，例如对 APD 这个概念，可以依据攻击性行为和反社会行为进行定义，然而这一概念会被误用来解释个体为什么会表现出反社会行为和攻击性行为。通过这样的方式使用分类方法没有任何作用。

诊断分类可能也会造成模糊假设，例如功能障碍的行为性质。在个体的社会环境中，行为可能与适应性有关。例如，高攻击性水平可能在高攻击性的环境中才得以体现。诊断分类也可以用来模糊群体内个体之间的较大差异。在那些被认定为诸如"自恋人格障碍"者中，攻击他人的水平差异很大。这类差异会在许多其他群体中出现，但是分类则可以将这种变化进行有效的模糊处理。

分类方法的这个问题具有相当大的争议。的确，分类在过去经常被滥用。心理学和精神病学的分类已经用来调整一系列的分类滥用，涉及从封闭机构的监禁到强制节育，以及剥夺精神障碍者的生命（Geuter，1992）。虽然存在滥用分类的现象，但这不能完全否定分类方法的价值。尽管分类具有十分重要的科学价值，但是这种滥用也警醒了我们，进行分类时需要一种更加谨慎的态度和方法，以及对分类作为一种科学方法的优势和劣势要有明确的认识。

多维度方法

分类和维度方法之间的选择已经在科学领域引起巨大的争议。"分类模型"虽然在临床实践中得到支持，但是仍然有很多缺陷。其中最为突出的缺陷是，在评估和干预中通常需要做出二分法决策：是否实施特定的评估、是否实施干预等。这就成了一个重大难题，虽然分类在评估和干预中占主导地位，但是仅使用这一种方法显然不合适。

分类理论似乎牢牢扎根于人们的认知中（Macrae & Bodenhausen，2000），因此很容易形成关于自己生活的概念，这并不完全让人出乎意料。与之相比，维度方法似乎不接地气，并且发展缓慢。不过，研究人员对它愈发感兴趣，并且维度方法也已经在诸如神经心理学和行为遗传学等实践领域产生显著的影响。一个公认的事实是，即使有良好的分类模型，维度风险和保护性因子也将会逐步成为一个更加科学的标准。

在一个更基础的层面上，也很容易夸大分类模型和维度模型之间的差异。通常，在分类模型和维度模型之间转换是可能的，反之亦然。一种类别可以在维度或维度分数方面得以体现，同时，维度也可按类别划分。

这其中有许多重大影响，包括离散原因可以与分布在一个连续统一体的问题相联系。例如，有些常见的遗传疾病，会在一个或多个维度上呈现一系列的生理变化。因此，那样的假设不恰当，因为影响必须是连续分布的因果因素，或反之亦然。举例说明，针对一个孩子对其抚养者的情感依恋情况可以进行直接评估，但是对其影响的评估可能要基于多个维度。

总之，在生物科学（以及其他学科领域）中，维度方法和分类法之间的选择并不简单，也不是一个简单的非此即彼的问题。在实践中，选择具有复杂性和挑战性，并且要基于评估的内容和目的。"综合分类模型"在心理评估中更可能成为科学标准，这种模型可能涉及数据和结果，但是需要做分类决策。

诊断和构想

诊断（Diagnosis）这个术语通常用于临床实践，是指一个涉及体征识别的特定分类形式，并且使用这些体征来实施分类，同时与具体的结果、预后以及干预或治疗相联结。

构想（Formulation）是关于分析特定个案以获取一个或多个具体问题的合理解释，以及可能解决这些问题的干预措施。案例解析包括分析要解决的问题以及一个概念性解释模型的信息整合。这反过来与干预决策相关联，干预需要特定的步骤（Bruch，1998）。

诊断和个案构想之间的差异很容易被夸大。在很大程度上，他们可能被看作是对相似分析过程的不同描述，医学在前者中占据传统主导地位，心理学在后者则占据主导地位。具有嘲讽意味的是，强调两者的差异可能被视为凸显两个领域的争议，而并不是呈现更多实质性的过程差异。事实上，用这种方法来进行科学手段评估并不能被视为所有专业团队的独有领域。

评估

形成假设

临床个案评估和随后的构想（或者评估数据的收集和解释）涉及对于个案应用科学的方法（Shapiro，1985）。在应用心理学的许多特殊领域，这是最基本、最常见的科学实践方法（Lane & Corrie，2006）。

第一步，接受将理论取向作为生成假设的基础。每一个理论都有其核心假设和假说。比如，认知取向最基本的假设是认知过程在行为中的核心作用。与之相反，激进行为主义理论则强调机体不用试图去完成这些过程。值得注意的是，理论之间也可能存在显著重叠。简单来讲，明显的差异可能包括：不同的描述语言或对相似观念"包装"。例如，认知行为疗法（CBT）与叙事疗法（NT）都强调"错误认知"的重要性，但在描述这一

83

概念方面却采用完全不同的语言。

目前，有许多看似可信的理论可能被显式地或隐式地应用于评估中，这些理论将会影响整个评估过程。英格拉姆（2006）总结了七种在临床实践中占统治地位的理论类型：

1. 生物模型。

2. 危机和压力情境转化模型。

3. 行为与学习模型。

4. 认知模型。

5. 存在主义与精神模型。

6. 心理动力模型。

7. 社会—文化—环境模型。

形成暂时性解释和假设需要心理评估做出种种努力，紧接着就是验证及改善这些最初的解释。这些在其他科学领域中被细分为更多的步骤（Crighton & Towl，2008），具体如下：

1. 问题定义。

2. 理论建构。

3. 形成假说。

4. 数据收集。

5. 数据分析。

6. 结果目标确定。

7. 干预计划。

8. 干预效果监控。

9. 采用监控数据调整干预措施。

这些过程为心理评估提供了基础。另外，心理学评估过程具有综合性和可重复性。在这里，综合性是指评估过程需要在不同的时间与频率上收集、评估信息，并在以后的时间里进行整合和重新制定。可重复性是指采用一种渐进式策略，即评估者可利用早期阶段的知识形成整体评估。图 6.2 以成年人司法神经心理学的例子对此进行说明。这些方法的关键在于，修正、重构过程均依据先前重复过程所获取的信息。

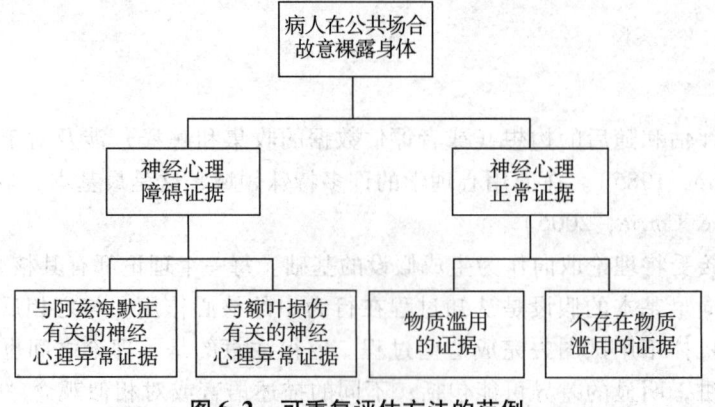

图 6.2　可重复评估方法的范例

任何评估的有效性和实用性，都被视为涉及一些一般性活动。这些包括：

1. 初始理论发展。

2. 伦理问题的考虑。

3. 假设分类。

4. 整体"建构"的发展。

5. 优先级的设立。

6. 干预策略规划。

7. 干预的预测性回应。

8. 界定成功结果的操作标准。

9. 评估和修正接下来的失败情况与进展的障碍对未作出回应或阻碍进展的评估和修正。

10. 解决和克服个人偏见。

很明显，上述关于评估的概要讨论了理论的作用，因为理论是整个评估过程的基础。这也许是最好的例证，并非通过抽象讨论，而是通过实际的考虑，在心理学评估时采用一些主要的理论取向。

心理动力理论

尽管所有理论均可追溯到西格蒙德·弗洛伊德所做的工作（1999），但到目前为止，仍然没有一个单一的心理动力理论方法。随后，不同学派的观点发展跨越了几个世纪。所有这些观点都共享了一系列共同主题：

1. 聚焦于个体心理层面的痛苦与挣扎。

2. 不同于客观世界的内部心理建构。

3. 内部世界的无意识元素对个体行为具有深远影响。

4. 关注痛苦与困难情绪的适应过程（Leiper，2006）。

心理动力理论可以被认为主要包括四种主要观点。心理动力在现实中是动态的，并且所有的行为无论多么明显地不合常理，均是有目的、有动机且可解释的。个体的心理冲突具有独特性，而且通常很难用一个理论去完整把握。

心理动力理论在现实中不断发展，通过描述过去生活经验，从而为当前状态产生的影响提供解释。而且该理论总是涉及发展阶段模型。关于这方面讨论较多的就是弗洛伊德所提出的口欲期、肛欲期与生殖器期（1999）。其他心理动力理论在后来提出了不同的发展阶段模型，而且经常潜在地转向了弗洛伊德最初设计的模型。例如，埃里克森（1966）提出了性心理的八阶段理论，认为每一个人都会经历这些阶段，以此来实现并发掘个人内在潜力。同时，该理论更关注自我，不认为自我仅仅是本我的服务者。埃里克森也强调了成长中的环境、适应、自我意识与积极"同一性"发展的重要性（Erikson，1980）。

这些均为结构化的理论，即存在意识、无意识的心理"结构"（如自我、本我、超我）。最重要的是，这些理论均假设无意识与有意识的工作方式不同。因此，不存在否定概念，即矛盾命题可以共同存在，并且欠缺清晰的主、客体的划分，以便于能以一个事物代表另一个事物或者许多其他事物。

同时，这些理论也具有适应性，认为"内部"与"外部"世界之间的关系受行为与系统的影响。所以个体经验会通过适应或不适应不良过程，影响个体与世界的交互关系

84

85

（Johnstone & Dallos，2006）。

心理动力理论提出了许多与现代评估框架不同的关键问题，包括：

1. 需要透过表面呈现问题，并尽可能仔细地定义与描述问题。

2. 需要关注潜在的内部心理动力过程与当前人际关系和社会环境的交互作用。

3. 需要关注早期中断的调整以及早期中断的父母关系，以解决目前的调整困难问题。

4. 内在世界是结构性观念的主导力量。

5. 对于心理痛苦的适应与挑战是相对的，并且包括健康与不健康之间的平衡。

认知行为理论（CBT）

认知行为理论代表了心理学中的两个重要理论基础——行为主义与认知心理学。认知行为理论并非单一的理论，而是融合了许多相关方法。该理论被应用于特定的事件与困难当中，同时包括了一系列的基本假设。此外，该理论以大量的、广泛的经验依据为基础。

CBT 基于一个基本假设——评估需要在生物—心理—社会背景的框架下进行（Beck，2005），并承认单纯地专注于评估心理因素（如认知、行为）是完全不充分的。每一个个体都是广泛且独特的社会—生物环境影响中的一部分，这是有效评估与后续建构以及干预的基础。在日常实践中，这个理念通常被忽视，甚至时常被边缘化。另外，CBT 疗法还强调被评估者在评估过程中处于中心地位。更准确地说，被评估者的观点与力量在评估过程中起核心作用。

约翰斯通和达洛斯（2006）提出 CBT 疗法包含七项核心原则：

1. 利用认知与行为心理学理论更好地了解他人。

2. 以"共同经验法"为基础。

3. CBT 建构具有暂时性且需要在干预过程中进行调整。

4. 该方法要为评估、建构与干预提供框架。

5. 作为一种合作取向的疗法，良好的治疗关系是必要而非充分条件。

6. 目标应当集中于当前问题，并取得双方的同意。

7. 该疗法可以作为精神疾病诊断的有力补充，但在干预措施方面尚有不足。

在一系列用于辅助评估过程的方法中，该疗法通常均从认真细致的识别与描述开始。这在所有良好的评估实践中都很常见，即强调认真观察、清晰且公认的定义以及准确测量。在 CBT 疗法中，需要从业者与被评估者之间建立双方协议。凭借这种双方协议，确认哪些是可能的致病因素、诱发因素、继发因素与保护性因素（Towl & Crighton，1996）。

CBT 疗法提供了一系列方法来辅助评估过程，其中包括"功能性分析"（一种过时的方法），试图系统化建立因素间的功能性关系（Haynes，1998）。尽管有许多途径完成功能性分析，但所有方法均依靠仔细观察与数据收集，为解释复杂模式建立基础（Daffern，Howells & Ogloff，2007；Owens & Ashcroft，1982）。

系统理论

系统理论最早出现于 19 世纪 20 年代，那时格式塔心理学（Gestal psychologyt）的各类流派十分流行，系统理论作为新兴理论，也从那时开始形成。该理论提出，个体的心理功能往往会以一种整体且自我组织的方式进行运转。从 19 世纪 50 年代起，一般系统理论开始借鉴社会学和生物学的研究成果，并且关注对复杂的"系统"的解释。在临床医学实践中，常常涉及评估家庭"系统"，因为系统理论认为，家庭是塑造个体心理功能发展的最有

86

力的系统（Ford & Lerner，1992；Lerner，Fisher & Weinberg，2000）。在理论层面，这一方法在很大程度上比其他方法（如 CBT）更强调群体社会心理过程，CBT 由于在实践中低估这些而经常受到批评。

早期系统理论倾向于强调外部系统的交互分析，但是近些年已有所改变。现在的系统方法则是将治疗师本身视为"系统"的一部分，从最基础层面上看，该方法被看作是以"施助者"与"受助者"的合作互动为基础的（Dallos & Steadman，2006）。

系统评估的特点包含以下七个方面：

1. 定义问题。
2. 解构问题的发展过程。
3. 建立问题与"常见困难"之间的关系。
4. 探索可能的解决途径。
5. 有关困难与反应的信念。
6. 讨论和评估哪些原因在过去发挥了作用、哪些没发挥作用。
7. 讨论为何坚持一些解决方法而不坚持另外一些。

这些过程需要一系列的仔细观察。首先，发现与其他理论方法明显重叠的区域。如上文所言，虽然与 CBT 采用的语言不一样，但是基本逻辑方面却极其相似。区别之处可能在于，许多早期（及后期）社会心理学家提倡建构主义方法，并且形成了相对较大的影响力（e. g.，Kelly，1955）。正因为这些影响，致使系统理论相比于其他理论方法，趋向于将个案分析视为建构与命题，而不是其他方法。

社会不平等理论

社会不平等理论与系统理论在许多方面相似，但不同之处在于，该理论借鉴了社会心理学与社会学有关经济、社会不平等的群体差异研究的许多内容，因此与司法实践的联系更紧密。"社会不平等"可以被定义为权力结构上的差异或权力等级制度，由此限制和约束一些人，给另一些人特权（Dallos & Steadman，2006）。在理论层面，社会不平等理论属于社会建构的一种，与马克斯·韦伯、卡尔·马克思的理论联系密切。该理论的前提假设是，群体之间存在明显的经济利益冲突。由于强调经济自由主义与个人主义，该理论也被看作是对当前西方文化主流思想的更广泛的挑战（Miller & McClelland，2006；Rose，1989）。

大量研究证明，社会、经济的不平等与身体、精神的不良健康状况之间存在联系（Crighton & Towl，2008；Social Exclusion Unit，2002）。尽管如此，社会不平等问题在应用心理学的当前实践中仍居于次要地位（Smail，2004）。尽管在事实上，社会"弱势"群体倾向于与心理学家和心理治疗师之间进行消极的接触（Department of Health，2003）。

不同于其他系统性疗法，该疗法强调社会、经济、政治因素在精神健康方面的中心地位。该疗法指出，社会机构与社会分层、种族与性别等密不可分，同时该方法也强调了家庭系统在上述因素中的中介作用，这与系统性疗法明显重叠。

使用该模型进行评估包括以下五个方面：

1. 界定困难。
2. 分析影响个体发展历程的系统性力量。
3. 分析个体如何尝试处理这些力量。
4. 分析个体在生活中如何获得权力与力量。

5. 分析如何向更广泛的背景转变进而达成积极的改变。

该疗法的构想相对与众不同，它常常认为专业心理学只是用来界定问题，而不能解决问题。同时提出，所有社会均需要创建意识形态和对话，为维持现状的合法化提供服务，以此避免社会混乱、经济不平等既得利益。在这一框架下，精神卫生专业通过界定被排斥的群体（如"患病的"或者"有障碍的"），从而在边缘社会群体与专业人员间建立相互依存的关系，这可能成为社会不平等合法化的关键点（Geuter，1992；Smail，2004）。

整合理论

"整合理论"是指系统性地获取和"整合"一种以上的理论方法。这些理论方法可以采用"半结构"化方式，或者基于反应的可能性采用评估和干预相混合的方式（Roth，Fonagy，Target & Woods，2006）。

以认知分析疗法（CAT）为例，从根本上说，该疗法源自心理动力学理论及其概念，但最终是在认知心理学的基础上整合而成。其优势在于整合了心理动力理论及疗法中有价值的概念，同时又能够吸取认知心理学的概念与证据基础（Ryle，1997）。

这些评估与干预的"混合"应用，以可能出现的反应为基础，通常被用来与药物治疗的效果进行类比。采用不同的药物解决不同的问题，有时候确实能取得很好的实践效果。然而，这样的类比却被批评为是一种智力上的取巧方式。在医学上，不同药物的使用并不一定意味着不同的理论基础。整合理论也认为，证据的获取源自有效果的治疗。就目前来看，所取得的这些证据常常更适用于心理干预，而非生理层面的治疗。

数据收集

应用理论的关键作用在于指导信息或数据的收集过程。但是，数据收集呈现了一系列的问题与需要应对的挑战。最明显的是心理学对自我报告数据的高度依赖性。这具有很多含义。通常，心理评估需要至少采用半结构化或结构化访谈得到自我报告数据。同时，它还涉及从心理测量获得的自我报告数据，涉及个体行为的心理评估，更为罕见的是，可能涉及与心理功能有关的心理测量。

另一项挑战是需要处理评估中多种多样的问题。包括识别社会、经济以及政治差异，如性别、道德、残疾、社会地位与文化问题。最明显的是，个体的发展过程因其独特的生活经验，呈现出个体差异性。这与认知偏差相关，当个体依据习惯回答问题时，他们认为发问者希望他们回答，而非回答他们真实的行为或信念。这是由评估中的典型局限引起的，比如引导性问题的不当应用。这种偏差也会引起被评估者给出"社会接受的"答案。这在司法心理学实践领域十分常见，比如被问及暴力或性行为程度时就需要考虑这个问题。反过来，这会影响到自我报告数据如何能够被最大程度使用的问题。更深刻地讲，这将引起心理评估中有关需求、愿望及道德基础等问题。当然，答案并不简单。但是，在所有评估中，首先都需要明确地反映出这些问题，并且真实地评估那些问题个体的不同生活经历。

无论什么样的理论基础指导下的评估，良好的数据收集均取决于发展出具备移情及可信赖的关系。在自我报告中，当面对不喜欢或不熟悉的人时，我们很难公开自己的私人信息。这在心理评估中非常重要，即提供自我报告信息的范围。这种关系的发展状况会对行为评估及心理测量产生显著的影响。

在评估中，以初始假设为基础对探索性研究非常重要。这需要采用探索性问题来探究

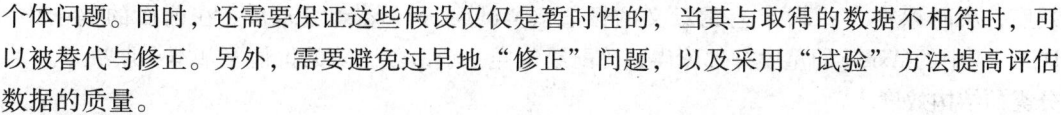

个体问题。同时，还需要保证这些假设仅仅是暂时性的，当其与取得的数据不相符时，可以被替代与修正。另外，需要避免过早地"修正"问题，以及采用"试验"方法提高评估数据的质量。

访谈

由于种种原因，访谈成为心理评估的关键部分。事实上，访谈通常是一种相对容易获得的自我报告资源。更重要的是，由于许多理论（如 CBT）以协同方法为基础，那么建立积极的治疗关系成为主要途径，对促进积极的改变至关重要。在这种模型下，将评估与治疗相互排斥显得毫无意义，并且事实上，评估过程是治疗过程的一部分。另外，访谈也存在另一个优点，即具有高度的灵活性，因此能够适应各类主题与问题。不过，访谈也具有一些负面特征。作为评估工具，访谈信度不高，反过来会对效度及其应用产生影响。访谈的程度显然取决于评估采用的理论基础。举例而言，基于行为理论的评估就需要极少的自我报告信息。

传统的临床访谈存在一些常见的缺陷。最显著的是，该方法在不同的访谈者之间表现出了较低一致性。对比来看，尽管经验丰富的访谈者的访谈效果高于基本水平（Beck，Ward，Mendelson，Mock & Erbaugh，1962），但与此相反的是，这种差别会对评估的效度、独特性及敏感性产生不利影响，这一发现使研究者们对访谈这一心理评估方法进行改善。任何访谈均可被看作处于低结构化与高结构化之间的连续区间。在一个连续区间的一端，这样的"访谈"在所提问题的回答、提问的顺序以及反应的编码上，提供了一个不灵活的结构。更普遍的是半结构化访谈，它允许潜在的、不同程度的灵活性变动。

在所有评估中，访谈法具有独特性，例如在结构化程度、结构化广度及使用环境方面。因此是否采用访谈法，由评估需要决定，并保证比其他任何评估方法更为适合。这意味着需要针对所采纳的方法进行谨慎选择。例如，增加访谈的结构化程度虽然可以提高信度，但反过来会影响评估的效度与应用，从而产生不利影响。当访谈更加结构化与可信时，它会包含更多的与被评估者无关的信息问题，以及遗漏更多保证评估精确性和道德性的重要信息（Towl，2006）。

访谈法的选择需要考虑信度，通常包括内部一致性信度、重测信度，很可能由下列多种因素决定：

1. 提问的清晰度与特征。
2. 被访谈者对问题的理解程度以及访谈者如何进行评估。
3. 访谈者的训练、经验以及价值观。
4. 访谈条件。
5. 被评估问题的复杂程度。
6. 被评估问题的基线水平。
7. 访谈者的个性特征。

访谈的效度同样会被这些因素影响，所有这些因素在临床决策中需要认真考虑。访谈的效度可以被视为一种对可操作定义的概念进行精确评估的能力。例如，使用结构化访谈来鉴定 DSM－4（American Psychiatric Association，2000）中界定的 Axis-I 诊断分类下的症状，如重度抑郁障碍。这就出现了一个明显的问题——该行为是一个同义反复的实践。这仅仅涉及访谈能力，来准确地将一些因素等同于不同程度的联系。这一点不符合逻辑，因为这些因素有理论上的协调性或临床效果，访谈当然可能实现高水平的信度及某些形式的效度，从而识别一些临床上无意义的概念（Widiger & Clark，2000）。在前面的例子中，DSM－4 中的 Axis-I 的重度抑郁障碍，分配给这样一个诊断团队的价值，基本上取决于这种分类的结构效度。

心理测量

心理测量是心理评估的一个特殊领域，是指采用一定的操作程序，给人的行为和一种或多种心理属性确定出数量化的价值。心理测量能够针对无法直接测量的心理属性进行衡量。从这方面来看，心理测量的评估完全不同于物理测量，二者表面相似但是逻辑大为不同，区别在于是否可以对属性进行直接测量。

与此相关的是，心理特性中诸如"智商""外倾性"等假设性的概念。这些概念无法被绝对化地定义。同时也没有普遍认可的方式对这些心理学概念进行测量。事实上，这些概念在多大程度上能够代表个体的特征，只能从有限的个体行为样本中得到（结论）（McKinnon et al.，2008）。

89　　　另外，很重要的一点是，所有心理学构念的测量均依靠操作定义的使用。本质上，这需要明确理论建构与实际中所观察到的行为样本之间的一致性。不言自明的是，这一过程常常会出现错误。这些错误的大小反过来又取决于测量的精确性。心理评估的测量单位表现出很多问题，并且常常不能很好地被定义。这些测量需要基于清晰的理论基础，并且与其他在同一个理论体系之内的理论存在内部一致性。但是，不同于物理学或生物科学，心理测量总是缺乏直接的、生理的测量数据。

在心理学中，"测试"可被定义为以一个标准程序去从特定范围中获取行为样本。心理测量可被进一步分为：

1. 能力、成就以及水平测试，由最佳行为表现样本组成（如智力测试）。

2. 由典型行为表现样本组成的问卷与工具（如人格评估）。

3. 自然情境中的典型行为表现样本（如行为观察评估）。

测量理论

大部分的心理测量遵循了经典测量理论（Classical Test Theory，CTT）（Wasserman & Bracken，2003）。CTT 关注特定评估对于特定情景下的测量的影响程度，以及尽可能最小化这些影响的方法。

在经典测量理论中，任何观察表现（X）都被认为包含真表现（T）与随机误差（E）。在随机误差 E 的分布中，假设 E 的总和为零且 T 与 E 的相关性也为零。

取代经典测试理论的是项目反应理论（Item Response Theory，IRT），该理论采用更多、更复杂的数据分析模型。它以一个概念为基础，即测量中离散结果的概率是个体与测试项参数的一次函数。在理论中，个体参数经常被界定为"潜在特质"，主要是指测试试图测量的理论结构，例如，个体"智力"。IRT 对测验估计提供了一个逻辑框架。虽然 IRT 与 CTT 有时表现得相互对立，但是实际上这是一种潜在的误区。IRT 可以被视为一种更现代且更有证据基础的理论，它在评估中更具有灵活性，且通过从个人项目中获得更多细节，起到了提高信度水平的作用（Embretson & Reise，2000）。

数据分析

信度

在心理测量中，信度具有独特的统计学意义，且与日常使用不同。它被定义为在群体中真分数（T）的方差与观察分数（X）的方差的比例。有许多方法可用于评估一个测试的信度。心理学中常采用的有：

1. 复本信度，同时有两个平行版本的测试用于评估信度。

2. 分半信度，计算测试被分为对等两半后的相关性。

3. 重测信度，计算重新实施一遍测试与原测试之间的相关性。

4. α信度系数，根据测试长度测量内部所有项目间的相关性。

值得注意的是，信度虽然是一项重要指标，但不应当是单独追求的目标。具有很高的信度的一个测试很可能完全没有什么效度。当然，如果测试中的信度很低将会很麻烦。但是，有时提高信度就意味着需要降低效度（Summerfeldt & Anthony，2002）。同时也要注意，信度的高低依赖于测试环境。对于信度水平的评估不应当仅在相似的环境中进行。因此在特定的评估环境中，从业者常常需要针对如何使用信度数据（以及其他心理测量特性）做出临床决策。

效度

效度可被定义为真实得分的潜力（T），来反映一个测试的评估目的（McKinnon，Nixon & Brewer，2008）。在心理评估中，效度是最重要也是最基础的指标。同时也是一种相对的属性，需要结合特定的测量目的去评定。同样，效度是一个建立在理论理性与经验证据基础上的整体化评估判断。

90

如前文所述，效度可以简单地被看成是一种同义反复的练习。在这种情况下，通过计算可以得出确定一个结构有无意义。因此，若要使效度有意义，那么被评估的核心概念首先要有意义。反过来，这就依赖于一个良好的理论基础，并且包含归纳推理和演绎推理。在这方面，有许多有助于改善效度的实践性方法。例如，在诊断分类环境中，斯皮策（1983）提出的专家使用全部可用数据的纵向观察法（LEAD），作为一种手段保证核心分类富有意义。作为一种工具，其目的在于通过一组专家观察员来提高内在主体的一致性水平（Towl，2005）。这一方法也被描述为"最佳猜测"方法（Summerfeldt & Anthony，2002）。

存在三种主要方法以评估一个测试的效度。

效标关联效度

效标关联效度，是指一个测量与另一个测量的相关程度，如"黄金标准"评估与后续行为的相关程度。效标关联效度可以被进一步分类为同时效度与预测效度。同时效度关注暂时的、当前的相关关系；预测效度关注暂时的、未来的相关关系。比如，对未来暴力行为的预测性评估。

内容效度

内容效度，是指从测试分数中推断出与测题中的大部分项目类似的能力，通常基于专家评分。比如，抑郁症的评估会测量与抑郁相关的各个维度，如有效的方面和行为方面。

结构效度

结构效度，是指一个测试与其试图测量的心理结构的理论基础，通过可以验证的假设进行相互的验证。这一效度的形式通常指的是不能被直接观察的理论建构。比如，一个能够评估"精神病人格障碍"的某种假设结构的程度。

特异性、敏感性与检验效能

特异性、敏感性均是心理评估中非常重要的统计概念。但令人不解的是，二者在实践中的整合应用效果不佳，常常容易混淆（Gigerenzer & Selten，2001）。

特异性，是指一个不具有特定属性的个体被正确地鉴别出未具备这种属性的可能性，或被正确识别的消极个案的比例（真正的否定）。敏感性，是指一个具有特定属性的个体被正确识别的可能性，或者被正确识别积极的个案的比例（真正的肯定）。

检验效能，是指评估工具预测的精确性，或者被正确分类的群体在整个人群总体中所占的比例。检验效能与特异性、敏感性在逻辑上相关，可被描述为积极与消极预测检验效能。消极预测检验效能，是指不具备某种特点的群体能够被正确鉴别出来的比例；积极预测检验效能，是指具备某种特点的群者能够被正确识别出来的比例。

这些关系通常用代数方法实现，而且也解释了这些概念在评估中的差强人意的应用。因为人们（包括接受过统计学训练的人）发现这种思维很不自然，也很难操作。举一个有关自然频率的例子帮助理解，如司法环境下采用心理测验来评估自杀风险。设计一个特异性较高的测试相对容易，只要能够识别出真正的否定即可。即使在司法环境下，自杀也是一个低频率事件，所以仅仅凭借一个决策标准来宣称所有的个案均不会自杀就能实现。但是，这些评估的敏感性将会比较低，因为这样做忽视了所有的真正的积极因素，即那些自杀成功的人。因此，在任何评估中均需要谨慎地考虑评估的特异性、敏感性与检验效能（Crighton & Towl，2008）。

基准率

"基准率"，有时也被称为"先验概率"，是指总体分布中某一被研究事件出现的相对频率。比如，被诊断为重度抑郁症的男性群体中的暴力水平。基准率是心理测量中的关键问题，因为这一比例显著影响着评估的效度。如果，应用的群体与原先研究的群体存在不同的基准率，那么统计预测模型的效度会极低。

正态化判断

"正态"的观念可以通过多种方法应用于心理测试中，包括在控制方面的方法，即根据测试标准进行性能评估；或者，也可以使用统计学上的正态化来实现，这可能涉及评估与特定人群或群体的有关表现，也可能涉及置信区间（如95%的置信区间）。反过来，可能包括外部置信区间（即数值落在区间以外）、内部置信区间（即数值落在置信区间之内）。

事实上，这些置信区间可以参数化，也可以非参数化。前者要求原始数据的分布类型已知，或者从大样本中进行估计。非参数化的置信区间，是指指定一个分数作为标准化样本的一个特定等级。

短缺测量

短缺测量预先假定一种理想或者正常水平，用于进行比较。例如，在司法神经心理学评估中，涉及将当前与患病前的心理功能进行比较。

这种测量包含采用直接与间接的评估方法，综合规范标准与个体对比标准进行比较。直接方法包括使用患病前后的测试分数，比如某种脑损伤前后的智力测试分数。间接方法包括基于历史数据的评估。毋庸置疑，直接测量很难获得数据。然而，间接测量能提供的数据相对疲软，从而需要开发合适的测验促进数据之间的相互比较。比如，尝试开发一种识别测验，通过提供患病前的功能估计，从而降低脑损伤对测验的影响（Lezak，2008）。

个案分析

祖宾（1967）概述了在个体观察中所涉及的一些核心问题。首先，他提出很重要的一

91

点是，个体不该被过早地归入"患者"群体。其次，他指出在任何评估中，均应当在特定的多样化程度与水平上对个体的特征进行描述。再次，他指出任何评估结果均需要考虑内部与外部成因，包括诸如自然恢复、治疗干预或其他因素的影响。这些都会影响到研究结果的水平。

在尝试对个体进行评估或者理论分析时，重要的是要解决上述这些问题。在实践中常常出现将心理"测试"的结果具体化（的情形），令人遗憾的是，在心理学家与外行人中同样存在这样的情况。事实上，从某种意义上说，心理测试只是为科学家提供了有关理论发展、假设形成、测试与重新制定等科学实践过程。在这种环境下，通过提供数据来告知假设的制定与重新制定，或两者兼而有之，数据仅仅是做了此种贡献。

临床判断与偏见

通常而言，临床判断涉及作出预测、推论以及决定。良好的心理评估判断需要结合良好的定性与定量数据的信息和影响。这样的判断在司法实践领域常常影响很大，例如判断一个暴力罪犯是返回社区，还是被安置在安全的环境中进行管理。因此，司法心理评估的最基本目标在于将临床判断的效度最大化。如果在评估中以策略和测量为基础，效度最大化很可能在某种程度上实现。

然而，判断过程会受到一系列的偏见影响（Garb，1998）。包括从业者或所处"机构"的价值观、信念，以及理论取向等引起的偏见。因此，对于从业者来说，十分需要在评估过程中注意克服偏见，保持伦理道德，同时也要注意形成一种"持续性"意愿，在实践过程中随时进行假设与判断的重构。

这削弱了心理评估理想化且过于简单化的观点，心理评估过程包含谨慎地定义、认真地观察、有效地测验，进而得出拒绝、接受或改善原有假设的结论，从而实现客观的判断。但是，面对这些复杂的数据，从业者常常采用简单化处理，经常使用少数几个变量。因此，经常出现的情况是，单纯凭借诊断分类或单一变量就认为得出了因果关系（Gigerenzer & Selten，2001；Kahneman，Slovic & Tversky，1986）。比如，寻找自杀的单一成因（如抑郁症）或者暴力的单一成因（如精神病理性人格障碍）。

另一种不好的做法是，仅仅依赖于一套标准，评估将复杂数据过度简单化。这样的做法对于向从业者提供可信、有效且低成本的评估非常有吸引力，但这几乎完全错误。这种标准化似乎比复杂的个体化评估节约了更多的成本，然而这样做也非常不可取。机械的方法常常会增加评估中的偏见，并导致不准确的结果，进而影响干预的有效性（Haynes & O'Brien，2000）。

这种简单化策略不仅仅局限在新入行且无经验的从业者中。确实，有证据表明，随着经验的增加，判断的信心也会提高，但判断的效度并不会因此而提高（Garb，1998）。

确保心理评估成为一种重复科学化的过程很有必要。这包括需要对实践进行批判性地反思，并将其作为调整和改善数据收集与作出判断的依据。有许多切实可行的方法能够增强评估效度，同时降低偏见，包括：

1. 采用多元化方法及多种信息渠道收集数据。
2. 广泛关注且采用系统化多元评价策略。
3. 重视基准率。

92

4. 使评估与个体以及个体环境相适应。

5. 跨时间收集数据（时间序列分析）。

6. 采用直接的且最小可推导策略。

7. 决策过程清晰、透明。

8. 采用基于证据的评估策略。

9. 避免快速判断。

10. 根据证据及时调整判断。

11. 避免先入为主地筛选数据。

12. 检测错误判断的成本与收益。

13. 从同事、支持者以及其他专家处寻找可替代的观点。

14. 在临床判断中保持数据的精确性。

15. 尽可能地以透明的程序检验假设（Garb，1998；Hayes & O'Brien，2000）。

结论

与其他应用心理学领域一样，司法心理学领域的心理评估具有同样的逻辑与科学基础。但是，这些逻辑与科学基础在司法实践环境的影响下被明显削弱了。这些环境因素意味着心理评估有可能带来严重的后果，因此这些评估结果很可能会受到严格的司法审查。

因此，在进行心理评估或后续治疗与干预时，应遵循专业实践的原则，这一点十分重要。这通常会涉及在个案评估中采用道德和基于证据的方式，以确保评估方法的科学性。这样做的前提是，评估以可靠的理论模型作为基础，并且十分清楚理论的核心假设。评估也需要去积极处理多样化问题、反应偏差。任何心理学家都会在实践中表现出一定的偏差，那么就需要积极地反思评估过程。

心理评估的科学性在于可重复性。如此一来，就需要心理评估做到通过前几步就能预知后几步。其中包括对整个实践过程的批判与反思，并通过这些反思去调整和改善评估过程，包括数据收集、建构、判断与方法。为了达到这个目标，必须确保评估工作具有道德基础与明确的理论基础。同时，要注意确保多种渠道收集的数据与现有的理论相符合。在控制这些标准的实践过程中，进行批判性的自我反思是一个关键性的基础。

93

注释

［1］"临床（Clinical）"直译为床边。在实践中其应用更加广泛，在此处是指通过结构化与系统化的方法，对个体或群体进行干预与治疗，以使其在心理社会功能上产生积极变化。很明显，临床实践是应用心理学的基础与核心竞争力。同样，司法（Forensic）的直译源自司法环境。在实践中，其应用远比只是在司法背景下进行的活动范围更广。

［2］从 2005 年到现在，随着培训费用转移到雇主与无薪实习的增加，司法心理学面临着重大的困难。这与劳动力的多样化水平降低有关，劳动力由越来越多的年轻人、白种人、社会中上阶层、接受私立教育者以及异性恋的女性构成。在司法实践中很难将社会群体看成是完全不同的。

［3］另一种效度形式与其表面效度有关。这不在本章所讨论的效度范围之内，因为它是指一项评估表面看起来与其实际想要测量的内容的相似程度。虽然它有时被视为一种效

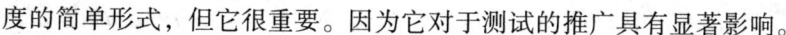

度的简单形式，但它很重要。因为它对于测试的推广具有显著影响。

扩展阅读

1. Graham，J. R.，& Naglieri，J. A.（Vol. Eds）（2012），*Handbook of psychology. Assessment psychology*（*2nd edn*），Irving B. Weiner（Editor in Chief），New York：John Wiley & Sons.

《心理学手册》百科全书的主要更新和修订部分。此书用了 25 个章节介绍评估中的问题，内容以严格的学术标准，尽可能满足博士层次的训练需求。写作风格流畅清晰，尽管有些章节涉及了对主题的技术处理。全书采取了一种非常平衡且以证据为基础的方式。

2. Johnstone，L.，& Dallos，R.（Eds.）（2013），*Formulation in psychology and psychotherapy*（*2nd edn*），London：Routledge.

本书一共有 12 个章节，清晰地描述了干预与评估之间的相互关系。在介绍道德且有效的心理方法时，非常清晰地表达了理论的重要作用。值得关注的是，本书也介绍了许多当前处于主流理论之外的其他理论。

3. Lezak，M. D.，Howieson，D. B.，Bigler，E. D.，& Tranel，D.（2012），*Neuropsychological assessment*（*5th edn*），New York：Oxford University Press.

本书从神经心理学的角度，对于心理评估的主要原则介绍得异常详细。本书是一部高水平的学术著作，作为领域内的标准，本书也成了司法神经心理学领域工作者的必读书目。本书在广泛的心理功能范围内对相关测试进行了全面介绍。最新版本也添加了对彩色幻灯片和神经心理评估的工具的介绍。

参考文献

American Psychiatric Association（2000），*Diagnostic and statistical manual of mental disorders*：*DSM-IV-TR*. Washington，DC：Author.

Beck，A. T.（2005），"The current state of cognitive therapy：A 40 – year retrospective"，*Archives of General Psychiatry*，62，953 – 959.

Beck，A. T.，Ward，C. H.，Mendelson，M. D.，Mock，J.，& Erbaugh，J. K.（1962），"Reliability of psychiatric diagnoses：2. A study of consistency of clinical judgments and ratings"，*American Journal of Psychiatry*，119，351 – 357.

Bruch，M.（1998），"The development of case formulation approaches"，In M. Bruch & F. W. Bond（Eds.），*Beyond diagnosis*：*Case formulation approaches in CBT*. Chichester：John Wiley.

Clare，A.（2003），*Psychiatry in dissent*，London：Routledge.

Crighton，D. A.，& Towl，G. J.（2008），*Psychology in prisons*（2nd edn），Oxford：BPS Blackwell.

Daffern，M.，Howells，K.，& Ogloff，J.（2007），"What's the point? Towards a methodology for assessing the function of psychiatric inpatient aggression"，*Behaviour Research and Therapy*，45（1），101 – 111.

Dallos，R.，& Steadman，J.（2006），"Systemic formulation"，In L. Johnstone & R. Dallos（Eds.），*Formulation in psychology and psychotherapy*，London：Routledge.

Department of Health （2003）, *Tackling health inequalities: A programme for action*, London: Author.

Embretson, S. E. , & Reise, S. （2000）, *Item response theory for psychologists*, Mahwah, NJ: Lawrence Erlbaum.

Erikson, E. H. （1966）, "Eight ages of man", *International Journal of Psychiatry*, 2, 291 - 300.

Erikson, E. H. （1980）, *Identity and the life cycle*, London: W. W. Norton.

Ford, D. H. , & Lerner, R. M. （1992）, *Developmental systems theory: An integrative approach*, Newbury Park, CA: Sage.

Freud, S. （1999）, *The interpretation of dreams: A new translation by Joyce Crick*, Oxford: Oxford University Press.

Garb, H. N. （1998）, *Studying the clinician: Judgment research and psychological assessment*, Washington, DC: American Psychological Association.

Geuter, U. （1992）, *The professionalization of psychology in Nazi Germany*, Cambridge: Cambridge University Press. Translation by Richard Holmes.

Gigerenzer, G. , & Selten, R. （2001）, "Rethinking rationality", In G. Gigerenzer & R. Selten （Eds. ）, *Bounded rationality: The adaptive toolbox*, Cambridge, MA: MIT Press.

Haynes, S. N. （1998）, "The principles and practice of behavioral assessment with adults", In A. P. Goldstein & M. Hersen （Eds. ）, *Comprehensive clinical psychology: Assessment volume* 4, Amsterdam: Elsevier Science.

Haynes, S. N. , & O'Brien, W. H. （2000）, *Principles and practice of behavioral assessment*, New York: Kluwer Academic/ Plenum Publishers.

Ingram, B. L. （2006）, *Clinical case formulation matching the integrative treatment plan to the client*, Hoboken, NJ: John Wiley & Sons.

Johnstone, L. , & Dallos, R. （2006）, "Introduction to formulation", In L. Johnstone & R. Dallos （Eds. ）, *Formulation in psychology and psychotherapy*, London: Routledge.

Kahneman, D. , Slovic, P. , & Tversky, A. （1986）, *Judgement under uncertainty*, New York: Cambridge University Press.

Kelly, G. A. （1955）, *The psychology of personal constructs* （vols. 1 and 2）, New York: Norton.

Lane, D. , & Corrie, S. （2006）, *The modern scientist-practitioner*, London: Routledge.

Leiper, R. （2006）, "Psychodynamic formulation: A prince betrayed and disinherited", In L. Johnstone & R. Dallos （Eds. ）, *Formulation in psychology and psychotherapy*, London: Routledge.

Lerner, R. M. , Fisher, C. B. , & Weinberg, R. A. （2000）, "Toward a science for and of the people: Promoting civil society through the application of developmental science", *Child Development*, 71 （1）, 11 - 20.

Lezak, M. D. （2008）, *Neuropsychological assessment*, New York: Oxford University Press.

Macrae, C. N. , & Bodenhausen, G. V. （2000）, "Social cognition: Thinking categorically about others", *Annual Review of Psychology*, 51, 93 – 120.

McKinnon, A. C., Nixon, R. D. V., & Brewer, N. (2008), "The influence of data-driven processing on perceptions of memory quality and intrusive symptoms in children following traumatic events", *Behaviour Research and Therapy*, 46 (6), 766 – 775.

Miller, J., & McClelland, L. (2006), "Social inequalities formulation-Mad, bad and dangerous to know", In L. Johnstone & R. Dallos (Eds.), *Formulation in psychology and psychotherapy*, London: Routledge.

Owens, R. G., & Ashcroft, J. B. (1982), "Functional analysis in applied psychology", *The British Journal of Clinical Psychology*, 21 (3), 181 – 189.

Reyes, H. L. M., Foshee, V. A., Bauer, D. J., & Ennett, S. T. (2012), "Heavy alcohol use and dating violence perpetration during adolescence: Family, peer and neighborhood violence as moderators", *Prevention Science*, 13 (4), 340 – 349.

Rose, N. (1989), *Governing the soul: The shaping of the private self*, London: Routledge.

Roth, A., Fonagy, P., Parry, G., Target, M., & Woods, R. (Eds.)(2006), *What works for whom? A critical review of psychotherapy research*, New York: Guilford Press.

Rutter, M. J., & Taylor, E. A. (2002), *Child and adolescent psychiatry* (4th edn), Oxford: Blackwell.

Ryle, A. (1997), *Cognitive analytic therapy for borderline personality disorder: The model and the method*, Chichester: John Wiley.

Shapiro, M. B. (1985), "A reassessment of clinical psychology as an applied science", *British Journal of Clinical Psychology*, 24, 1 – 11.

Smail, D. (2004), "Therapeutic psychology and the ideology of privilege", *Clinical Psychology*, 38, 9 – 14.

Social Exclusion Unit (2002), *Reducing re-offending by ex-prisoners*, London: The Stationery Office.

Spitzer, R. L. (1983), "Psychiatric diagnosis: Are clinicians still necessary?", *Comprehensive Psychiatry*, 24, 399 – 411.

Summerfeldt, L. J., & Anthony, M. M. (2002), "Structured and semistructured diagnostic interviews", In M. M. Anthony & D. H. Barlow (Eds.), *Handbook of assessment and treatment planning for psychological disorders*, New York: Guilford Press.

Towl, G. (2005), "Risk assessment", *Evidence-Based Mental Health*, 8, 91 – 93.

Towl, G. J. (Ed.)(2006), *Psychological research in prisons*, Oxford: BPS Blackwell.

Towl, G. J., & Crighton, D. A. (1996), *The handbook of psychology for forensic practitioners*, London: Routledge.

Wasserman, J. D., & Bracken, B. A. (2003), "Psychometric characteristics of assessment procedures", In J. R. Graham & J. A. Naglieri (Vol. Eds), *Handbook of psychology: Assessment psychology*, Irving B. Weiner (Editor in Chief), New York: John Wiley & Sons.

Widiger, T. A., & Clark, L. A. (2000), "Toward DSM-V and the classification of psychopathology", *Psychological Bulletin*, 126, 946 – 963.

World Health Organization（1990），*International statistical classification of diseases and related health problems: ICD* – 10，Geneva：Author.

Zubin，J.（1967），"Classification of the behavior disorders"，*Annual Review of Psychology*，18，373 – 406.

第七章 风险评估

戴维·A. 克雷顿（David A. Crighton）

风险评估是指用系统的方法来对结果进行预测。最初，风险评估的过程与许多其他领域（如医学、工程学及社会科学等）的评估是一样的。由于篇幅有限，本章关注的是在法律系统中帮助相关部门进行决策的心理学风险评估方式。尽管由于某些原因，风险评估常常被人们误解，但其背后的逻辑其实是相对比较直接易懂的。导致风险评估被误解的原因包括：对风险评估的理解偏差、对相关术语的使用不当、对测量的性质把握不准确以及对风险评估的意义和解释理解不恰当。

关键的法律问题

目前，在美国（Schwalbe，2008）、加拿大（Hanson & Morton-Bourgon，2009）、英国（Towl，2005）、瑞典（SBU，2005）、澳大利亚（Mercado & Ogloff，2007）、新西兰（Vess，2008）等国家，已经开始越来越多地将风险评估的方法应用到政策、法律决策以及司法资源分配等领域。其中包括在风险评估的基础上进行预防性拘留，例如英国（Towl，2005）对严重人格障碍者的服务，以及在美国的弗吉尼亚州对性暴力者的立法（Skeem & Monahan，2011）都与风险评估的结果有关。现在，司法实践中的风险评估方法还被应用到了其他地方，例如在工作场所进行风险评估，以及近期对恐怖主义进行风险评估（Kebbell & Porter，2012；Monahan，2012）。

与心理学家有关的风险评估通常涉及三个方面，分别是刑事司法、健康和社会保障以及儿童保护。就传统观点而言，在刑事司法领域，人们常常关注的是那些可能会对他人造成危害的个人或者群体。在健康和社会保障领域，测量的是那些更普遍被认为是危险源或者很可能遭遇危险的个体。在儿童保护领域，不同行政辖区强调的重点不一样，但是风险评估最终会平衡不同地区的差异来评估对儿童造成伤害的风险（例如，在家庭中或住宅内）。虽然法律心理学似乎一直在强调风险评估在刑事和民事领域中的区别，但是这种做法存在误导性。罪犯身上通常会表现出一系列的精神健康问题，这让他们看起来似乎更容易成为行凶者，同时也更加容易受到伤害（Barry，2007）。

风险通常被定义为负面事件发生的概率。关于风险评估，广义的定义是由克雷默等人（1997）给出的："风险评估是指使用风险因素来评价一个事件发生的概率"。这个定义非常概括，它包含了一系列宽泛的风险评估，并且可以在不同的学科中进行应用。风险因素是一些可以测量的事物，它可以预测事物的结果。风险因素又进一步被划分为历史因素（相对来说不可变）和临床因素（可以发生改变）。在许多不同的司法管辖区中，"危险"这个术语都是很常见的。虽然（"危险"）是一个日常术语，但其背后包含的是更加精准复杂的结构。危险性的法律内涵通常包括两个不同的概念：即出现某种事件的风险以及这种事件的严重程度。例如，对他人使用暴力的可能性以及使用这种暴力的严重性。

正如其他采用科学方法的领域一样，通过采用精确定义语言和系统分析收集的信息，风险评估得到了迅速的发展。人们开始在风险评估的过程中使用更加精准的术语，"危险"（hazard）这个词通常用来指可能导致的一种结果。例如，去城镇中心购物可能存在被暴力侵犯的风险，但这种风险出现的概率根据时间的早晚会有所变化。因此，风险评估关注的是某一种或多种危险（hazard）发生的可能性（Reason，1990）。而另外一个词"伤害"（harm）常常指所有不良后果。因此，"危险"（hazard）是指任何会导致"伤害"（harm）的潜在可能性。

风险评估中的关键原则

目前在风险评估领域，主要有两大重要模型：一个是风险承担模型，另一个是风险最小化模型（Davis，1996）。风险承担模型将风险看成生活中的正常部分，它强调的是个人的权利、能力、选择和参与。相反，风险最小化模型认为风险需要得到控制，因此这个模型特别关注那些处于高风险中的人群，它强调健康、危险、控制和能力缺乏。这些模型将风险看成一个连续的状态，而不是单纯地将其分为有、无，不同国家使用的风险模型和评估方式都很不一样。风险最小化模型在美国、加拿大、英国和澳大利亚最为常见。

风险评估领域中，一个争论的焦点问题就是危险的定义。可以确信的是，并不是所有的事物都会朝着我们期待的方向发展。危险真实存在于社会中，想要减少危险就需要付出一定的代价。社会上有许多被广为认可的协定，例如，在法制不健全的地方应该保护儿童远离成人性行为。同时，在毒品使用和恐怖分子活动中也有类似的协定[1]。因此，危险的概念可以被看作是社会协商的产物（Douglas，1986）。当这样的观点首次出现时被一些批评人士认为既激进又有争议，并且过于主观和宽泛，但最终批评声逐渐消失。因而这个观点后来被人们视为主流观点（Towl，2005）。

目前，各国对刑事和民事系统中的风险评估领域的关注越来越多，许多政府都基于风险评估的概念推进相关立法。例如，苏格兰麦克林委员会一直关注严重暴力的性犯罪，英格兰和威尔士出台了性犯罪法案（2003），美国出台了性暴力犯罪法案。在风险管理和测量方面，已经开始有越来越多的社会政治压力的介入。

风险评估的方法

风险评估的方法主要有三种，根据被试群体的不同，这三种方法的区别也很明显：

- 基于所有可能出现的结果计算事件的概率；
- 基于过去事件的历史情况来计算将来的这种事件出现的概率；
- 基于一系列的经验、知识来预测未来事件出现的概率，这些经验通常可以被合理地运用到问题情境中来。

第一种方法就是我们常用的典型统计模型，它涉及对多重事件的研究，例如重复扔骰子、投硬币和从一副牌中抽一张牌。此时，先验概率是已知的，例如，扔骰子时扔到5的概率是1/6，在一副扑克中抽到黑桃 A 的概率是1/52。过去的概率模型很多都是采用这样的范式发展而来。第二种方法是基于总体的一种精算式估计。此时，先验概率通常是未知的，也可以说这种评估是基于样本的——因为样本通常被认为与总体相似。这种方法在人寿保险、意外伤害保险等领域有巨大的商业价值。人们根据样本的历史数据来计算风险水平。如果样本选取得比较好，那么这种基于样本对总体的预测效果就比较好。风险精算评估在儿童虐待领域也是使用此方法，使用相似群体的特点来预测结果。第三种方法包含前两种计算方法，但是还添加了一些附加信息来确保能够得到一个最佳的评估值。例如，使用结构化的方式来进行精算和临床评估，以提高对个人的预测准确率。

风险评估的理想化模式应该包括一系列的核心方法原则，包括：

1. 准确定义拟被评估的危险因素。
2. 详细说明可能出现的事件结果。
3. 评估出现特定事件的概率。
4. 评估特定事件的严重性。

由此，我们可以看出，即使是一个简单的风险评估案例也包含着非常复杂的分析（Breakwell，2007）。这或许可以解释为什么人们难以在没有协助的情况下进行风险评估（Gigerenzer & Selten，2001；Kahneman，Slovic & Tversky，1982）。

显而易见的是，一系列的影响因素都会使没有协助的精算式风险评估变得异常困难。首先，第一个明显的影响因素就是在评估过程中使用的是不完善的信息。其次，这些危险因素可能相互关联、相互影响并且协同发挥作用。再次，专家意见之间可能会有分歧，评估者可能难以准确理解风险因素。这意味着即使在相对简单领域的风险评估也涉及非常复杂的分析。在此引用一个经常被提及的例子——安装航空组件失败。这种情况下的危险因素相对来说比较容易理解。另外，这些组件的特点能够被准确定义，并且易于控制和分析。即便如此，在这些容易理解又控制较好的体系里，它们的内部成分也经常会以一种使人意想不到的方式相互作用。最后，这些相互作用可能会导致失败，也就是说这些内部成分会导致失败（Reason，1990；Towl & Crighton，1996，1997）。

风险评估所要面临的社会环境异常复杂。人们通常对不同行为类型的决定性因素理解不深，例如许多人都不理解家庭暴力或者暴力与心理健康之间的关系。在这种社会背景下，人们的测量能力会受到很大的抑制。从某种程度上来说，人类行为是相对来说无法受控并且没有边界的。行为在本质上也是相互影响的，而这些相互影响的性质、行为背后的社会和文化环境，我们并不清楚。另外，随机事件的出现也是在所有风险评估中必然会遇到的问题，这也会不断增加对评估的挑战（Towl，2005）。长久以来，这些困难在心理学中是被公认的，可以用数学模型使这些困难形成一个"随机化模型"，这个模型被广泛地应用于社会和物理科学领域，为预测一系列随机事件提供一个系统化的概念（Pearson，1905）。然而有趣的是，皮尔逊总结道，在问题解决时，认知启发的方式可能确实比精算式的方法更加有效。

在法律心理学中，风险评估的目标在于提高评估的准确性。这涉及一系列定义清晰、富有逻辑的步骤。风险评估的过程包括了一系列结构化的框架。图7.1展示了剑桥风险评估模型（Cambridge Model for Risk Assessment，CAMRA）。这是一个用于分析暴力行为的结构化临床评估框架。

风险评估所使用的模型与心理评估中其他方式所使用的模型类似，这种构想主要是基于高水平整合分析的能力和技巧。基于这种模型下的有效的风险评估包含了一系列基本的科学元素，主要包括：

● 通过实验（包括诊断性测验）获取数据，或采用以往的实验数据；

- 基于以往的系统性分析进行模拟；
- 通过建模来复制更大、更复杂的系统；
- 针对反应以往相关事件模式的数据进行分析；
- 采纳专家意见（本身就是一种数据形式）。

这样的风险评估模型近年来不断减少，一系列的原因导致这样的结果。这些模型应用于许多临床评估和判断中也同样会出现的问题。不得不承认，在这些模型中，需要被测量的心理属性的定义并不清晰，或者说难以被准确测量。

99

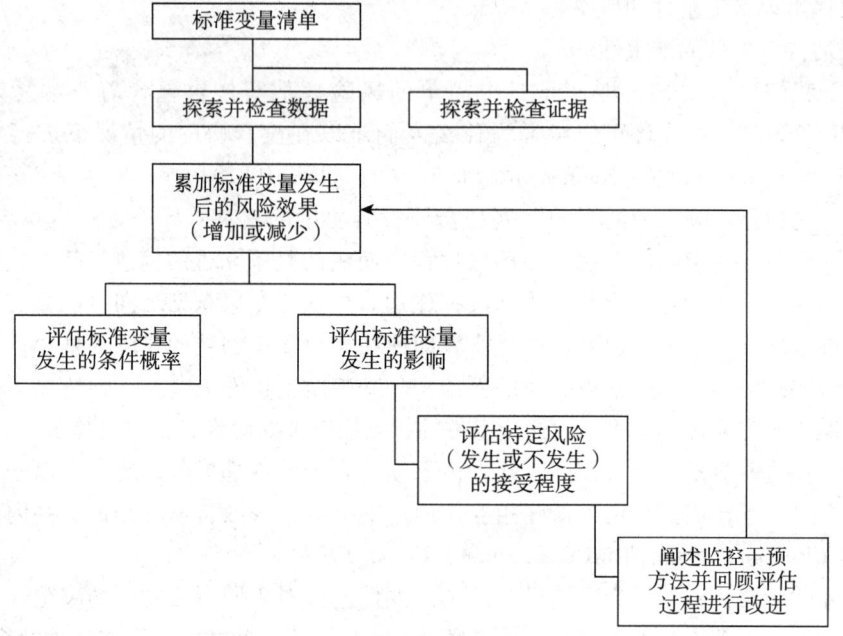

图7.1 剑桥风险评估模型

Psychology in prisons（2nd edn），Crighton，D. A.，& Towl，G. J.，2008，Oxford：Blackwell.

风险评估工具

对行为风险进行实证评估的趋势很大程度上受到保罗·米尔的影响（Paul Meehl，1954；1959；1967；1973）。在这些文章中，保罗·米尔及其同事对风险评估中的精算式评估和临床评估进行了区分。他们将许多案例的结果合并到一起进行计算时，发现精算式的预测方法通常比临床评估在预测未来结果时更加精准。因此，精算式的评估工具在开发和应用方面的成果逐年增加。这些工具通常需要使用一些"危险因素"，通过类似于线性回归的统计技术来推测特定结果出现的可能性。这样看来，他们与汽车保险公司使用的方法类似。在汽车保险领域，风险因素包括年龄、未出现索赔事故的年限等，由此来预测出现赔偿的可能性。在基于大量数据样本的情况下，采用相当简单的统计技术来开发工具并非难事。

近年来，在市场营销领域中，这种精算式的心理学工具的应用已经呈指数式增长。许多工具最早源自司法实践中的法律权利问题。最早的跨领域应用是将风险评估工具应用于儿童福利这一有争议性的领域，相关的内容可以从沃尔德和伍尔弗顿的一篇重要研究文章中查阅（Wald & Woolverton，1990）。最初，他们只是想进行单纯的风险评估，然而随后他们发现了一些需要平衡的地方，比如儿童和父母之间的权利问题。如果只是想不惜一切代价保护孩子，那么这样的风险评估将变得不切实际。在现实中，我们确实需要平衡儿童权利与家庭权利，这实际上是在强调——在不同的司法管辖区内，在人类权利的框架中，家庭权利的基础性地位。最终，沃尔德和伍尔弗顿指出，理解对孩子而言的风险因素很有必要。另外，他们针对美国1970—1980年之间风险评估工具数量和应用不断增多的情况，提出了一些担忧。

最近，还发展出了一些新的工具，它们与"精算"评估工具和"临床"评估工具都存在明显区别。这些风险评估工具通常都尝试解决法律问题，包括对儿童的暴力、对成人的暴力、性暴力以及当今社会的恐怖主义等问题。这些工具被称为"第二代"、"第三代"或"新一代"评估工具等。批评人士指出，这种对工具的命名方式更像是一种市场营销手段，而不是在描述风险评估范式的转变，这并没有显示出新的结构化的评估与以往方法的根本差别（Towl，2005）。

有人认为，风险评估工具应该被视为一个连续体，其中一端是非结构化的临床评估方式，另一端是结构化的统计学预测。斯基姆和莫纳汉在一篇研究综述中指出，风险评估工具可以根据以下四个要素的结构化程度来进行命名（Skeem & Monahan，2011）：

1. 对风险因素的确定。
2. 对风险因素的测量。
3. 对风险因素的综合。
4. 最终风险评估的形成。

在临床评估中，这四个要素没有一个被预先结构化。评估专家需要临时决定测量哪些风险因素、如何测量、怎样综合风险因素以及得出最后的结果。倡导采用精算式方法的学者经常会对这样的临床评估提出一些有失偏颇的批判。例如，他们观察群体数据时会这样说：

> 在以往的研究中，临床评估的结果是不准确的。不仅因为临床评估专家在预测暴力行为时会挑选那种非常明显的暴力组，而且暴力组犯罪的严重程度要比控制组高得多。这些评估的敏感性和特异性都很低，说明这些评估者对暴力行为的预测是不准确的。

——Lids et al.，1993.

有证据表明，精算式和结构化的评估方法要比临床评估更加精确，因为临床评估的内部一致性信度和重测信度通常都很低（Hanson & Mouton-Borgon，2009）。为了克服临床评估的这些缺陷，目前已经有一系列不同程度结构化的临床评估工具被开发出来。基于此，斯基姆和莫纳汉列举了五个常见的例子来比较不同的风险评估工具（Skeem & Monahan，2011）。风险因子标准清单是结构化程度最低的风险评估工具，因为它仅仅罗列了一些风险因子。暴力历史—临床—风险评估量表（Historical and Clinical Risk 20，HCR-20）是一个应用广泛的暴力风险评估的量表，这个量表的进步之处在于它不仅对风险因子进行了定义，还明确了应该如何测量这些风险因子。另外一些评估工具，例如暴力分类量表（Classification of Violence Risk，COVR）和机构内暴力水平评估量表（Level of Service Inventory Revised，LSI-R）也明确了应该如何将风险因子综合，可以允许临床评估专家做出一个最终的风险预测。暴力风险评估指南（Violence Risk Appraisal Guide，VRAG）和再犯评估量表（Offender Group Reconviction Scale，OGRS）以及类似的精算式评估工具都会提供最终计算预测值的方法，而不是靠评估者的主观意见。

　　结构化的临床评估也经常使用生物科学和工程学中常见的技术，例如分类和迭代分类树的方法（Appelbaum，ClarkRobbins & Monahan，2000）。分类树的分析方法在大样本社区的精神疾病患者群体中得到了验证，然而结果不甚理想，得到的结果比传统逻辑回归的方法还要差一些。为了改善这一问题，后来普遍的做法是确定一个分数作为风险分类的分割点（暴力和非暴力）（Monahan et al.，2001）。这种方法采用两个分割点，将所有的施测人群分成三类：一类与总体的平均风险水平一致，第二类低于平均风险水平，第三类高于平均风险水平[2]（Appelbaum et al.，2000；Monahan et al.，2001）。同时假设，如果关注样本分布两端的极端值，能够提高风险评估的精确性。

　　基于抽样人群中的基准暴力概率，高风险人群被定义为基准率（普通人群实施暴力的概率为18%左右）的2倍（超过12个月大于37%），而低风险人群被定义为基准率的1/2（超过12个月小于9%）[3]。他们发现，如果使用这样的分割点，那么用逻辑回归的主效应方法进行分析时有42.9%的样本被划分在分类区间以外，使用简单的分类树方法时有49.2%的样本量出现这样的情况（Monahan et al.，2001）。在实践中，这凸显了两种方法的缺点。即使再添加一个低风险的分割点，也只有一半多一点的人被划分为高风险或者低风险。剩余的人与基准概率差不多，这并没有增加多少风险评估的解释力。

　　为了提高风险评估的解释力，研究人员采用一种迭代分类树模型（an iterative classification tree model，ICT）。这主要是在剩下的未被分类的人群中进行重复迭代分析。在第二次迭代中将119人归类为高风险人群或者低风险人群，第三次迭代中归类63人，第四次迭代中归类60人，直到研究者停止为止。研究者发现，使用这种递归划分的方法可以将样本中77%的人群划分到高风险或者低风险类别中去，这是一个显著的改进。最终他们通过分析得出了六个低风险亚组（49%），四个高风险亚组（27%）和两个平均水平亚组（23%）[4]。这种方法的准确性较高，它能够显著地将更多比例的样本人群划分到高风险组或者低风险组中去[5]。研究者们继续采用一种名为"bootstrapping"的方法来提高模型的统计检验力，该方法可以通过多次的重复随机抽样来增加样本规模。通过重复随机抽样可以获得一个假设的新样本，然后测量这些重复抽取的样本是否拟合新模型（Mooney & Duval，1993）。虽然这样的方法引来一些批评，但结果证明（该方法的）模型效果很好。

　　研究者们分析了所有的风险因素发现，效果最佳的单个预测因子是简版精神病态量表（PCL-SV），优势比（Odds Ratio，OR）为2.4，其次是偏执型妄想（OR = 2.28）、父亲吸食毒品（OR = 2.18）以及毒品滥用诊断（OR = 1.58）。研究者指出，在最初对风险因素进行分析时会出现许多临床问题与经济问题。一些心理评估工具既费时又费钱，例如精神病态量表（PCL）。这让研究者们不禁思考，这样的风险评估工具是否还有其他额外的价值，如果没有的话，花费这样大的代价是否值得。因此，再次进行分析时，研究者剔除了28个与个体精神健康不太相关的因素。这些被删减的因素包括了一些心理评估工具，例如精神病态量表（PCL），也包括了详细的犯罪史。研究者继续使用剩余的106个风险因素来检验模型，最终通过三次迭代将 72.6% 的人群划入了高风险组或低风险组，由此产生了四个低风险亚组（51%），三个高风险亚组（22%）和四个平均水平亚组（27%），风险评估的精确性与采用 134 个因素时持平（Monahan et al.，2001）。

上述分析结果表明，使用分类树的方法时，纳入 106 个因素与纳入 134 个因素的效果相似[6]。使用精神病态量表（PCL）这种成本较高的评估工具，似乎会产生最佳的边际效用。当分析得当时，采用那些比较容易收集资料的临床风险因素，同样可以使风险评估获得较高的精确率（Appelbaum et al.，2000；Crighton，2009；Monahan et al.，2001，2005；Towl，2005；Towl & Crighton，1997）。

虽然这种模型获得了类似水平的精确度，但是这样确实产生了一定程度的差别分配，这两种方法均纳入了 57% 的样本量（r = 0.52，p < 0.001）。当然，这是所有精算式评估工具的普遍特点，即方法之间通常是不完全相互关联的。为了解决这个问题，研究者们进行了一项分析，重复了 ICT 方法并结合了两个模型。有趣的是，在 20 周的追踪时间里，被两个模型都预测为低风险的群体有 3% 出现了暴力行为，被两个模型都预测为高风险的群体，有 64% 出现了暴力行为（Monahan et al.，2001）。

目前，许多研究都在讨论这些风险评估工具的有效性。其中坎贝尔、弗伦奇和让德罗的一项研究指出，在预测效度方面，并没有一个结构化的风险评估工具表现得让人满意（Campbell，French & Gendreau，2007）。一个对变异进行了较好控制且纳入 28 项研究的元分析表明，9 个应用广泛的风险评估工具在效果方面并没有什么显著差异（Yang，Wong，& Coid，2010）。这个元分析统计了曲线下的面积（AUC）：AUC 值是虚报和正确预测的比例。这样的统计描述可以告诉我们，风险评估工具如何通过分割点来区分暴力和非暴力人群。作者总结指出，这些风险评估工具，包括一些经常使用的风险评估工具（例如 HCR - 20、LSI-R 和 VRAG），在本质上都是可以相互交换使用的，它们的估计值都落在一个比较精确、比较窄的区间范围内（AUC = 0.65—0.71）。

另一项研究被形象地描述为"咖啡罐工具"的评估（Kroner，Mills & Reddon，2005）。他们将从结构化的评估工具中抽取出来的一系列条目打印在纸上，放入咖啡罐中并且随机抽取。这种随机抽取的条目可以形成一个新的风险评估工具。这些新的评估工具在预测暴力和非暴力人群时，准确度与原始工具类似。有人提出，所有的条目都可以被分为四大类相互重叠的因素：犯罪史、不负责任的生活方式、精神病态和犯罪态度、与物质滥用有关的问题（Skeem & Monahan，2011）。

一项由辛格和法泽尔进行的元分析纳入了更大的样本量（Singh & Fazel，2010；Singh，Grann & Fazel，2011）。这篇元分析报告系统地分析了 68 篇文章，共包含 25 980 名被试。其中包含了目前应用最广泛的 9 个评估工具：机构内暴力水平评估量表（LSI-R）、修订版精神病态量表（PCL-R）、性犯罪评估指南（SORAG）、静态 - 99 量表（Static - 99）、暴力风险评估指南（VRAG）、暴力—历史—临床风险评估量表（HCR - 20）、性暴力风险评估量表（SVR - 20）、配偶暴力风险评估量表（SARA）以及青少年结构化暴力风险评估量表（SAVRY）。（他们）计算了 AUC 值后发现，结果与扬等人的研究（Yang et al.，2010）发现一致，这些研究工具的效果都是相似的。这九个工具中，精确度最低（0.66）和精确度最高（0.78）的工具之间差异也非常小，这表明这些工具实际上是可以互换的。

然而，有一些专家认为在进行元分析时，选择 AUC 作为统计量存在许多缺陷（Swets，

102

Dawes & Monahan，2000）。首先，AUC 与样本量的大小无关，可能会使结构化的风险评估工具产生过度预测的问题，即高估被试的再犯风险（Sjöstedt & Grann，2002）。这就意味着不能通过元回归的方法来探索异质性（Thompson & Higgins，2002）。因此，他们继续使用一些替代性的精确度统计方法，同时对每个工具的准确性进行综合性的评估。替代的精确度统计值包括阳性预测值和阴性预测值。阳性的预测值（Positive Predictive Value，PPV）是指正确预测会犯罪的个体的比例，阴性的预测值（Negative Predictive Value，NPV）是指正确预测那些不会犯罪的个体的比例。这两种统计值存在的一个共同问题就是，它们测量的结果会根据事件在总体人群中的基准率而不断变化。因此，辛格、格兰和法泽尔提出使用"诊断优势比"（Diagnostic Odds Ratio，DOR）（Singh，Grann & Fazel，2011），诊断优势比本质上是正确预测优势比除以虚报优势比。他们指出这种方法的优势在于产出的结果不依赖于总体的基准率，因此，许多专家建议在元分析中使用这样的统计方法（如 Deville et al.，2002）。在进行元回归时使用诊断优势比（DOR）能够探索样本的异质性。比较结构化风险评估工具之间精确性的差异时，采用优势比（OR）比使用 AUC 值更加具有统计显著性。另外，他们基于各个统计量指标继续计算评估工具的综合指数。结果显示，不同评估工具之间表现出了明显的差异，青少年结构化暴力风险评估量表（SAVRY）表现最好，得到 60 分，而相应地，修订版精神病态量表（PCL-R）和机构内暴力水平评估量表（LSI-R）表现最差，分别得到 26 和 22 分。基于这些发现，专家们认为某些评估工具可能真的比其他工具表现得更好。他们总结认为，对于青少年罪犯群体而言，SAVRY 的评估效果最好，PCL-R 和 LSI-R 的评估效果最差。

目前，有许多用来评估风险的工具，也有许多工具是用来预测干预后风险降低的情况。最有名的是机构内暴力水平评估量表（LSI-R），这种风险评估工具正在逐年增多，例如，英国的 ASSET 专门用来评估青少年罪犯（Baker，2005），而暴力风险量表（Violence Risk Scale，VRS）是用来针对成人进行评估的（Dolan & Fullam，2007）。英国的大规模犯罪评估系统（Offender Assessment System，OASys）也采用了用这种方法。这个工具是 20 世纪 90 年代在英格兰和威尔士开发出来的，但此后加拿大也在一直使用（Bonta & Andrews，2007）。1999 到 2003 年期间，英国一直在全国的刑事司法系统中试点推广这套工具。这套工具是用来测量风险水平的，同时也确定罪犯存在哪些"犯因性需求"。这个量表可以进行"多阶段"测量，多次计算分数，同时可以测量干预后风险降低的情况（Howard & Dixon，2013）。

风险评估中的临床问题

法律心理学中的风险评估存在一系列关键问题。沃尔德与伍尔弗顿针对风险评估工具的发展以及工具开发者的动机表达了严重的保留意见（Wald & Woolverton，1990）。他们指出许多工具都开发得并不完善，并且信度和效度都不是很好。他们指出，尽管这些工具经常被用于法律决策领域，但事实上其内部一致性信度或预测效度等信效度指标尚不清楚。他们继续思考为什么人们会急于采用这些表面上看似可行而实际上却并不完善的工具，同时指出，在儿童保护领域使用结构化的风险评估工具明显有急于求成的感觉。过去，儿童福利的精算式评估的准确性依赖于评估者的丰富经验、评估时间的长短以及对儿童和家庭需求的理解。而使用专门的风险评估工具可以节省精力，不需要去培训或投资经验丰富的评估人员。将风险评估由过去强调复杂的社会关怀和临床经验转为如今基于清单的方式，这对于管理者和项目资助者来说是非常有吸引力的。事实上，这种评估方法也有可能更为恰当，评估结果也更加可靠。但是沃尔德和伍尔弗顿指出，儿童福利领域的评估情况并非如此（Wald & Woolverton，1990）。

　　回顾以往的评估工具，沃尔德等人首先指出，以往许多工具的开发都过于草率。很多工具都是在商业利润的驱使下开发的，通常没有经过严格的信效度检验。并且很少有研究可以证明这些工具在不同人群、不同时间测量的信效度指标。从本质上来说，他们的这篇文章对结构化风险评估工具提出了警告，认为这些工具看似精准，但实际上还存在许多问题。这一批判直到今天也依然存在。

　　关于风险评估，还存在一些基本的批评，尤其是在风险最小化模型被广泛应用的地区。在这些地区，风险评估工具似乎成了一种司法工作人员的监管手段，当出现危险事件时可以使他们免于责罚。这种方法也被形容成一种"自动化环境"，在这一环境中，人际关系和信任系统通常会被低估，而罪犯的社会排斥会被提高（Hayles，2006）。如此看来，这种风险评估工具的增多可以被看成新自由主义政治经济盛行的一部分（Rose，1996）。其中，在社区矫正环境中，大规模使用结构化的评估工具最明显的一个例子就是在英格兰和威尔士使用的犯罪评估系统（OASys）和 ASSET。此时，传统的依靠经验丰富的评估专家进行的风险评估已经被这种大型自动化的罪犯管理系统所取代。

　　布朗针对风险评估中的历史因素（也称为静态因素）提出了一些批评（Brown，2005），他认为这些问题在其他社会环境中也很常见。反过来，这就容易使人以为这些问题是需要个人解决的问题，而不是社会的问题。家庭破裂、低家庭收入、单亲家庭和低智商都被证明是心理健康不良和犯罪的预测指标（Farrington，2002）。然而，这些因素经常被视作静态因素，现实中个体也确实几乎不能控制这些因素。接下来，布朗对法律心理学常见的现象进行了批评，他认为专家进行风险评估时常常将问题行为视作个人问题，而忽视对社会公正与社会排斥的讨论。

　　许多媒体对悲剧事件的关注推进了风险评估工具在儿童保护领域的使用。有人指出，这可能会导致"儿童福利"和"家庭支持"两种办法之间的冲突。前者在美国、英国、新西兰和澳大利亚使用得非常广泛；后者在欧洲和亚洲非常常见。爱尔兰出台了儿童保护通知系统（Child Protection Notification System）（Horwarth，2005），新西兰在20世纪90年代开发了全国性的风险评估系统（Risk Estimation System，RES），这些模型均采用计算机进行风险评估。后面这一系统的不同寻常之处在于用模型强调了家庭成员的自愿参与，评估了虐待的严重性及未来再次虐待的可能性。在刑事、健康和社会保障领域经常会看到许多针对风险评估的批评，沃尔德和伍尔弗顿早先在介绍美国的实践发展时也曾提过（Wald & Woolverton，1990）。在美国，风险评估工具虽已被广泛采用，但是只有在大约一半的儿童虐待案件中使用了风险评估工具。这与儿童福利机构的大规模私有化及管制松散有关（Jones，2014）。一些应用广泛的风险评估工具显示出了较高的信效度，如家庭风险评估（Family Risk Assessment，FRA），但是只有 2/3 的样本被准确归类到相应类型的风险水平中去（Loman & Siegel，2004）。这不免引起了一些人的担忧——认为这样的风险评估工具只是管理人员的一种监管手段，而不是真正在保护儿童免受伤害。

　　风险评估的精度问题一直是人们关注的焦点。哈特、米基和库克在一篇文章中讨论对比了两个结构化风险评估工具，从而论证了这一问题的重要性，这两个工具分别为预测"暴力"风险的《暴力风险评估指南》（VRAG）和预测"性暴力"风险的《静态99量表》（Static-99）（Hart，Michie & Cooke，2007）。他们指出，对个人而言，此类评估所涉及的风险往往很高。例如，这可能会延长他们拘留的时间。哈特等人并没有说明为什么选择这两个工具进行讨论，这有可能是因为这两个工具是自动计算分数的，避免了临床评估的局限性。这些精算式风险评估结果无法根据额外的临床和附加信息进行修改。在使用这些精算式的评估工具时，评估者的角色通常是收集信息以及计算标准分数（Harris，Rice & Quinsey，1993）。正如前面所提到的那样，这种方法对管理人员非常具有吸引力，因为采用这种方法他们可以高度控制评估人员，并且还能节约人力成本。还有人认为这种方法可以降低与诉讼有关的风险，尽管这听起来让人有些难以信服。

104　　　　哈特、米基和库克在使用风险评估工具进行个体和群体预测时，通常参照95%的置信区间（Hart，Michie & Cooke，2007）。置信区间是指未知总体参数的估计值可能落入的区间范围，而这个区间范围是由样本统计量所决定的。在相同的总体中反复抽取独立的样本量，然后计算每一个样本量的置信区间，未知的总体参数就包含在一定比例的区间范围之内（Glasgow University Statistics Laboratory，2013）。许多研究都采用95%和99%的置信区间，尽管这些值在很大程度上是随机的，并且在理论上并没有这样的规定，但在所有的估计中，置信区间的宽度是不确定性水平的一个指标。作者有效地总结了与测量工具有关的概念：给一个群体中的n个人施测精算式的风险评估工具，并且得到评估分数，我们可以说，这群人再犯的比例有95%的可能性落在置信区间的下限与上限之间。

　　　　在计算置信区间（CIs）时，哈特、米基和库克采用的是威尔逊提出的方法（Wilson，1927），该方法不需要使用原始数据（Hart，Michie & Cooke，2007）。研究者采用这种方法计算了两个工具在进行群体预测时的精确度。他们指出，VRAG的分数有95%的可能落在13%到30%之间，平均分是在20%左右。而对于Static-99，有95%的可能分数落在8%到19%之间，平均数是在13%左右。VRAG揭示了9种类别的风险水平，结果显示相邻的类别分数在很大程度上是重叠的：类别1—4是重叠的，类别5—7是重叠的，类别8与类别7重叠，类别9与类别8重叠。于是，作者指出，VRAG事实上是将风险分为3个水平，分别是低、中、高三个水平。类似地，Static-99将风险分为7个类别，同样这7个类别也有许多重叠之处。而实际上它只是将施测人群分为低风险和高风险两类。综上所述，这两个工具在对风险进行分类和评估时，精确度似乎都不那么高。

　　　　然而，法律心理学家针对个体的风险水平进行评估时，情况似乎变得更糟。此时，他们会看个体评估结果的置信水平，而不是针对群体的数据。当采用VRAG评估个体的风险水平时，有95%的可能分数落在79%到89%之间，平均数是85%。当采用Static-99时，有95%的可能性落在82%到89%之间，平均数是86%。他们指出，在进行个体的风险评估时，风险类别会重叠。他们继续总结到，"任何群体水平的风险评估分类的特殊性都不能直接应用于个体水平的分类"（Hart，Michie & Cooke，2007）。这些发现也说明应该尽量避免使用单一数量特征的概率分布（Henderson & Keiding，2005）。这不免引起一些担忧，即这种精算式的风险评估工具可能不适合法律事务，因为误差率如此之大，以至于个体水平的预测可能不具有意义。

　　　　哈特、米基和库克在文中针对这一问题展开了充分的讨论（Hart，Michie & Cooke，

2007）。为了回应对置信区间的批评，哈里斯、赖斯和昆西也指出采用置信区间是不恰当的，因为这个统计量不能确保个人分数的精确度（Harris，Rice & Quinsey，2008）。他们认为测量的标准误（standard error of measurement，SEM）更加合适，测量标准误在精算式评估工具中通常更显著。他们还指出哈特、米基和库克在分析时将"precision"和"accuracy"作为同义词，但是他们认为"accuracy"更加具有特异性和敏感性。他们也认为，将个体评估结果与群体分析进行对比是不恰当的（Grove & Meehl，1996）。关于VRAG，Harris指出这一工具在相关的实证证据中，比其他工具更加有效，并且使公共安全和罪犯的公民自由权之间的关系得到了更好的平衡。

为了回应哈特、米基和库克（2008）的观点，他们借用格罗夫和米尔（1996）的文章质疑精算式的风险预测工具优越性的问题。他们指出，格罗夫和米尔（Grove & Meehl，1996）发现在45%的以往研究中，精算式的评估工具都表现得比临床评估工具更好。但在其余研究中，两种评估方式的效果相当，或者临床评估效果更好。他们虽然承认这一事实，但也认为这对个人评估来讲不算是一个良好的基础。他们继续总结到，"正如生活中的许多事情一样，在司法精神健康领域，良好的实践并不等于盲目依赖简单的统计方法"（Hart，Michie & Cooke，2008）。

上文总结了在法律实践中，风险评估存在的诸多问题和局限。但最大的局限可能在于，我们对需要关注的行为类型依然知之甚少。我们依旧不太理解那些被测量的危险因素之间是如何相互作用的。另外，有效的评估依赖于有效的数据、实验和模型（Ansell，1992）。目前，在风险评估领域最大、最常出现的困扰是，评估前能搜集到的信息通常都非常有限。最主要的担忧是，结构化风险评估工具的发展会让人产生这样的印象：我们的理解能力比实际情况要好，借助于更好的证据和知识进行的评估也比实际案例中更好。当然，预测不一定等同于科学地理解。即便对天学和宇宙的真实属性理解不准确，占星家也照样能准确地预测。目前，要做出准确的评估，需要尽我们最大的能力，而不是需要心理学家提高我们对行为的科学理解（Skeem & Monahan，2011）。

可接受的风险和罕见的灾难性失败

说到风险评估的优势时，有两个问题不容忽视，即风险的可接受性以及如何处理罕见的灾难性的失败。这些问题饱受争议，并且直接涉及风险评估的核心以及如何去进行风险评估。然而我们并不能以一种令人完全信服的实证主义方式去解决这些问题，因为这其中会涉及一些道德及伦理方面的判断。

妥善地解决这两方面的问题需要结合不同的学科以及考虑不同的背景。可接受的风险或许基于一定的标准，诸如在保护那些处于最危险状况中的人，抑或是进行某种成本收益分析来确定标准。"终生危险性"评估被广泛运用，它通常是指一定程度上导致上百万人口受伤或死亡的危险。风险评估中"百万"的用法具有一定逻辑性，因为这个数字几乎接近风险的基线水平，且不可能降低。虽然这样无法回答"可接受的风险水平究竟是基线水平的10倍、100倍，还是1000倍"的问题，但人们越来越多开始采用"成本收益分析"来解决此类问题。这种分析看起来具有实证性且客观，然而其中仍然包含着大量隐蔽的假设以及价值判断。实际上，选择可接受风险的水平很大原因在于它的便利性。举个例子，与那些只设定1/10级的风险等级相比，对一个孩子设定1/100等级的风险水平会使孩子受到更

105

高水平的保护。这样的判断经常出现，但常常并不太容易被理解。

另一个相关的担忧是风险评估的分割点问题，这在不同的群体中是存在差异的。比如说，某一个特定危险对于99.9%的人来说是一个比较小的风险因素，但对于某一小部分人来说是较大的风险因素。因此，似乎要基于不同群体的特征来划分不同的分割点。如果正常人中早产儿的风险是0.1%，那么在吸毒人群中这个概率肯定不止如此。抉择问题也应被纳入这个方程当中，因为风险的临界值与我们如何选择紧密相关，比如肝损伤常与过度饮酒有关。当然，这与那些无法自主选择而引起的风险不同，比如暴露在放射性环境中。

灾难性事件较少表现出具体的挑战性，当前的风险评估方法在应对此类事件方面也并不十分适用。一直以来，风险评估面临着一个非常严重的问题——难以量化（Meehl，1959）。尽管精准的预测因子能够应对常规发生的事件，但在处理特殊事件方面就显得有些吃力（Crighton & Towl，2008；Gigerenzer & Selten，2001）。对风险评估持批评态度的人常认为这并不重要，因为在他们看来，风险评估主要涉及操控评估人员以及处理诉讼风险，而对罕见以及灾难性事件的预测并不十分重要。

另外还有一些有关风险评估的有力批评，其中影响最大的就是在风险评估领域有一种夸大或高估理性解释价值的趋势。风险评估领域往往喜欢借用以往的数据，然而这些数据本身很有限且很少包括特殊事件。这导致我们在风险评估时往往忽略了随机因素在其中的作用（Taleb，2007）。这说明我们所采用的许多知识往往是碎片化的，鉴于此，仅简单地依据过去的数据来预测未来是不合适的。如上所述，工具开发者常常对心理学家感兴趣的因素理解不深入，从而致使人们关注小部分可能并不准确的风险因素，并将其作为预测因子。即便有理论依据，这些风险因素与实证联结往往也较弱。这种不确定性以及随机性的作用会导致发生一些高影响低频率事件——所谓的"黑天鹅"事件（Taleb，2007）。有人认为小概率的事件非常微不足道，这可能是因为我们希望看到比现实世界更大的结构和更高的可预测性。

塔利博继续谈论柏拉图在《理想国》中的谬论，他提出了三种与风险评估相关的方式，这三种方式有曲解世界的趋势（Taleb，2007）：

1. 叙事谬论，指我们编制了一个事后故事来证明事件发生是有明确缘由的。

2. 玩笑谬误，指生活中的不可预测性，类似统计范式中的随机性，如纸牌和骰子游戏，构成现代概率论。

3. 统计回归谬误，指一组数据的概率结构可以从一组数据中归纳得出。

他还认为，人们陷入了他提出的"三重混沌"（triplet of opacity），包括：

1. 对当前事件理解的错觉。

2. 对历史事件的错误记忆。

3. 对真实信息的过高估计，以及对知识分子的高估。

戈伦尔和泽尔滕认为人生来并不是为了理解这些抽象的统计数据，而是需要有效地处理这些信息（Gigerenzer & Selten，2001）。这并非只是一个抽象的学术批判。即便有些时候临床意见或"常识"与之冲突，风险评估依然越来越基于统计和精算分析，从而确保分析的准确性。然而，这其中还包含着伪科学的意味，因为它暗含着一种并不充分的解释。

总结

风险评估在法律心理学中的运用主要是辅助法律决策。尽管目前有很多进行风险评估的方法，但（它们）仍然不够精准。正如前文所述，目前的风险评估多是基于关键行为而进行的片面理解。

法律心理学中的风险评估一直在强调精算式和临床式评估方法的区别。这似乎是在重点强调非结构化的临床评估工具的缺点。同时更加偏向风险评估与风险管理中精算的运用。该方法的拥护者认为，精确的风险评估工具通过整合可获得的信息来提供最精确的风险预测方法（Harris，Rice & Quinsey，2008；Howard & Dixon，2013）。精算式评估替代了临床评估，是因为临床评估具有不准确性和缺乏实效的不足。

尽管许多人批评精算式风险评估工具夸大研究成果，但也有许多人认为临床评估工具的相关研究匮乏，开发过程过于仓促。这是研究者汇集了一系列令人失望的结果后得出的结论。然而，众所周知，在一些领域中不同专家在评估质量和准确性方面有着显著地差异。已有证据表明，专家的判断能够显著的提高风险评估的准确率（Gigerenzer，2008；Skeem & Monahan，2011；Taleb，2007）。那些声称实证判断是风险评估最好办法的人，并没有做好接受检验的准备，反而看起来十分傲慢。考虑到运用于个别案例时的置信区间方面存在一些问题，这种方法的有效性饱受争议，从而导致评估涉及一些法律方面的问题（Hart，Michie & Cooke，2007）。

近年来，临床判断越来越倾向于一种结构化的形式。这些方法通过使用不同结构化程度的访谈及评估技术，从而试图向有经验的临床专家介绍如何操作。根据专家的意见进行修改后的风险评估多属于这一类，这可以从很大程度上提高预测的准确性。当然，我们不能忽视预测不准确所带来的风险，同时我们需要注意到目前已有的框架及评估的预测力还是非常薄弱的。

最近，风险评估领域的发展还招来了许多批评。其中包括人们担心结构化的风险评估工具主要在为自 20 世纪 80 年代以来的新自由主义经济服务。因此有人认为这样的风险评估工具目的在于降低操作的难度、增加对评估人员的控制，减少成本和与诉讼相关的风险，而不是真正在满足风险评估的需求。从这方面来看，风险评估工具越来越像自动化或"逐项核查"，往往忽略了或者弱化了环境因素的影响。风险评估的目标是找出引起社会问题的原因，例如暴力、家庭功能失调，而不是要将个人推向社会或者政治文化中，这样的话，这些风险问题就成了个人需要解决的问题。而社会对此是免于负责的。这种观点的逻辑谬误从麦克阿瑟的研究中可以发现，他的研究显示个人暴力犯罪的概率取决于该地区罪犯释放的宽松程度。当一个地区控制了罪犯的释放率以后，原先暴力行为的有效预测因子（如"种族"）将会变得不明显（Monahan et al.，2001）。

从目前的研究发现中可以得到一系列的结论。首先，对个人使用真正的精算式风险评估工具的实践效果很差。使用基于实践证据的临床评估的方法可能会更有效，而且能够提高评估的准确性。这可能是由于结构化临床评估工具的增多，这些工具在信度和效度上都有很大提升。最好的风险评估工具很大程度上是在复制有经验的临床医生在风险评估时认为有必要做的工作，并且应该允许临床医生在一定范围内，处理一些罕见案例和不常见的特征。目前，这种针对特殊群体的风险评估工具也得到了发展，例如青少年罪犯群体。针对青少年的风险评估工具比"一般化"对所有人都适用的工具的预测力更好。即便如此，在风险评估领域中也还存在许多基本问题有待解决。其中最重要的一个问题就是我们对行为的理解依然不够深刻。由于对风险评估的理解没有从根本上得到提升，这可能会导致产生一些预测效果不佳的风险因子。与此相关的是，现在的风险评估工具毫无疑问地在儿童保护、犯罪行为和暴力等方面促成了风险的个人化，而没有考虑更加广泛的社会和政治因素。

注释

[1] 有一个典型例子是，在第二次世界大战期间，挪威人破坏了本国的工业和交通运输能力，以限制德国生产核武器的原料。这让许多德国士兵和挪威平民因此丧生。同时，这样的行为明显是违法的，而且德国当局认为应当对参与者判处死刑。然而这只是当时德国的观点，这些参与者被后人视为英雄。

[2] 这项研究使用了官方记录、关于暴力的自我报告、侵犯行为以及一些来自家庭成员的附加报告。这项研究的目的在于提升大家报告暴力行为的意愿，并且承诺不会因披露而使他们受到处罚。如果是在刑事司法的环境中，实现如此高的自我报告暴力的情况几乎是不可能的，因为对这样的行为作出如此诚实的描述将会受到惩罚。

[3] 在此，主要是采用主效应的方法来定义"高风险"和"低风险"人群。尽管基准率的数据使假设变得更加清晰。但是不幸的是，在风险评估的许多领域都缺乏如此清晰的基准率数据，这就导致对高风险和低风险的定义也不那么准确。

[4] 这个百分比经过了四舍五入，所以总数不到100%。

[5] 研究者继续在逻辑回归的模型中使用迭代分析。然而这种方法并没有更有效，只纳入了总体的62.3%进入高风险组或者低风险组。

108

[6] 去除了犯罪历史等因素以后，计算的结果更加让人印象深刻。

扩展阅读

1. Monahan, J., Steadman, H., Silver, E. et al. (2001), *Rethinking risk assessment: The MacArthur study of mental disorder and violence*, New York: Oxford University Press.

这本书详细介绍了一个由 MacArthur 基金会资助的跨地区风险评估研究。该书主要关注在北美一些大型机构中的精神健康服务，但其实文章的价值远不止这些。文章详细说明了在风险评估中的定义和实践问题。这本书也代表了风险评估方式的转换，从简单的风险评估模式转换为更复杂的迭代和临床方法的模式。

2. Breakwell, G. (2007), *The psychology of risk*, Cambridge: Cambridge University Press.

这是一部非常重要的读物，它涵盖了风险评估的各个领域，包括风险评估的基础以及如何改变风险水平。这本书详细阐述了风险评估来自心理学和其他相关学科的实验证据。这本书也介绍了艾滋病的相关问题，以帮助我们更好地思考相关问题，或者说是风险评估的实例。

3. Towl, G. (2005), "Risk assessment", *Evidence-Based Mental Health*, 8, 91–93.

这篇文章对风险评估的现状，尤其是法律心理健康方面进行了专题回顾。这篇文章采用了概念性的风险评估方法，并介绍了不同领域和实践中共同存在的问题。文章主要关注在法律心理健康方面风险的社会建构，以及对于公众、政策制定者和实际评估者的伦理。这篇文章评估了简单的风险评估模型的发展以及那些为了营利而开发的风险评估工具，考虑了这些因素对于政策制定者和评估者的吸引力。同时作者还批判，缺乏对理论的理解将

（导致）难以寻求更好的工具。

参考文献

Ansell, J. (1992), "Reliability, industrial risk assessment", In J. Ansell & F. Wharton (Eds.), *Risk analysis, assessment and management*, Chichester: John Wiley & Sons.

Appelbaum, P. S., Clark Robbins, P., & Monahan, J. (2000), "Violence and delusions: Data from the MacArthur Violence Risk Assessment Study", *American Journal of Psychiatry*, 157 (4), 566 – 572.

Baker, K. (2005), "Is Asset really an asset? Assessment of Young Offenders in Practice", In R. Burnett & C. Roberts (Eds.), *What works in probation and youth justice: Developing evidence based practice*, Cullompton, UK: Willan.

Barry, M. (2007), *Effective approaches to risk assessment in social work: An international literature review*, Edinburgh: Scottish Executive.

Bonta, J., & Andrews, D. A. (2007), *Risk-need-responsivity model for offender assessment and rehabilitation* (User Report 2007 – 06), Ottawa, Ontario: Public Safety Canada

Breakwell, G. M. (2007), *The psychology of risk*, Cambridge: Cambridge University Press.

Brown, D. (2005), "Continuity, rupture, or just more of the 'volatile and contradictory'? Glimpses of New South Wales' penal practice behind and through the discursive", In J. Pratt, D. Brown, M. Brown, & S. Hallsworth (Eds.), *The New Punitiveness*, London: Taylor & Francis.

Campbell, M. A., French, S., & Gendreau, P. (2007), *Assessing the utility of risk assessment tools and personality measures in the prediction of violent recidivism for adult offenders*, Ottawa, ON: Public Safety Canada.

Crighton, D. A. (2005), "Risk assessment", In D. A. Crighton & G. J. Towl (Eds.), *Psychology in probation services*, Oxford: Blackwell.

Crighton, D. A. (2006), "Methodological issues in psychological research in prisons", In G. J. Towl (Ed.), *Psychological research in prisons*, Oxford: Blackwell.

Crighton, D. A. (2009), "Uses and abuses of the Hare Psychopathy Checklist", *Evidence-Based Mental Health*, 12, 33 – 36.

Crighton, D. A., & Towl, G. J. (2008), *Psychology in prisons* (2nd edn), Oxford: Blackwell.

Davis, A. (1996), "Risk work and mental health", *Good Practice in Risk Assessment and Risk Management*, 1, 109 – 120.

Devillé, W. L., Buntinx, F., Bouter, L. M., Montori, V. M., De Vet, H. C., Van der Windt, D. A., & Bezemer, P. D. (2002), "Conducting systematic reviews of diagnostic studies: Didactic guidelines", *BMC medical research methodology*, 2 (1), 2 – 9.

Dolan, M., & Fullam, R. (2007), "The validity of the Violence Risk Scale second edition (VRS – 2) in a British forensic inpatient sample", *The Journal of Forensic Psychiatry & Psychology*, 18 (3), 381 – 393.

Douglas, M. (1986), *Risk acceptability according to the social sciences*, London: Routledge & Kegan Paul.

Farrington, David P. (2002), "Developmental criminology and risk-focused prevention", In M. Maguire, R. Morgan, & R. Reiner (Eds.), *The Oxford handbook of criminology*, Oxford: Oxford University Press.

Gigerenzer, G. (2008), "Why heuristics work", *Perspectives on psychological science*, 3 (1), 20 – 29.

Gigerenzer, G., & Selten, R. (2001), "Rethinking rationality", In G. Gigerenzer & R. Selten (Eds.), *Bounded rationality: The adaptive toolbox*, Cambridge, MA: MIT Press.

Grove, W. M., & Meehl, P. E. (1996), "Comparative efficiency of informal (subjective, impressionistic) and formal (mechanical, algorithmic) prediction procedures: The clinical-statistical controversy", *Psychology, Public Policy, and Law*, 2 (2), 293 – 323.

Hanson, R. K., & Morton-Bourgon, K. (2009), "The accuracy of recidivism risk assessments for sexual offenders: A meta-analysis of 118 prediction studies", *Psychological Assessment*, 21, 1 – 21.

Harris, G., Rice, M., & Quinsey, V. (1993), "Violent recidivism of mentally disordered offenders: The development of a statistical prediction instrument", *Criminal Justice and Behaviour*, 20, 315.

Harris, G. T., Rice, M. E., & Quinsey, V. L. (2008), "Shall evidence-based risk assessment be abandoned?", *British Journal of Psychiatry*, 192, 154.

Hart, S. D., Michie, C., & Cooke, D. J. (2007), "Precision of actuarial risk assessment instruments: Evaluating the 'margins of error' of group v. individual predictions of violence", *The British Journal of Psychiatry*, 190 (49), s60 – s65.

Hart, S. D., Michie, C., & Cooke, D. J. (2008), Authors reply to Harris, G. T., Rice, M. E., & Quinsey, V. L. (2008), "Shall evidence-based risk assessment be abandoned?", *British Journal of Psychiatry*, 192, 154.

Hayles, M. (2006), "Constructing safety: A collaborative approach to managing risk and building responsibility", In K. Gorman, M. Gregory, M. Hayles, & N. Parton (Eds.), *Constructive work with offenders*, London: Jessica Kingsley.

Henderson, R., & Keiding, N. (2005), "Individual survival time prediction using statistical models", *Journal of Medical Ethics*, 31 (12), 703 – 706.

Horwath, J. (2005), "Assessment and intervention in cases of child neglect: The Irish experience", *Child and Family Social Work*, 10 (2), 99 – 110.

Howard, P. D., & Dixon, L. (2013), "Identifying change in the likelihood of violent recidivism: Causal dynamic risk factors in the OASys violence predictor", *Law and human behavior*, 37 (3), 163 – 174.

Jones, R. (2014), "Child protection: 40 years of learning but where next?", In M. Blythe (Ed.), *Moving on from Munro: Improving children's services*, Bristol, UK: Policy Press.

Kahneman, D., Slovic, P., & Tversky, A. (1982), *Judgment under uncertainty: Heu-*

ristics and biases, Cambridge: Cambridge University Press.

Kebbell, M. R., & Porter, L. (2012), "An intelligence assessment framework for identifying individuals at risk of committing acts of violent extremism against the West", *Security Journal*, 25 (3), 212 – 228.

Kraemer, H., Kazdin, A., Offord, D., Kessler, R., Jensen, P., & Kupfer, D. (1997), "Coming to terms with the terms of risk", *Archives of General Psychiatry*, 54, 337 – 343.

Kroner, D. G., Mills, J. F., & Reddon, J. R. (2005), "A coffee can, factor analysis, and prediction of antisocial behavior: The structure of criminal risk", *International journal of law and psychiatry*, 28 (4), 360 – 374.

Lidz, C., Mulvey, E., & Gardner, W. (1993), "The accuracy of predictions of violence to others", *Journal of the American Medical Association*, 269, 1007 – 1011.

Loman, A., & Siegel, G. (2004), "*Minnesota Alternative Response Evaluation: Final Report*", St. Louis, MO: Institute of Applied Research.

Meehl, P. E. (1954), *Clinical versus statistical prediction: A theoretical analysis and a review of the evidence*, Minneapolis, MN: University of Minnesota.

Meehl, P. E. (1959), "Some ruminations on the validation of clinical procedures", *Canadian Journal of Psychology*, 13, 106 – 128.

Meehl, P. E. (1967), "Theory-testing in psychology and physics: A methodological paradox", *Philosophy of Science*, 34, 103 – 115.

Meehl, P. E. (1973), "Why I do not attend case conferences", In P. E. Meehl (Ed.), *Psychodiagnosis: Selected papers*, Minneapolis, MN: University of Minnesota Press.

Mercado, C. C., & Ogloff, J. R. (2007), "Risk and the preventive detention of sex offenders in Australia and the United States", *International Journal of Law and Psychiatry*, 30, 49 – 59.

Monahan, J. (2012), "The individual risk assessment of terrorism", *Psychology*, *Public Policy*, *and Law*, 18 (2), 167.

Monahan, J., Steadman, H., Clark Robbins, P. C., Appelbaum, P., Banks, S., Grisso, T., Heilbrun, K., Mulvey, E. P., Roth, L., & Silver, E. (2005), "An actuarial model of violence risk assessment for persons with mental disorders", *Psychiatric Services*, 56, 810 – 815.

Monahan, J., Steadman, H., Silver, E., Appelbaum, P. S., Robbins, P. C., Mulvey, E. P., Roth, L., Grisso, T., & Banks, S. (2001), *Rethinking risk assessment: The MacArthur study of mental disorder and violence*, New York: Oxford University Press.

Mooney, C., & Duval, R. (1993), *Bootstrapping: A nonparametric approach to statistical inference*, Newbury Park, CA: Sage.

Pearson, K. (1905), "The problem of the random walk", *Nature* 72, 294.

Reason, J. (1990), *Human error*, New York: Cambridge University Press.

Rose, N. (1996), "The death of the social? Re-figuring the territory of government", *International Journal of Human Resource Management*, 25 (3), 327 – 356.

SBU (2005), "Riskbedömningar inom psykiatrin. Kan vald i samhället förutsägas? [Risk assessments in psychiatry", Is it possible to predict community violence?]. Stockholm: Swedish

Council on Health Technology Assessment （SBU）.

Schwalbe, C. S. （2008）, "A meta-analysis of juvenile justice risk assessment instruments: Predictive validity by gender", *Criminal Justice and Behavior*, 35, 1367 – 1381.

Singh, J. P., & Fazel, S. （2010）, "Forensic Risk Assessment A Metareview", *Criminal Justice and Behavior*, 37 （9）, 965 – 988.

Singh, J. P., Grann, M., & Fazel, S. （2011）, "A comparative study of violence risk assessment tools: A systematic review and metaregression analysis of 68 studies involving 25, 980 participants", *Clinical Psychology Review*, 31 （3）, 499 – 513.

Sjöstedt, G., & Grann, M. （2002）, "Risk assessment: What is being predicted by actuarial prediction instruments?", *International Journal of Forensic Mental Health*, 1, 179 – 183.

Skeem, J. L., & Monahan, J. （2011）, "Current directions in violence risk assessment", *Current Directions in Psychological Science*, 20 （1）, 38 – 42.

Swets, J., Dawes, R., & Monahan, J. （2000）, "Psychological science can improve diagnostic decisions", *Psychological Science in the Public Interest*, 1, 1 – 26.

Taleb, N. N. （2007）, *The black swan: The impact of the highly improbable*, London: Allen Lane.

Thompson, S. G., & Higgins, J. （2002）, "How should meta-regression analyses be undertaken and interpreted?", *Statistics in Medicine*, 21 （11）, 1559 – 1573.

Towl, G. J. （2005）, "Risk assessment", *Evidence Based Mental Health*, 8, 91 – 93.

Towl, G. J., & Crighton, D. A. （1996）. *The handbook of psychology for forensic practitioners*, London: Routledge.

Towl, G. J., & Crighton, D. （1997）, "Risk assessment with offenders", *International Review of Psychiatry*, 9, 187 – 193.

Vess, J. （2008）, "Sex offender risk assessment: Consideration of human rights in community protection legislation", *Legal and Criminological Psychology*, 13 （2）, 245 – 256.

Wald, M. S., & Woolverton, M. （1990）, "Risk assessment: The emperor's new clothes?", *Child Welfare*, 69 （6）, 483 – 511.

Wilson, E. B. （1927）, "Probable inference, the law of succession, and statistical inference", *Journal of the American Statistical Association*, 22, 209 – 212.

Yang, M., Wong, S. C. P., & Coid, J. （2010）, "The efficacy of violence prediction: A meta-analytic comparison of nine risk assessmenttools", *Psychological Bulletin*, 136 （5）, 740 – 767.

第八章 神经生理学研究与司法应用的实证研究

罗伯特·A. 舒格、高玉、安德烈亚·L. 格伦、
梅莉萨·佩斯金、杨雅玲、阿德里安·雷恩
（Robert A. Schug, Yu Gao, Andrea L. Glenn,
Melissa Peskin, Yaling Yang, Adrian Raine）

神经生理学关键领域的研究为犯罪和反社会行为研究的发展历程提供了重要的实证基础。基因学研究显示反社会行为具有显著的遗传力，并且发现反社会的候补基因的表达伴随着重要的基因—环境交互作用。神经影像学研究发现反社会儿童和成人的额叶、颞叶和皮质下区域具有结构或功能缺陷，针对反社会人群中大脑损伤的神经研究对此作出了相应的补充。神经心理学研究认为反社会成人和儿童的语言、空间和执行能力具有缺陷，而且儿童早期出现的风险因子可以评估之后反社会行为的形式。心理生理学研究聚焦于心血管和皮肤电活动、脑电图和事件相关电位，而内分泌学研究则聚焦于激素，如皮质醇和睾酮。道德发展和营养学等领域的研究在其中也起到了重要作用。这个发展中的实证基础已经开始影响犯罪审判系统的方方面面，包括测谎和司法程序的应用；并且会提高法证领域的评估效果，也会帮助了解识别、管理和治疗各种形式的成人与青少年犯罪的政策和步骤。

神经生理学研究

法证心理学中对犯罪行为的启动、保持以及潜在的终止的理解应该具有实证性。其中对犯罪采取发展的视角非常重要，犯罪是连续/间断的历程而不是一般的因果或相关关系；尤其神经生理学的源头和犯罪社会学的起源常常呈现在生命的早期。其中，反社会行为的发展理论同时纳入了这两种元素。比如，帕特森（1982）的高压强制模式，使用了社会学习理论来解释生命早期的惯常犯罪，而莫菲特（1993）的人生历程惯常犯罪的发展理论则强调，在人生早期，生物因素是另一个起到交互作用的因素（也就是，产期和围产期中神经发育中断会导致特定的神经生理缺陷）。这两种模型都得到了童年反社会行为、攻击性和犯罪研究的有力证明（Brennan, Hall, Bor, Najman & Williams, 2003）。

由于发展理论是了解未来干预和公众政策走向的一条理想途径（Brennan et al., 2003），所以一般的刑事司法制度和特定的法证心理学非常推崇该理论的应用。不仅如此，神经生理学研究提供了一种独一无二的路径来理解反社会行为背后的病理机制，在过去一个世纪内对犯罪学研究也做出了大量贡献（i. e., Lombroso, 1876），并为发展的犯罪学视角提供了可观的证据基础。针对反社会行为的神经生理学研究的关键领域的发现，本章将用整体的视角来了解反社会行为的神经生理学的重要领域，重点关注发展的视角和相关理论；另外，将为大家展示司法领域里现有和潜在的相关应用概况，这对理解临床实践有很

115

大帮助。

遗传学

反社会行为的遗传诱因研究为神经生物犯罪学研究的发展提供了一个理想的起点。双生子研究、收养研究、分开抚养双生子研究和基因研究等，表明基因对反社会和攻击性行为存在影响（Popma & Raine, 2006）。虽然已发表研究中所评估的遗传力结果并不一致（Waldman & Rhee, 2006），但基因的作用力被认为可达40%—50%（Moffitt, 2005）。这些结果的不一致可能是源于一些次要的半结构表征（Goldman & Ducci, 2007），例如基因与环境的交互作用（Walsh & Ellis, 2007），它包括各种各样的人格特征（如冲动型、攻击性）、精神病诊断（如反社会人格［ASPD］、行为障碍［CD］），以及与反社会有关的行为（如犯罪、越轨）等。一些反社会性的决定性基因因素对其他外显行为障碍也存在一定影响，如上述的行为障碍、注意力缺陷/多动症（ADHD）、酗酒和其他成瘾性行为等（Goldman & Ducci, 2007），这可能是由于该基因在行为中起到内显调节作用（Waldman & Rhee, 2006）。此外，一些单胺神经递质基因也与反社会行为有一定关联（Goldman & Ducci, 2007），其中包括前体、受体、转运体、代谢产物等的编码，血清素和儿茶酚胺（如多巴胺和去甲肾上腺素）等神经递质系统的转化元素（如5-羟色胺1B受体［HTR1B］、色氨酸羟化酶［TPH2］、5-羟色胺转运体［HTT］、单胺氧化酶［MAOA］和儿茶酚甲基转移酶［COMT］）（Goldman & Ducci, 2007；Waldman & Rhee, 2006），这些系统都对攻击性和冲动性行为存在调节作用。但这些候选基因中没有一种能够完全解释在反社会行为研究中的方差变异（Goldman & Ducci, 2007）。这表明许多基因都参与编码了犯罪中的神经生理学风险因子，而且基因环境的交互影响在反社会行为的发展和表现形式上也起到重要作用。

发展精神病理学研究者开始寻找这些交互作用的证据。例如，卡斯皮和他的同事（2002）发现具有高水平单胺氧化酶（一种神经递质代谢酶）基因型的受虐待儿童在青少年时期变得反社会和暴力的可能性比那些具有低水平单胺氧化酶基因型的受虐待儿童更低。双生子研究也为发展神经生理学视角提供了证据：①大多数基因对反社会行为的影响随年龄增强，而环境的影响减弱；②早期持续的反社会行为比（晚期）行为障碍更具遗传性；③家庭环境与初、早期对攻击性的保持有关（尤其对男性而言），但这种影响会逐渐消失；④有些基因对反社会行为的影响会贯穿整个生命历程，而另一些只在青春期和成人期产生影响（Goldman & Ducci, 2007）。研究基因—环境交互影响的理论中比较重要的是社会推动理论，该理论认为在缺乏倾向性的社会因素时，生物因素也许更能解释反社会行为（Popma & Raine, 2006）。总之，学界对于基因在影响反社会行为发展进程中所扮演的角色仍然存在些许疑问。

神经影像学

随着过去几十年神经影像学研究的发展，研究者发现了很多支持大脑损伤和反社会行为之间存在可靠的关联性的证据。其中最有利的证据证实了前额叶皮质具有抑制和调节由皮层下结构（例如杏仁核）引起的冲动行为和情感的作用。在脑结构研究上，一些影像研究发现具有反社会攻击性个体的前额叶的灰质体积明显减少（Raine, Lencz, Bihrle, LaCasse & Colletti, 2000）。在脑功能方面，一些早期研究发现反社会个体在前额叶区域出

116

现诸如葡萄糖代谢降低和局部血流量（rCBF）减少的功能减退（Volkow & Tancredi，1987；Volkow et al.，1995）。

前额叶皮质（OFC）和背外侧前额叶皮层（DLPFC）是前额叶的两个子区域，在反社会、暴力个体中最常发现这两个区域具有缺陷。前额叶皮质在伦理决策和情感调节方面起到重要作用，而背外侧前额叶皮层对行为控制和执行功能至关重要。目前关于前额叶功能性影响研究表明反社会、精神病态个体的额叶，尤其是前额叶皮质和背外侧前额叶皮层的体积/厚度比常人更小（Laakso et al.，2002；Aoki, Inokuchi, Nakao & Yamasue 2013；Bertsch et al.，2013；Howner et al.，2012；Ly et al.，2012；Yang and Raine，2009；Yang, Raine, Colletti, Toga & Narr，2009，2010），这与功能性影响研究揭示的反社会个体执行认知和情感任务时，前额叶皮质和背外侧前额叶皮层存在异常的现象是一致的。例如，Raine等人（1994）发现杀人犯在执行持续行为任务时，前额叶皮质和背外侧前额叶皮层中的葡萄糖代谢会有所下降。再者，研究发现，与控制组相比，反社会、暴力个体的前额叶皮质和背外侧前额叶皮层在处理情感时更频繁地表现出高水平的神经活动，例如观看表达情感的图片（Müller et al.，2003；Schneider et al.，2000）。另一个相似的研究结果也表明精神病态的个体在处理共情任务时其前额叶皮质的活动水平会下降（Decety, Skelly & Kiehl，2013）。近期对额叶网状结构的研究同样发现，与常人比较，反社会个体的功能和结构连结出现改变（Tang et al.，2013；Yang et al.，2012）。总之，这些发现表明，前额叶皮质的缺陷，尤其是前额叶皮质和背外侧前额叶皮层区域，可能对反社会个体的神经生理学异常起到十分重要的作用。

然而前额叶皮质不是唯一的与暴力犯罪行为有关的结构。正如我们早就从存在反社会暴力行为的个体中观察到，颞叶的损伤可能导致个体情感反应变得迟钝（Klüver & Bucy，1939）。一些研究发现存在前额叶的功能障碍的反社会被试，其颞叶的功能存在问题。例如，索德斯特伦、图尔贝里、威克索、埃克霍尔姆和福斯曼（2000）发现，与控制组相比，暴力罪犯额叶以及颞叶的局部血流量（rCBF）更低。希伦诺、梅加、迪诺夫、米什金和卡明斯（2000）也发现，犯下冲动性暴力的个体的左前颞叶皮质以及双边额叶背侧的局部血流量减少。在颞叶区域，反社会和暴力行为与杏仁核—海马组织密切相关。杏仁核不仅对情感的接收和产生起重要作用，对处理恐惧情境也很重要，海马体则参与情感记忆。很多研究报告表明，反社会、攻击性个体的杏仁核—海马组织存在功能异常。例如，犯罪型精神病态者在看消极情感图片时表现出较低水平的杏仁核—海马活动（Kiehl et al.，2001）。另一个研究也发现与控制组相比，暴力罪犯的海马区局部血流量会下降（Soderstrom et al.，2000）。总而言之，这些研究表明颞叶，尤其是杏仁核和海马区域的缺陷可能会使个体产生对后果缺乏恐惧情绪和惩罚的预期，并中断正常的道德发展。

虽然这些研究为大脑损伤和反社会暴力行为之间的关联提供了有力证据，但是其中的因果关系并不清楚。对具有反社会人格的儿童的研究表明，他们的大脑异常与那些具有反社会人格障碍或攻击性的成人相似（Fairchild et al.，2013；Stevens & Haney-Caron，2012），这表明反社会人格可能存在一条神经发展的路径。例如，克鲁齐、卡萨诺瓦、曼海姆、琼森－比尔德（2004）的报告称，具有早期行为障碍的儿童的颞叶体积显著减少，而前额叶体积的减少并不显著，而且与反社会控制组和健康志愿者组相比，习惯性撒谎者胼胝体的体积/比例有减少的趋势（Kruesi & Casanova，2006）。朱哈斯、贝汉、穆扎克、丘加尼和丘加尼（2001）发现患有癫痫的攻击性儿童，其攻击性和双边内侧前额叶和左颞叶皮层的低代谢之间有着重要的联系。此外，施特则、斯塔德勒、克雷布斯、克兰施米德和波斯特卡（2005）发现有行为障碍的反社会儿童，其右背侧前扣带回的活动在看消极情感图片时有所下降。一些近期的研究表明，有行为问题或精神疾病特征的儿童在处理共情任务时，他们的前扣带皮层、额下回和杏仁核等相似区域的活动下降（Lockwood et al.，2013；Marsh et al.，2013），并且其杏仁核—前额叶的功能性连结也发生改变（Finger et al.，2012）。虽然有大量的关于儿童反社会行为的影像学研究还未发布，但这些结果与前文一起，同样强调了神经影像的研究对阐明反社会行为发展历程的重要性。

神经学

神经学对反社会人群大脑损伤的研究为理解反社会行为的发生机制做出了重大贡献。有趣的是，不同年龄组（青少年、青年，以及75岁以上的男性）中的高风险个体的外伤性脑损伤（Ehrenreich，Krampe & Sirén，2007）与其反社会性的增加存在关联。有些成年反社会群体的特点就是在成年和童年时期存在极高的脑损伤率（e.g.，Blake，Pincus & Buckner，1995；Lewis，Pincus，Feldman，Jackson & Bard，1986）。额叶损伤的病人随后发展成显著的反社会人格的案例为此提供了更多具有冲击性的证据，例如，菲尼亚斯·盖奇（Harlow，1848）和病人 E.V.R.（Saver & Damasio，1991；see also Damasio，1994；and Damasio，Tranel & Damasio，1990）。这种情况被称为"获得性精神病态"（Granacher & Fozdar，2007）。

虽然不同区域的脑损伤会导致不同的情感与认知缺陷，但是许多研究仍然表明，当脑损伤涉及额叶和颞叶时，个体更可能表现出攻击性。格拉夫曼等人（1996）发现与其他脑区域病变的越战老兵相比，那些眶额叶受到损伤的人表现出更高水平的攻击和暴力倾向。其中，颞叶损伤的病人会报告更多愤怒和敌意的感受，而前额叶损伤的病人，尤其是眶额叶损伤的病人会报告明显高水平的暴力与攻击行为。这些发现与反社会暴力个体的影像学研究结果相一致，并且表明受到这两个区域脑损伤的个体可能没有足够的认知情感调节能力通过社会认可的渠道满足自身需求（如协商），因此只能使用攻击和暴力行为来达到他们的目的（León-Carrión & Ramos，2003）。

对青少年罪犯的研究同样报告了非常普遍的脑损伤史（Andrews，Rose & Johnson，1998；Lewis et al.，1988；Pincus & Lewis，1991），其比率比非青少年罪犯更高（Lewis，Pincus，Lovely，Spitzer & Moy，1987），这些脑损伤对于暴力及违法行为存在预测作用（Lewis et al.，1986；Sarapata，Hermann，Johnson & Aycock，2008）。同时，其他对儿童的研究报告也发现，在脑损伤后通常会伴随反社会或外化行为的并发症（Raine，2002a）。另外，安德森、贝沙拉、达马西奥、特兰内尔和达马西奥（1999）发现在生命早期遭受脑损伤的病人（即16个月大以前）会呈现向反社会性发展的趋势，这与成年时期遭受脑损伤的个体发展非常相似，但其趋势通常更加严重并会贯穿整个生命发展阶段。总体来说，这些发现表明，脑损伤的出现，尤其在人生早期，会成为攻击性和其他行为问题发展的一个风险因子。

值得一提的是，即使是额叶或颞叶造成的脑损伤，并不能自动地使一个人产生犯罪的倾向。犯罪行为，尤其是暴力犯罪，是由多种风险因子复杂交互作用产生的，这些风险因子包括遗传倾向性、情感挫折、贫穷、物质滥用、童年遭受虐待和学业低成就等（Filley et al.，2001）。例如对有学习障碍和学校行为问题的个体来说，脑损伤会极大地增加他们以后出现犯罪和暴力行为的可能性（León-Carrión & Ramos，2003）。换句话说，对那些在社会和生理因素上具有攻击和犯罪倾向的个体，脑损伤可能是中断正常调节和控制行为机制的导火索。

这些神经学研究提供了支持神经影像学的证据，表明额叶功能的损伤可能与反社会行为的发展有关。然而，在一些案例中，脑损伤没有导致行为上的变化，有的甚至降低了之前呈现攻击性个体的攻击水平（e. g.，Bigler，2001；Ellenbogen，Hurford，Liebskind，Neimark & Weiss，2005；Mataró et al.，2001），这可能是背外侧前额叶（Gage and E. V. R. 案例中的另一个区域；Mataró et al.，2001）同时受到损伤的结果。另外，这也许表明额叶损伤，尤其是眶额叶的损伤只是反社会行为的一个风险因子，并不意味着一定会导致反社会行为。而且对于一般的精神病态，尤其是获得性精神病态的脑损伤，可能是后续发展成神经退行性病变的风险因子（Granacher & Fozdar，2007），会加剧反社会倾向。总之，以上研究表明神经因素可能是了解犯罪过程发展的关键。

118

神经心理学

神经心理学近几十年的研究结果与司法行为之间的联系越来越强（Rasmussen，Almvik & Levander，2001）。其中，对暴力、攻击和反社会行为的神经心理学调查绝大部分聚焦于某些控制认知功能的领域，如语言和空间智力，以及执行能力。

语言和空间智力

一般智力（如智力或总测验智商）缺陷是与非精神疾病个体的反社会、暴力和犯罪行为存在相关性的最常见的认知因素（Wilson & Herrnstein，1985），其中语言识别缺陷与空间/操作智力缺陷是潜在反社会性的病因性表现之一。语言能力下降，相对于空间、操作智力（可能表明左半球出现功能障碍）普遍出现在成年反社会群体中（Raine，1993），并且这种特性出现在研究中不同年龄组不同性别的个体身上（Isen，2010）。但是，在反社会人格障碍或精神病态者的个体中没有出现报告一般智力表现或语言智力缺陷（Barkataki，Kumari，Das，Taylor & Sharma，2006；Kosson，Miller，Byrnes & Leveroni，2007），只是一些特定的精神疾病特征（即反复犯罪和暴力）可能与语言功能障碍有关（Rasmussen et al.，2001）。因此，整体或语言智力缺陷可能是成年反社会群体的特点，但它们不能作为反社会性的显著特征。

反社会儿童和青少年大部分会出现语言智力降低的特点（Barker et al.，2007；Brennan et al.，2003；Raine，1993；Teichner & Golden，2000；Vermeiren，De Clippele，Schwab-Stone，Ruchkin & Deboutte，2002）。莫菲特、莱纳姆和席尔瓦（1994）对新西兰儿童进行的纵向的神经心理学研究支持了莫菲特（1993）提出的理论，研究发现对13岁时的语言缺陷（进行研究）可以预测18岁及以后的犯罪行为，（这些人）在青春期前期开始出现高水平的攻击性。语言障碍可能会影响基于语言的自我控制机制的发展（Luria，1980），最终导致社会化的失败（Eriksson，Hodgins & Tengström，2005）。但具有语言缺陷的青少年罪犯在经过环境调整和治疗下，行为可能得到改善（Teichner & Golden，2000）。另外，青少年精神病态者的语言智力研究缺少相关的资料（它本身是一个未发掘并具争议的话题；Salekin，

2006）。洛尼、弗里克、埃利斯和麦科伊（1998）发现有行为问题的儿童没有语言缺陷，也具有与成年精神病态者有关（Frick et al.，2003）的冷漠无情特质（CU）；塞尔肯、纽曼、莱斯特考和扎洛特（2004）发现在青少年罪犯中，语言智力与肤浅、虚假的人际风格特征成正相关，并且与精神病态中的情感冲动特征呈负相关。总之，反社会青少年群体的语言缺陷是相对持续的，但将来对青少年精神病态者的研究可能会像对反社会成人个体的研究一样，帮助理清反社会青少年语言智力的异质性。

基于社区的纵向研究的证据可能会质疑关于语言缺陷的传统观点（起源于制度化样本），但并不会质疑反社会个体操作智力的损伤。雷恩等人（2005）发现匹兹堡的青年样本，包括儿童罪犯、青少年罪犯和终生持续型罪犯，其空间和语言功能都出现损伤。在毛里求斯的青年样本中，雷恩、亚利连安、雷诺兹、维纳布尔斯和梅德尼克（2002）发现在长期反社会个体中，个体在 3 岁时出现了空间缺陷而非语言缺陷，在 11 岁时同时出现了空间和语言缺陷——这表明早期的空间智力缺陷可能导致了长期的反社会行为，而语言缺陷可能是在发展进程中后天获得的。这些研究者发表了反社会行为的早期空间损伤模型，该模型中早期的视觉空间缺陷潜在地干扰母婴联结，也可能出现（大脑）右半球的功能障碍，这种障碍中断了情感的处理调节进程，从而导致了长期的反社会性。

大脑执行功能

大脑执行功能（Executive functioning, EF）是指评估目标定位、情境相关行为和有效的自利行为的认知过程（Lezak, Howieson, Loring, Hannay & Fischer, 2004；Luria, 1980）。执行功能障碍一般是出现了额叶损伤，表现出策略形成、认知灵活性或冲动性出现了神经心理学测量上的问题，如分类、走迷宫、Stroop 干扰、卡片分类、语言流利和塔测试、go/no-go 测试、赌博任务等。神经心理学对执行功能缺陷和反社会行为的研究一直聚焦于明确的临床症状（如反社会人格障碍、行为障碍、精神病态）和法律/审判概念（犯罪和越轨）的关系。摩根和莉莲弗尔德（2000）进行的 39 个量化研究发现，与控制组相比，反社会组全部具有执行功能缺陷，而且 EF 缺陷对 Porteus 迷宫测验以及司法机构定义的反社会性的结果有很强的关联。最近，执行功能缺陷被发现与攻击性（如男性打人者）、暴力和反社会人格障碍（Dolan, 2012；Dolan & Park, 2002；Hancock, Tapscott & Hoaken, 2012；Stanford, Conklin, Helfritz & Kockler, 2007a；Teichner, Golden, Van Hasselt & Peterson, 2001）、财产犯罪（Barker et al.，2007）、儿童性侵（Schiffer & Vonlaufen, 2011）、自杀行为（Keilp et al.，2013）、单起或多起谋杀案被告和死囚犯（Hanlon, Rubin, Jensen & Daoust, 2010）、精神分裂的谋杀犯和非暴力的男性精神分裂症患者的差异（Hanlon, Coda, Cobia & Rubin, 2012）、心智障碍和司法医院的病人的差异（Bastert, Schläfke, Pein, Kupke & Fegert, 2012）以及应激型和工具型罪犯的差异（Broomhall, 2005）有关。研究也表明，执行功能在精神分裂患者的抗侵略性治疗中，也是预测响应度的一个指标（Krakowski & Czobor, 2012）。成年精神病态者并不一定存在执行功能缺陷（Blair & Frith, 2000；Dinn & Harris, 2000；Hiatt & Newman, 2006；Kosson et al.，2007），但最近的神经心理学证据表明，精神病态者更可能存在眶额叶功能障碍（Blair et al.，2006）。另外，能控制自己、没有被逮捕的精神病态者相比无法控制自己的精神病态者和控制狂能更好地完成了背外侧前额叶任务（Ishikawa, Raine, Lencz, Bihrle & Lacasse, 2001）；而且白领犯罪的罪犯比控制狂罪犯表现出更好的执行功能（Raine et al.，2012）。进一步来说，暴力反社会人格障碍罪犯是否存

119

在精神病态在"冷 EF"（包括两个控制先天认知的区域，背外侧前额叶皮质和腹外侧前额叶皮质；自上而下的过程，如工作记忆、反应抑制、计划、持续注意以及注意的定势转换）和"热 EF"（连接多巴胺奖赏通路和腹内侧前额叶皮质，喜欢、动机或刺激/奖赏元素，如评价情感决策刺激的动机意义）表现出相似的缺陷（De Brito, Viding, Kumari, Blackwood & Hodgins, 2013）。

证明犯罪儿童和行为障碍的青少年具有执行功能缺陷的证据一直在随样本特征、控制组、评估方法、决策功能的操作化和方法化而变化（Moffitt & Henry, 1989；Teichner & Golden, 2000）。对近些年的研究结果进行整合后，发现了一些可以用于区分反社会青年的执行功能障碍的特点（Cauffman, teinberg & Piquero, 2005；Kronenberger et al., 2005；Nigg et al., 2004；Raine et al., 2005；White et al., 1994）（Moffitt et al., 1994；Nigg et al., 2004）。但是随着青少年的额叶皮质髓鞘的形成，执行功能的发展应得到重点关注（Nigg et al., 2004；Raine, 2002b），这可以解释儿童和成人执行功能缺陷的不同表现形式。例如内斯特（1992）发现，年长者（即中等年龄）而非年轻者（即成年早期）出现了执行功能的损伤，更能导致安全医院病人的增加。布莱尔（2006）发现相比精神病态儿童，精神病态成人在眶额叶神经心理学任务中更可能出现障碍。此外，多动症和攻击性也可能会影响神经心理行为（Raine, 2002b；Séguin, Nagin, Assad & Tremblay, 2004）。

生理与社会影响

早期的前瞻性神经心理学研究发现，神经心理学/神经生理学功能障碍和负面的社会/环境影响间的交互作用，极大地增加了后续反社会行为每一个因素的程度（Raine, 2002b）。最近的纵向研究证据支持了这些研究结果，强调了社会风险因子的相对重要性，也理清了这些社会生物学交互作用的性质。例如，被负面社会心理经历影响的进程性认知功能障碍也许可以解释生命早期的反社会性（Aguilar, Sroufe, Egeland & Carlson, 2000）；并且人的一生中积累的社会生物风险因素的交互作用在预测持续攻击性上，比预测儿童或青少年的风险更有力（Brennan et al., 2003）。布伦南及其同事（2003）在针对 370 名澳大利亚青少年的研究中，发现生物因素（即 5 岁的低词汇能力、15 岁以下的语言和执行功能、产前/出生并发症、怀孕期间母亲生病和婴儿气质）和社会风险因素的交互作用可以预测少年终身持续的攻击性，也可以预测男孩终身持续或青春期出现的攻击行为。另外，在青少年后期发展的前额叶，因社会和执行功能需求而过度负荷的话，可能会导致（产生）前额叶功能障碍、行为抑制失败和明显增加的反社会行为（Raine, 2002b）。但是这些神经心理学研究低估了在犯罪生命周期中的生物社会交互作用的影响。

总之，神经心理学研究关于犯罪的研究主要涉及的是大脑功能障碍的影响，包括语言、空间和执行能力的研究。

心理生理学

莱肯（1957）对精神病态者的心理生理学的开创性研究标志着犯罪的现代神经生理学研究的开端。心理生理学研究自此开始聚焦于反社会行为的心血管疾病、皮肤电和脑电共生结果。

心率

心率反映了交感神经和副交感神经系统的活动。心率因素与反社会行为有着一个有趣

120

的、发展的关系。尽管对成年反社会者的心率研究结果变化不定（Herpertz，2007；Stanford，Houston & Barratt，2007b），较低的静息心率（表明具有较低水平的自主唤醒）和心率反应性与成年人的攻击性相关（Lorber，2004）。但较低的静息心率与儿童和青少年反社会行为有最佳的生物关联（Herpertz，2007；Stanford et al.，2007b）。行为障碍儿童的一个特点表现为更高的心率反应性（Lorber，2004），但最近的一个研究发现，行为障碍、伴有高 CU 特质的儿童的心率反应性更低（Anastassiou-Hadjicharalambous & Warden，2008）。低心率是行为障碍的一个诊断性特点，它表现出预测价值，可以预测青少年攻击性（Raine，1996）、累犯（de Vries-Bouw et al.，2011）等。最近，在期待厌恶刺激（anticipating aversive stimuli）时的心率大幅降低被认为与 9 到 10 岁的精神病态特质有关（Wang，Baker，Gao，Raine & Lozano，2012）。对有对立违抗性障碍（ODD）的儿童的研究发现，儿童对奖赏具有高心率反应性，而对惩罚具有低心率反应性（Luman，Sergeant，Knol & Oosterlaan，2010）。另外，高心率会防止反社会性男孩犯罪的发展，使其成年以后不再犯罪（Raine，Venables & Williams，1995）。

前瞻性研究表明心率因素和反社会行为间的关系发展会被社会因素调节。例如，研究表明儿童 3 岁时的较低静息心率与 11 岁时的高攻击性有关，但低社会阶层个体除外（Raine，Reynolds，Venables & Mednick，1997）。进一步的研究表明，心率的增加与未遭受过暴力侵害的年轻人的攻击性呈正相关，但遭受过暴力伤害的群体除外（Scarpa，Romero，Fikretoglu，Bowser & Wilson，1999）。最近的研究发现，低心率只和受过欺凌的青少年的反社会行为有关（Sijtsema et al.，2013）。

皮肤电

皮肤电受交感神经系统单独控制，同时反映了唤起（如静息时皮肤电的响应频率、水平和波动）和响应度（如皮肤电对新刺激定向响应和有效情感刺激的任务响应）。在此领域中最有力的发现是，在精神病态者、罪犯、越轨者和其他反社会者中普遍存在皮肤电的降低（Raine，1997）。在成年人中，精神病态者表现出更少的皮肤电波动（Raine，1996），而洛伯（2004）的元分析表明，皮肤电活动同时与成年攻击性和精神病态成负相关。一般来说，皮肤电响应任务的减弱与成年精神病态有关，但只针对负性刺激（Lorber，2004）。最终，反社会人格障碍的个体在出现精神分裂谱系人格障碍的并发症时，会有皮肤电定向响应降低的表现（Schug，Raine & Wilcox，2007），该结果同样适用于出现精神分裂征兆的反社会青少年（Raine & Venables，1984）。

在儿童中，较低的皮肤电唤起与行为问题有关（Lorber，2004；Baker，Shelton，Baibazarova，Hay & van Goozen，2013），研究表明有行为障碍的男孩出现减弱的皮肤电波动（Herpertz et al.，2005）——事实上，这些总结在一起可能是成人犯罪的一个预测因子（Raine，2002b），15 岁的皮肤电唤起的减弱与 24 岁的犯罪有关（Raine，Venables & Williams，1990b）。研究也表明，行为障碍的男孩（Herpertz et al.，2003）和青少年（Fairchild，Stobbe，Van Goozen，Calder & Goodyer，2010；Fairchild，Van Goozen，Stollerya & Goodyer，2008；Herpertz et al.，2005）具有定向缺陷和恐惧情境的皮肤电减弱（的情况），而且青少年罪犯条件反射的强度与犯罪率呈负相关（Syngelaki，Fairchild，Moore，Savage & Goozen，2013）。另外，纵向研究表明，3 岁时恐惧情境反应时的低皮肤电与 8 岁时的攻击行为、23 岁时的犯罪行为有关（Gao et al.，2010a；2010b），而且如果 3 岁时对负性刺激反

121

应时皮肤电恢复到一半水平需要更长的时间，在成年时更可能发展成精神病态人格障碍（Glenn，Raine，Venables & Mednick，2007）。近期研究也显示，年轻人的精神病态特质或CU特质与对中性或负性刺激反应的皮肤电降低有关（Isen et al.，2010），以及在预期负性刺激的过程中（Fung et al.，2005；Wang et al.，2012）和被激怒时（Kimoniset al.，2008；Muñoz et al.，2008）的皮肤电降低有关，这与观察成年精神病态者的结果相似。较少的皮肤电期待反应可能是精神病态的一种内在表现。

对心血管和皮肤电的低唤起可以有不同的解释。无畏理论认为，缺乏恐惧，以低心率或低皮肤电唤起为特点，导致了童年的社会化不良，而缺乏对惩罚的恐惧降低了适应的效率。寻求刺激理论认为低唤起代表着一个补偿寻求刺激/快感和冒险行为的消极状态。关于这一点，在3岁表现出高刺激寻求和低无畏性格的儿童，在11岁时呈现出增加的攻击性（Raine，Reynolds，Venables，Mednick & Farrington，1998）。最后，前额叶功能障碍理论认为，降低的定向皮肤电是前额叶—皮质—皮质下回路出现异常的标志，这条回路包括了唤起调节和压力反应。这是注意和执行缺陷异常的标志（Herpertz，2007）。而无畏和刺激寻求理论在性质上是互补的（Raine，2002b）。它们也展示了独立的风险因子，如童年时的无畏和刺激寻求。研究发现，它们是可预测未来攻击性的一个独立预测因子（Raine et al.，1998）。

研究发现，皮肤电指标和反社会性之间存在发展性的关系。许多研究表明，对良性童年社会背景长大、缺乏犯罪的传统心理社会风险因素的儿童，皮肤电缺乏与反社会行为有着更强的关系（Raine，2002b）。例如，3岁时减少的定向皮肤电与11岁的攻击性有关，但只是针对来自高层社会背景的孩子来说（Raine et al.，1997）。另外，更高的心率和皮肤电唤起、高定位和情境反应可以区别29岁时停止犯罪的青少年与没有停止犯罪的青少年（Raine，Venables & Williams，1995；1996）。这表明这些机制可以避免个体出现反社会行为。相似的心理生物学保护因子使个体免于成年犯罪，在父亲为罪犯的后代犯罪研究中也有所体现（Brennan et al.，1997）。

脑电图和事件相关电位

脑电图（EEG）反映了大脑的区域电位活动。许多研究都对罪犯、越轨者、精神病态者、杀人犯和暴力犯罪的反社会人群进行了EEG测量（Raine，1993）。尽管其中大多数研究发现暴力累犯的EEG有多种异常，但对精神病态个体的EEG研究与其存在较多的不一致结果（see Raine，1993；Herpertz，2007）。一般研究表明，精神病态个体在额叶和颞叶区域反映出低唤醒的慢波期异常（如θ和δ）（Blake et al.，1995；Evans & Park，1997；Gatzke-Kopp，Raine，Buchsbaum & LaCasse，2001；Green，Leon-Barth，Venus & Lucey，2001；Herpertz，2007；Lindberg et al.，2005），（除此区域外）其他皮质区域也存在异常（Lindberg et al.，2005）。

研究中也发现了重要的发展性结果。例如，儿童和青少年出现的α波放缓与之后的犯罪（尤其是盗窃犯罪）有关（Lindberg et al.，2005）。另外，对101名男性学龄儿童的纵向研究发现，15岁时慢波期EEG活动增加和自主反应降低预测了24岁的犯罪（Raine，Venables & Williams，1990a，1990b）。EEG异常可能反映了皮质的不成熟，容易导致累犯的个体上出现发展性滞后（Herpertz，2007）。另外，额叶EEG活动出现典型的右半球大于左半球的情况与儿童和成人的反社会/外化行为有关。这种与额叶EEG的不对称异常相关的情感调节缺陷，可能导致反社会行为（Baving, Laucht & Schmidt, 2003；Gatzke-Kopp, Jetha & Segalowitz, et al., 2012；Harmon-Jones, 2003；Ishikawa & Raine, 2002；Santesso, Reker, Schmidt & Segalowitz, 2006）。近期一个研究同时表明，通过母亲对婴儿进行评价发现，10到24个月大的具有稳定左侧额叶EEG不对称的婴儿，比30个月大的婴儿有更高水平的外化行为（Smith & Bell, 2010）。

事件相关电位（ERP）是指大脑在对特定刺激做出反应的脑电活动的平均变化。研究表明，一些ERP成分是反社会性的生理指标。例如，P300（在刺激后出现的一个约300毫秒的正向波形环，Ishikawa & Raine, 2002）被认为是代表着个体正在为任务相关信息部署神经资源，而P3的降幅与对一系列外化障碍的生理脆弱有关，如反社会行为与物质滥用障碍（Bernat, Hall, Steffen & Patrick, 2007；Gao & Raine, 2009；Gilmore, Malone & Iacono, 2012；Herpertz, 2007；Patrick, 2008；Yoon et al., 2013）。研究发现，这种联系是由基因因素调节的（Hicks et al., 2007）。这表明了P300的相关测量可以与内在型的多变量方差分析一样，对外化行为的分析有潜在的效果（Gilmore, Malone & Iacono, 2010）。相比之下，在对精神病态者进行复杂任务的检测中，所有的P300振幅都增加了。这或许反映了胼胝体体积的增加（Polich & Hoffman, 1998；Raine et al., 2003a）。另外，除了非暴力犯罪，暴力犯罪与P300振幅呈负相关（Bernat et al., 2007）。研究也发现，P300诱发电位的降低是冲动而非蓄意攻击的特点（Barratt, Stanford, Felthous & Kent, 1997）。

从发展的角度看，P300振幅由童年到青少年期降低，且其敏感性作为反社会行为公认的标志，随年龄变化而变化（Gao & Raine, 2009）。例如，波利什、波洛克和布卢姆（1994）发现，只有在成年前家庭有酗酒历史的男性才出现P300振幅的降低，而鲍尔和赫塞尔－布罗克（1999）发现，在年龄小于16.5岁、有行为障碍的青少年中出现了P300振幅的降低。对P300与反社会性关系的前瞻性研究非常稀有。在这样的一个研究中，15岁的个体在面对警示刺激时N1振幅增加和P300潜伏期变短，可以预测24岁的犯罪（Raine, Venables & Williams, 1990c）。亚科诺、卡尔森、马隆和麦丘（2002）同样观测到，17岁P300振幅降低预测了20岁时物质滥用障碍的发展。尽管这些研究有些混杂在一起，但高和雷恩（2009）的元分析发现了一个趋势，即年轻的反社会者P300振幅降低比年老的反社会者多了一倍。

其他EPR成分也与青少年和成人的反社会性有关（Racer et al., 2011）。成年精神病态者在go/no-go任务中，面对响应调节模型中的可选而不是威胁性的刺激时，表现出更大的P140，反映了注意分配的异常（Baskin-Sommers, Curtin, Li & Newman, 2012）；额叶N275振幅降低，反映了响应抑制（Kiehl, Smith, Hare & Liddle, 2000）；在处理积极和消极效价的情感面孔时，N300振幅降低，表现对正向刺激具有特定的敏感性（Campalla, Vanhoolandt & Philippot, 2005）。总之，尽管还有很多需要继续通过研究心理学和生理学过程的动态连结来了解反社会的发展进程，但心理生理学（已经）为理解犯罪做出了十分引人注目的贡献。

内分泌学

神经心理学研究已经发现了反社会行为与常见激素的关系，如皮质醇（一种对压力反应的糖皮质激素）、睾酮（下丘脑—垂体—性腺轴［HPG］的一部分，一种性激素）。在成人中，皮质醇水平降低是暴力（Virkkunen，1985）和精神病态罪犯（Cima，Smeets & Jelicic，2008；Holi，Auvinen-Lintunen，Lindberg，Tani & Virkkunen，2006）的特点。在儿童和青少年中，低皮质醇水平与攻击性（McBurnett，Lahey，Rathouz & Loeber，2000）、外化行为和低焦虑（van Goozen et al.，1998）、行为障碍症候群（McBurnett et al.，2000；Oosterlaan，Geurts & Sergeant，2005；Pajer，Gardner，Rubin，Perel & Neal，2001）和 CU 特质（Loney，Butler，Lima，Counts & Eckel，2006）存在关联。在一个 5 年的纵向研究中，肖尔及其同事（2003）发现，在青少年前期（10—12 岁）的男孩中出现的皮质醇降低与低水平的伤害回避和自我控制，以及青少年期（15—17 岁）的攻击行为有关。较低水平的皮质醇表明个体可能对压力源的反应性降低，反过来又导致对消极后果的恐惧减少，如潜在惩罚。

研究也发现睾酮和攻击行为存在联系。一系列调查研究发现反社会行为的高男女比例伴随着男女之间睾酮的成倍增长，例如，反社会人格障碍的男女比例约为 4:1，暴力犯罪为 10:1（Honk & Schutter，2007）。在成人中，高水平的睾酮与反社会行为和暴力行为存在联系（Banks & Dabbs，1996；Dabbs，Frady & Carr，1987），但在具有攻击性的儿童和青少年中却得到不一致的结果（Loney et al.，2006；Maras et al.，2003；Pajer et al.，2006）。这表明睾酮可能并不是与攻击行为有联系，而是体现了社会优势（Archer，2006），从而导致了上述不一致的结果。总之，内分泌学中对反社会行为的研究为犯罪行为发展的神经生理学研究提供了一个新的途径。

123

道德发展

近些年来，神经生理学研究开始越来越多地聚焦于道德发展，把它作为理解生命历程中出现和发展反社会行为的理论框架。道德发展的受损可能是由神经生理学功能障碍导致的，它从童年早期开始阻止了个体通过关键的道德发展阶段。对儿童和成人道德判断的神经生理学研究促进形成了三种损伤道德发展的假设路径，包括正确的道德社会化的关键成分。

第一个是共情，或对他人的沮丧情绪的正向反应（Blair，1995），会发展为道德失范（造成其他伤害）的心理表征。儿童通过刺激—强化的学习会产生对负性情绪的反应。具有 CU 特质的儿童对他人的沮丧信息，如悲伤和恐惧的面部表情及叫声的认知会降低（Blair，1997；Blair，Colledge，Murray & Mitchell，2001；Blair，Jones，Clark & Smith，1997；Blair et al.，2002），并且在回应这些信息时出现自主障碍（Boxtel，Matthys & Meeus，2012；Blair，1999）。当呈现个体做出反社会行为的文字时，有 CU 特质的年轻人比没有 CU 特质的年轻人报告更少的内疚感（Feilhauer et al.，2013）。共情反应缺陷可能是由大脑区域的异常导致的，如杏仁核和眶额叶/腹内侧前额叶皮质等。杏仁核对调节情感反应和刺激—强化学习非常重要，这个过程会把道德失范的心理表征和负向情感反应联系起来（Blair，2007）。腹内侧前额叶皮质对整合道德知识和情感线索、理解他人的情感状态和抑制反社会冲动很重要。有 CU 特质的儿童在面对恐惧面部表情时，表现出杏仁核活动降低（Viding et al.，2012），以及杏仁核/前额叶皮质联结的减少。这种联结与 CU 特质的严重程度有关（Marsh et al.，2008）。这些研究表明神经生理学缺陷可能是在生命早期就出现共情反应降低的基础。

第二种缺陷包括计算有害风险的能力和利用信息作出道德判断的能力。研究发现精神病态个体对即将到来的惩罚的信号线索不敏感。这种情况在实验室任务中表现为处理恐惧情境的缺陷（Flor, Birbaumer, Hermann, Ziegler & Patrick, 2002），即对预期冲击的皮肤电降低（Lykken, 1957）和恐惧惊吓反射减弱（Patrick, Bradley & Lang, 1993）。比尔鲍默等人（2005）使用功能性磁共振成像（fMRI）发现，精神病态罪犯在处理恐惧情境时，杏仁核、腹内侧前额叶皮质、脑岛和前扣带回区域无法呈现正常的活动，皮肤电无反应。以上研究结果表明，恐惧情境的神经元回路缺陷对道德发展至关重要。因此，道德发展可能会被这种无法使用信息线索来预期他人的行为结果的缺陷所阻碍。

最后，个体可能具有躯体标记产生的缺陷。躯体标记，或躯体信号，被认为对指导情感决策非常重要（Damasio, 1994）。躯体标记反映了与行为关联的奖惩历史，例如个体在考虑以前的风险或不利的活动时，会发展出预期的皮肤电反应，而且眶额叶皮质也会参与进来。躯体标记生成受损体现在带有眶额叶皮层受损的个体身上。这种个体在赌博任务（一个激活真实生活中决定的范式，包括不确定性、奖赏和惩罚）中作出不利的选择，并且在做出不利选择前无法生成预期性的皮肤电反应（Bechara, Damasio, Damasio & Lee, 1999）。

总的来说，大脑的很多区域都对道德发展非常重要。（如果）在反社会青年中发现这些区域受到损伤，就表明这些个体可能无法进行正确的道德发展。这些损伤可能是基因或环境因素导致的。例如，比彻姆等人（2013）发现，受过创伤性大脑损伤的青少年表现出低水平的道德推理和共情。这些研究为我们展示了为何道德发展的理论框架在理解反社会行为发展时特别重要。

营养学

人们越来越认识到，与其他的神经生理学风险因素一道，营养不良代表了儿童和成人的反社会行为发展的一个重要潜在风险因子。纵向研究已经发现，童年时期攻击性增加和注意缺陷与婴儿期的营养不良有关（Galler & Ramsey, 1989；Galler, Ramsey, Solimano, Lowell & Mason, E. . 1983a；Galler, Ramsey, Solimano & Lowell, 1983b）。近期有更多的研究发现，出生后第一年的蛋白质—能量营养不足与9—17岁时父母报告的外化行为有关（Galler et al. , 2011），也与11—17岁时自我报告的行为问题有关（Galler et al. , 2012）。加勒和其同事（2012）发现，对未来行为问题增加的易感性受童年认知功能和家庭环境的调节。一个元分析研究发现，低血糖的发展趋势和攻击性的发展趋势有关（Benton, 2007）。流行病学研究（Breakey, 1997；Werbach, 1992）对有攻击行为史的个体调查发现，维生素和矿物质的缺乏与攻击性增加有关。例如，罗森等人（1985）发现，与没有攻击性行为历史的个体相比，1/3的监禁少年犯患有缺铁性贫血。与此同时，其他人发现有暴力倾向、攻击性的年轻男性的血液出现铜/锌比例升高（缺锌）的现象（Cunnane, 1988；Walsh, Isaacson, Rehman & Hall, 1997）。此外，纽格鲍尔、霍克和萨瑟（1999）发现，在第一和第二妊娠期（婴儿大脑生长最快的时期）缺乏营养的女性的男性后代，在成年后出现反社会人格障碍的概率是正常人的2.5倍。

研究也发现，反社会行为个体的Ω-3长链必需脂肪酸水平较低。例如，科里根等人（1994）发现，与非罪犯相比，暴力罪犯的血液中Ω-3长链必需脂肪酸水平较低。这个结

124

果与其他表明暴力罪犯存在必需脂肪酸代谢异常的研究结果相一致（Hibbeln et al.，1998；Virkkunen，Horrobin，Jenkins & Manku，1987）。另外，近期的一个研究发现，在多动症的青少年男孩中，Ω-3长链必需脂肪酸与CU特质呈负相关（Gow et al.，2013）。还有研究考察了增加鱼类的食用，（发现）增加Ω-3长链必需脂肪酸与较低水平的攻击和暴力行为有关。例如，伊里瓦伦等人（2004）报告发现，在3381名男性和女性成人中，较多摄入富含Ω-3必需脂肪酸的海产品与较低的敌意测试得分有关。在更大的14 541名怀孕妇女样本中，在怀孕期间吃更多鱼的母亲的后代在7岁时表现出明显更高水平的亲社会行为（Hallahan，Hibbeln，Davis & Garland，2007）。另外，一个包括26个县的跨国研究观测到，谋杀犯罪率与海产品消费率的相关指数为-0.63；有较多鱼类消费的国家拥有较低的谋杀犯罪率（Hibbeln，2001）。

实验研究为营养学与犯罪行为的关系提供了更多有力的证据。一个纵向调查（Liu，Raine，Venables & Mednick，2004）表明，即使控制了多个心理社会因素指标，在3岁缺乏铁、锌或蛋白质的儿童在8岁、11岁和17岁会有更大的外化行为问题。与控制组相比，3岁时营养不良的儿童在7岁时更具攻击性和多动性，在11岁时有更多的外化行为，在17岁时有更严重的行为障碍和过度运动。此外，研究发现3岁时营养不良的程度与8岁和17岁时的行为问题存在剂量效应关系。

另外，关于犯罪的营养学研究的理念正在向预防营养不良的大脑功能异常靠拢，从而预防童年和青少年期的反社会行为（Liu & Raine，2006；Liu et al.，2004；Liu，Raine，Venables & Mednick，2005）。这个理念已经获得了多项研究的支持（Gallagher，Newman，Green & Hanson，2005；Liu et al.，2004；Liu，Raine，Venables & Mednick，2006；Nakaga-wasai et al.，2006；Young & Leyton，2002）。例如，在一个研究中发现，营养不良会降低认知功能，反过来增加了未来反社会行为的倾向性（Liu et al.，2004）。显然营养学研究与其他神经生理学重要领域的方法一起，在阐明犯罪的重要病原学机制和降低犯罪的可能性中扮演了重要的角色。

发展神经生理学的司法应用

犯罪的发展神经生理学研究对刑事司法系统非常重要。虽然先进的技术已经可以用新的令人激动的神经生物手段来进行反社会行为的研究，但犯罪的生物风险因子的司法应用并不是一个新想法，它们有自己的起源，那就是早期实证犯罪学的著作（Lombroso，1876）。因此，临床实践的重点是理解神经生理学研究怎样开始影响刑事司法系统的方方面面，以及在未来司法实践中如何引入并增加神经生理学的评估的影响，制定识别、控制和治疗不同类型的成人和青少年犯罪的相关政策。但更关键的是，我们要对它在司法服务中的局限，以及围绕它的实用性而产生的哲学、伦理和政治两难有所理解。

测谎

测谎是刑事司法系统实际应用的第一种神经生理学方法。测谎仪是最早为人所知的通过生理方法来检测谎言的机器（Trovillo，1939）。这是基于这样的假设：在询问过程中人因焦虑而说谎的时候，会产生很多自主反应（例如，心率、血压、呼吸数和皮肤电反应增加）。测谎技术包括问题控制技术（CQT）、直接测谎技术（DLT）和犯罪知情测试（GKT）。尽管心理生理指标的检测不能证伪，该技术也在执法与国家安全政策制定中被广

125

泛应用。测谎仪在科学家眼中仍充满了概念和方法的缺陷，而测谎仪提供的证据也经常会被法庭排除（Iacono，2007；Iacono & Patrick，2006）。

最近，科学家对基于大脑的测谎方法产生了兴趣。其中最具前景的测谎技术为 ERP 技术，尤其是对重要且罕见刺激（Oddball 实验范式）的 P300 反应。在一个基于 P300 的 GKT 方法中，与犯罪信息有关的关键词组成了 oddball。一些 ERP – GKT 的验证性研究证明了它的有效性，以及对法庭系统的潜在效用（Iacono & Patrick，2006）。尽管必须要考虑说谎的结构和功能的复杂性，但科学家对测谎的神经成像方法也产生了兴趣（Langleben & Moriarty，2013；McCabe，2011）。例如，研究发现了第一个病态撒谎者的大脑结构性异常的第一个证据（Yang et al.，2005，2007），同时有一个对 15 个功能成像研究的综述（Sip, Roepstorff, McGregor & Frith，2007）表明，大脑皮层和皮层下的多处区域在说谎时被激活——尽管在研究中发现最常被激活的是背外侧前额叶（即 15 个中有 9 个）。这些不一致的结果，与受困于旧技术的概念和方法问题一起，仍然需要在神经成像成为测谎的一种可行方式之前被解决（Sip et al.，2007）。

神经心理学测试还展示了对另一种说谎的检测作用——诈病。在智力测试中，诈病可以通过分数的分布异常检测出来。诈病者无法模仿大脑受伤的病人在记忆评估中的表现，并且在"强迫选择"测试中，经常得分远低于随机的水平。另外，诈病者可以通过一致性测验、测量常见结构或重复给药被检测出来（Ackerman，1999）。这些方法为我们展现了神经生理学方法如何在未来为司法目的的测谎提供帮助。

法律和司法程序

大脑的结构和功能成像研究已经开始对司法系统产生影响（Yang, Glenn & Raine，2008）。费格森（2006）报告称，将近 130 例法庭审判将大脑成像数据作为证据，大量的此类技术近年来开始被广泛应用。这些也许反映了人们已经开始相信大脑成像展示了罪犯精神功能的客观评测结果。一般来说，成像数据发现的大脑异常已经被用在辩护减轻犯罪责任上，并且结合这种途径来判决他杀案件的结果变化很大，从成功因精神错乱而裁定无罪的辩护，到减刑（从死刑改判无期徒刑），再到导致有罪判决和死刑判决的失败。虽然司法体系内大脑成像的潜在影响看起来已经（足够）重要，但仍然存在着大量的局限，包括无法提供回顾性信息（犯罪时的大脑功能），以及大脑结构说明的主观性（Yang et al.，2008）。

神经心理学方法可能在法律系统中也有存在价值。例如，精神发育迟滞（MR）的诊断大部分根据智力功能在平均值以下（即 IQ < 70）来确定，显著地缓和了谋杀罪被告的判决结果（尤其是死刑），而且该标准已成为审前评估的重要成分（Dwyer & Frierson，2006）。另外，神经递质功能也已成为支持精神疾病抗辩的一个证据（Berman & Coccaro，1998）。总之，发展神经生物犯罪学研究在司法和审判过程中的实践应用尽管仍然在初始阶段，而且对现有研究的重复试验需要考虑更加广泛的接受度和执行度，但它无疑已展现出巨大的潜力。

评估

已有证据表明，神经生理学方法可以提高未来司法评估的重要领域的特异性和有效性（Popma & Raine，2006）。

诊断

个体的生理因素可以增加诊断的正确性，帮助确定难以检测的心理生理学缺陷，如使用心率反应性减弱代替自评方法来确定精神病态特质，或用大脑成像来确认病态说谎或诈病，也可以通过降低群体差异性来提高司法相关的精神病学诊断的特异性。例如，研究者正在试图分辨不同的攻击亚型的神经生理学模型，如反应性和主动性（Popma & Raine，2006）。有效的确诊对司法领域至关重要，并且发展的神经生物犯罪研究也许很快就能帮助提高诊断的效能。

治疗

神经生理学的测量方法降低了诊断的变异性，同样可以帮助提高司法的药物干预效果。例如，临床攻击性的某种生理类型（即冲动性，与之相反的是预谋性）可能会更适用于药物治疗（Moeller & Swann，2007），而一个属于破坏性行为障碍儿童的生理反应（即低的皮质醇应激反应）已经被证明与不良的治疗结果有关（van de Wiel，van Goozen，Matthys，Snoek & van Engeland，2004）。另外，特定的兴奋剂（如利他灵），可以提高唤起并减少攻击行为（Connor，2002）。（这）对司法实践具有直接的应用价值。

进一步来讲，鉴于矫正背景下的经济和人员资源有限，所以必须在考虑这些资源分配的前提下做出对罪犯最好的临床决定。发展神经生理学研究可以帮助确定最可行的治疗候选人。例如，莫菲特（1993）的理论把终身持续型犯罪从限于青少年期的犯罪（一个由社会模仿发展来的规范的、晚发作型和很大程度上停滞型的反社会行为）中区别出来。这样一来，针对断念的认知行为策略（Gendreau，Goggin，French & Smith，2006）可能是对限于青少年时期的一个理想策略；而且，了解限于青少年时期或终身持续型青少年犯罪的发展历史，可能会帮助司法实践者在刑事司法制度下确认潜在的更好预后的人选。另外，有着神经生理学特征（即精神病态）的罪犯可能不会从非药物治疗的项目中受益，如治疗团体。事实上，尽管有关团体治疗的观点更加乐观（McGauley，Adshead & Sarkar，2007），但这些项目已经导致了精神病态者的暴力重犯率增加（让他们变得更严重）。但是了解难治性的精神疾病知识可能会帮助刑事司法系统更加有效地使用金钱和时间。

另一种非药物方法如营养干预可能更适合减少被监禁人群的反社会行为。例如，舍恩萨勒等人（1997）发现维生素和矿物质的供应明显使被监禁的青少年囚犯的反社会行为降低了28%（26个被试中的16个人，其暴力行为降低了90%），以及大脑功能的提升和脑电位异常的减少。这种成功促使加州立法机构通过修正卫生与福利法案来验证这种结果在成年男性囚犯中是否可重复。在另一个231名英国囚犯的随机双盲安慰剂控制的试验中（Gesch，Hammond，Hampson，Eves & Crowder，2002），经过142天的 $\Omega-3$ 必需脂肪酸和多种维生素/矿物质治疗，反社会和攻击性行为显著降低了26.3%，严重侵犯行为（包括暴力）减少了37%。正如许多犯罪行为的干预都需要时间、人力、成本密集，营养干预可以提供一个成功的、容易实现的、有效利用成本的方法来减少暴力人群的反社会行为。

干预

针对青少年反社会行为的新非药物介入干预方法，考虑甚至改变以往方法的生理易伤性，同样也是很有前途的。例如，生理反馈法是注意力缺陷过动症儿童提高其生理唤起的一种有效的方式（Monastra，2008）；而且，非药物介入促进护理干预通过每天使皮质醇水平异常平缓变得正常的方法（Fisher，Stoolmiller，Gunnar & Burraston，2007），可能减少有相关行为模式的青少年的攻击性（Murray-Close，Han，Cicchetti，Crick & Rogosch，2008）。另外，儿童研究表明，每日维生素、矿物质和 $\Omega-3$ 必需脂肪酸的充足供应可以在4个月内

127

减少47%的反社会行为（Schoenthaler & Bier, 2000；Stevens et al., 2003），但也存在一些不一致的研究结果（Hirayama, Hamazaki & Terasawa, 2004）。早期的营养指南（Olds et al., 1998）和环境提升项目也有效地减少了犯罪和反社会行为。一个随机控制试验（Raine, Mellingen, Liu, Venables & Mednick, 2003b）表明，环境的提升包括更好的营养和认知刺激，从3—5岁开始加强身体锻炼会显著地减少17岁时的反社会性和23岁时的犯罪。事实上，之前的研究表明更好的营养是这个项目中的有效成分，预防项目对营养不良的儿童更加有效。这种环境提升同样造成了生理唤起和心理—生理信息处理过程的长期改善（Raine et al., 2003b；Raine, Liu, Venables & Mednick, 2006）。事实上，在制定司法治疗／干预方法中十分有用的生理变量，也在后期评估中起到相应的作用。例如，在治疗／干预之前和之后评估某个和行为问题关联的生理指标，以此作为对结果的测量（Popma & Raine, 2006）。总的来说，发展的神经生理学研究有可能为理解犯罪的治疗和干预方法提供很多帮助。

危险性和风险预测

生理变量可能也在预测未来反社会行为的风险中起到作用（Popma & Raine, 2006）。例如，低智商和高反社会性被认为是人身危险性的组成成分，而且这些因素可以把判处死刑的男性谋杀者从无期徒刑中区别出来（Heilbrun, 1990）。与精神病态有关的神经心理缺陷（Hiatt & Newman, 2006）也可以用来作为风险指数。精神病态的评定（例如精神病态修订清单；Hare, 2003）是已知的对犯罪累犯最有效的预测因子（Quinsey, Harris, Rice & Cormier, 1999）。低水平的脑脊五羟吲哚乙酸（5 - HIAA, 5 - 羟色胺的一种代谢产物）已经可以将暴力累犯与非累犯区别开来（Virkkunen, DeJong, Bartko, Goodwin & Linnoila, 1989）。其他神经生理学方法，例如阴茎体积变化测试仪，虽然受到了很多来自科学界的批评，但可以将恋童癖从其他性犯罪和非罪犯、将非家庭恋童癖从近亲强奸罪犯、将杀人恋童癖从非杀人恋童癖和非罪犯中区别出来（Bourget & Bradford, 2008）。危险性预测和风险评估在司法实践中扮演了最重要的角色，而发展的神经生理学研究也许很快就能在里面起到重要作用。

尽管神经生理学研究对于司法评估的贡献还存在于假设之中，但已经发现的证据为我们提供了美好的前景，以后的研究应该向可行性和实证性（的方向）发展。神经生理学还需要在哲学、伦理和政治问题上付出巨大的努力，将研究结果应用于司法实践领域。其中被关注的重点就是生理决定论与自由意志的博弈（Popma & Raine, 2006；Yang et al., 2008），尤其是法证心理学终有一天也会面对的议题——否认个体公民自由权的国家强制干预措施，甚至是神经行为控制机械植入议题。但是，这其实是对犯罪的生理原因的过时观点。尽管龙勃罗梭的观点依然存在，但其理论已经被推翻。我们应该用一种发展的神经生理学的犯罪研究去证明，生理原因并不是定数，犯罪行为的生理和心理原因可以被改变。

总结

神经生理学关键领域的研究，帮助我们更加实证地理解犯罪行为的起源、保持和潜在的持续性。研究同样也为我们展示了犯罪发展的视角。而且神经生理学犯罪研究的应用和犯罪的发展理论都在法证心理学领域变得至关重要。这样一来，犯罪、神经生理学研究和司法应用的三个发展理论是密不可分的，每个都受益于另一个，且都依靠另一个来加深理

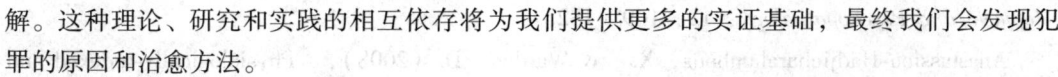

解。这种理论、研究和实践的相互依存将为我们提供更多的实证基础，最终我们会发现犯罪的原因和治愈方法。

128

扩展阅读

1. Lorber, M. F.（2004），"Psychophysiology of aggression, psychopathy, and conduct problems：A meta-analysis"，*Psychological Bulletin*，130（4），531 – 552.

这是一项对95项研究进行的元分析，对心率与皮肤电的三种测量方式（静止、任务与反应性），与三种不同的反社会行为（攻击、精神病态和行为问题）之间的关系。结果发现存在多种交互作用，且在反社会行为中存在某种功能性无力。低水平的静止和任务皮肤电与精神病态和行为问题存在关联：皮肤电的反应性与攻击行为存在正相关，与精神病态存在负相关。低静止心率及高心率反应性与攻击和行为问题有关。在一些研究中，生理与行为的关系随着年龄和刺激的变化有所改变。该结果具有重要的实践和临床价值。

2. Moffitt, T. E., Lynam, D. R., & Silva, P. A.（1994），"Neuropsychological tests predicting persistent male delinquency"，*Criminology*，32（2），277 – 300.

这是一个对几百名新西兰男性从13岁到18岁进行的纵向研究，主要通过测量神经心理状态来观察能否预测未来的反社会性的出现。被试在13岁时进行一系列的神经心理学测量，包括言语、视觉空间和大脑执行功能。研究结果表明，13岁时的神经心理状态可以预测18岁时的持久的犯罪行为（数据来源于政府、法庭和自我报告），而高级的侵犯行为开始于青少年前期。其中言语能力的测量结果最为显著，而视觉空间和心理弹性功能没有显著结果。相比之下，13岁时的神经心理表现与仅限于青少年期的犯罪没有关联。该结果是早期关于儿童和青少年反社会行为发展性分类理论的第一个纵向神经心理学实证结果。

3. Raine, A., Mellingen, K., Liu, J. H., Venables, P. H., & Mednick, S. A.（2003），"Effects of environmental enrichment at 3 – 5 years on schizotypal personality and antisocial behavior at ages 17 and 23 years"，*American Journal of Psychiatry*，160，1627 – 1635.

该研究中，作者对儿童3—5岁期间的营养、教育和运动对情况进行测量，并观察是否能够减少其17和23岁时的分裂型人格和反社会行为。参与该提升项目的儿童在气质类型、营养状态、认知能力、自主神经系统和人口学变量上的分布情况均与在标准社区条件生活下的控制组相同。分裂型人格和反社会行为的测量是通过被试在17和23岁时自我报告和客观指标（例如法庭文件）获得的。实验组被试在17岁时的分裂型人格和反社会行为与23岁时的犯罪行为显著低于控制组的被试。实验组中3岁时营养不良的被试效果更加明显，尤其在17岁的分裂型人格和行为问题和23岁的分裂型人格得分上尤为突出。该研究结果对提升项目在心理和行为方面改善的有效性研究提供了补充，并为分裂型人格和犯罪行为的预防提供了启示。

129

参考文献

Ackerman, M. J.（1999），*Essentials of forensic psychological assessment*，New York：John Wiley & Sons.

Aguilar, B., Sroufe, A., Egeland, B., & Carlson, E.（2000），"Distinguishing the early-onset/persistent and adolescent-onset antisocial behavior types：From birth to 16 years"，*De-*

velopment and Psychopathology, 12, 109 – 132.

Anastassiou-Hadjicharalambous, X. , & Warden, D. (2008), "Physiologically-indexed and self-perceived affective empathy in conduct-disordered children high and low on callous-unemotional traits", *Child Psychiatry and Human Development*, 39 (4), 503 – 517.

Anderson, S. W. , Bechara, A. , Damasio, H. , Tranel, D. , & Damasio, A. R. (1999), "Impairment of social and moral behavior related to early damage in human prefrontal cortex", *Nature Neuroscience*, 2, 1031 – 1037.

Andrews, T. K. , Rose, F. D. , & Johnson, D. A. (1998), "Social and behavioural effects of traumatic brain injury in children", *Brain Injury*, 12, 133 – 138.

Aoki, Y. , Inokuchi, R. , Nakao, T. , & Yamasue, H. (2013), "Neural bases of antisocial behavior: A voxel-based meta-analysis", *Social Cognitive and Affective Neuroscience*, doi: 10. 1093/scan/nst104.

Archer, J. (2006), "Testosterone and human aggression: An evaluation of the challenge hypothesis", *Neuroscience and Biobehavioral Reviews*, 30, 319 – 345.

Baker, E. , Shelton, K. H. , Baibazarova, E. , Hay, D. F. , & van Goozen, S. H. (2013), "Low skin conductance activity in infancy predicts aggression in toddlers 2 years later", *Psychological Science*, 24 (6), 1051 – 1056.

Banks, T. , & Dabbs, J. J. M. (1996), "Salivary testosterone and cortisol in a delinquent and violent urban subculture", *Journal of Social Psychology*, 136, 49 – 56.

Barkataki, I. , Kumari, V. , Das, M. , Taylor, P. , & Sharma, T. (2006), "Volumetric structural brain abnormalities in men with schizophrenia or antisocial personality disorder", *Behavioural Brain Research*, 169, 239 – 247.

Barratt, E. S. , Stanford, M. S. , Felthous, A. R. , & Kent, T. A. (1997), "The effects of phenytoin on impulsive and premeditated aggression: A controlled study", *Journal of Clinical Psychopharmacology*, 17, 341 – 349.

Barker, E. D. , Séguin, J. R. , White, H. R. , Bates, M. E. , Lacourse, E. , Carbonneau, R. , & Tremblay, R. E. (2007), "Developmental trajectories of male physical violence and theft: Relations to neuro-cognitive performance", *Archives of General Psychiatry*, 64, 592 – 599.

Baskin-Sommers, A. , Curtin, J. J. , Li, W. , & Newman, J. P. (2012), "Psychopathy-related differences in selective attention are captured by an early event-related potential", *Personality Disorders: Theory, Research, and Treatment*, 3 (4), 370 – 378.

Bastert, E. , Schläfke, D. , Pein, A. , Kupke, F. , & Fegert, J. (2012), "Mentally challenged patients in a forensic hospital: A feasibility study concerning the executive functions of forensic patients with organic brain disorder, learning disability, or mental retardation", *International Journal of Law and Psychiatry*, 35, 207 – 212.

Bauer, L. O. , & Hesselbrock, V. M. (1999), "P300 decrements in teenagers with conduct problems: Implications for substance abuse risk and brain development", *Biological Psychiatry*, 46, 263 – 272.

Baving, L. , Laucht, M. , & Schmidt, M. H. (2003), "Frontal EEG correlates of externalizing spectrum behaviors", *European Child & Adolescent Psychiatry*, 12 (1), 36 – 42.

Beauchamp, M. H. , Dooley, J. J. , & Anderson, V. (2013), "A preliminary investiga-tion of moral reasoning and empathy after traumatic brain injury in adolescents", *Brain Injury*, 27 (7 – 8), 896 – 902.

Bechara, A. , Damasio, H. , Damasio, A. R. , & Lee, G. P. (1999), "Different contri-butions of the human amygdala and ventromedial prefrontal cortex to decision-making", *Journal of Neuroscience*, 19, 5473 – 5481.

Benton, D. (2007), "The impact of diet on anti-social, violent and criminal behavior", *Neuroscience and Biobehavioral Reviews*, 31, 752 – 774.

Berman, M. E. , & Coccaro, E. F. (1998), "Neurobiologic correlates of violence: Rele-vance to criminal responsibility", *Behavioral Sciences and the Law*, 16, 303 – 318.

Bernat, E. M. , Hall, J. R. , Steffen, B. V. , & Patrick, C. J. (2007), "Violent offen-ding predicts P300 amplitude", *International Journal of Psychophysiology*, 66, 161 – 167.

Bertsch, K. , Grothe, M. , Prehn, K. , Vohs, K. , Berger, C. , Hauenstein, K. , Keiper, P. , Domes, G. , Teipel, S. , & Herpertz, S. C. (2013), "Brain volumes differ be-tween diagnostic groups of violent criminal offenders", *European Archives of Psychiatry and Clinical Neuroscience*, 263 (7), 593 – 606.

Bigler, E. D. (2001), "Frontal lobe pathology and antisocial-personality disorder", *Archives of General Psychiatry*, 58, 609 – 611.

Birbaumer, N. , Viet, R. , Lotze, M. , Erb, M. , Hermann, C. , & Grodd, W. (2005), "Deficient fear conditioning in psychopathy: A functional magnetic resonance imaging study", *Archives of General Psychiatry*, 62, 799 – 805.

Blair, R. J. (1995), "A cognitive developmental approach to morality: Investigating the psychopath", *Cognition*, 57, 1 – 29.

Blair, R. J. (1997), "Moral reasoning in the child with psychopathic tendencies", *Person-ality and Individual Differences*, 22, 731 – 739.

Blair, R. J. (1999), "Responsiveness to distress cues in children with psychopathic tenden-cies", *Personality and Individual Differences*, 27, 135 – 145.

Blair, R. J. (2006), "The emergence of psychopathy: Implications for the neuropsychologi-cal approach to developmental disorders", *Cognition*, 101, 414 – 442.

Blair, R. J. (2007), "The amygdala and ventromedial prefrontal cortex in morality and psy-chopathy", *Trends in Cognitive Science*, 11, 387 – 392.

Blair, R. J. , Colledge, E. , Murray, L. , & Mitchell, D. G. V. (2001), "A selective impairment in the processing of sad and fearful facial expressions in children with psychopathic tend-encies", *Journal of Abnormal Child Psychology*, 29, 491 – 498.

Blair, R. J. , & Frith, U. (2000), "Neurocognitive explanations of the antisocial personali-ty disorders", *Criminal Behaviour and Mental Health*, 10, S66 – S81.

Blair, R. J. , Jones, L. , Clark, F. , & Smith, M. (1997), "The psychopathic individu-al: A lack of responsiveness to distress cues", *Psychophysiology*, 34, 192 – 198.

Blair, R. J., Mitchell, D. G. V., Richell, R. A., Kelly, S., Leonard, A., Newman, C., & Scott, S. K. (2002), "Turning a deaf ear to fear: Impaired recognition of vocal affect in psychopathic individuals", *Journal of Abnormal Psychology*, 111, 682 – 686.

Blair, K. S., Newman, C., Mitchell, D. G. V., Richell, R. A., Leonard, A., Morton, J., & Blair, R. J. (2006), "Differentiating among prefrontal substrates in psychopathy: Neuropsychological test findings", *Neuropsychology*, 20, 153 – 165.

Blake, P. Y., Pincus, J. H., & Buckner, C. (1995), "Neurologic abnormalities in murderers", *Neurology*, 45, 1641 – 1647.

Bourget, D., & Bradford, J. M. W. (2008), "Evidential basis for the assessment and treatment of sex offenders", *Brief Treatment and Crisis Intervention*, 8, 130 – 146.

Breakey, J. (1997), "The role of diet and behaviour in childhood", *Journal of Paediatrics and Child Health*, 33, 190 – 194.

Brennan, P. A., Hall, J., Bor, W., Najman, J. M., & Williams, G. (2003), "Integrating biological and social processes in relation to early-onset persistent aggression in boys and girls", *Developmental Psychology*, 39, 309 – 323.

Brennan, P. A., Raine, A., Schulsinger, F., Kirkegaard-Sorense, L., Knop, J., Hutchings, B., Rosenberg, R., & Mednick, S. A. (1997), "Psychophysiological protective factors for male subjects at high risk for criminal behavior", *American Journal of Psychiatry*, 154, 853 – 855.

Broomhall, L. (2005), "Acquired sociopathy: A neuropsychological study of executive dysfunction in violent offenders", *Psychiatry, Psychology, and Law*, 12, 367 – 387.

Campalla, S., Vanhoolandt, M. E., & Philippot, P. (2005), "Emotional deficit in subjects with psychopathic tendencies as assessed by the Minnesota Multiphasic Personality Inventory – 2, an event-related potentials study", *Neuroscience Letters*, 373, 26 – 31.

Caspi, A., McClay, J., Moffitt, T. E., Mill, J., Martin, J., Craig, I. W., Taylor, A., & Poulton, R. (2002), "Role of genotype in the cycle of violence in maltreated children", *Science*, 297, 851 – 854.

Cauffman, E., Steinberg, L., & Piquero, A. R. (2005), "Psychological, neuropsychological and physiological correlates of serious antisocial behavior in adolescence: The role of self-control", *Criminology: An Interdisciplinary Journal*, 43 (1), 133 – 176.

Cima, M., Smeets, T., & Jelicic, M. (2008), "Self-reported trauma, cortisol levels, and aggression in psychopathic and non-psychopathic prison inmates", *Biological Psychiatry*, 78, 75 – 86.

Connor, D. F. (2002), *Aggression and antisocial behavior in children and adolescents*, New York: Guilford Press.

Corrigan, F., Gray, R., Strathdee, A., Skinner, R., Van Rhijn, A., & Horrobin, D. (1994), "Fatty acid analysis of blood from violent offenders", *Journal of Forensic Psychiatry*, 5, 83 – 92.

Cunnane, S. C. (1988), *Zinc: Clinical and biochemical significance*, Boca Raton, FL:

CRC Press, Inc.

Dabbs, J. M. , Frady, R. L. , & Carr, T. S. (1987), "Saliva testosterone and criminal violence in young adult prison inmates", *Psychosomatic Medicine*, 49, 174 – 182.

Damasio, A. R. (1994), *Descartes' error: Emotion, reason, and the human brain*, New York: GP Putnam's Sons.

Damasio, A. R. , Tranel, D. , & Damasio, H. (1990), "Individuals with sociopathic behavior caused by frontal damage fail to respond automatically to social stimuli", *Behavioural Brain Research*, 41, 81 – 94.

De Brito, S. A. , Viding, E. , Kumari, V. , Blackwood, N. , & Hodgins, S. (2013), "Cool and hot executive function impairments in violent offenders with antisocial personality disorder with and without psychopathy", PLOS One, 8 (6): e65566. doi: 10.1371/journal. pone. 0065566.

Decety, J. , Skelly, L. R. , Kiehl, & K. A. (2013), "Brain response to empathy-eliciting scenarios involving pain in incarcerated individuals with psychopathy", *JAMA Psychiatry* (Chicago, Ill.) 70, 638 – 645.

Dinn, W. M. , & Harris, C. L. (2000), "Neurocognitive function in antisocial personality disorder", *Psychiatry Research*, 97, 173 – 190.

Dolan, M. (2012), "The neuropsychology of prefrontal function in antisocial personality disordered offenders with varying degrees of psychopathy", *Psychological Medicine*, 42 (8), 1715 – 1725.

Dolan, M. , & Park, I. (2002), "The neuropsychology of antisocial personality disorder", *Psychological Medicine*, 32, 417 – 427.

Dwyer, R. G. , & Frierson, R. L. (2006), "The presence of low IQ and mental retardation among murder defendants referred for pretrial evaluation", *Journal of Forensic Sciences*, 51, 678 – 682.

Ehrenreich, H. , Krampe, H. , & Sirén, A. L. (2007), "Brain trauma", In A. R. Felthous & H. Saß (Eds.), *International handbook of psychopathic disorders and the law: Vol. 1* (pp. 217 – 236), Chichester: John Wiley & Sons.

Ellenbogen, J. M. , Hurford, M. O. , Liebskind, D. S. , Neimark, G. B. , & Weiss, D. (2005), "Ventromedial frontal lobe trauma", *Neurology*, 64, 757.

Eriksson, A, Hodgins, S. , & Tengström, A. (2005), "Verbal intelligence and criminal offending among men with schizophrenia", *International Journal of Forensic Mental Health*, 4, 191 – 200.

Evans, J. R. , & Park, N. S. (1997), "Quantitative EEG findings among men convicted of murder", *Journal of Neurotherapy*, 2, 31 – 37.

Fairchild, G. , Hagan, C. C. , Walsh, N. D. , Passamonti, L. , Calder, A. J. , & Goodyer, I. M. (2013), "Brain structure abnormalities in adolescent girls with conduct disorder", *Journal of Child Psychology and Psychiatry*, and Allied Disciplines 54, 86 – 95.

Fairchild, G. , Stobbe, Y. , Van Goozen, S. H. , Calder, A. J. , & Goodyer, I. M. (2010), "Facial expression recognition, fear conditioning, and startle modulation in female subjects with conduct disorder", *Biological Psychiatry*, 68 (3), 272 – 279.

Fairchild, G. , Van Goozen, S. H. , Stollerya, S. J. , & Goodyer, I. M. (2008), "Fear conditioning and affective modulation of the startle reflex in male adolescents with early-onset or adolescence-onset conduct disorder and healthy control subjects", *Biological Psychiatry*, 63 (3), 279 – 285.

Feilhauer, J. , Cima, M. , Benjamins, C. , & Muris, P. (2013), "Knowing right from wrong, but just not always feeling it: Relations among callous-unemotional traits, psychopathological symptoms, and cognitive and affective morality judgments in 8 – to 12-year-old boys", *Child Psychiatry & Human Development*, 44 (6), 709 – 716.

Feigenson, N. (2006), "Brain imaging and courtroom evidence: on the admissibility and persuasiveness of fMRI", *International Journal of Law in Context*, 2, 233 – 255.

Filley, C. M. , Price, B. H. , Nell, V. , Antoinette, T. , Morgan, A. S. Bresnahan, J. F. , Pincus, J. H. , Gelbort, M. M. , Weissberg, M. , & Kelly, J. P. (2001), "Toward an understanding of violence: Neurobehavioral aspects of unwarranted physical aggression: Aspen Neurobehavioral Conference consensus statement", *Neuropsychiatry, Neuropsychology, and Behavioral Neurology*, 14, 1 – 14.

Finger, E. C. , Marsh, A. , Blair, K. S. , Majestic, C. , Evangelou, I. , Gupta, K. , Schneider, M. R. , Sims, C. , Pope, K. , Fowler, K. , Sinclair, S. , Tovar-Moll, F. , Pine, D. , & Blair, R. J. (2012), "Impaired functional but preserved structural connectivity in limbic white matter tracts in youth with conduct disorder or oppositional defiant disorder plus psychopathic traits", *Psychiatry Research*, 202, 239 – 244.

Fisher, P. A. , Stoolmiller, M. , Gunnar, M. R. , & Burraston, B. O. (2007), "Effects of a therapeutic intervention for foster preschoolers on diurnal cortisol activity", *Psychoneuroendocrinology*, 32, 892 – 905.

Flor, H. , Birbaumer, N. , Hermann, C. , Ziegler, S. , & Patrick, C. J. (2002), "Aversive Pavlovian conditioning in psychopaths: Peripheral and central correlates", *Psychophysiology*, 39, 505 – 518.

Frick, P. J. , Cornell, A. H. , Bodin, S. D. , Dane, H. E. , Barry, C. T. , & Loney, B. R. (2003), "Callous-unemotional traits and developmental pathways to severe conduct problems", *Developmental Psychology*, 39, 372 – 378.

Fung, M. T. , Raine, A. , Loeber, R. , Lynam, D. R. , Steinhauer, S. R. , Venables, P. H. , Stouthamer-Loeber, M. (2005), "Reduced electrodermal activity in psychopathy-prone adolescents", *Journal of Abnormal Psychology*, 114 (2), 187 – 196.

Gallagher, E. A. , Newman, J. P. , Green, L. R. , & Hanson, M. A. (2005), "The effect of low protein diet in pregnancy on the development of brain metabolism in rat offspring", *Journal of Physiology*, 568, 553 – 558.

Galler, J. R. , Bryce, C. R. , Waber, D. P. , Hock, R. S. , Harrison, R. , Eaglesfield, G. D. , & Fitzmaurice, G. (2012), "Infant malnutrition predicts conduct problems in adolescents", *Nutritional Neuroscience*, 15, 186 – 192.

Galler, J. R. , Bryce, C. R. , Waber, D. P. , Medford, G. , Eaglesfield, G. D. , Fitz-

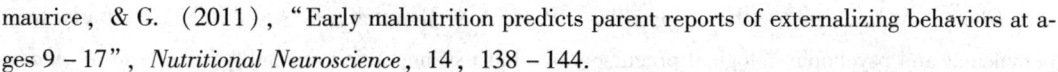

maurice, & G. (2011), "Early malnutrition predicts parent reports of externalizing behaviors at ages 9 – 17", *Nutritional Neuroscience*, 14, 138 – 144.

Galler, J. R., & Ramsey, F. (1989), "A follow-up study of the influence of early malnutrition on development", *Journal of the American Academy of Child and Adolescent Psychiatry*, 26, 23 – 27.

Galler, J. R., Ramsey, F., Solimano, G., & Lowell, W. (1983b), "The influence of early malnutrition on subsequent behavioral development. II. Classroom behavior", *Journal of the American Academy of Child and Adolescent Psychiatry*, 22, 16 – 22.

Galler, J. R., Ramsey, F., Solimano, G., Lowell, W., & Mason, E. (1983a), "The influence of early malnutrition on subsequent behavioural development. I. Degree of impairment of intellectual performance", *Journal of the American Academy of Child and Adolescent Psychiatry*, 22, 8 – 15.

Gao, Y., & Raine, A. (2009), "P3 event-related potential impairments in antisocial and psychopathic individuals: A meta-analysis", *Biological Psychology*, 82, 199 – 210.

Gao, Y., Raine, A., Venables, P. H., Dawson, M. E., & Mednick, S. A. (2010a), "The development of skin conductance fear conditioning in children from ages 3 to 8 years", *Developmental science*, 13 (1), 201 – 212.

Gao, Y., Raine, A., Venables, P. H., Dawson, M. E., & Mednick, S. A. (2010b), "Reduced electrodermal fear conditioning from ages 3 to 8 years is associated with aggressive behavior at age 8 years", *Journal of Child Psychology and Psychiatry*, 51 (5), 550 – 558.

Gatzke-Kopp, L. M., Jetha, M. K., & Segalowitz, S. J. (2012), "The role of resting frontal EEG asymmetry in psychopathology: Afferent or efferent filter?", *Developmental Psychobiology*, 56 (1), 73 – 85.

Gatzke-Kopp, L. M., Raine, A., Buchsbaum, M., & LaCasse, L. (2001), "Temporal lobe deficits in murderers: EEG findings undetected by PET", *Journal of Neuropsychiatry and Clinical Neuroscience*, 13, 486 – 491.

Gendreau, P., Goggin, C., French, S., & Smith, P. (2006), "Practicing psychology in correctional settings", In I. B. Weiner & A. K. Hess (Eds.), *The handbook of forensic psychology* (3rd edn, pp. 722 – 750), Hoboken, NJ: John Wiley & Sons.

Gesch, C. B., Hammond, S. M., Hampson, S. E., Eves, A., & Crowder, M. J. (2002), "Influence of supplementary vitamins, minerals and essential fatty acids on the antisocial behaviour of young adult prisoners: Randomised, placebo-controlled trial", *British Journal of Psychiatry*, 181, 22 – 28.

Gilmore, C. S., Malone, S. M., & Iacono, W. G. (2010), "Brain electrophysiological endophenotypes for externalizing psychopathology: A multivariate approach", *Behavior Genetics*, 40, 186 – 200.

Gilmore, C. S., Malone, S. M., & Iacono, W. G. (2012), "Is the P3 amplitude reduction seen in externalizing psychopathology attributable to stimulus sequence effects?", *Psychophysiology*, 49 (2), 248 – 251.

Glenn, A. L., Raine, R., Venables, P. H., & Mednick, S. A. (2007), "Early temperamental and psychophysiological precursors of adult psychopathic personality", *Journal of Abnormal Psychology*, 116, 508 – 518.

Goldman, D., & Ducci, F. (2007), "The genetics of psychopathic disorders", In A. R. Felthous & H. Saβ (Eds.), *International handbook on psychopathic disorders and the law*: *Vol.* 1 (pp. 149 – 169), Chichester: John Wiley & Sons.

Gow, R. V., Vallee-Tourangeau, F., Crawford, M. A., Taylor, E., Ghebremeskel, K., Bueno, A. E., …Rubia, K. (2013), "Omega – 3 fatty acids are inversely related to callous and unemotional traits in adolescent boys with attention deficit hyperactivity disorder", *Prostoglandins*, *Leukotrienes*, *and Essential Fatty Acids*, 88, 411 – 418.

Grafman, J., Schwab, K., Warden, D., Pridgen, A., Brown, H. R., & Salazar, A. M. (1996), "Frontal lobe injuries, violence, and aggression: A report of the Vietnam Head Injury Study", *Neurology*, 46, 1231 – 1238.

Granacher, R. P., & Fozdar, M. A. (2007), "Acquired psychopathy and the assessment of traumatic brain injury", In A. R. Felthous & H. Saβ (Eds.), *International handbook of psychopathic disorders and the law*: *Vol.* 1 (pp. 237 – 250), Chichester: John Wiley & Sons.

Green, J., Leon-Barth, C., Venus, S., & Lucey, T. (2001), "Murder and the EEG", *The Forensic Examiner*, 10, 32 – 34.

Hallahan, B., Hibbeln, J. R., Davis, J. M., & Garland, M. R. (2007), "Omega – 3 fatty acid supplementation in patients with recurrent self-harm-single-centre double-blind randomised controlled trial", *British Journal of Psychiatry*, 190, 118 – 122.

Hancock, M., Tapscott, J. L., & Hoaken, P. N. S. (2012), "Role of executive dysfunction in predicting frequency and severity of violence", *Aggressive Behavior*, 36, 338 – 349.

Hanlon, R. E., Coda, J. J., Cobia, D., & Rubin, L. H. (2012), "Psychotic domestic murder: Neuropsychological differences between homicidal and nonhomicidal schizophrenic men", *Journal of Family Violence*, 27, 105 – 113.

Hanlon, R. E., Rubin, L. H., Jensen, M., & Daoust, S. (2010), "Neuropsychological features of indigent murder defendants and death row inmates in relation to homicidal aspects of their crimes", *Archives of Clinical Neuropsychology*, 25, 1 – 13.

Hare, R. D. (2003), *The Hare psychopathy checklist-revised* (2nd edn), Toronto, ON: Multi-Health Systems.

Harlow, J. M. (1848), "Passage of an iron bar through the head", *Boston Medical Surgery Journal*, 13, 389 – 393.

Harmon-Jones, E. (2003), "Clarifying the emotive functions of asymmetrical frontal cortical activity", *Psychophysiology*, 40 (6), 838 – 848.

Heilbrun, A. B. (1990), "Differentiation of death-row murderers and life-sentence murderers by antisociality and intelligence measures", *Journal of Personality Assessment*, 54, 617 – 627.

Herpertz, S. C. (2007), "Electrophysiology", In A. R. Felthous & H. Saβ (Eds.), *International handbook of psychopathic disorders and the law*: *Vol.* 1 (pp. 187 – 198), Chichester:

John Wiley & Sons.

Herpertz, S. C., Mueller, B., Wenning, B., Qunaibi, M., Lichterfeld, C., & Herpertz-Dahlmann, B. (2003), "Autonomic responses in boys with externalizing disorders", *Journal of Neural Transmission*, 110, 1181 – 1195.

Herpertz, S. C., Mueller, B., Qunaibi, M., Lichterfeld, C., Konrad, K., & Herpertz-Dahlmann, B. (2005), "Emotional responses in boys with conduct disorder", *American Journal of Psychiatry*, 162, 1100 – 1107.

Hiatt, K. D., & Newman, J. P. (2006), "Understanding psychopathy: The cognitive side", In C. J. Patrick (Ed.), *Handbook of psychopathy* (pp. 334 – 352), New York: Guilford Press.

Hibbeln, J. R. (2001), "Seafood consumption and homicide mortality: A cross-national ecological analysis", *World Review of Nutrition and Dietetics*, 88, 41 – 46.

Hibbeln, J. R., Umhau, J. C., Linnoila, M., George, D. T., Ragan, P. W., Shoaf, S. E., Vaughan, M. R., Rawlings, R., & Salem, N. Jr. (1998), "A replication study of violent and nonviolent subjects: Cerebrospinal fluid metabolites of serotonin and dopamine are predicted by plasma essential fatty acids", *Biological Psychiatry*, 44, 243 – 249.

Hicks, B. M., Bernat, E., Malone, S. M., Iacono, W. G., Patrick, C. J., Krueger, R. F., & McGue, M. (2007), "Genes mediate the association between P3 amplitude and externalizing disorders", *Psychophysiology*, 44 (1), 98 – 105.

Hirayama, S., Hamazaki, T., & Terasawa, K. (2004), "Effect of docosahexaenoic acid-containing food administration on symptoms of attention-deficit/hyperactivity disorder-a placebo-controlled double-blind study", *European Journal of Clinical Nutrition*, 58, 467 – 473.

Hirono, N., Mega, M. S., Dinov, I. D., Mishkin, F., & Cummings, J. L. (2000), "Left frontal temporal hypoperfusion is associated with aggression in patient with dementia", *Archives Neurology*, 57, 861 – 866.

Holi, M., Auvinen-Lintunen, L., Lindberg, N., Tani, P., & Virkkunen, M. (2006), "Inverse correlation between severity of psychopathic traits and serum cortisol levels in young adult violent male offenders", *Psychopathology*, 39, 102 – 104.

Howner, K., Eskildsen, S. F., Fischer, H., Dierks, T., Wahlund, L. O., Jonsson, T., Wiberg, M. K., & Kristiansson, M. (2012), "Thinner cortex in the frontal lobes in mentally disordered offenders", *Psychiatry Research*, 203, 126 – 131.

Iacono, W. G. (2007), "Detection of deception", In J. T. Cacioppo, L. G. Tassinary, & G. G. Berntson (Eds.), *Handbook of psychophysiology* (3rd edn, pp. 688 – 703), Cambridge: Cambridge University Press.

Iacono, W. G., Carlson, S. R., Malone, S. M., & McGue, M. (2002), "P3 event-related potential amplitude and the risk for disinhibitory disorders in adolescent boys", *Archives of General Psychiatry*, 59, 750 – 757.

Iacono, W. G., & Patrick, C. (2006), "Polygraph ('lie detector') testing: Current status and emerging trends", In I. B. Weiner & A. K. Hess (Eds.), *Handbook of forensic psychology*

(3rd edn, pp. 552 – 588), Hoboken, NJ: John Wiley & Sons.

Iribarren, C., Markovitz, J. H., Jacobs, D. R., Schreiner, P. J., Daviglus, M., & Hibbeln, J. R. (2004), "Dietary intake of n – 3, n – 6 fatty acids and fish: Relationship with hostility in young adults-the CARDIA study", *European Journal of Clinical Nutrition*, 58, 24 – 31.

Isen, J. (2010), "A meta-analytic assessment of Wechsler's P > V sign in antisocial populations", *Clinical Psychology Review*, 30, 423 – 435.

Isen, J., Raine, A., Baker, L., Dawson, M., Bezdjian, S., & Lozano, D. I. (2010), "Sex-specific association between psychopathic traits and electrodermal reactivity in children", *Journal of abnormal psychology*, 119 (1), 216.

Ishikawa, S. S., & Raine, A. (2002), "Psychophysiological correlates of antisocial behavior: A central control hypothesis", In J. Glicksohn (Ed.), *The neurobiology of criminal behavior* (pp. 187 – 229), Norwell, MA: Kluwer Academic.

Ishikawa, S. S., Raine, A., Lencz, T., Bihrle, S., & Lacasse, L. (2001), "Autonomic stress reactivity and executive functions in successful and unsuccessful criminal psychopaths from the community", *Journal of Abnormal Psychology*, 110, 423 – 432.

Jennings, W. G., Piquero, A. R., & Farrington, D. P. (2013), "Does resting heart rate at age 18 distinguish general and violent offending up to age 50? Findings from the Cambridge Study in Delinquent Development", *Journal of Criminal Justice*, 41, 213 – 219.

Juhasz, C., Behen, M. E., Muzik, O., Chugani, D. C., & Chugani, H. T. (2001), "Bilateral medial prefrontal and temporal neocortical hypometabolism in children with epilepsy and aggression", *Epilepsia*, 42, 991 – 1001.

Keilp, J. G., Gorlyn, M., Russell, M., Oquendo, M. A., Burke, A. K., Harkavy-Friedman, J., & Mann, J. J. (2013), "Neuropsychological function and suicidal behaviour: Attention control, memory and executive dysfunction in suicide attempt", *Psychological Medicine*, 43 (3), 539 – 551.

Kiehl, K. A., Smith, A. M., Hare, R. D., & Liddle, P. F. (2000), "An event-related potential investigation of response inhibition in schizophrenia and psychopathy", *Biological Psychiatry*, 48, 210 – 221.

Kiehl, K. A., Smith, A. M., Hare, R. D., Mendrek, A., Forster, B. B., Brink, J., & Liddle, P. F. (2001), "Limbic abnormalities in affective processing by criminal psychopaths as revealed by functional magnetic resonance imaging", *Biological Psychiatry*, 50, 677 – 684

Kimonis, E. R., Frick, P. J., Skeem, J. L., Marsee, M. A., Cruise, K., Centifanti, L. C., Aucoin, K. J., & Morris, A. S. (2008), "Assessing callous-unemotional traits in adolescent offenders: Validation of the inventory of callous-unemotional traits", *International Journal of Law and Psychiatry*, 31 (3), 241 – 252.

Klüver, H., & Bucy, P. C. (1939), "Preliminary analysis of functions of the temporal lobes in monkeys", *Archive of Neurological Psychiatry*, 42, 979 – 100.

Kosson, D. H., Miller, S. K., Byrnes, K. A., & Leveroni, C. L. (2007), "Testing neuropsychological hypotheses for cognitive deficits in psychopathic criminals: A study of global-local processing", *Journal of the International Neuropsychological Society*, 13, 267 – 276.

Krakowski, M. I., & Czobor, P. (2012), "Executive function predicts response to antiaggression treatment in schizophrenia: A randomized control trial", *Journal of Clinical Psychiatry*, 73 (1), 74 – 80.

Kronenberger, W. G., Mathews, V. P., Dunn, D. W., Wang, Y., Wood, E. A., Giauque, A. L., &...Li, T. (2005), "Media violence exposure and executive functioning in aggressive and control adolescents", *Journal of Clinical Psychology*, 61 (6), 725 – 737.

Kruesi, M. J. P., & Casanova, M. V. (2006), "White matter in liars", *British Journal of Psychiatry*, 188, 293 – 294.

Kruesi, M. J. P., Casanova, M. F., Mannheim, G., & Jonson-Bilder, A. (2004), "Reduced temporal lobe volume in early onset conduct disorder", *Psychiatry Research: Neuroimaging*, 132, 1 – 11.

Laakso, M. P., Gunning-Dixon, F., Vaurio, O., Repo, E., Soininen, H., & Tiihonen, J. (2002), "Prefrontal volume in habitually violent subjects with antisocial personality disorder and type 2 alcoholism", *Psychiatry Research Neuroimaging*, 114, 95 – 102.

Langleben, D. D., & Moriarty, J. C. (2013), "Using brain imaging for lie detection: Where science, law, and policy collide", *Psychology, Public Policy, and Law*, 19 (2), 222 – 234.

León-Carrión, J., & Ramos, F. J. (2003), "Blows to the head during development can predispose to violent criminal behaviour: Rehabilitation of consequences of head injury is a measure for crime prevention", *Brain Injury*, 17, 207 – 216.

Lewis, D. O., Pincus, J. H., Bard, B., Richardson, E., Prichep, L. S., Feldman, M. et al. (1988), "Neuropsychiatric, psychoeducational, and family characteristics of 14 juveniles condemned to death in the United States", *American Journal of Psychiatry*, 145, 584 – 589.

Lewis, D. O., Pincus, J. H., Feldman, M., Jackson, L., & Bard, B. (1986), "Psychiatric, neurological, and psychoeducational characteristics of 15 death row inmates in the United States", *American Journal of Psychiatry*, 143, 838 – 845.

Lewis, D. O., Pincus, J. H., Lovely, R., Spitzer, E., & Moy, E. (1987), "Biopsychosocial characteristics of matched samples of delinquents and nondelinquents", *Journal of the American Academy of Child and Adolescent Psychiatry*, 26, 744 – 752.

Lezak, M. D., Howieson, D. B., Loring, D. W., Hannay, H. J., & Fischer, J. S. (2004), *Neuropsychological assessment* (4th edn), New York: Oxford University Press.

Lindberg, N., Tani, P., Virkkunen, M., Porkka-Heiskanen, T., Appelberg, B., Naukkarinen, H., & Salmi, T. (2005), "Quantitative electroencephalographic measures in homicidal men with antisocial personality disorder", *Psychiatry Research*, 136, 7 – 15.

Liu, J., & Raine, A. (2006), "The effect of childhood malnutrition on externalizing behavior", *Current Opinion in Pediatrics*, 18, 565 – 570.

Liu, J., Raine, A., Venables, P., & Mednick, S. A. (2004), "Malnutrition at age 3 years predisposes to externalizing behavior problems at ages 8, 11 and 17 years", *American Journal of Psychiatry*, 161, 2005 – 2013.

Liu, J., Raine, A., Venables, P., & Mednick, S. A. (2005), "Behavioral effects of childhood malnutrition, Reply to Galler et al", *American Journal of Psychiatry*, 162, 1629–1761.

Liu, J., Raine, A., Venables, P., & Mednick, S. A. (2006), "Malnutrition, brain dysfunction, and antisocial criminal behavior", In A. Raine (Ed.), *Crime and schizophrenia: Causes and cures* (pp. 109–128), New York: Nova Science Publishers.

Lockwood, P. L., Sebastian, C. L., McCrory, E. J., Hyde, Z. H., Gu, X., De Brito, S. A., & Viding, E. (2013), "Association of callous traits with reduced neural response to others' pain in children with conduct problems", *Current Biology*, 23, 901–905.

Lombroso, C. (1876), *Criminal man*, Milan: Hoepli.

Loney, B. R., Butler, M. A., Lima, E. N., Counts, C. A., & Eckel, L. A. (2006), "The relation between salivary cortisol, callous-unemotional traits, and conduct problems in an adolescent non-referred sample", *Journal of Child Psychology and Psychiatry*, 47, 30–36.

Loney, B. R., Frick, P. J., Ellis, M. L., & McCoy, M. G. (1998), "Intelligence, psychopathy, and antisocial behavior", *Journal of Psychopathology and Behavioural Assessment*, 20, 231–247.

Lorber, M. F. (2004), "Psychophysiology of aggression, psychopathy, and conduct problems: A meta-analysis", *Psychological Bulletin*, 130, 531–552.

Luman, M., Sergeant, J. A., Knol, D. L., & Oosterlaan, J. (2010), "Impaired decision making in oppositional defiant disorder related to altered psychophysiological responses to reinforcement", *Biological Psychiatry*, 68 (4), 337–344.

Luria, A. (1980), *Higher cortical functions in man* (2nd edn), New York: Basic Books.

Ly, M., Motzkin, J. C., Philippi, C. L., Kirk, G. R., Newman, J. P., Kiehl, K. A., & Koenigs, M. (2012), "Cortical thinning in psychopathy", *The American Journal of Psychiatry*, 169, 743–749.

Lykken, D. (1957), "A study of anxiety in the sociopathic-personality", *Journal of Abnormal and Social Psychology*, 55, 6–10.

Lykken, D. (1995), *The antisocial personalities*, Hillsdale, NJ: Erlbaum.

Maras, A., Laucht, M., Gerdes, D., Wilhelm, C., Lewicka, S., Haack, D., & Scmidt, M. H. (2003), "Association of testosterone and dihydrotestosterone with externalizing behavior in adolescent boys and girls", *Psychoneuroendocrinology*, 28, 932–940.

Marsh, A. A., Finger, E. C., Fowler, K. A., Adalio, C. J., Jurkowitz, I. T., Schechter, J. C., Pine, D. S., Decety, J., & Blair, R. J. (2013), "Empathic responsiveness in amygdala and anterior cingulate cortex in youths with psychopathic traits", *Journal of Child Psychology and Psychiatry, and Allied Disciplines*, 54, 900–910.

Marsh, A. A., Finger, E. C., Mitchell, D. G. V., Reid, M. E., Sims, C., Kosson, D. S., Towbin, K. E., Leibenluft, E., Pine, D. S., & Blair, R. J. R. (2008), "Reduced amygdala response to fearful expressions in children and adolescents with callous-unemotional traits and disruptive behavior disorders", *American Journal of Psychiatry*, 165, 712–720.

Mataró, M., Jurado, M. A., García-Sánchez, C., Barraquer, L., Costa-Jussá, F. R.,

& Junqué, C. (2001), "Long-term effects of bilateral frontal brain lesion: 60 years after injury with an iron bar", *Archives of Neurology*, 58, 1139 – 1142.

McBurnett, K., Lahey, B. B., Rathouz, P. J., & Loeber, R. (2000), "Low salivary cortisol and persistent aggression in boys referred for disruptive behavior", *Archives of General Psychiatry*, 57, 38 – 43.

McCabe, D. P. (2011), "The influence of fMRI lie detection evidence on juror decision-making", *Behavioral Sciences and the Law*, 29, 566 – 577.

McGauley, G., Adshead, G., & Sarkar, S. P. (2007), "Psycho-therapy of psychopathic disorders", In A. R. Felthous & H. Saβ (Eds.), *International handbook of psychopathic disorders and the law*: *Vol.* 1 (pp. 449 – 466), Chichester: John Wiley & Sons.

Moeller, F. G., & Swann, A. C. (2007), "Pharmacotherapy of clinical aggression in individuals with psychopathic disorders", In A. R. Felthous & H. Saβ (Eds.), *International handbook on psychopathic disorders and the law* (pp. 397 – 416), Chichester: John Wiley & Sons.

Moffitt, T. E. (1993), "Adolescence-limited and life-course-persistent antisocial behavior: A developmental taxonomy", *Psychological Review*, 100, 674 – 701.

Moffitt, T. E. (2005), "The new look of behavioral genetics in developmental psychopathology: Gene-environment interplay in antisocial behavior", *Psychological Bulletin*, 131, 533 – 554.

Moffitt, T. E., & Caspi, A. (2001), "Childhood predictors differentiate life-course persistent and adolescence-limited antisocial pathways among males and females", *Developmental Psychopathology*, 13, 355 – 375.

Moffitt, T. E., & Henry, B. (1989), "Neuropsychological assessment of executive functions in self-reported delinquents", *Development and Psychopathology*, 1, 105 – 118.

Moffitt, T. E., Lynam, D. R., & Silva, P. A. (1994), "Neuropsy-chological tests predicting persistent male delinquency", *Criminology*, 32, 277 – 300.

Monastra, V. J. (2008), "Electroencephalographic feedback in the treatment of ADHD: A model for clinical practice", In V. J. Monastra (Ed.), *Unlocking the potential of patients with ADHD*: *A model for clinical practice* (pp. 147 – 159), Washington, DC: American Psychological Association.

Morgan, A. B., & Lilienfeld, S. O. (2000), "A meta-analytic review of the relationship between antisocial behavior and neuropsychological measures of executive function", *Clinical Psychology Review*, 20, 113 – 136.

Müller, J. L., Sommer, M., Wagner, V., Lange, K., Taschler, H., Roder, C. H., Schuierer, G., Klein, H. E., & Hajak, G. (2003), "Abnormalities in emotion processing within cortical and subcortical regions in criminal psychopaths: Evidence from a functional magnetic resonance imaging study using pictures with emotional content", *Psychiatry Research Neuroimaging*, 54, 152 – 162.

Muñoz, L. C., Frick, P. J., Kimonis, E. R., & Aucoin, K. J. (2008), "Types of aggression, responsiveness to provocation, and callous-unemotional traits in detained adolescents", *Journal of Abnormal Child Psychology*, 36 (1), 15 – 28.

Murray-Close, D. , Han, G. , Cicchetti, D. , Crick, N. R. , & Rogosch, F. A. (2008), "Neuroendocrine regulation and physical and relational aggression: The moderating roles of child maltreatment and gender", *Developmental Psychology*, 44, 1160 – 1176.

Nakagawasai O. , Mamadera, F. , Sato, S. , Taniguchi, R. , Hiraga, H. , Arai, Y. , Murakami, H. , Mawatari, K. , Niijima, F. , Tan-No, K. , & Tadano, T. (2006), "Alterations in cognitive function in prepubertal mice with protein malnutrition: Relationship to changes in choline acetyltransferase", *Behavioural Brain Research*, 167, 111 – 117.

Nestor, P. G. (1992), "Neuropsychological and clinical correlates of murder and other forms of extreme violence in a forensic psychiatric population", *Journal of Nervous and Mental Disease*, 180, 418 – 423.

Neugebauer, R. , Hoek, H. W. , & Susser, E. (1999), "Prenatal exposure to wartime famine and development of antisocial personality disorder in early adulthood", *Journal of the American Medical Association*, 4, 479 – 481.

Nigg, J. T. , Glass, J. M. , Wong, M. M. , Poon, E. , Jester, J. , Fitzgerald, H. E. , Puttler, L. I. , Adams, K. M. , & Zucker, R. A. (2004), "Neuropsychological executive functioning in children at elevated risk for alcoholism: Findings in early adolescence", *Journal of Abnormal Psychology*, 113, 302 – 314.

Olds, D. , Henderson, C. R. J. , Cole, R. , Eckenrode, J. , Kitzman, H. , Luckey, D. , Pettitt, L. , Sidora, K. , Morris, P. , & Powers, J. (1998), "Long-term effects of nurse home visitation on children's criminal and antisocial behavior: 15 – year follow-up of a randomized controlled trial", *Journal of the American Medical Association*, 280, 1238 – 1244.

Oosterlaan, J. , Geurts, H. M. , & Sergeant, J. A. (2005), "Low basal salivary cortisol is associated with teacher-reported symptoms of conduct disorder", *Psychiatry Research*, 134, 1 – 10.

Pajer, K. , Gardner, W. , Rubin, R. T. , Perel, J. , & Neal, S. (2001), "Decreased cortisol levels in adolescent girls with conduct disorder", *Archives of General Psychiatry*, 58, 297 – 302.

Pajer, K. , Tabbah, R. , Gardner, W. , Rubin, R. T. , Czambel, R. K. , & Wang, Y. (2006), "Adrenal androgen and gonadal hor-mone levels in adolescent girls with conduct disorder", *Psychoneuroendocrinology*, 31, 1245 – 1256.

Patrick, C. J. (1994), "Emotion and psychopathy: Startling new insights", *Psychophysiology*, 31, 319 – 330.

Patrick, C. J. (2008), "Psychophysiological correlates of aggression and violence: An integrative review", *Philosophical Transactions of the Royal Society B: Biological Sciences*, 363 (1503), 2543 – 2555.

Patrick, C. J. , Bradley, M. M. , & Lang, P. J. (1993), "Emotion in the criminal psychopath: Startle reflex modulation", *Journal of Abnormal Psychology*, 102, 82 – 92.

Patterson, G. R. (1982), *A social learning approach: Vol. 3. Coercive family processes*, Eugene, Oregon: Castalia.

Pincus, H. J. , & Lewis, O. D. (1991), "Episodic violence", *Seminars in Neurology*, 11, 146 – 154.

Polich, J., & Hoffman, L. D. (1998), "P300 and handedness: On the possible contribution of corpus callosal size to ERPs", *Psychophysiology*, 35, 497 – 507.

Polich, J., Pollock, V. E., & Bloom, F. E. (1994), "Meta-analysis of P300 amplitude from males at risk for alcoholism", *Psychological Bulletin*, 115, 55 – 73.

Popma, A., & Raine, A. (2006), "Will future forensic assessment be neurobiologic?", *Child and Adolescent Psychiatric Clinics of North America*, 15, 429 – 444.

Quinsey, V. L., Harris, G. T., Rice, M. E., & Cormier, C. A. (1999), *Violent offenders: Appraising and managing risk*, Washington, DC: American Psychological Association.

Racer, K. H., Gilbert, T. T., Luu, P., Felver-Gant, J., Abdullaev, Y., & Dishion, T. J. (2011), "Attention network performance and psychopathic symptoms in early adolescence: An ERP study", *Journal of Abnormal Child Psychology*, 39 (7), 1001 – 1012.

Raine, A. (1993), *The psychopathology of crime: Criminal behavior as a clinical disorder*, San Diego, CA: Academic Press.

Raine, A. (1996), "Autonomic nervous system factors underlying disinhibited, antisocial, and violent behavior", *Annals of the New York Academy of Science*, 794, 46 – 59.

Raine, A. (1997), "Classical conditioning, arousal, and crime: A biosocial perspective", In H. Nyborg (Ed.), *The scientific study of human nature: Tribute to Hans J. Eysenck at eighty* (pp. 122 – 141), New York: Elsevier Science.

Raine, A. (2002a), "Annotation: The role of prefrontal deficits, low autonomic arousal, and early health factors in the development of antisocial and aggressive behavior in children", *Journal of Child Psychology and Psychiatry*, 43, 417 – 434.

Raine, A. (2002b), "Biosocial studies of antisocial and violent behavior in children and adults: A review", *Journal of Abnormal Child Psychology*, 30, 311 – 326.

Raine, A., Buchsbaum, M., Stanley, J., Lottenberg, S., Abel, L., & Stoddard, J. (1994), "Selective reductions in prefrontal-glucose metabolism in murderers", *Biological Psychiatry*, 36, 365 – 373.

Raine, A., Laufer, W. S., Yang, Y., Narr, K. L., Thompson, P., & Toga, A. W. (2012), "Increased executive functioning, attention, and cortical thickness in white-collar criminals", *Human Brain Mapping*, 33, 2932 – 2940.

Raine, A., Lencz, T., Bihrle, S., LaCasse, L., & Colletti, P. (2000), "Reduced prefrontal gray matter volume and reduced autonomic activity in antisocial personality disorder", *Archives of General Psychiatry*, 57, 119 – 127.

Raine, A., Lencz, T., Taylor, K., Hellige, J. B., Bihrle, S., LaCasse, L., Lee, M., Ishikawa, S., & Colletti, P. (2003a), "Corpus callosum abnormalities in psychopathic antisocial individuals", *Archives of General Psychiatry*, 60, 1134 – 1142.

Raine, A., Liu, J. H., Venables, P. H., & Mednick, S. A. (2006), "Preventing crime and schizophrenia using early environmental enrichment", In A. Raine (Ed.), *Crime and schizophrenia: Causes and cures* (pp. 249 – 266), New York: Nova Science Publishers.

Raine, A., Mellingen, K., Liu, J. H., Venables, P. H., & Mednick, S. A. (2003b),

"Effects of environmental enrichment at 3 − 5 years on schizotypal personality and antisocial behavior at ages 17 and 23 years", *American Journal of Psychiatry*, 160, 1627 − 1635.

Raine, A., Moffitt, T. E., Caspi, A., Loeber, R., Stouthamer-Loeber, M., & Lynam, D. (2005), "Neurocognitive impairments in boys on the life-course persistent antisocial path", *Journal of Abnormal Psychology*, 114, 38 − 49.

Raine, A., Reynolds, C., Venables, P. H., & Mednick, S. A. (1997), "Biosocial bases of aggressive behavior in childhood", In A. Raine, P. A. Brennan, D. P. Farrington, & S. A. Mednick (Eds.), *Biosocial bases of violence* (pp. 107 − 126), New York: Plenum.

Raine, A., Reynolds, C., Venables, P. H., Mednick, S. A., & Farrington, D. P. (1998), "Fearlessness, stimulation-seeking, and large body size at age 3 years as early predispositions to childhood aggression at age 11 years", *Archives of General Psychiatry*, 55, 745 − 751.

Raine, A., & Venables, P. H. (1984), "Electrodermal responding, antisocial behavior, and schizoid tendencies in adolescence", *Psychophysiology*, 21, 424 − 433.

Raine, A., Venables, P. H., & Williams, M. (1990a), "Autonomic orienting responses in 15 − year-old male subjects and criminal behavior at age 24", *American Journal of Psychiatry*, 147, 933 − 937.

Raine, A., Venables, P. H., & Williams, M. (1990b), "Relationship between central and autonomic measures of arousal at age 15 and criminality at age 24 years", *Archives of General Psychiatry*, 47, 1003 − 1007.

Raine, A., Venables, P. H., & Williams, M. (1990c), "Relationships between N1, P300, and contingent negative variation recorded at age 15 and criminal behavior at age 24", *Psychophysiology*, 27, 567 − 574.

Raine, A., Venables, P. H., & Williams, M. (1995), "High autonomic arousal and electrodermal orienting at age 15 years as protective factors against criminal behavior at age 29 years", *American Journal of Psychiatry*, 152, 1595 − 1600.

Raine, A., Venables, P. H., & Williams, M. (1996), "Better autonomic conditioning and faster electrodermal half-recovery time at age 15 years as possible protective factors against crime at age 29 years", *Developmental Psychology*, 32, 624 − 630.

Raine, A., & Yang, Y. (2006), "Neural foundations to moral reasoning and antisocial behavior", *Social, Cognitive, and Affective Neuroscience*, 1, 203 − 213.

Raine, A., Yaralian, P. S., Reynolds, C., Venables, P. H., & Mednick, S. A. (2002), "Spatial but not verbal cognitive deficits at age 3 in persistently antisocial individuals", *Development and Psychopathology*, 14, 25 − 44.

Rasmussen, K., Almvik, R., & Levander, S. (2001), "Performance and strategy indices of neuropsychological tests: Relations with personality, criminality and violence", *Journal of Forensic Neuropsychology*, 2 (2), 29 − 43.

Rosen, G. M., Deinard, A. S., Schwartz, S., Smith, C., Stephenson, B., & Grabenstein, B. (1985), "Iron deficiency among-incarcerated juvenile delinquents", *Journal of Adolescent Health Care*, 6, 419 − 423.

Salekin, R. T. (2006), "Psychopathy in children and adults: Key issues in conceptualization and assessment", In C. J. Patrick (Ed.), *Handbook of psychopathy* (pp. 389 – 414), New York: Guilford Press.

Salekin, R. T., Neumann, C. S., Leistico, A. R., & Zalot, A. A. (2004), "Psychopathy in youth and intelligence: An investigation of Cleckley's hypothesis", *Journal of Clinical Child and Adolescent Psychology*, 33, 731 – 742.

Santesso, D. L., Reker, D. L., Schmidt, L. A., & Segalowitz, S. J. (2006), "Frontal electroencephalogram activation asymmetry, emotional intelligence, and externalizing behaviors in 10 – year-old children", *Child Psychiatry and Human Development*, 36 (3), 311 – 328.

Sarapata, M., Hermann, D., Johnson, T., & Aycock, R. (2008), "The role of head injury in cognitive functioning, emotional adjustment and criminal behavior", *Brain Injury*, 12, 821 – 842.

Saver, J. L., & Damasio, A. R. (1991), "Preserved access and processing of social knowledge in a patient with acquired sociopathy due to ventromedial frontal damage", *Neuropsychologia*, 29, 1241 – 1249.

Scarpa, A., Romero, N., Fikretoglu, D., Bowser, F. M., & Wilson, J. W. (1999), "Community violence exposure and aggression: Biosocial interactions", Paper presented at the meeting of the American Society of Criminology, Toronto, Canada.

Schiffer, B., & Vonlaufen, C. (2011), "Executive dysfunctions in pedophilic and nonpedophilic child molesters", *Journal of Sexual Medicine*, 8, 1975 – 1984.

Schneider, F., Habel, U., Kessler, C., Posse, S., Grodd, W., & Müller-Gartner, H. (2000), "functional imaging of conditioned aversive emotional responses in antisocial personality disorder", *Neuropsychobiology*, 42, 192 – 201.

Schoenthaler, S. J., Amos, S. P., Doraz, W. E., Kelly M. A., Muedeking G. D., & Wakefield J. A. (1997), "The effect of randomised vitamin-mineral supplementation on violent and non-violent antisocial behavior among incarcerated juveniles", *Journal of Nutritional and Environmental Medicine*, 7, 343 – 352.

Schoenthaler, S. J., & Bier, I. D. (2000), "The effect of vitamin-mineral supplementation on juvenile delinquency among American schoolchildren: A randomized, doubleblind-placebo-controlled trial", *The Journal of Alternative and Complementary Medicine*, 6, 19 – 29.

Schug, R. A., Raine, A., & Wilcox, R. R. (2007), "Psychophysio-logical and behavioural characteristics of individuals comorbid for antisocial personality disorder and schizophrenia-spectrum personality disorder", *British Journal of Psychiatry*, 190, 408 – 414.

Séguin, J. R., Nagin, D., Assad, J. M., & Tremblay, R. (2004), "Cognitive-neuropsychological function in chronic physical aggression and hyperactivity", *Journal of Abnormal Psychology*, 113, 603 – 613.

Shoal, G. D., Giancola, P. R., & Kilrillova, G. P. (2003), "Salivary cortisol, personality, and aggressive behavior in adolescent boys: A 5 – year longitudinal study", *Child and Adolescent Psychiatry and Mental Health*, 42, 1101 – 1107.

Sijtsema, J. J., Veenstra, R., Lindenberg, S., van Roon, A. M., Verhulst, F. C., Ormel, J., & Riese, H. (2013), "Heart rate and antisocial behavior: Mediation and moderation by affiliation with bullies, The TRAILS study", *Journal of Adolescent Health*, 52, 102 – 107.

Sip, K. E., Roepstorff, A., McGregor, W., & Frith, C. D. (2007), "Detecting deception: The scope and limits", *Trends in Cognitive Sciences*, 12, 48 – 53.

Smith, C. L., & Bell, M. A. (2010), "Stability in infant frontal asymmetry as a predictor of toddlerhood internalizing and externalizing behaviors", *Developmental Psychobiology*, 52 (2), 158 – 167.

Soderstrom, H., Tullberg, M., Wikkelsoe, C., Ekholm, S., & Forsman, A. (2000), "Reduced regional cerebral blood flow in non-psychotic violent offenders", *Psychiatry Research: Neuroimaging*, 98, 29 – 41.

Stanford, M. S., Conklin, S. M., Helfritz, L. E., & Kockler, T. R. (2007a), "P3 amplitude reduction and executive function deficits in men convicted of spousal/partner abuse", *Personality and Individual Differences*, 43, 365 – 375.

Stanford, M. S., Houston, R. J., & Barratt, E. S. (2007b), "Psychophysiological correlates of psychopathic disorders", In A. R. Felthous & H. Saβ (Eds.), *International handbook of psychopathic disorders and the law: Vol.* 1 (pp. 83 – 101), Chichester: John Wiley & Sons.

Sterzer, P., Stadler, C., Krebs, A., Kleinschmidt, A., & Poustka, F. (2005), "Abnormal neural responses to emotional visual stimuli in adolescents with conduct disorder", *Biological Psychiatry*, 57, 7 – 15.

Stevens, L., Zhang, W., Peck, L., Kuczek, T., Grevstad, N., Mahon, A., Zentall, S. S., Aronld, L. E., & Burgess, J. R. (2003), "EFA supplementation in children with inattention, hyperactivity, and other disruptive behaviors", *Lipids*, 38, 1007 – 1021.

Stevens, M. C., & Haney-Caron, E. (2012), "Comparison of brain volume abnormalities between ADHD and conduct disorder in adolescence", *Journal of Psychiatry & Neuroscience*, 37, 389 – 398.

Syngelaki, E. M., Fairchild, G., Moore, S. C., Savage, J. C., & Goozen, S. H. (2013), "Fearlessness in juvenile offenders is associated with offending rate", *Developmental Science*, 16 (1), 84 – 90.

Tang, Y., Liu, W., Chen, J., Liao, J., Hu, D., & Wang, W. (2013), "Altered spontaneous activity in antisocial personality disorder revealed by regional homogeneity", *Neuroreport*, 24, 590 – 595.

Teichner, G., & Golden, C. J. (2000), "The relationship of neuropsychological impairment to conduct disorder in adolescence: A conceptual review", *Aggression and Violent Behavior*, 5, 509 – 528.

Teichner, G., Golden, C. J., Van Hasselt, V. B., & Peterson, A. (2001), "Assessment of cognitive functioning in men who batter", *International Journal of Neuroscience*, 111, 241 – 253.

Trovillo, P. V. (1939), "A history in lie detection", *Journal of Criminal Law and Criminology*, 29, 848 – 881.

Van de Wiel, N. M. H., Van Goozen, S. M. H., Matthys, W., Snoek, H., & Van Engeland, H. (2004), "Cortisol and treatment effect in children with disruptive behavior disorders: A preliminary study", *Journal of the American Academy of Child and Adolescent Psychiatry*, 43, 1011–1018.

van Goozen, S. H. M., Matthys, W., Cohen-Hettenis, P. T., Wied, C. G., Wiegant, V. M., & van Engeland, H. (1998), "Salivary cortisol and cardiovascular activity during stress in oppositional defiant disorder boys and normal controls", *Biological Psychiatry*, 43, 531–539.

van Honk, J., & Schutter, D. J. L. G. (2007), "Testosterone reduces conscious detection of signals serving social correction: Implications for antisocial behavior", *Psychological Science*, 18, 663–667.

Vermeiren, R., De Clippele, A., Schwab-Stone, M., Ruchkin, V., & Deboutte, D. (2002), "Neuropsychological characteristics of three subgroups of Flemish delinquent adolescents", *Neuropsychology*, 16, 49–55.

Viding, E., Sebastian, C. L., Dadds, M. R., Lockwood, P. L., Cecil, C. A., De Brito, S. A., & McCrory, E. J. (2012), "Amygdala response to preattentive masked fear in children with conduct problems: The role of callous-unemotional traits", *American Journal of Psychiatry*, 169 (10), 1109–1116.

Virkkunen, M. E. (1985), "Urinary free cortisol secretion in habitually violent offenders", *Acta Psychiatrica Scandinavica*, 72, 40–44.

Virkkunen, M. E., DeJong, J., Bartko, J., Goodwin, F. K., & Linnoila, M. (1989), "Relationship of psychological variables to recidivism in violent offenders and impulsive fire setters", *Archives of General Psychiatry*, 46, 600–603.

Virkkunen, M. E., Horrobin, D. F., Jenkins, D. K., & Manku, M. S. (1987), "Plasma phospholipid essential fatty acids and prostaglandins in alcoholic, habitually violent, and impulsive offenders", *Biological Psychiatry*, 22, 1087–1096.

Volkow, N. D., & Tancredi, L. R. (1987), "Neural substrates of violent behavior. A preliminary study with positron emission tomography", *British Journal of Psychiatry*, 151, 668–673.

Volkow, N. D., Tancredi, L. R., Grant, C., Gillespie, H., Valentine, A., Mullani, N., Wang, G. J., & Hollister, L. (1995), "Brain glucose metabolism in violent psychiatric patients: A preliminary study", *Psychiatry Research*, 61, 243–253.

Vries-Bouw, D., Popma, A., Vermeiren, R., Doreleijers, T. A., Van De Ven, P. M., & Jansen, L. (2011), "The predictive value of low heart rate and heart rate variability during stress for reoffending in delinquent male adolescents", *Psychophysiology*, 48 (11), 1597–1604.

Waldman, I. D., & Rhee, S. H. (2006), "Genetic and environmental influences on psychopathy and antisocial behavior", In C. J. Patrick (Ed.), *Handbook of psychopathy* (pp. 205–228), New York: Guilford Press.

Walsh, A., & Ellis, L. (2007), *Criminology: An interdisciplinary approach*, Thousand Oaks, CA: Sage Publications.

Walsh, W. J., Isaacson, H. R., Rehman, F., & Hall, A. (1997), "Elevated blood copper/zinc ratios in assaultive young males", *Physiology and Behavior*, 62, 327 – 329.

Wang, P., Baker, L. A., Gao, Y., Raine, A., & Lozano, D. I. (2012), "Psychopathic traits and physiological responses to aversive stimuli in children aged 9 – 11 years", *Journal of Abnormal Child Psychology*, 40 (5), 759 – 769.

Wang, P., Gao, Y., Isen, J., Raine, A., Baker, L. A., & Lozano, D. I. (submitted), "Genetic covariance between psychopathic traits and anticipatory skin conductance responses to threat: Evidence for a potential endophenotype".

Werbach, M. R. (1992), "Nutritional influences on aggressive behavior", *Journal of Orthomolecular Medicine*, 7, 45 – 51.

White, J. L., Moffitt, T. E., Caspi, A., Jeglum, D., Needles, D. J., & Stouthamer-Loeber, M. (1994), "Measuring impulsivity and examining its relationship to delinquency", *Journal of Abnormal Psychology*, 103, 192 – 205.

de Wied, M., van Boxtel, A., Matthys, W., & Meeus, W. (2012), "Verbal, facial and autonomic responses to empathy-eliciting film clips by disruptive male adolescents with high versus low callous-unemotional traits", *Journal of Abnormal Child Psychology*, 40, 211 – 223.

Wilson, J. Q., & Herrnstein, R. (1985), *Crime and human nature*, New York: Simon & Schuster.

Yang, Y., Glenn, A. L., & Raine, A. (2008), "Brain abnormalities in antisocial individuals: Implications for the law", *Behavioral Sciences and the Law*, 26, 65 – 83.

Yang, Y., & Raine, A. (2009), "Prefrontal structural and functional brain imaging findings in antisocial, violent, and psychopathic individuals: A meta-analysis", *Psychiatry Research*, 174, 81 – 88.

Yang, Y., Raine, A., Colletti, P., Toga, A. W., & Narr, K. L. (2009), "Abnormal temporal and prefrontal cortical gray matter thinning in psychopaths", *Molecular Psychiatry*, 14, 561 – 562, 555.

Yang, Y., Raine, A., Colletti, P., Toga, A. W., & Narr, K. L. (2010), "Morphological alterations in the prefrontal cortex and the amygdala in unsuccessful psychopaths", *Journal of Abnormal Psychology*, 119, 546 – 554.

Yang, Y., Raine, A., Joshi, A. A., Joshi, S., Chang, Y. T., Schug, R. A., Wheland, D., Leahy, R., & Narr, K. L. (2012), "Frontal information flow and connectivity in psychopathy", *The British Journal of Psychiatry: The Journal of Mental Science*, 201, 408 – 409.

Yang, Y., Raine, A., Lencz, T., Bihrle, S., Lacasse, L., & Colletti, P. (2005), "Prefrontal white matter in pathological liars", *British Journal of Psychiatry*, 187, 320 – 325.

Yang, Y., Raine, A., Narr, K. L., Lencz, T., LaCasse, L., Colletti, P., & Toga, A. W. (2007), "Localisation of increased prefrontal whitematter in pathological liars", *British Journal of Psychiatry*, 190, 174 – 175.

Yoon, H. H., Malone, S. M., Burwell, S. J., Bernat, E. M., & Iacono, W. G. (2013), "Association between P3 event-related potential amplitude and externalizing disorders: A time-domain and time-frequency investigation of 29 – year-old adults", *Psychophysiology*, 50 (7),

595 – 609.

Young，S. N.，& Leyton，M.（2002），"The role of serotonin in human mood and social interaction-Insight from altered tryptophan levels"，*Pharmacology*，*Biochemistry and Behavior*，71，857 – 865.

第九章 犯罪预防的实证研究

戴维·P. 法林顿（David P. Farrington）

本章综合介绍了一些行之有效的犯罪预防项目，这些项目主要针对影响犯罪行为的关键因素。文中尤其关注那些经过随机性实验（包含成本—收益分析）验证评估的项目。具体而言，本章介绍的犯罪预防项目包括基于家庭的项目（护士家访、父母训练、功能性家庭治疗、多重系统疗法）、基于学校的项目（如学前智能培养、教师培训、课余计划及反欺凌项目）、针对同伴影响的项目（如朋辈辅助和指导项目）、针对儿童和成人的认知行为技能训练项目，以及社区照顾（Communities That Care）计划。此外，本章就英国政府近期针对社会排斥和确保开端（Sure Start）计划实施的行动进行了讨论。最后得出结论，有必要在全国范围内成立早期预防机构。

前言

本章主要目的是总结那些已被高质量的研究评估所验证的，最有效的违法犯罪和反社会行为预防项目。其中，尤其关注那些经过大样本的随机性实验所验证的项目，因为该类实验的结果被证明是非常有说服力的。在这些实验中，对违法犯罪的所有干预效果都令人信服（Farrington & Welsh，2005；2006）。同时，笔者也对随机实验进行了长期追踪，尽可能地确定干预效果的持续性（Farrington & Welsh，2013）。减少犯罪的主要方法包括：发展性预防、社区预防、情境预防和刑事司法预防（Tonry & Farrington，1995）。刑事司法预防，是指由执法机构和刑事司法机构实施的传统威慑、权利剥夺以及康复策略。社区预防，指为了改变社区中与犯罪有关的社会条件和机构（如家庭、同伴、社会规范、社团、组织）而设计的干预项目（Hope，1995），针对社区风险因素以及社会环境（如团体的凝聚或瓦解）。情境预防，是指通过减少犯罪机会，增加犯的风险与困难来预防犯罪的方法（Clarke，1995）。发展性预防，是针对潜在的可能影响个体犯罪的因素所采取的干预项目，特指在人类发展研究中所发现的风险与保护因素（Tremblay & Craig，1995）。本章关注发展性预防，或者说风险预防。

风险预防

发展性预防或风险预防的基本思路十分简单：明确与犯罪有关的"关键性风险因素"，进而采用干预技术来消除这些风险因素（Farrington，2000）。同时，也可以找寻与减少犯罪有关的"关键性保护因素"，并对其进行提高和强化（Catalano，Hawkins，Berglund，Pollard & Arthur，2002）。通常，纵向调查研究是分析提炼风险和保护因素的方法，而实验及准实验方法可以用来评估预防和干预项目的效果。

"风险预防"这一概念最早由戴维·霍金斯和理查德·卡塔兰诺（1992）等先驱从医学和公共卫生领域引入犯罪学。相关方法已在医学领域（如癌症、心脏病等疾病治疗方面）

141

运用多年。例如，引发心脏病的公认风险因素包括吸烟、高脂肪饮食和缺乏运动。那么，预防心脏病就可以通过鼓励人们停止吸烟、培养低脂肪饮食习惯以及增加锻炼等途径入手。

风险预防包括解释和预防两部分，结合了基础研究与应用研究，并将学者、决策者以及实践者联系起来。在《让孩子远离犯罪：早期风险因素和有效的干预》（Farrington & Welsh，2007）一书中，对相关方法进行了详细阐述。重要的是，风险预防易于理解和交流，也很容易被决策者、实践者以及公众所接受。风险因素和干预措施均基于实证研究而非纯理论。该路径避免了"风险因素存在因果倒置"这一理论难题。

什么是风险因素？

从定义上看，通过风险因素能够预测个体未来较高的犯罪概率（Kazdin，Kraemer，Kessler，Kupfer & Offord，1997）。例如，在父母监管不良的环境下成长起来的孩子，其未来犯罪的风险会增加。剑桥大学开展了一项名为"犯罪发展"（Delinquent Development）的前瞻性纵向研究。通过对400名伦敦男性从8岁到48岁的追踪调查发现，那些8岁时缺乏父母监管的被试中，有61%的人在50岁时都因犯罪被判刑；相反，8岁时父母监管未缺失的被试中，这一比例为36%，两者之间差异显著（Farrington et al.，2006）。风险因素是依据其对个体未来犯罪行为的预测来定义的，有必要通过纵向研究来确定风险因素。

最重要的犯罪风险因素是为人熟知的，包括个体因素（如高冲动性、低智商）、家庭因素（如父母监管缺失，以及过于严厉或无规则的惩罚）、同伴因素（如与行为不良的人为伍）、学校因素（如就读于学生不良行为记录较多的学校）、社会经济因素（如经济收入低、家庭居住条件差）以及邻里社区因素（如居住在高犯罪率的社区）。作者关注那些可以通过干预得到改变的风险因素，以及外界所知甚少的预测低犯罪率的保护或促进性因素（Farrington，Loeber & Ttofi，2012；Lösel & Farrington，2012）。

影响违法犯罪、暴力冲突、物质滥用、辍学失业等诸多不良行为的风险因素往往是相似的。这是好消息，因为如果干预项目在减少上述某一种行为方面是成功的，那么该项目对其他不良行为同样适用。接下来的内容将先后介绍家庭项目、学校项目、基于同伴的项目以及技能培训项目。

成本—收益分析

首先介绍一些非常重要的，尤其是其效果经成本—收益分析得以验证的干预项目。"Perry计划"（后文会介绍）的结论是，从长远来看，每花费1美元用于预防计划，实际上会节约7美元（Schweinhart，Barnes & Weikart，1993）。这一结论令决策者尤为信服。犯罪所导致的经济代价是巨大的。例如，据萨姆·布兰德和理查德·普赖斯（2000）估计，1999年的英格兰和威尔士，这一数字是600亿英镑。对受害者而言，犯罪给他们带来了有形损失，如重新购置被偷的物品或修复损伤；也存在难以量化的无形损失，如痛苦、折磨，以及生活质量的降低。政府或纳税人向警察、法院、监狱和犯罪预防等投入大量资金。罪犯也要付出代价，比如被判入狱或丢掉工作。

马克·科恩（1998）估计，按照1997年美国的物价，一个高风险的青少年花费的社会成本约200万美元。马克·科恩和亚历史斯·皮克罗（2009）采用新技术更新了该项数据并得出结论，按照2007年的物价，将一个14岁的高风险未成年人从犯罪生活中挽救出来，需要260万到520万美元不等。在剑桥大学"犯罪发展"研究（Delinquent Development）中，追踪调查400名年龄从10岁到50岁不等的男性罪犯，综合分析其自我报告和官方犯罪记录，得出其犯罪的总成本为 5000 万美元（以 2010 年物价为准），平均每人 123 000 英镑（Raffan Gowar & Farrington，2013）。

在某种程度上，犯罪预防项目在减少犯罪方面是卓有成效的。犯罪预防项目可以带来收益，这些收益可以根据犯罪经济损失的减少采用经济学术语进行量化。其他收益可能来自犯罪相关社会问题所导致的损失的降低，比如失业、离婚、教育失败、药物成瘾、福利依赖等。违法犯罪是反社会行为综合征的一部分（West & Farrington，1977），这一事实是好消息。因为一项犯罪预防项目带来的收益可以是多种多样的。将项目在经济上的收益和损失进行对比，确定"成本—收益比率"。令人惊讶的是，对犯罪预防项目进行的成本—收益分析非常鲜见（Roman，Dunworth & Marsh，2010；Welsh，Farrington & Sherman，2001）。

基于家庭的预防项目

家庭项目通常关注诸如父母监管不良、无常规则等风险因素。俄勒冈州的杰拉德·帕特森（1982）提出的家长管理培训（Parent Management Training）是最具影响力的方法之一。通过对亲子互动过程认真细致的观察，帕特森发现反社会儿童的父母抚养方法存在缺陷。这些父母没有告诉孩子应该怎样做，没有对孩子进行监督以保证其行为的适当性，没有及时地执行规则，同时亦缺乏适当明确的奖惩准则。反社会儿童的父母更多地使用惩罚手段（如斥责、大呼大叫或威胁），但又不能根据孩子的行为一以贯之地执行。

帕特森的方法把前因、行为和后果联系起来，试图培训家长以形成良好的抚养方式，包括关注孩子的所作所为，长期监督孩子的行为，并说明家庭规则，奖励和惩罚保持一致且依据行为而定，产生分歧时进行协商以防止冲突和危机升级。

小范围的研究发现，该方法能够在短时期内有效地减少儿童的盗窃和反社会行为（Dishion，Patterson & Kavanagh，1992；Patterson，Reid & Dishion，1992）。该方法运用于3—10 岁的儿童效果最好，但是对青少年不太理想。而且，面临问题最严重的家庭在合作时也存在问题。尤其是依靠福利维持生计的单亲母亲已经面临多重压力，使得她们很难采用一致的、视孩子情况而定的抚养方式（详见家长培训计划新进展，Piquero，Farrington，Welsh，Tremblay & Jennings，2009）。

下面将介绍基于家庭的预防项目中，最重要的且经过评估的几种类型，包括家访项目（David Olds）、家长培训项目（Carolyn Webster Stratton，Stephen Scott，Frances Gardner and Matthew Sanders）、针对大龄儿童的家庭或社区项目（James Alexander and Patricia Chamberlain），以及多重系统性疗法（Multi-Systemic Therapy，MST，Scott Henggeler and Alison Cunningham）。

家访项目

最著名的家访项目中，戴维·奥尔兹和他的同事（1986）从纽约州埃尔迈拉市随机选取 400 名母亲，她们中有的在妊娠期接受护士的家访，有的在妊娠期和孩子出生前两年接受家访，有的没有接受家访（即对照组）。每位母亲平均每两周接受一次家访，每次大约75 分钟。访问者会提出一些建议，关于产前和产后孩子的照料、婴儿发展、适当营养的重要性、怀孕期间不要抽烟喝酒等。可以看出，这是一般性的家长教育计划。

该研究项目的结果显示，产后的家访使得母亲（尤其是那些初为人母的未婚青少年）在新生儿（出生后）的前两年时间里，对其施加的身体虐待和忽视行为减少。其中，接受家访的母亲中，有 4% 的人因虐待和忽视儿童而获罪，未接受家访的母亲中这一比例达到 19%。这一结果非常重要，儿时经常遭受身体虐待和忽视的孩子，长大后很容易成为暴力型罪犯（Widom，1989）。一项关注低阶层未婚母亲的长达 15 年的追踪调查发现，与仅接受产前家访或没有接受家访的母亲相比，同时接受产前和产后家访的母亲更少被逮捕（Olds et al.，1997）。同时，接受产前和/或产后家访与未接受家访的母亲相比，前者孩子的被捕率不到后者的一半（Olds et al.，1998）。约翰·埃肯罗德和他的同事（2010）继续追踪这项实验，当孩子长大至 19 岁时，接受家访的家庭中，孩子的被捕率为 19%，而对照组（未接受家访）为 37%；这种影响在女孩中更为显著。华盛顿州公共政策研究所（WSIPP）的史蒂夫·奥斯及其同事推算认为，每在家访项目中投入 1 美元，将节省其他成本 2.4 美元（Lee et al.，2012）（详见家访项目评论，Bilukha et al.，2005；Olds，Sadler & Kitzman，2007）。

　　家长培训项目

　　最著名的家长培训项目之一是由卡罗琳·韦伯斯特 - 斯特拉顿（1998）于西雅图开发的。她将 426 名 4 岁儿童（其母亲大多单身且需要接受救济）随机分为实验组（母亲接受培训）和控制组（母亲不接受任何培训），最后评估培训项目的效果。在 8 到 9 周的时间里，实验组的母亲每周都会以小组形式进行会面，一起观看展示育儿技巧的录像带，然后参加焦点小组讨论。讨论的主题包括如何与孩子一起玩耍，如何帮助孩子学习，如何使用赞美和鼓励激发孩子的潜能，如何有效设置限制，如何处理孩子不恰当的举止，如何教孩子解决问题，以及如何给予及获得支持。随后，通过家庭观察发现，相较于对照组，实验组的孩子行为表现更为良好。

143

　　卡罗琳·韦伯斯特 - 斯特拉顿和玛丽·哈蒙德（1997）以 100 名因行为问题而就诊的西雅图儿童（平均年龄 5 岁）为被试，通过实验研究来评估家长培训和儿童技能培训的有效性。孩子和家长被随机分配到四组中，其中 a 组家长接受培训，b 组儿童接受技能培训，c 组家长和儿童均接受培训，d 组为对照组。儿童技能培训旨在通过视频教程培养孩子们的亲社会行为和人际交往技巧；家长培训是指家长与治疗师之间的每周例会，为期 22—24 周。家长报告和家庭观察表明，三种实验条件下的孩子均比对照组的孩子更少出现问题行为，实验结果及一年后的随访调查结果保持一致。之后一年的追踪随访发现，同时进行家长和儿童技能培训对儿童行为的改善最为明显，不过三种实验条件之间的差异并不显著。通常来说，同时进行对父母和儿童的干预会比单独干预更有效。

　　史蒂芬·斯科特及其同事（2001）分别在伦敦和奇切斯特对韦伯斯特 - 斯特拉顿的家长培训项目进行了评估。大约 140 名 3—8 岁的儿童被随机分成实验组（家长接受培训）和控制组（家长未接受培训），这些儿童均出身贫困，处于社会较低阶层并被认为存在反社会行为。家长培训项目以观看录像带的形式进行，包括表扬和奖励、设定限制、处置不良行为等内容。后续的家长访谈以及观察发现，与控制组相比，实验组儿童的反社会行为显著减少。而且，经过项目干预之后，实验组家长会给孩子更多的赞扬以鼓励其形成正当的行为，并且使用更为有效的命令使孩子的行为合乎规范。在伦敦进行的超过 100 名儿童参与的实验，也验证了该项目的有效性。（Scott et al.，2010）。

　　弗朗西丝·加德纳及其同事（2006）也在牛津郡评估了韦伯斯特 - 斯特拉顿的家长培训项目的有效性。超过 70 个存在行为问题的 2—9 岁的儿童被随机分配到家长接受培训的实验组，以及相对的控制组。随访的家长报告和观察再次表明，实验组儿童的反社会行为相比于控制组减少。其后，有 150 名来自弱势社区的问题儿童参与的类似实验（Gardner，Hutchings，Bywater & Whitaker，2010）表明，实验组儿童在父母所认为的行为问题上得到改善，这一过程中父母技能的改变起到了中介作用。

在澳大利亚的布里斯班，马修·桑德斯和同事（2000）开发了 3 - P 预防项目。该项目可以作为初级预防手段通过大众传媒向全社会推广，也可以作为次级预防手段运用于高风险或临床样本。马修·桑德斯通过实验验证了 3 - P 预防计划的有效性。实验将 300 名 3 岁的高风险儿童随机分为两组，一组为参与 3 - P 预防项目的实验组，另一组作为控制组。3 - P 预防项目提供给父母 17 种儿童管理策略，包括与儿童聊天、表达爱意的肢体接触、赞美、给予关注、树立良好榜样、设定规则、提供清晰的指导说明以及对不良行为进行适当惩罚（如让孩子长时间待在一个地方，或让孩子回卧室）。评估结果显示，3 - P 预防计划在减少儿童反社会行为方面是有效的。托马斯和齐默 - 格默贝克（2007）通过元分析证实了 3 - P 预防项目的效力。根据华盛顿州公共政策研究所（WSIPP）的推论（Lee et al.，2012），每花费 1 美元用于 3 - P 预防项目，就能节省 6.1 美元。

其他教养方式干预

"功能性家庭疗法"（Functional Family Therapy，FFT）是由美国犹他州的詹姆斯·亚历山大开发出的另一种教育性干预（Alexander & Parsons，1973）。该方法旨在通过模仿、刺激和强化来修正家庭互动的模式，鼓励以清晰的沟通来解决家庭成员之间的诉求，形成解决方案，并使冲突最小化。从本质上讲，所有的家庭成员均被训练进行有效协商，针对权利和义务设定明确的规则，并通过彼此之间的互惠进行强化。通过实验对该疗法的效果进行评估，将 86 名青少年犯随机分成两组，一组接受 FFT，另一组采用其他干预方法。结果显示，与其他方法（以临床为中心的或心理动力学疗法）相比，该技术使未成年犯的再犯率降低一半。在一项采用匹配组的类似实验研究中，该技术对于罪行更为严重的罪犯的有效性也得到验证（Barton，Alexander，Waldron，Turner & Warburton，1985；Sexton & Alexander，2000）。援引 WSIPP 的结论（Lee et al.，2012），每花费 1 美元用于"功能性家庭治疗"（FFT），可以节省 10.4 美元。

在俄勒冈州，"家庭寄养治疗"（Treatment Foster Care，TFC）作为未成年犯监管的替代手段。帕特里西娅·张伯伦和约翰·里德（1998）对该方法进行了评估。未成年犯服刑被认为对其存在不良影响，尤其是来自不良同伴的负面影响。与之不同，家庭寄养治疗招募和培训社区中的家庭为未成年犯提供安置场所。该方法下的未成年犯在家庭、社区和学校被密切监管，而他们与同龄违法者的接触被尽可能地减少了。寄养父母提供了结构化的日常生活环境，包括明确的规则和限制、违反规则时惩罚的一致性，以及一对一监督，同时鼓励这些青少年培养学术能力和良好的工作习惯。

在评估中，79 名男性惯犯被随机分成 TFC 组和常规家庭组。常规家庭中，未成年犯只是与其一同生活。1 年的追踪研究发现，家庭寄养治疗组男孩卷入刑事诉讼的次数更少，且自我报告的违法行为也更少。针对违法犯罪行为，该项目似乎很有效。另一项以未成年女犯作为被试的研究也同样得到了令人鼓舞的结果（Leve，Chamberlain & Reid，2005）。TFC 的有效性经过系统性的评估得以证实（Hahn et al.，2005；Macdonald & Turner，2007）。根据 WSIPP 推测（Lee et al.，2012），在 TFC 项目上每 1 美元的投入就能节省 4.9 美元。

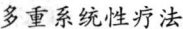

多重系统性疗法

多重系统性疗法（Multi Systemic Therapy，MST）由南卡罗来纳州的斯科特·海根勒和同事（1998）开发，是一项重要的多成分家庭预防项目。根据青少年不同的需求选择特定类型的干预方法。因此，可以说干预的性质因人而异。MST 深入未成年人家庭、学校和社区开展，主要包括家庭、同伴及学校干预。家庭干预主要提升父母监督和约束未成年人的能力；同伴干预鼓励未成年人选择具有亲社会性的朋友；学校干预旨在提高未成年的能力和学业成就。

斯科特·海根勒及其同事（1993）将 84 名存在严重犯罪行为的未成年犯（平均年龄 15 岁）随机分成 MST 组和常规组（大多数不将青少年安置在家中）。经过一年的追踪调查，发现 MST 组成员更少被逮捕，且自我报告的犯罪行为更少。另一项密苏里州的评估中，查尔斯·伯丁及其同事（1995）将 176 名平均年龄 14 岁的青少年犯随机分两组，一组接受 MST，另外一组接受着眼于个人、家庭和学术问题的治疗干预。4 年后，MST 组仅有 26% 的青少年犯被捕，对照组中这一比例达到 71%。随后，研究追踪到他们 29 岁（Schaeffer & Borduin，2005）和 37 岁（Sawyer & Borduin，2011），发现了 MST 的累积益处。海根勒和同事（1997，1999，2002）进行的研究也得到了令人满意的结果。根据 WSIPP 的推测（Lee et al.，2012），每花费 1 美元用于 MST，将节省 4.4 美元其他开支。

一项来自加拿大的研究得出了不同的结果。艾伦·莱施德和艾利森·坎宁安（2002）采用 MST 进行了大范围的独立评估，把 400 多名未成年犯或高犯罪风险的未成年人随机分成两组，实验组接受 MST，对照受到传统待遇（主要指缓刑监管）。6 个月后，实验组有 28% 的未成年被再次判决，对照组的这一比例是 31%，差异并不显著。因此，尽管挪威和荷兰的评估证明了 MST 的有效性（Asscher，Dekovic，Manders，Van Der Laan & Prins，2013；Ogden & Hagen，2006），但是单独使用 MST 所产生的效果尚不完全清楚。两项关于 MST 效果的元分析得出了相反的结论：尼古拉·柯蒂斯及其同事（2004）认为它是有效的，朱利亚·利特尔（2005）的研究结果则不然。尽管如此，MST 仍是一种前景广阔的干预技术，并且在英国被广泛采用（Jefford & Squire，2004）。

基于家庭的干预是否有效？

对家庭干预项目的评估结果并不一致。为了进一步评估项目的有效性，作者和布兰登·韦尔升对 40 份评估报告进行了综合分析（每一项评估的实验组和控制组人数之和不少于 50 人）（Farrington & Welsh，2003）。所有评估都包含对犯罪或儿童反社会行为的测量。其中 19 项以犯罪行为为测量指标的评估中，有 10 项认为干预具有明显的有益效果，另外 9 项没有发现明显的效果。值得欣慰的是，尚无研究发现家庭干预项目存在显著的不良影响。

元分析发现，19 项研究的平均效应值（d，标准均值差）为 0.32（显著大于零）。将其转换成再次定罪比例，d 等于 0.32 意味着被再次定罪的比例从 58% 下降到 42%。因此综合 19 项研究结果，我们认为基于家庭的干预项目展现了实质性的良好效果。

基于学校的预防

下面介绍基于学校的预防项目，其中大多数包含家庭预防的成分。首先介绍 Perry 学前项目，这或许是最具影响力的早期预防项目。因为研究结果显示，每花费 1 美元用于 Perry 学前项目，将节省 7 美元其他开支（Schweinhart et al.，1993）。此外，还会介绍戴维·霍金

145

斯、伊斯雷尔·科尔文、谢泼德·凯拉姆分别在西雅图、泰恩河畔的纽卡斯尔、巴尔的摩开展的学校预防项目。最后介绍丹·奥维斯在挪威和波得·史密斯在英格兰开展的反欺凌项目。

学前项目

劳伦斯·施韦哈特和戴维·韦克特在美国密歇根州的伊普西兰蒂开展的"Perry 项目"是最著名的学前智能培养项目。该项目原本是针对处于弱势地位的非裔美国儿童的"启蒙"计划。123 名儿童组成的小样本基本上被随机分为实验组和控制组。实验组的儿童每天参加学前项目，每周接受家访进行总结，为期 2 年（包含 3—4 岁的儿童）。该项目旨在通过这种"计划—执行—总结"的形式激发儿童的智力，增强其思维推理能力，提高之后的学业成就。

该项目带来的好处并不局限于眼前。约翰·伯鲁特 – 克莱门特及其同事（1984）的研究表明，19 岁时，实验组成员更有可能被雇佣，更有可能高中毕业，更有可能接到大学或职业培训的通知，且不太可能被逮捕。27 岁时，实验组成员被逮捕总人次只有控制组人均被逮捕次数的一半（Schweinhart et al.，1993）。而且，实验组成员的收入明显更高，且很多人置办了产业。实验组中的女性大多已经结婚，很少成为未婚母亲。

最新的追踪调查显示，40 岁时，两组被试的生活差异巨大（Schweinhart et al.，2005）。与控制组相比，接受过项目训练的实验组明显较少有人因暴力（32% vs. 48%）、财产（36% vs. 56%）或毒品（14% vs. 34%）而犯罪，更少有人被逮捕 5 次或更多次（36% vs. 55%）。人生经历的许多其他方面也得到提高，比如接受教育（高中毕业比例 77% vs. 60%）、就业记录（76% vs. 62%）以及更高的年收入。

经济分析显示，Perry 项目带来的经济收益超过其成本。计算（Barnett，1993）包括犯罪和不犯罪的收益、受害者的无形成本，甚至包括 27 岁以后的预期收益。由此形成其著名的 1:7 成本收益比率。65% 的收益来自刑事被害人的储蓄。最近进行的成本收益分析发现，当实验组成员 40 岁时，项目花费的每 1 美元产生了 16 美元的收益（Schweinhart，2013）。不过，根据华盛顿公共政策研究所（WSIPP）的推测（Lee et al.，2012），该项目的成本收益比率为 1:3。

与 Perry 项目类似，芝加哥儿童家长中心（CPC）为弱势儿童提供了高质量的主动学习型幼儿园，并辅以家庭支持（Reynolds，Temple，Robertson & Mann，2001）。与 Perry 项目不同的是，CPC 会持续为儿童提供教育充实培训直到进入小学（9 岁为止）。以对学前干预效果的关注为出发点，研究发现，在参与项目的儿童长到 18 岁时，更少因非暴力或暴力犯罪而被逮捕（与控制组相比）。此外，实验组的儿童还收获了其他益处，例如，高中毕业的比例更高，以及对生活更加长期的影响（Reynolds，Temple，Ou，Arteaga & White，2011）。

对其他学前项目的评估也得到了令人满意的效果（Campbell，Ramey，Pungello，Parling & Miller Johnson，2002）。埃利安娜·加塞斯及其同事（2002）的一项大规模调查研究发现，与未参与项目的兄弟姐妹相比，那些 3—5 岁时参与"启蒙"项目的儿童在 18—30 岁时更少被逮捕或因犯罪被交付法院。

学校计划

最重要的学校预防项目之一是戴维·霍金斯及其同事（1991）在西雅图开展的活动。他们的项目包含家长培训、教师培训和儿童技能训练等多个组成部分，500 名分别来自 8 所学校 12 个一年级班级的 6 岁儿童参与了研究。以班级为单位，将他们随机分成实验组和控制组。实验组的儿童参与家庭和学校的特殊训练项目，增加他们与父母和学校之间的依恋和联结，同时也接受了人际认知方面问题解决的训练。在"发现他们的优点"项目里，父母被训练去学会关注和强化儿童的社会赞许行为。他们的老师接受课堂管理技巧的训练，例如给孩子们提供清晰的指导和期望，对孩子们的社会赞许行为给予适当奖励，教授孩子们亲社会的或社会赞许的问题解决办法。

该项目可以带来长期的益处。到 6 年级（12 岁）时，实验组的男孩进行违法犯罪活动，以及女孩药物滥用的可能性都更小（O'Donnell, Hawkins, Catalano, Abbott & Day, 1995）。在随后的追踪调查中，戴维·霍金斯及其同事（1999）发现，18 岁时，全程参与干预项目（从 1 年级到 6 年级）的被试与那些只在 5—6 年级参与或控制组的被试相比，存在更少的暴力和酗酒行为，以及拥有更少的性伴侣。被试到 27 岁时，干预项目在其性行为方面的有益影响仍很显著，例如减少了性病的传播。但是对犯罪行为的影响显著降低（Hawkins, Kosterman, Catalano, Hill & Abbott, 2008）。在性行为方面的有益影响一直持续到 30 岁（Hill et al., 2014）。WSIPP 的推测认为（Lee et al., 2012），在该项目上每 1 美元的支出能节约其他 1.9 美元。

另一项重要的学校干预项目由伊斯雷尔·科尔文及其同事（1981）在泰恩河畔纽卡斯尔进行。270 名 7—8 岁的小学生和 322 名 11—12 岁的中学生被随机分成实验组和控制组。根据老师和同学们的评定，所有孩子都被确认具有某种形式的社会或精神障碍，或者学习问题。实验项目有三种类型：①行为矫正：高年级学生以行为强化为主，低年级"培养工作"以良性互动为主；②家长咨询和教师协商（中高年级学生均需参与）；③高年级接受团体治疗，低年级参与活动小组。

项目开展 18 个月和 3 年后，分别采用行为障碍的临床量表进行效果评估。尽管 3 年的追踪调查显示，在"培养工作"和活动小组中，实验组被试的行为表现更好，但是总体上低年级的两组学生并没有表现出明显的差异。高年级的学生在两次追踪结果中都显示，接受团体治疗的学生明显比控制组表现出更少的行为障碍；高年级另外两个项目的 3 年追踪结果也表明干预是有效果的。

在巴尔的摩，汉农·彼得拉斯、谢泼德·凯拉姆及其同事（2008）评估了"好行为游戏"（GBG）项目，该项目旨在通过团体互助行为的随机性强化来减少儿童的攻击和破坏行为。以班级为单位，将 1 年级学生及老师随机分为 GBG 组和控制组，实验组持续进行 GBG 2 年以上。研究者通过轨迹分析发现，到了 7 年级，攻击性最强的男孩们的攻击或破坏行为减少（根据老师的报告）；在 19—21 岁时发生反社会人格障碍的情况也减少。但是，GBG 项目对女孩子以及攻击性较弱孩子的影响并不明显。（Kellam et al., 2014）。依据 WSIPP 的推测（Lee et al., 2012），GBG 的投入产出比为 1:31.2。

目前已经有大量的关于学校干预项目效果的评价，这些评价十分全面，而且都基于一定的实证研究（Gottfredson, Wilson & Najaka, 2006; Wilson, Gottfredson & Najaka, 2001; Wilson & Lipsey, 2007）。元分析归纳了四种类型的能有效预防犯罪的学校项目：学校和纪律管理、教室或教学管理、年级或班级重组、采用认知行为指导疗法来提高自控能力和社交能力。其中，年级或班级重组的平均效应值最大（d = 0.34），使得青少年犯罪行为减少了 17%。

课后项目（如娱乐活动、俱乐部、舞蹈团体、导师服务）基于这样的理念：为年轻人在课后提供亲社会的机会，从而减少他们在社区中参与违法行为活动的机会。课后项目关注了一系列不良行为风险因素，包括与不良同伴的联系。布兰登·韦尔什和阿克米·霍什（2006）通过对不良行为的影响效果进行评估，确定了三个高质量的课后项目。每个项目对不良行为的影响效果都很理想，其中一个项目还报告了对药物（毒品）滥用的良好影响。

反欺凌项目

校园欺凌是攻击的一个风险因素（Farrington，1993；Ttofi，Farrington，Lösel & Loeber，2011；Ttofi，Farrington & Lösel，2012）。一些校园干预项目在减少欺凌行为方面是行之有效的，其中丹·奥维斯（1994）在挪威开展的项目最为著名。反欺凌项目的一般性原则包括：创造具有人文关怀的温暖环境，激发孩子的兴趣使其融入其中；采用权威型儿童抚养方式，包括温暖的关怀、严格的指导以及密切的监督，因为该抚养方式和儿童欺凌行为有关（Baldry & Farrington，1998）；设定界限，明确不可接受的欺凌行为；对违法规则的行为保持一贯的非体罚制裁；提高对儿童行为的监督，尤其是在操场上的行为；减少实施欺凌的机会及因欺凌获得的积极回应。

奥维斯项目旨在增强和丰富老师、家长及儿童对欺凌的意识及知识，消除人们关于欺凌行为的疑惑。该项目在挪威的所有学校分发一本30页的小册子。这本册子描述了人们所了解的欺凌，对学校和老师如何减少欺凌提供了一些建议。此外，该项目还为学校提供了一份长达25分钟的介绍欺凌的视频。与此同时，学校给所有家长分发了一份4页的包含欺凌信息和建议的文件。所有儿童均匿名填写了一份关于欺凌的自我报告问卷。

在特定的学校会议上，每一所学校都通过问卷获得了反馈信息，包括欺凌和受害的普遍性。同时，学校鼓励老师制定关于欺凌的明确规则（例如，不要欺凌他人，当被欺凌时及时让他人知道，不对欺凌忍气吞声，试着帮助被欺凌的人，尝试接纳被孤立的同学）；利用视频和角色扮演法在班级中讨论欺凌问题；加强对学生的监督和管理，尤其是他们在操场上的言行举止。

该反欺凌项目的效果在卑尔根市（地处挪威西南部）的42所学校得到了评估。丹·奥维斯采用儿童自我报告的方法，对项目开展前后欺凌现象的普遍性进行了测量。由于所有学校都实施了该项目，因此不存在控制组。奥维斯对比的是项目开展前后，特定年龄的不同儿童中的欺凌现象。整体上，欺凌现象减少了一半，该项目是非常成功的。

在英国谢菲尔德市，彼得·史密斯和索尼娅·夏普（1994）开展了类似的项目（包括23所学校）。项目内容主要是构建全校性的反欺凌政策，提高师生对欺凌的意识，明确教师和学生角色与责任，以便于每个人都知道欺凌是什么，以及如何应对。而且专门为特殊学校提供了自由选择的干预措施，比如课程设置（读书、看视频等），针对学生的直接干预（被欺凌学生的自信训练）以及操场工作（培训午餐时间的监管人员）。该项目在降低小学校园欺凌方面卓有成效，使得欺凌事件下降了15%；对中学的影响相对较小，欺凌事件减少了5%。

作者和玛丽亚·特托菲（2011，2012）对校园反欺凌项目效果进行系统性评估。通过综合53个不同项目的89份高质量的评估报告发现，反欺凌项目总体上是有效的。结果显示，与控制组学校相比，实验组学校的欺凌和被欺辱现象减少了17%—23%。

同伴项目

针对反社会行为，并且以同伴风险因素为目标的有效干预项目的突出例子很少。某项目利用地位较高的传统型同伴，向儿童教授抵抗同伴压力的方法。该项目在减少药物滥用方面颇有成效，被认为是最有希望的同伴项目（Tobler, Lessard, Marshall, Ochshorn & Roona, 1999）。此外，在圣路易斯市，罗纳德·费尔德曼及其同事（1983）进行的一项随机实验发现，将反社会青少年安排在以亲社会青少年为主导的活动小组中，会使得他们的反社会行为减少（相比于将其安排在反社会青少年小组）。这表明可以利用亲社会同伴的影响来减少反社会行为。但是，将反社会同伴聚集在一起会产生有害的影响（Dishion, McCord & Poulin, 1999）。

"风险儿童项目"（the Children at Risk Programme）作为极具影响力的干预项目，其成功似乎是因为降低了同伴风险因素。该项目关注了美国5个城市中贫困社区的高风险青少年（平均年龄12岁），将其中符合条件的青少年（在校）随机分到实验组和控制组。该项目以犯罪风险因素为关注点，提出基于社区的综合性预防策略，包括个案管理，家庭咨询，家庭技能的培训、启发和指导，课后活动，社区治安制度等。项目内容会根据不同的社区情况有所调整。

该项目的初期结果令人失望，但是一年的追踪调查显示，实验组的青少年自我报告不太可能实施暴力犯罪、药物滥用或贩卖等（Harrell, Cavanagh & Sridharan, 1999）。对干预过程进行的评估表明，最明显的变化是在同伴风险因素方面。实验组青少年不再经常和不良同伴发生联系，更少感受到参与犯罪的同伴压力，同时拥有更多积极的同伴支持。与此相反，在个人、家庭或社区风险因素方面几乎没有改变，这可能与父母对于培训，青少年对于启发和指导的低参与度有关。换言之，项目的实施存在问题，问题的产生可能与家庭迫切需要解决的、多样性的需求及问题有关。

"量子机会项目"（the Quantum Opportunities Programme）包含了同伴指导，在美国5个地点开展实施（Hahn, 1994, 1999）。它旨在改善弱势风险青少年在高中期间的人生机会，包括教育发展的同伴指导、生活技能的成人帮助、职业生涯规划和社区服务。青少年会因参与项目得到现金奖励，工作人员也会因为使青少年持续参与项目而获得奖金。

148

开展"量子机会项目"的每个地方（共5个地点）都有50名大约14岁的青少年参与其中，他们被随机分配到实验组和控制组。初始样本为250人，实验获得了成功。实验组青少年更可能从高中毕业（63% vs. 42%），更不可能被逮捕（17% vs. 58%）。在6个月的追踪研究期间，实验组青少年更可能去做指导志愿者或者自我引导（28% vs. 8%），更少申请福利救济。

针对"量子机会项目"（Hahn, 1994）的成本—收益分析揭示了该项目给参与者和纳税人带来的实质性好处。其收益与成本比十分理想（3.7:1）。经济效益仅来源于教育和更少的孩子，"更少孩子"的收益来源于针对青少年母亲的相关健康和福利服务投入的减少。尽管如此，根据WSIPP（Lee et al., 2012）的推测，每花费1美元用于该项目也仅能节省出1.2美元。

基于社区的辅导项目包括让非专业的成年志愿者与具有犯罪风险、辍学、学业失败或其他社会问题的年轻人相处。志愿者作为导师，以一种支持性的、非批判性的方式为这些年轻人提供榜样（Howell，1995）。布兰登·韦尔什和阿克米·霍什（2006）筛选了7种（其中6种都具有较高的质量）指导项目，评估其对犯罪行为的影响。由于大多数项目效果理想，韦尔什和霍什认为，基于社区的辅导在预防犯罪方面很有前景。

通过对18个辅导项目进行系统评价和元分析，作者和同事达里克·乔利夫（2008）发现，此类项目在预防犯罪方面是有效的。加权平均效应值d为0.21，意味着测量的犯罪行为显著减少了10%。当导师和学习者平均每次接触时间更长、研究的样本更小以及结合其他干预措施时，辅导项目对降低攻击行为的效果更明显。来自WSIPP（Lee et al.，2012）的推测，每花费1美元用于青少年辅导项目，能够节约1.7美元的其他开支。

技能训练

认知行为技能训练项目以冲动性和低共情为关注点，是最重要的预防技术，也是作者和乔治娅·扎拉最近正在回顾的内容（2014）。例如，罗伯特和罗斯林·罗斯（1995）设计了一个干预项目，其目标是教会人们在行动之前先停下来思考一下，考虑行为的后果，对解决人际关系问题的不同方式有一定概念，想想行为给他人尤其是受害者带来的影响。内容方面，包括社交技巧训练、横向思考（学会创造性解决问题）、批判式思考（学习逻辑推理）、价值观教育（懂得关心他人）、自信训练（学会以非攻击性的、适当的方式获得期望的结果）、谈判技巧训练、人际认知问题解决（传授解决人际关系问题的思维能力）、社会视角训练（学会如何识别和理解他人的情绪情感）、角色扮演和模仿（示范和练习有效的、可接受的人际间行为）。

罗伯特和班比·罗斯（1988）在渥太华实施了"推理和康复"项目（"Reasoning and Rehabilitation" programme），通过9个月的追踪调查（随机性实验）发现，被试（小样本成年罪犯）的再犯率大幅度降低。他们的训练由假释官执行，但是他们认为也可以由家长或老师来进行。该项目在几个不同国家广泛开展，并成为英国监禁和缓刑期间实施的众多值得信赖的认知行为项目的基础，包括探路者项目（Pathfinder projects）（McGuire，2001）。

彼得·雷纳和莫里斯·范斯通（2001）在格拉摩根郡开展了一项名为"缓刑期的清晰思维"（Straight Thinking on Probation）的类似项目。将接受技能培训的罪犯和被判决监禁的罪犯进行对比。1年后，尽管两组罪犯再次定罪的预测比率均为42%，但实际上完成项目的罪犯的再次定罪比率更低（35%:49%）。2年之后，项目并没有带来持续的积极影响，实验组和控制组的再次定罪比率相似（63%:65%），与预测比率相比亦无显著差异。不过，与控制组中再次获罪的被试相比，实验组再次定罪的被试所犯罪行的严重程度较轻。

作者和乔伊·唐（2008）对"推理和康复"项目在降低犯罪方面的有效性进行了系统性评估。我们从4个国家中选择了32对实验组和控制组。通过元分析发现，整体上项目参与者的犯罪行为比控制组显著减少。

马歇尔·琼斯和丹·奥福德（1989）在渥太华开展了技能培训项目，分为实验内容复合组和控制内容复合组。该项目着眼于学校之外的技能，包括运动方面（如游泳、曲棍球）和非运动方面（如吉他和芭蕾舞）。发展这些技能的目的是提高自尊，鼓励孩子们建设性地利用时间并为其提供理想的榜样。项目参与度很高，第一年中实验组大约3/4的适龄儿童参加了至少一门课程。结果显示，与控制组相比，实验组的犯罪率明显降低，项目取得了成功。仅以纳税人的储蓄为基础，得出的成本—收益比率为1:2.5。

"即刻停止，制定计划"（SNAP）是为 6—11 岁儿童设计的最重要的技能培训项目之一，由多伦多的利娜·奥吉默利及其同事（2011）开发实施。那些存在问题行为的儿童（由警察指定）被教导在生气时要保持冷静、进行深呼吸并从 1 数到 10。同时，他们也学习应对表达陈述和解决人际关系问题的有效办法。利娜·奥吉默利及其同事（2007）和克里斯托弗·凯格尔及其同事（2008）进行的小样本实验发现，SNAP 在减少违法犯罪和攻击方面是有效的。这一结果也在汉密尔顿、安大略省（Lipman et al.，2008）和匹兹堡（Burke & Loeber，2014）的大范围独立评估研究中被证实。

蒙特利尔纵向实验研究结合了儿童技能训练和家长培训。理查德·特伦布莱和同事们（1995）筛选了破坏性（攻击性的、极度活跃的）男孩（6 岁）共 300 多名，将其随机安排到实验组或控制组。7—9 岁两年间，实验组接受了培养社会技能及自控能力的训练。通过系列小组会议，使用教导、同伴模仿、角色扮演和随机强化来讨论诸如"怎样帮助别人？""当你生气的时候该做什么？""被戏弄时如何做出反应？"。同时，使用杰拉德·帕特森（1982）开发的家长管理训练技术对他们的父母进行培训。

干预项目卓有成效。相比于控制组，实验组的男孩们到 12 岁时入室盗窃、酗酒、卷入打架事件的可能性较低（依据自我报告），而且他们取得了更好的学业成就。10—15 岁之间的任何年龄，实验组比控制组自我报告的不良行为得分更低。值得注意的是，随着追踪研究的进行，两组被试在反社会行为上的差异变大。到了 24 岁，实验组男孩的犯罪记录更少（Boisjoli, Vitaro, Lacourse, Barker & Tremblay, 2007），到了 28 岁，他们自我报告的财产犯罪也更少（Vitaro, Brendgen, Giguere & Tremblay, 2013）。

最近，在德国（Lösel, Stemmler & Bender, 2013）和瑞士（Malti, Ribeaud & Eisner, 2011）开展的研究也表明，儿童技能训练在减少反社会行为方面是有效果的。弗里德里克·洛塞和安德烈亚斯·比尔曼（2006）综合 89 例实验组控制组研究，对儿童和青少年技能训练的有效性进行了系统评估。他们的元分析结果显示，通过追踪研究，接受技能训练的实验组孩子的违法犯罪行为，整体上比控制组显著减少 10%。其中，认知—行为训练的影响最大：有 7 例追踪调查发现，实验组违法行为平均减少了 25%。效果最为显著的项目以年龄在 13 岁及以上的儿童，以及已表现出行为问题的高风险群体为对象。来自弗里德里克·洛塞和多丽丝·本德（2012）最新评估也得出结论，认为儿童训练项目是有效的。

社区照顾项目

为了最大限度地提高效力，我们需要的是一个基于社区的多元项目，包括上文中已经列出的富有效果的干预项目。本章提到的许多项目都是这种类型的。不过，社区照顾项目（CTC）具有许多引人注目之处（Farrington, 1996）。与其他干预项目相比，CTC 可能更具备证据基础和系统性：干预措施的选择取决于实证证据，包括在一个特定的社区哪些是重要的风险因素，哪些是保护性因素，以及"什么在起作用"（Sherman, Farrington, Welsh & MacKenzie, 2006）。社区照顾项目（CTC）最初是在美国开发实施，现在已被包括英国在内的许多国家广泛采用。

戴维·霍金斯和理查德·卡塔拉诺（1992）开发的社区照顾项目（CTC）是一种关注风险的预防策略，很快就成为美国青少年司法与犯罪预防办公室（OJJDP）青少年罪犯（针对罪行严重、暴力型及累犯）综合干预策略的核心成分（Wilson & Howell, 1993）。社

150 区照顾项目（CTC）以社会发展模型理论为基础，该理论梳理了风险因素与保护因素。干预技术根据不同社区的特定情况量身打造。"社区"可以是一个城市、区县、小城镇，甚至是邻近社区或住宅区。该项目旨在通过实施特定的、已被证明在降低风险性因素或加强保护性因素方面有效果的预防策略来减少犯罪和药物滥用。该项目效仿了广泛开展的社区性公共健康项目（通过解决关键的风险因素来减少疾病，比如冠心病）。社区照顾项目（CTC）格外重视加强保护因素和建立优势，因为对社区来说这可能比解决风险性因素更具吸引力。通常来说，健康促进比疾病预防更有效（Kaplan，2000）。

社区照顾项目（CTC）的实施从社区宣传动员开始。把社区中重要的领导者（如民意代表、教育官员、警察局长、企业领导）聚集在一起，使他们就预防项目的目标达成一致，并支持CTC的开展。核心领导者发起并组建对其成员负责的社区委员会，委员会成员由社区居民和各机构代表（如学校、警察局、社会服务机构、看守所、健康机构、家长、青年团体、企业、教堂、媒体）组成。社区委员会代表社区的利益来负责预防项目。

然后，社区委员会进行社区风险性和保护性因素评估，确定社区需要解决的关键风险性因素和需要加强的关键保护性因素。该项评估工作可能涉及警察局、学校、社会或人口调查记录，以及当地社区或学校的调查。确定关键的风险性和保护性因素之后，社区委员会需要评估现有资源，制定干预策略和计划。在专业的技术支持和指导下，从一本策略手册中挑选干预项目，这些干预项目的有效性已被精心设计的研究所验证。

该手册由霍金斯和卡塔拉诺（1992）共同完成，包括产前与产后家访项目、学前智能丰富项目、家长训练项目、学校组织和课程开发、教师训练项目和媒体活动。其他策略包括：儿童技能训练、学校反欺凌项目、情境预防、警务策略。干预策略的选择基于实证依据（应对特定风险因素的有效方法），同时也取决于社区面临的最大问题。当然，这种路径也不是没有挑战性和复杂性（比如成本、执行、建立不同机构间的合作伙伴关系）。这样一种证据导向的方法汇集了多个领域最有效的预防项目，为减少犯罪、建立更安全的社区描述了美好的前景。

戴维·卡塔拉诺与同事（2009）在一项大规模的随机实验中评估了社区照顾项目（CTC）的有效性。来自全美国的24个社区形成12个匹配组，每组随机挑选一个社区接受CTC。其有效性通过对4000名5年级（10—11岁）到8年级（13—14岁）学生的年度调查来评估。结果表明，CTC减少了犯罪、饮酒和抽烟行为，但没有减少吸食大麻行为。尽管如此，这些结果已经非常令人鼓舞。而且，成本收益分析（Kuklinski，Briney，Hawkins & Catalano，2012）显示，在CTC上每花费1美元，就节省5.3—10.2美元。

犯罪预防在英国的发展现状

2006年9月，英国首相托尼·布莱尔宣布了一项针对"社会排斥"的行动计划。"社会排斥"是一个包含反社会行为、青少年怀孕、教育失败和心理健康问题在内的通用概念（Cabinet Office，2006）。这项行动计划强调早期干预、机构间更好的协调以及基于证据的实践（使用科学的方法系统性地确定起作用的因素，并进行等级评估，详见Farrington，2003）。受戴维·奥尔兹所做工作（Olds et al.，1998）的启发，该计划提议以刚出生至2岁的高风险儿童为对象的家访计划应由助产员和卫生随访员来执行。计划还指出，对青少年怀孕这一热点问题，应以增强社会和教育之间的联系，以及更好地获得避孕药具为目标。

此外，计划提出以家庭为基础、多机构联合，来应对童年期的行为和心理健康问题，包括寄养治疗（Chamberlain & Reid，1998）和多系统疗法（Henggeler et al.，1998）。并且，为生活混乱的成人提供心理健康问题及多种需求等干预，以使其中更多的人获得工作的机会。2013 年 4 月，"社会排斥"行动计划被首相戴维·卡梅伦发起的"早期干预基金会"项目所取代。

20 世纪 90 年代中期以来，英国对于早期干预和基于证据的实践的关注度不断提高（Sutton，Utting & Farrington，2004；2006）。1995 年，儿童和青少年心理健康（CAMHS）团队在英国各个地区建立起来，为那些存在情感和行为问题的青少年儿童提供支持和帮助。该项服务属于卫生部的职权范围，参与的从业者会采用不同的理论取向和方法。

"确保开端"（www. surestart. gov. uk）是政府为学前儿童发起的倡议。1999 年，最早的"确保开端"中心在某贫困地区成立，如今英国"确保开端"中心的数量已超过 800 个。这些中心融合扩展托儿服务、健康与家庭支持服务，来提供早期教育和育儿项目。所有的服务都以一定的证据为基础。被广泛使用的育儿项目包括"不可思议的年代"（Webster Stratton，2000）、三人行项目（Triple-P，Sanders et al.，2000）以及牢固家庭与社区（Steele，Marigna，Tello & Johnson，1999）等。此外，还建立了国家育儿专家学院（National Academy For Parenting Professionals）。

对"确保开端"这种实施范围较大的国家级项目进行效果评估是非常困难的。首次评估选取了 150 个开展该项目的地区（实验组）和 50 个未开展（Sure Start-to-be）的地区（控制组），再从这些地区随机选取有 9 个月或 3 岁儿童的家庭作为评估样本（Melhuish，Belsky & Leyland，2005）。结果显示，由非青少年母亲（占样本的 86%）抚养大的 3 岁儿童，社交能力更好，行为问题更少。与控制组相比，参与"确保开端"的家庭中消极的抚养方式也更少。但是，实验组中青少年母亲（占样本的 14%）的孩子在社交和言语能力方面更差，问题行为也更多。

另一项研究以 93 个开展"确保开端"项目和 72 个参与英国"千禧世代研究"（Melhuish，Belsky，Leyland & Barnes，2008）的贫困地区为对象，对比项目结果发现，到儿童 3 岁时，"确保开端"项目在五个方面显示出来显著的有益影响：抚养方式、儿童的社会发展、社交行为、独立性以及家庭学习环境。在儿童词汇发展、父亲与儿童的互动、母亲的抽烟问题和生活满意度方面，两种项目产生的效果差异不明显。

"确保开端"项目随即被纳入到"儿童中心"，在英国全国范围推广开展起来。在服务中心，为儿童和家长整体提供各种相关信息。其中隐含的目标是，通过提供育儿项目来减少幼儿的品行障碍和攻击行为。该中心也有助于促成"每个孩子都很重要"（财政部首席秘书，2003；www. everychildmatters. gov. uk）这一重要的政府政策的战略目标。该政策适用于所有从出生到 19 岁的孩子，旨在提高学业成就，降低不健康、未成年怀孕、虐待和忽视、犯罪以及反社会行为等问题的比例。

结论

高质量的评估研究表明，在减少犯罪与反社会行为方面有许多行之有效的项目，多数情况下这些项目在经济上效益超过成本。最为出色的项目包括一般性父母教育、家长管理培训、学前智能丰富项目、儿童技能训练、教师培训、反欺凌项目、导师项目和 MST。虽

151

然项目多数是针对男孩设计展开的，但是也有一些专为女孩设计的项目（Hipwell & Loeber，2006）。重要的是，早期干预项目具有长期持续的益处（Dekovic et al.，2011；Manning，Homel & Smith，2010）。

在英国，亟需开展针对犯罪干预项目效果的高质量的实验及准实验评估。对于预防项目有效性的认识，例如认知行为技能训练、家长培训和学前智能丰富项目，大多以美国的研究为基础。理论上，预防项目不仅关注风险因素的应对，同时也应该加强保护因素。风险和保护因素都应该被关注和测量。近年来，成本—收益分析在预防项目效果评估过程中的使用逐渐增多。该方法直观明了，应当优先考虑，同时也需要形成一本标准的分析操作手册。

此类实验和准实验应该采用大样本，较长研究周期以及追踪回访。样本大小在基于个体和区域的研究中都是非常重要的影响因素。许多干预项目在小样本中有效果，但在大样本中效果却不明显。因此，项目（针对不同规模群体）的推广和移植也需要更多的研究（Michelson，Davenport，Dretzke，Barlow & Day，2013；Welsh，Sullivan & Olds，2010）。项目干预效果的持久性需要长期的追踪研究来维持，说明项目的持续推进很有必要。很少有研究在干预后进行长期追踪，这应当成为资助机构的首要任务。研究也应该辨别出对早期干预项目的成功起到积极作用的成分（Kaminski，Valle，Filene & Boyle，2008）。许多项目都采用多元模式，因此很难区分出项目组成的单个和互动效应。未来的研究应尝试区分最为成功的项目中的不同元素。

很难对开展规模较大的遏制犯罪策略进行评估，也很难回答在诸多措施中，比如风险因素的早期预防、物理或情境预防、增加警力或监狱投入，"哪一项效果更好"这样的问题（以减少犯罪活动节约的钱财为指标）。然而，这个问题对决策者和民众来说却至关重要。因此，需要与一般性遏制犯罪策略进行对比，探究风险预防的成本效益。作者与布兰登·韦尔什（2011）通过回顾相关研究证据得出，相比于对监狱的投入，早期预防项目的成本效益更高、更划算（也可以减少更多的犯罪活动）。

给我们政策上的启示是，应该考虑开展多重成分的风险预防项目。例如，将 CTC 在英国全境更广泛地推广。该项目能够通过现存的犯罪及扰乱治安管理协会（Crime and Disorder Partnerships）实施。不过，需要足够的资源和技术支持来对青年及家庭进行调查，确定人员和场所存在的关键性风险及保护因素，对这些因素进行测量，选择有效的干预方法，对项目减少犯罪和克服社会失序方面的有效性进行高质量的评估。

关注点应该放在初级预防（为特殊地区的所有家庭提供干预项目）上，而非次级预防（针对高风险个体开展干预项目）。最理想的是，这些项目不仅应作为预防犯罪计划的一部分去关注风险因素的降低，更应该通过加强保护性因素来建立安全、健康的社区。

从国家到地方，并没有设立以初级犯罪预防为主要任务的机构。应当设立类似的国家机构，为执行干预项目的地方机构提供技术援助、技巧和知识，为这些项目提供资金，确保其连续性，协调和监督项目的执行。国家性机构还可以提供科学预防方面的培训，并维持评估研究的高标准。它还可以作为中心，讨论不同政府机构的政策如何影响犯罪和相关社会问题；同时，为国家和地方在预防犯罪、药物和酒精滥用、心理健康和相关社会问题方面的研究和实践设定议事日程。

在其他国家，如瑞典（Andersson，2005）和加拿大（Sansfacon & Waller，2001），这样

的国家性犯罪预防机构早已建立起来。这些机构强调三大工作机制：同其他政府部门合作，地方上问题解决的伙伴关系的发展，以及公民的参与（Waller & Welsh，1999）。这些要点为基于证据的结论如何应用到地方实践指明了出路。每一点都指出了具体的行为方式，其内涵是国家性机构虽然可以影响地方，但项目最终的成功还是取决于当地民众。不过，国家性机构能以多种方式影响项目的实施，比如为项目的有效性提供指导方针，对项目基金的使用设立审查条件。

国家性机构可以对评估研究进行登记和记录（像国家健康和临床研究所一样），为政府关于犯罪早期预防项目的有效性和成本效益的研究建言献策。医学建议常常基于对医疗干预有效性的系统评估，由国际循证医学协作组织开展，由英国国家医疗服务中心提供资金支持。类似地，犯罪学干预措施有效性的系统性评估，可以由坎贝尔协作机构（the Campbell Collaboration）负责组织（Farrington & Petrosino，2001），而且应该得到政府的委托和资金支持。

地方上也应该组织开展犯罪预防项目。每个地区都应当建立地方性机构，在犯罪风险预防项目的组织中起到领导作用。在瑞典，到2005年已有80%的城市成立了自己的犯罪预防委员会（Andersson，2005）。这些地方性预防机构通过档案记录、家庭和学校调查等方法，在测量风险因素和当地社会问题方面发挥带头作用。然后，评估可利用的资源并制定预防策略计划表。在专业技术协助下，从策略列表中挑选出预防项目，列表中的项目在减少犯罪方面的有效性已被精心设计的评估研究所验证。这将是循证实践的优秀案例。

最近，英国开展了一些颇具发展前景的干预项目，例如"确保开端""每个孩子都很重要"（财政部秘书长，2003）。这些项目明显受到近来关于童年风险因素、风险干预策略等科学研究的影响。现在，时机已经成熟，应该将这些干预项目（包括严格的评估要求）扩展成为大规模的国家性综合循证策略，以期减少犯罪及其他相关社会问题。

153

扩展阅读

1. Welsh，B. C. & Farrington，D. P. （2012，Eds.），*The Oxford handbook of crime prevention*，Oxford：Oxford University Press.

该手册全面总结了发展性的、社区的及情境性的犯罪预防策略，包括学龄前的预防犯罪、家长训练、儿童技能训练和女性犯罪的预防。

2. Farrington，D. P. & Welsh，B. C. （2007），*Saving children from a life of crime：Early risk factors and effective interventions*，Oxford：Oxford University Press.

该书梳理总结了个体、家庭、社会经济、同伴、学校和社区等方方面面的风险因素，回顾了以个体（如儿童技能训练和学前智能丰富训练）、家庭（如家访和家长培训项目）、同伴、学校和社区为目标的干预项目。在最后一章，着重提出应将早期预防提高到国家战略层面。

3. Greenwood，P. W. （2006），*Changing lives：Delinquency prevention as crime control policy*，Chicago：University of Chicago Press.

本书回顾总结了儿童和青少年犯罪预防项目，指出了其中的有效和无效项目，并对成本—效益分析进行了深刻的讨论。书中还就大规模的国家性犯罪预防项目的实施提出了科学建议。

154

参考文献

Alexander, J. F., & Parsons, B. V. (1973), "Short term behavioral intervention with delinquent families: Impact on family process and recidivism", *Journal of Abnormal Psychology*, 81, 219 – 225.

Andersson, J. (2005), "The Swedish National Council for Crime Prevention: A short presentation", *Journal of Scandinavian Studies in Criminology and Crime Prevention*, 6, 74 – 88.

Asscher, J. J., Dekovic, M., Manders, W. A., Van Der Laan, P. H., & Prins, P. J. M. (2013), "A randomized controlled trial of the effectiveness of multisystemic therapy in the Netherlands: Post treatment changes and moderator effects", *Journal of Experimental Criminology*, 9, 169 – 187.

Augimeri, L. K., Farrington, D. P., Koegl, C. J., & Day, D. M. (2007), "The SNAP Under 12 Outreach Project: Effects of a community based programme for children with conduct problems", *Journal of Child and Family Studies*, 16, 799 – 807.

Augimeri, L. K., Walsh, M. M., Liddon, A. D., & Dassinger, C. R. (2011), "From risk identification to risk management: A comprehensive strategy for young children engaged in antisocial behaviour", In D. W. Springer & A. Roberts (Eds.), *Juvenile justice and delinquency* (pp. 117 – 140), Sudbury, MA: Jones & Bartlett.

Baldry, A. C., & Farrington, D. P. (1998), "Parenting influences on bullying and victimization", *Legal and Criminological Psychology*, 3, 237 – 254.

Barnett, W. S. (1993), "Cost benefit analysis", In L. J. Schweinhart, H. V. Barnes, & D. P. Weikart, *Significant benefits: The High/Scope Perry Preschool Study through age* 27 (pp. 142 – 173), Ypsilanti, MI: High/Scope Press.

Barton, C., Alexander, J. F., Waldron, H., Turner, C. W., & Warburton, J. (1985), "Generalizing treatment effects of functional family therapy: Three replications", *American Journal of Family Therapy*, 13, 16 – 26.

Berrueta Clement, J. R., Schweinhart, L. J., Barnett, W. S., Epstein, A. S., & Weikart, D. P. (1984), *Changed lives: The effects of the Perry Preschool Program on youths through age* 19. Ypsilanti, MI: High/Scope Press.

Bilukha, O., Hahn, R. A., Crosby, A., Fullilove, M. T., Liberman, A., Moscicki, E., Snyder, S., Tuma, F., Corso, P., Schofield, A., & Briss, P. A. (2005), "The effectiveness of early childhood home visitation in preventing violence", *American Journal of Preventive Medicine*, 28 (2S1), 11 – 39.

Boisjoli, R., Vitaro, F., Lacourse, E., Barker, E. D., & Tremblay, R. E. (2007), "Impact and clinical significance of a preventive intervention for disruptive boys", *British Journal of Psychiatry*, 191, 415 – 419.

Borduin, C. M., Mann, B. J., Cone, L. T., Henggeler, S. W., Fucci, B. R., Blaske, D. M., & Williams, R. A. (1995), "Multisystemic treatment of serious juvenile offenders: Long term prevention of criminality and violence", *Journal of Consulting and Clinical Psychology*, 63,

569 – 587.

Brand, S. , & Price, R. (2000), *The economic and social costs of crime*, London: Home Office (Research Study No. 217).

Burke, J. D. , & Loeber, R. (2014), "The effectiveness of the Stop Now and Plan (SNAP) programme for boys at risk for violence and delinquency", *Prevention Science*, in press.

Cabinet Office (2006), *Reaching out: An action plan for social exclusion*, London: Cabinet Office.

Campbell, F. A. , Ramey, C. T. , Pungello, E. , Sparling, J. , & Miller Johnson, S. (2002), "Early childhood education: Young adult outcomes from the Abercedarian Project", *Applied Developmental Science*, 6, 42 – 57.

Catalano, R. F. , Hawkins, J. D. , Berglund, L. , Pollard, J. A. , & Arthur, M. W. (2002), "Prevention science and positive youth development: Competitive or cooperative frameworks?", *Journal of Adolescent Health*, 31, 230 – 239.

Chamberlain, P. , & Reid, J. B. (1998), "Comparison of two community alternatives to incarceration for chronic juvenile offenders", *Journal of Consulting and Clinical Psychology*, 66, 624 – 633.

Chief Secretary to the Treasury (2003), *Every child matters*, London: The Stationery Office.

Clarke, R. V. (1995), "Situational crime prevention", In M. Tonry & D. P. Farrington (Eds.), *Building a safer society: Strategic approaches to crime prevention* (pp. 91 – 150), Chicago: University of Chicago Press.

Cohen, M. A. (1998), "The monetary value of saving a high risk youth", *Journal of Quantitative Criminology*, 14, 5 – 33.

Cohen, M. A. , & Piquero, A. R. (2009), "New evidence on the monetary value of saving a high risk youth", *Journal of Quantitative Criminology*, 25, 25 – 29.

Curtis, N. M. , Ronan, K. R. , & Borduin, C. M. (2004), "Multisystemic Treatment: A meta-analysis of outcome studies", *Journal of Family Psychology*, 18, 411 – 419.

Dekovic, M. , Slagt, M. I. , Asscher, J. J. , Boendermaker, L. , Eichelsteim, V. I. , & Prinzie, P. (2011), "Effects of early prevention programmes on adult criminal offending: A meta-analysis", *Clinical Psychology Review*, 31, 532 – 544.

Dishion, T. J. , McCord, J. , & Poulin, F. (1999), "When interventions harm: Peer groups and problem behavior", *American Psychologist*, 54, 755 – 764.

Dishion, T. J. , Patterson, G. R. , & Kavanagh, K. A. (1992), "An experimental test of the coercion model: Linking theory, measurement and intervention", In J. McCord & R. E. Tremblay (Eds.), *Preventing antisocial behavior: Interventions from birth through adolescence* (pp. 253 – 282), New York: Guilford.

Eckenrode, J. , Campa, M. , Luckey, D. W. , Henderson, C. R. , Cole, R. , Kitzman, H. , Anson, A. , Sidora Arcoleo, K. , Powers, J. , & Olds, D. (2010), "Long term effects of prenatal and infancy nurse home visitation on the life course of youths: 19 year follow up a randomized trial", *Archives of Pediatrics and Adolescent Medicine*, 164, 9 – 15.

Farrington, D. P. (1993), "Understanding and preventing bullying", In M. Tonry & N. Morris (Eds.), *Crime and justice* (vol. 17, pp. 381 –458), Chicago: University of Chicago Press.

Farrington, D. P. (1996), *Understanding and preventing youth crime*, York: Joseph Rowntree Foundation.

Farrington, D. P. (2000), "Explaining and preventing crime: The globalization of knowledge-The American Society of Criminology 1999 Presidential Address", *Criminology*, 38, 1 –24.

Farrington, D. P. (2003), "Methodological quality standards for evaluation research", *Annals of the American Academy of Political and Social Science*, 587, 49 –68.

Farrington, D. P. (2007), "Childhood risk factors and risk focussed prevention", In M. Maguire, R. Morgan, & R. Reiner (Eds.), *The Oxford handbook of criminology* (4th ed., pp. 602 –640), Oxford: Oxford University.

Farrington, D. P., Coid, J. W., Harnett, L., Jolliffe, D., Soteriou, N., Turner, R., & West, D. J. (2006), *Criminal careers up to age 50 and life success up to age 48: New findings from the Cambridge Study in Delinquent Development*, London: Home Office (Research Study No. 299).

Farrington, D. P., Loeber, R., & Ttofi, M. M. (2012), "Risk and protective factors for offending", In B. C. Welsh & D. P. Farrington (Eds.), *The Oxford handbook of crime prevention* (pp. 46 –69), Oxford: Oxford University Press.

Farrington, D. P., & Petrosino, A. (2001), "The Campbell Collaboration crime and justice group", *Annals of the American Academy of Political and Social Science*, 578, 35 –49.

Farrington, D. P., & Welsh, B. C. (2003), "Family based prevention of offending: A meta analysis", *Australian and New Zealand Journal of Criminology*, 36, 127 –151.

Farrington, D. P., & Welsh, B. C. (2005), "Randomized experiments in criminology: What have we learned in the last two decades?", *Journal of Experimental Criminology*, 1, 9 –38.

Farrington, D. P., & Welsh, B. C. (2006a), *Saving children from a life of crime: Early risk factors and effective interventions*, Oxford: Oxford University Press.

Farrington, D. P., & Welsh, B. C. (2006b), "A half century of randomized experiments on crime and justice", In M. Tonry (Ed.), *Crime and Justice* (vol. 34, pp. 55 –132), Chicago: University of Chicago Press.

Farrington, D. P., & Welsh. B. C. (2007), *Saving children from a life of crime: Early risk factors and effective interventions*, Oxford: Oxford University Press.

Farrington, D. P., & Welsh, B. C. (2013), "Randomized experiments in criminology: What has been learned from long term follow ups?", In B. C. Welsh, A. A. Braga & G. J. N. Bruinsma (Eds.), *Experimental criminology: Prospects for advancing science and public policy* (pp. 111 – 140), New York: Cambridge University Press.

Feldman, R. A., Caplinger, T. E., & Wodarski, J. S. (1983), *The St. Louis conundrum*, Englewood Cliffs, NJ: Prentice Hall.

Garces, E., Thomas, D., & Currie, J. (2002), "Longer term effects of Head Start", *American Economic Review*, 92, 999 –1012.

Gardner, F. , Burton, J. , & Klimes, I. (2006), "Randomized controlled trial of a parenting intervention in the voluntary sector for reducing child conduct problems: Outcomes and mechanisms of change", *Journal of Child Psychology and Psychiatry*, 47, 1123 – 1132.

Gardner, F. , Hutchings, J. , Bywater, T. , & Whitaker, C. (2010), "Who benefits and how does it work? Moderators and mediators of out-come in an effectiveness trial of a parenting intervention", *Journal of Clinical Child and Adolescent Psychology*, 39, 568 – 580.

Gottfredson, D. C. , Wilson, D. B. , & Najaka, S. S. (2006), "School based crime prevention", In L. W. Sherman, D. P. Farrington, B. C. Welsh, & D. L. MacKenzie (Eds.), *Evidence based crime prevention* (Rev. ed. , pp. 56 – 164), London: Routledge.

Hahn, A. (1994), *Evaluation of the Quantum Opportunities Program* (QOP): *Did the program work?* Waltham, MA: Brandeis University.

Hahn, A. (1999), "Extending the time of learning", In D. J. Besharov (Ed.), *America's disconnected youth: Toward a preventive strategy* (pp. 233 – 265), Washington, DC: Child Welfare League of America Press.

Hahn, R. A. , Bilukha, O. , Lowy, J. , Crosby, A. , Fullilove, M. T. , Liberman, A. , Moscicki, E. , Synder, S. , Tuma, F. , Corso, P. , & Schofield, A. (2005), "The effectiveness of therapeutic foster care for the prevention of violence", *American Journal of Preventive Medicine*, 28 (2S1), 72 – 90.

Harrell, A. V. , Cavanagh, S. E. , Harmon, M. A. , Koper, C. S. , & Sridharan, S. (1997), *Impact of the Children at Risk program: Comprehensive final report*, vol. 2. Washington, DC: The Urban Institute.

Harrell, A. V. , Cavanagh, S. E. , & Sridharan, S. (1999), *Evaluation of the Children at Risk program: Results one year after the program*, Washington, DC: US National Institute of Justice.

Hawkins, J. D. , & Catalano, R. F. (1992), *Communities that care*, San Francisco: Jossey Bass.

Hawkins, J. D. , Catalano, R. F. , Kosterman, R. , Abbott, R. , & Hill, K. G. (1999), "Preventing adolescent health risk behaviors by strengthening protection during childhood", *Archives of Pediatrics and Adolescent Medicine*, 153, 226 – 234.

Hawkins, J. D. , Kosterman, R. , Catalano, R. F. , Hill, K. G. , & Abbott, R. D. (2008), "Effects of social development intervention in childhood 15 years later", *Archives of Pediatrics and Adolescent Medicine*, 162, 1133 – 1141.

Hawkins, J. D. , Oesterle, S. , Brown, E. C. , Arthur, M. W. , Abbott, R. D. , Fagan, A. A. , & Catalano, R. F. (2009), "Results of a type 2 translational research trial to prevent adolescent drug use and delinquency: A test of communities that care", *Archives of Pediatrics and Adolescent Medicine*, 163, 789 – 798.

Hawkins, J. D. , Von Cleve, E. , & Catalano, R. F. (1991), "Reducing early childhood aggression: Results of a primary prevention programme", *Journal of the American Academy of Child and Adolescent Psychiatry*, 30, 208 – 217.

Henggeler, S. W., Clingempeel, W. G., Brondino, M. J., & Pickrel, S. G. (2002), "Four year follow up of multisystemic therapy with substance abusing and substance dependent juvenile offenders", *Journal of the American Academy of Child and Adolescent Psychiatry*, 41, 868 – 874.

Henggeler, S. W., Melton, G. B., Brondino, M. J., Scherer, D. G., & Hanley, J. H. (1997), "Multisystemic therapy with violent and chronic juvenile offenders and their families: The role of treatment fidelity in successful dissemination", *Journal of Consulting and Clinical Psychology*, 65, 821 – 833.

Henggeler, S. W., Melton, G. B., Smith, L. A., Schoenwald, S. K., & Hanley, J. H. (1993), "Family preservation using multisystematic treatment: Long term follow up to a clinical trial with serious juvenile offenders", *Journal of Child and Family Studies*, 2, 283 – 293.

Henggeler, S. W., Rowland, M. D., Randall, J., Ward, D. M., Pickrel, S. G., Cunningham, P. B., Miller, S. L., Edwards, J., Zealberg, J. J., Hand, L. D., & Santos, A. B. (1999), "Home based multisystemic therapy as an alternative to the hospitalization of youths in psychiatric crisis: Clinical outcomes", *Journal of the American Academy of Child and Adolescent Psychiatry*, 38, 1331 – 1339.

Henggeler, S. W., Schoenwald, S. K., Borduin, C. M., Rowland, M. D., & Cunningham, P. B. (1998), *Multisystemic treatment of antisocial behavior in children and adolescents*, New York: Guilford.

Hill, K. G., Bailey, J. A., Hawkins, J. D., Catalano, R. F., Kosterman, R., Oesterle, S., & Abbott, R. D. (2014), "The onset of STI diagnosis through age 30: Results from the Seattle Social Development Project intervention", *Prevention Science*, 15 (S1), S19 – S32.

Hipwell, A. E., & Loeber, R. (2006), "Do we know which interventions are effective for disruptive and delinquent girls?", *Clinical Child and Family Psychology Review*, 9, 221 – 255.

Hope, T. (1995), "Community crime prevention", In M. Tonry & D. P. Farrington (Eds.), *Building a safer society: Strategic approaches to crime prevention* (pp. 21 – 89), Chicago: University of Chicago Press.

Howell, J. C. (1995), *Guide for implementing the comprehensive strategy for serious, violent, and chronic juvenile offenders*, Washington, DC: Office of Juvenile Justice and Delinquency Prevention.

Jefford, T., & Squire, B. (2004), "Multi systemic therapy: Model practice", *Young Minds*, 71, 20 – 21.

Jolliffe, D., & Farrington, D. P. (2008), *The influence of mentoring on reoffending*, Stockholm, Sweden: National Council for Crime Prevention.

Jones, M. B., & Offord, D. R. (1989), "Reduction of antisocial behaviour in poor children by non school skill development", *Journal of Child Psychology and Psychiatry*, 30, 737 – 750.

Kaminski, J. W., Valle, L. A., Filene, J. H., & Boyle, C. L. (2008), "A meta analytic review of components associated with parent training programme effectiveness", *Journal of Abnormal Child Psychology*, 36, 567 – 589.

Kaplan, R. M. (2000), "Two pathways to prevention", *American Psychologist*, 55, 382 – 396.

Kazdin, A. E., Kraemer, H. C., Kessler, R. C., Kupfer, D. J., & Offord, D. R. (1997), "Contributions of risk factor research to developmental psychopathology", *Clinical Psychology Review*, 17, 375 – 406.

Kellam, S. G., Wang, W., Mackenzie, A. C. L., Brown, C. H., Ompad, D. C., Or, F., Ialongo, N. S., Poduska, J. M., & Windham, A. (2014), "The impact of the Good Behaviour Game, a universal classroom based preventive intervention in first and second grades, on high risk sexual behaviours and drug abuse and dependence disorders into young adulthood", *Prevention Science*, 15 (S1), S6 – S18.

Koegl, C. J., Farrington, D. P., Augimeri, L. K., & Day, D. M. (2008), "Evaluation of a targeted cognitive behavioural programme for children with conduct problems-the SNAP Under 12 Outreach Project: Service intensity, age and gender effects on short and long term outcomes", *Clinical Child Psychology and Psychiatry*, 13, 419 – 434.

Kolvin, I., Garside, R. F., Nicol, A. R., MacMillan, A., Wolstenholme, F., & Leith, I. M. (1981), *Help starts here: The maladjusted child in the ordinary school*, London: Tavistock.

Kuklinski, M. R., Briney, J. S., Hawkins, J. D., & Catalano, R. F. (2012), "Cost benefit analysis of communities that care outcomes at eighth grade", *Prevention Science*, 13, 150 – 161.

Lee, S., Aos, S., Drake, E., Pennucci, A., Miller, U., & Anderson, L. (2012), *Return on investment: Evidence based options to improve statewide outcomes* (Document no. 12 – 04 – 1201), Olympia: Washington State Institute for Public Policy.

Leschied, A., & Cunningham, A. (2002), *Seeking effective interventions for serious young offenders: Interim results of a four year randomized study of multisystemic therapy in Ontario, Canada*, London, Ontario, Canada: London Family Court Clinic.

Leve, L. D., Chamberlain, P., & Reid, J. B. (2005), "Intervention outcomes for girls referred from juvenile justice: Effects on delinquency", *Journal of Consulting and Clinical Psychology*, 73, 1181 – 1185.

Lipman, E. L., Kenny, M., Sniderman, C., O'Grady, S., Augimeri, L., Khayutin, S., & Boyle, M. H. (2008), "Evaluation of a community based programme for young boys at risk of antisocial behaviour: Results and issues", *Journal of the Canadian Academy of Child and Adolescent Psychiatry*, 17, 12 – 19.

Littell, J. H. (2005), "Lessons from a systematic review of effects of multisystemic therapy", *Children and Youth Services Review*, 27, 445 – 463.

Lösel, F., & Beelmann, A. (2006), "Child social skills training", In B. C. Welsh & D. P. Farrington (Eds.), *Preventing crime: What works for children, offenders, victims, and places* (pp. 33 – 54), Dordrecht, Netherlands: Springer.

Lösel, F., & Bender, D. (2012), "Child social skills training in the prevention of antisocial development and crime", In B. C. Welsh & D. P. Farrington (Eds.), *The Oxford handbook of crime prevention* (pp. 102 – 129), Oxford: Oxford University Press.

Lösel, F., & Farrington, D. P. (2012), "Direct protective and buffering protective factors in the development of youth violence", *American Journal of Preventive Medicine*, 43 (2S1), S8 – S23.

Lösel, F., Stemmler, M., & Bender, D. (2013), "Long term evaluation of a bimodal universal prevention programme: Effects on antisocial development from kindergarten to adolescence", *Journal of Experimental Criminology*, 9, 429 – 449.

Macdonald, G. M., & Turner, W. (2007), "Treatment Foster Care for improving outcomes in children and young people", *Campbell Systematic Reviews*, 9, 2007.

McGuire, J. (2001), "What works in correctional intervention? Evidence and practical implications", In G. A. Bernfeld, D. P. Farrington, & A. W. Leschied (Eds.), *Offender rehabilitation in practice: Implementing and evaluating effective programmes* (pp. 25 – 43), Chichester: Wiley.

Malti, T., Ribeaud, D., & Eisner, M. P. (2011), "The effectiveness of two universal preventive interventions in reducing children's externalizing behaviour: A cluster randomized trial", *Journal of Clinical Child and Adolescent Psychology*, 40, 677 – 692.

Manning, M., Homel, R., & Smith, C. (2010), "A meta-analysis of the effects of early developmental prevention programmes in at risk populations on non-health outcomes in adolescence", *Children and Youth Services Review*, 32, 506 – 519.

Melhuish, E., Belsky, J., & Leyland, A. (2005), *Early impacts of Sure Start local programmes on children and families: Report of the cross-sectional study of 9 and 36 months old children and their families*, London: The Stationery Office.

Melhuish, E., Belsky, J., Leyland, A. H., & Barnes, J. (2008), "Effects of fully established Sure Start local programmes on 3 year old children and their families living in England: A quasi experimental observational study", *The Lancet*, 372, 1641 – 1647.

Michelson, D., Davenport, C., Dretzke, J., Barlow, J., & Day, C. (2013), "Do evidence based interventions work when tested in the 'real world'? A systematic review and meta-analysis of parent management training for the treatment of child disruptive behaviour", *Clinical Child and Family Psychology Review*, 16, 18 – 34.

Murray, J., & Farrington, D. P. (2010), "Risk factors for conduct disorder and delinquency: Key findings from longitudinal studies", *Canadian Journal of Psychiatry*, 55, 633 – 642.

O'Donnell, J., Hawkins, J. D., Catalano, R. F., Abbott, R. D., & Day, L. E. (1995), "Preventing school failure, drug use, and delinquency among low income children: Long term intervention in elementary schools", *American Journal of Orthopsychiatry*, 65, 87 – 100.

Ogden, T., & Hagen, K. A. (2006), "Multisystemic Treatment of serious behaviour problems in youth: Sustainability of effectiveness two years after intake", *Child and Adolescent Mental Health*, 11, 142 – 149.

Olds, D. L., Eckenrode, J., Henderson, C. R., Kitzman, H., Powers, J., Cole, R., Sidora, K., Morris, P., Pettitt, L. M., & Luckey, D. (1997), "Long term effects of home visitation on maternal life course and child abuse and neglect: Fifteen year follow up of a randomized trial", *Journal of the American Medical Association*, 278, 637 – 643.

Olds, D. L., Henderson, C. R., Chamberlin, R., & Tatelbaum, R. (1986), "Preventing child abuse and neglect: A randomized trial of nurse home visitation", *Pediatrics*, 78, 65 – 78.

Olds, D. L., Henderson, C. R., Cole, R., Eckenrode, J., Kitzman, H., Luckey, D., Pettitt, L., Sidora, K., Morris, P., & Powers, J. (1998), "Long term effects of nurse home visitation on children's criminal and antisocial behavior: 15 year follow up of a randomized controlled trial", *Journal of the American Medical Association*, 280, 1238 – 1244.

Olds, D. L. Sadler, L., & Kitzman, H. (2007), "Programs for parents of infants and toddlers: Recent evidence from randomized trials", *Journal of Child Psychology and Psychiatry*, 48, 355 – 391.

Olweus, D. (1994), "Bullying at school: Basic facts and effects of a school based intervention programme", *Journal of Child Psychology and Psychiatry*, 35, 1171 – 1190.

Patterson, G. R. (1982), *Coercive family process*, Eugene, Oregon: Castalia.

Patterson, G. R., Reid, J. B., & Dishion, T. J. (1992), *Antisocial boys*, Eugene, Oregon: Castalia.

Petras, H., Kellam, S. G., Brown, C. H., Muthen, B. O., Ialongo, N. S., & Poduska, J. M. (2008), "Developmental epidemiological courses leading to antisocial personality disorder and violent and criminal behaviour: Effects by young adulthood of a universal preventive intervention in first and second grade classrooms", *Drugs and Alcohol Dependence*, 95S, S45 – S59.

Piquero, A., Farrington, D. P., Welsh, B. C., Tremblay, R. E., & Jennings, W. G. (2009), "Effects of early family/parent training programmes on antisocial behaviour and delinquency", *Journal of Experimental Criminology*, 5, 83 – 120.

Raffan Gowar, B., & Farrington, D. P. (2013), "The monetary cost of criminal careers", In K. Boers, T. Feltes, J. Kinzig, L. W. Sherman, F. Streng & G. Trueg (Eds.), *Kriminologie, kriminalpolitik, strafrecht (Criminology, crime policy, penal law): Festschrift fur Hans Jurgen Kerner on the occasion of his 70th birthday* (pp. 441 – 456), Tubingen, Germany: Mohr Siebeck.

Raynor, P., & Vanstone, M. (2001), "'Straight thinking on Probation': Evidence based practice and the culture of curiosity", In G. A. Bernfeld, D. P. Farrington, & A. W. Leschied (Eds.), *Offender rehabilitation in practice: Implementing and evaluating effective programmes* (pp. 189 – 203), Chichester: Wiley.

Reynolds, A. J., Temple, J. A., Ou, S. R., Arteaga, I. A., & White, B. A. B. (2011), "School based early childhood education and age 28 well-being: Effects by timing dosage and subgroups", *Science*, 333, 360 – 364.

Reynolds, A. J., Temple, J. A., Robertson, D. L., & Mann, E. A. (2001), "Long term effects of an early childhood intervention on educational achievement and juvenile arrest: A 15 year follow up of low income children in public schools", *Journal of the American Medical Association*, 285, 2339 – 2346.

Roman, J., Dunworth, T., & Marsh, K. (2010), *Cost benefit analysis and crime control*,

Washington, DC: Urban Institute Press.

Ross, R. R., & Ross, B. D. (1988), "Delinquency prevention through cognitive training", *New Education*, 10, 70–75.

Ross, R. R., & Ross, R. D. (Eds.)(1995), *Thinking straight: The Reasoning and Rehabilitation programme for delinquency prevention and offender rehabilitation*, Ottawa, Canada: Air Training and Publications.

Sanders, M. R., Markie Dadds, C., Tully, L. A., & Bor, W. (2000), "The Triple P Positive Parenting Program: A comparison of enhanced, standard and self-directed behavioral family intervention for parents of children with early onset conduct problems", *Journal of Consulting and Clinical Psychology*, 68, 624–640.

Sansfaçon, D., & Waller. I. (2001), "Recent evolution of governmental crime prevention strategies and implications for evaluation and economic analysis", In B. C. Welsh, D. P. Farrington, & L. W. Sherman (Eds.), *Costs and benefits of preventing crime* (pp. 225–247), Boulder, CO: Westview Press.

Sawyer, A. M., & Borduin, C. M. (2011), "Effects of multisystemic therapy through midlife: A 21.9 year follow up to a randomized clinical trial with serious and violent juvenile offenders", *Journal of Consulting and Clinical Psychology*, 79, 643–652.

Schaeffer, C. M., & Borduin, C. M. (2005), "Long term follow up to a randomized clinical trial of multisystemic therapy with serious and violent juvenile offenders", *Journal of Consulting and Clinical Psychology*, 73, 445–453.

Schweinhart, L. J. (2013), "Long term follow up of a preschool experiment", *Journal of Experimental Criminology*, 9, 389–409.

Schweinhart, L. J., Barnes, H. V., & Weikart, D. P. (1993), *Significant benefits: The High/Scope Perry Preschool Study through age* 27, Ypsilanti, MI: High/Scope Press.

Schweinhart, L. J., Montie, J., Zongping, X., Barnett, W. S., Belfield, C. R., & Nores, M. (2005), *Lifetime effects: The High/Scope Perry Preschool Study through age* 40, Ypsilanti, MI: High/Scope Press.

Schweinhart, L. J., & Weikart, D. P. (1980), *Young children grow up: The effects of the Perry Preschool Program on youths through age* 15, Ypsilanti, MI: High/Scope Press.

Scott, S., Spender, Q., Doolan, M., Jacobs, B., & Aspland, H. (2001), "Multicentre controlled trial of parenting groups for child antisocial behaviour in clinical practice", *British Medical Journal*, 323, 194–196.

Scott, S., Sylva, K., Doolan, M., Price, J., Jacobs, B., Crook, C., & Landau, S. (2010), "Randomised controlled trial of parent groups for child antisocial behaviour targeting multiple risk factors: The SPOKES project", *Journal of Child Psychology and Psychiatry*, 51, 48–57.

Sexton, T. L., & Alexander, J. F. (2000), *Functional family therapy*, Washington, DC: US Office of Juvenile Justice and Delinquency Prevention.

Sherman, L. W., Farrington, D. P., Welsh, B. C., & MacKenzie, D. L. (Eds.) (2006), *Evidence based crime prevention* (Rev. ed.), London: Routledge.

Smith, P. K. , & Sharp, S. (1994), *School bullying*, London: Routledge.

Steele, M. , Marigna, M. K. , Tello, J. , & Johnson, R. (1999), *Strengthening multi ethnic families and communities: A violence prevention parent training program*, Los Angeles, CA: Consulting and Clinical Services.

Sutton, C. , Utting, D. , & Farrington, D. P. (Eds.)(2004), *Support from the start: Working with young children and their families to reduce the risks of crime and antisocial behaviour*, London: Department for Education and Skills (Research Report 524) .

Sutton, C. , Utting, D. , & Farrington, D. P. (2006), "Nipping criminality in the bud", *The Psychologist*, 19, 470 – 475.

Thomas, R. , & Zimmer Gembeck, M J. (2007), "Behavioural outcomes of parent child interaction therapy and Triple-P positive parenting programme: A review and meta-analysis", *Journal of Abnormal Child Psychology*, 35, 475 – 495.

Tobler, N. S. , Lessard, T. , Marshall, D. , Ochshorn, P. , & Roona, M. (1999), "Effectiveness of school based drug prevention programs for marijuana use", *School Psychology International*, 20, 105 – 137.

Tong, L. S. J. , & Farrington, D. P. (2008), "Effectiveness of 'Reasoning and Rehabilitation' in reducing offending", *Psicothema*, 20, 20 – 28.

Tonry, M. , & Farrington, D. P. (1995), "Strategic approaches to crime prevention", In M. Tonry & D. P. Farrington (Eds.), *Building a safer society: Strategic approaches to crime prevention* (pp. 1 – 20), Chicago: University of Chicago Press.

Tremblay, R. E. , & Craig, W. M. (1995), "Developmental crime prevention", In M. Tonry and D. P. Farrington (Eds.), *Building a safer society: Strategic approaches to crime prevention* (pp. 151 – 236), Chicago: University of Chicago Press.

Tremblay, R. E. , Pagani Kurtz, L. , Masse, L. C. , Vitaro, F. , & Pihl, R. O. (1995), "A bimodal preventive intervention for disruptive kindergarten boys: Its impact through mid adolescence", *Journal of Consulting and Clinical Psychology*, 63, 560 – 568.

Ttofi, M. M. , & Farrington, D. P. (2011), "Effectiveness of school based programmes to reduce bullying: A systematic and meta-analytic review", *Journal of Experimental Criminology*, 7, 27 – 56.

Ttofi, M. M. , & Farrington, D. P. (2012), "Bullying prevention programmes: The importance of peer intervention, disciplinary methods, and age variations", *Journal of Experimental Criminology*, 8, 443 – 462.

Ttofi, M. M. , Farrington, D. P. , & Lösel, F. (2012), "School bullying as a predictor of violence later in life: A systematic review and meta-analysis of prospective longitudinal studies", *Aggression and Violent Behaviour*, 17, 405 – 418.

Ttofi, M. M. , Farrington, D. P. , Lösel, F. , & Loeber, R. (2011), "The predictive efficiency of school bullying versus later offending: A systematic/meta-analytic review of longitudinal studies", *Criminal Behaviour and Mental Health*, 21, 80 – 89.

Vitaro, F. , Brendgen, M. , Giguere, C E. , & Tremblay, R. E. (2013), "Early prevention of life course personal and property violence: A 19 year follow up of the Montreal Longitudinal Experimental Study (MLES)", *Journal of Experimental Criminology*, 9, 411 – 427.

Waller, I., & Welsh, B. C. (1999), "International trends in crime prevention: Cost effective ways to reduce victimization", In G. Newman (Ed.), *Global report on crime and justice* (pp. 191 – 220), New York: Oxford University Press.

Webster Stratton, C. (1998), "Preventing conduct problems in Head Start children: Strengthening parenting competencies", *Journal of Consulting and Clinical Psychology*, 66, 715 – 730.

Webster Stratton, C. (2000), *The Incredible Years training series*, Washington, DC: Office of Juvenile Justice and Delinquency Prevention.

Webster Stratton, C. , & Hammond, M. (1997), "Treating children with early onset conduct problems: A comparison of child and parent training interventions", *Journal of Consulting and Clinical Psychology*, 65, 93 – 109.

Welsh, B. C. , & Farrington, D. P. (2011), "The benefits and costs of early prevention compared with imprisonment: Toward evidence based policy", *Prison Journal*, 91 (3S1), 120 – 137.

Welsh, B. C. , Farrington, D. P. , & Sherman, L. W. (Eds.)(2001),*Costs and benefits of preventing crime*, Boulder, CO: Westview Press.

Welsh, B. C. , Sullivan, C. J. , & Olds, D. L. (2010), "When early crime prevention goes to scale: A new look at the evidence", *Prevention Science*, 11, 115 – 125.

West, D. J. , & Farrington, D. P. (1977), *The delinquent way of life*, London: Heinemann.

Widom, C. S. (1989), "The cycle of violence", *Science*, 244, 160 – 166.

Wilson, D. B. , Gottfredson, D. C. , & Najaka, S. S. (2001), "School based prevention of problem behaviors: A meta-analysis", *Journal of Quantitative Criminology*, 17, 247 – 272.

Wilson, J. J. , & Howell, J. C. (1993), *A comprehensive strategy for serious, violent, and chronic juvenile offenders*, Washington, DC: US Office of Juvenile Justice and Delinquency Prevention.

Wilson, S. J. , & Lipsey, M. W. (2007), "School based interventions for aggressive and disruptive behavior: Update of a meta-analysis", *American Journal of Preventive Medicine*, 33 (2S), 130 – 143.

Zara, G. , & Farrington, D. P. (2014), "Cognitive behavioural skills training in preventing offending and reducing recidivism", In E. Jiminez & J. L. Alba Robles (Eds.), *Forensic psychology*, Pearson, in press.

第十章　心理社会学的实证研究

戴维·P. 法林顿（David P. Farrington）

前言

有学者认为犯罪产生于人（具有一定程度的犯罪潜能或反社会倾向的）与环境（提供了犯罪机会的）之间的互动是很合理的。在相同的环境下，有的人比其他人更可能从事犯罪行为，反之，同一个人在某一些环境下比在其他的环境下更可能从事犯罪行为（Farrington，2005）。

犯罪学研究通常关注犯罪人的发展，或关注犯罪行为的发生，但很少同时关注这两者。本章主要聚焦于犯罪人而非犯罪行为。研究犯罪人的一个好处是，他们具有非常显著的多样性而不是特定的某一种类。典型的实施了暴力行为、破坏行为或者滥用药物的犯罪人，常常也有实施偷窃、夜盗的倾向。例如，在剑桥研究（见后文）中，86%的暴力犯罪人在32岁前都曾因非暴力犯罪被定罪（Farrington，1991）。同时，剑桥的研究、俄勒冈青少年研究（Capaldi & Patterson，1996）和费城围产期协作项目（Piquero，2000）都发现具有同等频率的暴力和非暴力罪犯的童年和青春期的特征非常相似。因此，在研究罪犯的时候，没有必要针对不同犯罪类型发展不同理论。正相反，在试图解释为什么犯罪会发生时，情境是如此之不同并且对某些特定犯罪是如此具有针对性，以至于可能有必要对不同犯罪类型进行不同的解释。

在尝试探讨犯罪发生的可能原因时，本章回顾了影响罪犯生涯发展的风险因子。既幸运又不幸的是，真的有上百个变量在罪犯和非罪犯群体中有显著的差异，并且与青少年的犯罪行为报告显著相关（Murray & Farrington，2010）。本章只简要回顾某些导致了犯罪行为的发展和盛行最重要的风险因子，包括个体差异因子，例如高冲动性和低智力；家庭影响，例如缺少早期教育和犯罪的父母；以及社会影响，例如社会经济剥夺、同伴、学校和社区因素等。本章并没有回顾关于保护性因子（Lösel & Farrington，2012；Farrington，2003；Farrington，Loeber & Berg，2012；Farrington & Ttofi，2012）或晚发性风险因子的内容（McGee & Farrington，2010；Murray，Farrington & Eisner，2009；Zara & Farrington，2009）。

由于一章的内容不可能回顾现在已知的所有对犯罪产生影响的心理因素，所以本文选择性地关注其中那些在方法性很强的项目中得到的更重要和更具重复性的发现，即对大社区样本的前瞻性的纵向追踪研究。一个好的项目应该尽可能多地满足如下标准：

1. 大样本量，至少有几百个。

2. 重复个人访谈。

3. 由不同数据来源测量出的大量不同类型的变量，排除其他变量和交互作用的影响对一个变量的作用进行独立研究。

161

4. 一个纵向设计至少要有 5 年的时间跨度，建立起因果顺序，研究不同年龄段时的作用，通过研究个体内在的变化来更好地控制无关变量（Farrington, 1988）。

5. 一个具有前瞻性的、合适的社区样本，与之相反的是，回顾性地对服刑人员组和控制组进行比较。

6. 自我报告和官方记录的犯罪行为（通过两种方法重复得到结果可能提供犯罪的信息，并减少测量方法产生的误差）。

很少有项目能全部或几乎达到这些标准，表 10.1 中列出了最重要和最持久的 20 个研究的简略细节（Farrington, 2013）。这张表中列举了主要研究者，最初的样本量，追踪的时间长度，所收集的最重要的数据类型，以及代表性著作。本章会对这些项目的研究结果进行回顾。

表 10.1　20 项长时间的前瞻性的纵向犯罪调查

Elliott, Huizinga（国家青年调查家庭调查，美国）	1976 年具有全国代表性的 1725 名 11—17 岁的美国青少年样本。连续 5 年（1977—1981）每年进行访谈，随后每隔 3 年做访谈直至 1993 年，以及在 2002—2003 年。关注自我报告的违法行为，但也收集了被捕记录（Elliott, 1994）。
Eron, Huesmann（哥伦比亚县研究，美国）	纽约的哥伦比亚县的所有 876 名三年级儿童（8 岁），第一次测量是在 1960 年。关注攻击性行为。在 19 岁、30 岁和 48 岁时进行访谈。一直收集他们直至 48 岁的犯罪记录。
Farrington, West（剑桥罪犯发展研究，英国）	1961—1962 年，411 名 8—9 岁男孩；6 所伦敦学校中这一年龄段的所有男孩。直到 48 岁，男孩们共接受了 9 次访谈，他们的孩子在 25 岁时接受访谈。同时还从父母、教师和同伴那里收集信息。搜索了男孩及其所有血亲直到 56 岁的犯罪记录（Farrington, Piquero & Jennings, 2013）。
Fergusson, Horwood（基督城健康和发展研究，新西兰）	1977 年中期出生在基督城的 1365 名儿童。在出生、4 个月、1 岁直至 16 岁的每一年、18 岁、21 岁、25 岁、30 岁和 35 岁时进行研究。通过父母访谈、自我报告、心理测验、教师报告和官方记录的方法收集数据（Fergusson et al., 2004）。
Hawkins, Catalano（西雅图社会发展项目，美国）	1985 年，西雅图 18 所小学中的 808 名五年级学生（10 岁）。也是干预性研究。每年进行追踪研究直至 16 岁，其后每 2—3 年进行追踪研究直至 33 岁，进行了访谈并且搜集了犯罪记录（Hawkins et al., 2003）。
Huizinga, Esbensen（丹佛青年调查，美国）	1988 年科罗拉多州丹佛的 1528 名 7 岁、9 岁、11 岁、13 岁或 15 岁的来自高风险社区的儿童。直到 1998 年为止，儿童和家长每年都要接受评估。2003 年访谈了直至 23—26 岁的青年。关注自我报告的违法行为；收集了直至 2011 年的逮捕记录（Huizinga, Weiher, Espiritu & Esbensen, 2003）。
Janson, Wikstrom（大都会项目，瑞典）	1953 年出生在斯德哥尔摩，1963 年生活在此的所有 15 117 名儿童。1966 年在学校施测。1968 年采访了从中抽取的母亲子样本群体。追踪了到 1983 年为止的警方记录（Wikström, 1990）。
Kolvin, Miller（纽卡斯尔千户研究，英国）	1947 年中期出生在纽卡斯尔（泰茵河畔）的 1142 名儿童。对他们在从出生至 5 岁这一时间段进行了研究，并且追踪到 15 岁。在他们 33 岁时搜索了犯罪记录，抽取子样本进行采访（Kolvin et al., 1990）。

LeBlanc （蒙特利尔双样本纵向研究，加拿大）	3080 名说法语的蒙特利尔青少年作为代表性样本。1974 年，他们在 12—16 岁时完成自陈式问卷，并在 1976 年做了再测，追踪了他们直至 50 岁的犯罪记录。在男性 30、40、50 岁的时候进行了访谈。同时也是 470 名男性违法者的追踪研究（LeBlanc & Frechette，1989）。
Loeber，Stouthamer–Loeber，Farrington （匹兹堡青年研究，美国）	1517 名在 1987—1988 年间就读于匹兹堡公立学校的一年级、四年级或者七年级男孩（年龄为 7 岁、10 岁、13 岁）。每 6 个月从男孩、家长和教师那里收集信息，收集了 3 年。而后每年收集直至 19 岁（最年轻）和 25 岁（最年长）为止。此后在 28（最年轻）和 34 岁（最年长）时进行了追踪。关注违法行为、物质滥用和心理健康问题。收集了直至 35 岁的逮捕和定罪记录（Loeber et al.，2003）。
Magnusson，Stattin，Bergman，Andershed （瑞典个体发展和适应项目，瑞典）	1965 年，厄勒布鲁 1027 名 10 岁（三年级）儿童。追踪了 13—15 岁之间的学校资料。收集了直至 43—45 岁的问卷和记录资料（Bergman & Andershed，2009）。
McCord （剑桥大学萨默维尔青年研究，美国）	650 名 1937—1939 年间被剑桥大学萨默维尔（波士顿）公立学校认定为困难或平均的男孩（平均年龄 10 岁）。随机分配到干预或控制组。咨询师对干预组进行了访问，平均持续时间为 5 年，并在 1975—1980 年（平均年龄 48 岁）对所有人使用访谈、邮寄问卷和犯罪记录调查进行了追踪（McCord，1991）。
Moffitt，Caspi （达尼丁多学科健康和发展研究，新西兰）	1037 名 1972—1973 年间出生在达尼丁的儿童，在他们 3 岁时进行第一次评估。其后每 2—3 年对他们的健康、心理、教育和家庭因子进行评估，直到 38 岁。从他们 13 岁开始统计自我报告的违法行为。收集了他们一直到 38 岁的定罪记录（Moffitt，Caspi，Rutter & Silva，2001）。
Patterson，Dishion，Capaldi （俄勒冈青年研究，美国）	1983—1985 年，尤金/斯普林菲尔德（俄勒冈）的 206 名四年级男孩（10 岁）。以年为间隔，从男孩、父母、老师和朋辈处收集资料进行评估，直至 37—38 岁。追踪犯罪记录直至 37—38 岁（Capaldi & Patterson，1996）。
Pulkkinen （于韦斯屈莱人格和社会发展纵向研究，芬兰）	1968 年，于韦斯屈莱 369 名 8—9 岁的儿童。收集了朋辈、老师和自我评估资料。直到 42 岁为止，通过访谈、问卷调查和犯罪记录收集进行了 5 次追踪研究（Pulkkinen，Lyyra & Kokko，2009）。
Thornberry，Lizotte，Krohn （罗切斯特青年发展研究，美国）	从高犯罪社区中不均匀抽样而来的 1000 名罗切斯特公立学校七、八年级（13—14 岁）学生，1988 年进行第一次评估。最初的时候，每 6 个月进行追踪，其后每年追踪一次，此后断续追踪到 32 岁。收集了自我报告和犯罪记录（Thornberry et al.，2003）。
Tremblay，Vitaro （蒙特利尔纵向实验研究，加拿大）	1984 年，1037 名来自蒙特利尔贫困区域的说法语的幼儿园男孩（6 岁），由教师进行评估。将爱捣乱的男孩随机分配到干预组（父母培训加上技能培训）或控制组。从 10 岁至 26 岁，对所有的男孩进行定期追踪，包括自我报告的违法和攻击行为。收集了直到 24 岁的犯罪记录（Tremblay，Vitaro，Nagin，Pagani & Seguin，2003）。

162

Wadsworth, Douglas（全国健康和发展调查，英国）	从英格兰、苏格兰、威尔士在 1946 年 3 月的一个星期里出生的合法单生子中，选择的 5362 名儿童。追踪犯罪记录直到 21 岁。主要收集了医疗和学校记录，但在样本群体 26、36、43 和 50 岁时进行了访谈（Wadsworth, 1991）。
Werner, Smith（考艾岛纵向研究，美国）	1955 年出生在考艾岛的 698 名儿童，在出生、2 岁、10 岁、18 岁、30 岁和 40 岁时进行了评估。收集了直到 40 岁的犯罪记录。关注韧性（Werner and Smith, 2001）。
Wolfgang, Figlio, Thornberry, Tracy（费城出生队列研究，美国）	①1945 年出生在费城，并且至少在 10—17 岁期间生活于此的 9945 名男孩。在 26 岁的时候采访了样本人群，追踪了直到 30 岁的警方记录（Wolfgang, Thornberry & Figlio, 1987）。②1958 年出生在费城，并且至少在 10—17 岁期间生活于此的 27 160 名儿童。追踪了直到 26 岁的警方记录（Tracy & Kempf Leonard, 1996）。

我会特别提到在剑桥罪犯发展研究中的发现，这是一个前瞻性纵向调查，对 400 名伦敦男性在他们 8—56 岁期间进行了调查（Farrington et al., 2006；Farrington, Coid & West, 2009；Farrington, Piquero & Jennings, 2013）。幸运的是，在英国犯罪纵向调查中获得了与在北美、北欧和新西兰进行的比较调查高度一致的结果，当然，也与英国横断面调查的结果一致。例如，对剑桥研究和匹兹堡青年研究进行系统比较发现了大量的可复制的犯罪的跨时间和跨情境的预测因子，包括冲动性、注意问题、低教育程度、低家长监督、家长冲突、反社会的家长、年轻母亲、大的家庭规模、低家庭收入、来自破碎家庭等（Farrington & Loeber, 1999）。

个体因子

气质和人格

社会性或冲动性等人格特质是描述个体以某种特定方式应对外界的倾向。在童年时期，气质基本上等同于人格。现代关于儿童气质的研究起源于斯特拉·切斯和亚历山大·托马斯（1984）的纽约纵向研究。在儿童 0—5 岁期间，家长从一些气质的维度给他们评分，这些维度最终可以结合成为三个类型：容易型气质、困难型气质和迟缓型气质。如果儿童在 3—4 岁间具有困难型气质，那么则可以预测他们在 17—24 岁期间会出现精神性适应困难。

不幸的是，在实践中困难型气质具体指的是什么还不是很清楚，并可能陷入同义重复的危险当中（如困难型气质和对立违抗性障碍的标准之间存在重合）。于是后来的研究者使用了更具体的气质维度。例如，波士顿的杰尔姆·卡根（1989）将 21 个月大的婴儿分为抑制性（害羞的或恐惧的）和非抑制性两种类型，并发现直至他们 7 岁这一划分都保持稳定。而且非抑制性的 20 个月大的婴儿在他们 13 岁时较多地被认定为具有攻击性（Schwartz, Snidman & Kagan, 1996）。

新西兰的达尼丁纵向研究中取得了有关童年期气质类型和未来违法行为的联系的重要结果（Caspi, 2000）。研究者在儿童 3 岁时，在测试过程中观察儿童行为，据此对儿童进行气质评定。其中最重要的气质维度（躁动不安的、冲动的、难以集中注意的）作为控制因素，结果发现气质类型能够预测 18 至 21 岁期间的攻击行为、自我报告的违法行为和定罪记录。在匹兹堡（Pittsburgh）青年研究当中，本杰明·莱希和他的同事（2006）发现了三个气质维度（低亲社会性、消极情绪和高冒险性），并发现在 7 岁测量气质维度，都能够预测直至 17 岁的犯罪情况。

使用诸如 MMPI 和 CPI（Wilson & Herrnstein，1985）等经典人格问卷进行的研究似乎常常产生的一些基本的重复结果，例如少年犯社会化程度低。而艾森克人格问卷的使用则提供了更加详尽的结果（Eysenck，1996）。在剑桥研究中，那些具有高外向型和高神经质的个体更有可能是自我报告的少年罪犯、在案的和自我报告的成年罪犯，而不是在案的少年罪犯（Farrington，Biron & LeBlanc，1982）。此外，这种人格的影响与其他变量是独立的，例如低家庭收入、低智力水平和缺乏父母教养等。然而，当对人格问卷中单独的项目进行研究时，能明显看出这些显著关联是由测量冲动性的项目引起的（例如，未经思考而迅速行动）。莱文和杰克逊（2004）重新分析了艾森克人格问卷，并主张与自我报告犯罪相关的最有用的量表应该是测量对于规则的漠视、对于刺激的需要、抑郁和冲动性。

从 1990 年起，最广为接受的人格模型是"大五"或称为五因素模型（McCrae & Costa，2003）。这一模型认为，人格具有五个核心维度：神经质（N）、外向型（E）、开放性（O）、宜人性（A）和严谨性（C）。开放性是指具有创造力并对新观点保持开放的态度。宜人性包括支持性和利他，而严谨性包括计划和意愿的实现。研究发现，低宜人性和严谨性与犯罪有关（Jones，Miller & Lynam，2011；Miller & Lynam，2001）。

多动和冲动性

冲动性是用以预测反社会行为最重要的人格维度（Lipsey & Derzon，1998）。不幸的是，学界有大量的关于行为控制能力差的概念。这些概念包括冲动性、多动、躁动不安、笨拙、行动前不考虑后果、提前计划能力差、短视、低自控、感觉寻求、冒险、延迟满足能力差等。特拉维斯·普拉特和他的同事（2002）开展了一项关于注意力缺陷多动症和犯罪行为关联的研究，他们总结出二者是紧密相关的。乔治·希金斯和他的同事（2013）从美国国家青年纵向研究中也得到了关于冲动性的相似结论。

许多研究发现多动症或"注意力缺陷多动症"能够预测后期的违法行为（e. g.，Defoe，Farrington & Loeber，2013）。在哥本哈根围产期项目中，11—13 岁期间的多动症（躁动不安和注意集中缺陷）能够预测个体 22 岁时因暴力行为而受逮捕的情况，尤其是那些在生产时母亲经历了并发症的男孩（Brennan，Mednick & Mednick，1993）。相似的是，在瑞典的厄勒布鲁纵向研究中，13 岁时的多动症能够预测个体 26 岁时的警方记录在案的暴力行为情况。躁动不安和注意力集中困难的男性中暴力行为比例最高（Klinteberg，Andersson，Magnusson & Stattin，1993）。在西雅图社会发展项目中，青春期的多动和冒险能够预测成年早期的暴力行为（Herrenkohl et al.，2000）。

在剑桥研究中，被老师认定为注意力缺乏或躁动不安的，被家长、同伴或老师认定为最大胆或最爱冒险的，和那些在神经运动能力测试上最具冲动性的 8 至 10 岁男孩，都更倾向于未来成为罪犯。冒险、注意力差和躁动不安都能预测官方定罪记录和自我报告的违法行为，而冒险常常是最好的独立预测因子之一（Farrington，1992）。有趣的是，多动还能够预测独立于品行障碍之外的青少年犯罪（Farrington，Loeber & van Kammen，1990）。唐纳德·莱纳姆（1996）提出，同时具有多动症和品行障碍的男孩有最高的长期违法和精神病态的风险，并且莱纳姆（1998）在匹兹堡青年研究中为这一假说提供了证据。

164

珍妮弗·怀特和她的同事（1994）在匹兹堡研究中开展了最广泛的从不同角度测量冲动性的研究。教师评估的冲动性（例如，不加思考就行动）、自我报告的冲动性、自我报告的控制力（例如，不能延迟满足）、不自主动作（从视频录像中观察得知）以及（在连线测验中表现的）神经运动冲动性，这几项与被试10岁和13岁时自我报告的违法行为的相关最高。一般来说，言语的行为评分测试比神经运动测试结果与犯罪行为的关联更强，这表明认知冲动（例如，承认冲动行为）比行为上的冲动（基于测试表现）更相关。一项系统性的综述（Jolliffe & Farrington，2009）显示，早期冲动性的测量（尤其是大胆和冒险）能够预测后期的暴力测量结果。

智力低下和低成就

凭借低智力和低学业成就，同样也能预测违法和暴力行为。在费城生物社会项目（Denno，1990）中，个体在4—7岁时的低言语和表现智力水平，和13—14岁时在加利福尼亚成就测验（词汇、理解、数学、语言、拼写）上的低分，都能够预测其22岁时由于暴力被逮捕的情况。在哥本哈根的大都会项目中，12岁时的低智力水平能够显著预测个体15—22岁之间的警方记录在案的暴力行为。低智力水平和暴力之间的关联在低阶级的男孩中最强（Hogh & Wolf，1983）。

生命早期测得的低智力水平能够预测未来的犯罪行为。在一项对斯德哥尔摩120名男性的前瞻性纵向调查中，3岁时测得的低智力水平显著预测了个体直至30岁的官方记录的违法行为（Stattin & Klackenberg Larsson，1993）。惯犯（有4次或以上的违法经历）在3岁时的平均智力水平为88，而相比之下非罪犯的平均值为101。所有的这些结果都是在控制力社会阶级变量后得到的。相似的是，在帕里学前教育方案（Perry preschool project）中，4岁时测得的低智力水平能够预测个体直至27岁的逮捕记录（Schweinhart，Barnes & Weikart，1993），在围产期项目中则是能够预测个体直至17岁的法庭违法记录（Lipsitt，Buka & Lipsitt，1990）。

在剑桥研究中，8—10岁时在非言语智力测试（瑞文推理测验）上得分等于或低于90分的男孩中被判为少年罪犯的数量是其他男孩的两倍。然而，低智力水平和低学业成就之间是很难区分的，因为二者内在是高度相关的并且都能够预测违法情况。低非言语智力水平预测的自我报告的青少年违法行为的情况，与青少年定罪的情况几乎是一样的（Farrington，1992b），这表明低智力水平和犯罪之间的关联不是由智力水平较低的男孩更可能被抓导致的。并且，低智力水平和低学业成就能够独立于其他诸如低家庭收入和大家庭规模等变量预测违法情况（Farrington，1990）。

低智力水平可能通过学校表现差这一中间变量导致违法行为。一项纵向研究的结果重复展现出了学校表现差和违法之间的关联（Maguin & Loeber，1996）。在匹兹堡青年研究中，唐纳德·莱纳姆和他的同事（1993）总结出，低智力水平导致学校表现差，并由此导致自我报告的违法行为，但这一结论仅仅针对非裔美国男孩。另一种理论认为，低智力水平和违法行为之间的关联是由去抑制（冲动、注意力缺陷多动障碍、低愧疚感、低共情）导致的，而这也在匹兹堡青年研究（Koolhof，Loeber，Wei，Pardini & D'Escury，2007）中得到了测试。在新西兰的基督城研究中，在控制父母犯罪、父母间暴力、单亲家庭和离经叛道的同伴等变量后，能够通过低学业成就预测定罪情况（Jakobsen，Fergusson & Horwood，2012）。

影响低智力水平和违法行为间关系的下一个潜在的解释因子是操作抽象概念的能力。

该项能力差的儿童在智力测验和学业成就上的表现都不好，并且他们都可能从事违法行为，这主要由他们预见违法行为的后果的能力差导致。违法者通常在诸如拼图和积木设计等非言语智力测验上表现比言语智力测验好（Moffitt，1993），这表明他们认为具体概念比抽象概念更容易加工。

冲动性、注意力问题、低智力水平和低学业成就都能够与位于前额叶的大脑执行功能缺陷联系到一起。这些执行功能包括注意力的维持和集中、抽象推理、概念形成、目标建立、预计和计划、计划和发起有意图的运动行为、有效的自我监控和抑制不恰当或冲动的行为的自我意识等（Moffitt & Henry，1991；Morgan & Lilienfeld，2000）。有趣的是，在蒙特利尔纵向实验研究当中，14 岁时以测量的大脑执行功能作为区分暴力和非暴力男孩最有效的神经心理学因子（Seguin，Pihl，Harden，Tremblay & Boulerice，1995）。这一关联是独立于对家庭负面影响的测量之外的（基于父母第一次生孩子的年龄、父母教育水平、破碎家庭和低社会阶级的测量）。在匹兹堡青年研究中，终身持续型罪犯也表现出了神经认知的缺陷（Raine et al.，2005）。但此处没有篇幅进一步讨论生物因素对违法行为的影响，具体可参见第 8 章。

低共情

大量的研究将许多其他个体因素与犯罪联系在一起，包括抑郁（Burke，Loeber，Lahey & Rathouz，2005）、道德判断能力（Stams et al.，2006）、犯罪思维（Walters，2002）和社会信息加工（Lösel et al.，2007）。本章将重点放在共情上，该因子与拥有冷酷无情特质（Frick & White，2008）和冷漠、操控性强和马基雅维利主义（Sutton，Smith & Swettenham，1999）等概念相关。

研究者常常对认知共情（理解和尊重他人的情绪）和情绪共情（实际体会到他人的情绪）做出区分。达里克·乔利夫（2004）对 35 项研究进行了系统性的综述，比较了共情的问卷测量和官方的违法记录及犯罪行为。我们发现，低认知共情与违法之间存在强相关，但低情绪共情与违法之间只是弱相关。最重要的是，低共情和违法之间的关联程度在控制智力水平或社会经济状况等变量后大大减弱，这表明这些是更重要的风险因子，或表明低共情可能调节着这些风险因子和违法之间的关系。

在前瞻性纵向研究当中很少调查共情这一因素，但现在有一些重要的大范围跨地区的调查。在澳大利亚，安妮塔·马克（1991）发现，女性罪犯比普通女性有更低的情绪共情水平，但在男性中这一区别并不显著。在芬兰，阿里·考基安恩和他的同事（1999）通过同伴打分的方式对共情（认知共情和情绪共情相结合）与攻击行为进行评价，发现了二者之间存在负相关。在西班牙，玛丽亚·卢恩戈和她的同事（1994）开展了第一个将认知共情和情绪共情分别与（自我报告的）违法行为进行联系的项目。

达里克·乔利夫（2006）开发了一种新的测量共情的工具，名为基础共情量表。认知共情项目的例子如"对我来说，在朋友伤心的时候我很难理解他"；情绪共情项目的例子如"当他人害怕的时候我通常感到很平静"。我们在一项对 720 名约 15 岁的英国未成年人的研究当中发现，不论男女，低情绪共情都与自我报告的违法和暴力行为相关，并且对于女性而言，低情绪共情还与官方的违法记录相关（Jolliffe & Farrington，2007）。

家庭因子

儿童教养

许多不同类型的教养方式能够预测犯罪。儿童教养的几个最重要的方面包括监督或看

165

护孩子、纪律或家长的强化、情感关系的冷暖和家长与孩子们的相处。家长监督是指家长对于孩子们活动的监督程度、留心及警觉程度。在所有这些儿童教养的方面中，家长监督的不足常常是最强的犯罪预测因子（Smith & Stern，1997）。与之一致的是艾伦·莱施德和他的同事（2008）进行的一项元分析的结果。他们总结出，在童年中期，高压的、不稳定的或者是缺少监管的家长管理方式是成年犯罪的一个强有力的预测因子。

许多研究显示，不知道他们的孩子外出去哪里的家长和从早年开始就让孩子不受监管地在街上随意游荡的家长往往会有违法的子女。例如，琼·麦科德（1979）在波士顿开展的经典的剑桥萨默维尔研究中，童年期家长监管不力是个体到45岁时暴力和财产犯罪情况的有效预测因子。在剑桥研究当中，8岁时受到家长监管不力的男孩到50岁时被定罪的比例是61%，相比之下，其他的男孩的比例为36%（Farrington，2009）。

家长纪律是指家长如何对孩子的行为做出反应。显然，严格或者惩罚性的纪律（涉及体罚）能够预测犯罪情况（Haapasalo & Pokela，1999）。在他们对近700名诺丁汉儿童的追踪研究中，约翰和伊丽莎白·纽森（1989）发现儿童在7岁到11岁之间受到体罚的情况能够预测后期的定罪情况；40%的违法者在他们11岁的时候被家长打过，而在非违法者中这一比例为14%。反复无常或者不稳定的纪律同样能够预测违法情况，包括以下两种：一方家长的反复无常的纪律，有时对坏行为视而不见，有时对其加以严厉惩罚；或双方家长之间的不一致，一方家长太过于纵容和溺爱，而另一方过于严厉。

166

正如琼·麦科德（1979）在剑桥萨默维尔研究中发现的那样，冷漠的、呈现拒绝姿态的父母往往会有犯罪的孩子。她还发现，来自家长的温暖能够作为对抗体罚对犯罪的影响的一个保护因子。在她的研究里，51%的拥有冷酷的、会体罚的母亲的男孩有定罪记录，而只有21%的拥有温和的、会体罚的母亲的男孩有定罪记录，与有温和的、不体罚的母亲的男孩中23%的定罪比例相似。来自父亲的温暖同样也能够作为抗父亲体罚影响的一个保护因子。在剑桥研究中，童年时受到忽视能够预测自我报告的和官方的违法犯罪记录情况（Kazemian，Widom & Farrington，2011）。

李·罗宾斯（1979）在圣路易斯开展的纵向研究中发现，家长监管不力、严格的纪律和拒绝的态度都能够预测犯罪。同样的，在西雅图社会发展项目中，未成年时期的家庭管理不力（监管不力、纪律反复无常和严格的规则）能够预测成年早期的暴力行为（Herrenkohl et al.，2000）。剑桥研究当中也获得了相似的结论。8岁时测量发现的严厉或反复无常的家长纪律，冷酷、消极或忽视的家长态度和家长监管的缺乏，都能够预测后期的未成年定罪情况和自我报告的违法行为（West & Farrington，1973）。一般来说，上述任一负面家庭背景特征都能够使未成年人犯罪的风险翻倍。

劳伦斯·斯坦伯格和他的同事（1992）对独裁型（通过惩罚来强调服从）和权威型（在良好的监管下给予自主性）的家长做出了区分。在剑桥研究当中（Farrington，1994），独裁型的家长是预测暴力定罪的第二重要的因子（排在多动症/注意力缺陷之后）。有趣的是，拥有独裁型父母，是童年期最重要的区分暴力罪犯和经常被定罪的非暴力罪犯的风险因子（Farrington，1991）。

大多数关于儿童教养方式和违法行为之间关系的解释来源于依恋或社会学习的理论。依恋理论受到约翰·鲍尔比（1951）的工作的启发，认为没有与温暖的、关爱的家长建立起情感关系的儿童更容易成为罪犯。社会学习理论认为，儿童的行为取决于家长的奖惩机制以及家长表现出来的行为模范（Patterson，1995）。如果家长不能够持续地、及时地对他们的反社会行为做出反应，或者家长自身做出了反社会行为，孩子就容易成为罪犯。

詹姆斯·德宗（2010）开展了一项关于家庭因素作为犯罪和暴力行为（也包括攻击行为和问题行为）的预测因子的元分析。这项元分析主要基于一些纵向研究，但许多预测是短期的（55%的案例是短于4年的），一些因变量是在相对年轻的年纪测量的（40%的案例中直至15岁），有的研究相对比较小（43%的案例中被试少于200名）。其中最有效的犯罪或暴力行为的预测因子有，家长教育程度低（与犯罪 r = 0.30）、家长监控不力（与暴力行为 r = 0.29）、缺乏儿童教养技巧（与犯罪行为 r = 0.26）、家长关系不和谐（与犯罪行为 r = 0.26）以及家庭规模大（与暴力行为 r = 0.24）。预测效力尤其弱的因子包括年轻父母、破裂的家庭和低社会经济地位。

未成年母亲和儿童虐待

至少在西方工业化的国家，过早养育孩子或者青少年时期怀孕能够预测许多对孩子的不良后果，包括低学业成就、学校反社会行为、物质滥用和过早的性行为。未成年母亲的孩子常常更可能成为罪犯。例如，梅丽·莫拉什和莉拉·拉克（1989）分析了美国和英国（包括剑桥研究在内）的4项调查发现，未成年母亲与低收入家庭、缺少福利支持和生物学父亲缺位相关，并且她们缺乏有效的儿童教养技能，她们的孩子常常表现出低学业成就和违法行为。然而，生物学父亲的存在能减弱很多这些不良影响，并且具有保护作用。在剑桥研究中，有较多孩子的未成年母亲尤其可能有被定罪的孩子（Nagin，Pogarsky & Farrington，1997）。在纽卡斯尔千户研究当中，在青少年时期结婚的母亲（一个与未成年时期养育孩子紧密相关的因素）的儿子在32岁前成为罪犯的可能性是其他母亲的2倍（Kolvin，Miller，Scott，Gatzanis & Fleeting，1990）。

许多研究者调查了能够调节年轻母亲和儿童违法行为之间关系的因素。在新西兰的达尼丁研究中，萨拉·贾菲和她的同事（2001）总结道：未成年母亲和暴力儿童之间的关系是由母亲的特点（比如智力、犯罪性）和家庭因素（比如严厉的纪律、家庭规模、破碎的家庭）调节的。在罗彻斯特青年发展研究当中，格雷格·波加斯凯和他的同事（2003）发现最重要的调节因素是父母身份的改变（照料者的经常变换）。许多研究显示，父母身份的经常改变能够预测孩子的犯罪情况（e.g.，Krohn，Hall & Lizotte，2009；Thornberry，Smith，Rivera，Huizinga & Stouthamer Loeber，1999）。

迈克尔·马克斯菲尔德和凯茜·怀德姆（1996）在一项对印第安纳波利斯超过900名的受虐儿童进行的回顾性研究发现，受到身体虐待的儿童更容易成为暴力罪犯。剑桥萨默维尔研究中，琼·麦科德（1983）发现有一半受到虐待或忽视的男孩，受到了严重犯罪的定罪、变成酗酒者或患有心理疾病，或在35岁前去世。在匹兹堡研究当中（Loeber，Farrington，Stouthamer Loeber & White，2008），儿童在12岁前受到虐待是暴力和严重盗窃犯罪的最常见的预测因素之一。在罗彻斯特青年发展研究当中，儿童在12岁前受到虐待（身体虐待、性虐待、情感虐待或忽视）可以预测未来自我报告的和官方的违法行为（Smith & Thornberry，1995）。此外，这些结果在控制了性别、种族、社会经济地位和家庭结构变量之后依然成立。同样地，玛格丽特·基利和她的同事（2001）发现，儿童在5岁以前受到虐待比6岁到9岁之间的更具有伤害性。罗宾·马利诺斯凯和戴维·汉森（1993）对大量研究进行回顾后，确证了在童年期受到身体虐待能够作为暴力和非暴力犯罪的预测因子。

167

凯茜·怀德姆（1994）回顾了童年期受害和未成年犯罪之间可能存在的因果机制。第一，儿童时期受害可能造成即刻而且长远的后果（例如摇晃可能造成大脑损伤）。第二，儿童时期受害可能造成有利于发展后期攻击行为的身体改变（例如对疼痛脱敏）。第三，儿童受虐可能导致冲动或解离的应对风格，这一风格会导致问题解决能力缺乏或学校表现差。第四，受害经历可能导致个体在自尊上或社会信息加工模式上发生有利于发展后期的攻击行为的改变。第五，儿童受虐可能导致具有不良影响的家庭环境（例如被送到收养机构）。第六，未成年司法实践可能标签化受害者，将他们与亲社会群体孤立出来，并将他们推向同辈犯罪群体。

父母冲突和破碎的家庭

毫无疑问，父母冲突和父母间的暴力行为能够预测青少年时期的反社会行为（Buehler et al.，1997；Ireland & Smith，2009）。在新西兰的基督城研究中，根据个体的自我报告，目睹了父母之间暴力行为的儿童更可能从事暴力和财产犯罪（Fergusson & Horwood，1998）。在控制了诸如父母犯罪、父母物质滥用情况、父母体罚、年轻母亲和低家庭收入等其他风险因子后，目睹父亲的暴力行为仍然具有预测效力。在剑桥和匹兹堡的研究中（Farrington & Loeber，1999），家长冲突同样也能预测违法情况。

许多研究显示，破裂的家庭能够预测犯罪。在新西兰的千户研究中，伊斯雷尔·科尔文和他的同事（1988）报告了一个男孩5岁之前经历的父母婚姻破裂（离婚或分居）能够预测他后期直至32岁的被定罪的情况。相似的是，在新西兰达尼丁的研究当中，比尔·亨利和他的同事（1993）发现，暴露在父母争吵之下和主要抚养者经常改变的儿童，往往会变得反社会和从事违法行为。在美国国家青少年健康纵向研究当中，苏珊·布朗和斯蒂芬·德穆思（2004）总结出，单亲家庭能够预测违法行为，因为这类家庭中会在家长监管水平、亲密度和与孩子互动等方面的水平较低。

迈克尔·沃兹沃思（1979）在英国国家健康和发展调查当中强调了家庭破裂的重要性。与那些由于死亡导致的家庭破裂的男孩或来自完整家庭的男孩相比，来自由于离婚或分居导致的家庭破裂的男孩在21岁前被定罪和正式警告的可能性会上升。男孩5岁以前的家庭破裂特别能够预测犯罪，而在男孩11—15岁之间的家庭破裂则不是特别具有犯因性。父母再婚（在离婚或分居之后发生的比在伴侣死亡后发生的更多）常常与犯罪风险升高有关，这表明继父母对犯罪可能存在负面影响。爱德华·韦尔斯和约瑟夫·兰金（1991）的元分析表明，与由死亡造成的家庭破裂相比，由于家长分居或离婚导致的破碎家庭与犯罪行为有更强的关联。

大多数破碎家庭的研究都侧重于父亲的丧失，而不是母亲，这是因为父亲的丧失更常见。琼·麦科德（1982）在波士顿进行了一项关于生物学父亲的丧失造成的家庭破裂和儿童后期的违法行为之间关系的有趣研究。她发现，在缺少慈爱的母亲的破裂家庭中养育的男孩，以及在存在父母冲突的联合家庭（无论是否有慈爱的母亲）中养育的男孩，犯罪的发生率较高，前者为62%，后者为52%。在无父母冲突的联合家庭中养育的男孩犯罪的发生率较低（26%），而且重要的是，在有慈爱的母亲的破裂家庭中养育的男孩这一比率也较低（22%）。这一结果表明，破裂家庭未必像导致家庭破裂的父母冲突一样是犯因性的，并且一名慈爱的母亲能够在某种角度上弥补父亲的丧失。

168　很少有关于犯罪的纵向研究是在7岁或8岁前开展的。然而，在对1970年出生的英国儿童的世代研究中，约瑟夫·默里和他的同事（2010）调查了早期风险因子（在 5 岁时测量而得）对 30 岁和 34 岁时自我报告的定罪情况的预测程度。默里和他的同事发现，最强的早期预测因子是单亲母亲、未成年母亲、怀孕期间母亲抽烟、一名生物学父母的丧失以及家庭贫困（低社会阶级、低父母教育水平、贫困和住宅拥挤）等。定罪的可能性随着早期风险的出现而上升，对于男孩而言上升比例是 17% 至 44%，对于女孩而言是 3% 至 11%。

在剑桥研究中，在 10 岁以前与亲生父母其中一方暂时或永久的分离（通常是与父亲）能够预测定罪和自我报告的犯罪，前提是这种分离不是由于死亡或住院导致的（Farrington，1992b）。然而，在年龄小的时候（5 岁前）家庭破裂不是显著的犯因（West & Farrington，1973）。在 10 岁以前的分离能够预测青少年和成年的定罪情况（Farrington，1992a），并且能够独立于其他诸如家庭收入或低学业成就的变量之外，预测成年定罪情况；在 10 岁生日前与一方父母分离的男孩中，到 50 岁的定罪比例为 60%，相比之下，其他男孩中这一比例为 36%。破裂家庭可能还会导致多动，从而导致犯罪（Theobald，Farrington & Piquero，2013）。

家庭破碎和违法行为之间关系的解释可以分为三类。创伤理论认为，父母的损失对于一个孩子来讲有破坏性的作用，最常见的原因是这影响了他们与父母之间的依恋关系。生命历程理论关注一系列压力性事件而导致分离经历，并且关注多重压力源的影响，比如父母冲突、父母丧失、经济情况下降，承担家长角色的人的改变以及儿童教养方法失当等。选择理论认为，破裂家庭会产生犯罪的孩子是因为这些家庭先前就与其他家庭存在区别，这些家庭有着诸如家长冲突、犯罪或反社会的家长、低家庭收入或儿童教养方式失当等风险因子。

剑桥研究中检验了从这三种理论当中衍生出来的假设（Juby & Farrington，2001）。来自破裂家庭的男孩（永久性的）比来自完整家庭的男孩更可能犯罪，但他们并不比来自家庭完整但是冲突多的男孩更可能犯罪。总的来说，最重要的因素是家庭破裂后的轨迹。在分离后与母亲一起生活的男孩与来自冲突少的完整家庭的男孩有同样的犯罪发生率。与父亲、亲戚或其他人一起生活的男孩有高犯罪发生率，这些生活条件更不稳定。而且其他研究显示，抚养者的经常改变预示着犯罪。由此可以总结，这些结果更加支持生命过程理论而不是创伤或选择理论。

犯罪父母

李·罗宾斯和她的同事（1975）发现，犯罪、反社会和酗酒的父母更容易有犯罪的儿子。罗宾斯追踪了圣路易斯超过 200 名男性，发现被逮捕过的家长往往会有被逮捕过的孩子，并且家长在其未成年时的违法记录和孩子的在比例和违法类型上相似。她发现 29% 的暴力犯罪的父亲会有暴力犯罪的儿子，相比之下，在其他父亲中这一比例为 12%，但这可能反映了被定罪的父亲有被定罪的儿子这一普遍倾向，而不是暴力的父亲有暴力的儿子这一特定的倾向。

在剑桥研究当中，犯罪集中在少数家庭中的现象是非常显著的（Farrington et al.，1996）。不到 6% 的家庭占据了全部 400 个家庭里 50% 成员（父亲、母亲、儿子和女儿）的犯罪定罪。有一个被定罪的母亲、父亲、兄弟或姐妹能够显著地预测一个男孩的犯罪情况。多达 63% 的犯罪父母的男孩到 40 岁前有犯罪记录。此外，拥有犯罪的家长和兄弟姐妹能够预测个体自我报告的和官方记录的犯罪行为（Farrington，1979）。在预测性上，同性亲属强于异性亲属，年长的同胞强于年幼的同胞。因此，犯罪存在代际连续性。

匹兹堡青年研究也获得相似的结论。父母、兄弟姐妹、叔叔阿姨、祖父母的被逮捕都能够预测男孩自己的犯罪情况（Farrington, Jolliffe, Loeber, Stouthamer Loeber & Kalb, 2001）。最重要的亲属是父亲，在所有被逮捕的亲属当中，父亲被逮捕独立地预测着男孩的犯罪情况。仅8%的家庭占据了43%的所有被逮捕的家庭成员。相似的是，在新西兰的达尼丁研究当中，祖父母、父母和同胞的反社会行为能够预测男孩的反社会行为（Odgers et al., 2007）。在德国的一个城市里，一项对所有2006年有一个孩子出生的家庭进行的大范围的犯罪记录研究也获得了相似的结果（Junger, Greene, Schipper, Hesper & Estourgie, 2013）。

尽管父亲的逮捕和定罪情况能够预测男孩的反社会行为，剑桥研究中，在男孩10岁以前父亲入狱，会增加其反社会和犯罪的风险（Murray & Farrington, 2005）。有趣的是，在瑞典大都会项目中，父母入狱的影响在控制了家长犯罪后消失了（Murray, Janson & Farrington, 2007）。这一跨国差异可能是由于瑞典刑期更短、更有利于家庭的监狱政策，以福利为导向的青少年司法制度，广泛的社会福利体系，及公众对囚犯更同情的态度造成的（Murray, Bijleveld, Farrington & Loeber, 2014）。

研究者现在仍不是非常清楚为什么犯罪的父母会有犯罪的儿童。在剑桥研究当中，没有证据显示犯罪的父母会直接鼓励他们的孩子去犯罪或教给他们犯罪的技巧，相反的是，犯罪的父母常常严厉批评孩子的犯罪行为；例如，89%在32岁时被定罪的男性不认可"我不在乎我的儿子或女儿是否犯罪"的说法。并且，一个家长和一个孩子成为同一项犯罪的共犯是极其罕见的。父母和孩子犯罪之间的主要关联似乎是父母监管的缺乏（West & Farrington, 1977）。在罗彻斯特青年发展研究当中，特伦斯·索恩伯里和他的同事（2009）认为，从父母的自我报告犯罪到孩子的反社会行为之间的连续性可能主要是由无效的家长管理和家长压力造成的。

关于为什么犯罪集中在少数家庭当中，并且从一代延续到下一代有几个可能的解释：第一，暴露在多重风险因子下可能是具有家族延续性的。例如，接连几代的人可能都受到贫穷、家庭破碎、单亲和/或未成年父母、生活在最为贫穷的社区等因素的困扰。第二，犯罪父母对孩子犯罪的影响可能由环境机制调节，例如缺乏父母监管。第三，这一影响可能由遗传机制调节。第四，因为官方（警察和法庭）对犯罪家庭的偏见，这些犯罪的父母还容易因其他的社会问题为官方机构所监管，所以犯罪的父母可能倾向于有犯罪的未成年的孩子（Besemer, Farrington & Bijleveld, 2013）。在剑桥研究中，在所有的自我报告的犯罪水平上，拥有被定罪父亲的男孩，与拥有未被定罪的父亲的男孩相比，更可能被定罪（West & Farrington, 1977）。然而，这不是父亲犯罪和孩子犯罪之间的关联的唯一解释，因为父亲犯罪的个体的自我报告的犯罪数比较高，而且老师和同伴对他的坏行为评分也比较高。

大家庭规模

大家庭规模（有许多孩子的家庭）是一个相对较强的并且具有高度可重复观察性的犯罪预测因素（Ellis, 1988）。在剑桥与匹兹堡的研究当中，尽管与20世纪60年代的伦敦相比，20世纪90年代匹兹堡的家庭规模普遍比较小，大家庭规模对犯罪的影响也很重要（Farrington & Loeber, 1999）。在剑桥研究中发现，如果一个男孩在他10岁生日之前有4个或者更多的兄弟姐妹，那么他作为少年犯被定罪的风险将增加1倍，并且大家庭规模能够预测自我报告的犯罪和被定罪的情况（Farrington，1992b）。一项逻辑回归分析的研究发现，大家庭规模是 32 岁之前被定罪的最为重要的、独立的犯罪预测因素（Farrington，1993）。

在全国健康与发展调查当中，迈克尔·沃兹沃思（1979）发现，官方定罪的少年犯的比例，从独生子女家庭的 9% 增加到有 4 个或以上孩子的家庭的 24%。约翰·纽森和他的同事（1993）在诺丁汉研究中也发现大家庭规模是犯罪的最重要的预测因素之一。在对纽卡斯尔的孩子从出生到 33 岁的追踪研究里，伊斯雷尔·科尔文和他的同事（1990）报告了大家庭规模对反社会行为存在影响。

关于兄弟姐妹的数量多为什么会增加少年犯的风险有许多可能的解释。一般说来，随着家庭里孩子数量的增长，每一个孩子得到的家长关注就会减少。并且，随着孩子数量的增长，家庭空间也会变得更加拥挤，可能导致沮丧、愤怒情绪以及冲突的增多。在剑桥研究当中，大家庭规模并不能够预测住在比较不拥挤的条件当中的男孩的违法情况（West & Farrington，1973）。这表明，过度拥挤的住宅环境可能是存在于大家庭规模和犯罪相互联系中的一个中介因素。

戴维·布朗菲尔德和安·索伦森（1994）回顾了大家庭规模与犯罪之间联系的几种解释，其中包括关注父母特征（例如，犯罪父母，未成年父母）的理论、关注教养方式的理论（例如，父母监管的缺失、破碎家庭）、关注经济困难或家庭压力的理论。另一种有趣的理论认为，出生顺序是重要的因素：大的家庭当中通常包含有更多的晚出生的孩子，他们更容易犯罪。基于在西雅图调查中获得的自我报告的犯罪分析发现，最合理的中介因果机制是兄弟姐妹之间的犯罪行为影响。在剑桥研究，兄弟共犯的情况普遍得令人吃惊；大约 20% 有年龄相近的兄弟的男孩因与兄弟共同犯罪而被定罪（Reiss & Farrington，1991）。

170

社会因子

社会经济困难

有关社会经济地位（socio-economic status，SES）和犯罪之间关系的文献浩如烟海，互相之间存在着不一致和矛盾，还有一些回顾者认为（e. g.，Thornberry & Farnworth，1982）无论是自我报告还是官方记录的犯罪都与 SES 没有关系。英国的研究发现了存在于低社会阶级和犯罪之间更稳定持续的关联。在英国国家健康和发展调查当中，迈克尔·沃兹沃思（1979）发现男性中官方记录的未成年犯罪率随着父母的职业声望和教育背景变化而有着巨大的差异。

剑桥研究中测量了大量的 SES 的指标，对男孩所来自的家庭以及男孩成年后自身的情况都进行了测量，包括职业声望、家庭收入、住宅条件以及就业稳定性。大多数关于职业声望的测量（基于注册总署的统计）与犯罪之间并无显著的相关。男孩在 8—10 岁期间家庭处于低社会经济地位能够显著预测他日后的自我报告的违法情况，但并不能预测官方记录的。而且，低家庭收入和差的住宅条件都能够预测官方和自我报告的、未成年和成年的犯罪情况（Farrington，1992a；1992b）。

有趣的是，犯罪行为最高发的年龄 17—18 岁，与许多被定罪的男性经济条件最好的年龄是重合的。在剑桥研究当中，被定罪的男性在他们 8 岁时更可能来自于低收入家庭，而且在他们 32 岁时更可能会有低收入。但是，在 18 岁时，他们与非罪犯群体相比，会有相对更高的收入（West & Farrington，1977）。这可能是因为，被定罪的罪犯此时可能在工地上从事无技术要求的工作，作为成人得到这份工作的全职薪水，而非罪犯这时可能处于有前景的职业的低收入起点，例如银行会计，或甚至还是学生。这些结果揭示了存在于收入和犯罪之间的复杂联系。

家长的社会经济状况困难常被用于和孩子的犯罪状况做比较。然而，当孩子长大之后，他们自己的社会经济状况困难与自身的犯罪状况也存在关联。在剑桥研究当中，官方记录和自我报告犯罪的罪犯在 18 岁时，更可能从事无技术要求的体力工作或有不稳定的工作记录。正如父亲不稳定的工作记录能够预测被研究的男孩日后的犯罪情况一样，男孩在 18 岁时一份不稳定的工作记录是他在 21—25 岁之间的犯罪情况最好的预测因子之一（Farrington，1986）。男性被试在 15—18 岁期间失业比在有工作的时候的犯罪比率更高（Farrington，Gallagher，Morley，St. Ledger & West，1986），这表明失业可能在某种程度上会导致犯罪，反之，就业会让个体远离犯罪。因为涉及获得物质财富的犯罪（例如偷窃、盗窃、抢劫）在失业时期的增长尤其多，因此很可能经济需求是失业和犯罪之间因果链中的重要一环。

许多的研究者认为低 SES 家庭和反社会行为之间的关系是以家庭社会化行为作为中介的。例如，理查德·泽莱尔和杰拉德·帕特森（1990）在俄勒冈青年研究当中发现，SES 对犯罪的影响是完全由家长管理技巧调节的。换言之，低 SES 能够预测犯罪是因为低 SES 家庭使用了不良的儿童教养方式。在基督城健康和发展研究当中，戴维·弗格森和他的同事（2004）发现，出生至 6 岁期间生活在低 SES 家庭能够预测个体 15—21 岁之间的自我报告的和官方记录的违法情况。然而，这一关联在控制家庭因素（体罚、母亲的关怀、和父母身份的变化）、品行问题、逃学和越轨的同伴后消失了，这表明这些因素可能起到了中介作用。

同伴影响

朋友是否犯罪是日后犯罪情况的一个重要预测因子。萨拉·巴廷和她的同事（1998）发现，在西雅图社会发展项目当中，同伴的犯罪情况能够预测自我报告的暴力行为。青少年的犯罪行为往往是由小群体（通常只有两到三个人）共同实施而不是单独实施的。大的帮派通常是比较少见的。在剑桥研究当中，与他人共同犯罪的可能性随着年龄的增长而降低。在 17 岁之前，男孩更可能与其他同龄或邻近的男孩一起犯罪。而在 17 岁之后，共同犯罪才变得没那么普遍（Reiss & Farrington，1991）。

一个重要的问题是，究竟是年轻人在群体中比他们单独时更可能犯罪，还是高的共犯发生率反映着无论年轻人什么时候外出，他们都倾向于集体行动。同伴会鼓励和造成犯罪吗，还是只是大部分发生在家庭之外的活动（无论是否是犯罪）都倾向于以集体的形式开展？另一种可能是，犯罪的实施促使个体与其他的犯罪青少年建立起了联系，或许是由于"物以类聚，人以群分"，或许是由于出庭和入狱带来的污名化和孤立。特伦斯·索恩伯里和他的同事（1994）在罗彻斯特青年发展研究当中发现，在犯罪同伴导致犯罪，和犯罪带来与犯罪同伴的联系，二者之间存在着交互作用。

匹兹堡青年研究在个体间（例如，比较同伴犯罪与某一年龄的所有男孩犯罪的情况，然后把在所有年龄上的这些相关加和）和个体内（例如，比较同伴犯罪和一个男孩在他所有年龄阶段的犯罪情况，然后把所有男孩中的这些相关加和）两个层面上，研究了同伴犯罪和个体犯罪的关联。在个体间相关中，同伴犯罪是与犯罪相关最强的，但不能够预测个体内的犯罪情况（Farrington，Loeber，Yin & Anderson，2002）。反而，家长监管的缺乏、家长执行水平低和男孩参与家庭活动程度低能够同时在个体间和个体内预测犯罪情况。由此可以总结道，这三个家庭变量最可能是原因，而拥有犯罪同伴最可能是男孩犯罪的一个迹象。

显然，年轻人在加入帮派之后，犯罪会增多。在西雅图社会发展项目中，萨拉·巴廷和她的同事（1998）发现了这一点，并且还发现帮派成员的身份能够比拥有犯罪的同伴对犯罪起更好的预测作用。在匹兹堡青年研究当中，蕾切尔·戈登和她的同事（2004）发现，不仅当男孩加入帮派后，药物贩卖、药物滥用、暴力和财产犯罪有了增加，当他们退出帮派以后，犯罪频率还会降低到加入帮派前的水平。特伦斯·索恩伯里和他的同事（2003）在罗彻斯特青年发展研究当中，尤伯托·加蒂和他的同事在蒙特利尔纵向实验性研究当中，也都发现年轻人在加入帮派后犯罪会增多。这些研究反驳了同伴影响犯罪"选择"和"产生"的假设，并且总结道，未来的帮派成员在初始阶段会更具犯罪性，而且加入帮派后犯罪性还会更强。未成年时的帮派成员身份是日后暴力行为的一个风险因子（Herrenkohl et al.，2000），但这可能是由于二者测量的概念具有同质性。

在剑桥研究中（Farrington，1986），个体14岁时与犯罪的朋友有联系是成年早期犯罪情况的一个重要的独立预测因子。并且，在19岁时终止犯罪与持续犯罪有所不同，停止犯罪的个体更可能不再与一群男性朋友一起出去。此外，研究中从青少年的自述情况发现从犯罪的同伴群体中退出对停止犯罪有着重要影响（West & Farrington，1977）。因此，继续与犯罪朋友联系可能是预测青少年罪犯在成年后是会继续犯罪还是终止的一个重要因素。

学校影响

迈克尔·鲍尔和他的同事（1967）多年前在伦敦发现，不同中学之间的学生犯罪率存在巨大差异。高犯罪率的学校的特点人尽皆知（Graham，1988）。例如，这些学校的师生之间的厌恶感很高，学生对学校投入程度低，以及不明晰和执行不稳定的校规。然而，现在更不清楚的是，学校之间的差异有多少是由学校组织、氛围和实践造成的，又有多少是由学生的主体构成造成的？

在剑桥研究当中，11岁时就读于高犯罪率学校能够显著预测一个男孩日后的犯罪情况（Farrington，1992b）。研究中通过对男孩从小学到初中阶段进行追踪的方式，调查了中学对犯罪的影响（Farrington，1972）。对青少年犯罪的最好的小学预测因子是男孩8—10岁时，同伴和老师对他顽劣程度的评分可以反映出反社会行为的持续。而中学之间的官方犯罪率存在巨大的差异，一个学校里每年每100个男孩中有21个法庭出席记录，而在另一学校的这一数据仅为0.3。更重要的是，就读于高犯罪率的中学是日后犯罪行为的显著预测因子。

然而，非常值得注意的是，那些最顽劣的男孩可能会去高犯罪率的学校，而最不顽劣的男孩们可能会去低犯罪率的学校。所以学校在犯罪率上的差别大部分可以由他们招收顽劣的男孩的差异解释，中学自身对于男孩的犯罪可能只存在很少影响。然而，美国的研究综述发现，拥有清晰、公正、长期执行的纪律的学校倾向于有更低的学生品行不良的比例（Gottfredson，2001；Herrenkohl，Hawkins，Chung，Hill & Battin Pearson，2001）。

英国最著名的关于学校对犯罪影响的研究也是在伦敦开展的，研究者是迈克尔·拉特和他的同事（1979）。他们研究了12所综合中学，并且又一次发现了他们之间官方犯罪率

172

的巨大差异。高犯罪率的学校更可能有高旷课率、低能力的学生和低社会阶层的学生父母。而且，学校之间犯罪率的差异不能全然由社会阶层和学生入学时（11 岁）言语推理分数的差异解释。因此，一定有学校自身的某些因素或其他的未被测量的因素造成了这些差异。

在试图寻找学校的哪些方面可能鼓励或抑制犯罪时，Rutter 和他的同事发现，与犯罪相关的主要的学校因素是老师在课堂上给予的惩罚较多而奖励较少。但是研究中很难确定惩罚多和奖赏少与学校反社会行为之间的因果关系，而且还可能与校外的犯罪情况有关。在其他的测量的因素方面，他们认为，对学术的强调、良好的课堂管理、奖惩机制的谨慎使用以及学生的参与是成功学校的重要特征（关于更多学校和犯罪的综述，参见 Payne & Welch, 2013）。

社区影响

许多研究发现，住在城市的男孩比住在郊区的男孩更可能犯罪（Derzon, 2010；Foster & Brooks Gunn, 2013）。在美国全国青年调查当中，自我报告的袭击和抢劫的犯罪率在城市的青年当中要显著地高一些（Elliott, Huizinga & Menard, 1989）。在城市范围当中，生活在高犯罪率社区的男孩比生活在低犯罪率社区的男孩更加暴力。在罗切斯特青年发展研究当中，生活在高犯罪率社区能够显著预测自我报告的暴力行为（Thornberry, Huizinga & Loeber, 1995）。相似的是，在匹兹堡青年研究当中，住在一个不良社区（由母亲评分或者基于普查数据的贫困、失业和女性为户主的家庭情况评定）能够显著地预测暴力行为（Farrington, 1998），以及谋杀犯罪（Farrington et al., 2012）。

罗伯特·桑普森和他的同事（1997）在芝加哥社区开展的人类发展项目中研究了社区对于暴力行为的影响。最重要的社区预测因子是集中的经济落后（以贫困、女性为户主的家庭占比和非裔美国人占比为指标）、移民聚集（拉丁或外国出生人口的比例）、居住不稳定、非正式的社会控制和社会凝聚力水平低。他们提出，一个社区的"集体效能"，或者说居民干预和预防反社会行为的意愿，能够作为抵抗犯罪的一项保护因子。在相同的项目中，桑普森和他的同事（2005）总结出非裔美国人和白种人大部分在暴力方面的差异可以用暴露在风险因子中的种族差异来解释，尤其是居住在不良社区的影响。在匹兹堡青年研究当中也得到了相似的结论（Farrington, Loeber & Stouthamer Loeber, 2003）。

显而易见，罪犯不均衡地居住在内城中以物理环境恶化、社区组织混乱和高居住流动性为特征的区域（Shaw & McKay, 1969）。然而，确定这些区域本身影响着反社会行为的程度，以及多大程度上只是反社会群体选择居住在贫困的区域里（例如，因为他们比较贫穷或者公共住房分配政策），也是很困难的。有趣的是，诸如丹尼丝·戈特弗里德森和她的同事（1991）等社区研究者，以及诸如迈克尔·拉特（1981）等发展研究者都认为，社区只通过对个体和家庭的影响对反社会行为起到了间接影响作用。在芝加哥青年发展研究中，帕特里克·托兰和他的同事（2003）总结道，社区结构特征和个体暴力行为的关系是由教养行为、帮派成员身份以及朋辈暴力等中介因素影响的。

在匹兹堡研究当中，佩－奥洛夫·维克斯特罗姆和罗尔夫·洛伯（2000）发现在人的类型和区域的类型之间的交互作用。6 个个体、家庭、同伴和学校变量被三分为风险、中等或保护性分数并相加。风险得分最高的男孩更倾向于犯罪，无论他们所居住的区域属于什么类型。然而，具有高保护性得分或均衡的风险和保护性的得分的男孩，如果住在不良的公共住房区域，他们就更有可能犯罪。因此，当其他风险不够高的时候，区域风险是最重要的。在同一个研究当中，唐纳德·莱纳姆和他的同事（2000）发现冲动对自我报告犯罪的影响在低社会经济状况的社区中比在高社会经济状况的社区中更大，有可能是因为在组织更为混乱的社区当中有更多的犯罪机会。

显然，个体和他们所住的社区存在着交互作用。城内社区的一些方面可能容易诱发犯罪，这可能是由内城带来的社区连结破裂或社区的互助模式破裂导致的，也可能是因为高人口密度会带来紧张、沮丧或匿名性，也可能存在其他相关因素。正如阿尔伯特·赖斯（1986）所主张的，高犯罪率区域常常会有许多单亲母亲作为户主的家庭存在，她们收入低，住在低成本、条件差的房子中。这些家庭中父母控制的减弱——部分由于母亲需要工作，由此让孩子不受监管而聚集在街上。结果，他们受同伴鼓励和强化犯罪的亚文化的影响从而出现犯罪行为。这一个体、家庭、同伴和社区因子的交互作用可能是规律而不是例外。

结论

过去的 40 年的研究，尤其是从追踪研究，收获了许多关于犯罪和其他反社会行为的风险因子的成果。罪犯和非罪犯在许多方面存在着显著差异，包括冲动性、共情、低智力水平、低学业成就、家长监管缺乏、儿童身体虐待、惩罚性的或不稳定的家长纪律、冷漠的家长态度、家长冲突、破碎的家庭、反社会的父母、大的家庭规模、低家庭收入、反社会的同伴、高犯罪率的学校以及高犯罪率的社区等。这些差异存在于他们犯罪生涯之前、之中和之后。尽管现在仍不能探明这些因素和反社会行为之间的具体因果关联，以及这些因子是如何独立地或者交互地或者连续地产生影响的，但是现在非常清楚的是，能够对处于风险中个体的预测具有合理性。

反社会行为的并发性和多样性为科学解释提出了巨大挑战。探明研究成果多大程度上是由少数具有多重问题或慢性犯罪的青少年造成的是非常重要的。通常，多重风险因子会导致多重问题的男孩（Farrington，2002；Loeber，Farrington，Stouthamer Loeber & van Kammen，1998）。任一给定的风险因子普遍预测一系列不同结果的准确程度（与预测特定的一两个结果相对应）以及每一结果能够广泛的由一系列不同风险因子预测的程度（与由特定的一两个风险因子预测而得相对应）仍然不明确。数量不断增多的风险因子使得反社会行为发生的可能性增加，却与被包含在预测评估中的特定风险因子无关，这方面需要更多的研究。本章没有足够的篇幅来回顾解释风险因子和反社会行为之间的关系的理论，但这些理论需要建立在有关风险因子累积的、独立的、交互的和连续的影响的知识基础上的（see Farrington，2005）。

尽管关于犯罪的风险因子我们已经知道很多了，但在犯罪原因、因果关系或机制方面还知之甚少。理想的情况是，干预项目应当将目标集中在犯罪的原因上。最好的研究犯罪原因的方法是开展实验性或者半实验性的分析。例如，如果一个干预实验能够成功地降低个体冲动性，并由此产生了犯罪的减少，那么这可能表明冲动性是一个犯罪的原因（Robins，1992）。相似的是，如果个体的家长监管程度变化后，接着在犯罪方面发生显著变化，那么这可能表明家长监管是一个犯罪的原因（Farrington，1988）。

基于现有的知识，下列因素应当是干预过程中的首要目标：冲动性、低学业成就、儿童教养方式不当、年轻母亲、儿童虐待、家长冲突和破碎家庭、贫困、犯罪的同辈和贫穷的社区等。社会应当努力减少冲动性或增强自我控制，提高学业成就，改进儿童教养方式，鼓励年轻人不要过早地养育孩子，反对儿童虐待，增强父母间和谐，减少贫困，减少与反社会同伴的联系，增强与亲社会群体的联系以及改善不良社区。如此，来自社会心理的研究结果才能帮助减少犯罪，并提升个体和社区的福祉。

扩展阅读

1. Farrington, D. P. & Welsh, B. C. （2007）, *Saving children from a life of crime：Early risk factors and effective interventions*, Oxford：Oxford University Press.

这本书主要探讨了犯罪的风险和保护因子，风险因子研究中的关键议题和几个主要的犯罪纵向研究。书中还回顾了与犯罪有关的个体（低智商与成就、人格、气质、共情、冲动性和社会认知技能等）、家庭（犯罪的父母、大家庭规模、教养方式、儿童虐待和忽视、父母冲突和家庭破裂、未成年怀孕等）、社会经济、同伴、学校和社区风险因素等。

2. Thornberry, T. P. & Krohn, M. D. （Eds.）（2003）, *Taking stock of delinquency：An overview of findings from contemporary longitudinal studies*, New York：Kluwer/Plenum.

这本书对表 10.1 的几个纵向研究的重要成果进行了详细的介绍，包括剑桥研究、匹兹堡青年研究、西雅图社会发展研究计划、罗彻斯特青年发展研究、丹佛青年调查和蒙特利尔纵向实验研究等。其中涉及了大量的影响犯罪的心理社会学因素。

3. Rutter, M., Giller, H. & Hagell, A. （1998）, *Antisocial behaviour by young people*, Cambridge：Cambridge University Press.

这是一本非常有用的关于反社会行为和青少年犯罪的教材。这本书的章节主要包括影响犯罪的个体因素（基因和生理、智力、气质、人格和机能亢进等）、心理社会特征（家庭因素、同伴、帮派、贫穷和社会性弱势等）以及社会影响（大众传媒、地区差异、学校效应和种族差异等）。其中还回顾了犯罪的性别差异、犯罪历史趋势、犯罪生涯和犯罪预防与治疗等内容。

参考文献

Battin, S. R., Hill, K. G., Abbott, R. D., Catalano, R. F., & Hawkins, J. D. （1998）, "The contribution of gang membership to delinquency beyond delinquent friends", *Criminology*, 36, 93 – 115.

Bergman, L. R., & Andershed, A-K. （2009）, "Predictors and outcomes of persistent or age-limited registered criminal behavior：A 30 – year longitudinal study of a Swedish urban population", *Aggressive Behavior*, 35, 164 – 178.

Besemer, S., Farrington, D. P., & Bijleveld, C. C. J. H. （2013）, "Official bias in intergenerational transmission of criminal behaviour", *British Journal of Criminology*, 53, 438 – 455.

Bowlby, J. （1951）, "Maternal care and mental health", Geneva, Switzerland：World Health Organization.

Brennan, P. A., Mednick, B. R., & Mednick, S. A. （1993）, "Parental psychopathology, congenital factors, and violence", In S. Hodgins（Ed.）, *Mental disorder and crime* (pp. 244 – 261), Newbury Park, CA: Sage.

Brownfield, D. , & Sorenson, A. M. (1994), "Sibship size and sibling delinquency", *Deviant Behavior*, 15, 45 – 61.

Buehler, C. , Anthony, C. , Krishnakumar, A. , Stone, G. , Gerard, J. , & Pemberton, S. (1997), "Interparental conflict and youth problem behaviors: A meta-analysis", *Journal of Child and Family Studies*, 6, 233 – 247.

Burke, J. D. , Loeber, R. , Lahey, B. B. , & Rathouz, P. J. (2005), "Developmental transitions among affective and behavioural disorders in adolescent boys", *Journal of Child Psychology and Psychiatry*, 46, 1200 – 1210.

Capaldi, D. M. , & Patterson, G. R. (1996), "Can violent offenders be distinguished from frequent offenders? Prediction from childhood to adolescence", *Journal of Research in Crime and Delinquency*, 33, 206 – 231.

Caspi, A. (2000), "The child is father of the man: Personality continuities from childhood to adulthood", *Journal of Personality and Social Psychology*, 78, 158 – 172.

Chess, S. , & Thomas, A. (1984), *Origins and evolution of behavior disorders: From infancy to early adult life*, New York: Brunner/Mazel.

Defoe, I. N. , Farrington, D. P. , & Loeber, R. (2013), "Disentangling the relationship between delinquency and hyperactivity, low achievement, depression, and low socio-economic status: Analysis of repeated longitudinal data", *Journal of Criminal Justice*, 41, 100 – 107.

Demuth, S. , & Brown, S. L. (2004), "Family structure, family processes, and adolescent delinquency: The significance of parental absence versus parental gender", *Journal of Research in Crime and Delinquency*, 41, 58 – 81.

Denno, D. W. (1990), *Biology and violence: From birth to adulthood*, Cambridge: Cambridge University Press.

Derzon, J. H. (2010), "The correspondence of family features with problem, aggressive, criminal, and violent behaviour: A meta-analysis", *Journal of Experimental Criminology*, 6, 263 – 292.

Elliott, D. S. (1994), "Serious violent offenders: Onset, developmental course, and termination", *Criminology*, 32, 1 – 21.

Elliott, D. S. , Huizinga, D. , & Menard, S. (1989), "*Multiple problem youth: Delinquency, substance use, and mental health problems*", New York: Springer-Verlag.

Ellis, L. (1988), "The victimful-victimless crime distinction, and seven universal demographic correlates of victimful criminal behaviour", *Personality and Individual Differences*, 3, 525 – 548.

Eysenck, H. J. (1996), "Personality and crime: Where do we stand?", *Psychology, Crime and Law*, 2, 143 – 152.

Farrington, D. P. (1972), "Delinquency begins at home", *New Society*, 21, 495 – 497.

Farrington, D. P. (1979), "Environmental stress, delinquent behavior, and convictions", In I. G. Sarason & C. D. Spielberger (Eds.), *Stress and anxiety* (vol. 6, pp. 93 – 107), Washington, DC: Hemisphere.

Farrington, D. P. (1986), "Stepping stones to adult criminal careers", In D. Olweus, J. Block & M. R. Yarrow (Eds.), *Development of antisocial and prosocial behavior* (pp. 359 – 384), New York: Academic Press.

Farrington, D. P. (1988), "Studying changes within individuals: The causes of offending", In M. Rutter (Ed.), *Studies of psychosocial risk: The power of longitudinal data* (pp. 158 – 183), Cambridge: Cambridge University Press.

Farrington, D. P. (1990), "Implications of criminal career research for the prevention of offending", *Journal of Adolescence*, 13, 93 – 113.

Farrington, D. P. (1991), "Childhood aggression and adult violence: Early precursors and later life outcomes", In D. J. Pepler & K. H. Rubin (Eds.), *The development and treatment of childhood aggression* (pp. 5 – 29), Hillsdale, NJ: Lawrence Erlbaum.

Farrington, D. P. (1992a), "Explaining the beginning, progress and ending of antisocial behaviour from birth to adulthood", In J. McCord (Ed.), *Facts, frameworks and forecasts: Advances in criminological theory* (vol. 3, pp. 253 – 286), New Brunswick, NJ: Transaction.

Farrington, D. P. (1992b), "Juvenile delinquency", In J. C. Coleman (Ed.), *The school years* (2nd ed., pp. 123 – 163), London: Routledge.

Farrington, D. P. (1993), "Childhood origins of teenage antisocial behaviour and adult social dysfunction", *Journal of the Royal Society of Medicine*, 86, 13 – 17.

Farrington, D. P. (1994), "Childhood, adolescent and adult features of violent males", In L. R. Huesmann (Ed.), *Aggressive behavior: Current perspectives* (pp. 215 – 240), New York: Plenum.

Farrington, D. P. (1998), "Predictors, causes and correlates of male youth violence", In M. Tonry & M. H. Moore (Eds.), *Youth violence* (pp. 421 – 475), Chicago: University of Chicago Press.

Farrington, D. P. (2002), "Multiple risk factors for multiple problem violent boys", In R. R. Corrado, R. Roesch, S. D. Hart & J. K. Gierowski (Eds.), *Multi-problem violent youth: A foundation for comparative research on needs, interventions and outcomes* (pp. 23 – 34), Amsterdam: IOS Press.

Farrington, D. P. (2003), "Key results from the first 40 years of the Cambridge Study in Delinquent Development", In T. P. Thornberry & M. D. Krohn (Eds.), *Taking stock of delinquency: An overview of findings from contemporary longitudinal studies* (pp. 137 – 183), New York: Kluwer/Plenum.

Farrington, D. P. (2005), "The Integrated Cognitive Antisocial Potential (ICAP) theory", In D. P. Farrington (Ed.), *Integrated developmental and life-course theories of offending* (pp. 73 – 92), New Brunswick, NJ: Transaction.

Farrington, D. P. (2013), "Longitudinal and experimental research in criminology", In M. Tonry (Ed.), *Crime and justice 1975 – 2025* (pp. 453 – 527), Chicago: University of Chicago Press.

Farrington, D. P., Barnes, G., & Lambert, S. (1996), "The concentration of offending in families", *Legal and Criminological Psychology*, 1, 47 – 63.

Farrington, D. P., Biron, L., & LeBlanc, M. (1982), "Personality and delinquency in London and Montreal", In J. Gunn & D. P. Farrington (Eds.), *Abnormal offenders*, *delinquency*, *and the criminal justice system* (pp. 153 – 201), Chichester: Wiley.

Farrington, D. P., Coid, J. W., Harnett, L., Jolliffe, D., Soteriou, N., Turner, R., & West, D. J. (2006), *Criminal careers up to age 50 and life success up to age 48: New findings from the Cambridge Study in Delinquent Development*, London: Home Office (Research Study No. 299).

Farrington, D. P., Coid, J. W., & West, D. J. (2009), "The development of offending from age 8 to age 50: Recent results from the Cambridge Study in Delinquent Development", *Monatsschrift fur Kriminologie und Strafrechtsreform* (Journal of Criminology and Penal Reform), 92, 160 – 173.

Farrington, D. P., Gallagher, B., Morley, L., St. Ledger, R. J., & West, D. J. (1986), "Unemployment, school leaving, and crime", *British Journal of Criminology*, 26, 335 – 356.

Farrington, D. P., Jolliffe, D., Loeber, R., Stouthamer-Loeber, M., & Kalb, L. M. (2001), "The concentration of offenders in families, and family criminality in the prediction of boys' delinquency", *Journal of Adolescence*, 24, 579 – 596.

Farrington, D. P., & Loeber, R. (1999), "Transatlantic replicability of risk factors in the development of delinquency", In P. Cohen, C. Slomkowski & L. N. Robins (Eds.), *Historical and geographical influences on psychopathology* (pp. 299 – 329), Mahwah, NJ: Lawrence Erlbaum.

Farrington, D. P., Loeber, R., & Berg, M. T. (2012), "Young men who kill: A prospective longitudinal examination from childhood", *Homicide Studies*, 16, 99 – 128.

Farrington, D. P., Loeber, R., & Stouthamer-Loeber, M. (2003), "How can the relationship between race and violence be explained?", In D. F. Hawkins (Ed.), *Violent crime: Assessing race and ethnic differences* (pp. 213 – 237), Cambridge: Cambridge University Press.

Farrington, D. P., Loeber, R., & Ttofi, M. M. (2012), "Risk and protective factors for offending", In B. C. Welsh & D. P. Farrington (Eds.), *The Oxford handbook of crime prevention* (pp. 46 – 69), Oxford: Oxford University Press.

Farrington, D. P., Loeber, R., & Van Kammen, W. B. (1990), "Long-term criminal outcomes of hyperactivity-impulsivity-attention deficit and conduct problems in childhood", In L. N. Robins & M. Rutter (Eds.), *Straight and devious pathways from childhood to adulthood* (pp. 62 – 81), Cambridge: Cambridge University Press.

Farrington, D. P., Loeber, R., Yin, Y., & Anderson, S. (2002), "Are within-individual causes of delinquency the same as between-individual causes?", *Criminal Behaviour and Mental Health*, 12, 53 – 68.

Farrington, D. P., Piquero, A. R., & Jennings, W. G. (2013), "*Offending from childhood to late middle age: Recent results from the Cambridge Study in Delinquent Development*", New

York: Springer.

Farrington, D. P. , & Ttofi, M. M. (2012), "Protective and promotive factors in the devel-opment of offending", In T. Bliesener, A. Beelman & M. Stemmler (Eds.), *Antisocial behaviour and crime: Contributions of developmental and evaluation research to prevention and intervention* (pp. 71 – 88), Cambridge, MA: Hogrefe.

Farrington, D. P. , & Welsh, B. C. (2007), *Saving children from a life of crime: Early risk factors and effective interventions*, Oxford: Oxford University Press.

Fergusson, D. M. , & Horwood, L. J. (1998), "Exposure to interparental violence in child-hood and psychosocial adjustment in young adulthood", *Child Abuse and Neglect*, 22, 339 – 357.

Fergusson, D. , Swain-Campbell, N. , & Horwood, J. (2004), "How does childhood eco-nomic disadvantage lead to crime?", *Journal of Child Psychology and Psychiatry*, 45, 956 – 966.

Foster, H. , & Brooks-Gunn, J. (2013), "Neighborhood influences on antisocial behavior during childhood and adolescence", In C. L. Gibson & M. D. Krohn (Eds.), *Handbook of life-course criminology* (pp. 69 – 90), New York: Springer.

Frick, P. J. , & White, S. F. (2008), "The importance of callous-unemotional traits for de-velopmental models of aggressive and antisocial behaviour", *Journal of Child Psychology and Psy-chiatry*, 49, 359 – 375.

Gatti, U. , Tremblay, R. E. , Vitaro, F. , & McDuff, P. (2005), "Youth gangs, delin-quency and drug use: A test of the selection, facilitation, and enhancement hypotheses", *Journal of Child Psychology and Psychiatry*, 46, 1178 – 1190.

Gordon, R. A. , Lahey, B. B. , Kawai, E. , Loeber, R. , Stouthamer-Loeber, M. , & Farrington, D. P. (2004), "Antisocial behavior and young gang membership: Selection and so-cialization", *Criminology*, 42, 55 – 87.

Gottfredson, D. C. (2001), *Schools and delinquency*, Cambridge: Cambridge University Press.

Gottfredson, D. C. , McNeil, R. J. , & Gottfredson, G. D. (1991), "Social area influences on delinquency: A multilevel analysis", *Journal of Research in Crime and Delinquency*, 28, 197 – 226.

Graham, J. (1988), *Schools, disruptive behaviour and delinquency*, London: Her Majesty's Stationery Office.

Haapasalo, J. , & Pokela, E. (1999), "Child-rearing and child abuse antecedents of crim-inality", *Aggression and Violent Behavior*, 1, 107 – 127.

Hawkins, J. D. , Smith, B. H. , Hill, K. G. , Kosterman, R. , Catalano, R. F. , & Ab-bott, R. D. (2003), "Understanding and preventing crime and violence: Findings from the Seat-tle Social Development Project", In T. P. Thornberry & M. D. Krohn (Eds.), *Taking stock of de-linquency: An overview of findings from contemporary longitudinal studies* (pp. 255 – 312), New York: Kluwer/Plenum.

Henry, B. , Moffitt, T. , Robins, L. , Earls, F. , & Silva, P. (1993), "Early family predictors of child and adolescent antisocial behaviour: Who are the mothers of delinquents?", *Criminal Behaviour and Mental Health*, 2, 97 – 118.

Herrenkohl, T. I. , Hawkins, J. D. , Chung, I-J. , Hill, K. G. , & Battin-Pearson, S. (2001), "School and community risk factors and interventions", In R. Loeber & D. P. Farrington (Eds.), *Child delinquents: Development, intervention and service needs* (pp. 211 – 246), Thousand Oaks, CA: Sage.

Herrenkohl, T. I. , Maguin, E. , Hill, K. G. , Hawkins, J. D. , Abbott, R. D. , & Catalano, R. F. (2000), "Developmental risk factors for youth violence", *Journal of Adolescent Health*, 26, 176 – 186.

Higgins, G. E. , Kirchner, E. E. , Ricketts, M. L. , & Marcum, C. D. (2013), "Impulsivity and offending from childhood to young adulthood in the United States: A developmental trajectory analysis", *International Journal of Criminal Justice Sciences*, 8, 182 – 187.

Hogh, E. , & Wolf, P. (1983), "Violent crime in a birth cohort: Copenhagen 1953 – 1977", In K. T. van Dusen & S. A. Mednick (Eds.), *Prospective studies of crime and delinquency* (pp. 249 – 267), Boston: Kluwer-Nijhoff.

Huesmann, L. R. , Dubow, E. F. , & Boxer, P. (2009), "Continuity of aggression from childhood to early adulthood as a predictor of life outcomes: Implications for the adolescent-limited and life-course-persistent models", *Aggressive Behavior*, 35, 136 – 149.

Huizinga, D. , Weiher, A. W. , Espiritu, R. , & Esbensen, F. (2003), "Delinquency and crime: Some highlights from the Denver Youth Survey", In T. P. Thornberry & M. D. Krohn (Eds.), *Taking stock of delinquency: An overview of findings from contemporary longitudinal studies* (pp. 47 – 91), New York: Kluwer/Plenum.

Ireland, T. O. , & Smith, C. A. (2009), "Living in partner-violent families: Developmental links to antisocial behavior and relationship violence", *Journal of Youth and Adolescence*, 38, 323 – 339.

Jaffee, S. , Caspi, A. , Moffitt, T. E. , Belsky, J. , & Silva, P. A. (2001), "Why are children born to teen mothers at risk for adverse outcomes in young adulthood? Results from a 20 – year longitudinal study", *Development and Psychopathology*, 13, 377 – 397.

Jakobsen, I. S. , Fergusson, D. M. , & Horwood, J. L. (2012), "Early conduct problems, school achievement and later crime: Findings from a 30 – year longitudinal study", *New Zealand Journal of Educational Studies*, 47, 123 – 135.

Jolliffe, D. , & Farrington, D. P. (2004), "Empathy and offending: A systematic review and meta-analysis", *Aggression and Violent Behavior*, 9, 441 – 476.

Jolliffe, D. , & Farrington, D. P. (2006), "Development and validation of the Basic Empathy Scale", *Journal of Adolescence*, 29, 589 – 611.

Jolliffe, D. , & Farrington, D. P. (2007), "Examining the relationship between low empathy and self-reported offending", *Legal and Criminological Psychology*, 12, 265 – 286.

Jolliffe, D. , & Farrington, D. P. (2009), "A systematic review of the relationship between childhood impulsiveness and later violence", In M. McMurran & R. Howard (Eds.), *Personality, personality disorder, and risk of violence* (pp. 41 – 61), Chichester: Wiley.

Jones, S. E. , Miller, J. D. , & Lynam, D. R. (2011), "Personality, antisocial behavior, and aggression: A meta-analytic review", *Journal of Criminal Justice*, 39, 329 – 337.

Juby, H., & Farrington, D. P. (2001), "Disentangling the link between disrupted families and delinquency", *British Journal of Criminology*, 41, 22 – 40.

Junger, M., Greene, J., Schipper, R., Hesper, F., & Estourgie, V. (2013), "Parental criminality, family violence and intergenerational transmission of crime within a birth cohort", *European Journal on Criminal Policy and Research*, 19, 117 – 133.

Kagan, J. (1989), "Temperamental contributions to social behavior", *American Psychologist*, 44, 668 – 674.

Kaukiainen, A., Bjorkvist, K., Lagerspetz, K., Osterman, K., Salmivalli, C., Rothberg, S., & Ahlbom, A. (1999), "The relationships between social intelligence, empathy, and three types of aggression", *Aggressive Behavior*, 25, 81 – 89.

Kazemian, L., Widom, C. S., & Farrington, D. P. (2011), "A prospective examination of the relationship between childhood neglect and juvenile delinquency in the Cambridge Study in Delinquent Development", *International Journal of Child*, *Youth and Family Studies*, 2, 65 – 82.

Keiley, M. K., Howe, T. R., Dodge, K. A., Bates, J. E., & Pettit, G. S. (2001), "The timing of child physical maltreatment: A cross-domain growth analysis of impact on adolescent externalizing and internalizing problems", *Development and Psychopathology*, 13, 891 – 912.

Klinteberg, B. A., Andersson, T., Magnusson, D., & Stattin, H. (1993), "Hyperactive behaviour in childhood as related to subsequent alcohol problems and violent offending: A longitudinal study of male subjects", *Personality and Individual Differences*, 15, 381 – 388.

Kolvin, I., Miller, F. J. W., Fleeting, M., & Kolvin, P. A. (1988), "Social and parenting factors affecting criminal-offence rates: Findings from the Newcastle Thousand Family Study (1947 – 1980)", *British Journal of Psychiatry*, 152, 80 – 90.

Kolvin, I., Miller, F. J. W., Scott, D. M., Gatzanis, S. R. M., & Fleeting, M. (1990), *Continuities of deprivation? The Newcastle 1000 Family Study*, Aldershot: Avebury.

Koolhof, R., Loeber, R., Wei, E. H., Pardini, D., & D'Escury, A. C. (2007), "Inhibition deficits of serious delinquent boys of low intelligence", *Criminal Behaviour and Mental Health*, 17, 274 – 292.

Krohn, M. D., Hall, G. P., & Lizotte, A. J. (2009), "Family transitions and later delinquency and drug use", *Journal of Youth and Adolescence*, 38, 466 – 480.

Lahey, B. B., Loeber, R., Waldman, I. D., & Farrington, D. P. (2006), "Child socioemotional dispositions at school entry that predict adolescent delinquency and violence", *Impuls*: *Tidsskrift for Psykologi*, 3, 40 – 51.

Larzelere, R. E., & Patterson, G. R. (1990), "Parental management: Mediator of the effect of socioeconomic status on early delinquency", *Criminology*, 28, 301 – 324.

LeBlanc, M., & Frechette, M. (1989), *Male criminal activity from childhood through youth*, New York: Springer-Verlag.

Leschied, A., Chiodo, D., Nowicki, E., & Rodger, S. (2008), "Childhood predictors of adult criminality: A meta-analysis drawn from the prospective longitudinal literature", *Canadian*

Journal of Criminology and Criminal Justice, 50, 435–467.

Levine, S. Z., & Jackson, C. J. (2004), "Eysenck's theory of crime revisited: Factors or primary scales?", *Legal and Criminological Psychology*, 9, 135–152.

Lipsey, M. W., & Derzon, J. H. (1998), "Predictors of violent or serious delinquency in adolescence and early adulthood: A synthesis of longitudinal research", In R. Loeber & D. P. Farrington (Eds.), *Serious and violent juvenile offenders: Risk factors and successful interventions* (pp. 86–105), Thousand Oaks, CA: Sage.

Lipsitt, P. D., Buka, S. L., & Lipsitt, L. P. (1990), "Early intelligence scores and subsequent delinquency: A prospective study", *American Journal of Family Therapy*, 18, 197–208.

Loeber, R., Farrington, D. P., Stouthamer-Loeber, M., Moffitt, T. E., Caspi, A., White, H. R., Wei, E., & Beyers, J. M. (2003), "The development of male offending: Key findings from 14 years of the Pittsburgh Youth Study", In T. P. Thornberry & M. D. Krohn (Eds.), *Taking stock of delinquency: An overview of findings from contemporary longitudinal studies* (pp. 93–136), New York: Kluwer/Plenum.

Loeber, R., Farrington, D. P., Stouthamer-Loeber, M., & Van Kammen, W. B. (1998), "Multiple risk factors for multi-problem boys: Co-occurrence of delinquency, substance use, attention deficit, conduct problems, physical aggression, covert behavior, depressed mood and shy/withdrawn behavior", In R. Jessor (Ed.), *New perspectives on adolescent risk behavior* (pp. 90–149), New York: Cambridge University Press.

Loeber, R., Farrington, D. P., Stouthamer-Loeber, M., & White, H. R. (2008), *Violence and serious theft: Development and prediction from childhood to adulthood*, New York: Routledge.

Lösel, F., Bliesener, T., & Bender, D. (2007), "Social information processing, experiences of aggression in social contexts, and aggressive behaviour in adolescents", *Criminal Justice and Behavior*, 34, 330–347.

Lösel, F., & Farrington, D. P. (2012), "Direct protective and buffering protective factors in the development of youth violence", *American Journal of Preventive Medicine*, 43 (2S1), S8–S23.

Luengo, M. A., Otero, J. M., Carrillo-de-la-Pena, M. T., & Miron, L. (1994), "Dimensions of antisocial behaviour in juvenile delinquency: A study of personality variables", *Psychology, Crime and Law*, 1, 27–37.

Lynam, D. R. (1996), "Early identification of chronic offenders: Who is the fledgling psychopath?", *Psychological Bulletin*, 120, 209–234.

Lynam, D. R. (1998), "Early identification of the fledgling psychopath: Locating the psychopathic child in the current nomenclature", *Journal of Abnormal Psychology*, 107, 566–575.

Lynam, D. R., Caspi, A., Moffitt, T. E., Wikstrom, P-O. H., Loeber, R., & Novak, S. (2000), "The interaction between impulsivity and neighborhood context on offending: The effects of impulsivity are stronger in poorer neighborhoods", *Journal of Abnormal Psychology*, 109, 563–574.

Lynam, D. R. , Moffitt, T. E. , & Stouthamer-Loeber, M. （1993）, "Explaining the relation between IQ and delinquency: Class, race, test motivation, school failure or self-control?", *Journal of Abnormal Psychology*, 102, 187 – 196.

McCord, J. （1977）, "A comparative study of two generations of native Americans", In R. F. Meier （Ed.）, *Theory in criminology* （pp. 83 – 92）, Beverly Hills, CA: Sage.

McCord, J. （1979）, "Some child-rearing antecedents of criminal behavior in adult men", *Journal of Personality and Social Psychology*, 37, 1477 – 1486.

McCord, J. （1982）, "A longitudinal view of the relationship between paternal absence and crime", In J. Gunn & D. P. Farrington （Eds.）, *Abnormal offenders, delinquency, and the criminal justice system* （pp. 113 – 128）, Chichester: Wiley.

McCord, J. （1983）, "A forty year perspective on effects of child abuse and neglect", *Child Abuse and Neglect*, 7, 265 – 270.

McCord, J. （1991）, "Family relationships, juvenile delinquency, and adult criminality", *Criminology*, 29, 397 – 417.

McCord, J. （1997）, "On discipline", Psychological Inquiry, 8, 215 – 217.

McCrae, R. R. , & Costa, P. T. （2003）, *Personality in adulthood: A five-factor theory perspective*, New York: Guilford.

McGee, T. R. , & Farrington, D. P. （2010）, "Are there any true adult onset offenders?", *British Journal of Criminology*, 50, 530 – 549.

Maguin, E. , & Loeber, R. （1996）, "Academic performance and delinquency", In M. Tonry （Ed.）, *Crime and justice*, *vol.* 20 （pp. 145 – 264）, Chicago: University of Chicago Press.

Mak, A. S. （1991）, "Psychosocial control characteristics of delinquents and non-delinquents", *Criminal Justice and Behavior*, 18, 287 – 303.

Malinosky-Rummell, R. , & Hansen, D. J. （1993）, "Long-term consequences of childhood physical abuse", *Psychological Bulletin*, 114, 68 – 79.

Maxfield, M. G. , & Widom, C. S. （1996）, "The cycle of violence revisited 6 years later", *Archives of Pediatrics and Adolescent Medicine*, 150, 390 – 395.

Miller, J. D. , & Lynam, D. （2001）, "Structural models of personality and their relation to antisocial behavior: A meta-analytic review", *Criminology*, 39, 765 – 798.

Moffitt, T. E. （1993）, "The neuropsychology of conduct disorder", *Development and Psychopathology*, 5, 135 – 151.

Moffitt, T. E. , Caspi, A. , Rutter, M. , & Silva, P. A. （2001）, *Sex differences in antisocial behaviour*, Cambridge: Cambridge University Press.

Moffitt, T. E. , & Henry, B. （1991）, "Neuropsychological studies of juvenile delinquency and juvenile violence", In J. S. Milner （Ed.）, *Neuropsychology of aggression* （pp. 131 – 146）, Boston: Kluwer.

Morash, M. , & Rucker, L. （1989）, "An exploratory study of the connection of mother's age at childbearing to her children's delinquency in four data sets", *Crime and Delinquency*, 35,

45 – 93.

Morgan, A. B. , & Lilienfeld, S. O. （2000）, "A meta-analytic review of the relation between antisocial behavior and neuropsychological measures of executive function", *Clinical Psychology Review*, 20, 113 – 136.

Murray, J. , Bijleveld, C. C. J. H. , Farrington, D. P. , & Loeber, R. （2014）, "*Effects of parental incarceration on children: Cross-national comparative studies*", Washington, DC: American Psychological Association.

Murray, J. , & Farrington, D. P. （2005）, "Parental imprisonment: Effects on boys' antisocial behaviour and delinquency through the life-course", *Journal of Child Psychology and Psychiatry*, 46, 1269 – 1278.

Murray, J. , & Farrington, D. P. （2010）, "Risk factors for conduct disorder and delinquency: Key findings from longitudinal studies", *Canadian Journal of Psychiatry*, 55, 633 – 642.

Murray, J. , Farrington, D. P. , & Eisner, M. P. （2009）, "Drawing conclusions about causes from systematic reviews of risk factors: The Cambridge Quality Checklists", *Journal of Experimental Criminology*, 5, 1 – 23.

Murray, J. , Irving, B. , Farrington, D. P. , Colman, I. , & Bloxsom, C. A. J. （2010）, "Very early predictors of conduct problems and crime: Results from a national cohort study", *Journal of Child Psychology and Psychiatry*, 51, 1198 – 1207.

Murray, J. , Janson, C-G. , & Farrington, D. P. （2007）, "Crime in adult offspring of prisoners: A cross-national comparison of two longitudinal samples", *Criminal Justice and Behavior*, 34, 133 – 149.

Nagin, D. S. , Pogarsky, G. , & Farrington, D. P. （1997）, "Adolescent mothers and the criminal behavior of their children", *Law and Society Review*, 31, 137 – 162.

Newson, J. , & Newson, E. （1989）, *The extent of parental physical punishment in the UK*, London: Approach.

Newson, J. , Newson, E. , & Adams, M. （1993）, "The social origins of delinquency", *Criminal Behaviour and Mental Health*, 3, 19 – 29.

Odgers, C. L. , Milne, B. J. , Caspi, A. , Crump, R. , Poulton, R. , & Moffitt, T. E. （2007）, "Predicting prognosis for the conduct-problem boy: Can family history help?", *Journal of the American Academy of Child and Adolescent Psychiatry*, 46, 1240 – 1249.

Patterson, G. R. （1995）, "Coercion as a basis for early age of onset for arrest", In J. McCord （Ed. ）, *Coercion and punishment in long-term perspectives* （pp. 81 – 105）, Cambridge: Cambridge University Press.

Payne, A. A. , & Welch, K. （2013）, "The impact of schools and education on antisocial behavior over the life-course", In C. L. Gibson & M. D. Krohn （Eds. ）, *Handbook of life-course criminology* （pp. 93 – 109）, New York: Springer.

Piquero, A. R. （2000）, "Frequency, specialization, and violence in offending careers", *Journal of Research in Crime and Delinquency*, 37, 392 – 418.

Pogarsky, G. , Lizotte, A. J. , & Thornberry, T. P. （2003）, "The delinquency of children born to young mothers: Results from the Rochester Youth Development Study", *Criminology*, 41, 1249 – 1286.

Power, M. J., Alderson, M. R., Phillipson, C. M., Shoenberg, E., & Morris, J. N. (1967), "Delinquent schools?", *New Society*, 10, 542 – 543.

Pratt, T. C., Cullen, F. T., Blevins, K. R., Daigle, L., & Unnever, J. D. (2002), "The relationship of attention deficit hyperactivity disorder to crime and delinquency: A meta-analysis", *International Journal of Police Science and Management*, 4, 344 – 360.

Pulkkinen, L., Lyyra, A-L., & Kokko, K. (2009), "Life success of males on non-offender, adolescence-limited, persistent, and adult-onset antisocial pathways: Follow-up from age 8 to 42", *Aggressive Behavior*, 35, 117 – 135.

Raine, A. (2013), *The anatomy of violence: The biological roots of crime*, London: Allen Lane.

Raine, A., Moffitt, T. E., Caspi, A., Loeber, R., Stouthamer-Loeber, M., & Lynam, D. (2005), "Neurocognitive impairments in boys on the life-course-persistent antisocial path", *Journal of Abnormal Psychology*, 114, 38 – 49.

Reiss, A. J. (1986), "Why are communities important in understanding crime?", In A. J. Reiss & M. Tonry (Eds.), *Communities and crime* (pp. 1 – 33), Chicago: University of Chicago Press.

Reiss, A. J., & Farrington, D. P. (1991), "Advancing knowledge about co-offending: Results from a prospective longitudinal survey of London males", *Journal of Criminal Law and Criminology*, 82, 360 – 395.

Robins, L. N. (1979), "Sturdy childhood predictors of adult outcomes: Replications from longitudinal studies", In J. E. Barrett, R. M. Rose & G. L. Klerman (Eds.), *Stress and mental disorder* (pp. 219 – 235), New York: Raven Press.

Robins, L. N. (1992), "The role of prevention experiments in discovering causes of children's antisocial behavior", In J. McCord & R. E. Tremblay (Eds.), *Preventing antisocial behavior: Interventions from birth through adolescence* (pp. 3 – 18), New York: Guilford.

Robins, L. N., West, P. J., & Herjanic, B. L. (1975), "Arrests and delinquency in two generations: A study of black urban families and their children", *Journal of Child Psychology and Psychiatry*, 16, 125 – 140.

Rutter, M. (1981), "The city and the child", *American Journal of Orthopsychiatry*, 51, 610 – 625.

Rutter, M., Giller, H., & Hagell, A. (1998), *Antisocial behaviour by young people*, Cambridge: Cambridge University Press.

Rutter, M., Maughan, B., Mortimore, P., Ouston, J., & Smith, A. (1979), *Fifteen thousand hours: Secondary schools and their effects on children*, London: Open Books.

Sampson, R. J., Morenoff, J. D., & Raudenbush, S. (2005), "Social anatomy of racial and ethnic disparities in violence", *American Journal of Public Health*, 95, 224 – 232.

Sampson, R. J., Raudenbush, S. W., & Earls, F. (1997), "Neighborhoods and violent crime：A multilevel study of collective efficacy"，*Science*，277，918 – 924.

Schwartz, C. E. , Snidman, N. , & Kagan, J. (1996), "Early childhood temperament as a determinant of externalizing behavior in adolescence"，*Development and Psychopathology*，8，527 –537.

Schweinhart, L. J. , Barnes, H. V. , & Weikart, D. P. (1993), *Significant benefits*，Ypsilanti, MI：High/Scope.

Seguin, J. , Pihl, R. O. , Harden, P. W. , Tremblay, R. E. , & Boulerice, B. (1995), "Cognitive and neuropsychological characteristics of physically aggressive boys"，*Journal of Abnormal Psychology*，104，614 – 624.

Shaw, C. R. , & McKay, H. D. (1969), *Juvenile delinquency and urban areas* (rev. ed.)，Chicago：University of Chicago Press.

Smith, C. A. , & Stern, S. B. (1997), "Delinquency and antisocial behavior：A review of family processes and intervention research"，*Social Service Review*，71，382 – 420.

Smith, C. A. , & Thornberry, T. P. (1995), "The relationship between childhood maltreatment and adolescent involvement in delinquency"，*Criminology*，33，451 – 481.

Stams, G. J. , Brugman, D. , Dekovic, M. , van Rosmalen, L. , Van der Laan, P. , & Gibbs, J. C. (2006), "The moral judgment of juvenile delinquents：A meta-analysis"，*Journal of Abnormal Child Psychology*，34，697 – 713.

Stattin, H. , & Klackenberg-Larsson, I. (1993), "Early language and intelligence development and their relationship to future criminal behavior"，*Journal of Abnormal Psychology*，102，369 – 378.

Steinberg, L. , Lamborn, S. D. , Dornbusch, S. M. , & Darling, N. (1992), "Impact of parenting practices on adolescent achievement：Authoritative parenting, school involvement and encouragement to succeed"，*Child Development*，63，1266 – 1281.

Sutton, J. , Smith, P. K. & Swettenham, J. (1999), "Social cognition and bullying：Social inadequacy or skilled manipulation?"，*British Journal of Developmental Psychology*，17，435 –450.

Theobald, D. , Farrington, D. P. , & Piquero, A. R. (2013), "Childhood broken homes and adult violence：An analysis of moderators and mediators"，*Journal of Criminal Justice*，41，44 – 52.

Thornberry, T. P. , & Farnworth, M. (1982), "Social correlates of criminal involvement：Further evidence on the relationship between social status and criminal behavior"，*American Sociological Review*，47，505 – 518.

Thornberry, T. P. , Freeman-Gallant, A. , & Lovegrove, P. J. (2009), "Intergenerational linkages in antisocial behaviour"，*Criminal Behaviour and Mental Health*，19，80 – 93.

Thornberry, T. P. , Huizinga, D. , & Loeber, R. (1995), "The prevention of serious delinquency and violence：Implications from the program of research on the causes and correlates of delinquency"，In J. C. Howell, B. Krisberg, J. D. Hawkins and J. J. Wilson (Eds.), *Sourcebook on serious, violent and chronic juvenile offenders* (pp. 213 – 237), Thousand Oaks, CA：Sage.

Thornberry, T. P. , & Krohn, M. (Eds.) (2003), *Taking stock of delinquency：An overview of findings from contemporary longitudinal studies*，New York：Kluwer/Plenum.

Thornberry, T. P. , Krohn, M. D. , Lizotte, A. J. , Smith, C. A. , & Tobin, K. (2003), *Gangs and delinquency in developmental perspective*, New York: Cambridge University Press.

Thornberry, T. P. , Lizotte, A. J. , Krohn, M. D. , Farnworth M. , & Jang, S. J. (1994), "Delinquent peers, beliefs and delinquent behavior: A longitudinal test of interactional theory", *Criminology*, 32, 47 – 83.

Thornberry, T. P. , Lizotte, A. J. , Krohn, M. D. , Smith, C. A. , & Porter, P. K. (2003), "Causes and consequences of delinquency: Findings from the Rochester Youth Development Study", In T. P. Thornberry & M. D. Krohn (Eds.), *Taking stock of delinquency: An overview of findings from contemporary longitudinal studies* (pp. 11 – 46), New York: Kluwer/Plenum.

Thornberry, T. P. , Smith, C. A. , Rivera, C. , Huizinga, D. , & Stouthamer-Loeber, M. (1999), *Family disruption and delinquency*, Washington, DC: Office of Juvenile Justice and Delinquency Prevention.

Tolan, P. H. , Gorman-Smith, D. , & Henry, D. B. (2003), "The developmental ecology of urban males' youth violence", *Developmental Psychology*, 39, 274 – 291.

Tracy, P. E. , & Kempf-Leonard, K. (1996), *Continuity and discontinuity in criminal careers*, New York: Plenum.

Tremblay, R. E. , Vitaro, F. , Nagin, D. , Pagani, L. , & Seguin, J. R. (2003), "The Montreal Longitudinal and Experimental Study: Rediscovering the power of descriptions", In T. P. Thornberry & M. D. Krohn (Eds.), *Taking stock of delinquency: An overview of findings from contemporary longitudinal studies* (pp. 205 – 254), New York: Kluwer/Plenum.

Wadsworth, M. E. J. (1979), *Roots of delinquency: Infancy, adolescence and crime*, London: Martin Robertson.

Wadsworth, M. E. J. (1991), *The imprint of time*, Oxford: Clarendon Press.

Walters, G. D. (2002), "The psychological inventory of criminal thinking styles: A review and meta-analysis", *Assessment*, 9, 278 – 291.

Wells, L. E. , & Rankin, J. H. (1991), "Families and delinquency: A meta-analysis of the impact of broken homes", *Social Problems*, 38, 71 – 93.

Werner, E. E. , & Smith, R. S. (2001), *Journeys from childhood to midlife*, Ithaca, NY: Cornell University Press.

West, D. J. , & Farrington, D. P. (1973), *Who becomes delinquent?* London: Heinemann.

West, D. J. , & Farrington, D. P. (1977), *The delinquent way of life*, London: Heinemann.

White, J. L. , Moffitt, T. E. , Caspi, A. , Bartusch, D. J. , Needles, D. J. , & Stouthamer-Loeber, M. (1994), "Measuring impulsivity and examining its relationship to delinquency", *Journal of Abnormal Psychology*, 103, 192 – 205.

Widom, C. S. (1994), "Childhood victimization and adolescent problem behaviors", In

R. D. Ketterlinus & M. E. Lamb （Eds.）, *Adolescent problem behaviors* （pp. 127 – 164）, Hillsdale, NJ: Lawrence Erlbaum.

Wikström, P-O. H. （1990）, "Age and crime in a Stockholm cohort", *Journal of Quantitative Criminology*, 6, 61 – 84.

Wikström, P-O. H. , & Loeber, R. （2000）, "Do disadvantaged neighborhoods cause well-adjusted children to become adolescent delinquents? A study of male juvenile serious offending, individual risk and protective factors, and neighborhood context", *Criminology*, 38, 1109 – 1142.

Wilson, J. Q. , & Herrnstein, R. J. （1985）, *Crime and human nature*, New York: Simon and Schuster.

Wolfgang, M. E. , Thornberry, T. P. , & Figlio, R. M. （1987）, *From boy to man, from delinquency to crime*, Chicago: University of Chicago Press.

Zara, G. , & Farrington, D. P. （2009）, "Childhood and adolescent predictors of late onset criminal careers", *Journal of Youth and Adolescence*, 38, 287 – 300.

第十一章 断念的实证研究

利拉·卡泽米安、戴维·P. 法林顿（Lila Kazemian and David P. Farrington）

近些年来，关于犯罪生涯阶段中的犯罪断念研究越来越多。但学者们对于犯罪断念的了解仍具有局限性，尤其对于断念的原因更是知之甚少。本章主要提供了一些关于断念的现有研究的概述，并提出了许多断念领域尚未解决的问题，并为未来的断念研究提出了一些建议。其中包括对于影响断念的社会、认知因素和以往的断念研究缺点。

断念的现有研究

本节的第一部分对有影响力的断念研究的关键结果进行了介绍，主要内容为与犯罪断念有关的社会和认知因素。在这里，断念可能被看作是一种缓慢发生的过程，也可能是犯罪行为的瞬间终止。

社会因素

尽管戈特弗里德森和赫希（1990）认为犯罪断念与生活事件之间的关系被夸大了（also see Hirschi & Gottfredson，1995），但仍有许多研究表明了社会联结（social bonds）在断念进程中的重要性。这些学者认为犯罪断念是由社会联结的积累而逐渐形成的（see Horney，Osgood & Marshall，1995）。欧文（1970）认为三个关键因素可以解释犯罪断念：稳定的工作、良好的亲密关系和参与娱乐活动。乔达诺、切尔诺维奇和鲁道夫（2002）认为个体的"体面身份包"（respectability package）会影响断念，其中，婚姻和职业同时稳定能够极大地形成并稳定断念。所以这个转折点中的各因素（婚姻、职业等）存在相互依存关系。

霍尼等人（1995）在研究中探索了犯罪和在地生活状况（local life circumstances）的关系，他们将这种生活环境定义为"个体生活中的、存在频繁相对变化的条件"。在他们看来，解释个体犯罪行为短时间变动和长时间变化的变量具有相似性，例如与传统社会单元的强联结。霍尼等人（1995）发现与妻子一起生活的个体更少犯罪（see also Farrington & West，1995；Laub & Sampson，2003；Rand，1987；Sampson & Laub，1993）。他们认为个体投入这些传统社会单元的就是远离犯罪诱惑（酒吧、犯罪同侪等）。霍尼等人（1995）尽管认为这些在地生活状况的影响力无法区分，但是"在地生活状况可能在特定的时间通过改变犯罪的可能性对个体的犯罪生涯造成影响"。由于这些分析结果只局限于个体人生历程中的一个较短时间，所以很难确定这些因素造成的改变是否持久，以及是否反映出个体人生轨迹的稳定变化。

法林顿和霍金斯（1991）认为影响断念的因素会随着人生历程阶段的变化而改变。桑普森和劳布（1993；see also Sampson & Laub，1997）的非正式社会控制的年龄分层理论也同样认为"随着年龄的增长，个体的正式和非正式社会控制的重要机构会发生变化"。该观点的前提假设是即使存在不同程度的自我控制，人生历程中的社会联结变化也能够解释犯罪行为。在童年期和青春期，越轨行为是否出现可以由个体与家庭和学校的联结解释。在成年期中，犯罪行为的变化可能和工作稳定性和夫妻感情有关，这两点也常常被认为是断念过程的触发因素。个体对人生历程的变化和转折的适应程度可能会影响个体的犯罪或非犯罪行为决策。因此，根据质量、强度和社会关系联结程度的不同，这些生活事件对断念的影响可能是积极的，也可能是消极的（Sampson & Laub，1993）。在这一点上，成人犯罪很大程度上是源于与传统社会单元的弱联结，而犯罪断念则与这些传统社会单元中的"社会投资"有关。

1. 就业。通过分析美国支持工作示范项目（National Supported Work Demonstration Project）的数据，乌根（2000）探索了就业对再犯的影响。该项目的被试都是来自于贫困街区，并被随机分配到控制组与实验组。研究对象是犯罪人、吸毒者和辍学者。实验组的个体会得到一份保证基本工资的工作机会。研究结果发现，这个项目对26岁以上的个体影响更大。此外，有一份微薄工资的工作机会的个体，比没有的个体，更不容易再犯（Uggen，2000）。尽管以往文献一致认为就业及其稳定性会对断念产生影响，但一些研究发现就业并不会影响犯罪断念的可能性（Giordano et al.，2002；Rhodes，1989）。

劳布和桑普森（2003）通过对生命叙事（life narratives）的方法进行研究发现"尽管稳定的工作能够支持断念的进程，但它与婚姻和参军一样，并不是一个改变个体反社会人生轨迹的触发事件"。有趣的是，特里波迪、金和本德（2010）对一个德克萨斯州男性假释人员的随机样本进行分析后发现了一些相似的结果。结果表明就业与再次被关押的可能性的减少没有显著相关，但是与释放和再次被关押之间的时间间隔有显著相关，例如社区中无犯罪日的时间更长。所以这些研究者强调，以上结果说明应该将断念作为一个进程来进行研究：

这些发现说明我们看待获释犯人的角度应该有所改变，不应该用非黑即白的眼光将他们分为再犯者或不会再犯者。这种关于假释人员的传统观点没有为正在改变的获释人员留有余地。所以，我们应该使用一种更加复杂的观点去研究犯罪人，他们可能在不同的时期出现一系列的行为改变。

劳布和桑普森（2003）基于他们在就业对断念的影响上的发现，继续考察了常规活动的影响。他们认为就业与婚姻对断念的影响是类似的。就业通过四个主要进程来促进个体的断念：雇佣关系间社会资本的互惠交换，减少犯罪机会或犯罪动机转化为行为的可能性，直接的非正式社会控制，以及关于自身认同和人生意义的意识发展（Laub & Sampson，2003）。

2. 婚姻。法林顿和韦斯特（1995）发现，32岁的个体中，已婚且处于同居中的个体的反社会性最小，而已婚却分居独自居住的个体反社会性最大。他们对比了个体婚前和婚后的犯罪行为差异发现，与单身相比，结婚能够减少犯罪。他们还发现与同居相比，与妻子分居会导致犯罪行为的增加。但是，他们认为"这些结果还没办法说明婚姻或者分居对这些后果或症状的影响程度"。由于婚姻对断念的影响可能取决于"结婚的原因（例如怀孕）、婚姻的幸福程度，以及妻子的保守和亲社会的程度"。他们推断"婚姻能够提供一种积累性，而不是突变性的影响"。最近有更多的研究结果发现了婚姻和断念之间的正相关关系（Bersani，Laub & Nieuwbeerta，2009；Doherty & Ensminger，2013）。

劳布、纳金和桑普森（1998）发现，与其他犯罪人相比，犯罪较多的犯罪人有更差的

184

婚姻关系。与法林顿和韦斯特的研究结果相同，劳布等人（1998）认为，稳定的婚姻关系能够防止犯罪，其中婚姻的时长和质量是重要因素（see also Rutter, 1996）。此外，伴侣的特点也非常重要。普特曼和纽比塔（2012）认为，因为"被定罪的个体更倾向于与同样犯罪的个体结婚"，所以婚姻对于犯罪的减少作用在这类人中较小。

与法林顿和韦斯特的观点一样，劳布等人（1998）也认为婚姻对于犯罪的抑制作用是渐进性，而不是突发性的。劳布和桑普森（2003）将婚姻对犯罪的抑制作用定义为一种"投入过程"（investment process），个体在社会联结（例如婚姻）上投入的越多，他们犯罪的可能性就越小，因为一旦犯罪损失的也就越多。他们拒绝了婚姻对犯罪的影响来自于自我选择（例如下决心不再犯罪的个体更加可能结婚）的观点，并认为除了自我选择的影响，婚姻本身也具有影响力。最近，伯萨尼和多尔蒂（2013）对婚姻—断念之间的过程进行了调查，并发现离婚会增加犯罪。于是他们得出一个假设，即婚姻在断念中起到的是一种暂时或情境性的效果。西奥博尔德和法林顿（2013）的研究也得到了相似的结论。

劳布和桑普森（2003）总结了婚姻对犯罪断念造成影响的关键过程，其中的多数过程都是围绕着常规活动展开的，这些过程是减少与越轨同伴的联系，认识新朋友和扩大家庭，以及常规活动的完全改变。配偶还会成为一个新的社会控制来源，以及一个监督常规活动的有效方式。结婚后居住地的改变和生育行为也会使个体的常规活动发生变化。劳布和桑普森（2003）还认为婚姻会改变个体的自我意识。

与上述结果相比，奈特、奥斯本和韦斯特（1977）发现早婚（21岁之前）几乎不会对自我报告的犯罪行为造成影响，但会减少饮酒和吸毒行为。西奥博尔德和法林顿（2009）在剑桥研究中的犯罪性发展项目对男性被试跟踪到48岁，跟踪结果发现被试结婚后犯罪行为有显著下降，但与早婚和正常年龄结婚相比，晚婚被试的差异显著性较小。他们认为这种具有年龄差异的结果，可能是由于婚姻与其他和年龄相关的因素存在交互作用，例如可塑性——改变的自发性或行为的适应性。而且，晚婚男性更可能和年纪较大的女性结婚，而这些女性对他们的犯罪行为影响更小（Theobald & Farrington, 2011）。

1992年，克鲁特施尼特、乌根和谢尔顿（2000）在明尼苏达州一个处于假释的性犯罪者样本中探索了断念的影响因素，他们发现，在被定罪的性犯罪者中，就业稳定性显著减少了再犯的可能性，而婚姻关系对再犯几乎没有影响（see also Giordano et al., 2002）。他们认为研究没有显示出婚姻和再犯之间存在关系，可能是因为没有考虑到婚姻质量的作用。

之前有学者认为，多个社会因素对断念造成的影响存在交互作用。这一点在桑普森和劳布（1993）的研究中得到了验证。例如，他们发现对于已婚男性来说，就业稳定性对断念没有显著影响。他们采用赫希（1969）的社会控制理论对此进行解释，而其他研究者则采用了社会学习或差别接触理论对此进行了探讨，认为婚姻对犯罪的影响受到了同伴群体的调节（see Akers, 1990）。这些研究者将断念与保守同伴的影响联系起来，认为这些保守的同伴会使个体增加非犯罪的常规活动，并减少个体获得犯罪有利观念的机会。

在断念的研究中，婚姻作为一个主要转折点，常常受到研究者们的探讨，但是他们却忽视了同居的影响，最早有关同居的研究是法林顿和韦斯特在1995年进行的纵向研究。萨沃莱尼（2009）在对芬兰的累犯样本进行研究后发现，同居行为比结婚更能减少犯罪行为。于是，与只关注婚姻状态相比，学者提出，应该更加重视伴侣关系的稳定性与断念的关系。萨沃莱尼（2009）还指出，为人父母和建立家庭对犯罪断念存在一种累积效果，所以建立家庭、成为父亲的个体的犯罪行为减少最为显著。丹佛、克里格、松田和厄洛沙娃（2010）对住在贫困区域的 500 名女性样本进行研究后发现，母亲身份能够显著减少犯罪和物质滥用行为，而且这种效果比婚姻的影响更为显著。由于婚姻关系中常常伴随着生育行为，所以未来的研究应该更加关注为人父母对断念的影响。

3. 同侪。沃尔（1993）在对美国国家青少年调查（National Youth Survey, NYS）中的一个样本进行研究后发现，不同年龄青少年的犯罪行为变化与同侪团体的变化有关。控制同侪团体因素时，年龄对犯罪的影响就会大幅减弱，对于某些犯罪类型，年龄的影响还会消失。沃尔（1998）在随后的研究中发现，已婚个体会比未婚个体更少与朋友相处，越轨的朋友也更少。在他看来，婚姻对于断念的影响受到同侪影响的调节，包括减少与越轨同伴的相处、较少暴露在犯罪机会下等。

赖特和卡伦（2004）重复了沃尔（1998）的研究，同样使用美国国家青少年调查的数据，但他们将研究重点放在就业上。他们对造成犯罪率改变的因素进行了探索。结果发现就业会增加个体与亲社会同事的互动，减少与越轨同侪的接触，从而重建个体的朋友网络。就业并不是通过增加社会投入，而是通过增加与亲社会同事的接触来促进断念。换句话说，与亲社会同事的关系能够最小化与越轨同侪的接触并促进犯罪断念。赖特和卡伦（2004）并不是否定桑普森和劳布的研究结果，也不是否认成人就业对犯罪断念的重要影响，只是他们认为职场是一个可以发生学习过程的社会领域。与桑普森和劳布一样，他们同样发现就业可以减少不良行为。但是他们认为就业对断念的影响与工作质量无关，而是与工作背景下的同侪团体质量有关。威尔森和赫恩斯坦（1985）在对学校中犯罪行为的发展进行研究后得到了相似的结论，学校通过由学校组成的同侪团体对犯罪性造成影响。

克伦威尔、奥尔森和阿瓦里（1991）基于以上结论进行研究发现，对于一些犯罪人来说，断念是一个与青少年同侪团体的瓦解、就业和合法获利能力有关的渐进性过程（see also Warr, 1998）。兰德（1987）也发现，帮派成员关系与犯罪之间存在正相关。同样地，费根（1989）在解释家庭暴力犯罪的断念时强调，反对暴力行为、促进亲社会行为的新的亲社会网络取代旧社会网络的重要性。在对比兄弟姐妹和同侪犯罪行为对个体犯罪习惯的影响上，罗宾斯（1966）认为，犯罪同侪对个体犯罪的影响是一种选择的结果。在这个条件下，犯罪同侪会对犯罪行为造成更大的影响，因为个体会选择与他们的朋友相处，而不是兄弟姐妹。

所以，我们可以清楚地发现，与犯罪同伴的联系减少会伴随着个体犯罪行为的减少。但是，两者之间的关系还并不明确，同侪犯罪与个体犯罪可能是因果关系，也可能只是个体犯罪的风险因素（例如，许多团体进行的犯罪和犯罪同侪具有同样的基础概念）。法林顿、洛伯、银和安德森（2002）在匹兹堡青年研究中发现，在个体间水平上，犯罪同侪与犯罪存在强相关，而在个体内水平进行分析时（长时间追踪），犯罪同侪无法预测犯罪行为。这说明同侪犯罪可能与个体犯罪之间不存在因果关系。

同侪网络可能与环境或社区或居住地有关。柯克（2012）的研究发现居住地改变可能是个体犯罪生涯的转折点，同样也被犯罪的人生历程研究所忽略。

4. 参军。桑普森和劳布（1993；see also 2003）经过研究发现参军是个体人生历程的转折点。与之相对的是，布法德（2005）发现兵役与犯罪没有相关。克雷格和福斯特（2013）的研究也得到了与布法德相似的结果，他们认为这种结果的发散性可能象征着军队的一种变化。所以，当前的研究需要以当下的服兵役的个体为样本，对参军对犯罪断念的影响进行评估。

认知因素

人种学和犯罪的质性研究已经提到过，个体的主观变化会影响犯罪断念。马图纳（2001）认为，由于许多研究者认为关于个体主观方面的数据不具科学性或难以控制，所以关于犯罪的研究极大地忽略了人类生活的主观方面（情感、思想、动机和目标）的影响。

戈夫（1985）认为，犯罪断念是五个个体内部改变的结果，这些改变包括：从以自我为中心向为他人着想改变，发展亲社会价值观和行为，在社会交往中更加自在，更加关心社区中的其他人，以及更加关注人生的意义。乔达诺等人（2002）通过生命叙事的方法提出了一种认知转换理论认为，认知转换（cognitive shifts）可以促进断念过程。他们提出了四个认知转换过程：第一，犯罪人必须易于改变。第二，通过自我选择，个体将自身暴露在能够促进断念的亲社会经历中（例如就业）。第三，个体遵循一种新的亲社会、非犯罪的自我认同。第四，对犯罪生活方式的看法转变，个体发现犯罪的负面影响。所以，断念是一个渐进的过程。但是，哈格德、冈伯特和格兰（2001）认为，作出改变人生的决定只是实际行为变化的漫长道路的开端。

谢弗和汤普森（1992）发现年龄和断念的关系受到"通过合法行为获得成功的乐观精神"（optimism for achieving success via legitimate pursuits）和"通过犯罪行为成功的期望减少"（reduced expectations of criminal success）调节。所以，个体的乐观精神和对亲社会生活方式的期望能够促进断念过程。伯内特（2004）发现，犯罪人释放前自我报告的对断念的乐观精神，与释放后的断念结果存在正相关（see also Farrall，2002）。马鲁娜（2001）认为成功断念的个体展现出一种夸大的对未来的控制感，以及过高的、责任性的生活目的。个体停止犯罪的动机和决定也是断念过程的重要部分（Burnett，2004；Moffitt，1993a；Pezzin，1995；Shover，1983；Shover & Thompson，1992；Sommers，Baskin & Fagan，1994）。

谢弗（1996）对一个入室盗窃在押犯样本进行访谈后发现，停止犯罪的决心和决定对于断念是必不可少的。他认为，同时考虑其他因素的影响时，决定不再犯罪的男性会比其他含糊其辞的个体在真正避免犯罪上具有更大的可能性。其中一些被访谈的个体随着年龄的增长，会表现出一种担心再次被捕的情绪，害怕自己的余生都要在监狱度过，害怕错过让人生有意义的机会（see also Cromwell et al.，1991）。此外，随着年龄的增长，一些犯罪人开始减少对物质利益的关注，从而减少犯罪行为。犯罪及其相关诱惑对于犯罪人有一个累积效应，他们迟早会被这种犯罪生涯所侵蚀。

这些发现表明，年龄并不是造成犯罪行为减少的原因（Gottfredson & Hirschi，1990）。犯罪行为的减少可能与犯罪人日益积累的失败经验、与刑事司法系统接触、与犯罪有关的挫折和其他问题有关。谢弗（1996）指出年龄的增长让犯罪人更加愿意进行传统的生活方式，并且在进行行为决策时更加理性。如果个体感觉到非犯罪行为比犯罪行为能获得更多的利益，他们就会更可能进行行为改变。这里需要注意的是，对利益的感知与实际获得利益不同，对利益的感知是基于个体对于现实的感知而形成的一种看法。以上结果表明，断念需要个体同时发生内部和外部改变。

1. 自我认同。一些学者认为自我认同的改变在断念过程中非常重要（Bottoms，Shapland，Costello，Holmes & Muir，2004；Burnett，2004；Gartner & Piliavin，1988；Giordano et

al.，2002；Laub & Sampson，2003；Maruna，2001；Meisenhelder，1977；Shover，1983）。马鲁娜（2001）认为，为了停止犯罪，个体需要形成一种合乎逻辑的、亲社会的自我认同（see also Shover，1983）。他发现这种认同可以将成功断念的犯罪人的过去的自我与现在的自我进行分离（see also Mischkowitz，1994）。让自我变得有意义（making good）是一个自我重建的过程（Maruna，2001），它需要个体了解自己过去为什么会犯罪，以及现在决定停止犯罪的原因。此外，其中还包括个体发现过去错误与现在成就之间的关系的能力，充分利用过去的经验帮助个体发现真正的自我。

劳布和桑普森（2003）认为认知改变对于断念不是必需的。他们主张，犯罪人进行断念，可以不用有意识的决定要让自己变得更有意义，所以其中并不存在认知改变。在他们看来，大多数犯罪人的断念是由于成人社会联结改变的结果。默认断念（desistance by default）是指所有的犯罪人迟早会自然地停止犯罪（Laub & Sampson，2003）。这一看法与斯托和别尔纳茨基（1986）的自发性缓解（spontaneous remission）相似，认为断念可以在没有外界力量的作用下自然发生。尽管在这一观点下，所有的犯罪人最终都会断念，但有的人会早于其他人。所以，本章中的研究证据可以表明，断念并不是一个自然发生的过程，它需要强社会网络和个体的改变决心的支持和促进。

2. 认知缺陷（cognitive deficits）。大部分关于犯罪过程中的认知错误研究是关于性犯罪者的（Abel，Becker & Cunningham-Rathner，1984；Marshall & Barbaree，1990；Murphy，1990；Segal & Stermac，1990；Ward，Fon，Hudson & McCormack，1998；Ward，Hudson & Marshall，1995），这些研究发现认知缺陷会促进性犯罪行为的出现（Ward，Hudson，Johnston & Marshall，1997；Ward，Keenan & Hudson，2000）。还有研究者发现，认知错误会推动攻击行为（Abel et al.，1989；Bumby，1996；Murphy，1990）。认知缺陷包括许多认知特征，本节只对其中的几个进行介绍。

巴里加、兰多、斯廷森、廖和吉布斯（2000）对认知错误进行了定义，他们认为，认知错误是对经历的错误注意或解读，并将认知错误分为自我服务（self-serving）和自我贬低（self-debasing）两种。自我服务认知错误使个体不会形成负性的自我印象，责备他人，并促进对他人的伤害行为。自我贬低认知错误则与之相反，它会促进个体的自我伤害，当负性事件发生时，个体倾向于责备自身。自我贬低认知错误包括四种：灾难化（catastrophizing），假定所有事情都会变成一场灾难；过度概括（overgeneralizing），认为所有事情都会有相同结果；个性化（personalizing），负性事件发生时责备自己，并将事件的发生与自身相关联；选择性概括（selective abstraction），只选择性地关注事件的负性成分。吉布斯、波特和戈德斯坦（1995）也是用这四个维度对自我服务认知错误进行了分类：过度自我中心，认为自身的观点、需求、权力等最重要，并最小化其他人的观点、需求、权力；责备他人，只关注他人的伤害行为和自己的牺牲；最小化伤害结果（see also Bandura，1991）或污名化他人，以及最坏假设（assuming the worst）。

巴里加等人（2000）发现：

> 自我服务认知错误与外显的行为问题高度有关，自我贬低认知错误与内隐的行为问题高度相关。而且，这些认知错误不会互相排斥。换句话说，青少年可以在多种认知错误中进行转换。例如，他们可以将责任推给受害者，在自己受害时又自我责备。

187

所以认知与行为的关系是相互关联并互相增强的过程。

犯罪行为治疗中的一个重要认知行为治疗是论证和重建方案（Reasoning and Rehabilitation Program, see Ross, 1995; Ross, Antonowicz & Dhaliwal, 1995），它是指一种多方面的认知行为治疗方案，用于教导犯罪人与亲社会能力相关的社会认知技能和价值观（Ross, 1995）。该方案包括八个关键的认知领域：冲动性、具体思维、认知僵化、外部化、人际问题解决能力、自我中心性、自我中心的价值系统、批判性思维。这个治疗方案可以有效减少再犯（Tong & Farrington, 2008）。

研究者们对于认知错误的发生时间还没有得到一致结论，认知错误可能发生在行为后，会维持犯罪行为，减少断念的可能；认知错误还可能发生在行为前，是犯罪的发生和持续的原因（see Mann & Beech, 2003; Ward et al., 1997）。沃德等人（1998）认为，现存关于性犯罪研究中的最大问题是，只关注了犯罪后的认知，忽视了认知过程对犯罪周期所有阶段的影响。犯罪后认知错误（post-offence cognitive distortions）是指犯罪人用于否认、最小化、评价和合理化自己行为的自我声明（Murphy, 1990）。这个定义与赛克斯和玛札（1957）的合理化技术（techniques of neutralization）概念具有相似性。

合理化技术是一种促进犯罪行为的思维错误。赛克斯和玛札（1957）认为，传统的个体一般会受到法律的规制而不出现犯罪行为，但是偶尔他们出现不合法的行为时，会使用这个技术对行为进行合理化。合理化技术有五种：责任否定（denial of responsibility），行为人采用一种受害人的立场，认为行为的发生具有外部因素，拒绝为行为承担责任；伤害否定（denial of injury），将行为的伤害结果最小化；受害人否定（denial of the victim），认为不存在已知和明确的受害人，或者认为受害人应该受到这种对待（see Minor, 1981）；反对者谴责（condemnation of the condemner），对反对他们行为的人进行指责；标榜高度忠诚（appeal to higher loyalties），认为自身行为有助于满足较小的社会团体的需求，例如家庭成员、帮派或朋友圈等（Sykes & Matza, 1957）。许多研究发现个体存在这种否认或合理化犯罪行为或生活方式的现象（Abel et al., 1984; Bandura, 1991; Covell & Scalora, 2002; Herman, 1990; Laub & Sampson, 2003; Nugent & Kroner, 1996; Stermac, Segal & Gillis, 1990; Ward et al., 1995）。但需要注意的是，除了赛克斯和玛札提出了合理化技术，还有许多研究者在这方面进行许多有价值的探索（Festinger, 1957; Redl & Wineman, 1951）。

马鲁娜和科普斯（2004）认为合理化理论与犯罪行为的发生（例如最初偏差）可能没有关系（see Lemert, 1951），但能维持犯罪行为。换句话说，合理化理论更加适合解释犯罪持续性和犯罪断念过程。迈纳（1981）也提出同样的观点，合理化的借口不仅允许越轨行为，而且鼓励这些行为。马鲁娜和科普斯（2004）进一步提出，只有纵向研究数据能够解释合理化与犯罪行为之间的关系。

总之，劳布和桑普森（2001）认为断念过程的主要成分包括：年龄增长，良好的婚姻关系，合法、稳定的就业，以及"走正路"的决定（包括对犯罪成本收益的重新定位）（see also Horney, Tolan & Weisburd, 2012）。谢弗（1985）发现，随着年龄的增长，犯罪人会更加关心就业和亲社会关系。关于这现象的解释较少，但可以确定的是，这是由于认知和社会因素的共同作用造成的一种断念改变。

3. 社会和认知因素的交互作用。断念研究中最有趣的发现是，个体倾向与生活事件在促进断念上的交互作用。皮克罗和波加斯基（2002）认为，对于犯罪行为的解释必须同时考虑个体和社会情境的影响，犯罪研究应该具有社会—心理的本质属性。法林顿等人（1990）指出，犯罪行为是由个体和环境的交互作用造成的，个体具有一种特定的犯罪或反社会潜能，而环境会为个体提供犯罪机会（see also Bottoms et al. ，2004）。他们认为某些环境会对特定的个体的犯罪行为产生促进作用，而其他的个体的犯罪行为则不受到这种特定环境的影响。乔达诺等人（2002）探讨了情境和认知过程的关系，他们认为在某些具有相关"优势"的情境下，犯罪行为并不需要认知的转变和替换；而在某些不利条件下，认知的转变又不足以解释犯罪行为（see Warr，2001）。所以在对断念过程进行解释时应该同时考虑个体和环境的作用。

乔达诺等人（2002）同样认为持久的犯罪断念受到认知改变和转折点（改变锚定）的共同影响。生活事件通过影响个体的自我选择，能够提高自我认同，并对犯罪行为的改变起到催化剂（catalysts）的作用。通过生命叙事方法发现的主要的转折点与正式机构（监狱和宗教），亲密关系或非正式社会网络（配偶或孩子）有关，这与桑普森和劳布（1993）的正式与非正式社会控制理论的观点一致。还有许多其他研究也证实了在断念过程中内部和外部因素的重要影响（Fagan，1989；Farrall & Bowling，1999；Laub & Sampson，2003；Sommers et al. ，1994；Stall & Biernacki，1986）。

勒贝尔等人（2008）对解释断念的社会成分（例如生活事件、情境因素、客观变化）和主观成分（例如认知因素、内部改变）进行了区分。他认为这两类因素并不互相独立，并提出三个解释二者交互作用的模型。第一个是强主观模型（strong subjective model），个体的动机和改变欲望增加个体与传统社会资源（婚姻、合法就业等）联结的可能性。这时促进断念转折点是自我选择过程的结果，并不会造成行为上的改变。第二个是强社会模型（strong social model），个体身上发生的随机生活事件会直接影响犯罪断念，在这个模型里，个体主观因素不是犯罪断念的基础。第三个是主观—社会模型（subjective-social model），这个模型认为，生活事件会影响断念过程，但是这些事件的影响由个体的思维模式（mind-set）决定。如上所述，尽管动机是断念的重要因素，但是还需要传统社会网络的支持才能维持断念的进行。所以第三个模型同时纳入了客观和主观因素（内部和外部改变）对断念的影响。

勒贝尔等人（2008）的发现表明断念过程是一个存在多个内外部因素、通过不同方式进行交互作用的系统。他们认为，一方面，一些社会问题的发生，独立于犯罪人的积极看法。另一方面，有最强改变动机的个体也最难再犯。所以，有正确思维模式和社会支持网络的个体能够更好地面对问题，抵抗诱惑，避免倒退。但是，他们还认为当社会问题过于极端并具有压倒性的时候，个体的改变欲望会失效（see also Bottoms et al. ，2004；Farrall & Bowling，1999；Maruna，2001）。马鲁娜（2001）认为，犯罪断念的决定和愿望会受到情境性因素（例如诱惑、挫折）的检验，在这一情况下，决定和愿望就不一定会起到应有的作用。

R. R. 罗斯和R. D. 罗斯（1995）发现认知缺陷与犯罪有关。他们认为尽管许多犯罪人有很好的认知技巧，可以使他们逃脱刑事司法系统，但与之相对的是，许多适应社会良好的个体存在一些认知缺陷。有的环境为个体提供了更好的教育、工作和与亲社会他人接触的机会，这些因素会减少认知缺陷对个体的影响。这两名研究者认为"犯罪是一个非常复

189

杂的现象，在这个现象会让人觉得，单一因素（例如错误思维）就能够成为一个有效的解释性概念"。尽管认知缺陷可能不是犯罪行为发生的唯一原因，但是它能够帮助对其进行解释。认知冲突会通过制造教育、就业和社会生活的不利条件，将个体置于越轨的风险之中。

遗传因素

只有很少的研究探索了遗传因素对断念过程的影响。巴恩斯和比弗（2012）在研究婚姻对断念的影响时，考察了遗传因素的作用。他们基于以往的研究结果，探索了个体社会联结的遗传基础，并对活动性电刺激（active rGEs）进行了关注，活动性电刺激一般发生在个体基于遗传倾向对环境进行选择的时候。他们发现遗传因素对婚姻和犯罪断念都存在重要影响。在控制遗传因素时，婚姻对断念仍然具有重要的预测作用，但其效果被大量削弱。遗传因素是断念研究中需要进行探索的新领域，未来的研究在解释断念过程时应该考虑到遗传—环境的交互作用。

总结

劳布和桑普森（2001）总结了断念过程的重要组成部分，至今为止包括：改变的决定或动机、认知重建、应对技巧、持续监督、社会支持和一般生活形态的改变，尤其是新的社会网络的形成。本章的这一部分介绍了大量关于断念的实证研究，这些研究指出，在解释犯罪断念过程时要同时考虑客观和主观方面的影响（Bottoms et al.，2004；LeBel et al.，2008；Le Blanc，2004；Shover，1983，1985，1996）。尽管近些年来关于断念的研究得到了极大的发展，但还有许多重要的问题没有被解决，这也是接下来本章将要介绍的内容。

未解决的问题

卡泽米安（2007）对断念领域一些未解决的主要问题进行了探讨。

断念的定义和测量

劳布和桑普森（2001）认为，在关于断念的大量的文献中，只有几个研究为断念提出一个操作性定义，断念的定义至今为止都没有达成共识（see also Maruna，2001；Piquero，Farrington & Blumstein，2003）。例如，断念是否能够发生在犯罪行为后（Laub & Sampson，2001）？断念过程是不是具有犯罪频率和严重程度减少的特征（Bushway，Piquero，Broidy，Cauffman & Mazerolle，2001）？停止犯罪行为多少年才能确定个体已经断念（Bushway et al.，2001；Laub & Sampson，2001，2003；Maruna，2001；Piquero et al.，2003）？乌根和马索格利亚（2003）认为，由于断念在不同的研究中具有不同的概念和操作性定义，所以很难对犯罪断念的研究结果进行归纳。为了对影响因素进行一定的归纳，这种概念上的差异必然会使研究者面临如何为断念下定义的问题。

错误断念

断念的认定一般是通过最后一次官方记录或自我报告的犯罪。由于大多数纵向研究都只是针对人生历程的一个相对有限的阶段，所以错误断念的问题会使断念研究存在重要的局限性（Blumstein，Cohen & Hsieh，1982；Blumstein，Farrington & Moitra，1985；Brame，Bushway & Paternoster，2003；Bushway，Brame & Paternoster，2004；Bushway et al.，2001；Bushway，Thornberry & Krohn，2003；Greenberg，1991；Laub & Sampson，2001）。许多研究者认为明确的断念只会发生在个体死亡的时候（Blumstein et al.，1982；Elliott，Huizinga & Menard，1989；Farrington & Wikström，1994）。反过来，只要个体没有死，就不可能真正的

190

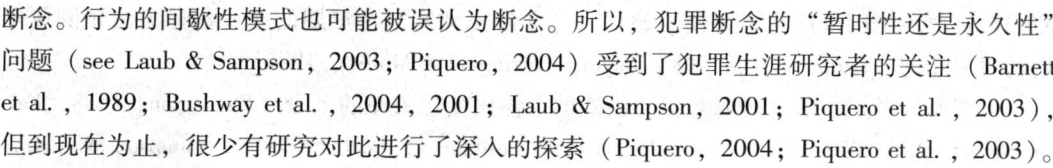

断念。行为的间歇性模式也可能被误认为断念。所以，犯罪断念的"暂时性还是永久性"问题（see Laub & Sampson，2003；Piquero，2004）受到了犯罪生涯研究者的关注（Barnett et al.，1989；Bushway et al.，2004，2001；Laub & Sampson，2001；Piquero et al.，2003），但到现在为止，很少有研究对此进行了深入的探索（Piquero，2004；Piquero et al.，2003）。

作为过程的断念

大多数研究采用二分法测量断念（静态），而不是将其作为一种现象（动态）进行过程分析。静态研究既无法解释犯罪率的变化，也无法说明断念过程的连续性。近些年来，已经有更多的学者发现，断念应该是一种逐渐积累的过程，而不是突然发生的事件（Bottoms et al.，2004；Bushway et al.，2001，2003；Fagan，1989；Greenberg，1975；Haggard et al.，2001；Laub et al.，1998；Laub & Sampson，2001，2003；LeBlanc，1993；Loeber & LeBlanc，1990；Maruna，2001；Shover，1983）。因为很难确定断念的完成，所以将断念定义为一种具体的状态（例如没有犯罪）可能会隐藏个体的在不同断念过程中的实际进程（see Bushway et al.，2001）。尽管不同的个体可能在相同的年纪停止犯罪，不同的断念过程也可以对他们的犯罪生涯进行区分（通过犯罪的频率、严重程度和时长）。近期关于断念的研究尝试对断念的过程观点进行了整合。巴尔、哈里斯、菲舍尔和阿姆斯特朗（2010）对假释人员的断念进行分析时，并没有关注具体的转变和事件，例如重新逮捕或关押，而是关注假释人员的表现在3年的时间内的改变程度。

总之，对断念的研究包括预期的纵向研究数据不存在显著性、观察期较短、对断念进行二分法测量等现象，从这些情况看，断念更加倾向于是一种暂时不犯罪的状态。

影响断念的个体内和个体间因素

戈特弗里德森和赫希（1990）认为，因为犯罪潜能具有跨时间的稳定性，所以对个体进行长时期的追踪并不会得到有效结果。桑普森和劳布（1993）对此进行了回应，认为戈特弗里德森和赫希认为的（行为）持续性是一种相对稳定，并不意味着个体在行为上具有跨时间的一致性。相对稳定性是指个体间，而不是个体内存在差异。在以往研究中，休斯曼、埃伦、莱夫科维茨和瓦尔德（1984）也提出了相似的观点。他们发现个体在童年期和成年期的攻击水平具有持续性，但这种稳定性性是指，个体在团体中的相对位置稳定，而不是个体在行为表现上的稳定。

犯罪学领域存在一个有趣的悖论，尽管大多数成年犯罪人会在儿童时出现反社会行为，但大多数的反社会儿童在成年后并没有成为犯罪人（Gove，1985；Robins，1978）。这个研究结果强调了人生历程中犯罪行为的绝对变化的重要性。尽管许多研究已经发现造成长期犯罪的原因来自于幼年时期，并且犯罪行为在个体人生中具有很大程度的稳定性（Farrington & Hawkins，1991；Gottfredson & Hirschi，1990；Huesmann et al.，1984；LeBlanc & Fréchette，1989；Loeber & LeBlanc，1990；Nagin & Farrington，1992；Sampson & Laub，1993；Wilson & Herrnstein，1985），但是还有证据表明成人期的生活事件对犯罪轨迹存在潜在影响（Farrington & West，1995；Laub & Sampson，2003；Sampson & Laub，1993）。越来越多的研究者同意"人生历程中的犯罪行为既稳定又存在变化"的观点（Farrington & West，1995；Horney et al.，1995；Moffitt，1993a；Sampson & Laub，1993），而且重要的是对相对稳定和绝对变化进行区别（Farrington，1990）。桑普森和劳布（2003）认为，很难用童年期和青春期的风险因素认定终身持续型犯罪人，而且有青少年犯罪背景的成年人的

191

犯罪轨迹也不能用以往的行为模式替代。许多研究证实，童年期的测量数据无法预测成年期的犯罪断念（Laub et al.，1998；Nagin，Farrington & Moffitt，1995）。

一些研究者担心断念研究对犯罪模式的个体内变化关注的太少（Farrington，1988；Farrington et al.，2002；Horney et al.，1995；LeBlanc & Loeber，1998；Sampson & Laub，1992）。勒布朗和勒伯尔（1998）在关于个体内变化的研究中提到，个体内变化研究路径的一个重要特征是，个体对行为具有控制性。过去的研究更加关注对犯罪人之间的犯罪模式差异，而不是个体内的变化。与"已婚个体与未婚个体相比、就业个体与无业个体相比具有更低的犯罪率"的结论相比，"个体犯罪行为的减少与结婚、就业或搬家有关"的结论，更有价值（Farrington，2007）。显而易见，个体间分析可以发现，具有更高的自尊和社会控制的个体更可能产生犯罪断念，大量的研究结果可以证明这一发现。但是断念研究缺少的不是对停止犯罪和继续犯罪的个体的区分，而是寻找能够促进个体跨时间断念的内外部因素。卡泽米安、法林顿和勒布朗（2009）发现，与关注15年后个体内犯罪程度变化相比，关注个体间在32岁的犯罪程度变化时，影响因素的长期预测结果会比较准确。这表明个体内犯罪模式的变化可能更加取决于生活环境的改变。

自我选择与发生顺序

已经有许多研究者注意到了断念研究中的自我选择问题（Farrington & West，1995；Gottfredson & Hirschi，1990；Horney et al.，1995；Laub & Sampson，2001，2003；McCord，1994；Moffitt，1993a；Pallone & Hennessy，1993；Sampson & Laub，1993，1997；Uggen，2000；Uggen & Massoglia，2003；Warr，1998）。由于个体的转折点和生活事件并不随机发生，所以很难评价这些事件与断念到底是因果关系还是相关关系。就像具有神经心理和其他气质缺陷的儿童并不会随机分配到支持或非支持的环境中（Moffitt，1993b），生活事件的发生也不存在巧合。这些时间的发生可能是个体自我选择的结果，并反映了个体的犯罪倾向。现代研究选择倾向的方法是倾向得分匹配（propensity score matching，see Theobald & Farrington，2009）。莫菲特（1993b）指出，个体在选择支持自身生活方式的环境或情境时，这种主观选择与环境之间存在一种积极主动（proactive）的交互作用。劳布和桑普森（2001）认为，自我选择问题是对任何断念研究成果的威胁，会影响到研究结论的演绎。这说明关于犯罪断念的心理机制的研究内容还存在局限性。

许多研究者对在认知过程、情境环境和犯罪断念之间建立时序或因果关系的复杂性进行了探讨（Bottoms et al.，2004；Laub & Sampson，2001；Maruna，2001；Maruna，LeBel，Burnett，Bushway & Kierkus，2002；Mischkowitz，1994；Shover，1983；Walters，2002），并发现很难确定它们之间的关系，主要是因为这些内外部的改变常常具有同时性和相互关联性（Maruna，2001；Shover，1983）。勒布朗（1993）对此总结道：

> 一些影响断念的潜在变量的发生可能极其邻近，实践上无法对它们的先后顺序进行实际测量。此外，这些变量间还存在交互作用……例如，青少年的犯罪行为可能由较差的父母依恋造成，而父母依恋也可能削弱青少年与父母的联结。

勒布朗（2004）探讨了自我控制和社会控制对犯罪行为的交互作用，他认为，这两种控制机制通过不同的动态过程产生交互，而正是这种周期性的交互作用引发犯罪行为。在他看来，当个体经常犯罪，社会联结和自我控制较弱时，控制机制会出现混乱。他的理论中的关键假设是，自我控制和社会控制相互影响，并通过复杂方式产生交互作用，从而引发犯罪行为。简言之，认知和情境过程常常同时发生，所以研究者很难确定两者之间的因果顺序。

结论

政策相关性

寻找到能够预测未来犯罪生涯（例如行为持续或终止的可能性、预测剩余犯罪生涯长度）的因素，对于量刑人员、假释的决策人员和政策制定者是非常重要的。如果犯罪人能够断念，那么将其关押就是对有限监狱空间的浪费。风险评估工具的发展也要基于犯罪终止、衰退期和剩余犯罪生涯长度的预测因素（Kazemian & Farrington，2006）。政府更多地关押被预测为犯罪最频繁、程度最严重的犯罪人（Greenwood & Abrahamse，1982）。另外一点非常重要的是，有前科的个体如何才能变得与没有犯罪的个体在犯罪可能性上无法区分（Kurlychek，Brame & Bushway，2006）。这种犯罪可能性会取决于犯罪生涯特征，例如最后一次犯罪的时间和以前的犯罪频率等。如果有前科的个体达到了与没有犯罪的个体相比无法区分的程度，那么他们就不应该受到区别对待（例如就业）。

断念的保护性因素的研究对于在犯罪生涯的发生阶段的干预措施非常重要。个体被释放后的断念过程研究能够指出哪些犯罪人需要特殊形式的监管或支持。理想情况下，能够在不同年龄或犯罪生涯阶段有效促进断念的干预措施，应该来自于研究发现的断念的原因和预测因素。

断念的研究还与犯罪人的重新社会化过程特别有关。马鲁娜（2001）在对有前科的个体进行访谈后发现，那些希望犯罪断念的个体在出狱后，试图重新融入社区时很少得到社会支持。这些与罪犯重新社会化相关的问题不容忽视。许多研究者报告，在犯罪率相对稳定的状态下，美国近几十年来的监狱关押人数出现了惊人的增长（Maruna，Immarigeon & LeBel，2004；Petersilia，2003；Travis & Petersilia，2001）。这种大规模监禁的现象主要是受到犯罪人刑满释放后，再次被捕入狱现象的影响（Petersilia，2003；Travis，2005）。彼得西利亚（2003）发现，1994年释放的犯罪人的追踪数据显示，2/3 的被试再次被捕，近 1/4 的被试由于新的犯罪行为在被释放后的 3 年内再次进入监狱。这些统计资料从 20 世纪 60 年代中期开始就一直相对稳定。这些数据说明，帮助被监禁过的犯罪人成功地从监狱向社区过渡具有紧迫性。

所以，我们应该在帮助犯罪人重新社会化，为个体提供维持断念、拒绝犯罪行为的诱惑的支持上尽更大的努力（Haggard et al.，2001；Laub & Sampson，2003；Maruna，2001）。劳布和桑普森（2001）认为，在经历了长时间的监禁或其他刑事处罚后，个体与社会机构（例如家庭、学校和工作）的重新联系对断念的影响是非常重要的。

未来的研究方向

总而言之，尽管断念研究在过去十几年里得到了巨大的发展，但是领域内还存在许多重要问题没有解决。由于在断念的分析上使用了不同的方法，所以研究者们无法对这些问题得到统一的结论。法林顿（2007）总结了一些断念研究中需要解决的重点问题：

1. 如何测量（被定义为终止或滞后的）断念？

2. 如何对自我报告和官方记录的犯罪行为和断念进行比较？

3. 是否存在从一个犯罪生涯中断念，然后引发另一个犯罪生涯的可能？

4. 个体在终止犯罪前其犯罪行为的增长是否会减慢？

5. 什么因素可以预测断念（或剩余的犯罪生涯长度）？过去的犯罪生涯的什么特征可以预测未来的犯罪生涯？

6. 断念的预测因素是否类似于晚发型和低持续性犯罪的预测因素？

7. 早断念和晚断念的预测因素是否存在差异？

193

8. 根据个体内的变化分析，什么因素引起断念？

9. 促进断念的保护性因素是什么？

10. 什么是晚期生活事件和早期风险因素的相对重要性？

11. 生活事件是断念的原因还是相关因素？

12. 发展性理论和人生历程理论对断念预测的准确性如何？

13. 根据断念可能性对个体进行区分是否有价值？

14. 什么干预手段能够引起或促进断念？

15. 刑事处罚对断念会有什么影响？

16. 能否建立一种关于断念的风险评估工具？这种工具是否有助于对于刑事司法决策和减少犯罪？

法林顿（2007）认为在回答这些问题还要考虑到年龄、性别（see Bersani et al.，2009；Craig & Foster，2013）、时间、地点、种族和文化、犯罪和反社会行为类型的影响。

之前的许多研究都是基于官方数据，未来的研究应该加入对犯罪人自我报告的关注。理想情况下，研究者们应该建立一种新的、具有准确性的纵向设计，被试应该至少包括四个年龄组（10 岁、20 岁、30 岁、40 岁），每个年龄组都来自同一区域并具有匹配性，每个被试要进行维持 10 年的一年一次或两次的访谈。至少在 20 岁和 30 岁的年龄组，犯罪人要来自同一区域并跟踪 10 年。所有样本都要由同一城市选取，并至少由 500 人组成。

研究者们应该对以下内容进行重复测量：犯罪行为，个体、家庭、同侪、学习和街区风险因素，生活事件（婚姻或同居、就业、参加或离开帮派、物质滥用），情境或机会因素，认知或决策过程，以及死亡、残疾或移民；更加努力进行个体内分析；使用实验或准实验设计对干预手段的效果进行评估。总之，尽管断念研究已经有了巨大的进步和大量成果，但犯罪生涯范围内还有许多未知的问题，所以更好地了解断念过程，能够为后置干预与防止犯罪行为的工作提供借鉴。

扩展阅读

1. Kazemian, L. and Farrington, D. P. （Eds.）（2007），"Special issue on desistance from crime"，*Journal of Contemporary Criminal Justice*，23（1）.

这本特刊主要是关于 2006 年华盛顿地区一次关于断念的专题讨论会的内容。这个专题讨论会由美国国家暴力犯罪研究联合会（National Consortium on Violence Research，NCOVR）资助，由本文作者举办。特刊中的文章主题都是从理论和政策视角围绕断念展开的。这些文章都强调要，为了犯罪生涯关键维度的基本问题，需要进一步发展对断念的研究。

2. Laub, J. H.，& Sampson, R. J.（2001），"Understanding desistance from crime"，In

Tonry, M. (Ed.), *Crime and justice* (vol. 28, pp. 1 – 69), Chicago, IL：University of Chicago Press.

这本书对 2001 年以前的断念研究文献进行了全面的回顾。作者提出了许多关于断念的测量和操作化的问题。劳布和桑普森也对犯罪断念和其他形式的反社会行为断念进行了平行研究，并探讨了二者理论框架的相似性，为未来的关于断念的研究和政策实施提供了许多借鉴。

3. Maruna, S. (2001), *Making good：How ex-convicts reform and rebuild their lives*, Washington, DC：American Psychological Association.

这本书对一个断念的前罪犯样本的断念过程进行了深度分析。马鲁娜使用来自叙事心理学领域的有关概念，使用前罪犯的叙事材料对断念和改变过程进行了研究。

194

参考文献

Abel, G. G., Becker, J. V., & Cunningham-Rathner, J. (1984), "Complications, consent and cognitions in sex between children and adults", *International Journal of Law and Psychiatry*, 7, 89 – 103.

Abel, G. G., Gore, D. K., Holland, C., Camp, N., Becker, J. V., & Rathner, J. (1989), "The measurement of the cognitive distortions of child molesters", *Annals of Sex Research*, 2, 135 – 152.

Akers, R. (1990), "Rational choice, deterrence, and social learning theory in criminology：The path not taken", *Journal of Criminal Law and Criminology*, 81, 653 – 676.

Bahr, S. J., Harris, L., Fisher, J. K., & Armstrong, A. H. (2010), "Successful reentry：What differentiates successful and unsuccessful parolees?", *International Journal of Offender Therapy and Comparative Criminology*, 54 (5), 667 – 692.

Bandura, A. (1991), "Social cognitive theory of moral thought and action", In W. M. Kurtines & J. L. Gewirtz (Eds.), *Handbook of moral behavior and development：Vol. 1. Theory* (pp. 45 – 103), Hillsdale, NJ：Lawrence Erlbaum.

Barnes, J. C., & Beaver, K. M. (2012), "Marriage and desistance from crime：A consideration of gene-environment correlation", *Journal of Marriage and Family*, 74, 19 – 33.

Barnett, A., Blumstein, A., & Farrington, D. P. (1989), "A prospective test of a criminal career model", *Criminology*, 27 (2), 373 – 387.

Barriga, A. Q., Landau, J. R., Stinson, B. L., Liau, A. K., & Gibbs, J. C. (2000), "Cognitive distortions and problem behaviors in adolescents", *Criminal Justice and Behavior*, 27 (1), 36 – 56.

Bersani, B. E., & Doherty, E. E. (2013), "When the ties that bind unwind：Examining the enduring and situational processes of change behind the marriage effect", *Criminology*, 51 (2), 399 – 433.

Bersani, B. E., Laub, J. H., & Nieuwbeerta, P. (2009), "Marriage and desistance from crime in the Netherlands：Do gender and socio-historical context matter?", *Journal of Quantitative Criminology*, 25 (3), 3 – 24.

Blumstein, A., Cohen, J., & Hsieh, P. (1982), *The duration of adult criminal careers*: *Final report to the National Institute of Justice*, Pittsburgh, PA: Carnegie-Mellon University.

Blumstein, A., Farrington, D. P., & Moitra, S. D. (1985), "Delinquency careers: Innocents, desisters, and persisters", In M. Tonry & N. Morris (Eds.), *Crime and Justice* (vol. 6, pp. 187 – 219), Chicago, IL: University of Chicago Press.

Bottoms, A., Shapland, J., Costello, A., Holmes, D., & Muir, G. (2004), "Towards desistance: Theoretical underpinnings for an empirical study", *The Howard Journal of Criminal Justice*, 43 (4), 368 – 389.

Bouffard, L. A. (2005), "The military as a bridging environment in criminal careers: Differential outcomes of the military experience", *Armed Forces & Society*, 31 (2), 273 – 295.

Brame, R., Bushway, S. D., & Paternoster, R. (2003), "Examining the prevalence of criminal desistance", *Criminology*, 41 (2), 423 – 448.

Bumby, K. M. (1996), "Assessing the cognitive distortions of child molesters and rapists: Development and validation of the MOLEST and RAPE scales", *Sexual Abuse: A Journal of Research and Treatment*, 8, 37 – 53.

Burnett, R. (2004), "To reoffend or not to reoffend? The ambivalence of convicted property offenders", In S. Maruna & R. Immarigeon (Eds.), *After crime and punishment: Pathways to offender reintegration* (pp. 152 – 180), Cullompton, Devon: Willan.

Bushway, S. D., Brame, R., & Paternoster, R. (2004), "Connecting desistance and recidivism: Measuring changes in criminality over the life span", In S. Maruna & R. Immarigeon (Eds.), *After crime and punishment: Pathways to offender reintegration* (pp. 85 – 101), Cullompton, Devon: Willan.

Bushway, S. D., Piquero, A. R., Broidy, L. M., Cauffman, E., & Mazerolle, P. (2001), "An empirical framework for studying desistance as a process", *Criminology*, 39 (2), 491 – 515.

Bushway, S. D., Thornberry, T. P., & Krohn, M. D. (2003), "Desistance as a developmental process: A comparison of static and dynamic approaches", *Journal of Quantitative Criminology*, 19 (2), 129 – 153.

Covell, C. N., & Scalora, M. J. (2002), "Empathic deficits in sexual offenders: An integration of affective, social, and cognitive constructs", *Aggression and Violent Behavior*, 7, 251 – 270.

Craig, J., & Foster, H. (2013), "Desistance in the transition to adulthood: The roles of marriage, military, and gender", *Deviant Behavior*, 34, 208 – 233.

Cromwell, P. F., Olson, J. N., & Avary, D. W. (1991), *Breaking and entering: An ethnographic analysis of burglary*, Newbury Park, CA: Sage.

Doherty, E. E., & Ensminger, M. E. (2013), "Marriage and offending among a cohort of disadvantaged African Americans", *Journal of Research in Crime and Delinquency*, 50, 104 – 131.

Elliott, D. S., Huizinga, D., & Menard, S. (1989), *Multiple problem youth: Delinquency, substance use, and mental health problems*, New York: Springer-Verlag.

Fagan, J. (1989), "Cessation of family violence: Deterrence and dissuasion", In L. Ohlin & M. Tonry (Eds.), *Family violence* (pp. 377 - 425), Chicago, IL: University of Chicago Press.

Farrall, S. (2002), *Rethinking what works with offenders: Probation, social context and desistance from crime*, Cullompton, Devon: Willan.

Farrall, S., & Bowling, B. (1999), "Structuration, human development and desistance from crime", *British Journal of Criminology*, 39 (2), 253 - 268.

Farrington, D. P. (1988), "Studying changes within individuals: The causes of offending", In M. Rutter (Ed.), *Studies of psychosocial risk* (pp. 158 - 183), Cambridge: Cambridge University Press.

Farrington, D. P. (1990), "Age, period, cohort, and offending", In D. M. Gottfredson & R. V. Clarke (Eds.), *Policy and theory in criminal justice: Contributions in honour of Leslie T. Wilkins* (pp. 51 - 75), Aldershot: Avebury.

Farrington, D. P. (2007), "Advancing knowledge about desistance", *Journal of Contemporary Criminal Justice*, 23, 125 - 134.

Farrington, D. P., & Hawkins, J. D. (1991), "Predicting participation, early onset, and later persistence in officially recorded offending", *Criminal Behaviour and Mental Health*, 1, 1 - 33.

Farrington, D. P., Loeber, R., Elliott, D. S., Hawkins, J. D., Kandel, D. B., Klein, M. W. et al. (1990), "Advancing knowledge about the onset of delinquency and crime", In B. B. Lahey & A. E. Kazdin (Eds.), *Advances in clinical and child psychology* (vol. 13, pp. 283 - 342), New York: Plenum.

Farrington, D. P., Loeber, R., Yin, Y., & Anderson, S. J. (2002), "Are within-individual causes of delinquency the same as between-individual causes?", *Criminal Behaviour and Mental Health*, 12 (1), 53 - 68.

Farrington, D. P., & West, D. J. (1995), "Effects of marriage, separation, and children on offending by adult males", In Z. S. Blau & J. Hagan (Eds.), *Current perspectives on aging and the life cycle* (vol. 4, pp. 249 - 281), Greenwich, CT: JAI Press.

Farrington, D. P., & Wikström, P. -O. H. (1994), "Criminal careers in London and Stockholm: A cross-national comparative study", In E. G. M. Weitekamp & H. -J. Kerner (Eds.), *Cross-national longitudinal research on human development and criminal behaviour* (pp. 65 - 89), Dordrecht, The Netherlands: Kluwer Academic.

Festinger, L. (1957), *A theory of cognitive dissonance*, Evanston, IL: Row, Peterson and Company.

Gartner, R., & Piliavin, I. (1988), "The aging offender and the aged offender", In P. B. Baltes, D. L. Featherman & R. M. Lerner (Eds.), *Life-span development and behaviour* (vol. 9, pp. 287 - 315), Hillside, NJ: Lawrence Erlbaum.

Gibbs, J. C., Potter, G., & Goldstein, A. P. (1995), *The EQUIP program: Teaching youth to think and act responsibly through a peer-helping approach*, Champaign, IL: Research Press.

Giordano, P. C. , Cernkovich, S. A. , & Rudolph, J. L. (2002), "Gender, crime, and desistance: Toward a theory of cognitive transformation", *American Journal of Sociology*, 107 (4), 990 – 1064.

Gottfredson, M. R. , & Hirschi, T. (1990), *A general theory of crime*, Stanford, CA: Stanford University Press.

Gove, W. (1985), "The effect of age and gender on deviant behavior: A biopsychological perspective", In A. S. Rossi (Ed.), *Gender and the life course* (pp. 115 – 144), New York: Aldine.

Greenberg, D. F. (1975), "The incapacitative effect of imprisonment: Some estimates", *Law and Society Review*, 9 (4), 541 – 580.

Greenberg, D. F. (1991), "Modelling criminal careers", *Criminology*, 29, 17 – 46.

Greenwood, P. W. , & Abrahamse, A. (1982), *Selective incapacitation*, Santa Monica, CA: RAND Corporation.

Haggard, U. , Gumpert, C. H. , & Grann, M. (2001), "Against all odds: A qualitative follow-up study of high-risk violent offenders who were not reconvicted", *Journal of Interpersonal Violence*, 16 (10), 1048 – 1065.

Herman, J. L. (1990), "Sex offenders: A feminist perspective", In W. L. Marshall, D. R. Laws & H. E. Barbaree (Eds.), *Handbook of sexual assault: Issues, theories, and treatment of the offender* (pp. 177 – 193), New York: Plenum.

Hirschi, T. (1969), *Causes of delinquency*, Berkeley, CA: University of California Press.

Hirschi, T. , & Gottfredson, M. R. (1995), "Control theory and the life-course perspective", *Studies on Crime and Crime Prevention*, 4 (2), 131 – 142.

Horney, J. , Osgood, D. W. , & Marshall, I. H. (1995), "Criminal careers in the short-term: Intra-individual variability in crime and its relation to local life circumstances", *American Sociological Review*, 60, 655 – 673.

Horney, J. , Tolan, P. , & Weisburd, D. (2012), "Contextual influences", In R. Loeber & D. P. Farrington (Eds.), *From juvenile delinquency to adult crime* (pp. 86 – 117), Oxford: Oxford University Press.

Huesmann, L. R. , Eron, L. D. , Lefkowitz, M. M. , & Walder, L. O. (1984), "Stability of aggression over time and generations", *Developmental Psychology*, 20 (6), 1120 – 1134.

Irwin, J. (1970), *The felon*, Englewood Cliffs, NJ: Prentice Hall.

Kazemian, L. (2007), "Desistance from crime: Theoretical, empirical, methodological, and policy considerations", *Journal of Contemporary Criminal Justice*, 23 (1), 28 – 49.

Kazemian, L. , & Farrington, D. P. (2006), "Exploring residual career length and residual number of offences for two generations of repeat offenders", *Journal of Research in Crime and Delinquency*, 43, 89 – 113.

Kazemian, L. , Farrington, D. P. , & Le Blanc, M. (2009), "Can we make accurate long-term predictions about patterns of de-escalation in offending behavior?", *Journal of Youth and Adolescence*, 38 (3), 384 – 400.

Kirk, D. (2012), "Residential change as a turning point in the life course of crime: Desistance or temporary cessation?", *Criminology*, 50 (2), 329 – 358.

Knight, B. J., Osborn, S. G., & West, D. J. (1977), "Early marriage and criminal tendencies in males", *British Journal of Criminology*, 17, 348 – 360.

Kreager, D. A., Matsueda, R. L., & Erosheva, E. A. (2010), "Motherhood and criminal desistance in disadvantaged neighborhoods", *Criminology*, 48 (1), 221 – 258.

Kruttschnitt, C., Uggen, C., & Shelton, K. (2000), "Predictors of desistance among sex offenders: The interaction of formal and informal social controls", *Justice Quarterly*, 17 (1), 61 – 87.

Kurlychek, M. C., Brame, R., & Bushway, S. D. (2006), "Scarlet letters and recidivism: Does an old criminal record predict future offending?", *Criminology and Public Policy*, 5, 483 – 503.

Laub, J. H., Nagin, D. S., & Sampson, R. J. (1998), "Trajectories of change in criminal offending: Good marriages and the desistance process", *American Sociological Review*, 63, 225 – 238.

Laub, J. H., & Sampson, R. J. (2001), "Understanding desistance from crime", In M. Tonry (Ed.), *Crime and justice* (vol. 28, pp. 1 – 69), Chicago, IL: University of Chicago Press.

Laub, J. H., & Sampson, R. J. (2003), *Shared beginnings, divergent lives: Delinquent boys to age 70*, Cambridge, MA: Harvard University Press.

LeBel, T. P., Burnett, R., Maruna, S., & Bushway, S. (2008), "The 'chicken and egg' of subjective and social factors in desistance from crime", *European Journal of Criminology*, 5 (2), 130 – 158.

Le Blanc, M. (1993), "Late adolescence deceleration of criminal activity and development of self-and social control", *Studies on Crime and Crime Prevention*, 2, 51 – 68.

Le Blanc, M. (2004), "Self-control and social control in the explanation of deviant behavior: Their development and interactions along the life course", Paper presented at the Conference on the social contexts of pathways in crime: Development, context, and mechanisms, Cambridge, England (December).

Le Blanc, M., & Fréchette, M. (1989), *Male criminal activity from childhood through youth: Multilevel and developmental perspectives*, New York: Springer-Verlag.

Le Blanc, M., & Loeber, R. (1998), "Developmental criminology updated", In M. Tonry (Ed.), *Crime and justice* (vol. 23, pp. 115 – 198), Chicago, IL: University of Chicago Press.

Lemert, E. M. (1951), *Social pathology*, New York: McGraw-Hill.

Loeber, R., & Le Blanc, M. (1990), "Toward a developmental criminology", In M. Tonry & N. Morris (Eds.), *Crime and justice* (vol. 12, pp. 375 – 473), Chicago, IL: University of Chicago Press.

Mann, R. E., & Beech, A. R. (2003), "Cognitive distortions, schemas, and implicit theories", In T. Ward, D. R. Laws & S. M. Hudson (Eds.), *Sexual deviance: Issues and contro-versies* (*pp.* 135 – 153), Thousand Oaks, CA: Sage.

Marshall, W. L., & Barbaree, H. E. (1990), "An integrated theory of the etiology of sex-ual offending", In W. L. Marshall, D. R. Laws & H. E. Barbaree (Eds.), *Handbook of sexual as-sault: Issues, theories, and treatment of the offender* (pp. 257 – 275), New York: Plenum Press.

Maruna, S. (2001), *Making good: How ex-convicts reform and rebuild their lives*, Washing-ton, DC: American Psychological Association.

Maruna, S., & Copes, H. (2004), "Excuses, excuses: What have we learned from five decades of neutralization research?", In M. Tonry (Ed.), *Crime and justice* (vol. 32, pp. 221 – 320), Chicago, IL: University of Chicago Press.

Maruna, S., Immarigeon, R., & LeBel, T. P. (2004), "Ex-offender reintegration: The-ory and practice", In S. Maruna & R. Immarigeon (Eds.), *After crime and punishment: Pathways to offender reintegration* (pp. 3 – 26), Cullompton, Devon: Willan.

Maruna, S., LeBel, T. P., Burnett, R., Bushway, S., & Kierkus, C. (2002), "The dynamics of desistance and prisoner reentry: Findings from a 10 – year follow-up of the Oxford Uni-versity 'Dynamics of Recidivism' study", Paper presented at the American Society of Criminology Annual Meeting, Chicago, Illinois (November).

McCord, J. (1994), "Crimes through time", *Contemporary Sociology*, 23 (3), 414 – 415.

Meisenhelder, T. (1977), "An explanatory study of exiting from criminal careers", *Crimi-nology*, 15 (3), 319 – 334.

Minor, W. W. (1981), "Techniques of neutralization: A reconceptualization and empirical examination", *Journal of Research in Crime and Delinquency*, 18, 295 – 318.

Mischkowitz, R. (1994), "Desistance from a delinquent way of life?", In E. G. M. Weitek-amp & H. -J. Kerner (Eds.), *Cross-national longitudinal research on human development and crim-inal behavior* (pp. 303 – 327), Dordrecht, The Netherlands: Kluwer Academic.

Moffitt, T. E. (1993a), " 'Life-course persistent' and 'adolescence-limited' antisocial be-havior: A developmental taxonomy", *Psychological Review*, 100, 674 – 701.

Moffitt, T. E. (1993b), "The neuropsychology of conduct disorder", *Development and Psy-chopathology*, 5, 133 – 151.

Murphy, W. D. (1990), "Assessment and modifications of cognitive distortions in sex of-fenders", In W. L. Marshall, D. R. Laws & H. E. Barbaree (Eds.), *Handbook of sexual assault: Issues, theories, and treatment of the offender* (pp. 331 – 342), New York: Plenum Press.

Nagin, D. S., & Farrington, D. P. (1992), "The stability of criminal potential from child-hood to adulthood", *Criminology*, 30 (2), 235 – 260.

Nagin, D. S., Farrington, D. P., & Moffitt, T. E. (1995), "Life-course trajectories of different types of offenders", *Criminology*, 33 (1), 111 – 139.

Nugent, P. M., & Kroner, D. G. (1996), "Denial, response styles, and admittance of offenses among child molesters and rapists", *Journal of Interpersonal Violence*, 11, 475 – 486.

Pallone, N. J., & Hennessy, J. J. (1993), "Tinderbox criminal violence: Neurogenic impulsivity, risk-taking, and the phenomenology of rational choice", In R. V. Clarke & M. Felson (Eds.), *Routine activity and rational choice* (Crime Prevention Studies, vol. 5, pp. 127 – 157), New Brunswick, NJ: Transaction.

Petersilia, J. (2003), *When prisoners come home: Parole and prisoner reentry*, New York: Oxford University Press.

Pezzin, L. E. (1995), "Earning prospects, matching effects, and the decision to terminate a criminal career", *Journal of Quantitative Criminology*, 11 (1), 29 – 50.

Piquero, A. (2004), "Somewhere between persistence and desistance: The intermittency of criminal careers", In S. Maruna & R. Immarigeon (Eds.), *After crime and punishment: Pathways to offender reintegration* (pp. 102 – 125), Cullompton, Devon: Willan.

Piquero, A. , Farrington, D. P. , & Blumstein, A. (2003), "The criminal career paradigm", In M. Tonry (Ed.), *Crime and justice* (vol. 30, pp. 359 – 506), Chicago, IL: University of Chicago Press.

Piquero, A. , & Pogarsky, G. (2002), "Beyond Stafford and Warr's reconceptualization of deterrence: Personal and vicarious experiences, impulsivity, and offending behavior", *Journal of Research in Crime and Delinquency*, 39, 153 – 186.

Rand, A. (1987), "Transitional life events and desistance from delinquency and crime", In M. E. Wolfgang, T. P. Thornberry & R. M. Figlio (Eds.), *From boy to man, from delinquency to crime* (pp. 134 – 162), Chicago, IL: University of Chicago Press.

Redl, F. , & Wineman, D. (1951), *Children who hate: The disorganization and breakdown of behavior controls*, Glencoe, IL: Free Press.

Rhodes, W. M. (1989), "The criminal career: Estimates of the duration and frequency of crime commission", *Journal of Quantitative Criminology*, 5 (1), 3 – 32.

Robins, L. N. (1966), *Deviant children grown up*, Baltimore, MD: Williams and Wilkins.

Robins, L. N. (1978), "Sturdy childhood predictors of adult antisocial behavior: Replications from longitudinal studies", *Psychological Medicine*, 8, 611 – 622.

Ross, R. R. (1995), "The Reasoning and Rehabilitation program for high-risk probationers and prisoners", In R. R. Ross, D. H. Antonowicz & G. K. Dhaliwal (Eds.), *Going straight: Effective delinquency prevention and offender rehabilitation* (pp. 195 – 222), Ottawa: Air Training and Publications.

Ross, R. R. , Antonowicz, D. H. , & Dhaliwal, G. K. (Eds.) (1995), *Going straight: Effective delinquency prevention and offender rehabilitation*, Ottawa: Air Training and Publications.

Ross, R. R. , & Ross, R. D. (1995), *Thinking straight: The Reasoning and Rehabilitation program for delinquency prevention and offender rehabilitation*, Ottawa: Air Training and Publications.

Rutter, M. (1996), "Transitions and turning points in developmental psychopathology: As applied to the age span between childhood and mid-adulthood", *Journal of Behavioral Development*, 19, 603 – 626.

Sampson, R. J. , & Laub, J. H. (1992), "Crime and deviance in the life course", *Annual*

Review of Sociology, 18, 63 – 84.

Sampson, R. J., & Laub, J. H. (1993), *Crime in the making: Pathways and turning points through life*, Cambridge, MA: Harvard University Press.

Sampson, R. J., & Laub, J. H. (1997), "A life-course theory of cumulative disadvantage and the stability of delinquency", In T. P. Thornberry (Ed.), *Developmental theories of crime and delinquency* (Advances in Criminological Theory, vol. 7, pp. 133 – 161), New Brunswick, NJ: Transaction.

Sampson, R. J., & Laub, J. H. (2003), "Life-course desisters: Trajectories of crime among delinquent boys followed to age 70", *Criminology*, 41 (3), 555 – 592.

Savolainen, J. (2009), "Work, family and criminal desistance: Adult social bonds in a Nordic welfare state", *British Journal of Criminology*, 49, 285 – 304.

Segal, Z. V., & Stermac, L. E. (1990), "The role of cognition in sexual assault", In W. L. Marshall, D. R. Laws & H. E. Barbaree (Eds.), *Handbook of sexual assault: Issues, theories, and treatment of the offender* (pp. 161 – 172), New York: Plenum.

Shover, N. (1983), "The later stages of ordinary property offender careers", *Social Problems*, 31 (2), 208 – 218.

Shover, N. (1985), *Aging criminals*, Beverly Hills, CA: Sage.

Shover, N. (1996), *Great pretenders*, Boulder, CO: Westview Press.

Shover, N., & Thompson, C. Y. (1992), "Age, differential expectations, and crime desistance", *Criminology*, 30 (1), 89 – 104.

Sommers, I., Baskin, D. R., & Fagan, J. (1994), "Getting out of the life: Crime desistance by female street offenders", *Deviant Behavior*, 15, 125 – 149.

Stall, R., & Biernacki, P. (1986), "Spontaneous remission from the problematic use of substances", *International Journal of the Addictions*, 21, 1 – 23.

Stermac, L. E., Segal, Z. V., & Gillis, R. (1990), "Social and cultural factors in sexual assault", In W. L. Marshall, D. R. Laws & H. E. Barbaree (Eds.), *Handbook of sexual assault: Issues, theories, and treatment of the offender* (pp. 143 – 156), New York: Plenum.

Sykes, G., & Matza, D. (1957), "Techniques of neutralization: A theory of delinquency", *American Sociological Review*, 22, 664 – 670.

Theobald, D., & Farrington, D. P. (2009), "Effects of getting married on offending: Results from a prospective longitudinal survey of males", *European Journal of Criminology*, 6 (6), 496 – 516.

Theobald D., & Farrington, D. P. (2011), "Why do the crime-reducing effects of marriage vary with age?", *British Journal of Criminology*, 51, 136 – 158.

Theobald, D., & Farrington, D. P. (2013), "The effects of marital breakdown on offending: Results from a prospective longitudinal survey of males", *Psychology, Crime and Law*, 19, 391 – 408.

Tong, L. S. J., & Farrington, D. P. (2008), "Effectiveness of 'Reasoning and Rehabilitation' in reducing reoffending", *Psicothema*, 20, 20 – 28.

Travis, J. (2005), *But they all come back: Facing the challenges of prisoner re-entry*, Washington, DC: The Urban Institute Press.

Travis, J., & Petersilia, J. (2001), "Reentry reconsidered: A new look at an old question", *Crime and Delinquency*, 47 (3), 291 – 313.

Tripodi, S. J., Kim, J. S., & Bender, K. (2010), "Is employment associated with reduced recidivism? The complex relationship between employment and crime", *International Journal of Offender Therapy and Comparative Criminology*, 54 (5), 706 – 720.

Uggen, C. (2000), "Work as a turning point in the life course of criminals: A duration model of age, employment, and recidivism", *American Sociological Review*, 67, 529 – 546.

Uggen, C., & Massoglia, M. (2003), "Desistance from crime and deviance as a turning point in the life course", In J. T. Mortimer & M. J. Shanahan (Eds.), *Handbook of the life course* (pp. 311 – 329), New York: Kluwer Academic/Plenum.

Van Schellen, M., Poortman, A. -R., & Nieuwbeerta, P. (2012), "Partners in crime? Criminal offending, marriage formation, and partner selection", *Journal of Research in Crime and Delinquency*, 49 (4), 545 – 571.

Walters, G. D. (2002), "Developmental trajectories, transitions, and nonlinear dynamical systems: A model of crime deceleration and desistance", *International Journal of Offender Therapy and Comparative Criminology*, 46 (1), 30 – 44.

Ward, T., Fon, C., Hudson, S. M., & McCormack, J. (1998), "A descriptive model of dysfunctional cognitions in child molesters", *Journal of Interpersonal Violence*, 13 (1), 129 – 155.

Ward, T., Hudson, S. M., Johnston, L., & Marshall, W. L. (1997), "Cognitive distortions in sex offenders: An integrative review", *Clinical Psychology Review*, 17 (5), 479 – 507.

Ward, T., Hudson, S. M., & Marshall, W. L. (1995), "Cognitive distortions and affective deficits in sex offenders: A cognitive deconstruction interpretation", *Sexual Abuse: A Journal of Research and Treatment*, 7, 67 – 83.

Ward, T., Keenan, T., & Hudson, S. M. (2000), "Understanding cognitive, affective, and intimacy deficits in sexual offenders: A developmental perspective", *Aggression and Violent Behavior*, 5 (1), 41 – 62.

Warr, M. (1993), *Age, peers, and delinquency*, Criminology, 31, 17 – 40.

Warr, M. (1998), "Life-course transitions and desistance from crime", *Criminology*, 36 (2), 183 – 216.

Warr, M. (2001), "Crime and opportunity: A theoretical essay", In R. F. Meier, L. W. Kennedy & V. F. Sacco (Eds.), *The process and structure of crime: Criminal events and crime analysis* (Advances in Criminological Theory, vol. 9, pp. 65 – 94), New Brunswick, NJ: Transaction.

Wilson, J. Q., & Herrnstein, R. J. (1985), *Crime and human nature*, New York: Simon & Schuster.

Wright, J. P., & Cullen, F. T. (2004), "Employment, peers, and life-course transitions", *Justice Quarterly*, 21 (1), 183 – 205.

第十二章 危机谈判

戴维·A. 克雷顿（David A. Crighton）

此处所讨论的危机谈判（crisis negotiation）指的是，在一系列危机事件中，为达成解决问题的共识所要进行的程序。这些危机事件通常涉及挟持或要挟人、物的行为，也可能兼而有之。因此这些危机事件包括了劫持人质、绑架以及其他犯罪活动，如劫持商船索要赎金（Bueger，2013；Forrest，2012）。

谈判本身是一种常见的人际互动。实际上，人与人之间达成任何协议通常都会有谈判的过程，包括政治、社会经济的协议。鉴于此，这一方面的谈判有大量资料可循。这在很大程度上（虽然不是完全）促使（谈判）关心的重点都放在了组织环境上。而本章的重点是，除了上述环境，谈判还可以被应用到对危机事件的讨论中。针对危机谈判领域的研究还较少，但相较之下，一些相关的外围研究议题却过热，甚至出现了一些过于夸张的情况。现实的危机谈判吸收了现有的研究中丰富的临床和咨询技巧，以及应用心理学的研究成果，还进一步吸收其他学科一些已有的在谈判领域的广泛研究和实践，比如劳资关系谈判。现实中的危机谈判过程十分简明易懂，但是在研究和实践方面还有诸多挑战。如何在不丰富的实践中使技能变得更加实用，还有待解决。

危机谈判中的概念

危机谈判试图化解一系列威胁进行故意伤害的情况。这种情况通常会涉及犯罪人为实现个人的特殊诉求而违背他人意愿地拘禁一个或多个人，比如绑架事件和人质事件。需要注意的是，这一诉求未必对双方来说都是清晰或理性的。

谈判需要的是为达成相互认可的解决方法而努力，即通过和平的手段而不是使用"战术策略"解决，后者倾向于以暴力镇压犯罪人来解救人质或物件。谈判的方法是指有效地达到一个共识且具有公平之结果的技术（Zwier，2013）。这一方法已经在危机谈判中使用了一段时间。人们认识到，危机谈判在多数情况下并不是零和博弈[1]（Fisher，1983；Fisher，Ury & Patton，2011）。它不同于对"地位"或"分配"的讨价还价，后者在两个博弈主体间有明确的冲突，一方的得利即另一方的损失[2]。

危机事件的类型

首先需要划清界限的可能是与"恐怖分子"的谈判和与"犯罪分子"的谈判，或者说与具有其他犯罪动机的犯罪人的谈判。研究者对恐怖主义的定义各不相同，还未形成一个普遍的共识。卡莱尔（2007）回顾了1989年在英国的《恐怖主义预防法（暂行）》中给出的对恐怖主义的定义，可以作为本书讨论的有益开端：……使用暴力来解决政治问题，包括使用任何手段的暴力行动，从而使得民众或一部分民众陷入恐慌。

正如卡莱尔（2007）注意到的，这一定义有一些重大缺陷。他并未包括暴力威胁的程

201

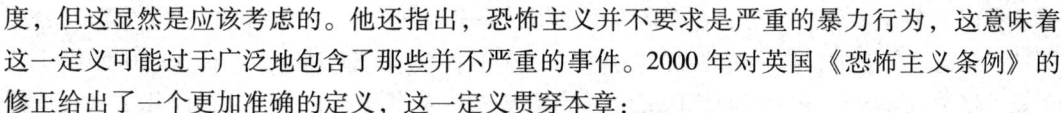

度，但这显然是应该考虑的。他还指出，恐怖主义并不要求是严重的暴力行为，这意味着这一定义可能过于广泛地包含了那些并不严重的事件。2000 年对英国《恐怖主义条例》的修正给出了一个更加准确的定义，这一定义贯穿本章：

1. 恐怖主义：解释

（1）在本条例中，恐怖主义意味着在特定地点使用或威胁使用：

（a）属于分款（2）中的行为。

（b）使用或威胁使用的行为是为了影响政府或国际政府组织，或恐吓民众或部分民众。

（c）以政治、宗教或意识形态的诉求为目的。

（2）下列行动属于本条款：

（a）涉嫌针对个人的严重暴力行为。

（b）涉及严重的财产损失。

（c）危及个人生命的，除非该行为针对犯罪人。

（d）对公众或一部分公众的健康和安全造成严重风险。

（e）蓄意严重干扰或破坏电力设施。

（3）若使用或威胁使用分款（2）中的行为涉及枪支弹药的使用，则无论是否满足分款（1）（b），均视为恐怖主义行为。

（4）在本分款中：

（a）所谓"行动"，包括了在英国之外的行动。

（b）所谓涉及个人与财产的，不论其个人和财产的具体位置。

（c）所谓公众，包括了英国以外的国家。

（d）所谓"政府"，意指英联邦政府，或指英联邦中国家的政府，或指英联邦以外的政府。

（5）在本条款中，恐怖主义行动的目的包括从已被禁止的组织中获益的行为。

对恐怖主义和暴力犯罪的区分是具有普遍意义的，在此基础上，尽管"恐怖主义"事件可能包含了"犯罪"事件，但这两者往往在许多定性的重要方面不同。在前文给出的定义中，动机的作用至关重要，其中包括了通说的社会和政治动机。上述定义涵盖了过去已经发生的各类行动，从为了改变西德的经济和社会体制所进行的活动，到爱尔兰活跃的国家主义恐怖分子，再到出于宗教的原因进行恐怖活动的组织，比如基地组织（Becker，1977；Post，2007）。一个事件被定义为恐怖主义，需要这一事件有一个明确地影响政策、政府或国际组织的意图。这样的事件还可能涉及中长距离的破坏行动或威胁采取破坏行动，比如仅为了使民众陷入恐慌而破坏电力设备。此类事件也可以根据犯罪人制定计划的周密程度进行划分。有政治动机的团体和组织可能有大量内外部资源可以利用，比如方案指导与制定，以及物资材料。这样的支持可能来自发达国家，否则精密的技术就无法使用。在实践层面，恐怖分子集团也可能有复杂的指挥系统和控制结构，与这类团体的谈判可能是最为困难和复杂的。

谈到犯罪事件的危机谈判，将明确的"工具性"诉求与难以界定的"非工具性"情感诉求加以区分是十分有效的。有人认为可以将犯罪事件划分为"有威胁物"和"无威胁物"两种，但这一分类中，第二类的内部差异太大（Vecchi，van Hasselt & Romano，2005）。上述工具性区分在本文并未使用的原因是，其术语基础就是潜在混乱的，且目前几乎没有证据来支持这一二元的划分。然而，在"执法（law enforcement）"和"矫正（correctional）"期间（包括身处监狱和有安保的医院时），则包含一些连续且相对完善的"工具性"，可以用来建构概念。在实践层面，这样一个连续体在危机谈判中似乎也是适用的，但这一适用性很容易被夸大。有证据表明，即使是在计划周密且显然是"工具性"的犯罪事件中，无论动机为何，高水平的情感唤起也是十分常见的（Crighton，1992）。这一现象出现在多数事件的早期，此时造成严重伤害的风险极高。

另一种有效的分类方法是将事件依照可控程度进行划分。在矫正期间发生的事件一般是高度可控的，通常都能迅速且容易地控制现场，消除任何与外界的联系和支持，并建立一个简洁且快速沟通的指挥机构。大体上涉及两层管理，第一层在现场进行管理，一般被称为"银色指挥（注：战术指挥）"；另一层自远程指挥现场，一般被称为"金色指挥（注：战略指挥）"。此类事件通常包括一个或少量几个犯罪人，对这些犯罪人的支持往往是有限且质量差的，媒体和互联网的曝光程度也不高，能够由谈判者控制住局面。不仅现场事件的性质通常易于了解，而且有详细的、利于谈判进行的现场蓝图可供使用。因此，这意味着战术上的决断为直截了当地制定和实施计划即可（Crighton，1991；1992；Crighton & Towl，2008）。因此，严格控制时间是危机谈判中最简单的形式。但在矫正期间也有一些例外，比如纽约州发生的阿蒂卡监狱暴乱（Attica prison riot，Wicker，1994），英国曼彻斯特监狱发生的史川吉威（Strangeways）暴动（Boin & Rattray，2004），以及巴西的卡兰迪鲁监狱暴动（Carandiru prison riot，Willis，2014）。在这些事件中，局面的失控是监狱管理者无法控制的，进而导致了严重的侵犯人权、人员伤亡和财政损失的结果，同时付出了高昂的政治成本。

在社区环境中发生的事件，通常是由执法部门处理的（如当地的、地区的以及国家的治安服务），对此类事件只有较低水平的控制能力。这类事件一般可能涉及多个犯罪人，限制犯罪人和外界的接触比较困难，也常有更多严峻且持续的挑战。在此类事件中，犯罪人通常不会有很好的外部支持和指导。枪支的使用相比被高度控制的环境更加普遍，在那些允许使用枪支的州中，获取枪支弹药是相对容易的，甚至还能获得一些用于犯罪的成熟技术。如果发生了绑架或劫持事件，犯罪人的位置很可能是模糊的，需要花费大量的时间来寻找他们的位置。在这种情况下，战术上的决断是不可能在短时间内完成的，甚至在中长时段来说都是一项挑战。对现场情况的了解水平可能也是有限的，特别是在早期阶段，还不足以马上做出战术反应。鉴于多方干预所带来的灾难性失败，现在这一角色通常仅仅由特警部门承担，比如美国现役的反恐特警组（SWAT）、英国的区域枪支专家小组以及香港的特警队（Crighton，1992）[3]。

恐怖主义事件一般是最难控制的。事件可谈判的余地小，至少在短期内介入是几乎不可能的，事件通常还涉及多个犯罪人。有计划的犯罪行为往往兼具上述两个特征，比如劫持。恐怖主义事件的不同之处在于，它们一般有发达的"内部组成部分（cell）"和外部指挥结构。在此类事件中，试图隔离现场或控制犯罪人十分困难，甚至是不可能实现的。这类事件还可能涉及大量的"人质（hostages）"绑架，或者是在这种情况下被视为"高价值

（high value）"的受害者。毫无疑问，这类事件是危机谈判中最大的挑战。想通过战术策略来解决此类事件也是十分困难，这通常由国家的军事机构或准军事机构等专业部门负责，比如，德国的 GSG 9、英国的海空特种队（the Special Air or Boat Services）以及美国海军的海豹突击队等。在此类事件中，战术策略的潜在成本很高，一旦干预失败会带来一系列后果。这其中可能包括生命损失、人员伤亡和经济政治的成本。在这类事件中，管控媒体的机会也比较有限。一个为人熟知的历史上发生的恐怖主义事件是，1980 年 4 月在伊朗发生的挟持人质事件，当时美国也介入其中。此次事件中战术策略的失败造成了 8 人死亡，5 位营救小队的专家受伤，精密仪器损毁，以及巨大的政治成本：所有未被释放的人质。最终，通过旷日持久的谈判和对挟持者的实质性让步，人质终于得到了释放。战术策略的失败使得谈判地位随之下降，提高了最终解决方案的成本。

谈判还是不谈判

福勒（2007）回顾了诸多危机谈判的关键议题。首先，也可能是最需要讨论的是，谈判是否会增加挟持人质、绑架和劫持事件的发生概率。有人认为协商会刺激绑架和挟持人质事件的发生。从那些可以被称为"犯罪"的人质挟持事件来看，现实中是支持通过谈判来解决问题的；谈判通常是对这类事件的一个默认的解决方式。这里有一个绝对相关的事情，那就是媒体的报道可能会鼓励模仿者的出现，这些模仿者会使用相同的方法来解决类似的利益问题，或者是仅仅为了出名。相较之下，更加需要关心的是战术策略失败或置之不理所带来的高额成本。恐怖主义危机发生时的情况一般不太明朗，而且正如福勒（2007）所注意到的，大多数政府都会首先使用强硬的言辞而不是谈判。一个例子是：2014 年，阿富汗的伊斯兰组织释放了一名美军士兵；作为交换，5 名关押在古巴关塔那摩湾拘留中心的囚犯被释放。当时这一交换遭到了普遍的批评，因为这造成了挟持美国军方的人质有明显"溢价（premium）"的局面，同时也为阿富汗的恐怖组织提供了一个宣传自己的机会。政府通常会把这样的交换包装成战俘的交换（Sherfinski，2014）。

运用强硬的言辞而不是谈判似乎是基于一种威慑观念，以及出于减轻政治损失的考量。事实上，在实践过程中，虽然政府间有些许差异，但是无论措辞如何，极少有政府会真正拒绝通过谈判来解决危机事件。这里有一个例子是：慕尼黑奥运会期间，以色列运动员遭围攻挟持后，（德国）政府仅用强硬的言辞来解决问题，拒绝和黑九月组织谈判，并筹划营救行动。（Calahan，1995；Klein，2007）。但是，德国警察的战术营救策略失败后，人质全部被杀害。随后，以色列使用谈判的方法要回了重要的囚犯（Gordon & Lopez，2000）。

危机谈判的目标

危机谈判有诸多相关的程序，为论述方便，在此我们按照顺序予以讨论。在现实中，这些程序则会在一个更复杂和动态的环境中互动和变化。

缓和局面

危机谈判用于正常解决问题的手段已经无效，或参与事件中的个人或团体已经无法使用正常的手段来解决问题的情况（Caplan，1961；Carkhuff & Berenson，1977）。这种看法或许不太准确。危机谈判的主要目标是，通过可接受的手段，寻求一个相互认可的解决危机事件的方案，同时避免使用战术策略（Crighton，1991，1992；Fisher，2011；Fisher et al.，

2011）。

第一步，需要降低情绪唤起水平（psychological arousal），以及形成一个相对冷静的环境来降低风险，并解决出现的问题。这不是危机谈判所特有的，而是临床和咨询中的常用技巧，用于解决个人的危机事件。一个常见的例子是，咨询中使用上述的方法来管理不可控的愤怒情绪或自残的行为，降低个人自我伤害的可能。上述自我导向的案例和他人导向的案例中有一个明显的相似之处，即常规的困难解决途径失灵并导致了暴力行为。

在严重的危机事件中，高情绪水平的唤起可能是十分常见的，人或组织会表现出高度的情绪化和激动。一个可能的例子是，如一个人婚姻破裂且无法与孩子联系，会导致孩子或前伴侣成为人质。这种情绪唤起和无法应对挑战的混合，很可能导致无法理性地讨论问题。因此，危机谈判的一个主要目标是，缓和局面并逐步降低唤起水平。达成上述目标的技巧在咨询中被广泛使用（Towl，2011），通常谈判者要展现出平静的共情状态，并表现出他们致力于达成建设性的解决方案。

危机谈判的过程

基于广泛的临床和咨询实践，已经产生了多种危机谈判的模型（Rogan，2011；Towl，2011）。这些模型包括了从最初缓和局面，降低唤起水平，进一步分析情况，到最后建设性地解决问题的过程。局势紧张的事件容易导致暴力的出现。菲舍尔等人（2011）提出了一个模型，这一模型在处于执法环境的危机谈判中特别适用，它包括以下四个主题：

- 将人从问题中分离出来；
- 聚焦于利益而非立场；
- 给出选择；
- 建立应对变化的明确标准。

这四个主题虽然在很多方面都满足了危机事件谈判的需要，但仍旧受到了一些批评，也还有改进的空间。比如这四个主题缺乏对构建一个融洽且缓和的局面的关注，有人认为这一模型提出的方法过于问题导向化。还有人提出该模型忽视对整体局面的考虑，比如对情报搜集和战术策略缺乏讨论（Crighton，1992；Flood，2003）。

构建可沟通的协调关系

度过了危机事件的初始阶段后，接下来的目标是发展出一个可以进行有益接触和沟通的机制。在矫正机构中，接触的方式可能包括面对面的接触，或是其他密切的接触。但是在一般的社区事件中，更加常见的方法是通过远程通信设备接触，比如通过电话联系。恐怖主义事件中可能很少能与犯罪人进行直接沟通，多数是通过远程或延时通信设备，或者其他电子通信手段。在这种情况下，谈判更像是在远程对弈（Crighton，1992）。不论通信的手段是什么，主要的目标和挑战都是如何建立协调的关系。

协调关系是一种共情且和谐的关系。如果没有这一关系，之后的谈判很难奏效。在整个过程中，构建协调关系的方法多种多样。一般来说表现为倾听、展现同理心、反馈和产生影响力这四个特征。

倾听

在咨询中，积极的倾听包括了两个部分，倾听和表现出倾听的样子。扮演这样一个咨询师的角色可能需要用到一些重要的技能。比如使用开放式的问题，而不是一个答案为"是或否"的封闭式问题，因为前者能引出更多的信息。在这一过程中，也常会使用释义的方法，如平静且客观地总结以及回顾谈及的内容。还可能包括其他一系列用于缓解紧张气氛的咨询技巧，如谨慎地使用停顿和沉默、让对方反思说过的话、提供一些鼓励，使得谈话能顺畅进行。韦基（2003）提出，在构建和谐关系时，要谨慎使用"我"这个词，重要的是不要假设自己知道对方的感受；比如"我能想象到那样的感受"这样的话可能有助于和谐关系的构建，而"我知道你的感受"这样的话很可能成为构建和谐关系的障碍。

许多可以使用的咨询的技巧有助于表现出积极倾听的样子，比如避免打断对方的话。在正常的谈话中，人们经常会打断对方的话，试图说服对方，但是在危机事件中，这可能会是一个严重的问题。在多数传统方法中，使用"重复"和"反馈"表明谈判者是在倾听对方的话，有助于对真正的关注点进行讨论。

展现同理心

同理心包括展现出对对方的理解力，并设身处地地考虑一个人或群体的想法和感受。谈判者需要把自己放在犯罪人的位置上，理解并共情他们的感受，这是谈判中成功沟通所必不可少的能力。在危机谈判中，从不同的视角看问题，可能会促进同理心的产生，这是整个谈判过程中的关键。另外，展现出对对方的关心也很重要，这有助于促进同理心的产生，也对减少攻击性和暴力有利。

建立协调关系

协调关系意指建立一个富有同理心且和谐的关系。协调关系的构建需要有对他人产生同理心的能力，还可能涉及各种各样的技能。本质上来说，这是一个增强信任和亲和力的过程，在这一方面，谈判者的行为是否合乎道德是至关重要的。信任的增强取决于谈判者高度的正直和诚实，即使这一过程并不轻松且充满挑战。另外，以建设性的方式重塑问题可能有助于构建协调关系。相反，产生矛盾和挑战对方都有可能会减弱协调关系。语言风格匹配（Linguistic Style Matching，LSM）也有助于协调关系的构建（Niederhoffer & Pennebaker，2002），在成功的多方谈判中，双方多有着类似的表达风格。表达风格越趋同，对协调关系的发展和建设性解决方法的产生越有帮助。

形成影响

形成影响这一概念是建立在同理心和协调关系之上，即可以开始发展和策划涉及主题的解决问题的方案（Vecchi et al.，2005）。例如，努力减少在谈判中，各方立场之间的差异。无论是否真的能标识和强化双方的共同点，都需要强调双方的共识之处。进而，这可以作为制定解决措施的策略的开端。

汇集情报（intelligence）

谈判的一个基本要求是，不造成任何伤亡，平稳的过渡即是好的。有很多理由支持上述观点，这就要求谈判的人或团体降低犯罪人的情绪唤起水平，使之恢复到正常的心理状态。这也要求谈判者为构建协调关系以及达成共识的谈判而努力。降低情绪唤起水平对于降低暴力风险而言至关重要（Spector，1977），任何有利于降低情绪唤起水平的手段都可能是可接受的。

此外，平稳的过渡还为汇集情报提供了支持（Vecchi et al.，2005）。这其中包括明确危机事件涉及的情报，衡量危机事件的潜在致命性和突发性。平稳的过渡还为更好地定位人质的位置和建立更好的心理档案提供了保障。更丰富的情报使得关键性的谈判更容易成功。如果战术策略是必要的，平稳的过渡还为更好的战术策略的制定，以及后续的参与工作提供了基础。

危机谈判与恐怖主义

与恐怖分子的危机谈判的发生次数，在 20 世纪到 21 世纪期间有了明显的增长（Sherfinski，2014），尽管政府一方并不承认这一说法。然而，不采用谈判的策略导致了许多明显的问题，这些问题无法置之不理或轻易解决（Fowler，2007）。事实上，正如前文所述，谈判可能有助于减少暴力。并且，谈判也能降低风险和成本。比如，更早地释放人质、儿童以及他国公民。这有利于进一步朝着双方都能接受的解决方案靠拢，减少了伤亡的潜在成本。谈判过程中的参与也十分关键，尤其是在长期处于艰苦和危险环境中的参与者的士气问题。不谈判原则可能会迅速提高参与者的风险，导致更难吸引人们在这一不稳定和高风险的环境中工作。相反，愿意进行谈判则可能会间接减少在高风险环境下工作带来的影响，并找回在工作中的积极性。谈判还将有助于其他高额成本的处理，比如，员工工作质量的下降所带来的成本，或在不稳定和失调的环境中，参与者承担风险的意愿下降所带来的成本。

有的观点认为，谈判可能会导致挟持人质事件的次数增加，这一观点常常被人提及，并且基于简单的激励强化的行为模型而显得很直观。但是，支持这一观点的证据寥寥，而且，这一观点或许违背了对绑架和劫持人质者动机的基本理解。在这类事件中，动机往往不止一个，试图通过这类方法与政府或其他机构进行谈判的动机并不是最常见的。为了某个原因而吸引公众注意这一动机与谈判之间的关系可能是相互独立的，此类行为或许一开始就没想着要进行谈判。没有可靠的证据表明，不进行谈判或不使用其他介入的方法能够有效威慑挟持人质的行为。在这类事件中，态度强硬会被视为对某个人或团体的挑战，进而导致这些个人或团体对政府和其他组织进行公开挑战。在一些案例中也能发现，上述情况的确会在一些强硬和不愿达成任何协议的政府和组织中发生。有人认为，可以将恐怖主义活动看作是在公众面前上演的"戏剧（theatre）"的一种形式：顽固的政府和政策可能滋长了这一恐怖行动的戏剧效果（Matusitz，2013）。

为表达政治和经济上的不满而进行的绑架行为并不是那么引人注目，但是这一手段的使用在近些年并没有减少。在纽约发生"9·11"恐怖袭击之后，政治和媒体对此的关注逐渐降低，而类似的自杀式攻击却逐渐增长。自杀式攻击似乎是为了最大化死亡人数，并在民众中造成恐慌而产生的。近期，使用自杀式攻击的案件受到了相当多的关注，但这一手段并不新奇，并有悠久的历史。最近的一次可以追溯到 1983 年的黎巴嫩，对美国海军陆战队本地总部的美国和法国驻军的攻击。在此次攻击中，当场死亡的和之后死亡的人数总计 346 人（Frykberg，Tepas & Alexander，1989；Pape，2003）。一般认为，这次持续的攻击影响了美国和欧洲各国，并导致以色列从黎巴嫩撤军，放弃了其自 1982 年入侵以来所获取的利益（Atran，2003）。在使用谈判方法时，针对此类攻击存在一个潜在的重要问题，具体来说，有人认为，这类攻击行为受到精神病态的影响，进而不太可能会服从（谈判内容）或对谈判做出回应，以进行理性的交流。阿特兰（2003）举出了一个基本归因谬误（fundamental attribution error）的清晰例子：在更广泛的情境性因素同时起作用的情况下，人们倾向于将他人的行为归因为个体的特征（而忽略了环境）。为了说明这一点，他使用了广为人知的米尔格拉姆（1974）实验作为例子。在这一实验中，普通民众并没有任何精神疾病，但却进行了一般人看来是十分严重的伤害他人的电击行为。实际上，这些伤害是模拟的，但是参与者并不知情，并基于对权力的服从，表现出了伤害他人的行为。这很明显与恐怖分子集团所进行的伤害行为类似。这一证据要说明的是，精神病态并不是恐怖分子的必备特征，发生这样的行为也不能仅仅考虑个人的特征（Crenshaw，2000）。

最近，对危机事件中与恐怖主义的谈判的关注比较有限，相应研究在近些年来显著地减少了（Cronin & Ludes，2004；Garfinkel，2004；Pillar，2001）。心理学在这一领域的传统研究在一定程度上还在持续（Donohue & Roberto，1993；Slatkin，2010）。这一下降趋势很大程度上是由于类似基地组织的团体成为了主要的焦点。这类组织通常高调地宣称不进行谈判。这一发展趋势被称为"极端"恐怖主义（Hayes，Kaminski & Beres，2003）。对于这类组织，自杀袭击比起绑架人质来说，（针对民众）能得到更多的关注和产生更多的恐惧。

恐怖主义事件中的谈判方法应用

我们可以通过一些历史事件，来看恐怖主义事件中谈判原则的使用和存在的挑战。1997年，图帕克·阿玛鲁（Tupac Amara）组织在由日本驻秘鲁大使举办的活动中，挟持了约700名人质。在数次释放人质之后，该组织还扣押了74名人质，并进行了长达4个月的谈判。当谈判终陷徒劳时，营救行动最终使得73名人质获救（Faure，2003）。2003年，一个伊斯兰组织在阿尔及利亚的撒哈拉沙漠中挟持了31名欧洲游客，经过5个月旷日持久的谈判，除了一个死于中暑以外，其他30名人质被安全释放（Faure，2003）。相反，车臣组织在莫斯科挟持了979名剧院观众的事件，以及2年后，在俄罗斯联邦的别斯兰挟持了数百名学生和其他人质的事件，在这两起事件中，政府当局都选择了在事件的早期即直接干预。这导致了在莫斯科剧院人质事件中，128名人质死亡；在别斯兰学校人质事件中，超过300人丧生。这两起事件都是拙劣的干预措施所带来的结果（Myers，2004；Finn，2005）。由此可以看出，任何战术策略都伴随着高风险，特别是那些冲动、准备不充分、未经充分考虑的策略。

更为有效的谈判的一个显著特征是，它们往往历时长久。这不足为奇，因为犯罪人在早期可能受到铺天盖地的媒体的新闻报道的激励。根据谈判的原则方法，最需要面对的阻力和隐忧，就是在恐怖主义事件中，被当作讨价还价的价码的人质（Zwier，2013）。此类事件仍在继续，由于一些组织有可能得到大规模杀伤性武器，或已经持有了大规模杀伤性武器，此类事件的严重性还在进一步增加。这一可能性显著地提高了和那些持有上述武器的个人或组织谈判的价码。

从上述案例可以看出，虽然在过去，有的政府会因为显得弱势而拒绝使用谈判，但是在恐怖主义事件中使用谈判的方法，拥有改善结果的巨大潜力。谈判方法的使用，为各类冲突的解决提供了一个良好的基础，并且不需要双方事前就具有相互的认同（Zwier，2013）。

与恐怖分子谈判的过程

在恐怖主义的谈判方法上，福勒（2007）提出了四类方法和七个推论。这在很大程度上和矫正及执法机关的方法重叠，但也有显著的差异。

（A）立即尝试建立一个有前瞻性的、问题解决导向的工作关系，而不是制定处罚

207

的方法。

ⅰ）试图理解挟持者的动机。

ⅱ）分析影响极端分子行为的文化，在培育和保持工作关系时，避免产生文化误解。

ⅲ）阻止失望和敌意的蔓延，避免在谈判中采取任何对极端分子的刺激性行为。

（B）使用基于利益的谈判技巧以推动谈判的发展，并同时了解人质的基本情况。

ⅰ）识别挟持者的主观和客观利益，以期更好地和平解决。

（C）找出可行方案，使得政府可以接受，且让恐怖分子觉得（该方案）比使用暴力更好。

ⅰ）基于客观标准找出中立的方法，并探索在程式化的谈判中创造出能建立信任的方法。

ⅱ）考虑对问题的分级处理。

（D）衡量提议与当前政府最佳替代方案之间的差异。

ⅰ）估计一个战术干预任务成功的可能性。

当然，在恐怖主义事件的谈判中，谈判团队的行动将面临许多外部政策约束，这一约束可能比其他情况下来的都多。这就需要高水平的问题解决能力和创造性。无论立场和初始情况为何，政府都极少不进行谈判，多是地方政府直接介入或是通过代理机构或个人介入谈判之中（Wilkinson，2014）。在实践过程中，解决这类重大事件的过程与在执法部门的（解决过程）还是有类似之处的。

人质的经历

那些被俘的人质是整个危机谈判的关键部分，也是任何共识的解决方法的核心。整个危机谈判的过程围绕确保人质的安全释放和伤害最小化展开。最终的解决方案是以特定形式释放人质，或使用战术方案来确保人质被安全释放。

人质的心理和生理状态是谈判过程中所关注的问题。被劫持是一件十分痛苦的事情，可能会在事件发生期间甚至发生之后极大地影响心理状态。对危机事件中（产生）的斯德哥尔摩综合征（Stockholm syndrome）有许多的讨论，不只是因为这一心理对谈判过程的影响。这一术语指的是，人质产生了对绑匪的认同，同时产生了对谈判者的消极或敌视态度。这一术语的命名来源是，在斯德哥尔摩（事件）的长期挟持中，一些人质对绑匪产生了强烈认同，而对谈判团队产生了敌视态度。在某种程度上，这一反应也算是意料之中的，人质通常强烈依赖绑匪来保持他们的安全。基于自保，政府通过战术干预来解决事件的可能性，成了人质的直接威胁。然而，最近的研究表明，"对绑匪的认同"这一说法可能有些过度阐释了。实证研究发现，在挟持人质的事件中，当人质的待遇更差时，这一效应更容易产生（Hillman，1981；Solomon，1982）。其他研究表明，若谈判者提高对时间的控制，且有效降低对人质的威胁力度，则人质对绑匪的过度认同水平会下降。人质可以由谈判者的行为免受严重威胁的话，上述效应即可以避免（Olin & Born，1983；Fuselier，1988）。最近的一篇文献综述讨论了12篇这一主题的文章，发现其在术语的使用上高度不一致，且缺乏验证的标准。文献综述作者也认为，在报告中和公众眼中对上述特征存在偏见（Namnyak et

208

al.，2008）。

这类事件所造成的长期创伤也是一个研究主题（Bisson，Searle & Srinivasan，1998）。比如对在 1990 年入侵科威特事件中，被挟持为人质的 71 名英国军人和他们的家庭所进行的研究。通过对事件影响的测量，辅以 28 项一般基础健康问卷和背景因素问卷，对上述人群进行了长达 6—18 个月的心理健康的跟踪研究，来测量人质经历对他们的影响和创伤程度。研究者报告表明，随着时间推移，事件影响测量得分的变化很小，但在 12 个月内，基础健康问卷的得分显著降低的情况。他们也发现困扰和回避的现象减少了，同时心理压力也逐渐下降。目睹身体暴力，以及在身心健康方面有明显的恶化的那部分人，往往得分更低，并且 6 个月后重测结果的低得分，与 18 个月后重测结果中更糟的健康表现相关。

危机谈判——例证

通过例证来讨论谈判方法的使用问题是有必要的，这有助于提高对方法的理解水平。不得不说，对危机情况谈判的高质量研究相对较少，近些年的研究也比较平淡。因此，大部分例证是基于早期的研究，或是实践经验中的专家标准。基于此，这一领域在政策和实践上有些止步不前，不同组织进行研究的意愿也明显影响到了这一领域的发展。矫正机构（Correctional organizations），比如英国的皇家监狱管理服务部（HM Prison Service），基于研究行为将有可能不利于"安全"，而不愿意开展研究。这十分可惜，因为在严格意义上，这类矫正机构最容易提供对危机谈判特征的学习方法，无论（针对的是）有效谈判还是失败谈判。

相较之下，那些涉及执法部门和恐怖分子的谈判更易于研究。因此，有一些早期的高质量研究能够加深对谈判程序的理解，同样也适用于危机事件中的谈判。早期研究的一个例证是，多诺霍和罗伯托（1993）基于涉及 10 名真实人质的谈判，而提出的谈判秩序理论（negotiated order theory）。他们对这些事件的定性分析表明，谈判的成功与否取决于是否建立了能够达成共识的关系，这是营造有效关系的基础。他们还指出，人质谈判中的参与者应该要发展出一种所谓的"关系的节奏"，这是指关系处在相当稳定的合作或竞争行为中。

罗斯和拉克鲁瓦（1996）对谈判和调停中的信任的研究文献进行了系统的回顾。他们发现，谈判中的信任基于不同的关系，有不同的含义。信任是一个差异性的概念（trait concepts），比如，信任是如何产生的会导致信任这一概念的差异。我们可以将其视作一个情境性的概念（state concepts），对此有三种讨论：①合作动机导向（motivational orientation，MO）；②可预测的行为模式；③问题解决导向。

泰勒和托马斯（2008）的研究为危机事件中成功谈判的本质提供了颇有价值的见解。他们的研究讨论了在 9 名执法人员被挟持为人质的事件中，语言风格匹配（LSM）的作用。语言风格匹配可以被看做是对话双方使用的词汇之间的协调程度。心理学领域中，对语言风格匹配和谈判结果的关系的研究已经有相当规模了。语言风格匹配往往涉及历时性的两人或多人的语言交流。它还涉及了互动中与事件相关的线索和回应的语言（Auld & White，1959）。这里的语言行为包括口头和非口头的交流（Non Verbal Communication，NVC），其中的一些行为会比其他行为更加有关系。基于谈判的环境，语言行为包括"人体动作"（肢体语言）、"语音"（副语言）以及"语言时位（chronemics）"（时间结构）[4]（Moore，Hickson & Stacks，2010）。

209

调整理论（Accommodation Theory）（Giles，Coupland & Coupland，1991）认为，个体会基于环境，通过交流风格来创造、维持或减少社会距离。为减少社会距离，我们会倾向使用手势、俚语和其他表现出比对一般人更加亲近的行为。这一点与审判心理学有明显相似之处，例如专家提供证言时，就要调整其行为的社会距离感，以适应法庭的检验方式。基于非口头的交流的证据，尤其是那些有条理的协调交流行为，往往能够提高交流水平（Ellis & Beattie，1986）。

尼德霍弗和彭尼贝克（2002）在对谈判的观察后得出，有效谈判的语言风格匹配水平将处于高位，并通过三个实证研究进行了验证。这些研究涉及的是学生间真实世界的互动行为。他们发现，在所有的案例中，参与者无论是在整体上，还是在每一次的交流上，都展现出了很好的语言风格匹配水平。在真实世界的案例中，他们发现低水平的语言风格匹配往往与语言风格不一致的敌意环境相伴随。这一发现很大程度上符合来自危机谈判中的证据（Taylor & Thomas，2008）。

对更加有效的谈判的研究发现了这类谈判的诸多特征。比如，在初始的谈判中提高语言风格匹配水平，减少社会距离。谈判者开始使用一个被称为"拖曳（entrainment）"的方法来提高有效性。这一方法是指，一方接受和考虑其他团体的谈判动机，并在对话中复述这一动机（McGrath & Kelly，1986）。相反，一些研究表明，"强硬"的对话策略在产生转机上很有效，但是对不同团体的效果是有差异的，这一策略也可能会产生危机（Druckman，1986，2001）。

危机谈判的研究也面临诸多重要的挑战，比如研究复杂和动态谈判所面临的方法论上的挑战。近期的研究，如泰勒和托马斯（2008）、吉贝尔斯和泰勒（2009）的研究表明，这一挑战并不是不可逾越的，用于研究谈判的工具也适用于对危机谈判的研究。这两项研究都对谈判的内容、过程进行了考量和系统的分析。在泰勒和托马斯（2008）的研究中，将9名人质被挟持的事件划分为6个时间段。作者发现成功的谈判表现出了高水平的语言风格匹配；但更进一步的讨论发现，这一关系并不简单。成功和不成功的谈判中的语言风格匹配水平都比较相似，但是不成功的谈判展现出了语言风格匹配水平的波动，而成功的谈判中的语言风格匹配水平则比较平稳。他们认为，这表明若谈判无法维持协调关系和语言的一致性，则不容易成功。泰勒和托马斯（2008）还报告了对语言风格匹配变化的分析。他们认为，随着时间的推移，成功的谈判在每轮谈判中展现出了更强的协调性，有更多积极的反馈，着眼于当下而不是过去，着眼于协调而不是竞争。他们也指出了低水平的沟通形式的特征。成功的谈判者很少表现出反对或使用否定的词汇，他们通常也不使用第一人称来对话。另外，他们倾向于不做出强调自己和犯罪人之间差异的行为。

在吉贝尔斯和泰勒（2009）的研究中，讨论了文化差异在危机谈判的交流中的作用。这一研究使用了荷兰和比利时执法部门的25个谈判音频记录。之所以选择这些音频，是因为他们都发生在研究开始时的近10年内，且至少有10分钟以上的谈判记录时间可以被研究所用。这些录音中包括15个人质绑架事件，以及10个通过电话谈判的敲诈勒索事件。研究的结果表明，文化差异大会影响谈判的进程。他们进一步认为，需要发展出一套对跨文化交流的经验老到（sophisticated）的理解，这样可能会有助于此类事件的解决。

近期对于谈判过程的研究（van den Heuvel，Alison & Power，2014）也涉及了执法部门。这一研究是建立在认知心理学的长期研究之上，对警察谈判进行分析，并模拟危机事件的发生。这一方法基于专业训练的使用，并关注谈判管理在决策时的不确定性。这一研究考察了见习谈判者的自我管理如何影响他们的适应性和方法的有效性，方法是通过对模拟人质谈判的战略制定会议录像进行分析。作者报告了三个阶段的编码数据：决策阶段、不确定性管理策略阶段和策略实施阶段。根据作者的报告，参与其中的见习谈判者通常使用认知削减策略（cognitive reduction strategies）来寻找额外的信息，他们也基于先前的经验，使用迭代的方法来更新信息。谈判者随后进入策略制定阶段，通过假想的理由推理进一步的行动。首选策略是对各个选择优缺点的分析。计划中的不确定性一直存在，这似乎是依据标准的操作程序而定，或是专门为最糟糕的情况制定计划而有意不消除不确定性。

在危机谈判的研究中，仍旧存在着一些空白，比如，认知心理学有大量的研究表明，人们分析信息存在直观推断和偏见的问题（Gigerenzer & Selten, 2002; Pachur, Hertwig & Steinmann, 2012），对这一问题的讨论无疑有可能会有助于提高危机谈判的质量。因此危机谈判在这一领域的研究如此稀少实在是令人惊讶，尤其是其涉及的潜在风险还相当得高。由于这一领域的大部分文章被近期和当前的实践所吸引，几乎没有文章讨论如何通过认知研究来提高实践的成果，其内容基本也与对该理论的讨论无关。

结论

在前文的论述中，已经出现了很多讨论危机谈判的主题。这其中包括了大量谈判方法的使用，以此可以看出在执法和监管环境中的默认回应方法。尽管政府极力否认，但谈判的方法和恐怖主义事件仍并行发展着。

虽然这一领域的实践停滞不前，但是在20世纪末还是经历了快速的发展。心理学的单一个案研究在这一领域仍在继续，但这些研究似乎对政策和实践的影响有限。危机事件的本质似乎逐渐被认识到，其应对方法也出现了一定效果。这些观点是否有效还有待讨论，但很明显，新形式危机的产生和极端恐怖主义的兴起使得局面发生了变化。这需要政策制定者从国家执法层面到干预层面深刻反思现有政策和司法实践；这一过程仍在继续而且会不断发展。一些直接与危机谈判领域相关的令人鼓舞的研究也逐渐出现，特别是吸收了认知和社会心理学领域的发展。这样的研究不仅仅是在方法层面上，也是在伦理层面上对研究者的挑战。这些研究并不是不可逾越的，并且这样的工作也有助于提升危机事件中谈判方法的有效性。

注释

[1] "零和博弈"一词来源于博弈论，在心理学和经济学领域得到了广泛的应用。该词指的是在一个数学意义的情境中，一方所得完全为另一方所失。这样所有成员的获得和损失会互相抵消，均为零。

[2] 危机谈判的模型包括"突破拒绝（Getting Past No）"模型、"安全（SAFE）"模型以及"反应（REACT）"模型等。这三个模型是对现存的危机谈判训练和实践进行总结而得出的。关于这些模型的详细介绍可参考格拉布（2010）、麦克梅因斯和马林斯（2012）的文章。

[3] 关于这一点有一个例外，在海上危机事件中，面对这种情况，战术干预一般由专业的军事单位进行。这可能会对海上恐怖主义事件的解决存在不利影响。

211   [4] 一般来说，肢体接触在危机事件解决中的关系性较小。

扩展阅读

1. Olekalns, M., & Adair, W. L. (2013), *Handbook of research on negotiation*, Cheltenham, UK: Edward Elgar.

由多国作者联合撰写了 19 章有关谈判的文献回顾。文中提供了对谈判特征、社会心理因素和交流过程最新研究的总结。该书最后一章讨论的复杂谈判与法证心理学的关系密切。特别是 Wells、Taylor 和 Giebels 撰写的"危机谈判：从自杀到恐怖主义事件干预"一章，对危机谈判进行了极好的综述。颇为不易的是，这一章节讨论了如何在自杀威胁的环境下进行危机谈判。

2. Fowler, M. R. (2007), "The relevance of principled negotiation to hostage crises", *Harvard Negotiation Law Review*, 12, 251 – 318.

这篇文章对谈判方法在人质危机事件中的应用进行了综述。文章重点对复杂的环境，特别是运用谈判方法应对有政治动机的事件进行了讨论。本文有危机事件的案例佐证，作者倡导多使用谈判这一方法。

3. Ireland, C. A., Fisher, M., & Vecchi, G. M. (Eds.)(2011), *Conflict and crisis communication: Principles and practice*, Oxford: Routledge.

由多个作者撰写了 10 章介绍了在矫正和监管环境下的危机谈判。不同之处在于，该书覆盖了多个方面，包括了伦理问题、谈判的作用和特点以及对人质的影响等。

参考文献

Atran, S. (2003), "Genesis of suicide terrorism", *Science*, 299 (5612), 1534 – 1539.

Auld, F., & White, A. M. (1959), "Sequential dependencies in psychotherapy", *Journal of Abnormal and Social Psychology*, S8, 100 – 104.

Becker, J. (1977), *Hitler's children: The story of the Baader-Meinhof terrorist gang*, Philadelphia: Lippincott.

Bisson, J. I., Searle, M. M., & Srinivasan, M. (1998), "Follow-up study of British military hostages and their families held in Kuwait during the Gulf War", *British Journal of Medical Psychology*, 71, 247 – 252.

Boin, A., & Rattray, W. A. (2004), "Understanding prison riots towards a threshold theory", *Punishment & Society*, 6 (1), 47 – 65.

Bueger, C. (2013), "The global fight against piracy", *Global Policy*, 4 (1), 63 – 64.

Calahan, A. B. (1995), "Countering terrorism: The Israeli response to the 1972 Munich Olympic massacre and the development of independent covert action teams (Dissertation, Marine Corps Command and Staff College)".

Caplan, G. (1961), *Prevention of mental disorders in children*, New York: Basic Books.

Carkhuff, R. R., & Berenson, B. G. (1977), *Beyond counseling and therapy*, New York: Holt, Rinehart and Winston.

Carlile, A. (2007), *The definition of terrorism. A Report by Lord Carlile of Berriew*

Q. C. Independent Reviewer of Terrorism Legislation (Cm7052), London: HMSO.

Crenshaw, M. (2000), "The psychology of terrorism: An agenda for the 21st century", *Political Psychology*, 21 (2), 405 – 420.

Crighton, D. A. (1991), *Psychological contributions to hostage incidents and other serious disturbances: A literature review*, Prison Psychology Conference Proceedings, London: Home Office.

Crighton, D. A. (1992), "Psychological contributions to hostage taking incidents", Paper presented at the British Psychological Society Annual Conference, Blackpool.

Crighton, D. A., & Towl, G. J. (2008), *Psychology in prisons* (2nd edn), Oxford: BPS Blackwell.

Cronin, A. K., & Ludes, J. M. (Eds.)(2004), *Attacking terrorism: Elements of a grand strategy*, Washington, DC: Georgetown University Press.

Donohue, W. A., & Roberto, A. J. (1993), "Relational development as negotiated order in hostage negotiation", *Human Communication Research*, 20 (2), 175 – 198.

Druckman, D. (1986), "Stages, turning points, and crises: Negotiating military base rights, Spain and the United States", *Journal of Conflict Resolution*, 30, 327 – 360.

Druckman, D. (2001), "Turning points in international negotiation", *Journal of Conflict Resolution*, 45, 519 – 544.

Ellis, A., & Beattie, G. (1986), *The psychology of language and communication*, Guildford, UK: Psychology Press.

Faure, G. O. (2003), "Negotiating with terrorists: the hostage case", *International Negotiation*, 8 (3), 469 – 494.

Finn, P. (2005), *New report puts blame on local officials in Beslan Siege*, Washington Post, Dec. 29.

Fisher, M. J. (2011), "Ethical Considerations in a conflict and crisis situation", In C. A. Ireland, M. J. Fisher, & M. Vecchi (Eds.), *Conflict and crisis communication: Principles and practice*, London: Routledge.

Fisher, R. (1983), "What about negotiation as a specialty", *ABAJ*, 69, 1221.

Fisher, R., Ury, W. L., & Patton, B. (2011), *Getting to yes: Negotiating agreement without giving in*, New York: Penguin.

Flood, J. J. (2003), *Hostage barricade database* (*HOBAS*), Quantico, VA: FBI Academy.

Forest, J. J. (2012), "Global trends in kidnapping by terrorist groups", *Global Change, Peace & Security*, 24 (3), 311 – 330.

Fowler, M. R. (2007), "The relevance of principled negotiation to hostage crises", *Harvard Negotiation Law Review*, 12, 251 – 318.

Frykberg, E. R., Tepas, J. J., & Alexander, R. H. (1989), "The 1983 Beirut Airport terrorist bombing: Injury patterns and implications for disaster management", *The American Surgeon*, 55 (3), 134 – 141.

Fuselier, G. D. (1988), "Hostage negotiation consultant: Emerging role for the clinical psychologist", *Professional Psychology: Research and Practice*, 19 (2), 175.

Garfinkel, M. R. (2004), "Global threats and the domestic struggle for power", *European Journal of Political Economy*, 20 (2), 495 – 508.

Giebels, E., & Taylor, P. J. (2009), "Interaction patterns in crisis negotiations: Persuasive arguments and cultural differences", *Journal of Applied Psychology*, 94 (1), 5 – 19.

Gigerenzer, G., & Selten, R. (Eds.)(2002), *Bounded rationality: The adaptive toolbox*, Cambridge, MA: MIT Press.

Giles, H., Coupland, N., & Coupland, I. (1991), "Accommodation theory: Communication, context, and consequence", In H. Giles, J. Coupland, & N. Coupland (Eds.), *Contexts of accommodation. Developments in applied sociolinguistics*, Cambridge: Cambridge University Press.

Gordon, N., & Lopez, G. A. (2000), "Terrorism in the Arab-Israeli conflict", In A. Valls (Ed.), *Ethics in International Affairs*, Lanham, MD: Rowman & Littlefield.

Grubb, A. (2010), "Modern day hostage (crisis) negotiation: The evolution of an art form within the policing arena", *Aggression and Violent Behavior*, 15 (5), 341 – 348.

Hayes, R. E., Kaminski, S. R., & Beres, S. M. (2003), "Negotiating the non-negotiable: Dealing with absolutist terrorists", *International Negotiation*, 8 (3), 451 – 467.

Hillman, G. (1981), *The psychopathology of being held hostage*, Washington, DC: American Psychiatric Association.

Klein, A. J. (2007), *Striking back: The 1972 Munich Olympics Massacre and Israel's deadly response*, New York: Random House LLC.

Lloyd Lord (1996), *Inquiry into legislation against terrorism* (Cm 3420), London: HMSO.

Matusitz, J. A. (2013), *Terrorism & communication: A critical introduction*, Los Angeles: Sage.

McGrath, J. E., & Kelly, J. R. (1986), *Time and human interaction: Towards a social psychology of time*, New York: Guildford Press.

McMains, M. J., & Mullins, W. C. (2010), *Crisis negotiations: Managing critical incidents and hostage situations in law enforcement and corrections*, Providence, NJ: Mathew Bender & Co.

Milgram, S. (1974), *Obedience to authority*, New York: Harper & Row.

Moore, N. J., Hickson, M., & Stacks, D. W. (2010), *Nonverbal communication: Studies and applications*, Oxford: Oxford University Press.

Myers, S. L. (2004), *From dismal Chechnya, women turn to bombs*, New York Times, 10.

Namnyak, M., Tufton, N., Szekely, R., Toal, M., Worboys, S., & Sampson, E. L. (2008), "Stockholm syndrome': Psychiatric diagnosis or urban myth?", *Acta Psychiatr Scand*, 117, 4 – 11.

Niederhoffer, K. G., & Pennebaker, J. W. (2002), "Linguistic style matching in social interaction", *Journal of Language and Social Psychology*, 21, 337 – 360.

Olin, W. R., & Born, D. G. (1983), "A behavioral approach to hostage situations", *FBI Law Enforcement Bulletin*, 52 (1), 18 – 24.

Pachur, T., Hertwig, R., & Steinmann, F. (2012), "How do people judge risks: Availability heuristic, affect heuristic, or both?", *Journal of Experimental Psychology: Applied*, 18 (3), 314.

Pape, R. A. (2003), "The strategic logic of suicide terrorism", *American Political Science Review*, 3, 343 – 361.

Pillar, P. R. (2001), "Terrorism goes global: Extremist groups extend their reach worldwide", *The Brookings Review*, 19, 34 – 37.

Post, J. M. (2007), *The mind of the terrorist: The psychology of terrorism from the IRA to al-Qaeda*, London: Palgrave Macmillan.

Rogan, R. G. (2011), "Linguistic style matching in crisis negotiations: A comparative analysis of suicidal and surrender outcomes", *Journal of Police Crisis Negotiations*, 11 (1), 20 – 39.

Ross, W., & LaCroix, J. (1996), "Multiple meanings of trust in negotiation theory and research: A literature review and integrative model", *International Journal of Conflict Management*, 7 (4), 314 – 360.

Sherfinski, D. (2014), "Hagel: US didn't negotiate with terrorists in securing Bergdahl's release", *The Washington Times*, Sunday, June 1.

Singh, C., & Bedi, A. S. (2012), " 'War on piracy': The conflation of Somali piracy with terrorism in discourse, tactic and law", *ISS Working Paper Series/General Series*, 543, 1 – 44.

Slatkin, A. A. (2010), *Communication in crisis and hostage negotiations: Practical communication techniques, stratagems, and strategies for lawenforcement, corrections and emergency service personnel in managing critical incidents*, Springfield, IL: Charles C Thomas Publisher.

Solomon, V. M. (1982), "Hostage psychology and the Stockholm syndrome: Captive, captor and captivity (Doctoral dissertation, Florida Institute of Technology)".

Spector, B. I. (1977), "Negotiation as a psychological process", *Journal of Conflict Resolution*, 21 (4), 607 – 618.

Taylor, P. J., & Thomas, S. (2008), "Linguistic style matching and negotiation outcome", *Negotiation and Conflict Management Research*, 1 (3), 263 – 281.

Towl, G. (2011), "Forensic psychotherapy and counselling in prisons", *European Journal of Psychotherapy & Counselling*, 13 (4), 403 – 407.

van den Heuvel, C., Alison, L., & Power, N. (2014), "Coping with uncertainty: Police strategies for resilient decision-making and action implementation", *Cognition, Technology & Work*, 16 (1), 25 – 45.

Vecchi, G. M. (2003), "Active listening: The key to effective crisis negotiation", *ACR Crisis Negotiation News*, 1, 4 – 6.

第十三章　精神疾病与犯罪

戴维·皮尔格里姆（David Pilgrim）

针对那些既犯了罪又患有精神疾病的患者，如何对其进行心理评估给从业者带来了特殊的挑战。在心理评估时，应该如何平衡犯罪因素和精神病理因素之间的关系？以及二者在何种程度上是相互独立的，又在何种程度上是相互关联的？心理评估是对精神病诊断的补充还是挑战？如果结合精神病人的成长环境来认识其犯罪行为，那么（犯罪行为）在多大程度上是由文化规范导致的？在多大程度上是由个体病理因素导致的？因为这些心理评估常常在监狱环境中进行，既然犯人身处非正常的生活环境，那么又该如何保证评估和预测的有效性？他们接受心理评估时多半是在一个封闭的环境中，但其犯罪行为则发生在一个开放的环境中。那么，精神疾病的症状可以在多大程度上与解释和预测特定的危险行为有关（或者无关）呢？

值得一提的是，从某种程度上来讲，上述问题在所有犯罪行为中都普遍存在。因为没有人（包括罪犯在内）能够宣称自己的心理完全健康。心理动力学（译者注：心理动力学，又称"精神动力学"或"精神分析学"）特别强调，每个人都或轻或重地患有一定程度的心理疾病，因此所有罪犯社会心理方面的越轨行为都能以病理学和心理学专业知识的形式来解释。罪犯违反法律（的行为），有一些是无受害人犯罪，这时他们之间的冲突和相互间的不信任到了极点。这些人际关系和个体特征是心理探索的重要组成部分。除了传统的心理动力学外，心理机能的存在、认知和行为方法也适用于犯罪行为。

为探讨上述问题，本章将包含四个目标：

1. 关注精神病罪犯所处的社会环境。
2. 总结心理学和精神病学关于犯罪研究的异同点。
3. 探讨司法工作中何时采用心理学而非精神病学作为精神疾病诊断方法。
4. 介绍精神疾病诊断和风险评估之间存在的复杂关系。

违反规则的社会背景：正常和异常的罪犯

值得注意的是，犯罪行为和精神健康问题总会涉及规则违背和社会排斥，于是犯罪学家、社会学家对此最有发言权（Prins，2005）。犯罪行为和精神异常既是社会问题，也是心理问题。监狱和医院的数量并不能容纳社会上的所有罪犯与精神病人。黑人、男性过多（当然还有贫穷），可以预测既违反法律又患精神障碍的"残余偏差"（Rogers & Pilgrim，2014）。因此，精神异常的罪犯存在双重异常。其中的原因很可能起源于社会剥夺和社会排斥。

二战期间，美国的芝加哥学派曾在名为"生态翼"的研究中，展示了贫困与社会排斥的关系，以及社会资源分配不均对精神疾病的影响（Rogers & Pilgrim，2003）。那些患有精

215

神障碍的罪犯离开拘留所以后，很大可能会陷入贫困潦倒的社会生活状态。在这种情况下，再犯风险的高低不仅依赖个体预测因素，而很大程度上应取决于生活条件（社区和社交网络特征），这也是本章最后想要阐述的关键内容。

社会学一直关注人的社会性，这种社会性正是业内外评估个体的偏差识别和偏差放大过程所涉及的。20 世纪 60 年代符号互动论（Coulter，1973；Scheff，1966）特别强调人具有社会属性，该理论流派是芝加哥社会学派的另一个分支。此外，社会学方法还提供了一种新思路，即在全国范围内建立研究社会规则的组织机构，用于控制和评估罪犯，并雇佣一些专家（比如司法心理学家）进行评估（Cohen & Scull，1985）。

因此，重要的是，从我们的学科角度来看，对精神病学的相关批评不会导致高估异常心理因素。用"心理简化论"替代"医学还原论"可能并不是一个伟大的进步，但是，心理学家可以利用其他学科广泛的知识体系，从而使其进行的精神疾病诊断经得起推敲。

精神异常罪犯的鉴定与刑罚

考虑到犯罪行为的社会背景以及司法心理学家的设置，关于精神病罪犯的鉴定与刑罚需要回归精神病学。如果"精神疾病"是精神病学的话语，那么在司法工作的共同组织构架下，这一医学专业的特点是什么呢？精神病学家具备医生资格，应该且擅长从正常心理机能中去识别出"精神障碍"、"描述性精神病理"或"病态心理"。因此，精神病学家在解释正常普通人的思维、情感和行为方面几乎没有发言权（我的研究生曾抱怨说，精神病学家总是陷入固定的医学模式。我常解释说，这并不奇怪，因为他们是医务工作者）。

精神病学家并不是唯一的一个对普通经验和行为一无所知的人，绝大多数人也不了解，大家都对"心理秩序"知之甚少。这是因为，除心理学的研究以外，我们绝大多人只会在出问题时，才会更加留神注意。如果当某一事件"正常"发生了（比如，符合大众对特定角色的社会期望），那么这件事就不会引起注意，个体也就不会有强烈的反应。

精神病人的荒诞行为在一定程度上符合角色和规范的社会期望，所以不会被问责，但是含蓄地讲，如果违反就要求问责。戈夫曼（1971）指出，在大多数社会中元规则就是关于社会的可理解性；如果有人问起，我们要解释为什么我们要打破规则。被揭露的骗子和被发现的罪犯可以否认或辩解他们的行为，这并没有打破元规则，因为他们提供了各样的说明。相比之下，"精神病"患者违反规则，但是他们无法或不愿解释他们的违法行为；他们对自己无法理解的行为缺乏洞察力。因此，与诈骗罪犯不同，精神疾病患者破坏了社会契约，也就是我们有义务在情况需要时向他人对自己的行为做出解释。

相比于其他越轨行为，不愿或者无法承担责任的犯罪行为更应该受到惩罚。基于这一原因，被诊断为患有精神病的罪犯属于极少数未决羁押的成年人，除此之外还包括恐怖嫌疑分子。《精神卫生法》（属于用词不当，因为它是关于一种精神疾病强制性社会控制，而并非为了促进精神健康）和《反恐怖主义法》属于特殊的法律法规。此外，未决羁押适用于不构成犯罪的"民事病人"，所以判定其潜在的风险程度不仅仅针对精神病罪犯。

因此，融合两种偏差类型——犯罪行为和精神障碍——也就意味着需要将两者合并或者分别运作。常见的刑事处罚是评估犯罪者的"过去行为"，另一种是为确保安全而施行有组织的精神拘留。后者对精神病人实施无限期拘留，并对他们的"未来行为"进行短期评估。为了控制再犯风险，将精神病罪犯从监狱转到司法精神病医院是很常见的。另外，在后一种情况下，心理学家花费了大量的时间来评估不确定性风险，所以倾向于默认"错误

216

否定"的决策。这些专业人士往往不能拘留非必要性患者，但如果精神病人出院后再次犯罪，这些专业人士就会遭到强烈的谴责。

精神病学和心理学的异同

除医学领域之外的人文科学领域，心理学家、人类学家和社会学家在研究中刻意追求平凡的事物，以建立绝大多数人的常态图，人们的"规范与道德"、思维、感觉和动机遍布个体全部的日常生活。人文科学源自探析人类的基本功能，也会为了更好地研究"正常人类"而关注犯罪。

相比之下，精神病学家从另一方向研究精神疾病的发病率——而且往往被困在那里。因此，他们对正常人的心理机制不感兴趣，因此缺乏将其所在领域的研究与广泛的人类功能相联系的专业能力，于是就形成了具有局限性的医疗模式。它还有一个重要的社会心理学后果，即将精神病人与正常人区分出来，这种压迫性的过程越来越多地被称为"他者化"。心理学家发现，如果生搬硬套地采用医疗模式，也会出现上述同样的问题。

然而，对医疗模式批判最猛烈的不是心理学，而是源于精神病学本身（e. g. , Kleinman，1988；Szasz，1961）。尽管如此，大多数精神科的医生仍生活在一个"有或无"的数字逻辑判断里（如无异常发现、未见精神病性症状、非精神病患者、此人可进行辩护等）。顺便说一下，这种逻辑判断必须与法律相适应，精神是否异常以及该承担什么责任应由法官或者陪审团来确定。

相反，心理学家主张以连续发展的方式认识精神问题，而不仅仅简单对"人"进行分类。心理学家强调在模拟的基础上进行评估，而不是对人进行数字化推理。人们或多或少会出现多疑、注意他人、思维顽固、冲动、以道德为依据、以自我为中心、缺乏洞察力、倾向于特殊的思维与认知、情绪不稳定等状态。以"偏执"为例：在精神病学中，这往往被视为一种病态的状态，精神病学将性格多疑、不分轻重而对重要的事情思维僵化、对他人不解之事具有强烈的表达欲望但又屡屡失败等症状，作为诊断个体偏执的条件（特征）。如果病人患有"妄想"，精神病学家将这种病态思维方式称之为"偏执型精神分裂症"。从某种意义上讲，上述病症与正常人的行为存在很大差别。一般人不论有没有具备充分的专业知识，只要与这类人接触就会很快看出异样。那么，与其把精神病患者看作正常人的"异类"，心理学家们可能更善于探究大众的一般心理过程（Bentall，2010）。

司法心理学与精神疾病

司法心理学家经常会遇到本身就患有精神疾病的罪犯。如果遇到某些罪犯以前没有做过诊断，司法心理学家会参与评估罪犯心理健康状况。尽管在刑事和安全的心理健康环境中有司法心理学家的一席之地，但是他们在后者中更有可能遇到精神病学家（或临床心理学家）。这些情况使得对这些专业人士的首选结构产生了预设。

广义来看，在刑事司法和心理健康领域都需要关注精神疾病，但在后者中，精神疾病更加拥有话语权，这是由医疗优势及其传统的法律地位所决定的。英国有精神科医生担任主要的负责医疗人员（Responsible Medical Officers，RMO）的传统，他们掌握了病人出院或入院的权力（注意名字本身是一个具有象征意义的标志，而不是"罪犯"或"囚犯"）。此外，精神病学家在英国内政部（the Home Office）和精神卫生审查法庭（Mental Health Review Tribunals）发表的报告相较于其他专家（如心理学家）更加直接和权威。在英国，

RMO 的作用在 2007 年《精神卫生法》颁布后消失了，取而代之的是"主管医生"（Responsible Clinician，RC）发挥主要作用，并且允许心理学家以"顾问"的角色代替原来的负责医疗人员（RMO）。但是在人格障碍诊断方面，相比于精神病学家，心理学家的地位很受局限，尤其是在决定是否释放或转院方面。对于是否释放精神病罪犯，精神病学家仍拥有独立的决定权。

217

传统精神病学与心理学

结合前文，我们需要对诊断精神疾病的传统进行梳理。当下，我们重点关注精神障碍的一个方面——精神疾病，但是下文的大部分逻辑和经验也适用于人格障碍。这始于精神疾病理论和实践研究的鼻祖——克雷佩林，他（1883）提出了精神疾病的三大公理：

1. 精神疾病是由基因决定的。
2. 精神疾病具有非人为的分类标准。
3. 精神疾病可能容易恶化。

克雷佩林精神病学依据以上原则对精神疾病进行了分类，并重点关注精神错乱，如躁狂抑郁性精神病（后称之为躁郁症）、早发性痴呆（后称之为精神分裂症）。自此之后，精神障碍的分类逐渐详细、丰富。例如，目前美国精神病学协会的精神疾病诊断与统计手册（Diagnostic and Statistical Manual of Mental Disorders，DSM）包含近 400 种精神疾病（2010 年再次修订，种类更多），经过一个世纪的积累，该领域精神疾病的种类如大树一般枝繁叶茂，其中包括两种主要精神病障碍以及众多分支的类型。

克雷佩林提出的生物决定论并不局限于 19 世纪末的医学，当时优生学也很普遍，并因此形成了心理学知识。在英国，弗朗西斯·高尔顿是采用优生学原理解释"污染基因库"的鼻祖，帮助国家推行种族差异政策，并运用基因有缺陷的观点解释维多利亚时期下层阶级的犯罪率、精神失常、白痴、酗酒和卖淫等一系列破坏性越轨行为。优生运动采取诸多措施来限制"劣等基因"的繁殖能力，并进一步提高"优等基因"的出生率（Pilgrim，2008）。

克雷佩林及其他研究者们采用优生学原理进行精神疾病诊断，并受到高尔顿的追随者所创立的伦敦大学原型心理学的影响（代表人物有：皮尔逊、斯皮尔曼和伯特）。他们为生物统计学（现在的心理测量、差异心理学）的诞生提供了早期的原理依据，也为心理表征提供了统计方法，但却没有提供关于优生学的精神病学表述。精神病学简单地认为诊断的重点在于遗传基础——不论是否有实证证据支持该诊断。

然而，优生学的心理学表达遭遇了对基因解释的早期逻辑挑战，即认为优生学的行为特征极少遵循孟德尔遗传定律。因此，基因—环境的多元交互理论采用近正态分布的假设来解释不同人群的不同特征（Fisher，1930）。这一解释后来也被生物精神病学专家用来探讨精神疾病受家族性遗传而患病的可能性。研究结果并未完全呈现遗传学规律，但是关于心理特征呈正态分布的数学假设（注意这是一个假设）产生得更强、更早。

20 世纪早期，优生学的心理学和精神病学观点的表达受到了挑战。第一次世界大战中，士兵参加战争而引起的弹震症在"英格兰高等贵族"（包括军官、绅士和工人阶级的志愿者）中广泛爆发，庇护精神病学领域的优生学观点等同于叛国。因此，在这样的心理健康危机背景下，环境论者为精神异常的解释和治疗提供很大的发展空间（Stone，1985）。同样，20 世纪 20 年代，收容所的恢复速率维持在 25% 左右，克雷佩林的假设在实践中并未出现显著的退化（Hinsie，1931）。另外，在和平年代，20世纪30年代的经济大萧条明显地在其受害者身上产生了影响，增加了公民社会中的精神苦闷水平。

20世纪上半叶的纳粹时期，政治和人道主义危机在环境论者解释心理功能的基础上大行其道，并深度质疑优生学的传统观点。这称得上是优生学的耻辱期，行为论者在实验室通过简单的环境—刺激来演示心理功能障碍是如何形成的，这也是"实验性神经症"形成过程的示范（Watson & Rayner，1920）。另外，本章还会阐述同时期巴甫洛夫（1941）的研究，他在封闭实验室里，采用不仅仅是紧张的而且是痛苦的刺激方式，残酷地对待实验中的狗，进行相关的心理学实验。

在这里，我们开始看到第一个证据：哺乳动物（不仅仅是人类）在没有逃脱的情况下，如果被操纵、忍受饥饿或者遭受惩罚，将出现混乱、无助和疯狂等反应。现在被称为"心理困境"（entrapment）也是影响抑郁症（Brown，Harris & Hepworth，1995；Seligman，1975）和精神失常（Bateson，Jackson，Haley & Weakland，1956；Laing & Esterson，1964）的相关因素。由于司法机构要求精神病罪犯必须在精神病院接受治疗，尤其是在管理严苛和缺乏支持的精神病院，病人很容易陷入"心理困境"。这正是由监狱和精神病院之间的差异造成的，因为精神病医院不存在确切的康复日期。

最后一点值得注意，非精神卫生工作者对精神病学理论和实践表示怀疑，他们认为诊断容易受到前经验主义和实证主义的攻击。比如对"精神分裂症"和"抑郁症"的诊断就缺乏概念效度和预测效度（Pilgrim，2007a；2007b；2014）。事实上，功能性精神障碍并没有找到明确的病因，也没有发现有效的治疗方法（良好医疗诊断的常规验证标准）。此外，尽管美国精神病学协会（American Psychiatric Association，APA）出版的精神疾病诊断与统计手册（The Diagnostic and Statistical Manual of Mental Disorders，DSM）的症状清单提高了诊断的可靠性概率，但是概念可信并不见得一定可靠。这就使得一些心理学家主张完全放弃克雷佩林提出的关于精神疾病的传统医学分类方法，而以正常人的一般心理特征建立的新模型为基础来治疗精神病人（Bentall，2003）。

生物心理社会模式的兴起与新克雷佩林主义的衰落

21世纪中叶，纳粹主义已经名誉扫地，但是精神卫生行业仍未完全放弃"基因决定种族"的论调。精神病遗传学依旧兴盛，并基于纳粹时期的研究（如弗朗兹·卡尔曼和埃利奥特·斯莱特的研究成果）为依据进行宣讲。在心理学领域，心理测量学仍然对遗传优生学的假设抱有很大信心（Pilgrim，2008）。

几乎同时，环境论者（对遗传优生学）的批判也此起彼伏，他们甚至完全否定了生物因素的作用。行为主义心理学在学术心理学的影响广为周知。此外，二战后，人们开始关注战争孤儿的童年创伤对心理健康的短期以及长期的影响，这就为依恋理论的发展提供了条件——这是心理动力学和行为主义融合作用的结果（Bowlby，1951），这一理论成为解释心理健康问题和犯罪行为关系的跳板。

尽管克雷佩林的精神病学学说在和平年代仍占主导地位，但其局限之处却受到军事精神病学的诟病。军事精神病学更倾向于采用环境论者与心理动力学家的方法来探究心理健康问题。在这样的背景之下，社会精神病学和生物—心理—社会模式逐渐兴起。首先出现的是以社会为导向的精神科医生、临床心理学家和医疗社会学家的跨学科研究，接下来阿道夫·莫尔提出精神生物学，在生物学和人类学研究方面提出反还原论和整体主义范式等观点的一般系统理论（General Systems Theory）（Engel，1980）。

　　瑞士精神病学家莫尔，他的职业生涯大部分都是在美国度过的，他并不认同克雷佩林的观点，他反对强制将病人提前限定在专业化类别中。莫尔以"为什么这些病人在这个时候出现这些特殊问题"作为切入点，提议治疗构想应优先于诊断。

　　反对派并未取代克雷佩林，但它在精神病学中制造了压力，使精神病学向精神疾病妥协。这种妥协尤为强调心理和社会因素的交互作用，而非生物层面的因果推断，自此，生物—心理—社会模式开始萌芽（Pilgrim，Kinderman & Tai，2008），心理学领域的优生学观点也有了变化。因此，临床心理学的研究者们（比如汉斯·艾森克）开始同时接纳两种观点：一个是差异心理学的优生观点，另一个是行为主义关于治疗神经质问题的阐述。

　　然而，矛盾的是，艾森克关于精神疾病的管辖权提出了一种折中方案：他提议对心理学家和精神病学家进行简单分工——心理学家采用行为主义疗法来治疗由环境因素引起的神经症，而精神病学家采用药物治疗精神病，这是因为后者是由生理因素决定的（Eysenck，1975）。多年来，临床心理学一直被心理测量和改良后的行为主义（认知行为疗法）所主导。可以说，这一折中性的分工使心理学家对精神疾病的思考产生了深远影响。

　　很快，美国精神病学协会（APA）也表现出另一方面的妥协。历经多年开发，美国《精神疾病诊断与统计手册》（Diagnostic and Statistical Manual，DSM）一直在发展。但是在1980年修订的过程中产生了一些分歧。美国精神病学协会内部关于精神疾病的成因分歧很大，形成了以生物精神病学家和精神分析学家为代表的对立两派。

　　精神分析学家对精神疾病的诊断一直是矛盾的。一方面，精神分析是传记心理学的形式之一。精神分析学家在解释恋物癖个案时，常常分析其发生的社会心理因素（一种理解个体行为的独特诠释方式）。另一方面，当描述正常心理过程及其发展时（"偏执的立场""分裂的防御"），精神分析家仍倾向于使用医疗诊断，哪怕病患说的是病理性语言，比如偏执或者精神分裂症患者的抗辩理由。精神分析学派坚持以病因学、生物精神病学作为遗传的假设性前提。

　　另外，美国《精神疾病诊断与统计手册》第三版（DSM-Ⅲ）的使用权限不局限于医疗从业者，因此来自精神分析学家的地位威胁成了这场内部"权力"斗争的另一个原因。这为非医疗从业者打开了美国精神病学协会"外行"心理分析的大门。与此同时，对精神分析学相关原则的科学性攻击开始了，主要集中在美国文化背景中的可信度上。正因为如此，科学性也成了精神病学可信性问题的一种责任（Hale，1995）。

　　为了解决协会内部这种紧张局势，美国精神病学协会提出降低"病因论"的主张，强调病患的当前状态，以及报告描述性标准，从而给出明确的诊断。乍一看，克雷佩林提出的三个医学公理貌似做出了让步，如同前文所述，第三公理（固化或恶化预测）早在20世纪早期已经备受质疑（Hinsi，1931）。

　　第二公理断言遗传的决定作用，也正在被低估，或者至少是被质疑。然而，这也就是为什么可以颇为恰当地称DSM为"新克雷普林主义"（neo-Kraeplinian）。当前人们强烈认识到精神障碍是自然分类的。这对于重新建立医学权威对精神障碍专业性的管辖至关重要，这样才能让精神疾病的诊断重新回归医疗模式，回归到精神病医生的专业性救助上来（Blacker & Tsuang，1998）。所以，上述种种妥协仍然会强烈坚持精神异常的医学观点（Wilson，1993）。

219

DSM 所坚持的观点以及临床医生真正怎样实践值得注意。生物精神病专家进行精神疾病诊断时仍旧不考虑病因假设。比如，自 1980 年以来，他们仍会区分内源性抑郁症与外源性抑郁症（McPherson & Armstrong，2006）。同样地，在美国，DSM 中对精神疾病病因论的中立性观点已经被精神分析学家藐视了（McWilliams，1994）。关于精神疾病诊断的广泛性问题（尤其是 DSM 相关分析）请参看霍维茨的观点（Horwitz，2002）。

司法领域治疗精神疾病的心理学与精神病学方法

依据上文，我们发现在司法领域心理学家在诊断精神疾病上的应用有三大阵地。第一阵地依据艾森克提出的分工类型，认为精神疾病是由生理性因素导致的，应该施以医学诊断和治疗，即用"抗精神病药物"进行的药物治疗。因此，这对心理学家来说并没有任何作用，即便有也仅仅是提供关于病人智力或人格的测量报告，作为附加信息。

第二阵地的心理学家强调精神疾病是在生物因素驱动下发生的，但这种复发则受个人因素的影响。这一立场遵循"压力—脆弱"假说，强调在原生家庭甚至医院病房或者监狱的"高情感表达"和"沟通偏差"。心理学家可以为减少精神疾病复发提出建议，或者提供相关的干预措施，如家庭治疗或"心理教育"。心理学家在这一阵地处于"边缘性专家"的地位，接受"生物因素引起精神疾病的首要因素"这一观点，并处理精神疾病的次要问题。

第三阵地更为激进，提出采用明确的心理评估和干预方法。最近，英国心理学会（British Psychological Society，BPS）中这种突破性的医疗模式已经被正式提出和引用，这一方法应该已被心理学家采用，其中包含规范、正式的分类标准和系统的阐述（Division of Clinical Psychology，2011；2013），并获得了心理学研究中越来越受欢迎的创伤模型的支持（Read & Bentall，2012；Varese et al.，2012）。

220　　这表明，应用心理学家们都在思考所有能进一步认识精神疾病的其他诊断依据。

精神疾病确诊与风险之间存在问题的关系

从历史上看，当优生学在政治上崛起时，关于精神错乱罪犯的刑法规定先于克雷佩林等人进行的生物计划产生（Cohen & Scull，1985）。在维多利亚时期的早期，主要强调了两方面的规定：第一，精神错乱患者和犯罪行为共存，有必要采用独立的机构进行看管。第二，将监狱中的精神病人和罪犯加以区别。前者似乎不会再实施原先的犯罪行为，在监狱中也易于管理，只是愤怒情绪常常会急性发作。相反，后者具有长久的攻击性和对立性，但是并不疯狂。有些概念当时看上去似乎具有差异性，比如，有一些概念称"精神疾病"（如精神失常），还有概念称"人格障碍"（如反社会型人格障碍）。

近些年，以上差异仍有所保留，但在实践中不断重叠。事实上，司法环境中（详见第八章）那些主要的心理功能对个体起到支配作用，是通过自我中心主义和反社会行为（如反社会型人格障碍、社交紊乱型人格障碍、精神病态），以及与情绪、认知和思维过程有关的人格特质（精神病学家们将双相情感障碍和精神分裂症合并视为功能性精神病）起作用。

"双重诊断"或"共病现象"

然而，在行政和临床方面明显区分"精神疾病"和"人格障碍"是有困难的，这就像如何巧妙地分离正常行为和异常行为。习惯性罪犯（反社会或社交紊乱）多半满足人格障碍的症状标准，所以他们都是精神障碍者吗？"人格障碍"的非犯罪表达多出现在机会主义政客、各种类型的野心家、办公室恶霸、团队中权力支配型的管理者、浅薄的娱乐人、拳击手和雇佣军的口中。因此，区分正常人格和异常人格并不容易。自我寻求行为常常以牺牲他人利益为代价，但有时候可能会得到回报，甚至还会得到社会赞扬。所以说，自私的剥削行为并不一定会得到刑事制裁（Pilgrim，2001）。再如，危险的行为有时甚至会得到积极的社会肯定和崇拜（如赛车手、登山者和宇航员）。因此可以说，这些行为本身并不危险，只是人们从事的方式具有危险性。这些行为究竟应该被谴责还是被崇拜通常取决于社会环境。

综合考虑人格和精神疾病，想象一下这个场景（笔者所见的）：在一个中等安全部门，精神病医生和护士赞同正在观察的"精神病罪犯"被继续拘留，因为他们仍表现出精神分裂症的症状。一些对此持怀疑态度的人或许会这么想，为什么许多跟他们诊断相似的精神病患者被安置在社区或开放病房？而这些特殊的精神分裂症患者被安置在司法精神病医院？像所有其他罪犯一样，他的拘留与否最终取决于其行为方式。这与来自他人的观察和审批有关。

显而易见的是，当与那些被诊断为患有精神疾病的罪犯一起工作时，无论其犯罪时的精神状态如何，他们的危险犯罪行为往往有很多共同之处：年轻、男性、贫穷、受教育程度低、持对抗态度、对待他人常采用防御性攻击或者先发制人。他们也可能混迹在做事莽撞的小混混中，且常常吸毒。

通过回顾被释放的精神病罪犯，我发现，有些明显的危险因素并非精神疾病的症状而是与其生活环境密切相关。病人可能将会回到贫穷的环境，或者再次陷入经常酗酒、过度吸食大麻和可卡因的社交圈。因此，考虑病人的病情时不仅仅要看精神疾病的症状，还要看其整个行为的开放性生活系统。如果忽略个体广泛的生活背景，那么仅出现"精神疾病"症状太容易变成拘留的理由，从而使精神疾病演变成暧昧不清的"危险"的代名词。

精神病学巧妙回答了这些精神疾病患者存在"双重诊断"或"共病现象"，指出这些特殊的病人同时患有人格障碍或物质滥用，因此算是患有一种以上疾病（如糖尿病和关节炎）。事实上，在早期精神卫生法中，对拘留的病人被归类为同时患有"精神疾病"和"精神病理障碍"这种"双重诊断"现象是很常见的。但这会导致社会管理混乱，因为根据克雷佩林的传统观点及其假设，这些诊断上的具体概念是有效且彼此分离的。

这仅仅是因为，"新克雷佩林主义"的学说观点是从未经证实的假设发展起来的。假设认为所有的分类都是在自然状态下独立发生，那么就需要通过强制规范这些"病人罪犯"复杂的行为与经验，以达到"共病"现象上的一致性。相比之下，心理学的分类方法无须从克雷佩林的分类假设出发。心理学通常是在开放系统中，综合考虑病人当前和过去的特定情况，以特定的方式解释行为环境，这种解释方法可能更丰富。

意外之喜是，以上解释性视角可能比精神病学的诊断更加稳健。例如，有一个外表看起来文文弱弱的年轻人，在幼年时受到过身体虐待和性虐待。他现在开始吸食可卡因，对外总是观点偏执。由于时刻担心被人攻击，他随身携带一把快刀，而且怀疑街头帮派设法想要拉拢他。他居住的地区十分贫困。某天，在街头帮派聚集的街道拐角处，因为一句很平常且明显无关紧要的嘲讽，他拿出随身携带的刀片捅伤了人，从而造成了致命性的后果。

精神疾病及其对他人的危险

精神疾病的诊断及其对他人的危险的关系仍然具有争议性。关于争议的一些要点可总

221

结如下：

大众媒体常常报道精神疾病会给别人带来风险，然而，作为犯罪的受害人，以及自伤或自杀的受害者，精神病患者来自他人或自己的风险远远大于其他人。事实上，媒体选择性地关注精神病罪犯（如精神分裂症患者用刀疯狂攻击），然后歪曲公众对于精神病人的想象力（Pilgrim & Rogers，2003）。

针对精神疾病与暴力之间的关系，相关研究提出使用"双重诊断"以证明。作为单一变量，精神疾病对于暴力行为的预测很差（Monahan，1992）。有研究表明，精神疾病会增加暴力行为出现的概率（Laajasalo & Hakkanen，2005；Shaw et al.，2006；Swanson，1994）。然而，也有研究表明，物质滥用或人格障碍的存在增加了犯罪行为，但在精神疾病研究方面并未出现这样的结果（Steadman et al.，1998）。

重点需要注意的是，物质滥用在某些社会环境中，独立于精神状态之外，是暴力行为的预测性变量。然而，相对而言，物质滥用在精神疾病患者生活的社区中很常见，记录在案的患病率在20%—30%之间，这对于风险评估和风险管理来说都是一个重要的问题（Hambrecht & Hafner，1996；Regier et al.，1990）。鉴于物质滥用是精神病和非精神疾病人群暴力行为的预测变量，具有讽刺意味的是，2007年《英国精神卫生法》进行改革，物质滥用被排除在判断精神障碍者的标准之外。如果我们需要一个清晰的行为标准进行预防性社会控制，那么物质滥用的相关标准应该列在精神疾病清单的顶部，而不是被排除在外（Pilgrim，2007a）。

这些相关研究主要集中在特定症状而非精神疾病的诊断或者治疗。例如，关注与暴力行为增加相关的积极症状，而不是消极症状（Soyka，2000）。后者将会带来个体对社会的回避与退缩，因此要限制这类病人接触潜在受害者。毫无疑问，与暴力内容有关的幻觉同样也可以预测暴力行为，因此需要认真对待所有评估（Junginger，1995）。同样，伴随敌意的妄想可以预测暴力行动，比如针对某一受害者（Taylor，1985），即使没有伴随敌意，妄想也应该给予重视（Appelbaum，Robbins & Roth，1999）。采用药物对精神病患者进行服从治疗可以降低但不能消除风险（Swartz et al.，1998）。

就像物质滥用是精神病人和非精神病人中暴力行为的预测因素一样，亲密度同样也可以很好地作为预测因素。大多数暴力犯罪的罪犯认识受害者（Estroff & Zimmer，1994；Lindqvist & Allebeck，1989）。因此，人际关系方面存在问题的病人在社区生活时，需要更加仔细地评估风险，这甚至比诊断更加重要。根据上文，我们需要特别注意怨恨和宿怨，无论是病人妄想的内容还是社会与家庭交往方面的人或事。

发表在专业期刊上的文章极为关注精神异常罪犯（如 *Journal of Forensic Psychiatry and Psychology*），报告研究犯罪的精神疾病原因以外的因素，例如冒犯的类型（如跟踪、恋童癖等），它更关注精神障碍的其他诊断，特别是人格障碍，而非仅仅关注精神疾病。这些研究人员认为，司法领域的专业出版物研究"精神疾病本身"是一个可怜的调查研究取向。

即使相关研究显示关于精神疾病患者的诊断的风险不断提高，但是实际操作中，罪犯中大量的非精神病患者会暗中破坏风险评估和管理的实际效用。例如，大约40%—50%的追踪者患有某种形式的精神障碍（注意这里包括诊断，如人格障碍，不仅仅是精神疾病），这意味着50%—60%的追踪者并没有诊断为精神疾病（Zona，Palarea & Lane，1998）。再举一例，有的研究者认为精神疾病是一个值得关注的预测变量。亚拉萨洛和哈卡宁（2005）

222

指出，11％的凶杀案是由诊断为精神疾病的个体实施或者再次实施的，更重要的是，这些数据是以"双重诊断"的人为主导的。这个比较高的预测就意味着接近九成的凶杀案是由没有精神疾病的人施行的。那么，从这一数据看，预测的使用就是对精神疾病本身的诊断吗？

正如与任何精神疾病的诊断（甚至包括人格障碍的循环概念）一样，整合数据能够提供给对个体进行风险评估的从业者的信息很少。当然，就好像"精神分裂症"的诊断，几乎没有告诉我们其对他人的风险。只有针对罪犯设计多因素的规划才能改进风险评估效果。正如我在本章伊始所指出的那样，即便如此，这些预估多出现在限制性的封闭的系统中，而并非在一个过去犯罪或潜在犯罪的开放的系统中。在从诊断到系统阐述的转换中，临床变量在两种意义上是边缘的：第一，其他社会群体成员的整合数据（如男性、暴力亚文化的成员或者低社会阶层）远远比精神病人的社会团体具有更好的预测性，换句话说，如果我们使用精算变量来预测风险（它们的实际效用仍然存在质疑），逻辑上我们不会选用"精神疾病"，而是选择一个或更多其他变量。第二，对于那些患有精神疾病的罪犯，如同普通罪犯一样，相比于仅仅关注精神疾病本身而言，详细了解精神疾病罪犯的过去的行为环境（past-conduct-in-context）是预测风险更有效的方法。

关于精神异常罪犯风险评估的最佳实践指南表明，对精神病罪犯及其释放后的预期生活进行细致且专业化的阐述，需要代替非结构化临床评估或精算评估。这些阐述应该充分利用研究，了解病人的详细情况并结合病患本人的意见来评估风险（DH，2007）。此外，风险管理与风险评估不同。后者向前者转移的越多，与病人维持良好的合作关系就越重要。即使没有考虑病人的意见，也可以"对"病人实施风险评估，相反，风险管理则必须保持与病人的合作关系。

最后，对前文进行详细说明时，事件背景极其重要。单纯考虑犯罪的个体变量只是计算和预防风险的某一方面，一个良好的构想应该考虑犯罪行为的背景因素。这也是海蒂（1995）所强调的，在个体的社会生活中引发"社会力量诱发暴力行为"。举例来说，需要在文化因素的预期背景下——比如当地的物质滥用率与暴力犯罪率，家庭和社会关系会支持、拒绝甚至攻击此人——理解精神疾病罪犯的特定症状、人格和生活史。因此，精神病人和罪犯经常被安置到"集中贫困"的地方，在这里，特别容易诱发药物滥用和犯罪行为。所以，不论是受害者还是犯罪者，他们在潜在风险上是不成比例的。因此，生态性方法是进行风险评估和风险管理的明智之举（Silver，Mulvey & Monahan，1999）。

结论

为了反映司法心理学家对精神病诊断工作所进行的批判性反思，本章将精神病学诊断放到社会和历史背景下进行介绍。精神病学家和心理学家一样，都是社会控制的代理人，他们需要在客户、雇主和社会大众之间都表现出一定的忠诚度。心理学家通常都具备一定的专业知识背景，如果他们乐意，他们完全可以选择从数字到模拟推理来评估这些精神异常罪犯。这就提供了一个从多方面挑战"精神疾病"诊断常见问题的机会。

当心理学被精神病学仅仅视作辅助内容时，"精神疾病"没有被视为一种生物学现象，心理学家要么谨小慎微、毕恭毕敬地避开，要么只是处理行为后果的外围问题。相对于精神病学关于克雷佩林主义提出的精神疾病分类，心理学家对风险评估与管理的研究相对较

223

少，但是关于个体的生活背景却提出了很多直截了当而又富有经验的问题。他们更不容易成为一名专注于将诊断作为解释与预测的还原论者。换句话说，精神异常型罪犯与其他任何人一样，其经验与行为都能用心理学进行解释。

扩展阅读

1. Prins，H.（2005），*Offenders，deviants or patients*? London：Routledge.

这是由富有经验的从业者撰写的关于"犯罪与精神健康"的作品，可以避免心理学及精神病学的还原论影响（比如本书第三版）。Prins 并没有严厉批判精神病学理论与实践（请比较该书与本章的部分数据）。该书是跨学科探索非常好的教材，如若感兴趣可以进一步阅读。

2. Pilgrim，D.（2014），*Understanding mental health*：*A critical realist exploration*，London：Routledge.

该书作者通过权衡生物—心理—社会因素的作用对一般大众的心理健康进行了更为全面的探索。批判现实主义是一种包括精神病学和心理学在内的实证主义与当前在人类科学中盛行"后现代"的桥梁。该书对司法心理学家们感兴趣的自我中心主义设有专门的章节进行了介绍。

3. Bentall，R. P.（2003），*Madness explained*：*Psychosis and human nature*，London：Penguin.

该书从心理学的角度全面地介绍了精神疾病，作者用整个学术生涯采用独特的方式对这一主题进行了清晰的探讨。虽然该书主要讲的是心理学家对精神疾病的诊断，但来自不同背景的读者都认为该书很有价值。

参考文献

Appelbaum，P. S.，Robbins，P. C.，& Roth，L. H.（1999），"A dimensional approach to delusions：A comparison across delusional type and diagnosis"，*American Journal of Psychiatry*，156，1938 – 1943.

Bateson，G.，Jackson，D. D.，Haley，J.，& Weakland，J.（1956），"Toward a theory of schizophrenia"，*Behavioral Science*，1，251 – 264.

Bentall，R. P.（2010），*Doctoring the mind*，London：Penguin Blacker.

D.，& Tsuang，M. T.（1998），"Classification and DSM-IV"，In A. M. Nicholi Jr.（Ed.），*The Harvard guide to psychiatry*，London：Harvard University Press.

Bowlby，J.（1951），"Maternal care and mental health"，*Bulletin of the World Health Organization*（Monograph），3，355 – 534.

Brown，G. W.，Harris，T. O.，& Hepworth，C.（1995），"Loss，humiliation and entrapment among women developing depression：A patient and non-patient comparison"，*Psychological Medicine*，25，7 – 21.

Cohen，S.，& Scull，A.（Eds.）(1985)，"*Social control and the state*"，Oxford：Basil Blackwell.

Coulter，J.（1973），*Approaches to insanity*，London：Martin Robertson.

Department of Health （2007）, *Best practice in managing risk*, London: Department of Health.

Division of Clinical Psychology （2011）, *Good practice guidelines on the use of psychological formulation*, Leicester: British Psychological Society.

Division of Clinical Psychology （2013）, *Classification of behaviour and experience in relation to functional psychiatric diagnosis: Time for a paradigm shift*, Leicester: British Psychological Society.

Dohrenwend, B. P. （1998）, "A psychosocial perspective on the past and future of psychiatric epidemiology", *American Journal of Epidemiology*, 147 （3）, 222 – 229.

Engel, G. L. （1980）, "The clinical application of the biopsychosocial model", *American Journal of Psychiatry*, 137, 535 – 544.

Estroff, A. , & Zimmer, C. （1994）, "Social networks, social support, and violence among persons with severe, persistent mental illness", In J. Monahan & H. E. Steadman （Eds. ）, *Violence and mental disorder: Developments in risk assessment*, Chicago, IL: University of Chicago Press.

Eysenck, H. J. （1975）, *The future of psychiatry*, London: Methuen.

Fisher, R. A. （1930）, *The genetical theory of natural selection*, Oxford: Clarendon Press.

Goffman, E. （1971）, *Relations in public: Microstudies of the public order*, New York: Harper.

Hale, N. G. （1995）, *The rise and crisis of psychoanalysis in the United States: Freud and the Americans*, 1917 – 1985, New York: Oxford University Press.

Hambrecht, M. , & Hafner, H. （1996）, "ubstance abuse and the onset of schizophrenia", *Biological Psychiatry*, 40, 1155 – 1163.

Hiday, V. （1995）, "The social context of mental illness and violence", *Journal of Health and Social Behavior*, 36, 911 – 914.

Hinsie, L. E. （1931）, "Criticism of treatment and recovery in schizophrenia", *Proceedings of the association for research in nervous and mental disease for 1928. Schizophrenia （dementia praecox）*, Baltimore, MD: Williams & Wilkins.

Horwitz, A. V. （2002）, *Creating mental illness*, Chicago, IL: University of Chicago Press.

Junginger, J. （1995）, "Command hallucinations and the prediction of dangerousness", *Psychiatric Services*, 46, 911 – 914.

Kleinman, A. （1988）, *Rethinking psychiatry*, New York: Free Press.

Kraepelin, E. （1883）, *Compendium der Psychiatrie*, Leipzig.

Laajasalo, T. , & Hakkanen, H. （2005）, "Offence and offender characteristics among two groups of Finnish homicide offenders with schizophrenia", *Journal of Forensic Psychiatry and Psychology*, 16 （1）, 41 – 50.

Laing, R. D. , & Esterson, A. （1964）, *Sanity, madness and the family*, Harmondsworth: Penguin.

Lindqvist, P. , & Allebeck, P. (1989), "Criminal homicide in North West Sweden 1970 – 1981. Alcohol intoxication, alcohol abuse and mental disease", *International Journal of Law and Psychiatry*, 8, 19 – 37.

McPherson, S. , & Armstrong, D. (2006), "Social determinants of diagnostic labels in depression", *Social Science and Medicine*, 62 (1), 50 – 58.

McWilliams, N. (1994), *Psychoanalytic diagnosis: Understanding personality structure in the clinical process*, New York: Guilford Press.

Monahan, J. (1992), "Mental disorder and violent behavior: Perceptions and evidence", *American Psychologist*, 47, 511 – 521.

Pavlov, I. P. (1941), *Lectures on conditioned reflexes: Vol. II. Conditioned reflexes and psychiatry* (trans. W. H. Gantt), London: Lawrence & Wishart.

Pilgrim, D. (2001), "Disordered personalities and disordered concepts", *Journal of Mental Health*, 10 (3), 253 – 265.

Pilgrim, D. (2007a), "The survival of psychiatric diagnosis", *Social Science & Medicine*, 65 (3), 536 – 544.

Pilgrim, D. (2007b), "New 'mental health' legislation for England and Wales: Some aspects of consensus and conflict", *Journal of Social Policy*, 36 (1), 1 – 17.

Pilgrim, D. (2008), "The legacy of eugenics in modern psychology and psychiatry", *International Journal of Social Psychiatry*, 54 (3), 272 – 284.

Pilgrim, D. , Kinderman, P. , & Tai, S. (2008), "Taking stock of the biopsychosocial model in the field of 'mental health care'", *Journal of Social and Psychological Sciences*, 1 (2), 1 – 39.

Pilgrim, D. , & Rogers, D. (2003), "Mental disorder and violence: An empirical picture in context", *Journal of Mental Health*, 12 (1), 7 – 18.

Read, J. , & Bentall, R. P. (2012), "Negative childhood experiences and mental health: Theoretical, clinical and primary prevention implications", *British Journal of Psychiatry*, 200, 88 – 91.

Regier, D. A. , Farmer, M. E. , Rae, D. S. , Locke, B. J. , Keith, S. L. , Judd, L. L. , & Goodwin, F. K. (1990), "Comorbidity of mental disorders with alcohol and other drug abuse: Results from the epidemiologic catchment area (ECA) study", *Journal of the American Medical Association*, 264, 2511 – 2518.

Rogers, A. , & Pilgrim, D. (2003), *Mental health and inequality*, Basingstoke: Palgrave.

Rogers, A. , & Pilgrim, D. (2014), *A sociology of mental health and illness (fifth edition)*, Buckingham: Open University Press.

Scheff, T. J. (1966), *Being mentally ill: A sociological theory*, Chicago, IL: Chicago University Press.

Seligman, M. E. P. (1975), *Helplessness: On depression, development and death*, San Francisco, CA: Freeman.

Shaw, J. , Hunt, I. M. , Flynn, S. , Meehan, J. , Robinson, J. , Bickley, H. , Parsons, R., McCann, K., Burns, J., Amos, T., Kapur, N. N., & Appleby, L. (2006), "Rates of mental disorder in people convicted of homicide: National clinical survey", *British Journal of Psychiatry*, 188, 143 – 147.

Silver, E., Mulvey, E. P., & Monahan, J. (1999), "Assessing violence among discharged psychiatric patients. Towards an ecological approach", *Law and Human Behavior*, 23, 237 – 255.

Soyka, M. (2000), "Substance misuse, psychiatric disorder and violent and disturbed behaviour", *British Journal of Psychiatry*, 176, 345 – 350.

Steadman, H. J., Mulvey, E. P., Monahan, J., Robbins, P. C., Appelbaum P. S., Grisso, T., Roth, L. H., & Silver, E. (1998), "Violence by people discharged from acute psychiatric inpatient facilities and by others in the same neighbourhood", *Archives of General Psychiatry*, 55, 109.

Stone, M. (1985), "Shellshock and the psychologists", In W. F. Bynum, R. Porter & M. Shepherd (Eds.), *The anatomy of madness*, London: Tavistock.

Swanson, J. W. (1994), "Mental disorder, substance abuse, and community violence: An epidemiological approach", In J. Monahan & H. J. Steadman (Eds.), *Violence and mental disorder: Developments in risk assessment*, Chicago, IL: University of Chicago Press.

Swartz, M. S., Swanson, J. W., Hiday, V. A., Borum, R., Wagner, H. R., & Burns, B. J. (1998), "Violence and severe mental illness: The effects of drug abuse and non-adherence to medication", *American Journal of Psychiatry*, 155, 226 – 231.

Szasz, T. S. (1961), "The use of naming and the origin of the myth of mental illness", *American Psychologist*, 16, 59 – 65.

Taylor, P. J. (1985), "Motives for offending among violent psychotic men", *British Journal of Psychiatry*, 147, 491 – 498.

Varese, F., Smeets, F., Drukker, M., Lieverse, R., Lataster, L., Viechtbauer, W., Read, J., van Os, J., & Bentall, R. P. (2012), "Childhood adversities increase the risk of psychosis: A meta-analysis of patient-control, prospective-and cross-sectional cohort studies", *Schizophrenia Bulletin*, 38 (4), 661 – 671.

Watson, J. B., & Rayner, R. (1920), "Conditioned emotional reactions", *Journal of Experimental Psychology*, 10, 421 – 428.

Wilson, M. (1993), "DSM-Ⅲ and the transformation of American psychiatry: A history", *American Journal of Psychiatry*, 150 (3), 399 – 410.

Zona, M. A., Palarea, R. E., & Lane, J. (1998), "Psychiatric diagnosis and the offender-victim typology of stalking", In J. Reid Meloy (Ed.), *The psychology of stalking: Clinical and forensic perspectives*, San Diego, CA: Academic Press.

第十四章　智力障碍（intellectual disability，ID）：评估

威廉·R. 林赛、约翰·L. 泰勒（William R. Lindsay and John L. Taylor）

在接下来的章节中，我们参考了由英国心理学会（British Psychological Society）出版的可用于法证心理学研究生教学书籍的部分内容。在第一阶段，这包括四个方面需要掌握的知识：法证心理学实践操作、心理学在司法体系中的应用程序、与特殊群体对象的工作以及这些知识在实践中的运用。在这些知识的适用中有四种核心角色与一条贯穿于各类手册中的重要主题：研究与基于实践的研究的重要性。接下来，我们将根据这几方面介绍法证学习障碍（forensic learning disability）领域中的主要方面，包括其研究的重要性和可信度，及其对于实践的重要指导意义。

术语"智力与发展障碍"（IDD，Intelligence and Development Disorder，下文中将用 IDD 代替）适用于存在个体学习问题的群体。"学习障碍"（Learning disability）是智力和发展障碍的同义语，但是仅仅在英国、爱尔兰地区适用。以往，美国和其他英语语系国家的学者们往往使用的是"智力缺陷"（mental retardation）一词。为了适应于存在智力障碍以及自闭症谱系障碍（Autism spectrum disorder，ASD）的群体。最近，美国智力缺陷研究协会（American Association for Mental Retardation）才将名称改为美国智力与发展障碍研究协会（American Association for Intellectual and Developmental Disabilities，AAIDD），国际学会的名称也改为美国智力与发展障碍研究国际协会（International Association for the Scientific Study of Intellectual and Developmental Disabilities，IASSIDD），目的就是通过更改术语指代越来越多的拥有相似症状的人群。尽管如此，在这一领域的研究人员应当知道，这些术语均为同义词。我们使用术语"智力与发展障碍"是因其获得了国际群体的认可。

法证学习障碍的相关工作背景

英国心理学会与其他的主要国际诊断、分类标准，如 ICD – 10（世界卫生组织，1992年）、DSM – 5（美国精神病学协会，2013 年）以及美国智力缺陷研究会（1992 年），区分了三项关于 IDD 的核心标准：

i ）严重的智力功能障碍

评估智力功能，尤其在法证环境下，应当采用一种针对个体施测的、可信的、有效的标准化测验，如使用"韦氏成人智力测试量表"第四版（WAIS-IV：Wechsler，2010）。如果使用这种建立在正常智力水平分布上的量表，严重的智力功能障碍，按照惯例，应理解为至少低于平均值两个标准差。因此，严重的智力功能障碍通常被界定为智商低于70。重要的是，使用者应当将测验标准误纳入考虑范围；心理学家若想得到恰当、谨慎的发现，应当始终考虑两个标准误的范围。尤其应当谨慎使用那些较短

的、用时较少的认知功能测评来评估和筛选智力能力。在这方面，有许多筛选工具可以使用，诸如"快速测试"（quick test，Ammons & Ammons，1958）或者海斯能力鉴定指标（Hayes Ability Screening Index，Hayes，2000）。尽管筛选工具的结果通常与韦氏成人测试量表等更复杂的智力测验高度相关，但是由于其设计初衷就是对人群进行过度概括，因此它们的误差可能集中于一个方向，因而更可能错误地将无智力障碍的个体分类于患者群体中。

ii）严重的适应功能或者社会功能的复合性障碍

适应功能是一个涵盖范围较广的概念，通常与个体处理其生活环境中日常需求的技能相关。它包括独立生活、做家务和自我照顾的技能，除此之外还有一系列融入社区的技能，诸如：使用公共交通和购物的技能，还有使用银行、社会服务、休闲与健康服务的技能。与认知评估类似，适应能力的评估也具有一系列的工具，其中使用最多的两种的是"韦兰德适应行为量表"（Vineland Adaptive Behavior Scale，VABS）与AAIDD 于2008 年编制的第二版"居住地和社区环境的适应行为量表"（Adaptive Behavior Scale-Residential and Community 2nd Edition，ABS-RC：2）。根据分类体系的不同，问题个体至少应当在两到三项适应性行为上存在显著缺陷。VABS 标准将个体适应行为与人群普遍状况相比较，而 ABS-RC2 标准则将评估对象的适应行为与其居住地及社区的同龄人相比较。对适应行为的评估在任何智力障碍分类中都是关键环节。

iii）初发年龄处于成年之前的发育期

国际上普遍认同，智力障碍的初发年龄标准在童年和青少年时期的发育阶段（e. g.，American Psychiatric Association，2013；British Psychological Society，2000；ICD－10，1992）。重要的是，评估者应当剔除在成年时期因为创伤或疾病造成智力退化的情况。后者应被分类为获得性障碍，而非发展性障碍。因此，IDD 的评估，不仅局限于能力现状，同时还考虑到发展性经验与发展性能力。

因为 IDD 是由智力能力、适应技能与初发年龄进行界定的，根据这种定义方式，人群也同样会体现出异质化特征。打个比方，假如个体的认知功能不是偏低，而是高于平均值两个标准差，那么就可以体现人群异质化的存在。那些智商高于130，且具备相应水平的社会适应能力、发展经历与能力的个体，很明显能够代表具有某种特定能力水平的典型人群。因此，心理咨询的所有领域都是相关的，因为受访者可能是任何一个典型代表人群。由此可见，犯罪分类、目击者和受害者调查等工作范围，当然还包括诊断分类工作，都与 IDD 者相关。

精神卫生立法

在英国多个司法管辖区的精神健康法规中，都有章节涉及拘留实施犯罪行为或者涉嫌犯罪的智力障碍者，从而对其进行评估与治疗。1983 年的英格兰和威尔士的精神卫生法（Mental Health Act，MHA）与 2006 年的苏格兰精神卫生法，均包含了"精神损伤""严重的精神损伤"等精神障碍分类术语。法案使用了术语"严重损伤"与"显著损伤"。这些法律上的分类与智力障碍的临床定义并非同义，它们囊括了三项核心临床标准中的两项，但也包含着另一项标准"非正常的攻击性与严重不负责任的行为"。法案并未对"显著的"

与"严重的"精神损伤给出操作性定义，因为他们声称对损伤程度的评估属于临床判断。然而，损伤的等级（显著或严重）很重要，因为法案实施中，不同的法律制裁分别适用于各自对应的分类。因为这个原因，英国心理学会 2000 年建议审判的做出应当同时建立在两个基础上：利用 WAIS-IV 等具有良好信效度的工具进行完整评估；以及对适应性行为进行适当评估。显著的智力功能损伤，应表现为智力商数得分低于人群平均值 2 到 3 个标准差，而严重的智力损伤应表现为得分至少低于人群平均值 3 个标准差。

2005—2006 年，在英格兰与威尔士的精神卫生法实施过程中（The Information Centre，2007），英国国家医疗服务体系下的设施（包括高度安保医院）容留人口总数达 25 740（人）。依据这一法案，记录理由为精神障碍的拘留达 8435 次，其中仅有不到 1% 被分类为精神损伤或严重的精神损伤。然而，在同样的时间内，法庭和监狱处置的 1304 次犯罪拘留中，仅有超过 4% 的人被分类为精神损伤或者严重精神损伤。假设智力水平呈正常分布，总人口中智商分数低于 70 的比例约为 2.5%。这意味着，在英国国家医疗服务体系下的设施中，根据 1983 年英格兰与威尔士的精神卫生法被施以拘禁的智力受损者，比预计的有精神损伤的人的两倍还多。应明确的是，这些基本都是安保设施，就如我们先前指出的那样，关于智力障碍者实施更多犯罪的证据是非常模糊的。

学习障碍与犯罪

在过去的将近两个世纪里，学习障碍都与犯罪联系在一起，对人们产生了破坏性的影响。直到 19 世纪中后期，有智力障碍（intellectual disability，ID，下文中将以 ID 代替）的人都普遍被视为社会的负担。ID 患者的生存条件是严酷的，尤其是在城市区域。在乡村，他们很可能长时间工作，但仍然一直生活在贫困里。在世纪末时候，观念发生了转变，人们开始将他们视为社会的威胁。斯金伯格 1983 年提到："在 19 世纪 80 年代，智力迟钝者不再被视为'不幸或无辜的，但经过适合的训练后，能够在家庭或者社区中承担一个积极的角色'的那种人。他们变成了一个不受欢迎的阶级，经常被认为是人类中的魔鬼、社会的寄生虫、罪犯、妓女和乞丐"。最早的智力测验作者之一特曼在 1911 年提到："没有一个调查官否认心智缺陷在制造恶行、违法、犯罪中扮演的令人恐惧的角色。并非所有的罪犯均为低智能者，但是所有的低智能者，均为潜在的罪犯。"这种来自于权威人士或对于那个时代而言的开明人士（特曼）的文化偏见使我们在今天形成了一种认识，即 ID 是犯罪的一个原因。

关于 IDD 患者与犯罪率的关系的研究中，最有说服力的就是霍金斯（1992）的经典研究。她普查了从 1953 年出生起到 1963 年一直居住于斯德哥尔摩的人群，共 15 117 人。那些在 30 年期间内，即到 1983 年仍生活在瑞典者也在分析之列。IDD 被界定为"那些在高中阶段处于为有智力缺陷的孩子专设的特殊班级，但是从没住过精神病院的人"。她发现，与非障碍犯罪者相比较，任何罪行中存在 IDD 的男性出现的概率都高达 3 倍，而暴力犯罪的数据则是 5 倍。女性 IDD 患者实施暴力犯罪的可能性高达 25 倍。大约 50% 的 IDD 男性，都曾被判有罪，且平均的被定罪数量为 10 次。林赛与戴尼威克（2013）近些年重新分析了数据，调查 20 世纪 60 年代存在 IDD 的瑞典在校儿童样本特征。在对瑞典校园系统进行了详细分析、并且利用了教育家和在 ID 服务机构工作的人所写的文章之后，他们得出结论："在 1992 年的霍金斯的研究中所提到的'智力低能'者，不能概括在这方面具有困难的人，更可能代表一个倾向于行为障碍样本，这个样本中的儿童和青少年在具有行为障碍或类似的行为问题时，还具有智力问题。"

　　尽管在很长一段时间，研究者认为违法行为与低智力水平有关，但存在 ID 患者是否比无 ID 患者更容易犯罪（Lindsay，Sturmey & Taylor，2004），这一点并不清楚，换句话说，研究者并不清楚患有 ID 的人实施犯罪的情景与频率与正常人的区别（Holland，2004）在与犯罪有关的研究中，由于存在多学科差异，所以存在一些方法论上的问题（Lindsay，Hastings，Griffiths，Hayes，2007）。其中第一个问题是多种研究环境的问题，包括：监狱（MacEachro，1979）、安定医院（Wailer & MeCabe，1973）、法庭外（Messinger & Apfelberg，1961）、预防服务（Mason & Murphy，2002）、警局外（Lyall，Holland，Collins，1995）。其中一些研究发现，某些特殊犯罪的犯罪人中出现了许多 ID 患者。比如，沃克和麦凯布（1973）在英国安全医院一项经典研究中，发现了 331 名处于安全规定下的犯罪人患有 ID。纵火（15%）与性犯罪（38%）的比率高于医院中的其他样本。在最近的实验中，霍格等人（2006）对在中/低与高安全监管环境下，跨社区的患有 ID 的犯罪人的特征进行了调查，他们发现，在该背景下的所有犯罪中，社区内的纵火犯中患有 ID 的人比率较低（2.9%），而在中/低安全监管环境下的比率较高（21.4%）。这表明数据的来源机构会影响关于该群体的研究结果与结论。

229

　　麦凯克伦（1979）指出第二种影响盛行率的原因（第一个就是多种研究环境的问题）。她对关于 ID 罪犯盛行率研究的文献进行回顾，发现这些文献得出的比率结果在 2.6%—39.6% 这一范围。她认为这些研究对 ID 进行了不同的界定预测，所以方法论的不同造成了这种盛行率的差异。在她自己操作的控制更为谨慎的实验中，她使用经过认定的智力测验，调查了缅因州与马萨诸塞州的多个刑法机构的 436 名成年男性罪犯，发现 ID 的比率为 0.6%—2.3%。第三项影响因素是纳入标准，特别是考虑到智力的范围。海耶斯和麦考文（1988）在澳大利亚新南威尔士的监狱进行了 ID 罪犯比例的调查。他们发现，ID 与显著的社会适应能力缺陷有关，这些社会适应能力缺陷会使犯罪人在监狱的环境中容易受到伤害。海耶斯（1991）对这一项研究以及其他的研究进行回顾后发现，在新南威尔士监狱的犯罪人中大约 2% 的人智力低于 70，近 10% 的人在智商临界值的 70—80 之间。所以将处于临界值的个体纳入 ID，会显著增加盛行率，而且还有很多研究将 80—85 的智商值作为 ID 的区分标准（Nobel & Conley，1992）。

　　伦德（1990）发现了社会政策改变对 ID 罪犯比例带来的影响，他对丹麦处于法定照顾令（Statutory Care Order）下的 91 名 ID 罪犯进行调查发现，与 1973—1983 年的判决相比，性犯罪中 ID 患者的概率翻了一倍。他认为这一增长可能是"去机构化"（deinstitutionalization）政策下 ID 患者不能再以不定期拘禁于医院造成的后果。他认为，那些具有犯罪倾向者，更倾向于住在社区，并在犯罪后经过正常的法律程序入狱。从 1990 年开始，关于 ID 患者，尤其是居住于社区的 ID 患者，与犯罪的关系的研究开始增多。这一增长也反映了去机构化政策下研究方向的改变。

　　在近期研究中，具有方法学差异的两类研究在刑事司法领域同样发现了具有显著区别的 ID 罪犯比例。这些盛行率的差异主要存在于以下情形中：缓刑服务（Mason，Murphy，2002，4.8%）、审前会议（Vinkers，2013，4.4%）、庭上表现（Vanny，Levy，Greenberg，Hayes，2009，10%）、监狱环境（Holland Person，2011，1.3%；Murpy，Harral，Carey，

2000，28.8%）。两项针对监狱机构进行的研究对其中的一些问题进行了解释。克罗克、科特、图平、圣翁吉（2007）在蒙特利尔设置的审前会议中心评估了749名罪犯，由于一系列原因，包括拒绝参与、管理困难、技术问题等，他们只能对其中的281名使用当地的精神能力标准下的3个分量表。他们发现其中18.9%的罪犯可能存在ID，此外，还有29.9%的罪犯处于ID边界。另一方面，霍兰与佩尔松（2010）对于维多利亚的在押囚犯进行研究后发现，在使用韦氏成人智力测验时，ID罪犯比例低于1.3%。在后续研究中，所有囚犯的测评均由法证心理学家按照程序进行。在前一项研究中，只有1/3左右的潜在对象被纳入研究，仅使用了三项智力测试的分量表；而在后一项实验中，对所有参与者均使用完整的韦氏智力测试量表。这两项研究的结果差异巨大，说明评估工具的差异，样本的复杂程度以及不同的法律体系都会造成不同研究结果之间的差异。

ID罪犯的再犯研究也同样受到方法论与社会政策的影响。对于该领域的科学兴趣，可追溯至20世纪40年代。维尔登斯科夫（1962）对有ID罪犯进行了20年的追踪研究，发现再犯率大约在50%。经过现在研究在复杂程度上有较大的改善，这一研究表明，1960年报出的追踪数据确实始于1940年。林霍斯特、麦卡钦和贝内特（2003）对252名参与一项案件管理社区计划的ID罪犯进行追踪研究后发现，25%完成该项目的个体在6个月后再次被捕，同样的时间内43%中途放弃的个体再次被捕。克利梅茨基、詹金森和威尔森（1994）对ID罪犯释放2年后的再犯率进行了研究。他们发现，总体的再犯率为41.3%。非严重犯罪的再犯率则再高一点。但是，性犯罪的再犯率低于总体，为31%。谋杀与暴力犯罪的比率虚减，因为其中一部分罪犯仍然关在监狱里而不能再犯。

由于缺乏将ID患者与主流罪犯进行对比的控制性研究，所以无法直接对比两者的再犯率。但是，ID罪犯的再犯率可能相似于主流罪犯。在近期一项研究中，格雷、菲茨杰拉德、泰洛、麦卡洛克和斯诺登（2007）追踪了145名ID罪犯与996名无ID的罪犯，均从英国的独立区域医院中释放。在2年后，有ID罪犯的暴力犯罪再犯率（4.8%）低于无ID患者（11.2%），一般犯罪中也是相同的结果（9.7% vs. 18.7%）。

罪犯服务

尽管许多研究已经明确了ID与犯罪之间的关系（Farrington，1995；2000；2004）。但大多数研究还在对其预测价值进行研究，或者对比低于平均值1个标准差与2个标准差的区别。有一项关于智力低于平均值两个标准差的有趣研究。麦科德兄弟（1959）进行了一个早期介入研究——剑桥萨默维尔青少年研究（Cambridge Sommerville Youth Study）。该研究有650名马萨诸塞州贫困阶层的男孩参与实验，研究目的为避免青少年违法行为的出现，并帮助儿童建立稳定的性格特征。男孩们被分为325个配对的组合，分为实验组和控制组。研究发现智商与犯罪率存在相关：实验组中智商处于81—90的被试的犯罪率为44%，而智商高于110的被试则为26%。但是10%的被试，最低的智力水平即低于80者，犯罪率居中，为35%，低于智商81—90的被试。此外，高智商并犯罪的被试，没有人进入刑事监禁所，而该比例在智商最低组中有19%。控制组的结果与实验组相似，智商在81—90的被试，有50%被定罪；80以下的，25%被定罪。莫恩、皮克尔斯、哈格尔、拉特、尤尔（1996）以及拉特等人（1997）对具有阅读障碍的儿童进行追踪研究，该研究认为大部分有严重的阅读障碍的儿童均存在智力和发展障碍。他们发现，具有严重阅读障碍的儿童的成年后犯罪率低于控制组。这一发现说明了精神机能障碍与社会功能之间的真实独立。同样地，儿童的反社会行为在伴随着阅读障碍时，会较少地持续进入成年阶段。因此，尽管智力与违法行为看似存在关系，但也有证据表明，当个体智商低于平均值1.5或者更多标准差之后，这个关系就不复存在了。

将IDD视为犯罪的主要风险因素的一项重要研究为霍金斯的研究（1992）。她使用人口普查法统计了从1953年从斯德哥尔摩出生并一直在那里生活到1983年的人。只有在那里居住30年的人才被列入被试。在该研究中，IDD个体被认定为"在高中阶段处于特殊适用于智力缺陷的儿童的班级，但不必进入精神病院的"个体。她报告称，患有IDD的个体的犯罪率几乎是普通人的两倍。林赛与德纳尔维克（2013）从基础上质疑了这一经典研究。他们认为，霍金斯并未将当时的瑞典教育体系考虑在内，该教育体系包含了为ID患者准备的特殊学校与医院。因此，该样本看起来是由主流学校中由于智力有限或行为障碍的原因被放入特殊班级的个体组成。所以，当低智商可作为引发犯罪的风险时，样本中并未或者极少包括IDD。

当我们考虑建立法证IDD服务方法时，应该回顾一下最近十几年的研究。近些年来最明显的差异在于对于IDD程度的界定，包括轻度、中等、严重或十分严重。布朗与考特莱斯（1971）对美国的矫正机构进行了全面的调查发现，在矫正机构中，1.6%的罪犯智力低于55，且少部分低于25。智力低于25说明个体具有十分严重的IDD。这些案例中对于智力评估的精确性毋庸置疑，但是这个智力水平的个体确实不应当纳入司法评价体系。北门、剑桥、阿伯泰互通项目（Northgate，Cambridge，Abertay Pathways，NCAP）对447名患IDD而需要接受法证心理服务的个体进行大规模研究。这个项目包含了通常的社区服务与社区法证IDD服务，对因IDD而涉及案件者提供精确的评估、治疗，以及高—中—低安全监管等级的服务。惠勒等人（2009）在研究了社区反社会与犯罪行为的237个案例的基础上声称：智商低于50的个体，远低于智商51—75者卷入司法案件的概率。那智商低于50的个体出现反社会行为，更可能接受一些一般性的社区服务，而非接受法证服务。从NCAP的477名被试的数据中，卡森等人（2010）建立了一个回归模型来预测影响个体被指定社区或安全服务的因素。其中一项强有力的预测指标是智商低于50。因此不仅智力能力作为决定法证服务方法的因素，同时也是为患有IDD者发生反社会行为提供安全监管服务的预测要素。这是因为那些具有低智力的人，更可能被评估为缺乏犯罪意识，而且不能预期他们理解法律、社会规范。因此，他们不应该具有刑事责任能力。

一项关于智力影响的重要研究，是爱默生与哈尔平（2013）对英国青少年的纵向研究（Longitudinal Study of Young People），对15 772名青少年的数据进行次级资料分析，其中532人被诊断患有中度IDD。结果显示，单亲家庭与四项社会性指标，以及经济、环境逆境是预测与警方接触、反社会行为的显著指标。患有IDD的青少年更可能暴露于风险因素之中，包括仅与父母一方生活、处于贫困区域、租房子生活、失业家庭、符合学校的免费食物供应的条件。尽管有轻度IDD的青少年，明显更有可能与警方接触、具有反社会行为，但控制风险因素时，IDD与较低的反社会行为发生率具有显著相关。该研究基于大量数据基础上发现，IDD本身并非风险因素，更可能是其他潜在风险因素的指标，例如贫穷和童年逆境等。

童年逆境与行为问题

在造成人们形成严重的长期犯罪的个人经历中，其中一项重要因素是家庭破裂（Far-

231

rington，1995，2000；Harris，Rice & Quinsey，1993；Ward et al.，2010）。在 NCAP 的研究中，林赛和奥布莱恩等人（2010）发现 1/3 的被试在童年期经历过剥夺，最常见的形式是一种社会、经济方面的剥夺与虐待。性虐待与非意外伤害分别占 10% 与 12%。林赛、卡森等人（2010）比较了 197 名建议进入司法心理服务的人与 280 名未接受服务的人，发现接受服务的人中，36% 存在童年剥夺，相比于未接受者仅为 18%。因此，在童年时期遭受严重的剥夺是一项显著因素，会对 IDD 者接受的司法服务方法产生明显影响。关于特定犯罪，几个主流法证研究人员发现，男性性犯罪者的童年期性虐待经历比控制组中的更多。同时，童年期受到物理性虐待与成年后攻击行为相关（Fago，2006；Jespersen，Lalumiere & Seto，2009）。林赛、斯特普托和豪特（2012）比较了 156 名性犯罪者与 126 名非性犯罪者的物理性虐待与性虐待经历。他们发现 33% 的性罪犯与 18% 的非性罪犯在童年时期经历了性虐待。同时，16% 的性罪犯与 33% 的非性罪犯在童年时期经历了物理性虐待。而 27 人的女性罪犯样本中，童年期经历这两种虐待的比率均较高。但是虽然这些趋势较为明显，仍有 2/3 的罪犯并没有在童年期经历过这两种虐待。

在 ID 患者的暴力犯罪的研究中，诺瓦托与泰勒（2008）调查了 105 名男性法证患者，判断在医院的环境下他们的攻击和暴力行为是否与暴露于父母的愤怒和攻击中有关。研究者使用历史记录、员工评级、自我报告、临床访问等方式评价被试的愤怒与攻击倾向，以及童年是否暴露于父母的愤怒与攻击中。他们发现目睹父母的暴力行为与成年后出现的暴力、攻击显著相关。因此童年逆境是 ID 犯罪人犯罪生涯的显著因素，并非仅仅为一般风险因素，也与特定犯罪类型有关。爱默生与哈尔平（2013）也发现，ID 与童年的逆境与剥夺有密切关系。

在关于犯罪行为主流研究中，童年期犯罪行为被认为是犯罪生涯的高预测因素（Farrington et al.，2006；Livingston，Stewart，Allard & Ogilvie，2008；Barratt，1994；Quinsey et al.，2005）。在 NCAP 的研究中，奥布莱恩等人（2010）指出，在高发精神障碍群体中最频繁出现的是童年期出现的注意力缺陷多动障碍（attention deficit hyperactivity disorder，ADHD）。在同一群体中，林赛、奥布莱恩等人（2010）发现，适用于安全服务者确实比适用于社区服务者更高发 ADHD/行为障碍。超过 25% 的适用于安全监管服务的人存在这一问题，而适用于其他社区服务的仅有 8%—15% 的人存在这些问题。比较存在或不存在 ADHD/行为障碍者，林赛、卡森等人（2013）发现，那些存在 ADHD/行为障碍病史者确实比其他病史者更可能进行侵犯性犯罪，例如物理性攻击、损坏财产、性犯罪等。以往的研究者发现，ADHD 自身并非一个明显的风险因素，但与行为障碍相结合，就是形成犯罪的潜在风险因素了。

需要注意的是，前述两个因素——童年逆境与童年行为问题——绝非所有实施犯罪者均具备的童年经历，也不是童年期特定类型的逆境会无可避免地引起成年后的犯罪行为。这可能存在一种趋势，这些变量（童年期物理虐待或性虐待）在 IDD 犯罪人中更加普遍，并与特定的犯罪类型有关，从而可能成为犯罪生涯轨迹的一个风险因素。

成年人的精神障碍

与犯罪有关的成年精神障碍之一为 ID。尽管在过去的 100 年中，ID 或多或少地被提到与犯罪行为的关系，但一旦进行详细的分析，这种关系就受到了质疑。其他研究在调查与犯罪行为有关的主要精神障碍时发现，尽管与普通人中有 IDD 患者相比，罪犯中的 IDD 患

232

者比较普遍，但始终并未与犯罪或者特定类型的行为存在相关。伦斯凯等人（2011）比较了大量的法证的、非法证的 IDD 患者后发现，法证组与其他精神疾病组相比存在较低频数的情绪障碍，但是法证组的显示出明显的人格障碍。林赛等人（2011）及林赛、斯特普托、华莱士、豪特、布鲁斯特（2013）的报告称：在性犯罪组与暴力犯罪组的精神障碍存在率并不具有显著差异，且两者的比率与其他 IDD 样本的比率相一致，即 35%。维克斯（2013）在一个包含 12 186 名经过审判前精神评估的被试的大规模研究中发现，智力低于70 组中的精神障碍比率低于（非显著）智力大于 85 组。与罪犯在精神障碍方面无差异相比，雷纳和伦斯凯（2010）报告称：一个患有 IDD 的司法样本中，精神疾病确诊率显著高于匹配的非司法组的 IDD 患者。

人格障碍也被认为是所有类型犯罪行为的一项风险因素（Monahan et al.，2001；Quinsey，Harris，Rice & Cormier，2005）。亚历山大等人（2010）对 77 名具有人格障碍者与 61名无此障碍者进行比较（均患有 IDD）。他们发现，人格障碍组的暴力犯罪，物质滥用与精神卫生法要求的（因犯罪）监禁等行为频率显著高于普通组。霍格等人（2006）建立了一个预测 212 名 IDD 罪犯的安全或社区监管方式的回归模型，包括了多种犯罪、诊断以及合法拘禁变量。他们发现，人格障碍与反社会行为史有关的多项指标，可作为安全监管的预测因素。但是他们指出，由于最高安全监管等级医院更加方便做出人格障碍诊断，这是可能对结果产生影响。实际上，林赛等人（2006）对同一个的样本进行了一系列人格障碍的评估测试发现，在安全与社区监管之间，人格障碍评估结果存在区别。

在 NCAP 的研究中（Lindsay，Carson et al.，2010，Lindsay，O'Brien et al.，2010），成年精神障碍并非是适用安全或社区监管的显著区别因素。除了前面已经讨论过的人格障碍与 ADHD，其他任何的诊断均未对犯罪呈现一致的影响趋势。例如人格障碍患者占被指派的 477 人中的 8.4%。但指派类型存在组间显著差异，高安全监管等级的为 30%，中低安全监管等级的为 188%，而所有的社区服务占 2%—3%。但是 Hogue 等人（2006）进行同样的研究发现，安全监管服务比社区监管更加熟悉并方便进行这些诊断，所以造成了结果的偏向性。在预测转介方案的众多回归模型中，例如，全类型转介（Carson et al.，2010）、社区转介（Wheeler et al.，2009）和性犯罪转介（Carson et al.，2013）。因此，尽管精神障碍在 IDDH 患者中具有高普遍性，但是它不能预测特定的转介方案，或与特定类型的犯罪联系起来。

特定的犯罪类型与转介服务

主流研究认为暴力行为具有连续性（Webster，Eaves，Douglas & Wintrup，1995）。麦克米伦、黑斯廷斯和考德威尔（2004）做了一个特殊测试，检验攻击行为史的预测价值，并与法证 IDD 样本中的精确评估、医学判断对躯体暴力的预测作为比较。他们发现攻击行为史对未来的暴力预测为一个中到高的效应值。所以，根据这一效应值，攻击行为史可以为法证 IDD 群体中的暴力风险个体进行预测。在 NCAP 的研究中，卡森等人（2010）建立了一个用来预测个体应该进行社区还是安全监管的回归模型。如果行为指标中包含躯体攻击，那么该个体更适合接受安全监管服务，而非社区服务。对于该样本中的社区转介病人，惠勒等人（2009）发现，存在躯体攻击与转介至刑事司法服务有着较高相关，但矛盾的是，攻击行为史却与非转介至刑事司法服务有关。他们对这一发现的解释是，处于监管中的一些个体存在长时间的攻击行为，而他们的监护人员可能对此习以为常，而不向警察进行报

233

告。雷纳、阿雷诺维奇、约翰和伦斯凯（2013）调查了138名患有IDD的处于危险期的个体发现，警察更可能逮捕那些案件涉及攻击行为，独居或者在社区中与家人居住的个体。所以，出现躯体攻击会导致个体进入更加严重的刑事司法系统。

除了躯体攻击的预测价值，卡森等人（2010）发现如果被转介的个体存在多种问题行为，那么他们更可能被转介进入安全监管服务而非社区监管服务。每一个附加行为指标会使个体被转介至安全监管服务的可能性增加1.6次。惠勒等人（2010）发现，当控制行为指标后，刑事司法涉案历史会增加个体被转介至刑事司法服务的可能性。因此，多种问题行为、刑事司法服务涉入史与正被起诉（的情形），均增加了个体得到更加严重的监管服务的可能性。

在IDD个体的性犯罪影响因素方面有大量的相关研究。研究中包括了大量的社会、心理、环境变量。格林、格雷和威尔纳（2002）对IDD个体的法庭表现、性犯罪定罪情况进行了研究发现，针对儿童犯罪的个体相较对成年人犯罪的，更可能进入刑事司法服务。他们认为，有IDD的罪犯群体被过度再现为对儿童实施性犯罪的犯罪人，正是由于这种刑事司法过程中的处置偏见造成的。

布兰查德等人（2008）基于生物学的研究则得到了不同的结论。尽管研究的方差变异量较低，但他们发现，智力低下的性犯罪者更可能实施针对幼童和男童的犯罪行为。该研究比较了不同来源的转介服务，来检验假设"处置偏见会增加性侵儿童的IDD罪犯数量"。结果发现，每种转介服务间差异较小。坎托、布兰查德、罗比肖和克里斯滕森（2005）对5647名性犯罪罪犯与16 222名非性犯罪罪犯的数据进行在分析后，发现了相似的无差异结果，但是针对儿童犯罪者的平均智商显著低于针对成人者的，并保持在一个较低的水平。赖斯、哈里斯、兰和查普尔（2008）对69名IDD性罪犯与控制组的69名非IDD者性罪犯进行了比较。他们发现，相比于控制组，IDD者有更多的恋童癖，但并未更可能强制地与儿童发生性关系，或表现出更多的成年人异常行为，也并不更加容易再犯。所有这些研究均可得出相似结论：IDD罪犯可能存在某种器官性混乱（organic pertubation），使他们存在针对儿童的性癖好。另一方面，兰格文与柯诺（2008）对2286名男性性犯罪罪犯进行了大规模研究。其中超过一半的被试进行了韦氏成人智力测验的整体智力评估，所有被试都进行了ID和学习障碍的评估。结果发现，在这一样本中，IDD患者的比例（2.4%）与普通人群比例相比并没有增加。此外，有无IDD与犯罪类型也没有相关。布兰查德等人（2008）对在发现具有IDD的性犯罪罪犯存在更多恋童癖的研究进行分析后指出，这些研究的效应量都较小，而且"智力与恋童癖之间的统计关系……尽管存在作为这种障碍的病理学的潜在线索价值，但是作为诊断导引而言则太微不足道了"。

在NCAP的另一项的研究中，卡森等人（2013）对131名因性犯罪被转介至社区和安全监管服务的罪犯进行了更多的细节分析。结果发现，社区监管服务的样本存在一些一致的模式，他们的行为指标与犯罪行为史上均体现了较少的躯体攻击。在安全监管服务样本中，则发现了更高比例的接触性性犯罪，而社区监管服务样本中只有几乎一半的个体存在接触性性犯罪。安全监管服务的个体更少住在社区之中，而且更多地存在物质滥用行为。尽管两组之间存在许多差异，但只有两项变量在预测社区或安全监管的回归模型中保留下来。问题行为的多样性，增加了被送至安全监管服务的可能性，而现在居住于社区，增加了送至社区服务的可能性。

234

最后一项影响转介服务的变量，是社会政策的变化。随着多年来针对 IDD 患者的预防措施发生戏剧性的变化，存在一种极大的可能性，在所有研究中，包括犯罪行为研究的所有被试，均居于社区场域下。前文已经介绍过，居住于社区是一个影响服务方式的有力变量（Carson et al.，2010；Wheeler et al.，2009；Raina et al.，2013）。在一项对社区 IDD 的司法服务的 20 年追踪研究中，林赛、豪特和斯特普托（2011）发现其中最值得注意的方面是过去 20 年中转介来源的变化。他们将 20 年分为 3 个时间段：1989—1995、1996—2002、2003—2008。在早期，24% 的来源是法庭，35% 的来自于社区服务，40% 的来自于心理学家与精神病学家。而在最后一个时期，83% 的来自于法庭，5% 的来自于社区服务，14% 的来自于其他来源。因此，更高比例的 IDD 患者被转介至刑事司法体系，而非社区服务体系或其他英国国家健康服务途径。存在另一种迹象表明，IDD 犯罪人生活在社区，但通常受到警察和法院服务机构的监管，而不是接受社会或健康服务。这些个体会受到社会或健康服务机构的评估和治疗，但是重点在于，在接受合适的评估和治疗时，他们可以继续生活在社区中。这是发生在 1980—2010 年，对待 IDD 罪犯的服务方法最显著和重要的一项变化。这项变化强调了一个毋庸置疑的重点：刑事司法服务应当考虑到 IDD 犯罪人的特点而调整相应的程序，并在过程中提供合适的预防措施，这样才能确保司法公正并减少再犯。

心理学在司法体系中的应用

患有 ID 的个体在刑事司法中的各阶段均处于弱势者的地位，因为 ID 使他们难以理解自身在逮捕程序中的权利，应对处理警察的询问与审讯，提供有效的陈述与供述，进行自辩申诉、理解法庭程序及通知律师。因此，他们在逮捕、起诉、审判等司法过程中均处于不利地位。刑事责任和能力在全世界都是刑事司法体系的核心概念，这一点对于 ID 罪犯来说尤为重要。在庭审前，与 ID 被告有关的刑事能力认定，一般认为该类人群无法做出自证其罪的陈述或供述，并进行有罪与无罪的抗辩。在英格兰与威尔士，1984 年的警察与犯罪证据法案（Police and Criminal Evidence Act，PACE）对被警察拘留问询的个体提供了权利保障。PACE 与其附加的操作条款提供给 IDD 患者在面对警察询问与提供证据时的特殊保护（Sanders & Young，2000）。在现在的英国司法实践过程中，对于患有 ID 或存在 ID 症状的个体进行警方问讯，需要有一个"合适的成年人（appropriate adult）"在场。这个合适的成年人，并不是作为法律顾问或律师存在，而可以是一个亲属或被问询者的监护人，或者对 ID 患者有工作经验的人比如社工，或者如苏格兰的"合适成年人服务（Appropriate Adult Service）"组织的成员，但是这个人不能是警察服务机构的雇佣人员。

警方问讯的程序

ID 患者在警察询问中具有易受教唆与易受暗示性，这一问题受到了研究者的大量关注。古德森（1992）提到，特定类型的 ID 患者，在引导性问题中更可能因受到暗示而让步，在警方的审讯中改变回答，所以他们更可能在暗示中给出错误的信息与供述。克莱尔和古德森（1993）对 20 名患有 ID 的被试与 20 名具有平均智力水平的被试进行比较研究发现，具有 ID 患者更加容易虚构情节，并更加倾向于默从。埃弗林顿和弗莱罗（1999）发现，患有 ID 的被试更可能在消极反馈下改变回答。这两项研究的结果说明，有轻度 ID 的个体在审讯条件下具有更高的易受暗示性。但是，比伊尔（2002）回顾了一系列相关研究，并对测试环境与真实环境之间的联系产生了质疑。他认为古德森易受暗示性量表（Gudjons-

235

son suggestibility scale，GSS，Gudjonsson，1997）通过对一个叙事故事的回忆来评价个体的易受暗示性，在刑事司法体系的应用存在限制。因为量表的结果是对语义的回忆检验，而警方问讯则更多关注于片段式或自传式的事件回忆。同时，经历事件通常包括多元感官的作用，会导致联想性记忆具有更加复杂的轨迹。

怀特和威尔纳（2004）通过比较 20 名 ID 个体对实验中的标准内容片段进行信息再认，与另外 20 名 ID 个体对真实经历的再认，对上述假设进行验证。他们发现，被试在进行自身情景回忆时，相比于标准语言信息陈列，可以再认大量的信息并显著地具有更少的易受暗示性。威尔纳（2008）也证明了当个体被问及自身熟悉的信息时，在易受暗示性上会发生减少。威尔纳（2009）对一些研究进行了总结，并回顾了英国心理学会的心智能力评估准则（BPS，2006），该准则包含了对证人和抗辩的心智能力的讨论。他借用英国心理学会准则中的说明逐渐减少了评估者对于 GSS 的依赖，并指出，尽管记忆标准片段的个体无法确保记住许多口述信息，但他们并不会去默认问题信息。至今为止，我们无法像 Willner 建议的那样停止 ID 个体中使用 GSS，但是威尔纳（2009；2011）和比伊尔（2002）的研究结果应该使实践者们在使用 GSS 时更加谨慎。

法律程序与 ID 罪犯

如前文所述，由于易受暗示性的影响，我们始终保持着对于 ID 患者参与审判的能力的关注，因为供述证据通常在自发、自知并有足够的智力做出时才是有效的（Baroff，Gunn & Hayes，2004）。ID 患者更加容易受到强迫、威胁与宽大处理承诺的影响，所以他们的供述存在自发性问题。在 ID 嫌疑人中很少使用沉默权或其他可以自保的权力，所以在问讯时，他们往往会用自己认为被警方期待的方式方法回答。巴罗夫（1996）将其称之为"社交需要倾向（sociable desirability bias）"。在逮捕与审讯的高压和复杂环境下，ID 罪犯很难做出一个自发或有所保留的理性选择，而且他们很可能没有理解到自身的回答对于警方的意义（Baroff et al.，2004）。在有效供述方面，ID 罪犯很难理解什么是搁置性权利，如沉默权，所以他们会将自身置于危险之中。

在评估庭审和抗辩能力时，应从以下几方面对被告进行考察：①对被指控罪行的理解；②知道审判的目的与主要官员的角色；③委托律师的能力（Baroff et al.，2004）。在英格兰与威尔士，如果被告由于患有 ID，不能理解审判及其程序，要求不出庭。那么法官采用专家的医学证据来进行判断。如果被告人被认为不适合出庭，那么就会展开对被告人的测试结果的"事实审查"（trial of the facts）。这一结果并不能给被告人定罪，但是可能会使被告人在无法进行抗辩的情况下被认为做出了犯罪行为。在这种情况下，法庭可能会做出多项命令，包括无条件释放，或依据精神健康法案将其转入医院。

美国的研究表明，只有 5%—7% 的案件存在"出庭能力"评估，而其中仅有 16% 的被告被认定为不具备出庭能力（Hurley，2003）。其中有许多基于美国刑事司法程序的评估工具对被告的法庭程序理解能力进行测试。针对智力缺陷的庭审能力评估工具（Competence Assessment to Stand Trial-Mental Retardation，CAST-MR：Everington & Luckasson，1992）评估了与法庭系统相关的三个方面的能力：基本法律观念、协助辩护律师的能力和理解法庭程序的能力。45% 的心理学家在评估青少年庭审能力时使用 CAST-MR（Ryba，Cooper & Zapf，2003）。但是这项以及其他相似的评估工具都存在一些缺点，包括缺乏基础概念结构、没有标准化的实施程序、没有标准化的分数、缺少常模等（Otto et al.，1998）。

236

除了庭审能力这项刑事责任能力外，ID 犯罪人的犯罪客观要素（actus reus）与犯罪主观要素（即犯罪意识，mens rea）也需要进行区分。一直以来，有非常严重的 ID 患者，被认为不存在产生犯罪图谋的能力，故不用为犯罪行为负责（Fitch，1992）。在英国传统刑事司法体系中，判断 ID 患者的刑事责任的要点在于他们是否有判断对错的能力。但是最近法庭已经抛弃这种"道德认知"的两分法判断，而采用个案分析的方法进行判定（Baroff et al.，2004）。

在英格兰和威尔士的法律体系中，犯罪意识仅在严重的犯罪中进行考察，如谋杀、强奸、暴力犯罪等。缺乏犯罪意识是指个体由于心智疾病（包括 ID），其理性推理能力受到影响。但是在法庭上进行缺乏犯罪意识辩护时，必须证明是由于这种缺陷，使被告不知道自己在干什么，或者不知道自己的行为违法（与违反道德不同）。在进行无罪辩护时，宣称被告不具有犯罪意识一般情况下都以精神失常为原因（Baroff et al.，2004）。（因精神失常）减轻责任（diminished responsibility）辩护一般与谋杀指控有关，如果法庭接受这一辩护理由，最终的判决会为过失杀人。（因精神失常）减轻责任要求个体由于异常心智，对行为缺少心理责任（Homicide Act，1957）。所以，ID 可以作为一种构成谋杀案中（因精神失常）减轻责任的异常心智。一旦采用概然性原则证明被告存在（因精神失常）减轻责任的情形，法庭可以选用一些刑罚手段对过失杀人进行惩戒，而不是采用谋杀案件的强制监禁刑罚。在精神病与（因精神失常）减轻责任辩护中，法庭会采用专家证据进行评估，确认个体是否真的存在理性推理缺陷或受损的心理责任。

总而言之，在刑事司法体系中，对被告进行刑事责任与能力的评估工作已经取得了很大的进展，使需要迁就与特殊照顾的 ID 被告能够以一种有效并公正的方式参与司法程序。心理学家在这一领域的工作主要包括认知评估，刑事司法程序的理解能力评估以及应对警方调查系统的能力评估等。

针对 ID 罪犯的工作

评估中的问题

在前文中，我们已经介绍了与司法体系有关的评估工作中，心理学如何应用于司法程序。在这一部分，我们将对集中探讨对于犯罪人的评估，以及这些评估在司法过程中的优势、缺陷、管理以及对治疗的指导等。对一般 ID 患者和特殊犯罪人的评估都存在许多重大发展，这些发展主要分为两大类，但具有相同目标。

首先，任何评估对于适用的人员而言均应是可理解的。因为其适用群体是被认定为缺乏语言、理解能力的，所以，所有的评估均应使用简化的语言与观念。林赛和斯基恩（2007）认为一个评估攻击可以在概念结构上极其复杂，同时又应该具有适应性。例如，贝克抑郁量表（Beck Depression Inventory，BDI：Beck，Steer & Brown，1995）中的一个项目可用于评估被告的内疚程度。其中的所有问题使用李克特四点评分评价"内疚"等级。但是从 0 到 3 的评分，代表个体从自身行为的内疚，到对于世界上所有的不好的事情的内疚。林赛和斯基恩（2007）发现，内疚的概念可以通过对个体感觉的方式进行简化。从不感到愧疚到感到十分愧疚，而没有对于全人类的灾难、暴行感到需要负责任这一复杂方面。更显著的简化是在语言方面。邦比强奸与猥亵量表（Bumby Rape and Molest Scale）在测试主流的性犯罪个体方面具有较高的信效度（Bumby，1996）。但是因为该量表的条目语法复

237

杂，难以应用于 ID 罪犯。例如量表的第 27 题包括下列内容："警察在调查一名女性声称被强奸的案件之前，查看她的穿着、确定她是否饮酒，以及弄清她是一个什么样的人，是一个好的想法。"其中包含了很多复杂词语，例如调查、声称（作为名词，而不是动词），以及一系列的概念，例如警方调查，调查前的想法以及受害人的三个方面表现。题目中存在一种暗示，即这个女人的特征可以使特定的性犯罪者开脱罪责。被试需要在选择前理解这些复杂的认知与语言特征。如果被试被评估为患有 ID，那么他们根本无法理解这些相互联系的概念。所以缺乏理解会使被试的回答不具有可信性。因此，语言与观念结构的简化是极其重要的，只有这样，这些工具才能用于司法 ID 评估。

第二个需要注意的，也是冗长的法证评估中的一个重要问题，即由于缺乏阅读能力，所有的材料均需要对调查对象进行阅读与解释。因此，所有的条目和选项都需要被解释（e.g., Taylor & Novaco, 2005；Lindsay, 2008），但进行详尽的解释并不是我们的测量意图。所以会造成两个后果：一是评估会变得更长，而且不可能在一周内对调查对象进行问卷调查并得到反馈结果；二是因为评估者需要阅读并解释选项，那么评估会就会变成结构化访谈。调查对象对问题的反应、擦边的评论、情绪反应均会成为评估过程的一部分，并影响评估结果。针对这种评估对象群体的评估操作需要耗费巨大的工作量，而且得到的信息也会增加评估过程与报告的复杂性。

针对 ID 犯罪人的评估工具的适应性改变包含的内容非常广泛。评估手段与评估程序都需要不同的方法。而且最重要的是，在适应性改变过程中，该工具的心理测量属性必须保持完整，测量程序不能受到破坏和减少。林赛、米基、贝蒂、史密斯和米勒（1994）最先在这一方面进行了研究，对一个 73 名 ID 患者样本进行了多个心理测量工具的调查。被试均加入了一个社区生活与融合的研究，代表了有轻度 ID 的异质群体。研究者发现改版后的焦虑自评量表（Zung Anxiety Scale）、抑郁自评量表（Zung Depression Inventory）和戈德堡健康问卷（Goldberg Health Questionaire）在该样本中信度较好，而且这些测试存在显著的聚合效度。作为效标的情绪评估与艾森克 - 威瑟斯人格测试存在显著相关，但只在神经质因子上存在正相关，与外向性因子不存在相关。该研究表明，经过适当调整的评估工具也可以有效地用于 ID 群体的测量。

芬利和莱诺斯（2001）对针对 ID 个体的情绪及其他心理治疗评估的相关文献进行回顾后认为，有大量证据表明，经过适当调整的评估工具有助于 ID 患者的理解和使用。此外，这些研究也提供了一些证据证明，这些工具调整后依然保留了其原本的心理测量特性。

自从这些研究发表后，还有一些对于一般 ID 患者的研究同样肯定了上述结论。凯利特、比伊尔、纽曼和霍斯（2004）对适用于 ID 患者的简明症状问卷（Brief Symptom Inventory, BSI）进行了因素分析研究。BSI 的筛选症状包括：躯体化症状、人际敏感性、焦虑、压抑、恐惧、偏执、敌意、精神质以及强迫症。他们首先证明了 BSI 的可用性与信度（Kellet, Beail, Newman & Frankish, 2003）。然后在后续研究中他们发现，除了信度，用于 ID 患者的因素结构，与主流群体的因素结构相类似。林赛和斯基恩（2007）在对 108 名 ID 患者进行研究后发现，贝克焦虑量表（BSI）与贝克抑郁量表在 ID 患者与主流人群中具有相似的因素结构。因此，大量证据表明，评估工具针对 ID 患者进行适当调整后，能够有效反应该群体的情绪状态及其他治疗方面的相关问题，心理测量的完整性也能够保持。其中，BSI 是一项筛选 ID 罪犯各种问题的有效评估工具。但是，任何难题的解决都会伴随着其他

238

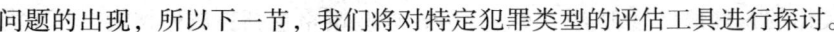

问题的出现，所以下一节，我们将对特定犯罪类型的评估工具进行探讨。

　　愤怒与攻击评估

　　与其他情感功能相比，ID 个体的攻击与愤怒得到了更多的关注。本森和艾文斯（1992）、罗斯和韦斯特（1999）的研究表明，修正后的愤怒自我评估工具（愤怒情绪问卷）在对 ID 患者使用时信效度有限。奥利弗、克劳福德、拉奥、里斯和蒂勒（2007）发现，测量攻击频率与严重程度的外显攻击行为量表（Modified Overt Aggression Scale，MOAS：Sorgi，Ratey，Knoedler，Markert & Reichman，1991），对少量的 ID 个体实测时，具有较高的评分者信度。

　　诺瓦科和泰勒（2004）在一个处于拘留中的男性 ID 罪犯样本中，对一些特别修订的愤怒评估工具的信效度进行了研究。诺瓦科愤怒情绪量表（Novaco Anger Scale，NAS：Novaco，2003）、斯皮尔伯格愤怒表达特点量表（Spielberg State-Trait Anger Expression Inventory，STAXI：Spielberg，1996）都是自我报告的愤怒倾向测量工具，激发量表（Provocation Inventory，PI：Novaco，2003）是自我报告的愤怒反应性测量，以及临床愤怒等级量表（Ward Anger Rating Scale，WARS：Novaco，1994）和有关愤怒特质的测量工具均在评估之列。结果发现，修正后的自我报告工具，有较高的内部一致性与较低但可接受的重测信度。STAXI 与 NAS 之间存在高相关，具有较高的同时效度（互为较高的效标效度）。WARS 具有较高的评分者信度，而且与病人自我报告的愤怒水平显著相关。病人自我报告的愤怒水平，与他们在医院的攻击行为记录显著相关。NAS 能够显著预测病人被转介进入医院后是否会对他人进行躯体攻击，以及躯体攻击总数。

　　在随后的研究中，泰勒、诺瓦科、吉南和斯特里特（2004）开发了一项想象愤怒测验（Imaginal Provocation Test，IPT）作为 ID 患者愤怒评估的独特附加程序，包括愤怒经历与表达的核心要素，可随着愤怒治疗手段发生明显改变，并在具体实施时易于修订。IPT 程序包括与个体愤怒经历相关的四个指数：愤怒反应、行为反应、愤怒—行为复合反应、愤怒管理。他们对 48 名患者在愤怒治疗前进行了 IPT 测试，结果发现 IPT 的指标具有较高的内部一致性信度和与 STAXI 和 NAS 量表相关的效标效度。因此，IPT 是一个快速、灵活、具有较高适应性的可用于 ID 个体的愤怒评估工具，并具有较好的心理测量特性。

　　奥尔德和林赛（2007）也设计了一个易于操作的邓迪愤怒问卷（Dundee Provocation Inventory，DPI）。该量表主要基于诺瓦科（1975，1994）将愤怒作为情绪问题的分析与建构。诺瓦科分析中的一点是，个体可能会误解内部与外部刺激，并将其作为一种威胁进行回应，而不是做出一种更加适合、攻击性更少的回应。DPI 常常用于司法转介的 ID 病人。奥尔德和林赛（2007）发现了该量表具有很好的信度与聚合效度。DPI 与 NAS 具有显著相关性（r = 0.57），与 PI 也显著高相关（r = 0.75），表明 DPI 与 PI 的聚合效应。他们还发现了愤怒的五因素结构，包括对自尊的威胁、外控性、失望、挫折和怨恨。其中影响力最强的因素为对自尊的威胁，这与诺瓦科对愤怒与威胁的关系分析一致。这些因素也被认为是基本自我图式，其中自尊是性犯罪的一个主要动态风险因素（Beech，Friendship，Erikson & Hanson，2002；Boer，Tough & Haaven，2004）。因此，DPI 可以为 ID 罪犯的愤怒激发问题提供快速评估。

　　威尔纳、布雷斯和菲利普斯（2005）开发了愤怒应对能力测评（Profile of Anger Coping，PACS）工具，用于评估 ID 患者在管理愤怒时使用的特定技巧。评分者会对个体在特定愤怒应对情境下使用的 8 种愤怒管理策略进行评分，这些策略包括：放松技能、从 1 数到 10、走开使自己冷静下来、寻求帮助、注意力分散、认知重建、自我肯定（译者注：第 8 个为讲笑话）。PACS 具有良好的重测信度和评分者信度系数，并能随着愤怒干预发生明显变化。工具开发者随后将该工具用于一个基于社区的愤怒管理治疗团体，结果发现，接受治疗者的 PACS 分数显著高于未接受治疗者的分数。治疗组的认知重建、自我肯定、走开使自己冷静、求助等方面的应对能力都得到了显著改善。走开使自己冷静及求助等两项应对能力的改善情况在随后 6 个月得以维持。该研究和工具使用中最重要的一点是，证明了愤怒管理的治疗及其观念的重要性。对于许多个体来说，从 1 数到 10 并且放松（平静），是最常听到的建议。所以，我们会认为，放松在愤怒管理治疗中是最为重要的。但是通过上述报告，我们可以发现，这两项技能是在治疗中最少使用的。

性犯罪犯罪人评估

在对患有 ID 的性犯罪犯罪人的两性交往观念和知识进行研究后。研究者们发现，对于这一群体，重要的不仅仅是解决其认知扭曲，还要关注他们具有的性知识水平。实际上，研究者们对该群体出现的不恰当的性行为提出的第一个假设就是，因缺乏性知识不恰当地进行性行为，因为他们不知道如何建立恰当的人际关系与性关系。这一"虚假异常"（counterfeit deviance）假设，首先由欣斯伯格、格里菲斯和昆赛（1991）提出，在近期由林赛（2008）进行了回顾与修正，并对一些研究结果进行了解释。这一术语表明，行为毫无疑问是异常的，但是促成行为异常的因素是由于缺乏性知识，缺乏社会及异性接触技能，缺乏机会去建立性关系，而非基于对不恰当对象的偏好或性驱力。所以，针对该类人群的恢复性措施应当关注相关的性教育问题，而不是针对不恰当性行为。欣斯伯格、格里菲斯和昆赛（1989）提出了许多案例，对虚假异常的观念进行阐释，并开发了一个治疗项目，该项目的一部分是以性与社会的教育为基础。

林赛（2005）回顾了与 ID 个体性犯罪的相关变量，并发现关于虚假异常假设的研究中没有控制组的测验。虚假异常可以表明，一部分 ID 个体的性犯罪，是由于缺乏社会和性知识，不理解社会规则与性相关方面的禁忌。因此，只能说实施性犯罪的 ID 患者与未实施该行为的 ID 患者相比，具有更少的社会与性方面的知识。

有两个研究对这个假设进行了验证。米基、林赛、马丁和格里夫（2006）使用社会性知识和态度测试（Socio-Sexual Knowledge and Attitudes Test, SSKAT; Wish, McCombs & Edmonson, 1979; Griffiths & Lunsky, 2003）对 ID 性罪犯者与控制组的性知识进行比较来检验是否存在虚假异常现象。在第一次研究中，他们对 17 名性罪犯与 20 控制组个体进行比较，他们发现 SSKAT 的 13 个分量表中的 3 个比较项——避孕、自渎、性疾病传播，存在显著的组间差异，而且在每一项中，性犯罪者均显示出更高的知识水平。而在年龄、智力方面未显示差异。在第二次的研究中，他们将 16 名性罪犯与 15 名控制组个体进行比较。结果发现，在 7 个因子上出现显著差异，每一个因子中，性犯罪者体现出更高的知识水平。这些研究人员将 33 名性罪犯与 35 名控制组成员数据进行共同分析，发现控制组的智力水平与 SSKAT 总分数间存在显著相关（r = 0.72），但在性罪犯组两者并不相关（r = 0.17）。他们认为该发现存在两种可能的原因：第一个可能的解释是，从定义上来说，所有的性罪犯均有性行为经验，而且这些性行为的经验并非随机的，那么这些性犯罪者可能在实施不恰当的性行为或性虐待之前，就对性行为存在某想法或偏好。因此，可以确定的是，他们至少有一些控制组所不具备的性行为经验。第二个可能的解释是，这些个体可能存在一个逐步增强的性唤起的发育史。这可能反过来使个体对非正式信息资源中的性信息产生选择性注意和兴趣。维持这样的注意会通过重复造成更多的记忆保留，并与适当的性行为（如手淫）产生更高的相关性。这些行为上的、非正式的教育经历会使个体具有高水平的性知识。这一假设与性唤起、性表现结合，表明知识获取、可能与态度和信念存在交互作用。

　　第二项研究则进行了更加细致的比较。伦斯凯、吉特斯、格里菲斯、沃森和威利斯顿（2007）对性罪犯与控制组进行了比较，并将性罪犯分为了异常型罪犯（接触性性犯罪和儿童性犯罪者）与天真型罪犯（公开场合手淫、下流暴露者）。他们发现，尽管天真型罪犯的性知识水平与控制组相比不存在差异，但却显著低于异常型罪犯，似乎与虚假异常的假设预期一致。但是，ID 的性罪犯的两个子群体间的差异，强调了在治疗时对于性知识水平评估的重要性。

　　尽管针对性犯罪中的认知扭曲，研究者们已经开发了多种评估工具，但是在本章的前一部分就已经指出，这些评估工具的语言需要根据 ID 患者的理解能力进行简化。科尔顿、A. 博尔和 D. 博尔（2001）使用阿贝尔和贝克尔认知量表（Abel and Becker Cognitions Scale）后发现，将量表的选项从四项（1 = 同意，4 = 非常不同意）改为两项（同意/不同意）时可以减少样本中的极端偏误。修正后，各项目分与总分之间的相关度良好，量表具有较好的重测信度和内部一致性，维持了原本的心理测量特性。而其他测量工具，前文已经提到过，例如邦比强奸与猥亵量表无法用于评估 ID，语法规则存在许多缺点，包括复合的概念、艰深的字词以及复杂的选项。

　　近年来出现了更多的特定用于评估 ID 性罪犯的工具。基林、罗斯和比奇（2007a）对这些测量工具修订后的心理测量特性进行了调查。他们的研究面临的困难中其中一项是这些测量工具存在"方便群体"（a population of convenience），并且在澳大利亚矫正系统（Australian Correctional System）中，特殊需求罪犯群体已经进行了认定，这一群体比 ID 患者更加多样化，包括明显的读写能力缺陷、存在后天脑损伤、缺乏沟通技能等。尽管这一群体主要是 ID 患者，但是同时还包括了处于智力边界的个体，以及更低智力的个体。所以，他们只能获得了一个包括 16 名特殊需要个体的小样本。为了评估修订量表的效度和完整度，他们将这些个体与 53 名主流性犯罪罪犯进行比较。结果发现，社会亲密量表（Social Intimacy Scale）与犯罪情感量表（Criminal Sentiment Scale）、受害人共情扭曲量表（Victim Empathy Distortion Scale）在适应和简化后保持了其心理测量的完整性。最不成功的修订是关系等级问卷（Relationship Scale Questionaire），具有较低的内部一致性。这些量表的重测信度均较高，原始版本和修订版本之间也具有较高的相关性，其中社会亲密量表和受害人共情量表的结果最好。

　　威廉姆斯、韦克林和韦伯斯特（2007）也对用于 ID 性犯罪的 6 项自我报告心理测量工具的心理测量特性进行了评估。被试为 211 名参与英国皇家监狱服务的性犯罪者治疗项目的罪犯，平均智力 71.9，智力范围最高为 80，高于 ID 边界。但是，被试的读写能力相似，所以主试被要求对被试念所有的问卷，并辅助回答。结果发现，其中 3 项测量工具有良好的内部一致性，其他 3 项的结果也可以接受。因素分析结果显示 6 项工具均与原版具有相同结构，但总方差减少了 30% —40%，遗憾的是，由于时间限制，没有对重测信度进行测量。

240

　　林赛、怀特菲尔德和卡森（2007）报告了适用于 ID 犯罪人的性犯罪态度测量问卷（Questionaire on Attitude with Sexual Offence，QACSO）的发展。QACSO 包含一系列量表，可评估个体对不同类型的犯罪的态度，包括强奸和窥阴癖、露阴癖、约会暴力、同性性攻击、对儿童的犯罪、跟踪犯罪。他们对 41 名 ID 性罪犯、34 名 ID 非性罪犯、30 名 ID 非罪犯、31 名无 ID 控制组进行比较。他们确认问卷的所有项目均适合阅读，选项也为两点评分。问卷的修订依据信度，区分效度，内部一致性标准进行，以确保心理测量特性的有效性。结果发现，QACSO 中 7 项量表中的 6 项在测量 ID 性犯罪者的认知扭曲时具有较好的信效度（唯一的例外是同性性犯罪量表）。林赛等人（2006）发现强奸和攻击儿童量表（Rape and Offence Against Children Scale）能够区分针对成人和针对儿童的犯罪，相比于儿童性侵犯者，针对成人的罪犯强奸量表得分较高，攻击量表得分较低。因此，该量表对于 ID 罪犯的认知扭曲评估存在一定的信效度。但是，这些研究者也注意到了认知扭曲与风险之间的关系。他们认为态度的改变可能是一系列的过程的反应，例如压抑、社会赞许性的影响，甚至撒谎等。所以，他们认为 QACSO 的结果应该与一些风险评估变量存在相关，包括精算风险、社会情感功能、自我调控能力等。

　　纵火评估

　　关于纵火行为的研究，大多数关注的是纵火发生的社会性条件，仅有少量研究关注成年纵火犯的评估与治疗，关注 ID 纵火犯治疗实践的研究更少。墨菲和克莱（1996）采用新开发的纵火评估明细表（Fire Setting Assessment Schedule，FSAS）对 10 名纵火犯进行访谈，考察他们纵火前后的认知与情绪。该研究要求被试在火焰兴趣评定量表（Fire Interest Rating Scale，FIRS）描述的与火有关的情境中对自身情绪进行评定。FSAS 的结构是由杰克逊、格拉斯和霍普（1987）对纵火进行函数分析得出的，他们认为纵火与一系列心理功能有关，包括同侪认可、兴奋需求、悲伤的发泄与表达、精神疾病、希望受到惩罚、减轻焦虑等。

　　墨菲和克莱（1996）发现，研究中的被试对纵火前的情绪评定，比纵火后的情绪评定更加具有可靠性。他们最常提到的纵火前情绪是愤怒，其次是由于被忽略而产生的抑郁。这项评估工具从出现开始就在临床上证明了效用，但是后来没有进一步关于其信效度的研究。直到泰勒、索恩、罗伯特森和埃弗里（2002）使用 FSAS 对 14 名参与纵火康复项目的 ID 纵火犯进行评估和治疗。该研究的结果与墨菲等人（1996）的结果具有一致性，结果发现在 FSAS 的项目中，愤怒、被忽视、抑郁（按顺序），是最常出现的纵火前后情绪。在关于女性 ID 纵火者的研究中，泰勒、罗伯特森、索恩、贝尔肖和沃森（2006）也发现，愤怒和抑郁是最常见的纵火前情绪。

　　风险评估

　　研究者对犯罪的社会、心理、行为和生理发生路径进行综述，基本上都是对预测未来犯罪路径的可能的风险因素进行评论。一旦确定风险因素，接下来的任务就是去建立更有效的风险管理与治疗体系，以改变和阻止犯罪人的犯罪轨迹。在过去的 20 到 30 年里，研究者们在犯罪和法证精神病患者的犯罪风险评估方面已经取得了巨大进展。这些研究一般使用"操作特征曲线"（Receiver Operator Characteristics）评估风险预测因素的显著性。因素的效应值为"曲线下面积"（Area Under Curve，AUC），AUC 为 0.5 时是偶然、0.56 为较小影响、0.64 为中等影响、0.72 为较大影响（Rice & Harris 2005；for an explanation of this statistic，see MacMillan，Hasting & Caldwell，2004）。

昆赛、哈里斯、赖斯和科米尔（2005）基于前人的研究（Harris et al.，1993）建立了"暴力风险评估指南"（Violence Risk Appraisal Guide，VRAG）。他们发现，在 42 个候选风险变量中，11 个变量组成的回归模型可以显著预测个体的暴力犯罪（Harris et al.，1993）。VRAG 对各类法证精神病患者与囚犯样本具有跨群体效度。而且，昆赛等人（2005）初次使用该工具时，发现其精确性在 ID 与非 ID 犯罪人中没有差别，但是 ID 犯罪人样本较小。在风险评估研究的发展中，很多研究者在一系列暴力与性犯罪再犯的数据基础上，比较了不同风险评估工具的预测准确性（Yang，Wong & Coid，2010）。VRAG 与静态 99 项量表（Static-99，Hanson & Thornton，1999），在其各自的主流群体中，成了暴力与性犯罪再犯的标准静态风险评估工具。这些评估中包含的都是基于历史的、不会发生改变的变量。

随着精算风险评估的发展，与精算评估具有相同变量的结构化临床判断工具也得到了相应发展。其中第一个且最为重要的工具是历史临床风险 20 项量表（Historical Clinical Risk-20 items，HCR-20；Webster et al.，1995）。HCR-20 包括历史（10 项）、临床（5 项）、风险（5 项）三部分，该工具经过许多相关的主流犯罪群体与精神健康机构的验证，其 AUCs 高于 0.7（e. g.，Dolan & Khawaja，2004；de Vogel & de Ruiter，2005）。

有许多研究已经在 ID 罪犯样本中对风险评估工具进行了检测。菲茨杰拉德、格雷、泰勒和斯诺登（2011）对 149 名 ID 罪犯追踪 2 年后发现，再犯与没有再犯的个体之间在许多变量上存在显著差异。在先前的研究中，格雷等人（2007）评估了 HCR-20、VRAG 与其他预测工具的精确性。研究被试为被医院释放的 118 名男性、27 名女性 ID 患者，与 843 名男性、153 名女性无 ID 的精神病罪犯组成的控制组。然后对被试进行为期 5 年的追踪研究。结果发现，所有的工具对暴力再犯的预测都能达到中—高程度（AUCs = 0.64—0.81），而且 ID 组的预测价值比控制组更好。VRAG 对 ID 罪犯的预测 AUCs 为 0.74，与对无 ID 患者的预测效应几乎相同。他们认为，这些风险评估工具对 ID 罪犯与控制组的暴力犯罪的预测准确性基本相同。同一研究组（Fitzgerald et al.，2013，in press）随后在两个 25 名 ID 罪犯与 45 名无 ID 的精神错乱罪犯样本中，用时 6 个月测试了 VRAG 与 HCR-20 的预测价值。结果发现，在 ID 组中，VRAG 对攻击行为的预测 AUC 为 0.87，而 HCR-20 的 AUC 为 0.77，均超过无 ID 组。

林赛等人（2008）在一个 212 名法证 ID 精神病患者样本中对 VRAG 与 HCR-20 的预测能力进行评估，212 名被试分别来自于高—中—低安全监管服务与社区司法服务。对被试追踪 1 年后，两种工具的预测 AUCs 分别为 0.71 和 0.72。

林赛、布克和斯基林（2004）用时 16 个月对 58 名具有 ID 且出现反社会与攻击行为历史的患者样本中对 VRAG 预测效度进行了调查。结果发现，在该样本中 VRAG 具有显著的中等效应值（AUCs = 0.69）。在进一步的研究中，卡米莱里和昆赛（2008）重新分析了麦克阿瑟暴力风险评估研究（MacArthur. Viriginia. edu/risk. html）中一部分的被试数据，来测试该工具对 ID 患者的预测效应。他们使用 WAIS-R 中的言语得分将该研究中处于智力边界的被试筛选出来组成样本。对所有处于正态分布 90% 区间内与高于 90% 的患者预测值相同（AUCs = 0.7），对 90% 以下患者的预测准确性则有所降低。

研究者们将这些风险评估工具在应用于 ID 性犯罪者时，也发现了相似的结果。林赛等人（2008）对静态 99 项量表在性罪犯中预测情况进行了调查，结果发现 AUCs 为 0.71。威尔科克斯、比奇、马考尔和布莱克勒（2009）对一个 27 名 ID 性犯罪罪犯的小样本中使用了静态99项量表，结果发现，该量表的AUCs为0.64，具有中等预测效度。洛夫特豪斯等人（2013a）也调查了静态99项量表在存在性犯罪史的64名ID男性中的预测价值，AUCs为0.75。这几项关于静态99项量表的研究结果的AUC都在0.7左右，与主流群体的预测效度一致。

最后一项研究（Blacker, Beech, Wilcox & Boer, 2011）是在ID性犯罪者样本中使用性暴力风险20项量表（Sexual Violence Risk - 20 items, SVR - 20; Boer, Hart, Kropp, & Webster, 1997）来预测其未来8.8年的性暴力事件，被试为包含ID患者与处于智力边界者"特殊需求"的混合团体。结果发现，对于整个样本而言，SVR - 20并未体现出预测性，但是对于10名智力低于75（以70作为诊断标准加上测验中2个标准误）的犯罪人，预测AUC为0.75。

综上所述，风险评估作为一种对主流罪犯及其他类型的精神障碍罪犯的未来行为具有中—高效应值的预测性测试，同样对ID患者的行为具有预测价值。其中一些工具的样本量也非常充足，说明这些工具能够为从事ID罪犯工作的人员提供一个风险背景的评估。例如，我们可以通过这些评估工具知道罪犯的风险等级，并通过相应的等级调整安全措施。因此，主流群体中发现的风险变量也可以用于ID人群的犯罪评估。

还有一点需要注意的是如何依据风险评估结果对犯罪人作出处置决定。林赛等人（2010）对风险与安全监管等级进行相关分析。他们首先为法证ID服务进行等级划分，从社区法证服务到低—中—高三个等级的安全监管服务。结果发现，安全监管等级与VRAG（r = 0.24）和静态99项量表（r = 0.32）的得分之间存在较低相关。这表明，一些处于安全监管中的个体被评为低风险，而另一些处于社区监管的个体被评为高风险，再加上针对不同等级服务所使用的处置手段，风险评估对犯罪人的处置工作并没有起到作用。因此，对犯罪人的处置决定可能更加依赖于其他因素，而非风险评估等级。

动态风险评估在ID罪犯管理中的职能

与静态风险评估相比，动态风险评估的变量会随着对个体的治疗和管理而发生改变。因此，将这些变量进行整合，就能够得到有效的ID犯罪人风险管理计划。已有许多研究调查了动态变量的预测价值，并发现这些变量在预测未来犯罪中与静态变量具有相同的价值。有三项早期研究对临床动态指标的重要性进行了阐述。林赛、埃利奥特和阿斯特尔（2004）发现风险评估的动态指标（例如较差的治疗依从性、与再犯相关的反社会态度等）与静态变量（例如童年期的行为和依恋问题）在价值上具有同等地位，甚至具有有更高的价值。前文提到的一项研究，昆赛等人（2004）发现除了VRAG的静态变量外，反社会态度（动态指标）也与再犯密切相关。麦克米伦、黑斯廷斯和考德威尔（2004）发现，由多学科团队制定的临床风险等级（动态指标）能够与暴力行为史（静态变量）一样很好地预测个体未来的暴力行为。

林赛等人（2004）与斯特普托等人（2006）开发出了动态风险评估与管理系统（dynamic risk assessment and management system, DRAMS），其中的变量包括情绪等级、反社会行为、自我控制、依从性以及其他临床指标。他们发现，个体的评估总分对两天后暴力行为的预测AUC为0.73，达到了很高的预测效应。博尔、图赫和哈文（2004）开发出了另外一套用于性犯罪的动态评估与风险管理系统（ARMIDILO）。布莱克等人（2010）通过对比44名特殊需要罪犯与44名普通罪犯的得分来对ARMIDILO的预测价值进行评估。结果发现，

243

对于特殊需要的罪犯，ARMIDILO 的预测 AUCs 为 0.73—0.76，而在 ID 罪犯子群体（n = 10）中的预测 AUCs 为 0.75—0.86。洛夫特豪斯等人（2013a）对 64 名 ID 性犯罪者进行了一项为期 6 年的追踪研究，结果发现，ARMIDILO 不同部分的预测价值 AUC 从 0.79 到 0.90 之间变化，总分 AUC 为 0.92，这些研究表明，动态风险评估系统能够对临床群体的风险管理提供重要支持。

由于许多研究表明，临床群体的动态风险因素与未来行为存在很大的关联，所以，洛夫特豪斯等人（2013b）重新分析了林赛等人（2008）发表的风险评估数据发现，VRAG 和短期动态风险量表（Short Dynamic Risk Scale，SDRS）的风险预测价值 AUC 为 0.71 和 0.72。这些研究者使用模型分析对克雷默等人（2001）发现的风险因素的功能关系进行调查，来确定这些风险因素之间是否存在是重叠的、独立的、中介的、调节或代理关系，结果发现，SDRS 的动态变量与 VRAG 的变量存在代理关系。他们认为，因为这些风险变量捕捉到了同一个与暴力相关的风险，而且由于动态变量更加容易被风险管理接受和使用，所以，动态评估能够提供与干预计划和减少风险有关的即时信息。

惠勒、克莱和霍兰德（2013）在研究犯罪的环境和背景变量时，提出了另一种对于风险的理解。他们对变量进行回归分析后发现，贫乏的人际关系是对 ID 患者再犯最好的预测变量。在对主流性犯罪者的研究中，威利斯和格蕾丝（2009）发现，没有安排住宿、就业和社会支持的出院计划能够与其他常见的犯罪变量一样预测再犯（AUC = 0.71）。

这些评估工具的发展会对 ID 患者的暴力和性犯罪的风险评估和管理工作产生巨大影响。这些研究的可复制程度对于未来 ID 罪犯的管理极为重要。如果我们证明这些动态指标不仅更加容易获取，而且具有与静态指标一样的预测性，那动态指标就能够帮助工作人员改进干预程序与实践，使 ID 罪犯获得更好的专业服务。该领域的工作人员都有一个熟悉的经历，那就是我们的治疗与管理建议具有局限性，因为静态风险评估已经将个体定义为高危，并且他们永远不会改变，就算这些人在未来多年后都没有再犯罪也一样。所以，伴随着动态风险变量的出现，这种情况可能会发生变化，所以动态风险评估的研究在风险评估领域极其重要。

结论

本章对法证心理学教学框架内的 ID 犯罪人的相关知识进行了回顾，并对法证心理学的实践背景、司法系统的应用，以及对 ID 犯罪人的特定评估工具进行了介绍。去机构化政策对 ID 患者的服务产生了巨大的影响。大量出现犯罪行为或实施类似行为的 ID 患者，会由常规刑事司法体系进行处置，法庭也开始更多地将 ID 患者转介至法证精神健康项目，让他们能够得到与犯罪相关的适宜的干预措施。尽管过去的观点认为，ID 患者与犯罪有关，但并没有实证证明。而且许多与这一观点有关的原则也在近期被打破（Lindsay & Dernevik，2013）。所以，我们现在更加了解如何更好地为这一临床群体提供司法服务。

本章中列举了许多关于 ID 患者犯罪盛行率和性质的研究，但这些研究并没有得出一致的结论。但这些研究所提出的干预手段与评估工具为司法鉴定人员提供了帮助，也有助于 ID 犯罪人参与刑事司法过程。最近，越来越多的研究开始关注 ID 患者的刑事司法服务方式以及与特定犯罪类型的关系。结果发现，攻击、暴力行为总是得到最严厉的处置，存在多种犯罪行为的个体也会被安排为更加安全的监管服务方式。

244

许多评估工具为了适应 ID 犯罪人的特点而进行了适当性改进。这些工具包括对心理和精神问题进行筛选和测量的工具，以及针对特定犯罪类型的评估工具，例如纵火、愤怒与攻击、与性犯罪有关的认知扭曲等。从已发表的研究报告来看，这些适应性调整从 20 世纪 90 年代早期开始，在近期则开始快速增长。还有许多研究在发现 ID 犯罪人的风险因素，以及暴力与性犯罪方面的风险评估工具的有效性调查上得到了重大进展。总之，这些预测研究的数据表明，风险评估工具在 ID 犯罪人和主流犯罪人群体中一样有效。也许该领域最主要的发展是证明了动态风险因素的重要性。

扩展阅读

1. Lindsay, W. R., Taylor, J. L., & Sturmey, P.（2004）, *Offenders with developmental disabilities*, Chichester：John Wiley.

这本书对多种针对发展障碍个体的心理学评估与干预工具进行了介绍，其内容包含了现今领域内的指导实践工作的大量证据。

2. Morrissey, C., Hogue, T., Mooney, P., Allen, C., Johnston, S., Hollin, C., Lindsay, W. R., & Taylor, J.（2007a）, "Predictive validity of the PCL-R in offenders with intellectual disabilities in a high secure setting：Institutional aggression", *Journal of Forensic Psychology & Psychiatry*, 18, 1 – 15.

3. Morrissey, C., Hogue, T., Mooney, P., Lindsay, W. R., Steptoe, L., Taylor, J., & Johnston, S.（2005）, "Applicability, reliability and validity of the psychopathy checklist-revised in offenders with intellectual disabilities：Some initial findings", *International Journal of Forensic Mental Health*, 4, 207 – 220.

4. Morrissey, C., Mooney, P., Hogue, T., Lindsay, W. R., & Taylor, J. L.（2007b）, "Predictive validity of psychopathy in offenders with intellectual disabilities in a high security hospital：Treatment progress", *Journal of Intellectual & Developmental Disabilities*, 32, 125 – 133.

参考文献

Alder, L., & Lindsay, W. R.（2007）, "Exploratory factor analysis and convergent validity of the Dundee Provocation Inventory", *Journal of Intellectual & Developmental Disabilities*, 32, 179 – 188.

Alexander, R. T., Green, E. N., O'Mahoney, B., Guneratna, I., Gangadharan, S., & Hoare, S.（2010）, "Personality disorders in offenders with intellectual disability：A comparison of clinical, forensic and outcome variables and implications for service provision", *Journal of Intellectual Disability Research*, 54, 650 – 658.

American Association on Mental Retardation（1992）, *Mental retardation：Definitions, classification and systems of supports*（9th edn）, Washington, DC：AAMR.

American Psychiatric Association（2013）, *Diagnostic and statistical manual of mental disorders*（5th edn）, Washington DC：Author.

Ammons, R. B., & Ammons, C. H.（1958）, *The quick test manual*, Southern Universities Press, Psychological Test Specialists.

245

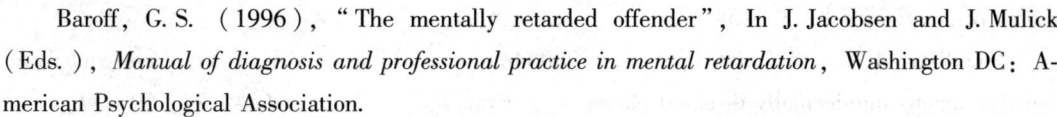
Baroff, G. S. （1996）, "The mentally retarded offender", In J. Jacobsen and J. Mulick （Eds.）, *Manual of diagnosis and professional practice in mental retardation*, Washington DC: American Psychological Association.

Baroff, G. S. , Gunn, M. , & Hayes, S. （2004）, "Legal issues", In W. R. Lindsay, J. L. Taylor, & P. Sturmey （Eds.）, *Offenders with developmental disabilities* （pp. 37 – 66）, Chichester: John Wiley.

Barratt, E. （1994）, "Impulsivity and aggression", In J. Monahan & H. J. Steadman （Eds.）, *Violence in mental disorder*, Chicago: University of Chicago Press.

Beail, N. （2002）, "Interrogative suggestibility, memory and intellectual disability", *Journal of Applied Research in Intellectual Disabilities*, 15, 129 – 137.

Beck, A. T. , Steer, R. A. , & Brown, G. K. （1995）, *Beck depression inventory-Second edition*, New York: Psychological Corporation.

Beech, A. , Friendship, C. , Erikson, M. , & Hanson, R. K. （2002）, "The relationship between static and dynamic risk factors and reconviction in a sample of UK child abusers", *Sexual Abuse: A Journal of Research & Treatment*, 14, 155 – 167.

Benson, D. A. , & Ivins, J. （1992）, "Anger, depression and self-concept in adults with mental retardation", *Journal of Intellectual Disability Research*, 36, 169 – 175.

Blacker, J. , Beech, A. R. , Wilcox, D. T. , & Boer, D. P. （2011）, "The assessment of dynamic risk and recidivism in a sample of special needs sexual offenders", *Psychology*, *Crime & Law*, 17, 75 – 92.

Blanchard, R. , Kella, N. J. , Cantor, J. M. , Classen, P. E. , Dickey, R. , Kuban, M. E. , & Black, T. （2008）, "IQ, handedness and paedophilia in adult male patients stratified by referral source", *Sexual Abuse: A Journal of Research & Treatment*, 19, 285 – 309.

Boer, D. P. , Hart, S. D. , Kropp, P. R. , & Webster, C. D. （1997）, *Manual for the sexual violence risk – 20: Professional guidelines for assessing risk of sexual violence*, Vancouver, British Columbia: British Columbia Institute on Family Violence & Mental Health, Law & Policy Institute, Simon Fraser University.

Boer, D. P. , Tough, S. , & Haaven, J. （2004）, "Assessment of risk manageability of developmentally disabled sex offenders", *Journal of Applied Research in Intellectual Disabilities*, 17, 275 – 284.

British Psychological Society （2000）, *Learning disability: Definitions and contexts*, Leicester: BPS.

British Psychological Society （2006）, *Mental capacity. Assessment of capacity in adults: Interim guidance for psychologists*, Leicester: Author.

Brown, B. S. , & Courtless, T. F. （1971）, *The Mentally Retarded Offender*, Department of Health, Education, and Welfare Publication no （HSM） 72 – 9039, Washington, DC, US Government Printing Office.

Bumby, K. M. （1996）, "Assessing the cognitive distortions of child molesters and rapists: Development and validation of the MOLEST and RAPE scales", *Sexual Abuse: A Journal of Re-*

search & Treatment, 8, 37 – 54.

Camilleri, J. A., & Quinsey, V. L. (2008), "Appraising the risk of sexual and violent recidivism among intellectually disabled offenders", *Psychology, Crime & Law*, 17, 59 – 74.

Cantor, J. M., Blanchard, R., Robichaud, L. K., & Christensen, B. K. (2005), "Quantitative reanalysis of aggregate data on IQ in sexual offenders", *Psychological Bulletin*, 131, 555 – 568.

Carson, D., Lindsay, W. R., Holland, A. J., Taylor, J. T., O'Brien, G., Wheeler, J. R., Steptoe, L., & Johnston, S. (2013), "Sex offenders with intellectual disability referred to levels of community and secure provision: Comparison and prediction of pathway", *Legal and Criminological Psychology*, 19 (2), 373 – 384.

Carson, D., Lindsay, W. R., O'Brien, G., Holland, A. J., Taylor, J. T., Wheeler, J. R., Middleton, C., Price, K., Steptoe, L., & Johnston, S. (2010), "Referrals into services for offenders with intellectual disabilities: Variables predicting community or secure provision", *Criminal Behaviour and Mental Health*, 20, 39 – 50.

Clare, I. C. H., & Gudjonsson, G. H. (1993), "Interrogative suggestibility, confabulation and acquiescence in people with mild learning disabilities (mental handicap): Implications for reliability during police interrogations", *British Journal of Clinical Psychology*, 37, 295 – 301.

Crocker, A. G., Côté, G., Toupin, J., & St-Onge, B. (2007), "Rate and characteristics of men with an intellectual disability in pre-trial detention", *Journal of intellectual and developmental disability*, 32 (2), 143 – 152.

de Vogel, V., & de Ruiter, C. (2005), "The HCR – 20 in personal disordered female offenders: A comparison with a matched sample of males", *Clinical Psychology and Psychotherapy*, 12, 226 – 240.

Dolan, M., & Khawaja, A. (2004), "The HCR – 20 and post discharge outcome in male patients discharged from medium security in the UK", *Aggressive Behaviour*, 30, 469 – 483.

Emerson, E., & Halpin, S. (2013), "Antisocial behaviour and police contact among 13 – 15 year English adolescents with and without mild/moderate intellectual disability", *Journal of Applied Research in Intellectual Disabilities*, 26, 362 – 369.

Everington, C., & Fulero, S. (1999), "Competence to confess: Measuring understanding and suggestibility in defendants with mental retardation", *Mental Retardation*, 37, 212 – 220.

Everington, C. T., & Luckasson, R. (1992), *Competence assessment for standing trial for defendants with mental retardation*, Worthington: International diagnostic systems, Inc.

Fago, D. P. (2006), "Comorbid psychopathology in child, adolescent and adult sexual offenders", In C. Hilarski & J. Wodarski (Eds.), *Comprehensive mental health practice with sex offenders and their families* (pp. 139 – 218), Binghamton, NY: Haworth Press, Inc.

Farrington, D. P. (1995), "The development of offending and antisocial behaviour from childhood: Key findings from the Cambridge study in delinquent development", *Journal of Child Psychology & Psychiatry*, 36, 929 – 964.

Farrington, D. P. (2000), "Psychosocial causes of offending", In M. G. Gelder, J. J. Lopez-

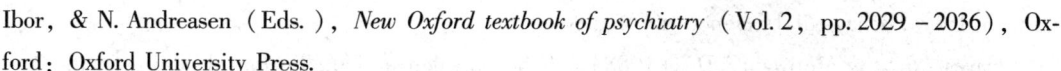
Ibor，& N. Andreasen（Eds.），*New Oxford textbook of psychiatry*（Vol. 2，pp. 2029 – 2036），Oxford：Oxford University Press.

Farrington，D. P.，Coid，J. W. Harnett，L. M.，Jolliffe，D.，Soteriou，N.，Turner，R. E.，& West，D. J.（2006），*Criminal careers up to age 50 and life success up to age 48：New findings from the Cambridge Study in Delinquent Development*（2nd edn），London，UK：Home Office Research，Development and Statistics Directorate.

Finlay，W. M.，& Lyons，E.（2001），"Methodological issues in interviewing and using self-report questionnaires with people with mental retardation"，*Psychological Assessment*，13，319 – 335.

Fitch，W. L.（1992），"Mental retardation and criminal responsibility"，*The George Washington Law Review*，53，414 – 493.

Fitzgerald，S.，Gray，N. S.，Alexander，R. T.，Bagshaw，R.，Chesterman，P.，Huckle，P.，Jones，S. K.，Taylor，J.，Williams，T.，& Snowden，R. J.（2013），"Predicting institutional violence in offenders with intellectual disabilities：The predictive efficacy of the VRAG and the HCR – 20"，*Journal of Applied Research in Intellectual Disabilities*，26，384 – 393.

Fitzgerald，S.，Gray，N. S.，Taylor，J.，& Snowdon，R. J.（2011），"Risk factors for recidivism in offenders with intellectual disabilities"，*Psychology Crime and Law*，17，43 – 58.

Gray，N. S.，Fitzgerald，S.，Taylor，J.，MacCulloch，M. J.，& Snowden，R. J.（2007），"Predicting future reconviction in offenders with intel-lectual disabilities：The predictive efficacy of VRAG，PCL-SV and the HCR – 20"，*Psychological Assessment*，19，474 – 479.

Green，G.，Gray，N. S.，& Willner，P.（2002），"Factors associated with criminal convictions for sexually inappropriate behaviour in men with learning disabilities"，*Journal of Forensic Psychiatry*，13，578 – 607.

Griffiths，D.，& Lunsky，Y.（2003），*Sociosexual Knowledge and Attitudes Assessment Tool（SSKAAT-R）*，Wood Dale，IL：Stoelting Company.

Griffiths，D. M.，Quinsey，V. L.，& Hingsburger，D.（1989），*Changing inappropriate sexual behaviour：A community based approach for persons with developmental disabilities*，Baltimore，MD：Paul H. Brookes.

Gudjonsson，G. H.（1992），*The psychology of interrogations，confessions and testimony*，Chichester：Wiley.

Gudjonsson，G. H.（1997），*Gudjonsson suggestibility scales*，Hove，Sussex：Psychology Press.

Hanson，K.，& Thornton，D.（1999），"Static 99"，Ontario：Public Works and Government Services Canada.

Harris，G. T.，Rice，M. E.，& Quinsey，V. L.（1993），"Violent recidivism of mentally disordered offenders：The development of a statistical prediction instrument"，*Criminal Justice & Behaviour*，20，315 – 335.

Hayes，S.（1991），"Sex offenders"，*Australia & New Zealand Journal of Developmental Disabilities*（*Journal of Intellectual & Developmental Disabilities*），17，220 – 227.

Hayes，S. C.（2000），"Hayes ability screening index（HASI）manual"，University of Sydney, Sydney: Behavioural Sciences in Medicine.

Hayes, S., & McIlwain, D. (1988), "The prevalence of intellectual disability in the New South Wales prison population-an empirical study", *Report to the Criminology Research Council*, Canberra.

Hingsburger, D., Griffiths, D., & Quinsey, V. (1991), "Detecting counterfeit deviance: Differentiating sexual deviance from sexual inap-propriateness", *Habilitation Mental Health Care Newsletter*, 10, 51 – 54.

Hodgins, S. (1992), "Mental disorder, intellectual deficiency and crime: Evidence from a birth cohort", *Archives of General Psychiatry*, 49, 476 – 483.

Hogue, T. E., Steptoe, L., Taylor, J. L., Lindsay, W. R., Mooney, P., Pinkney, L., Johnston, S., Smith, A. H. W., & O'Brien, G. (2006), "A comparison of offenders with intellectual disability across three levels of security", *Criminal Behaviour & Mental Health*, 16, 13 – 28.

Holland, A. J. (2004), "Criminal behaviour and developmental disability: An epidemiological perspective", In W. R. Lindsay, J. L. Taylor, & P. Sturmey (Eds.), *Offenders with developmental disabilities* (pp. 23 – 34), Chichester: John Wiley.

Holland, S., & Persson, P. (2010), "Intellectual disability in the Victorian prison system: Characteristics of prisoners with an intellectual disability released from prison in 2003 – 2006", *Psychology, Crime and Law*, 17 (1), 25 – 41.

Hurley, J. (2003), "Missouri institute of mental health policy brief: Competency to stand trial", School of Medicine, University of Missouri, Columbia.

Jackson, H. F., Glass, C., & Hope, S. (1987), "A functional analysis of recidivistic arson", *British Journal of Clinical Psychology*, 26, 175 – 185.

Jespersen, A. F., Lalumiere, M. L., & Seto, M. C. (2009), "Sexual abuse history among adult sex offenders and non sex offenders: A meta-analysis", *Child Abuse & Neglect*, 33, 179 – 192.

Keeling, J. A., Rose, J. L., & Beech, A. R. (2007a), "A preliminary evaluation of the adaptation of four assessments for offenders with special needs", *Journal of Intellectual & Developmental Disability*, 32, 62 – 73.

Kellet, S. C., Beail, N., Newman, D. W., & Frankish, P. (2003), "Utility of the Brief Symptom Inventory (BSI) in the assessment of psychological distress", *Journal of Applied Research in Intellectual Disabilities*, 16, 127 – 135.

Kellet, S. C., Beail, N., Newman, D. W., & Hawes, A. (2004), "The factor structure of the Brief Symptom Inventory: Intellectual disability evidence", *Clinical Psychology & Psychotherapy.* 11, 275 – 281.

Klimecki, M. R., Jenkinson, J., & Wilson, L. (1994), "A study of recidivism among offenders with an intellectual disability", *Journal of Intellectual and Developmental Disability*, 19 (3), 209 – 219.

Kolton, D. J. C., Boer, A., & Boer, D. P. (2001), "A revision of the Abel and Becker Cognition Scale for intellectually disabled sexual offenders", *Sexual Abuse: A Journal of Research & Treatment*, 13, 217 – 219.

Kraemer, H. C. , Stice, E. , Kazdin, A. & Kupfer, D. （2001）, "How do risk factors work together to produce an outcome? Mediators, moderators, independent, overlapping and proxy risk factors", *American Journal of Psychiatry*, 258, 848 – 856.

Langevan, R. , & Curnoe, S. （2008）, "Are the mentally retarded and learning disordered overrepresented among sex offenders and paraphilics", *International Journal of Offender Therapy and Comparative Criminology*, 52, 401 – 415.

Lindsay, W. R. （2008）, *The treatment of sex offenders with intellectual disability*, Chichester: John Wiley.

Lindsay, W. R. , Carson, D. R. , O'Brien, G. , Holland, A. J. , Johnston, S. , Taylor, J. L. , Wheeler, J. R. , Middleton, C. , Price, K. , Steptoe, L. , & Johnston, S. （2010b）, "The relationship between assessed risk and security level for offenders with intellectual disabilities", *Journal of Forensic Psychiatry and Psychology*, 21, 537 – 540.

Lindsay, W. R. , Carson, D. , Holland, A. J. , Taylor, J. , O'Brien, G. , & Wheeler, J. （2013a）, "The impact of known criminogenic factors on offenders with Intellectual disability: Previous findings and new results on ADHD", *Journal of Applied Research in Intellectual Disabilities*, 26, 71 – 80.

Lindsay, W. R. , & Dernevick, M. （2013）, "Risk and offenders with intellectual disabilities: Reappraising Hodgins （1992） classic study", *Criminal Behaviour & Mental Health*, 23, 151 – 157.

Lindsay, W. R. , Elliot, S. F. , & Astell, A. （2004）, "Predictors of sexual offence recidivism in offenders with intellectual disabilities", *Journal of Applied Research in Intellectual Disabilities*, 17, 299 – 305.

Lindsay, W. R. , Hastings, R. P. , Griffiths, D. M. , & Hayes, S. C. （2007）, "Trends and challenges in forensic research on offenders with intellectual disability", *Journal of Intellectual & Developmental Disability*, 32, 55 – 61.

Lindsay, W. R. , Haut, F. , & Steptoe, L. （2011）, "Changes in referral patterns for offenders with intellectual disability: A 20 year follow up study", *Journal of Forensic Psychiatry and Psychology*, 22, 513 – 517.

Lindsay, W. R. , Hogue, T. , Taylor, J. L. , Steptoe, L. , Mooney, P. , Johnston, S. , O'Brien, G. , & Smith, A. H. W. （2008）, "Risk assessment in offenders with intellectual disabilities: A comparison across three levels of security", *International Journal of Offender Therapy & Comparative Criminology*, 52, 90 – 111.

Lindsay, W. R. , Michie, A. M. , Baty, F. J. , Smith, A. H. W. , & Miller, S. （1994）, "The consistency of reports about feelings and emotions from people with intellectual disability", *Journal of Intellectual Disability Research*, 38, 61 – 66.

Lindsay, W. R. , Michie, A. M. , Whitefield, E. , Martin, V. , Grieve, A. , & Carson, D. （2006）, "Response patterns on the questionnaire on attitudes consistent with sexual offending in groups of sex offenders with intellectual disability", *Journal of Applied Research in Intellectual Disabilities*, 19, 47 – 54.

Lindsay, W. R. , Murphy, L. , Smith, G. , Murphy, D. , Edwards, Z. , Grieve, A. , Chettock, C. , & Young, S. J. (2004), "The Dynamic Risk Assessment and Management System: An assessment of immediate risk of violence for individuals with intellectual disabilities, and offending and challenging behaviour", *Journal of Applied Research in Intellectual Disabilities*, 17, 267 – 274.

Lindsay, W. R. , O'Brien, G. , Carson, D. R. , Holland, A. J. , Taylor, J. L. , Wheeler, J. R. , Middleton, C. , Price, K. , Steptoe, L. , & Johnston, S. (2010), "Pathways into services for offenders with intellectual disabilities: Childhood experiences, diagnostic information and offence related variables", *Criminal Justice & Behaviour*, 37, 678 – 694.

Lindsay, W. R. , & Skene, D. D. (2007), "The Beck Depression Inventory II and The Beck Anxiety Inventory in people with intellectual disabilities: Factor analyses and group data", *Journal of Applied Research in Intellectual Disability*, 20, 401 – 408.

Lindsay, W. R. , Steptoe, L. , & Haut, F. (2012), "The sexual and physical abuse histories of offenders with intellectual disability", *Journal of Intellectual Disability Research*, 56, 326 – 331.

Lindsay, W. R. , Steptoe, L. , Wallace, L. , Haut, F. , & Brewster, E. (2013), "An evaluation and 20 – year follow-up of a community forensic intellectual disability service", *Criminal Behaviour and Mental Health*, 23 (2), 138 – 149.

Lindsay, W. R. , Sturmey, P. , & Taylor, J. L. (2004), "Natural history and theories of offending in people with developmental disabilities", In W. R. Lindsay, J. L. Taylor, & P. Sturmey (Eds.), *Offenders with developmental disabilities* (pp. 3 – 22), Chichester: John Wiley.

Lindsay, W. R. , Taylor, J. L. , & Sturmey, P. (2004), *Offenders with developmental disabilities*, Chichester: John Wiley.

Lindsay, W. R. , Whitefield, E. , & Carson, D. (2007), "An assessment for attitudes consistent with sexual offending for use with offenders with intellectual disability", *Legal & Criminological Psychology*, 12, 55 – 68.

Linhorst, D. M. , McCutchen, T. A. , & Bennett, L. (2003), "Recidivism among offenders with developmental disabilities participating in a case management program", *Research in Developmental Disabilities*, 24 (3), 210 – 230.

Livingston, M. , Stewart, A. , Allard, T. , & Ogilvie, J. (2008), "Understanding juvenile offending trajectories", *The Australian and New Zealand Journal of Criminology*, 41, 345 – 363.

Lofthouse, R. E. , Lindsay, W. , Totsika, V. , Hastings, R. P. , Boer, D. , & Haavan, J. (2013a), "Prospective dynamic assessment of risk of sexual reoffending in individuals with an intellectual disability and a history of sexual offending behaviour", *Journal of Applied Research in Intellectual Disabilities*. 26, 394 – 403.

Lofthouse, R. E. , Totsika, V. , Hastings, R. , Lindsay, W. , Hogue, T. , & Taylor, J. (2013b), "How do static and dynamic risk factors work together to predict violent behaviour amongst offenders with an intellectual disability?", *Journal of Intellectual Disability Research*, in press.

Lund, J. (1990), "Mentally retarded criminal offenders in Denmark", *British Journal of*

Psychiatry, 156, 726 – 731.

Lunsky, Y., Frijters, J., Griffiths, D. M., Watson, S. L., & Williston, S. (2007), "Sexual knowledge and attitudes of men with intellectual disabilities who sexually offend", *Journal of Intellectual & Developmental Disability*, 32, 74 – 81.

Lunsky, Y., Gracey, C., Koegl, C., Bradley, E., Durbin, J., & Raina, P. (2011), "The clinical profile and service needs of psychiatric inpatients with intellectual disabilities and forensic involvement", *Psychology Crime and Law*, 17, 9 – 25.

Lyall, I., Holland, A. J., Collins, S., & Styles, P. (1995), "Incidence of persons with a learning disability detained in police custody", *Medicine, Science & the Law*, 35, 61 – 71.

MacEachron, A. E. (1979), "Mentally retarded offenders prevalence and characteristics", *American Journal of Mental Deficiency*, 84, 165 – 176.

McCord, W., & McCord, J. (1959), *Origins of crime: A new evaluation of the Cambridge-Somerville*, New York: Columbia Press.

MacMillan, D., Hastings, R., & Caldwell, J. (2004), "Clinical and actuarial prediction of physical violence in a forensic intellectual disability hospital: A longitudinal study", *Journal of Applied Research in Intellectual Disabilities*, 17, 255 – 266.

Mason, J., & Murphy, G. (2002), "Intellectual disability amongst people on probation: Prevalence and outcome", *Journal of Intellectual Disability Research*, 46, 230 – 238.

Maughan, B., Pickles, A., Hagell, A., Rutter, M., & Yule, W. (1996), "Reading problems and antisocial behaviour: Developmental trends in comorbidity", *Journal of Child Psychology & Psychiatry*, 37, 405 – 418.

Messinger, E., & Apfelberg, B. (1961), "A quarter century of court psychiatry", *Crime & Delinquency*, 7, 343 – 362.

Michie, A. M., Lindsay, W. R., Martin, V., & Grieve, A. (2006), "A test of counterfeit deviance: A comparison of sexual knowledge in groups of sex offenders with intellectual disability and controls", *Sexual Abuse: A Journal of Research & Treatment*, 18, 271 – 279.

Monahan, J., Steadman, H., Silver, E., Appelbaum, P., Robbins, T., Mulvey, E., Roth, L., Grisso, T., & Banks, S. (2001), *Rethinking risk assessment: The MacArthur study of mental disorder and violence*, New York: Oxford University Press.

Murphy, G. H., & Clare, I. C. H. (1996), "Analysis of motivation in people with mild learning disabilities (mental handicap) who set fires", *Psychology, Crime and Law*, 2, 153 – 164.

Murphy, M., Harrold, M., Carey, S., & Mulrooney, M. (2000), "A survey of the level of learning disability among the prison population in Ireland", Dublin: Department of Justice, Equality and Law Reform.

Noble, J. H., & Conley, R. W. (1992), "Toward an epidemiology of relevant attributes", In R. W. Conley, R. Luckasson, & G. Bouthilet (Eds.), *The criminal justice system and mental retardation* (pp. 17 – 54), Baltimore: Paul Brookes Publishing.

Novaco, R. W. (1975), *Anger control: The development and evaluation of an experimental treatment*, Lexington, MA: Heath.

Novaco, R. W. (1994), "Anger as a risk factor for violence among the mentally disordered", In J. Monahan & H. J. Steadman (Eds.), *Violence in mental disorder: Developments in risk assessment*, Chicago, IL: University of Chicago Press.

Novaco, R. W. (2003), *The Novaco Anger Scale and Provocation Inventory Manual (NAS-PI)*, Los Angeles: Western Psychological Services.

Novaco, R. W., & Taylor, J. L. (2004), "Assessment of anger and aggression in offenders with developmental disabilities", *Psychological Assessment*, 16, 42 – 50.

Novaco, R. W., & Taylor, J. L. (2008), "Anger and assaultiveness of male forensic patients with developmental disabilities: Links to volatile parents", *Aggressive Behaviour*, 34 (4), 380 – 393.

O'Brien, G., Taylor, J. L., Lindsay, W. R., Holland, A. J., Carson, D., Steptoe, L., Middleton. C., Price, K., & Wheeler, J. R. (2010), "A multi-centre study of adults with learning disabilities referred to services for antisocial or offending behaviour: Demographic, individual, offending and service characteristics", *Journal of Learning Disabilities and Offending Behaviour*, 1, 5 – 15.

Oliver, P. C., Crawford, M. J., Rao, B., Reece, B., & Tyrer, P. (2007), "Modified Overt Aggression Scale (MOAS) for people with intellectual disability and aggressive challenging behaviour: A reliability study", *Journal of Applied Research in Intellectual Disabilities*, 20, 368 – 372.

Otto, R. K., Poythress, N. G., Nicholson, R. A., Edens, J. F., Monahan, J., Bonnie, R. J., Hoge, S. K., & Eisenberg, M. (1998), "Psychometric properties of the MacArthur Competence Assessment Tool-Criminal adjudication", *Psychological Assessment*, 10, 435 – 443.

Quinsey, V. L., Book, A., & Skilling, T. A. (2004), "A follow-up of deinstitutionalised men with intellectual disabilities and histories of antisocial behaviour", *Journal of Applied Research in Intellectual Disabilities*, 17, 243 – 254.

Quinsey, V. L., Harris, G. T., Rice, M. E., & Cormier, C. A. (1998), *Violent offenders: Appraising and managing risk*, Washington DC: American Psychological Association.

Quinsey, V. L., Harris, G. T., Rice, M. E., & Cormier, C. A. (2005), "Violent offenders, appraising and managing risk: Second edition", Washington, DC: American Psychological Association.

Raina, P, Arenovich, T, Jones, J., & Lunsky, Y. (2013), "Pathways into the criminal justice system for individuals with intellectual disabilities", *Journal of Applied Research in Intellectual Disabilities*, 26, 404 – 409.

Raina, P., & Lunsky, Y. (2010), "A comparison study of adults with intellectual disability and psychiatric disorder with and without forensic involvement", *Research in Developmental Disabilities*, 31 (1): 218 – 223.

Rice, M. E., & Harris, G. T. (2005), "Comparing effect sizes in follow-up studies: ROC area, Cohen's, and Law and Human Behaviour", 29, 615 – 620.

Rice, M. E., Harris, G. T., Lang, C., & Chaplin, T. (2008), "Sexual preferences

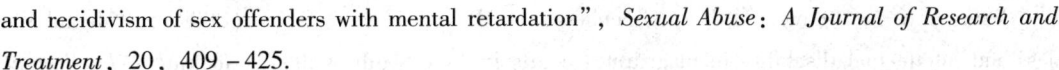

and recidivism of sex offenders with mental retardation", *Sexual Abuse*: *A Journal of Research and Treatment*, 20, 409 – 425.

Rose, J., & West, C. (1999), "Assessment of anger in people with intellectual disabilities", *Journal of Applied Research in Intellectual Disabilities*, 12, 211 – 224.

Rutter, M., Maughan, B., Meyer, J., Pickles, A., Silberg, J., Simonoff, E., & Taylor, E. (1997), "Heterogeneity of antisocial behaviour: Causes, continuities and consequences", In D. W. Osgood (Ed.), *Motivation and delinquency* (pp. 45 – 118), Lincoln: University of Nebraska Press.

Ryba, N. L., Cooper, V. G., & Zapf, P. A. (2003), "Juvenile competence to stand trial evaluations: A survey of current practices and test usage among psychologists", *Professional Psychology*: *Research in Practice*, 34, 499 – 507.

Sanders, A., & Young, R. (2000), *Criminal justice* (2nd edn), London: Butterworths.

Scheerenberger, R. C. (1983), *A history of mental retardation*, London: Brooks Publishing Co.

Sorgi, P., Ratey, J., Knoedler, D. W., Markert, R. J., & Reichman, M. (1991), "Rating aggression in the clinical setting a retrospective adaptation of the Overt Aggression Scale: Preliminary results", *Journal of Neuropsychiatry*, 3, 552 – 556.

Spielberger, C. D. (1996), *State-trait anger expression inventory professional manual*, Florida: Psychological Assessment Resources Inc.

Steptoe, L., Lindsay, W. R., Forrest, D., & Power, M. (2006), "Quality of life and relationships in sex offenders with intellectual disability", *Journal of Intellectual & Developmental Disabilities*, 31, 13 – 19.

Steptoe, L., Lindsay, W. R., Murphy, L., & Young, S. J. (2008), "Construct validity, reliability and predictive validity of the Dynamic Risk Assessment and Management System (DRAMS) in offenders with intellectual disability", *Legal & Criminological Psychology*, 13, 309 – 321.

Taylor, J. L., & Novaco, R. W. (2005), *Anger treatment for people with developmental disabilities*: *A theory, evidence and manual based approach*, Chichester: Wiley.

Taylor, J. L., Novaco, R. W., Gillmer, B., & Thorne, I. (2002), "Cognitive behavioural treatment of anger intensity among offenders with intellectual disabilities", *Journal of Applied Research in Intellectual Disabilities*, 15, 151 – 165.

Taylor, J. L., Novaco, R. W., Guinan, C., & Street, N. (2004), "Development of an imaginal provocation test to evaluate treatment for anger problems in people with intellectual disabilities", *Clinical Psychology & Psychotherapy*, 11, 233 – 246.

Taylor, J. L., Robertson, A., Thorne, I., Belshaw, T., & Watson, A. (2006), "Responses of female fire-setters with mild and borderline intellectual disabilities to a group based intervention", *Journal of Applied Research in Intellectual Disabilities*, 19, 179 – 190.

Taylor, J. L., Thorne, I., Robertson, A., & Avery, G. (2002), "Evaluation of a group intervention for convicted arsonists with mild and borderline intellectual disabilities", *Criminal Behaviour and Mental Health*, 12, 282 – 293.

Terman, L. (1911), *The measurement of intelligence*, Boston: Houghton Mifflin Co.

Vanny, K. A. , Levy, M. H. , Greenberg, D. M. , & Hayes, S. C. （2009）, "Mental illness and intellectual disability in magistrates courts in New South Wales", *Journal of Intellectual Disability Research*, 53, 289 – 297.

Vinkers, D. （2013）, "Pre-trial reported defendants in the Netherlands with intellectual disability, borderline and normal intellectual functioning", *Journal of Applied Research in Intellectual Disabilities*, 26, 357 – 361.

Walker, N. , & McCabe, S. （1973）, *Crime and insanity in England*, Edinburgh: Edinburgh University Press.

Ward, A. K. , Day, D. , Bevc, I. , Sun, Y. , Rosenthal, J. S. , & Duchesne, T. （2010）, "Criminal trajectories and risk factors in a Canadian sample of offenders", *Criminal Justice and Behavior*, 11, 1278 – 1300.

Webster, C. D. , Eaves, D. , Douglas, K. S. , & Wintrup, A. （1995）, "The HCR – 20: The assessment of dangerousness and risk", Vancouver, Canada: Simon Fraser University and British Colombia Forensic Psychiatric Services Commission.

Wechsler, D. （2010）, *Wechsler Adult Intelligence Scale-Fourth UK Edition: Administrative and Scoring Manual*, London: The Psychology Corporation.

Wheeler, J. R. , Clare, I. C. , & Holland, A. J. （2013）, "Offending by people with intellectual disabilities in community settings: A preliminary examination of contextual factors", *Journal of Applied Research in Intellectual Disabilities*, 26, 370 – 383.

Wheeler, J. R. , Holland, A. J. , Bambrick, M. , Lindsay, W. R. , Carson, D. , Steptoe, L. , Johnston, S. , Taylor, J. L. , Middleton, C. , Price, K. , & O'Brien, G. （2009）, "Community services and people with intellectual disabilities who engage in anti-social or offending behaviour: Referral rates, characteristics, and care pathways", *Journal of Forensic Psychiatry & Psychology*, 20, 717 – 740.

White, R. , & Willner, P. （2004）, "Suggestibility and salience in people with intellectual disabilities: An experimental critique of the Gudjonsson suggestibility scale", *Journal of Forensic Psychiatry & Psychology*, 16, 638 – 650.

Wilcox, D. , Beech, A. , Markall, H. F. , & Blacker, J. （2009）, "Actuarial risk assessment and recidivism in a sample of UK intellectually disabled sexual offenders", *Journal of sexual aggression*, 15 （1）, 97 – 106.

Wildenskov, H. O. T. （1962）, "A long term follow-up of subnormals originally exhibiting severe behaviour disorders or criminality", In *Proceedings of the London Conference on the scientific study of mental deficiency*, London: May and Baker.

Williams, F. , Wakeling, H. , & Webster, S. （2007）, "A psychometric study of six self-report measures for use with sexual offenders with cognitive and social functioning deficits", *Psychology, Crime and Law*, 13 （5）, 505 – 522.

Willis, G. M. , & Grace, R. C. （2009）, "Assessment of community reintegration planning for sex offenders: Poor planning predicts recidivism", *Criminal Justice and Behavior*, 36 （5）, 494 – 512.

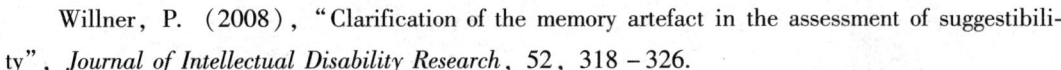

Willner，P. （2008），"Clarification of the memory artefact in the assessment of suggestibility"，*Journal of Intellectual Disability Research*，52，318 – 326.

Willner，P. （2009），*Assessment of capacity to participate in court proceedings*，*with particular reference to the assessment of suggestibility*，Leicester：British Psychological Society.

Willner，P. （2011），"To have capacity to participate in court proceedings：A selective critique and some recommendations"，*Psychology*，*Crime and Law*，17，117 – 132.

Willner，P. ，Brace，N. ，& Phillips，J. （2005），"Assessment of anger coping skills in individuals with intellectual disabilities"，*Journal of Intellectual Disability Research*，49，329 – 339.

Wish，J. R. ，McCombs，K. F. ，& Edmonson，B. （1979），*The socio-sexual knowledge and attitudes test*，Wood Dale，IL：Stoelting Company.

World Health Organization （1992），*Tenth revision of the international classification of diseases and related health problems* （*ICD* – 10），Geneva：Author.

Yang，M. ，Wong，S. ，& Coid，J. （2010），"The efficacy of violence prediction：A meta analytic comparison of nine risk assessment tools"，*Psychological Bulletin*，136，740 – 767.

第十五章　智能障碍：治疗与管理

威廉姆·R. 林赛、约翰·L. 泰勒、阿曼达·米基
（William R. Lindsay，John L. Taylor，Amanda Michie）

在本章的开头，我们希望提出重要的一点：大多数与智能障碍（intellectual disability，ID）罪犯有关的司法工作是在社区环境中发生的。如前面的章节所述，智能障碍和犯罪之间的关系存在很大争议，但这并不意味着一个有智能障碍的人就不会去犯罪。事实上，现有文献显示，智能障碍的群体与其他群体有着大致相同的犯罪频率。对路径的研究表明，"攻击性"是经常被谈及的问题和决定行为结果的主要因素，因此，所有治疗服务都应重视群体的攻击性。这些发现与包括社区司法服务在内的所有服务相关。

将智能障碍罪犯的治疗与管理区分开来是非常困难的。一个明显的事实，在治疗当中，当个体参与一系列的治疗后，其个人特征改善的效果（如侵犯他人的倾向）与治疗结果（如暴力事件数量的变化），在数月乃至数年后都可以被评估出来。管理意味着，照顾者或重要的他人对个体的监督和控制，以便于任何攻击倾向都能被识别和阻止，而不考虑个体的自我管理。对于智能障碍犯罪人，治疗与管理经常在没有精神损伤的罪犯身上相互混淆。克雷格、斯特林格与莫斯（2006）做了一项关于 6 名智能障碍的性罪犯的报告，将评估中的困难集中在治疗研究中。他们的项目历时 7 个月，6 名被试在此期间接受了性教育、改变认知扭曲和预防复发的矫治，但在最近的测量中发现并没有得到显著改善，包括对他们的性知识的评估。但是，在后续 12 个月的跟踪调查中他们发现，被试的性侵犯行为没有进一步发展。在对被试的描述中，他们提到，6 名参与者全部接受 24 小时监督，所以可以假定，他们很少或几乎没有机会去犯罪。

由于在不受控制环境下无法对行为进行记录，所以评估治疗效果是不可能的。同时也没有结论表明治疗与社会政策相关。社会影响与对一般犯罪人和智能障碍犯罪人的评估有着密切关系。很多类似于对焦虑症和抑郁症的治疗，用自我记录或他人记录的方式作为结果。在针对犯罪人进行的治疗工作中，它们只能被认为是最接近的数据，然而从社会政策方面的观点来看，只有证据表明是否有另外的犯罪才是值得关注的。站在社会的立场看，如果罪犯在治疗以后继续犯同样数量的暴力犯罪，则表明仅仅知道罪犯的愤怒程度较低或解决问题的能力更强是不够的。如果一个个体一天 24 小时被监督，那么我们就无法了解有无治疗对未来的犯罪事件有影响。

对司法智能障碍矫治的长期评估有着令人尊敬的历史。维尔登斯科夫（1962）曾追踪研究 47 名 IQ 在 70—79 之间且被判犯有各种罪行的男性罪犯。这些人曾在医院治疗过一段时间，之后被追踪研究了 20 多年。维尔登斯科夫发现这些人再次犯罪的比例是 51%，虽然有人会批评这个早期的研究有许多方法论的局限性，但它表明将关注点放在评估此类矫治上可以追溯到 40 多年前。唐与麦凯（1969）追踪研究过 423 名从戒备森严的医院出院的男

性智能障碍罪犯。在之后1—12年的追踪研究期内，发现他们再犯的比例为40%。在一项开创性的研究中，沃克和麦凯布（1973）追踪研究了所有曾于英格兰和威尔士司法精神病医院里接受过治疗的病人，识别出了370名有智力与发展障碍的个体。这些罪犯在释放1年后接受评估，结果发现，39%的人再次犯罪。吉布森斯与罗伯特森（1983）评估了250名曾在医院治疗过的患有智力与发展障碍的男性犯罪人。经过15年的追踪研究，他们发现68%的人再次被判刑，41%再次被判刑超过三次或以上。伦德（1990）在追踪研究83名有智力与发展障碍的犯罪人时也注意到了这种较高的再犯比例。

在这一系列对病人的综合司法矫治评估中（the MIETS unit），克莱和墨菲（1993），以及齐内特迪斯、享利、拉塞尔、沃德与墨菲（1999）分别对64名病人追踪研究了6年时间。克莱和墨菲（1993）注意到，所有居住在较少环境限制中的病人没有再次犯罪。齐内特迪斯等人（1999）的研究表明，尽管其中只有18%的转诊病人被社区机构接收，82%的人从社区离开，但是挑衅和冒犯行为显著减少。亚历山大·克劳奇、霍尔斯特德与皮乔德（2006）在一个中等戒备的医院里进行了12年的追踪研究，所追踪的64名从中等戒备矫治机构离开的病人，虽然只有11%的病人被再次判决，但58%的病人曾出现冒犯行为，如某些不需要承担法律后果的行为。当患有人格障碍时，盗窃累犯和较小年龄的罪犯实施再犯的可能性会大大增加。

林赛及其同事们（Lindsay, Allan et al. , 2004；Lindsay, Steele, Smith, Quinn & Allan, 2006；Lindsay, Steptoe, Wallace, Haut & Brewster, 2013）追踪研究过曾接受智力与发展障碍矫治的犯罪人。在最新的评估报告（Lindsay et al. , 2013）中，他们就追踪20多年的309名参与者的情况做了报告：309名参与者由156名男性性罪犯、126名男性非性罪犯和27名女性罪犯组成。在研究期间，16%的男性性罪犯、43%的男性非性罪犯和23%的女性罪犯至少有一次再犯。分析病人在转诊之后的犯罪数量，和转诊前2年的情况相比发现，犯罪数量减少了90%—95%，说明大量的危害减少了。现有分析表明，超过半数的男性非性罪犯在2年内再次犯罪，几乎所有再次犯罪一直出现到转诊后第4年。对于性罪犯来说，多数再次犯罪出现在1年内，但是一些个体一直到转诊后第9年才再次犯罪。

在过去的50年或60年里，定期开展了对智力与发展障碍犯罪人的评估服务。结果显示，至少一半的犯罪人会在追踪研究期间内再次犯罪。性罪犯再次犯罪的可能性要比主要以暴力和牟利手段犯罪的非性罪犯小。然而，证据也显示，这些再犯个体再次犯下的罪行数量很可能比治疗前明显减少。格雷、菲茨杰拉德、泰勒、麦卡洛克与斯诺登（2007）曾进行过一个关于精神障碍患者离开安全的医院环境后的追踪研究。他们比较了145名患有智能障碍的犯罪人与996名无智能障碍的犯罪人，发现对于暴力犯罪来说，他们中有4.8%的智能障碍犯罪人和11.2%的非智能障碍犯罪人会再次犯罪，然而在一般犯罪中，智能障碍犯罪人再次犯罪的比例为9.7%，非智能障碍犯罪人再次犯罪的比例为18.7%。

特定需求的治疗

攻击性

在罪犯治疗的两个主要领域（暴力和性侵犯）中，存在一个合理的研究基础用以进行干预。其中最先进的治疗方法是治疗暴力和性侵犯行为，并且大量关于攻击性治疗的文献是在应用行为分析（the applied behavioural analysis, ABA）范式下进行的。泰勒与诺瓦科

（2005）归纳总结了该领域中的文献综述，描述了大量的观点，结论是：应用行为分析（ABA）行为干预通常适用于在制度环境下的低功能个体，可能对智能障碍犯罪人群体的愤怒和攻击问题没有效果。这些人的智力水平相对较高，表现出低频但非常严重的攻击和暴力行为，同时生活在相对不受控的环境中。大多数关于智能障碍犯罪人的攻击性研究已经评估了诺瓦科（1975，1994）愤怒管理治疗方法。与应用行为分析（ABA）治疗相比，愤怒管理是一种"自我实现"的治疗，促进了对于愤怒和攻击性的广义的自我管理。这种方法通过采用认知重组、放松训练和行为技能训练来开展。重要的是，愤怒管理治疗包含迈肯鲍姆（1985）的压力免疫训练。

254 　　泰勒（2002）、泰勒和诺瓦科（2005）（分别）评估了很多系列病例研究与包括个人和集体的治疗模式的愤怒治疗研究，包括了放松、放松训练和技能训练的认知行为技术和自我监控。总体来说，这些方法在减少患者的愤怒和攻击方面取得了良好的效果，并且这些效果可以持续一段时间。几个病例研究显示，一些曾有攻击行为的患者，在医院或社区机构治疗后，其行为得到明显改善（Murphy & Clare，1991；Black & Novaco，1993；Rose & West，1999）。也有少许涉及智能障碍犯罪人的认知行为愤怒治疗的研究取得了积极的成果。阿兰、林赛、麦克劳德与史密斯（2001），林赛、阿兰、麦克劳德、史密斯与斯马特（2003）分别针对患有智能障碍的 5 名女性和 6 名男性进行群体行为的愤怒干预研究做出了报告。这些研究中的参与者居住在群体环境中，并且他们都曾因暴力攻击行为引起刑事司法系统介入。在这两项研究中，所有参与者的行为都有所改善，15 个月的治疗取得了成效。伯恩斯、伯德、利奇与希金斯（2003）采用认知行为治疗（CBT）框架下的全体愤怒管理，对 3 名智能障碍罪犯进行干预，这 3 名罪犯居住在英国国民健康保险制度（NHS）中等戒备的治疗机构。采用多个时间点进行时间序列分析，结果包含愤怒的自我报告和攻击行为测量。作者们认为，相对较短时长的干预和不稳定的基线测量使得治疗效果十分受限。

　　最近，大量的治疗试验表明，对于居住在社区环境里的智能障碍患者，团体认知行为愤怒治疗的效果明显（Rose，West & Clifford，2000；Willner，Brace & Phillips，2005；Willner，Jones，Tams & Green，2002）。林赛、史密斯等人（2004）发表了一项对居住在社区中的个体进行认知行为愤怒治疗的对照研究，并被法院和刑事司法矫正机构引用。研究采用 DPI、挑衅角色扮演和自我报告日记进行了 15 个多月的跟踪。治疗组和对照组的攻击事件和再犯行为都被记录下来。愤怒管理的所有测量结果均有显著改善，实验组和对照组之间差异显著。此外，群体治疗后的评估结果表明，攻击和暴力行为显著减少（14% 和 45%）。有证据显示，除了心理变量评估的改善外，愤怒管理治疗对参与者的攻击行为的数量产生了很大的影响。

　　泰勒、诺瓦科、吉尔默与索恩（2002），泰勒、诺瓦科、吉南与斯特里特（2004），以及泰勒、诺瓦科、吉尔默、罗伯特森与索恩（2005）采用一系列的控制对照研究，对患有轻度边缘型智能障碍且存在严重暴力行为、性侵、纵火历史的被拘留的男性患者进行了认知行为愤怒治疗。18 期治疗方案包括 6 期广泛的心理教育和激励准备阶段，随后是 12 期基于参与者的愤怒问题和需求而制定的个人治疗。整个治疗方案遵循经典的认知行为疗法阶段，包括认知准备、技能习得、技能演练和个体练习。这些研究显示，参与者的愤怒处理明显得到改善，通过自我报告，愤怒反应度和行为反应指数随着干预的进行，治疗组与对照组的测量结果有了显著差异，治疗结束后这些差异仍维持长达 4 个月。研究人员对参与

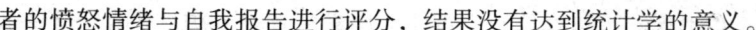

者的愤怒情绪与自我报告进行评分，结果没有达到统计学的意义。

在智能障碍犯罪人的研究领域中，虽然这些控制条件下的评估意味着焦虑控制训练（AMT）作为一个治疗计划是对治疗最好的评估，但是很少有研究对每个治疗环节进行分析。十分有趣的是，某些方法可能无助于提高整体方法的有效性，而别的方法可能确实降低了有效性，或者妨碍更有效的程序。举个例子，一个严格控制的案例分析（Travis & Sturmey，2013）关注焦虑控制训练（AMT）的压力免疫训练，结果表明在三个严格控制的案例研究中，这种戒断的愤怒情绪治疗相当有效。一些对照试验发现，治疗组和对照组有显著差异，但这些差异不是在司法案例中发现的（Willner et al.，2002；Rose，Loftus，Flint & Carey，2005；Rose，Anderson，Hawkins & Rose，2012）。来自司法案例的研究（Lindsay，Smith et al.，2004；Taylor et al.，2002，2005）显示，在进行焦虑控制训练（AMT）后智能障碍犯罪人有明显改善，并且一个研究发现治疗组的攻击行为显著减少。总而言之，研究表明，对于智能障碍犯罪人的攻击行为的自我报告和愤怒测量，认知行为干预会十分有效。

性犯罪

直到最近，行为管理疗法才作为一种对攻击行为的干预手段，在智能障碍领域占主导地位；而对于性犯罪，最常见的心理治疗是应用行为分析（ABA）疗法（Plaud，Plaud，Colstoe & Orvedal，2000）。这些作者注意到，行为治疗的目的是提升病人在日常生活中的行为反应能力、一般人际关系和教育技能，以及与性侵和攻击有关的特殊行为技能。格里菲斯、昆赛和欣斯伯格（1989）为患智能障碍的性犯罪人开发了一个综合的行为管理疗法。他们的项目包括通过教育、培训社交能力、改善人际关系技巧、预防复发警告训练、培训责任意识来解决患者的越轨性行为。总结30个案例，他们报告没有患者再犯，并且描述了许多成功案例来验证他们的方法。其他研究者也采用这种行为管理方法得出了类似的积极效果（Haaven，Little & Petre-Miller，1990；Grubb-Blubaugh，Shire & Baulser，1994）。在他们的文献中，普劳德等人（2000）描述了厌恶疗法技术和手淫培训技术的一些细节。虽然很少有对智能障碍犯罪人使用这些方法的报告，但林赛（2004）描述过一个采用上述方法的成功案例，用想象厌恶的事情来控制越轨的性冲动和性行为。

行为疗法继续被用于不正常的性冲动的评估和治疗上，通常 phallometric 测验（Rayes et al，2006；Rayes，Vollmer & Hall，2011）。这些研究已经表明了这种评估方法的实用性和局限性。局限性在 phallometric 测验中显而易见，即此疗法用在智力与发展障碍犯罪人身上时很难持续下去。通常，这些个体没有意识到相当大的长期后果——由于持续不遵守评估和治疗而被强制执行。对导致不服从的评估的干扰性的立即回应，远远超过了对不服从的可能的长期后果的考虑。最近，也有一些案例描述了基于行为主义对不恰当性行为的治疗，比如角色扮演、强化和消退。多齐尔、岩田和沃斯戴尔（2011）治疗了一个被诊断为孤独症并有 20 年手淫史的男性。该男性接受两个曾被认为无效或不现实的干预措施后，手淫现象暂停了，且随后的 40 个单位时长内，效果有效维持。然而，在这个案例中，每天被划分为 3 到 5 个单位时长，每周 5 天，65 个单位时长不能持续超过 1 个月。因此，只有短期的跟踪治疗是有价值的。这是一个较难持续的行为干预，有效结果仅存在于短期、密集以及较好控制的治疗周期内（Vollmer，Rayes & Walker，2012）。这显示了临床医生在治疗过程中的三个实际困难：①这些高强度、严格控制的环境通常在临床环境中难以复制。正如先前指出的，罪犯必须在有突发事件时随时进行自我调节。②不恰当的性行为通常不会像在这

255

些行为示范里看到的一样高频出现。露阴或性侵犯可能 1 周最多发生 1 次，并且，这些低频率的行为在特殊环境中很难去维持意识控制。③对不恰当性行为进行行为干预后缺乏适当的追踪研究，这也是最为紧迫的问题。众所周知，性犯罪的再犯应该最少 1 年被审查 1 次，并且最好将审查连续进行 10 年。在最近的研究中，林赛等人（2013）论证，尽管当大多数再犯发生在 4 年之内，但偶尔有案例显示再犯发生在治疗完成 10 年后。行为研究一般显示治疗几周后的持续效果，而这么短的时间对于司法工作是极为有限和不足的。

针对智能障碍性犯罪人心理治疗的应用的一项重大发展，是在治疗中运用认知和问题解决技巧。这些方法运用于主流犯罪人治疗中已经非常成熟。汉森等人（2002）在元分析研究中表示，那些使用认知技术的治疗与使用其他行为疗法、技术相比，其再犯率大大减少。认知疗法的基本假设是：性罪犯对于性方面可能存在一些认知扭曲，这些认知扭曲促使他们实施进一步的性侵犯。这些认知扭曲包括将责任减轻、否认对他人的伤害、对权利的不同理解、认为状态会改变、否认任何有意冒犯和完全否认冒犯行为。上述评估意在尝试对性罪犯的认知扭曲程度进行审查，并且《态度与性侵犯的一致性问卷》（QACSO）是专门针对智能障碍犯罪而开发的。

对犯罪过程中存在认知扭曲的观点的支持来自考特尼、罗斯与马森（2006）主持的一项基于扎根理论的定性研究，研究对象为 9 名男性患有智能障碍的性罪犯。在分析对参与者的访谈之后，他们得出的结论是犯罪过程的各个方面都与犯罪人的态度和信念有关，比如否认犯罪、指责他人以及将自己看作受害者等。因此，治疗的一个关键方面是研究这类犯罪否定和其他认知扭曲的问题。林赛等人（1998a，b，c）报告了一系列对智能障碍犯罪人运用认知行为干预疗法的案例，在长达 3 年的治疗期内，各种形式的否认侵犯和主观减轻罪行都得到了改善。掌握预防症状复发的策略和提高自我管理能力也是治疗的重要组成部分。在这些研究中，参与者在认知治疗过程中都表现出了积极的改变。这些报告描述了在治疗过程中，参与者的认知扭曲是如何被发现且成功治疗的。采用《态度与性侵犯的一致性问卷》（QACSO）对干预的治疗效果进行评估（Lindsay，Whitefield & Carson，2007）。评估结果发现，通过一段时间的持续性治疗之后，参与者的认知扭曲明显减少，并且这些改进至少可以持续到治疗结束 1 年以后。更重要的是，长期的追踪研究（4—7 年）显示，在治疗之后没有人再次犯罪。

罗斯等人（2002）报告了 5 名已经犯性虐待的智能障碍男性进行的 16 周的团体治疗。考虑到犯罪对受害者的影响，以及情绪识别和危险情境规避策略等原因，这项团体治疗包括自我控制的内容。对参与者的评估采用：《态度与性侵犯的一致性问卷》（QACSO）、控制源量表、性行为问卷及受害者移情问卷。结果显示，治疗前后只有在控制源量表得分上有显著差异。作者注意到，这项治疗的持续时间长度相比大多数对性罪犯的治疗方案较短，通常需要持续 12—18 个月。然而，报告称接受治疗的参与者在之后的 1 年中都没有再次犯罪。

虽然有很多的治疗的对比研究评估了性罪犯治疗的效果，但仍缺乏充足的案例依据，并且由方法的缺陷造成的结果需要认真考量。林赛和史密斯（1998）比较了 7 名已经参与治疗 2 年或以上的团体和另一个有 7 名参与者的治疗不足 1 年的团体。研究对象数量很小，比较结果在当时而言也很偶然，并且治疗反映了法院（对罪犯）制定的缓刑期限。结果表明，两组之间在严重性或犯罪类型方面并没有显著差异。治疗不足 1 年组表现出了较差的进展情况，并且该组成员比最少治疗 2 年组的成员更有可能再犯。因此，似乎较短的治疗周期对个体的治疗价值更有限。在另一个比较实验中，基林、罗斯与比奇（2007）根据风险等级、受害者的选择、犯罪类型和年龄等方面比较了 11 个"特殊需求"犯罪人和 11 个主流犯罪人。作者指出许多局限：①"有特殊需求"并非智能障碍的代名词，所以无法证明两组研究对象的智力差异；②治疗没有直接的可比性；③对特殊需要犯罪人的评估经过了校正。结果显示，两组接受治疗后几乎没有差异，但是追踪数据表明，任何一组均没有罪犯（无论是否完整参与整个治疗过程）在治疗以后再次进行性犯罪，尽管完整参与整个治疗的犯罪人（相较于未完整参与的人）平均而言释放后被追踪调查的时间更长。

在进一步的比较中，林赛与同事们比较了性犯罪的智能障碍犯罪人和其他犯罪类型的犯罪人。林赛、阿兰等人（2004）比较了 106 名曾有过性犯罪或性虐待的男性与 78 名犯下其他罪型或严重事件的男性。在与性犯罪群体的比较中，非性犯罪群体有明显更高的再犯率（性犯罪再犯率 19%，非性犯罪再犯率 51%）。随后林赛等人（2006）进行了更加综合的比较分析，他们比较了 121 名男性性罪犯和 105 名其他类型犯罪的男性罪犯和 21 名女性罪犯。并且，以犯罪后 12 年内的数据来计算再犯率。结果发现，两组在智力上没有显著差异，性罪犯群体往往比其他两组人员年龄更大。女性罪犯有更高的比率患精神疾病，尽管男性群体的比率通常也高达 31% 左右。已有研究者指出，性犯罪群体中有高比例的人患有精神疾病（Day，1994）。这三组再犯率的区别非常显著，男性性罪犯再犯率是 23.9%，女性罪犯再犯率是 19%，其他类型犯罪的男性再犯率为 59%。除了第一年，区别在每一年追踪中都非常明显。这些研究者还通过追踪累犯犯的罪行数量，研究犯罪危害的减少情况，结果发现，直到治疗后的第 12 年，再犯的数量减少到了之前犯罪数量的 1/4—1/3，以此表明干预治疗的结果仍然减少了相当多的危害。因此，尽管这些对比治疗并不令人满意，但是可以表明治疗干预措施能够显著降低患有智能障碍的性罪犯的再犯率。治疗可以在累犯情况中降低虐待事件。

许多大规模研究已经出版并报告了性罪犯治疗方案的成果。不幸的是，这些治疗的比较研究有许多严重的局限性：①没有候补对照组或治疗对照组。大部分研究报告为了比较的方便，采用其他类型的犯罪或患有智力与发展障碍的性罪犯来参与治疗研究。②在至少一项研究（McGrath，Livingstone & Falk，2007）中，大多数的参与者一直持续被监督和观察。③在一些研究中，样本量非常小（Lindsay & Smith，1998）。在最近的一项小规模的研究中，基林等人（2007）在风险等级、受害者性别、犯罪类型和年龄方面比较了 11 名"特殊需求"罪犯和 11 名其他主流罪犯。所有参与者都在监狱里接受治疗，并且所有人被释放到社区的平均时间为 16 个月。研究结果并未发现两组参与者在受害者移情、情感孤独及社会亲密上的评估存在任何差异。但是，在后续的追踪中，并未发现"特殊需求"参与者表现出性犯罪的再犯。这一点值得注意，因为这些参与者在治疗结束并从监狱被释放后，并没有被继续监控。

在一项大规模的研究中，麦格拉思等人（2007）在美国佛蒙特州的全面去机构化项目中评估了对性罪犯的治疗效果。他们审查了 103 名成年的患有智力与发展障碍的性罪犯的治疗和管理制度，所有人都住在有工作人员或已经付过看护费用的私人房屋中。参与者接受社会和日常生活技能训练，并且被鼓励去社区互动。还有提升风险管理技能的治疗。在 11 年的追踪研究中，所有人的平均跟踪年份是 5.8 年，研究者记录有 10.2% 的再犯率。这

257

11个累犯重新犯下了20起性犯罪。作为比较，他们记录了195个没有智力与发展障碍的成年男性性罪犯（既有接受过治疗的，也有未经过治疗的），这些人曾平均被追踪研究过5.7年。这些个体被判有刑期，并且这些人中有21.3%在追踪研究期间的某一时刻被控告有新的性犯罪。麦格拉思等人（2007）进行评估的一大困难是：62%的参与者受到24小时的监控，这可能让他们很难接近潜在的受害者（难以实施新的犯罪）。然而，作者也考虑到和对照组比较起来，监管水平导致对未来事件有更综合的识别。重要的是，他们也报告了相当数量的伤害减少，因为83%的参与者被归类为接触性侵犯者，尽管只有45%的累犯行为是接触犯罪。剩余类型犯罪属于暴露癖和公开手淫。

墨菲等人（2010）对46名居住在社区环境中的智力与发展障碍性罪犯进行了一项治疗研究，这项治疗研究持续了1年多，评估包括《态度与性侵犯的一致性问卷》（QACSO）在内的几个态度测量。这项治疗通过大量不同的设置和矫治服务来指引和操作。操作手册描述了处理一些问题的方法，并且强调任何治疗效果都很难被归因于任一特殊治疗过程。他们发现（缺乏）性知识、对受害者的同情和认知扭曲能在治疗后得到显著改善，但是只有性知识和认知扭曲方面的好转能在治疗以后维持6个月。他们还报告，8.7%的参与者在治疗后出现再犯。虽然他们打算设立一个对照组，但这因为程序上的困难而被证明无法实现。希顿与墨菲（2013）对这些参与者追踪了1年多，进一步证明了治疗的有效性。

前面提到，林赛等人（2013）对156名性罪犯进行了20年的追踪研究，主要涉及智力与发展障碍团体司法矫治服务。所有的参与者都接受了至少4周的评估，并且针对其犯罪原因进行了适当的治疗。分析表明，尽管一半左右的性罪犯的再犯发生在治疗后的1年内，但一些参与者在接受治疗9年后才再次犯罪。追踪结果显示，没有参与者在治疗20年后再次犯罪。总之，对于156名性罪犯，有16%的人在这20年的跟踪期内再犯了。研究者也对治疗前和治疗后20年中的犯罪数量进行了比较，结果表明在这组对比中，减少了超过95%的犯罪伤害。

最近几年，有四项在社区环境中开展的治疗研究公开发表。

第一个是林赛、米基等人（2011）的一项比较研究，研究对象是15名曾对成年人实施性侵的智力与发展障碍男性和15名曾对儿童实施性侵的智力与发展障碍男性。对他们采用林赛（2009）编写的方法手册治疗36个月后，对认知扭曲进行重复测量，并且记录每个参与者的再犯情况。到治疗结束时，两组的认知扭曲程度与没有犯罪和没有性犯罪的男性有相似的较低比例。对所有个体都追踪了至少6年后发现，30名参与者中有7个人出现了再犯，因此再犯率为23.3%，与其他报告的研究结果是一致的。

第二个是克雷格、斯特林格与桑德斯（2012）报告的14名性罪犯，他们均被允许在缓刑或保外就医期间接受治疗。结果发现，参与者在所有测量上都有所改进，且在后续12个月的追踪中没有再犯。在报告中有一点值得注意，即所有参与者都生活在没有日常监督的社区中。因此，与之前的一些研究报告（Craig et al., 2005; McGrath et al., 2007）不同，该研究中的参与者可以随时再次犯罪。

第三个是罗斯等人（2012）在社区环境中，开展的一项针对12名能够自由出入的男性进行治疗的研究。治疗后发现，这些人在性态度和知识方面的测量有改进，并且，在后期18个月的追踪中，仅有一人再次性犯罪。该研究的关键在于：这些参与者可以自由进出社区环境。不幸的是，在这两个以前的报告中，都没有设置对照组。

最后一项研究是由米基和林赛（2012）开展的在性罪犯治疗中对治疗成分的控制评估，旨在提高智能障碍参与者的移情能力。他们对比了 10 名性罪犯和 10 名相匹配的由智能障碍个体组成的对照组，结果发现，与对照组（接受没有共情成分的性罪犯治疗）相比，治疗组（接受共情成分的性罪犯治疗）的移情能力显著提高。后续追踪评估显示，这些提高持续了 6—9 个月。

另外，林赛等人（2013）、麦格拉思等人（2007）和墨菲等人（2010）的三项研究报告，构成了对智力与发展障碍性罪犯治疗矫治服务的主要评价。这些报告都被证明在同一个领域有显著的治疗效果，换言之，治疗能在很长一段时间内减少犯罪。在这三个报告中，这些再犯的减少已经在其他案例中被证明，包括与其他性犯罪组的对比和之前的犯罪率的对比。在三项报告中（Craig et al.，2012；Lindsay et al.，2013；Murphy et al.，2010），治疗师按照详细的说明进行手册化治疗。此外，主要的评估由不同的研究小组管理。然而，对照组是最好操作的，但不是最令人满意的。治疗条件没有随机分配，也没有所谓的候选名单，除了米基与林赛（2012）的研究，该研究只评估了性罪犯治疗程序中的一个部分。虽然所有的研究都进行了最少 12 个月的追踪，甚至 20 年的追踪和一些未被干扰的持续监督。因为治疗的性质和信息的保留，他们无法接受可替换的治疗条件。这些研究无法创设一种条件，借此让参与者返回到基线条件。尽管如此，大量的证据支持将性罪犯治疗应用在司法环境中的智力与发展障碍个体身上。

基于有限的证据，我们可以暂时得出结论，在对智能障碍性罪犯的治疗方面，心理暗示和结构化的干预似乎具有合理治疗的意义。认知行为治疗可能对与犯罪有关的态度和认知带来积极影响。另外，更长的治疗周期可以得到更好的结果，得以让效果保持更长的时间。

对其他犯罪相关问题的干预

很多案例研究报告了对有智能障碍的纵火犯的治疗。在早期研究中，赖斯与查普林（1979）在北美一个司法精神病院，对两个组的各自 5 名纵火犯（共 10 人）进行社会技能训练干预。其中一组患有轻微的智能障碍。治疗结果显示，两组参与者在测量角色扮演中自信行为的量表上均有显著提高。在报告中，有 8 名病人出院 1 年后没有再犯或被怀疑纵火。克莱、墨菲、考克斯和查普林（1992）报告了一个案例，关于 1 名有轻微智能障碍的男性，曾因两起纵火案件被定罪后住进一家司法精神病医院。他有纵火和打电话给消防部门谎报火情的历史。随着他被转移到一家专业的医院，并接受综合治疗。综合治疗包括社会技能和自信心训练、应对策略发展、内隐致敏法和面部手术（有严重的面部毁容），在目标临床范围内观察到了显著改善。很显然，不能单独来看某一治疗方法的影响，尤其是心理治疗，但该男性在离开社区后在 30 个月的追踪中没有实施任何与火有关的犯罪行为。

泰勒、索恩和斯拉夫金（2004）报告了一个关于 4 名因纵火被拘留且有智能障碍的男性的系列案例。他们参与了以小组为单位的认知行为干预（共 40 次），干预内容包括纵火损失教育，用以提高未来应对（与之前纵火行为有关的）情感问题的能力而进行的技能训练，以及为防止复发制定的个性化计划。所有人在 4 个月的移送治疗期里都完成了项目，这说明治疗成功了。虽然他们的智力和认知存在局限性，但所有参与者都表现出高水平的动机和承诺，个人责任感、对受害者遭遇的态度、与他们的纵火行为相关的风险因素意识有普遍提高、改善。在进一步的系列案例研究中，泰勒等人（2006）对 6 名有纵火历史且

259

有轻微智能障碍的女性进行团体干预。在治疗过程中，所有参与者都完成了项目。干预结果显示，关于纵火行为的治疗目标方面的测量得分普遍提高。因此对参与者来说，干预是成功的。除一组外，其他组均被安排在社区中进行为期 2 年的追踪，结果没有报告显示参与者有任何纵火或参与了与火灾风险有关的行为。这些小规模的、方法较弱的尝试性研究确实为针对智能障碍个体的纵火行为而进行的团体认知行为干预提供了有限的鼓励和指导。

在过去 15 年里，罪犯改造的主要发展之一是引进了治疗项目来提高关于社会和与犯罪有关的问题情境的认知能力，比如暴力、偷窃和纵火犯罪。这些认知技能训练旨在改变导致犯罪的信念和态度，使罪犯具备正确的社会思维能力和亲社会的问题处理能力。广义上，这些恰当的思维和能力将使罪犯改变之前暴力的生活方式。

若干犯罪思维训练项目已应运而生，其中最主要的两个方法是道德重建治疗（Moral Reconation Therapy，MRT）（Little & Robinson，1988）和理性化矫正项目（Reasoning and Rehabilitation，R&R）（Ross & Fabiano，1985）。很多评论家已评论过多达 20 个评估研究的有效性，且做出了推断：丰富的证据证明，训练项目的参与者的犯罪数量显著减少了（Wilson，Bouffard & MacKenzie，2005；Allan，MacKenzie & Hickman，2001；Joy Tong & Farrington，2006）。或许由于智能障碍犯罪人在智力和道德发展的障碍，除了一些试点调查（Doyle & Hamilton，2006）外，这些项目还没有涉及这个领域着实令人惊讶。最近，林赛、汉密尔顿等人（2011）进行了一项针对智能障碍犯罪人的适应认知能力项目的有效性评估研究。这个项目是基于祖林拉和根津（1999）的理论开展的，很大程度上借鉴了"停下来想一想"项目（McMurran，Fyffe，McCarthy，Duggan & Latham，2001），该项目专为人格障碍犯罪人开发以解决与犯罪有关的问题。评估了 10 名完成项目的参与者后，他们发现参与者的冲动性降低了，并且解决社会问题的方式更加积极。因此，有限的证据表明，犯罪思维风格的评估和治疗可以作为一项补充方式，用以辅助智能障碍犯罪人的常规治疗。

结论

过去 60 多年，对智力与发展障碍人的司法矫治服务的评估不断发展，如今这项工作还在继续。有一项研究从 20 世纪 40 年代初就开始收集成果数据，追踪研究了 20 年后于 1962 年出版。该研究结果表明，尽管再犯率相对较高（50% 左右），但犯罪数量和严重程度降低了很多，表明社会危险已经大幅度减少。

关于智能障碍犯罪人的治疗已有许多重要的进步和发展。治疗方法都是基于认知行为疗法，也会针对当事人群体而采用特殊的方法来改变治疗程序。其中，最有效的治疗创新是在愤怒管理方面，且已得到许多严格控制的对比研究的评估验证。对比研究采用了候补对照控制组和随机分配组，并且报告显示试验和控制组没有系统预处理差异。最终的积极成果为实验者带来了信心，表明愤怒管理治疗方案应当被纳入对暴力和攻击的智能障碍罪犯的综合管理中。第二个主要的治疗方法是对性罪犯的认知行为疗法。有很多个案报告获得了振奋人心的结果，并且进行了长达 7 年的追踪研究。严格控制的对比研究获得了积极的结果，但研究方法尚有部分局限，因此应谨慎、批判地对待。对于其他与犯罪相关的治疗，实证证据比较零散。有几个针对智能障碍纵火犯的治疗案例研究，所有研究都获得了前景广阔的结果。对这些治疗技术进行严格控制的评估无疑是必要的。涉及社会问题的解决和犯罪相关的思考，开展了一项运用于智能障碍犯罪人的适当调整方案的研究。其研

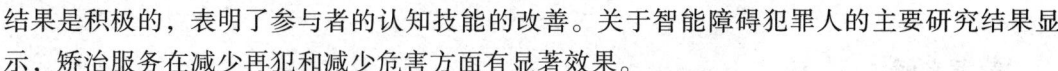

结果是积极的，表明了参与者的认知技能的改善。关于智能障碍犯罪人的主要研究结果显示，矫治服务在减少再犯和减少危害方面有显著效果。

如今，适当的评估能够用于一系列的刑事司法问题和困难。这是过去 25 年里该领域临床和研究工作的成果。这些评估已经被用于群体研究的可靠性、有效性和因素分析研究。我们掌握了风险评估和风险管理的影响，并且对司法正义有了初步了解。许多治疗已经被采用并且可以运用于一系列相关的难题之中，尽管其中的一些尚未受到严格控制的实验验证。

261

扩展阅读

1. American Psychiatric Association（1994），*Diagnostic and statistical manual of mental disorders*（4th edn），Washington DC：Author.

2. Hayes，S.（1991），"Sex offenders"，*Australia & New Zealand Journal of Developmental Disabilities*（*Journal of Intellectual & Developmental Disabilities*），17，220－227.

3. Hingsburger，D.，Griffiths，D.，& Quinsey，V.（1991），"Detecting counterfeit deviance：Differentiating sexual deviance from sexual inappropriateness"，*Habilitative Mental Healthcare Newsletter*，10，51－54.

4. Jackson，H. F.，Glass，C.，& Hope，S.（1987），"A functional analysis of recidivistic arson"，*British Journal of Clinical Psychology*，26，175－185.

5. Lindsay，W. R.（2009），*The treatment of sex offenders with developmental disabilities：A practice workbook*，Chichester，UK：John Wiley & Sons.

这本书提供了大量学者们针对性犯罪中存在性障碍罪犯的工作经验，包括该领域一系列背景研究及实践项目，并且详细介绍了与之相关的一些临床实践工作。

6. Lindsay，W. R.，Smith，A. H. W.，Law，J.，Quinn，K.，Anderson，A.，Smith，A.，Overend，T.，& Allan，R.（2002），"A treatment service for sex offenders and abusers with intellectual disability：Characteristics of referrals and evaluation"，*Journal of Applied Research in Intellectual Disability*，15，166－174.

7. Lunsky，Y.，Frijters，J.，Griffiths，D. M.，Watson，S. L.，& Williston，S.（2007），"exual knowledge and attitudes of men with intellectual disabilities who sexually offend"，*Journal of Intellectual & Developmental Disability*，32，74－81.

8. Novaco，R. W.，& Taylor，J. L.（2004），"Assessment of anger and aggression in offenders with developmental disabilities"，*Psychological Assessment*，16，42－50.

9. Sturmey，P.（2004），"Cognitive therapy with people with intellectual disabilities：A selective review and critique"，*Clinical Psychology & Psychotherapy*，11，222－232.

10. Wheeler，J. R.，Holland，A. J.，Bambrick，M.，Lindsay，W. R.，Carson，D.，Steptoe，L.，Johnston，S.，Taylor，J. L.，Middleton，C.，Price，K.，& O'Brien，G.（2009），"Community services and people with intellectual disabilities who engage in anti-social or offending behaviour：referral rates，characteristics，and care pathways"，*Journal of Forensic Psychiatry & Psychology*，20，717－740.

参考文献

Alexander, R. T. , Crouch, K. , Halstead, S. , & Piachaud, J. （2006）, "Long-term outcome from a medium secure service for people with intellectual disability", *Journal of Intellectual Disability Research*, 50, 305 – 315.

Allan, L. C. , MacKenzie, D. L. , & Hickman, L. J. （2001）, "The effectiveness of cognitive behavioral treatment for adult offenders: A methodological, quality-based review", *International Journal of Offender Therapy and Comparative Criminology*, 45（4）, 498 – 514.

Allan, R. , Lindsay, W. R. , Macleod, F. , & Smith, A. H. W. （2001）, "Treatment of women with intellectual disabilities who have been involved with the criminal justice system for reasons of aggression", *Journal of Applied Research in Intellectual Disabilities*, 14, 340 – 347.

Black, L. , & Novaco, R. W. （1993）, "Treatment of anger with a developmentally disabled man", In R. A. Wells & V. J. Giannetti （Eds.）, *Casebook of the brief psychotherapies*, New York: Plenum Press.

British Psychological Society （2000）, *Learning disability: Definitions and contexts*, Leicester: BPS.

Burns, M. , Bird, D. , Leach, C. , & Higgins, K. （2003）, "Anger management training: The effects of a structured programme on the self-reported anger experience of forensic inpatients with learning disability", *Journal of Psychiatric and Mental Health Nursing*, 10, 569 – 577.

Clare, I. C. H. , & Murphy, G. H. （1993）, "MIETS（Mental impairment evaluation and treatment service）: A service option for people with mild mental handicaps and challenging behaviour and/or psychiatric problems", *Mental Handicap Research （Journal of Applied Research in Intellectual Disabilities）*, 6, 70 – 91.

Clare, I. C. H. , Murphy, G. H. , Cox, D. , & Chaplin, E. H. （1992）, "Assessment and treatment of fire setting: A single case investigation using a cognitive behavioural model", *Criminal Behaviour & Mental Health*, 2, 253 – 268.

Courtney, J. , Rose, J. , & Mason, O. （2006）, "The offence process of sex offenders with intellectual disabilities: A qualitative study", *Sexual Abuse: A Journal of Research & Treatment*, 18, 169 – 191.

Craig, L. A. , Stringer, I. , & Moss, T. （2006）, "Treating sexual offenders with learning disabilities in the community", *International Journal of Offender Therapy & Comparative Criminology*, 50, 111 – 122.

Craig, L. A. , Stringer, I. , & Sanders, C. E. （2012）, "Treating sex offenders with intellectual limitations in the community", *The British Journal of Forensic Practice*, 14, 5 – 20.

Day, K. （1994）, "Male mentally handicapped sex offenders", *British Journal of Psychiatry*, 165, 630 – 639.

Doyle, M. C. , & Hamilton, C. （2006）, "An evaluation of a social problem solving group work programme for offenders with ID", *Journal of Applied Research in Intellectual Disabilities*, 19, 257.

Dozier, C. , Iwata, B. , & Worsdell, A. (2011), "Assessment and treatment of foot-shoe fetishism displayed by a man with autism", *Journal of Applied Behaviour Analysis*, 44, 133 – 137.

D' Zurilla, T. J. , & Nezu, A. M. (1999), *Problem solving therapy: A social competence approach to clinical interventions* (2nd edn), New York: Springer.

Gibbens, T. C. , & Robertson, G. (1983), "A survey of the criminal careers of restriction order patients", *British Journal of Psychiatry*, 143, 370 – 375.

Gray, N. S. , Fitzgerald, S. , Taylor, J. , MacCulloch, M. J. , & Snowden, R. J. (2007), "Predicting future reconviction in offenders with intellectual disabilities: The predictive efficacy of VRAG, PCL-SV and the HCR – 20", *Psychological Assessment*, 19, 474 – 479.

Griffiths, D. , & Lunsky, Y. (2003), *Sociosexual knowledge and attitudes assessment tool* (SSKAAT-R), Wood Dale, IL: Stoelting Company.

Griffiths, D. M. , Quinsey, V. L. , & Hingsburger, D. (1989), *Changing inappropriate sexual behaviour: A community based approach for persons with developmental disabilities*, Baltimore: Paul Brooks Publishing.

Grubb-Blubaugh, V. , Shire, B. J. , & Baulser, M. L. (1994), "Behaviour management and offenders with mental retardation: The jury system", *Mental Retardation*, 32, 213 – 217.

Haaven, J. , Little, R. , & Petre-Miller, D. (1990), *Treating intellectually disabled sex offenders: A model residential programme*, Safer Society Press: Orwell, V. T.

Hanson, R. K. , Gordon, A. , Harris, A. J. R. , Marques, J. K. , Murphy, W. , Quinsey, V. L. , & Seto, M. C. (2002), "First report of the collaborative outcome data project on the effectiveness of psychological treatment for sex offenders", *Sexual Abuse: A Journal of Research & Treatment*, 14, 169 – 194.

Heaton, K. , & Murphy, G. (2013), "Men with intellectual disabilities who have attended sex offender treatment groups: A follow up", *Journal of Applied Research in Intellectual Disabilities*, 26, 489 – 500.

Keeling, J. A. , Rose, J. L. , & Beech, A. R. (2007), "Comparing sexual offender treatment efficacy: Mainstream sexual offenders and sexual offenders with special needs", *Journal of Intellectual & Developmental Disability*, 32, 117 – 124.

Lindsay, W. R. (2004), "Sex offenders: Conceptualisation of the issues, services, treatment and management", In W. R. Lindsay, J. L. Taylor, & P. Sturmey (Eds.), *Offenders with developmental disabilities* (pp. 163 – 186), Chichester: John Wiley.

Lindsay, W. R. (2009), *The treatment of sex offenders with intellectual disability: A manualised approach*, Chichester: John Wiley.

Lindsay, W. R. , Allan, R. , Macleod, F. , Smart, N. , & Smith, A. H. W. (2003), "Long term treatment and management of violent tendencies of men with intellectual disabilities convicted of assault", *Mental Retardation*, 41, 47 – 56.

Lindsay, W. R. , Allan, R. , Parry, C. , Macleod, F. , Cottrell, J. , Overend, H. , & Smith, A. H. W. (2004), "Anger and aggression in people with intellectual disabilities: Treatment and follow-up of consecutive referrals and a waiting list comparison", *Clinical Psychology &*

Psychotherapy, 11, 255 – 264.

Lindsay, W. R., Hamilton, C., Moulton, S., Scott, S., Doyle, M., & McMurran, M. (2011), "Assessment and treatment of social problem solving in offenders with intellectual disability", *Psychology*, *Crime & Law*, 17, 181 – 197.

Lindsay, W. R., Marshall, I., Neilson, C. Q., Quinn, K., & Smith, A. H. W. (1998a), "The treatment of men with a learning disability convicted of exhibitionism", *Research on Developmental Disabilities*, 19, 295 – 316.

Lindsay, W. R., Michie, A. M., Haut, F., Steptoe, L., & Moore, F. (2011), "Comparing offenders against women and offenders against children on treatment outcome for offenders with intellectual disability", *Journal of Applied Research in Intellectual Disability*, 24, 361 – 369.

Lindsay, W. R., Neilson, C. Q., Morrison, F., & Smith, A. H. W. (1998b), "The treatment of six men with a learning disability convicted of sex offences with children", *British Journal of Clinical Psychology*, 37, 83 – 98.

Lindsay, W. R., Olley, S., Jack, C., Morrison, F., & Smith, A. H. W. (1998c), "The treatment of two stalkers with intellectual disabilities using a cognitive approach", *Journal of Applied Research in Intellectual Disabilities*, 11, 333 – 344.

Lindsay, W. R., & Smith, A. H. W. (1998), "Responses to treatment for sex offenders with intellectual disability: A comparison of men with 1 and 2 year probation sentences", *Journal of Intellectual Disability Research*, 42, 346 – 353.

Lindsay, W. R., Smith, A. H. W., Law, J., Quinn, K., Anderson, A., Smith, A., & Allan, R. (2004), "Sexual and non-sexual offenders with intellectual and learning disabilities: A comparison of characteristics, referral patterns and outcome", *Journal of Interpersonal Violence*, 19, 875 – 890.

Lindsay, W. R., Steele, L., Smith, A. H. W., Quinn, K., & Allan, R. (2006), "A community forensic intellectual disability service: Twelve year follow-up of referrals, analysis of referral patterns and assessment of harm reduction", *Legal & Criminological Psychology*, 11, 113 – 130.

Lindsay, W. R., Steptoe, L., Wallace, L., Haut, F., & Brewster, E. (2013), "An evaluation and 20 year follow up of recidivism in a community intellectual disability service", *Criminal Behaviour and Mental Health*, 23, 138 – 149.

Lindsay, W. R., Sturmey, P., & Taylor, J. L. (2004), "Natural history and theories of offending in people with developmental disabilities", In W. R. Lindsay, J. L. Taylor, & P. Sturmey (Eds.), *Offenders with developmental disabilities* (pp. 3 – 22), Chichester: John Wiley.

Lindsay, W. R., Taylor, J. L., & Sturmey, P. (2004), *Offenders with developmental disabilities*, Chichester: John Wiley.

Lindsay, W. R., Whitefield, E., & Carson, D. (2007), "An assessment for attitudes consistent with sexual offending for use with offenders with intellectual disability", *Legal and Criminological Psychology*, 12, 55 – 68.

Little, G. L., Robinson, K. D. (1988), "Moral reconation therapy: A systematic step-by-step treatment system for treatment resistant clients", *Psychological Reports*, 62, 135 – 151.

Lund, J. (1990), "Mentally retarded criminal offenders in Denmark", *British Journal of Psychiatry*, 156, 726 – 731.

McGrath, R. J., Livingston, J. A., & Falk, G. (2007), "Community management of sex offenders with intellectual disability: Characteristics, services and outcome of a Statewide programme", *Intellectual and Developmental Disabilities*, 45, 391 – 98.

McMurran, M., Fyffe, S., McCarthy, L., Duggan, C., & Latham, A. (2001), "Stop and think!: Social problem solving therapy with personality disordered offenders", *Criminal Behaviour & Mental Health*, 11, 273 – 285.

Meichenbaum, D. (1985), *Stress inoculation training*, New York: Pergamon Press.

Michie, A. M., & Lindsay, W. R. (2012), "A treatment component designed to enhance empathy in sex offenders with intellectual disability", *The British Journal of Forensic Practice*, 14, 40 – 48.

Murphy, G. H., Sinclair, N., Hays, S. J., Heaton, K., Powell, S., Langdon, P., Stagg, J., Williams, J., Scott, J., Mercer, K., Lippold, T., Tufnell, J., Langheit, G., Goodman, W., Leggett, J., & Craig, L. (SOTSEC-ID) (2010), "Effectiveness of group cognitive-behavioural treatment for men with intellectual disabilities at risk of sexual offending", *Journal of Applied Research in Intellectual Disabilities*, 26, 537 – 551.

Murphy, G., & Clare, I. (1991), "MIETS: A service option for people with mild mental handicaps and challenging behaviour or psychiatric problems", *Mental Handicap Research*, 4, 180 – 206.

Novaco, R. W. (1975), *Anger control: The development and evaluation of an experimental treatment*, Heath, Lexington, MA.

Novaco, R. W. (1994), "Anger as a risk factor for violence among the mentally disordered", In J. Monahan & H. J. Steadman (Eds.), *Violence in mental disorder: Developments in risk assessment*, Chicago: University of Chicago Press.

Plaud, J. J., Plaud, D. M., Colstoe, P. D., & Orvedal, L. (2000), "Behavioural treatment of sexually offending behaviour", *Mental Health Aspects of Developmental Disabilities*, 3, 54 – 61.

Rayes, J. R., Vollmer, T. R., & Hall, A. (2011), "The influence of presession factors in the assessment of deviant arousal", *Journal of Applied Behaviour Analysis*, 44, 707 – 717.

Rayes, J. R., Vollmer, T. R., Sloman, K., Hall, A., Reid, R., & Jensen, G. (2006), "Assessment of deviant arousal in adult male sex offenders with developmental disabilities", *Journal of Applied Behaviour Analysis*, 39, 173 – 188.

Rice, M. E., & Chaplin, T. C. (1979), "Social skills training for hospitalised male arsonists", *Journal of Behaviour Therapy & Experimental Psychiatry*, 10, 105 – 108.

Rose, J., Anderson, C., Hawkins, C., & Rose, D. (2012), "A community based sex offender treatment group for adults with intellectual disabilities", *British Journal of Forensic Practice*, 14, 21 – 28.

Rose, J., Loftus, M., Flint, B., & Carey, L. (2005), "Factors associated with the efficacy of a group intervention for anger in people with intellectual disabilities", *British Journal of Clinical Psychology*, 44, 305–317.

Rose, J., Jenkins, R., O'Conner, C., Jones, C., & Felce, D. (2002), "A group treatment for men with intellectual disabilities who sexually offend or abuse", *Journal of Applied Research in Intellectual Disabilities*, 15, 138–150.

Rose, J., & West, C. (1999), "Assessment of anger in people with intellectual disabilities", *Journal of Applied Research in Intellectual Disabilities*, 12, 211–224.

Rose, J., West, C., & Clifford, D. (2000), "Group interventions for anger and people with intellectual disabilities", *Research in Developmental Disabilities*, 21, 171–181.

Rose, J., Willner, P., Shead, J., Jahoda, A., Gillespie, D., Townson, J., Lammie, C., Woodgate, C., Stenfert Kroese, B., Felce, D., MacMahon, P., Rose, N., Stimpson, A., Nuttall, J., & Hood, K. (2013), "Different factors influence self-reports and third-party reports of anger by adults with intellectual disabilities", *Journal of Applied Research in Intellectual Disabilities*, 26, 410–419.

Ross, R. R., & Fabiano, E. A. (1985), *Time to think: A cognitive model on delinquency prevention and offender rehabilitation*, Tennessee: Institute of Social Sciences and Arts.

Taylor, J. L. (2002), "A review of the assessment and treatment of anger and aggression in offenders with intellectual disability", *Journal of Intellectual Disability Research*, 46 (Suppl. 1), 57–73.

Taylor, J. L., & Novaco, R. W. (2005), *Anger treatment for people with developmental disabilities: A theory, evidence and manual based approach*, Chichester: Wiley.

Taylor, J. L., Novaco, R. W., Gillmer, B., & Thorne, I. (2002), "Cognitive behavioural treatment of anger intensity among offenders with intellectual disabilities", *Journal of Applied Research in Intellectual Disabilities*, 15, 151–165.

Taylor, J. L., Novaco, R. W., Gillmer, B. T., Robertson, A., & Thorne, I. (2005), "Individual cognitive behavioural anger treatment for people with mild-borderline intellectual disabilities and histories of aggression: A controlled trial", *British Journal of Clinical Psychology*, 44, 367–382.

Taylor, J. L., Novaco, R. W., Guinan, C., & Street, N. (2004a), "Development of an imaginal provocation test to evaluate treatment for anger problems in people with intellectual disabilities", *Clinical Psychology & Psychotherapy*, 11, 233–246.

Taylor, J. L., Robertson, A., Thorne, I., Belshaw, T., & Watson, A. (2006), "Responses of female fire-setters with mild and borderline intellectual disabilities to a group based intervention", *Journal of Applied Research in Intellectual Disabilities*, 19, 179–190.

Taylor, J. L., Thorne, I., & Slavkin, M. L. (2004b), "Treatment of fire setting behaviour", In W. R. Lindsay, J. L. Taylor, & P. Sturmey (Eds.), *Offenders with developmental disabilities* (pp. 221–240), Chichester: John Wiley.

Tong, J. E., & MacKay, G. W. (1969), "A statistical follow-up of mental defectives with dangerous or violent propensities", *British Journal of Delinquency*, 9, 276–284.

Travis, R. , & Sturmey, P. (2013), "Using behavioral skills training to teach anger management skills to adults with mild intellectual disability", *Journal of Applied Research in Intellectual Disability*, 26, 481 – 488.

Vollmer, T. R. , Rayes, J. R. , & Walker, S. (2012), "Behavioral assessment and intervention for sex offenders with intellectual and developmental disabilities", In J. Luiselli (Ed.), *The handbook of high risk challenging behaviors in people with intellectual and developmental disabilities* (pp. 121 – 144), Baltimore. Paul Brooks Publishing.

Walker, N. , & McCabe, S. (1973), *Crime and insanity in England*, Edinburgh：Edinburgh University Press.

Wierzbicki, M. , & Pekarik, G. (1993), "A meta-analysis of psychotherapy drop out", *Professional Psychology：Research & Practice*, 24, 190 – 195.

Wildenskov, H. O. T. (1962), "A long term follow-up of subnormals originally exhibiting severe behaviour disorders or criminality", In *Proceedings of the London conference on the scientific study of mental deficiency* (pp. 217 – 222). London：May & Baker.

Willner, P. , Brace, N. , & Phillips, J. (2005), "Assessment of anger coping skills in individuals with intellectual disabilities", *Journal of Intellectual Disability Research*, 49, 329 – 339.

Willner, P. , Jones, J. , Tams, R. , & Green, G. (2002), "A randomised controlled trial of the efficacy of a cognitive behavioural anger management group for clients with learning disabilities", *Journal of Applied Research in Intellectual Disabilities*, 15, 224 – 253.

Willner, P. , Rose, J. , Jahoda, A. , Stenfert Kroese, B. , Felce, D. , Cohen, D. , MacMahon, P. , Stimpson, A. , Rose, N. , Gillespie, D. , Shead, J. , Lammie, C. , Woodgate, C. , Townson, J. , Nuttall, J. , & Hood, K. (2013), "Group-based cognitive-behavioural anger management for people with mild to moderate intellectual disabilities：Cluster randomised controlled trial", *British Journal of Psychiatry*, 203 (3), 288 – 296.

Wilson, D. B. , Bouffard, L. A. , & MacKenzie, D. L. (2005), "A quantitative review of structured group orientated cognitive behavioural programmes for offenders", *Criminal Justice & Behaviour*, 32, 172 – 204.

Xenitidis, K. I. , Henry, J. , Russell, A. J. , Ward, A. , & Murphy, D. G. (1999), "An in-patient treatment model for adults with mild intellectual disability and challenging behaviour", *Journal of Intellectual Disability Research*, 43, 128 – 134.

第十六章　人格障碍：评估与治疗

康纳·达根、理查德·霍华德（Conor Duggan and Richard Howard）

本章内容主要分为两部分：第一部分，我们对人格障碍（PD）的本质进行了广泛的论述，认为只有通过参考正常人格的功能才能恰当理解人格障碍这一概念。第二部分，我们转向更为实际的问题，即在司法情景中如何评估和治疗人格障碍。通过对评估和治疗方法的讨论，我们总结了未来需要强调和关注的问题。在解决这些问题以及其他相关问题时，我们较多地借鉴了约翰·利沃斯利的工作，他为将这一领域置于科学的基础上做出了巨大的贡献（Livesley，2003；2007a；2007b）。

关于人格障碍的概念

什么是人格障碍？

我们同意利沃斯利（2007a）的观点，即人格障碍的研究需要以正常人格的功能作为出发点。那么问题是，人格障碍是否只是正常人格的极端变异，正常的人格特质与非正常的人格特质之间是否缺乏连续性。

能否根据传统方法从对正常人格变异的测量得分中推导出人格障碍？比如依据科斯塔和麦克雷（1992）提出的五因子模型（FFM）中的"大五"。简言之，人格障碍与正常的人格变异是否存在本质不同，还是说障碍只是表现在某些人格特质或维度上的量的差异？利沃斯利等人（e. g.，Blackburn，2000）认为，后一种观点将人格特质或维度上的极端值与人格障碍相混淆——在某一人格特质（例如宜人性或尽责性）上的高得分或者低得分并不是表明人格障碍的必要或者充分条件（Parker & Barrett，2000；Wakefield，1992）。布莱克本就指出了正常尽责性的极端（在任何事情上都追求卓越）与强迫型人格障碍中的适应不良的尽责性之间的重要区别。利沃斯利（2007a）也持有相似的观点，他声称："对于人格障碍，例如宜人性、社交性或者责任心必然是病态的，但我们很难看到它在极限位置中的维度是怎样表现的，我们需要一些额外的因素来保证诊断的正确性。"

这里额外的因素指的是什么呢？利沃斯利（1998）从进化生物学的角度进行阐释，认为"当个体的人格结构阻碍其获得一般生活任务的适应性解决方案"时，即表明存在人格障碍。具体而言，人格障碍可以被认为是解决关于身份或自我、亲密和依恋、亲社会行为这三个领域的适应性生活任务的失败。利沃斯利认为人格障碍可以从自我认知、人际关系和群体三个不同的层面进行描述（见图16.1）。自我认知层面，人格障碍涉及自身及他人不完善或者支离破碎的表征。人际关系层面，人格障碍涉及解决依恋问题以及发展持久亲密关系的能力方面的困难。群体层面，其涉及亲社会行为、利他主义以及维护有效的社会功能所需的协作性等方面存在的问题。司法心理学家尤其关注与亲社会行为有关的问题，因为他们经常需要面对"执拗的、讨厌的和麻烦的，以及（有时）违反社会规范、法律和行为准则"

的人格障碍个体。与人格理论家使用的方法类似，临床分类系统大都采用隐式的或显式的方式，作为基本的分类标准。例如国际疾病分类第十版（ICD-10）对人格障碍的定义：根深蒂固且（具有）持久性的行为模式，不能灵活应对不同的个人和社会情境。在一定的文化感知、思维、感受，尤其是人际关系等方面，从普通个体的角度来说，他们表现出一种极端或重大的偏离（ICD-10；World Health Organization，1992）。

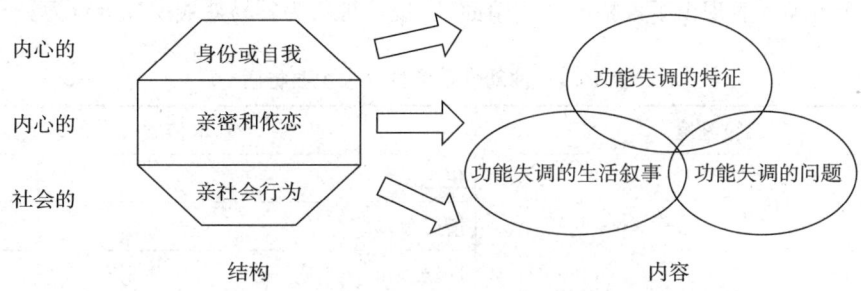

图 16.1　利沃斯利的人格障碍概念示意图

1. 人格障碍特质是否与正常的人格变异特质存在重叠？在某种程度上，人格障碍特质确实是与正常人格特质相关联的。利沃斯利（2003）指出，通过多元分析得出"大五"因子（神经质、宜人性、外向性、尽责性、开放性）与人格障碍主要维度（从对人格障碍特质的多变量分析获得）之间可能存在相关性或延续性。其中四个主要维度——情感失调、反社会行为、抑制性和强迫性[1]——大体上对应依据科斯塔和麦克雷（1992）的人格五因子模型得出的"大五"的神经质、低宜人性、低外向性和高尽责性。通过对人格病理学维度评估问卷进行表型和行为遗传学分析可知，在表现出如图 16.1 显示的人格障碍基本特质的个体身上，可以看到两种性格有一些重叠的部分，比如，焦虑与神经质重叠，还有刺激寻求与冲动性重叠。然而，图 16.1 中列出的大多数特质都表现为功能失调，这意味着该特质有碍于重大生活任务的完成，它们代表了正常人格的"阴暗面"。另一种用于探索人格障碍患者的功能失调特质的仪器基于 PSY-5 的明尼苏达多项人格测验（MMPI）最终确定了五个主要方面：神经质、无约束、内向/低积极情绪、攻击性和精神质（Harkness & Mc-Nulty，1994）。巴格比、赛尔博姆、科斯塔和韦迪格（2008）对比 PSY-5 和五因素模型，发现 PSY-5 在解释与思维外化和思维紊乱相关的四种人格障碍方面更具优势，这四种人格障碍为偏执型、分裂型、反社会型和自恋型人格障碍。PSY-5 中体现的神经质、无约束、内向/低积极情绪分别与利沃斯利理论结构（图 16.1）中的情绪失调、反社会行为以及抑制性有关。我们可以得出结论，同时也是回答本节开始提出的问题：尽管常态和非常态特质之间有一定的延续性，人格障碍的个体显示出一系列功能失调的特征，但是这些特征并没有很好地被测量常态人格变异的工具捕捉到。

这是就整体特质（如冲动型）来阐述的。在人格障碍中出现功能失调是这个特质独有的一面，尤其是在感觉寻求和风险承担方面中的一部分被捕获了（如 Blackburn's [1971] MMPI-derived measure 明尼苏达多项人格测验），但这是在冲动并未被全部测量出来的情况下。通过行为遗传学分析，我们对表 16.1 中所示的主要特征进行推导，结果表明，能够解释大部分感觉寻求和鲁莽轻率变异的遗传因素，并不能解释冲动性的遗传变异，冲动性的遗传变异是受个体本身特定的遗传因素影响的。因此，最初的主要特征——刺激寻求，被分成多个单独的主要特征——冲动性和感觉寻求，这在表 16.1 中有所显示。近期我们通过

266 一项将童年冲动与成年暴力联系起来的纵向研究综述（Jolliffe & Farrington，2009），推断出通过感觉寻求/风险承担的冲动方面最能预测出一个人在未来生活中的暴力犯罪行为。与布莱克本的冲动测量相关的神经生理学，在捕捉冲动性的感觉寻求方面，已经被创立去对已经刑满释放的精神障碍罪犯的一般再犯和暴力再犯进行合理准确的预测（Howard & Lumsden，1996；1997）。从这些发现中我们可以得出结论：正是冲动性的感觉寻求和情感控制障碍这两个方面，表现出了人格的"阴暗面"，使一种行为容易变成反社会行为。

表 16.1　冲动性及感觉寻求主要特质

二级维度	基本特质
情感失调	焦虑
	情绪反应
	情绪强度
	悲观，快感缺失
	服从性
	缺乏安全依附
	社会忧虑感
	认可需要
	认知失调
	反抗
	自我伤害的行为
反社会行为	自我伤害的想法
	自恋
	滥用倾向
	虐待
	品行问题
	恶意支配
	感觉寻求
	冲动
	偏执
	利己主义
抑制性	低归属感
	逃避型依附
	依恋需要
	抑制性欲
	不合群

续表

二级维度	基本特质
抑制性	抑制情绪表达
	缺乏同情心
强迫性	有秩序感
	尽责性

表 16.1 中 30 个主要特质组成了 4 个二级维度（Livesley，2007a；2007b）。4 个二级维度被认为是在一定范围里与其他特质有明显的病理学上的不同，其他特质都是由相同的基因模块组成的，并且这个模块对其他维度影响极小（Livesley，2008）。

2. 人格障碍仅仅表现为一系列功能失调特质？利沃斯利（2007b）肯定地指出人格障碍不仅仅表现为功能失调特质：

> 与人格障碍相关的病理学内容不仅包括了人格方面的问题——监管问题、不良的行为和认知、功能失调的特质等问题，同时也包括了在人格的组织和结构方面的严重失调。这些失调在最广泛层面上包括不能形成一个内聚的自我结构，这个自我结构能够整合认知和情感，联结不同层面的自我经验。这样的问题导致许多病人不能够识别出情境和经验性因素，从而引发一系列的行为问题，例如故意自我伤害或人际暴力。

因此，利沃斯利提出在特质层面以外再构建两个层面：个人关注，包括动机、角色、目标和应对策略；生命叙事，对过去、现在和将来的完整描述。

基于特质的人格理论以及对人格障碍的解释说明有一个有趣的特点，即假定事物和情境是稳定不变。但是，正如一些人格理论家指出的那样（e. g.，Apter，2005），人类行为和经验的特征恰恰是不稳定的，表现为个体可以在相互对立的感知和行动模式之间迅速转换。例如，嬉戏、享乐的状态和严肃思考、以未来为导向的状态。根据这个观点，稳定性才是功能失调的，才是人格障碍个体的经验和行为特点，这些人经常被"困在"一个特定的经验模式中。那些"困在"嬉戏状态的人，总是通过寻求高水平的唤醒状态来努力避免无聊乏味，而且他们缺乏对未来的关注。这符合利沃斯利对人格障碍患者的描述，即他们大多数"活在当下，很难制定长期目标并为之努力"（Livesley，2007b）。《精神疾病诊断与统计手册》（DSM）中对人格障碍特质的定义采纳了这种变化性的缺失的说法，将其描述为呆板的和僵化的。

上文观点对于接下来的人格障碍评估问题有什么启示呢？首先，仅仅依据正常人格的变异对人格障碍进行分类的方法是错误的，因为这是简单地用正常语言来分类语言障碍。不论在何种情况下，这种做法都会忽略在正常和异常之间存在的不连续性，尽管两者之间的界限有时并不清楚。其次，虽然对功能失调相关特质的评估是人格障碍评估的必要组成部分，尤其是利沃斯利（2007a）提到的类似人格的内容，但仅有这些是不够充分的，还需要评估人格结构和组织方面的干扰。其中首先需要解决的问题：人格障碍是否存在。利沃斯利（2003）指出，针对这种整体上的干扰，需要从前面介绍的三方面（内心的、人际关系的和社会的）制定一套标准进行评估。然后，除了评估功能失调相关特质，理想的评估应该包括个体的动机、角色、目标和应对策略，这些都是他/她从以往经验中得出的，以及源自丰富的生活叙述。下一节将简要回顾当前，尤其是在司法环境下，可用于对人格障碍进行评估的方式。不过这些大都局限于对功能失调特质的评估。开发评估工具极大地忽视了对前面提到的其他两个层面的发展利用——人格障碍的一般评估量表（General Assessment of Personality Disorder，GAPD）、个人问题清单：罪犯适应性（Personal Concerns Inventory：Offender Adaptation，PCI-OA）。详见下文中提到的自陈式测量。

关于人格障碍评估的问题

当前对人格障碍的分类，尤其是精神疾病诊断和统计手册（DSM-IV）中的描述，（对于评估而言）存在重大问题（see Tyrer et al.，2007）。这些问题包括不同的评估工具之间的一致性差、不同类型的人格障碍之间存在重叠（Benjamin，1993），以及临床上不能全面地获取病理性人格的其他重要层面（Westen & Arkowitz-Westen，1998）。此外，除了不同工具之间聚合效度较低的问题，目前的分类方法针对临床上还有两个重要方面是不合格的：不能指示预后，不能为治疗干预提供明确的指导（Clark，2007；Clark，Livesley & Morey，1997）。

否定当前人格障碍的分类并且重新制定似乎很有吸引力，但是对那些需要面临人格障碍评估和管理的学生来说是无益的。重新分类可能会沿用许多已有的内容，从业者对这些也很熟悉，因此制定全新的分类系统看上去毫无意义。因此，在给出既实用又具有完整的理论基础的评估方法之前，本节内容将批判性地分析一些人格障碍评估方法。评估中的关键问题如下所示：哪一种是人格障碍评估的最好方法？谁应该是被评估者？要进行评估的从业者需要接受何种水平的训练？

人格障碍评估方法

评估方法可以简要分为：①非结构化临床访谈；②自陈量表和半结构化访谈；③观察者评价措施。

1. 非结构化临床访谈。非结构化临床访谈法存在的主要问题是信度较低（Zimmerman，1994）。例如，麦尔索普、瓦基斯、约书亚和希克斯（1982）的研究发现，该方法评估个体存在人格障碍与否的一致性系数（kappa 系数）为 0.41，对人格障碍的种类进行诊断的一致性系数从 0.01 至 0.49 不等。鉴于信度系数如此之低，不提倡使用该方法进行评估诊断。

2. 自陈量表。自陈量表的主要优点是：①易用性和管理的低成本；②避免系统化的调查者偏见；③研究结果可以与规范的数据相比较。有很多自我报告工具可用来评估人格障碍，包括：米隆临床多轴向清单（Millon Clinical Multiaxial Inventory），现行的是第三版（MCMI-Ⅲ；Millon，T.，Millon，C. & Davis，1994）；人格诊断问卷修订版（Personality Diagnostic Questionnaire-Revised，PDQ-R；Hyler & Rieder，1987）；人格评估问卷（Personality Assessment Inventory，PAI；Morey，1991）；以及反社会人格问卷（Antisocial Personality Questionnaire，APQ；Blackburn & Fawcett，1999）。虽然自陈量表有上述优点，但是一项大数量级的统计分析（e.g.，Hunt & Andrews，1992；Hyler，Skodol，Kellman，Oldham & Rosnick，1990，Hyler，Skodol，Oldham，Kellman & Doidge，1992）发现，与半结构化访谈相比，自陈量表存在过度诊断的倾向。特别是米隆临床多轴向清单就被批评其结果产生过高的患病率（Zimmerman，1994）。问卷倾向于诊断出较高的障碍患病率，不过布莱克本（2000）指出，正因为这样，问卷也具有较高的特异性——就是说可以检测大多数不存在障碍的个体。因此有人提出调查问卷如果作为筛查工具可能更有价值，可以对筛选后呈阳性的人再进行细致深入的访谈（Zimmerman，1994）。但是由于自陈量表尤其是米隆临床多轴向清单，具有较高的假阳性率，有人认为其作为筛查工具的效用也十分有限（Cantrell & Dana，1987）。

反社会人格问卷（APQ）（Blackburn & Fawcett，1999）的开发编制使用了从英国专科医院（前身是人格与社会化评估专科医院［SHAPS；Blackburn，1982］）获得的数据，关注罪犯群体的人格偏差。它是一个简短的（125 个项目，回答"是"或"否"）、多重特质的自陈清单，用于测量与反社会群体相关的自我及人际关系（Blackburn & Fawcett，1999）。其优点首先是简洁；其次，关注与社会越轨行为相关的特征；最后，对罪犯群体和混合群体之间的辨别是有效的。其包括八个分量表（自我控制、自尊、逃避、偏执的怀疑、怨恨、侵犯、越轨行为和外向性），各分量表信度都是可以接受的（克隆巴赫 α 系数在 0.79 到 0.88 之间）。通过主成分分析得到两个高阶因子：其一名为"带有敌意的冲动性"，包括攻击性、愤恨、越轨行为、偏执信念与自我控制进行对比；其二名为"社会退缩"，包括逃避、低自尊（神经质内向性）与稳定的外向性的对比。由这些因素定义的一个二维结构已经作为一种界定人格障碍罪犯的类型（reviewed in Blackburn，2009；见图 16.2）。包含少许情感失控（愤怒、烦躁、发脾气）的冲动因素在高阶国际人格障碍检查（Intenational Personality Disorder Examination，IPDE）中的"反社会"或"精神病态"因素上有较高载荷（Blackburn，Logan，Renwick & Donnelly，2005），并且与封闭生活环境人际反应表（Chart of Interpersonal Reactions in Closed Living Environments，CIRCLE；详见下文）中的敌对支配因子高度相关（Blackburn et al.，2005）。布莱克本的敌意冲动维度可能反映了帕特里克、福尔斯和克鲁格（2009）重新概念化的精神病态三维结构中卑劣性和去抑制性两个因子的整合（另一因子是妄为性），这两个因子本身存在中等程度的相关性。其中，卑劣性与低水平的同情心和高水平的自恋以及自我中心有关，卑劣性和去抑制性都与冲动性、消极情绪、攻击性和责怪他人的倾向等相关（Stanley，Wygant & Sellbom，2013）。这些都是布莱克本的敌意冲动概念中的基本特征。

最后，值得提到的是，两个自陈报告测量旨在说明人格障碍是存在的，以及人格障碍罪犯的关注点和目标。首先，基于利沃斯利的进化心理学路径（受损的适应性）制成的人格障碍的一般评估量表（General Assessment of Personality Disorder，GAPD），包括自我（self）和人际病理学（interpersonal pathology）两大分量表，每个分量表又包含几个不同层面。有报告称，GAPD 成功地区分了存在和不存在人格障碍的精神障碍患者。其中敏感性方面（成功识别人格障碍患者）概率为 77.3%，特异性（成功识别无人格障碍患者）概率为 86.5%（Hentschel & Livesley，2012）。其次，个人问题清单：罪犯适应性（Personal Concerns Inventory：Offender Adaptation，PCI-OA）。该清单是一种半结构化访谈，能够帮助罪犯确定生活中想要达成的目标或作出的改变，从而提高其治疗参与度（Sellen，Gobbett & Campbell，2013；Campbell，Sellen & McMurran，2010）。实施时，受访者会被要求描述当前在以下 14 个生活领域中的担忧：自我改变；就业与财物状况；配偶、家人和亲属；教育与培训；家庭日常事务；药物滥用；自身犯罪行为；朋友和熟人；健康和医疗问题；爱好、消遣和娱乐；目前的生活安排；爱、亲密关系和性；精神生活；其他领域。接下来，受访者将对之前制定的目标从 12 个维度进行 10 点评分，这些维度涉及目标价值、目标可获得

268

269

性以及对目标的控制感。在这些评分中，对适应性动机和适应不良动机的测量也被计算在内。相比没有额外面谈的治疗，以社区成年人为被试的随机控制组实验中，PCI 被作为进行访谈作为人格障碍治疗服务的准备工作，使得患者对治疗目标有了更加清晰的认识。在最初的 3 个月治疗中患者们也更积极地参与配合治疗，并且参与更多疗程（McMurran，Cox，Whitham & Hedges，2013）。

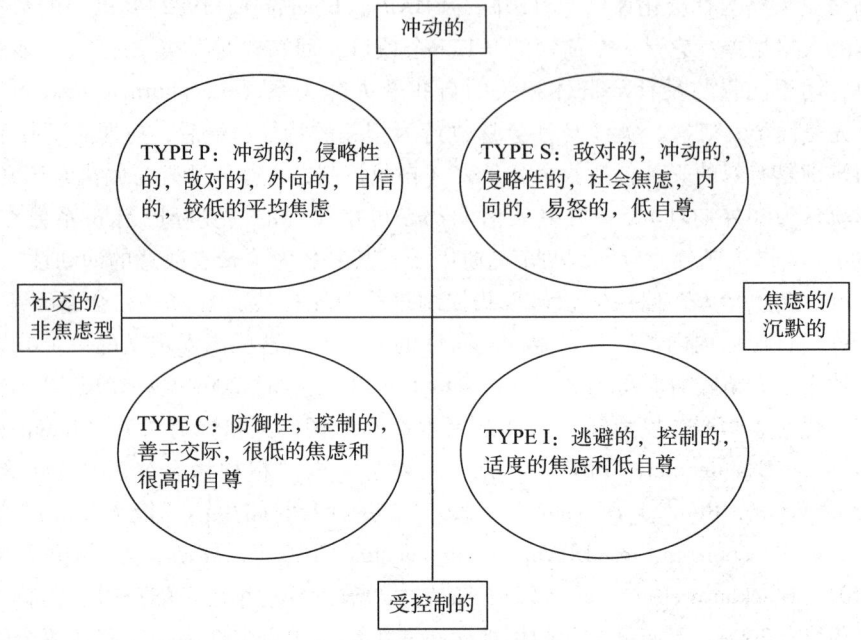

Type P：主要的精神病患者；Type S：二级精神病患者；Type I：抑制型；Type C：控制型。

来源：after Blackburn（2009）。

图 16.2　冲动性和社交退缩定义的二维空间

3. 半结构化访谈。为了解决非结构化访谈存在的信度较低的问题，许多半结构化访谈得到广泛发展。其中一些，比如国际人格障碍测试（International Personality Disorder Examination，IPDE）、人格障碍结构化临床访谈（Structured Clinical Interview for DSM-IV Axis II Personality Disorders，SCID-II）也有自陈式版本，可以作为筛选工具为后续访谈工作提供指导。SCID-II 的独特性（First，Spitzer，Gibbon，Williams，& Benjamin，1994）在于访谈者只需要按照问卷上的问题和标准进行访谈，从而有效减少访谈的内容、节约访谈时间。

半结构化访谈的一个优点是它的灵活性。除了标准问题，还可以利用其他内容或非结构化问题来引出相关信息。运用国际人格障碍测试（Loranger et al.，1994）去评估 DSM 中定义的 99 种特质，针对每个特质的评估均可分为三个阶段：①该特质存在与否？② 如果对于①的答案为"是"，那么特质的严重程度是否对个体的功能水平产生了临床方面的显著影响？③ 如果① 和②的答案都是肯定的，行为背后的动机是否满足 DSM 相关标准？下面以回避型人格特质为例进行说明。问题：在工作或学习中，你是否经常避免做一些需要与他人交流接触的事情？（这是结构性的问题要求的提问方式）如果回答"是"，受访者需要提供一些例子，使访谈者能够证实其回避行为满足人格障碍的"三 P 原则"，即 persistent（持久的）、pervasive（泛化的）和 pathological（病理性的）。最后，受访者被问道："你为什么这么做？"访谈者需要通过这个问题了解其做出回避行为的心理动机（DSM 中回避行为产生的原因是害怕受到批评、反对或拒绝）。

这些半结构化工具的评分者信度呈现中等至良好的水平。齐默尔曼（1994）对 15 项访谈研究进行总结发现，其中 80% 的 kappa 系数在 0.6 以上，60% 的 kappa 系数在 0.70 及以上。罗兰杰等人（1994）用 6 个月时间对 IPDE 的时间稳定性进行评估，发现在类别诊断上一致性系数中等偏低（median k = 0.48），在维度诊断上指标较好（median ICC = 0.79，依据 DSM-Ⅲ-R）。司法从业者较为关注的是，针对反社会人格障碍的评定是否表现出最佳的时间稳定性，这可能是因为其评定多依据反社会行为（包括犯罪行为）（Grilo，McGlashan & Oldham，1998）。

虽然信度良好，但是不同访谈工具之间以及它们与自陈式问卷之间的聚合效度只能达到很低水平（Zimmerman，1994）。在对 SCID-II 和 PDE 进行的大规模比较研究中，Skodol、Oldham、Rosnick、Kellman 和 Hyler（1991）发现 DSM-Ⅲ-R 中 11 种人格障碍的 kappa 系数平均值为 0.45，只有依赖型人格障碍的 kappa 系数大于 0.6。

人际风格的测量

人际功能障碍是人格障碍的一个重要方面，也是从人际关系理论和人际圈（interpersonal circle，IPC；Leary，1957）出发来考虑人格障碍评估的一种方法。人际圈将人际关系风格用圆形阵列或环形来表示，围绕两个维度：权力或控制维度（支配与服从），从属关系维度（敌对的与友好的，详见布莱克本 2000 年的相关论述）。布莱克本（2000）指出，敌意—支配型风格与人际关系冲突、攻击有关，因此人际圈对精神障碍罪犯的重要性可见一斑。针对司法精神病患者，布莱克本及其同事开发出一套护理等级量表——封闭生活环境人际关系反应表（Chart of Interpersonal Reactions in Closed Living Environments，CIRCLE：Blackburn & Renwick，1996）。它包含 49 个描述离散社会行为的语句（比如"参加集体活动"），由两名熟悉患者的工作人员对患者在语句上的表现进行独立打分，然后计算个体在 IPC 的 8 个分区中的相对位置（支配性、强迫性、敌意、孤僻、服从性、顺从性、关爱性、社交性），每个具有不同性格特点的个体都可以在 IPC 中用一个点标绘出来，有证据表明，DSM 的分类可以映射到 IPC。反社会型、自恋型以及表演型人格障碍表现出敌对—支配的人际风格，并且 CIRCLE 量表测量出的敌对—支配在之前介绍的 IPDE 量表的反社会因子上载荷很高。患者在敌对—支配性的得分与精神病态评定量表（Psychopathy Checklist Revised，PCL-R）得分显著相关（r = 0.46）（Blackburn et al.，2005），并且包含于反社会人格问卷（APQ）的高阶因子冲动性（Blackburn & Fawcett，1999）。尽管这种方法有着丰富的理论和实证基础，但是司法心理学家并没有把它作为主流的评价方法。

实践中的问题

一个重要且未得到解答的问题：在对人格障碍进行评估时，应由谁来提供作为评估依据的信息？是个体自己还是一些非常了解他或她的人？与此相关的问题是，我们在评估时是否（以及如何）应该使用间接信息（例如来自文件中的信息）？既然人格障碍患者通常认为他们的障碍是自我协调的（是生命中不可避免的或天然的组成部分），那么对其进行访谈可以为精神病理学研究提供更为精确的信息。但另一方面，人格评估中的几个问题指的是内在的心理状态（如一种空虚的感觉）或不寻常的知觉和认知体验，人格障碍患者难以从这些角度出发来提供有用信息。此外，使用不同的工具对两种来源的信息进行比较时，得到的结果通常很难达成一致。例如，齐默尔曼、波弗尔、科利尔、斯坦格和科恩桑（1988）对66名抑郁症患者进行研究，比较了患者的观点和结构化访谈（根据DSM-Ⅲ中人格障碍的内容进行设计）得到的内容，发现两者间具有很低的一致性（k=0.13，所有类型的人格障碍之间以及所有个体之间k<0.35）。这告诉我们，信息来源多于一个很可能会造成较低的一致性，然而它并没有告诉我们哪个来源更有效。虽然很多人建议将两个来源的信息收集起来结合使用，但是如果信息存在差异，我们就不知道该如何合理地结合这两种信息。在司法环境中，个体存在掩盖自身精神机能障碍的强烈动机，以期缩短被监禁的时间或避免进入专门性医院。遗憾的是，这些工具在设计之初并没有关注病人（罪犯）所提供信息的真实性，因此使用这些信息时必须十分谨慎。

另一个问题：对于访谈者自身而言，一定的经验、培训和资格认定是有必要的，但是各种各样的半结构式访谈工具对访谈者的受培训程度和临床经验的要求是不一样的。例如，人格访谈问卷（Personality Interview Questionnaire）在设计时有意地避免先入为主的临床偏见，因此它适用于非专业的面试官。相反地，人格障碍测验（Personality Disorder Examination，PDE；Loranger，1988）以及国际人格障碍测试（IPDE）就要求由有经验的从业者使用，其使用指南也明确说明"该测试不应被……研究助理、护士、学生和其他临床医生……使用"。其他工具，如结构化的人格障碍访谈（Structured Interview for Personality Disorders，SIPD；Stangl，Pfohl，Zimmerman，Bowers & Corenthal，1985），建议使用者具有中等程度的临床经验。在英国，精神病态评定量表（PCL）的使用需要经过3天昂贵的基础培训，以及其他更加深入的培训，从而（使受训者）更好地理解操作手册的使用，并且其使用仅限于拥有行为学或社会学科学士学位的人。不可否认，对于任何一种工具使用上的规范，进行最基本的培训是必要的。更重要的是，面对被访谈者的回答，访谈者需要足够的经验去进行理解和解释。此外，丰富的经验使访谈者能够从容应对额外的问题，并深入探索，保证访谈的有效性。

小结：人格障碍的评估

对人格障碍评估的证据审查发现，虽然研究者在某些领域达成了一致，但仍然存在大量的不确定性。目前可以得出以下结论：

1. 非结构化临床访谈的信度很低，因此不推荐使用。

2. 对于自陈量表的使用应是有选择、有判断的。自陈量表的过度诊断会使得心理学家对他们（病人）行为的解释变得困难，并且使得干预计划几乎不可能实行。不过需要特别指出反社会人格问卷（Blackburn & Fawcett，1999）的优点。它不仅可以用于精神疾病罪犯功能性障碍特征的诊断，还可以用于正常人格变异的特征诊断，比如来自"大五"因素中的神经质、外向性和宜人性。

3. 半结构化评估工具信度较为合理，但各种工具之间的聚合效度偏低。因此，目前还不清楚哪些应该被推荐使用，但是使用国际人格障碍检测的研究获得了较为一致的反社会人格高阶因子（被命名为"反社会型失控"），该因子与精神病态评定量表评定的病态人格之间有很高的相关性，并且在人际反应图表上呈现出强迫型人际关系风格。

271

4. 他人和患者自身对其人格障碍的评估可能存在差异，因此无法确定哪个信息来源更为有效。或许有人认为在人格障碍的诊断与个体自认为的最突出问题之间会存在一定的一致性。埃文斯、达根和科恩（2012）对 141 名主动寻求治疗的人格障碍患者进行访谈，要求他们描述最想改变自己的五件事，随后将这些结果与 IPDE 的诊断结果作比较，发现患者自己的描述和他们的人格障碍特质之间的一致性很低。作者认为人格障碍诊断结果并不能很好地展示或指向患者最重要的问题，这也再次突显了当前人格障碍诊断系统的缺陷。

5. 不同的半结构化工具所需的培训和经验差别很大，而这会影响评估的成本和准确性。

评估人格障碍程序方面的建议

我们赞同利沃斯利的建议，最初的重点应该放在评估是否与人格障碍的一般标准相匹配上，从在第一段前面介绍的自我认识、人际关系和社会功能这些方面来进行评估。虽然一系列具体的标准有待确定，但就像利沃斯利（2003）指出的那样，"我们可以通过对正常人格功能和这些功能在人格障碍中干扰的方式来定义人格障碍"。直到人格障碍被定义之后，人们才开始使用各种评估工具来评估人格的个体差异。我们认为一个基本的关于功能失调特质的评估应该从以下三个方面进行测量：自我报告、基础访谈和观测数据。基于前面概述的考量，参考节约时间和成本，我们建议把反社会人格问卷、国际人格障碍测试和在封闭的生活环境中的人际反应图表这 3 个量表进行组合。举例而言，如果认为这一方案合适，为了叙述具体的治疗目标，就可以用专门为它设计的测量工具，来测量功能障碍里更加具体的区域。举例而言，如果情感失调需要被评估，应该用一般情感失调量表进行测量。

首先我们考虑到，有相当高比例的患者在有精神疾病的同时也患有人格障碍（大约60%），其次，诊断和统计手册轴Ⅰ和轴Ⅱ中涉及的疾病有着高共病性（e. g.，McGlashan et al.，2000），所以对人格障碍的评估应该在所有个体经过常规精神病评估后进行。实际上，利沃斯利（2003）认为人格障碍在未来所有对诊断和统计手册的重新编写中都应该被包含在诊断与统计手册轴Ⅰ中的其他精神障碍这一分类中。这引出了如何解释人格障碍的测量结果问题，它可能被轴Ⅰ涉及的疾病的共病性所夸大（Zimmerman，1994）。虽然它被认为反映了对人格障碍的过度诊断，但是布莱克本（2000）提出在精神疾病的急性症状得到缓解之后，人格病状的减少这一情况可能反映出真正的人格改变。不过，他指出评估人格障碍在严重失常的患者中仍然是一个悬而未决的问题。

对人格障碍的治疗：一些注意事项

在考虑一些治疗人格障碍的细节前我们还有很多常规问题要进行讨论。首先，人格障碍会改变吗？以及如果会改变，它会怎么改变？从人格的定义出发，人格障碍是长期稳定的，那么去尝试治疗那些根据定义而言是永恒存在的病症有意义吗？

可以从两个层面回答该问题。首先，来自自然主义的最新跟踪研究证据表明，这种变化的确是可能的，这尤其适合边缘型人格障碍患者，他们在中期病症的关键症状有显著减少（Skodol et al.，2007；Zanarini，Frankenberg，Hennen，Reich & Silk，2005）。举例而言，后续 6 年的跟踪研究显示大约有 74% 的患者没有满足障碍的标准，并且症状一旦出现缓解，复发的概率非常小（约 6%）。虽然在边缘型人格障碍中会有一些急性症状比如自残、求助

272

行为、自杀威胁，这些症状不论是否受到干预，都能够被迅速地解决，但某些不属于边缘型人格障碍的特殊症状，比如慢性强烈的愤怒情感，在同等情况下会需要更多的时间去解决（Zanarini et al.，2005）。所有研究都认为，随着时间的推移，边缘型人格障碍患者的社会心理状况将得到改善，其预后效果比先前认识的要好并得到公认，然而，在边缘型人格障碍的某些方面发生改变时，其他人会抵制变化。类似的，反社会型人格障碍的男性案例中，当冲动性存在时，虽然再犯罪率会随着时间下降，但是人际关系中的主要问题依然存在（Black，Baumgard & Bell，1995；Grilo et al.，1998；Weissman，1993）。其次，这方面的一个重要含义是，当在解释临床诊断的结果，且这个结果旨在显示一些行为的改变时，我们需要谨慎。如自残等行为有可能随着时间的推移而自然减轻。这一结果提出了一个问题，那就是与时间推移所造成的目标行为减少相比，干预行为是否会造成更多目标行为的减少；并且强调设计一个正确的实验的重要性，因为不幸的是在之前的实验中所研究的特征并没有在人格障碍中出现。关于治疗，相对简短的干预可能会使发生在人格中那些更具有塑造性的方面随着时间流逝会自发地产生改变，与之相反，人格中低可塑性的那些方面更难以改变，因此需要时间更长和更复杂的干预。

治疗的争议

通过对人格障碍罪犯进行治疗，利沃斯利（2007b）注意到"治疗"涵盖了宽泛的内容，从精神动力学的心理疗法到治疗精神病的药物，都被应用在人格障碍的治疗中。通过对成功案例的分析我们发现，不同方法均存在各自的局限性，并没有哪一种方法是特别有效的。我们对近期一些人格障碍治疗效果的一般性综述，以及针对特定人格障碍的具体综述（Duggan et al.，2007，2008；Oldham，2007；Soloff，1998）进行了总结，并对支持英国国家卫生与临床优化研究所发表的边缘型和反社会型人格障碍指南、科克兰对边缘型（Binks et al.，2006）和反社会型人格障碍（Gibbon et al.，2009）的综述进行总结，得出的主要结论是：如果一个人只认可那些采用高水平证据的研究，即控制严格的随机对照实验（RCTs），那么证据基础是非常薄弱的。达根等人（2007；2008）对人格障碍的心理和药物干预实验进行总结，发现截止到2006年12月只有49项实验可以被算作严格的随机对照实验。在这些实验中，几乎有一半集中在边缘型人格障碍方面，只有五个涉及反社会型人格障碍。考虑到前文中已提出的困难，不难发现证据基础如此薄弱的原因：首先，由于许多评估工具聚合效度很低，因此不能确定，如果用相同的方法对个体进行测试，但是所采用的评估工具不同，是否能够达到相同的效果。其次，由于相关研究的结果经常不一致，我们可以选择的结果有相当大的不确定性，这让交叉研究变得比较困难。最后，大部分的实验持续性不足，往往只有一个非常简短的跟踪研究期，这使得结果难以解释。总之，在这种证据基础之上无法做出深入的研究，而且在将来一段时间内这种情况都不太可能有所改变，所以有另一种可替代的方法是必要的。

利沃斯利（2007b）指出很重要的一点：与许多特定干预措施的制定者有所不同，我们有很好的证据证明在不同疗法中存在普遍的一般因素，并且正是这些一般因素而不是具体的某些方面，使得治疗出现积极的结果。因此治疗应该对通用于所有治疗类型的非特异性因素进行强化。利沃斯利倡导一种折中的方法，以治疗内容为基础，针对不同的具体问题系统地从不同的治疗模式中选择干预方法（例如精神治疗、认知行为、药理学等）。而且他进一步提出，对人格障碍罪犯的治疗不仅要以改变人格的内容为目标进行干预，还要促进和提升人格的功能性，构建一个具有内在协调性并且更加适应社会、亲社会的整体。一个系统性的治疗方法应该有循序渐进的目标：首先，确定人格障碍的哪些方面最容易受到影响而发生改变（例如，病症和状况）；其次，确定不容易改变的方面，比如情感冲动控制和不良的思维模式；最后，确定最不容易受影响而改变的方面，如个体自我和身份等核心图式。

图 16.3 对合理的方法进行了分析，确定了三个治疗任务：①建立治疗性接触；②减少行为失控；③自我状态的集成。通过聚焦个人在功能运行中的障碍并把它们关联到人格评估的内容中，去建立和进行治疗才有最好的效果，因此评估的过程和治疗是紧密联系的。我们发现，通过心理教育的过程所提供的关于个体人格困难的信息，治疗参与得到了加强（Banerjee，Duggan，Huband & Watson，2006；Huband，McMurran，Evans & Duggan，2007）。然而，具体的人格障碍诊断在决定具体的治疗或指示预后中的价值非常有限。在进行前文所述的半结构式访谈之后，人们经常发现对个体的评估满足一个或者几个人格障碍的标准，这时候医生就会面临优先选择哪个的问题。此外，心理和药物是用来干预特定的行为（例如，自残行为）或者方面，类似于认知知觉病症——而不是某种人格障碍。这是我们目前评估过程的一个局限，但正如我们所讨论的，利沃斯利的方法将能解决（这一难题）。

如果这一过程鉴别出行为控制方面的困难，即进入治疗的第二个任务。通过心理干预（例如，社会问题的解决、生物反馈训练）或用药物去减少冲动行为，使个体在有行动之前进行恰当的思考。在建立治疗关系和处理失控行为这两个阶段中，治疗是相关的指令，是为了让病人或当事人的处于较低的焦虑水平。此外，治疗要求相对适中的技能水平。

然而，正如（前文）所指出的那样，更多的人格障碍行为需要被改善。图 16.3 中的第三阶段涉及处理核心图式，它涉及个体自我和身份等核心（问题），是治疗的主要任务。该阶段的治疗需要更高水平培训和更高的熟练程度。随着病人身份的核心问题被正视，焦虑的程度也会增加，因此也给改变带来了更大的阻力。

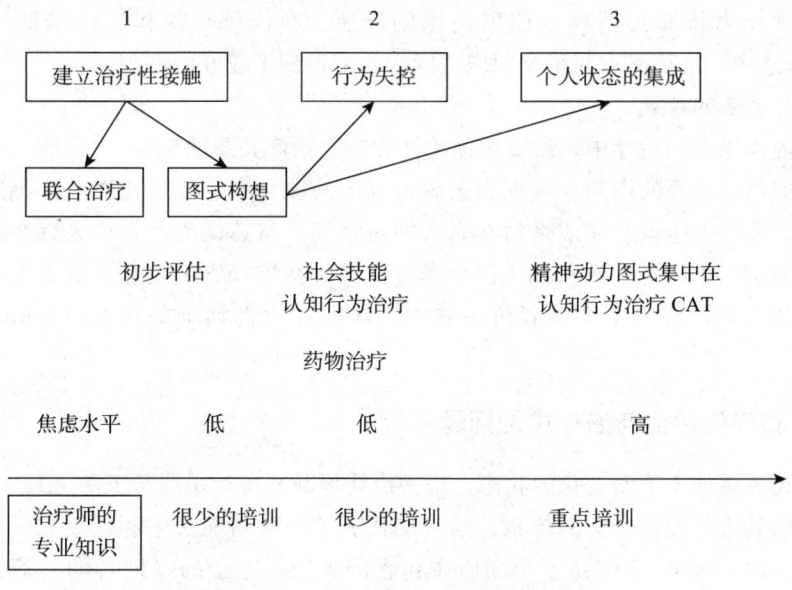

图 16.3 干预治疗的阶梯式治疗模型

因此，与其他治疗领域中的干预方法类似，我们采用了阶梯治疗方法。这种方法既涵盖了可以面向大众的相对简单的疗法，也包括了对时间和专业技术要求更高的、更为复杂的疗法。由于可能存在专业知识的不足，治疗者可能会很少提供干预，这一点很重要，因为在为人格障碍患者提供方案的专业知识方面有很大的不足，所以对预期和可用资源进行匹配显得十分重要。

处理治疗中的退出

阻止治疗中的退出是矫治服务中一项重要的组成部分，原因如下：首先，人格障碍患者接受治疗时退出率很高，特别是接受心理动力学疗法的边缘型人格障碍患者（Gunderson et al.，1989；Skodol，Buckley & Charles，1983；Waldinger & Gunderson，1984）。不过有些方法也报告过较低的退出率（e.g.，Bateman & Fonagy，1999；Linehan，Armstrong，Suarez，Allmon & Heard，1991；Stevenson & Meares，1992）。其次，高退出率是对有限资源的严重浪费。最后，退出会对患者和医生都产生不利影响。相比于从未接受过治疗的人，接受治疗但中途退出的人更有可能再次犯罪（McMurran & Theodosi，2007）。

预测和预防退出

影响退出的因素包括：低教育成就和较少的社会支持；年龄较小；更多的症状和在病态人格测试中获得较高分数；极度愤怒；以及低协同工作能力（Huband et al.，2007）。在司法心理学家较为关注的人群中，这些特征比较常见。

在这些研究结果中，我们可以看出增加对中途退出的关注是有必要的。尽管改善治疗的动机一直是矫治服务提供者所考虑的问题，但是（这实际上）已经延伸到评估治疗的"准备度"中。准备度不仅仅代表参与治疗的个体的动机，它还包含了个体进行治疗的能力和服务提供者去满足个体需求的能力之间的匹配程度。相关文献表明，这两者之间的配合越是密切，提供的介入越有可能有效（Andrews & Bonta，2003）。"准备度"的另一方面是实施方案时组织机构的承诺。通常，从业人员热情减弱是因为他们没有得到来自机构的有力支持。比如，在监狱中向需要稳定的安置期的个体介绍方案，但是当局通常会忽略这一点，并因其他压力将罪犯转移到监狱周围的场所。在沃德、戴和豪沃尔斯（2004）的"MORM"概念中，治疗需求与组织回应之间的匹配得到了较好的展现。

应对治疗关系的破裂

在人格障碍患者的治疗中，需要积极关注和应对治疗关系的破裂。"破裂"被定义为病人和医生之间情感关系的崩溃，表现为患者迟到或缺课、不完成作业以及拒绝吃药等。面对这种变化，我们不应该忽视或是站在病人的对立面。与其认为这是病人存在的问题，不如把这种"破裂"当作是一次与病人以平等身份进行交流探索的机会，这类谈话内容可能会被患者内化吸收，成为不受患者价值观念影响的探索性活动的典范（Safran & Muran，2000）。

当前人格障碍评估与治疗中的问题

人格障碍领域处于不断变化的状态，精神疾病诊断和统计手册第五版（DSM－5）不接受基于特质将其进行混合分类的体系，这可能代表了一种与前文中利沃斯利所提出的观点的和解。相反地，DSM－5保留了第四版中包含的类别，完全的（混合的）修订包含在第三部分分离的章节中，它的目的是鼓励进行进一步研究。对人格障碍的国际疾病分类第二版（ICD－2）的修订采取不同的策略。它提出废除所有个体人格障碍的类别，并用四个严重性级别来取代它，这些水平将用特征域来区分。严重性分类范围从程度为轻度和中度人格障碍到复杂的和极其严重的人格障碍。严重将被定义为：①特征域有重叠，因此涉及的区域越多，障碍就越严重；②社会功能障碍的程度；③对自我和他人的危险性。四个特征域分别是：内向（神经质）、外向（敌对）、精神分裂（分离的）和强迫症。因此，它们与前面利沃斯利的特征域（表16.1）的匹配度相当高。

对 DSM 和 ICD 修订本最大的批判是它们都不具备与过去进行充分衔接的连续性。像有人所说的，可以用这样一个白板来重新开始吗？如果现在的标准发生改变，那么现在以及过去那些在临床试验中收集的关于某类人格障碍的信息是不是就失去了价值？类似的，那些经过数十年细致的跟踪研究采集到的信息也不再有价值吗？现在并没有人质疑现行的人格障碍命名是有缺陷的，那么彻底放弃 DSM 和 ICD 的对人格障碍的分类就显得太激进了。正如下一段所建议的，如果这个领域想以有序的方式进行推进，那么与过去保持某种连续性是必需的。

正如利沃斯利指出的，人格障碍研究所面临的挑战是，如何以病因性信息为证据基础，系统性地描述个体在人格障碍上的差异。通过结合跨越不同特征域的特质（例如，利沃斯利的孤僻和情感失调的域，参见表16.1），应该有可能识别出显著的特征集群，这些特征反映了 DSM 人格障碍诊断中存在的跨类型的共生现象。例如，DSM 中反社会型和边缘型人格障碍往往是共生的，在司法样本中尤为常见。这种共生反映了它们可能共有的风险因子（Torgersen et al.，2008）。反社会和边缘型人格障碍的共病可能是临床重要影响因素，因为可能包含有更严重的儿童行为障碍（Freestone，Howard，Coid & Ullrich，2012；Howard，Huband & Duggan，2012）、更严重的人格障碍（Howard et al.，2012）以及更多地与 DSM 轴 I 共生现象（Freestone et al.，2012）。在总体上呈现出更多的反社会行为结果（包括暴力行为）（Freestone et al.，2012），（那些人）离开医院或监狱的环境进入社区之后，早期会有明显的再犯趋势（Howard，McCarthy，Huband & Duggan，2013）。因此反社会型和边缘型人格障碍的共病现象可以被认为是之前利沃斯利认为的"焦点混乱"，其包含了特征子集横跨反社会行为和情感失调等不同领域。从司法的角度看，识别这些共生特征的模式无疑是很重要的。按照 ICD－2 的标准，这类人格障碍的共病性可能被归入高严重性和传递高伤害的风险的类别中（精神分裂所传递的较低风险需要被纳入风险方程）。通过找到儿童时期行为障碍的存在来作为反社会型人格障碍的诊断依据，DSM 显示童年时期的行为混乱和成年后的反社会人格在机能上存在一定联系，大约50%的童年期行为混乱会发展为成人时期的反社会型人格障碍。对这一现象更为准确的描述是，严重的儿童时期行为混乱，伴随冷酷无情的人格特质，形成反社会型和边缘型人格障碍这样一种人格病理学的表现形式。原则上，ICD－2 被定位对"高严重性、高风险"的人格特质群进行诊断，但能否做到还不得而知。

虽然在过去的25年里对人格障碍的研究取得了很大进展，但该领域仍处于不断变化之中，许多突出的问题有待解决。下一个25年，这个领域的发展，尤其在司法环境下的发展，必将趣味盎然充满活力。

275

注释

[1] 尽管研究结果在高阶因子的数量（3 个还是 4 个）以及它们的标签方面存在差异（see Tyrer et al. ，2007），但是对其中一项高阶因子的研究是一致的，该因子包括反社会、自恋—表演性、偏执等特征，存在于司法精神病患者（Blackburn et al. ，2005）、监狱罪犯（Ullrich & Marneros，2004；2007），以及社区样本（Howard，Huband，Duggan & Mannion，2008）。虽然利沃斯利用"逆社会的"来描述这一因素，但我们更愿意用"反社会型失控"来描述这一维度。

扩展阅读

1. Livesley，W. J. （2007），"A framework for integrating dimensional and categorical classifications of personality disorder"，*Journal of Personality Disorders*，21，199 – 224.

Livesley 试图将人格障碍的分类和诊断在一个集合框架中结合起来，采用二元分类法，收集临床经验资料，对人格障碍的一般性诊断（人格结构的崩溃）和不同障碍及个体之间差异进行分析。他认为人格障碍分类的方法上的优势是，它引入了来自行为遗传研究的病原学观点。同时也指出需要开发工具对内容领域进行评估，例如关注点和生命叙事，而不是评估功能障碍的特质。其隐含的内容是人格结构的崩溃引起人格中可测量内容的变化，如图 16.1 中的箭头所示。不过在他的论述中，尚不清楚人格障碍是否存在神经生物学基础，以及结构变异如何引起功能性失调、异常关注和生命叙事连续性的缺失。

参考文献

Andrews，D. A. ，& Bonta，J. （2003），*The psychology of criminal conduct*（3rd edn），Cincinnati，OH：Anderson.

Apter，M. J. （2005），*Personality dynamics：Key concepts in reversal theory*，Loughborough：Apter International.

Bagby，R. M. ，Sellbom，M. ，Costa，P. T. ，& Widiger，T. A. （2008），"Predicting diagnostic and statistical manual of mental disorders-IV personality disorders with the five-factor model of personality and the personality psychopathology five"，*Personality and Mental Health*，2，55 – 69.

Banerjee，P. ，Duggan，C. Huband，N. ，& Watson，N. （2006），"Brief psycho-education for people with personality disorder-a pilot study"，*Psychology and Psychotherapy*；*Theory，Research and Practice*，79，385 – 394.

Bateman，A. ，& Fonagy，P. （1999），"Effectiveness of partial hospitalization in the treatment of borderline personality disorder：A randomized controlled trial"，*American Journal of Psychiatry*，156（10），1563 – 1569.

Benjamin，L. S. （1993），*Interpersonal diagnosis and treatment of personality disorder*，New York：Guilford Press.

Binks，C. ，Fenton，M. ，McCarthy，L. ，Lee，T. ，Adams，C. E. ，& Duggan，C. （2006），"Psychological therapies for people with borderline personality disorder"，*Cochrane Data-*

276

base of Systematic Reviews, Issue 1. Art. No.：CD005652. DOI：10. 1002/14651858. CD005652.

Black, D. W., Baumgard, C. H., & Bell, S. E. (1995), "A 16 – to 45 – year follow-up of 71 men with antisocial personality disorder", *Comprehensive Psychiatry*, 36 (2), 130 – 140.

Blackburn, R. (1971), "MMPI dimensions of sociability and impulse control", *Journal of Consulting and Clinical Psychology*, 37, 166.

Blackburn, R. (1982), "The special hospitals assessment of personality and socialization", Unpublished manuscript, Park Lane Hospital, Liverpool.

Blackburn, R. (2000), "Classification and assessment of personality disorders in mentally disordered offenders：A psychological perspective", *Criminal Behaviour and Mental Health*, 10, S8 – S32.

Blackburn, R. (2009), "Subtypes of psychopath", In M. McMurran & R. Howard (Eds.), *Personality, personality disorder and violence*, Chichester：John Wiley & Sons.

Blackburn, R., & Fawcett, D. (1999), "The antisocial personality questionnaire：An inventory for assessing personality deviation in offender populations", *European Journal of Psychological Assessment*, 15, 14 – 24.

Blackburn, R., Logan, C., Renwick, S. J. D., & Donnelly, J. P. (2005), "Higher-order dimensions of personality disorder：Hierarchical structure and relationships with the five factor model, the interpersonal circle, and psychopathy", *Journal of Personality Disorders*, 19 (6), 597 – 623.

Blackburn, R., & Renwick, S. J. (1996), ating scales for measuring the interpersonal circle in forensic psychiatric inpatients, *Psychological Assessment*, 8, 76 – 84.

Campbell, J., Sellen, J. L., & McMurran, M. (2010), "Personal aspirations and concerns inventory for offenders：Developments in the measurement of offenders' motivation", *Criminal Behaviour and Mental Health*, 20 (2), 144 – 157.

Cantrell, J. D., & Dana, R. D. (1987), "Use of the Millon Clinical Multiaxial Inventory (MCMI) as a screening instrument at a community mental health center", *Journal of Clinical Psychology*, 43, 366 – 375.

Clark, L. A. (2007), "Assessment and diagnosis of personality disorder：Perennial issues and an emerging reconceptualization", *Annual Review of Psychology*, 58, 227 – 257.

Clark, L. A., Livesley, J. W., & Morey, L. (1997), "Personality disorder assessment：The challenge of construct validity", *Journal of Personality Disorders*, 11, 205 – 231.

Costa, P. T., & McCrae, R. R. (1992), *Revised NEO personality inventory：Professional manual*, Odessa, FL：Psychological Assessment Resources.

Duggan, C., Huband, N., Smailagic, N., Ferriter, M., & Adams, C. (2007), "The use of psychological treatments for people with personality disorder：A systematic review of randomized controlled trials", *Personality and Mental Health*, 1, 95 – 125.

Duggan, C., Huband, N., Smailagic, N., Ferriter, M., & Adams, C. (2008), "The use of pharmacological treatments for people with personality disorder：A systematic review of randomized controlled trials", *Personality and Mental Health*, 2, 119 – 170.

First, M. B., Spitzer, R. I., Gibbon, M., Williams, J. B. W., & Benjamin, L. (1994), "The Structured clinical interview for DSM – 1V Axis II personality disorders (SCID – 11)(Version 2. 0)", New York: Biometrics Research, New York State Psychiatric Institute.

Freestone, M., Howard, R. C., Coid, J., & Ullrich, S. (2012), "Adult antisocial syndrome co-morbid with borderline personality disorder is associated with severe conduct disorder, substance dependence and violent antisociality", *Personality and Mental Health*, 7 (1), 11 –21.

Gibbon, S., Duggan, C., Stoffers, J. M., Huband, N., V. llm, B. A., Ferriter, M., & Lieb, K. (2009), "Psychological interventions for antisocial personality disorder (Protocol)", *Cochrane Database of Systematic Reviews* 2009, Issue 1. Art. No. : CD007668. DOI: 10. 1002/146 51858. CD007668.

Grilo, C. M., McGlashan, T. H., & Oldham, J. M. (1998), "Course and stability of personality disorders", *Journal of Practical Psychiatry and Behavioral Health*, 4, 61 –75.

Gunderson, J. G., Frank, A. F., Ronningstam, E. F., Wachter, S., Lynch, V. J., & Wolf, P. J. (1989), "Early discontinuance of borderline patients from psychotherapy", *Journal of Nervous and Mental Disease*, 177 (1), 38 –42.

Harkness, A. R., & McNulty, J. L. (1994), "The personality psychopathology five (PSY – 5): Issues from the pages of a diagnostic manual instead of a dictionary", In S. Strack & M. Lorr (Eds.), *Differentiating normal and abnormal personality* (pp. 291 –315), New York: Springer.

Hasin, D. S., & Grant, B. F. (1987a), "Psychiatric diagnosis of patients with substance abuse problems: A comparison of two procedures, the DIS and the SADS-L", *Journal of Psychiatric Research*, 21, 7 –22.

Hasin, D. S., & Grant, B. F. (1987b), "Diagnosing depressive disorders in patients with alcohol and drug problems: A comparison of the SADS-L and the DIS", *Journal of Psychiatric Research*, 21, 301 –311.

Hentschel, A. G., & Livesley, W. J. (2012), "Differentiating normal and disordered personality using the General Assessment of Personality Disorder (GAPD)", *Personality and Mental Health*, 7 (2), 133 –142.

Howard, R. C., Huband, N., & Duggan, C. (2012), "Adult antisocial syndrome with co-morbid borderline pathology: Association with severe childhood conduct disorder", *Annals of Clinical Psychiatry*, 24, 127 –134.

Howard, R. C., Huband, N., Duggan, C., & Mannion, A. (2008), " Exploring the link between personality disorder and criminality in a community sample", *Journal of Personality Disorders*, 22 (6), 589 –603.

Howard, R. C., & Lumsden, J. (1996), "A neurophysiological predictor of re-offending in Special Hospital patients", *Criminal Behaviour and Mental Health*, 6, 147 –156.

Howard, R. C., & Lumsden, J. (1997), "CNV predicts violent outcomes in patients released from special hospital", *Criminal Behaviour and Mental Health*, 7, 237 –240.

Howard, R. C., McCarthy, L., Huband, N., & Duggan, C. (2013), "Re-offending in forensic patients released from secure care: The role of antisocial/borderline co-morbidity, substance dependence, and severe childhood conduct disorder", *Criminal Behaviour and Mental Health*, Epub ahead of print edition, Jan 31, 2013, doi: 10. 1002/cbm. 1852.

Huband, N. , Evans, C. , Duggan, C. , & Khan, O. (2012), "Personality disorder traits and self-reported target problems in a treatmentseeking sample", *Clinical Psychology and Psychotherapy*. Epub ahead of print edition, doi: 10. 1002/cpp. 1825.

Huband, N. , McMurran, M. , Evans, C. , & Duggan, C. (2007), "Social problem-solving plus psychoeducation for adults with personality disorder: A pragmatic randomised clinical trial", *British Journal of Psychiatry*, 190, 307 - 313.

Hunt, C. , & Andrews, G. (1992), "Measuring personality disorder: The use of self-report questionnaires", *Journal of Personality Disorders*, 6, 125 - 133.

Hyler, S. E. , & Rieder, R. O. (1987), "PDQ-R: Personality diagnostic questionnaire-Revised", New York: New York State Psychiatric Institute.

Hyler, S. E. , Skodol, A. E. , Kellman, D. , Oldham, J. M. , & Rosnick, L. (1990), "Validity of the Personality Diagnostic Questionnaire-Revised: Comparison with two structured interviews", *American Journal of Psychiatry*, 147, 1043 - 1048.

Hyler, S. E. , Skodol, A. E. , Oldham, J. M. , Kellman, D. , & Doidge, N. (1992), "Validity of the Personality Diagnostic Questionnaire-Revised: A replication in an outpatient sample", *Comprehensive Psychiatry*, 33, 73 - 77.

Jolliffe, D. , & Farrington, D. P. (2009), "A systematic review of the relationship between childhood impulsiveness and later violence", In M. McMurran & R. Howard (Eds.), *Personality, personality disorder and violence* (pp. 41 - 61), Chichester: John Wiley & Sons.

Leary, T. (1957), *Interpersonal diagnosis of personality*, New York: Ronald Press.

Linehan, M. M. , Armstrong, H. E. , Suarez, A. , Allmon, D. , & Heard, H. L. (1991), "Cognitive-behavioral treatment of chronically parasuicidal borderline patients", *Archives of General Psychiatry*, 48, 1060 - 1064.

Livesley, W. J. (1998), "Suggestions for a framework for an empirically based classification of personality disorder", *Canadian Journal of Psychiatry*, 43.

Livesley, W. J. (2003), "Diagnostic dilemmas in the classification of personality disorders", In K. A. Phillips, M. B. First, & H. A. Pincus (Eds.), *Advancing DSM: Dilemmas in psychiatric diagnosis*, Washington, DC: American Psychiatric Press.

Livesley, W. J. (2007a), "A framework for integrating dimensional and categorical classifications of personality disorder", *Journal of Personality Disorders*, 21, 199 - 224.

Livesley, W. J. (2007b), "The relevance of an integrated approach to the treatment of personality disordered offenders", *Psychology, Crime and Law*, 13, 27 - 46.

Livesley, W. J. (2008), "Toward a genetically-informed model of borderline personality disorder", *Journal of Personality Disorders*, 22, 42 - 71.

Loranger, A. W. (1988), *Personality Disorder Examination (PDE) manual*, Yonkers, NY: DV Communications.

Loranger, A. W. , Sartorius, N. , Andreoli, A. , Berger, P. , Buchheim, P. , Channabasavanna, S. M. , Coid, B. , Dahl, A. , Diekstra, R. F. , & Ferguson, B. （1994）, "The International Personality Disorder Examination: The World Health Organization and Alcohol, Drug Abuse and Mental Health Administration international pilot study of personality disorders", *Archives of General Psychiatry*, 551, 215 – 224.

McGlashan, T. H. , Grilo, C. M. , Skodol, A. E. , Gunderson, J. G. , Shea, M. T. , Morey, L. C. , Zanarini, M. C. , & Stout, R. L. （2000）, "The Collaborative Longitudinal Personality Disorders Study: Baseline Axis I/II and II/II diagnostic co-occurrence", *Acta Psychiatrica Scandinavica*, 102, 256 – 264.

McMurran, M. , & Theodosi, E. （2007）, "Is treatment non-completion associated with increased reconviction over no treatment?", *Psychology, Crime and Law*, 13, 333 – 343.

McMurran, M. , Cox, W. M. , Whitham, D. , & Hedges, L. （2013）, "The addition of a goal-based motivational interview to treatment as usual to reduce dropouts in a personality disorder treatment service: Results of a feasibility study for a randomized controlled trial", *Trials*, 14, 50. DOI: 10. 1186/1745 – 6215 – 14 – 50.

Mellsop, G. , Varghese, F. , Joshua, S. , & Hicks, A. （1982）, "The reliability of Axis II of DSM-III", *American Journal of Psychiatry*, 139, 1360 – 1361.

Millon, T. , Millon, C. , & Davis, R. D. （1994）, "Millon Clinical Multiaxial Inventory-III", Minneapolis, MN: National Computer Systems.

Morey, L. C. （1991）, "Personality assessment inventory", Lutz, FL: Psychological Assessment Resources.

Newhill, C. E. , Mulvey, E. P. , & Pilkonis, P. A. （2004）, "Initial development of a measure of emotional dysregulation for individuals with Cluster B personality disorders", *Research on Social Work Practice*, 14, 443 – 449.

Oldham, J. M. （2007）, "Psychodynamic psychotherapy for personality disorders", *American Journal of Psychiatry*, 164, 1465 – 1467.

Parker, G. , & Barrett, E. （2000）, "Personality and personality disorder: Current issues and directions", *Psychological Medicine*, 30, 1 – 9.

Patrick, C. J. , Fowles, D. , & Krueger, R. （2009）, "Triarchic conceptualization of psychopathy: Developmental origins of disinhibition, boldness and meanness", *Development and Psychopathology*, 21, 913 – 938.

Safran, J. D. , & Muran, J. C. （2000）, *Negotiating the therapeutic alliance: A relational treatment guide*, New York: Guilford Press.

Sellen, J. L. , Gobbett, M. , & Campbell, J. （2013）, "Enhancing treatment engagement in sexual offenders: a pilot study to explore the utility of the Personal Aspirations and Concerns Inventory for Offenders （PACI-O）", *Criminal Behaviour and Mental Health*, 23 （3）, 203 – 216.

Skodol, A. E. , Buckley, P. , & Charles, E. （1983）, "Is there a characteristic pattern to the treatment history of clinic outpatients with borderline personality?", *Journal of Nervous and Mental Disease*, 171, 405 – 410.

Skodol, A. E. , Johnson, J. G. , Cohen, P. , Sneed, J. R. , & Crawford, T. N. （2007）,

"Personality disorder and impaired functioning from adolescent to adulthood", *British Journal of Psychiatry*, 190, 415 – 420.

Skodol, A. E., Oldham, J. M., Rosnick, L., Kellman, H. D., & Hyler, S. E. (1991), "Diagnosis of DSM-Ⅲ-R personality disorders: A comparison of two structured interviews", *International Journal of Methods in Psychiatric Research*, 1, 13 – 26.

Soloff, P. (1998), "Symptom-orientated psychopharmacology for personality disorders", *Journal of Practical Psychiatry and Behavioral Health*, 4 (1), 3 – 11.

Stangl, D., Pfohl, B., Zimmerman, M., Bowers, W., & Corenthal, C. (1985), "A structured interview for the DSM-Ⅲ personality disorders: A preliminary report", *Archives of General Psychiatry*, 42, 591 – 596.

Stanley, J. H., Wygant, D. B., & Sellbom, M. (2013), "Elaborating on the construct validity of the triarchic psychopathy measure in a criminal offender sample", *Journal of Personality Assessment*, 95 (4), 343 – 350.

Stevenson, J., & Meares, R. (1992), "An outcome study of psychotherapy for patients with borderline personality disorder", *American Journal of Psychiatry*, 149, 358 – 362.

Torgersen, S., Czajkowski, N., Jacobson, K., Reichborn-Kjennerud, T., R. ysamb, E., Neale, M. C., & Kendler, K. C. (2008), "Dimensional representations of DSM-IV cluster B personality disorders in a population-based sample of Norwegian twins: A multivariate study", *Psychological Medicine*, 38 (11), 1617 – 1625.

Tyrer, P., Coombs, N., Ibrahimi, F., Mathilakath, A., Bajaj, P., Ranger, M., & Din, R. (2007), "Critical developments in the assessment of personality disorder", *British Journal of Psychiatry*, 190 (Suppl. 49), s51 – s59, doi: 10. 1192/bjp. 190. 5. s51.

Ullrich, S., & Marneros, A. (2004), "Dimensions of personality disorders in offenders", *Criminal Behaviour and Mental Health*, 14, 202 – 213.

Ullrich, S., & Marneros, A. (2007), "Underlying dimensions of ICD – 10 personality disorders: Risk factors, childhood antecedents, and adverse outcomes in adulthood", *Journal of Forensic Psychiatry and Psychology*, 18 (1), 44 – 58.

Wakefield, J. C. (1992), "The concept of mental disorder: On the boundary between biological facts and social values", *American Psychologist*, 47, 373 – 388.

Waldinger, R. J., & Gunderson, J. G. (1984), "Completed psychotherapies with borderline patients", *American Journal of Psychotherapy*, 38, 190 – 202.

Ward, T., Day, A., & Howells, K. (2004), "The multifactor offender readiness model", *Aggression and Violent Behaviour*, 9, 645 – 673.

Weissman, M. M. (1993), "The epidemiology of personality disorders: A 1990 update", *Journal of Personality Disorders*, Suppl., 44 – 62.

Westen, D., & Arkowitz-Westen, L. (1998), "Limitations of Axis II in diagnosing personality pathology in clinical practice", *American Journal of Psychiatry*, 155, 1767 – 1771.

World Health Organization (1992), 10*th revision of the International Classification of Diseases* (*ICD* – 10), Geneva: WHO.

Zanarini, M. C., Frankenberg, F. R., Hennen, J., Reich, B., & Silk, K. (2005), "The Mclean Study of Adult Development (MSAD): Overview of the first six years of prospective follow-up", *Journal of Personality Disorders*, 19, 505 – 523.

Zimmerman, M. (1994), "Diagnosing personality disorders: A review of issues and research methods", *Archives of General Psychiatry*, 51, 225 – 245.

Zimmerman, M., Pfohl, B., Coryell, W., Stangl, D., & Corenthal, C. (1988), "Diagnosing personality disorder in depressed patients: A comparison of patient and informant interviews", *Archives of General Psychiatry*, 45, 733 – 737.

第十七章 人格障碍：与犯罪的关系

理查德·霍华德、康纳·达根（Richard Howard and Conor Duggan）

作为上一章的续篇，这一章主要解答以下问题：犯罪（尤其是暴力犯罪）是否与人格有关？两者之间究竟存在怎样的关系？本章内容从人格障碍和一般犯罪之间关系的研究展开，进一步探讨不同暴力类型与人格障碍之间的关系是如何被调和的，并通过对"精神病态"亚型相关研究的论述分析"精神病态"和暴力之间的关系。本章以案例分析为基础，提出了人格障碍与暴力之间可能存在的关系模型。最后，我们对当前一些研究问题进行了讨论，特别是近期的一般策略性变化，用以确定和干预那些具有较高自残和伤人风险的人格障碍罪犯。

人格障碍与犯罪有关吗？

毫无疑问，英国人格障碍患者的比例很高，大约占全体英国人口的4%（Coid，Yang，Tyrer，Roberts & Ullrich，2006），并且这一比例在罪犯群体中明显升高。法策尔和达内施（2002）综合12个国家的62项调查指出，在18 530名男性罪犯中，65%患有人格障碍，47%患有反社会型人格障碍（ASPD）；女性中与之相对应的比例分别是42%和21%。另外五项研究表明，边缘型人格障碍（BPD）在女性罪犯中比例较高（25%）。

根据英国精神卫生条例（1983年修订），监狱、法院和其他精神科医院中一部分罪犯被判定存在"精神病理障碍"[1]，因此被转移到安全级别更高的司法医院。罪犯群体中，这类人所占的比例在过去30年中一直有所波动，平均值约为20%—25%。"人格障碍"的类型多种多样，最常见的有边缘型、反社会型、自恋型和偏执型（Coid，1992）。约60%的精神疾病患者满足人格障碍的临床标准（Blackburn，2000），有些罪犯在司法鉴定中被判定存在精神疾病和人格的双重障碍，包括其他人格障碍和第一诊断轴（Axis I）精神障碍的共同出现，这在司法精神病学的样本中（所占比例）是非常高的。但是关于精神障碍触发者的共病现象的系统性研究还比较缺乏。柯艾德（1992）还指出，在他的一部分司法样本中存在反社会型和边缘型双重人格障碍，这是一种"具有毁灭性的结合"。缪伦（1992）将这种结合描述为"异常精神状态症候群，伴随普遍性的行为障碍"，其中精神异常是其发展根源。这种共生现象在安全级别最高的样本中最为常见，而在一般社区中很少（see Duggan & Howard，2009）。已经有研究对人格障碍和暴力之间的关系的本质，以及它们是如何联系在一起的（参看下文）进行了系统的探讨（McMurran & Howard，2009）。与暴力相关的最常见人格障碍类型是反社会型（e. g.，Coid，Kahtan，Gault & Jarman，1999）。通过对司法精神病学样本的分析，发现反社会型人格障碍与暴力史存在一定程度的相关性（r = 0. 23，Blackburn，2007）。不过布莱克本进一步指出，反社会型人格障碍和暴力犯罪之间的相关性被效标混淆放大了，"没有一种人格障碍与持续犯罪密切相关"（Blackburn，2007）。然而，

281

英国罪犯定群研究（the UK Prisoner Cohort Study）得出结论，反社会型人格障碍可以预测罪犯释放后暴力犯罪的再犯（可能性），即使其在精神病态评定量表（PCL）的测量中没有高得分（≥30）。若反社会型人格障碍患者同时伴有边缘型人格障碍时，产生暴力行为的可能性尤其高。这一结论在社区样本（Howard, Huband, Duggan & Mannion, 2008；Freestone, Howard, Coid & Ullrich, 2012）和司法精神病样本（Howard, Khalifa & Duggan, under review）中均得到验证。后一项研究还得出，精神病态评定量表（PCL）中精神病态的反社会偏差因子和反社会/边缘型人格障碍产生的共病性都对暴力行为的预测有一定效力。童年期的严重行为障碍、物质依赖（尤其发生在青春期），以及共生的反社会/边缘型人格障碍的三联征似乎是一种病毒式的组合，与成年期的暴力反社会行为的密切相关（Freestone et al., 2012），并且也与罪犯被释放早期的再犯有关（Howard, McCarthy, Huband & Duggan, 2013）。

人格障碍如何与暴力相联系？

需要注意的是，并无论据表明人格障碍与暴力之间的相关是一种因果关系（Duggan & Howard, 2009）。发生在不同类型的人格障碍之间（例如边缘型和反社会型），以及人格障碍和精神疾病诊断和统计手册第一诊断轴的精神障碍之间的共病现象，是理解两者关系和调节机制的关键（Freestone et al., 2012）。存在暴力行为的人格障碍个体中共病物质滥用（包括酒精）的发生率特别高，在与另一个 Axis I 精神障碍相结合的情况下更是如此。普考恩、科迪莱能、乔亚尔和托哈恩（2004）对 90 名男性精神病杀人犯进行研究的结果可以很好地说明，物质滥用、精神疾病和反社会型人格障碍在有暴力行为的男性中呈现令人吃惊的高共生性。经过精神疾病（主要是精神分裂症）和药物滥用诊断，50% 的被试存在标志性的三联征，这一症候群能够解释他们 2/3 的杀人行为。

那么，关键问题是：一般性精神障碍与暴力之间的作用机制究竟是怎样的？德布里托和霍金斯（2009）认为共生的童年期行为障碍是重要的干预变量，霍华德和米柯木兰（2013）描绘了从童年期和青春期到与酒精相关的暴力行为高发的成年期的发展轨迹。研究者提出成年人行为障碍的反社会性与冷酷无情特质有关，并且严重的早发性酗酒起到中介作用（Howard, Finn, Gallagher & Jose, 2012；Khalifa Duggan, Howard & Lumsden, 2012）。负责自我调节的神经认知控制系统在青春期晚期得到发展，过度饮酒会破坏这一进程（Albert & Steinberg, 2011）。由于青春期过度饮酒，导致神经认知控制系统发展不健全或延缓，导致自我调节方面的不足，表现在社会问题的解决、错误控制和行为抑制等方面，更重要的是导致其无法对情绪进行自我调节。近期研究表明，情绪失调在边缘型、反社会型人格障碍与暴力行为之间起到中介作用（Newhill, Eack & Mulvey, 2012），这表明无力进行自我情绪调节是解释人格障碍（尤其是反社会型和边缘型人格障碍的共生）和暴力之间联系的关键。

对两者之间的关系进行阐述之前，必须要知道暴力存在不同的类型，并且特定的人格障碍与不同类型的暴力之间的联系可能存在差异。霍华德（2009）认为将暴力类型分为工具性和情感性过于简单化。修正后的类型学表明，首先应该对动机进行区别，分为欲求型和厌恶型，前者带来积极的影响，后者带来消极的影响。从不同动机出发，暴力可能是冲动的，也可能是受控的。这样就形成一个 2×2 矩阵分类（Howard, 2009），包括四种不同类型的暴力：欲求/冲动型、欲求/控制型、厌恶/冲动型、厌恶/控制型。这种类型学在被首次提出后，已经在一个挪威关于反社会青年的调查样本中的自陈式问卷，以愤怒攻击行为量表（Angry Aggression Scale，AAS）——成熟地采用了这四种动机截然不同的暴力类型——得以运用（Bjørnebekk & Howard，2012a；Bjørnebekk & Howard，2012b）。之后的研究发现，寻求刺激是不良青年做出反社会行为的重要动机，AAS 中的寻求刺激的测量分数与严重攻击类型有关，尤其是暴力、携带武器以及破坏他人财产等。尝试将不同类型的人格障碍对应到这种分类中可能是我们将来要完成的任务。霍华德（2009）认为反社会型人格障碍可能特别与欲求冲动型暴力相关（即暴力的动机是寻求刺激），边缘型人格障碍与厌恶冲动型暴力关系更密切（即暴力是出于恐惧或来自社会的威胁）。这些对应关系现在看起来似乎也过于简单化，坎普、斯奇姆、巴尔卡尔德、利林费尔德和波斯莱斯（2013）的研究系统地回顾、调查了美国 158 名男性罪犯暴力犯罪动机，结果发现，有更高的去抑制性以及有过犯罪史的个体更有可能为了获得物质利益或作为团伙的一部分参与暴力活动。不过，他们因为被激怒而做出冲动性暴力行为的可能性更小。相反，这些以精神病态中的人际—情感因子方面的缺陷为核心特质的暴力犯，并不以恐惧或被威胁作为暴力行为的动机，那么他们的动机到底是什么呢？从霍华德的暴力类型论来说，其主要动机是通过对他人造成伤害来满足对刺激的渴望（Howard，2011）。当然，对于人格障碍罪犯的暴力行为还需要通过四种暴力类型的仔细检验审视。

精神病态和暴力有关吗？

不是所有的司法精神病学家都把精神病态看作一个真正的临床现象（e.g.，Mullen，2007），早期的精神疾病诊断和统计手册中也没有把它归类到人格障碍中。不过，精神疾病诊断和统计手册第五版的术语中出现了"反社会型/精神病态人格障碍"（见第 20 章），并且该领域许多工作也表明精神病态与人格障碍有重叠和混合（的现象）。精神病态评定量表（Psychopathy Checklist，PCL）是 20 世纪 80 年代为了对精神病态进行评估而开发的工具（Hare，1980）。该量表的诞生也导致精神病态研究激增，有学者对刑事司法系统中对 PCL 的使用不当甚至滥用现象提出了批评（e.g.，Skeem，Polaschek，Patrick & Lilienfeld，2011）。以克莱克利（1988）精神病态标准为基础的 PCL 是松散的，要注意的是 PCL 标准与克莱克利的检查清单并没有完全重合。例如，PCL 没有包含"洞察力缺失"这一特征，但是增加了与犯罪行为有关的内容，PCL 远远超越了克莱克利标准（Blackburn，2007）。PCL 以罪犯群体为样本开发编制而成，可能导致其对去抑制性精神病理学更为看重，从而（使结果）产生偏颇（Skeem et al.，2011）。PCL 的最新版本（Hare，2003）除了显示总分之外，还显示两个因子分数——自私、冷酷无情、操纵利用他人（F1），不稳定和反社会的生活方式（F2）。每个因子包括两个层面，F1 包含人际关系和情感的方面，F2 包含生活方式和反社会方面。

在刑事司法系统中，PCL 作为一种风险评估工具应用越来越多地被使用。布莱克本（2000）指出："有充分的案例支持将 PCL-R（PCL 修订版）纳入到精神障碍罪犯的常规性人格障碍评估中。"不过，近期越来越多的研究对 PCL 在暴力和非暴力再犯预测的准确性上提出了质疑。关于再犯数据的三项元分析研究（Leistico，Salekin，DeCosta & Rogers，2008；Walters，2003；Yang，Wong & Coid，2010）都报告了因子 2 的预测准确性显著好于因子 1。

282

英国罪犯定群研究（The UK Prisoner Cohort Study）（Coid et al.，2008）通过预测高危险罪犯的暴力和非暴力再犯，对一系列风险评估工具（包括 PCL）进行比较。与单独依靠犯罪史进行评估的罪犯群体再判评估表（Offender Group Reconviction Scale）相比，PCL 表现较差。作为再犯预测指标的精神病态检核表，预测再犯的项目主要反映在反社会性和冲动性。为了检验 PCL 预测的准确性，研究者使用 6 个独立样本的大量数据进行分析，结果表明只有第 4 方面（反社会性）在预测再犯时会显示了增量效度，第 1、2、3 方面的增量效度与第 4 方面不在同一水平上。杨及其同事（2010）采取的严谨的元分析研究显示，男性样本中，PCL-R 只有因子 2 能够预测暴力；代表精神病态核心特征的因子 1（人际关系和情感）对风险的预测不高于机遇水平。此外，PCL-R 中因子 1（人际关系和情感）与因子 2（行为和生活方式）在暴力预测中不存在交互作用（Kennealy，Skeem，Walters & Camp，2010）。

坎普等人（2013）使用 PCL 和精神病态人格量表（Psychopathy Personality Inventory，PPI）评估精神病态不同因素对暴力行为预测的准确性。在后续 3 个月的跟踪研究中，PCL-R 总得分对暴力行为的预测效果不明显。PPI 中对冲动性反社会因子的测量能够有效预测短期的暴力行为（大多在监狱环境中），对释放 1 年后再次被捕也有较好的预测效果。这与其他研究成果一起向精神病态中人际关系和情感特征（该特征的精神病态区别于一般的反社会行为）对暴力行为的预测提出了挑战。或者说，只有结合 PCL 中犯罪行为和不良行为控制（易怒、攻击性和愤怒控制不当）等特征，才能准确地预测未来的暴力和非暴力犯罪。这些特征的组合类似于 IPDE（国际人格障碍检查表）中的犯因性因子——反社会型失控（Antisocial Dyscontrol）（Howard et al.，2008）。

帕特里克和同事对精神病态的概念进行重构，形成了精神病态的三元表型结构（妄为性、卑劣性和去抑制性）。这无论是对精神病态的概念理解，还是评估和治疗，都起到了巨大的推动和促进作用（Patrick，Fowles & Krueger，2009；Patrick，Drislane & Strickland，2012）。在三元表型结构的基础上，帕特里克（2010）开发了三元精神病态测量问卷（Triarchic Psychopathy Measure，TriPM），采用易于操作的自陈量表形式。与其他相关测量一起，TriPM 被应用在 141 名监狱罪犯组成的样本上，结果显示其具有良好的结构效度（Stanley，Wygant & Sellbom，2013）。然而，目前尚不清楚，妄为性、卑劣性和去抑制性这三个因子之间在何种程度上是相互独立的，是否存在某种因果关系。斯坦利等人（2013）的研究表明 TriPM 中的卑劣性和去抑制性两个因子之间存在显著相关（$r \sim 0.4$，译者注：r 为相关系数，即 r 约为 0.4 之意），这意味着它们之间可能有因果关系。正如霍华德和米柯木兰（2013）提出的，卑劣性可能导致早期的物质滥用而对大脑产生影响，从而产生去抑制性的各种具体特征，包括易冲动、无法延迟满足、不负责任以及情绪和行为的自我调节能力差等。

精神病态亚型

把"精神病态"看作是一个同质的统一体，几乎可以肯定是一种想象，是大众媒体制造的虚构形象。精神病态曾被视为是单一的结构，"像爱情一样绚丽多姿，但说不清道不明"（Howard，1986）。近期一项使用 PCL 进行统计分析的研究，发现精神病态存在多种亚型。通过重要方面的差异对不同类型进行区分，比如犯罪史与 DSM（精神疾病诊断和统计手册）轴Ⅰ和轴Ⅱ相关性的差异（Blackburn，2009）。S 型，最初被称为"继发性精神病态"，与轴Ⅰ中的障碍、创伤后的应激障碍（post-traumatic stress disorder，PTSD）、性虐待以及国际人格量表（IPDE）测量出的最严重的人格病理学问题呈现较高的共病率。更重要的是，S 型精神病态还显示了反社会型与边缘型人格障碍的共病现象，以及儿童期和成年期较高水平的反社会性（Blackburn，2009）。P 型精神病态显示了较高的因暴力犯罪而获刑的比例，以及早发性的反社会型障碍，类似于麦克德所描述的精神病态患者。边缘型、表演型、自恋型以及成人和儿童反社会型人格障碍的特征在 P 型和 S 型中的表现均十分突出。C 型精神病态者则表现为高比率的性犯罪、高智商、IPDE 测量的轻度人格病理学问题。在所有四种类型中，这也是最接近于克莱克利定义的精神病态。这些研究发现意味着，既然 PCL 测量出的精神病态者如此多样，那么 PCL 的高得分可以告诉我们更多关于个体的信息。帕特里克提出的精神病态三元表型结构中，妄为性、卑劣性和去抑制性的不同排列方式，可以为精神病态亚型的区分提供有用信息。比如，C 型可能表现为较高水平的妄为性和较低程度的卑劣性、去抑制性；S 型和 P 型中去抑制性可能占主导地位，并伴有不同程度的卑劣性。

重要提醒

在本节的最后，也许是时候适当地提醒读者，不要假定所有实施暴力行为的人都存在人格障碍，人格障碍患者也并非都是暴力的。霍华德、哈里发和达根（2014）的研究发现，精神分裂的特质和许多人格障碍罪犯的暴力行为呈负相关。另一项新近研究也发现，美国青少年在押罪犯的人格障碍的患病率非常高（92%）。但是与非人格障碍患者相比，存在精神分裂人格障碍的罪犯并没有表现出更多的攻击性、愤怒、不良行为或者缺乏控制（Kaszynski et al.，2013）。坎普等人（2013）的研究结果提醒我们，不要单纯地认为精神病态者是受物质利益驱动而产生掠夺性暴力行为。至少在部分个案中，他们的暴力行为似乎源于寻求刺激（Howard，2009）。人格障碍与暴力之间关系的强度和本质远远不够清晰，只有通过进一步纵向研究来寻求明确答案。

284

建立人格障碍和暴力行为机制模型

下面结合临床案例（来自奎恩的案例 4，1998），对人格障碍激发暴力行为的作用模型进行阐述[2]。一名自恋型人格障碍患者，在与前女友的电话交谈过程中变得越来越愤怒和嫉妒，他坚持认为自己的一些个人物品，包括套头毛衫等，可以留给她的新男友使用。前女友的母亲打断他们的谈话，告诉她那件套头毛衫对女儿的新男友来说太小了。自恋型患者认为这是对他体魄的贬低，激起了他的愤怒，并导致其暴力杀害这位新男友。他乘公共汽车前往前女友家，并在中途购买了屠刀作为谋杀工具，最终实施了暴力行为。前女友母亲的评论作为一种诱发因素，触及自恋这一易感因素，从而促成或者加速了暴力行为的产生。可以认为，该暴力行为是由报复心理驱动的，是为了除掉使其自尊心受到巨大威胁的目标。这也是霍华德（2009）所描述的那种伴随着沉默的愤怒的"厌恶控制"型暴力。

作用模型如图 17.1 所示。大脑对诱发因素和易感因素的影响进行调节，产生认知（如关于复仇的沉默思考）、情感或躯体反应（如战斗或逃跑反应、同情的自主性觉醒）和行动（包括谋杀行动中的所有活动）。由于谋杀的计划和实施之间存在相当大的延迟，因此需要从行动中细分出一个筹备阶段，该阶段包括为了使行动顺利实施所做的准备——步行到公共车站、购买汽车票、搭乘公共汽车、中途买刀、对目标进行定位等，最后才是行动的完美实施。情境因素也能影响最终结果。可以想见，如果通话发生在晚上，公共汽车可能

285

已经停运，商店可能已经关门等等，从而导致暴力行为被延迟甚至终止。

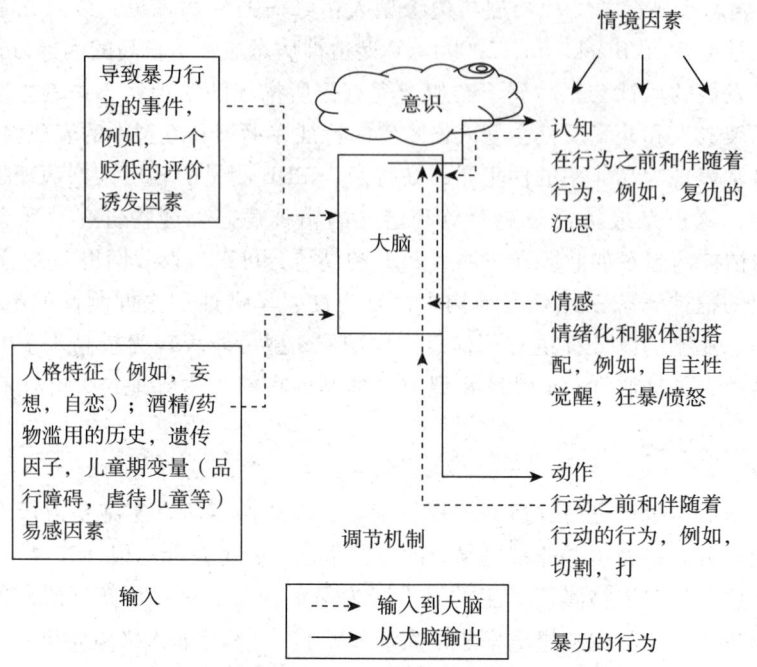

图 17.1　人格障碍如何导致暴力的原理模型

如图 17.1 所示，来自认知、情感和行动的反馈（有时也称为"再内导"），只有认知反馈能够直接进入意识通道，情感和行动的反馈需要通过大脑的认知处理再进入意识。这样，我们对自己的行动有协调一致的认识，能够对自己的想法、情感和行为进行自我监控并产生影响。在人格障碍患者身上，这种自我监控被认为存在缺陷，特别在精神病态患者那里表现为"洞察力缺失"（Cleckley，1941）。克莱克利注意到精神病态患者"完全没有能力从外人的角度看待自己"，"完全不能进行真实和生动的自我评价"。利沃斯利（2007a）也谈到了人格障碍患者进行自我观察和评估的能力缺失。这种对来自认知、情感和行动的反馈进行调控的缺陷似乎有其神经生理基础，有证据显示行为冲动个体（行为外化）的脑电波存在异常，产生行为异常时才会出现的错误相关负电位（error-related negativity，ERN）（Hall，Bernat & Patrick，2007）。这种脑波产生在前扣带皮质上（Dehaene，Posner & Tucker，1994）。一项研究采用 go/no go 实验范式，以反应时为因变量，发现精神病态人格障碍罪犯（PCL 上的高得分者）对带有消极反馈信息的信号的回应存在神经元缺陷（反应得太慢）（Varlamov，Khalifa，Liddle，Duggan & Howard，2010）。类似的脑机制会对认知和情感的输出时产生的偏差进行判断，并及时纠正。一个"疯狂"的想法或不恰当的情感反应产生时，如嫉妒和愤怒，会通过这种自我监控机制被纠正。

功能失调的人格特质，连同其他各种的易感因素结合在一起，形成了对特定诱发事件做出反应的神经系统，导致暴力行为的产生。一旦激发暴力行为（包括筹备阶段），人格障碍个体就无法对大脑输出的行动、认知和情感输出（实线箭头）进行恰当的反馈（虚线箭头）。可以认为，他们的大脑没能记录"错误"，而对"错误"的记录能够抑制或终止暴力行为。

这个作用模型表面上看起来是静态的，但实际上是高度动态变化的。唯一静态的是易感因素，它是对输入信息（触发因素和来自输出的反馈，如图 17.1 中的虚线所示）进行检测和回应的指示器。前面的案例中，前女友母亲的"贬损性评论"作为初始触发条件，之后是一系列触发条件的运转。比如，到达前女友的家门口按下门铃后，新男友的出现作为最后的触发因素使得暴力谋杀得以实施。然而，未能监控到对认知、情感和行动的反馈，这对于致命的结果来说无疑是最关键的。通常，这些输出信息会通过反馈来评价和记录错误，中断或抑制不当行为。但是人格障碍个体的神经机制未能察觉这些错误的信息，因此不良的想法、情感和行为没有被抑制。

冲动性和强迫性特质无疑在这里扮演了关键的角色。当个体具有冲动性认知（对行为缺乏预见性）、冲动性情感（情绪冲动控制不良）以及冲动性行为（行动鲁莽草率）时，他们在检测错误信息方面更容易失败。总之，冲动型个体的大脑缺乏从认知、行动和情感反馈中检测错误信息的能力。那些情绪易冲动的人大都存在暴力犯罪历史，他们的犯罪行为主要由负面情绪状态（例如愤怒和厌烦）引起，他们身上显示出边缘型和反社会型的共生特质（Howard et al.，2008）。在不恰当情感反应比如极端的感觉寻求或反应性攻击出现时（威胁的诱导），他们在错误信息检测方面的缺陷最容易得到表现。另一个极端是具有强迫症特质的人，他们的行为与犯罪史和暴力犯罪呈负相关（Howard et al.，2008），与存在反社会型失控特征的人格障碍维度呈负相关（Fossati et al.，2007）。这类人可能对这些错误信息的检测太敏感（错误检测的阈值设置得太低），所以任何行动的执行都显示错误的信息。发现错误信息，大脑"指示"重新行动，并再次制造错误消息，产生强迫性重复动作。

在图 17.1 所示的模型中，由人格障碍患者所表现出的对于信息检测缺陷的另一种解释是，当行动或情感发生错误时，虽然产生了错误信号但强度不够，因此无法连接认知处理流，因此，情感和运动不匹配而信号不能被认知处理，也未能获得进入到意识中的机会——这是一种"分离综合征"。大脑的认知控制系统发育不完善，会导致情感和认知系统之间"串话干扰"的失败（Albert & Steinberg，2011）。利维斯勒进行的人格障碍患者记录将这种认知和情感的分离描述为"未能建立一个能够连接认知和情感，整合不同自我体验的协调的自我结构"，这也导致他们无法"认识引发各种问题行为（比如蓄意自残或人际间的暴力）的情景和经验因素"（Livesley，2007b）。

当前的问题

当前主要问题在于如何鉴定和干预那些有较高伤人及自伤风险的人格障碍患者。20 世纪 90 年代，英国政府发起了危险和严重人格障碍（Dangerous and Severe Personality Disorder, DSPD）项目，对危险性较高的严重人格障碍患者进行评估和治疗，这些人被认为是在功能上，他们的人格障碍与危险相联系（Duggan & Howard，2009）。项目开展以来，有成功的案例，但是也有不少失败的案例（Duggan，2011）。现在英国政府已经逐步放弃了 DSPD 项目，转而去支持一项把焦点放在具有高伤害性的人格障碍罪犯身上的倡议（Joseph & Bene-field，2012）。有人可能会认为，新的项目只是给 DSPD 项目换了一个标签，只是把关注群体从被关押的需高度戒备的精神病院病人转移到了高风险在押罪犯。霍华德和米柯木兰（2012）指出许多问题仍有待解决：对于这些高危对象而言，人格障碍究竟仅仅是相关因素，还是风险因素或者偶然风险因素？是什么使得人格障碍患者呈现更高的暴力行为可能性？后一个问题也许也是最迫切需要回答的。近期的研究把答案指向了人生发展轨迹，早期

286

社会心理的被剥夺导致这些高危对象的童年期行为混乱失范，更严重的是，可能（会对他们）造成冷酷无情的人格特质及早期的药物滥用。药物滥用对青少年大脑发育产生严重副作用，进一步促使多种与成年期反社会型失控有关特征的产生。

注释

[1] 随着英国议会对精神卫生条例的修订，"精神病态障碍"和"精神疾病"之间的区别被废除，这两者被统称为"精神障碍"，并被定义为"心理或精神方面的任何障碍或缺陷"。

287

[2] 应注意区分由预期的目标或结果定义的行为和导致现实结果的行为。

扩展阅读

1. Howard, R. C., & McMurran, M. (2013), "Alcohol and violence in developmental perspective", In McMurran, M. (Ed.), *Alcohol-related violence: Prevention and treatment* (pp. 81 – 102), Chichester: Wiley-Blackwell.

这篇文章更为详细地阐释了本章中提出的问题和争论。从发展的角度解释了四型暴力结构。描述了从婴儿期持续到青少年到成年的发展轨迹，解释了发育中的风险因素对成人酒精有关的暴力行为增加的可能性。风险性因子和保护性因子，包括个人特征、家庭功能、学校联结和学业成就、同辈联系、休闲爱好和就业，都跨越时间在广泛的层面上发挥作用。高风险个体与其所处的社会环境之间也存在交互影响，可能导致问题行为的加重或减轻。在探讨酒精与暴力的关系时，作者收集了童年期、青春期和成年早期的资料，分别从自我认知、人际关系和社会支配三个方面对资料进行分析。

2. Coid, J. (1998), "Axis II disorders and motivation for serious criminal behaviour", In Skodol, A. E. (Ed.), "Psychopathology and violent crime" (pp. 53 – 97), *Review of psychiatry*, Vol. 17, Washington, DC: American Psychiatric Association.

该文章系统地探讨了人格障碍和暴力犯罪之间的关系，并对人格障碍罪犯实施犯罪行为的背后动机进行分析，并尝试对这些动机进行分类。研究样本是 3 个重刑犯监狱医院中的男性和女性精神病患者，以及 3 个高安全级别监狱中的高危男性罪犯，总共有 243 个样本。对所有样本进行了详细的精神病学评估和人格障碍的诊断，并使用 PCL 测量他们的精神病态水平。该文章结合生动的案例对理论进行解释，包括本章引用的案例四：自恋型罪犯。但是文中的相关性研究不足，以致无法推论出人格障碍和暴力犯罪之间的关系。

参考文献

Albert, D., & Steinberg, L. (2011), "Peer influences on adolescent risk behaviour", In M. T. Bardo, R. Milich, and D. H. Fishbein (Eds.), *Inhibitory control and drug abuse prevention* (pp. 211 –226), New York: Springer.

Bjørnebekk, G., & Howard, R. C. (2012a), "Validation of a motivation-based typology of angry aggression antisocial youth in Norway", *Behavioral Sciences and the Law*, 30, 167 –180.

Bjørnebekk, G., & Howard, R. C. (2012b), "Sub-types of angry aggression, frequency of anti-social acts, and teachers perceptions of social competence, emotional and behavioural problems", *Personality & Individual Differences*, 53 (3), 312 – 316. doi: 10. 1016/j. paid. 2012. 03. 033.

Blackburn, R. (2000), "Classification and assessment of personality disorders in mentally disordered offenders: A psychological perspective", *Criminal Behaviour and Mental Health*, 10, S8 – S32.

Blackburn, R. (2007), "Personality disorder and antisocial deviance: Comments on the debate on the structure of the Psychopathy Checklist-Revised", *Journal of Personality Disorders*, 21, 142 – 159.

Blackburn, R. (2009), "Subtypes of psychopath", In M. McMurran & R. Howard (Eds.), *Personality, personality disorder and violence* (pp. 113 – 132), Chichester: John Wiley & Sons.

Camp, J. P., Skeem, J. L., Barchard, K., Lilienfeld, S. O., & Poythress, N. G. (2013), "Psychopathic predators? Getting specific about the relation between psychopathy and violence", *Journal of Consulting and Clinical Psychology*, 81 (3), 467 – 480.

Cleckley, H. (1941), *The mask of sanity*, Oxford: Mosby.

Cleckley, H. (1988), *The mask of sanity* (5th edn), St. Louis, MO: Mosby. Retrieved 14 September 2009 from http://www. cassiopaea. org/cass/sanity_1. PdF.

Coid, J. (1992), "DSM-Ⅲ diagnosis in criminal psychopaths: A way forward", *Criminal Behaviour and Mental Health*, 2, 78 – 94.

Coid, J. (1998), "Axis Ⅱ disorders and motivation for serious criminal behaviour", In A. E. Skodol (Ed.), "Psychopathology and violent crime", *Review of Psychiatry*, Vol. 17. Washington, DC: American Psychiatric Association.

Coid, J., Kahtan, N., Gault, S., & Jarman, B. (1999), "Patients with personality disorder admitted to secure forensic psychiatry services", *British Journal of Psychiatry*, 175, 528 – 536.

Coid, J., Yang, M., Tyrer, P., Roberts, A., & Ullrich, S. (2006), "Prevalence and correlates of personality disorder in Great Britain", *British Journal of Psychiatry*, 188, 423 – 431.

Coid, J., Yang, M., Ullrich, S., Zhang, T., & Roberts, A. (2008), "Predicting and understanding risk of re-offending: The Prisoner Cohort Study", Final report. London: Home Office/Department of Health.

DeBrito, S. A., & Hodgins, S. (2009), "Antisocial personality disorder", In M. McMurran & R. Howard (Eds.), *Personality, personality disorder and violence*, Chichester: John Wiley & Sons.

Dehaene, S., Posner, M. I., & Tucker, D. M. (1994), "Localization of a neural system for error detection and compensation", *Psychological Science*, 5, 303 – 305.

Duggan, C. (2011), "Dangerous and severe personality disorder", *British Journal of Psychiatry*, 198 (6), 431 – 433.

Duggan, C., & Howard, R. C. (2009), "The 'functional link' between personality disorder and violence: A critical appraisal", In M. McMurran & R. Howard (Eds.), *Personality, per-*

sonality disorder and violence (pp. 19 – 37), Chichester: John Wiley & Sons.

Fazel, S., & Danesh, J. (2002), "Serious mental disorder in 23 000 prisoners: A systematic review of 62 surveys", *The Lancet*, 359, 545 – 550.

Fossati, A., Barratt, E. S., Borroni, S., Villa, D., Grazioli, F., & Maffei, C. (2007), "Impulsivity, aggressiveness, and DSM-IV personality disorders", *Psychiatry Research*, 149, 157 – 167.

Freestone, M., Howard, R. C., Coid, J., & Ullrich, S. (2012), "Adult antisocial syndrome co-morbid with borderline personality disorder is associated with severe conduct disorder, substance dependence and violent antisociality", *Personality and Mental Health*, 7 (1), 11 – 21.

Hall, J. R., Bernat, E. M., & Patrick, C. J. (2007), "Externalizing psychopathology and the error-related negativity", *Psychological Science*, 18, 326 – 333.

Hare, R. D. (1980), "A research scale for the assessment of psychopathy in criminal populations", *Personality and Individual Differences*, 1, 111 – 119.

Hare, R. D. (2003), "The Hare Psychopathy Checklist-Revised (2nd edn)", Toronto: Multi-Health Systems.

Howard, R. C. (1986), "Psychopathy: A psychobiological perspective", *Personality and Individual Differences*, 7 (6), 795 – 806.

Howard, R. C. (2009), "The neurobiology of affective dyscontrol: Implications for understanding 'dangerous and severe personality disorder'", In M. McMurran & R. Howard (Eds.), *Personality, personality disorder and violence*, Chichester: John Wiley & Sons.

Howard, R. C. (2011), "The quest for excitement: A missing link between personality disorder and violence?", *Journal of Forensic Psychology and Psychiatry*, 22 (5), 692 – 705.

Howard, R. C., Finn, P. R., Gallagher, J., & Jose, P. E. (2012), "Adolescent-onset alcohol abuse exacerbates the influence of childhood conduct disorder on late adolescent and early adult antisocial behaviour", *Journal of Forensic Psychiatry & Psychology*, 23, 7 – 22.

Howard, R. C., Huband, N., Duggan, C., & Mannion, A. (2008), "Exploring the link between personality disorder and criminality in a community sample", *Journal of Personality Disorders*, 22 (6), 589 – 603.

Howard, R., Khalifa, N., & Duggan, C. (2014), "Antisocial personality disorder co-morbid with borderline pathology and psychopathy is associated with severe violence in a forensic sample", *Journal of Forensic Psychiatry and Psychology*, 25 (6), 658 – 672.

Howard, R., McCarthy, L., Huband, N., & Duggan, C. (2013), "Re-offending in forensic patients released from secure care: The role of antisocial/borderline co-morbidity, substance dependence, and severe childhood conduct disorder", *Criminal Behaviour and Mental Health*, Epub ahead of print edition, Jan 31, 2013. doi: 10. 1002/cbm. 1852.

Howard, R. C., & McMurran, M. (2012), "Editorial: Whither research on 'high harm' offenders with personality disorders?", *Criminal Behaviour and Mental Health*, 22, 157 – 164.

Howard, R. C., & McMurran, M. (2013), "Alcohol and violence in developmental perspective", In M. McMurran (Ed.), *Alcohol-related violence: Prevention and treatment* (pp. 81 –

102），Chichester：Wiley-Blackwell.

Joseph, N. , & Benefield, N. （2012）, "A joint offender personality disorder pathway strategy: An outline summary", *Criminal Behaviour and Mental Health*, 22 （3）: 210 – 217.

Kaszynski, K. , Kallis, D. L. , Karnik, N. , Soller, M. , Hunter, S. , Haapanen, R. , Blair, J. , & Steiner, H. （2013）, "Incarcerated youth with personality disorders: Prevalence, comorbidity and convergent validity", *Personality and Mental Health*, published online in Wiley Online Library （wileyonlinelibrary. com）, doi 10. 1002/pmh. 1241.

Kennealy, P. J. , Skeem, J. L. , Walters, G. D. , & Camp, J. （2010）, "Do core interpersonal and affective traits of PCL-R psychopathy interact with antisocial behavior and disinhibition to predict violence?", *Psychological Assessment*, 22, 569 – 580.

Khalifa, N. , Duggan, C. , Howard, R. , & Lumsden, J. （2012）, "The relationship between child-hood conduct disorder and adult antisocial behavior is partially mediated by early-onset alcohol abuse", *Personality Disorders: Theory, Research, and Treatment*, 3 （4）, 423 – 432.

Leistico, A. -M. , Salekin, R. T. , DeCosta, J. , & Rogers, R. （2008）, "A large-scale meta-analysis relating the Hare measure of psychopathy to antisocial conduct", *Law and Human Behavior*, 32, 28 – 45.

Lilienfeld, S. O. , & Andrews, B. P. （1996）, "Development and preliminary validation of a self-report measure of psychopathic personality traits in noncriminal populations", *Journal of Personality Assessment*, 66, 488 – 524.

Livesley, W. J. （2007a）, "A framework for integrating dimensional and categorical classifications of personality disorder", *Journal of Personality Disorders*, 21, 199 – 224.

Livesley, W. J. （2007b）, "The relevance of an integrated approach to the treatment of personality disordered offenders", *Psychology, Crime and Law*, 13, 27 – 46.

McMurran, M. , & Howard, R. C. （2009）, *Personality, personality disorder and violence*, Chichester: John Wiley & Sons.

Mullen, P. E. （1992）, "Psychopathy: A developmental disorder of ethical action", *Criminal Behaviour and Mental Health*, 2, 234 – 244.

Mullen, P. E. （2007）, "On building arguments on shifting sands", *Philosophy, Psychiatry and Psychology*, 14, 143 – 147.

Newhill, C. E. , Eack, S. M. , & Mulvey, E. P. （2012）, "A growth curve analysis of e-motion dysregulation as a mediator for violence in individuals with and without borderline personality disorder", *Journal of Personality Disorders*, 26, 452 – 467.

Patrick, C. J. （2010）, "Triarchic personality measure （TriPM）", Unpublished manuscript. Down-loadable from: https://www. phenxtoolkit. org/toolkit_content/supplemental_info/psychiatric/measures/Triarchic_Psychopathy_Measure_Manual. pdf （accessed 11 January 2015）.

Patrick, C. J. , Drislane, L. E. , & Strickland, C. （2012）, "Conceptualizing psychopathy in tricharcic terms: Implications for treatment", *International Journal of Forensic Mental Health*, 11, 253 – 266.

Patrick, C. J., Fowles, D., & Krueger, R. (2009), "Triarchic conceptualization of psychopathy: Developmental origins of disinhibition, boldness and meanness", *Development and Psychopathology*, 21, 913 – 938.

Putkonen, A., Kotilainen, I., Joyal, C. C., & Tühonen, J. (2004), "Comorbid personality disorders and substance use disorders of mentally ill homicide offenders: A structured clinical study on dual and triple diagnoses", *Schizophrenia Bulletin*, 30, 59 – 72.

Skeem, J. L., Polaschek, D. L. L., Patrick, C. J., & Lilienfeld, S. O. (2011), "Psychopathic Personality: Bridging the gap between scientific evidence and public policy", *Psychological Science in the Public Interest*, 12 (3), 95 – 162.

Stanley, J. H., Wygant, D. B., & Sellbom, M. (2013), "Elaborating on the construct validity of the triarchic psychopathy measure in a criminal offender sample", *Journal of Personality Assessment*, 95 (4), 343 – 350.

Varlamov, A., Khalifa, N., Liddle, P., Duggan, C., & Howard, R. C. (2010), "Cortical correlates of impaired self-regulation in personality disordered patients with traits of psychopathy", *Journal of Personality Disorders*, 25 (1), 74 – 87.

Walters, G. D. (2003), "Predicting institutional adjustment and recidivism with Psychopathy Checklist factor scores: A meta-analysis", *Law and Human Behavior*, 27, 541 – 558.

Walters, G. D., Knight, R. A., Grann, M., & Dahle, K. -P. (2008), "Incremental validity of the Psychopathy Checklist facet scores: Predicting release outcome in six samples", *Journal of Abnormal Psychology*, 117, 396 – 405.

Yang, M., Wong, S. C. P., & Coid, J. (2010), "The efficacy of violence prediction: A meta-analytic comparison of nine risk assessment tools", *Psychological Bulletin*, 136, 740 – 767.

第十八章　超越"障碍"：心理健康与幸福感模型

彼得·金德曼（Peter Kinderman）

长久以来，大多数的心理健康护理都是基于一种错误的思潮。我们必须摆脱"疾病模型"，该模型假定情绪上的痛苦只不过是生理疾病的一个症状。相反，要接受通过心理和社会的方法来实现心理健康、获得幸福感。

从生理健康护理中获得引导，心理健康护理体系将准医学的"诊断"应用于情绪、行为和心理问题。不幸的是，一旦诊断出心理疾病，人们的生活经验和他们对自身疾病成因的看法却被视为无关紧要。然后，所谓的"治疗"就是开处方。另外，如果没有诊断出疾病，就得不到帮助。结果就是，那些受严重情绪问题困扰的人，只能忍受疾病。

这些"疾病模型"威胁着我们的移情能力。因为行为被视为荒谬的，并且被看作是"疾病"的产物，我们停止去理解人们为什么有这样的感觉或行为。当人们经历巨大的痛苦并且感受到其心智乃至生活受到威胁时，他们比以往任何时候都需要同情和怜悯。

放弃"障碍"用法

心理健康与幸福感的"疾病模型"有一个主要问题，即痛苦的"治疗"过程非常依赖诊断。精神疾病的诊断基于一种理念：认识情绪问题，可以采用同生理疾病一样的方式。因此，我们无法探寻人们的"障碍"反应和经验的意义。这也意味着，人们被认为需要"专家"的帮助，他们自己的能力和资源是不够的。或许情况更糟，诊断被作为问题行为的虚假解释。举例而言，"这个人听到某种声音，是因为他患有精神分裂症"。这其中的大多数人，可能没有发现自己的痛苦。但是对比其他人，他们是痛苦的。其中有一些人可能会向心理健康服务寻求帮助，并且接受诊断。在疾病模型方法中，声音（"幻觉"）被视为"精神分裂症"的症状。也就是说，假设有一种"精神疾病"叫做"精神分裂症"，并且出现幻觉是这种疾病常见的一个"症状"。但是，幻觉同时也是精神分裂症造成的——"为什么那个人出现幻觉？"，"因为她有精神分裂症"，"我们是怎么知道她有精神分裂症的？"，"因为她有出现幻觉的经历"。这是一个循环论证。人们很容易忘记，很多人能听到类似的声音但并不会因此感到心烦，这一事实在某种程度上破坏了一个简单的疾病模型理念。

除了循环论证外，诊断还无法从更广泛的意义了解个体的生活经历。诊断很少去考虑个体是否遭受过重大的损失，是否被迫害过或被虐待过，或是否经历过任何其他的环境压力。然而，有两种例外情况，诊断内容包括上述信息：一种是"创伤后应激障碍"，被诊断为此病的个体必定经历过非常紧张（创伤性，有潜在可能改变生活）的事件。另一种是"适应障碍"，可被生动地解释为"一些不好的事情发生了，你不堪其扰"。

291

许多同事（心理咨询师和精神科医生）经常认为诊断非常有用，因为在巨大痛苦的

"真正"问题与日常生活中的正常起伏之间存在非常显著的差异。这是千真万确的。我们都会偶尔被情绪困扰，但很少有人会被这些困扰所重创。当我们生活中的事情出现问题时——当一段关系结束、在工作中犯了错误，或者有人接近我们让我们感到不适——我们（所有人）有时会感到低落、没有动力、睡眠出现问题等。我们会经历一些所谓抑郁的症症状。当然，这并不是说，这种情况与那些常年受抑郁症所扰、曾经自伤自残、依赖药物治疗，并且正在考虑自杀的严重抑郁症患者具有一样严重（或同样）的问题。但是我要说的是，经历和情感位于同一个连续体上，许多重要的事、威胁生活的事也是连续的。尤其是在当今时代，我们很多人都体重超标。一些人可以减掉几公斤加以应对，但是另一些人却有严重的危险。这些问题是统一的，并且只是意味着连续体一端的经验在本质上不同于另一端，并不意味着连续体是无效的。极端贫穷和极端富裕彼此十分不同，但很明显，财富是一个持续的问题。

信度

对科学家来说，诊断系统最重要的就是测试信度。一个可信的诊断系统能确保，两个人在同一特定情境下，使用同一种诊断达成一致的结果。即使会随着时间改变，但同一个可信的诊断系统会得出同样的结果与诊断，如果重复评估将再一次得出同样的结果。首先开发诊断手册（精神疾病诊断与统计手册和国际疾病分类手册，DSM 和 ICD）并且修订诊断手册的原因之一就是为了确保信度。几年前，研究表明，不同国家的临床医生（特别是美国和英国的研究人员）在面对相同问题时倾向于做出不同的诊断（World Health Organization，1973）。那么，什么能够影响医生得出诊断结果？比如在一个国家被诊断出"精神分裂症"，而在另一个国家咨询临床医生可能被诊断为"双相型躁郁症"。为什么会发生这样的情况呢？很显然，其中可能包括很多原因（报告问题的人行为表现不同、语言表达不同，做出诊断的人采用了不同的访谈方式、环境不同等），但一个核心问题是，不同的国家往往有不同的诊断系统——对结合症状有不同的规则，并且对被诊断出的"障碍"有不同的命名体系。为了解决这类问题，相关机构专门起草了 DSM 以及 ICD 诊断系统；国家之间通过标准的国际协议来解决信度问题，并且依据条例，将"症状"计入诊断之中。

另一种提高信度的方法是：制定标准化的访谈。在这些访谈中，个体围绕生活经历进行回答的问题，很少会偏离准备好的访谈提纲。因此，虽然有时访谈会有点夸张，但提高了信度，这也是访谈常被用于研究的原因。然而，这与常规临床操作非常不同。实际上，临床医生很少使用这样的标准化访谈。无论如何，精神疾病诊断的主要内容通常是主观行为、思维和情感的报告。而这些（报告）从来没有得到证实、验证（顺便说一句，这就是为什么司法精神病医生和心理学家的报告倾向于非常频繁地使用短语"她报告"——我们不能声称"知道她在想什么"；我们所有可以说的只是"她说她想到"）。所以，当需要做出这类型判断时，必须询问个人经历，通常这涉及一些判断是否"引起临床上相当大的痛苦或对社会、职业或其他重要领域的功能造成损害"的问题。

在此，需要注意三点：首先，尽管这些诊断手册大大提高了精神疾病诊断的信度，但信度仍然较低。事实上，信度似乎随着每个 DSM 的新版本而变差（Carney，2013）。其次，精神疾病诊断的支持者有时也指出，在生理健康的领域中有些诊断的信度也很低。举例而言，将专家判断和尸检结果进行比较时可以发现，病理学家弄错死亡原因的概率可能高达30%，甚至，对诸如"扁桃体炎"等疾病的诊断信度也可能比对"精神分裂症"的低。但是二者有一个重要差别：在生理健康领域，尸体检验和实验室测验可以证实或驳斥临床印象；但在心理健康领域，则没有这样的实验室测验。实际上，即使存在这样的测验，在很大程度上可能也是没有意义的，因为心理健康问题本质上是心理体验问题，而非生物学问题。假如你将要经历重大问题，一个否定的测试结果仍然会将问题留给你，问题依旧没有得到解决。一个肯定的测试结果只会告诉你"你已经知道问题了"，虽然它可能提供虚假的科学证实（Noll，2006）。这就引出了第三个问题：即使精神病诊断是可信的，这也还不够，诊断也需要"有效的"——即要有意义，并且体现出"真正的问题"。

效度

很有可能存在这样的情况：一个诊断是完全可信的，但仍然不是有效的。举例而言，想象假定一个障碍叫做"Kinderman 综合征"，如果有人存在以下所有的"症状"，则会被诊断为"Kinderman 综合征"：稀疏的棕色的头发、英格兰东南部口音、招风耳。这个诊断的信度可能非常高。尽管有些访谈者（尤其如果不是英国本地人）可能在判断英国东南部口音时很困难，并且有些人可能不清楚对"稀疏"的头发定义。然而，一个严谨的科学研究应该建立在任何被挑选出来合适的专家组和被培训过的临床医生都能够最少有75%的时候得出一致结论的基础之上。所以，必须制定、修订细致的标准——谨慎地定义"招风耳"，甚至精确定义"棕色"的色度。因此，需要一些改进定义的工作，并且可能要对诊断专家进行培训，以此获得很高的信度。

然而，这样的诊断是有效的吗？从真正意义上讲，能否仅仅定义一种综合征、一种障碍或一种精神疾病，就说它们确实存在？当然不能。或许很多专家都会欣然接受"Kinderman 综合征"这个概念（尽管他们可能无法采用确凿的描述）。但不会仅仅因为可以命名，就接受"心理疾病"的存在。我们不能接受，仅凭信度就使一种"障碍"成为有效的概念。

这不仅是一个理论论证。在精神疾病诊断手册的早期版本中，"同性恋"被列为精神疾病。第二次世界大战中，电码译员阿兰·图林因猥亵罪被起诉，随后自杀身亡——他已经是自己情人的盗窃行为的受害者，当他报警以后，他的性取向被宣告是违法以及病态的。当被迫用女性性激素进行阉割，图林咬了一口涂满氰化物的苹果，以此方式结束了自己的生命。如果同性恋仍然属于"心理疾病"，我们将会看到频繁发表的文章，探索"障碍"的基因基础、生物化学原理和神经递质状况，以及药物治疗的随机对照组试验。为此，偶尔也能看到尝试以宗教为动机的治疗师。但通常情况下，我们会祝贺那些有随心所欲选择自己的生活和表达自己性取向的权利的人。由此可见，生命超越了诊断范式。

"对立违抗性障碍"……是真的吗？

很多不熟悉精神疾病诊断做法的人，得知 DSM－5 包括对"对立违抗性障碍"的诊断时非常惊讶。该诊断适用于儿童，用"消极的、敌意的，以及挑衅的行为持续最少六个月"来定义。具体的诊断标准包括：公然反抗或拒绝遵守成人的要求或规则，故意使人愤怒，将他或她自己的错误或不良行为归咎于他人，并且怀有愤怒和怨恨。在 DSM－5 中，这些被划分为三种类型：愤怒/暴躁的情绪、好争辩/挑战的行为、报复心。

有时，孩子们可能会痛苦、不愉快；有时，孩子们也会完全不回应他们的父母，甚至包括其他权威人士。这并不是说这些问题不存在或者不重要。只是，并非他们真的患有

292

"疾病"。儿童和青年人可以是消极的、敌对的，可以主动拒绝遵守成人的要求或规则。不得不说，通常这些问题的迹象表明，儿童经历过一些严重的伤害。但是，无论如何，这些痛苦的问题在现实中不能被轻视。这类难题会给孩子及其父母带来糟糕的结果。但从临床上认定孩子存在"障碍"，并非是明智的、有用的或科学恰当的。不考虑其他因素，仅这种标签就会使人们认为这些问题根本不是正常个体的问题，而是"精神疾病"的症状。我们可以不喜欢孩子公然反抗或拒绝遵守成人的要求，但也并不能因此就说这些孩子患有精神病。

关于"精神疾病"，另外一个相关内容是"人格障碍"问题。人格障碍，被定义为"长期的不良行为模式造成应对压力，或采用不成熟或不适宜的方法解决问题"。如何将一个人的整体特征用一种"障碍"概括，这虽有趣，但也令人恐怖。人格障碍的例子包括：反社会型人格障碍、偏执型人格障碍、自恋型人格障碍、精神分裂型人格障碍等。反社会型人格障碍在精神障碍诊断的有效范围内是非常有趣的，因为它循环阐明了一些古怪的思想。比如，人们做坏事是因为他们患有"反社会型人格障碍"？还是说，因为他们做了坏事，所以才被贴上"反社会型人格障碍"的标签？

"人格障碍"很有趣的部分原因是：诊断手册似乎没有完全确定究竟有多少种"障碍"——DSM-5 与 ICD-10 存在不一致。对于是否彻底从诊断手册中删除"人格障碍"（用"人格特质"加以取代），产生了许多讨论和争辩。专家委员们商议后决定，现实中存在严重影响的留下，潜在的那样被删掉，所以许多人格障碍类型转瞬即逝。但是，除了它们的古怪、循环以及自诩的有效性，"人格障碍"的诊断还是具有很大意义的。英国政府把罪犯管理计划联结成一个整体概念——"危险和严重人格障碍计划"，旨在帮助管理非常危险的罪犯。

从专业的角度，我们需要对所有的心理健康诊断提出质疑。正如我与同事在最近一篇论文中提到的——我们应该"减少在语言中使用'障碍'"（Kinderman，Read，Moncrieff & Bentall，2013）。

超越"变态"概念

正常情绪和"精神疾病"之间存在典型区别，这一看法非常普遍。人们用"临床抑郁症"来区别"普通抑郁症"。一个在大众科学领域具有影响力的记者，最近在谴责人们如何无法区分抑郁的日常情绪和真正的"抑郁症患者"的症状。心理健康的疾病模型往往加强这一观点，存在"抑郁症"……等类型问题的个体，其情感和经验会在性质上区别与"常态"的情感和经验。这让我们面临一个真正的比较。传统精神病学、心理健康的"疾病模型"和诊断方法都是概念化的，或至少提供了一个构想："精神疾病"和常态存在本质的区别，并且是可以分割的。研究发现了一些非常不同的观点："常态"和"非常态"的情感、经验或行为之间并没有分界线。

很多人，尤其是临床心理学家，曾认为这些所谓的精神疾病"症状"其实和正常情况处于同一个连续体。有时经验和情感出现了问题，但这与任何其他情况一样：如果过于极端，那么任何人的经验或倾向都会出现问题。这种观点既不是新出现的，也不是不寻常的。在赫尔曼·麦尔维尔的小说《水手比利·巴德》中，作者叙述了情绪困扰的分类方法，其不足之处如下：

谁可以画出以紫色调结束和以橙色调开始的彩虹？我们可以清楚地看到颜色的差异，但是第一个混合进入其他颜色的确切位置是在哪里？精神正常和错乱也是这样（界限不清）。在很明显的情况下，区分两者不成问题。但是在某些不确定的情境中，如有不同程度上的情况模糊、不明确时，很少人愿意承担划定一条清晰界线的工作，尽管有一些专家为了报酬愿意做。做这些工作并不能出名，一些人承担这些工作只能得到金钱上的收获。[1]

1854 年《时代周刊》的一篇社论同样雄辩地表达了如下观点：

> 没有比理智和疯狂之间的界限更轻微的定义了。医生和律师用尝试定义"不可能被定义的情况"来困扰自己。在这个问题上，至今世界上还没人提出任何用方程式形式表达的、能在任何一个普通逻辑学家的检验下撑过五分钟的规律/准则。定义得太狭隘，它变得毫无意义；定义得太广泛，则整个人类都会被纳入其中。严格来说，每当我们屈服于激情、偏见、恶习、虚荣时，我们都会变成疯子；但如果所有激情的、偏见的、邪恶的，以及虚荣的人都要被当做疯子一样关起来时，谁还能手持避难所的钥匙呢？[2]

笔者同意以上的这种看法：不能在理智和疯狂之间画一条清晰的分界线。笔者知道为什么有这样一条分界线的说法很受欢迎：这样的说法让我们安心，心理健康问题是不连续的、可诊断的实体，那些和我们不一样的人才会经历。但是事实上，所有的这些感受都在同一个连续体上。

这个连续体最容易通过思考常见的体验（如焦虑）来理解。我们所有人都会在生命的某个阶段经历焦虑。大多数人普遍感到焦虑，只是程度较轻。只有少数人会经历极端的焦虑，比如：一系列的恐慌、严重的妄想或去做某些事情的冲动，这可能被诊断为焦虑"障碍"。许多人有时会有不寻常的知觉体验，但是我们中绝大多数人不会被它们扰乱，并且会把它们当做短暂的和琐碎的事情去纾解。其他被持续性的精神疾病困扰的人，有些人听到无实质的声音，但是把这个经历看作"常态的"。另外的人对于他们听到的感到害怕。我们都会时不时感到低落，但一些人感觉特别不好，乃至考虑自杀。有一点很重要：经历导致的所有感受阴影都会落在感觉特别好和不好两者之间。

疯狂和理智不是性质不同的心理状态，反而应该被视为处于若干经验范围的两个极端。事实上，在任何"常态"的经验范围中，理智不能真正被看作疯的相反端。如果我们假定疯狂在连续体的一端，另一端将是一个从未经历过的乌托邦，在那里我们会欢畅地感到幸福，任何时候都保持理性、聪明以及敏锐并且有像猫头鹰一般精确的听觉，而用《时代周刊》编辑的话来说——所有的激情、偏见、恶习和虚荣都是自由的。

《时代周刊》的编辑还指出另一个基本的事实：导致疯狂的因素是正常心理状态的一个方面。《时代周刊》的社论声明，只要我们给激情、偏见、恶习和虚荣让位，那我们都是疯狂的。这些情感，在维多利亚时代新闻记者写的诗化散文内容中，是正常的心理过程。如果激情、偏见等改变了我们看待世界的方式，那么我们将模糊这个将"理智"和"疯狂"隔开的界线。

另外一种可选择的诊断

我们看待心理痛苦的方式需要全面的修正。我们应该承认：痛苦是一种不幸，但仍然是一种常态，是人类生活中的一部分。人们在生活中经历了许多困难，并且经常会变得痛苦，这种想法应该指导我们鉴别、描述和应对这些痛苦。我们还需要去确认严重的痛苦或不寻常的经历（现在被误导性地贴上了"精神疾病症状"标签），寻找它们处于连续发展阶段中较少出现和使人痛苦的精神状态这一端的确凿证据。这意味着很难在"常态"的经历和"心理健康问题"之间划分界限。

有些人明显地感觉到诊断标签是有用的。在他们看来，使他们知道这些疾病问题的名称十分重要。但事实上，"诊断有用或令人安心"这种看法并非来自于对任何更严重问题的理解、任何病因或病原更为恰当的了解、适当的治疗或预后——因为仅靠诊断无法提供这些信息。相反，有帮助的感觉似乎来自人们知道他人一直在倾听（并且听到了）、已经认识到了他们的问题，他们的问题可以被解释，并且能得到一些帮助。然而，在当前有缺陷的矫正服务体系中，人们经常发现他们对诊断很放心（或至少是接受的），会感到一些即时安慰，但后来发现任何现实的帮助都是虚幻的。诊断传达的有用信息十分有限，并不能去解释一些事情，不仅不能指导治疗，而且不能帮助预测未来。相反，明确描述一个人真正的问题将会更有用。对个体的实际问题进行描述，将提供更多有用的信息，并且会比任何诊断标签更有交流价值。

问题清单的操作性定义

对诊断十分恰当的替换方案是：简单罗列出一个人的问题。一个简单的问题清单足以作为个体护理计划和专业人员之间沟通的基础，并且作为研究和矫治服务的设计和规划的基础。

尝试去列出每一个可能会经历的问题并不现实。但我们可以很容易地看到，一些已经被提到的诊断是如何被更适当的语言替换的。我们明白当一个人感到低落时意味着什么，思维已经被焦虑侵入或感觉被迫执行某些行为（如检查一些东西）。我们知道该注意的问题是什么，听到的声音意味着什么。我们可以识别和定义这种特殊的现象，这一点无须惊讶。《牛津英语词典》将科学方法定义为"自 17 世纪以来，以自然科学为特点的方法或过程，由系统性观察、测量、实验、公式化、测验和修改假设组成"。因此科学家们对概念进行操作化定义，提出假设、收集数据。我们并不需要去迎合替代诊断和"疾病模型"的新技术，因为早在 17 世纪，我们就已经在使用了。

药物是无用的

由于诊断不能匹配我们在现实生活中公认的任何问题模型，并且不涉及任何的"生物标记"，所以药物的成效最小也就不足为奇。药物的化学成分可以影响我们的情绪，这一点并不奇怪；我们中的大多数人每天都会购买能够影响情绪的化学制品。咖啡、茶、酒和尼古丁都表明，化学制品可以影响我们的思维、情绪和行为。

虽然每年仅在英国就有 4700 万抗抑郁药物的处方，但是大量证据表明，抗抑郁药的效果比我们想得要小得多。一项严谨的研究比较了长期服用抗抑郁药物的人和长期服用安慰

295

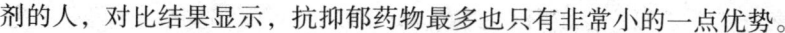

剂的人，对比结果显示，抗抑郁药物最多也只有非常小的一点优势。

对于长期服用的所谓"抑制精神疾病"的药物，同样也是如此。这些药物往往有严重的、会改变人生的（且有时是显而易见的）副作用。因为它们会影响到各种身体系统，比如心脏、肝脏和肾脏，以及大脑，常见的一个不利影响是明显的体重增加（这当然是非常有害的），这些药物能明显影响一个人的健康（Moncrieff，2013）。对受"精神分裂症"折磨的患者的治疗效果，从维多利亚时代至今都没有得到改进，并且被心理健康问题困扰的人群数量还在持续增长。相反，物理医学的发展使得改善治疗效果和减少心理障碍的发生方面真正取得了进步（Bentall，2009；Whitaker，2010）。有证据显示，某些药理学的药物治疗可能在短期内是有效的（Moncrieff，2009；2013）。但首先意料之中的是——在人类历史上，"药物会对大脑起作用"的说法已经不新鲜了，我们都知道它们对情绪和行为会产生影响。需要注意的是，这些影响并非"治愈"（甚至可能不是"治疗"），并且从长远来看，反而可能会造成严重的消极影响。而所有这些都不包括电休克疗法（ECT）。

强制性

在使用强制手段的卫生保健领域里，心理健康护理是不常见的。因为人民缺乏"洞察力"而有必要（使用）强制手段是常见的争论，而以笔者的经验来看，其主要原因是不同的：当十分需要护理时，强制手段所提供的"护理"和"治疗"往往不是人们想要的或需要的。在一定程度上，甚至还会引起人们的厌恶情绪，需要强制人们接受。在任何时候，都有接近 20 000 人受《精神健康法》的约束被强制关押在精神病院，这违背了他们自己的意愿。这些不仅仅是极端或罕见的情况，因为很多有问题的人会发现自己被强制看护所困（Care Quality Commission，2014）。然而，心理健康护理是一个有关强制性的不幸历史：有很多心理健康疗法清晰地根植于道德批判和惩罚性的方法（Porter，2002；Shorter，1997）。当今时代，健康护理中缺乏同情心已引起公众的担忧，在这种情况下，心理健康护理中有关强制的程度和性质引起了人们的特别注意。

对某种形式的精神卫生进行立法是很有必要的，因为某些人的低落情绪、自杀风险、混乱或失常的行为会让其处于极度风险中，或者在非常特殊的情况下，给他人带来风险。笔者参与起草了《精神卫生法》和《心智能力法案》。针对被困难置于重大个人风险中的人或对他人有威胁的人进行立法十分重要，但这是一个社会学和心理学问题而不是医学问题。诊断"疾病"的严重程度并没有涉及风险和危险性。有无必要对有严重问题的、处于风险中的个体进行看护，确实需要慎重地做决定。以及，事件发生以后，需要决定如何处置罪犯。在这两种情况下，现有的"疾病模型"实践系统存在一定的缺陷。一种更加合乎逻辑和公平的方法是：不论有没有进行诊断，如果不能自己做决定，那么应该同意由其代理人进行决定；并且在刑事审判领域进行公正判决，也应当基于同样的标准。这并非意味着"让他们离开"；而是在理性标准上做出适当的判决。

预防

心理学关于心理健康和幸福感模型的认识不断进步，使我们能够预见超越"疾病模型"的未来。首先，找到痛苦的根本原因非常重要。笔者希望看到，心理健康思潮（ethos）将人们置于个人世界的中心，并且强调个体能动性，但这并不意味着要责备人们（或他们的思想）受到的痛苦。个体如何理解在自己身上发生了什么十分重要，有助于我们尝试着去帮助他们。然而，人们日常生活的环境和发生的事情，才是心理健康最有力的决定因素。

296

想要保护人们的心理健康，就需要更广泛的社会变革，甚至政治变革。这是一个经常被忽略的话题，但是通常情况下，整体的社会、政治变革比任何个体单独所能做的都要多。

举例而言，很多被诊断患有"精神疾病"的人曾经历过贫穷。处理好贫穷问题是政府工作的基石，而一些政客竟不以为然（虽然我们很多人担心右翼政府只是口头上说要实现这一愿望，而当他们把持朝政时实际上却增加了不平等）。然而，在心理健康领域有一个非常具体的焦点：减少或消除贫穷（尤其是儿童时期的贫穷）的措施将大有裨益。并且，绝对收入并不是唯一重要的因素。证据显示，造成严重情绪困扰的主要因素是收入不平等——社会上最富有的人和最贫穷的人之间的差距越来越大。社会学家理查德·威尔金森和凯特·皮克特在他们写的《精神层面》一书中表明，心理健康问题在那些贫富差异最大的国家最为严重，相反，在贫富差距较小的国家，心理健康问题最不明显（Wilkinson & Pickett，2009）。这表明，解决心理健康问题的一个有效方法可能是：减少社会不平等。

儿童期有无被虐待的经历同样非常重要。如果能找到更好的方法保护儿童不受虐待，那么心理健康方面有问题的比例将会骤降。这意味着，老师、社会工作者、社区护士、医生和警察需要共同合作，并对儿童可能会受到性侵、身心虐待或忽视的早期预警信号作出反应。这也意味着，应当严肃考虑从社会角度我们可以做些什么以降低整体虐待率。另外，处理同辈欺凌问题（即在学校和休闲场所中同辈对同辈的欺负）同样也很重要，教师和青年团的领导者们能够提供帮助，从而帮助预防以后的心理健康问题。

是否有被差别对待的经历也非常重要：曾被种族歧视、同性恋歧视和性别歧视的人，会因为这些负面经历而身处危险中。社会及社会中的重要代理人（agents）可以提供帮助，以此来减少社会上的歧视现象。或许也可以采用社区领导人的方式，让社区群体变得更加相互信任，更愿意去帮助他人——用心理学术语就是更加"亲社会"。

最后，许多消遣性成瘾物质都与心理健康问题有关。毫无疑问，酒精是最严重的与物质滥用有关的公共卫生问题。但是一般来说，人们常将大麻和其他更传统的毒品与心理健康问题（尤其是精神疾病）联系起来。当然，这不是说所谓的"反毒品战争"似乎并没有获得胜利。此外，许多人认为，合法拥有和使用毒品对保护人们的健康来说，是一项非常重要的积极举措。

减少心理健康问题最有效的方法是：关注痛苦发生的社会原因。这与我们所有人都有关，而不仅仅是与心理健康方面的从业人员相关。为保护我们的健康，巩固社区预防心理健康问题，政治家在立法方面发挥了尤为重要的作用。

因此，远离"疾病模型"作为一种新的心理健康思潮，将接受社会变革。但是同时生物学方面的问题也必须得到解决。我们大脑中的所有想法都会涉及一系列的生物变化，包括神经网络、去极化阈值、突触的生物作用，甚至是遗传基因的表达。我的观点对于神经科学或精神病学来说是一项挑战。但是，我们的大脑是学习引擎，是进行学习的器官，每一个想法都涉及大脑活动。这与生物医学的还原论不一样，生物学提供了一个令人惊叹的极其精致的学习引擎。而我们是从发生在自己身上的事件中不断学习的，这是人类的发展和学习方式，我们以自己所做的方式来看待这个世界。

这种方法与生物精神病学采取的方法形成了鲜明的对比。生物精神病学的支持者们认为，所有的心理学概念都将从精神病学的字典里消失，正如我们理解行为的神经系统一样（Guze，1989；Kandel，1998）。他们的逻辑是：思想和行为的任何变化（无论这是否意味着发生在儿童期的学习、生活经历或者甚至治疗的影响），都会反映在神经关联网络中的生理变化上。所以，只有理解大脑中的生理变化（如改变"兴奋阈值"、形成新突触等），我们才能理解人类的行为。在某种程度上，这种观点很明显是正确的，任何学习都必须涉及分子和突触水平上的大脑生物学变化。但这种论点微不足道。所有的学习（包括所有的人类行为）都取决于大脑的运作。但是仅仅激活"大脑"不能完整地解释学习过程。当然，一个运转良好的大脑对人类活动来说是必要的。但它并没有真正解释为什么我们在这种情况下做这件事（而别人的行为却有所不同），或在其他情况下我们的行为举止为什么不同。为了回答这些问题，我们需要彻底明白人与人之间的差异，而最好由他们的生物学差异来解释。

我们都知道，大脑的变化可以影响我们的思维、情绪和行为。全世界的人们都在使用大量的化学品（大麻、酒精，甚至是咖啡因），这些化学品通过对大脑产生影响，从而影响个体的心理功能。人与人之间的个体差异（包括遗传差异），自然而然地影响着个体的行为和思想。生物学因素会影响个体的心理功能，从而影响个体的情绪、思想和行为。但是认识到这些影响与接受"疾病模型"之间，尚且存在一定距离。尤其是，现有研究表明，人与人之间的生物学差异对情绪和生活的影响，远比社会环境下的差异影响要小得多。

心理健康的途径

我们也必须清晰地认识到生物、社会和环境因素如何影响心理健康和幸福感。此外，"疾病模型"的替代品也已出现，它已经是我们"科学家—实践者模型"的一部分了，并且已经被《心理科学》杂志承认。仅举一个例子，在一项笔者参与的研究中，我们采用fMRI（功能性核磁共振成像）技术，研究在"自我参照"任务中的区域血液流动，要求被试决定特殊字符是不是对他们个性的很好的描述。我们发现，大脑的特定区域与自我参照任务联系在一起，并且当人们感到沮丧而寻求帮助时，这些大脑区域更加活跃。在此例子中，当我们思考自己时，与思考他人相比，特定的神经通道很明显地被激活了。由于思维涉及大脑中的神经信号，所以各种类型的思考涉及不同的大脑回路也是意料之中的。

但是，发现一种特殊思维过程的通道，并不意味着找到了病理机制。事实上，一个更为简单的解释就是，如果发现某一特殊的神经通道与情感困难、人际困难或某个关键的心理过程有联系，那么这一重要的科学发现将适用于所有人，并非只适用于那些不幸被贴上"感情疾病"标签的人。这不是一种将思想和"疾病模型"相结合的方式。因为每一个想法都必然会涉及一个神经过程，只是找到一个与痛苦的情感或心理过程相关联的神经，与识别病态或"疾病"是不一样的。

心理健康与幸福感模型

我们需要开发和采用新的方法去理解心理健康问题。只有当意识到我们所讨论的是一个心理和社会现象而非医疗现象时，才可能真正取得积极进展。许多人呼吁彻底替代传统的心理健康的护理模式。笔者同意这种观点，但认为不需要开发新的替代品。我们已经拥有强大且有效的替代品，学会应用即可。

心理健康是一种基本的心理现象，生物、社会和环境因素通过破坏或干扰心理过程来影响我们的心理健康和幸福感，笔者已为这两个观点讨论了很长时间（Kinderman，2005）。

297

这种观点将心理状态置于心理健康的核心位置。公认的观念将临床心理学家看作是"实践的科学家"，这意味着我们可以提供心理健康问题和幸福感的实证科学模型——这些模型描述了如何把健康和幸福感的社会影响因素与心理过程联系起来。从根本上看，我们的思想、情感、行为以及心理健康，很大程度上取决于我们对世界的理解，以及我们对自己、对其他人、对未来和世界的思考。这些理解，本身会继续被我们的经历所塑造。本质上，事情发生在我们身上，我们理解这些事情并回应它们，所以这就是结果。我们都有不同的方式去回应事情，并且这些差异的原因有很多。世界上有多少人就有多少种不同回应的原因。生物因素、社会因素、环境因素，这些外部的因素在关键的心理过程中影响着我们，帮助我们建立关于我们是谁和对世界如何运作的意识（见图 18.1）。

一位同事建议笔者提出一个"社会心理模型"。笔者非常喜欢这个观点并在本文中做出了尝试。

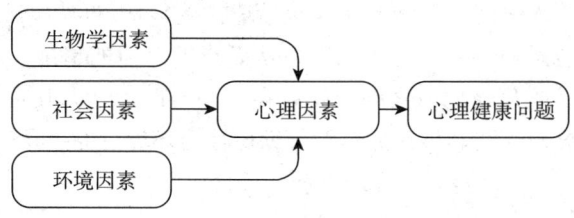

图 18.1　一个心理健康模型© Peter Kinderman **（2014）**

注释

［1］该小说即可在网上免费阅读，网址为：http://www2. hn. psu. edu/faculty/jmanis/melville/billy-budd. pdf。

［2］1785 年后的《时代周刊》可在网上进行查阅，本文中所引用的文章发表在 1854 年 7 月 22 日周六版第 8 页。

扩展阅读

1. Kinderman，P.（2014），*The new laws of psychology：Why nature and nurture alone can't explain human behaviour*，London：Constable & Robinson.

这本书适用于使普通读者了解心理科学方面的内容。本书提出从认知的角度对人类行为进行说明，认为如果我们了解人们如何感知世界，以及如何学习认知，那么我们的思想、情感、行为和心理健康在很大程度上都是可以被解释的。这种方法挑战了诸如"精神疾病"和"变态心理"等过时的、贬低人的、无效的概念，认为诊断类似于"抑郁症"和"精神分裂症"等是没有用的，并提出心理学的解释能够提供一种更有帮助的方法解决情绪困扰问题。

2. Kinderman，P.（2014），*A prescription for psychiatry*，Basingstoke，UK：Palgrave Mac-Millan.

在新的法律心理学中采用心理学的方法描述心理健康和幸福感模型大纲，并且基于此建议整体修改我们的心理健康矫治服务。本书认为痛苦主要根源在于社会因素，因此我们需要从"疾病模型"向"社会心理模型"做出转变，这本书认为我们应该拒绝传统的精神疾病诊断，大大减少对精神科药物的依赖，按照个体的独特需求定制专门的帮助，应该对心理和社会疗法以及心理健康和幸福感矫治服务进行投资，而不是着眼于医疗机制。

3. Read, J., Mosher, L., & Bentall, R. （2004）, *Models of madness*, Hove and New York：Taylor & Francis.

本书提出了一个主题：严重的心理健康问题对于生活事件和情况的反应（比如产生幻觉和妄想）是可以进行解释的，而不是所谓的遗传病症或者生物学的紊乱。这本书由三位非常受尊敬的临床心理学家编写而成，其特点是尊重一些国际投稿人，这些人批判"医学模型"，从历史和经济的角度总结"疾病模型"的优势，记录药物公司的作用，并提出寻找可能的替代药物作为解决方案。

299

参考文献

Bentall, R. P （2009）, *Doctoring the Mind：Why psychiatric treatments fail*, London：Allen Lane.

Care Quality Commission （2014）, "Monitoring the Mental Health Act in 2012/13", http：//www. cqc. org. uk/sites/default/files/media/documents/cqc_mentalhealthsummary_2012_13_07. pdf URL last accessed 14th June 2014.

Carney, J. （2013, March 26）, "The DSM－5 field trials：Inter-rater reliability ratings take a nose dive", http：//www. madinamerica. com/2013/03/The-dsm-5-field-trials-inter-rater-reliability-ratings-take-a-nose-dive/URL last accessed 14th June 2014.

Guze, S. B. （1989）, "Biological psychiatry：Is there any other kind?", *Psychological Medicine*, 19, 315－323.

Kandel, E. R. （1998）, "A new intellectual framework for psychiatry", *American Journal of Psychiatry*, 155, 457－468.

Kinderman, P. （2005）, "A psychological model of mental disorder", *Harvard Review of Psychiatry*, 13, 206－217.

Kinderman, P., Read, J., Moncrieff, J., & Bentall, R. P. （2013）, "Drop the language of disorder", *Evidence Based Mental Health*, 16, 2－3. doi：10. 1136/ eb－2012－100987.

Moncrieff, J. （2009）, *The myth of the chemical cure：A critique of psychiatric drug treatment*, London：Palgrave Macmillan, ISBN 9780230574328.

Moncrieff, J. （2013）, *The bitterest pills：The troubling story of antipsychotic drugs*, London：Palgrave Macmillan, ISBN 9781137277435.

Noll, R （2006）, "The blood of the insane", *History of psychiatry*, 17 （4）, 395－418.

Porter, R. （2002）, *Madness：A brief history*, Oxford：Oxford University Press, ISBN 0192 802666.

Shorter, E. （1997）, *A history of psychiatry：From the era of the asylum to the age of Prozac*, New York：John Wiley & Sons, ISBN 9780471245315.

Whitaker, R. （2010）, *Anatomy of an epidemic：Magic bullets, psychiatric drugs, and the astonishing rise of mental illness in America*, New York：Crown （Random House）, ISBN 978030 7452412.

Wilkinson, R. , & Pickett, K. （2009）, *The spirit level*: *Why more equal societies almost always do better*, London: Allen Lane, ISBN 9780241954294.

World Health Organization （1973）, "The international pilot study of schizophrenia", Geneva: World Health Organization.

World Health Organization （1979）, *Schizophrenia*: *An international follow-up study*, New York: Wiley.

第十九章　物质滥用障碍

迈克尔·格索普（Michael Gossop）

消费行为、问题以及依赖

物质滥用障碍（substance use disorders）可以从消费行为、（物质滥用所造成的）问题和依赖性三方面来考虑。这些维度的概念截然不同，但是在现实中，这些维度往往在很多方面存在联系（Gossop，2003）。

毒品成瘾行为的变量包括毒品类型、使用频率以及数量。某些毒品常常被视为导致依赖其他毒品问题的原因。在英国治疗服务机构看来，海洛因（heroin）是"主要的毒品"。其他问题药物包括可卡因、安非他命和苯二氮卓类。酒精是使用最为广泛的能够影响精神的物质，也会产生各种问题。酒精滥用障碍在普通人群中十分常见，在刑事犯罪人中则更加常见。

物质滥用所造成的问题通常包括同时或接连使用其他物质。多个毒品共同使用的原因包括：增强毒品效果（共同对精神起作用）、改进效果（抵消一个或多个毒品的副作用）、替代效果（若得不到想要的毒品）、社会性活动（受到社会环境和其他吸毒者的影响）。

吸食毒品的方法包括：口服（药片或药液）、鼻吸（比如可卡因粉和海洛因粉）、卷烟（大麻、鸦片）、口吸（如吸食液体海洛因和挥发性毒品）和注射（静脉、肌肉、皮下）。给药途径影响了毒品的依赖程度、过量和感染的风险以及其他健康问题。

一开始使用毒品是有多种原因的，但是这一决定是自愿的。然而随着毒品依赖程度的加重，毒品使用者和毒品之间的关系发生了变化。使用者越来越依赖毒品，并感觉到某种想要使用毒品的冲动。最初使用毒品的原因可能已经不存在了，但是对毒品的依赖有力提高了持续使用毒品的可能性。甚至当使用者想要停止或完全放弃使用毒品时，他们会感受到很难放弃这一习惯。他们可能会有戒断症状（withdrawal symptoms），并且当停止给药时会感到不舒服，脑海中完全被要吸食毒品的想法占据。尽管他们希望停止使用，但是他们的努力经常失败。

认知、行为和生理上的毒品依赖症表现包括：

- 有吸毒的冲动；
- 希望停止吸食；
- 有相对固定的吸食模式；
- 有神经适应的迹象（出现耐受和戒断反应）；
- 吸食行为显著优先于其他行为，并且经过一段时间的戒毒后想要复吸。

依赖的核心特征是在心理上存在对毒品的渴望。在各种依赖的特征中，不得不吸的感觉是一个重要的成分。

从传统上来说，国际疾病分类体系（International Classification of Diseases，ICD）以及诊断和统计手册（Diagnostic and Statistical Manual，DSM）分类体系将依赖看作是一种明显的障碍（这个人是否依赖毒品/上瘾）。相对应地，用来评估依赖的方法则是单维测量（这个人的依赖/上瘾有多严重）。这一维度的视角更符合当前将障碍看作是习得行为的理解。

从偶尔发展到依赖毒品的过程并不是必然会发生的。尽管如此，许多使用者依然受到毒品作用的影响，其会继续使用，有时频率和频次越来越高，直到每天多次吸食毒品。当（使用频率和频次）达到了这一程度时，吸食的数量进一步增加，并且使用者会感受到伴随吸毒出现的社会、心理、生理上的问题（如增加财务支出、法律犯罪问题或感染患病的可能等）。

毒品与犯罪

与毒品相关的犯罪对社会和受害者带来了巨大的经济和心理成本，并且也是公众舆论、媒体和政治谈论的重要问题。许多研究发现，毒品滥用人群具有更高的犯罪率，据英国警方估计，大约一半的犯罪记录与毒品相关。

物质滥用障碍与毒品在多方面相互关联着，但没有一个关系能适用所有案例，以及在不同案例中关系的影响方向可能不一致。许多毒品滥用者在他们开始吸毒之前就已经有犯罪行为了，并且犯罪和毒品产生的心理和社会生活因素是相似的。高犯罪水平和吸毒常常在经济弱势群体和贫穷的社区中共存。

不同的毒品也对应着不同的问题。虽然只有5%的吸毒者吸食海洛因，但是大约20%的非法药物消费与海洛因有关（Harwood，Hubbard，Collins & Rachal，1988）。毒品依赖和犯罪之间的一个重要关系是，吸毒者需要维持他们的吸食习惯。为了维持这一习惯，最常见的选择是犯罪、毒品交易和卖淫。成瘾导致犯罪率上升，后者又进一步导致了成瘾的加剧（Ball，Shaffer & Nurco，1983）。在获取财物的犯罪中，盗窃是最为常见的获得钱财从而购买毒品的行为，这其中最常发生的是入店行窃（Stewart，Gossop，Marsden & Rolfe，2000）。

犯罪和成瘾行为不可避免地相互关联着。国民治疗结果研究项目（The National Treatment Outcome Research Study，NTORS）[1]招募了一群患者。在3个月的治疗期间，其中一半患者都没有进行任何和财物有关的犯罪，而那些有犯罪行为的患者，大部分进行的也是低攻击性的犯罪。主要的财物犯罪行为由少部分吸毒者实施，10%的吸毒者进行了76%的犯罪行为（Stewart et al.，2000）。这些吸食毒品的犯罪人更加依赖海洛因或可卡因。毒品交易这一违法行为在吸毒者中普遍存在。然而，与其他财物犯罪相比，大多数吸毒者都没有参与贩毒。据调查，不到1/3的吸毒者有贩毒经历，这和其他犯罪行为相比算是比较少的。有一半的贩毒者自己也购买毒品使用，卖家通常吸食自己贩卖的同一种毒品，特别是海洛因和可卡因的贩毒者（Reuter，MacCoun & Murphy，1990）。卖家的收益包括如果批量购买毒品的话可以获得的折扣，以及当把毒品卖给小买家时，自己从中克扣的一部分。

与此不同，酒精和犯罪之间的关系并不明晰。有一个普遍认同的观点是：酒精容易导致暴力犯罪。比起正常饮酒，犯罪行为常常发生在狂欢式酗酒（binge drinking）和醉酒的情况下，其关系也比较复杂。犯罪是由个体的暴力倾向和当时的社会情境的共同作用产生的。准确的数字很难估计且充满争议，但是大约有65%的蓄意杀人、75%的伤人、70%的强奸以及一半的家庭暴力都与饮酒有关（Institute of Alcohol Studies，2007）。使用兴奋剂也会提高使用暴力的风险（Darke，Kaye，McKetin & Duflou，2008）。有既往暴力史的毒品使用者更有可能参与暴力犯罪，无论是在戒毒期间还是戒毒后。然而，当吸毒者接受戒毒治疗时，暴力犯罪的概率将会下降（Havnes et al.，2012）。

吸毒者的高犯罪概率反映在与刑事司法部门的高接触频率上。大量的吸毒者被关在监狱中，这导致了一些问题：与不吸毒的其他囚犯相比，吸毒者往往学历低、就业机会少、住房困难且健康堪忧，以及还有许多行为、心理和精神上的问题。在高度依赖毒品的罪犯监狱中，监狱内使用毒品的可能性会增加。在那些吸食海洛因的罪犯的被监禁期间，有超过一半的人被发现在狱中继续吸食海洛因，而整个监狱内使用海洛因的人大部分是那些海洛因成瘾的人（Strang et al.，2006）。在监狱内使用海洛因的人中，有超过 1/5 的人使用的方式是注射。

毒品滥用的社会成本难以被精确地计算出来，但是通常被认为十分巨大。每年在处理与滥用毒品有关的问题及其所造成的后果方面，都需要花费数十亿英镑。这些费用包括（毒品）预防、治疗和康复上的花费。更进一步的危害还有：对人类和社会造成的健康损害，人际关系破裂以及生产力低下，还有由此导致的毒品犯罪对他人的侵害。

对物质滥用的评估

临床评估应该提供信息以确定是否适合治疗，并评估病人的需求，制定治疗计划。在治疗开始之前，评估并非是一个没有人情味且常规的过程，而是整个治疗过程中重要的第一步。

评估具有务实性，首先应当确定现有的问题，以及个体会接触这些物质的原因。基础的评估包括：使用过的毒品类型、管理的方法以及对相关问题的分类。另外，还需要弄清戒毒者是否要戒除所有毒品，还是只是想要戒除某个他认为导致了各种问题的毒品。

对严重程度的评估很重要，这一评估会影响到治疗的决定。对毒品依赖的干预措施会在一些重要方面区别于未对毒品产生依赖的人。需要问清放弃毒品的主要障碍是什么。评估应该要界定上瘾行为产生的背景（所处环境、情感、认知）及其导致的后果。

因为资源有限，所以治疗者通常会选择那些被认为更有可能治愈的患者。但治疗者又很难预测哪一个人会更容易或更不容易被治愈。"临床判断"对这样的预测只能提供极少的依据（Gossop & Connell，1983）。从预治疗中的病人特征、表现和存在的问题中，推断出哪个人不容易被治愈也存在一定困难（Belding，McLellan，Zanis & Incmikoski，1998）。

在临床环境中，面谈是评估信息的主要来源。这严重依赖于自我报告的问题和行为，通常通过半结构式的访谈，以及有时还附加一些结构化的测量工具来获取信息。常用的评估工具有针对酒精滥用障碍的识别测试（Development of the alcohol use disorders identification test，AUDIT）：这是一个简短的问卷（共 10 个问题），用来综合测量给定时间段内，酒精滥用者的消费行为、问题以及对酒精的依赖程度（Saunders，Aasland，Babor，de la Fuente & Grant，1993）。还有的工具如依赖严重程度量表（SDS），是一个简短的用来测量依赖的心理维度的量表（5 个问题），这一量表可以用于测量对任何药物的依赖程度，包括酒精（Gossop et al.，1995）。成瘾戒断量表（SOWS）是一个可以自己填答的问卷，用于评估成瘾戒断综合征（Gossop，1990）。这一量表测量了常见的 10 种症状，不仅方便而且易于执

302

行，同时针对临床治疗提供了一些有用的信息，有助于制定治疗方案。

在刑事司法环境中，关于物质滥用的自我报告的效度（validity）可能打折扣，而更大程度地依赖客观或独立的信息。生物化学的方法通过分析血液、呼吸、唾液、尿液、汗液以及毛发等代谢物质，来寻找滥用毒品的痕迹，或通过间接的生理变化来寻找吸食毒品的证据。选择何种筛查方法受被筛查毒品的代谢影响，同时也取决于所提问的问题。生物化学测试可能会有助于监督和维持一个无药治疗的监狱。

物质滥用的自我报告也可能具有与客观测量工具一样的高效度（Weiss et al.，1998），并且自我报告仍旧是一个重要的工具。在多数情况下，自我报告是最为可行的获取信息的方法，而在一些情况下，甚至是唯一一获取信息的途径（如内心状态）。自我报告和实验室方法可以交互使用。当在面谈前先采尿液用于检测时，自我报告结果和尿检结果的一致性程度将会提高（Hamid，Deren，Beardsley & Tortu，1999）。

戒毒管理

毒品的戒断，或称之为"戒毒（detoxification）[2]"，代表的是一种过渡性的治疗目标，也是整个戒断治疗的最初阶段。戒毒本身并非治疗毒品依赖，仅仅戒毒很少或几乎不会比没有治疗时有改善。尽管如此，仍旧不能忽视戒断治疗的重要性。戒断过程极度痛苦和使人不快，在这一过程中要尽量地减少患者的不适情况。

判断戒毒是否见效的主要标准是：症状的严重程度、戒断的持续时间以及完成度（在戒断结束时达到无须吸毒的状态）。依照上述标准，一个戒断治疗可能在被视为有效的同时，仍旧没有触及社会心理上的问题以及其他与复发有关的因素。大部分会使吸毒者复发的因素在戒断症状和治疗过程中难以得到体现。

海洛因（以及其他成瘾物）

海洛因的戒断症状包括：呕吐、腹泻、胃痉挛、肌肉酸痛、打哈欠、打喷嚏和失眠。在停止使用海洛因后的 8 小时，成瘾者会感到不舒服。大约 12—15 小时后，戒断症状的严重程度增加，在 24—72 小时期间，症状最为强烈。在此之后，症状会逐渐减轻，但仍需要 1 周以上的时间才能恢复正常。

一个被广泛应用的戒毒方法是：口服美沙酮（Methadone），但逐渐减少药量。美沙酮通常被认为是目前最为有效的治疗成瘾的药物替代品（Kreek，2000）。通常，通过服用美沙酮，并逐渐减少药量进行治疗需要 10—28 天的时间（Gossop，Griffiths，Bradley & Strang，1989）。

集中使用 Alpha – 2 肾上腺素刺激物，比如可乐定（clonidine）和洛非西定（lofexidine），曾经也是一种疗法。可乐定会快速减缓戒断症状（Gossop，1988），但是它需要通过其他药物来缓和副作用。受可乐定的降压作用可能会带来的限制，使用它需要有医疗监督的指导。洛非西定与可乐定有类似的作用，但是副作用更小，特别是对血压低的人来说影响较弱（Buntwal，Bearn，Gossop & Strang，2000）。通过洛非西定戒毒至少需要 5 天时间才能见效（Bearn，Gossop & Strang，1998）。

兴奋剂（肾上腺素刺激物）

一些吸毒者依赖的是兴奋剂，他们并没有控制使用这类药物的能力。虽然这两类药物在戒断使用后会导致睡眠混乱和睡眠时间减少，白天嗜睡、晚上却很清醒，但目前尚不清

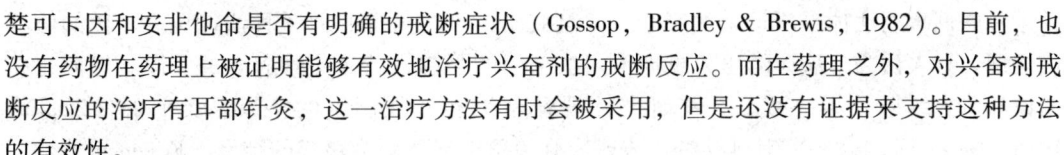

楚可卡因和安非他命是否有明确的戒断症状（Gossop，Bradley & Brewis，1982）。目前，也没有药物在药理上被证明能够有效地治疗兴奋剂的戒断反应。而在药理之外，对兴奋剂戒断反应的治疗有耳部针灸，这一治疗方法有时会被采用，但是还没有证据来支持这种方法的有效性。

酒精

酒精依赖的戒断综合征很明确。轻微或中等程度的酒精依赖仅会产生相对温和的戒断反应，在某些情况下可能极少需要甚至不需要药物辅助治疗。而在其他情况下，酒精戒断可能需要苯二氮（benzodiazepine）来辅助治疗数日，对于简单的酒精戒断治疗一般很少超过7—10日。

颤抖是一种常见的酒精戒断症状，一般出现在酒后的12—24小时，常常伴随着焦躁、烦乱和失眠。最为严重的酒精戒断反应是震颤性谵妄（Delirium Tremens）。这一症状可能发生在酒后2—5日内。其发病往往是突然出现的，之前可能有噩梦、焦躁和烦乱的征兆，之后可能会出现恐慌、惶恐和幻觉。震颤性谵妄通常在2—3日后减弱，但是在这一惶恐期里可能会因其所承受的伤痛或由此引起的脱水、体温过低和肺炎导致高发病率和高死亡率的发生。

多重戒断（Multiple drug detoxification）

吸毒者可能对多种毒品都有依赖，这种多重依赖需要在戒断期间对成瘾物、苯二氮类药物和酒精进行综合考量。当吸毒者需要多重戒断时，最适合的治疗方案是提供一个有资源和设备的环境，进行集中的临床监督，并对多重戒断进行安全的医学治疗。

监禁中的戒毒管理

戒断症状的治疗体现出了医疗环境中的一些临床问题，而将吸毒者置于警方的监控下可能产生更多问题。在这一环境下，毒品滥用的自我报告的准确性可能变差。警方的医生询问的时间很短，下一次很可能就是不同的医生。在多数案例中，资源和设备并不支持训练有素的工作人员对成瘾者的医疗状况和身体状态进行考察。

当成瘾者被警方拘留时，警方会采取一些治疗干预措施，以阻止戒断所带来急性症状的发生。警方通常对戒断的方法并不确定，且意见不一致。警方的医生可能对如何使用美沙酮有相左的观点，再加上对吸毒者多持负面态度，且缺乏当前毒品滥用的治疗实践知识，可能会导致无法对成瘾者进行有效治疗。

对被警方拘留的、有毒品依赖的犯罪嫌疑人的管理处在两难的境地中。如果不进行治疗，那么他们的戒断症状就会产生；如果给予毒品，他们便乐在其中。这两种情况都会损害犯罪嫌疑人对警方讯问的反应能力，这涉及之后嫌疑人在法庭上作出供词的可接受性。

治疗

动机与强迫

吸毒者寻求治疗的原因多种多样。除了毒品本身的问题外，吸毒者可能有身体和心理上的问题（如严重的感染、抑郁症），或来自社会的压力（来自同伴或雇主）。面临即将到来的法庭审判或已经被判有罪，也可能是（吸毒者）寻求治疗的一个重要原因。虽然吸毒者自己可能意识到需要改变现状，但是他们往往在毒品和治疗之间犹豫不决。

许多吸毒者是直接被美国的刑事司法体系推荐进入治疗项目的。然而，这一直接推荐并未考虑刑事司法体系所带来的影响，并且其中的许多人面临着某种法律压力，比如假释或缓刑。有人认为，法律的压力或刑事司法部门的强制推荐是一种有效的手段。然而这一结论和研究结果并不一致。一些研究发现强制组和非强制组的结果是类似的（Anglin，1988；De Leon，1988）。其他研究也发现，强迫可能导致更为糟糕的结果（Friedman et al.，1982）。在国民治疗结果研究项目（NTORS）中，海洛因吸食者如果面临来自刑事司法系统的压力，则更难达到戒毒的效果。

动机和治疗前的准备很复杂，包括了对个人改变的准备，以及参与到特殊干预治疗活动的准备。准备活动还包括对患者品质、技能/资源、信心/自我效能以及动机的了解。许多治疗方案假定患者有改变的决心。动机访谈（motivational interviewing，MI）假定吸毒者有对他们的吸毒行为抱有矛盾的心理，并且将这一访谈定位为一种"帮助受访者建立承诺并决心改变的方法"（Miller & Rollnick，1991）。动机干预可能特别适用于那些在酒精和药物使用上出现问题但未造成依赖的人，因此这一方法可以被视为一个短暂的、低强度的干预。

动机访谈主要被视为一种咨询方式，而不是技术工具。动机是治疗师和病人在人际互动过程中的产物，治疗师在这一过程中对病人接下来的归因和表现有极大的影响。动机访谈则用于帮助探索行为改变以及解决矛盾心态。其目的是提高认知失调水平，直到病人有足够的动力来考虑如何改变其选择和干预措施。反应式倾听（reflective listening）则用于有选择地引起能导致病人改变的自我激励。有人发现，在多重戒断条件下，动机访谈是一个有效的工具，但是仅仅对致力于治疗或改变自身早期阶段行为的病人特别有效。

吸毒者在接受动机访谈后，更有可能开始治疗（Carroll，Libby，Sheehan & Hyland，2001），并坚持治疗，还展现出了更强的达到目标的决心，更加符合治疗要求，在治疗过程中更加自我克制（Baker，Boggs & Lewin，2001）。对于法庭强制进行治疗的毒品滥用者，经过动机访谈后，也更有可能坚持治疗，并完成项目（Lincourt，Kuettel & Bombardier，2002）。

治疗干预

1. 认知行为疗法（cognitive behavioural treatments）。潜在的多种认知行为疗法的基本假设是：物质滥用障碍是由认知行为过程造成的；在很大程度上，这一障碍以及相关的认知行为过程，是习得的且可改变的；治疗应该促进习得抵制毒品和减少毒品依赖程度的技能（Liese & Najavits，1997）。这类治疗的内部差异主要在发展认知和行为技能的顺序上。

有一类基于社会学习理论的治疗方案，旨在提高适应变化过程的自我管理的项目。复发预防（relapse prevention，RP）方法教授那些试图改变他们习惯的人们如何预测和应对复发的问题。这类似于其他认知行为治疗方案和行为技能训练、认知干预以及生活方式转变的过程（Marlatt，1985）。

治疗的关键部分是识别出增加复发风险的高风险领域，并强化应对措施的效果。高风险的情况可能是与毒品相关的一种处境、事件、对象、认知或情绪，大多数失误都和负面的情绪、社会压力和人际冲突有关（Bradley，Phillips，Green & Gossop，1989）。

复吸一般与其他吸毒者有关。大多数海洛因成瘾者的复吸发生在同伴吸毒的情形中，或在吸毒的社会环境中（Gossop et al.，1989）。超过3/4的成瘾者在门诊治疗的先前几周会遇见其他吸毒者；大约2/3的成瘾者在先前几周的治疗期间，至少会有一次被邀请吸毒，

305

约 14% 的成瘾者每天都会受邀吸毒（Unnithan，Gossop & Strang，1992）。在这样的环境下，复吸的可能性大大增加，甚至是对那些很有决心的治疗者来说也是如此。

预防复发的治疗方案涉及一种个性化的高风险评估。患者需要学会如何识别高危环境，并且学会避免和应对这一风险。复发预防需要具体的应对风险的策略。这包括技能训练、掌握和加强应对策略、解决生活中的失调和复发风险带来的问题。

保持积极的心态以及自我效能感高，能够产生希望和乐观的情绪，从而促进治疗效果。效能预期反映了个体的个人控制和影响，即他们是否能够接受这一行为，愿意为这一行为投入到什么程度，以及面对障碍能坚持多久。自我效能涉及一个人对他们自己应付特别高危情况能力的期望。这一概念关注的是应对问题的感知能力，而不是锻炼抵御诱惑的意志力。

自我效能的信念也适用于在戒毒期间控制成瘾行为的发展，选择治疗的目标以及保持改变（Annis & Davis，1988）。治疗方案应当考虑对过去戒毒中成功和失败的认知水平。当一种应对方法成功实施时，自我效能感将会得到提升，在这种情况下，不断的成功能够减少未来的失误和复发的风险。

相反，无法应对的高风险会削弱他们对自己能力的信心，使得复发的概率增加。在那些需要依靠意志力来处理的情况下，丧失信心带来的问题更加明显，因为他们"无能为力"。这会强化失败感、无助感和失控感。那些将复发看作是个人控制力问题的成瘾者，在治疗成功后，更有可能避免复发问题的出现（Bradley，Gossop，Brewin，Phillips & Green，1992）

复发预防程序可用于预测和防止复发，或在完全演变为复发之前，帮助个体从"错误"中恢复。原则上，无论治疗者的干预理论的导向是什么，在治疗的初期阶段，复发预防程序均可以使用。比如，一旦一名海洛因成瘾者停止使用毒品，无论用于戒毒的方法是什么，复发预防程序都可以继续为戒毒提供支持（如进行 12 步疗法、心理治疗或戒毒志愿活动）（Marlatt，1985）。

虽然复发预防模型通常被用来治疗罪犯，且采用控制组进行的相关研究很少能证明其有效性，但是，一个治疗干预的元分析研究发现，上述方法有助于累犯中吸毒行为的减少（Dowden et al.，2003）。治疗干预中某些特殊的元素（比如对项目支持人员的训练以及确定复发关系链），以及对风险、需求和一般性反应进行的心理暗示都是有效的。

2. 12 步疗法和治疗社区。12 步疗法（12 - step treatments）和治疗社区（TCs）在几个方面有所不同，但是也有许多共同特征。这两种方法都聚焦于戒毒这一首要治疗目标。它们认为成瘾的治疗需要对思考方式进行全面重组，包括个性与生活方式，而不仅仅是放弃吸毒那么简单。

匿名戒毒互助会（Narcotics Anonymous，NA）是匿名戒酒互助会（Alcoholics Anonymous，AA）的衍生。二者在世界各地的许多国家蓬勃发展，其原则是：相互帮助、组成团队并相互认同。匿名戒毒互助会和匿名戒酒互助会的方法有别于其他治疗方法之处在于它们依靠团队的力量。其中的一个知名活动是小组会议（Group Meetings），小组会议时有举行。当一个人加入匿名戒毒互助会和匿名戒酒互助会后，他通常会被鼓励一周参加一个以上的小组会议，一般来说，会制定 90 天参加 90 次小组会议的目标（DuPont & McGovern，1994）。

对于成瘾者，匿名戒毒互助会和匿名戒酒互助会提供了大量的社会和心理支持。同伴

306

之间相互支持，坚持戒毒，并且成员之间有共同休闲的空间（Brown，Kinlock & Nurco，2001）。12 步疗法提供了一种认知重组的途径，可以帮助解决在治疗中需要修正的错误理念和失调认知。

12 步疗法是恢复过程中的基本方法和关键部分。疗法中的每一步都是为实现和保持戒毒状态而设计的。疗法的步骤强调两个基本主题："更强大的"的精神力量/信仰，以及实用主义（对于每个人来说，做"任何一件事"都是为了避免回到吸毒的状态）。

匿名戒毒互助会和匿名戒酒互助会将成瘾视为一种渗透到个人生活方方面面的疾病，需要用一生来控制。有人反对将成瘾视作"疾病"，因为这会"忽视了酒精或吸毒所应有的道德责任"（Heather & Robertson，1989）。匿名戒毒互助会和匿名戒酒互助会的支持者强烈地驳斥了这一观点，强调成瘾者需要为自己的行为承担责任，积极参与到自己的恢复中（Wells，1994）。

有些人也认为匿名戒毒互助会和匿名戒酒互助会具有"宗教取向"。6 到 12 步时会常提及上帝，祈祷和冥想被视作恢复过程的重要部分。不过，团体关系鼓励成员依据他们自己来理解"更强大的力量"。比如认为更强大的力量来自团队、人性、爱、真诚或诚实（Wells，1994）。成瘾者对 12 步疗法的态度差异很大，比起"更强大的力量"，他们更愿意接受"个人责任"步骤（Best et al.，2001）。

刑事司法系统内外均有使用治疗社区（therapeutic communities，TC）的方法。与匿名戒毒互助会和匿名戒酒互助会相比，治疗社区要求问题成瘾者接受涉及戒毒的整个社会方式的变化，避免反社会行为，发展亲社会技能并增强个人诚信。治疗社区的核心要素是社区。该疗法在治疗的同时，为成瘾者提供了环境和方法，并且社区元素是这一疗法有别于其他物质滥用和相关疾病的治疗和恢复方法。

通过治疗的长度可以区分为附加出院护理的短期治疗和超过 1 年的长期治疗。过去有一段时间，治疗的时间要长得多，并且现在还有机构提供这样的服务。治疗社区通常将它们的计划分为三个阶段：接纳/培训、治疗和再评估（Kennard，1998）。接纳/培训阶段大概会持续几周到 2 个月。作为核心的治疗阶段涉及社区内的日常生活、工作和其他活动，通过社区内的角色结构来治疗。再评估阶段，社区内的住户根据评估决定其是离开社区还是继续留在社区中。一些治疗社区机构还进行"半住宿"项目，即病人完成了主要的项目之后，可以生活在半独立的住宅中。

治疗社区中运用了三个重要的心理学方法：社会角色训练、替代学习和效能培训（De Leon，2000）。住户在治疗社区的结构中扮演不同角色，并在社区中学习多种社会角色，经历社会和心理上的变化。角色训练建立了社会性和心理性的新行为、技能和心态，有助于个人的恢复。机构内的工作人员和其他员工为住户提供了一个角色和态度的榜样。满足（住户）在行为、责任、个人自查和自主能力上的社区期望，能够提高自我效能和自信。

3. 维持性治疗和其他疗法。对成瘾者的维持性治疗（maintenance treatments）在世界各地被广泛应用。在欧洲，目前大约有 600 000 人在接受治疗，其中，超过 400 000 人正在接受美沙酮维持性治疗。美沙酮治疗对成瘾者来说是一种长期治疗，如每日的美沙酮药剂（通常是口服）。美沙酮也能帮助成瘾者改变寻找毒品的倾向和与犯罪相关生活方式，使之转变为更加具有社会性的行为。

美沙酮的使用已经在不同的国家进行过广泛的研究，研究涉及不同的治疗组，经历了约 40 年的发展。这在毒品成瘾治疗方案中是最为彻底的评估方式。一个有关美沙酮的元分析研究，报告了持续使用美沙酮治疗和减少毒品依赖之间的关系一直存在，而且还能降低得 HIV 的风险，以及减少有关毒品和财物的犯罪行为（Marsch，1998）。

当持续使用美沙酮时，毒品依赖的成瘾者表现出了更少的毒品滥用行为和犯罪行为，相比起没有使用美沙酮的人，或是仅通过其他简单治疗的人。坚持长期服用美沙酮的患者，其疗效比诊所的短期治疗更好，而且服用较大剂量（50mg—100mg）的患者的疗效比服用小剂量的患者更好（Ward，Mattick & Hall，1998）。服用美沙酮治疗对减少毒品相关的犯罪的效果，已经被证实具有良好的作用（Marsch，1998）。

专家群体（如成瘾戒毒服务机构）和非专家群体（如普通医生）均在使用维持性治疗的方法。尽管这样的使用还存在争议，刑事司法机构也开始采用维持性治疗。不支持在监狱中提供维持性治疗的理由之一是：担忧阿片类药物在监狱内传播。如果不取消适当监督的药物消费，传播的风险可以大大降低。这也就要求为治疗提供充足的资源和设施。

在随机的临床实验中，监狱中的美沙酮维持性治疗被证实优于仅通过咨询进行的干预，对戒毒者出狱后进入社区很有帮助，也减少了再次成瘾的可能（通过尿液测试）（Kinlock et al.，2007）。监狱中的美沙酮维持性治疗还被证实能够降低注射行为的风险（Dolan，Wodak & Hall，1998）。一个对维持性治疗在监狱中使用的系统综述（Hedrich et al.，2012）发现，维持性治疗减少了监狱中海洛因的使用以及注射和注射器分享的行为，并提高了接受治疗和保持习惯的可能。相比之下，前文的反对理由较弱，有关犯罪与再犯的证据也多是模棱两可。

丁丙诺啡（Buprenorphine）是一种混合激抗剂（mixed agonist-antagonist），不像完全的激动剂（agonists）那样，比如海洛因或美沙酮。它很容易通过口服吸收，易制作成溶剂和药片。在英国，美沙酮仍旧是使用最为广泛的维持性治疗药物（2005 年时有 83% 的相关处方使用），但是丁丙诺啡的使用也在增加（Strang et al.，2007）。

已有研究证明了丁丙诺啡在维持性治疗和戒毒治疗中的作用。丁丙诺啡的效果可以比拟美沙酮（Marsch et al.，2005）。丁丙诺啡可以和美沙酮一样在治疗中对患者起镇定作用（Mattick，Oliphant，Ward & Hall，1998），并且减少海洛因的使用，进一步戒除海洛因成瘾（Johnson et al.，2000）。

丁丙诺啡和美沙酮适用于多种环境，这是一个对于监狱内维持性治疗有潜在重要性的议题。美沙酮的处方权多被局限在一些专家诊所中，而丁丙诺啡已经被广泛应用于基础医疗环境中。

丁丙诺啡的部分激动剂效果可能更适用于在监狱环境中进行维持性治疗。与完全的阿片类激动剂效果相比，丁丙诺啡更不容易产生严重的呼吸抑制，使用丁丙诺啡造成的死亡率也低于美沙酮（Auriacombe，2001）。

最近的研究考察了通过使用拮抗剂来阻止阿片类药物的成瘾作用的可能。一项研究讨论了在监狱环境中通过纳曲酮（Naltrexone）植入物（一种长期拮抗制剂）和美沙酮共同作用进行治疗的效果，发现在出狱后的 6 个月，成瘾者滥用毒品的情况和犯罪行为都减少了（Lobmaier et al.，2010）。另一项研究探索了纳洛酮（Naloxone，也是一种拮抗剂）的效果。一项实验（开始于 2012 年）正在研究出狱后因海洛因过量造成的死亡是否可以通过事先供给的、可携带出狱的纳洛酮来避免（Strang et al.，2013）。

治疗的有效性

大部分国家范围的研究结果都一致表明：接受治疗后状况都会改善。美国的研究显示，治疗能够使得海洛因和其他非法毒品的使用减少（Hubbard et al.，1989）。同时，在治疗期间，抢劫行为减少，在治疗完成后，抢劫的发生率也低于治疗前的水平。

在英国，国民治疗结果研究项目（NTORS）发现，治疗完成后各种有问题的行为均有所改善，包括海洛因和其他非法毒品的使用减少，心理健康水平提高，犯罪率下降。比如，治疗完成后的 1 年，海洛因的使用频率下降到原来的一半，并且在之后的 5 年中均保持在一个较低的水平（Gossop, Marsden, Stewart & Kidd, 2003）。

另外，治疗的有效性还体现在犯罪行为的减少上。涉及财物的犯罪数量下降到了原来的 1/3，参与犯罪的概率下降到了原来的一半（Gossop, Marsden, Stewart & Rolfe, 2000）。入店扒窃行为下降到了原来的 1/3，入室盗窃行为下降到了原来的 1/4。犯罪行为的变化与治疗后毒品特别是海洛因使用的减少息息相关。原先高犯罪水平的吸毒者的犯罪率下降最为明显（Gossop et al.，2000），下降至原来的 13%。犯罪行为有了相当的减少。

吸毒者给社会带来的经济损失很大程度上来自于他们的犯罪行为。戒毒治疗已经被证实具有低投入—高收益的特点，治疗的成本在治疗期间就已经能够收回，在治疗后用药的减少还会进一步带来收益（Harwood et al.，1988）。单就从犯罪所带来的损失来看，治疗的经济收益已经十分明显了。即使不考虑犯罪减少以外的好处，治疗毒品依赖的患者所带来的费用也能通过合理的收费覆盖。投入在治疗上的资源可以立即有效减少由犯罪带来的成本，以及刑事司法系统的花费。对整个社会真正的好处不仅仅是在犯罪问题上（Godfrey, Stewart & Gossop, 2001）。

监狱内的治疗还能减少释放后毒品的使用和再犯行为的发生（Wexler, Falkin & Lipton, 1990；Knight, Simpson, Chatham & Camacho, 1997）。在很多方面，监狱内提供有效的治疗效果类似一种标准的临床治疗。已有研究发现了通过治疗社区的方法进行治疗很有好处。许多关于监狱内治疗社区的研究显示，项目参与度、治疗中花费的时间、项目完成度和出狱后的安置都和提高治疗效果有关（Martin, Butzin, Saum & Inciardi, 1999）。

对监狱内成瘾者治疗的研究表明，对犯人的一系列治疗方案，以及戒毒治疗的供给通常相对不足（Belenko & Peugh, 2005）。在美国，大约有 1/3 的男性犯人和超过一半的女性犯人需要长期的住院治疗。

美国矫正服务机构针对治疗不足的应对策略是：构建一个基于社区的可替代方案，比如涉毒法庭或转移计划（Hser et al.，2003）。1998 年，英国基于美国的涉毒法庭成立了戒毒治疗和测试清单机构（Drug Treatment and Testing Orders, DTTOs）。这一机构试图为毒品滥用的犯罪人提供基于社区的治疗。吸毒者被要求参加 6 个月至 3 年的治疗项目，并提供尿液样本进行测试。戒毒治疗和测试清单机构的一份评估报告显示，再犯的概率很高（80%），但完成率偏低，只有 30% 的参与者完成了这个项目（Hough, Clancy, McSweeney & Turnbull, 2003）。其他国家的研究也发现了通过涉毒法庭进行的项目的结果较差（Vermeulen & Walburg, 1998；Belenko et al.，1994）。

出狱后安置的重要性已被广泛接受，已有许多研究证实了对犯罪人出狱后安置的重要性（Martin et al.，1999）。当成瘾者完成强化治疗干预项目后，安置项目中也应为成瘾者提供预防复吸的方案（Brown, Seraganian, Tremblay & Annis, 2002）。刚刚离开项目环境时

308

（医院或监狱）是最容易复吸的时刻，在此期间应该提供最好的支持。可惜的是，很少有项目有足够的资源来提供足够的支持，通常在这一关键时期也是如此。

基于自我支持的特点，匿名戒毒互助会和匿名戒酒互助会为现有服务提供一种无须成本的售后服务，匿名戒毒互助会和匿名戒酒互助会可以作为一种仅通过推荐和鼓励参与会议即可安置的方法。

进一步的难题

精神并发症（comorbidity）

物质滥用和精神问题的共同出现为干预治疗制造了麻烦。焦虑和抑郁是常见的物质滥用者产生的问题。精神疾病和毒品滥用能够在不同程度上相互作用或共存。一些疾病可能是由处于过度兴奋或戒断状态引发的。在某些情况下，焦虑和抑郁症状是在使用毒品的情况下产生的，并且在戒毒过程中会逐渐缓解。

在大剂量或长期使用兴奋剂后可能会出现兴奋性精神障碍（stimulant psychosis）。兴奋性精神障碍与精神分裂有一些相似之处，但是与精神分裂不同的是，兴奋性精神障碍的发病迅速，往往伴随着激动或躁狂的情绪状态。当兴奋剂使用中断后，兴奋性精神障碍会在几天之内恢复正常。精神障碍如果不能在毒品戒断后恢复正常（一般在7天以内），则不应该被看做是兴奋性精神障碍，而可能是精神分裂症。

一些人使用毒品或酒精来自行治疗心理问题。吸毒和精神疾病之间的相关性使得两者很可能共同存在。即使在这种情况下，精神问题也有可能影响到物质滥用障碍的过程和结果，并且可能需要专门定制治疗方案。

物质滥用障碍和精神病共同发生常常使得治疗的预测效果很差，这是精神障碍所带来的严重问题（Ward et al.，1998）。对潜在的精神和心理疾病提供适当的治疗，可以改善整体的治疗结果（Rounsaville & Kleber，1985）。

有研究表明（Ruiz et al.，2012），有毒品滥用问题的犯罪人比起一般人更有可能患有精神健康的问题：自杀概率更高，更具有攻击性。女性毒品滥用犯罪人的精神疾病可能是一个特殊的问题。在一个针对新认罪的有精神障碍的犯罪人的生活史的研究中发现，虽然男性和女性罪犯在多种毒品成瘾上没有什么差别，但是女性更有可能留下终身性的心理障碍和严重的错乱（Zlotnick et al.，2008）。女性更有可能终身受到抑郁症、创伤性应激障碍和饮食失调的影响。

有限的资源常常会为合适的筛选方法带来挑战，从而影响评估和治疗。刑事司法系统的工作者需要提高训练水平，以增强发现、评估和应对这一共存和双重的障碍诊断的能力。有物质滥用障碍的女性犯罪人的药物和心理健康需求比较复杂，可能更加需要矫正机构的帮助。最困难的挑战就是：物质滥用犯罪人患有精神分裂或其他严重的精神疾病。在这种情况下，要求刑事司法系统内提供有效的治疗将会比较困难。

自杀

物质滥用障碍与自杀密切相关，自杀的意念和自杀的企图在成瘾者中普遍存在。关于死亡的研究表明，至少有1/3的自杀行为是醉酒或毒品依赖造成的。使用毒品的时间越长，自杀的风险也就越高，而且物质滥用问题在年轻人中更容易导致自杀（Hallfors et al.，2004）。物质滥用问题还和强烈的自杀的企图、自杀的执行和自杀的意念有关。

监狱的环境本身就可能增加自杀的风险，尤其在刚刚进入监狱的时候。在监狱内，有1/3的自杀者是在进入监狱的第一周自杀的（Shaw et al.，2004）。已知的危险因素包括精神障碍和物质滥用障碍。自杀风险在女性因犯和候审因犯中尤其高。如果进入监狱前，戒断症状还没有被完全治愈，那么自杀的风险可能会增加。

在大多数自杀的犯人中，会有证据显示在接受筛查时存在自杀风险（Shaw et al.，2004）。从这一方面来说，许多自杀至少在方法上是可以预防的。然而，尝试预测个体的自杀行为则极其困难。

生理并发症

许多吸毒者的身体健康状况很差。滥用毒品会影响到一系列的脏器功能，并直接或间接地损害健康。酒精也会导致几乎每一个组织和身体系统出现潜在的疾病或残疾。20%—40%的综合医院的病房病人（的病症）可能和酒精有关（Lieber，1995）。

大多数的毒品或酒精依赖症患者在接受治疗的时候，往往有不止一个的身体健康的问题，以及其他一些健康问题。身体健康问题在酒精依赖者身上十分常见。酒精依赖症最为常见的健康问题是心血管、神经、肠胃和肝脏方面的疾病，因而可能需要监狱进行特殊安排来管理这些健康问题。

毒品依赖患者常常患有呼吸系统疾病和由病毒性肝炎导致的慢性肝病。通过注射器感染丙型肝炎（Hepatitis C）的现象很常见。一项关于伦敦海洛因吸食者的研究发现，其中86%的人的丙肝呈阳性（Best et al.，1999）。虽然毒品使用者一般会多少知道一些肝炎的风险，但是他们对自己是否感染的状态的判断往往是不准确的。这可能会导致在监狱内外都会出现的使用注射器的风险。成瘾者的身体健康问题在治疗期间会逐渐得到解决。在进行维持性治疗期间，与毒品相关的住院治疗的事件明显少了很多，相当一部分人结束了住院治疗（Skeie et al.，2011）。

吸毒者的健康风险行为已经被纳入了多种预防活动之中。最为普及的信息是关于血液感染的仍存在争议的预防措施。这一预防措施得到了广泛的应用，并且在某些环境下是有效的。针头和注射器的一物换一物行为尚存争议，但是这已经成了许多国家的标准。一些服务机构提供针头和注射器，但是并不要求交回使用过的（针头和注射器）。而对于其他一些服务机构，针头和注射器必须基于已经交回的针头和注射器才能提供。所有的服务机构应该统一要求对交回的针头和注射器做安全处理。

在刑事司法系统内，常常在提供无菌注射器上有相当的阻力。然而，众所周知，在监狱中通常可以弄到非法的毒品进行注射（Strang et al.，2006）。在监狱中，多个吸毒者共享一个注射器，这极度放大了血液传播疾病的风险。

吸毒过量（overdose）

尽管这一方面的主要关注点是在艾滋病病毒（HIV）/艾滋病（AIDS）上，但是吸毒过量通常是成瘾者死亡的一个常见原因。虽然致命和非致命的过量多是由于毒品的使用，但并不能简单地归结于此。多种毒品一起使用会显著增加过量的风险。无论是致命还是非致命的过量吸毒，都有可能是因为海洛因，更有可能是因为毒品和酒精或其他镇定剂的混合使用。国民治疗结果研究项目（NTORS）显示吸毒者的死亡率约1.2%，这比正常人高出了6倍，其死因多是吸毒过量（Gossop，Marsden，Stewart & Treacy，2002）。

达到不吸毒的状态并不是就消除了风险。在社区项目那些已经戒毒的患者中，一次小

310

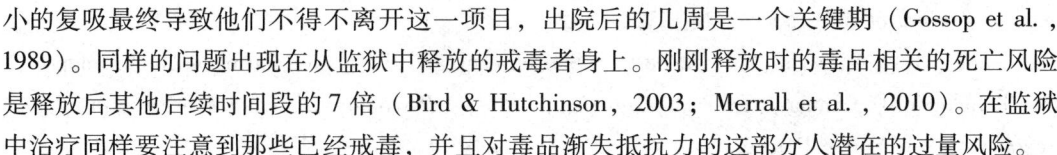

小的复吸最终导致他们不得不离开这一项目，出院后的几周是一个关键期（Gossop et al.，1989）。同样的问题出现在从监狱中释放的戒毒者身上。刚刚释放时的毒品相关的死亡风险是释放后其他后续时间段的 7 倍（Bird & Hutchinson，2003；Merrall et al.，2010）。在监狱中治疗同样要注意到那些已经戒毒，并且对毒品渐失抵抗力的这部分人潜在的过量风险。

注释

［1］国民治疗结果研究（NTORS）是一个为期 5 年的项目，在英国全国范围内有超过 1000 个毒品依赖的患者参与了这个治疗项目。

［2］"戒毒"这一术语被广泛使用，这一术语比较简洁，更准确的说法应该是"戒断综合征治疗"。

311

扩展阅读

1. Tonry，M.，& Wilson，J. Q.（1990），*Drugs and crime*，Chicago：University of Chicago Press.

这本论文集收录了各种有关犯罪和毒品之间关系的文章。文集中有一章论述了毒品执法、预防和治疗角度作为公共政策的基本组成部分的观点。尽管文集重点讨论的是美国的问题，但是在这本书中对诸多重要议题提供了有用的视角。

2. Gossop，M.，Trakada，K.，Stewart，D.，& Witton，J.（2005），"Reductions in criminal convictions after addiction treatment：Five year follow-up"，*Drug and Alcohol Dependence*，79，295 – 302.

该研究是国民治疗结果研究（NTORS）的一部分，研究了 54 个毒品滥用治疗中心的 1075 例毒品滥用治疗案例的刑事定罪的变化。在治疗期间和治疗后 1 年、2 年和 5 年内的定罪数据来自内政部的犯罪指数，这是一个国家级的数据库，里面有成年和未成年人犯罪记录。在治疗期间，34% 的样本至少被判定一个犯罪行为。治疗结束后的定罪率显著低于治疗前（的定罪率）。主要的犯罪下降发生在财物犯罪、贩卖毒品和暴力行为上。这一犯罪下降的趋势和海洛因的使用率下降有关。这一变化对个人、社会和临床均有意义，犯罪的减少还为社会经济提供了收益。

3. Merrall，E.，Kariminia，A.，Binswanger，I.，Hobbs，M.，Farrell，M.，Marsden，J.，Hutchinson，S.，& Bird，S.（2010），"Meta-analysis of drug-related deaths soon after release from prison"，*Addiction*，105，1545 – 1554.

这是一篇关于出狱后 12 个月内毒品使用带来的死亡风险的研究，该研究讨论了 612 个与毒品相关的死亡案例。出狱后的第 1、2 周的毒品相关的死亡概率是第 3—12 周的 3—8 倍。研究结果证实，最初的 2 周，与毒品相关的死亡风险呈上升趋势，直到第 4 周这一趋势才有所减缓。这一发现支持了对以监狱为基础的干预的评估和投资，以期减少释放后立即带来的死亡风险。

参考文献

Anglin，M. D.（1988），"A social policy analysis of compulsory treatment for opiate dependence", *Journal of Drug Issues*, 18, 527 – 545.

Annis, H., & Davis, C. (1988), "Self-efficacy and the prevention of alcoholic relapse", In, T. Baker & D. Cannon (Eds.), *Addictive disorders: Psychological research on assessment and treatment*, New York: Praeger.

Auriacombe, M. (2001), "Deaths attributable to methadone vs buprenorphine in France", *Journal of the American Medical Association*, 285, 45.

Baker, A., Boggs, T., & Lewin, T. (2001), "Randomized controlled trial of brief cognitive behavioural interventions among regular users of amphetamine", *Addiction*, 96, 1279 – 1287.

Ball, J., Shaffer, J., & Nurco, D. (1983), "The day to day criminality of heroin addicts in Baltimore: A study in the continuity of offence rates", *Drug and Alcohol Dependence*, 12, 119 – 142.

Bearn, J., Gossop, M., & Strang, J. (1998), "Accelerated lofexidine treatment regimen compared with conventional lofexidine and methadone treatment for in-patient opiate detoxification", *Drug and Alcohol Dependence*, 50, 227 – 232.

Belding, M., McLellan, A. T., Zanis, D., & Incmikoski, R. (1998), "Characterising 'nonresponsive' patients", *Journal of Substance Abuse Treatment*, 15, 485 – 492.

Belenko, S., Fagan, J., & Dumanovsky, T. (1994), "The effects of legal sanctions on recidivism in special drugs courts", *Justice System Journal*, 17, 53 – 81.

Belenko, S., & Peugh, J. (2005), "Estimating drug treatment needs among state prison inmates", *Drug and Alcohol Dependence*, 77, 269 – 281.

Best, D., Harris, J., Gossop, M., Manning, V., Man, L. -H., Marshall, J., Bearn, J., & Strang, J. (2001), "Are the Twelve Steps more acceptable to drug users than to drinkers? A comparison of experiences of and attitudes to Alcoholics Anonymous (AA) and Narcotics Anonymous (NA) among 200 substance misusers attending inpatient detoxification", *European Addiction Research*, 7, 69 – 77

Best, D., Noble, A., Finch, E., Gossop, M., Sidwell, C., & Strang, J. (1999)," Accuracy of perceptions of hepatitis B and C status: Cross sectional investigation of opiate addicts in treatment", *British Medical Journal*, 319, 290 – 291.

Bird, S. M., & Hutchinson, S. J. (2003), "Male drugs-related deaths in the fortnight after release from prison: Scotland, 1996 – 99", *Addiction*, 98, 185 – 190.

Bradley, B., Gossop, M., Brewin, C., Phillips, G., & Green, L. (1992), "Attributions and relapse in opiate addicts", *Journal of Consulting and Clinical Psychology*, 60, 470 – 472.

Bradley, B., Phillips, G., Green, L., & Gossop, M. (1989), " Circumstances surrounding the initial lapse to opiate use following detoxification", *British Journal of Psychiatry*, 154, 354 – 359.

Brown, B., Kinlock, T., & Nurco, D. (2001), "Self-help initiatives to reduce the risk of relapse", In F. Tims, C. Leukefeld, & J. Platt (Eds.), *Relapse and recovery in addictions*, New Haven: Yale University Press.

Brown, T. G., Seraganian, P., Tremblay, J., & Annis, H. (2002), "Process and outcome changes with relapse prevention versus 12 – step aftercare programs for substance abusers", *Addiction*, 97, 677 – 689.

Buntwal, N., Bearn, J., Gossop, M., & Strang, J. (2000), "Naltrexone and lofexidine combination treatment compared with conventional lofexidine treatment for in-patient opiate detoxification", *Drug and Alcohol Dependence*, 59, 183 – 188.

Carroll, K. M., Libby, B., Sheehan, J., & Hyland, N. (2001), "Motivational interviewing to enhance treatment initiation in substance abusers: An effectiveness study", *American Journal on Addictions*, 10, 335 – 339.

Darke, S., Kaye, S., McKetin, R., & Duflou, J. (2008), "Major physical and psychological harms of methamphetamine use", *Drug and Alcohol Review*, 27, 253 – 262.

De Leon, G. (1988), "Legal pressure in therapeutic communities", *Journal of Drug Issues*, 18, 625 – 640.

De Leon, G. (2000), *The therapeutic community: Theory, model, and method*, New York: Springer.

Dolan, K. A., Wodak, A. D., & Hall, W. D. (1998), "A bleach program for inmates in NSW: An HIV prevention strategy", *Australian and New Zealand Journal of Public Health*, 22, 838 – 840.

Dowden, C., Antonowicz, D., & Andrews D. A. (2003), "The effectiveness of relapse prevention with offenders: a meta-analysis", *International Journal of Offender Therapy and Comparative Criminology*, 47, 516 – 528.

DuPont, R., & McGovern, J. (1994), "A bridge to recovery: An introduction to 12 – step programs", Washington: American Psychiatric Association.

Friedman, S., Horvat, G., & Levinson, R. (1982), "The Narcotic Addict Rehabilitation Act: its impact upon federal prisons", *Contemporary Drug Problems*, 82, 101 – 111.

Godfrey, C., Stewart, D., & Gossop, M. (2001), *National Treatment Outcome Research Study: Economic analysis of the two year outcome data*, Department of Health, London.

Gossop, M. (1988), "Clonidine and the treatment of the opiate withdrawal syndrome", *Drug and Alcohol Dependence*, 21, 253 – 259.

Gossop, M. (1990), "The development of a Short Opiate Withdrawal Scale (SOWS)", *Addictive Behaviors*, 15, 487 – 490.

Gossop, M. (2003), *Drug addiction and its treatment*, Oxford: Oxford University Press.

Gossop, M., Bradley, B., & Brewis, R. (1982), "Amphetamine withdrawal and sleep disturbance", *Drug and Alcohol Dependence*, 10, 177 – 183.

Gossop, M., & Connell, P. (1983), "Drug dependence, who gets treated?", *International Journal of the Addictions*, 18, 99 – 109.

Gossop, M., Darke, S., Griffiths, P., Hando, J., Powis, B., Hall, W., & Strang, J. (1995), "The Severity of Dependence Scale (SDS): Psychometric properties of the SDS in English and Australian samples of heroin, cocaine and amphetamine users", *Addiction*, 90, 607 – 614.

Gossop, M., Griffiths, P., Bradley, B., & Strang, J. (1989), "Opiate withdrawal symptoms in response to 10 – day and 21 – day methadone withdrawal programmes", *British Journal of Psychiatry*, 154, 360 – 363.

Gossop, M. , Marsden, J. , & Stewart, D. (2006), "Remission of psychiatric symptoms among drug misusers after drug dependence treatment", *Journal of Nervous and Mental Disease*, 194, 826 – 832.

Gossop, M. , Marsden, J. , Stewart, D. , & Kidd, T. (2003), "The National Treatment Outcome Research Study (NTORS): 4 – 5 Year follow-up results", *Addiction*, 98, 291 – 303.

Gossop, M. , Marsden, J. , Stewart, D. , & Rolfe, A. (2000), "Reductions in acquisitive crime and drug use after treatment of addiction problems: One year follow-up outcomes", *Drug and Alcohol Dependence*, 58, 165 – 172.

Gossop, M. , Marsden, J. , Stewart, D. , & Treacy, S. (2002), "A prospective study of mortality among drug misusers during a four year period after seeking treatment", *Addiction*, 97, 39 – 47.

Gossop, M. , Stewart, D. , Browne, N. , & Marsden, J. (2002), "Factors associated with abstinence, lapse or relapse to heroin use after residential treatment: Protective effect of coping responses", *Addiction*, 97, 1259 – 1267.

Hallfors, D. , Waller, M. , Ford, C. , Halpern, C. , Brodish, P. , & Iritani, B. (2004), "Adolescent depression and suicide risk", *American Journal of Preventive Medicine*, 27, 224 – 231.

Hamid, R. , Deren, S. , Beardsley, M. , & Tortu, S. (1999), "Agreement between urinalysis and self-reported drug use", *Substance Use and Misuse*, 34, 1585 – 1592.

Harwood, H. , Hubbard, R. , Collins, J. , & Rachal, J. (1988), "The costs of crime and the benefits of drug abuse treatment: A cost-benefit analysis using TOPS data", *NIDA Research Monograph*, No. 86, 209 – 235.

Havnes, I. , Bukten, A. , Gossop, M. , Waal, H. , Stangeland, P. , & Clausen, T. (2012), "Reductions in convictions for violent crime during opioid maintenance treatment: A longitudinal national cohort study", *Drug and Alcohol Dependence*, 124, 307 – 310.

Heather, N. , & Robertson, I. (1989), *Problem drinking*, Oxford: Oxford University Press.

Hedrich, D. , Alves, P. , Farrell, M. , Stöver, H. , Møller, L. , & Mayet, S. (2012), "The effectiveness of opioid maintenance treatment in prison settings: A systematic review", *Addiction*, 107, 501 – 517.

Hough, M. , Clancy, A. , McSweeney, T. , & Turnbull, P. (2003), *The impact of drug treatment and testing orders on offending: Two year conviction rates Findings* 184, Home Office, London.

Hser, Y. I. , Teruya, C. , Evans, E. , Longshore, D. , Grella, C. , & Farabee, D. (2003), "Treating drug-abusing offenders: Initial findings from a five-county study on the impact of California's Proposition 36 on the treatment system and patient outcomes", *Evaluation Review*, 27, 479 – 505.

Hubbard, R. L. , Marsden, M. E. , Rachal, J. V. , Harwood, H. J. , Cavanaugh, E. R. , & Ginzberg, H. M. (1989), *Drug abuse treatment: Anational study of effectiveness*, London: Chapel Hill.

Institute of Alcohol Studies (2007), *Alcohol and crime*, London: Home Office.

Johnson, R. , Chutuape, M. , Strain, E. , Walsh, S. , Stitzer, M. , & Bigelow, G. (2000), "A comparison of levomethadyl acetate, buprenorphine, and methadone for opioid dependence", *New England Journal of Medicine*, 343, 1290 - 1297.

Kennard, D. (1998), *An introduction to therapeutic communities*, London: Jessica Kingsley.

Kinlock, T. W. , Gordon, M. S. , Schwartz, R. P. , O'Grady, K. , Fitzgerald, T. T. , & Wilson, M. (2007), "A randomized clinical trial of methadone maintenance for prisoners: Results at 1 - month post-release", *Drug and Alcohol Dependence*, 91, 220 - 227.

Knight, K. , Simpson, D. , Chatham, L. , & Camacho, L. (1997), "An assessment of prison-based drug treatment: Texas" s in-prison therapeutic community program", *Journal of Offender Rehabilitation*, 24, 75 - 100.

Kreek, M. J. (2000), "Methadone-related opioid agonist pharmacotherapy for heroin addiction. History, recent molecular and neurochemical research and future in mainstream medicine Annals of the New York Academy of Sciences", 909, 186 - 216.

Lieber, C. S. (1995), "Medical disorders of alcoholism", *New England Journal of Medicine*, 333, 1058 - 1065.

Liese, B. , & Najavits, L. (1997), "Cognitive and behavioral therapies", In J. Lowinson, P. Ruiz, R. Millman, & J. Langrod (Eds.), *Substance abuse: A comprehensive textbook*, Baltimore: Williams and Wilkins.

Lincourt, P. , Kuettel, T. , & Bombardier, C. (2002), "Motivational interviewing in a group setting with mandated clients: A pilot study", *Addictive Behaviors*, 27, 381 - 391.

Lobmaier, P. P. , Kunøe, N. , Gossop, M. , Katevoll, T. , & Waal, H. (2010), "Naltrexone implants compared to methadone: Outcomes six months after prison release", *European Addiction Research*, 16, 139 - 145.

Marlatt, G. A. (1985), "Relapse prevention: Theoretical rationale and overview of the model", In G. A. , Marlatt & J. R. Gordon (Eds.), *Relapse prevention: Maintenance strategies in the treatment of addictive behavior*, New York: Guildford Press.

Marsch, L. A. (1998), "The efficacy of methadone maintenance interventions in reducing illicit opiate use, HIV risk behaviour and criminality: A meta-analysis", *Addiction*, 93, 515 - 532.

Marsch, L. A. , Stephens, M. A. , Mudric, T. , Strain, E. C. , Bigelow, G. E. , & Johnson, R. E. (2005), "Predictors of outcome in LAAM, buprenorphine, and methadone treatment for opioid dependence", *Experimental and Clinical Psychopharmacology*, 13, 293 - 302.

Martin, S. , Butzin, C. , Saum, C. , & Inciardi, J. (1999), "Three-year outcomes of therapeutic community treatment for drug-involved offenders in Delaware: From prison to work release to aftercare", *The Prison Journal*, 79, 294 - 320.

Mattick, R., Oliphant, D., Ward, J., & Hall, W. (1998), "The effectiveness of other opioid replacement therapies: LAAM, heroin, buprenorphine, naltrexone and injectable mainte-nance", In J. Ward, R. Mattick, & W. Hall (Eds.), *Methadone maintenance treatment and other replacement therapies*, Amsterdam: Harwood.

Merrall, E., Kariminia, A., Binswanger, I., Hobbs, M., Farrell, M., Marsden, J., Hutchinson, S., & Bird, S. (2010), "Meta-analysis of drug-related deaths soon after release from prison", *Addiction*, 105, 1545 – 1554.

Miller, W. R., & Rollnick, S. (1991), *Motivational interviewing*, New York: Guilford.

Reuter, P., MacCoun, R., & Murphy, P. (1990), "Money from crime: A study of the economics of drug dealing in Washington, DC", Santa Monica: RAND.

Rounsaville, B. J., & Kleber, H. (1985), "Psychotherapy/counseling for opiate addicts: Strategies for use in different treatment settings", *International Journal of the Addictions*, 20, 869 – 896.

Ruiz, M. A., Douglas, K. S., Edens, J. F., Nikolova, N. L., & Lilienfeld, S. O. (2012), "Co-occurring mental health and substance use problems in offenders: Implications for risk assessment", *Psychological Assessment*, 24, 77 – 87.

Saunders, J. B., Aasland, O. G., Babor, T. F., de la Fuente, J. R., & Grant, M. (1993), "Development of the alcohol use disorders identification test (AUDIT): WHO collabora-tive project on early detection of persons with harmful alcohol consumption", *Addiction*, 88, 791 – 804.

Shaw, J., Baker, D., Hunt, I. M., Moloney, A., & Appleby, L. (2004), "Suicide by prisoners", *National clinical survey. British Journal of Psychiatry*, 184, 263 – 267.

Skeie, I., Brekke, M., Gossop, M., Lindbaek, M., Reinertsen, E., Thoresen, M., & Waal, H. (2011), "Changes in somatic disease incidents during opioid maintenance treat-ment: results from a Norwegian cohort study BMJ Open Aug 6", 1 (1), e000130.

Stewart, D., Gossop, M., Marsden, J., & Rolfe, A. (2000), "Drug misuse and ac-quisitive crime among clients recruited to the National Treatment Outcome Research Study (NT-ORS)", *Criminal Behaviour and Mental Health*, 10, 10 – 20.

Strang, J., Bird, S. M., & Parmar, M. K. (2013), "Take-home emergency naloxone to prevent heroin overdose deaths after prison release: rationale and practicalities for the N-ALIVE ran-domized trial", *Journal of Urban Health*, 90, 983 – 996.

Strang, J., Gossop, M., Heuston, J., Green, J., Whiteley, C., & Maden, T. (2006), "Persistence of drug use during imprisonment: Relationship of drug type, recency of use, and severity of dependence to use of heroin, cocaine, and amphetamine in prison", *Addiction*, 101, 1125 – 1132.

Strang, J., Manning, V., Mayet, S., Ridge, G., Best, D., & Sheridan, J. (2007), "Does prescribing for opiate addiction change after national guidelines? Methadone and buprenorphine prescribing to opiate addicts by general practitioners and hospital doctors in England, 1995 – 2005", *Addiction*, 102, 761 – 770.

Unnithan, S. , Gossop, M. , & Strang, J. （1992）, "Factors associated with relapse a-mong opiate addicts in an outpatient detoxification programme", *British Journal of Psychiatry*, 161, 654 – 657.

Vermeulen, E. C. , & Walburg, J. A. （1998）, "What happens if a criminal can choose be-tween detention and treatment: Results of a 4 – year experiment in the Netherlands", *Alcohol and Alcoholism*, 33, 33 – 36.

Ward, J. , Mattick, R. , & Hall, W. （1998）, *Methadone maintenance treatment and oth-er opioid replacement therapies*, Australia: Harwood.

Weiss, R. D. , Najavits, L. M. , Greenfield, S. F. , Soto, J. A. , Shaw, S. R. , & Wyner, D. （1998）, "Validity of substance use self-reports in dually diagnosed outpatients", *A-merican Journal of Psychiatry*, 155, 127 – 128.

Wells, B. （1994）, "Narcotics Anonymous （NA） in Britain", In J. Strang & M. Gossop （Eds. ）, *Heroin addiction and drug policy: The British system* （pp. 240 – 247）, Oxford University Press, Oxford.

Wexler, H. , Falkin, G. , & Lipton, D. （1990）, "Outcome evaluation of a prison thera-peutic community for substance abuse treatment", *Criminal Justice and Behavior*, 17, 71 – 92.

Zlotnick, C. , Clarke, J. G. , Friedmann, P. D. , Roberts, M. B. , Sacks, S. , & Melnick G. （2008）, "Gender differences in comorbid disorders among offenders in prison sub-stance abuse treatment programs", *Behavioral Sciences & the Law*, 26, 403 – 412.

第二十章 在押犯的自杀和自残行为

塔米·沃克（Tammi Walker）

近年来监狱中的在押犯不断增加，犯罪者的自杀和自残行为成了公共卫生的一个关注点。政策制定者已经开始将自杀干预项目引入监狱，来减少因不断增长的自残行为导致的死亡（HM Prison Service，2001）。自杀和自残行为很少是因为单一的原因或事件，而是取决于一系列累积的且相互作用的情境与社会心理。本章将集中讨论在押犯中有高自杀风险的弱势群体，然后进一步讨论在押犯的自残行为。最后本章将简要讨论当前监禁机构中管理人员使用的应对自残行为的干预和治疗方法。本章也讨论了这一领域现存的方法论上的困境。

历史背景

从2013年3月到2013年年底，在英格兰和威尔士的监狱中，在押人数减少了3%——包括79 989名男性和3853名女性（Ministry of Justice，2013a），英国的在押犯一般来自社会边缘群体，处在持续的健康不平等中（Department of Health，2004；Social Exclusion Unit，2002），他们有更高风险出现心理健康问题、毒品滥用、职业失败和教育水平较低、吸烟以及长久以来的疾病或残疾等情形（Social Exclusion Unit，2002；Stephenson，2004）。霍顿、林赛尔、阿德尼吉、萨里亚斯兰和法泽尔（2014）的研究发现，不论男性还是女性，在许多国家，在押犯的自杀率都远高于正常人（Slade & Edelmann，2013）。在过去的20年里，政策制定者已经改善和扩大了心理健康服务、法院分流和联络体系（Sainsbury Centre for Mental Health，2009），设立了社区法律心理健康团队（Royal College of Psychiatrists，2013）、设置了安置和康复服务（Ministry of Justice，2013b）等预防措施，来减少犯人的自杀和自残行为。

背景

对一般人来说，自杀是一个复杂现象，也是一个严重的公共卫生问题。世界卫生组织（WHO，2007）估计，每3秒就有一个人企图自杀，每分钟都有一个人自杀。导致自杀的原因很复杂（Task Force on Suicide，1994），有一些人面对生活问题和压力时特别容易自杀（WHO，2007）。研究者已经发现了多个相互关联的特征因素，这些特征会导致个体比普通人有更高的自杀率：

- 年轻男性（15—49岁）；
- 年老群体，特别是年老的男性；
- 原住民；
- 患有精神疾病的人；

- 有酒精/物质滥用行为的人；
- 曾有过自杀企图的人；
- 监禁中的人。

315

在押犯数量和自杀

在世界各地，自杀通常是监狱中最为常见的死因，在押犯的自杀率超过一般人群的3倍（Hawton，Linsell，Adeniji，Sariaslan & Fazel，2014；Slade & Edelmann，2013；Pratt，Piper，Appleby，Webb & Shaw，2006；Shaw，Baker，Hunt，Moloney & Appleby，2004）。自1991年以来，监狱部门用"自身造成的死亡（Self-Inflicted Death，SID）"统称所有在关押中的自杀行为。这一词汇涵盖了所有因非自然原因、由个人的行为直接造成的死亡行为。2013年，监狱改革中的霍华德联盟发布了在押犯年度死亡报告。报告指出，威尔士的在押犯自杀人数持续6年处于英国最高位。2013年有70人因自身原因造成了死亡，比2012年多了10人，这是自2007年以来在监狱中因自身造成的死亡人数最多的一年。2011年，由独立顾问小组（IAP）发布的一份报告中，全面地总结了从2001年1月到2010年12月间，所有在押期间死亡的人的记录。这份报告首次展现了国内各类监管部门的完整人口学死亡记录——也就是说，包括了监狱（公共的和私人的）、警局、移民搬迁中心、未成年人管教所、儿童安全之家（secure children's homes）和教导所（training centres）。在2001年1月至2010年12月期间，在上述监管部门中，有1444人因自身原因死亡，其中最常见的死法是上吊自杀，占所有死亡总数的71%（N = 1024）；总数的6%（N = 89）由于毒品和酒精过量死亡；其中的68%（N = 985）是白人男性。这一报告还报告了近期的趋势，2008年有68例因自身原因死亡，2010年有58例。在英格兰和威尔士，2012年9月前的12个月中有56例，这是十年来因自身原因死亡的案例数最少的12个月。

有些特定的人群或环境可能会在一定程度上解释监狱中较高的自杀率。比如，监狱中的社会环境和对个人的控制明显不同于社区（Wichmann，Serin & Motiuk，2000）。在押犯无法预料刑期的长度（Huey & McNulty，2005）、缺少目标和指导性的活动（Leese et al.，2006）、遭到逮捕和监禁（WHO，2007）、刑事过程——如判决（Cox & Morschauser，1997）都会对心理产生特别的影响。而且，监狱中所关押的人常常本身就是有高自杀风险的人、比如年轻男性、有心理健康问题的人、有物质滥用障碍的人、过去尝试过自杀的人（WHO，2007）。

下一章将讨论有最高的自杀风险的监狱中的弱势群体，然后转而讨论在押犯的自残行为。本章的最后将会简要讨论当前监狱工作人员对在押犯自我伤害的干预和治疗行为。

待审（Remand）犯人的自杀行为

英国监狱检查团在2000年发表了他们的专题审查——《不公正的沙漠》（*Unjust Deserts*），这一审查考察了英格兰和威尔士待审人员的待遇和条件。这一审查显示，待审人员的需求差异性很大，那些未被定罪和被定罪但未宣判执行的在押人员明显比已经定罪的犯罪人的待遇差。这一审查的结论是，应该要制定政策来关注于未被定罪的这部分人；但这些未定罪的、未判决的和民事在押犯并未在监狱部门规定的4600号文件中得到体现（2003）。《不公正的沙漠》发布之后，几乎仍没有人关注在押人员，直到2012年英国监狱检查团对男子、女子监狱以及未成年人管教所中在押人员的经历做了专题报告。这篇报告讨论了一个在押犯从入狱到出狱的各个阶段，以及其中的待遇、条件和支持。报告发现，进入看守所的待审人员比已被判刑的在押犯的需求更多、更复杂（HM Inspectorate，2012）。

在任何时候，监狱中的在押犯一般都有 2000—13 000 人（Ministry of Justice，2011）。在这个群体中，黑人和少数群体以及女性或海外国籍的人数偏多（Ministry of Justice，2011）。而待审人员的数量是流动的。比如，一般来说他们只会被羁押 9 周，因而很难接受有条理的管理。

此外，超过 3/4 的待审人员的福利难以得到保障，约有 1/3 的人受到毒品或精神健康问题的影响（HM Inspectorate，2012）。英国检查团（2012）进行的一项调查显示，待审人员自杀和自残的风险较高，当这部分群体被监禁时，大约 1/4（23%）的待审人员在调查中感到抑郁，想要自杀。只有一半的新进入看守所的人被问及是否需要帮助或支持。然而，一些研究进一步计算了统计数据，认为这一研究太过含糊。托尔和克雷顿（1998）的研究认为，前一个研究可能过度强调了待审状态对在押人员自杀行为的影响，这可能会导致在计算自杀率的方法上出问题。他们考察了所有监狱体系（比如男子监狱、女子监狱和未成年人管教所）中，监狱部门记录的因自身造成的死亡的案例，这些案例从 1988 年 2 月 5 日开始至 1995 年 11 月 5 日止。在这个大样本量中，369 人为男性、8 人为女性。男性中有 181 人已判决、188 人待审；女性中有 5 人已判刑、3 人待审。托尔和克雷顿（1998）根据刑期的长短和测量的数据，分别列出了 8 种不同类型的待审人员的自杀风险。他们发现，如果用每日平均的（average daily population，ADP）自杀行为计算待审人员的自杀率的话，每 10 万人的自杀率就相当高（每 10 万人中有 238 人）。但是，如果使用待审人员的自杀死亡数来计算的话，这一比例则明显降低（每 10 万人中有 39 人）。已经判决的在押犯每 10 万人中自杀死亡数只有 31—75 人。每年总体自杀率是每 10 万人中有 31 人左右。托尔和克雷顿（1998）的数据还表明，待审人员的自杀风险和那些刑期短的人类似（18 个月以下），比那些刑期长或不定期刑的人的自杀风险低。托尔（1996）以及托尔和克雷顿（1998）的研究支持了过度看重待审状态会增加个体的自杀风险这一观点，因此当推断这一人群的自杀因素时要小心谨慎。此外，克雷顿（2000）的研究表明，由于待审人员还没有被宣判甚至不一定会被判有罪，与那些已经被宣判的人相比，他们还有希望从监狱中直接释放，因此他们的压力更小，他们的自杀率可能更低。

已判决的犯人的自杀行为

近年来被判执行不定期刑（indeterminate sentence）的在押犯越来越多，即只有满足了政府提出的各种要求，不再对社区造成任何危害才可被释放（HMI Probation and HMI Prisons，2013）。这类在押犯占总数的 16%（2013 年 3 月 31 日），而在 1995 年的时候仅有 9%。在 2012 年末，有 13 577 名在押犯被判不定期刑（Ministry of Justice，2013d）。在所有不定期刑在押犯中，44%（5920 名）被判处基于公众安全的不定期刑（IPP），而剩下的 56%（7657 名）则被判处终身监禁（Ministry of Justice，2013d）。终身监禁的在押犯（谋杀或其他严重的罪行）在数量上有所增加，而且在先执行对其的惩处后才能考虑他们的释放，因而他们也将长期待在监狱中（Prison Reform Trust，2013）。

2000 年，克雷顿发布了当时在英格兰和威尔士最大规模的自杀研究的成果，他分析了

1988—1998 年 525 例故意的因自身造成的死亡行为。这一样本覆盖了 88% 的在看守所和监狱死亡的案例，并且分析了自杀死亡的在押犯的年龄、性别、种族、犯罪指数、心理健康史、法律状态、机构的类型，以及在看守所和监狱中先前的自残行为。

克雷顿（2000）发现，不定期刑的在押犯的自杀风险明显较高，每 10 万人中有 173 人，刑期长的在押犯和暴力犯的自杀率也比较高（每 10 万人中有 103 人）。与克雷顿（2000）的研究类似，托尔和克雷顿（1998）也发现了刑期长的在押犯有更高的自杀风险，终身监禁的在押犯（的自杀风险）更甚（Towl 和 Crighton，1998）。导致自杀的因素可能是在监狱内与其他在押犯起了冲突，或和监狱管理人员不和，以及家庭内部的冲突或者是离婚、上诉以及假释遭拒等情形（WHO，2007）。

317

年轻在押犯的自杀行为

青少年犯指 18 岁以下，或是在某些情况下满 18 岁但未到 19 岁的在押犯，他们能够被关押在儿童安全中心（SCH）、安全训练中心（STC）或未成年人管教所（YOI）中。2011—2012 年（18 岁以下），在监禁中的青少年犯的平均数量是 1963 名，与去年相比下降了 4%，与 2008—2009 年相比下降了 32%（Youth Justice Board / Ministry of Justice，2013）。1990—2011 年，有 29 例自杀死亡的青少年犯，年龄在 14—17 岁左右，29 人均为男性（INQUEST，2012）。INQUEST 的报告（2012）受监狱改革基金会（PRT）的委托而作，主要讨论 2003—2010 年死亡的 98 例青少年的经历，这份报告发现，监狱中的年轻在押犯的生存环境并不安全，住宿环境较差，也很少有医疗（保障）。由于远离了他们的家人和朋友，加之这一群体的一些特点，比如冲动水平相对较高，容易产生各种麻烦，导致年轻在押犯的监狱生活特别困难。那些不安和沮丧的年轻囚犯十分依赖监狱内的管理人员（Liebling，2006）。

研究者对于在押犯的年龄对自杀的影响有不同的观点（Crighton，2000）。1988—1990 年间，利布林（1992）在 4 个监狱中对 50 名有自杀意图的年轻在押犯和同一机构的 50 名随机抽取的在押犯做了访谈。这一定性研究发现，相对年长的在押犯而言，年轻的在押犯有更高的自杀风险。与这一研究不同的是，哈蒂和沃克在澳大利亚通过定量的方法调查了 155 名死亡的样本，发现 50—69 岁的在押犯的自杀概率高于平均水平，并且 15—19 岁这一群体并没有较高的自杀风险。杜利（1990）发现，在英格兰和威尔士，监狱中自杀群体的平均年龄明显高于监狱整体的平均年龄。此外，托尔和克雷顿（1998）的研究表明，年轻的在押犯（比如 15—17 岁）有较高的自杀风险，虽然这是基于小样本得出的结论，但是这是他们发现的唯一的例外群体，并且他们推翻了年轻群体的自杀概率高于其他群体的假设。这一发现也可以用他们之前的研究数据作为佐证，虽然是小样本，但是 1988—1990 年、1994—1995 年的数据均显示出了这一特征。总的来说，虽然不同文章的结论相互矛盾（Livingston，1997；Lloyd，1990），但是还是有证据证明年龄和自杀之间存在相关性（Camilleri，McArthur & Webb，1999），只不过在解释这类研究结果的时候需要特别谨慎。

2014 年，青少年司法委员会（Youth Justice Board，YJB）发布了一个有关他们工作的报告，宣称该部门从 2000 年开始，已经接手了政府对未满 18 岁青少年犯的安全问题的工作。这个报告专门强调了他们对青少年犯在监禁中死亡所作的回应，比如引入了提高时效和治疗效果的信息分享系统，以期当青少年被监禁时相关信息可以共享；开发（与卫生部一起）了综合健康评估工具（Comprehensive Health Assessment Tool，CHAT），通过相关专业人员来识别和评估青少年的健康状况；试运行了青少年健康安全标准环境；修订了青少年司法服务的国家标准，将在监禁死亡的情况列入标准之中。此外，司法部宣布独立对国家犯罪者管理机构（NOMS，监狱）中18—24周岁的年轻在押犯的自杀行为进行调查。从2014年开始的审查是由独立顾问小组（Independent Advisory Panel，IAP）进行的，并从2007年4月看守所和监狱的评估和监护系统（Assessment，Care in Custody and Teamwork，ACCT）完成的调查开始，进一步审查每个案例，来确认是否已经从每个死亡的案例中汲取了经验，如果没有又应该采取何种措施才能减少将来发生自杀的可能性。

刑满释放人员的自杀行为

对刑满释放人员的自杀率的研究显示，这部分群体比普通人的自杀率更高（Graham，2003；Stewart，Henderson，Hobbs，Ridout & Knuiman，2004），特别是在被释放后的头12个月内（Harding-Pink，1990；Binswanger et al.，2007）。对在押犯自杀的研究还有一个最为重要的发现——监禁时间可以很好地预测一个群体的自杀率水平（Crighton，2000）。比如，10%的监狱内自杀行为是发生在进入监狱后的前24小时内，25%是发生在第1周（Crighton，2000）。普拉特等人（2006）在英格兰和威尔士进行了一项基于人群的队列研究，来讨论个体在被释放后的1年内的自杀率问题。他们通过标准化年龄死亡率，对刑满释放人员和普通人群的每10万人中每日平均自杀的人数进行比较，发现在英格兰和威尔士，在刑满释放后的第1年中，男性的自杀率是普通群体的8倍，而女性是普通群体的36倍。在1996—1997年中，被英格兰和威尔士的缓刑机构监督的释放人员中，萨特（2001）发现，10%的自杀行为发生在被释放后的第1周，50%发生在前4周。这一样本没有包括那些不在机构的监督下的刑满释放人员。

总的来说，研究者对影响刑满释放人员自杀行为的特定因素还知之甚少。最近一项由琼斯和梅纳德（2013）进行的研究讨论了这一领域的问题，他们系统地回顾了近期刑满释放人员的自杀风险，认为较高的自杀风险可能和高水平的精神疾病以及从监狱到社区这一过渡期的压力有关。

女性在押犯的自杀行为

2013年5月，在英格兰和威尔士的女性在押犯共有3893名，这占监狱总人数的5%（Prison Reform Trust，2013）。在日常生活中的每日平均人数上，男性的自杀死亡率比女性高许多（Crighton，2000）。然而，佩顿和詹金斯认为，监禁中的女性同样有很高的自杀风险，利布林（1992）认为女性的自杀率被明显地低估了。利布林（1994）认为，女性的自杀死亡率和男性差不多，但是基于对自杀的判断，研究倾向于认为女性的自杀率更低。基于对杜利（1990）的研究和与社区研究的比较，利布林认为，讨论女性在押犯的死亡应该使用SIDs这一概念，而不是自杀（比如由自身不幸遭遇导致的死亡）。因而，她认为女性的自杀率和男性的自杀率是相似的。克雷顿（2000）认为，女性在押犯比男性更容易碰到那些会导致自杀的危险因素，特别是受先前的心理状态、酒精和毒品滥用的影响，并且在女子监狱中有关身体和性方面的虐待也更加常见。然而，在监狱中，女性自杀死亡的人并不多。2000年有8例，2009年有3例（Ministry of Justice，2009）。小样本意味着难以可靠地分析性别差异在自杀死亡率中的作用，需要谨慎对待这一问题。利布林的研究的一个常

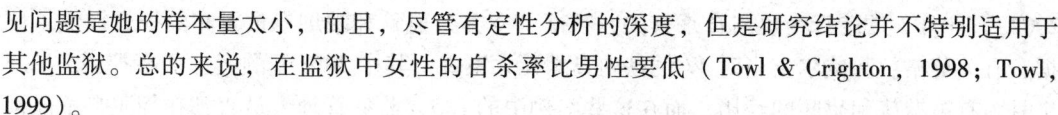

见问题是她的样本量太小，而且，尽管有定性分析的深度，但是研究结论并不特别适用于其他监狱。总的来说，在监狱中女性的自杀率比男性要低（Towl & Crighton, 1998；Towl, 1999）。

监狱自杀研究的局限

现有的自杀研究有许多局限性：第一，研究聚焦于识别自杀的风险（Livingston, 1997），并且早期研究是基于心理健康的模型（Liebling, 1991），这些模型主要关注的是对自杀行为的识别和描述。这些研究过分强调了心理健康的问题和个体的特征，而忽略了其他因素，比如环境的直接作用。第二，研究多是基于一个小样本（Dexter & Towl, 1995）或某一个人群，比如年轻的在押犯（Liebling, 1992）。第三，对监狱内的自杀率的估计偏高，对看守所（以及社区）中的自杀死亡率的统计线偏低（Towl & Hudson, 1997）。因此，虽然许多人在入狱时被认为有较高的自杀风险，但是最终并没有自杀。这就导致在筛选入狱犯人时会出现大量的"假阳性"，也就是说，虽然犯人被认为有自杀倾向，但是并没有自杀。当然，"假阳性"可以通过将更少的人标识为风险人群来减少其数量，但是，这又会提高"假阴性"出现的风险，即被认为没有自杀倾向的犯人最终自杀了。在自杀风险评估中，需要通过案例来探索更多与自杀相关的风险因素，来降低"假阳性"和"假阴性"出现的可能。

319

囚犯自杀的社会心理及情境性风险因素

待审的和已被判决的在押犯的自杀行为有诸多共同的特征。对情境性因素这一问题的讨论，有一份报告描述了在押犯通常会使用什么样的方法来上吊自杀——这份报告基于2011年发生的57个案例中的51个——最为致命的上吊自杀方法是使用床单或毯子系在窗户或床上自杀（Ministry of Justice, 2011）。此外，自杀者一般选择在监狱管理人员活动最少的时候自杀，比如夜晚或周末（Liebling, 2006）。在押犯自杀行为和住宿环境之间的关系已经被证实，特别是当一个在押犯被关押在有种族歧视问题的牢房中或是单间中时，自杀风险都可能提高（Meltzner & Hayes, 2006）。监狱的管理人员较少时，监狱中的在押犯有更高的自杀风险。这是因为与那些有充足人手的监狱相比，较少的管理人员可能无法有效地检查牢房或监管在押犯的行为（Prisons & Probation Ombudsman, 2011）。监狱过度拥挤可能也会提高相对脆弱的人选择自杀的可能性，尤其那些本来只有一个人住的房间突然又增加一个人的时候，两人必须同睡同吃同洗澡并共同使用没有屏蔽的厕所（Howard League, 2005）。2005年，当这些监狱的在押犯数超过了它规定容量的125%时，与2004年1月统计的159人自杀相比，新增自杀人数超过一半——90人，这一情况在1/4的监狱中都发生了（Howard League, 2005）。如果存在这样一种线性关系的话，其原因应该是复杂且多种多样的。首先，地方监狱和看守所往往是最拥挤的，但同时也容纳了在押犯总数的相当份额。地方监狱和看守所在多方面存在差异，这些差异可能导致了自杀率的差异（Crighton, 2000）。其次，如何定义和记录拥挤，各个监狱并不统一。最后，有证据显示，在英国的监狱中，当监狱中的拥挤程度第一次提高时，监狱内的自杀率会有所下降。

许多社会心理因素也可能会提高在押犯的自杀风险，这其中包括社会和家庭的支持的减少、之前自杀行为的影响（特别是最近的1—2年）、心理疾病史和情感障碍（WHO,

2007）。此外，欺凌行为也与自杀有关。2011 年 6 月，监狱和缓刑专员发布的报告提供了证据，有关英格兰和威尔士当时 47 例狱内自杀死亡案件，其中 20%（的案件的在押犯）在 3 个月内有被欺凌和恐吓的经历。而在这些案例中的 1/5，监狱管理人员直到在押犯自杀前都不知道有欺凌和恐吓行为发生（Prisons and Probation Ombudsman，2011）。需要强调的是，由于这一研究的样本量比较小，并没有统计学上的意义。无助感和无力感是共同导致在押犯自杀的原因。自杀被看做是处于绝望中的唯一出路。如果在押犯有这样的感受的表达，或是承认有自杀的意念，或是有自杀的计划，都必须被视为有高自杀率的人（WHO，2007）。

犯人的自残行为

自残行为对于刑事司法系统来说是一个挑战，因为这一行为可能会危及生命，以及可能进一步导致自杀。对"自残"这一行为的概念化和定义还存在些许问题。在不同的研究、政策和事件中，"自残"的定义并不一致。比如"自残（self-injury）"常常和下列词汇混用："自杀意图（attempted suicide）""自我伤害（selfinjury）""故意自伤（deliberate self-injury）""自毁（self-mutilation）""自杀行为（suicidal gesture）""自杀未遂（abortive suicide）""自罚性的暴力（self-inflicted violence）""准自杀行为（para-suicide）"。麦克休和托尔（1997）认为诸如"自残"和"自杀未遂"这样的词汇是有差异的。个体的自残行为并不一定伴随着自杀的意图。研究中使用的不同术语说明了在对自残行为进行研究时的含糊之处（Royal College of Psychiatrists，2010）。监狱和看守所中的自残行为的定义是，不论伤害的方法、意图和严重程度，在押人员故意伤害自己的行为即被视作自残。

对普通人群的自残行为的数据收集比较困难。这是因为自残行为通常是秘密进行的，这类事件一般不会被报道，实行自残行为的人也不一定需要住院治疗。在英国，"自残是急诊最常应对的五大问题之一，而那些自残入院的人中，有 1/6 的人在 1 年内还会再次入院"（Department of Health，2012）。2012 年 8 月之前的 1 年内，英国的医院收治了 110 960 例自残行为，其中药物中毒是最为常见的自残行为，比例达到十之八九（89.4%，99 200 例）（HSCIC，2012）。

无论是在监狱还是社区研究中，自残行为的一个问题是如何界定和分类什么是"自残"行为，以及自残行为和自杀未遂的差别在哪（Powis，2002）。自残行为的动机十分复杂，一个没有自残行为经历的人或许会认为这一行为十分奇怪。由于没有多少研究对在押犯的自残行为进行讨论，我们使用志愿服务部门对此的解释，这一部门试图提高公众和专业群体对社区中自残行为的理解水平。英国国家健康与临床卓越研究所（NICE，2012）指出，自伤行为可以分为两大类：服毒和自残。然而，萨顿（2007）认为，在个体选择的方法背后，还会有各不相同的动机和意图。此外，利利、欧文斯和霍罗克斯（2008）在他们的研究中发现，个体常常改变他们自残的行为。研究发现，80% 的服毒自伤的群体在接受治疗后仍旧会过量地使用处方药或非处方药（Horrocks，Price & House，2003）。在普通人群中，自残行为比服毒行为更加普遍（Hawton，Rodham & Evans，2002；Meltzer，Harrington & Goodman，2001）。割伤是最常见的自残行为（Hawton et al.，2002；Horrocks et al.，2003），而刺伤、烧伤、上吊、吞咽或插入异物、枪伤、溺水、跳楼和被车撞这样的自残行为则更少见（NICE，2012）。

监狱方面的相关研究虽少，但是在最近一篇综述中，霍顿和他的同事（2014）发现，无论是男性还是女性（在押犯），割伤和抓伤是最为常见的自残行为；在女性在押犯中，窒息行为比较常见（案例中的31%），其次是上吊行为（Crighton & Towl，2000；Liebling & Krarup，1993；Howard League，2013）。一些人认为监狱中的自残行为比社区中的自残行为更加危险；但是，霍顿等（2014）发现，监狱中自残行为的致死率很低，特别是女性在押犯。在1997年之前，对监狱内群体的自残事件报告的重点是"自杀未遂"，但是这一方法的问题在于，在押犯的真实意图并不清楚（Ministry of Justice，2013a）。一些事件可能看起来比其他事件更为致命，但是其目的可能只是自残而不是自杀。从1997年开始，所有自残行为均会被报告，这使得监狱群体中此类事件的报告增加。2002年的时候更进了一步，一种自残行为的监控方法开始实行，这一方法基于F213"同监伤害行为"（Injuries to Inmate，Ministry of Justice，2013a）。因此，从2003年开始，对自残行为的报告情况进一步改善。从2004年开始，司法部废弃了原先的自残行为统计方法，因为这一统计方法已经远远低于现有的标准。2013年，有22 977例狱内自残行为。在2012年，有23 522例，现已下降了约2%（Ministry of Justice，2013b）。虽然报告的自残行为数下降了，但是，个体报告的自残行为的数量基本没变。这意味着个体真正进行自残行为的数量减少了。

近年来报告的监狱内自残行为数量在不断下降，但是男性和女性在自残行为的数量下降中有不同的趋势。2006年1月—2009年12月，霍顿等（2014）进行了有自残行为和没有自残行为的群体的案例比较。他们发现，2004—2009年，所有的26 510名在押犯中，有139 195起自残行为；5%—6%的男性在押犯、20%—24%的女性在押犯每年都有自残行为，女性在押犯的自我伤害率是男性在押犯的10倍。重复自残行为十分常见，特别是在女性和青少年女性中，有102名在押犯在上述阶段进行了17 307次的自残行为。在2012年，新的记录系统刚开始运作的时候，男性在押犯自残的数量超过女性在押犯的20倍。相较之下，女性自残行为在近两年中下降了42%，这一大规模的下降主要来自看守所。2010年1月前的12个月，1000名有自残行为的在押犯中有353名女性，而2013年1月前的12个月，1000名有自残行为的在押犯中只有266名女性。然而，尽管最近女性在押犯的自残行为减少了，但是女性自残的数量在总自残数中仍旧不成比例。

在押犯自残风险的相关因素

在押犯自残行为的相关风险因素包括先前的自残行为历史（Inch，Rowlands & Soliman，1995；Wilkins & Coid，1991）、女性性别（HM Inspectorate of Prisons，1999；Singleton，Meltzer & Gatward，1998；Social Work Services and Prisons Inspectorates for Scotland，1998；Wool & Dooley，1987）、物质滥用行为（Haycock，1989；Karp，Whitman & Convit，1991；Wilkins & Coid，1991）、童年的家庭不健全（Rieger，1971）、有被身体（Wilkins & Coid，1991）或性虐待（Wilkins & Coid，1991）的经历；有精神障碍（Liebling，1992；Liebling & Krarup，1993；Office for National Statistics，1999；Power & Spencer，1987），例如抑郁症（Favazza & Rosenthal，1993；Haycock，1989）、自尊水平低（Liebling，1992）、高水平的焦虑（Mental Health Foundation，1997；Wilkins & Coid，1991）、抗压能力较差（deCatanzaro，1981）。已有研究发现了监狱环境和自残之间的关系，那就是，被长期关押或长期进行违背意愿的行为会导致在押犯自残（Dear，Thomson，Hall & Howells，2001；Liebling & Krarup，

1993）。被其他犯人欺凌或恐吓（Dear et al.，2001；Liebling & Krarup，1993）、感到孤独（Liebling，1992；1993）、年轻（小于20岁）、白种人以及被判处终身监禁或不定期刑，上述特征会提高男性和女性在押犯在狱内的自残行为的可能性。最后，有证据表明，在押犯待在监狱的时间可能是一个重要的变量。克雷顿和托尔（1997）的研究发现，超过10%的自杀行为发生在进入监狱的第1天，45%的自杀行为发生在进入监狱的第1周。这一研究得到了早期在苏格兰进行的研究的支持（Bogue & Power，1995），也和洛克斯（1998）的研究结果类似，洛克斯发现刚进入看守所的时候的自残率最高。

现有的监禁中的干预和治疗

监狱服务部门过去的方法是使用一个结构化的管理程序，这一程序是围绕一个指导性文件"自我伤害2052表格"（Form 2052 Self-Harm，F2052SH）展开的，以此来监控和管理在押犯的自杀和自残风险。任何管理人员都可以打开这一表格，这一方法的核心是案例研讨（The Howard League，2001）。围绕每一个在押犯的福利，该表格记录了每一个在押犯的信息，并提供个性化的照看计划。霍华德联盟（The Howard League，2001）对自我伤害2052表格工具的使用进行了评估，他们发现监狱的管理人员认为这一工具并没有提供关于在押犯自残意图的信息，并且提供的支持没有针对性。比如，在押犯会得到"健康照顾"和"相关活动"，但是实际上，他们通常并没有得到任何额外的支持和供给（The Howard League，2001）。在2006年4月，这一工具被在看守所和监狱中的评估和监护系统（ACCT）所取代，这一系统有一个定期的以在押犯为中心的检查会议，并且提供了一个灵活的计划来有效地减少自残和自杀风险。看守所和监狱的评估和监护系统设有说明性的时间表，希望以此来提高监狱管理人员参加会议的连续性，并加强支持的供给，使这些供给对在押犯而言更有意义。看守所和监狱的评估和监护系统现今仍在使用，最后更新于2012年的4月1日。

康复在监狱系统中所扮演的角色在过去20年中发生了改变。与普通群体相比，在押犯有极高的概率出现一系列心理健康问题，包括自杀和自残行为（Durcan，2008）。过去，如果在押犯有较高的伤害自身的风险，而监狱的康复系统并不在意，这可能会导致这一部分群体出现反复自我伤害的行为，使得情况进一步恶化（Howard League，2001）。2001年，卫生部要求英格兰和威尔士的监狱康复系统遵循"平等"原则，这意味着在押犯在应该得到与他们在监狱外得到的相同质量的健康照顾（Royal College of Nursing，2010）。有的人认为确实需要让监狱与社区之间的护理水平相等，但现在在两个环境中均有类似"邮编彩票（postcode lottery）"的存在（Towl，2010）。这段时间以来，在英格兰的各个监狱中都开始创建新的团队（Royal College of Nursing，2010）。建立这一团队是为了在监狱内提供与在狱外运作的同样的社区心理健康服务，并将扩大服务范围与专业团队的危机解决功能一体化，为出版《国家心理健康服务大纲》提供帮助（Department of Health，1999）。有关于这类团队在英格兰监狱心理健康方面的贡献，已有研究给出了证据（Royal College of Nursing，2010），这一研究认为它通过更好的筛选机制、对毒品的治疗和对自杀行为的预防，改善了在押犯的心理疾病状况。然而，这篇研究没有给出这类团队在自杀和自残方面影响的特例。

在20世纪80年代期间，撒玛利亚会越来越关心这部分他们无法触及的在押犯的自杀和自残行为。因而，他们开始和监狱建立联系，向监狱管理人员介绍他们的工作，并提供

322

支持（Samaritans，1990）。他们到监狱去对管理人员进行培训和活动，并和在押犯见面，必要时向他们做出保密承诺（Samaritans，1990）。20世纪90年代早期随着一系列的自杀行为发生，一个同伴互助的试点计划应运而生，该计划旨在强化在押犯互帮互助（Davies，1994）。一旦该试点成功，也可以在其他监狱迅速推行。该项目到1993年已经有20个试点，1995年发展到了70个（试点），1996年有100个（试点）（Samaritans，2011）。现今，有撒玛利亚会的志愿者参与的"倾听计划"旨在选择、训练和支持在押犯成为"倾听者"。他们和撒玛利亚会的志愿者一样，为倾诉者保密、保持价值中立、提供情感支持。任何在押犯都可以自愿成为倾听者来帮助陷入困难的狱友，但是他们必须经过全面的培训。训练有素的本地撒玛利亚会的人会为倾听者提供支持，听取他们的报告，并持续培训他们（Samaritans，2011）。目前，在英格兰和威尔士的监狱中大约有120个这类项目正在运作，在其中部分机构，在押犯参与的频率非常高。比如，在2001年，有一所女子监狱在3个月内进行了500次接触，其中183例都是和自我有关的（Howard League，2001）；类似的还有，本地的一所大型且人数多的男子监狱，在2009年大约进行了8000次接触（Jaffe，2012），有一些在押犯似乎对倾听者心怀抵触，不愿意接触，因为他们并不信任这一群体，担心他们所说会在监狱中流传开来（Howard League，2001）。有的人认为这只是一种感觉而不是事实（Howard League，2001；Jaffe，2012）。现如今，倾听计划在英格兰和威尔士的监狱系统中是最为广泛和运作良好的（Jaffe，2012）项目。

监狱机构也采用了其他方法来减少狱内自杀的发生。例如，训练监狱的管理人员，加强他们对心理健康问题的认识和理解；建立更安全的监室（Burrows，Brock，Hulley，Smith & Summers，2008）；改善入狱筛查机制，建立"守夜中心"（HM Inspectorate，2007）。

对不同的干预和治疗方案进行评价主要基于自残群体，但是很少有在临床上显著减少行为的证据（Kapur，2005）。关于监狱群体的这类研究更具有挑战性。然后，2012年6月，"女性犯罪人重复自残干预试点Ⅱ"（Women Offenders Repeated Self Harm Intervention Pilot Ⅱ，WORSHIP Ⅱ）项目启动，项目负责人和她的同事正在对3个女子监狱进行研究。这一为期3年的对照组实验（RCT）用于研究简短的心理治疗的有效性（Guthrie，Kapur & Mackway-Jones，2001），并以减少女监中的重复自残行为和自杀意念为目的。这一修正后的简短谈话干预方法，之前在斯蒂亚女子监狱中有过试点。WORSHIP Ⅱ项目计划建立一个以女性为中心、对性别敏感和有性别差异的方法，来满足女性在押犯的需求，以期解决自残行为。

监狱管理人员在犯人自我伤害过程中的自我应对

专业人士（不同领域的不同专家）在处理在押犯自残行为时，同样也会出现各种焦虑、恐惧和消极行为（Taylor，Hawton，Fortune & Kapur，2009）。有人发现，如果有自残行为的委托人进行了社会所不接受的行为时，诊疗中的管理人员会觉得自己需要对此负责。事实上，管理人员可能相对难以阻止此类行为的发生（Hayward，Tilley，Derbyshire，Kuipers & Grey，2005）。这种无助和易受伤害的感觉更容易带来创伤（Deiter & Pearlman，1998），并能够依此看出管理人员对自主意识、能力和角色的观点（Rayner，Allen & Johnson，2005）。加上个人潜在伤害自身的行为（Fish，2000）以及观察和理解情绪的困难和压力，可能会使得工作人员与委托人之间保持距离（Huband & Tantam，2000）。由此，管理人员对自杀的态度也可能会从同情转变为蔑视。

有关监狱工作人员的讨论，马尔扎诺、阿德勒和西西尔特拉（2013）认为，这一群体的压力强度高且特别。他们认为监狱的环境本身就会带来压力。对于监狱的管理人员来说，应对自残行为特别具有挑战性，尤其是在那些将减少自杀和自残率作为目标和优先待解决问题的监狱中（HM Prison Service，2007）。监狱管理人员常常感觉在应对重复自残行为的在押犯时准备不充分、训练不足且缺乏技巧（Towl & Forbes，2002），这和对监狱管理人员的支持十分有限有关（Home Office，2007）。此外，在面对有自残行为的在押犯时，监狱的管理人员必须处理好监管角色和照顾角色之间的平衡（Home Office，1991；Towl & Forbes，2002），这意味着他们需要协调运用权力权威和同情怜悯心。不同角色之间可能会发生冲突和模糊（Triplett，Mullings & Scarborough，1996），这可能导致心理上的压力和较低的工作满意度（Cox，1993；Mackay，Cousins，Kelly，Lee & McCaig，2004）。在讨论自残在押犯的研究中，对惩教人员群体的研究往往被忽略了。马尔扎诺、阿德勒和西西尔特拉（2013）讨论了监狱中的工作人员是如何在应对重复自残的男性在押犯的同时受其影响的。通过定性访谈，他们讨论了监狱员工的经历，以及他们应对非自杀的反复自残行为的方法。他们的研究发现，在健康照顾监管员工中，有高度的失望和紧张感、无助感，以及较弱的工作掌控感。在押犯和狱警对自残行为的看法不尽相同，肯宁等人（2010）在女子监狱进行了半结构式的访谈并进行了归因分类。这一研究发现，监狱管理人员认为如"操纵他人"或"引起注意"是自残的动机，而女性在押犯则认为是由于管理自身或自我惩罚。她们的结论产生差异的原因，可能部分在于狱警缺乏应有的培训和支持，提高这一方面的训练有助于改善狱警—在押犯之间的关系。

结论

在过去的20年里，在监禁中死亡、自杀和自残已经成了英国政策制定者的关注焦点。在押犯的自残行为逐年减少，但是男性和女性的下降趋势并不一致。2012年，现行的记录系统开始运作后的第一次记录显示，男性在押犯的自残人数多于女性。然而，尽管在过去的两年内，女性在押犯的自残数有显著下降，特别是在监禁中的女性的重复自残行为明显减少，但是女性在押犯的自残人数仍旧与这一群体所占总在押犯人数的比例不相称。讨论英格兰和威尔士的在押犯自杀率为何高于普通人群的研究仍在继续。

必须意识到，相关的研究方法还存在许多局限，在进行比较时要小心谨慎。研究通常是基于小样本（Dexter & Towl，1995），没有控制组（Bonner，1992）或是仅仅基于一个群体，比如年轻的在押犯（Liebling，1992）。对监狱内的自杀率的估算偏高，对看守所（以及社区）中的自杀死亡率的统计线偏低（Towl & Hudson，1997）。虽然许多人在入狱时被认为有较高的自杀风险，但是最终并没有自杀。这就导致在筛选入狱犯人时会出现大量的"假阳性"，也就是说，虽然犯人被认为有自杀倾向，但是并没有自杀。当然，"假阳性"可以通过将更少人标识为风险人群来减少，但是，这又会提高"假阴性"出现的风险，即被认为没有自杀倾向的犯人最终自杀了。另外，霍顿等人认为，监狱报告系统中的数据本身存在问题，这部分数据依赖于监狱自身，没有记录的事件则无从得知。因此，被记录的事件可能是准确的，但是由此估计的数量可能会偏低。最后，很少有关于监狱内自杀的对照研究。因此考虑现有的数据和现实的关系时要小心谨慎。

将来对减少自杀和自残率研究的发展方向应该放在对风险因素的维度化上，如个体进入监狱的时间、个体特征和经历以及环境的风险因素，或监狱本身的影响等。刑事司法系统的从业人员并不能改变进入这一体制中的人的特征，但是在入狱时，对自杀或是自残行为风险的评估可以涵盖多个因素，如之前在家庭中的自杀或自残史，童年的创伤以及社交网络水平、精神状态和自尊水平。可以基于每个在押犯的个人需求，为每个在押犯发展出一套全面的计划。这将帮助监狱识别出许多容易自杀的在押犯，进而为他们提供走出过去犯罪阴影的机会。

324

扩展阅读

1. Hawton, K., Linsell, L., Adeniji, T., Sariaslan, A., & Fazel, S. (2014), "Self-harm in prisons in England and Wales: An epidemiological study of prevalence, risk factors, clustering, and subsequent suicide", *The Lancet*, 383 (9923), 1147 – 1154.

这篇文章是在英格兰和威尔士监狱进行的有关监狱群体内自我伤害行为的案例对照研究，并讨论了相关的风险因素、集聚效应和自我伤害后的自杀风险。文章中使用的数据是来自2004年1月到2009年12月英格兰和威尔士所有记录在案的自我伤害行为。本文在对自我伤害人群进行聚类分析时也使用了贝叶斯方法。2004—2009年，有记录的事件数有26 510件；5%—6%的男性在押犯和20%—24%的女性在押犯每年都会有自我伤害行为。女性在押犯的自我伤害率是男性在押犯的10倍。重复自我伤害的现象很常见，特别是在成年女性和青少年女性中，有102名在押犯在上述阶段进行了17 307次的自残行为。作者特别强调了自我伤害对在押犯带来的成本和负担是需要关注的，特别是在女性群体中。监狱内的自我伤害常常导致自杀行为。对自我伤害的预防和治疗是阻止自杀行为发生的重要措施。

2. Towl, G., & Crighton, D. (1998), "Suicide in prisons in England and Wales from 1988 to 1995", *Criminal Behaviour and Mental Health*, 8, 184 – 192.

这篇文章对英国监狱部门下自杀意识援助单位记录的英格兰和威尔士1988—1995年的377个案例进行了分析。这篇文章还讨论了这一敏感领域方法论上的困境。文章中也讨论了自杀在押犯和其他人的差别。

参考文献

Binswanger, I., Stern, M., Deyo, R., Heagerty, P., Cheadle A., Elmore, J., & Koepsell, T. (2007), "Release from prison-a high risk of death for former inmates", *New England Journal of Medicine*, 356, 157 – 165.

Bogue, J., & Power, K. (1995), "Suicide in Scottish prisons, 1976 – 93", *The Journal of Forensic Psychiatry*, 6, 527 – 540.

Bonner, R. (1992), "Isolation, seclusion and psychological vulnerability as risk factors for suicide behind bars", In R. Maris et al. (Eds.), *Assessment and prediction of suicide*, New York: Guilford Press.

Burrows, T., Brock, P., Hulley, S., Smith, C., & Summers, L. (2008), *Safer cell evaluation*, London: University College.

Camilleri, P., McArthur, M., & Webb, H. (1999), "Suicidal behaviour in prisons: A literature review", School of Social Work, Australian Catholic University: Canberra.

Cox, J., & Morschauser, P. (1997), "A solution to the problem of jail suicide", *The Journal of Crisis Intervention and Suicide Prevention*, 18, 178 – 184.

Cox, T. (1993), "Stress research and stress management: Putting theory to work", *HSE Contract Research Report*, No. 61: Sudbury.

Crighton, D. (2000), "Suicide in prisons in England and Wales 1988 – 1998: An empirical study", PhD thesis submitted to Anglia Polytechnic University.

Crighton, D., & Towl, G. (1997), "Self-inflicted deaths in England and Wales 1988 – 1990, and 1994 – 95", In G. Towl (Ed.), *Suicide and self-injury in prisons*, Leicester: British Psychological Society.

Crighton, D., & Towl, G. (2000), "Intentional self-injury", In G. Towl., L. Snow, & M. McHugh (Eds.), *Suicide in prisons*, Leicester: British Psychological Society.

Davies, B. (1994), "The Swansea listener scheme: Views from the prison landings", *The Howard Journal*, 33 (2), 125 – 135.

Dear, G., Thomson, D., Hall, G., & Howells, K. (2001), "Non-fatal self-injury in western Australian prisons: Who, where, when and why", *Australian and New Zealand Journal of Criminology*, 34 (1), 47 – 66.

DeCatanzaro, D. (1981), "*Suicide and self-damaging behaviour: A sociobiological perspective*", New York: Academic Press.

Deiter, P., & Pearlman, L. (1998), "Responding to self-injurious behaviour," In P. Kleespies (Ed.), *Emergencies in mental health practice: Evaluation and management*, New York: The Guilford Press.

Department of Health (1999), *The national service framework for mental health: Modern standards and service models*, London: Department of Health.

Department of Health (2001), *Changing the outlook-a strategy for developing and modernising mental health services in prisons*, London: Department of Health.

Department of Health (2004), *Choosing health: Making healthier choices easier*, London: Department of Health.

Department of Health (2012), *Improving outcomes and supporting transparency. Part2: Summary technical specifications of public health indicators*, London: Department of Health.

Dexter, P., & Towl, G. (1995), "An investigation into suicide behaviour in prisons", In N. Clark & G. Stephenson (Eds.), *Criminal behaviour: Perceptions, attributions, and rationalities*, Leicester: British Psychological Society.

Dooley, E. (1990), "Non-natural deaths in prison", *British Journal of Criminology*, 30 (2), 229 – 234.

Durcan, G. (2008), *From the inside: Experiences of prison mental health care*, London: Centre for Mental Health.

Favazza, A., & Rosenthal, R. (1993), "Diagnostic issues in self-mutilation", *Hospital and Community Psychiatry*, 44, 134 – 140.

Fish, R. (2000), "Working with people who harm themselves in a forensic learning disability service: Experiences of direct care staff", *Journal of Learning Disabilities*, 4, 193 – 207.

Graham, A. (2003), "Post-prison mortality: unnatural death among people released from Victorian prisons between January 1990 and December 1999", *Australian and New Zealand Journal of Criminology*, 36, 94 – 108.

Guthrie, E., Kapur, N., & Mackway-Jones, K. (2001), "Randomised controlled trial of brief psychological intervention after deliberate self-poisoning", *British Medical Journal*, 323, 135 – 138.

Harding-Pink, D. (1990), "Mortality following release from prison", *Medicine, Science, and the Law*, 30, 12 – 16.

Hatty, S. E., & Walker, J. R. (1986), "A national study of deaths in Australian prisons", Canberra: Australian Centre of Criminology.

Hawton, K., Linsell, L., Adeniji, T., Sariaslan, S., & Fazel, S. (2014), "Self-harm in prisons in England and Wales: an epidemiological study of prevalence, risk factors, clustering, and subsequent suicide", *The Lancet*, 383 (9923), 1147 – 1154.

Hawton, K., Rodham, K., & Evans, E. (2002), "Deliberate self-harm in adolescents: Self-report survey in schools in England", *British Medical Journal*, 325, 1207 – 1211.

Haycock, J. (1989), "Manipulation and suicide attempts in jails and prisons", *Psychiatric Quarterly*, 60, 85 – 98.

Hayward, P., Tilley, F., Derbyshire, C., Kuipers, E., & Grey, S. (2005), " 'The ailment' revisited: Are 'manipulative' patients really the most difficult?", *Journal of Mental Health*, 14 (3), 291 – 303.

HM Prison Service (2007), *Prison Service Order* 2700: *Suicide prevention and self-injury management*, London: Home Office.

HMI Probation and HMI Prisons (2013), *A joint inspection of life sentence prisoners*, London: Home Office.

HM Inspectorate of Prisons (1999), *Suicide is everyone's concern*, London: Home Office.

HM Inspectorate of Prisons (2000), *Unjust desserts*, London: Home Office.

HM Inspectorate (2007), *The mental health of prisoners*, London: Home Office.

HM Inspectorate of Prisons (2012), *Remand prisoners*, London: Home Office.

HM Prison Service (2001), *Prevention of suicide and self-harm in the prison service: An internal review*, London: HM Prison Service.

Home Office (1991), *Custody, care and justice: The way ahead for the Prison Service England and Wales*, London: Home Office.

Home Office (2007), *Prison service staff surveys* 2002 *to* 2006, London: Home Office.

Horrocks, J., Price, S., & House, A. (2003), "Self-injury attendances in the accident and emergency department: clinical database study", *British Journal of Psychiatry*, 183, 34 – 39.

Howard League for Penal Reform (2001), *Suicide and self-injury prevention* 2: *Repetitive self-injury among women and girls in prison*, London: The Howard League for Penal Reform.

Howard League for Penal Reform （2005）, *Briefing paper on prison overcrowding and suicide*, London: The Howard League for Penal Reform.

Howard League for Penal Reform （2013）, *Deaths in custody annual report* 2013, London: The Howard League for Penal Reform.

HSCIC. （2012）, "Self-harm", http://www. hscic. gov. uk/article/2430/Self-harm-hospital-admission-rate-per – 100000 – population-in-North-East-almost-triple-the-rate-in-London （accessed 14 January 2015）.

Huband, N. , & Tantam, D. （2000）, "Attitudes to self-injury within a group of mental health staff", *British Journal of Medical Psychology*, 73, 495 – 504.

Huey, M. , & McNulty, T. （2005）, "Institutional conditions and prison suicide: Conditional effects of deprivation and overcrowding", *The Prison Journal*, 85 （4）: 477 – 491.

Inch, H. , Rowlands, P. , & Soliman, A. （1995）, "Deliberate self-harm in a young offenders' institution", *Journal of Forensic Psychiatry*, 6, 161 – 171.

Independent Advisory Panel on Deaths in Custody （2011）, *Statistical Analysis of all recorded deaths of individuals detained in state custody between 1 January 2000 and 31 December 2010*, London: Ministerial Council on Deaths in Custody.

INQUEST （2012）, *Fatally Flawed: Has the state learned lessons from the deaths of children and young people in prison?* London: Prison Reform Trust.

Jaffe, M. （2012）, *The Listener Scheme in Prisons: Final report on research findings*, London: The Samaritans.

Jones, D. , & Maynard, A. （2013）, "Suicide in recently released prisoners: a systematic review", *Mental Health Practice*, 17 （3）, 20 – 27.

Kapur, N. （2005）, "Management of self-harm in adults: which way now?", *The British Journal of Psychiatry*, 187 （6）, 497 – 499.

Karp, J. , Whitman, L. , & Convit, A. （1991）, "Intentional ingestion of foreign objects by male prison inmates", *Hospital and Community Psychiatry*, 42, 533 – 535.

Kenning, C. , Cooper, J. , Short, V. , Shaw, J. , Abel, K. , & Chew-Graham, C. （2010）, "Prison staff and women prisoner's views on self-injury; their implications for service delivery and development: A qualitative study", *Criminal Behaviour and Mental Health*, 20 （4）, 274 – 284.

Leese, M, . Thomas, S. , & Snow, L. （2006）, "An ecological study of factors associated with rates of self-inflicted death in prisons in England and Wales", *International Journal of Law and Psychiatry*, 29 （5）, 355 – 360.

Liebling, A. （1991）, "Suicide and self-injury amongst young offenders in custody", Doctoral dissertation, University of Cambridge.

Liebling, A. （1992）, *Suicide in prison*, London: Routledge.

Liebling, A. （1993）, "Suicides in young prisoners: a summary", *Death Studies*, 17, 381 – 409.

Liebling, A. （1994）, "Suicide among women prisoners", *The Howard Journal*, 33 （1）,

1 - 9.

Liebling, A. , & Krarup, H. （1993）, *Suicide attempts in male prisons*, London: Home Office.

Liebling, A. （2006）, "The role of the prison environment in prison suicide and prisoner distress", In G. Dear （Ed. ）, *Preventing suicide and other self-injury in prison*, Basingstoke: Palgrave-Macmillan.

Lilley, R. , Owens, D. , & Horrocks, J. （2008）, "Methods of self-injury: A multicentre comparison of episodes of poisoning and injury", *British Journal of Psychiatry*, 192, 440 - 445.

Livingston, M. （1997）, "A review of the literature on self-injurious behaviour amongst prisoners", In G. Towl （Ed. ）, *Suicide and self-injury in prisons*, Leicester: British Psychological Society.

Lloyd, C. （1990）, *Suicide and self-injury in prison: A literature review*, London: Home Office.

Loucks, N. （1998）, "HMPI Corton Vale: Research into drugs and alcohol, violence and bullying, suicides and self-injury, and backgrounds of abuse", Scottish Prison Service Occasional Papers: 1/98.

Mackay, C. , Cousins, R. , Kelly, P. J. , Lee, S. , & McCaig, R. H. （2004）, "Management standards' and work-related stress in the UK: Policy background and science", *Work and Stress*, 18, 91 - 112.

Marzano, L. , Adler, J. , & Ciclitira, K. （2013）, "Responding to repetitive, non-suicidal self-injury in an English male prison: Staff experiences, reactions, and concerns", *Legal and Criminological Psychology*, 12, 1 - 14.

Mchugh, M. , & Towl, G. （1997）, "Organizational reactions and reflections on suicide and self-injury", In G. Towl （Ed. ）, *Suicide and self-injury in prisons*, Leicester: British Psychological Society.

Meltzer, H. , Harrington, R. , & Goodman, R. （2001）, *Children and adolescents who try to harm, hurt or kill themselves: A report of further analysis from the national survey of the mental health of children and adolescents in Great Britain in* 1999, London: Office for National Statistics.

Meltzner, J. , & Hayes, L. （2006）, "Suicide prevention in jails and prisons", In R. Simon & R. Hales （Eds. ）, *Textbook of suicide assessment and management*, Washington: American Psychiatric Publishing.

Mental Health Foundation （1997）, *Suicide and deliberate self-injury*, London: Mental Health Foundation.

Ministry of Justice （2009）, *Statistics on women and the criminal justice system*, London: Ministry of Justice.

Ministry of Justice （2011）, *Safety in custody*, London: Ministry of Justice Statistics Bulletin.

Ministry of Justice （2013a）, *Guide to safety in custody statistics*, London: Ministry of Justice Statistics Bulletin.

Ministry of Justice (2013b), *Resettlement prisons*, London: Ministry of Justice.

Ministry of Justice (2013c), *Safety in custody statistics England and Wales update to June 2013*, London: Ministry of Justice.

Ministry of Justice (2013d), *Offender management statistics quarterly bulletin July to September 2012*, London: Ministry of Justice.

NICE (2012), *Self-injury: Longer term management*, London: The British Psychological Society and The Royal College of Psychiatrists.

Office for National Statistics (1999), *Non-fatal suicidal behaviour among prisoners*, Office for National Statistics, London: The Stationery Office.

Paton, J., & Jenkins, R. (2005), "Suicide and suicide attempts in prisons", In K. Hawton (Ed.), *Prevention and treatment of suicidal behaviour: From science to practice*, Oxford: Oxford University Press.

Power, K., & Spencer, A. (1987), "Para-suicidal behaviour of detained Scottish young offenders", *International Journal of Offender Therapy and Comparative Criminology*, 31, 227 – 235.

Powis, B. (2002), *Offender's risk of serious harm: A literature review*, London: Home Office Research, Development and Statistics Directorate.

Pratt D., Piper, M., Appleby, L., Webb, R., & Shaw, J. (2006), "Suicide in recently released prisoners: A population-based cohort study", *Lancet*, 368, 119 – 123.

Prison Reform Trust (2013), *Prison: The facts*, London: Prison Reform Trust.

Prisons and Probation Ombudsman (2011), *Learning from PPO investigations: Violence reduction, bullying and safety*, London: Home Office.

Rayner, G. C., Allen, S. L., & Johnson, M. (2005), "Countertransference and self-injury: A cognitive behavioural cycle", *Journal of Advanced Nursing*, 50, 12 – 19.

Rieger, W. (1971), "Suicide attempts in a federal prison", *Archives of General Psychiatry*, 24, 532 – 535.

Royal College of Nursing (2010), *Prison mental health: Vision and reality*, London: Royal College of Nursing.

Royal College of Psychiatrists (2010), *Self-injury, suicide and risk: Helping people who self-injury*, London: Royal College of Psychiatrists.

Royal College of Psychiatrists (2013), *Standards for community forensic mental health services*, London: Royal College of Psychiatrists.

Sainsbury Centre for Mental Health (2009), *Diversion: A better way for criminal justice and mental health*, London: Sainsbury Centre for Mental Health.

Samaritans (1990), *Befriending in prisons*, Slough: The Samaritans.

Samaritans (2011), *A history of the listener scheme and Samaritans' prison support*, Ewell: Samaritans.

Sattar, G. (2001), *Rates and causes of death among prisoners and offenders under community supervision*, London: Home Office.

Shaw, J., Baker, D., Hunt, I., Moloney, A., & Appleby, L. (2004), "Suicide by prisoners: National clinical survey", *British Journal of Psychiatry*, 184, 263 – 267.

Singleton, N., Meltzer, H., & Gatward, R. (1998), *Psychiatric morbidity among prisoners in England and Wales*, London: The Stationery Office.

Slade, K., & Edelmann, R. (2013), "Can theory predict the process of suicide on entry to prison? Predicting dynamic risk factors for suicide ideation in a high-risk prison population", *Crisis*, 35 (2), 82 – 89.

Social Exclusion Unit (2002), *Reducing re-offending by ex-prisoners*, London: Office of the Deputy Prime Minister.

Social Work Services and Prisons Inspectorates for Scotland (1998), *Women offenders-A safer way*, Scotland: HMSO.

Stephenson, P. (2004), "Mentally ill offenders are being wrongly held in prisons", *British Medical Journal*, 328, 1095.

Stewart, L., Henderson, C., Hobbs, M., Ridout, S., & Knuiman, M. (2004), "Risk of death in prisoners after release from jail", *Australian and New Zealand Journal of Public Health*, 28, 32 – 36.

Sutton, J. (2007), *Healing the hurt within: Understand self-injury and self-injury, and heal the emotional wounds (revised and updated 3rd edition)*, Oxford: How To Books.

Task Force on Suicide in Canada (1994), *Suicide in Canada*, Ottawa: Minister of National Health and Welfare.

Taylor, T., Hawton, K., Fortune, S., & Kapur, N. (2009), "Attitudes towards clinical services among people who self-injury: Systematic review", *British Journal of Psychiatry*, 194, 104 – 110.

Towl, G. (1996), "Homicide and suicide, risk assessment in prisons", *The Psychologist*, September, 9, 398 – 400.

Towl, G. (1999), "Suicide in prisons in England and Wales, 1988 – 1996", In G. Towl., M. McHugh., & D. Jones (Eds.), *Suicide in prisons: Research, policy and practice*, Brighton, UK: Pavilion Publishing.

Towl, G. (2000), "Reflections upon suicide in prisons", *The British Journal of Forensic Practice*, 2 (1), 17 – 22.

Towl, G. (2010), "Foreword", In J. Harvey & K. Smedley (Eds.), *Psychological therapy in prisons and other secure settings*, Cullompton, UK: Willan Publishing.

Towl, G., & Crighton, D. (1998), "Suicide in prisons in England and Wales from 1988 to 1995", *Criminal Behaviour and Mental Health*, 8, 184 – 192.

Towl, G., & Hudson, D. (1997), "Risk assessment and management", In G. Towl (Ed.), *Suicide and self-injury in prisons*, Leicester: British Psychological Society.

Towl, G., & Forbes, D. (2002), "Working with suicidal prisoners", In G. Towl, L. Snow, & M. McHugh (Eds.), *Suicide in prison*, Oxford: BPS Blackwell.

Triplett, R., Mullings, J. L., & Scarborough, K. E. (1996), "Work-related stress and coping among correctional officers: Implications from organizational literature", *Journal of Criminal*

Justice, 24, 291 – 308.

WHO. (2007), *Preventing suicide in jails and prisons*, Geneva: World Health Organisation.

Wichmann, C., Serin, R., & Motiuk, L. (2000), *Predicting suicide attempts among male offenders in federal penitentiaries*, Canada: Research Branch, Correctional Service.

Wilkins, J., & Coid, J. (1991), "Self-mutilation in female remanded prisoners: I. An indicator of severe psychopathy", *Criminal Behaviour and Mental Health*, 1, 247 – 267.

Wool, R., & Dooley, E. (1987), "A study of attempted suicides in prisons", *Medicine, Science and the Law*, 27 (4), 297 – 301.

Youth Justice Board and Ministry of Justice (2013), *Youth Justice Statistics* 2011/12: *England and Wales*, London: Youth Justice Board and Ministry of Justice.

第二十一章 针对儿童与青少年性
侵害行为的有关工作

杰基·沃顿（Jackie Walton）

本章列举了一些与青少年实施性侵害行为相关的核心研究综述。笔者开篇探究了在过去 25 年里随着相关服务的发展，儿童性侵害行为的定义问题，尤其是关于行为描述的语言，并对影响性侵害行为的青少年和儿童的相关因素进行了整理。然后介绍了英国相关服务出现的历史发展、立法与公共政策背景，包括专业界定，因果关系、评估、处置方法模型的研究，公共政策与立法方面的回应，不同专业以及公共服务者所能满足这些青少年需求而提供帮助的程度，等等。本研究领域中的关键问题是针对这些儿童、青少年进行评估与治疗方法的普及率与发展状况。最后本文将该领域的经验教训延伸到针对成年性罪犯方面的工作中，认为该方面的工作长期未取得有效进展，可能与从事相关工作人员的专业性有关。

明确问题与语言运用

关于儿童、青少年产生性行为这一问题所使用的描述语言，在实际工作者与研究者之间存在着许多的争论，尤其涉及所描述的究竟是儿童还是行为。对这一争论在将相关文件进行回顾（Calder，2001；Hackett，2004）后发现诸如"年轻的施虐者""青少年性侵者""进行性骚扰的孩子""性方面进行虐待的孩子""性方面进行侵犯的孩子""有性侵犯行为的儿童、青少年"等措辞，被不同的作者在不同的立法、政策文件中进行多样化的使用。这些术语的选择，反映了这些作者的不同的专业、组织背景、工作群体与年龄。这一争论同时也反映了将成年人的模型与治疗方法应用于青少年，与为有效减少青少年进一步的性行为的政策之间的内在矛盾。这种矛盾在 19 世纪 80 年代的专业讨论之中就开始出现。我们如何既能发现属于青少年常见的伤害他人行为的特征，又能够找出引发那些在童年时代经历重大事件的青少年伤害他人动机的需求？本章中使用的是"伤害性的性行为"（harmful sexual behavior）这一术语，该词既能够包含对于受害者的伤害这一意义，同时也能够区分出在"虐待""施虐者"这些词汇上所体现的轻蔑性的意义，即其暗含的性犯罪的行为范式对于帮助理解这种行为的青少年而言毫无意义。

历史背景

在 1990 年，性虐待儿童咨询组织（Training Advisory Group on Sexually Abused Children，TAGOSAC）、英国国家儿童部（National Children's Bureau）的关于儿童虐待问题部门与儿童热线发起了全国性的专家会议来研究儿童和青少年实施性虐待问题（Hollous & Amstrong，1991）。紧随其后的是他们在《国家儿童之家》（*National Children's Home*）上发表的一个关于儿童、青少年虐待其他儿童的咨询委员会报告。这个三部门联合的儿童组织与相关专家共同工作，首次将儿童和青少年实施性虐待问题引入了公共视野。报告发现了为这些儿童所提供的服务存在显著缺陷，存在重复单调方法与训练不足、对问题行为缺少监督、专业人员的缺乏等问题。其中 2 项原始资料对形成现在的专业服务具有重要影响：①许多儿童打电话给儿童热线声称他们对其他儿童施以性虐待或者被其他儿童虐待；②人们在对于成年性罪犯的采访中发现，他们在青少年时代即出现了性虐待行为（Abel，Mittelman & Becker，1985）。

由于缺乏调查数据，以及专用于儿童、青少年的测试工具，以及成年人性犯罪的相关工作案例，美国关于青少年性犯罪的案例研究在后来起到了很大的作用，并同时被英国的青少年评估—治疗体系的发展过程中借鉴采用。这一输入，使得研究者们的重点开始转向于认知行为方法以及性犯罪的成瘾模型（Ryan，1986）。研究者认为儿童、青少年能够知晓其自身行为的责任，识别"犯罪循环"（offending cycle）的阶段，识别自身的"认知歪曲"，并发展出对于被害人的共情，以及形成行为预防策略。成年人干预的模型是一个更为具有对抗性而非合作性的工具，可以用于促进青少年形成对自身行为的责任观念（Calder，2008）。"性犯罪特别干预"（sex offence specific）被认为是处理这类问题的有效方法，该方法并不过多地对青少年的情感、福利需求进行干预。同样有组织反对这种个体干预法（Bentovim，1991）。该方法具有一个核心原则，就是区分开青少年福利需求与实施这些性侵害行为的特殊需求。这时就可能需要采取以下工作：通过青少年性犯罪的刑事程序，或当青少年存在伤害他人的高风险时，启动公共法律程序，由法庭授权托管。这意味着当治疗成功时，青少年会形成一个去知晓、处理他们的性侵害行为的强制的标准（Bentovism，1991；Myers，1998）。

在 2007 年的性犯罪法案实施之后，11 岁以上的儿童也要进行性犯罪登记（sex offender register），并被定罪，这会在很长一段时间里影响他们的人生，包括能否享有雇佣机会、集体体育活动与休闲活动的资格以及在成年后是否可以拥有孩子等。这样就再次出现了青少年实施性犯罪，那么他们在成年后必然也实施性犯罪这一未经证明的假设。青少年在这种循环中经常被剥夺了他们对于未来的希望，以此对他们接受治疗服务的动机方面产生消极影响。

专门为青少年性侵害行为进行评估、治疗的专家极少，这些工作经常由有相关研究的专家来进行。同时也很缺乏为这些问题负责的公共服务提供者。一般是由地方政府社会服务部（Local Authority Social Service Department）作为儿童保护的带头机构负责调查一名儿童对另一名儿童施以性侵犯的申诉控告。但是他们总是缺乏经费、专家、工作人员来进行评估、处置工作。因为仅有少部分儿童被认定为性犯罪，所以他们也没有进一步的机会在青少年司法体系（youth justice system）中增加提供相关服务的条款。儿童与成人精神健康服务组织（Child and Adult Mental Health Service，CAMHS）的专家们通常不把这些问题归结为精神问题，所以那些想要抑制这种行为的青少年除非被评估为精神障碍，否则也无法获得他们的相关服务。在这种环境下，任何针对青少年实施性侵犯行为的工作通常都不会由 CAMHS 组织来负责，只有在大奥蒙德街医院的儿童性虐待部门的少数专家提供相关的初级服务。直到由英国全国防止虐待儿童协会（National Society for the prevention of Cruelty to Children）、"巴纳德"儿童慈善机构与英国国家福利院（National Children's Home，NCH）三个机构组成了一个较大的儿童服务机构，才填补了这一服务提供的空白。该机构的服务

330

主要由社工提供，并由不同领域的专家提供帮助，如心理学家与精神病学家为他们的服务进行支持与建议。

在由健康部门、家庭办公室、教育与人力资源部门编写的《共同保卫儿童》（*Working together to Safeguard Children*）出版后，对于这些儿童的问题进行协调回应的保障性、程序性法令也开始逐步出台，解决了先前的指引、程序缺乏的问题。该著作强调了应建立合作机制来提供公共服务，应当将施虐者的需求与受害者的需求区别开来，对每一个个案进行评估，以鉴别出这些青少年的未被满足的发展需求，尤其是与引起他们性行为有关的需求。该书认为，除了他们的受害者外，存在性侵害行为的青少年也应该是儿童保护会议的保护对象。被定罪的青少年不应被登记在儿童保护登记之上，除非他们自身具有较高的实施性侵害行为的风险。尽管他们被认定为"青少年施虐者"，但有相关的多元机构保护计划负责降低他们对他人施以性侵害行为的风险。处于家庭中被认为是受害者或者潜在受害者的儿童将被记录在儿童保护登记册上，而且多元机构保护计划也将其登记在册，能够降低他们被兄弟姐妹施以性侵害行为的风险。在此情况下的儿童，既非潜在的罪犯，也非受害者，儿童保护计划很难去区分他们的行为需求。尽管许多潜在的性侵害行为罪犯，是性侵害行为的受害者，但是他们的潜在罪犯身份是具有优先性的。但当出现在一个家庭之中几个儿童均被报告称卷入了不适当的性行为中的情况时，专家们经常错误地希望弄清哪个儿童是受害者，哪个儿童是罪犯。而当在一个家庭中的几个儿童均实施了不适当的性行为，且处于一个跨代际儿童性侵害行为环境时，这就成了一个更加复杂的问题。

行为发生率

司法部（Ministry of Justice）统计在 2011 到 2012 年间指出，有 12.4% 的儿童在 10—17 岁被认定为受到过性侵害。如同许多其他的犯罪行为一样，犯罪率与实际行为的普遍性相比是被低估了，特别是在性犯罪这种仅依靠受害人报告而缺乏目击证人检举的案件中。尽管相关机构已对性侵害行为有足够的重视，但由于许多性侵害行为并未予以犯罪化，所以对于行为发生率的统计也存在一定影响。多项回溯性研究表明，大约 1/4 的性侵害行为的案件与青少年，尤其是青春期男性有关（Calder，2008）。

在性犯罪再犯的统计上，儿童、青少年的比例远低于成年人，为 5%—14%。非性犯罪再犯记录的比率则较高，为 16%—54%（Worling & Curween，2001；Nisbet，2004；Waite，2005）。性犯罪的再犯率与成长的、社会的、犯罪学的许多因素有关，但是很少有研究表明它们与成年后的类似行为具有相关性。关于实施什么样的性犯罪行为的青少年更可能将性犯罪延续到成年，现在仍然没有相关研究能够对此进行解释（HM Inspectorate of Probation）。

对青少年的评估与治疗干预

对青少年的评估治疗服务，在过去的 20 年里，随着对于青少年、成年人性犯罪者的区别认识的加深而得到发展。青少年的特征是处于发展期之中，其生理、情绪、认知、行为功能均处于变化之中。在青少年成长发展中的众多挑战中，最基本的一种就是自我认同（Erickson，1982）。青春期是青少年成长为青年所经历的一个脆弱时期，尤其涉及反社会、犯罪、性虐待行为的发展。性成熟、第二性征的出现以及由神经系统变化而引起行为、情绪、观念、风险评估规律发生变化（Steinberg，2005）；以及对于同辈之间友谊的依赖与身份意识形成，均是性犯罪与非性犯罪行为在发展中的重要影响因素。青少年经历的创伤、

331

家庭环境中的家庭分裂、父母的忽视与虐待、社会经济的挫折也会在这一时期产生深远的影响。青春期也是一个充满着矛盾的时期，可以使青少年在发展阶段中出现性侵害行为时能够有机会获得有效干预。如果能够采取积极有效的干预措施，使青少年发展出一个积极的自我认识与自我保护机制，那么性侵害行为模式就很少能够继续发生。因此在设计不同的治疗服务时，应当考虑发展的区别性。不仅要对青少年的需求进行评估，还应在工作中采取适当的手段与技术。

尽管现在没有有效的专门针对儿童、青少年实施性犯罪的评估工具，但专家已经建立了一个比非模型化的评估更为精确性的再犯预测模型。例如评估、干预、持续模型（Intervention and Moving On 2，AIM）、青少年性犯罪者评估第二版（Juvenile Sex Offender Assessment Protocol-Ⅱ，J-SOAP-Ⅱ）、青少年再犯评估工具第二版（Juvenile Sexual Offence Recidivism Risk Assessment Tool-Ⅱ，J-SORR-Ⅱ）、青少年性犯罪再犯风险评估（Estimate of Risk of Adolescent Sexual Offence Recidivism，ERASOR）等已被考虑纳入核心评估工具，如英国青少年司法委员会编制的为青少年、儿童犯罪所设计的评估工具，考尔德（2008）对这些评估工具进行了综述。实践者们为了节约服务成本，应当平衡这些工具的公共关注度与投资回报，而且由于评估对象的局限性，这类工具的应用范围也受到限制（Towl & Crighton，2008）。通常而言，这些工具在初始评估时才能起到较好的作用。尽管专家学者可以研究出较好的评估工具，但是无论其效度多高，工作人员都不应该过分依赖工具测量的结果，而应该对自身经验的判断具有信心。这些测量工具均基于大规模的数据基础而得出，所以对个体的判断仍然需要经过一个谨慎评估的过程。有经验的医疗人员会通过发现可靠的证据来帮助他们做出正确的诊断。

下面主要介绍应在评估过程中考虑的关键问题。

1. 评估需要体系化，且涉及与青少年成长过程有关的成年人，包括父母、抚养人、与青少年有关的专业人员。大部分的青少年保持着对于父母、抚养人与其他关键人员在财务及其他基本需要方面的依赖。因此他们需要在这些成年人的帮助下参与评估项目，并从他人身上获得参与干预项目与其他帮助性服务的支持。这个方式也可以体系化地获取这些青少年成长历史、出现性侵害行为的环境等信息，并方便在干预治疗期间进行管理与反馈。

2. 青少年的成长史，包括创伤、家庭破裂、对性侵害行为出现有影响的虐待、父母的忽视，以及交往障碍。

3. 青少年性侵害行为的出现、发展（过程），包括性行为状况、受过胁迫的受害者、使用过的暴力、恐吓的方式。

4. 青少年的性知识、性经验，以及接触来自他们的父母、抚养人、同辈群体、社会媒体、网络中的不当性行为图像的程度。

5. 对青少年的认知发展、教育的评估，应当包括其教育中所使用的教材，这对于识别学习障碍尤其有帮助。

6. 父母、抚养人对青少年性侵害行为的处理能力，尤其是确认问题的能力以及参与评估和治疗的意愿。

7. 青少年参与评估和治疗过程的能力以及任何可能会促进他们发生动机改变的力量、兴趣、热情、人生目标。

332

从青少年性侵害行为的治疗范围来看，在这一领域工作的专家可能会产生这样一种认识，缺少对青少年广泛需求的了解，仅单纯地进行"犯罪—特定"的认知行为治疗，是最没有用的。许多研究当然也得出反对的观点，表明认知行为治疗在针对儿童与青少年的性、非性行为问题上更有效，所以认知行为治疗曾一度超越其他的心理治疗、咨询方法（e.g，Fonagy，2005）。

还有观点认为，英国的治疗方法被其专家团队标签化，支持认知行为方法与支持心理治疗、心理分析方法，将理论与实践进行了割裂。由于他们受不同的组织聘用，这些专家在工作中带着对于对方的偏见，缺少研究上的沟通，常常忽略其他研究的贡献。

后来，美国学者盖尔·瑞安与他的同事（Ryan，1998）开始从纯粹认知行为方法转向对影响青少年移情于他人的能力问题的研究，综合考察了青少年发展阶段特征、依恋关系、与他人的关系中的自我工作机制之间的关系。这在英国同步发展出了对儿童青少年性侵害行为的病原学角度下的依恋困难重要性的逐步重视（Santry & Mccathy，1999；Smallbone，2005）。按照这种思路，单纯使用认知行为方法帮助由于童年受到不充分、不连续照顾而形成的早年创伤、虐待经历的儿童是不够的。先前的将青少年作为受害者—施害者的经历予以区分对待的经验已经被证明无效，而被更广泛接受的是通过发展整体性、全盘性的方法处理关于青少年的需求的问题。

用治疗方法来整合青少年在性成熟、人格发展过程中的施害—受害经历具有显著贡献。该方法指出，心理治疗需要在一个体系化的环境下进行，即需要一个能够整合其他途径、满足青少年多项社会和安全需求的多机构治疗计划。

现在英国乃至国际上，有越来越多的为青少年提供性侵害行为帮助治疗的专业人士们开始重视实际工作者与青少年之间的特有关系（Longo，2002；Hackett，2004；Rich，2011）。这种模式整合了多种治疗手段形成了一种整体治疗方法，强调在干预中建立操作者与青少年之间的尊重与互信。在心理治疗学上，关系被认为是产生积极治疗效果的关键点。整体治疗，诸如沃德设计的"好生活模型"，近些年已在英国被认为在治疗中具有独特的影响力（Good Lives Model，2010；2011）。研究发现在青少年工作方面，这种优势视角比之前的缺陷视角模式更加具有适应性（Hackett，2006）。它的重点是强调寻求技能、强化、积极的人生目标，而非单纯减少问题行为。建立这一方法的前提假设是儿童在建立对于他们的受害者、潜在受害者的同情心之前，需要对自己先前的受害经历具备同情。所以青少年的受害者地位是工作的起点，而不是对他人的伤害行为。"羞愧"特征是治疗发挥效果的潜在障碍，因此这些方法强调青少年改变自身行为的能力（Worling，Josefowitz，Waltar，2011）。采用非裁判性、非惩罚性的方法，使得青少年为他们的行为负责，并在帮助工作中建立一种对于青少年的尊重与合作，而非强制的关系，是极其重要的。

政治评论认为，干预治疗项目与相关法令的发展忽视了政治的不利影响以及青少年与成年人权力的失衡。还有人认为弱势群体中的男性青少年更可能进入刑事司法系统，而他们的同龄人，则可能通过参与经济、法律、文化结构获取优势，避免对自身的行为负责。所以，我们必须将这些青少年的弱势和贫困地位考虑在内，才能更好地让他们体会到受害者的感受。

在文献中，对治疗关系的界定并不是很明确。基本的职业规定和伦理实践要求专家与相关工作者将青少年的需求视为独有的，获知他们在人生过程中的困难，应以一种尊重、有礼貌的方式对待他们。无论对青少年还是成年人，这应当成为一种基本的专业态度。这

333

样的话，在提供处理特定创伤与相关事项的咨询服务过程中，治疗关系可以在治疗者与治疗对象之间形成一个可以提供安全感、可持续、可以信任的治疗空间，使得治疗对象能够更容易地走入他们早年的创伤与受虐的经历，以使在他们造成自身伤害、伤害他人的适应一处理关系障碍中获得成长。这需要时间集中而且成本较高的特殊治疗技能的训练与培训，而且并不是所有存在性侵害行为的青少年都需要这种治疗。增强除了技术以外的专业能力的重要性，对于向这些弱势的、存在多元需求的青少年提供整体治疗来说，是非常重要的。然而对于这些弱势青少年来说也应当考虑到提供给他们的专业与伦理规范，与他们因过去不良经历而产生的特殊需求的对应性问题。

与青少年建立良好治疗关系对青少年能否成功接收评估治疗程序，以及治疗效果方面有重要影响。在英国，大部分青少年是被法院强令接受这些治疗服务的，通常需要在抚养者的劝说与压力之下才会开始进行。如果要他们纯粹基于自身意志去接受服务，他们会对此产生抗拒。这就要求首次接待他们的专业人员既要具有专业技能又要具备敏感性，在关注他们的性侵害行为时，还能使他们感受到能够从治疗中获益。

对儿童的评估与治疗

现有一种普遍共识：发生性侵害行为的前青春期儿童，与青少年的需求是不同的。尽管儿童有能力发生与成年人相同程度的性行为，且他们在生理反应的刺激下也可以做到，但是他们的行为很少是基于他们的生理需求而作出的（Sanderson，2004；Jonson，2005）。非常小的孩子是不能认识到性关系的社会意义的，他们出现的不适应该年龄的行为或对于其他孩子的性侵害行为，更可能是从成年人或年龄更大的孩子处获得：可能是直接参与性行为，可能是暴露于成年人的性行为之下，或者被抚养人鼓励进行的性别化行为。幼小的儿童通过模仿他们身边的成年人的行为，由此而产生性行为。发生性侵害行为的儿童通常对于他们的身体与性方面的事情非常迷惑。这些儿童需要了解一些安全和不安全的接触、身体私密部分等知识，例如一个儿童在公开场合进行手淫行为，且沉迷其中，通常这是作为一种对压力与焦虑进行自我安慰的行为，这需要一个成年人告知他这是一个私密的行为，且不能使之因此感到羞愧，并提供更多的可供儿童选择的自我安慰方法。

这并不代表儿童的性侵害行为由于（造成的）结果较轻就不是严重的问题，尤其当行为涉及物理性的强制与恐吓时，问题就会更加严重。实际上，出现性行为的儿童会引起专业人员的注意，这时会有两种极端情况，一种是对儿童的性观念进行矫正，并未贴上性侵害的标签；另一种是儿童存在成为成年性犯罪者的风险，那么他就要远离学校或其他儿童。专业人员通常缺乏对规范的、典型的儿童性行为与非典型、潜在的性侵害行为的区分。这会造成对于儿童首次出现性行为的过高或者过低的担忧。根据英国的刑法，10 岁以下的儿童无法为犯罪行为承担责任，因此无论他们对受害者造成了多么严重的影响，他们在真正首次犯罪之前，均不会接受昂贵的专业服务。正因为这样，他们错失了在早期接受干预以防止他们进一步犯罪化的机会。当儿童的正常的性行为被过度焦虑的专家们错误地构建出一种情景推论的结果时，这种不必要、不适当的干预则会对儿童的性发展与未来生活机会产生不利影响。

从因果关系来看，与青少年类似，发生性侵害行为的儿童并非一定为性虐待的受害者。但是其他的不良生活经验，例如父母的虐待和忽视、暴露于暴力和成年人的性行为、家庭中缺乏性隐私、生活环境的混乱等情形均会对他们的行为产生影响（Johnson，2005）。

约翰逊（2005；2009）总结了12岁以下儿童的性行为类型。她区分了4种儿童，其范围包括从正常性行为的儿童到性侵害行为的儿童的连续体。这一类型学的观念来自于她从1987年开始的临床医疗经验。第一种类型，也是规模最大的一种类型，就是正常的、健康的性行为的儿童。其他的三个群体包括了发生非典型的或问题性行为的儿童。约翰逊将这三部分称之为"有性反应的""存在广泛的相互性行为的""进行猥亵行为的"儿童。

"有性反应的"是指将性行为作为安慰他们因先前的不愉快的经历而产生的焦虑感的方式。这些儿童经常进行自我的性刺激，并试图让其他儿童加入这一行为。特别的是，这些儿童并不强迫他人加入这一行为，并对此表现出迷惑的感觉。他们的行为通常是任性而冲动的，在成年人面前通常不加掩饰。而"存在广泛的相互性行为"的儿童，通常受到父母关心较少，且对于父母较不信任。因为缺乏与成人之间积极性的、支持性的关系，故他们通过与其他儿童的性行为寻求情感联系。他们不强迫其他儿童参加行为，而是寻找与他们有相似障碍的儿童进行。这些儿童经历过虐待与忽视，且处于模糊的儿童、成年人间的性边界，处于父母监管有限的环境下。很明显只有最后一种类型"进行猥亵行为的"儿童会出现性侵害行为。这是所有存在性方面问题的儿童中数量最少的一种类型，但是他们在严重程度上远远超越了其他类型，因为他们在性行为中伴随着使用暴力进行的强迫、恐吓行为，使其他儿童与之进行性行为。他们在性行为进行中对受害者表现出很强的负面情绪。这些儿童并不听从成年人对于他们的问题性行为的教导，也不接受其他人对于性行为的拒绝。

约翰逊提出了在非典型的性行为与性侵害行为之间进行区分的标准："一个不被儿童认定为正常的行为，就不能被界定为具有伤害性的（Johnson，2005）。"她提出，将发展中的性行为认定为具有伤害性的性行为是专家们常犯的错误。例如学前儿童的口交行为，不能被视为是正常的，但是这不代表儿童会强迫其他儿童参与这一行为。若两个儿童均同意进行这一行为，虽然通常这种情况较少，当被质疑这一行为时，儿童会迅速认识到这种行为不会被成年人接受，而后则会否定该行为或互相责怪。

虽然这种分类并未获得医学上的证明，但是它确实提供了一种有效的评估方法，尤其在是否需要对儿童的性行为进行干预上提供借鉴方面，这是儿童性行为干预过程中的重要部分。一个进行正常性行为发展的儿童，被成人错误地认定为性侵害行为，会接受许多不必要的干预，这对于他们的正常性发展不利，也会对儿童与家庭带来压力，从而对儿童的未来发展形成潜在损害。

儿童评估中考虑的关键问题

1. 评估需要体系化并且整合儿童的重要关系人、与儿童成长有关的专家，以及能提供尽可能多的关于儿童行为细节的人的观点。

2. 与儿童性行为有关的信息应当被查明，包括行为状况、频率、儿童对先前试图规范其行为的回应，尤其是是否具有强迫他人进行性行为的倾向。约翰逊开发出了儿童行为检索表，能提供相应的信息模板与校准。

3. 儿童的成长史与他们的认知状况、行为、社会功能状况，这均与评估程序、治疗项目的修正有密切关系。

4. 儿童暴露或参与成年人的性行为的程度、家庭暴力、父母虐待、忽视，以及缺乏恰

335

当的性界限、成人监管和照顾的家庭环境，均可能造成儿童的性行为方面的问题。

5. 儿童与其他儿童、与成年人建立积极关系的能力与障碍，以及其他的非性方面的行为障碍。

6. 父母、抚养人对儿童性行为的关注，在恰当时候干预性行为的进程，以及通过在家中建立恰当的性边界对儿童行为改善的支持能力。

7. 其他能够使得儿童改善行为的自身优势与其他适应性因素。

对儿童进行治疗的项目中应当考虑的因素

1. 相关研究表明，个人、团体和家长参与治疗的效果均比较好。尤其对于由家庭环境或家长原因造成的儿童性侵害行为，效果更加突出。家长和照料者对支持和巩固儿童学习新行为，并在治疗外监管儿童行为而言是必不可少的。

2. 在儿童接受改变性侵害行为的治疗项目中，多机构的共同参与保护其他儿童的安全也是必要的。这样的保护计划应当建立在儿童发展自我控制、理解恰当的性边界过程中。重要的是具有该行为的儿童不应当与其他儿童进行隔离，而是应该在家长的引导、监管下，获得与其他儿童交往时使用新的社交技能的机会。这会为儿童建立较强的自我效能感，并促进他们积极参与治疗。

3. 认知行为方法通常在帮助儿童正确区别情感需求与性侵害行为上是有效的。如巴特勒与埃利奥特（1990）建立的"停止与思考"（Stop and Think）项目。这一模型基于内部问题处理的认知基础理论，可以帮助 10 岁以下的儿童识别与性侵害行为有关的想法、感觉以及行动。约翰逊则开发了一套有助于指导"儿童和抚养人"工作的教育资源（http://www. tcavjohn. com/products. php#Assessment）。

4. 基于优势和信赖的治疗项目对于儿童、青少年同等重要。除了关注他们的行为问题，治疗提供的是一个能够使他们发展亲社会行为以及与他人建立积极关系的机会。

5. 经历性虐待或其他虐待、创伤经历的儿童，还需要接受针对其他创伤的治疗。

结论

至此，我们介绍了从成年人治疗模型中的强调罪犯—受害者两分法，到强制青少年认识并处理其性侵害行为，以及一个整体的、基于优势的治疗方法，即重视与青少年形成一段基于合作与尊重的专业和放松的关系，注重个体的优势与适应性，并以此建立更为积极的人生。但是这些方法需要密集的时间和资源，尤其是干预的本质目的是进行公共保护时，并不能像保护团体想象的那样快速解决问题。当国家层面缺乏发展战略与服务供给时，缺少相关服务机构，尤其是当财政限制公共服务的提供，会造成青少年行为发展的长期效应（解决个体需求）与短期效应（减少再犯）的矛盾。

因此，评估与治疗是否能够数量化是非常重要的，可以在过程和结果上体现其有效性，并且更加能够改善儿童与青少年的性行为问题。这些关于对犯罪行为进行早期干预的研究认为，早期干预在很大程度上比成年后进行行为干预更加有效。

青少年的评估与治疗中发展的有效实践，对于成年人的性犯罪研究也有所帮助，尤其是重点干预罪犯的个体需要，以及他们成为罪犯的原因与儿童时期的早期创伤、能力障碍的关系，从而加以改变这些行为。这种方法对"所有的性犯罪需要相同干预手段"这一假设下的现有治疗体系形成冲击。本章介绍了这些治疗项目的最新发展，希望能够及时从这些工作的发展中总结出与儿童、青少年性行为发展工作的教训。

扩展阅读

1. McCrory, E. (2010), *A treatment manual for adolescents displaying harmful sexual behaviour: Change for good*, London: National Society for the Prevention of Cruelty to Children (NSPCC).

这本书简单介绍了好生活模型中的优势治疗项目，其中包括了一系列详细的治疗阶段介绍。

2. Johnson, T. C. (2009), *Helping children with sexual behavior problems: A guidebook for professionals and caregivers* (4th edn), www. tcavjohn. com.

这本书对于帮助问题性行为儿童的专业人员来说非常有用。Johnson 在网站上提供了一系列可以用于儿童与其抚养者的有效的评估与治疗工具。

3. Calder, M. C. (2008), "Young people who sexually abuse: Risk refinement and conceptual developments", In Calder, M. C. (Ed.), *Contemporary risk assessment in safeguarding children*, Dorset: Russell House Publishing.

这本书提供了一系列有效的用于评估具有性侵害行为的青少年的标准化评估工具。

参考文献

Abel, G., Mittelman, M. S., & Becker, J. (1985), "Sexual offenders: Results of assessment and recommendations for treatment", In H. H. Ben-Aron, S. I. Hucker, & C. D. Webster (Eds.), *Clinical criminology* (pp. 191 – 205), Toronto, Ontario, Canada: MM Graphics.

Bentovim, A. (1991), "Children and young people as abusers", In A. Hollows & H. Armstrong (Eds.), *Children and young people as abusers: An agenda for action*, London. National Children's Bureau.

Butler, L., & Elliott, C. (1999), "Stop and think: Changing sexually aggressive behaviour in young children", In M. Erooga & H. Masson (Eds.), *Children and young people who sexually abuse others* (pp. 183 – 203), London: Routledge.

Calder, M. C. (2001), *Juveniles and children who sexually abuse: Frameworks for assessments*, Dorset: Russell House Publishing.

Calder, M. C. (2008), "Young people who sexually abuse: Risk refinement and conceptual developments", In M. C. Calder (Ed.), *Contemporary risk assessment in safeguarding children* (pp. 240 – 253), Dorset: Russell House Publishing.

Department of Health, Home Office and Department for Education and Employment (1999), *Working together to safeguard children: A guide to inter-agency working to safeguard and protect the welfare of children*, London: The Stationery Office.

Erikson, E. H. (1982), *The life cycle completed*, New York: Norton and Company.

Fonagy, P., Target, M., Cottrell, D., Phillips, J., & Kurtz, Z. (2005), *What works for whom? A critical review of treatments for children and adolescents*, New York: Other Press.

Hackett, S. (2004), *What works for children and young people with harmful sexual behav-

iours? London：BarnardO's.

Hackett，S.（2006），"Towards a resilience-based intervention model for young people with harmful sexual behaviours"，In M. Erooga & H. Masson（Eds.），*Children and young people who sexually abuse others：Current developments and practice responses*（2nd edn），London：Routledge.

HM Inspectorate of Probation（2013），*Responses to children and young people who sexually offend：A joint inspection of the effectiveness of multi-agency work with children and young people in England and Wales who have committed sexual offences and were supervised in the community*，London：Ministry of Justice.

Hollows，A.，& Armstrong，H.（Eds.）（1991），*Children and young people as abusers：An Agenda for action*，London：National Children's Bureau.

Johnson，T. C.（2005），"Children with sexual behaviour problems：What have we learned in the last two decades?"，In M. Calder（Ed.），*Children and young people who sexually abuse：New theory，research and practice developments*（pp. 32 – 58），Dorset：Russell House Publishing.

Johnson，T. C.（2009），*Helping children with sexual behavior problems：A guidebook for professionals and caregivers*（4th edn），www. tcavjohn. com.

Longo，R. E.（2002），"A holistic approach to treating young people who sexually abuse"，In M. Calder（Ed.），*Young people who sexually abuse：Building the evidence base for your practice*，Dorset：Russell House Publishing.

Longo，R. E.，& Calder，M. C.（2005），"The use of sex offender registration with young people who sexually abuse"，In M. Calder（Ed.），*Children and young people who sexually abuse：New theory，research and practice developments*（pp. 334 – 352），Dorset：Russell House Publishing.

McCrory，E.（2010），*A treatment manual for adolescents displaying harmful sexual behaviour：Change for good*，London：National Society for the Prevention of Cruelty to Children（NSPCC）.

Myers，S.（1998），"Young people who sexually abuse：Is consensus possible or desirable?"，*Social Work in Europe*，5（1），53 – 56.

Nisbet，I. A. et al.（June 2004），"A prospective longitudinal study of sexual recidivism among adolescent sex offenders"，*Sexual Abuse：A Journal of Research and Treatment*，16（3），223 – 234.

NCH（1992），*Report of the committee of enquiry into children and young people who sexually abuse other children*，London：NCH.

Rich，P.（2011），*Understanding，assessing and rehabilitating juvenile sexual offenders*，New Jersey：John Wiley & Sons.

Ryan，G.（1986），"An annotated bibliography：Adolescent perpetrators of sexual molestation of children"，*Child Abuse and Neglect*，10，125 – 132.

Ryan，G.（1998），"The relevance of early life experiences to the behaviour of sexually abusive youth"，*Irish Journal of Psychology*，19（1），32 – 48.

Sanderson，C.（2004），*The seduction of children：Empowering parents and teachers to protect*

children from child sexual abuse, London: Jessica Kingsley Publishers.

Santry, S., & McCarthy, G. (1999), "Attachment and intimacy in young people who sexually abuse", In M. Calder (Ed.), *Working with young people who sexually abuse: New pieces of the jigsaw puzzle* (pp. 71 – 88), Dorset: Russell House Publishing.

Smallbone, S. W. (2005), "Attachment insecurity as a predisposing and precipitating factor for sexually abusive behaviour by young people", In M. Calder (Ed.), *Children and young people who sexually abuse: New theory, research and practice developments* (pp. 6 – 18), Dorset: Russell House Publishing.

Steinberg, L. (2005), "Cognitive and affective development in adolescence", *Trends in Cognitive Sciences*, 9 (2), 69 – 74.

Towl, G. J., & Crighton, D. A. (2008), *Psychology in prisons* (2nd edn.), Oxford: Wiley-Blackwell.

Waite, D., Keller, A., McGarvey, E. L., Wieckowski, E., Pinkerton, R., & Brown, G. L. (July 2005), "Juvenile sex offender re-arrest rates for sexual, Violent nonsexual and property crimes: A 10 – year follow-up", *Sexual Abuse: A Journal of Research and Treatment*, 17 (3), 313 – 331.

Ward, T. (2010), "The good lives model of offender rehabilitation: Basic assumptions, etiological commitments, and practice implications", In F. McNeill, P. Raynor, & C. Trotter (Eds.), *Offender supervision: New directions in theory, research and practice* (pp. 41 – 64), Devon, UK: Willan Publishing.

Ward, T. (2011), *The good lives model of offender rehabilitation: A strengths based approach*, www. goodlivesmodel. com.

Worling, J. R., & Curwen, T. (2001), "Estimate of risk of adolescent sexual offense recidivism (Version 2. 0: The 'ERASOR')", Reprinted in M. Calder (Ed.), *Juveniles and children who sexually abuse: Frameworks for assessment* (2nd edn, pp. 372 – 397), Dorset: Russell House Publishing.

Worling, J. R., Josefowitz, N., & Maltar, M. (2011), "Reducing shame and increasing guilt and responsibility with adolescents who have offended sexually: A CBT-based treatment approach", In M. Calder (Ed.), *Contemporary practice with young people who sexually abuse: Evidence-based developments*, Dorset: Russell House Publishing.

第二十二章 造成性侵害的成年人

贝林达·布鲁克斯-戈登（Belinda Brooks-Gordon）

本章将会对造成性侵害的成年人提出批判性反思。首先，将会对性侵害这一基础概念进行思考；其次，对为解释性侵害行为而提出的理论，以及对性侵害行为进行风险评估而开发的工具进行概述，然后对用以改变及矫正性侵害成年人行为的干预措施所使用的治疗方法进行描述；最后，将会在循证治疗的时代，对如何测量干预措施的有效性进行探索。

性侵害同时也是一个很敏感的政治问题，因此在本章的第二部分中将会对一系列有关性侵害行为的争议进行批判性分析。这些争议包括：①在过去 20 年中，立法所认定的性侵害行为不断增加的种类和类型；②在对待性侵害和性犯罪时政策上的差异；③公众恐惧和政治恐惧如何导致性侵害风险管理的工具与政策应用的过度机械化。笔者通过对于这三个问题的讨论，表明同期一些旨在减少风险的措施可能会适得其反，实际上这些以保护弱势群体和其他人为目的的措施可能会对他们造成更大的性侵害风险。

什么是造成性侵害的成年人？

造成性侵害的成年人是指其行为对他人造成了伤害的 18 周岁以上的人，这种行为可能是性行为本身，或是该行为导致其他的性行为。性侵害行为可分为接触行为和非接触行为（Craig，Browne & Beech，2008）。非接触行为包括露阴癖和观看儿童色情制品。接触行为包括对于男性或女性的强奸，以及对 16 岁以下未成年人的性侵犯（通常被称为"猥亵儿童"，有时与恋童癖有关）。性侵害的成年人可以是男性或女性，但研究表明性侵害主要由男性引起，80%—95% 的接触性侵犯是由男性犯下的。他们可能具有高智商、良好的社会技能，或是低智商、具有学习障碍，并不完全能理解他们行为产生的后果[1]（Cantor，Blanchard，Robichaud & Christensen，2005）。

性侵害行为的流行性[2]及关联性

虽然在过去 10 年里，警方记录在案的性犯罪数量从 33 090 起升至 53 540 起，但在 2008 年的数据中却显示（性犯罪）数量下降了 7%。因此案件并不是呈持续增长态势，事实上，各种最严重的性犯罪数量（包括强奸、性侵犯和对儿童进行性侵害）在过去的 10 年间达到了一个高峰，随后每年的数字都在下降。例如，最严重的性犯罪数量在 1997 年时是 31 334 起；在 2003—2004 年达到高峰时有 48 732 起，然后犯罪数量逐年下降；根据 2007—2008 年的调查显示性犯罪案件为 41 460 起（Kershaw，Nicholas & Walker，2008）。而不那么严重的性犯罪（包括嫖娼、卖淫行为和非法的成年男子间的性行为）数量从 1997 年的 1756 起迅速增长，在 2003—2004 年这一年，伴随着 2003 年性犯罪法中许多新罪行的设立，案件数量达到了 15 320 起（Bainham & Brooks-Gordon，2004）。随后在 2007—2008 年，类似事件

341

的数量下降至 12 080 起。

然而警方的犯罪记录是不确定的，它受制于各种关于受害者的调查报告，例如英国犯罪调查（British Crime Survey，BCS）不受调查报告、警察记录以及当地警察活动变化的影响，自从 1981 年起这种调查方式就没有改变过。这样造成有相当一部分的暴力与性犯罪活动并未报告。不报告的最常见的原因是被害人感觉警察并不能提供什么帮助，或是出于隐私的考虑而希望由自己解决该事件。这些事件也有可能不便报告或是报告给了其他部门；还有可能是出于对报复的恐惧而不报告，或是对于警察有所不喜或恐惧，尤其是那些曾与警察与法院有过不好的接触经历的人。所有这些问题都可能会影响性侵害事件的报告。

而受害者的自我报告调查对那些被隐藏的罪行，例如亲密暴力行为，提供了更准确的估计，受害者披露事件意愿可能取决于信息的敏感性，而这可能很难当面被公开。因为这个原因，BCS 自 2004—2005 年起在亲密暴力的面谈中加入了自我报告模块（囊括了 15—69 岁的人）。基于 2006—2007 年间 BCS 亲密暴力自我报告模块，大约有 3% 的妇女和 1% 的男性在过去的 12 个月中曾经历过性侵犯（包括尝试侵犯）。这其中的大多数都是不严重的性侵犯，不到 1% 的男性和女性的报告曾经历严重的性侵犯（Kershaw et al.，2008）。

尽管公众和法律增强了对于性侵害行为的关注，但在上述统计中仍显示出有些行为并没有被报告，因此也就没有被发现及被定罪。在著名的紫杉树行动（Operation Yewtree）中所揭露的历史罪行，涉及的都是些众所周知的人物，如吉米·萨维尔和马克斯·柯立福，这说明受害者害怕挺身而出，认为即使他们揭露事实也会在强权面前毫无作用。[3]然而，这些研究仅聚焦于那些被报告、被逮捕和定罪的特定个体上，所以由此为基础所做的解释是有失偏颇的（see Crighton & Towl，2007）。

性侵害行为理论

对于为何成年人会性侵犯他人这一问题，当前主要有五种理论去解释。根据帕默（2008）的总结，它们是：四前提模型；四方模型；途径模型；交互模型；集成模型。

四前提模型（Finkelhor，1984）

这是一个解释对儿童的性侵害行为的模型。该模型提出，在一个成年人虐待儿童之前会发生四个步骤或前提：①动机——对一个儿童产生性冲动并产生情感，同时与其他成年性伙伴的正常性需求遭到阻断，无法满足。②突破造成性侵害的内部抑制机制，自我规制活动被内部因素所取代，例如对造成伤害的扭曲信念，或是由酒精、药物及严重压力等抑制作用。③突破外部抑制，例如赢得孩子或其家庭的信任。④突破儿童的抵抗，通过某些策略手段，如武力、恐惧、贿赂或其他掩饰方法。

四方模型（Hall & Hirschman，1992）

这是一个解释对成人或儿童的性伤害的模型，同时它也指出了那些对儿童进行性侵害的成年人的差异。该理论认为性侵害行为的发生需要以下条件：①对于儿童的越轨性生理唤醒（或偏爱）。②产生了错误的认知：儿童可以作为一个合格的性伙伴做出性行为的决定。③有情感障碍或是对于情感缺乏管理或控制。④存在问题的个性特征或由其早期不良经验所带来的弱点。

综合理论（Marshall & Barbaree，1990）

这是一个解释所有性侵害行为的一般模型。它通过早期的依恋及经历作为背景来解释行

342 为。它指出早期穷困的经历会导致自我价值感低下、不良的情绪调节、不良的问题解决和应对社会问题的能力不足。这些问题将会通过与同龄群体之间、潜在性伴侣之间困难的社会互动，以及其他社会文化的影响（如媒体及社会规范）来加强。所有这些不断发展的社会文化性的情境因素会使人们更易受到心理上的伤害，同时也易遭受不适当的性行为及反社会行为。

途径模型（Ward & Siegart，2002）

这是一个结合了以上所有元素的模型，它对于儿童的性侵害行为做出了一个更复杂全面的解释。在该理论中，早期的生活经历、生物因素及社会文化的影响会产生一种缺陷，而这可能会导致不正常的性偏好、亲密缺失、不适当的情感或认知的扭曲。这四个问题可以被分解成更小的要素，构筑在对儿童进行虐待行为的途径中（see Ward, Polaschek & Beech）。这可能是目前的研究与实践中对于性侵害行为最有影响力的模型。

性攻击的汇合模型（Malamuth，Heavey & Linz，1993）

这是一个仅针对强奸的外围模型。在该理论看来，强奸的发生是两种情况交汇的结果：存在敌意并且性滥交的男性、一个合适的强奸环境。它借鉴了社会学习理论和女权主义理论中关于风险的部分——有吸引力的，占优势的、好胜的男性将性行为解释为有助于维护其自尊和在同伴中的地位。然而，这一理论使用的是那些已知的提交样本，从而来验证性侵害行为，并不像以上几个模型那样取得了更广泛的支持。

性侵犯的进化理论（Thornhill & Palmer，2000）

相较于以上几个理论，该理论更加具有争议性。它不再考虑文化及心理策略的影响，转而认为强奸是进化的交配策略。它提出一个概念：男性为了传递基因，已经进化出了深刻的性欲望。这一点在性活动和寻求多个性伴侣中可以得到体现。该理论的支持者认为，强奸只会在条件有利的情况下发生，这些条件包括生理或心理资源的匮乏、社会疏离、与女性性接触有限和不满意的性关系（Craig et al.，2008）。

当然，用这些理论来解释环境及性侵害的受害者的所有问题，其解释力是有限的。例如，桑希尔和帕默（2006）的理论并不能解释为什么男性会强奸没有生育能力的男性或儿童。汇合理论也解释不了为什么女性成年人也会进行性侵害行为。

成年人性侵害的风险评估

风险预测的作用是它可以防止在某些情况下可能发生的性侵害行为。它具有以下功能：①从早期的经历中确定今后可能发生有害行为的高风险组，并提供预防服务。②建立一套病因性理论将一系列早期经历与行为原因相挂钩。③为刑事司法决策提供预测信息，例如监禁或是释放的决定（Blackburn，1995）。许多用于测评风险的心理测评工具已经被开发出来，可分为精算预测和临床风险预测。精算或统计预测指标将会客观地指明一个最佳的选择，而临床预测则是一个基于当事人和当事人临床经验的主观风险评价。

尽管仍然有人反对精算风险量表的使用，但这些量表普遍适用于对性侵害行为及累犯的风险评估及暴力行为预测（Harris，Rice，Lalumière，Boer & Lang，2003）。

有四种精算工具用于性侵害行为。它们包括暴力风险评估指南（VRAG；Harris，Rice & Quinsey，1998），性罪犯风险评估指南（SORAG；Quinsey，Harris，Rice & Cormier，1998），性犯罪再犯快速风险评估（RRASOR；Hanson，1997），以及静态因素九九评估表

（STATIC – 99，Hanson & Thornton，2000）。

　　VRAG 用于对已经是暴力犯罪的男性（无论是否涉及性行为）进行评估，并预测任何新的性（犯罪）或暴力接触犯罪。它包含 12 个项目，项目的权重基于预测者和暴力行为的经验关系。个体将会依据他们的分数被分到 9 个风险类别中的一个。精神病态测试（The Hare Psychopathy Checklist）（PCL-R；Hare，1993，2003）是其中的一个重要组成部分，对于总成绩影响最大。PCL-R 的分数基于半结构化访谈和临床信息[4]。它的目的是测量某些特性，例如冲动、不负责任、冷漠等。SORAG 是对于 VRAG 的修订版，拥有 14 个项目（其中 10 个与 VRAG 相同），旨在对那些已经有过性侵害接触行为的男性，进行暴力性犯罪再犯的预测。同样 PCL-R 的得分也是对其影响最大的。

　　RRASOR（Hanson，1997）被用于那些已经被宣判犯下至少一项性侵害的罪犯，专门预测其再次犯下性侵害犯罪的风险。它包含 4 个项目：曾经被指控或被定罪的数量；从监狱释放时的年龄或在社区的再犯风险；是否存在男性受害者；是否存在陌生受害者。各个项目的权重是来反映其与性犯罪的相关性的。STATIC – 99（Hanson & Thornton，2000）为那些至少存在一次性侵犯的人设计，它被用来预测暴力犯罪及特别的性犯罪的再犯风险，包含 10 个项目，其中 4 个与 RRASOR 相同。它由 RRASOR 与另外一个非精算的工具相结合而成。个体会根据他们的得分被分在 7 个风险类别中的一个。

　　以上所有的测量都是精算型的风险测量，他们基于客观评分给出风险估计的结果，这种估计源于他们在这些项目和结果（性伤害）之间所构建的经验关系。概率表明，同样分数的一部分人会在机会合适的情况下进行性侵犯。这些量表具有良好的预测效度并在那些性侵害新的样本中进行了交叉验证。这些量表包含了相似的项目，而这是因为它们都源于实践经验，它们的开发者也在性犯罪再犯风险上借鉴了相似的项目（Seto，2005）。

对性侵害成年人的干预

　　心理干预，包括行为上的、认知行为上的及心理动力疗法，这些方法都有助于改变成年人的性侵害行为。此外，还可使用药物作为辅助治疗或代替以上方案。认知行为干预是英国、加拿大、新西兰和美国监狱系统和社区矫正项目对于性犯罪的基础（Ministry of Justice，2010）。然而在英国国家卫生服务中，最常见的是心理动力疗法（Grubin，2002）。

　　行为干预一般与传统的经典和操作性学习理论有关，通常被称为行为矫正或行为疗法。这些干预措施的标志是控制一个相关刺激变化并测量其对行为的影响。在性罪犯的治疗中，通常是使用阴茎体积变化测试仪（PPG）进行"客观"测量，来解决偏离性的性兴趣。例如包括厌恶疗法（在材料展示之后给予厌恶刺激），内隐致敏（想象一个异常的性体验直到生理唤醒，然后想象一个强烈的负体验），嗅觉调节（将高风险的性环境与一种不愉快的气味相联系），手淫/高潮修复（以适当的性幻想手淫）。

　　一系列的干预措施被认为属于认知—行为疗法的范畴。这些干预措施的特征是通过改变个体内部（认知和情感）功能来影响外在行为（McGuire，2000）。认知行为治疗理论的最佳代表是从社会学习理论发展而来的。但认知行为疗法的焦点是改变个体认知的某些方面，更可能基于认知理论中的某些变种，比如信息处理理论而不是学习理论。认知行为疗法试图改变内部过程，如思想、情绪、信念、生理唤醒等，同时辅助改变一些公开行为，如社会技能和应对方式等。认知行为疗法的干预内容包括：①与目标行为相关的想法、情感和行动；②矫正与目标行为有关的个体的错误认知、不合理信念和推理倾向；③可能包括以下任一或两种情况：首先，个体自己监控想法、情感和行动，其次，改善针对目标行为的应对方式。

心理动力学治疗包括由训练有素的治疗师对个体进行的定期治疗或定期督导。这种治疗基于多种心理动力或精神分析模型，也依靠各种策略，包括探索性的内省，支持或指导活动，灵活地运用对治疗师的移情（在没有意识到的情况下将感情转移到一个不相关的人身上，Greenson，1967）。精神分析干预多种多样，通常是由专业的心理专家进行每周3—5次的定期单独辅导，利用精神分析理论的婴儿期理论进行分析。

专门利用药物来治疗性侵害行为或冲动，有时是一种错误的干预方式，被称为"化学阉割"，或更确切地说是"从药理学上减少异常的性驱力"。这些药物包括亮丙瑞林（Prostap），它可以阻断睾酮的分泌。高睾酮水平与恋童癖异常高的性驱力有关。其他药物，以不同的方式工作，通过在体内阻止睾酮的作用，改善个体行为，如环丙孕酮（环丙氯地孕酮）（cyproterone［Androcur］）。它们的效果与结果都是相同的：减低或消除性驱力，使其不再产生性冲动。一些性侵害人也通过接受氟西汀（百忧解）（Prozac）进行治疗，这是一种抗抑郁药物，也常用于强迫性精神障碍（OCD）。

循证干预

循证医学的哲学起源可以追溯到19世纪中期的巴黎，它的兴起影响了针对性侵害行为所开展的工作。循证的基础是"对于个别病人的护理，要认真、明确、明智地使用当下最佳的证据来做出选择"（Sackett，Rosenberg，Gray，Haynes & Richardson，1996）。循证医学的实践意味着将个体临床专家的临床经验与最佳的外部系统临床检测相结合。萨克特等人（1996）认为临床医生可以通过临床经验和临床实践来提高诊断能力。当问到治疗的有关问题时，他们建议"我们应当避免非实验方法，因为它会导致虚假的积极结论。那些随机试验，特别是系统性的随机试验，会告知我们更多的信息，不太可能产生误导"。循证实践是针对监狱罪犯心理干预和康复治疗的关键特征（Crighton & Towl，2008）。

针对成年人性侵害行为干预措施的元分析

霍尔（1995）对12项比较性犯罪治疗（替代治疗或不治疗）和性犯罪再犯数据的研究进行了元分析。他发现制度化治疗的疗效很小，而门诊治疗则有中等疗效。尽管对于霍尔（1995）的一项批评是他使用了官方的犯罪数据，低估了性犯罪行为数量，最终高估了治疗的有效性，但认知行为疗法和激素治疗的效果仍然是优于行为治疗的。这个结果表明，对性犯罪进行治疗时，尽管可能规模很小，但最有效的方法是认知行为及激素治疗的门诊治疗。

随后科克兰进行了随机对照试验（RCTs），只确定了两个相关研究（总数 N = 286），复发预防及小组治疗没有明显疗效（White，Bradley，Ferriter & Hatzipetrou，2000）。在后来的一项元分析中，加拉格尔、威尔逊、赫希菲尔德、科吉歇尔和麦肯齐（1999）定量分析了22项（25种治疗手段）关于评估不同治疗方法对于性犯罪治疗的有效性的研究。和霍尔（1995）一样，认知行为疗法被认为更有前途，而行为疗法、化学疗法和其他一般的心理治疗则只有少量的支持。其中一些研究的有效性值得怀疑，因为它们涉及了治疗中治疗完成者和未完成者之间的比较。这是很重要的，因为在从业者中公认未完成治疗的个体更易再犯。

汉森等人（2002）基于匹配/事件对照研究得到了许多研究结果。在一项对照研究中，对照组是与治疗组没有明显差异的性犯罪者。这项分析首次表明了对于性犯罪者而言，在接受治疗的性犯罪者和未接收治疗的性犯罪者之间的再犯率存在差异。通过样本研究显示，未经治疗的罪犯的再犯比率为17.3%，而经过治疗的罪犯的再犯比率为9.9%。尽管这并不是一个很显著的减少，但大数据样本和被广泛认同的研究方法使其在统计中可信，并具有现实意义。

汉森、布鲁姆、斯蒂芬斯（2004）发现个别治疗计划并不能影响再犯率。尽管研究不能推导出在社区性犯罪者矫正计划（Community Sex Offender Program，CSOP）中哪些干预是有效的，哪些是无效的，但研究也显示出一些"高度可信的干预措施可能并没有在整体上产生效果"，这一发现与以往研究中所指出的认知行为疗法具有积极疗效形成鲜明对比（e.g.，Gallagheret al.，1999；Hanson et al.，2002）。对于干预的效果仍然存在争议，对于性侵害者心理治疗有效性的相关评估研究也不明确（Quinsey et al.，1998）。在英格兰和威尔士，令人失望的干预结果也令干预治疗的支持者们指出，干预的良好效果只能通过心理测试体现出来，而不是使用再犯数量来表示（Friendship，Falshaw & Beech，2003）。

劳塞尔和施穆克尔（2005）对于性犯罪者的控制干预措施进行了元分析。在可接受的研究中，69项研究包含了80个对于"治疗组"和"未治疗组"的犯罪者的独立比较。暴力罪犯和一般累犯的效果均在一个相似的范围内。外科手术如阉割或药物干预的效果要好于心理干预。在心理干预中，认知行为疗法的效果最好。综合考虑，劳塞尔和施穆克尔发现治疗组比未治疗组在性犯罪的再犯率上减少了6%（Schmucker & Losel，2008）。

隆格斯特伦等人（2013）探索了多项随机对照组实验（RCTs）和前瞻观察研究，并发现8项研究低估了再犯风险同时在减少性虐待儿童罪犯的再犯率上，证据也非常薄弱。

布鲁克斯 – 戈登等人进行了最大规模的系统研究（2006），同时也将研究结果发表在《考科兰评论》（Cochrane Reviews）上。该研究系统回顾了对性犯罪治疗进行的随机对照组实验。通过电脑及手工搜索了从1998到2003年发表的随机对照组实验。搜索结果中包含9个随机对照组实验，567名接受治疗者，其中有231名进行了10年的跟踪研究。9项实验经分析表明，与标准治疗相比，在1年内，针对儿童性骚扰者的认知行为疗法组减少了再犯率（n = 155）。当认知行为疗法与理论咨询群体疗法相比时，前者更可能增加对治疗的负面态度。最大规模的心理动力学对照实验是对231名有恋童癖、露阴癖或性侵犯他人犯罪者进行的。该实验发现，没有接受治疗的犯罪者，10年内的重新逮捕率比那些接受小组治疗的犯罪者要高。这些发现和随后对于临床政策的随机实验研究是非常重要的，因为它们对于那些想要相信目前干预手段会对性犯罪人产生永久作用的人而言，结果并不令人满意，但它确实增加了对性侵害进行干预这一概念的重要性。例如，与基于再犯预防的社区矫正（如匿名嗜酒者）相比，干预是否需要更长时间？在一项平行研究中，相同的作者（Bilby et al.，2006）对结果及过程进行了准实验设计的定性研究。

哈金斯和比奇回顾了研究治疗有效性的各种研究方法，并讨论了随机分配、风险估计和匹配控制等内容。他们的结论是不同的设计有着不同的优势，但其方法也会有所缺陷。尽管有些人认为为了取得有意义的实验结果就要采用最为科学严谨的方法，然而另一些人

345

也认为在对照组设计中采用不那么严谨的方法同样能取得一些有意义的成果。他们建议使用更接近效果的指标作为参考，可以克服犯罪再犯研究中某些缺点，例如治疗中的变化，为干预有效性的研究提供了帮助（Harkins & Beech，2006）。最后的两个整合分析报告代表了研究方法的两种分歧。严谨一方的代表是布鲁克斯－戈登等人（2006），其报告符合严密的《考科兰评论》对于方法的要求——被称为"金标准"的严格循证方法。而另一方宽松的代表则是施穆克尔和劳塞尔（2005）以及隆格斯特伦等人（2013）的研究，他们对于英格兰和威尔士的干预手段采用了更宽泛和实际的方法进行研究。[5]

利用随机对照组实验对成年人的性侵害行为的干预进行评估存在着巨大的困难。随机对照组实验往往是复杂的并且难以开展。其开展的双盲随机实验也是不道德的：无论是实验的参与者还是临床医生都不知道哪些个体会被分配到哪组，并等待他们犯下性侵害行为。对于这一群体拒绝接受干预也产生了争论。鉴于政策坚信干预会有疗效，尽管证据很薄弱，尽管控制实验应该会有潜在的治疗效果，但是也不能卷入人权和伦理问题，更别提潜在的受害者问题了。所以，通过拒绝性侵害成年人刑罚得到改善的研究方法是可行的，甚至能够影响其安全等级或假释决定（Friendship，Beech & Browne，2002）。因犯可以拒绝接受干预措施，被分配到非治疗组，而这样会影响他们获得减刑及重新评分以得到一个较低安全级别的机会（Hood，Shute，Feilzer & Wilcox，2002）。布兰克和施瓦茨（2006）指出："治疗措施不可能对所有的罪犯都有效，它更可能只对一些罪犯有效果。从本质上说这样的结论是准确的，而且显然也适用于大部分人。考虑到性犯罪者的特殊化，从逻辑上来说，治疗也仅仅会对一部分而不是全部罪犯有效果。另外，治疗无疑会帮助一些罪犯重返无犯罪的生活并不再接触其他类型的罪犯。"因此，最重要的就是尽可能准确地知道究竟哪些罪犯会因为干预治疗而减少其危害性。

提高治疗的效果

为了确定性治疗效果，许多研究同时采用了随机实验和对照设计。也有人建议应按照治疗前的风险将罪犯与治疗进行匹配。随机分配从政治的角度上来说并不受到欢迎而且也不易实施，但这种研究的优点使得研究人员认为应尽可能提倡随机分配。研究人员采用随机分配时，也需为随机化程序中出现的问题做好准备。因此，研究者应当对所有参与者（治疗组和控制组）在治疗前对风险相关的变量进行评估，并且研究者要对实验的完整性、损耗及交叉问题（对照群组要接受同样处理）提高警惕（Beech et al.，2007）。

但是，目前仍有很多困难阻碍研究人员进行评估研究，因此，在刑事司法环境中，很少使用随机对照组实验。所以，务实的研究者更多采用的是准实验设计。此外，更加复杂的随机研究设计，例如整群随机分组，解决了传统随机对照组的一些困难，也可能有助于研究者们对方案的评估展开研究。

整群随机分组

"整群随机分组"越来越多地被应用于教育干预措施和医疗等传统随机方法无法奏效的领域。它使用的是个人的集合，而不是独立的个体随机分配到干预组。对于那些有性侵害风险的案例来说，这一集群可能以安全社区或是以安全宿舍为单位。这种方法有很多的优点，采用这种方法的原因包括：管理方便，获得对于研究的合作配合，符合伦理道德，使参与人员更加配合，避免干预组的依从性，以及/或在集群从面上自然地进行干预。集群随机实验的一个重要特性是得出的结论往往用于个体水平，而随机化发生于群体和集群水平。因此，随机化单位和分析单位有可能是不同的。

然而，集群数据的使用和分析也会带来一些问题。在同一群体中个体缺少自主性（例如集群之间对于不同犯罪者的特性——如犯罪动机——的差异，就有可能是由于治疗医生特性的不同所造成的）将会造成对于设计和分析上的方法错误。研究者必须考虑集群内部的相关性，以避免压低 p 值的"分析单位"错误（Divine，Brown & Frazer，1992）和高估统计显著性差异的一类错误（Bland & Kerry，1997；Gulliford，Ukoumunne & Chinn，1999）。此外，以下几种情况可能对精确率造成影响：干预主要集中于整群的基础上，很少或没有关注到个体参与者，因此会出现精度的丧失；在基线确定后允许新的参与者加入到研究群体中；整个群体，而不是个人，无法进行跟踪；对于影响效果过于乐观的估计。

多纳和克拉尔（2000）认为整群随机分组可以提高实验的精确率，首先通过建立一个集群的合格水平标准以减少团体中的差异，其次就是增加整群随机分组的数量，即使只是控制组的数量也可以。然后基于基线变量的匹配或分层设计要体现出预测的重要性。再次，获得可能得到其他结果的预后变量的基线变量，并在同一主体下选择相同或不同的群体重复测量。最后，制定一个详细的实验计划，以确保规范和损失最小化。采用整群随机分组的参与者数目与采用简单随机分组的参与者数目的比值被称为"设计效应"。因此，一个有着较好设计效应的整群随机分组将会比同样采用随机分组设计的实验要多很多参与者（Kerry & Bland，1998）。

到目前为止，本章已经探讨了成年人出现性侵害行为的理论、进行风险评估的方法，以及用来解决和/或改变行为的相应的干预措施。此外，本章的第一部分讨论了干预措施的有效性。虽然这些措施都存在争议，但最主要的争论主要是来自于什么构成了性侵害行为，以及如何对风险进行监控才是合法的。本章的下一节将会主要讨论这两个问题。

当"性犯罪者"并不会造成性侵害

在过去的 20 年里，在法律中性犯罪的种类和类型出现了明显的增长，同时政策的制定者在立法上采取了空前的打击力度。在这当中最值得注意的是 2003 年的《性犯罪法案》和一直延续至今的 2008 年《刑事审判和移民法案》，以及 2009 年《治安与罪犯法案》。性犯罪的审查、行为的边界，以及什么是错误的性关系取决于对道德造成的破坏和对个人造成侵害的评估。然而，在 2003 年的《性犯罪法案》中，对于"性"的定义是"一个有理性的人认为是性"的，这种宽泛的法定定义存在很大的问题。

性侵害与性犯罪这两者之间是有差别的。例如，在一年中有 25 000 名性侵犯者被登记在册，但其中只有 26 名犯有严重的性犯罪或暴力犯罪（《每日邮报》，2004）。这一现象出现的原因是，法令全书中性侵害行为的条目增加了，其中包括很多几乎不会造成伤害的行为，更多的是为了规范行为或被公众认为是安全的行为。从 2005 到 2006 年间，英格兰和威尔士有 62 081 名性侵犯者登记在册（Walker，Kershaw & Nicholas，2006），但并不是所有的性侵害行为被记录为犯罪，且许多性犯罪行为也并未造成性侵害（的后果）。

从事卖淫工作的成年女性也可能是正常人或为人母，因为她们从事商业性的性活动，最终仍旧会被冠以卖淫罪，而这种卖淫现在被归类为性犯罪。那些从事性工作的人，出于

347

希望保持工作和家庭生活分开的想法，或出于安全的考虑，或者公司要求和其他性工作者一起工作的原因，倾向于租住房间，或在桑拿及"会客室"工作。然而，那些出租房屋的人或会客室的持有人（通常是前性工作者或是前接待员，被称为"女佣"）与开办妓院这一罪名相吻合，量刑指导委员会将其定为开办妓院的性犯罪，并建议处以他们2年以上的刑罚。但这种行为并不是性侵犯。以上这两个例子表明了法定归类出现了问题。

刑法作为一种终极裁决，应谨慎地适用于对那些确实有害的行为。与宽容性立法相反，这种惩罚性立法导致了更多犯罪的发生，再加上性行为本身的多样性，就导致了性犯罪不一定是有性侵害的。这种情况甚至延伸到"儿童犯罪"，即两个16岁以下的"孩子"自愿发生性关系都是违法的。

性侵害的政治化

选民和媒体希望政策的制定者对性侵害行为的发生负责（Hansard，2002）。许多儿童谋杀案，再加上政治家注重的全球化媒体报道，促使英格兰和威尔士加大了新的法令，并且在旧的法律中加大了惩罚力度，也重新定义了究竟什么是性侵害，使性侵害被政治化。在美国，这种担忧导致了1996年《梅根法案》的诞生，该法案允许在社区中公开那些性侵害儿童的罪犯的个人信息（Office of the Attorney General，2004）。在英格兰和威尔士，政治或是民粹主义导致性犯罪法案重新定义"儿童"为18岁以下的人，而这一定义会使这一年纪的同龄人相互在网上传照片的行为受到刑事处罚。

在英国，2003年《性犯罪法案》中增加了性犯罪审判判决的刑期，并且加强了宣判后对于罪犯的监督控制，罪犯在宣判10年内都要受到监督。夸大性侵害的风险是有问题的，它加深了公众的恐惧情绪，并且在不必要的监督上浪费宝贵资源，也阻碍了那些已经改变其生活态度的罪犯重新融入社会（Soothill，Francis，Sanderson & Ackerley，2000）。

性侵害与恐惧文化

从2002年起，任何一名与儿童一起工作的人（即使是一名志愿者），都必须通过犯罪记录局（CRB）的审核。尤其是在学校看守伊恩·亨特利杀害霍利·韦尔斯和杰西卡·查普曼这一事件后，家长对于儿童的成长环境普遍产生了担忧，以至于只相信那些通过官方认证的成年人。从某种方面来说，这种"审查"文化不利于成人和儿童之间的关系建立，并且在道德上表现出，对于恋童癖的恐惧已经成为一种歇斯底里式的恐慌。

"反恐战争"这一话题将安全与自由两极化，这是一种政治实践、一种言语行为，是构建、命名、形成问题的一种方式。在劳德（2006）看来，这一话题旨在调动我们背后的情绪，让我们认为面对一个威胁，必须立即做出决定和并采取特殊手段应对。立法的活跃表明了在犯罪、移民和社会混乱问题上的公众恐慌。它产生了一种风向，抑制乃至主动阻止对国家声明和实践的严格审查，并产生了一种危险的恶性循环风险（暴行—恐惧—强硬回应—暴行），这使国家权力变得难以调控、瓦解或扭转。

在一份写给专家小组的"拥抱许可证"（Licensed to Hug）的报告中，西维他、弗莱迪和布里斯托（2008）发现如今成年人不太愿意参与公众生活，例如学校旅行、板球运动或足球教学等，因为他们害怕被认为是富有侵略性的或有潜在性侵害倾向的人。作者认为这种错误的观念需要重新构建，"儿童保护政策正在破坏每一代人之间的关系，并且对志愿活

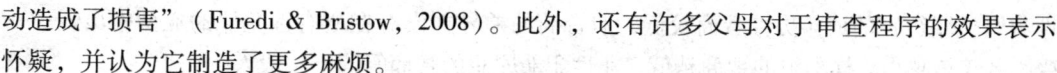

动造成了损害"（Furedi & Bristow，2008）。此外，还有许多父母对于审查程序的效果表示怀疑，并认为它制造了更多麻烦。

犯罪记录局的成人审查制度

从 2009 年 10 月起，成人必须在独立保障局（Independent Safeguarding Authority，ISA）注册，预计有 1/4（约 1130 万）人口受此计划的影响。而在弗莱迪和布里斯托（2008）看来，所谓的保护计划在很大程度上是一种心理安慰，该计划更像是一场印象管理实践而不能提供有效的保护。除了不可靠的记录跟踪和技术系统，该审核只考虑到某人过去做了什么，而不能预见他们将来会做什么。它也减少了成年人对于儿童的责任感，成人在儿童周围感觉越来越紧张，不愿意对他们行使职责或发挥积极作用。这种代际紧张敏感在过去并没有使儿童更加安全，反而创造了更多的机会去伤害儿童，成年人失去了勇气与意愿去照顾其他儿童（Furedi，2005）。它鼓励成年人回避看护好同社区儿童的责任。因此，企图阻止恋童癖与孩子接触的政策却导致儿童与成年人的疏离，而这些成年人本身能够保护儿童远离恋童癖及其他危险的群体。

虽然在 20 世纪 90 年代，对于恐惧和风险这一问题在社会风险中的"本体不安"得到了探讨（Bauman，2000；Beck，1992）。沃克雷特和迈森（2008）进一步发现，这一观点如今已经扩展为：如果风险构成了本体安全感的一部分，那么信任和信任关系将构成另外一部分。他们认为司法研究的深度，通过影响个体形成相应的焦虑情绪，从而造成了全球的组织结构变化。尽管盖德和杰弗逊（2007）做了努力，但是"犯罪恐惧感"研究并没有确定指出充满怀疑和不确定的宏观氛围，也没有充分认识到它与本土化个体经历的关系，但明确的是，这两种因素都会对犯罪恐惧感产生影响。政府被卷入了这种恐惧政治，通过对风险的论述，根据犯罪者或无辜者的描述定义审查主体的政策和措施，使受到审查的个体或整个社区形成了一种恐惧文化，互相充满了不信任感。随着未来性侵害风险的增加，这种情况将会愈演愈烈。

349

结论

本章首先对于性侵害的概念进行了界定，阐述了已经发展成熟的解释理论。然后讨论了用于性侵害行为的干预手段，以及如何对这些干预措施进行评估和测量。在探讨测量面临的困难时，本文对现有的元分析研究进行了分析，包括元分析的准则和克服其测量缺陷的方法。

本章的第二部分说明了性侵害行为已经成了当今社会政策所面临的一项挑战，并围绕性犯罪和性侵害的区分问题，讨论了社会及政治上的恐慌，展示了众多的法律条款是如何造成民众不安的。现在的法律是如此宽泛，以至于经过同意的成年人私下的活动也可能与性犯罪相互混淆。在这种情况下，法律不能将性侵害与性犯罪相等同，否则会导致行为的混乱，冲突和社会资源的进一步紧张。最终在社会上形成一种风向，导致儿童更少参与外界活动、缺少自由，从而降低了处理风险的能力。有观点认为，由此产生的恐惧文化已成为一种安全隐患。

注释

[1] 这些作者发现，虽然从总体上来说，较之犯下非性犯罪（罪行）的成年男性，犯下

性犯罪（罪行）的成年男性智商较低，但智商的差异并没有在所有性犯罪的亚型中出现——受害者年龄越小，样本组的智商越低。非性犯罪罪犯的智商等同于一般人。

［2］流行率和发生率是不同的术语。在同一时段里多么广泛地发生（这是流行率），这种情况多久发生一次（这是发生率）。性侵害行为可能会有较高的流行率（即发生广泛），但有较低的发生率（即不经常发生）。举一个例子来说就是被害者认识强奸者或被称为"约会强奸"。通过人群普查发现其他行为可能没有那么高的流行率但有高的发生率。例如教师虐待他的学生，这种情况的发生率可能会高于普通群体，但在整个教师群体（包括学生群体）中却很少发生。

［3］研究发现，英格兰和威尔士与美国相比，个体遭遇暴力或恐惧风险时进行自我转诊或指导看护的操作性更大（详见 Scheela, 1992）。

［4］临床报告通常包含以下部分或所有信息：①一个公共记录的概括，包括警方的记录和法庭的记录，过去的心理报告以及案件管理报告。②与犯人所进行的半结构化访谈笔记，包括家庭背景、教育情况、就业状况、物质滥用、人际关系、心理健康、犯罪历史信息和未来计划。③心理测验的结果。④由团体治疗师和管理者撰写的治疗报告。

［5］这篇评论可能过多宣扬了物理类/生物类的干预措施，如物理阉割和抑制性欲的药物治疗。

扩展阅读

1. Ward, T., Polaschek, D. L. L., & Beech, A. R. （2006）, *Theories of sexual offending*, Chichester：Wiley.

该文对于性侵害行为理论进行了概述。

2. Brooks-Gordon, B. M., Bilby, C., & Wells, H. （2006）, "Sexual offenders：A systematic review on psychological interventions. Part I：Quantitative studies", *Journal of Forensic Psychiatry and Psychology*, 17 （3）, 442 – 466.

Bilby, C., Brooks-Gordon, B. M., & Wells, H. （2006）, "Sexual offenders：A systematic review of psychological interventions. Part II：Qualitative studies", *Journal of Forensic Psychiatry and Psychology*, 17 （3）, 467 – 484.

这两项研究提供了关于性侵害成年人干预措施效果最全面系统的报告。第一项研究是一个元分析，第二项研究则是小数据的准实验分析研究，和所有关于心理干预的质性研究。在此期间，这些研究按照严格的考科蓝协作标准全面阐述了当前干预措施的效果。

3. Furedi, F., & Bristow, J. （2008）, *Licensed to hug*, London：Civitas.

这项研究对于性侵害的恐惧文化提供了一个重要的观点。

参考文献

Bainham, A., & Brooks-Gordon, B. （2004）, "Reforming the law on sexual offences", In B. M. Brooks-Gordon, L. R. Gelsthorpe, M. H. Johnson, & A. Bainham （Eds.）, *Sexuality repositioned：Diversity and the law* （pp. 260 – 296）, Oxford：Hart.

Bauman, Z. （2000）, *Liquid modernity*, Cambridge：Polity.

Beck, U. （1992）, *Risk society*, Cambridge：Polity.

Beech, A. , Bourgon, G. , Hanson, R. K. , Harris, A. J. R. , Langton, C. , Marques, J. , Miner, M. , Murphy, W. , Quinsey, V. , Seto, M. , Thornton, D. , & Yates, P. M. (2007), "Sexual offender treatment outcome research: CODC guidelines for evaluation", Public Safety Canada, Retrieved 14 January 2015, from http://www. publicsafety. gc. ca/cnt/rsrcs/pblct-ns/sxl-ffndr-trtmnt/index-eng. aspx.

Bilby, C. , Brooks-Gordon, B. M. , & Wells, H. (2006), "Sexual offenders: A systematic review of psychological interventions. Part II: Qualitative studies", *Journal of Forensic Psychiatry and Psychology*, 17 (3), 467 – 484.

Blackburn, R. (1995), *The psychology of criminal conduct: Theory, research and practice*, Chichester: Wiley.

Bland, J. M. , & Kerry, S. M. (1997), "Trials randomised in clusters", *British Medical Journal*, 315, 600.

Brooks-Gordon, B. M. , Bilby, C. , & Wells, H. (2006), "Sexual offenders: A systematic review on psychological interventions. Part I: Quantitative studies", *Journal of Forensic Psychiatry and Psychology*, 17 (3), 442 – 466.

Cantor, J. M. , Blanchard, R. , Robichaud, L. K. , & Christensen, B. K. (2005), "Quantitative reanalysis of aggregate data on IQ in sexual offenders", *Psychological Bulletin*, 131 (4), 555 – 568.

Craig, L. E. , Browne, K. D. , & Beech, A. R. (2008), *Assessing risk in sex offenders: A practitioners' guide*, Chichester: Wiley.

Crighton, D. , & Towl, G. (2007), "Experimental interventions with sex offenders: A brief review of their efficacy", *Evidence-Based Mental Health*, 10, 35 – 37.

Crighton, D. , & Towl, G. (2008), *Psychology in prisons*, Oxford: Blackwell.

Daily Telegraph (2004), "Sex offenders register grows by 15 per cent", 28 July.

Divine, G. W. , Brown, J. T. , & Frazer, L. M. (1992), "The unit of analysis error in studies about physicians' patient care behavior", *Journal of General Internal Medicine*, 7 (6), 623 – 629.

Donner, A. , & Klar, N. (2000), *Design and analysis of cluster randomization trials in health research*, London: Arnold.

Finkelhor, D. (1984), *Child sexual abuse: New theory and research*, New York: Free Press.

Friendship, C. , Beech, A. R. , & Browne, K. D. (2002), "Reconviction as an outcome measure in research: A methodological note", *British Journal of Criminology*, 42, 442 – 444.

Friendship, C. , Falshaw, L. , & Beech, A. (2003), "Measuring the real impact of accredited offending behaviour programmes", *Legal and Criminological Psychology*, 8 (1), 115 – 127.

Furedi, F. (2005), *Culture of fear*, London: Continuum.

Furedi, F. , & Bristow, J. (2008), *Licensed to hug*, London: Civitas.

Gadd, D. , & Jefferson, T. (2007), *Psychosocial criminology*, London: Sage.

Gallagher, C. A. , Wilson, D. B. , Hirschfield, P. , Coggeshall, M. B. , & MacKenzie,

D. L. （1999），"A quantitative review of the effects of sex offender treatment of sexual offender"，*Corrections Management Quarterly*，3，19 – 29.

Gulliford，M. C.，Ukoumunne，O. C.，& Chinn，S. （1999），"Components of variance and intraclass correlations for the design of community-based surveys and intervention studies: Data from the Health Survey for England 1994"，*American Journal of Epidemiology*，149，876 – 883.

Greenson，R. R. （1967），*The technique and practice of psychoanalysis*，New York: International Universities Press.

Grubin，D. （2002），*Expert paper: Sex offender research. Liverpool: NHS Programme on Forensic Mental Health Research and Development*，London: Department of Health.

Hall，G. C. N. （1995），"Sexual offender recidivism revisited: A meta-analysis of recent treatment studies"，*Journal of Consulting and Clinical Psychology*，63 （5），802 – 809.

Hall，G. C. N.，& Hirschman，J. R. （1992），"Sexual aggression against children: A conceptual perspective of etiology"，*Criminal Justice and Behavior*，19，8 – 23.

Hansard （2002，6 February），Columns 980W and 982W.

Hanson，R. K. （1997），*The development of a brief actuarial risk scale for sexual offense recidivism. User Report* 1997 – 04，Ottawa: Department of the Solicitor General of Canada.

Hanson，R. K.，Broom，I.，& Stephenson，M. （2004），"Evaluating community sex offender treatment programs: A 12 – year follow-up of 724 offenders"，*Canadian Journal of Behavioral Science*，2，87 – 96.

Hanson，R. K.，Gordon，A.，Harris，A. J. R.，Marques，J. K.，Murphy，W.，Quinsey，V. L.，& Seto，M. C. （2002），"First report of the Collaborative Outcome Data Project on the effectiveness of treatment for sex offenders"，*Sexual Abuse: A Journal of Research and Treatment*，14，169 – 194.

Hanson，R. K.，& Thornton，D. （2000），"Improving risk assessments for sex offenders: A comparison of three actuarial scales"，*Law and Human Behaviour*，24，119 – 136.

Hare，R. D. （1993），*Without conscience: The disturbing world of psychopaths among us*，New York: Pocket Books.

Hare，R. D. （2003），*Manual for the Revised Psychopathy Checklist* （2nd ed. ），Toronto，ON，Canada: Multi-Health Systems.

Harkins，L.，& Beech，A. （2006），"Measurement of effectiveness of sex offender treatment"，*Aggression and Violent Behaviour*，12 （1），36 – 44.

Harris，G. T.，Rice，M. E.，Lalumière，M. L.，Boer，D.，& Lang，C. （2003），"A multisite comparison of actuarial risk instruments for sex offenders"，*Psychological Assessment*，15 （3），413 – 425.

Harris，G. T.，Rice，M. E.，& Quinsey，V. L. （1998），"Appraisal and management of risk of sexual aggressors"，*Psychology，Public Policy，and Law*，4，73 – 115.

Hood，R.，Shute，S.，Feilzer，M.，& Wilcox，A. （2002），"Sex offenders emerging from long-term imprisonment: A study of their long-term reconviction rates and of parole board members' judgements of their risk"，*British Journal of Criminology*，42 （2），371 – 394.

Kershaw, C. , Nicholas, S. , & Walker, A. （2008）, *Crime in England and Wales* 2007/ 08. *Findings from the British Crime Survey and police recorded crime*, Home Office Statistical Bulletin. London: Home Office.

Kerry, S. M. , & Bland, J. M. （1998）, "Statistics notes: Sample size in cluster randomization", *British Medical Journal*, 316, 549.

Langstrom, N. , Enebrink, P. , Lauren, E. -M. , Lindblom, J. , Werko, S. , & Hanson, R. K. （2013）, "Preventing sexual abusers of children from reoffending: Systematic review of medical and psychological interventions", *BMJ*, 347, f4630.

Loader, I. （2006）, *Civilizing security: The* 2006 *John Barry Memorial Lecture*, University of Melbourne, 23 November.

Losel, F. , & Schmucker, D. （2005）, "The effectiveness of treatment of sexual offenders: A comprehensive meta-analysis", *Journal of Experimental Criminology*, I, 117 – 146.

Malamuth, N. M. , Heavey, C. L. , & Linz, D. （1993）, "Predicting men's antisocial behavior against women: The interaction model of sexual aggression", In G. C. N. Hall, R. Hirschman, J. R. Graham, & M. S. Zaragoza （Eds. ）, *Sexual aggression: Issues in etiology, assessment and treatment* （pp. 63 – 97）, Washington, DC: Taylor & Francis.

Marshall, W. L. , & Barbaree, H. E. （1990）, "An integrated theory of sexual offending", In W. L Marshall, D. R. Laws, & H. E. Barbaree （Eds. ）, *Handbook of sexual assault; Issues, theories and treatment of the offender* （pp. 257 – 275）, New York: Plenum.

McGuire, J. （2000）, "Defining correctional programs", *Forum on Corrections Research*, 12, 5 –9.

Ministry of Justice （2010）, *What works with sex offenders? National Offender Management Service May* 2010, London: Ministry of Justice.

Office of the Attorney General （2004）, "Megan's law", Sacramento, CA: Author, Retrieved 11 September 2009, from www. meganslaw. ca. gov/pdf/2004LegReportcomplete. pdf.

Palmer, E. J. （2008）, "Contemporary psychological contributions to understanding crime", In G. Davies, C. Hollin, & R. Bull （Eds. ）, *Forensic psychology* （pp. 29 – 56）, Chichester: Wiley.

Prentky, R. , & Schwartz, B. （2006）, "Treatment of adult sex offenders", Harrisburg, PA: VAWnet, a project of the National Resource Center on Domestic Violence/Pennsylvania Coalition Against Domestic Violence, Retrieved 12 January 2015, from www. vawnet. org.

Quinsey, V. L. , Harris, G. T. , Rice, M. E. , & Cormier, C. （1998）, *Violent offenders*, Washington, DC: American Psychological Association.

Sackett, D. L. , Rosenberg, W. M. C. , Gray, J. A. M. , Haynes, R. B. , & Richardson, W. S. （1996）, "Evidence based medicine: What it is and what it isn't", *British Medical Journal*, 312, 13 January, 71 –72.

Scheela, R. （1992）, "The remodeling process: A grounded theory study of perceptions of treatment among adult male incest offenders", *Journal of Offender Rehabilitation*, 18 （3/4）, 167 – 189.

Schmucker, M. , & Losel, F. (2008), "Does sexual offender treatment work? A systematic review of outcome evaluations", *Psicothema*, 20 (1), 10 – 19.

Seto, M. (2005), *Sex offenders in the community*, Cullompton, Devon: Willan.

Soothill, K. , Francis, B. , Sanderson, B. , & Ackerley, E. (2000), "Sex offenders: Specialists, generalists or both? A 32 – year criminological study", *British Journal of Criminology*, 40, 56 – 67.

Thornhill, R. , & Palmer, C. T. (2000), *A natural history of rape*, Cambridge, MA: MIT Press.

Walker, A. , Kershaw, C. , & Nicholas, S. (2006), *Crime in England and Wales* 2005/ 06. *Home Office Statistical Bulletin*, 12/06, London: Home Office.

Walklate, S. , & Mythen, G. (2008), "How scared are we", *British Journal of Criminology*, 48, 209 – 225.

Ward, T. , Polaschek, D. L. L. , & Beech, A. R. (Eds.) (2006), *Theories of sexual offending*, Chichester: Wiley.

Ward, T. , & Siegart, R. J. (2002), "Toward a comprehensive theory of child sexual abuse: A theory knitting perspective", *Psychology Crime and the Law*, 9, 319 – 353.

White, P. , Bradley, C. , Ferriter, M. , & Hatzipetrou, L. (2000), "Managements for people with disorders of sexual preference and for convicted sexual offenders", In The Cochrane Library, 4. Oxford: Update Software, CD000251.

第二十三章 帮派成员：群体过程和社会认知

简·L. 伍德（Jane L. Wood）

各种研究一致认为帮派会提高成员出现越轨行为的可能性，但并不完全清楚其内部运作过程。本章旨在通过考查以下两点来进行解释：第一，群体过程对帮派成员可能产生的影响；第二，帮派成员可能会引发的社会认知影响。本章结论主要包括认识到心理状态对帮派成员身份的重要性，以及心理学家需要如何进行进一步的研究以解释帮派成员身份在影响青少年时的具体过程。

帮派成员身份

> 帮派成员的犯罪率一般高于非帮派成员，但只有在身处帮派中时，他们才会在统计学上表现出显著的高犯罪率。
>
> ——Thornberry, Krohn, Lizotte, Smith & Tobin, 2003.

群体成员身份是人类社会存在的一个基本方面。大多数人一生中都会成为若干群体的成员，家庭、民族、朋友圈和工作同事等群体为我们的身份提供了一个基础，并且使我们明确自己是谁、希望成为谁。大多数群体组成了我们生活的主要方面，它们有助于塑造我们的信念、态度、情感和行为，并且为我们提供了支持、爱和忠诚。然而，群体也会通过积极的因素，如支持和忠诚而产生负面影响，帮派就是其中一类。帮派为成员提供积极因素，如保护、支持和忠诚，但也会促进暴力。这就或多或少助长了帮派成员的犯罪，特别是暴力犯罪（Chu, Daffern, Thomas & Lim, 2012）。迄今为止，在巩固帮派成员身份的心理过程及其相应的违法行为增长方面，还缺乏专门的研究。本章旨在考察帮派和社会认知过程对个体帮派成员造成的心理影响，以及该基本过程是如何助长帮派成员违法行为逐步升级的。

帮派成员：犯罪水平

一般看来，街头帮派成员的身份除了会形成同伙犯罪之外，还助长了暴力行为（Klein, Weerman & Thornberry, 2006）。不过，也有研究结果指出，一旦这些成员离开了帮派，他们对暴力事件的参与度不会比非帮派对照组更高（Melde & Esbensen, 2012）。这就说明帮派成员身份存在某些助长犯罪的特质，尤其是暴力犯罪。然而，迄今为止，关于为什么帮派成员身份会助长犯罪，还没有任何明确的解释。

犯罪学理论，例如社会解组理论（social disorganization, Thrasher, 1927；Shaw & McK-

437

ay，1942）、犯罪规范的文化传播理论（cultural transmission，Shaw & McKay，1942）、差别交往理论（differential association，Sutherland，1937）、紧张理论（strain theory，Cohen，1955）、差异机会理论（differential opportunity，Cloward & Ohlin，1960）、控制理论（control theory，Gottfredson & Hirschi，1990；Hirschi，1969），为研究帮派的学者们提供了长达一世纪的有价值命题和实证研究结果。然而，在解释帮派成员身份及其对个人的影响方面，有学者指出这些理论存在局限性。例如，有学者指出，这些理论仅仅将个体看成是装满了社会负担的无动机容器（Emler & Reicher，1995）；在对犯因的看法上，这些理论采取了单向的观点，而不是互动的观点（e. g.，Thornberry，1987）；还有人指出，这些理论很少注意帮派成员身份所涉及的社会心理过程（Thornberry et al.，2003；Wood & Alleyne，2010）。

基于涂尔干社会控制的传统理论，索恩伯利（1987）提出了互动理论以弥补帮派研究的某些理论空白。互动理论在现有的犯罪学说的基础上，采取了互动的视角研究帮派成员身份。该理论假定帮派成员身份是个人和同伴群体、社会结构（例如，贫困社区和贫困家庭）、弱化的社会纽带以及促进并强化犯罪的学习环境之间相互作用导致的结果（Hall，Thornberry & Lizotte，2006）。

社会互动理论家注意到现有研究中的一项普遍的发现（Short & Strodtbeck，1965；Hagedorn & Macon，1998），即相比于非帮派少年，帮派成员的犯罪水平更高。这些理论家建立了三个理论模型来解释帮派成员身份和犯罪之间的关系（Thornberry，1998；Thornberry，Krohn，Lizotte & Chard-Wierschem，1993）。第一个是选择（selection）模型，这个模型认为帮派会倾向于招募犯罪水平较高的成员。"个体特征（kind of person）"模型假定帮派不会导致其成员犯罪，而是征募那些已经犯罪的青年。如果这个模型是正确的，那么可以在逻辑上预计，在成为帮派成员前、成为帮派成员时以及成为帮派成员后，这些帮派成员会始终保持较高的犯罪水平。换言之，这些青少年的犯罪率不会因为其帮派成员身份而变化。

第二个是促进（facilitation）模型。这种模型认为帮派成员和非帮派成员在犯罪程度上没有什么不同。不过，当他们成为帮派成员之后，群体过程和帮派的规范结构就会促进成员犯罪。总之，帮派成员身份会导致犯罪行为的增加。如果这个模型是准确的，那么我们可以预料，虽然帮派成员的犯罪率高于非帮派成员，但仅限于当他们处于某个帮派中时。在获得帮派成员身份之前和之后，他们的犯罪水平和非帮派成员应该没有什么不同。

第三种模型，强化（enhancement）模型，是个体特征（kind of person）和群体特征（kind of group）模型的结合，是前述两种模式的混合体。该模型认为选择和促进会相互作用，共同导致帮派成员的高犯罪率。如果满足以下两个条件，那么这个模型的准确度就可以得到支持：①在未加入帮派时，帮派成员的犯罪率高于非帮派成员；②在成为帮派成员期间他们的犯罪率更高了。

在纵向考察这些潜在模型时，索恩伯利等人（2003）未发现能够支持选择模型的证据。也就是说，相比于非成员，帮派成员获得帮派成员身份之前和之后没有体现出显著更高的犯罪率。然而，他们找到了能够支持促进模型的一致证据，即在成为帮派成员期间，帮派成员的犯罪率得到了大幅增长。重要的是，该研究还表明，当成员离开帮派后，他们的犯罪水平降低了。强化模型也存在为数不多的论据：相比于未加入帮派的非成员，某些帮派成员的犯罪率显得稍微高一些，但是，之前的非成员加入帮派之后，帮派成员的犯罪率会

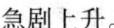

急剧上升。

然而，哪种模型能够最好地解释获得帮派成员身份前和后的犯罪率，还没有定论（La-course，Nagin，Tremblay，Vitaro & Claes，2003；Hall et al.，2006）。这可能是帮派成员的个体差异造成的。这一点也得到了互动理论的支持，该理论指出并非所有的帮派成员都是一样的。例如，某些青年是稳定长期的（核心）成员，但很多人都是临时或短暂（外围）的成员（e.g.，Esbensen，Huizinga & Weiher，1993；Thornberry et al.，2003；Alleyne & Wood，2010）。研究表明，成员身份认同感上的差异，可能受到了获得帮派成员身份前的犯罪水平的影响。也就是说，那些在成为帮派成员前就具有高犯罪水平的青年更有可能成为核心成员，而那些过去没有违法行为的青年更可能成为外围成员（Gatti，Tremblay，Vita-ro & McDuff，2005）。并且在成为帮派成员期间，相比于非帮派青年，核心和外围帮派成员更加容易出现犯罪行为（Alleyne & Wood，2010）。这支持了一个普遍共识，即无论获得帮派成员身份前或后的犯罪情况，在加入帮派期间，这些成员的犯罪水平均会显著提高。就像索恩伯利等人观察到的那样，"简单来说，当帮派成员参与帮派时，他们的行为会愈加糟糕；当他们不参与帮派时，他们的行为会有所改善"（Thornberry et al.，2003）。

354

成为一名帮派成员：帮派发展过程

每个帮派的形成可能出于相同的原因，即为成员提供了他们想要或需要的某些东西（Goldstein，2002）；然而，到目前为止，很少有研究将帮派作为群体来考察（Hughes，2013）。现已确认，帮派能满足年轻人对于地位、身份和友谊的需求（Klein，1995）。帮派被认为是一种获得尊重的途径（Anderson，1999），并且能够让青年具有社会影响力（Knox，1994）。帮派可以实施一种强制力（威胁或使用武力或暴力），并让其成员有地位感（Knox，1994）。结果，年轻的男孩们会尊敬，模仿并希望成为帮派成员（Hughes & Short，2005）。媒体对于帮派的描绘，例如那些塑造了因为类似帮派的行为而获得了奖励的角色的黑帮电影，成了那些渴望成为帮派成员的年轻人的蓝图（Przemieniecki，2005）。此外，生活在将物质财富作为成功象征的文化里的年轻人也会特别积极地参加帮派组织（Toy & Stanko，2008）。

研究表明，那些在合法的社会控制（例如家庭、教育和社区背景）中产生疏离和压力的年轻人会积极参加帮派（Marshall，Webb & Tilley，2005）。帮派为成员提供了友谊、尊严、认同发展、自尊提升、冒险刺激以及可能非法的物资资源（Goldstein，2002）。帮派还会提供群体保护、恐惧缓解、感情纽带和归属感（Vigil，1988）、强大的社群心理意识、生理和心理上的亲近关系、社交网络和社会支持（Goldstein，1991）。结果，年轻人可能会为了支持他们认为的"有吸引力的"，甚至是"迷人的"帮派成员身份而改变、修改或放弃他们现有的社会控制。

帮派特征和帮派认同

帮派具有其典型的特征，如果撇开这一点，我们将无法讨论帮派和帮派成员。而且，犯罪活动还应该是它的核心特点（Weerman et al.，2009）。克莱因和马克森（2006）注意到"犯罪和帮派特征在帮派世界中不仅仅是并行线，它们还会相互强化"。例如某些（而非全部）越轨行为（Wood & Alleyne，2010），对于帮派特征来说是必不可少的，许多研究者也将其作为一项定义性的特征。例如，"欧洲帮派网（Eurogang Network）"将帮派定义为："街头帮派（或其他地方相当于街头帮派的爱寻衅滋事的青年团伙）"是指任何长期的、街头导向的，群体特征包括参与非法活动的年轻人群体（Weerman et al.，2009）。在这个定义中，群体特征包括普通且可接受的行为，同时非法活动（而不是骚扰行为）也非常重要。尽管个体由于其成员身份必须有助于群体特征的创造和维护，但是这个定义不包含他们的个人形象（Weerman et al.，2009），结果我们对群体特征如何帮助年轻人塑造个体特征，所知仍是甚少。

研究表明，如果帮派成员专注于将个人需求和群体特征及功能相结合，那么其个体特征能够在帮派内部得到塑造（Vigil，1988）。来自社会心理学的证据支持了这一群体特征如何帮助青年塑造社会认同的概念化机制。例如，社会认同路径包含了社会认同理论（social identity theory）和自我分类理论（self-categorization theory），个体在何种程度上认同某个群体有助于他们决定对自己的看法及其行事风格（Tajfel，1972）。社会认同路径的关键原则是个人自我概念（例如，他们是怎么看自己的）的一部分，是从群体成员身份发展而来的（e. g.，Hogg & Reid，2006）。如果帮派提供给年轻人权力、地位、身份和友谊等（如前所述），那么这就说明帮派成员身份会帮助年轻人培养一个更加正面的自我概念（例如，大家喜欢我，我有很多朋友，我值得别人去认识）。社会心理学认为群体成员身份能够影响个人感知自我的方式。依据自尊假设，人们会倾向于积极地看待自己（Hogg & Abrams，1988）。同时，研究表明即使群体成员身份使个体仅仅感受到其他成员的荣耀（例如，支持某个成功的足球队），也可以提高其自尊。因此，人们从群体成员身份中经历的正面情绪就成了巩固他们和群体之间关系的黏合剂（Cialdini et al.，1976）。例如，有研究论述了那些学生时期自我感觉良好的年轻人拥有的这种正面情绪转化成为对将来事业有成的信心的能力，可以使他们对于成为帮派成员没什么兴趣（Dukes，Martinez & Stein，1997）。相反，那些参加帮派的年轻人一般在学术上自我感觉并不良好，且他们对自己的学习能力的信心也相对较低，因此他们对如学校等的合法社会组织的归属感较低（Dukes，1997）。所以，帮派成员身份通过为年轻人提供支持并肯定他们的成员身份来帮助他们提升自尊，同时随着帮派名声增长（大多因为违法和反社会活动方面的成功），帮派成员原本较低的自尊心也会随之增长（Duke et al.，1997）。

因此，我们可以发现年轻人逐渐认同某个帮派的过程，特别是他在现有的群体选择（例如学校）中不成功或缺乏吸引力的时候。一旦他们认同某个以越轨活动为特点的帮派，这些成员为了帮派利益很有可能也会采取一种越轨的生活方式。一项考察帮派成员社会认同的研究说明了对某个帮派的认同感可以大大降低针对犯罪的潜在惩罚的威慑效果（Hennigan & Spanovic，2012）。这项研究表明，相比于非帮派青年，帮派成员会将帮派的越轨惯例置于因犯罪活动而被捕或被惩罚的恐惧之上。就像亨尼根和斯潘诺维奇（Hennigan & Spanovic，2012）注意到的那样，"因为犯罪和暴力对于那些参与帮派的青年人来说是正常行为，所以他们对于自己被捕和被惩罚的判断对其（实施）犯罪和暴力行为影响甚微"。所以，对于帮派的认同感似乎能够抵消威慑效果，例如那些旨在预防非帮派年轻人参与违法活动的潜在惩罚。总之，对帮派的认同感有可能提高年轻人对违法行为的参与度。

从众、多数无知和凝聚力

人们参与某个群体的时候，可能会因受到一些压力而遵循群体规范。阿希（1951）的经典研究论述了从众的巨大力量，该研究论述了人们在小事上（例如决定线条的长短）如何遵从他人（这个案例中是研究人员的同盟者）的意见（的情形），即使其他人明显是错的。研究结果进一步显示，人们希望得到接受，并且他们会通过遵循社会规范来获得他人的认同（Cooper, Kelly & Weaver, 2004）。特别是当他们重视或崇拜某个群体时（David & Turner, 1996），情况就更是如此。同时，就像前文所说的情况，帮派可能会得到年轻人的崇拜，特别是那些偏离了合法社会控制（例如家庭或学校）的年轻人。一旦他们获准进入该帮派，特别是当他们非常认同这个帮派时，这些成员会更加愿意接受这个帮派的影响（Cooper et al., 2004）。而且因为他们担心违反规范而遭到群体制裁（e. g., Rimal & Real, 2003），遭到朋友或钦佩之人的排斥也非常具有威胁性（Baron & Kerr, 2003），所以群体成员也很可能会坚持且遵循内部集团的规范。因此，考虑到内部集团的影响以及个人自愿接受这种影响的驱使，相比于非帮派青年，参与帮派的年轻人很有可能会体验到更大的社会压力，从而服从帮派规范，例如犯罪（Viki & Abrams, 2012）。但是即使群体成员接受规范，也不一定意味着他们总是同意群体观点。多数无知（pluralistic ignorance）是指个人在私下拒绝某项社会规范的同时表面仍会对此附和，因为他们认为（常常是错误地认为）其他群体成员接受这种规范（O'Gorman, 1986）。因为每个成员都认为只有自己私下拒绝这个规范，没有人公开反对它，而这反过来又在群体成员中助长了"该规范被大多数人接受"的观点。为了证明这一观点，一项针对大学生的研究显示，大多数学生认为其他学生可以接受学生喝酒，但是他们私下对于这种观点并不赞同（Prentice & Miller, 1993）。

有人也注意到了帮派活动中的多数无知，其中有些帮派成员私下表示他们对于自己的犯罪活动感到极度地不适（Matza, 1964），但他们还会拥护并公开支持他们私下拒绝接受的帮派规范。这样做的结果是，一些帮派成员会参与自身并不赞同的犯罪行为。然而，也有证据表明，个体越是认同自己的群体，越有可能信奉群体规范（e. g., Reid, Cropley & Hogg, 2005）。这表明，核心帮派成员可能会真心地赞同"外围帮派成员会私下拒绝的"公认群体规范。但是不管帮派成员的私人信仰是否和帮派规范一致，帮派成员都可能会公开接受群体规范，并依其行事。如果这些规范涉及犯罪，那么很可能这些帮派成员会为了符合团伙规范而变得更加容易犯罪。这种犯罪参与还可以提升帮派的凝聚力（Klein & Maxson, 2006）。

凝聚力支撑了帮派的内部社会互动和行为（e. g., Klein, 1995）。研究认为，帮派凝聚力来自三个过程：①帮派及其成员对成员的吸引力；②成员参与帮派活动以及促进帮派总目标实现的动机；③帮派成员的协同努力（Goldstein, 2002）。凝聚力的视角起源于费斯汀格及其同事于20世纪四五十年代的相关研究，他们将凝聚力定义为能够作用于个人并将个人保留在群体中的"力场"（Festinger, Schachter & Back, 1950）。社会心理学家将凝聚力解释为一个二维构念，包含了垂直凝聚力和水平凝聚力，前者来自于成员信任和尊重群体领导的程度，而后者来自于成员彼此之间的感情、尊重和信任。此外，还出现了进一步的凝聚力从属概念，叫做"感知到的凝聚力"。它的定义是，"个人对特定群体的归属感，以及同该群体成员身份相关的士气感"（Bollen & Hoyle, 1990）。因此，感知到的凝聚力反映了个体对群体内人际关系的评价；同时，这种凝聚力来源于认知元素，例如对群体经历的评价和与这些群体经验相关的情感因素。

凝聚力是群体运作的强大动力。克莱因（1995）认为凝聚力就是"典型的群体过程"。

356

一项研究群体凝聚力的元分析表明，具备高度凝聚力的群体在效率上可以远远超过凝聚力较低的群体（Evans & Dion，1991），并且按照克莱因（1995）的观察，高度凝聚力帮派更容易滋养犯罪。凝聚力促使群体成员对群体产生忠诚，并愿为此作出承诺和牺牲。这些成员会尊敬他们的群体，把群体看成是他们的骄傲（Crocker，Luhtanen，Blaine & Broadnax，1994）。同时，这又会产生一种取代个人自尊的群体自尊（Vigil，1988）。因此，成员非常认同他们的群体与其他成员，各成员有着相似的态度，并愿意遵守认可犯罪的群体规范，因此帮派凝聚力会导致较高的犯罪和暴力水平（Hughes，2013）。那些具有高度凝聚力的帮派能更有效地动员群体成员去获取物资，如毒品和武器（Hughes，2013）。

研究发现，凝聚力的影响有两种可能。尽管一些研究结果表明，低凝聚力会导致较低的犯罪水平（e. g.，Klein，1971），但仍然有其他的研究结果表明帮派不需要具备很高的凝聚力也可以犯罪（e. g.，Jansyn，1966）。休斯（2013）进一步指出低凝聚力还会促进犯罪率的提高，因为低凝聚力可能会导致成员之间的内斗。事实上，有证据表明，相比于帮派之间，帮派成员的谋杀更加容易在帮派内部发生（Decker & Curry，2002）。因此，无论凝聚力是高是低，它都会促进帮派成员之间犯罪水平的上升。

群体间冲突和地位提升

社会心理学家认为，群体之所以存在，是因为存在外群体（Hogg，2004），所以人们需要弄清楚相于别人自己的归属（Bruner，1957）。这种认识进而构成了社会背景下的行动基础。例如，归属某个帮派就可以很好地认识自己和同一帮派下成员之间的关系，和其他帮派下成员之间的关系以及和警察之间的关系（Viki & Abrams，2012）。为了达到这样的认识，人们会采取分类这一基本认知过程。分类不仅能够理清自己和其他社会群体成员关系，还能让个人将情感价值依附于所归属的群体（Tajfel，1978）。社会心理学的研究结果有力地证明了分类过程是如何被人们利用并成了偏见的基础。这种偏见可能源于信息匮乏，甚至发生在自己的群体上。例如，一项经典研究表明任意地组建临时群体（例如，按照其高估还是低估纸上点数，将这些人分成两个小群体），被试之间以前没有产生过冲突，以后也不会存在接触。结果发现，让他们把钱转给其他人时，这些人都倾向于把钱转给同组的人（Tajfel & Turner，1979）。研究者们对于这种小群体效应产生了各种各样的解释。例如，有观点认为存在群体内偏好是因为人们以为这是一种群体期望（Wilder，1986），还有观点认为是因为人们期望群体内成员可以互相偏袒（Jetten，Spears & Manstead，1996）。不管解释是什么样的，人们还是继续开展各种工作尝试解释这种小群体效应。结果发现，人们很容易做出"他们和我们"这样的分类，并以此为基础进行活动。

在这一点上，帮派也不例外。帮派经常是按照其成员来源而组建的（e. g.，Densley，2013），其身份也往往是参照其他帮派而确定的，尤其是参照和其他帮派间的冲突进行组建（Papachristos，Hureau & Braga，2013）。简而言之，帮派会将其他团伙作为一个参照点，并通过这个参照点评估自己的行动和地位（Decker，1996）。社会心理学的理论，如社会支配理论（Sidanius & Pratto，1999），有助于解释巩固参与群体竞争以获得地位的过程。按照社会支配理论的解释，拥有高社会支配倾向（social dominance orientation，SDO）的群体成员更加倾向于提升或加强自己群体的社会阶级，并通过大量的环境因素来区分这种社会阶级，例如，宝贵的资源。而这种任意的层级制度通常包括许多如帮派一样的非正式群体。例如，

357

街头帮派经常以某个非法资源（例如，毒品）为分层标准来与其他街头帮派比较，并评价自身社会地位。虽然考察帮派背景下社会支配影响的研究尚处于起步阶段，但是至今为止的研究结果表明，参与帮派的个体有着较高的社会支配倾向（Wood，Alleyne，Mozova & James，in press）。

帮派成员为了提高帮派地位，或维护帮派声誉，往往会造成帮派之间的暴力行为（Decker & van Winkle，1996；Aldridge & Medina，2008）。邓斯利（2013）发现："暴力是帮派生活的中心"。帮派成员认为，为了保护势力范围或帮派业务，暴力是比较正常的防御手段。结果，冲突成了敌对帮派间的家常便饭（Bourdieu & Wacquant，1996）。这种冲突也起到了争夺权力和统治的作用，而帮派的权利和统治往往建立在声誉、尊重和地位上（Harding，2012）。帮派为了维护受到敌对帮派影响的地位或解除威胁，认为敌对帮派应该为此受到惩罚，所以报复也许就成了帮派暴力最常见的原因（e.g.，Hughes & Short，2005；Papachristos，2009）。而且，暴力可以在报复对手的同时，为帮派挽回面子，保护成员（Papachristos et al.，2013）。

同时，暴力也传递了一种信息，即该帮派有能力维护自己的利益和成员的安全，这也就提升了该帮派的现有声誉（Papachristos et al.，2013）。并且帮派为成员提供了提升自己个人社会地位的机会，研究显示，这种情况主要发生这两类人中：那些参与监狱帮派活动的人（Wood et al.，in press；Wood，Moir & James，2009；South & Wood，2006），以及更加看重社会地位的街头帮派成员（e.g.，Alleyne & Wood，2010）。一旦加入帮派，凭借此人已经成为帮派成员的名声就可以获得社会地位。声誉提升理论认为，年轻人会选择一个他们希望展示的自我形象给特定人群（Emler & Reicher，1995）。就该成员希望在群体内发展的形象，其他人会给出反馈意见，从而进一步巩固该形象。对于那些决定要在帮派内建立个人声誉的帮派成员，犯罪就是关键，因为犯罪是一项有价值的帮派产物。犯罪，特别是暴力犯罪，也充当了保护成员免受侵害的防御机制（Emler & Reicher，1995）。

研究表明，帮派成员利用暴力来正常化暴力行为（Harris et al.，2011）。同样有研究验证了声誉提升理论，发现帮派成员可以利用暴力来获得地位，加强声誉，并以此作为成员对帮派活动的参与行为，甚至可以防止被其他成员排挤（Harris et al.，2011）。总之，暴力就是帮派成员获得帮派内地位的价码。邓斯利（2013）在一项帮派青年民族志研究中的观察报告中指出，"帮派成员表示，严重暴力行为是上升到顶层最快的渠道"。但是这些暴力行为应当达到以下两项要求：一是足以提升个人和帮派的声誉；二是不会引起警方的高度重视或威胁帮派业务（Densley，2013）。为了获得物质财富和高地位的舒适生活方式，帮派成员认为实施暴力是必要行为（Harris et al.，2011）。作者进一步指出，对于还没确立地位的成员，帮派成员希望这个成员展现出极端暴力性：

> 如果没有表现出极端暴力，那么他们会将这个成员看成是废物。如果失去了曾经拥有的地位，那么情况会变得更糟，这个成员不仅会失去尊严，而且还会不可避免地遭到攻击并成为他人的牺牲品。
>
> ——Harris et al.，2011.

因此对于加入帮派的个体，即使以前就已经存在越轨行为，他们也要表现出比从前更大的犯罪性来获得并维持自身在帮派内的正面声誉。犯罪水平的上升似乎成了许多帮派的一个规范，他们期望帮派成员表现出粗暴的行为，来实现并维持个人和帮派地位，而这种期望或许也是帮派成员身份会提升犯罪水平的原因之一。帮派成员重视地位，并为了实现和维持帮派成员地位而实施犯罪。这说明，只要他们认为帮派成员身份会提供地位和声誉，犯罪水平就会永远随着帮派成员身份的上升而上升。

成为帮派成员：社会认知过程

虽然研究者已经认识到群体过程促进犯罪，特别是帮派成员的暴力犯罪，但对于加入帮派（促进犯罪水平的上升）给个体成员造成的具体心理影响，我们仍然知之甚少。如前文所述，帮派成员身份的犯罪理论不太重视帮派成员身份所涉及的社会心理过程（Thornberry et al.，2003）。然而，随着个体差异在帮派研究中得到了更多的重视，这种情况也在不断改变。

帮派参与的整合理论（The unified theory of gang involvement；Wood & Alleyne，2010）采用了犯罪和心理两个概念来解释为什么个体会或不会加入帮派。这个理论更加概括地说明了个体如何获得帮派成员身份和实施犯罪，以及如何拒绝犯罪或成为帮派成员。该理论也强调了可能与犯罪行为和帮派成员身份有关的社会认知和态度的发展和影响力的重要性。例如，随着帮派成员不断接触群体规范、新的非正式社会控制以及获得了新机会或更多机会去接触犯罪性学习和参与犯罪活动，他们的社会认知和态度被重新塑造。虽然这个理论仍处于初级阶段，但需要更多地关注影响个人加入帮派的心理过程。

道德推脱

整合理论认为，为了积极实施犯罪，个体需要学习如何抛开现有的道德标准（道德推脱）。为了证明个人参与犯罪行为的正当性，他们需要采取一些相应的策略。道德推脱是一种能够使个人将伤害行为正当化并避免认知失调和自我谴责的社会认知过程，而后者往往和个人道德标准异常有关（Bandura，Barbaranelli，Caprara & Pastorelli，1996）。

道德推脱包含八个分别在三种社会历程层次上起作用的社会认知机制。第一个层次是通过改变对非人道行为的解释而起作用的，例如，可以通过以下途径起作用：道德辩护（该行为是出于有价值的目的而实施的，例如，促进该帮派的地位）、委婉标签（消除危害性描述，例如，可以将暴力行为描述为"帮派业务"）以及有利比较（把自己的行为和其他更糟糕的行为作比较，例如，我们只是攻击他人，而别人会杀人）。第二个层次通过以下途径重新诠释了不道德行为：责任转移（自己的行为是权威人物强制命令的结果，因此就不存在个人责任了）；责任分散（若干肇事者需要共同承担所造成的损害责任，从而冲淡了个人的责任）；忽视或扭曲行为结果（忽略、最小化或不相信给别人造成的伤害）。第三个层次通过去人性化（认为受害者不是人，因此他们缺乏普通人类的特质）和责备归因（他们把责任推给被害者，觉得他们罪有应得）来否认被害者的受害状态。

实证研究发现，个体确实会不顾自己的道德标准，做出为了让帮派接受他们的不道德行为（e.g.，Emler & Reicher，1995），（如）街头帮派成员（e.g.，Alleyne & Wood，2010）以及那些参与监狱帮派活动的人（e.g.，Wood et al.，2009）确实会不顾自己的道德标准而实施不道德行为。研究进一步显示了道德推脱导致了暴力程度的增加（e.g.，Bandura et al.，1996），并且在社区贫困、低共情和反社会行为间起中介作用（e.g.，Hill，Lui & Hawkins，2001；Hyde，Shaw & Moilanen，2010）。正如海德等人观察到的那样：

> 在现代背景下，生活在贫困家庭和社区中的城市年轻人很少有机会或希望通过社会所接受的途径走向成功，他们可能发展出一套不受主流规定约束的反社会行为道德准则，特别是当这种行为使他们能够获得物质上的成功（如买卖违禁药物）或安全（如加入帮派）时。

如果他们已经参与了犯罪行为，那么很有可能这些年轻人已经开始使用道德推脱来正当化自己的罪行。加入帮派之前的犯罪行为可能给他们带了一定的收获（如金钱），但是同时也很可能会遭受外部（如来自家长、教师等）的道德谴责。一旦他们加入帮派，其犯罪行为很可能会得到正面的鼓励，不仅获得物质利益（如销售毒品），而且可以得到其他帮派成员的肯定。这些积极的支持将进一步巩固他们对帮派的忠诚度（e.g.，Esbensen，Huizinga & Weiher，1993），并且减少降低犯罪水平的可能性。原本通过他人的道德谴责可以降低犯罪水平，但是个体被其他帮派成员所纵容鼓励。重要的是，这也很可能会加剧和强化道德推脱的进程。

成为帮派成员后，他们也会在其他范畴内采用这种道德推脱策略。与非帮派个体相比，帮派成员更容易受到暴力侵害，遭遇性侵（男性或女性）以及由于争斗而遭受严重的伤害（e.g.，Taylor，Freng，Esbensen & Peterson，2008）。他们也更容易成为敌对帮派（e.g.，Sanders，1994）的受害者。他们会觉得敌对帮派成员的暴力回击是正当的。一份研究支持了这种观点，相比于非帮派个体，街头帮派成员会使用更多责备归因策略（e.g.，Alleyne & Wood，2010）。研究进一步显示，相比于非帮派个体，外围帮派成员会使用更多的责任转移策略来正当化自己的犯罪行为（e.g.，Alleyne & Wood，2010）。这是可以理解的。在已经确立成员身份层级的帮派内，如外围成员和核心成员，那些外围成员渴望向帮派证明自己的价值，他们会遵循核心成员的引导或指示。换句话说，他们认为自己只是在服从命令（e.g.，Alleyne & Wood，2010）。这样看来，加入帮派会促进并强化成员的道德推脱策略，随着他们学会把自己的道德标准推得越来越远，这些帮派成员会参与更多的违法犯罪活动。

犯罪认知支持

整合理论认为，帮派成员身份很可能会产生或促进有侵略倾向的、强调犯罪行为的认知、信念和态度。认知图式实际上就是人们用来筛选、编码和评价社会刺激的认知结构（Beck，1964）。它们由记忆中存储的过去知识形成，包含了自我、他人和世界方面的态度、信念和假设（e.g.，Mann & Beech，2003）。总之，认知图式就是人们根据过去的经验创造的各类信息。一些理论家倾向于将这种图式看作是内隐理论（implicit theories，ITs），因为他们认为，这个词更准确地解释了人们发展理论、解释世界的方式，以及在此基础上预测未来事件的假设的方式（Ward，2000）。所以，内隐理论和人们用来解释其他人的行为、欲望和动机方面所采用的科学理论具有一定的相似性（Ward，2000）。总之，内隐理论"使个人能够解释和理解他们所处的社会环境的各个方面，并因此做出关于未来事件的预测"

（Ward，2000）。内隐理论被称为内隐，是因为个体很少外显地将这种认知表示出来（Ward，2000），而且这些图式主要作用于两个心理结构：信念和期望（Polaschek，Calvert & Gannon，2009）。因此，关于自我，世界和其他人的信念就是用来实现个人期望的行为背后的驱动力。

如果有其他证据表明个人的认知是错误的，个体的内隐理论是可以被改变的（Polaschek et al.，2009）。但是人们都非常积极地按照和他们内隐理论一致的方式来解释信息，这种习惯根深蒂固，难以改变（Ward，2000）。个体更倾向于对与认知不一致的输入信息进行重新解释，直到其与个人现有的内隐理论一致（Polaschek et al.，2009）。为了实现一致性，人们可能会歪曲或扭曲接收到的信息。例如，研究表明，那些认为别人都是敌视而自私的人很有可能将别人无心地将自己绊倒解释成恶意行为（Epps & Kendall，1995）。攻击型人群常常具有认知扭曲的特点（即具有扭曲的或变态的信念）。

当个体变成了帮派成员并接受帮派规范，通过犯罪努力获得地位，并产生和帮派身份有关的帮派内外的偏见时，那么他很可能会发展出支持犯罪的内隐理论，以及与帮派和犯罪活动有关的认知扭曲。此外，同伙会向新的帮派成员灌输代表帮派实施侵害行为的理念，这种理念的巩固可能使个体感受到帮派对侵害行为的积极肯定。这种个人评价会朝着侵害的方向进一步促进（新的帮派成员产生）认知扭曲，并且会被同化进帮派成员的记忆和相应的内隐理论，进而指导未来行为。

有关内隐理论的研究大多数是针对性犯罪者展开的，其解释力已得到充分证明（Polaschek & Ward，2002；Ward & Keenan，1999）。还有研究者用内隐理论来考察亲密伴侣暴力（Gilchrist，2008；Weldon & Gilchrist，2012；Pornari，Dixon & Humphreys，2013）、纵火（Ó Ciardha & Gannon，2012）和暴力犯罪（Polaschek et al.，2009）。虽然没有研究者从内隐理论角度直接考察帮派行为，但大量证据表明帮派成员的暴力行为会受到传统男性价值信念和侵害有关的信念的影响（Lopez & Emmer，2002）。帮派暴力的实施一般会遵循帮派的规则、规范和价值观（Lopez & Emmer，2002），这表明帮派成员会将帮派的信仰和价值观作为内隐理论，并将其置于个人的信仰和价值观之上。正如作者指出：

> 和"义务警察"以及自我保护性犯罪正好相反，在实施暴力罪行时，个体并没有提及甚至表现其价值观，反而把群体的信仰、规则和规范作为行为参考。
>
> ——Lopez & Emmer，2002.

波拉斯奇克等人（2009）采用扎根理论考察暴力罪犯的具体的内隐理论，并确定他们持有的四种核心理论。第一种也是最重要的（内隐理论）是暴力的正常化，是其他内隐理论的基础。暴力犯将暴力看作解决冲突的有效沟通形式，他们认为这是一种有说服力的战术，能让别人尊重自己。无论是身体还是心理上，受害者受到的暴力伤害被最小化了（另见前文中讨论的道德推脱策略），而他自己个人受到的侵害也被最小化了。第二种内隐理论就是"打或被打"，其中包括两种亚型：自我增强和自我保护。这个理论的基本假设是在暴力事件中应当先下手为强，否则他人就会占优势。自我增强亚型在帮派成员中最为常见，因为该理论认为，为了获得或维持地位，并显示出自己对他人的支配地位，暴力是必要的。自我保护亚型和以下内容有关：对他人的不信任，以及将这些暴力活动看作是对其他人的必要反应，如果他们不主动诉诸暴力，那么"其他人"就会打败他们。第三种内隐理论就是"我就是法律"。它是指暴力罪犯认为自己比别人优越，并且他们认为自己有权利或义务去通过袭击或伤害来管教别人。他们认为有必要诉诸暴力来保护他人或社会秩序。笔者认为，这是一种治安维持体系的标志，其中暴力就是一种对感知到的他人引起的伤害的一种回应。因此，这种理论可能会在帮派成员中出现，特别是在核心成员对外围成员的管教以及对其他帮派的报复性攻击中得到体现。大家都知道，帮派会为他们的社区以及"警察"管辖范围内的事件提供社会控制，甚至干得比警察还好（Patillo，1998）。暴力罪犯的最后一种内隐理论就是"我失控了"。这种理论是指暴力罪犯在自我行为控制和管制方面存在问题。他们认为自己的行为是因为无法控制的愤怒导致的。帮派成员身份和缺乏自我控制之间的联系已经得到了理论和实证研究的证实，例如，戈特弗雷德逊和赫希（1990）的犯罪一般理论。这些研究显示，缺乏自我控制是个体加入帮派的一个重要预测因素（Esbensen & Osgood，1999）。研究进一步表明，帮派成员将他们的帮派成员身份作为解决负面情绪（如愤怒、沮丧和焦虑）的一种策略（Eitle，Gunkel & van Gundy，2004；Klemp-North，2007）。最近的研究结果发现，帮派成员患有非常严重的焦虑症和精神病（Coid et al.，2013），这可能与缺乏自我控制有关（Novaco，1997）。

虽然没有研究直接从帮派成员身份的角度来考察其内隐理论，但是上文表明，加入帮派很可能会支持或帮助个体发展出攻击支持性认知或内隐理论。因为对帮派成员的心理研究尚处于起步阶段，所以我们还不能说帮派成员身份是否就是犯罪倾向内隐理论发展过程中的致病因素。然而上述证据表明，个体会采取或内化具有犯罪倾向的帮派规范和价值观，所以，帮派成员身份即使不会引起犯罪倾向内隐认知，也仍然会加强现有的犯罪倾向认知。

沉思、替代性攻击和群体实体性

虽然前文指出，帮派可能不是特别有凝聚力（Klein & Maxson，2006），但是帮派会发展出一种"对立文化"。其中，他们将自身设定为合法机构的对立面，如警察、学校等（Moore & Vigil，1989）。研究结果显示，街头帮派成员（Alleyne & Wood，2010）和狱中帮派成员（Wood et al.，in press）持有强烈的反权威态度。因为帮派是政府的打击对象之一，他们需要持续地和当局接触，所以这也有助于加强他们的帮派身份（McAra & McVie，2005；Ralphs，Medina & Aldridge，2009），并放大这种对立文化（Klein & Maxson，2006）。反过来，帮派可能会将自己看作是受到不公平对待的、被压迫的受害者（Lien，2005）。这就会促使帮派成员们认为帮派受到了社会迫害，而自己是帮派的捍卫者。谈到奥斯陆案例中帮派成员是如何感知自己的帮派成员身份和受到社会的迫害，利恩（2005）说道：

> 他对朋友们具有同情心和爱心并且愿意为他们献身，同时，他通过将自己看成是社会的受害者来解释自己的行为。为了将犯罪行为正当化，这种受害意识是必要的。他认为该行为是英雄行为，而不是邪恶的，受害人是罪有应得，所以他不应受到指责。

如果这个行为失范者是敌对帮派的成员，那么他们就更可能会这么解释，因为实证证实，大量帮派相关的暴力行为来自帮派之间的报复性暴力（Klein & Maxson，1989）。这表明了为了报复暴力行为，帮派成员不必亲自成为受害者，因为他们有义务代表帮派和受害

361

成员去实施报复。反过来，这也解释了为什么加入帮派之后个人帮派成员的犯罪水平会上升。他在实施侵害行为时，代表别人也代表自己。

沉思

当然也有一些心理过程促进了这种犯罪行为的增加，被他人挑衅强度和沉思过程是正相关的（Horowitz，1986）。根据反应风格理论（Nolen-Hoeksema，1991），沉思（rumination）就是个人反复地想到造成他们困扰的事情。除了对令人生气的事件具有一致性想法外，在个人想法、感受及其原因方面也持有一致性想法（Bushman，Bonacci，Pedersen，Vasquez & Miller，2005）。所以，帮派受害的观念也容易让成员去反复思考自己对这件事情的感觉以及思考这个令人生气的事件。总之，个人帮派成员很可能停留在他们认为别人对他们造成的伤害的状态下，并反复思考对这件事的感受。

通常，一个人被激怒之后产生的负面影响会在较短时间内消除（Bushman et al.，2005）。然而，通过反复思考相关的感受以及起因，沉思会促使刺激事件过去很久之后，其负面影响依然存在（Lyubomirsky & Nolen-Hoeksema，1995）。沉思与精神病理学的许多症状有关，如抑郁、焦虑、暴饮暴食、酗酒和自残等（Nolen-Hoeksema，Wisco & Lyubomirsky，2008）。在这种情况下，沉思的重点主要是自身。但是，沉思的焦点也可以通过敌意和报复性的反复想法而外部化（Bandura et al.，1996）。班杜拉等人认为，敌意性的沉思会增加个体的攻击性，但是人们还可以在没有外部行为的情况下进行敌意性沉思。如果道德推脱的策略降低了正常道德约束，那么他们将更有可能更积极地去响应感知到的不公平（Bandura et al.，1996）。就像班杜拉（1996）所说的：

> 有效的道德推脱会产生自身正直和自以为是的感觉，这会促使他们对感知的不满产生反复的敌意和报复的想法。

研究结果证实，帮派成员相比其他人群（甚至是暴力人群）的沉思水平更高。例如，有调查结果发现，相比非帮派个体，帮派个体沉思更多（Vasquez，Osman & Wood，2012）。一项研究比较了帮派成员和其他暴力男性的精神疾病，同样强调了沉思对帮派成员暴力行为的重要性（Coid et al.，2013）。该研究显示，虽然帮派成员和暴力男性都对暴力持积极的态度，但是，相比于非帮派成员的暴力男性，感知到不被尊敬时，帮派成员表现出了更加频繁的沉思，且他们更加倾向于使用暴力回应。相比于暴力男性，帮派成员也更有可能成为暴力受害者。有趣的是，这项研究进一步表明，暴力沉思、被残酷迫害的经历以及对未来受害的恐惧共同解释了帮派成员身份和焦虑精神疾病之间的联系（Coid et al.，2013）。

替代性攻击

虽然个体在受到挑衅时会积极地报复挑衅之人，但也有无法报复时候。这可能会导致个体将攻击性指向其他人，这就叫做替代性攻击。也就是说，要么攻击目标是无辜的受害者（Dollard，Doob，Miller，Mowrer & Sears，1939），要么受害者不应受到该程度的攻击（Pedersen，Gonzales & Miller，2000）。替代性攻击可能在以下情况中发生，例如，原来的挑衅者已经离开现场；或者挑衅者是无形的，如社会结构（如经济困难）；或者个体宁愿不报复挑衅者（如报警和起诉）。

研究者认为，帮派成员会更倾向于实施替代性攻击（Vasquez，Lickel & Hennigan，

2010）。他们的论据是，帮派成员更有可能遇到防止他们对挑衅者实施报复的不良反应事件。例如，他们的街头发展方向可能意味着，帮派成员和权威人物之间存在对立关系，这反过来又会增强受害感（Lien，2005）。如果当局采取帮派抑制策略，那么这种情况则更有可能发生，而且可能会导致帮派事件的增加（Hagedorn，2008）。因为帮派会实施更多的犯罪来捍卫他们的群体特征（Ayling，2011）。就如克莱因和马克森（2006）所说，"和帮派交战会把交战帮派正当化"。帮派成员的犯罪行为也可能导致他们同父母和老师之间产生冲突，缺乏父母管教（Thornberry，2003）或专制的教养方式（Klein，1995）可能导致帮派成员受到来自他们无法报复对象的负面影响（Vasquez et al.，2010）。结果，他们可能会选择另一个"替罪羊"作为他们发泄的目标。

初始挑衅效果也可能加剧和提升替代性攻击的水平。例如，一项元分析显示，个体和攻击对象之间的互动背景越是负面，或者原始挑衅者和替代性攻击对象之间的相似性越大，他们就越认为这个目标罪有应得，从而增加替代性攻击的强度（Marcus-Newhall，Pedersen，Carlson & Miller，2000）。这表明，如果帮派成员受到了敌对帮派成员的挑衅，那么敌对帮派的所有成员都可能被视为类似挑衅者的角色，因而就正当化了该替代性攻击目标。如果挑衅发生时还有其他人存在，那么初始挑衅的影响会加剧对替代目标的攻击性，这可能是因为个体觉得自己被羞辱了，并且希望能够挽回在别人心中的"面子"（Vasquez et al.，2013）。从本质上说，挑衅，特别是当着别人的面发生的挑衅，可能导致沉思，以及随后对无辜者的报复。瓦斯凯等人（2013）指出，"如果他们因为挑衅事件而焦虑不安，并且专注于这种坏心情，只要某些人提供了一点点攻击性报复的借口，他们就会立刻攻击这些人"。在帮派背景下，帮派是面向街道的团伙，同时，他们往往拉帮结派地实施犯罪，所以成员经历的大多数挑衅行为可能是在公共场所发生的（Weerman et al.，2009）。因此，帮派成员报复对方的动机会因为看客的存在而被加重，从而加剧帮派成员的攻击水平。

群体实体性

还有一个会促使帮派成员不成比例地伤害无辜目标的因素就是群体实体性。群体实体性是指某个群体在某种程度上被认为是一个实体（即具有统一性和连贯性）。坎贝尔（1958）创造了这个词来区分实在群体和个人集合体。例如，亲密的群体（如家庭）具备群体实体性，而一群在巴士站等车的人不具有群体实体性（Lickel et al.，2000）。坎贝尔认为，如果一群人一起行动，具有相似性，相互之间很亲密且形成了一个内在连贯的形象，那么可以认定该人群具有群体实体性。在坎贝尔思想的基础上，研究者提出，群体实体性存在五种前提：该群体对其成员的重要性；群体成员的相似性；群体成员相互作用的程度；成员具有共同目标的程度；成员具有共同经历的程度（Lickel et al.，2000）。很多研究结果证明，许多群体具有较高的群体实体性（Hamilton，Sherman & Rodgers，2004）。

帮派具有较高的群体实体性。成员年龄相似（成员主要是青少年），性别往往一致为男性，且往往是单一民族（Klein，Weerman & Thornberry，2006）。但在英国，帮派也可能会按照地区形成，例如街道（Mares，2001）和监狱（Wood，2006）。此外，帮派经常使用统一的标记身份的描述性符号。例如，他们可能会使用颜色、服装、隐语、文身、手势和标志（Klein et al.，2006）来强调自己的身份。这种帮派成员的描述元素可能进一步加剧了群体实体性的感知，尤其是对敌对帮派成员的感知。如果之前和某个敌对帮派成员发生了争执而导致了替代性攻击，那么他们一般会选择该帮派的其他成员作为攻击对象，这时群

363

体实体性就成了攻击的正当理由。在难以确定挑衅者的时候，这种情况更有可能发生（如开车枪战）。总之，在报复方面，敌对帮派的所有成员都被看作是目标。因为在行为者眼中，他们都是一样的。

结论

本章的目的是分析群体以及帮派施加的个体心理影响。各种研究结论一致显示，帮派成员身份提高了个人的犯罪水平，但只有在成为帮派成员期间。这充分说明了，帮派成员与其他个体并没有本质区别。这也进一步表明，在成为帮派成员期间，帮派对他们施加了独特的影响。本章中提到的理论和实证经验在一定程度上解释了这种独特的影响力是如何发生的。社会心理学家已经证明了群体依附程度和群体承诺程度是如何促进个人认同其群体的，而反过来，这也影响了成员看待自己的方式。通过遵循群体的规范，个体会发展出更加积极的自尊心，群体也是如此。随着群体通过群体过程对个体施加隐性的权威，个体会促进群体目标的达成，同时，如前文中指出，帮派目标是具有犯罪性质的，所以个体更容易出现犯罪行为。在论述完群体过程效应之后，通过展示社会认知过程如何促进帮派成员犯罪水平的提高，本章力图强调帮派成员个体效应的重要性。这里提出的理论和实证并不是面面俱到的，社会认知和帮派成员身份之间的因果关系仍需要进一步确认。但是，本章介绍了帮派成员身份带给个体的众多方面的社会认知影响。成员可以放下自己的道德约束，发展出亲攻击型认知，并且通过沉思过程，对无辜目标实施侵害。这些都是帮派对个体心理施加的强大影响。

到目前为止，心理学研究并没有特别关注帮派成员问题，因此本章中提出的许多观点是经过推测的。然而，随着心理学家开始研究社会认知过程对帮派成员身份的影响，这种情况也会开始改变。在许多方面，帮派可以概念化为一种独特的群体，在为成员提供更高的生活质量的同时（例如社会支持、身份、感情纽带和财力），也会产生负面结果（即违法行为）。因此，不难理解为什么个体，特别是那些觉得自己被合法机构，如学校，边缘化的青少年，觉得帮派成员身份非常有吸引力。但是我们需要进一步发展相关研究，旨在确认帮派对成员施加的明确心理影响，这一点对于制定改善帮派现象的治理方案特别重要。因此，帮派研究是至关重要的。

364

扩展阅读

1. Alleyne, E., & Wood, J. L. (2010), "Gang involvement: Psychological and behavioral characteristics of gang members, peripheral youth, and non-gang youth", *Aggressive Behavior*, 36 (6), 423 – 436.

这是一项关于帮派成员的心理和行为特征的实证研究。研究对比了帮派成员、边缘人员与非帮派成员，并发现了三者之间的显著差异。

2. Melde, C., & Esbensen, F. A. (2013), "Gangs and violence: Disentangling the impact of gang membership on the level and nature of offending", *Journal of Quantitative Criminology*, 29 (2), 143 – 166.

这是一篇关于暴力背景下青少年帮派成员的实证研究，对比了个体在帮派内外的违法犯罪行为的差异。该研究对 7 个城市的 3700 名青少年进行调查。结果表明，参与帮派后，个体的暴力行为增加了 10%—21%。当将被试仅限于自我报告为帮派成员时，男性和女性的暴力行为增长程度没有明显差异。被试在离开帮派后，暴力风险降低到基线水平，但一般犯罪行为与在帮派中相比没有改变。该研究证实了帮派的社会过程对暴力行为的影响。

参考文献

Aldridge, J., & Medina, J. (2008), *Youth gangs in an English city: Final report*, ESRC: Swindon.

Alleyne, E., & Wood, J. L. (2010), "Gang involvement: Psychological and behavioural characteristics of gang members, peripheral youth and non-gang youth", *Aggressive Behavior*, 36, 423 – 436.

Anderson, E. (1999), *Code of the street: Decency, violence and the moral life of the inner city*, New York, NY: Norton and Company.

Asch, S. E. (1951), "Effects of group pressure upon the modification and distortion of judgment", In H. Guetzkow (Ed.), *Groups, leadership and men*, Pittsburgh, PA: Carnegie Press.

Ayling, J. (2011), "Gang change and evolutionary theory", *Crime, Law and Social Change*, 56, 1 – 26.

Bandura, A., Barbaranelli, C., Caprara, G. V., & Pastorelli, C. (1996), "Mechanisms of moral disengagement in the exercise of moral agency", *Journal of Personality and Social Psychology*, 71, 364 – 374, doi: 10.1037/0022 – 3514.71.2.364.

Baron, R. S., & Kerr, N. L. (2003), *Group process, group decisions, group action*, Philadelphia, PA: Open University Press.

Beck, A. T. (1964), "Thinking and depression: II. Theory and therapy", *Archives of general psychiatry*, 10 (6), 561 – 571.

Bollen, K., & Hoyle, R. H. (1990), "Perceived cohesion: A conceptual and empirical examination", *Social Forces*, 69 (2), 479 – 504.

Bourdieu, P., & Wacquant, L. J. D. (1996), "The purpose of reflexive sociology (The Chicago Workshop)", In P. Bourdieu & L. J. D. Wacquant (Eds.), *An invitation to reflexive sociology* (pp. 61 – 215), Chicago, IL: University of Chicago Press.

Bruner, J. S. (1957), "On perceptual readiness", *Psychological Review*, 64, 123 – 152, doi: 10.1037/h0043805.

Bushman, B. J., Bonacci, A. M., Pedersen, W. C., Vasquez, E. A., & Miller, N. (2005), "Chewing on it can chew you up: Effects of rumination on triggered displaced aggression", *Journal of Personality and Social Psychology*, 88, 969 – 983.

Campbell, D. T. (1958), "Common fate, similarity, and other indices of the status of aggregates of person as social entities", *Behavioural Science*, 3, 14 – 25.

Chu, C. M., Daffern, M., Thomas, S., & Lim, J. Y. (2012), "Violence risk and gang affiliation in youth offenders: A recidivism study", *Psychology, Crime & Law*, 18, 299 – 315.

Cialdini, R. B., Borden, R. J., Thorne, A., Walker, M. R., Freeman, S., & Sloan, L. R. (1976), "Basking in reflected glory: Three (football) field studies", *Journal of Personality and Social Psychology*, 34, 366 – 375, doi: 10.1037/0022 – 3514.34.3.366.

Cloward, R., & Ohlin, L. (1960), *Delinquency and opportunity*, New York: Free Press.

Cohen, A. K. (1955), *Delinquent boys: The culture of the gang*, Glencoe, IL: Free Press.

Coid, J. W., Ullrich, S., Keers, R., Bebbington, P., DeStavola, B. L., Kallis, C., Yang, M., Reiss, D., Jenkins, R., & Donnelly, P. (2013), "Gang membership, violence, and psychiatric morbidity", *American Journal of Psychiatry*, 2013. 10. 1176/appi. ajp. 2013. 12091188.

Cooper, J., Kelly, K. A., & Weaver, K. (2004), "Attitudes, norms, and social groups", In M. B. Brewer & M. Hewstone (Eds.), *Social cognition*, Oxford, UK: Blackwell Publishers.

Crocker, J., Luhtanen, R., Blaine, B, & Broadnax, S. (1994), "Collective self-esteem and psychological wellbeing among White, Black, and Asian college students", *Personality and Social Psychology Bulletin*, 20, 503 – 513.

David, B., & Turner, J. (1996), "Studies in self-categorization and minority conversion: Is being a member of the out-group an advantage?", *British Journal of Social Psychology*, 35 (1), 179 – 199, doi: 10. 1111/j. 2044 – 8309. 1996. tb01091. x.

Decker, S. H. (1996), *Life in the gang: Family, friends, and violence*, Cambridge: Cambridge University Press.

Decker, S. H., & Curry, G. D. (2002), "Gangs, gang homicides, and gang loyalty: Organized crimes or disorganized criminals?", *Journal of Criminal Justice*, 30, 343 – 352.

Decker, S. H., & Van Winkle, B. (1996), "*Life in the gang: Family, friends, and violence*", New York: Cambridge University Press.

Densley, J. A. (2013), *How gangs work: An ethnography of youth violence*, Oxford: Palgrave Macmillan.

Dollard, J., Doob, L., Miller, N., Mowrer, O., & Sears, R. (1939), *Frustration and aggression*, New Haven, CT: Yale University Press.

Dukes, R. L., Martinez, R. O., & Stein, J. A. (1997), "Precursors and consequences of membership in youth gangs", *Youth and Society*, 29, 139 – 165.

Eitle, D., Gunkel, S., & van Gundy, K. (2004), "Cumulative exposure to stressful life events and male gang membership", *Journal of Criminal Justice*, 32, 95 – 111.

Emler, N., & Reicher, S. (1995), *Adolescence and delinquency*, Oxford, UK: Blackwell Publishers Ltd.

Epps, J., & Kendall, P. C. (1995), "Hostile attributional bias in adults", *Cognitive Therapy and Research*, 19, 159 – 178.

Esbensen, F. -A., Huizinga, D., & Weiher, A. W. (1993), "Gang and non-gang youth: Differences in explanatory factors", *Journal of Contemporary Criminal Justice*, 9, 94 – 116.

Esbensen, F. -A., & Osgood, D. W. (1999), "Gang resistance education and training (GREAT): Results from the national evaluation", *Journal of Research in Crime and Delinquency*, 36, 194 – 225.

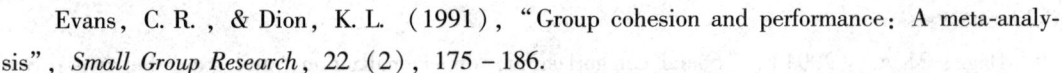

Evans, C. R. , & Dion, K. L. (1991), "Group cohesion and performance: A meta-analysis", *Small Group Research*, 22 (2), 175 – 186.

Festinger, L. , Schachter, S. , & Back, K. (1950), *Social pressures in informal groups: A study of human factors in housing*, Stanford, CA: Stanford University Press.

Gatti, E. , Tremblay, R. E. , Vitaro, F. , & McDuff, P. (2005), "Youth gangs, delinquency and drug use: A test of the selection, facilitation, and enhancement hypotheses", *Journal of Child Psychology and Psychiatry*, 46, 1178 – 1190.

Gilchrist, E. (2008), "Implicit thinking about implicit theories in intimate partner violence", *Psychology, Crime and Law*, 15 (2 – 3), 131 – 145.

Goldstein, A. P. (1991), *Delinquent gangs: A psychological perspective*, Champaign, IL: Research Press.

Goldstein, A. P. (2002), *The psychology of group aggression*, Chichester, UK: John Wiley & Sons.

Gottfredson, M. R. , & Hirschi, T. (1990), *A general theory of crime*, Stanford, CA: Stanford University Press.

Hagedorn, J. M. (2008), *A world of gangs: Armed young men and gangsta culture*, Minneapolis MN: University of Minnesota Press.

Hagedorn, J. M. , & Macon, P. (1998), *People and folks: Gangs, crime and the underclass in a rustbelt city*, Chicago, IL: Lake View Press.

Hall, G. P. , Thornberry, T. P. , & Lizotte, A. J. (2006), "The gang facilitation effect and neighbourhood risk: Do gangs have a stronger influence on delinquency in disadvantaged areas?", In J. F. Short, & L. A. Hughes (Eds.), *Studying youth gangs* (pp. 47 – 61), Oxford: Altamira Press.

Hamilton, D. L. , Sherman, S. J. , & Rodgers, J. S. (2004), "Perceiving the groupness of groups: Entitativity, homogeneity, essentialism, and stereotypes ", In V. Yzerbyt, C. M. Judd, & O. Corneille (Eds.), *The psychology of group perception: Perceived variability, entitativity, and essentialism*, Philadelphia, PA: Psychology Press.

Harding, S. (2012), *Unleashed: The phenomena of status dogs and weapon dogs*, Bristol: The Policy Press.

Harris, D. , Turner, R. , Garratt, I. , & Atkinson, S. (2011), *Understanding the psychology of gang delinquency: Implications for defining effecting violence interventions*, London: Ministry of Justice.

Hennigan, K. , & Spanovic, M. (2012), "Gang dynamics through the lens of social identity theory", In F. A. Esbensen & C. L. Maxson (Eds.), *Youth gangs in international perspective*, New York: Springer.

Hill, G. H. , Lui, C. , & Hawkins, J. D. (2001), *Early precursors of gang membership: A study of Seattle youth*, Juvenile Justice Bulletin, Washington, DC: US Department of Justice, Office of Justice Program, OJJDP.

Hirschi, T. (1969), *Causes of delinquency*, Berkeley and Los Angeles, CA: University of

California Press.

Hogg, M. A. (2004), "Social categorization, depersonalization, and group behavior: Self and social identity", In M. B. Brewer & M. Hewstone (Eds.), *Self and social identity, Perspectives on social psychology* (pp. 203 – 231), Oxford: Blackwell Publishing.

Hogg, M. A., & Abrams, D. (1988), *Social identifications: A social psychology of intergroup relations and group processes*, London: Routledge.

Hogg, M. A., & Reid, S. A. (2006), "Social identity, self-categorization, and the communication of group norms", *Communication Theory*, 16, 7 – 30, doi: 10. 1111/j. 1468 – 2885. 2006. 00003. x.

Horowitz, M. J. (1986), *Stress response syndromes* (2nd edn), Northvale, NJ: Aronson.

Hughes, L. A. (2013), "Group cohesiveness, gang member prestige, and delinquency and violence in Chicago, 1959 – 1962", *Criminology*, doi: 10. 1111/1745 – 9125. 12020.

Hughes, L. A., & Short, J. F., Jr. (2005), "Disputes involving youth street gang members: Micro-social contexts", *Criminology*, doi: 10. 1111/j. 0011 – 1348. 2005. 00002. x.

Hyde, L. W., Shaw, D. S., & Moilanen, K. L. (2010), "Developmental precursors of moral disengagement and the role of moral disengagement in the development of antisocial behavior", *Journal of Abnormal Child Psychology*, 38 (2), 197 – 209.

Jansyn, L. R., Jr. (1966), "Solidarity and delinquency in a street corner group", *American Sociological Review*, 31, 600 – 614.

Jetten, J., Spears, R., & Manstead, A. S. R. (1996), "Intergroup norms and intergroup discrimination: Distinctive self-categorization and social identity effects", *Journal of Personality and Social Psychology*, 71, 1222 – 1233, doi: 10. 1002/ (SICI) 1099 – 0992 (199709/10) 27: 5 <603: AID-EJSP816 >3. 0. CO; 2 – B.

Klein, M. W. (1971), *Street gangs and street workers*, Englewood Cliffs, NJ: Prentice-Hall.

Klein, M. W. (1995), *The American street gang: Its nature, prevalence, and control*, New York: Oxford University Press.

Klein, M. W., & Maxson, C. K. (1989), "Street gang violence", In N. Weiner & M. Wolfgang (Eds.), *Violent crime, violent criminals*, Newbury Park, CA: Sage.

Klein, M. W., & Maxson, C. L. (2006), *Street gang patterns and policies*, New York, NY: Oxford University Press.

Klein, M. W., Weerman, F. M., & Thornberry, T. P. (2006), "Street gang violence in Europe", *European Journal of Criminology*, 3, 413 – 437.

Klemp-North, M. (2007), "Theoretical foundations of gang membership", *Journal of Gang Research*, 14, 11 – 26.

Knox, G. W. (1994), *An introduction to gangs*, Bristol, OM: Wyndham Hall Press.

Lacourse, E., Nagin, D. S., Tremblay, R. E., Vitaro, F., & Claes, M. (2003), "Developmental trajectories of boys' delinquent group membership and facilitation of violent behaviors during adolescence", *Developmental Psychopathology*, 15, 183 – 197.

Lickel, B. , Hamilton, D. L. , Wieczorkowska, G. , Lewis, A. , Sherman, S. J. , & Uhles, A. N. (2000), "Varieties of groups and the perception of group entitativity", *Journal of Personality and Social Psychology*, 78, 223 – 246.

Lien, I. -L. (2005), "The role of crime acts in constituting the gang's mentality", In S. H. Decker & F. M. Weerman (Eds.), *European street gangs and troublesome youth groups: Findings from the Eurogang research program* (pp. 35 – 62), Walnut Creek, CA: AltaMira Press.

Lopez, V. A. , & Emmer, E. T. (2002), "Influences of beliefs and values on male adolescents' decisions to commit violent offenses", *Psychology of Men and Masculinity*, 3, 28 – 40.

Lyubormirsky, S. , & Nolen-Hoeksema, S. (1995), "Effects of self-focused rumination on negative thinking and interpersonal problem solving", *Journal of Personality and Social Psychology*, 69, 176 – 190.

McAra, L. , & McVie, S. (2005), "The usual suspects? Street-life, young people and the police", *Criminal Justice*, 5, 5 – 36.

Mann, R. , & Beech, A. R. (2003), "Cognitive distortions, schemas and implicit theories", In T. Ward, D. R. Laws, & S. M. Hudson (Eds.), *Theoretical issues and controversies in sexual deviance* (pp. 135 – 153), London: Sage.

Mares, D. (2001), "Gangstas or lager louts? Working class street gangs in Manchester", In M. W. Klein, H. J. Kerner, C. L. Maxson, & E. G. M. Weitekamp (Eds.), *The Eurogang paradox* (pp. 153 – 164), Dordrecht, The Netherlands: Kluwer.

Marcus-Newhall, A. , Pedersen, W. C. , Carlson, M. , & Miller, N. (2000), "Displaced aggression is alive and well: A meta-analytic review", *Journal of Personality and Social Psychology*, 78, 670 – 689.

Marshall, B. , Webb, B. , & Tilley, N. (2005), *Rationalisation of current research on guns, gangs and other weapons: Phase* 1, London: University College London Jill Dando Institute of Crime Science.

Matza, D. (1964), *Delinquency and drift*, New York: Wiley.

Melde, C. , & Esbensen, F. -A. (2012), "Gangs and violence: Disentangling the impact of gang membership on the level and nature of offending", *Journal of Quantitative Criminology*, 29, 143 – 166. doi: 10. 1007/s10940 – 012 – 9164 – z.

Moore, J. , & Vigil, J. D. (1989), "Chicano gangs: Group norms and individual factors related to adult criminality", *Aztlan*, 18, 27 – 44.

Nolen-Hoeksema, S. (1991), "Responses to depression and their effects on the duration of depressive episodes", *Journal of Abnormal Psychology*, 100, 569 – 582.

Nolen-Hoeksema, S. , Wisco, B. E. , & Lyubomirsky, S. (2008), "Rethinking rumination", *Perspectives on Psychological Science*, 3, 400 – 424.

Novaco, R. W. (1997), "Remediating anger and aggression with violent offenders", *Legal and Criminological Psychology*, 2, 77 – 88, doi: 10. 1111/j. 2044 – 8333. 1997. tb00334. x.

Ó Ciardha, C. , & Gannon, T. A. (2012), "The implicit theories of firesetters: A preliminary conceptualization", *Aggression and Violent Behavior*, 17 (2), 122 – 128, doi: 10. 1016/j.

avb. 2011. 12. 001.

O'Gorman, H. （1986）, "The discovery of pluralistic ignorance: An ironic lesson", *Journal of the Historic and Behavioral Sciences*, 22, 333 – 347, doi: 10. 1002/1520 – 6696 （198610）22: 4 < 333: AID-JHBS2300220405 > 3. 0. CO; 2 – X.

Papachristos, A. （2009）, "Murder by structure: The social structure of gang homicide", *American Journal of Sociology*, 115, 74 – 128.

Papachristos, A. V. , Hureau, D. M. , & Braga, A. A. （2013）, "The corner and the crew: The influence of geography and social networks on gang violence", *American sociological review*, 0003122413486800.

Patillo, M. E. （1998）, "Sweet mothers and gang-bangers: Managing crime in a black middle-class neighborhood", *Social Forces*, 76, 747 – 774.

Pedersen, W. C. , Gonzales, C. , & Miller, N. （2000）, "The moderating effect of trivial triggering provocation on displaced aggression", *Journal of Personality and Social Psychology*, 78, 913 – 927.

Polaschek, D. L. L. , Calvert, S. W. , & Gannon, T. A. （2009）, "Linking violent thinking: Implicit theory-based research with violent offenders", *Journal of Interpersonal Violence*, 24 （1）, 75 – 96, doi: 10. 1177/0886260508315781.

Polaschek, D. L. L. , & Ward, T. （2002）, "The implicit theories of potential rapists: What our questionnaires tell us", *Aggression and Violent Behavior*, 7, 385 – 406.

Pornari, C. D. , Dixon, L. , & Humphreys, G. W. （2013）, "Systematically identifying implicit theories in male and female intimate partner violence perpetrators", *Aggression and Violent Behavior*, 18, 496 – 505.

Prentice, D. A. , & Miller, D. T. （1993）, "Pluralistic ignorance and alcohol use on campus: Some consequences of misperceiving the social norm", *Journal of Personality and Social Psychology*, 64, 243 – 256, doi: 10. 1037/0022 – 3514. 64. 2. 243.

Przemieniecki, C. J. （2005）, "Gang behavior and movies: Do Hollywood gang films influence violent gang behavior?", *Journal of Gang Research*, 12, 41 – 71.

Ralphs, R. , Medina, J. , & Aldridge, J. （2009）, "Who needs enemies with friends like these? The importance of place for young people living in known gang areas", *Journal of Youth Studies*, 12, 483 – 500.

Reid, S. A. , Cropley, C. , & Hogg, M. A. （2005）, "A self-categorization explanation of pluralistic ignorance", Top three paper presented at the International Communication Association, New York.

Rimal, R. N. , & Real, K. （2003）, "Understanding the influence of perceived norms on behaviors", *Communication Theory*, 13, 184 – 203, doi: 10. 1111/j. 1468 – 2885. 2003. tb00288. x.

Sanders, W. B. （1994）, *Gangbangs and Drive-bys: Grounded culture and juvenile gang violence*, New York: Aldine de Gruyter.

Shaw, C. R. , & McKay, H. D. （1942）, *Juvenile delinquency and urban areas*, Chicago, IL: University of Chicago Press.

Short, J. F. , Jr. , & Strodtbeck, F. L. (1965), *Group process and gang delinquency*, Chicago, IL: University of Chicago Press.

Sidanius, J. , & Pratto, F. (2003), "Social dominance theory and the dynamics of inequality: A reply to Schmitt, Branscombe, & Kappen and Wilson & Liu", *British Journal of Social Psychology*, 42 (2), 207 – 213.

South, R. , & Wood, J. (2006), "Bullying in prisons: The importance of perceived social status, prisonization and moral disengagement", *Aggressive Behavior*, 32, 490 – 501, doi: 10. 1002/ab. 20149

Sutherland, E. H. (1937), *The professional thief*, Chicago, IL: University of Chicago Press.

Tajfel, H. (1972), "Social categorization", In S. Moscovici (Ed.), *Introduction à la psychologie sociale* (Vol. 1, pp. 272 – 302), Paris: Larousse.

Tajfel, H. (Ed.) (1978), *Differentiation between social groups: Studies in the social psychology of intergroup relations*, London: Academic Press.

Tajfel, H. , & Turner, J. C. (1979), "An integrative theory of intergroup conflict", In W. G. Austin & S. Worchel (Eds.), *The social psychology of intergroup relations* (pp. 33 – 47), Monterey, CA: Brooks/Cole.

Taylor, T. J. , Freng, A. , Esbensen, F. -A. , & Peterson, D. (2008), "Youth gang membership and serious violent victimization: The importance of lifestyles and routine activities", *Journal of Interpersonal Violence*, 23, 1441 – 1464, doi: 10. 1177/0886260508314306.

Thornberry, T. P. (1987), "Toward an interactional theory of delinquency", *Criminology*, 25, 863 – 891.

Thornberry, T. P. (1998), "Membership in youth gangs and involvement in serious and violent offending", In Loeber, R. & Farrington, D. P. (Eds.), *Serious and violent offenders: Risk factors and successful interventions* (pp. 147 – 166), Thousand Oaks, CA: Sage.

Thornberry, T. P. (Ed.)(2003), *Gangs and delinquency in developmental perspective*, Cambridge: Cambridge University Press.

Thornberry, T. P. , Krohn, M. D. , Lizotte, A. J. , & Chard-Wierschem, D. (1993), "The role of juvenile gangs in facilitating delinquent behavior", *Journal of Research in Crime and Delinquency*, 30, 55 – 87.

Thornberry, T. P. , Krohn, M. D. , Lizotte, A. J. , Smith, C. , & Tobin, K. (2003), *Gangs and delinquency in developmental perspective*, Cambridge: Cambridge University Press.

Thrasher, F. (1927; 1963), *The gang: A study of 1, 313 gangs in Chicago*, Chicago: University of Chicago Press.

Toy, J. , & Stanko, B. (2008), "Die another day: A practitioners review with recommendations for preventing gang and weapon violence in London in 2008", http://www. mac-uk. org/wped/wp-content/uploads/2013/03/Jonathon-Toy-Die-Another-Day-Practitioners-Report – 2009. pdf (accessed 12 January 2015) .

Vasquez, E. A. , Lickel, B. , & Hennigan, K. (2010), "Gangs, displaced, and group-based aggression", *Aggression & Violent Behavior*, 15, 130 – 140.

Vasquez, E. A., Osman, S., & Wood, J. L. (2012), "Rumination and the displacement of aggression in United Kingdom gang-affiliated youth", *Aggressive Behavior*, 38, 89 – 97, doi: 10. 1002/ab. 20419.

Vasquez, E. A., Pedersen, W. C., Bushman, B. J., Kelley, N. J., Demeestere, P., & Miller, N. (2013), "Lashing out after stewing over public insults: The effects of public provocation, provocation intensity, and rumination on triggered displaced aggression", *Aggressive Behavior*, 39, 13 – 29.

Vigil, J. D. (1988), *Barrio gangs: Street life and identity in Southern California*, Austin: University of Texas Press.

Viki, G. T., & Abrams, D. (2012), "The social influence of groups on individuals", In J. L. Wood & T. A. Gannon (Eds.), *Crime and crime reduction: the importance of group processes*, East Sussex: Routledge.

Ward, T. (2000), "Sexual offenders' cognitive distortions as implicit theories", *Aggression and Violent Behavior*, 5, 491 – 507.

Ward, T., & Keenan, T. (1999), "Child molesters' implicit theories", *Journal of Interpersonal Violence*, 14 (8), 821 – 838.

Weerman, F. M., Maxson, C. L., Esbensen, F., Aldridge, J., Medina, J., & van Gemert, F. (2009), "Eurogang program manual background, development, and use of the Eurogang instruments in multi-site, multi-method comparative research", http://www. umsl. edu/ccj/Eurogang/eurogangpublications. html (accessed 14 January 2015).

Weldon, S., & Gilchrist, E. (2012), "Implicit theories in intimate partner violence offenders", *Journal of Family Violence*, 8, 761 – 772.

Wilder, D. A. (1986), "Social categorization: Implications for creation and reduction of intergroup bias", In L. Berkowitz (Ed.), *Advances in experimental social psychology* (Vol. 19, pp. 293 – 355), New York: Academic Press.

Wood, J. L. (2006), "Gang activity in English prisons: The prisoners' perspective", *Psychology, Crime & Law*, 12, 605 – 617, doi: 10. 1080/10683160500337667.

Wood, J. L., Alleyne, E., Mozova, K., & James, M. (in press), "Predicting involvement in prison gang activity: Street gang membership, social and psychological factors", *Law and Human Behavior*.

Wood, J., & Alleyne, E. (2010), "Street gang theory and research: Where are we now and where do we go from here?", *Aggression and Violent Behavior*, 15, 100 – 111.

Wood, J., Moir, A., & James, M. (2009), "Prisoners' gang-related activity: The importance of bullying and moral disengagement", *Psychology Crime and Law*, 15, 569 – 581, doi: 10. 1080/10683160802427786.

第二十四章　种族灭绝和仇恨犯罪

威廉姆·杰克斯、乔安娜·R. 阿德勒（William Jacks，Joanna R. Adler）

　　本章开篇先列出一系列关于种族灭绝和仇恨犯罪研究中的历史问题和定义问题。每个概念都隶属于某一法律背景，同时有一个相应的案例介绍。紧接着，我们进一步讨论了用于解释这些犯罪的社会认知和心理过程，并且都是在个体和群体两个层面上进行考察的。然后，本章考察了心理学对于被害人和犯罪人的干预，以及对仇恨犯罪和种族灭绝行为的解释。最后提出了一系列关于未来相关研究和行动方向的建议。

　　仇恨犯罪和种族灭绝是两个不同概念，有着不同法律定义和不同研究主体。之所以在本章中将二者放在一起，是因为能够通过相似的心理学过程建构起这两类犯罪的成因，仇恨犯罪和种族灭绝都与妖魔化"他人"的这种偏见和仇恨模式、迫害和暴力行为有关。从泰弗尔和特纳（1986）的研究衍生出的内群体/外群体理论以及污名化、去个体化、社会竞争、歧视、偏见和妖魔化等因素都与这两种犯罪有关。

什么是种族灭绝？

　　种族灭绝是一种由国家主导的、惨无人道的犯罪。这是国际法中规定的一条反人道的犯罪，也是一种贬低人类尊严的行为。国际终止种族灭绝联盟（The International Alliance to End Genocide，IAEG）声明："种族灭绝是世界上蓄意造成的最糟糕的人权问题。但它与其他人权问题不同，且需要不同的解决办法。因为种族灭绝几乎全都是由一个国家的军队和警察开展的，常规的国家法律和秩序的力量无法阻止它，所以往往需要国际社会的干预。"（IAEG，2012）

　　"种族灭绝"该词是特别创造的，特指带有摧毁一个国家群体意图的大范围屠杀。这个词由拉斐尔·莱姆金于1943年所创，但在此之前，他已经发表了许多相关的观点。在1993年的马德里会议上，他首次向国际联盟法律委员会（Legal Council of the League of Nations）提出创建一个反对"野蛮行为"的国际公约的建议（Lemkin，1933）。在1943年，他构建了"种族灭绝"这一概念。

　　　　这个新词，［……］来源于古希腊语 genos（种族、部落）和拉丁语 cide（屠杀）［……］种族灭绝并不是意味着对一个民族的瞬间毁灭［……］它是指通过各种手段实施一系列计划，旨在摧毁特定民族团体必要的生存基础，以使这一群体灭亡。种族灭绝直接针对作为一个集合体的民族群体或国家，它的手段是直接针对个体的，但不是针对具体个体，而是针对作为某个的民族群体或国家成员的个体。

　　　　　　　　　　　　　　　　　　　　　　　　　　　　——Lemkin，1944.

369

莱姆金提出，种族灭绝应当被认定为对一个国家或民族的蓄意毁灭，并作为一项罪名受到国际法的制约和指控。1944 年，法律上首次采用了"种族灭绝"一词。在 1948 年的大屠杀后，《防止及惩治种族灭绝罪公约》（the Convention on the Prevention and Punishment of the Crime of Genocide）第 2 条将种族灭绝定义为："包含以下任一行为，且是蓄意全部或局部消灭某一民族、人种、种族或宗教团体的：①杀害该群体成员；②致使该群体的成员在身体上或精神上遭受严重伤害；③故意使该群体处于某种生活状况下，以毁灭其全部或部分成员的生命；④强制施行办法意图防止该群体内的生育；⑤强迫转移该群体的儿童至另一群体。"

除了法律上的界定外，目前关于种族灭绝仍没有被广泛接受的定义（Andreopoulos，1994；Staub，2011）。斯托布提出的定义是："一个政府或组织消灭整个民族的成员的行为，无论是通过直接杀戮的方式，还是通过制造致使他们死亡或不能继续繁衍的条件"（Staub，2011）。

关于国际法中种族灭绝的问题的总结，可以参看斯坦顿（2002）的相关成果。"局部或全部毁灭一个种族、民族、宗教或国家团体的意图，通过杀戮团体成员，或对他们的生存环境施加影响，使他们无法生存"是其中的关键部分（Kuper，1994）。理解这一点很重要，定义种族灭绝不仅限于死亡，还包括极其严重的精神或身体伤害、意图阻碍某一群体繁衍的措施、将某一群体的儿童强制转移走等（Fein，1994）。类似地，除非具有摧毁某一群体的意图，否则大规模屠杀不能称之为种族灭绝。正如斯托布（2012）所强调的，由于这一区分非常复杂，因此它容易导致政治惰性：

> ……大规模杀戮……可能是种族灭绝中的一个途经站。因此，预防种族灭绝必须要关注群体间暴力，而不仅仅是种族灭绝。在现实中，对种族灭绝的关注已经成为一个问题。国际社会在面对种族屠杀的时候已经表现得很被动，在面对屠杀或者严重的双边暴力的时候却更加无力。各国和联合国都对目前的种族灭绝定义有争议，其原因还是在于规避实施打击行动的责任。
>
> ——Staub，2012.

国际法以难维护权利而著称，"种族灭绝"这一词也承载着的巨大的政治含义以及争论。尤其在关于确立种族灭绝的意图（"毁灭的意图"）和明确地判定谁应受到起诉这两方面产生了许多问题。公众对于大屠杀和"种族清洗"的愤怒是不够的。国际社会只会保持袖手旁观，直到正式认定某些行动为种族屠杀。只有在这时，条约的缔约国才有责任干预。如果将这种情况与"种族灭绝"的难以定义相结合（例如斯托布所说的那样），那么就可以理解干预措施少以及明显的干预惰性这些现象的普遍存在的原因了。在编写本章的时候，这些问题在叙利亚（e.g.，Slaughter，2013）、中非共和国（e.g.，Ki-moon，2014）、南苏丹的案例中得到了确认[1]。

直到 20 世纪 90 年代中期发生的暴行之后，我们才看到了有关调查和起诉反人道罪行的仲裁法庭。这些法庭将关注重点放在了南斯拉夫和卢旺达上。

案例：种族灭绝

我们现在归为种族灭绝的大屠杀，在人类的历史长河中一直存在，无论是古代还是在现在，都被宗教和历史文献所记载着。回顾近代史，土耳其政府实施的对亚美尼亚人的系

（续）

统性根除行动就影响了莱姆金对种族灭绝的界定。20 年后，希特勒直接借用了这些历史行动，向德军高级指挥部拟定了进攻波兰的计划：

我们的战斗目标没有底线，只有彻底粉碎敌人。因此，我已经让绞肉机准备就绪，目前只向着东方，给他们下令不许有怜悯、不许有同情，去杀讲各种波兰话的男女老幼。只有这样我们才能得来生存空间。今天谁还在乎亚美尼亚人被灭绝。

（Berenbaum ［2004］ or see http://www. teachgenocide. org/background/ hitler. htm, accessed 12 January 2015）.

370

框图 24.1　卢旺达大屠杀

卢旺达：1994 年的其中 100 天，东非小国卢旺达成为 20 世纪最残暴的种族灭绝的发生地。这是一项由政府主导的，但极大程度上是由平民实施的种族灭绝行动，是少数民族图西人与主体民族胡图人之间的冲突的极点。其导致了当时全国 7 500 000 人口中的 800 000 人死亡。屠杀者的目标就是所有政见不同人士以及图西人，旨在将图西人从卢旺达的土地上完全抹去。超过 100 000 胡图人自愿或者被迫参与了这场杀戮。大多数人是在当地社区中被杀害的，而且凶手都是他们平时熟悉的人：老师杀害学生、医生杀害病人、亲人之间残杀。1994 年 7 月，当该政权落入了一支流亡大军手里之后，屠杀才停止。但其后续影响，时至今日依然存在于卢旺达及其周边国家。

什么是仇恨犯罪？

仇恨犯罪是一个宽泛的概念，描述那些对个体或者对个体所代表的群体有偏见的犯罪行为，常常用于政治、法律和道德语境之中。仇恨犯罪的目标是具有某一特征的被害人——无论是他们的种族、信仰、性取向、性别身份、能被看到的残障还是其他任何能将其定义为"他者"的特征。仇恨犯罪对个体、群体及其所属的更大的共同体都有着特定的影响（Iganski，2002）。

"仇恨犯罪"的概念起源于美国，可以追溯到 20 世纪 60 年代的民权运动。不过此时，英国对反社会行为中的种族主义元素的了解也已经存在了一段时间（关于英国的仇恨犯罪的更全面的回顾，参见 Bowling，1998）。在 20 世纪八九十年代，政府的各种倡议活动（例如，英国议会内政事务委员会 ［Home Affairs Committee］，1994；英国内政部 ［Home Office］，1981，1989；英国下议院 ［House of Commons］，1986）、社会运动团体和被害人组织试图强调反社会行为中的种族主义元素是如何被机构、施害者以及全国上下所忽视的，但收效甚微。直到 1993 年发生了斯蒂芬·劳伦斯的种族主义谋杀（伦敦的格林尼治镇那一年内的第三起受到关注的谋杀案件），公众的态度才发生了转变，并引发了普遍的担忧。由斯蒂芬的家人发起的劳伦斯运动，推动了对一名警察和英国皇家检察署（Crown Prosecution Service）案件调查的质询调查，并认为他们的调查是有缺陷的，且具有种族主义色彩。这一运动揭露了公众缺乏对种族暴力问题的关注和意识。

对斯蒂芬·劳伦斯之死的麦克弗森调查报告在 6 年后被公开了（MacPherson，1999），当时的内政大臣杰克·斯特劳称其为刑事司法实践和警务工作的"分水岭"，将英格兰和威尔士的仇恨被害问题和警务问题置于"史无前例的强度关注"之下，并发现警方和伦敦警察厅（Metropolitan Police Service）实践中所存在的个人的、文化的以及制度性的种族主义问题，且这一现象导致了执法机构不能够为少数族裔被害者提供公平或高质量的服务（Bowling，1998）。质询调查强调了全面修正司法体制以及处理种族主义犯罪和仇恨犯罪的必要性（Macpherson，1999）。

现在距离麦克弗森质询调查已经过去近 20 年了，但显而易见，报告对警务政策产生了巨大影响，而且（政府）采取了许多措施来解决当时的缺陷，包括针对仇恨言论及其他仇恨犯罪的多条法案（例如，《刑事司法法案》，2003），国家仇恨犯罪干预政策的出台（例如，内政部，2009；英国政府，2012），规范仇恨犯罪警方工作和起诉的指导性文件（例如，皇家检察署、内政部、英国警察协会，2005），以及对社会凝聚力和跨信仰对话的重视（内政部，2009）。对"制度性种族主义"的意识（MacPherson，1999）以及《平等法案》（the Equality Act，2010），在许多方面改善了刑事司法机构的工作，提升多机构之间的信息共享，包括对社区人口特征的统计、对社区紧张氛围的监控、了解解决社区申诉的重要性等（Dixon，2010）。

政策关注不断增加，与之相符，在过去 15 年间，涌现出了大量调查仇恨犯罪发生率、成因以及造成的伤害的实证和理论研究（Herek & Berrill，1992；Levin & McDevitt，1993；Jacobs & Potter，1998；Perry，2001；Iganski，2008）。这些工作说明仇恨犯罪是一个涉及多方面的复杂问题，且包含着多种多样犯罪动机。这些研究发生在欧洲和更广泛的国际网中，其中从业者、学者以及政府和非政府组织代表与行业及志愿部门的同事合作、交流其应对策略，并评估各种干预措施的效果。其中跨国犯罪及其对司法管辖权和立法滞后所带来的挑战的问题，受到了特别关注。欧盟已经着手解决这一问题，并采取了一系列应对措施，例如第 2008/913/JHA 号框架决定，这一决定部分协调了欧盟成员国关于种族主义和仇外的立法问题。

在麦克弗森质询调查多年之后，还有一些受关注的"仇恨"谋杀案成功起诉，其中包括一名来自利物浦的黑人青少年安东尼·威廉斯的谋杀案，以及一名由于他的性取向，在克来芬公园被殴打致死的年轻男子乔迪·多布罗夫斯基的谋杀案。这些案件都表明预防性政策和程序的日益提升，以及体制上的能力与专业性的提升。

不过，2007 年费欧娜·皮尔金顿[2]和她严重残障的女儿弗朗斯卡·哈德威克在遭受本地青年至少持续 11 年的虐待和骚扰后自杀身亡。这期间当地警方和政府办公室尽管收到了许多求救电话，却没有能够执行相关政策和禁令。还有许多其他案例，比如嘉玛·海特的谋杀案，也表明了应当毫不懈怠地对这些服务机构的改进和工作进行监督（Dixon & Ray，2007；沃里克郡成年关系保护委员会，2011）。

定义

正如雅各布斯和波特（1998）所指出的，给仇恨犯罪下定义很困难。其内容包括关于偏见的定义、偏见与犯罪之间的因果关系的本质及强度以及囊括其中的各种犯罪类型等。其中关键因素是由谁来确定某一罪行是否由仇恨引发；被害人、加害人以及法律机构对于同一犯罪行为的理解可能存在巨大差异。

当讨论仇恨犯罪的定义时，我们会从英格兰、威尔士和北爱尔兰警官协会（Association of Chief Police Officers，ACPO）提供的定义开始，这一定义后来被政府采纳。警官协会将仇恨犯罪定义为："任何部分或全部地以犯罪人对某一种族、肤色、宗教、性别、残障、性取向或者民族的偏见为动机的，针对人身或财产犯下的罪行。该行为的发生，还可能是个体由于其地位或其所属群体及其特征所导致的"（内政部，2009）。

这一定义的边界和内容对于促进治安维护和满足社区需求是很重要的。定义的广度意味着仇恨犯罪可以包括严重程度宽泛的一系列事件——从低水平的事件到更严重的谋杀案件以及某些形式的恐怖主义。可以基于共同的信念和行为，以及诸如国籍、民族或者残障等区别，来识别出受害的群体（内政部，2009）。

前文提到的是官方监控的仇恨犯罪（例如，警察学院指导手册，2014），通常包括常规收集报告的案件、起诉等相关资料，但这些资料并不详尽。因为即使在官方监控下，也不是所有的仇恨事件都满足起诉条件，所以前文的定义不是警方和政府合作使用的唯一定义。例如，下面这两段来自警官协会（2005）的定义，也经常被各种各样的从业人士和警方整合到其使用的网站和手册中：

> 仇恨事件是："任何不一定构成犯罪的、被害人或其他人认为其动机源于偏见或仇恨的事件"（ACPO，2005）。
>
> 仇恨犯罪是："任何构成犯罪的、被害人或其他人认为其动机源于偏见或仇恨的仇恨事件"（ACPO，2005；2011）。

这些定义强调牵涉其中的被害人或其他人的感受，而不仅仅关注犯罪人的动机。仇恨犯罪的官方概念及定义会影响记录的仇恨事件的数量和性质，继而在工作量、相关资源、调查行为、职业健康，当然还有给被害人提供服务的数量和质量方面，以及对执法部门有着重大影响（Hall，2013）。

普遍性

不加辨别地仅依靠官方记录来统计仇恨犯罪发生的普遍性和动机会造成大问题。研究报告显示，仇恨犯罪报告的发生率低于实际情况（Guasp，Gammon & Ellison，2013；Sin et al.，2009），而且仇恨犯罪的被害人比起其他犯罪的被害人更不可能向警方报案（英国政府，2012）。在英格兰和威尔士，关于仇恨犯罪的最新统计数据由三个机构收集，即内政部、国家统计局和司法部（2013）。这项统计数据来自警方、法庭（审判）结果以及英格兰和威尔士犯罪调查（Crime Survey in England and Wales，CSEW）的官方数据。报告称，在 CSEW 的数据中，2011—2012 年和 2012—2013 年的仇恨犯罪案件估计数量为 278 000 件。他们进一步指出，这些数据的置信区间是非常大的，因为即便在这一调查中，报案率仍然很低。因此，仇恨犯罪案件估计数量大概在 212 000—344 000 件，其中出于种族动机的占绝大多数。

当考虑仇恨犯罪时，研究和争论往往主要关注宗教动机或种族动机的仇恨。这些犯罪构成了英格兰和威尔士仇恨犯罪官方数据的主体，在 2012—2013 年 CSEW 统计的犯罪中有约 154 000 件。如果我们只考虑官方记录的数据，那么整体记录在案的仇恨犯罪水平将下降到 43 927 件，其中 35 885 件（约 82%）是种族动机所致的犯罪。另外，警方和 CSEW 数据

372

都表明，仇恨犯罪的被害人比其他受害人更有可能重复被害。

研究显示，针对同性恋、双性恋和跨性别人群或残障人群的仇恨犯罪的被害人很少报案。在 2012 年和 2013 年的警方记录当中，报案率分别约为 11% 和 4%，而现实中发生频率远远高于官方记录（Guasp，2013；MIND，2007）。Mencap（2000，译者注：Mencap 是服务于英国的听觉障碍人士的慈善机构）和 MIND（2007，译者注：MIND 是全国精神卫生协会成立的心理卫生慈善机构）的研究发现，只有 18% 的被害人报告全部或大多数时候具有安全感，71% 的被害人报告在过去两年曾受过迫害，且 41% 的被害人报告现在仍在受过迫害。鉴于到这一发现，针对残障人士的仇恨犯罪的数据看起来更不可信。迪克（2008）指出官方记录的犯罪和起诉数据低估了恐同仇恨犯罪实际情况，他发现 60% 的女同性恋和男同性恋曾经是某种仇恨事件或者犯罪的被害人，这其中有 1/6 受过身体伤害。然而，75% 的这些事件没有报告警方，70% 的这些事件在英国同性恋犯罪调查（the Gay British Crime Survey，2008）之前没有对任何第三方提起过。斯通威尔和尤格夫在 5 年后的重复调查得到了相同的结论（Guasp et al.，2013）。仇恨犯罪打击行动计划（英国政府，2012）也强调了报案数量不足是新移民社区中的一个尤其严峻的问题。这些被害人群包括精神病人和难民，吉普赛、爱尔兰旅行者，罗姆人社区。

框图 24.2　弱势成人

亲密仇恨犯罪作为一种被害形式，指的是弱势成人被他们认为是朋友的人"欺骗"。这一罪行可能包括窃取残障人士的利益，挪用他们的财产。这些常与其他形式的、针对残障群体的仇恨犯罪有关，在一些严重的案件中，甚至存在谋杀。嘉玛·海特有严重的学习障碍，而在 2010 年 27 岁的时候，她被 5 名表面上她认为是朋友的人谋杀。他们通过殴打、勒颈、刀刺等方式折磨她，最后将其抛尸在他们住所附近的铁路线上。在此之前，她经历了多年的性虐待，并被社会服务机构认定为弱势成人。对杀害她的凶手而言，她只是"一件东西"，这是大多数关于该案件审判报道中所引用的原话。更早的一个案件，布伦特·马丁仅仅因为 5 英镑的赌注而被他视为朋友的三个人折磨并殴打致死。在报道此案审判时，许多媒体提到其中一名凶手（斯蒂芬·波纳利）曾说"我是不会为一个布偶而下跪的"。

种族灭绝和仇恨犯罪的心理学解释

二战和纳粹大屠杀之后，在尝试识别、预测甚至预防未来的种族屠杀的同时，学者们开始试图解释人们为什么以及是如何去实行如此令人发指的罪行的。

最早，社会科学家考虑的是识别犯罪个体稳定一致的特征理论。这些努力促使了"法西斯人格"或"权威人格"等概念（Adorno et al.，1950）的产生，这些概念强调了个体伴随伤害过程中所表现的服从倾向。然而，自米尔格拉姆（1974）对服从的研究开始，大量研究结果发现种族灭绝并不是由一些本质邪恶的、具有特定人格的人实施的。相反，研究发现，种族灭绝行为是由被置于不同寻常的社会条件下的"正常"个体实施的。这些不同寻常的社会条件之间具有相似性（Smith，2009；Staub，1989；Zimbardo，2004）。对人们来说，系统性的杀害大量的人是很困难的；种族灭绝不是自发的、突发的、意料之外的事件，而是需要长期的社会和心理改变，而一旦改变发生后，种族灭绝和其他反人道犯罪就都有可能被寻常的心理过程诱发（Staub，1989）。

仇恨犯罪可被视作一种社会产物，是多方社会力量互动的结果。西比特（1997）的一项内政部资助对仇恨犯罪人的研究发现，很难找到一个特定类型的种族主义罪犯。西比特描述的是犯罪人的群体而不是犯罪个体——而且尽管她将某些犯罪类型与年龄联系在一起，但没有出现典型的犯罪类型。伊戈安斯基（2008）复兴了阿伦特关于平庸之恶的概念，他将仇恨犯罪归在"常规粗暴（routine incivilities）"中，种族主义在其中是正常的。

不过，这仍然没能解决为什么有一些群体会受到其他群体的迫害这一问题。从泰弗尔和特纳（1986）衍生出的内群体、外群体理论，以及有污名化、去人性化、社会竞争、歧视、偏见和妖魔化的争论与种族灭绝和仇恨犯罪两种犯罪人的犯因都是直接相关的。接下来我们将介绍这些理论，并在社会认知和社会学上进行解释。

偏见的起源：冲突和困难

种族灭绝和仇恨犯罪产生于棘手的群际冲突以及长期的（常常是体制的）群际歧视背景之下（Staub & Bar-Tal, 2003；Coleman, 2003）。群际冲突的根源可能来自对稀缺资源的竞争（例如，对土地、财富或物品的分配），或一些象征性的东西（例如，价值观、信仰、观点）（Sherif, 1966）。冲突根源也可能来自于一个群体的基本人类需要未被满足，或感知到的由外群体造成的不公（Staub, 1999）。从根本上说，大多数群体冲突的起源可以追溯到群体间的某种不平等（Fein, 1993）。

种族灭绝常常在经济困难、不安全感上升或社会变动的时期发生。了解导致这一事件的复杂的社会、历史和经济过程往往很难。人们常常为日益恶化的状况寻找简单的，但常常又不准确的解释，来使自己的世界重新恢复秩序并变得可预测。当基本人类需求，例如安全感和公正对待，未被满足时，人们会寻求其他解释来理解自己的处境。这些解释可能是负面的，例如将自己的不幸归咎于其他群体（Staub, 1999）。将过错归咎于另一个群体，对于个体而言，在认知和情绪上都是更容易的事情，并能够提升一个群体的凝聚力和动员水平。

在20世纪二三十年代德国的经济危机期间，先前存在的反犹主义被重新煽动和点燃。在1994年的卢旺达，关于土地所有权和部族边界的冲突导致了一系列的屠杀和战争。1994年的大屠杀是可以预料到的，因为它存在大量的种族主义宣传和杀戮准备。

当诸如安全感、公正对待、拥有自主性等基本的人类需求不能得到满足时，个体和群体就会转向破坏性途径来寻求满足（Burton, 1987；Staub, 1999）。在对英国仇恨犯罪的调查中，鲍林（1998）和休伊特（1996）发现，许多种族主义攻击是针对亚洲、爱尔兰或索马里血统的群体的。他们提出，仇恨犯罪者是在对感知到的、由这些群体造成的不公正做出反应。犯罪者感到这些少数族裔应当为其朋友和家庭（他们所在的群体）的失业和社会贫困等问题负责。因此，犯罪者认为，他们获得公正的唯一方式是亲自出马解决问题。尽管这些解释是针对犯罪行为的，但他们与2014年欧洲选举中的评论内容产生了强烈共鸣。在持续的不稳定和经济紧缩的时期举办的选举中，选民们反映出泛欧洲的极端右翼（法国的国民阵线［Front National］或丹麦的丹麦人民党［the Danish People's Party］）、极端左翼（希腊的左翼激进联盟党［Syriza］，其中极右翼的金色黎明党［Golden Dawn］也获得了它的第一个席位）和其他诸如英国独立党（the United Kingdom Independence Party）的反移民党的增加。特雷纳（2014）总结道：

......在五年的货币和债务危机、经济衰退和剧烈的经济紧缩后，欧洲出现了各种问题：极其易变、分裂化、选民心灰意冷、放弃支持主流政党而选择边缘政党。

偏见的形成：妖魔化和外群体贬低

随着群际紧张程度的加剧，冲突或者偏见的起源就不再那么重要了。重要的是已经建立起来的群体之间的分歧和群体间日益增长的敌意。种族灭绝或者仇恨犯罪的施暴者的动机并不是对被害人本人的厌恶，而是因为被害人代表着具有一系列被憎恨的特征的某个群体（Herek, Cogan & Gillis, 2002）。

在对被污名化的群体的迫害中，挫败感被集中和宣泄出来。某群体成员归罪、责怪外群体，并发展出了认为具有更好未来的意识形态和社会建构（Staub, 2012）。根据社会认同理论（Tajfel & Turner, 1986）和社会分类理论（Turner et al., 1987），当然人们把自己视作社会群体中一员而不是一个个体时，他们的表现会不一样。随着社会分歧变得难以解决，人们会感受到更多威胁，他们的想法变得更情绪化。人们通常将自己和他人看作"我们"对"他们"（Sumner, 1906；Tajfel & Turner, 1986）。因此，理性思考以及对情境复杂性和细微差别的感知消失了，取而代之的便是二分对立的推理（Castano, 2008；Suedfeld & Tetlock, 1977）。

群体内成员的相似性以及与群体外成员的差异被夸大了。个人特征当中，与群体内成员共享的特征在自我形象当中被放大（e.g., Biernat, Vescio & Green, 1996），认为自己所处的群体显然更受喜爱（Tajfel & Turner, 1986），而且是无辜的、更高级的（Gurr, 2000；Sidanius & Pratto, 1999）。

伴随对内群体的喜爱（Brewer & Brown, 1998）会出现对外群体的贬低（Tajfel & Turner, 1986）。外群体被极大地贬低、概括化，并形成整体的负面评价。这些判断并不是基于对该群体所有成员实际的行为作出的，而是基于其对内群体的福祉甚至是持续生存的威胁而作出的。

"他人"往往被认为更少具有人性特征与情感（Haslam, 2006；Leyens et al., 2000），且更具其他邪恶的特征，并认为外群体成员在这些特征上的表现是相似的。群体之间的差别被本质化，即认为这些差异根植于这些群体成员的本质中（Castano et al., 2002）。随着这一贬低的继续，外群体被视为内群体利益和长远生存的威胁，并被看作是实现理想社会的阻碍，甚至是死敌。所以偏见、歧视、敌意和暴力被社会性地增强，进而形成规范。通过成为该群体成员能获得益处，从而加强了这些规范，并且能够帮助内群体建立一种强烈的社群感，并建立起共同身份（Perry, 2000）。它甚至能促使个体相信极端主义，相信他们不是只有一个人，相信他们的观念实际上一点也不极端（Gerstenfeld, Grant & Chiang, 2003）。

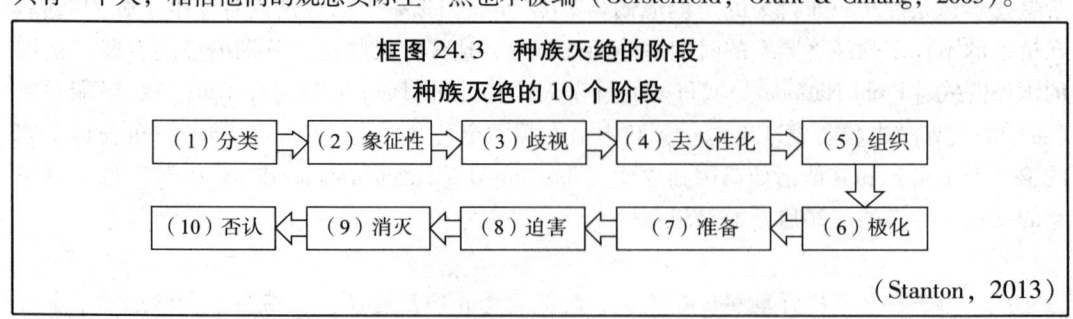

框图 24.3　种族灭绝的阶段

种族灭绝的 10 个阶段

（1）分类　→　（2）象征性　→　（3）歧视　→　（4）去人性化　→　（5）组织

（10）否认　←　（9）消灭　←　（8）迫害　←　（7）准备　←　（6）极化

（Stanton, 2013）

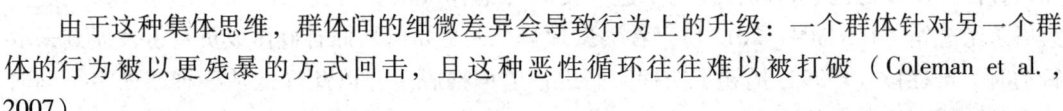

由于这种集体思维，群体间的细微差异会导致行为上的升级：一个群体针对另一个群体的行为被以更残暴的方式回击，且这种恶性循环往往难以被打破（Coleman et al.，2007）。

种族灭绝事件可以用一个 10 阶段过程模拟出来（Stanton，2013）。接下来我们开始介绍可以用于描述和解释种族灭绝和仇恨犯罪过程的理论[3]。

仇恨犯罪：群体因素之外的解释

尽管群际冲突被认为是种族灭绝和其他极端犯罪的动机性因素，但不能简单认为，所有偏见和种族灭绝式行为都仅仅由群体动机诱发。

"仇恨犯罪"一词给人带来这样一种印象：充满仇恨的个体，有意地通过犯罪来表现出他们对某一特定群体的"恨意"（Iganski，2011）。这也许对少部分犯罪人成立，但更多犯罪人是日常生活中的"普通人"（Iganski，2008）。仇恨犯罪并不总是由某种强烈的意识形态激发的。罪犯表达的是潜藏在许多人日常认知表面下的态度（Iganski，Kielinger & Paterson，2005），当发泄他们偏见的机会出现时这些态度才会浮现出来。

布鲁尔（1999）认为，相比所感受到的对外群体的仇恨，被所属团体接纳的需求是实施仇恨犯罪更具有解释力的动机。雷等人（2004）认为羞耻和嫉妒可能是对有更多社会资本的外群体成员实施仇恨犯罪的动机。被定罪的仇恨犯罪者往往强调自己的无力感和被排斥感（Scheff，1997）。感知到其他群体文化的强大以及群体的富有，也能导致个体产生敌意，并催生仇恨犯罪。

在考察仇恨犯罪背后的动机时，麦克德维特等人（2002）基于波士顿州和马萨诸塞州的警方文件发展出了一套分类理论，并识别出了四种实施仇恨犯罪的独特动机。这一分类理论影响了对仇恨犯罪者的处遇，强调犯罪人的行动是受多重动机影响的。刺激寻求者（thrill seekers）是由追求刺激或力量的欲望所驱使的——他们忙碌地寻找犯罪机会；防御型罪犯（defensive offenders）是由保护他们觉得被威胁的资源的需要所促动的；报复型罪犯（Retaliatory offenders）是以报复感知到的不公平为动机的；而使命型罪犯（mission offenders）在其犯罪的本质上，是有预谋、有目的的，尽管只占所有罪犯的少数，但他们最严重，且重复犯罪的风险水平也最高（McDevitt et al.，2002）。

偏见的表现：种族灭绝暴力行为的心理过程

仅仅是群体间冲突的存在本身并不足以导致种族灭绝。系统性谋杀大量人口需要许多人协作、承诺以及组织大量的人力。能够将这些行动联合起来的力量包括一个正当化的意识形态以及一个组织，它们能够社会化或者训练个体，使之能够自主地、系统地大量杀人，同时能够复制这一杀人模式（Darley，1992）。社会组织和机构宣扬"敌对性意识形态"（Staub，1989），并将针对某些社会群体的歧视和污名（Castano，2008）正当化。政治宣传"仇恨的认知条件反射"（Zimbardo，2004），通过各种各样的社会成分包括学校、社会机构、家庭和日益增多的社会媒体开展，并在各自水平上造成对立（反网络仇恨国际网［the International Network Against Cyber-hate，INACH］，2014）。

在卢旺达，政府（主要由胡图族人组成）主要通过仇视性的视频对图西族人进行消极政治宣传（Straus，2007）。暗指胡图族人比图西族人基因更优秀的伪科学信息被当作事实

375

加以宣传推广，德国纳粹同样使用了这一技术（纳粹政治宣传技巧的简要总结，参见美国大屠杀纪念馆［USHMM，2013］）。在尝试理解个人是如何从拥有群体成员身份发展到采取行动时，班杜拉（1999）描述了四种人们进行道德推脱，并以此降低从事种族灭绝行动时自身的认知不协调的策略（Festinger，1957）：

1. 改变并重新解释对一个污名化群体成员的暴力行为的感知。

2. 最小化和歪曲行动对受害者造成的负面影响。

3. 将个体承担的责任转移到权威人物身上，并将责任扩散到其他从事了相似行动的未知他人身上。

4. 将受害人贬低、去合法化、去人性化。

人们的态度和信念受社会过程的影响而改变。个体社会化后具有了敌对性意识形态，并以此指导行动，逐渐学会向其他人类实施残暴的行为。群体所提供的关于行动原因的更高的意识形态被用来合理化增长的暴力和敌意。他们开始相信他人是可以伤害的、应当伤害的，而他们自己可以从事这一伤害行为（Staub，1989，1999；Zimbardo，2004）。最终，种族灭绝不再是道德上错误的，而变成是正确、合理的行为。

消极的旁观者

不是所有的种族灭绝或者仇恨犯罪的施暴者都被要求以同样的热情来达成群体目标。有一些人内化了敌对性的意识形态，并相信伤害他人是道德的。其他人也许只是代表他们的群体行动，却并不一定相信这一贬低其他群组的意识形态，但相信他们应当作出保护内群体的行动，还可能通过规范遵从、遵守和服从的机制行动。最后，还有一些旁观者，他们的不作为也提升了大规模伤害发生的可能性。不作为能够增强施暴者对他们的行为的信心，相信他们的行为不会受到惩罚或者是被默许的。一个新的社会规范被建立：施暴者、被害人和旁观者知道现在这种行为是可以接受的，并且将很快把将该行为作为这一社会群体的规范行为。

有许多因素影响着旁观者的消极行为：责任扩散（diffusion of responsibility）；多数无知（pluralistic ignorance）（Latane & Darley，1970）；相信生活中在一个专职的社会中，自己一个人不可能有所作为，并且认为自己很难融入另一个与自己信念不同的群体（Staub et al，2010）。不作为能够被合理化，是因为通向暴力的行动是一小步一小步前进的。公正世界理论（Lerner & Simmons，1966）认为，目击了伤害他人的行为的人，如果有理由相信伤害和折磨会继续下去，就可能贬低受害者。旁观者可能不会对事件的意义做出评价，他们试图合理化已造成的伤害，采取一种旁观的角度或回避有关伤害行动和他人受害的信息。让参与者采取旁观者的视角或设想他们也处于情境当中的研究发现，采取旁观者视角的个体共情反应水平更低（Aderman & Berkowitz，1970）。依据信息的社会性影响过程，模糊情境（伤害或惩罚"邪恶"团体中的个人）当中，他人的行为会成为行动的指导（Sherif，1954）。

领导者

我们不能低估魅力型领导在仇恨犯罪和种族灭绝中的角色。在困境中，群体向领导者寻求方向和指导。在所有案例中，领导者在如何处理群际冲突方面都有一些选择的空间。他们可以选择去将不同群体组织到一起，努力去联合而不是分裂所有人，并且改善所有人的条件。然而，领导者们常常积极地去吸引追随者及增强自身的权威性，他们也会为了自身利益，提供简单快捷的方法来处理群体内问题。个体领导者或相对小的领导团体可以影响社会中的大多数，而媒体报道能够催化偏见、分裂和顽固的刻板印象（Neilsen，2002）。领导者常常强化已经存在的敌意，并在鼓吹仇恨的意识形态中扮演关键角色。他们强化了对他人的贬低和恐惧情绪，并寻求维持群体间地位差异的方法。激烈的政治宣传以及准军事组织的创立使群体产生了向激烈暴力的快速演化。在卢旺达大屠杀后，许多研究关注图西族的领导在种族灭绝的各个阶段中所起到的作用（Staub & Pearlman，2006）。

双重化

在试图解释为什么人们既可以是慈爱的父母和忠诚的社区分子的同时，也可以是杀害其他男女老少的积极参与者的时候，研究者提出了双重化（Doubling）的概念（Lifton，1986）。基于对纳粹医生、律师、法官和集中营幸存者的访谈，利夫顿从精神分析理论中吸取了有关双重自我的观点。双重化使施暴者通过认知和情感上的社会身份分离扮演不同的社会角色，并照常进行社会生活（例如，利夫顿考察了医生是如何能在集中营里选择谁应当进入毒气室后，仍然将自己视作救治者并回归家庭的）。这也是在考虑认知不协调问题时的另一种解释。

倾向于种族灭绝和仇恨犯罪的文化的特征

敌意和暴力的出现以及仇恨和种族灭绝的演化，更有可能发生在具有特定特征的群体当中（Staub，2012）。曾经受害（或有曾受过伤害的感知）的群体面对攻击时更可能感到脆弱。他们更可能将世界看作是一个危险的地方，并且在自我防御伪装下用过度暴力的方式应对感知到的危险（Staub & Pearlman，2006）。有过使用暴力解决冲突的经历的群体更可能采取暴力行动。

导火索

在社会和心理过程都准备好后，种族灭绝的行动涉及象征性事件，也就是导火索，例如以象征性事件为借口的财产破坏、监禁和大规模屠杀行动等。这些导火索发生后，常常会出现不相称的反应。例如，一名驻巴黎的德国大使馆的初级外交官恩斯特·冯·拉特的遇刺事件，成了 1938 年"水晶之夜"（Kristallnacht）的导火索，它预示了根据系统性屠杀德国犹太人的种族迫害行动的到来。在卢旺达，朱韦纳尔·哈比亚利马纳总统的遇刺催化了那场种族灭绝行动，它就发生在总统的飞机被击落几个小时后（人权观察［Human Rights Watch，HRW］，1999）。

一些仇恨犯罪可能由特定事件诱发。在麦克德维特等人（2002）的仇恨犯罪类型中，防御型或报复型的仇恨犯罪者更有可能是由于感知到不公正现象而产生的，并且是对一个具体事件做出反应，就如伦敦发生的 7 场爆炸袭击案后，反穆斯林仇恨犯罪案件增多一样（McClintock & LeGendre，2007）。由此可见，这些仇恨犯罪的报道和发生率在本质上是由社会和群体关系决定的。在这一领域中，需要考虑个体、群体和结构性的多层次解释。心理学理论能够与社会政策、国际关系，及更广泛的社会学和犯罪学文献结合起来对此进行考察。这一点在成因学和干预方法的研究中都适用。那么，干预应该是在国家层面、个体层面实行早期预防还是后期打击？我们将在下文探讨。

377

仇恨犯罪者的矫治

在"后麦克弗森时代"，英国刑事司法制度面临着处理仇恨犯罪者和减少仇恨犯罪的压力。了解仇恨犯罪的动机，是设计罪犯矫治措施/服务的基础。对此类干预的发展和实行的研究都获得了令人信服的结论，即仇恨犯罪需要不同的解决办法（Iganski，2002）。

如今，矫治主要是在刑事司法系统内进行。基于心理学和社会科学研究的干预措施越来越多地被应用到矫治个体犯罪行为、保护被害人以及满足公共安全的需求上（Dixon，2002）。

多样化、意识和偏见干预工具系统（The Diversity，Awareness and Prejudice Pack，DAPP）（Dixon，2002）是由当时的伦敦缓刑机构（London Probation Service）开发的。DAPP 尽管不是唯一用来矫治仇恨犯罪的系统（所有关于开发的用以矫治仇恨犯罪者干预措施的回顾，see Iganski，Smith，2011），但在英国被广泛使用着。使用该工具的目的是提升犯罪人积极的种族和文化认同，减少认知分离和不协调、质疑目标行为，然后通过这一新视角反思过去的行为（Ray，Smith & Wastell，2004）。DAPP 在一个项目中关注犯罪人的种族、文化认同，及愤怒和攻击行为管理的问题，目的是管理、控制并最终改变犯罪人的偏见。

专业人员一对一地与犯罪人合作。积极参与社区活动是这个项目的重要部分，其中的一些模块要求犯罪者发展出被害人意识，了解当地的信息，并获得对犯罪行为的不同看法。种族迫害不是一时间发生的，而是时间、空间和地点上的一个动态过程。因此，DAPP 项目的设计具有灵活性，并鼓励专业人员根据犯罪的不同情况进行调整，改变目标，提高工具效能，促进罪犯改变（Dixon & Court，2003）。对被定罪为仇恨犯罪的犯罪人的定向干预要先在个体层面改变特定的信念和感知，但为了解决偏见的根源问题，大范围的群体层面的干预，对于解决这些行为的根源问题也是必要的。

政治意愿和社会反省的文化是必要的，它会促进社会思维转变，挑战社会规范中的种族主义，以及对抗体制、组织和机构带来长期的社会变革（Chakraborti & Garland，2014；Lemos，2005）。种族纷争报告（The Cantle Report，2001）调查了英国受到 2001 年暴乱影响的地域的社群关系，指出了种族的紧张关系是如何点燃社群纷争和种族冲突的。报告中强调了不同社群之间日益分裂的特点，由此导致了社群间"平行生活"状态，以及由此产生的对"他人"的恐惧和无视。近期的选举行为调查（All Parliamentary Inquiry into Electoral Conduct）强调了选举活动中存在歧视行为（APPG，2013），并提出了如何减少这些现象的建议。

回到个体层面，恢复性司法的实践也被建议运用到仇恨犯罪者的矫治当中；然而，时至今日，相关的工作仍然非常有限，而且被害的幸存者仍有较高的被害风险（Gavrielides et al.，2008）。此类方法背后的一些原理与其他的试图将内群体成员和外群体成员联合到一起的举措是相似的。如果能够成功实行，这将会是瓦解偏见的有力工具，但如果处理不当，则会增强偏见和仇恨。奥尔波特（1954）提出的接触假说认为，为了说服人们重新考虑自己对他人的看法，人们需要与那些人接触，并在理想状况下，与他人成功合作达成共同目的。接触假说，或现称为群际接触理论（Hodson & Hewstone，2013），在该领域取得了显著成果（Brown，2000），并被用于消除各类群体中的偏见和刻板印象（Ihlanfeldt & Scafidi，

378

2002）。

　　还有一种观点认为教育能够开导那些对他人持有偏见的人，网络犯罪的研究进一步证实了这一观点，它认为让用户对信息更具批判性，比试图从一开始就发表预防仇恨或其他犯罪的信息更有效（e. g. , ICCA, 2013）。正如鲍林（1998）强调的那样，这些涉及群体关系和情感构成的问题需要与潜在的认知扭曲和事实不准确性一起解决。学校教育在鼓励包容方面取得了成功。例如，公民课程有助于激发社群凝聚力（Cowan et al, 2002）。过去10 年里，学校、非政府组织和青年俱乐部等设计了培养包容性和鼓励多样性的干预项目，并取得了成功。

防止种族灭绝

> 　　防止种族灭绝和大屠杀不是我们外交政策日程核心之外的理想。它更是一个道义和战略上的紧急事务。

> ——Allbright & Cohen, 2008.

　　在考察导致种族灭绝行为的社会和心理过程时，不能说它是不可预测的，相反，它是可预防的。且预防工作应聚焦在早期注意和识别可能会发生种族灭绝事件的区域上。斯坦顿（1996）总结了前文列举的许多材料，并最早提出了种族灭绝的 8 个阶段，后来修订为前文列出的 10 个阶段。这些阶段被种族灭绝观察（Genocide Watch）用于罗列不同国家的种族灭绝的风险水平。

　　如果能够识别可能发生种族灭绝事件的区域，就可以在施暴者有限的实施暴力的时间里做出反应或进行干预。在还没有一个行动实施的计划或系统时，只要存在阻止的意愿和方法，旁观者、国家和国际社会的持续努力更可能有成效，并能预防行动发生（Staub, 1999）。当具备了群体暴力的文化前提，但伤害行为仍未显著上升时，仍有预防行动的时间余地。干预的方式包括经济发展、在冲突后的重建过程中增强安全感（由此终止新的暴力循环）、有效的司法体系以及其他结构性因素（卡内基预防致命冲突委员会［Carnegie Commission on the Prevention of Deadly Conflict, 1997］）。这些行动非常重要，但周期很长，所以仅依靠它们是不够的。

　　第三方势力，有可能会成为旁观者，也有可能对实施种族灭绝的国家产生影响，从而有助于防止种族灭绝的发生，主要包括个体、社区群体、非政府组织、国家政府和联盟以及国际组织。此外，还有许多特别为监控、报告种族灭绝以及提升意识以防止种族灭绝的组织，这些组织包括种族灭绝观察（www. genocidewatch. net）、国际预防种族灭绝组织（Prevent Genocide International, www. preventgenocide. org）以及羊皮盾信托基金（the Aegis Trust, www. aegistrust. org）。最后，与实施种族灭绝的国家关系密切的国家有巨大的影响潜力（Fein, 1994）和采取行动的责任。不过，正如我们已经提到的，政府在判定种族灭绝行为的时候还是摇摆不定，而国际法又常常很难实行。

　　尽管许多反人道的罪行已经被编入罗马公约（the Rome Convention），但只有在识别出种族灭绝意图后，公约的缔约国才有干预的法律义务。由此导致，在面对反人道犯罪时会出现明显的惰性，并常常抗拒将此类行为成为"种族灭绝"。这一结果推动了被称为"保

法证心理学（第二版）

护责任（Responsibility to Protect，RtoP 或 R2P）"的新人权原则的产生，且各国在 2005 年的全球峰会（the World Summit）对这一概念产生了共识。正是在保护责任的人权规范下，联合国安理会（UNSC）通过了干预冲突的决议，例如针对苏丹达佛（1706 决议使联合国在维和行动中部署了超过 17 000 名士兵）问题和利比亚（1970 决议和 1973 决议）问题，且联合国和"保护责任"会任命种族灭绝的特别顾问（RtoP，2013）。在保护责任下，任何干预都要经过联合国的批准。这表明了联合国安理会决议的重要性，同时也显现出这样一种困境，那就是与（潜在的）种族灭绝实施国家的同盟国可能会有效阻碍这些决议通过。

这也部分说明了为何尽管联合国有着国际支持，但在干预卢旺达和其他地方的种族屠杀时同样显得无力。然而，最近联合国基于保护责任在科特迪瓦和利比亚的干预表明，国际社会是可以做出有效应对的，并且这些应对效果正在日益提升。

379

总结

本章中我们阐述了仇恨犯罪和种族灭绝的历史背景，并将这些概念限定在法律框架之内，试图阐释清楚定义和分类时的一些复杂现象；还列举了一些围绕着种族灭绝的法律的争议，以及报告仇恨犯罪的困难。

尽管种族屠杀和仇恨犯罪是不同的概念，有各自的学术研究主体，我们在个体和群体水平上解释了一些在这两种罪行背后共同的社会认知和心理过程。本章总结了导致妖魔化"他人"、迫害和暴力的偏见及仇恨的影响模式，同时也概括了与两个概念都有直接联系的有关污名化、去人性化、社会竞争、歧视和偏见的争论。我们在结尾部分从个体和国家层面，简要讨论了心理学怎样影响对犯罪者的干预（对受害者和犯罪人的），以及应对仇恨犯罪和种族灭绝的可能策略。

注释

［1］我们从种族灭绝（Genocide Watch）网站上认定的 14 个正在发生种族灭绝的国家中只找到三个例子。

［2］2007 年，费欧娜·皮尔金顿将自己和女儿自焚在自己的车里。她们受到了超过 11 年的虐待。这些虐待最早开始于她的另一个孩子安东尼由于阅读障碍而受到欺凌。

［3］请注意，以下部分中的一些内容已经在阿德勒和戈利克·德·扎瓦拉（2010）的文章中有所体现。

380

扩展阅读

在这里，我们推荐三部扩展阅读书目，其中两部在书中已经有所提及。这三部书是对本章的三个内容从心理学角度进行的详细陈述。

1. Hodson, G., & Hewstone, M. （Eds.）（2013），*Advances in intergroup contact*，Hove：Psychology Press.

在本章中，我们提到了接触假说作为减少伤害和偏见的重要性。这本书详细介绍了接触假说近些年来的实践，以及群际接触理论的发展过程。本书从基础原则入手，指导读者一步步进行学习。因为这本书是一部论文合集，所以可能会在写作方式上有不同作者表述方式的转化，不一定受到所有读者的喜欢。

2. Hall，N.（2013），*Hate crime*（2nd edn.），Abingdon：Routledge.

尽管这本书的内容中含有关于偏见的社会学和心理学知识，但其主要内容更偏向于犯罪学。内森·霍尔的著作有适当的理论和实证基础，综合多方面的问题，能直接应用于警务工作。这本书从定义入手，同时探讨了关于仇恨犯罪的主体、行为、时机、情境及原因等经典问题，并用其解释了仇恨犯罪的盛行率和后续影响。

3. Staub，E.（2011），*Overcoming evil：Genocide，violent conflict and terrorism*，Oxford：Oxford University Press.

我们在大量的著作中，经过精挑细选，最终选择了这本书，因为它跟本章的内容最直接相关，同时，选择斯托布的著作，也是因为它对"罪恶"的直率立场，以及直言不讳地使用"罪恶"这样的标签。他认为罪恶的行为的实施是可解释的、可避免的，并且他从个体心理学和群体心理学的角度对这些行为过程进行了解释。选择他的著作还有一个原因，就是因为斯托布教授拥有直接将理论应用于警务工作和国际实践的经历。

参考文献

ACPO（2005），*Hate Crime：Delivering a better service. Good practice and tactical guidance*，London：ACPO.

ACPO（2011），"The national standard for incident recording"，http：//www. acpo. police. uk/documents/LPpartnerships/2010/20110831% 20LPPBA% 20The% 20National% 20Standard% 20for% 20Incident% 20Recording_April% 202011. pdf（accessed 13 January 2015）.

Aderman，D.，& Berkowitz，L.（1970），"Observational set，empathy，and helping"，*Journal of Personality and Social Psychology*，14，141 – 148.

Adler，J. R.，& Golec de Zavala，A.（2010），"Genocide"，In J. M. Brown & E. Campbell（Eds.），*Cambridge handbook of forensic psychology*，Cambridge：CU Press.

Adorno，T. W.，Frenkel-Brunswik，E.，Levinson，D. J.，& Sanford，R. N.（1950），*The authoritarian personality*，New York：Harper.

Allbright，M. K.，& Cohen，W. S.（2008，21st December），"Never again for real"，*New York Times*.

Allport，G. W.（1954），*The nature of prejudice*，Cambridge，MA：Addison-Wesley.

Andreopoulos，G. J.（Ed.）（1994），*Genocide：Conceptual and historical dimensions*，Philadelphia：University of Pennsylvania Press.

APPG（2013），"Report of the all-party parliamentary inquiry into electoral conduct"，http：//www. electoralconduct. com/，accessed 14 January 2015.

Bandura，A.（1999），"Moral disengagement in the perpetration of inhumanities"，*Personality and Social Psychology Review*［*Special Issue on Evil and Violence*］，3，193 – 209.

Berenbaum，M.（2004），"Case Study III：The Holocaust"，In S. Totten（Ed.），*Teaching about genocide：Issues，approaches and resources*，Charlotte，NC：Information Age Publishing.

Biernat，M.，Vescio，T. K.，& Green，M. L.（1996），"Selective self-stereotyping"，*Journal of Personality and Social Psychology*，71，1194 – 1209.

Bowling, B. (1998), *Violent racism: Victimization, policing and social context*, Oxford: Clarendon Press.

Brewer, M. B. (1999), "The Psychology of prejudice: in group love out group hate?", *Journal of Social Issues*, 55 (3), 429 – 444.

Brewer, M. B., & Brown, R. J. (1998), "Intergroup relations", In D. T. Gilbert, S. T. Fiske, & G. Lindzey (Dir.), *The handbook of social psychology*, New York: McGraw Hill.

Brown, R. J. (2000), *Group processes: Dynamics within and between groups* (2nd ed.), Oxford: Blackwell.

Burton, J. W. (1987), *Resolving deep-rooted conflict: A handbook*, Lanham (Maryland) and London: University Press of America.

Carnegie Commission on the Prevention of Deadly Conflict (1997), *Preventing deadly violence final report*, New York: Carnegie Foundation.

Castano, E. (2008), "On the perils of glorifying the in-group: Intergroup violence, ingroup glorification, and moral disengagement", *Social and Personality Psychology Compass*, 2 (1), 154 – 170.

Castano, E., Yzerbyt, V., Paladino, M., & Sacchi, R. (2002), "I belong, therefore, I exist: ingroup identification, ingroup entitativity, and ingroup bias", *Personality and Social Psychology Bulletin*, 28, 135 – 143.

Chakraborti, N., & Garland, J. (Eds.) (2014), *Responding to hate crime: The case for Connecting policy and research*, Bristol: The Policy Press.

Coleman, P. (2003), "Characteristics of protracted, intractable conflict: Toward the development of a metaframework-I. Peace and conflict", *Journal of Peace Psychology*, 9, 1 – 37.

Coleman, P. T., Vallacher, R., Nowak, A., & Bui-Wrzosinska, L. (2007), "Intractable conflict as an attractor: Presenting a dynamical-systems approach to conflict, escalation, and intractability", Paper presented at the International Association for Conflict Management Meetings.

College of Policing (2014), "Hate crime operational guidance", http://www. college. police. uk/cps/rde/xchg/cop/root. xsl/21807. htm, accessed 14 January 2015.

Cowan, G., Resendez, M., Marshall, E., & Quist, R. (2002), "Hate speech and constitutional protection: Priming values of equality and freedom", *Journal of Social Issues*, 58 (2), 247 – 263.

Crown Prosecution Service (CPS)(no date), "Guidance on prosecuting cases of disability hate crime", http://www. cps. gov. uk/legal/d_to_g/disability_ hate_crime/, accessed 13 January 2015.

Darley, J. (1992), "Social organization for the production of evil", *Psychological Inquiry*, 3, 199 – 217.

Des Forges, A. (1999), *Leave none to tell the story: Genocide in Rwanda*, New York: Human Rights Watch.

Dick, S. (2008), *Homophobic hate crime: The Gay British crime survey* 2008, London: Stonewall.

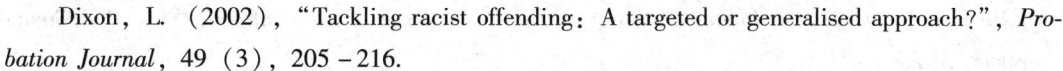
Dixon, L. (2002), "Tackling racist offending: A targeted or generalised approach?", *Probation Journal*, 49 (3), 205 – 216.

Dixon, L. (2010), "Tackling hate by driving diversity: A New Labour success story?", *The Journal of Community and Criminal Justice*, 57 (3), 314 – 321.

Dixon, L., & Court, D. (2003), "Developing good practice with racially motivated offenders", *Probation Journal*, 50 (2), 149 – 153.

Dixon, L., & Ray, L. (2007), "Current issues and developments in race hate crime", *The Journal of Community and Criminal Justice*, 54 (2), 109 – 124.

Fein, H. (1993), "Accounting for genocide after 1945: Theories and some findings", *International Journal on Minority and Group Rights*, 1, 79.

Fein, H. (1994), "Genocide, terror, life integrity, and war crimes", In G. J. Andreopoulos (Ed.), *Genocide: Conceptual and historical dimensions* (pp. 95 – 107), Philadelphia: University of Pennsylvania Press.

Festinger, L. (1957), *A theory of cognitive dissonance*, Stanford, CA: Stanford University Press.

Gavrielides, T., Parle, L., Salla, A., Liberatore, G., Mavadia, C., & Arjomand, G. (2008), *Addressing hate crime through restorative justice and cross-sector partnerships: A London study*, London: ROTA.

Genocide Watch (2014), "Recent alerts", http://genocidewatch. net/alerts – 2/new-alerts/, accessed 14 January 2015.

Gerstenfeld, P. B., Grant, Diana R., & Chiang, C. P. (2003), "Hate online: A content analysis of extremist Internet sites", *Analyses of Social Issues and Public Policy*, 3 (1), 29 – 44.

Gourevitch, P. (1998), *We wish to inform you that tomorrow we will be killed with our families: Stories from Rwanda*, New York: Farrar, Straus & Giroux.

Guasp, A., Gammon, A., & Ellison, G. (2013), *Homophobic hate crime: The Gay British crime survey*, 2013, London: Stonewall and YouGov.

Gurr, T. R. (2000, May/June), "Ethnic warfare on the wane", *Foreign Affairs*, 79 (3), 52 – 64.

Hall, N. (2013), *Hate crime* (2nd edn), Abingdon: Routledge.

Haslam, N. (2006), "Dehumanization: An integrative review", *Personality and Social Psychology Review*, 10, 252 – 264.

Haslam, S. A., & Reicher, S. D. (2008), "Questioning the banality of evil", *The Psychologist*, 21 (1), 16 – 19.

Herek, G. M., & Berril, K. (1992), "Documenting the victimization of lesbians and gay men: Methodological issues", In G. Herek & K. Berrill (Eds.), *Hate crimes* (pp. 270 – 286), Thousand Oaks, CA: Sage.

Herek, G. M., Cogan, J. C., & Gillis, J. R. (2002), "Victim experiences in hate crimes based on sexual orientation", *Journal of Social Issues*, 58 (2), 319 – 339.

Hewitt, R. (1996), *Routes of Racism: The social basis of racist attack*, Stoke On Trent: Trentham Books.

HM Government (2012), *Challenge it, Report it, Stop it: The Government's plan to tackle hate crime*, London: HM Government.

Hodson, G., & Hewstone, M. (Eds.) (2013), *Advances in intergroup contact*, Hove: Psychology Press.

Home Office (1981), *Racial attacks: Report of a Home Office study*, London: Home Office.

Home Office (1989), *The response to racial attacks and harassment: Guidance for statutory a-gencies Report of the Inter-Departmental Racial Attacks Group*, London: Home Office.

Home Affairs Committee (1994), *Racial attacks and harassment*, London: HMSO Volumes 1 and 2.

Home Office (2009), *Hate crime: The cross-government action plan*, London: Home Office.

Home Office (2009a), *The cross-government action plan*, London: Home Office.

Home Office Police Standards Unit and ACPO (2005), *Hate crime: Delivering a quality serv-ice: Good practice and tactical guidance*, London: Home Office and ACPO.

Home Office, Office of National Statistics, & Ministry of Justice (2013), "An overview of hate crime and England and Wales", London, http://www. report-it. org. uk/files/ons_hate-crime-report_2013. pdf accessed 26. 5. 14.

House of Commons (1986), "Racial attacks and harassment", Third report from the Home Affairs Committee, Session 1985 – 86 (London: HMSO).

Human Rights Watch (HRW)(1999), "Leave none to tell the story: Genocide in Rwanda", http://www. hrw. org/reports/1999/rwanda/ (accessed 13 January 2015).

IAEG (2012), http://www. genocidewatch. org/alliancetoendgenocide/about. html (accessed 13 January 2015).

ICCA (2013), "Task force on Internet hate report and recommendations of the co-chairs", London: ICCA.

Iganski, P. (Ed.) (2002), *The hate debate*, London: Profile.

Iganski, P. (2008), *Hate crime and the city*, Bristol: Policy Press.

Iganski, P. (2011), *Racist violence in Europe*, Brussels: Open Society Foundation.

Iganski, P., Kielinger, V., & Paterson, S. (2005), "Hate crimes against London's Jews", London: Institute for Jewish Policy Research and the Metropolitan Police Service.

Iganski, P., & Smith, D. (2011), "Rehabilitation of hate crime offenders", Equality and Human Rights Commission Scotland.

Ihlanfeldt, K, R., & Scafidi, B. (2002), "Black Self-regulation as a cause of housing segregation: Evidence from the multi city study of urban inequality", *Journal of Urban Economics*, 51 (2), 366 – 390.

INACH (2014), http://www. inach. net/news. php.

Jacobs, J. B., & Potter, K. A. (1998), *Hate crime, criminal law and identity politics*, New York, NY: Oxford University Press.

Ki-moon, B. (2014), "New York, 20 February 2014 – Secretary-General's remarks to the Security Council on the situation in the Central African Republic", http://www. un. org/sg/statements/index. asp? nid = 7471, accessed 13 January 2015.

Kressel, N. J. (1996), *Mass hate: The global rise of genocide and terror*, Boulder, CO: Westview Press.

Kuper, L. (1994), "Theoretical issues relating to genocide: Uses and abuses," In G. J. Andreopoulos (Ed.), *Genocide: Conceptual and historical dimensions* (pp. 31 – 46), Philadelphia: University of Pennsylvania Press.

Latane, B. , & Darley, J. (1970), *The unresponsive bystander: Why doesn't he help?* New York: Appleton-Crofts.

Lemkin, R. (1933)(translated by J. Fussel), "Acts Constituting a General (Transnational) Danger Considered as Offences Against the Law of Nations", Additional explications to the Special Report presented to the 5th Conference for the Unification of Penal Law in Madrid (14 – 20 October 1933).

Lemkin, R. (1944, reprinted in 2005), *Axis rule in occupied Europe: Laws of occupation, analysis of government, proposals for redress*, Carnegie Endowment for International Peace-The Lawbook Exchange, Ltd. , New Jersey, 2005.

Lemos, G. (2005), "The search for tolerance: Challenging and changing racist attitudes and behaviour among young people", York: Joseph Rowntree Foundation.

Lerner, M. J. , and Simmons, C. H. (1966), "The observer's reaction to the 'innocent victim': Compassion or rejection?", *Journal of Personality and Social Psychology*, 4, 203 – 210.

Levin, J. , & McDevitt, J. (1993), *Hate crimes: The rising tide of bigotry and bloodshed*, New York: Plenum.

Leyens, J. Ph. , Paladino, P. M. , Rodriguez, R. T. , Vaes, J. , Demoulin, S. , Rodriguez, A. P. , & Gaunt, R. (2000), "The emotional side of prejudice: The role of secondary emotions", *Personality and Social Psychology Review*, 4, 186 – 197.

Lifton, R. J. (1986), *The Nazi doctors: Medical killing and the psychology of genocide*, New York: Basic Books.

Macpherson, W. (1999), *The Stephen Lawrence inquiry report*, Cm. 4262 – 1, London: HMSO.

McClintock, M. , & LeGendre, P. (2007), *Islamophobia*, 2007 *Hate crime survey*, New York: Human Rights First.

McDevitt, J. , Levin, J. , & Bennett, S. (2002), "Hate crime offenders and extended typology", *Journal of Social Issues*, 58 (2), 303 – 318.

Mencap (2000), *Living in fear*, London: Mencap.

Milgram, S. (1974), *Obedience to authority: An experimental view*, New York: Harper and Row.

MIND (2007), *Another assault*, London: Mind the National Association for Mental Health.

Neilsen, L. B. (2002), "Subtle, pervasive, harmful: Racist and sexist remarks in public as hate speech", *Journal of Social Issues*, 58 (2), 265 – 280.

Perry, B. (2001), *In the name of hate*, New York: Routledge.

Ray, L., Smith, D., & Wastell, L. (2004), "Shame, rage and racist violence", *British Journal of Criminology*, 44, 350 – 368.

RtoP (2013), http://responsibilitytoprotect. org/, accessed 14 January 2015.

Scheff, T. J. (1997), *Emotions, the social bond and human reality: Part/whole analysis*, Cambridge: Cambridge University Press.

Sherif, M. (1954), "Socio-cultural influences in small group research", *Sociology and Social Research*, 39, 1 – 10.

Sherif, M. (1966), *In common predicament: Social psychology of intergroup conflict and cooperation*, Boston: Houghton-Mifflin.

Sibbitt, R. (1997), *The perpetrators of racial harassment and violence*, Home Office Research Study 176, London: Home Office.

Sidanius, J., & Pratto, F. (1999), *Social dominance: An intergroup theory of social hierarchy and oppression*, New York: Cambridge University Press.

Sin, C. H., Hedges, A., Cook, C., Mguni, N., & Comber, N. (2009), *Disabled people's experiences of targeted violence and hostility*, Manchester: Equality and Human Rights Commission.

Slaughter, A. M. (2013), "Obama should remember Rwanda as he weighs action in Syria", *The Washington Post*, 27 April.

Smith, S. (2009), "Massacre at Murambi: The rank and file killers of genocide", In N. Loucks, S. Smith-Holt, & J. R. Adler (Eds.), *Why we kill: Understanding violence across cultures and disciplines*, London: Middlesex University Press.

Stanton, G. H. (1996), "The 8 stages of genocide: A briefing paper for the United States State Department [ElectronicVersion]", http://www. genocidewatch. org/aboutgenocide/8stagesofgenocide. html (accessed 13 January 2015).

Stanton, G. H. (2002), "What is genocide?", http://www. genocidewatch. org/genocide/whatisit. html (accessed 13 January 2015).

Stanton, G. H. (2013), "The ten stages of genocide", http://genocidewatch. net/genocide – 2/8 – stages-of-genocide/ (accessed 13 January 2015).

Staub, E. (1989), *The roots of evil: The origins of genocide and other group violence*, New York: Cambridge University Press.

Staub, E. (1999), "The roots of evil: Social conditions, culture, personality, and basic human needs", *Personality and Social Psychology Review*, 3, 179 – 192.

Staub, E. (2011), *Overcoming evil: Genocide, violent conflict and terrorism*, Oxford: Oxford University Press.

Staub, E. (2012), "The roots and prevention of genocide and related mass violence", Chapter 2 in M. Anstey, P. Meerts, & I. W. Zartman (Eds.), *The slippery slope to genocide: Reducing identity conflicts and preventing mass murder*, New York: Oxford University Press.

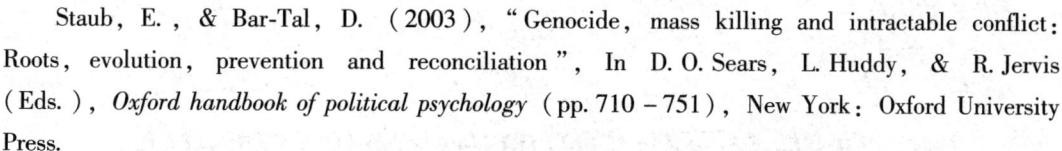

Staub, E., & Bar-Tal, D. (2003), "Genocide, mass killing and intractable conflict: Roots, evolution, prevention and reconciliation", In D. O. Sears, L. Huddy, & R. Jervis (Eds.), *Oxford handbook of political psychology* (pp. 710 – 751), New York: Oxford University Press.

Staub, E., & Pearlman, L. A. (2006), "Advancing healing and reconciliation", In L. Barbanel & R. Sternberg (Eds.), *Psychological interventions in times of crisis* (pp. 213 – 245), New York: Springer-Verlag.

Staub, E., Pearlman, L. A., Weiss, G., & Hoek, A. (2010), "Public education through radio to prevent violence, promote trauma healing and reconciliation, and build peace in Rwanda and the Congo", In E. Staub (Ed.), *The panorama of mass violence: Origins, prevention and reconciliation*, New York: Oxford University Press.

Straus, S. (2007), "What Is the relationship between hate radio and violence? Rethinking Rwanda's 'Radio machete'", *Politics & Society*, 35 (4), 609 – 663, doi: 10. 1177/00323292 07308181.

Suedfeld, P., & Tetlock, P. (1977), "Integrative complexity of communications in international crises", *Journal of Conflict Resolution*, 21, 169 – 184.

Sumner, W. G. (1906), *Folkways*, New York: Ginn.

Tajfel, H., & Turner, J. C. (1986), "The social identity theory of intergroup behavior", In S. Worchel & W. G. Austin (Eds.), *Psychology of intergroup relations* (pp. 7 – 24), Chicago: Nelson-Hall Publishers.

Traynor, I. (2014), "Front National wins European parliament elections in France", *Guardian*, 25 May.

Turner, J. C., Hogg, M. A., Oakes, P. J., Reicher, S. D., & Wetherell, M. S. (1987), *Rediscovering the social group: A self-categorization theory*, Oxford: Basil Blackwell.

USHMM (United States Holocaust Memorial Museum, 2013), "encyclopedia entry: Nazi propaganda", http://www. ushmm. org/wlc/en/article. php? ModuleId = 10005202 (accessed 13 January 2015).

Warwickshire Safeguarding Adults Partnership (2011), "Serious case review: The murder of Gemma Hayter 9th August, 2010", http://www. warwickshire. gov. uk/seriouscasereview, accessed 13 January 2015.

Zimbardo, P. (2004), "A situationist perspective on the psychology of evil: Understanding how good people are transformed into perpetrators", In A. Miller (Ed.), *The social psychology of good and evil: Understanding our capacity for kindness and cruelty*, New York: Guilford.

第二十五章　作为心理治疗的恢复性司法：被害人治疗与犯罪人重返社会[1]

劳伦斯·W. 舍曼、希瑟·斯特朗（Lawrence W. Sherman，Heather Strang）

大量科学证据表明，恢复性司法会议（restorative justice conferencing，RJC）对犯罪人和被害人是一种有效的心理治疗方式。虽然有很多项目标榜自己是"恢复性的"，但只有恢复性司法会议（犯罪人和被害人在亲友的陪同下会见）经过了严格、广泛的检验。尽管在暴力犯罪人中使用恢复性司法非常困难，但已证明其效果非常显著。这些证据来自英国、澳大利亚和美国的 12 项随机对照试验（randomized controlled trials，RCTs）。恢复性司法会议作为一种疏导方法或者辅助起诉和判决的手段可应用在各种犯罪中，来自英国、澳大利亚和美国等 12 项随机对照试验的研究，包含了成人和青少年的犯罪、暴力犯罪和财产犯罪、监狱内服刑的罪犯和社区服刑的罪犯等。研究成果主要有：对于犯罪人而言在于减少再犯率和认罪成本，对于被害人而言在于减少创伤后应激症状、愤怒、暴力复仇的欲望、恐惧及焦虑感。司法心理学家可能是推动恢复性司法会议，为更多被害人和犯罪人服务的最理想的人选。他们也能通过小规模被试的随机对照试验来提供更为有力的证据支持。

恢复性司法的介绍

恢复性司法是指一种更加重视对犯罪造成的伤害进行修复（恢复性），而不是某种惩罚（报应性）的司法实践。这种司法实践具有悠久的历史，在当前社会较为盛行，但未来发展尚未可知。从历史上看，在官僚社会出现之前，恢复性司法已经作为防止家庭、部落间长期破坏性的血亲复仇的手段，而被广泛使用（Braithwaite，2002；Huxley，1939）。尽管由于国家的兴起以及专门针对犯罪的官方机构的出现，报复性司法极大地制约了恢复性司法的发展，但是 20 世纪后期的社会运动仍在全球掀起了恢复性司法的复兴热潮（United Nations，2002）。与此同时，还出现了一系列旨在比较恢复性司法会议与严格报复性司法的效果差异的大规模实验研究。尽管恢复性司法会议通常效果更好、更受欢迎，但是其研究结果并未被广泛得知并理解。到目前为止，即使被害人和犯罪人希望能够通过恢复性司法来解决自身的问题，也不一定能够被批准。

司法心理学家可能处在一个如何将研究结果转化为切实行动的关键地位。研究证据表明，应当将恢复性司法看成让犯罪人和被害人均受益的心理治疗方式。因此，让心理学家告知他们的来访者恢复性司法可能会带来哪些好处以及如何具体实施治疗是最合适的。研究建议，为了让来访者对恢复性司法有一个全面的理解，至少需要一个小时的一对一的讨论。相比其他学者，司法心理学家可以更好地提供关于恢复性司法的深层次解释。如果他们的来访者选择接受不同程度的恢复性司法，司法心理学家在一系列研究成果基础上设计的随机对照实验恢复性司法会议会比其他恢复性司法会议（或其他恢复性司法方法）的效

385

果更好。对特定司法体系中特定的罪犯添加随机对照实验可能会增加证据的精准性，同时有助于资源的扩张。这种扩张更加有利于将恢复性司法应用于广泛的被害人和犯罪人。本章将对恢复性司法的相关内容进行概述，司法心理学家可以将这些内容提供给来访者，并帮助他们了解恢复性司法。鉴于一些证据表明，具有某些特点的犯罪和罪犯人格不适合恢复性司法，所以本章对何时不推荐恢复性司法也做出了相应的介绍。本章首先描述恢复性司法的外延，然后将叙述重点放在一种经过随机对照组实验并在实践中受到最广泛检验的方法：在受过训练的主持人引导下的1—3小时面对面恢复性司法会议。其参加者包括被害人、犯罪人以及双方的亲朋好友。在呈现一些关于恢复性司法会议如何改变被害人与犯罪人双方的理论后，本章提供了有关恢复性司法会议的实操指南；然后讨论了恢复性司法会议随机对照组实验的科学性和伦理问题；接着总结了恢复性司法对犯罪人和被害人的影响；最后是对恢复性司法会议以外的方法的回顾，并给出结论性的思考：关于司法心理学家在恢复性司法中的一般性角色和在恢复性司法会议中的特定角色。

多样性的恢复性司法

"恢复性司法"这一术语在当代含义广泛。这些含义可以分为三类：第一类是依据恢复性司法操作的方法；第二类是与刑事审判相联系，作为对犯罪人处理的一个阶段；第三类包括一系列机构或组织，在其中对伤害、犯罪与否报以一种恢复性的反应。

2003年恢复性司法委员会的定义——"恢复性程序是指被害人、犯罪人，并酌情包括受犯罪影响的任何其他个人或社区成员，共同积极参与解决由犯罪造成的问题以及对未来影响的程序"——对上述三类定义进行了整合（Marshall，1999）。许多学者认为这个定义过于广泛，甚至可以包括解决暴民和械斗问题。这个定义在重点关注恢复而非报复上（Strang，2002），与一些更加哲学的论述具有一致性，例如德斯蒙德·图图（1999）用来指导南非的事实与和解委员会（Truth and Reconciliation Commission）的论述。事实上，这些有关恢复性司法的理念，在受到悲剧冲击的后冲突社会中极具吸引力（Strang，2010）。尽管本章仅仅关注了民主国家普通法中稳定存在的日常犯罪行为，但还有许多其他国家对恢复性司法进行了大量的实证研究，如美国、英国、澳大利亚、新西兰和加拿大等。

恢复性司法的方法

很多方法很自然地被认为是"恢复性"的方法，这些方法从"间接"到"直接"地恢复那些被犯罪人伤害的被害人。

有些针对那些没有伤害任何人的犯罪人（即所谓的"无被害人犯罪"）的项目有时也是具有恢复性的，就像我们在堪培拉（澳大利亚）进行的随机对照组实验的被试，他们或者是因酒驾被捕，或者是18岁以下的超市盗窃犯（Sherman & Strang，2007）。在这两个随机对照组实验中，恢复性的方法包括没有直接被害人出席的恢复性司法会议，该会议由社区的常住人口或超市的常客代表，犯罪人、犯罪人家人、朋友以及警官共同促成对犯罪的讨论。对有直接被害人的犯罪人进行的恢复性司法项目以是否属于直接接触进行分类，从最不直接到最直接的交流方法，如下：

- 法官判决罪犯必须要通过感化服务来恢复或赔偿他们的被害人，无须与他们见面；
- 专业人员和犯罪人在狱中或缓刑期就犯罪对被害人造成的伤害进行讨论，有时会成为恢复的动机；

- 被害人用录像的形式展示给犯罪人，他们因犯罪受到的伤害；

- 犯罪人与幸存的被害人的小组讨论，但是该被害人并不是该案件的被害人，例如梧桐树项目（Prison Fellowship，2008）和一些认知行为治疗（Landenberger & Lipsey，2005）；

- 犯罪人与该案件被害人的单向交流，如犯罪人给被害人写道歉信；

- "间接调解"：通过一个"周旋其中"的调解者，犯罪人与该案件被害人双向交流，与当事人进行面对面的信息传递；

- "直接调解"：犯罪人与被害人在调解人出席的情况下面对面双向交流，通常有法庭或检察官的监督，交流重点是直接的现金赔偿或者犯罪人对被害人类似的服务；

- "恢复性司法会议"：邀请受犯罪直接影响的各方参加面对面会议，包括犯罪人（一人或多人）、被害人（一人或多人）、家人或朋友代表、一名经过训练的恢复性司法会议调解员，会议重点在于使犯罪人了解被害人所受到的伤害，以及在各方影响下如何修复。

根据这个连续的分类方法，我们可能将"家庭小组会议"（family group conference，FGC）定义为以犯罪人为中心的会议。（对于该会议）被害人可以参加，也可以不参加（如在新西兰）。会议由年轻成员参加：年轻的犯罪人、年轻的辩护律师（如果有）、家庭成员以及他们邀请的人、被害人及其支持者（或者被害人代表）、警察、年轻的司法调解员以及社会工作者（有时会有）。

由于存在大量的关于恢复性司法会议的研究，所以我们将对它详加介绍。事实上，所有这些在控制组中被评估的恢复性司法会议的服务人员，都是受到同样培训的，甚至经常是同一批导师培训的。两名来自新南威尔士州的澳大利亚恢复性司法志愿者，特里·奥康和约翰·麦克唐纳基于新西兰毛利人的实践经验建构了一个恢复性司法会议的模式。他们单独或同时培训堪培拉、印第安纳波利斯、伦敦、诺森布里亚的警察，以及在泰晤士河谷负责缓刑、监狱和民事调解的工作人员。同时他们培训出一些像他们一样的培训师，这些培训师在英国和其他国家提供广泛的培训服务。这些培训注重的有关恢复性司法会议的要求如下：

- 主持人充分准备会议，让尽可能多的人参加，一个接一个论述；

- 主持人应该询问问题，但不要表达个人观点；

- 支持人应该通过谈话来吸引在场所有人的注意；

- 会议必须在一个封闭的无干扰的空间召开；

- 所有的参加者必须投入地讨论，一次只一人发言；

- 整个会议聚焦三个问题，每个在场者都需回答：

  1. 发生了什么？

  2. 谁受到该事件的影响？如何影响的？

  3. 要修复伤害需要做些什么？

- 会议主持者可以在发言后进行总结，并准备一份纸质的协议让侵犯者（可以包括其他在场者）签署；

- 一些人应该进行数月或数年追踪以确保协议得到执行；

- 在法庭或为其他官方场合上使用该会议的协议应该提前说明用途，并征求各方同意。

刑事司法程序的阶段

恢复性司法程序原则上可以渗透到刑事司法程序的各个阶段。在实践中，恢复性司法会议也有广泛应用。学者们已经完成了两种刑事司法过程中的恢复性司法会议随机对照组实验：一种是将起诉过程转介为恢复性司法会议，另一种是恢复性司法会议作为刑事起诉和处罚的补充手段，例如：

- 对 18 岁以下犯罪人新增的非起诉处置方式（诺森比亚的最后警告和印第安纳波利斯）；
- 成年人和青少年法庭的非起诉转介（堪培拉）；
- 治安法庭（诺森比亚）和英国的巡回军事法庭（伦敦）的审判前报告（报告结果有时会带来减刑）；
- 有时法庭会命令在缓刑之后将恢复性司法作为一种治疗计划（泰晤士河谷）；
- 判刑后，将恢复性措施作为释放后重新社会化的手段（泰晤士河谷）。

其他应用机构

除了用于国家的刑事审判，恢复性司法尤其是恢复性司法会议，被广泛地应用于学校、商业、医疗、社区组织和宗教法庭等机构中。

1. 学校。在小学和中学中的恢复性司法和恢复性司法会议，是用于那些类似于但又不是犯罪或越轨的行为，这些案件完全是从刑事或少年法庭中转介出来的。斗殴、欺凌、性骚扰和其他的一些事态等，现在甚至包括一些学生对教师或其他人的伤害案件，已经可以采用恢复性司法的方式来解决。不过，目前并无严格的评估组或控制组来检验恢复性司法在这种情境下的有效性。

2. 商业。企业中雇员间的冲突越来越多，企业的事件同学校一样涉及种族、性别、骚扰、地域和欺凌等问题。用恢复性司法工作人员的培训课程去反复培训（恢复性司法会议的）主持者，让他们学会使用恢复性的方式处理这些问题，可以避免花费巨大的民事诉讼。

3. 医药。医疗伤害——尽管与一些犯罪（如危险驾驶、意外死亡）一样在主观上过失远多于故意——也会造成被害人的不公与愤怒。医疗机构正在努力尝试更多地用道歉和恢复性的措施来解决这些问题，以期达到医生与病人及其家属的和解。

4. 社区组织。社区里由于土地使用、停车、噪声、宠物、花园等问题产生的冲突有时会激化为暴力冲突。社区组织在这些情况下一般采用预防性的恢复性司法应对，只是有时需要警方的配合。

5. 宗教法庭。有证据表明，英国的基督和穆斯林（伊斯兰）宗教法庭，和其他地区一样采用恢复性措施来解决一系列广泛的犯罪问题和较轻微的冲突问题。相比把这些问题交给警察或皇家检察官，这些被害人更愿意选择自身或者侵犯者更信任的权威系统（宗教法庭）。无论采用这些恢复性的措施在法律层面的合法性问题有多复杂，这确实是恢复性司法在现实中应用的实例，它为被害人提供了目前刑事司法系统所不能提供的救济方式。

关于被害人和侵犯者的改变理论

在改变理论的背景下考察恢复性司法方式，对于理解恢复性司法及用相关证据解释其有效性非常必要。很多人质疑几小时的会谈讨论会给人们的生活产生多大的影响，更不必说去影响犯罪人未来的犯罪行为。然而，恢复性司法不同于其他的治疗方法，其假设与创伤理论、重新整合理论以及互动仪式理论具有一致性，而且可以改变行为。

被害人和侵犯者的创伤后应激障碍（PTSD）

短时间发生的关键事件造成的最常见的影响是创伤后应激障碍。在短短的几秒钟内，目睹一个创伤性的事件就可以改变一个人的生活（缩短寿命），更不必说持续几个小时。伊拉克的路边炸弹、越南的丛林交火、自己家中的夜晚失火、饭店里的自杀式袭击——这类事件发生时是短暂的，但是却给人们的身体健康和心理健康带来终身的损害。狄更斯死于1870年6月9日，5年前的这一天，他经历了骇人听闻的斯泰普尔赫斯特火车相撞事故。这一事件不能仅仅解释为巧合，（毕竟）他经历该事故后（53岁），写作速度也急剧下降。

恢复性司法会议的创伤后应激障碍理论将伤害的简明性发挥得淋漓尽致。对于一个被害人来说，它假设让被害人密集地重新经历犯罪事件，并反转犯罪人和被害人的力量与地位，有利于改善被害人的创伤后应激症状（PTSS）。该理论与埃德娜·福阿和她的同事们发明的一种对强奸被害人伤后应激障碍的行为治疗方法的基础很相似。这种治疗称为长期暴露疗法（PE），要求被害人反复重回她自己语言描述的犯罪场景——通常采用听来访者自己叙述犯罪情境的录音带来完成。通过在安全的，不会再发生伤害的环境中反复回忆，可以将犯罪故事和安全的现实、感觉建立联系。在12—18周独自以及在治疗师陪伴的治疗后，有证据显示创伤后应激症状显著下降，创伤后应激障碍治愈率上升（Rothbaum & Foa，1999）。通过暴露在一种密集经历的情况下，可以推断出恢复性司法会议让犯罪人道歉，可以让被害人再次回忆经历的犯罪事件，但却将有关犯罪的记忆变得"安全"。而如果被害人可以接受犯罪人的道歉并且宽恕犯罪人，那么被害人可能会将自己从报复的情感重负中解脱出来（Arendt，1958）。（被害人如果）接受道歉，即使仍不宽恕，也会对心理健康产生重大好处（Strang，2002）。

而对于犯罪人而言，创伤可能不是产生于犯罪中，而是在恢复性司法会议上。在恢复性司法会议上经历了自我报告后，一名犯罪人在描述自己的反应时与创伤后应激障碍有很多相似：胡思乱想、做噩梦、焦虑和逃跑反应。伍尔夫（2008）研究后发现，犯罪人在恢复性司法会议上花了3个小时与两名被害人讨论并认罪，回到监狱后，他的沮丧情绪到达了顶点。当犯罪人无法合理化自身犯罪行为的邪恶性时（Sykes & Matza，1957），他们会发现这120—180分钟的经历给他们带来的心理上的痛苦比任何其他刑事制裁都严重。

让犯罪人重返社会

一个惩罚性较低的犯罪人矫治理论是布雷斯韦特（1989）提出的重整羞耻（reintegrative shaming）理论。该理论认为社会群体可以谴责犯罪，但应支持犯罪人。采用社会控制的家庭模型，布雷斯韦特预测恢复性司法会议的经历会让犯罪人产生更多的重新整合了的羞耻感，而一般司法模式则产生更多的烙印似的耻辱（stigmatic shaming）和排他信息。堪培拉的实验证据表明，恢复性司法会议相比法院起诉，产生了更多的上述两种羞辱。但是整合的证据可能足够说明其核心理论假设：犯罪人在修复了他所带来的伤害后，被邀请重新回归社会并完全被接纳，将成为阻止他们再犯的重要因素。

所有参与者的互动仪式

柯林斯（2004）提出了更深入的犯罪人和被害人的改变理论：互动仪式（interaction ritual）理论。该理论认为人们在经历过强烈的仪式后在共同价值观上会有更多的认同，包括那些在互动空间内对仪式没有道德连接的人。柯林斯明确表示像宗教仪式、毕业、葬礼、婚礼以及恢复性司法会议等都是行为改变的合理基础。犯罪生涯理论中有关犯罪人不再犯罪的"顿悟"（Sherman，2003）与柯林斯的观点具有一致性，柯林斯认为恢复性司法会议可以帮助犯罪人产生一种"顿悟"。罗斯纳（2011）对堪培拉犯罪人参与恢复性司法会议

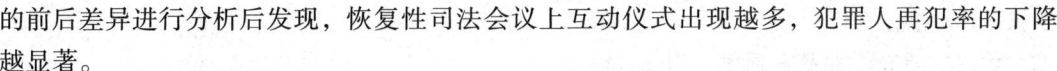

的前后差异进行分析后发现，恢复性司法会议上互动仪式出现越多，犯罪人再犯率的下降越显著。

还有一些其他理论观点指出了为何恢复性司法和恢复性司法会议可以改变犯罪人的行为。这些理论的共性在于认为恢复性司法的经历可以好也可以坏。这些改变理论让恢复性司法项目，尤其是恢复性司法会议，在培训与改变理论中显得至关重要。

实施恢复性司法会议

实施恢复性司法会议存在许多技巧和逻辑层面的问题。这些问题只有极少数可以用实证回答，但是接下来本章将会介绍与其有关的最具有解释力的实证结果。其中包括我们自己实施的 3000 多个案例，它们是被随机分配到恢复性司法会议组或者是控制组的。

谁来做恢复性司法最好，警察还是其他人？

对于什么样的人以及什么样专业背景的人适合主持恢复性司法会议还有争议：焦点在于是警察还是其他调解员。关于这个问题的观点虽多，但实证证据有限。一种观点认为，观察一些国家的恢复性司法会议可以发现，警察可能固有地"站在被害人一方"。他们不够中立，并会自动地支持他们的同事论证犯罪人的有罪性。这样犯罪人就不可能向这些恢复性司法会议中的警察抱怨逮捕他们的警察如何对待他们，并陈述警察做法的不当（Roche，2003）。

然而，这些对警察主持恢复性司法常规性的批评并没有得到实证证据的支持。当我们询问澳大利亚实验组中的青少年犯罪人，关于他们在警察主持的恢复性司法项目的经历时，他们一致地表示恢复性司法会议中的程序公正性显著高于法院（www. aic. gov. au/criminal_justice_system/rjustice/rise. aspx）。排除某些堪培拉青少年犯罪人与警察有恶劣关系的情况，这些青少年犯罪人同时评估了项目中警察的公平性。他们认为接受恢复性司法会议能感受到更高水平的警察的公平性。但是，我们还需要注意警察加入的不良后果。例如，恢复性司法会议对堪培拉土著年轻人没有影响（Sherman & Strang，2007），可能源自于在澳大利亚历史上警察与土著居民的糟糕关系（Blagg，1997）。同样地，我们也没有很好的证据说明其他专业背景人士作为恢复性司法会议主持人的优势和劣势。社会工作者、社会福利工作者、社区组织者和志愿者已经开始进入恢复性司法项目，但目前尚无研究证明其有效性。事实上，任何一种背景都会有其优势和劣势，所以何种背景来做恢复性司法仍然是一个根本性问题，需要通过对工作人员的培训监督来解决。在英国的恢复性司法会议的随机对照组实验中，七个独立评估实验中有五个实验里面是由警察主持项目。在其他两项中，案件涉及的犯罪人被判处有期徒刑或社会社区监控矫正，恢复性司法服务人员由缓刑监督官、狱警和社区调解员担当。这七个实验中，被害人和犯罪人在警察主持的项目下效率更高，达成和解更快。但是，这种差异可能是判决后会议的不同特点所致，也可能是由于罪行的严重性不同。所有具有不同专业背景的调解员都经过相同时间的集中培训，并受到指导以确保他们在主持会议时确实按照他们受训的方式进行。对于这些调解员来说，他们的专业训练与会议培训的要求不一致是根本问题，但是他们能够改变自己的风格来适应不同理论指导下实践的需要。如上所述，采用在对照组实验中证明有效的方法，没有帮助我们找到排除以上任何一个受过训练的调解员的理由，并且尚未有证据表明调解员的专业背景会带来差异。事实上，我们应该通过随机对照实验来对比不同背景的专业人员，从而解决这一

389

争议。

访问、推介、招聘和同意

让合适的案件采用恢复性司法，减少传统的刑事司法机构的例行安排，始终是恢复性司法的一个关键性操作问题。主流的司法规范认为，从警察到起诉再到法院，很少有机会考虑将恢复性司法会议作为额外阶段。夏普兰（2004）指出了由于内政部资助的项目在实际操作中存在许多困难，因此他们开始对案件进行鉴定，以选择出适合恢复性司法的案件。此外，所有不是由警察主持的项目在获取联系被害人信息时都会遇到数据保护法（Data Protection Act）问题，所以警察不可避免地需要参与到这一过程中，去认识和接触被害人。

基于恢复性原则，针对青少年犯罪人项目的实际运行经验教会我们如何最好地让被害人参与恢复性司法。迈尔斯等人（2001）、纽伯恩等人（2001）发现，如果没有关注被害人的需求，就会使被害人参与度极低。他们同时发现，仅仅书面通知被害人有机会见他们的侵犯者，会带来极低的参与率。我们从随机对照实验中吸取经验，并制定出招募参与者的有效策略。当一个表面上合格的案件被我们接收后，工作的第一步是与犯罪人联系，了解他们是否接受因侵犯带来的所有责任，以及是否愿意与他们的被害人见面。这一般是一个面对面的会面，通常由调解员安排、主持（早期的实验是由不同的工作人员完成会面，再交由会议的调解员，这一做法由于不可行很快被废除）。对于审判前的案件，犯罪人需要在法庭上对侵犯行为认罪。对于审判后的案件，那些表面上合格的犯罪人被询问他们是否愿意为犯罪行为负全部责任；他们如果愿意，无论在法庭上是否认罪，都将被恢复性司法项目接收。那些在监狱服刑的犯罪人将在监狱会面，而在社区服刑的犯罪人将在家里会面。监狱服刑人员的参与率很高，达到80%，远高于社区监控的案件（Shapland et al.，2006）。当犯罪人被评估为合格并自愿参加时，调解员就会联系他们的被害人。最初的联系是一封简信，然后电话询问面对面会见的合适时间。这是一个开放性的谈话，确保调解员在访谈中提供了鼓励被害人参与的最重要因素。这时，被害人可以说出他们的担心，而调解员会以被害人在恢复性司法会议中的期待作为回答。

恢复性司法必须是一个自愿的过程。因此，各方同意是协商对话的一个先决条件，也是整个过程的关键。在社区监督下的随机对照实验中，法官判处合格的罪犯接受一个恢复性司法评估的过程，最初看来是一个强制的过程；然而这一判令的目的是允许缓刑工作人员与这些犯罪人讨论恢复性司法，去判断犯罪人是否愿意承担自己所犯罪行的责任，以及询问犯罪人是否愿意会见被害人。如果他们拒绝负责任或不愿意见被害人，那么恢复性司法过程将不会继续推进。

准备和实施——在监狱内外

细心对于恢复性司法程序中的犯罪人和被害人是绝对必要的。在恢复性司法会议之前的面对面会见，对于一些危害严重、会引起强烈情绪反应的犯罪，调解员需要详细描述恢复性司法会议的程序。由于大多数人并不知道这个过程，如果要做到真正的知情同意，调解员有必要花时间坦白地回答所有问题。所有参与者的角色和责任需要用最简单的语言说明，且将亲友带来恢复性司法会议作为支持者的可行性需要重点强调。事实上，调解员也需要与被害人的亲友会谈，因为他们往往只会为他们深爱的被害人考虑恢复性司法会议上见面的风险，而忽视参加该会议潜在的益处，除非他们直接从恢复性司法会议调解员那里听到他们能获取什么。

390

　　我们发现与犯罪人相比，由于太过焦虑和害怕，被害人更不愿意参与恢复性司法会议。通常，他们在仍然感到非常愤怒的时候，不认为自己可以和犯罪人同处一室。调解员告诉被害人这个会议可以给他们提供一个机会去阐述他们因犯罪遭到的所有伤害，他们可以告诉犯罪人他们如何看待他/她，他们可以询问只有犯罪人本人可以回答的有关犯罪的问题——为什么选择他作为被害人，当时被害人是否可以做些什么避免犯罪等，而且他们可以寻求适当的赔偿。此外，由于某些被害人的犯罪人在监狱，或关押等待判决，或在监狱服刑，所以调解员还需要做一些特殊的准备。监狱的程序需要被详细解释——去监狱前要去的地方、安全性和搜身安排、会议的陪同人员等。因为这些被害人通常会因有机会看到他们的犯罪人生活在监狱中的环境而感到高兴，所以必须保证被害人没有意外事件发生。

　　结果和追踪

　　恢复性司法会议会让各方在接触时情绪激烈。尽管在世界各地的这种会议上没有报道过暴力行为，但有时会议上会充斥着叫喊、眼泪和强烈情感。对于调解员来说，允许各方表达他们的情绪是其责任，但首先要确保安全性。此外，他们还需确保在会议结束前各方表达了自己的所有意见。这些会议会邀请各方一起吃点心，如果是在监狱中进行会议，调解员会携带一个装有茶、咖啡、饼干的箱子进入监狱。这通常会提供一个绝佳的机会让各方发现他们的共同点——对孩子的担忧、分享兴趣等。

　　参加恢复性司法会议对于在场的每一个人来说都是一个宣泄的经历，参加者可能会由此摆脱高度情绪化的状态。在此需要特别提醒一点，对于监狱中关押的犯罪人而言，他们回到监房中无法获得任何情感支持。监狱系统已经意识到这些参与者的易受伤性，确保他们在会后不会立刻回到一个人孤独的状态，监狱的牧师或志愿者可以和他们交谈。研究小组在追踪犯罪人情况的同时，也对被害人进行追踪，在会后的一段时间与他们联系，确保这次会面不会为他们带来负面影响。在实际操作中还需就各方达成的结果共识进行追踪。尽管在这一过程中，被害人能够了解到所要求犯罪人赔偿的适宜性，但在犯罪人方面，这种恢复方法通常变成减少犯罪人再犯的策略，例如治疗物质滥用和酗酒，扫盲和其他技能培训，道歉信，重新建立与家庭的联系，等等。这些措施通常要求调解员进行跟踪，因为调解员可以和监狱以及其他机构进行联系，以确保这些项目满足犯罪人的需求。被害人通常会希望知道犯罪人的变化。这时，调解者就需要做出一些安排来让被害人明白他们已经完成了在恢复性司法会议上的任务。

恢复性司法研究：黄金标准

　　正如任何心理治疗或医疗一样，关键问题在于完整地实施治疗是否物超所值——效果是否大于副作用。在刑事司法背景下回答这一问题，需要明确随机对照实验中的科学和伦理原则。还需要明确的是，能否提出一个明确的概念来测量项目结果，将决定是否会有更多的资源用来推广恢复性司法会议。

　　随机实验的科学性

　　随机对照实验旨在通过比较治疗组与参照组结果的差异，无偏差地检验治疗的平均效果（Cook & Campbell，1979）。随机对照实验通过在两个不同的组控制或保持风险因素不变来完成无偏差的检验。在取样大且同质性的样本中，这些差异基本相同，这样就会让两个组除了治疗条件的差异，其余均相同。

391

随机对照实验关注平均，而非个体差异，效果上的区别源自于人们对医疗、刑事制裁和心理治疗的态度差异。这种多样性是在非精确科学的大样本中进行随机安排的基本原则，这种非精确科学从农业到心理学再到医学，不同于要求更加精确的科学，如物理学。一些治疗在随机对照实验中被认为（平均）是有效的，尽管75%—80%的被试认为治疗的经历并没有改变他们的情况。因此随机对照实验的目的，不在于发现是什么影响了每个人，而在于发现什么影响了由相似个体组成的群体。如此看来，似乎随机对照实验的产物与来访者需求直接产生了冲突，但事实并不尽然。随机对照实验仍然是发现个体影响因素的最好方法，它通过连续的过程，能识别那些在样本中无操作响应的亚组，但该样本整体处理效应又是显著的（Doll，1992）。对于这样的亚组，（研究者）可以继续设计随机对照实验，用以对比总体有效的实验处理与其他新的实验处理方式之间的差异。至少，只要样本量足够大，亚组分析就可以帮助识别对于哪些组治疗没有效果。经过论证后发现，恢复性司法会议影响的科学性可以通过增加随机对照组实验数据的方法进行提高。一旦发现足够的证据证明平均效果，就可以让政府不得不资助深入研究。所以为了得到更好的科学性和治疗效果，我们需要设计、控制、报告小规模的随机对照组实验，尤其是那些对恢复性司法会议还没有进行过单独检验的亚组随机对照试验。尽管可能花费数年才能让司法心理学家攒够100个案件，但司法心理学家可能是在监狱和缓刑环境下进行此项工作的合适人选。然而，对于心理学家而言，实施这样的随机对照组实验，需要让他们的同事、导师以及他们自己确保实验的伦理性。

随机实验的伦理性

随机对照实验的伦理通常取决于"平衡"状态（联邦司法中心，1981）。在这种平衡状态下，一个治疗对个体的帮助和伤害是基本等同的。一旦想要同时获得大量随机对照实验证据，这种条件就很难达到。即使手头有了大量的证据，还是会出现两个影响随机对照实验正当性的、更深刻的伦理问题：一是对于没有效果或者副作用的认定；二是基于治疗某类人群能让整个社会受益最大化原则，对于一个可能从治疗中受益的大群体如何分配这种稀缺的治疗，例如是治疗未来可能的受害人还是当前的犯罪人。

将那些采用恢复性司法会议无效或有害的犯罪人亚组识别出来（参见"犯罪人参与恢复性司法会议效果"部分）。在这些亚组还没有被识别出的时候，就有观点认为任何一个特殊团体的"平衡状态"都不能够离开一个更大的群体环境而被直接检验。例如，对于那些针对男性没有明确外部效度的实验，需要将其运用到女性犯罪人身上时，必须要单独进行只有女性参与的随机对照实验（因为随机对照实验的样本中的犯罪人绝大多数都是男性）。同样地，亚组的犯罪类型也需要进行匹配。例如，即将出狱的故意杀人犯就无法进行恢复性司法检验，因为他们被英国内政部资助的随机对照实验排除在外。每年都有大量的故意杀人犯刑满释放，其中许多人希望会见被害人的家属。如果这些被害人家属同意，那么这种被害方与加害方同时参与的会谈就可能存在巨大的价值，也可能是风险。许多人认为提供未经过检验的治疗比采用随机的方法决定谁接受处置更具有伦理性。联邦司法中心（1981）不认同这一观点，理由有两个：第一，随机安排可以消除在选择治疗对象时意识或潜意识的偏见；第二，更重要的原因是提供没有经过测试的治疗（可能带来伤害），比实施随机对照组实验（受伤害的可能性均等）更不符合伦理原则。所有治疗都是有好处的假设，并不能得到证据证实，尤其是考虑到在澳大利亚土著居民那里恢复性司法会议让犯罪人更易犯罪（Sherman et al.，2006）。许多司法心理学家面对的日常案件可能不适合以前的随机对照方法，因此在恢复性司法中，尝试小规模的随机对照实验，比直接搬来没有证据支持就盲信其安全有效的治疗，可能更具伦理性。

结果测量、成本与收益

随机对照组实验提供了多种结果测量方法，这些方法对于同一个样本并不总是得出相同的结论。在恢复性司法会议实验中，英国对2年后犯罪人再判发生率（frequency）的元分析，呈现了令人满意的显著性效果（Shapland et al.，2008，表25.1）。然而，他们在参加恢复性司法会议组与控制组2年后的再判盛行率（prevalence）上没有发现显著性差异。这就是说，恢复性司法在随机对照实验中显著地减少了侵犯行为，但是没有显著地减少犯罪人。尽管参加恢复性司法会议的组比控制组在再犯上，盛行率与频率都有所减少，但频率减少效果好于盛行率。按照传统的标准，盛行率的减少可以被归因于随机事件，但频率的减少极少（1%）被归因于随机事件。

392

表25.1　两年内参加恢复性司法会议组与控制组犯罪人再次判刑频率的优势比

RCT	比值比	下限	上限	p值	比值与95%置信区间
伦教街头犯罪	0.925	0.433	1.975	0.841	
伦教入室盗窃	0.825	0.475	1.431	0.493	
诺森布里亚最后的警告	0.610	0.372	1.002	0.051	
诺森布里亚法院的财产	0.694	0.283	1.704	0.425	
诺森布里亚法院的侵犯	0.545	0.185	1.607	0.271	
泰晤士河谷监狱	0.770	0.368	1.612	0.488	
泰晤士河谷社区	0.638	0.261	1.560	0.325	
定点	0.715	0.549	0.932	0.013	

0.01　0.1　1　10　100
偏向恢复性司法组　　　　偏向控制组

来源：Does restorative justice affect reconviction? The fourth report from the evaluation of three schemes by Shapland et al.，2008，London：Ministry of Justice Research Series 10/08，p. 27）．Crown Copyright 2008.

鉴于这样的差异，我们该如何选择结果测量方法呢？有种答案是关注成本。刑事司法领域就如同医药领域一样，政府必须关注成本效益。例如，因为增加一年高质量的寿命的花费超过30 000英镑，所以即使是有效的药品也会从国民医药保健服务（英国）中被剔除。因此，如果一个治疗可以在一定成本下自负盈亏，就有利于推广实施。应用成本效益这一原则，（研究者）可以更好地关注整个小组的再犯频率，而不是个体停止犯罪的可能性。这是因为通常而言，更多犯罪相比更少犯罪会有更大的成本，除非这些犯罪在成本上差异巨大（例如某一组有几个谋杀犯罪人，而其他组有很多商店盗窃犯）。英国财政部通过收集不同种类的犯罪平均成本让实证评估更加容易，实际上，夏普兰和他的同事也采用过这种方法评估英国的恢复性司法实验（Shapland et al.，2008）。因此基于英国最大的研究恢复性司法会议治疗的项目，当我们从犯罪频率和每次犯罪的成本的角度来计算成本时，恢复性司法是有效的。而从完全阻断犯罪或犯罪严重性的10点量表来看，恢复性司法又是无效的。就后者而言，与一个简版的量表相比，医疗花费和刑期的长短可以作为更敏感的指标。结论很可能因选择了不同的标准或基于不同的理由而有所差别。然而，如果一个司法心理学治疗以对社会有利为标准去评估，那么选择成本收益原则似乎更为恰当。一旦决定关注成本，英国的合乎法律并且极端保守的治疗标准就有非常重要的影响。只有判决数量能够成为一个符合科学研究的犯罪指标，而不是逮捕或自我报告——这个规则对恢复性司法的治疗效果存在掩盖作用。这一点在成本测量时尤其明显，判决数量上的细微差别都会带来实际再犯上的巨大差别。一份终身自我报告犯罪的研究以 19 世纪 50 年代出生在伦敦的 411 名男性为被试，发现每项定罪平均对应 39 起未被发现的犯罪（Farrington et al.，2006）。夏普兰等人（2008）等人研究发现，定罪率的差异在估计每次恢复性司法会议每年可以减少的犯罪数量上会产生巨大影响。[2]

恢复性司法会议对犯罪人的影响

恢复性司法会议对犯罪人有多种影响。我们将目前的讨论限制在恢复性司法会议对他们未来的犯罪行为的影响，以再判和其他官方记录为指标，对 100% 随机分配的"意向治疗（intention-to-treat）"案例进行分析。

对于犯罪整体的影响

运用 2 年后再犯率这一指标来考察这些随机分配的对照组实验，发现恢复性司法会议总体上（12 组）减少了再犯率（$p = .04$），12 组中 10 组减少了再犯率，其中来自英国的 7 组全部减少，以世界范围划分的涉及被害人的组中，10 组中有 9 组有效减少。在英国的 7 组中（Shapland et al.，2008：27），恢复性司法会议小组的再犯率比控制组减少了 27%，或者说每年 374 名犯罪人会少作案 209 起。我们把这些结果列在表 25.1 中，虽然统计上没有对其进行逐个检验，但将七组案件进行联合分析后，发现其显著性小于 0.013，证明恢复性司法会议能够显著降低再犯率。

采用法林顿对未发现的犯罪的估计，平均每年 374 个恢复性司法会议阻止了 8168 起犯罪，或者说平均每次会议减少了每年的 22 起犯罪。夏普兰报告说，根据控制组犯罪人的犯罪速率与效应量做出的七种犯罪的再犯减少率差异很大，从 5% 到 50%。其实，即使没有算上未犯罪收益增值率，投入在恢复性司法会议上的成本收益比也是非常划算的。平均而言，给恢复性司法投入 1 英镑，在犯罪预防花费上将有效减少 9 英镑（Shapland et al.，2008）。这一结果在持续发生的伦敦盗窃案件中表现最为明显，这些盗窃案件构成了很大一部分的成本收益样本（23%）。这些犯罪成本本身非常高，与投资恢复性司法会议的成本收益比达到 14:1。夏普兰在 7 个对照实验中，对内政部的犯罪成本价值进行分析，发现这些犯罪成本投资都得到了一个积极比率。所有组的表现都说明，将钱投入到恢复性司法会议中会比投入到被害人和刑事司法系统要好（缺少单独估算）。

不同类型犯罪

尽管随机对照实验的数量从世界范围内来看还很少，尤其是在犯罪类型上再细分上，我们还是可以从这 12 组数据结果（花费了 15 年）中初步了解到针对这些犯罪类型的恢复性司法的效果。其中一个结果是，尽管堪培拉的数据显示，恢复性司法会议能大大降低商店盗窃再次判决的数量，但是 10 组有明确个体被害人的犯罪类型的表现仍然显著优于 2 组集体被害人或者无被害人的犯罪类型；相反地，那些由酒驾被起诉定罪的犯罪人的数量增多了。这最终导致了在集体被害人这一水平上的净效应为 0。

更引人注目的结果是暴力犯罪与财产型犯罪的差别。将单独的元分析综合来看，五个暴力犯罪的随机对照组显示出再犯率上的显著下降，而财产型犯罪则没有。全部的五组暴

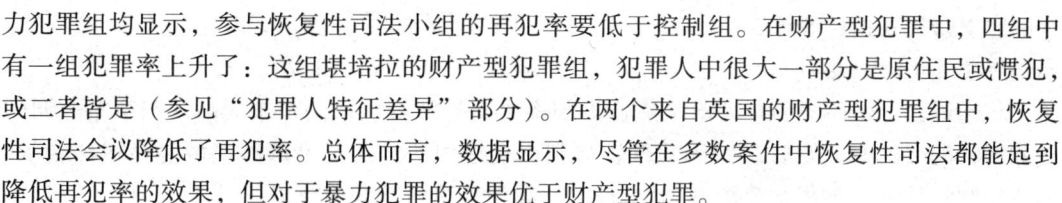

力犯罪组均显示，参与恢复性司法小组的再犯率要低于控制组。在财产型犯罪中，四组中有一组犯罪率上升了：这组堪培拉的财产型犯罪组，犯罪人中很大一部分是原住民或惯犯，或二者皆是（参见"犯罪人特征差异"部分）。在两个来自英国的财产型犯罪组中，恢复性司法会议降低了再犯率。总体而言，数据显示，尽管在多数案件中恢复性司法都能起到降低再犯率的效果，但对于暴力犯罪的效果优于财产型犯罪。

犯罪人特征差异

恢复性司法会议中包括了大量道德性和情感内容，这要求司法人员在适用时必须对其所引发的不良反应谨慎对待。截至目前，在犯罪人特征上只有一个确定的会引起不良反应的因素，不过其他方面因素的一些不良反应的证据也在陆续出现。

1. 原住民。在单独分析中，那些被随机选取参加恢复性司法会议的原住民犯罪人相比控制组，在再犯和逮捕率上出现了显著的上升。我们似乎只能将其归结为参加恢复性司法会议和犯案一样，能够使犯罪人产生较高的犯罪易感性。但是，该现象在白人犯罪人中并未出现。（研究者）将少数的原住民暴力犯罪数据加入暴力犯罪随机对照实验中，将其与白人犯罪人进行对比，发现种族与治疗的交互作用也是显著的。这说明造成这种恢复性司法效果差异的关键因素在于种族，而不是犯罪类型（Sherman & Strang，2007）。

2. 女性。一些证据表明恢复性司法会议对18岁以下的女性，比同龄男性的效果更好，在暴力犯罪中尤为明显。在诺森布里亚（英格兰最北部的郡），谢尔曼和斯特朗（2007）采用拘捕率作为标准进行研究后发现，个体在随机分配接受恢复性司法会议组的第一年就会出现这种差异。由于该研究进行再犯率检验的样本中，女性犯罪人较少，达不到实验要求的样本量，所以恢复性司法会议效果的性别差异这一结论在普适性上尚未可知。

3. 曾经受害的犯罪人。对参与恢复性司法会议的犯罪人和控制组犯罪人进行测量后发现，恢复性司法会议对有过被害经历的犯罪人存在反向效果。班尼特（2008）指出，伦敦组的抢劫犯罪人中，之前无被害经历的犯罪人，其第二次犯罪被捕的时间间隔是第一次的两倍，而有受害经历的犯罪人时间间隔缩短了。目前尚未清楚导致这一结果的原因，但是从统计数据上看差异是显著的，并且两者的无犯罪时长（两次犯罪的时间间隔）差异巨大。在抢劫犯罪人中，没有受害经历的犯罪人经过恢复性司法会议后，无犯罪时长与控制组犯罪人相比是470:197，而有受害经历的抢劫犯罪人则呈反比（尽管不显著）。

4. 海洛因与可卡因成瘾。班尼特（2008）发现恢复性司法会议与毒品滥用存在交互影响。在伦敦组抢劫案件中，那些同时吸食海洛因和可卡因的犯罪人接受恢复性司法会议后，在平均242天后第二次犯罪被捕，而控制组的这些同时吸食两种毒品的犯罪人的平均时间为340天。这种情况在那些吸毒但不是同时吸食两种毒品的犯罪人身上结果是相反的：参加恢复性司法会议的犯罪人平均是447天，而控制组则是355天。因此，恢复性司法可能无法用于同时吸食海洛因和可卡因的抢劫犯罪人。

转介与补充作为起诉的

4个堪培拉的小样本"从起诉转介到恢复性司法"实验和8个英国的"恢复性司法作为起诉补充程序"实验显示，总体而言，将恢复性司法会议替代起诉没有效果，而如果将其作为起诉程序的补充，其效果始终是明显的。但我们需要极其谨慎地对待这一结论，因为可能存在许多造成虚假结果的程序问题，例如澳大利亚联邦警察兼职做（恢复性司法会议）调解员与英国警察做全职调解员的差异，以及英国相比堪培拉具有更加严格的司法程

394

序的移交过程管理，等等。

将犯罪绳之以法

将起诉转介最明显的好处不是降低再判率，而是恢复性司法带来的高的归案率。谢尔曼和斯特朗（2007）报告，每当案件转移到恢复性司法，无论是调解或恢复性司法会议，相比控制条件下（随机被分配到起诉阶段），违法者更可能被追究责任。

对于犯罪人的长期效果：那些参加堪培拉转移实验的犯罪人和被害人在10年后接受访谈以研究长期效果。控制组和实验组被试均被问及对那次犯罪的回忆、他们在这期间的生活经历以及现在如何看待他们的刑事司法经历。

研究中60%的暴力犯罪人和财产型犯罪人受到回访，他们中的2/3仍然很好地记得他们的案件。相比进入法庭的犯罪人，参与恢复性司法会议的犯罪人更多地表示他们满意这样的处理方式，尤其是暴力案件的犯罪人。

10年后，相比进入法庭的犯罪人，参与恢复性司法会议的犯罪人更多地为他们的罪行感到羞耻，但与此同时他们认为恢复性司法会议让他们为自己的罪行负责。无论是参与恢复性司法的还是进入法庭的，暴力犯罪人的结果都比财产型犯罪人更加积极。

当问及犯罪人现在是否对当时的待遇感到气愤时，那些进入法庭的暴力犯罪人比参加恢复性司法会议的暴力犯罪人更加气愤，而财产型犯罪人则没有显著差异。这些发现与累犯率模型相一致：在堪培拉，恢复性司法对暴力犯罪人比对财产型犯罪人更有效。

这些结果表明，即使是对在堪培拉做了大量案件的犯罪人，刑事司法经历的长期影响也是显著的，并且那些被随机分配到恢复性司法会议的犯罪人相比于进入法庭的犯罪人，对这种经历的看法更加积极。

395

恢复性司法会议对被害人的影响

恢复性司法会议对被害人的影响比对犯罪人延续性更高、效用更大、持续效果更佳。然而，仅仅靠对被害人有利这一点不足以吸引资金和资源来推广恢复性司法会议。尽管相比传统的刑事司法，被害人更偏向恢复性司法会议，但似乎只有有效减少犯罪这样的证据才能让恢复性司法吸引公众的注意。

对被害人影响的证据主要来自两方面：首先是夏普兰（2007）等人对7个恢复性司法会议中被害人进行访谈后的报告以及斯特朗（2002）对堪培拉、麦加雷尔、奥利瓦雷斯、克劳福德等财产和暴力犯罪的被害人和印第安纳波利斯青年犯罪的被害人的研究。这些研究都是对比恢复性司法会议组与控制组之间的差异。除此以外，斯特朗（2006）还检验了恢复性司法会议组参加前后的差异，让他们叙述在参与会议前后他们的感受。这两项研究中，后者的因果推论分析结论与之前的改变理论相一致（详见"改变被害人和侵犯者的相关理论"部分），但相比起探索性分析恢复性司法如何起作用而言，其可靠性略显不足。恢复性司法会议治疗对被害人影响的外部效度受到被害人类型的影响，被试都是先自愿参加恢复性司法会议，然后研究者再对他们进行意向性分析。而不愿意参加的被害人则被排除出去，因此表面上形成了一种选择性偏差。一些在治疗中选择退出被害人的满意度，可能会低于那些完成全部过程的被害人，又进一步产生了选择性偏差。目前的研究分析全部都是对自愿参加恢复性司法会议的被害人进行意向性分析，由此可以排除其中一个（非两个）偏见。由于恢复性司法会议只能用于自愿的被害人，所以这种自愿带来的偏差实际上对于

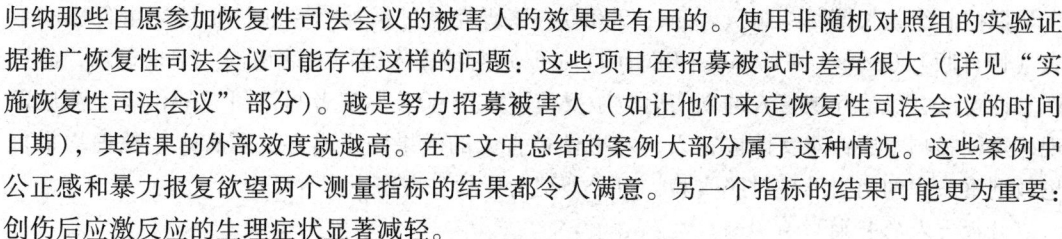

归纳那些自愿参加恢复性司法会议的被害人的效果是有用的。使用非随机对照组的实验证据推广恢复性司法会议可能存在这样的问题：这些项目在招募被试时差异很大（详见"实施恢复性司法会议"部分）。越是努力招募被害人（如让他们来定恢复性司法会议的时间日期），其结果的外部效度就越高。在下文中总结的案例大部分属于这种情况。这些案例中公正感和暴力报复欲望两个测量指标的结果都令人满意。另一个指标的结果可能更为重要：创伤后应激反应的生理症状显著减轻。

令人满意的公正感

被害人一致认为恢复性司法会议比传统司法更令人满意。斯特朗（2002）通过意向性分析得出的高回访率（大约90%）证明了这一点。在被害人回答是否满意刑事司法系统处理其案件的问题上，被安排进入法庭的被害人和参加恢复性司法会议的被害人在满意度上存在显著差异（46% vs. 60%）。结束了恢复性司法会议治疗的被害人相较案件已经完成法庭审理的被害人的满意度差异则更加明显（70% vs. 42%，$p < 0.001$）。暴力犯罪与财产犯罪被害人之间没有差异。

犯罪人的道歉在被害人情绪平复上起到关键作用。在堪培拉，被随机分配到恢复性司法会议的被害人，有72%的犯罪人道歉（86%的犯罪人真正经历了一场完整的会议），而在被随机分配到法庭的案件中，只有19%的犯罪人道歉。更为重要的是，参加会议的被害人比进入法院的被害人更多地表示，他们感到收到的道歉更真诚（77% vs. 41%）。同时，斯特朗（2002）发现被害人在会前、会后的以下方面有显著改善：对犯罪人的恐惧（尤其是暴力犯罪人）（McGarrell et al.，2000）、对再次被害的评估、安全感、对犯罪人的愤怒、对犯罪人及其支持者的同情、对他人的信任感、自信感以及焦虑等。印第安纳波利斯少年恢复性司法实验是参照堪培拉的随机对照实验进行的，得出了相似结果。对第一次财产型犯罪或轻微侵犯型犯罪的少年犯（7—14岁）以及他们的被害人的研究也发现，被随机分配到恢复性司法会议的被害人的满意度明显高于被随机分配到法庭的。更重要的是，97%的参加会议的被害人感受到他们也参与了自己案件的处理，而控制组只有38%；95%的参加会议被害人感到他们可以表达自己的想法，而控制组只有56%。在谢菲尔德大学研究犯罪评估项目期间（具体参见扩展阅读），我们在伦敦、诺森布里亚和泰晤士河谷进行了8个恢复性司法会议实验，对参与到恢复性司法会议的450名被害人中的200多人进行了访谈，并测量了一系列被害人的恢复性司法会议体验（Shapland et al.，2007）。总体而言，他们发现85%的被害人和80%的犯罪人对他们的经历表示满意，只有12%的被害人和10%的犯罪人或多或少表达了他们对会议所达成的结果的疑虑，但几乎所有人都认为是公平的。分析满意度的不同方面发现，这8个实验中超过70%的被害人认为会议是有用且公平的，并且恢复性司法会议给了他们一种与侵害事件告别的感觉。

报复

恢复性司法会议预防犯罪的另一个途径，是通过降低被害人暴力报复犯罪人的欲望实现的。通过对伦敦和堪培拉的4个随机对照实验的8个效应值进行元分析，谢尔曼等人（2005）发现被害人的报复欲望有了显著降低。

创伤后应激反应

由于低水平的慢性创伤性应激反应会存在导致冠心病与死亡率提升的风险（Kubzansky et al.，2007），研究发现，经过恢复性司法会议治疗的被害人，其慢性创伤性应激反应低于早期控制组与长期跟踪组（Angel，2005）。该研究通过精神病专业护士使用事件影响量表（修订版）（Impact of Events［Revised］scale）对被害人进行电话访谈。结果显示，经过恢复性司法会议治疗被害人的创伤后应激反应下降了40%。笔者与该研究的作者交流后发现，这种影响主要针对女性被害人，对男性被害人的效果则小得多。所有这些数据均来自伦敦刑事法庭的两组随机对照实验，犯罪类型为抢劫和盗窃。

对被害人的长期影响

在堪培拉跟踪调查的被害人中，对80%最初访谈的被害人，10年后再次进行回访。这一回访率与随机指派参加恢复性司法会议和案件进入法庭的被害人的回访率相近。一半以上的被害人说，即使过了10年，他们仍然清晰地记得自己的案件，但在满意度方面，参加恢复性司法会议的是进入法庭的2倍。当这两组被试被问及他们现在的情绪状态时，出现了明显的差异。案件进入法庭的被害人害怕再次被害，他们对于被侵害事件感到愤怒、痛苦，并且将这种高水平的恐惧泛化到一般犯罪中。与此同时，很多案件进入法庭的被害人表示，如果有机会，他们还是会报复那些伤害他们的犯罪人。

很显然，这些案件处理后当即测量的两组负面情绪水平的差异，可以一直持续到10年后。恢复性司法会议可以让被害人运用心理弹性自己恢复，而非"固着"在一种负面情绪状态上。在堪培拉的研究发现，即使在伤害轻微的案件中，恢复性司法会议的这种干预，长期来看对于被害人也是极其有利的。

其他恢复性司法形式的实证证据

总体而言，有关其他恢复性司法形式的实证证据较少，而我们提及的已有证据表明恢复性司法会议更有效。在英国目前有大量准实验研究证据，但唯一有说服力的大概就是"理疗项目（Remedi）"与"连接项目（Connect）"中的一些直接和间接的调节项目。这些项目都已经过夏普兰等人的评估（2004；2006；2007；2008）。这些报告构成以下观察的证据基础，这些观察评估了直接调解与间接调解的相对优势，并将它们与恢复性司法会议作比较。

再判

由于上述的恢复性司法项目并没有采用随机化设计，评估者会建立一个对照组，让对照组中的每一个犯罪人与恢复性司法组相匹配，涉及匹配的变量有犯罪类型、犯罪人的年龄和性别等，这些对照组中的被试没有经历过任何形式的调解。所以我们需要对这些结论怀有批判性，但不可否认，它们都证明了调解是有效的。

与没有经历过任何调解的对照组相比，那些经过直接或间接调解项目治疗的犯罪人2年后在再判的普遍率、频率以及严重性上并无显著差异。我们采用恢复性司法会议方法进行单独的随机对照组实验也没有发现差异，但是将7组对照组实验结合起来构成一个大样本并进行对比时，就可以发现显著性差异。由于每种调解类型涉及的样本非常小，想在小样本的再判上检测出差异性，需要非常大的数据差异。恢复性司法会议最大的效果差异在成本—收益比上。与恢复性司法会议不同，评估者认为无论是直接调解项目还是间接调解项目都无法做到基于减少再判而节约成本，它们没有让所投入的钱发挥作用。

被害人受益

尽管犯罪人比被害人对调解更热情，但二者都认为调解对他们是有好处的。被害人抱

397

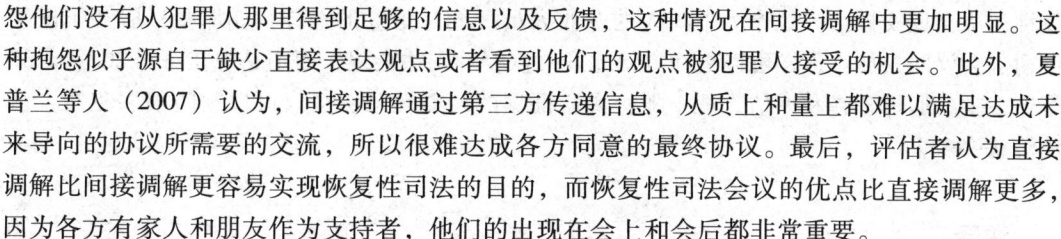

怨他们没有从犯罪人那里得到足够的信息以及反馈，这种情况在间接调解中更加明显。这种抱怨似乎源自于缺少直接表达观点或者看到他们的观点被犯罪人接受的机会。此外，夏普兰等人（2007）认为，间接调解通过第三方传递信息，从质上和量上都难以满足达成未来导向的协议所需要的交流，所以很难达成各方同意的最终协议。最后，评估者认为直接调解比间接调解更容易实现恢复性司法的目的，而恢复性司法会议的优点比直接调解更多，因为各方有家人和朋友作为支持者，他们的出现在会上和会后都非常重要。

恢复性司法与司法心理学

从某种程度上说，司法心理学家在为犯人选择治疗方案时有许多选择，但他们更倾向于选择或至少会提到恢复性司法。尤其对于暴力犯罪，恢复性司法减少再犯的证据比在任何其他犯罪上都更有力。

在某种程度上说，司法心理学家可以为犯罪人选择某种治疗手段，并且有理由为各种犯罪类型的犯罪人推荐使用恢复性司法会议（至少也会向他们提及恢复性司法会议）。特别是对于暴力犯罪而言更有效，因为已有的证据都显示其在降低再定罪上明显优于其他犯罪类型。

恢复性司法会议的机遇

司法精神病学家和心理学家发现，越来越多情境下可以推荐使用恢复性司法会议。这些情境包括：

- 犯罪人在完成监禁刑之后，重新安置之前；
- 承认对其他监狱内犯罪人有实施暴力犯罪的犯罪人；
- 犯罪人在社区服刑中需要确定治疗方案时；
- 青少年犯拘留所中的青少年犯罪人；
- 私人矫治公司和向国家服刑人员管理局（NOMS）提供服务的慈善机构。

在所有这些情境中，我们发现推广恢复性司法会议所要付出的工作和时间远远超过推广其他缺少随机实验证据支持的"大规模生产"的治疗方法。不过，我们相信，推广恢复性司法会议，会比推广拥有更大样本但没有测试的治疗方案，有更好的成本—收益。

恢复性司法会议的争议

让司法精神病学家或心理学家来安排恢复性司法会议的难度也不能被低估，尤其是在监狱外与警察或缓刑机构进行协商会议时会更难。当被害人住在离监狱或缓刑机构地很远的地方时，还需要为其提供差旅费。监管者可能会反对在这些地方或其他地方进行恢复性司法会议。但更常出现的问题是，被害人基于安全考虑或害怕再次被伤害，会反对参与恢复性司法会议。不过，这一章里总结的证据表明，这些担心基本上是没有根据的。每一场恢复性司法会议经过合适的准备后，一旦经过训练的调解员发现了任何风险因素，就不再继续会议。唯一可能的风险是，恢复性司法中的犯罪人实际上是好的参与者，但其未悔过，因为他们还没有接受治疗。完成恢复性司法治疗是有确切目标的，即使罪犯仍可能执迷不悟，但至少他是愿意承担责任的。

司法人员的角色

恢复性司法会议更大的问题在于司法人员的角色。关于司法人员是否是实施恢复性司法会议的理想人选，还存在争议。在英国，培训恢复性司法会议的方法已广为接受，将恢复性司法会议安排给其他作为中间人的专业人员可能是更好的选择，如那些只服务于恢复性司法会议的人员。这样可以更加方便地开展恢复性司法会议，而不是现在每年 20 个或 30 个这么少。通过解释和评估，基于随机实验证据的恢复性司法会议可以预防很多犯罪，帮助治愈许多个体。

注释

［1］本章为亚太地区研究中心的澳洲国立大学的监管机构网络（Regulatory Institutions Network，RegNet）、进行恢复性司法随机实验的杰瑞·李项目、宾夕法尼亚大学，以及剑桥大学实验犯罪学研究中心等研究机构的共同研究成果。稳重的观点或主张均来自于作者们，并未受到政府部门或私人赞助机构的影响。

［2］夏普兰等人的研究并不是自我报告式调查，但法林顿的评估是基于较高的响应率，并未对刑事司法策略差异进行关注而得出结果。这项评估所针对的犯罪人与夏普兰的恢复性司法研究相比是更早的一代犯罪人，所以在进行解释时需要更加谨慎。最后的结论就是定罪代表着更多犯罪（Soothill, Francis, Ackerley & Humphreys, 2008）。

［3］尽管文中并没有给出具体的计算方法，但是我们使用标准差作为效应量进行森林图回归分析后得出了相似的结果。

扩展阅读

1. Shapland, J. , Atkinson, A. , Colledge, E. , Dignan, J. , Howes, M. , Johnstone, J. et al. （2004）, "Implementing restorative justice schemes（Crime Reduction Programme）: A report on the first year", Home Office online report 32/04, London: Home Office. Retrieved 15 September 2009 from www. homeoffice. gov. uk/rds/pdfs04/rdsolr3204. pdf.

在 2001 年，内政部在减少犯罪项目下资助了三个恢复性司法项目的开发和测试。这个决定是由两个项目带来的政策和政治上的兴趣引发的，一个是泰晤士河谷警方运行多年的关注青少年犯罪人的恢复性司法项目，另一个是澳大利亚将恢复性司法作为减少犯罪，尤其是暴力犯罪的潜在工具的研究。这些资助的项目目标主要是成年人，因为那时候已经有大量证据证实了青少年犯罪中使用恢复性司法的效果。英国谢菲尔德大学的夏普兰教授和他的团队作为这些选中项目的独立评估者。

这篇报告是夏普兰团队四篇报告中的第一篇，讨论了三个恢复性司法项目的规模、内容以及他们得到认可的早期成果。"一个多方参与的、解决如何处理某具体侵犯案件的后果及影响问题的程序"。如前文中的"恢复性司法的多样性"章节中提到的，恢复性司法项目的运行有多种方法，三个项目中的两个同时使用了调解（包括直接调解和间接调解）和恢复性司法会议。"连接项目"由训练完善的调解者运行，对象是因一系列涉及个体被害人的侵犯在伦敦法庭上认罪的成年犯。参与者被提供了直接调解、间接调解以及恢复性司法会议，而这些都是在认罪之后、判决之前进行的。此项目下的 59 个案件在第一年结束时，有 12 个项目进行了直接或间接调解。同样由有经验的调解者运行的"理疗项目"，对象是在约克郡承认犯有财产犯罪和暴力犯罪的成年和青少年罪犯。这些犯罪人被判处社区刑，青少年受到警方的"最后警告"（Final Warnings），成年人则是监狱服刑。在第一年结束时，832 个相关案件中 107 个案件完成了直接调解，这其中大部分涉及青少年犯罪人。第三个项目，由当前的作者（谢尔曼和斯特朗）为大学和机构组成的司法研究联盟管理，该项目在伦敦、诺森布里亚和泰晤士河谷被设计成只包括一系列面对面的恢复性司法会议的随机对照实验。在伦敦，警察被训练成为全日制的恢复性司法会议的调解员。他们进行了2组实验，这些对象是在英国刑事法庭认罪伏法但尚未判决的成年盗窃犯和成年抢劫犯。在诺森布里亚，警察也被训练成为全日制的恢复性司法会议的调解员。他们进行了4个实验，2个在裁判司署认罪的随机对照实验（1个是对被害人个体的财产型犯罪，1个是攻击犯罪），以及2个对青少年犯罪人的随机对照组实验。他们承认了对个体被害人所犯的暴力罪行并被警方以最后警告来惩戒（这2个随机对照组实验被夏普兰团队作为单独的随机对照实验进行分析，但暴力犯罪与非暴力犯罪被随机分配到不同的组块）。而2个泰晤士河谷实验，融合了缓刑官、狱警和调解人员，将他们作为兼职但训练有素的恢复性司法会议调解员。他们的对象是或在监狱服刑或在社区服刑的成年暴力犯。第一年结束时，伦敦271个案件中有73个参加了恢复性司法会议，诺森布里亚287个案件中有73个参加了恢复性司法会议，而泰晤士河谷的374个案件中有41个参加了恢复性司法会议。这是在该年年底，项目被建立后，随机安排的恢复性司法会议组或是控制组才开始进行的。该报告讨论了每一个资助项目在建立恢复性司法项目时遇到的困难。在占主导地位的刑事司法模式中运行，并在程序框架和文化价值观中进行协商，对所有人来说都是挑战。其结果是，所有最开始获得大量被试的困难以及各种努力等，最终都需要依赖于案件流的维持：监狱内的案件，自我推荐的罪犯成为一种重要的资源。除此以外，那些由机构实施的项目比由警察实施的项目面对更多的困难：由于数据保护法，他们难以获得被害人的联系方式。尽管设计这种用以检验像恢复性司法这样极端思想的项目还很困难，因为这与很多实践者已有的价值观和规范程序不一致，但是该报告认为第一阶段的进展是成功的。经过第一年的实施，这3个项目已经成功地处理了大量案件，并显示出建立可行的恢复性司法项目的可行性。

2. Shapland, J. Atkinson, A., Atkinson, H., Colledge, E., Dignan, J., Howes, M. et al. (2006), *Restorative justice in practice: The second report from the evaluation of three schemes*, Sheffield: Sheffield Centre for Criminological Research, University of Sheffield.

第二份报告是由谢菲尔德大学评估团队对内政部资助的3个恢复性司法项目进行的评估，其主要关注项目实施现实中的恢复性司法会议以及在会议上侵害双方达成的结果的后续实施情况，侧重参与程度和会议的内容。截至内政部停止资助的2004年，伦敦"连接项目"完成了50个恢复性司法案件：37个间接调解，11个直接调解，还有2个恢复性司法会议。在同一时期，约克郡的治疗项目给35个案件提供了直接调解，给97个案件提供了间接调解。司法研究联盟从723个被害人与犯罪人都同意参加的案件中随机抽取大约一半的案件（342）参加恢复性司法会议。当可以选择不同的恢复性司法的形式时，和"连接项目""理疗项目"一样，多数参与人（大约75%）选择不要与另一方碰面。然而，当不提供间接调解这一选项时，也就是司法研究联盟的研究案件中，参与比率和其他两个项目一样高。在"被害人同意参加"这个指标上，不同案件有相当大的区别，青少年犯罪人的案件愿意参加的被害人明显多于成年人案件。而在犯罪人方面，成年犯罪人与青少年犯罪人参与都非常高。除了完成了社区服刑的犯罪人，他们的动力比刑事司法系统中处在其他时间点的犯罪人都要低。夏普兰等人总结说，对直接调解或恢复性司法会议的参与者的访谈显示，即使那些最初有些紧张的参与者，也为自己的角色进行了准备，并期待恢复性司法的会面。犯罪人和被害人双方都强调参加是出于利他考虑，被害人认为让自己恢复并不是参加会面最主要的原因。司法研究联盟会议以高程序公正感著称（Tyler，1990），访谈犯罪人与被害人对调解员的评估也表示他们没有主导或者偏见。

夏普兰等人观察了一组恢复性司法会议的样本，参与人或多或少都会平等地参与到讨论中。参与者评价恢复性司法是一个安全的碰面，尽管有时有很高水平的情绪表达，但没有攻击与威胁。考虑到共有 400 个恢复性司法会议完成且没有任何安全问题，因此可以强有力地说明被害人与犯罪人会面是安全的。尽管谢尔曼 - 斯特朗团队确实因安全问题舍弃了两个潜在的恢复性司法会议案件，但是这是在随机安排之前，也可以将其看成一个更一般意义上的资格筛选过程。在这些恢复性司法会议中，夏普兰团队报告说，犯罪人通常都承认他们对于犯罪的责任。几乎所有犯罪人都表现出后悔，并且进行了道歉。这些案件中超过 2/3 的被害人认为他们深深地受到犯罪事件的影响，大部分案件的被害人接受了道歉，但只有少部分表达了对犯罪人的宽恕。尽管大部分会议中都有人不认同犯罪或为犯罪人感到羞耻，但是几乎所有的会议上都出现了对犯罪人的支持。每个会议都以各方达成共识而结束。双方及其支持者都将关注的焦点放在犯罪人的将来以及如何阻止其再犯，而非被害人的需求上。结果通常是聚焦犯罪人毒品和酒精问题及治疗，扫盲、技能训练以及就业问题，而较少关注被害人的经济赔偿。会议的监管表示，超过 90% 的犯罪人完成了他们的承诺。而剩余那些没有完成的，很多是因为他们无法控制的原因导致他们不能完成，这在毒品和酒精项目中尤其高。夏普兰等人总结道，这三个项目在案件流和遵守恢复性司法原则上都完成得非常好，犯罪人与被害人双方都有较高水平的参与度，并且与刑事司法官员保持了良好的关系。

3. Shapland, J. Atkinson, A., Atkinson, H., Chapman, B., Dignan, J., Howes, M. et al. (2007), *Restorative justice: The views of victims and offenders. The third report from the evaluation of three schemes*, London: Ministry of Justice Research Series 3/07.

在第三份报告中，谢菲尔德大学团队聚焦于参加这三个项目的犯罪人和被害人的观点。在司法研究联盟进行的随机对照实验中，我们做了两方面的尝试：在两种情境下访谈恢复性司法小组与控制组的参加者。第一次访谈要求在案件结束前三周进行，以确保他们没有受到负面影响，以及获得有关他们经历的反馈。然后，案件结束后 8—10 个月，夏普兰团队在评估阶段找到这三个项目的参与者，让他们接受访谈或者填写一个问卷调查。回访率差异很大，从 4% 到 80%，主要集中在 40% 到 60% 之间，被害人比犯罪人稍高。这三个项目的被害人和犯罪人均表示他们满意会议为他们所做的准备，以及他们接收到的大量有关恢复性司法的信息。非常明确的是过程中（参与者）是完全自愿的。犯罪人和被害人双方都表示他们愿意参加是因为希望彼此交流，诉说他们关于犯罪的感受、影响以及愿意尝试去解决问题，尤其是犯罪之后的问题。在评论恢复性司法会议内容时，司法研究联盟的被害人和犯罪人告诉夏普兰团队，他们对这次经验的感受是非常积极的。超过 85% 的参与者表示会议进行得很好，他们感到安全，并且认为调解员是公平的。被害人表示他们对于有这样的机会感到很高兴，他们可以述说犯罪给他们带来的影响，直接让案件的犯罪人回答自己的问题，可以自己评估案件的犯罪人。犯罪人表示最好的事是他们可以亲自向被害人道歉并解释自己的犯罪，即使在这么做之前他们感到非常焦虑不安。在司法研究联盟的随机对照实验中，非常高比例的被害人和犯罪人（超过 85%）表示他们在会议上叙说了自己的想法，并且表达/接受了道歉。被害人可能表示他们像接受伤害较轻的道歉那样接受了伤害严重的道歉，如100%的抢劫被害人和86%的进监狱的严重暴力犯罪的被害人接受了道歉。

总之，85%的司法研究联盟的被害人和80%的犯罪人表示他们满意恢复性司法会议。多数犯罪人感到恢复性司法会议在犯罪后"对的时间"出现，即使事实是从犯罪后的几周到数年。这表明恢复性司法的时间有效性比较宽泛。

许多司法研究联盟的恢复性司法会议是在监狱中进行的，犯罪人或是在押候审中（伦敦抢劫和盗窃案件），或是在服刑中（泰晤士河谷的暴力案件）。几乎没有被害人表示监狱是一个不适宜恢复性司法会议的场合，他们被简要告知进入监狱需要注意的事项（如出于安全考虑的例行检查等）。通常情况下，被害人会因在监狱进行恢复性司法会议，产生较多的差旅费和其他费用，但这些均由项目提供。将来的项目可能需要提前为这些开销做好准备，以保证参加率。"理疗项目"和"连接项目"都提请建议，评估直接调解与间接调解的相对效益，以及对比他们与恢复性司法会议的差异。评估者清晰地表明，在一些重要的指标上，尤其是对被害人来说，直接调解优于间接调解，而恢复性司法会议又优于这两种调解。

4. Shapland, J. Atkinson, A., Atkinson, H., Dignan, J., Edwards, L., Hibbert, J. et al. (2008), *Does restorative justice affect reconviction？ The fourth report from the evaluation of three schemes*, London：Ministry of Justice Research Series 10/08.

在他们的第四份报告中，谢菲尔德大学团队关注的重点是恢复性司法在减少再犯上的效果，以2年后的再判情况作为评估标准。他们同时也考察犯罪频率以及罪行的严重性，以及由再犯造成的被害人的直接花费以及刑事司法过程的成本。

关于这部分报告的结果详见本章的成本与收益、对犯罪人的影响、对被害人的影响部分。在"理疗项目"和"连接项目"研究中谢菲尔德大学团队对犯罪人和被害人的影响的评估结果见第8小节。

参考文献

Ahmed, E., Harris, N., Braithwaite, J., & Braithwaite, V. (2001), *Shame management through reintegration*, Cambridge：Cambridge University Press.

Angel, C. (2005), "Victims meet their offenders：Testing the impact of restorative justice conferences on victims'post-traumatic stress symptoms", PhD dissertation, University of Pennsylvania.

Arendt, H. (1958), *The human condition*, Chicago, IL：University of Chicago Press.

Bennett, S. (2008), *Criminal careers and restorative justice*, PHD dissertation, University of Cambridge.

Blagg, H. (1997), "A just measure of shame？ Aboriginal youth and conferencing in Australia", *The British Journal of Criminology*, 37, 481 – 501.

Braithwaite, J. (1989), *Crime, shame and reintegration*, Cambridge：Cambridge University Press.

Braithwaite, J. (2002), *Restorative justice and responsive regulation*, Oxford：Oxford University Press.

Christie, N. (1977), "Conflicts as property", *British Journal of Criminology*, 17, 1 – 15.

Collins, R. (2004), *Interaction ritual chains*, Princeton, NJ: Princeton University Press.

Cook, T. D., & Campbell, D. T. (1979), *Quasi-experimentation: Design and analysis for field settings*, Boston, MA: Houghton Mifflin.

Doll, R. (1992), "Sir Austin Bradford Hill and the progress of science", *British Medical Journal*, 305, 1521 – 1526.

Farrington, D. P., Coid, J. W., Harnett, L. M., Jolliffe, D., Soteriou, N., & Turner, R. E. (2006), *Criminal careers up to age 50 and life success up to age 48: New findings from the Cambridge Study in Delinquent Development* (2nd edn), London: Home Office.

Federal Judicial Center (1981), "Experimentation in the law: Report of the Federal Judicial Center Advisory Committee on Experimentation in the Law", *Journal of Research in Crime and Delinquency*, 29 (1), 34 – 61.

Huxley, E. (1939), *Red strangers*, London: Chatto and Windus.

Kubzansky, L., Koenen, K., Spiro, A., Vokonas, S., & Sparrow, D. (2007), "Prospective study of posttraumatic stress disorder symptoms and coronary heart disease in the Normative Aging Study", *Archives of General Psychiatry*, 64 (1), 109 – 116.

Landenberger, N., & Lipsey, M. (2005), "The positive effects of cognitive-behavioral programs for offenders: A meta-analysis of factors associated with effective treatment", *Journal of Experimental Criminology*, 1, 451 – 476.

Marshall, T. (1999), *Restorative justice: An overview*, London: Home Office.

Marshall, T. F. (1997), "Criminal justice conferencing calls for caution", *Mediation* (2 parts).

McGarrell, E., Olivares, K., Crawford, K., & Kroovand, N. (2000), *Returning justice to the community: The Indianapolis restorative justice experiment*, Indianapolis, IN: Hudson Institute.

Miers, D., Maguire, M., Goldie, S., Sharpe, K., Hale, C., Netten, A., Uglow, S., Doolin, K., Hallam, A., Enterkin, J., & Newburn, T. (2001), *An exploratory evaluation of restorative justice schemes*, Crime Reduction Series, paper 9. London: Home Office.

Newburn, T., Crawford, A., Earle, R., Goldie, S., Hale, C., Masters, G., & Uglow, S. (2001), *The introduction of referral orders into the youth justice system*, HORS 242, London: Home Office.

Piantadosi, S. (1997), *Clinical trials: A methodologic perspective*, New York: Wiley.

Prison Fellowship (2008), "Sycamore tree programme", Retrieved 14 January 2015, from http://www.prisonfellowship.org.uk/what-wedo/sycamore-tree/.

Roche, D. (2003), *Accountability in restorative justice*, Oxford: Oxford University Press.

Rossner, M. (2011), "Emotions and interaction ritual: A micro analysis of restorative justice", *British Journal of Criminology*, 51 (1), 95 – 119.

Rossner, M. (forthcoming), *Just emotions: Rituals of restorative justice*, Oxford: Oxford University Press.

Rothbaum, B. O. , & Foa, E. B. （1999）, "Exposure therapy for PTSD", *PTSD Research Quarterly*, The National Center for Post-Traumatic Stress Disorder, White River Junction, VT, 10 （2）, 1Y8.

Shapland, J. Atkinson, A. , Atkinson, H. , Chapman, B. , Dignan, J. , Howes, M. , Johnstone, J. , Robinson, G. , & Sorsby, A. （2007）, *Restorative justice: The views of victims and offenders. The third report from the evaluation of Three Schemes*, London: Ministry of Justice Research Series 3/07.

Shapland, J. Atkinson, A. , Atkinson, H. , Colledge, E. , Dignan, J. , Howes, M. , & Sorsby, A. （2006）, *Restorative justice in practice: The second report from the evaluation of three schemes*, Sheffield Centre for Criminological Research, University of Sheffield.

Shapland, J. Atkinson, A. , Atkinson, H. , Dignan, J. , Edwards, L. , Hibbert, J. , Howes, M. , Johnstone, J. , Robinson, G. , & Sorsby, A. （2008）, *Does restorative justice affect reconviction? The fourth report from the evaluation of three schemes*, London: Ministry of Justice Research Series 10/08.

Shapland, J. , Atkinson, A. , Colledge, E. , Dignan, J. , Howes, M. , Johnstone, J. , Pennant, R. , Robinson, G. , & Sorsby, A. （2004）, *Implementing restorative justice schemes （Crime Reduction Programme）: A report on the first year*, Home Office online report 32/04, London, Home Office, Retrieved 14 January 2015, from http://www. restorativejustice. org. uk/resource/ministry_of_justice_evaluation_implementing_restorative_justice_ schemes_crime_reduction_programme_the_first_year_report/.

Sherman, L. W. （2003）, "Reason for emotion: Reinventing justice with theories, innovations and research. The 2002 ASC Presidential Address", *Criminology*, 41, 1 – 38.

Sherman, L. , & Strang, H. （2007）, *Restorative justice: The evidence*, London: Smith Institute.

Sherman, L. , Strang, H. , Angel, C. , Woods, D. , Barnes, G. , Bennett, S. , & Inkpen, N. （2005）, "Effects of face-to-face restorative justice on victims of crime in four randomized controlled trials", *Journal of Experimental Criminology*, 1 （3）, 367 – 395.

Sherman, L. , Strang, H. , Barnes, G. , & Woods, D. （2006）, "Race and restorative justice", Paper Presented to the American Society of Criminology, November 2006.

Soothill, K. , Francis, B. , Ackerley, E. , & Humphreys, L. （2008）, "Changing patterns of offending behaviour among young adults", *British Journal of Criminology*, 48, 75 – 95.

Strang, H （2002）, *Repair or revenge: Victims and restorative justice*, Oxford: Oxford University Press.

Strang, H. （2010）, "Exploring the effects of restorative justice on crime victims for victims of conflict in transitional societies", In *International handbook of victimology*, Thousand Oaks, CA: Sage.

Strang, H. , & Sherman, L. （forthcoming）, *The effects of restorative justice conferencing on crime victims and offenders: A Campbell Collaboration Crime and Justice Group systematic review*,

Cambridge: Jerry Lee Centre for Experimental Criminology, Institute of Criminology, University of Cambridge.

Strang, H., Sherman, L., Angel, C., Woods, D., Bennett, S., Newbury-Birch, D., & Inkpen, N. (2006), "Victim evaluations of face-to-face restorative justice experiences: A quasi-experimental analysis", *Journal of Social Issues*, 62 (2), 281–306.

Sykes, G. M., & Matza, D. (1957), "Techniques of neutralization: A theory of delinquency", *American Sociological Review*, 22, 664–670.

Tutu, D. (1999), *No future without forgiveness*, New York: Rider, Random House.

Tyler, T. (1990), *Why people obey the law*, New Haven, CT: Yale University Press.

United Nations (2002), "Basic principles on the use of restorative justice programmes in criminal matters", Commission on Crime Prevention and Criminal Justice, April, Vienna.

Woolf, P. (2008), *The damage done*, London: Bantam Press.

第二十六章　司法心理学政策与实践中的伦理问题

格雷厄姆·J. 托尔（Graham J. Towl）

　　本章开始介绍了一些西方社会中可以被道德规范所接受的一些行为的哲学基础。从某种意义上来说，可将伦理学视为道德哲学准则的一种应用，这种应用有时候是外显的，但更多时候是内隐的。

　　拥有成套的伦理指导是发展成熟的职业的一个明显特征。在本章，笔者对其中的一些跨国及跨职业的伦理指导进行了简要回顾。首先重点关注心理学家，尤其是正在"司法"背景下工作的心理学家的伦理规范，例如研究在押犯的心理学家。但是，文中所探讨的内容并不局限于司法心理学家的工作领域，还涵盖各种与司法工作有关的人群的领域。虽然可能涉及的范围会很广，但是我们主要还是聚焦于司法领域。

　　在明确司法实践中理解伦理学的焦点时，一个关键的支撑主题是权力关系领域的争议。启发式方法作为一种基本概念框架有助于我们理解在更广泛背景下的司法政策与实践的伦理决策的制定。本章主要关注司法政策与实践中的伦理规范的发展与维系。

哲学起源

　　正如许多其他学术领域一样，关于伦理的哲学思想也有其特定的语言与发展阶段。熟悉这些阶段将会引导我们的思路，最终关系到伦理决策。

　　在哲学思考中我们需要知道两种重要的理论：目的论和义务论（e.g.，Mendonca & Kanungo，2007）。目的论或结果论，其特点是聚焦于结果。因此"意图"或动机在这种理论中并不是主要内容，理论中处于优先位置的是结果。

　　目的论的两个主要的且高度相关的表现是"享乐主义"或者更广为人知的"功利主义"。

　　享乐主义也可以被称为自利，这是一个常用来了解或预测人类行为的内隐哲学模型，应用于许多学科研究中，例如心理学、经济学等。享乐主义其根源最早可追溯到早期的希腊哲学理论（Mothershead, Jr.，1955），并作为一个具有较强影响力的内隐理论保留至今，帮助我们预测和了解人类行为。确实，它常常使许多个体专业人士的行为得到解释。尽管有的专业人士对这种职业伦理产生抵触，但值得注意的是：英国新工党在进行综合医疗卫生改革时就采取了这种医疗私有化的基础哲学思路。从历史角度来看，这也许是出于战后时期为了将当时的政府免费医疗服务加入新的公共卫生服务，从而建立英国国家公共卫生服务体系（NHS）的考虑。

　　由于其实用性，功利主义在历史上有着许多有影响力的拥护者，如休谟、边沁和密尔（Mendonca & Kanungo，2007）。享乐主义和功利主义的一个重要的区别就是后者更关注大多数人的实用性或利益。两个理论都无视了实现一个特定的结果的意义或动机。在英格兰

405

和威尔士的国家公共卫生服务体系中，实用性已经成为近年来大多数医生决定是否开处方的基础。在这些案例中，实用性和成本效用有关。这种成本效用的考虑也会与其他获得成本效益的作为或不作为相比较。实际上，不作为有时会被误认为属于中立。就权力而言，中立的举动可能只是维持现存权力的不对等状态。将不作为看作中立会产生很多问题。例如，许多监狱工作人员仍在反对称呼罪犯"先生"，他们认为这应该是对工作人员的称呼，而这些称呼对区分罪犯和工作人员的地位非常重要。因此对那些在监狱工作的心理学家来说，挑战这种制度化滥用是义不容辞的。这不是监狱内部独有的问题，医院中也会出现类似的问题，可能表现方式并不相同，但是随着相关制度被专业力量掌控后，可能会与医院对待病人的情况一样，罪犯在最基本的尊严和价值问题上（外显地和内隐地）会受到羞辱。

与前文形成鲜明对比的是，英国开始在目的论的方法上采取义务论的视角。这种视角强调责任和义务的理念。康德是欧洲哲学思想界中该理论的主要倡导者之一。事实上，英国心理学在近期针对心理专业从业者提出的一系列伦理指导中明确提到了康德的"绝对命令"概念，这个概念也成为伦理学的基本核心。康德认为只有在我们愿意看到所有人（包括我们自己）被一种特定行为对待时，这种行为才是道德上正确的。这不一定符合目的论或结果论的立场，但与大多数东方思想与宗教思想相符。例如，哲学家孔子教导他的学生"己所不欲，勿施于人"（*The Analects*，15：24［Confucius，1979］）。还有伊斯兰教、基督教、犹太教和佛教等宗教传统也有类似思想。对于实践层面而言，在面对病人、罪犯或来访者时，其用处可能是：当在考虑应用某种"评估"或"干预"手段时，先问问我们自己，如果这是我们爱的人要接受的，我们会有何感受。在心理学实践中，真正发现并理解一个人的动机是一种能力，而如何有效地传授这种技能，是极具挑战性的。这种伦理指导的改变本身很有可能提高许多司法实践的质量。鉴于近代司法实践的历史，司法心理学实践已经被描述为在强制情境下，采用操作化方式进行的小组干预。该过程常常受到争议。因此，司法心理学家的职业教育事先就给了他们更多关于遵守而非质疑的压力，也对他们的职业生涯产生了重要的影响（Koocher & Keith-Spiegel，1998）。

前面笔者已经阐述了目的论和义务论思维各自的观点，下面我们将这些观点放到职业政策和实践的具体细节中进行讨论。

对于公共服务而言，当下流行的媒体和政治观点都有一定共识，那就是用利他的理念来理解大部分专家的动机和行为非常重要，尤其是像护士和医生这样的医疗专家。但这样的论述中往往会带有偏见。护士的工作是为了帮助病人，同样地，医生也具有高尚的工作动机。但随着近年来全科医生的大幅加薪，这种高尚的声誉受到了越来越多的质疑（*Sunday Times*，2008）。专业医院的管理者既做不到与假想中的动机相匹配的慷慨，也没有想象中称职（除非他们有专业的医师或护士资格）。通常而言，这种争论背后的依据非常薄弱。例如，"当过医生或护士的管理者应当知道怎样防止简单症状发展成为花费高昂的疾病，因为他们不仅接受了医学训练，还接受了工商管理硕士的教育。他们不仅是因为工商管理硕士的学位而成为医院的管理者"（Cohen，2008）。在这里，伦理的关键在于不论个人有着怎样的背景，他们都必须能够胜任他们的任务，不论是管理经验还是临床实践。有种观点认为要想在公共卫生服务体系中成为一名高效的管理者，必须在之前接受过医生或护士的训练，然而这种观点似乎更加反映了前文提到的那些只会简单模仿每日新闻的只言片语的作者的偏见。许多领导复杂组织的管理者，如医院的管理者，都没有这样的专业背景。

尽管专业人士也存在自利行为，在我们理解多数伦理实践的动机和行为时，利他理念仍然是非常重要的。心理学对利他的定义倾向于关注帮助他人从而满足自己内在需求（Krebs，1982）。如果不是在这样的情境中，无私地帮助他人被广泛地认为是一种高尚的道德。

大多数现代职业伦理指南都主要参照了义务论的观点，但他们绝没有忽略目的论观点的重要性。这种哲学争论对增进我们对于职业伦理的理解也起着重要作用。

但是这对改善我们的司法实践有什么意义呢？这种伦理态度和信条体现在我们日常的司法实践中。专家的行为总是被认为表达了某种态度。与当事人一起工作时，应采用"正向关怀"的方法，这会传达一种对个人的尊重。对专家而言，他们是在"与当事人工作"，然而对其他人来说，专家是在"解决"问题。在我们与当事人的交流中，不能低估细心聆听、礼貌与随和的重要性。这样的行为意味着专家平等看待当事人，这是任何（治疗）工作的根本。

接下来，我们将继续关注由一些基本的哲学立场支撑的职业行为规定，及其实践影响和应用问题。

专业人士伦理指导

常用医学伦理四准则是：尊重、有利、不伤害和公正（Baxter，Brennan，Coldicott & Moller，2005）。许多其他的职业也有相似的要求。就像之前提到的，定义一个职业及其专业地位的重要标准就是有无伦理准则。伦理准则不仅有利于专业服务的受益人，还有利于专业人士本身。尽管伦理指导在引导行为或行为期待方面十分有用，但它并不能直截了当地提供答案。它不会，也不应该有这样的作用。伦理指导对专业人士所具备的能力要求是非常重要的，包括批判性推理能力和明确的"道德导向"的能力。伦理决策需要同时具有合理性和公正性（Thomson，2006）。

在二战后，联合国大会制定了一个世界人权宣言（United Nations，1948）。这为职业伦理指导的撰写提供了一个实用的文书来源。这个宣言以义务论为基础，内容包含人类的权利和责任（或职责）。

因此，职业伦理指导被认为是为满足保护人权的需要而产生的，同时也为专业人士及专业服务的受益人提供关于行为预期的原则。尽管任何职业都有其专门的伦理指导，但是了解其他相关职业的伦理指导会进一步增进我们对自身专业的理解。尽管在司法领域中，关于政策和实践的伦理问题更加犀利和引人注目，但这些伦理问题并不是司法领域所独有的（Towl，1994）。在社会福利的学科中，如社会工作，也存在一些相似的批判性、争议性意见（e. g.，Banks，2008；Banks & Williams，2005）。基于指导性的目的，文章接下来会介绍一些国际化视角，包含职业心理学通则，以及英国咨询与治疗协会（British Association for Counselling and Psychotherapy，BACP）的职业指导。BACP 的职业指导在与当事人的交流和心理学基础上，与多数心理学家进行的专业工作有着非常多的共同点。在进一步介绍它之前，有一些注意事项需要加以提醒：首先，许多现代道德哲学家质疑"伦理实践"准则是否真的符合伦理。一些观点认为这些准则起码可以减少伦理问题的出现（e. g.，Dawson，1994）。其次，一些人认为，许多道德哲学家将伦理与成型的法律或规定相混淆，而忽视了对伦理准则本身的理解和论证（Banks，2003）。当然，文中还会涉及许多其他关于伦理指

407

导的争议，希望读者能够对一些来自哲学性政策和实践的问题有所体会。这些争议的一部分也反映了欧洲范围内伦理学元编码（meta-code）的发展。在欧洲各地，职业心理学的司法地位和组织有所不同。1990 年，欧洲心理学联合会（European Federation of Psychologists Associations，EFPA）开展了一项针对职业伦理的工作。元编码发现了一些没有被规划的伦理准则（Lindsay，Koene，Halder & Lang，2008）。这种方法反映了欧洲政治、文化和职业的多样性。但从实证角度看来，它对反映、论证和理解简单行为规范尤为重要。

接下来我们简要看一下美国心理学协会（American Psychological Association，APA）的伦理指导。它对英国的伦理指导的发展影响深远。英国心理学会（British Psychological Society，BPS）的犯罪与法律心理学分会（Division of Criminological and Legal Psychology，DCLP）发表的第一套伦理指导在其框架和内容上大量引用了 APA 的成果（DCLP，1997）。与美国不同的是，在英国缺少专业的伦理指导（APA，2013）。因爱尔兰与英国地理上的接壤，更重要的是其伦理指导存在较高的实践价值。这种实践价值可以帮助我们解决伦理指导实践中面临的问题，所以我们将其同样加入了英国健康与护理专业委员会（Health and Care Professions Council，HCPC）的伦理指导。

APA 的伦理指导

APA 系列的伦理行为准则由两个重要部分组成，一般伦理原则与具体的伦理标准（APA，2002）。五个一般伦理原则如下：不伤害、忠实负责、正直诚实、公正、尊重人的权利和尊严。这些准则与其说是特定的行为准则，不如说是期望目标。而具体的道德标准是 APA 指定的强制性的规定和步骤。在面临投诉事件时，专业人士声称只是没注意到其中的规则是不能成为有效辩护的。在此，笔者不打算详细地介绍这些标准，只是希望读者明白其整体概况。该标准分为 10 部分，包括：伦理问题的解决、胜任力、人际关系、隐私和保密、宣传和其他公共声明、记录的留存和费用、教育和培训、研究与出版、心理测验、治疗。想要进一步了解美国职业指导的读者可在 http://www. apa. org/ethics 找到具体细节。

APA 司法心理学专业指南（2013）

这部专业指南证明了美国司法心理学的显著成长，以及拥有专门的伦理指导的紧迫需求。该指导有 11 个副标题：责任、胜任力、尽职、人际关系、费用、（知情同意、告知和认可）实践中的冲突、（隐私、保密和特殊状况）方法和步骤、评估以及专业人士和其他公共机构合作。在该指南的修订过程中我们认识到，随着社会和文化的变化，我们对伦理准则和实践会有更多不同的理解，所以有必要对这些指导进行周期性的调整。

爱尔兰心理学会的职业伦理指南

与 APA 的准则相似，PSI（爱尔兰心理学会，Psychological Society of Ireland）的准则分为两个部分，一个包括四个总体的伦理原则，另一个包括专业的伦理标准。PSI 的总体原则如下：尊重个人的权利和尊严、能力、责任和正直。这些准则是列表中所有伦理标准的标题。该准则含有两个附录，信息量很大，值得读者注意。

准则的附录 A 名为"伦理决策的步骤"，包含了 7 个实用的观点来指导伦理决策过程。这对政策制定者和其他实践者们来说是十分实用的备忘录。尽管这些建议没什么新意，但有效地强调了伦理实践的重点。对易受决策影响的当事人，它准确地定义了当事人的相关问题，并包含了关键问题的详细编码，以及对所有需要考虑的权责问题的严格评估。这是十分实用的实践建议，它能够帮助专业人士尽可能多地生成可供选择的决定，同时严格地评估可能的结果。同样重要的是，它帮助解决了伦理决策中的有效沟通问题。在这个 7 点框架中最关键的点是，个体要对他们的决策负责。也就是说，尽管指导能够在一定范围内减轻心理学家的责任，但基本上，心理学家必须为他们作出的伦理决策负责。在司法实践中，心理学家有其特定的责任去保证个体的需要能得到应有的重视。有时候拒绝提供一些服务才是最符合伦理的。一个组织机构的政策是合法的，并不意味着它在道德方面是正确或高尚的。因此怎样强调个人的决策和自身责任的重要性都不为过。在这样的司法监管之下，英国的心理学家们自 2009 年 7 月起如其他卫生职业一样受到了英国健康专业委员会（Health Professions Council，HPC，自社会工作者加入后改为健康与护理专业委员会［HCPC］）的管理，为关心缺少相关政策与实践的专业人士提供了有效的职业指导。

附录 B 列出了潜在的易受伦理决策影响的参与者。这是政策制定者和实践者们实用的备忘录。当公众如同参与人一样受到伦理决策影响时，就会出现许多与文化相关的议题，例如关于堕胎的争议。这证明伦理准则中尊重文化的重要性。

关于 PSI 准则的最后一点，是它明显排除了许多社会广泛关注的问题，这是令人失望的。这一点也成了英格兰和威尔士在心理学政策和实践上的争议问题。有观点认为社会关注和不平等是心理学家研究许多伦理问题的基础（see Gale，1994；Towl，1994）。而且没有任何其他领域像司法心理学一样，社会不平等是其当事人群体的显著特点。

上文从国际化的角度介绍了美国和爱尔兰的伦理指导。接下来，我们将转而关注英国为心理咨询和治疗工作提供的伦理指南。

英国心理咨询与治疗学会——心理咨询与治疗实践伦理指南

这部指南一个显著的特征就是它不仅仅以准则和标准作为框架，它在创立开始就包含了一系列明显的价值观（BACP，2013）。它强调在满足客户的需求时需要具有高度的职业与文化敏感性。其中保障人权在这些价值观中居首位。与其他指南明显不同的一点是，它强调由人类经验和文化价值构成的价值观，并贯穿全文。

该指南中列出的准则与我们已经触及的其他领域的伦理准则有一定的共性，它们都强调自尊的重要性、鼓励实践者发展自我认知并关注自我。职业伦理准则一般来说都有一个关于个人道德品质的部分，包括共情、真诚、正直、灵活度、尊重、谦逊、胜任力、公正、智慧和勇气。在处理伦理问题时，实践者要一直谨记这些准则。本文不会详细介绍这些标准。

409

前文中提到的准则已经足够我们理解这些标准，也足够反映出在坚持伦理准则的同时有必要保证咨询和心理治疗的价值，而这是伦理指导的根本内容。对于心理咨询和治疗领域来说，心理学家的准则所包含的内容要比其他精神医疗服务更加复杂。

在简要了解国际准则和其他心理学相关的职业实践准则后，笔者现在要重点介绍英国心理学家的伦理与行为准则和司法心理学家的专业指导。在此需要重申的是，理解伦理准则的价值和社会经济背景在应用（伦理准则）时是非常必要的。

英国健康与护理专业委员会（HCPC）的行为与伦理标准（2012）

该标准最早发布于 2008 年 7 月，在英国健康专业委员会（HPC）在 2012 年 8 月 1 日变为健康与护理专业委员会（HCPC）后进行了数次修正。

这份标准在开始部分着重关注了相关工作从业者的责任问题，包括 14 个标准：①你必须为被服务者的最佳利益而采取行动；②你必须尊重被服务者的隐私权；③你的个人行为必须时刻保持高标准；④你必须向（我们或任何其他有关监管机构）提供任何关于你的行为和能力的重要信息；⑤你必须保持更新你的专业知识和技能；⑥你必须在自身的知识、技能和经验范围内行动，无法胜任时，把问题转交给其他从业人员；⑦你必须适当、高效地和被服务者或其他从业人员交流；⑧你必须有效地监控你交由他人完成的任务；⑨在提供治疗服务时你必须（尽可能）得到对方的知情同意；⑩你必须对服务过程进行精确的记录；⑪你必须公正、安全地处理感染风险；⑫当你的健康问题影响你的行为或判断时，你应该限制你的工作量或者停止工作；⑬你必须诚实、正直地作出行为，并保证你的行为不会损害公众对你或该职业的信心；⑭你必须保证你做的任何宣传都是准确的。

这些告诫的话十分醒目，因其每一句话都表明从业者将毋庸置疑地为自身行为负责。这种个人责任的理念是这个准则优于其他准则的重要标志。HCPC 是 16 种健康护理职业的法定监管机构，所以这一标准也是这些健康护理职业的指导。但在第 11 项标准中提到的公正安全地解决感染风险对心理学实践者和社会工作者这样的职业来说并不属于正常的职业考虑范围。这样的文件需要定期修订，是否能够作为一个长久的标准，还需要时间检验。

英国心理学会（BPS）的伦理和行为准则（2009）

BPS 在 1985 年发布了该伦理行为准则，并定期修订。在 2006 年 BPS 该准则进行了较大的改动。然后又在 2009 年进行了一些细微的调整。其中，最明显的调整是将健康专业委员会（HPC）定为法定监管机构。

该准则开篇解释了其合理性和产生背景。其中引起我们注意的是，伦理都不可避免地和权力联系在一起，以及个人对其行为的责任感的重要性。也许是因为考虑到了前文关于伦理准则的哲学批判所带来的问题，这份标准更多的是用来帮助从业者了解自己的职责，而不会对决策和责任进行过多的干预。在实际操作层面，实践者会发现其中简洁的决策部分对于了解当地政策和实践的发展非常实用。这和爱尔兰准则提供的附录有相似之处，但也存在一些例外。

准则以四项伦理原则为基础：尊重、胜任力、责任和正直。每一条原则都用相关价值观的陈述和一系列专门化的标准来体现。在遇到难以决断的伦理问题时，所有这些都可以帮助从业者作出最后的决策。但是其中某些概念还是不够清晰。例如，尊重是一条原则而不是一种价值观，有些人可能会觉得前后矛盾或者混淆，但这个准则提供了保证从业者为自身行为负责的规范。

总体看来，BPS 的职业准则近年来改进了很多，并且与国际上的心理学家准则和其他相关职业准则有相似之处。

BPS 司法专业指导

在 20 世纪后期、21 世纪前期，曾被更名为司法心理学分会（DFP）的犯罪与法律心理学分会（DCLP），开始形成其自己的专业指南（British Psychological Society, 1997, 2002）。这份指南参考了早期 APA 和 BPS 的指南，也参考了很多研究该重要领域中部门活动的相关论文（see Gale, 1994; Towl, 1994, 1995）。最近，随着 BPS 发布了相对较新的伦理准则，其专业指导开始变得没那么受关注。这也部分反映了一种共识，即伦理准则的根本性内容在职业实践领域是通用的。从这一角度来说，司法领域与前文提到的那些存在权利不对等问题的其他领域并没有什么区别。

在下一部分，笔者将探讨在许多健康和社会保障领域内存在的权力不对等的现象，以

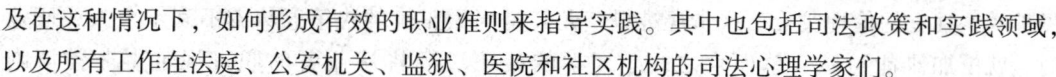

及在这种情况下，如何形成有效的职业准则来指导实践。其中也包括司法政策和实践领域，以及所有工作在法庭、公安机关、监狱、医院和社区机构的司法心理学家们。

权力关系

所有的职业关系都会导致权力关系。这些关系可以体现为三个水平：社会政治、组织与个体。这三个水平是在国家和社会阶层理论的背景下出现的。

这个框架可以适用于一系列背景下的一系列职业群体中。关键的一点是要理解伦理行为在特定案例和日常实践中是怎样的，以及理解职业和服务接受者之间的权力关系。在司法背景下（医疗案例中更常见），服务接受者常常会存在"选择"的限制。任何一个受限的现实选择都会扩大现有的明显倾斜的权力关系。所以司法心理学家和政策制定者都需要意识到实践中容易出现的这一问题。

这个权力框架并不是要弄清楚复杂权力关系的每个层面，而主要是指司法心理学家和罪犯间的权力关系。然而，它确实是一个基础的视角，但是，我们可以通过这个基础的视角了解一些可能影响从业者与当事人权力关系的特点。

在社会政治领域层面上，国家积极地支持司法心理学家的工作。这点可以由 21 世纪早期工作岗位的大幅增长来证明（Crighton & Towl, 2008）。而且，英格兰和威尔士、苏格兰、北爱尔兰以及其他国家已经明显提高了司法心理学家的报酬与地位。在对犯人进行假释评估时，假释官极大地倚重心理学家和相关的心理学研究。

与此相对的是，囚犯处于监狱中，并且没有国家选举权。在组织或机构层面上，他们往往无法获得教育机会。

在组织层面上，心理学家可以同时获得其雇主和职业协会的资金支持，如英国心理学会和英国健康与护理专业委员会（HCPC）。而罪犯则不会有这样福利。

在个体层面，心理学家是成功的、有出色的口才，并且有职业地位带来的象征和好处。例如，他们享受职业监管和职业发展部门（Continuing Professional Development, CPD）的福利，还能得到相关的职业指导机会。而罪犯则是国家的缺陷，他们就缺乏相关的社会支持系统。

简而言之，职业关系中权力的不对等是由地位明显不对等开始的。我们如果关心"另一个人"的权利，那么可能需要特别考虑：作为专业人员的自己掌握着改变对方地位的权力。许多人都会在这种权力差异背景下感到不适。这种不适在司法心理学家中可能更加明显，因为他们更容易意识到其潜在的危险性。作为一般规律，权力差异越大，权力滥用的风险就越高。许多案例中已经充分证明了这点，例如，执业医生虐待儿童和病人。儿童在这种情境下几乎没有权力，同样，当一个病人正在经历可能（生理或心理）生病的脆弱感时也几乎没有权力。形成鲜明对比的是，医生可以享受职业地位带来的待遇和坚实的权力基础。因此，权力关系的鸿沟被进一步扩大了。心理学家需要从这样的问题中吸取教训，并开展进一步的研究。

随着心理学实践的增多，我们意识到伦理指导的应用有着更加重要的意义。最近修订的 BPS 准则就表明了这一点，它强调了个体职业责任的重要性。鉴于个体职业责任的范围，用"我只是按照组织（或职业）指导行事"来为职业实践中的问题辩护，是远远不够的。我们期待未来的专业人士按照伦理指导并凭借他们对自己作为和不作为的责任感，做出有

411

见地的、独立的伦理决策。这非常难得，尤其是当做正确的决策意味着不利于个人或职业时，就更加难能可贵。总而言之，心理学的相关法规将从业者的职责规定得非常清晰（HCPC，2012）。

结论

理解我们伦理实践的哲学基础是非常重要的。笔者已经论证过，政策和实践中能够被认定为是伦理的一个关键基础，就是理解职业心理学家与罪犯的权力关系。这种关系需要被放在更加广泛的社会背景之下来进行考虑。罪犯往往社会地位低下，而心理学家则社会地位优越。考虑到这些因素，再结合伦理指导，这对从事相关职业是很有用的。但是最重要的是，要对现有和未来的政策可能对伦理实践产生的影响进行讨论和反思。

从心理学相关法规出台开始，对于从业者的要求就有一个重要的改变，它要求从业者为自己的职业行为负责。16 种健康护理职业参与修订该职业伦理指导，使公众更加相信，多部职业法规更加有助于职业自身的进步与调整，这在伦理学领域是职业发展非常健康的一个标志（Towl，2014）。

我们可以发现，在伦理实践中，一个人的价值观和信仰非常重要。有时我们需要面对许多不符合伦理的政策和实践，这时参与相关的伦理实践的讨论和行动非常困难。所以从业者应当反思谁会从这项决策中获益，有时会发现涉及的潜在利害关系人的范围很大，从而决定下一步的行动。所以，自我反思是做出伦理决策的一个重要步骤，尤其是对自身价值观及对决策影响的反思。简而言之，我们需要定期考察我们自己的伦理实践及其职业基础。

笔者希望本章的内容能够发人深省，在关于职业伦理的反思、讨论、协商和相关领域的实践中有所帮助。

412

扩展阅读

1. British Psychological Society （2009）, *Code of Ethics and Conduct-Guidance*, published by the Ethics Committee of the British Psychological Society, BPS, Leicester, United Kingdom.

这本行为准则是司法实践心理学家的基本读物，它介绍了该职业的背景、价值和行为准则。尽管司法规定可能会对其中的一些伦理问题产生影响，但其中的许多要求还是对实践具有指导意义。该准则提供了一套有助于伦理决策的简单有效的体系（包括所有专业人士要考虑的因素）。

2. Lindsay, G., Koene, C., Overeedide, H., & Lang, F. （2008）, *Ethics for European psychologists*, Gottingen, Germany：Hogrefe.

这本书详细介绍了欧洲心理学联合会发布的第二版伦理准则，并包括几章关于专业实践的内容。尽管该准则一开始是由个体心理学会制定的，但相关内容仍具有借鉴意义。这本书的内容还包含了许多司法从业人员可能遇到的实践问题和解决方式，例如，书中的附录 4 就列举了当心理学家被投诉时应该表现出来的可能让自身不适的职业期待行为。这些清晰、具体并有效的行为建议来自挪威心理学家，在欧洲学界广为流传。近些年来，针对司法心理学家的投诉越来越多。这本书可以为相关从业人员的培训实践提供较大帮助。

3. Health and Care Professions Council, *Standards of conduct, performance and ethics*

（2012），London，UK.

这本书是心理学从业人员的基本读物，并且是该领域从业人员的培训用书。它明确地指出从业者应该保证的职业标准。一旦出现相关问题，就要受到行医资格听证会的审查，并有可能被吊销执业资格。

参考文献

American Psychological Association（APA）（2002），*Ethical principles of psychologists and code of conduct*，Washington，DC：Author.

American Psychological Association（APA）（2013），*Ethical principles of psychologists and code of conduct. Including* 2010 *amendments*，Washington，DC：Author.

BACP（2013），*Ethical framework for good practice in counselling and psychotherapy*，London：BACP.

Banks，S.（2003），"From oaths to rule books：A critical examination of codes of ethics for the social professions"，*European Journal of Social Work*，6（2），133 – 144.

Banks，S.（2008），"Critical commentary：Social work ethics"，*British Journal of Social Work*，38，1238 – 1249.

Banks，S.，& Williams，R.（2005），"Accounting for ethical difficulties in social welfare work：Issues，problems and dilemmas"，*British Journal of Social Work*，35，1005 – 1022.

Baxter，C.，Brennan，M. G.，Coldicott，Y.，& Moller，M.（Eds.）（2005），*The practical guide to medical ethics and law*（2nd edn），Pastest，Bodmin：MPG Books.

British Psychological Society（2009），*Code of ethics and conduct*，Guidance published by the Ethics Committee of the British Psychological Society，Leicester，UK.

British Psychological Society，Division of Criminological and Legal Psychology（DCLP）（1997），*Ethical guidelines on forensic psychology*，Leicester：Author.

British Psychological Society，Division of Forensic Psychology（DFP）（2002），*Ethical guidelines on forensic psychology*，August，Leicester：Author.

Cohen，N.（2008），"Let the PM be the best-paid public servant：Comment"，*The Observer*，23 November.

Confucius（1979），*The analects*（translated with an introduction by D. C. Lau），London：Penguin.

Crighton，D. A.，& Towl，G. J.（2008），*Psychology in prisons*（2nd edn），Oxford：BPS Blackwell.

Dawson，A.（1994），"Professional codes of practice and ethical conduct"，*Journal of Applied Philosophy*，11（2），125 – 133.

Gale，A.（1994），"Do we need to think a bit more about ethical issues?"，*Division of Criminological and Legal Psychology*，*Newsletter*，37，16 – 22.

Health and Care Professions Council（2012），*Standards of conduct，performance and ethics*，HCPC，London，UK.

Koocher，G. P.，& Keith-Spiegel，P.（1998），*Ethics in psychology：Professional standards and cases* (2nd edn), Oxford Textbooks in Clinical Psychology, Oxford: Oxford University Press.

Krebs, D. (1982), "Altruism: A rational approach", In H. Eizenberg (Ed.), *The development of prosocial behaviour*, New York: Academic Press.

Lindsay, G. , Koene, C. , Halder O. , & Lang, F. (2008), *Ethics for European psychologists*, Gottinggen, Germany: Hogrefe.

Mendonca, M. , & Kanungo, R. N. (2007), "Ethical leadership", In C. Brotherton, Series Editor, *Work and organisational psychology*, Maidenhead: Open University Press.

Mothershead, J. R. , Jr. (1955), *Ethics: Modern conceptions of the principles of right*, New York: Henry Holt and Company.

Sunday Times (2008), "NHS staff earnings, NHS information centre", *Sunday Times*, 30 November, under Freedom of Information Act.

Thomson, A. (2006), *Critical reasoning in ethics: A practical introduction*, London: Routledge.

Towl, G. J. (1994), *Ethical issues in forensic psychology. Forensic Update*, 39 (October), Leicester: DCLP, BPS.

Towl, G. J. (1995), *Ethics: A framework for forensic psychologists. Forensic Update*, 42 (July), Leicester: DCLP, BPS.

Towl, G. J. (2014), "HCPC", *The Psychologist*, April.

United Nations (1948), *Universal Declaration of Human Rights*, adopted and proclaimed by General Assembly Resolution 217 A (III) of 10 Dec, 1948, Geneva: Author.

第二十七章　风险与恢复

格雷厄姆·J. 托尔（Graham J. Towl）

在司法心理学领域，关于犯罪个体风险评估的书籍数不胜数。本书第一版中，我们谈及了各种风险评估工具的供应商越来越积极的营销，他们向罪犯评估提供获利丰厚的结构性风险评估工具。与监狱的私有化相比，对公共服务民营化这一领域的报道较少。这类公共服务与新自由主义政治议程有关，我们已经看到该议程使英国监狱中某些心理干预减少，这些心理干预都置于循证实践的面纱之下。那些对司法心理学家在监狱中的工作有浓厚兴趣的读者，通过了解这一领域（风险评估）可以获得许多有用的资料（e. g.，Towl，2004，2010a，2010b，2010c；Crighton & Towl，2007）。

风险评估和管理已经成为"罪犯管理"通用词汇中的核心结构之一。风险评估和管理的概念源自服务组织与实施的管理学模型。值得注意的是，传统的临床术语"治疗"在很大程度上被摒弃，取而代之的是"管理"这一更具广泛性的概念（Towl，2014a；2014b）。许多诸如此类的工作被称为"证据之光"，在本章或者其他章节中有记录和论述（e. g.，Towl，2006；Towl & Crighton，2007；Crighton & Towl，2008）。总之，在罪犯管理的一般领域，尤其是风险评估方面，那些所谓的循证政策和循证实践，可能最多只是某些循证信息的实践，而且最糟的情况是误导出潜在的公共危害。

公众对风险的观点影响到了政治领域，尤其可能表现在塑造政客的风险偏好方面。风险是日常生活的一部分（Adams，1998；Breakwell，2007）。我们每天都要做出心理决策，这也是一种更为广泛的"风险管理"。我们日常生活中的大部分决策可能源自意识、前意识或无意识，而正式的风险管理程序的优势在于，这种方法具有政策和实践结果的明确框架。

本章介绍了一种与众不同的方法，即广泛地研究评估中过度关注个体的现象。鉴于司法政策和实践领域中，风险评估决策方面的力量不平等，笔者也对一些伦理问题进行了论述。风险评估这一概念中应该引入更加广泛的、具有包容性的评估方法，而不是将司法风险评估的焦点囿于针对某一单独个体的评估过程中。

因此，需要考虑风险评估中的心理—政治因素，也需要加深对其概念的理解。人们常常将司法心理学称为"行为技术"而误认之为科学。鉴于以上问题，我们非常有必要从更广泛的政治背景理解风险评估，在这里需要把新自由主义，以及对心理学家与国家关系的综合性叙述的发展考虑进来。

在司法领域，人们对传统的系统性方法缺乏认识。所以，笔者依据适当加权的方法寻求突破，从而加深我们对风险评估的理解。风险与恢复之间的关系是动态的，因此为了加深认识，需要通过"系统性"的视角进行观察（Meadows，2009）。

为便于说明，笔者近期从负责管理英国泰晤士河的伦敦港务局（Port of London Authority，PLA）的一些实证研究中分析、比较概念间的相似之处，并根据整体适应性，对一系列

415　进行风险管理的复杂系统进行评估。笔者试图从如此复杂的系统中学习、理解风险与恢复的关系。最后，关于英国及其他地区的司法心理学在未来所涉及的领域产生的影响，本章会有一系列思考。

司法心理学政策和实践中的"风险"概念

　　"风险"这一术语被应用于很多不同的语境。司法心理学认为风险是指某种特定伤害发生的可能性（e.g., Towl & Crighton, 1996）；在这里，我们通常最关心的是伤害他人的风险有多大。"罪犯"与"受害者"通常被看作一对二分变量，二者在证据上相互对立。事实上，"罪犯"与"受害人"群体之间有很大重叠；"罪犯"群体比"非罪犯"群体成为"受害者"的风险更高。这有助于把关注点转移到如此明显的二分法所具有的政治重要性上。我们将会看到，这样的二分法（罪犯和受害者）的政治重要性影响深远。

　　在司法领域，风险评估与管理的常用方法存在一些基本问题。潜在的常规假设认为，心理评估是对罪犯的行为作特定的预测。这是一个常见的错误预期，有时来自从业者，有时来自服务机构的专员，或者在他们身上都有体现。但是，这些期望在逻辑上是站不住脚的。这种可以被称为"预测谬误"的观点持续渗透在此类相关的工作当中。事实上，司法心理学家竭尽全力在做的是：尽可能准确地评估个体在未来被定罪的可能性。因此，风险性评估有效性通过可能产生的概率结果进行最准确的检验，并根据现有的证据加以适当的说明。不论怎样，对于评估个体罪犯是否会继续犯罪所产生的群体数据，有助于我们进一步了解这些判断的总体精确性。一个例子可以进一步说明这一点。比如，有一种可能性是指2年之内在10名罪犯中会有一人由于某种犯罪行为被判刑，这个评估不是关于预测10个人当中谁会被判刑。但有时，这也恰恰是人们要求的。称其为"无稽之谈"是因为这代表了风险评估的对立面，风险评估是关于不确定性，而非确定性，或者对某特定个体行为的预测。但有时，似乎依然存在一种确定性的错觉（Gigerenzer, 2002）。同样，也许值得注意的是，尽管有时候司法领域的风险评估宣称是对某种犯罪行为发生概率的估计，然而一般实践中这样的判断是通过测量再判率获得的研究数据得出的。一种更精确的方法是，当进行这样的评估时，考虑我们所知道的犯罪类型与定罪率比例。这涉及更复杂的数据和另一个堪称更不确定的数据集，但优势在于可能更加准确。如果目的是评估实际犯罪的可能性，而不仅仅是从大数据中获得作为替代指标的再犯率，那么它可能会更加准确。这些数据集分别在2年和5年的时间点上最常见，同时，虽然这种方法有时在英国司法心理学家日常繁忙的实践中（起到的作用）是毋庸置疑的，但是仍然具有显而易见的局限性。在司法领域，长期的前瞻性研究相对罕见（see, e.g., Joliffe, Farrington & Howard, 2013）。这是一个重要问题，有人会声称我们"知道"干预措施的有效性，据称这些干预措施的目的是降低犯罪风险，通过"再判决"指标进行测量。

　　但是，相比于单纯概念上的误解，实践中的问题更为严重。对司法心理学家来说，真正的危险是不承认被评估的罪犯的人性。这是制度化的政治区分造成的伦理恶果，它将罪犯和受害者区分成两个独立的群体。这种倾向在某些情况下更加明显。例如，评估性犯罪者时，他们的犯罪行为通常会让评估者感到痛苦。然而，在面对这种案例时，评估人员一般不被鼓励去承认自己的痛苦。但个人应该具有专业性，反过来也具有政治性。从心理上讲，在这些不同的模式和角色中，我们并不是以单独的个体存在。这种情况下，有人会认为职业行为是政治和个人角色之间的调节器。风险评估的政治化，是指利用不成比例的时间和资源来评估罪犯的再犯风险，而这些罪犯处在高度结构化的环境（如高度安全的监狱或医院）中，很少有机会再次犯罪。即使采用大量的数据，通过司法心理学家们的风险评估"救"下来的死亡数量（译者注：即减少的受害人数量）也非常有限。可以说，如果司法心理学把关注点放在犯罪轨迹中更早的其他地方，那么在挽救生命方面可能产生更大的影响。如果政策是根据再犯和干预风险的证据来制定，并且监狱投资受到预算的严格限制，那么与新的监狱相比，可能导致高度安全的监狱预算的大规模缩减。因此，根据风险管理，如果把资源有针对性地放在监狱系统的年轻罪犯之中，那么高安全资产的投资，将潜在地降低犯罪数量。很少有证据表明，在高度安全的监狱中，旨在降低罪犯再犯率的实验性干预措施对罪犯的再犯风险产生了有意义的影响。因为这些罪犯生活在高度受限的环境里，其中许多人在相当长时间里不可能被释放。那么我们如何有效地测量出再犯风险有所降低的指标，是这种情形留给我们的难题。自我报告的数据必然有其局限性，尤其在这种高度安全的监狱环境下，采用这种报告的形式所包含的不确定性。因此，根据证据，康复资源流动起来可能会更有益，不仅仅在降低犯罪风险和犯罪率方面，而且在减少狱内自杀方面都产生了影响。但是，残酷新自由主义政治禁锢意味着，一个高度安全的（监狱中）罪犯越狱永远比其自杀更严重。许多更早期的干预很可能成本更高、对犯罪控制更有效，但是，这种更广泛的政治上的激烈辩论意味着，意识形态将总是胜过经验证据，甚至以牺牲潜在的受害者为代价。本书其他章节触及到了这个政治上具有挑战性的领域。坦白地讲，如果我们在英国监狱对性罪犯实施干预治疗方案，那么所有的证据表明，这些方案在降低再犯率方面并没有起到令人信服的作用（Crighton & Towl, 2007）。在政治层面上，似乎很难终止这些工作。如果我们的目的是减少受害者的整体数量，那么将这些重要的资源投放在那些表现出有害的性行为的儿童身上，是对资源更为明智的使用。其他评论人员也注意到了这一点（see, e.g., 本书中沃顿所撰章，译者注：第二十一章）。

我们需要更多考虑风险评估中的伦理问题吗？

这个副标题特意采用疑问的修辞手法，希望引起读者的关注。司法心理学家的职业道德行为规范于1997年首次公开发布（2003年进行了修订）。但随后被英国心理学协会的司法心理学会摒弃，其理由是心理学应用于实践的行为方法应有统一的标准。

司法心理学会（DFP）最初是作为犯罪和法律心理学会（DCLP）的分支机构成立的，形成职业道德规范是学会成立初期的一项关键任务。而直到20年后规范才成形，这套姗姗来迟的指导性规范在行业内受到了热烈欢迎。但随后，当心理学从业者意识到实践的伦理原则对其来说是普遍性的存在，该规范逐渐被忽视和摒弃。从业心理学家群体意识形态的立场发生了隐性和显性的变化。总体上，对于心理学从业者及其他相关人员而言，专业领域有一套更为广泛的道德指导体系（对于行业发展）可能更有益处。与单一的专业监管相比，多元专业监管的好处之一是可以相互学习（Towl, 2014a）。

对于司法心理学来说，来自其他专业的平衡和检查监督显得尤其重要。因为服务用户的批评常常基于这样一种观点，即该领域的心理学工作者实际上是"国家心理学家"，在这种情况下，我们表现得好像"客户"最终是国家，而并非被评估的个体。至少，在司法心理学领域的诸多实践中存在这样一种隐性的思想观点，即罪犯从根本上来说是"其他人"。

因此，司法心理学家是在"解决"罪犯，而不是把他们当作合作伙伴。这在领域内已经形成惯例，且在英国心理学会官方教材中得到了充分体现，例如书中有一章公然以"罪犯的处置"为题目。而且，这是一种意识形态。根据定义，司法环境带有强制性，强制性环境形成了强制性的文化。从社会心理学的研究中可以了解到，在特定的文化背景下，理智的人也会迅速做出不理智的行为（e. g.，Zimbardo，2004）。仅此一点或许就可以作为有益的提示，即需要坚决地将伦理问题提上议程，并摆在专业领域的突出位置。21世纪初期，监狱给罪犯实施心理测试时，罪犯的知情同意权并没有得到保障。这种情况十分常见，尤其在对罪犯实施专业流行的或（一些）有利可图的测试与培训时。这一实践的情况改变的主要原因是，这些测试的结构信息逐渐为人所知，而且更为关键的是，罪犯个体高分结果的含义也被广泛传播。（对于）这些信息（而言）更大的透明性和可获得性是社交媒体出现后带来的非常积极的结果。当服务对象也能获得这些信息时可能会刺激到专业人员，这是一种有利的制衡并考验我们的专业性。而且需要重申的是，权威的社会心理学研究证据表明，环境使个体（即使是教育良好的人）很难不遵从特定判断（Asch，1952）或要求，即使有时候这些（特定判断或要求）不符合道德规范（Milgram，1974）。

尽管撤销司法领域专门性的伦理道德指导会有一些潜在问题，但从某种意义上来说，司法环境也不过是一组特定的权力关系。从定性的角度看，它和公共政策与实践的其他领域没有什么区别。伦理道德问题可能会成为司法环境下更加引人关注的焦点（Towl，1993），但根本上说，在其他环境中也会遇到相同的问题。

心理学从业者共同达成的具有法律效力的行为规则也存在同样的问题。对于卫生保健和社会保障等不同行业来说，尽管伦理道德问题在这些行业和相关机构有不同的表现，但也是其核心问题。的确，除了从其他学科的角度和理论观点出发，还有什么是心理学家能寻求的更有效的检验呢？这是一个更为完整严谨的系统，而非任何一个具有双重角色的专业实体所能达到的（Towl，2014b）。另一个偶尔令人难以接受的伦理问题是（当然这并不仅仅存在于心理学学科中）专业上的自我利益（Towl，2010a；2010b；2012）。这凸显了有效监管的必要性。

心理学家们根据罪犯再犯风险的可能性做出评估和判断，这些专业权力的使用应该接受相关机构的监督制衡。过去，那些旨在降低再犯风险的罪犯干预工作常常在干预开始和结束的时候进行风险评估。显然这会形成一种利益冲突（e. g.，Greenberg & Shuman，1997），因为从业者会为了使干预出现良好的结果而加大情感和专业的投入。因此，他们在承担此类风险评估方面处于不利地位。幸运的是，实践中这种情况越来越少，主要是因为此类风险评估在法庭上备受质疑，而非心理学家的自我调整。这可能反映了一个更具普遍性的道德问题，即专业化的监管限制了行业内资质不够的实践行为，因此专业团体在决策方面也更加独立。专业团体长期以来一直反对这一质疑他们专业能力的观点，但幸运的是，这成了包括医疗卫生等领域在内的专业规范。

直接受雇于英国皇家监狱管理服务部（HM Prison Service）的心理学家进行的风险评估面临着专业的挑战，因为，如果他们是为监狱、政府或碰巧为监狱服务的个体从业者做代理写报告，那么他们所做的风险评估就会很模糊。可以预见，一些人已经比别人更有效地适应了这些挑战。这些适应性再次为特定的风险评估提供了证据。从专业上讲，评估应该具有独立性。但是，还有一个潜在的重要问题，就是个别心理学家的个人经验会干扰判断，这是敏感而且真正困难的领域。在此，以性犯罪为例来说明该问题。监狱中的绝大多数的性犯罪罪犯都是针对妇女和女孩儿而被判入狱。绝大多数司法心理学家都是女性，通常还是年轻女性，从统计上看，这些女性中大多数都可能成为性侵犯的受害者。如果一个心理学家站出来披露这件事情，将十分不合常规。这样的罪行导致的公共记录从统计上来看也不合常规。就这点来看，出现了两个道德问题。首先，在信息披露方面，什么是合理的期望？这主要是对心理学家本人的伦理关怀。其次，可能会存在意识、前意识、潜意识的情绪反应，对报告加以歪曲，可能还很严重。这些是真正要解决的难题，但不把它们当成潜在问题，就不大可能有助于解决道德困境，或至少去处理这些问题。我们大多数人关于性犯罪的看法会受情绪的影响，解决这些道德难题的出发点无疑是，无论如何不舒服，都要承认这些问题，但是实行起来并不简单。一些通用的办法可能会帮助降低这种情况发生的可能性，例如，同行审查和密切监督。但是，在这个棘手的领域中可能还有许多工作要去做，需要更多的实验研究工作使我们更好地理解这类问题的范围和深度，需要更多的政策性工作使我们能够正确地做出反应，需要更多的实践行动去保护包括心理学从业者以及罪犯在内的公众。

対风险评估的担忧绝不仅仅局限在司法心理学领域。事实上，刑事司法机构对该类问题的关注度远非如此。在工程学、社会学等学科领域对"风险"有丰富的理解视角。近几年，我们也看到了银行业处理风险时使用的方法，以及政府为更好应对风险而选择了更多的外包服务的行为（社会政策理论家认为这些服务都属于公共产品）。

社会学对风险概念的描述往往包含更广泛和更深思熟虑的方法。刑事司法领域中的这些风险评估方法与当前社会的正统观念形成鲜明对比。这些风险评估工具可以被视为对所有者的财产保护以及一种公共保障。许多社会学家就会注意到这种权力关系在他们所处的文化背景下的重要性。一些社会学家已经把风险概念当作一个镜头，通过它可以看到现代社会中充斥着来自风险的主导范式的暗示。我们看到，在监管、健康与安全问题、审计、管理以及对潜在诉讼日益增加的担忧等方面的增长。这样的情形会导致专业领域防御性的实践行为，这是我们需要注意的。

在工程领域，安全工程学与"风险"的管理有关。司法心理学借鉴并依赖一些工程学方法来确保安全性，比如故障树分析（fault tree analysis，FTA）。司法心理学家使用的危害分析法与该方法十分类似，他们对犯罪行为进行密切的全方位的审查，来推断罪犯可能存在"犯罪（不受欢迎或其他）的风险"。可以这样说，心理学家和工程学家在风险评估方式上的关键共性是指概率风险评估。因此，他们都尽可能把特定时间段的"失败率"量化。司法心理学领域的许多行为需要控制风险和/或规避风险，工程学领域的语言对这些行为具有指导作用。当然，当一组风险被规避了，另一组风险又冒出来，有时候风险还会增加。例如，在汽车工程领域，需要在安全性和燃油经济性之间做出权衡。通常，汽车越重，安全性越高；但是，一般越重的汽车，燃油效率就越低（不怎么省油）。这一点非常重要，这反映了许多风险评估实践中的一个常见的误解，即管理一项特定的风险可能会导致其他风险增加，或可能在分析中会完全忽略某些风险。对于罪犯来说，最常见的例子是对犯罪指数的过分关注。所以，对一名暴力犯很可能更倾向于评估其未来实施暴力的风险。尽管有证据表明，年轻罪犯往往在犯罪习惯上是多元的，很少见到某种特定犯罪类型。如我们所见，这与对恐怖袭击的反应是类似的。例如，美国世贸中心的双子塔被劫持的飞机袭击倒

418

塌后，美国境内航空旅行量骤然下降；许多人选择乘坐汽车，这又导致了交通事故死亡率的明显上升。类似的情况也发生在炸弹恐慌的疏散政策和过程中。内政部倾向于采用谨慎稳妥的方式进行处置，只要接到炸弹威胁的电话就会进行疏散。如果所有电话都以这种方式回应，将会引起经济和社会混乱。而且可能会增加这些事件真正发生的可能性。这些电话中虚假威胁的比例明显比真实威胁的数量高得多。这使人们对这些电话的动机提出疑问。一种假设认为，这种动机可能与重大疏散活动带来的混乱所产生的潜在巨大影响有关。

风险的工程学模型是机械的，基于相关的风险信息来确定变量。但是，在安全工程领域有一些稀奇古怪的事件，比如风险管理的三要点方式。这种方法的主要观点是，关键组成部分的故障应完全地避免，或将风险降到最低水平。比如，用于航空业的其中一个方法就是采用三要点方式来避免功能性故障。这种方式的观点是，如果当一个系统的三个组成部分均失效，这个系统会导致灾难性的功能障碍，即假定三要点中任意一点发生潜在故障的事件都是独立的，或者说其中一点的失效会先于其他（发生故障）。但是一旦其中一点发生故障失效，另外两点发生故障的可能性就会发生变化。那么，把司法实践与之进行机械的比较，罪犯接受了诸多技术性的干预，但是在实践中没有能够恰当地使用其中任何一种技术。比如，在愤怒管理工作中，罪犯可能已经学会了如何放松，但他们只是在出拳打别人的时候更放松，并没有有效控制愤怒，因为对其他重要方面的干预，比如认知或行为方面还没有起作用。

英国的气候相对温和，但也存在这样的事实，即相较于死在一个被释放的终身监禁的罪犯的手中，老年人每年死于气候条件的风险更大。对市民来讲，死于交通事故的风险比死在一个被释放的终身监禁的罪犯的手中的风险更大。这些现象的相关性是用来让公众客观看待风险评估的规模。在实际情况中，长途货车司机、火车司机、飞行员比司法心理学家或医生每天承担更多生死抉择的责任。

与风险相关的法律手段基于不同的心理学视角建立框架。尽管（这些手段）在语言上存在一些共性，比如"概然性权衡"，但是合理的概念应放在更加突出的位置。法律程序往往反映了决策的需要，这种决策主要反映了一种分类性，而不是基于连续的方法做出的决策。

总之，关于从业心理学家的道德问题，可以被概括为：通过卫生保健专业委员会（HCPC）的法律规制提供的恰当的平衡和制约，而不是某种单一的以职业为基础的监管机构所制定（的规范）。卫生保健专业委员会（HCPC）和英国心理学会之间的关系好比医学总会和英国医疗协会之间的关系（Towl，2014a；2014b）。就公共利益而言，互联网的出现使得我们在风险评估的专业实践工作中更加透明，尽管还存在一些问题，但是它的出现绝对是一种积极的发展。在行为决策的风险评估工作环境中对政治和社会心理学的理解，说明我们需要警惕不良实践的制度化所产生的后果。不过，实际上最困难的是研究、政策和实践者的制度化。

讨论了上述概念和道德问题，下文将从系统的角度关注风险，尤其是与恢复相关的风险。

风险与恢复

英国内阁办公室对国家基础设施的恢复负有明确的职责。撰写本文时，近年来的气候事件已经引起媒体和公众的关注。最近一项研究的目标之一计划涉及英国港口恢复领域，包括检验风险评估在港口领域的影响以及港口的组织恢复能力。另一个目标是，研究在多大的程度上，这种概念共性可能被"引入"到其他政策领域——我们的目的是，与风险评估相关的公共保护由司法心理学家来完成。

伦敦港是一个由众多利益相关者组成的复杂系统——从这个意义上来说，与刑事司法系统存在很多共性。这种多元系统由各式各样的"行为主体"构成。与我们在刑事司法领域所见的一样，这种环境有其根深蒂固的文化根源。众多为人所知的关注点集中在应急预案和业务连续性计划上，二者常常由内部风险管理来控制，在港口这样的环境中尤其得到关注。关注点在于缓和并适应可能出现的新的操作环境，而非外部某种具体的"威胁"。比如，一个恶劣的天气事件就可能会对食品供应链造成破坏，随之，可能会迅速升级为大规模的混乱，甚至有可能引发市民的反抗活动。其他港口可能会作为应急计划，但是，这种方法的有效程度部分取决于天气的恶劣程度。

但是，这与司法领域有何关系？一旦对个体的将来做出某种特定的评估，相似性和潜在影响就会显现出来。当时的政治形势能影响判决、管理以及囚犯释放可能的决定。伦敦港口管理局（PLA）由包括私营部门和公共部门在内的混合经济部门运营，与公共服务部门没什么不同，尤其是监狱，而且关键的一点是，监狱和港口都是社会政策理论所说的"公共产品"。最终，这意味着，作为公众的我们直接和间接地感受到了危险带来的后果。私营部门的"风险"实际上相当于金融风险——如果某个投资项目不再给投资者提供适当的回报，那么投资很可能会被转到其他地方。但公共服务部门不喜欢市场的这种"放纵"，因为从定义来看，它们必须提供服务，或者就私营部门而言，它必须始终待在一个充满潜在敌意的市场中。因此，如果没有足够高的投资回报来提高股东持有的价值，港口的私营部门和刑事司法部门可能会仅仅通过一个恢复性的金融结构来降低风险，退出任何市场或伪市场。公共部门的价值或许隐藏在"公共产品"这一概念当中——即以（必要的）公共利益为唯一目的的机构或活动，比如基于港口贸易的行业。

因此，考虑到监禁，尽管一些监狱和配套服务可能在公众和私人的控制之下，但是责任最终将落在政府身上来确保其施行的有效性。（这与）前面讨论的风险管理行业中有一些相似的联系。所以，这就是政府内部实行的（正式的）问责制。

但是，在系统的复杂性方面，这些共性或许会影响到相关利益结果，无论是一个被判终身监禁的罪犯的再犯风险，还是发现一个藏在前往伦敦市中心的集装箱里的炸弹的风险。就这两个例子而言，在潜在死亡人数方面，即便被判终身监禁的个体罪犯被释放后继续再犯，但他们可能造成的死亡是有限的。然而，累犯的再犯轨迹，或未来在集装箱船上成功部署炸弹的袭击者，并非是由个体能单独决定的事情。要理解这些潜在风险，我们需要更好地理解两个参与者所参与其中的环境。在港口，这可能需要把更加有效地检查和检测单个集装箱作为一项预防措施。这或许意味着在终身监禁的评估工作中，需要列入一些对他们生活中重要的其他人的访谈记录。

如果我们想改善风险评估工作，一个重要的问题需要注意，即有时过分关注个体而不是以更宽泛的"系统为基础"的理解。理解恢复及其与风险之间的概念联系也很重要。根据司法心理学的说法，如果我们正进行一项风险评估，我们将设法确认"保护性因素"，并假设保护性因素会减少或以其他方式减少再犯风险。为了证明恢复的效力，还需要进行某

420

种形式的压力测试（Reich et al.，2010）。个体或组织（系统）在未进入失调状态之前，显然可以在工作上表现得很好。我们需要收集的是，犯罪个体或组织机构在压力下的反应，尤其是对一个重要的时间段进行仔细的观察、推敲，这期间的反应体现了个体的适应性。实际上，一些研究者（e.g.，Harvey & Quinn，2012）认为，个体各项目的适应性是一个包括个体、邻近的以及更广泛的系统因素在内的多层次形式，这些因素共同对个体处于某种角色中的恢复产生效力。上述观察总结在实践中的应用将在下一部分进行论述。

因此，理解"风险"这一概念时需考虑政治环境和基于系统的方法。下一部分内容承认了人类决策偏差的重要性，尤其是与司法环境中的工作有关的偏差，这在司法风险评估决策中往往没有得到足够重视。

人类决策偏差

许多文献都对风险决策有过详尽的描述（e.g.，Gigerenzer，Todd & the ABC Research Group，1999；Gilovich et al.，2002；Towl，2014a，2014b），关于人类在决策中的启发式探索和偏差也有经典的论述（Kahneman et al.，1982）。这些说法的成功之处在于说明了人类决策过程的系统性偏差（如锚定效应、突出经验、可得性、乐观偏差等），这些决策包括风险决策。有能力的司法心理学家会密切注意决策过程中的偏差带来的影响，不会被所谓的"'客观的评估工具'在进行风险评估和管理时是有用的、不存在偏差的"这种欺骗性的说法所说服，并在使用时具有批判性。但是，这些对理解人类决策偏差所做出的重大贡献，并没有充分地掌握人类决策偏差，这与决策的背景有关。在之前的论述中，已经对决策的政治性和体制性的环境做出了概述。这些政治和系统性的环境会使风险决策产生一系列额外的偏差。

在司法环境下，有一种偏差与专业的偶然性结果有关。或者简单说，如果建议释放罪犯且罪犯被释放了，假如被释放后该罪犯没有犯罪了，就不会有反馈记录。但是，如果他再次犯罪了，那么犯罪行为会被反馈，那么心理评估和心理学家就可能被认为没有进行精确的评估。显然这与人们对这些报告缺乏了解有关，但是却具有巨大的政治影响力，无情地降低了针对终身监禁罪犯的某些"积极建议"实施的可能性。另一种偏差与评估中的行为倾向有关。（罪犯）有时表现为无事可做，或最好的选择是什么都不做。但是如果有些事情出错，从业者的主要问题或许是几句话，意思是"你做了什么"。这两种潜在偏差中的第一个具有政治性，反映了预测与风险评估的合并和混淆。第二种潜在偏差在根本上与专业需求相关，我们需要针对某组特定问题的出现采取行动来应对，这里讨论的是与风险评估有关的问题。但是，这样的决策也可以从风险决策评估的政治角度进行理解。

对未来司法实践的启示：风险与恢复

由于人们经常把"预测"与"风险评估"混为一谈，因此刑事司法领域的这种"预测谬误"需要被曝光和摒弃。我们所了解的关于特定群体和亚群体的再犯风险水平大多基于有限的统计数据。由此，我们希望的准确做法是，这些数据以最适当的方式应用于风险评估的判断中，而不是对个体的行为做出预测。我们不能做或被要求做超越证据的事情，我们要抵制确定性幻觉。我们无法根据是否会继续犯罪来准确预测个体行为，但是我们在很大程度上可以依靠群体数据来推测这种情况出现的可能性。

421

在"方案"（旨在降低再犯风险的以实验性小组为基础的干预）的范围内，存在一种伦理道德问题，该问题与实践中工作人员同时充当"治疗师"和"司法评估者"相关，这两种身份存在明显的利益冲突和偏差可能性，不管是有意的还是无意的（或者两种情况都存在）。治疗师的工作旨在降低再犯风险，司法评估者的工作是评估实验性干预之后的风险水平。

"方案"领域还存在另一种道德问题，关于是否需要透露某一特定心理测验的性质，而不仅仅将其描述为"人格测验"的问题。尽管这些测验的结果取决于得分，但心理学家们已经不太介意这类问题，因为这些测验信息已经到处都能获得，而没有理由不披露此类测验的目的和结果。然而，支持这种做法的观点倾向于围绕保护公众利益的需要展开，把"公众利益"这一概念放在首位，而非"罪犯"的概念。这些做法的基本思想被司法心理学家认可，并被写入英国心理学会标准教材中。书中有一节关于"罪犯处置"（的内容），阐明了这一道德问题，即罪犯通常被视为"另类"，而不是一个享有权利和承担义务的公民。如果我们想针对罪犯展开有效的工作，就需要解决这种意识形态的问题。

最终，司法风险评估反映了权力关系。尽管司法心理学家没有行政权力来做出风险管理的决策，但是他们的报告非常具有影响力。因此，司法心理学家不可避免地在他们的风险评估工作中，力图包含对复杂的背景和政治化性质更为广泛的认识，而不仅仅把风险评估当成一种客观的说明。

如我们所见，恢复的概念与不同的风险水平有关。从个人或组织的整体恢复力的角度去理解风险，会使我们对那些与我们密切相关的风险本质有更为丰富的认识，这种风险本质可能是有限领域，也可能具有广泛性。在司法实践中，实践者从事风险评估时看似可以测量、管理所有风险，但这其实是一种错觉。这是对风险的一种过分局限的看法，就好像评估在真空中进行。同样的情况发生在英国港口行业，尽管（风险评估和管理）很周详，但其也仅主要关注有限的风险。许多与评估最密切相关的"风险"，不论是个体再犯风险还是对港口恐怖袭击的风险，都没有被很好地认识到，而且也肯定不是这些相对狭隘的评估的关注点。理解基于联系的系统很重要，因此，对于个体而言，对于罪犯行为最好的理解方式是深入到社区以及一个更广泛的文化背景中。对于工作人员而言也是如此（Harvey & Quinn，2012），在港口也是这样的情况，对相互依赖性的理解是至关重要的。在风险评估领域，建立的假设通常把对历史经验的学习暗自地排除在外或者最小化，而强调恐惧的日常性，比如恐怖活动和猥亵儿童等风险。

不论是刑事司法领域还是港口，如果要想改进风险评估过程和系统恢复力，都需要更全面地理解风险，尤其应从与风险有关的个人角度，或者应从更广泛、界限更少、更加弹性的社会层面考虑（风险）。世界变得越来越全球化、市场化，充斥着各种新的通信技术。这些改变既带来了挑战，也带来了机遇，我们要接受这些改变，更好地去理解现代社会中的风险与适应性。

422

扩展阅读

1. Breakwell，G. M.（2014），*The psychology of risk*（2nd edn），United Kingdom：Cambridge University Press.

该书从心理学的视角对风险作出丰富的、全方位的论述，是领域内首屈一指的著作。

伴随着对全球更为广泛的宏观经济和社会政治变化的认识，该书在丰富、翔实的第一版的基础上成书。书中内容与司法领域提倡的某些方法产生共鸣，代表了一种颇受欢迎的转变，转变了数年之前狭隘的、忽视证据信息的风险评估方法。

2. Meadows，D. H.（2009），*Thinking in systems：A primer*，London：Earthscan.

系统性思考可以被看作是架在"风险"与"恢复"之间的一座桥梁。"有限理性"限制了多数风险评估工作，假如从系统的角度，我们可以轻易获得更好的理解。试图改进风险评估，了解这些显得格外重要。如果说有需要特别关注的内容，我会挑选第三章（关于恢复）和第四章（有限风险）。

3. Reich，J. W.，Zautra，A. J.，& Hall，J. S.，（Eds.）（2010），*Handbook of adult resilience*，New York：The Guildford Press.

这可能是关于人类恢复力的著作中较为全面综合的论述。该书试图更好地阐明我们对人类恢复力的理解，从这一视角出发，涵盖了遗传、生理、个人、家庭、组织和社区操作等各方面内容。鉴于罪犯处置工作转向使用优势发展方法，恢复力对于促进理解这种举动显得更为重要。但最重要的是，如果我们想在预防方面投资（实际上我们应当这么做），就需要对人类恢复力有更好的认识，尤其是在发展的早期。这在司法领域的政策和实践中也是一个核心的基础性的课题。

参考文献

Adams，J.（1998），*Risk*，London：UCL Press.

Asch，S. E.（1952），"Effects of group pressure upon modification and distortion of judgements"，In G. E. Swanson，T. M. Newcomb，and E. L. Hartley（Eds.），*Readings in social psychology*（pp. 183 – 197），New York：Holt，Rinehart & Winston.

Breakwell，G. M.（2014），*The psychology of risk*（2nd edn），Cambridge：Cambridge University Press.

Crighton，D. A.，& Towl，G.（2007），"Experimental interventions with sex offenders：A brief review of their efficacy"，*Evidence Based Mental Health*，10（2），35 – 37.

Crighton，D. A.，& Towl，G. J.（2008），*Psychology in prisons*（2nd edn），Oxford：BPS Blackwell.

Gigerenzer，G.，Todd，P. M.，& the ABC Research Group（1999），*Simple heuristics that make us smart*，Oxford：Oxford University Press.

Gilovich，G.，Griffin，D.，& Kahneman，D.（Eds.）（2002），*Heuristics and biases：The psychology of intuitive judgement*，Cambridge：Cambridge University Press.

Gigerenzer，G.（2002），*Reckoning with risk；Learning to live with uncertainty*，London：Penguin Books.

Greenberg，S. A.，& Shuman，D. W.（1997），"Irreconcilable conflict between therapeutic and forensic roles"，In *Professional Psychology：Research and Practice*，28（1），50 – 57，February.

Harvey，J.，& Quinn，B.（2012），"A preliminary model of forensic practitioner resilience within a learning disabilities service"，*Journal of Learning Disabilities and Offending Behaviour*，3（3），158 – 169.

Joliffe, D., Farrington, D. P., & Howard, P. (2013), *How long did it last? A 10 year reconviction follow-up study of High Intensity Training for young offenders*, Ministry of Justice, United Kingdom.

Kahneman, D., Slovic, P., & Tversky, A. (Eds.)(1982), *Judgement under uncertainty: Heuristics and biases*, Cambridge: Cambridge University Press.

Meadows, D. H. (2009), *Thinking in systems: A primer*, D. Wright (Ed.), London: Earthscan.

Milgram, S. (1974), *Obedience to authority*, London: Tavistock.

Reich, J. W., Zautra, A. J., & Hall, J. S. (2010), *Handbook of adult resilience*, London: The Guilford Press.

Towl, G. J. (1993), "Ethical issues in forensic psychology", *Forensic Update*, 39, 23 – 26.

Towl, G. J. (2004), "Applied psychological services in HM Prison Service and the National Probation Service", In A. Needs & G. J. Towl (Eds.), *Applying psychology to forensic practice*, Oxford: BPS Blackwell.

Towl, G. J. (2006), "Introduction", In G. J. Towl (Ed.), *Psychological research in prisons*, Oxford: The British Psychological Society/Blackwell.

Towl, G. J. (2010a), "Foreword", In J. Harvey & K. Smedley (Eds.), *Psychological therapy in prions and other secure settings*, Chichester: Willan Publishers.

Towl, G. J. (2010b), "Psychology in prisons", In S. Wilson & I. Cumming (Eds.), *Psychiatry in prisons*, London: Jessica Kingsley.

Towl, G. J. (2010c), "Psychology in the National Offender Management Service for England and Wales", In J. R. Adler & J. M. Gray (Eds.), *Forensic psychology, Concepts, debates and practice* (2nd edn), Oxford: Willan.

Towl, G. J. (2012), "Foreword", In P. Jones (Ed.), *Interventions in criminal justice*, Brighton: Pavilion.

Towl, G. J. (2014a), "Psychological perspectives on risk and resilience", In J. J. Bissell, C. C. S. Caido, M. Goldstein, & B. Straughtan (Eds.), *Tipping points: Modelling social problems and health*, Chichester: John Wiley & Sons.

Towl, G. J. (2014b), "Health and Care Professions Council-perspectives of a new council member", In *The Psychologist*, 27 (4), Leicester: BPS.

Towl, G. J., & Crighton, D. A. (1996), *The handbook of psychology for forensic practitioners*, London: Routledge.

Towl, G. J., & Crighton, D. A. (2007), "Psychological services in English and Welsh prisons", In R. K. Ax, & T. J. Fagan (Eds.), *Corrections, mental health and social policy*, Illinois: C. C. Thomas.

Zimbardo, P. (2004), "A situationist perspective on the psychology of evil: Understanding how good people are transformed into perpetrators", In Miller, A. G. (Ed.), *The social psychology of good and evil: Understanding our capacity for kindness and cruelty* (pp. 21 – 50), New York: The Guilford Press.

第二十八章　司法精神病学中的
结构性暴力

布莱恩·A. 托马斯－彼得（Brian A. Thomas-Peter）

结构性暴力是内科医师和医学人类学家保罗·法默（1999）借用的一个概念，其关注社会中的政治、经济和社会组织，这些组织使得不同群体（通常是贫困群体）在健康方面遭遇到不平等、弱势和痛苦。这一概念最初是由约翰·加尔通（1969）提出，他关心的是解决这些组织如何在无意中创造了犯罪环境的问题。

他指出两种类型的暴力：一种是具体犯罪者的个人或直接暴力，另一种是没有具体犯罪者的结构性或间接暴力。在这两种情况中，个体都可能会被杀害或毁伤、被打击或受到伤害（即身体和心理上），并且被"胡萝卜加大棒"的策略所操纵。但是在第一种类型中，行为后果可以追踪到具体的犯罪者，而在第二种类型中追踪后果则不再有意义。后来，他又引入了第三种类型："文化"暴力，他的意思是"文化问题……可以用来证明或使直接暴力或结构性暴力合法化"（Galtung，1990）。

对于理解不利于监禁群体心理健康的各种因素，业界已经做出了一些贡献。最近的犯罪学论文，集体以"新惩罚主义"著称（Pratt, Brown, Brown, Hallsworth & Morrison, 2005），提出了一个令人信服的论点，即过去的几十年一直是一个非常落后的时期。其他人则认为，如果没有公然的反治疗态度、残酷的环境和反动的政治趋势，在公共安全服务中提供复健或治疗，就已经狭隘地被蒙上了"自由主义的面纱"（Moore & Hannah-Moffat, 2005）。这种反动趋势是一种针对异常行为的"新不容异说"（Thomas-Peter, 2007a），并在全球刑事司法风险规避的观点中蔓延开来。类似的观点认为，社会上普遍存在的"自由主义之死"（Gunn, 2000）对精神障碍犯罪者的关照工作影响很大，他们认为对这些病人罪犯进行风险管理比关照工作更加紧迫。在这部分，与病人罪犯痛苦相关的需求的概念已经被对犯罪需求的关注所取代（Thomas-Peter, 2007b）。就好像有精神障碍的人侵犯了他人时，如果不对其施加惩罚，他就可能不会感到痛苦，而我们也不会认为他们会经历痛苦或者这种惩罚是一种暴力。这就是将结构性暴力合理化的结果，对罪犯的伤害已经被伪装并掩藏于自由主义面纱之下。

研究发现，结构性暴力的概念与社会不公正和压迫的观念相关联（Farmer, 2004）。但这个联系需要认识社会结构的日常机制，即通过稳定的公认机构的工作经验将这些社会不公正合理化，并将结构性暴力隐藏起来（Gilligan, 1997）。这种情况是由相关机构对观念的一种妄想造成的，它既不是有意的，也不是明显的，但都表现出对受害者的深刻伤害，而在司法精神病学中缺少对相关伤害的反思。

研究者曾经试图将结构性暴力的概念应用于公共卫生领域，结构性暴力的受害者都是那些无法获得应有的健康服务的人。这些问题包括：忽视患有特殊形式的结核病的俄罗斯

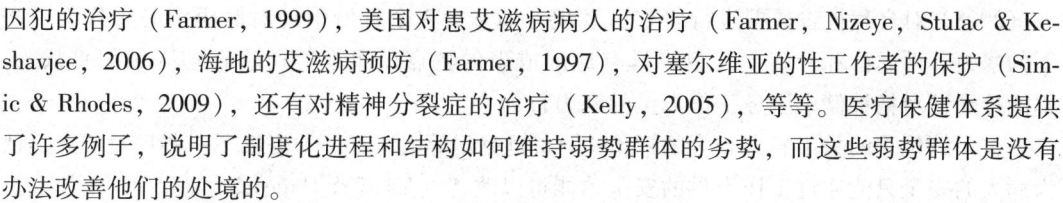

因犯的治疗（Farmer，1999），美国对患艾滋病病人的治疗（Farmer，Nizeye，Stulac & Keshavjee，2006），海地的艾滋病预防（Farmer，1997），对塞尔维亚的性工作者的保护（Simic & Rhodes，2009），还有对精神分裂症的治疗（Kelly，2005），等等。医疗保健体系提供了许多例子，说明了制度化进程和结构如何维持弱势群体的劣势，而这些弱势群体是没有办法改善他们的处境的。

司法精神病学的苦难

在北美的一家司法精神健康机构，一名衣冠楚楚的心理学家正在向来访者展示各种设施。在一个有一组行政办公室的走廊上，有一间装有带门闩的有机玻璃门的房间似乎不属于这里。房间很暗，她毫不犹豫地带来访者走了过去。然后她站在门闩处，喊了个名字，片刻后一位中年男人在房间中出现了，他一丝不挂，胡须未剃，头发散乱，皮肤上闪着汗珠。热空气从有机玻璃的螺旋钻孔中冒出，掺杂着他的混乱说辞、刺鼻的垃圾与汗水味道。然后护士长出现了并介绍自己，这期间他完全忽视房间内的病人。然后，那位衣冠楚楚的心理学家描述了这位病人的情况，以及机构是如何照顾他的，护士长在一旁得意地插话。当来访者问道为何此房间要使用带门闩的有机玻璃门时，他得到的回答是：因为屋内的气味对于附近办公的工作人员来说太难以忍受。来访者又问道为何病人赤身裸体，工作人员说是因为屋内太热，他们允许他不穿衣服，而没有灯光是为了让员工经过时不被吓到。

这是一个罕见的、麻木不仁的事件，但说明了一个重要的常见问题。司法精神病鉴定的工作者很容易失去他们的道德标准，因为他们经常无视眼前发生的一切。令人惊讶的是，他们所在的工作机构也不愿改变这种做法。因此，在长期的忽视、回避和否认之后，这些在安全的司法精神病医院中出现的问题是合乎逻辑的。即便如此，令人震惊的是，这些组织机构都配备了健康专业人员，承认道德准则，并且每一家都声称具有最高职业标准及良好意图，但他们运作的医院却功能失调并给人带来了伤害。

难道这些组织机构的专业人员的做法已经变得司空见惯、常规化和规范化，使其在一定程度上不再遭受道德上的谴责了吗？这是有可能的，但仍然需要一些表面上可以让人接受的伪装。有一些虐待的情况在公之于众时，已经发生了很多年了，公共机构内的医生、护士和其他健康专业人士已经认识到这些糟糕的做法和伦理的挑战。其中道德失明（Moral blindness）并不是导致患者被虐待的唯一因素，其他因素也起到了一定作用。

司法精神病学中的安全保障工作一直存在矛盾，一方面是工作人员和公众的安全，另一方面是病人的安全。这种矛盾有各种表现形式，但两者的紧张关系一直存在，它已经对司法精神鉴定医院的安全性措施的性质产生了持久的影响（Bowers et al.，2002）。鲍尔斯等人（2008）发现不同的安全操作程序显示出了与工作人员安全或病人安全的观点相关联的文化。

本章主要关注的是病人所遭受的伤害，但并不意味着把病人对社区和工作人员的危险因素当成敌对的一方。日益警惕对精神健康中心工作人员被攻击的担心也是应当的。英国国民医疗服务体系（NHS）发布的2010—2011年的数据表明[1]，有超过39 000起袭击英国精神健康工作人员的事件发生，每1000个工作人员中就有195.4个人会遭遇袭击。虽然其中只有一部分案件属于司法精神病学范畴，但攻击事件的数量依然令人震惊。在健康中心受伤不能获得足够的赔偿已经被视为工作中常见的事情（Banerjee et al.，2008）。班纳吉等人（2008）对自我报告数据进行研究后发现，加拿大 3 个省份中针对健康中心工作人员犯下的暴力、性虐待和种族主义犯罪具有地区成患的特点，而其他司法管辖区域似乎认为，不能接受针对精神健康服务工作人员的暴力行为。

在一篇优秀的关于病人安全的评论中，布里克尔等人（2009）提出了一些反对观点，认为病人的安全只能通过工作人员的安全才能得以改善（Yassi & Hancock，2005），工作人员的安全也会通过确保病人的安全得以改善（Kohn，Corrigan & Donaldson，1999）。布里克尔（2009）认为，只有让两者的安全平等，才能达到双赢局面。但实际上可能没有这么简单，引入保护工作人员的安全措施，可能是造成安全环境中结构性暴力的一个主要原因（Due，Connellan & Riggs，2012），起码它引发了管理者对如何保障病人安全并与现有安全措施相整合的思考。

尽管这些表述，揭示了一些主体利益与思想观念的对立，但对病人安全的担心和工作人员受到伤害的担心其实并不矛盾。没有证据能表明，工作量、工作人员的安全水平、工作条件与了解安全环境中的冲突存在相关关系。所以最好避免以这样的意识形态作为起点来理解这些安全问题。比较好的方法是对两者的行为进行观察及判定，针对矛盾提出解决方案，解决方案应针对造成矛盾的动机而不是行为进行解释。结构性暴力概念的滥用也是造成这种两极化争论的原因之一。

班纳吉等人在一个长期研究（2008；2012）中采纳了加尔通（1969）和法默（1997）等人的研究方法，确定了繁重工作量、微小的自主决策权、卑微的社会地位、严格的工作流程以及较差的照顾关系等因素，并不是对照顾的接受者，而是对照顾的提供者即工作人员而言的影响。作者认为这些恶劣的工作环境会对工作人员造成伤害，并阐明了组织结构是导致这些结构性暴力的原因。这些结构性暴力造成的结果是，健康工作者被禁止提供他们有能力给予的照顾，限制了他们实现自身的工作潜能的可能性，这同样也是结构性暴力的存在标志。

必须承认，这些因素非常重要，但其中存在两方面的问题。首先，这份报告是由加拿大健康研究所（Canadian Institute of Health Research）发起的，并且得到加拿大和欧洲的几所大学的支持，还有一些更大的合作伙伴参与其中，并提供了一系列的援助，包括加拿大公共雇员工会（CUPE）、加拿大汽车工人工会（CAW）、全国总工会和一般工人委员会（NUPGE）、服务业员工国际工会（SEIU）和加拿大护士工会联盟（CFNU）等。其次，研究中涉及许多工会工人的利益冲突，并以此为基础认为存在结构性暴力，且应当通过增加医疗服务人员的数量和权力弥补这一问题。但这些工人尽管处于不利的工作环境，却不同于海地的 HIV 受害者或者其他被保罗·法墨认定的易受伤害群体。而这些企业和工会中通过多方谈判达成有效协议的行为也表明这一背景下并不存在严重的结构性暴力。

病人所受伤害的调查

结构性暴力概念可能不是理解医疗服务人员最终如何受到伤害的恰当概念，但必须承认的是，这些情形也时常发生在司法精神病学领域，并且充满挑战性，尤其自 20 世纪 80 年代起，其在司法精神病医院呈爆发式增长。这些服务是人性化服务以及健康专业人员所承担的最困难的部分。在这些环境下工作并不总是有益的，工作人员无法从工作的社区中得到支持，他们照顾的病人在精神稳定的情况下也会表现出情绪低下、抵抗治疗，出现奇怪的症状并且感到非常困扰。这些病人通常对外界刺激表现出无法预期的、不相称的暴力反应。所以与这类病人相处是一项极其繁重的工作，很容易给工作人员带来负面影响。

而对一系列事件调查后，研究者得到了一个与上述情况矛盾的发现，这些事件的发生在很大程度上源于工作人员、专业人士、管理者、医院和其他相关机构工作的失败之举。因此，结论应该是：这项工作的困难之处在于从业人员无法承担其相应的责任。当然，对于很多敬业的、勤奋的、优秀的专业人员来说，这是一个不公平的结论，他们不应该因此受到贬低[2]。另外，并不是所有的司法精神病服务都是糟糕的。通常每一个事物都有其优缺点，而当情形变得糟糕的时候，发现其优点就变得异常困难。

尽管如此，精神健康服务还是能够从对导致病人受到伤害的异常事件和环境的相关调查中，发现其自身问题并进行改善，这就是我们接下来要介绍的内容。

主要调查：经验教训

对司法精神病患者的虐待非常常见，每个司法管辖区域都存在这一现象。但其中绝大多数地区都对此开展过相关调查，这些重要的调查就是为了对那些已经曝光的不良的实践进行改革。在还没有经历过这些的司法管辖区内，他们很有可能还没有仔细研究。尽管政府对改善这一现象开展了许多工作，但在过去几十年里仍然存在许多被忽视的经验教训。在英格兰兰普顿医院（Rampton Hospital）护理人员普遍虐待病人的真实事件报道中，形成了《博因顿报告》（*The Boynton Report*）（1980）。该报告对高级安全司法精神病医院进行了分析，认为应该让所有司法精神病医院了解造成病人受虐的系统性原因，而且这种虐待事件并不是只会发生在一家医院的特殊事件。显然这是构建护理服务但又孤立此项服务所造成的不可避免的后果。但是，尽管这个报告提供了许多相关的经验教训，但这些并没有引起其他高级司法精神病医院的注意。

1992 年的《布鲁姆–库伯报告》（*the Blom-Cooper Report*）揭露了艾希华斯医院（Ashworth Hospital）的虐待病人事件，并认为这已成为护理人员中的普遍做法。这项报告希望政府对这种情况进行彻底的调查，矫正不当的护理行为，将病人的安全列为首要考虑的因素，并加强多学科团队的参与。显然病人在病房的治疗已经被临床医生所抛弃，而由护理人员进行操作。在这里几乎没有治疗，而且（医院中）惩罚盛行的风气，和十几年之前的兰普顿医院没有什么不同。《布鲁姆–库伯报告》提出了 90 多条关于医院责任的建议。相关医院成立了医疗改革特别小组，为采纳这些建议付出了相当多的努力，并宣称得到了许多喜人的成果。但是后来发生的事情，才让公众彻底地知道这些医院内部的真实情况，这也是《法伦调查》[3]（1999）的主要内容。

《法伦调查》是一项对艾希华斯医院的人格障碍治疗中心（Personality Disorder Unit, PDU）的调查。尽管这份报告（调查得）十分透彻，但是对报告中提到的事件的讨论持续了好几年。调查中提到，一个在康复期的病人从医院出来，并逃匿到了阿姆斯特丹，在一个酒吧里打电话给了英国的媒体，举报艾希华斯医院存在许多安全隐患，并提出如果他的安全能够得到保障，他愿意返回医院。随后，有一份名为"我的担忧"的文件，声称 PDU 充满了色情书籍，工作人员（向病人）推销毒品和酒精并从中牟利。更有甚者，一个 8 岁的小女孩可以经常进出这个场所，在没有监管的情况下被允许和一名因性侵儿童被定罪的病人玩要。所有的这些情况，以及调查中的其他内容，在后期都得到了证实。

427

　　这个例子说明，尽管政府已经为这些事件投入了大量的资源、时间和努力，但这些机构依然没有从《布鲁姆－库伯报告》中汲取经验教训。就算医院的系统得到了改变，工作人员依照建议进行了调整。但是在实际操作的时候，不当的实践依旧存在。为了符合相关建议，病房的医疗服务人员被换成了对护理病人有专业态度和手段的专业人士，这与医院普遍存在的情况形成了鲜明的对比。从表面来看，按照建议所进行的改变是件好事，但是临床团队和病房护理人员之间的基本功能划分并没有被明晰。

　　20世纪70年代末到80年代初，医院内部开始在临床决策上产生争执。争执双方是自认为在病人护理决策上有主要影响力的护理人员，和一些认为自身应当有影响力的其他学科的临床医生（精神病专家、心理学家、社会工作者和职业治疗专家）。护理人员有意要成为临床团队的一部分，却又在私底下认为这些多学科的临床医生受过高等教育，他们的书面报告和观点表达能力压制住了护理人员观点表达的影响力。护理人员的观点在这场争论中得到了强化，因为他们的数量更多，并且在病房花费了更多的时间，他们应该在如何管理病人上面拥有更多的话语权。护理人员的观点通过合理的抱怨得到了支持，有的临床团队为了提升效率让护理人员在病房继续进行工作。对其他临床医生的支持既不一致也不可靠，即使这些医生都可以并愿意支持护理人员的观点，他们的努力还是不受赏识的，甚至有时他们提出的观点被视为是反复无常、不合理的。当时护理人员的普遍态度是不具治疗性的[4]，在缺乏同事支持的情况下，正是这些看法影响了后来的护理文化和病人照护工作。

　　布鲁姆－库伯的报告提供了明确的指导，并能够切实提高医院的治疗效果。所有学科的临床医生都对在司法精神病学真正的治疗环境中工作的前景感到兴奋。不幸的是，护理工作人员再次没有跟上步伐，即使在这样的机会下，他们也没有能力提供一个真正的治疗环境。没有一个专业能够单独实现这样的前景，护理人员也不例外。不知为何，治疗被认为是干预自由。有些人可能会问，在这种环境下病人怎么会受到伤害。此处的伤害是指，那些拥有权力且应负责任之人忘却了他们为弱势群体争取心理健康、幸福感和长远利益的职责与义务。

　　《法伦调查》总结道，除了其他方面，缺乏临床领导能力是导致改革失败的主要原因。临床决策斗争持续了几十年，而且以意识形态的形式来表现，但临床决策才是斗争的重点，意识形态差异是解决这一问题的手段。护理人员认为自己是正义的，对病人安全和公共保护表示担心，然而却被其他人认为是保守的、说教的和苛刻的；其他学科的临床医生认为自己以病人为中心，而且关心治疗，但却被护理人员说成是无知的、危险的自由派。护理人员以后布鲁姆－库伯时期产生的悖论有效地赢得了辩论，这个悖论是指其他临床医生抛弃了护理人员，但是他们本身也成了危险的自由派。二十多年后，在另一个形容自己是"国际级水平"的司法精神病服务机构内出现了同样的争论，但仍然被忽视了。有一小部分住院患者有组织地参与了康复服务：没有人被按照统一的多学科护理计划来进行照顾，毒品随手可得；治疗小组无法有效开展工作；护理人员抱怨工作繁重，他们自己放弃了强制培训，并对自己缺乏影响力感到不满；情况甚至恶化到某些地方的病房工作人员轮流长时间休息或早退。一些病人在没有治疗计划时，至少被忽视了1年，期间没有实施任何治疗措施。暴力和安全问题丛生，护理人员和护士助理被非护理人员认为是保守分子，而其他专业人员则被护理人员评价为过于冷漠，对病人的自由过度放任；每一方都在寻找道德高地来支持自己的观点，护理人员以公共安全为理由，临床医生以公民权利和治疗自由主义来支持他们的观点。临床决策再一次成了论辩战场，像《博因顿报告》的兰普顿医院和《布鲁姆－库伯报告》的艾希华斯医院一样，这种颠覆性权威压制了所有的治疗方案。高级管理人员更加倾向于逃避而不是处理这些问题。相关的组织机构无法及时做出决策，也无力抓住任何可以改变这一事件的机会。为了防止公众得知这是因管理不善造成的灾难，上层管理者也没有进行紧急改革。这种类似的情形在1980年的英国专科医院也出现过。

有趣的是，在提供同样服务的不那么安全的区域，这种压迫性的做法并不是人们关心的问题。制度似乎比较宽松，没有方向。从机构外到安全区域有很多安全出口，安全边界的使用也没有规定。没有人准确地知道在任何时候机构里进出的工作人员有多少，以及病人的行踪也无法被随时掌控。雕刻刀可以由病人传递给在开放的庭院中的病人、工作人员和来访者使用。在场地里还会发现一些男女病人在鬼鬼祟祟地进行性行为。偶尔，在没有法律授权释放他们的错误情况下，病人也会被允许外出到社区活动。在某些地方，一些工作人员在看电视，而病人却都无人看管。正像高等级的安全区域不明白如何创建治疗的管理体制一样，低等级的安全区域不明白如何在不给病人、工作人员和社区增加危险的情境下，帮助司法精神病人康复。在这里也有许多希望帮助病人改善的工作人员，但是他们并不敢将没有治疗目的的顾虑表达出来，因为这可能会违背同事的观点，并且不会被高层管理人员喜欢。显然在此严格进行治疗和康复并非管理的目的，这种管理模式可能适合病人，也可能使病人更加受挫。同时，在这种所谓的安全环境中，病人无法取得原本可能取得的进步，并且常常会在安全环境中受到社会等级问题的打击。

这些例子中的潜在问题与保守派和自由派力量的意识形态之争没有关系，与专业观点之间的意识形态争论也几乎没有关系。最终，不管艾希华斯（医院）的护理人员是在《布鲁姆－库伯报告》里通过颠覆性的权威、恐吓和暴行对病人进行照护工作，还是在《法伦调查》中成为新的"治疗剂"，这都与其行为没有关系。同样在第二个例子中，无论是用压制的方法来控制高度安全的区域，以此来"回应"，或者努力"防止"工作人员受到伤害，还是在低安全区域由护理工作人员提供的扭曲的自由、宽松氛围，这些对护理人员都没有产生什么影响。从这两个例子中，我们可以得出一个简单的结论，这种争执并不是源自于意识形态，而是权力[5]。几乎没有相关报告对此有所重视，这可能就是很难汲取教训、很难转变的原因。

我们常常只关注护理人员，因为他们是这些权力和影响力之争的一部分。但是，还有一些同样从这种功能失调机构获益的职业，也要针对它们进行批评。这是在司法精神病学背景下理解结构性暴力的关键议题。谁从这种结构和功能失调中获益？这些获益行为如何成了结构性暴力现象的不利条件？

429

一个经验丰富的精神病医生，在一个大型的、多学科的临床医生小组中探讨改善司法服务质量需要做出的改变时提到，"我一直在这里工作，是因为我可以来去自如，如果我们要成为一个必须定期开会的团队，我必须得考虑我是否还愿意在这工作"，房间里变得很安静，因为这种暗示大家都心知肚明。撇开对于定期团队会议的排斥，他回答中的坦率和鲁莽让人惊讶。有同样心理的其他人在他暴露了所有人的自身利益时吃了一惊。每个人都知道，精神病医生的工作比较灵活，他们在领薪水的同时，可以从法院和律师知道的隶属于当地司法服务的机构获利，并且经营私人业务。并不是房间里的每一个人都愿意在医院里进行可怜的实践工作。精神病学，还有其他相关行业，都在拼命地维护自身利益，为了利益他们绝对不会承认自己对病人造成伤害。这些临床团体很少出现下面的情况，例如照护计划从未准备好，照护不合格或没有积极性，一些病人绝食反抗，一些病人不想错过与可能出现的医生交谈的机会，所以有时拒绝参与康复计划等。毕竟，这些医生会说，他们在技术上和合同上没有做错什么，所以病人怎么会受到折磨呢？奇怪的是，这种行为一旦被揭露，立刻就会变得不道德。房间里弥漫着一种不舒服的气氛。伴随着权威和惯例的重建，这种不适感很快在会议中消失了，并不会再被提及。基于医学的权威性，这种情况不能也不会受到挑战，再加上这件事已经被正常化，所以更不会有人对此产生疑问。人们已经接受并容忍这种惯例做法。而恰恰是因为这种接受和容忍，导致了病人的痛苦。

尽管在治疗司法精神病人的过程中，护理人员和精神病医生凭借着数量、地位和对过程的控制优势成了最有权力的一群人，但造成结构性暴力的不仅仅是他们。心理学家、社会工作者、职业治疗师和其他行业也在这个瘫痪并即将崩溃的结构中找寻自主权、选择自由和适应性。这些没有见过病人、没有对此进行研究探讨的心理学家能提出什么样的批判性见解？职业治疗专家治疗病人的时候让病人心烦意乱了一会儿，难道不会产生什么不好的影响吗？一名社会工作者上午 10 点上班、下午 3 点半离开，如果病人在其照看下只是被放置在"福利库"，而不是康复中心，这些有人在乎吗？没有更高标准的治疗期望，也不需要对其他专业的同事负责，这种单调但却十分平静的职业会对一部分人具有吸引力。

了解如何从功能失调的机构获益，是理解在司法精神病学中易受伤害病人的痛苦来源的关键。这是治疗环境得不到改变的原因，也是遭受痛苦的人无力改变他们处境的原因。要想改变这种情况，需要有勇气的和有道德的领导阶层。在司法精神病学中，具有高级管理责任的人很少同时具有上述两种品质。

事件、投诉和根本原因分析

大约在 20 年前，笔者与一位精神科的顾问以及一位亲密的同事探讨另一个服务机构发生的不幸事件。我们想知道，如果我们的一个病人打算做一些危险的事情，我们会有怎样的遭遇。于是我们各自对共享的案件进行了查阅发现，似乎每一个病人都杀过人。这是一次令人难忘的经历。在经过几个案例介绍，我们可以发现，尽管我们是一个经验丰富、功能完善的多学科团队，但为了不出现上述案例中的问题，还有很长的一段路要走。这令我们怀疑在那段时间全英国进行那些调查的意义何在。我们的结论是，他们总能找到一些说辞。但是在杀人事件发生时，没有任何行动或承诺能证明一切都已做得很充分。那他们怎么能得出这些照顾行为是错误行为的结论呢？所以，各个学科的许多专家和大多数服务工作都显得很保守，而且还有许多学者常常以牺牲安全为代价，专注于风险问题，这些（情形）就都不足为奇了。

幸运的是，英国大调查（major inquiry）的时代现在看来已经结束了，这有利于对个别事件采取较少入侵性的管理和应对办法。尽管在司法精神病学服务的调查史上仍有一些教训，但现在也不清楚是否得到了改正，也不是很清楚什么能让司法精神病的治疗变得更有效。大调查的一个优点是重视公共因素。所以不仅仅是司法机构可以从中吸取教训，其他类似的公共机构也可以。经验教训不一定会被四处传播，但至少有可能影响其他地方的实践。取代大调查的是一种特定事件调查程序，它应该具有本土化、与特定事件或行动导向的发生环境高度相关等特征，但是有些学者对该程序的价值也提出了质疑。霍布斯（2001）

430

在撰写在新西兰的个案调查经验时，抱怨这种调查程序花费大，具有破坏性，且没有效果。"它们更倾向于追查原因，而忽视'擦肩而过'的事件，过度相信风险评估的有效性，而对预测、预防、责任和过失的局限性理解较少。"

在英国，医疗卫生委员会（the Health Care Commission, HCC）报告说，在 2008 年处理的投诉案件时，发现其中大部分案件来自于精神健康服务领域，他们指出："这些案件的性质与由工作人员的虐待或缺乏监管造成的攻击和自杀投诉案件不同。这些投诉案件伴随着对相关机构运作的担忧，例如缺乏固定的工作人员、缺乏培训和差劲的风险管理程序等。这些问题最终会导致紧张的工作压力以及相关机构的报告、调查和执行能力的下降。其中一个共同的主题就是信托公司（Trusts）[6]不能从严重的不幸事件中吸取经验教训。"（HCC, Learning from Investigations）

学者们不仅对精神健康机构在汲取重大不幸事件和功能失调的医院的经验教训等方面的能力提出了质疑，同样也对现在普遍存在的根本原因分析（Root Cause Analysis, RCA）的有效性提出了质疑。根本原因分析一般适用于一些足够严重的、不需要经过大调查来进行研究的事件（Neal, Watson, Hicks, Porter & Hill, 2004）。RCA 是源自工业的一个过程，并且是全面质量管理的一部分，它在健康服务业中被广泛应用。它的目的是揭示事件发生的直接和间接原因，以及为预防特殊事件的再次发生而采取的必要措施。一系列由 RCA 得出的内容，综合起来可以影响整个系统。

尼尔等人（2004）表达了对 RCA 作为精神卫生机构吸取经验教训来源的怀疑。在别处，RCA 被描述为一个"高度不合理的、准法律形式的地方审计"（Salter, 2003）。使用 RCA 的局限在于它可能只是形式上严格、可信，但实际上无法做到。通过 RCA 或其他任何过程，来揭示单个事件产生的"根本"的概念是不可能的，尽管在描述中隐含了这样一个概念。尼尔等人认为针对人类行为的真实的科学分析，不需要从单一的、不受控制的个案研究中推导出伤害事件的因果关系。此外，除了最明显的情况以外，断言某一特殊行动或交互事件是某一不良后果的原因，这不过是种推测。或许最具挑战性的是，让 RCA 确认一个是否可能被卷入到一个不良事件中的特定的过程或方法，往往这时 RCA 过程本身还未被正确评估。护理方案办法（The Care Programme Approach）作为可能的一系列风险评估方法，可能也是这样一个过程。

在这个领域内，一些对 RCA 微妙的影响因素开始起作用。预期的误差水平，是人类判断中可能出现的误差范围。比如，代表性偏差、可得性启发和事后聪明式偏差（Schacter, 1999）。这些偏差会导致结论表面上的有效性，当它们一个个谜一样地出现，以解释的方式联系在一起，它们是令人满意的。但是它们可能与实际发生事件只是随机相关。勒泽和奥尔森（1995）指出这是"反事实性偏差"。它通过对事情在不同的情况下可能会有什么结果的假定，描述了构建替代现实的倾向。这些影响因素包括：道德偏见、既得利益、行业保护主义，以及一些非常无耻的例子，掩盖事实的动机就是阻止对病人的虐待被曝光。

后者可能是在某一特定司法管辖区的信息自由立法的条件下，由要求披露信息所适用的限制而产生的。在一个司法辖区中，公开信息的自由或公开任何一种信息，都会被援引隐私法规所回避。这可以通过指定事件来实现，如工作人员和病人遭受的伤害都可以作为"病人安全"事件。所有信息将受到限制，比如不需要在卫生当局以外披露，甚至不需要在临床领域传播。在正式指定"病人安全"项目实施之前，禁止通过书面形式或电子邮件表达任何关注或意见，这种逃避公众审查和临床医生的反映的漏洞所造成的结果是不当的。一旦事件被群众监督庇护，它是可以被管理的。在良好的组织中，RCA 可能会帮助我们汲取经验教训。在差一点的组织中，这些教训被泰然地隐藏起来。有时，采用特定的方法旨在揭示真相，而真相却可能会丢失。换句话说，公民自由的立法结构可以和 RCA 结合应用，以此来避免教训，以及切实处理病人的安全问题。而这些病人和临床医生永远都不会知道。

431　　RCA 的有效性取决于各项参数。RCA 的拥护者和病人安全的新浪潮，将会对 RCA 是个能被操控的工具这种说法提出抗议，但是这种说法并不难证明。举例而言，一天晚上，在一个高等级安全环境中，一个大个子的病人突然施行暴力，他打碎了窗户和固定设施，并且恐吓护理人员，造成了很大的损失。RCA 通过当天值班的护理人员的叙述来分析所关注的问题。这些问题包括：承认那个不寻常的大个子病人能压倒若干个护理人员的特殊情况，在紧急情况下的信息传播的速度，以及额外增加几个护理人员值夜班来应对类似可怕的意外事故是否实用。

　　换一个以病人为中心的角度来重新思考，对于理解整件事情的经过很有意义。病人在前几天已经表现出了明显的痛苦，有一名女性护理人员透过了房门上的玻璃窗发现他的痛苦。病人在一个不熟悉的环境中赤身裸体，除了可能存在的心理疾病以外，也启动了正常的观察护理程序。这其实本应该很轻松地得以解决。通过观察本可以了解病人的行为目的，并且对所有的病人都需要留心观察以保证他们的安全。护理计划的引入可以提醒病人，各种事物如何运作，并确保每个转岗的护理人员都能被病人所理解，比如一个男性护理人员也可以在睡前巡视。上述这些步骤都有可能对事件的发生起到预防作用。如果这些举措都不采取的话，在下一个晚上，如果赶上另一个女性护理人员值班，在同样的时间，同样的房间，看护同样的裸体病人，如果他突然暴怒，这个护理人员是不可能阻止他随后的暴行的。

　　这个事实并没有出现在 RCA 中，因为如果事件过程描述得高度完整的话，问题就会暴露出来。当晚值班的护理人员没有一个完成有关对暴力情况的管理和暴力状况降级的强制性培训。该组织在强制培训中落后了数千小时。在该事件发生之前和之后，并没有为这个病人制定护理计划。这本可能确保关于病人的关注信息通过护士的轮班来传递，从而预防事件的发生。然而，高级临床医师拒绝满足准备和坚持综合性多学科护理计划的期望。这个拒绝的意义在于，该组织必须满足医院认证检查人员（对护理计划）的要求，即这样的护理计划应作为病人护理的一部分，从而达到国家认证标准。不允许 RCA 关注护理方案的缺点，因此限制了 RCA 的使用范围。

　　上述事件的直接后果是，病人被隔离了数小时，没有被医生查看或者被护士问话。他受伤流血，没有人知道他伤得不严重。随后，当再看到他时，他的药物治疗已被更为有效的"管理"所取代。不再有任何对他进行药物治疗的理由——他不会再发怒了。但是，在熟悉的药物治疗过程中，甚至在事件调查还没开始之前，这次事件的责任被归咎于病人身上。这也不是 RCA 的一部分，这将会导致法墨所说的结构性暴力。

　　被操纵的不仅仅是个别的 RCA。限制对一系列事件的概括总结，是另一种惯用的抑制对己不利的公众监督的手段。比如，我们都接受这样的事实，即在任何管理服务当中病人都可能会在某时死去。所以在每个案件中，都应当提供 RCA。只要出现一系列的死亡，就应当综合一系列的 RCA 找出这些事件之间的共性。通过阻止一组病人的死亡作为对一个集群的检查，可能不会真正汲取到重要的经验教训，最终可能会使主管部门避开公众的监督和负责照顾病人的机构，而不是真正改变其做法以防止这类死亡事件的再次发生。对于一个在道德上受到挑战的权威部门来讲，这是一个理想的结果。但是这种不恰当的做法，可能会导致未来病人的死亡。它揭示了一个明确的组织过程，即什么导致了可预见性死亡。病人或家属不知道或不能够改变对可能产生的后果的预期。因为对他们而言，缺陷过程存在缺陷理所应当，所以即使出现缺陷也很正常，不会被注意和质疑。

在 RCA 过程中，有一个问题也常常被无视，即我们并不是在对待有正常容忍能力的普通人。每一个进入司法精神病医院的病人都是不舒服的且易受伤害的。对于大多数正常人来说，被监禁的经历容易引起精神创伤。比如，当被要求去服从命令时，常常不由自主地表现出一些既害怕又愤怒的反应。因此，让那些之前就存在缺陷的人来体验这种人际关系的侮辱，只会造成更严重的影响。

当系统性条件或制度条件介入到治疗机构时，对机构的发展能力或使病人获得健康的能力产生了阻力，情况就会变得更加糟糕（Guidry-Grimes & Victor，2012）。吉德里－格兰姆斯和维克托证明了一个观点：当一个机构的标准或条件发挥了作用，它延续并强化对相关群体所持有的成见时，弱势群体很容易被置于劣势环境。没有什么比被指定为"危险的罪犯"、精神病态、反社会、人格障碍或精神分裂症更让人觉得污名化的了。

当一个标签（罪犯）把一个历史上被边缘化的弱势群体（被诊断为精神分裂症的患者）作为目标时，这个标签就会加重这个群体的脆弱性。被贴上这类标签的罪犯不再被信任，他们所在的机构会被质疑，他们的能力受到诽谤，并被假定对他人有危险（see Anger-meyer & Dietrich，2006），所有的这些会限制他们的发展机会，使得他们经常被指责，同时更容易受到额外的侵害。

这些缺点不会轻易出现，因为这取决于工作人员如何看待他们。在内部脆弱的环境中，污名化会损害幸福感（Livingston & Boyd，2010）。最近，有人认为内化污名对这些群体的真实影响是看不见的，却是深远的。"希望、自尊、心理授权、自我效能感、总体生活质量、社会支持和治疗依从性，对大多数内化了污名化的精神病的病人影响很大。"我们感知世界、驾驭证据和自我反省的方式，均由社会实践所塑造。历史上的边缘化足够让一个群体和个人受到伤害，当制度结构支持这种边缘化的时候，额外的困难加剧了脆弱性，使得（群体和个人）获得足够的幸福变得更加困难（Livingston & Boyd，2010）。在非西方移民群体中，这种影响可能会更加深远（Ghanean，Nojomi & Jacobsson，2011）。

这个讨论的重点并不是说所有患者感受到污名化的都能被避免，也不是说没有必要保护公众免受这些罪犯可能的侵害。只是提出了一个问题：在对一个特殊事件应用 RCA 时，工作人员对病人污名化的影响，以及病人本身的脆弱性是否被认识到？显然这与医院中的人际关系冲突有关，但是通常我们并不会注意和分析这些内容。

如果对司法精神病和心理健康服务找一个安慰，那就是：RCA 的局限性并不限于这些。泰特茨等（2010）在《英国医学杂志》（British Medical Journal）报告了医院的医疗经历，并总结道："每一个 RCA 都花费了好几个小时，这看起来很羞耻，因为最终结果可能并没有达到预期的患者安全改善。"

希金斯（1996）指出了有关高级管理人员的一个关键要素，有助于我们理解为什么司法精神病医院不能自主地改变处境。"显而易见，这些医院既疏于管理又过度管理。由于在临床和管理方面没有核心的目标，所以常常会疏于管理，仅仅在安全上存在一些目标是不够的。

受那些医院里的官僚派、保守势力驱使，决策常常导致很多资源浪费。说医院也是过度管理的，是因为任何个性的、改革的或医院标准的原则立场，通常被管理层的犹豫和阻碍所挫败……令人难以置信的是，医院的运转竟然是为了病人的利益，而不是那些自私的、经常对抗的各方利益。"在英国，持续进行的专科医院改革进展十分明显，不仅引进了标准的综合管理模式，除此以外加入了多学科的协作。这一点需要其他医院和司法管辖区借鉴学习。

　　了解司法精神病学服务和政府部门职责服务之间的距离，是理解高层管理人员动机，以及为何发生过度管理的关键。在比较小的司法管辖区内，距离变得更小，管理工作更加困难。很小的事件就能引起相对较大的政治波动，因此高管们的主要动机，可能变成了封闭并控制可能使政治阶层不安的信息。对于高官们来说，当印象管理比服务的操作和目的更重要时，一切将会安然无恙。更有甚者，可能试图禁止或阻碍为监督服务而建立的法定机构的问责制。另一个更微妙的问题是，源自对司法精神病学服务负责的高层管理者们之间的利益冲突，他们为合法体制服务，以达到监督并确保地区或国家政府责任的目的。这是冲突和腐败明显的来源，但是小镇政治的性质使这样的事情无人知晓。这意味着，抑制不良信息的策略是隐蔽的，并且永远也不需要处理引起伤害的结构性暴力问题。

　　在较大的司法管辖区，服务和政府之间存在很多行政执法层级，这些执法层级可以对事件逐级消化，使政客与该事件隔离。只要附加的执法层级在服务目的和质量上很有效果，就能够对遇到的问题进行更理性和更公平的处理。

结论

　　本章试图引入"结构性暴力"作为一种概念化的手段，在关于患者安全方面对司法精神病医院进行重要观察。这些医院有伤害他们负责的病人的潜在可能性。他们采用对病人负责的方式，将其作为获取利益的来源。本章以结构性暴力作为一个视角，首先，揭示了造成伤害的动机和机制，以及了解此过程如何乔装成一个正义的事业——采取员工小组的形式甚至引起高层管理人员的关注。其次，揭示了惯例、常规和熟悉性如何使侵害过程隐藏起来。甚至那些知晓的人也不愿承认。因此，试图了解一个病人是如何受伤的，或者一名工作人员是如何受到伤害的，经常因为排除了这一观点而产生偏见——在大多数情况下，被排除在惯例之外，但也被排除在其他人的明显意图之外。

　　这种集体沉默与容忍的情况，对我们这些寻求安全和治疗环境来管理这一受歧视的群体的人来说，是最令人烦恼的。如果不承认这个过程最终是为权力利益服务，并且其继续对病人造成伤害，世界上的任何地方都会赞同这种不作为，那样就不会存在专业的训练计划和监管机构。但是，只有这些机构才能做出改变，但是必须将社会公正视为临床管理的关键要素，如果不将社会公正当作临床管理的核心，职业道德伦理只不过是维护其所管理的人群的脆弱性的机制。例如，医学伦理学声称个人是关注的焦点，但是在医院的复杂社会组织中，将注意点局限于个人身上是一个简单的机制，可以让你不受任何病人的影响。

　　对于结构性暴力，所有临床医师都需要面临道德伦理和合法性问题。对于这个问题，"不造成伤害"是符合多数道德框架、满足临床决策中"只限个人"的个案处置的普遍性原则。在医院里，所有的病人都属于弱势群体，既没有权力，也没有影响力。法默（2003）指出，社会和经济权利必须成为新型医德的核心。更进一步地说，在公共卫生领域，我们需要一个新的分配公正的伦理道德规范。尽管这些对理解因精神问题而成为罪犯的论题具

433

有重大意义，但是这里的争论不是关于分配公正的新道德或经济权利，而是关于：病人居住在医院时，需要在临床和道德上确保他们的集体幸福感。除非在这种责任成为所有司法精神病学临床医师必须履行的义务，否则仍将会存在道德盲区、自我利益、抑制信息、组织过程的扭曲以及对病人的伤害。

注释

［1］http：//www. nhsbsa. nhs. uk/Documents/SecurityManagement/2010 – 11_ NHS_Violence_Against_Staff_FINAL_01 – 11 – 2011. pdf.

［2］作者参与过许多调查小组来调查不幸事件，在认证/法医检验团队工作，并在英国和澳大利亚的司法服务机构充当顾问。

［3］作者在 1988 年代表英国心理学会向《法伦调查》提供证据。他曾是一个小型多学科团队——该团队成立了帕克·莱恩医院的人格障碍科室（后来变成阿什沃恩医院）——的成员，他一直在那里工作到 1987 年。

［4］作者曾经见到过一些出色的护理工作，是 1982—1987 年作者在帕克·莱恩/阿什沃思医院工作期间目睹的。不幸的是，这样优秀的经验非常少见。

［5］在英国，人们很关注在高度安全的精神病院中占主导地位的工会的力量和影响力。监狱的专业工会、矫正和安全精神病工作协会，正式的监狱官员协会（POA），三者在布罗德莫医院的会谈是首次集体谈判（Evans & Cohen, 2009）。1997 年，一名《布鲁姆 – 库伯报告》中的成员提出，特殊医院的抗治疗方面将不会改变，直到 POA 停止（Murphy, 1997）。同样的建议可能由任何一个只代表员工利益且拥有制定病人护理标准的权力的集体谈判单位指定。

［6］英国的"信托公司"是提供和管理健康服务的组织机构。

434

扩展阅读

1. Thomas-Peter B. A. （2007），"The modern context of psychology in corrections：Influences, limitations and values of 'what works'", In Towl, G. （Ed.）, *Psychology Research in Prisons*, Oxford, UK：Blackwell.

这本书对目前心理学矫正实践进行了回顾和批判。

参考文献

Angermeyer, M. C. , & Dietrich, S. （2006），"Public beliefs about and attitudes towards people with mental illness：A review of population studies", *Acta Psychiatrica Scandinavica*, 113, 163 – 179.

Banerjee, A. , Daly, T. , Armstrong, H. , Armstrong, P. , Lafrance, S. , & Szebehely, M. （2008）, *Out of control：Violence against personal support workers in long-term care*, York University and Carlton University.

Banerjee, A. , Daly, T. , Armstrong, P. , Szebehely, M. , Armstrong, H. , & Lafrance, S. （2012），"Structural violence in long-term, residential care for older people：Comparing Canada and Scandinavia", *Social Science & Medicine*, 74, 390 – 398.

Bowers, L., Crowhurst, N., Alexander, J., Callaghan, P., Eales, S., Guy, S., McCann, E., & Ryan, C. (2002), "Safety and security policies on psychiatric acute admission wards: Results from a London-wide survey", *Journal of Psychiatric and Mental Health Nursing*, 9, 427 – 433.

Brickell, T. A., Nicholls, T. L., Procyshyn, R. M., McLean, C., Dempster, R. J., Lavoie, J. A. A., Sahlstrom, K. J., Tomita, T. M., & Wang, E. (2009), *Patient safety in mental health*, Edmonton, Alberta: Canadian Patient Safety Institute and Ontario Hospital Association.

Due, C., Connellan, K., & Riggs, D. W. (2012), "Surveillance, security and violence in a mental health ward: An ethnographic case-study of an Australian purpose-built unit", *Surveillance & Society*, 10 (3/4), 292 – 302.

Evans, D., & Cohen, S. (2009), *The everlasting staircase: A history of the Prison Officers' Association 1939 – 2009*, London: Pluto Press.

Farmer P. E. (2003), P*athologies of power: Health, human rights, and the new war on the poor*, Berkeley and Los Angeles: University of California Press.

Farmer, P. (1999), "Pathologies of power: Rethinking health and human rights", *American Journal of Public Health*, 89 (10), 1486 – 1496.

Farmer, P. E. (1997), "Ethnography, social analysis, and the prevention of sexually transmitted HIV infections among poor women in Haiti", In M. C. Inhorn & P. J. Brown (Eds.), *An anthropology of infectious disease* (pp. 413 – 438), Amsterdam: Gordon and Breach.

Farmer, P. E. (2004), "An anthropology of structural violence", *Current Anthropology*, 45, 305 – 326.

Farmer. P. E., Nizeye B., Stulac, S., & Keshavjee, S. (2006), "Structural violence and clinical medicine", *PLoS Med*, 3 (10), 1686 – 1691.

Galtung, J. (1969), "Violence, peace, and peace research", *Journal of Peace Research*, 6 (3), 167 – 191.

Galtung, J. (1990), "Cultural violence", *Journal of Peace Research*, 27 (3), 291 – 305.

Ghanean, H., Nojomi, M., & Jacobsson, L. (2011), "Internalized stigma of mental illness in Tehran", Iran. *Stigma Research and Action*, 1 (1), 11 – 17.

Gilligan, J. (1997), *Violence: Reflections on a national epidemic*, New York: Vintage Books.

Guidry-Grimes, L., & Victor, E. (2012), "Vulnerabilities compounded by social institutions", *International Journal of Feminist Approaches to Bioethics*, 5 (2), 126 – 146.

Gunn, J. (2000), "Future directions for treatment in forensic psychiatry", *British Journal of Psychiatry*, 176, 332 – 338.

Higgins, J. (1996), "Future of the special hospitals", *Criminal Behaviour & Mental Health: Supplement*, 6 (S1), 65 – 72.

Hobbs, P. (2001), "Inquiries-high costs, unacceptable side effects and low effectiveness:

Time for revision", *Australasian Psychiatry*, 9 (2), 156 – 160.

Kelly, J. K. (2005), "Structural violence and schizophrenia", *Social Science & Medicine*, 61, 721 – 730.

Kohn, L. T., Corrigan, J. M., & Donaldson, M. S. (1999), "To err is human: Building a safer health system", Committee on Quality of Health Care in America, Institute of Medicine.

Livingston, J. D., & Boyd, J. E. (2010), "Correlates and consequences of internalized stigma for people living with mental illness: A systematic review and meta-analysis", *Social Science and Medicine*, 71 (12): 2150 – 2161.

Moore, D., & Hannah-Moffat, K. (2005), "The liberal veil: Revisiting Canadian penality", In J. Pratt, D. Brown, M. Brown, S. Hallworth, & W. Morrison (Eds.), *The new punitiveness: Trends, theories, perspectives*, Cullhompton: Willan.

Murphy, E. (1997), "The future of Britain's high security hospitals", *British Medical Journal*, 314, 1292 – 1293.

Neal, L. A., Watson, D., Hicks, T., Porter, M., & Hill, D. (2004), "Root cause analysis applied to the investigation of serious untoward incidents in mental health services", *Psychiatric Bulletin*, 28, 75 – 77.

Pratt, J., Brown, D., Hallsworth, S., Brown, M., & Morrison, W. (2005), *The new punitiveness: Trends, theories, perspectives*, Cullompton, UK: Willan.

Report of the review of Rampton Hospital (Chairman Sir John Boynton)(1980). London: HMSO, Cmnd 8073.

Roese, N. J., & Olson, J. M. (1995), *What might have been: The social psychology of counterfactual thinking*, New Jersey: Erlbaum.

Salter, M. (2003), "Serious incident inquiries: A survival kit for psychiatrists", *Psychiatric Bulletin*, 27, 245 – 247.

Schacter, D. L. (1999), "The seven sins of memory: Insights from psychology and cognitive neuroscience", *American Psychologist*, 54 (3), 182 – 203.

Simic, M., & Rhodes, T. (2009), "Violence, dignity and HIV vulnerability: Street sex work in Serbia", *Sociology of Health & Illness*, 31, 1 – 16.

Taitz, J., Genn, K., Brooks, V., Ross, D., Ryan, K., Shumack, B., Burrell, T., & Kennedy, P. (2010), "System-wide learning from root cause analysis: A report from the New South Wales Root Cause Analysis Review Committee", *Quality Safety in Health Care*, 19 (6), e63.

Thomas-Peter, B. A. (2007a), "The modern context of psychology in corrections: Influences, limitations and values of 'what works'", In G. Towl (Ed.), *Psychology research in prisons*, Oxford, UK: Blackwell.

Thomas-Peter, B. A. (2007b), "The needs of offenders and the process of changing them", In G. Towl (Ed.), *Psychology research in prisons*, Oxford, UK: Blackwell.

Yassi, A., & Hancock, T. (2005), "Patient safety-worker safety: Building a culture of safety to improve healthcare worker and patient well-being", *Healthc Q*, 8, 32 – 38.

第二十九章 总结：心理学的
视角与未来

格雷厄姆·J. 托尔（Graham J. Towl）

引言

在本书以及英国心理学会一些更广泛的专业发展中，读者们可以明确认识到，在英国"forensic"（法证）这个术语是犯罪学与法律心理学的结合体。作为一个术语，它的定义不再像过去那样狭隘，也不再像过去有些人认为（的那样）——从技术上来说是准确的。从各方面看，过去的定义在当今的司法心理学领域都不再准确。单在本书中，司法心理学所包含的内容都有一个明晰的范围，这说明司法心理学正在成为一个定义明确的应用心理学分支，并从一开始就发展成为应用心理学领域中最受学生欢迎的学科之一。司法心理学的蓬勃发展，不仅体现在学术成果上，还体现在日益增长的司法心理学专业团体的数量上，但其发展在不同地域还存在差异。其中有些地方发展迅速，但有些地方发展缓慢。有些地区已进行了大量的实证研究，也发现了大量的实证证据，但还有些地区不仅在认识论上，亦在实证上缺乏发展。自本书第一次出版以来，全球范围内宏观经济与社会政治都发生了巨大变化。事实上，相较以前在许多领域中的狭隘观点，司法心理学的研究广度显著扩宽，这是一个非常积极的发展。

在本书的第一版中，与本领域相关的三个具有普遍性的主题得到了体现：第一，在该领域中存在着数量庞大且日益增长的经济利益。法庭、缓刑机构、监狱、特别医院、警察局、安全单位及其他与司法心理学相关的机构，都是巨大的潜在市场，司法心理学可以提供生产线，包括心理测验的销售、许可、解释，以及人员培训。第二，基于管理主义的方法对司法心理学的政策与实践产生了重大影响。特别是，在管理者需求的驱动下产生了大量实践调查，而不是循证实践。第三，也是最重要的一点，需要进一步发展司法领域的专业基础和伦理基础。

显而易见，那些市场化的"治疗项目"及各式各样的心理测验具有丰厚的经济利益，然而，我们能够越来越意识到这些商业活动的主要目的是保障股东前期的投资可以得到收益，而非仅仅是为了保障公众安全。因此，对于司法心理学的从业者而言，在考虑一个相关产品合适与否时，应有这样一份道德责任考虑存在。我们可以看到为了满足不同地区的市场需求，产品向多元化的趋势发展。司法心理学的从业者在考虑是否使用这些产品时，其中一个有效的道德检验，就是思考这是谁的需要以及什么需要在其中得到了满足。例如，对于那些具有很少证据支持且治疗前后的评估显示个人的状况没有发生改变的产品，反复实施这些项目是否合理？司法心理学从业者们应当扪心自问。

本书主要体现了三个关键的心理学观点，以及另外一个变得越来越为重要的主题：第一，在司法心理学领域中（以及领域以外），含有许多颇具争议的观点。我们可以看到在这一领域，很多人对精神病学式分类具有无批判性崇拜，使得他们对模仿医学观点而进行相似的分类具有很强的信心。随着本书的第一次出版，这几乎成了一个头条新闻的主题。这一争论的出现，逐渐动摇了被视为精神病学科学基础的许多观点。精神病学学科的再次兴起，成为医学人文思想的一种体现。第二，人们广泛认可需要将一种严格的科学方法用于司法领域的工作中。第三，运用实验心理学的方法与知识体系，许多来自实验室或场景实验的研究发现被应用到司法心理学的知识建构、政策制定与实践操作中。第四，根据心理学从业者的法律规范，司法心理学这一学科可以更好地在本领域及其他领域，对更广泛的专业辩论发表评论。这一环境可以让我们所有人进行更多的学习，踏上多专业共同监督之旅。

相关主题

如前文所述，在司法领域，蕴含最大经济利益的部分或许就是心理测验了。心理测验具有丰厚的经济利益，而司法领域则是一个巨大的市场。从本书第一版以来，越来越多的民营资本进入这一领域，这一趋势在英格兰与威尔士的缓刑服务的发展方面或许最为显见。大量的私有企业与心理学家从中获利。这是一个渴望不断扩展市场、提升市场份额、提高股东利益的产业，完全可以通过一个商业模型对它进行预测。不得不说在司法领域，许多心理测验与所谓的"工具"有时被过分推销了。如前文所述，当我们审视用于罪犯的某些特定方法的利弊时，必须要考虑这些问题。在日常的研究与实践中我们常常忽略一个基本问题：在一个测试或评估中，谁是获益者？这是一个基本但又十分重要的问题。心理学家们常常推荐一些他们可以从中获利的特定训练或测试，这一情形并不鲜见。这意味着在这些情形中，存在着明显的利益冲突。我们可以将心理测验产业与制药业做一些有益的比较。与心理测验产业相比，制药业受到了更为严格的监管。相比于研发一个新的心理测验，公布一种新的药物往往对研究的质量提出更为严苛的要求。这或许在某种程度上反映了这些行业监管的权力与影响力。相比之下，很少会有心理学家去质疑这些心理测验的科学性。这可能源于心理学家的意识缺乏、自鸣得意、漠不关心，或者由于这些产品与他们的个人利益相关，因此即便有时违背伦理道德，他们也要维持现状。随着针对心理学家监管架构的不断发展，可以预见这些实践活动在未来会受到更为严格谨慎的审查。

在制药业与心理测验产业的进一步类比中，还有许多问题值得注意。例如，我们都会对制药业及心理测验产业进行审查。两者都会显示自己具有严密的科学基础，都会尽全力获得那些来自权威人士的有利于其产品上市的引用。因为这可能被视为对他们产品所赋予的一种额外的"产品权威性"。此外，在他们的产品上市销售的过程中，都包含一些有悖伦理的用语。例如，在测验编制中的"信度"这一术语有其特定的严格用法与含义。其与我们的日常用法有本质上的区别。从专业术语的角度而言，一个测验可能具有高信度却只有低效度。因此，在专业角度上，当一个测验具有高信度时，它就具有推广市场的正当性。但是从日常用语的含义来说，这并不意味着该测验就是可靠的，两者相去甚远。这些用词在本质上就是一种误导。毋庸置疑的是，任何用于个人测验的用语都应当被仔细推敲，既能够传达专业信息，还应当保证这些用词不会造成歧义与混淆。当心理学家在推荐某一特定测验的时候，如果他们从该测验的使用中获得了某种直接或间接的经济利益，他们应当告知自己与该测验的实施具有某种程度上的联系，这是对他们最低程度的伦理要求。

从市场到管理主义，商业是这两个重要主题的共同特征，支撑着司法心理学家所处的环境。近年来，历届政府都在寻求将私营部门的方法与话语引入公共部门。他们声称，其中的一个目的是将私营部门的效率带入公共部门。该观点认为公共部门的组织是低效的，而私营部门的组织是高效的。先暂且不论这一论断是否成立，而即便是最敷衍的审查也能发现，商业话语被引入了公共部门的大部分领域。因此，缓刑机构与监狱的高级管理者会参考他们的"商业计划"，尽管根本没有商业利益可言，他们仅仅是对缓刑服务或监狱进行管理。在我看来，这无可厚非，而且我认为，在许多公共服务领域用一种"商业化"的方法来运作是非常正确的。但是监狱、缓刑部门、法庭与医院毕竟不是"企业"，如果这种商业化的程度过高，反而会产生与期望相背离的低效无序。许多商业用语也不适合这样的环境，例如，缓刑部门或监狱会乐于将罪犯如顾客般对待？答案显然是否定的。

这对于司法心理学或司法心理学家为什么如此重要？因为司法心理学一旦投身于管理主义的怀抱，就意味着对测量与操作手册等定量分析盛况空前地接纳。那些被评估计算的要素变成了起关键作用的部分，而几乎不去考虑那些真正重要却无法量化的要素。然后，资源就会据此而被分配，这就会导致公共资源的潜在浪费。其中，影响力巨大且代价高昂的例证或许就是所谓的"犯罪行为项目"。这些项目（例如，所谓的严重危险人格障碍[DSPD]项目）越来越被认为是不可信的，它们都是一些关注面狭隘的零散干预，这与我们所认同的项目概念不同，项目应当包含一套综合的干预措施来被更广泛地理解。在缓刑部门与监狱中，通过人们参与课程的数量来衡量这些干预是否"成功"。这是一种具有很大局限性的衡量方法，但无疑是一种非常简单的方法。这也就是管理主义方法的问题之一。这些"项目"自身因公共服务领域管理主义的种种根本问题而受到影响。这些方法在工作人员与罪犯中产生了非常不当的激励作用。例如，不适合进行某些"项目"的个体被迫接受这些"项目"，或者一些个体被送去重复进行同一项目，以满足机构的目标或所谓的"关键绩效指标"（Key Performance Indicators, KPIs）。实际上，在面对这些有限的测量模型时，学者们已经提出了具有替代性的、更为准确恰当的测量方法，但并没有得以实施（see Crighton & Towl, 2008）。本书第一版自出版以来，其中的 DSPD 项目及其相关概念受到了过度吹捧，但其在本质上漏洞百出，在任何关于政策和实践的衡量标准中都被证明是完全错误的。此外，这种普遍且表面上很有吸引力的"项目"，满足的是个人的利益，而对公共资金造成了极大的浪费。

在司法心理学团体中存有这样一种普遍的误区，即这些项目在缓刑部门或监狱中的兴起仅仅且主要是因为具有大量实证证据的支持。这在很大程度上只还原了部分真相。虽然在开始之初，确实有一些令人鼓舞的国外证据支持这些项目的有效性，但在之后的数年中，许多项目在英国进行了小范围的重复测试，大部分以失败告终，说明了这些项目课程的无效。这些课程为公众提供了非常有限的价值，但却在财政方面得到源源不断的投入。这在公共资金面临新压力的时期值得人们注意。鉴于政府对公共部门的整体财政投入减少，当下的英国处于大多数人所认为的经济紧缩期，因此这一问题或许尤为重要。在英国最大范围的研究已经证明，基于认知能力的课程或者对于性犯罪人的治疗很难有效地降低再次犯罪的发生概率。在英格兰及威尔士地区的监狱中，在对性犯罪罪犯治疗的 20 多年里，没有一个成功、有力的证据可以证明其能够降低性犯罪的再犯率。所以这些建立在证据支持之上类似观点的课程远远无法让人信服。他们看似合理的背后隐藏着的是政治责任，一来为了满足政治家的政治需求，二来是为了满足治疗行业的从业者或其他投资者的利益需要。

有趣的是，许多使用者并不被那些声称课程是有效的言论所欺骗。或许，某些心理学家会对这些项目课程的效力持久性进行——当然往往是短期的——科学研究。但是，从长远的角度来看，这对于该学科的专业声誉无疑是贻害无穷的。在监狱中，这些"项目"尽管在开始时颇具希望，但却在管理主义的泥沼中逐渐迷失，深陷其中。它们往往与心理学中具有丰富内涵的"治疗"概念相去甚远，而更多地聚焦于针对特定个体的结构化活动与制度合理性上。它们给予囚犯的活动以合理性，因为他们正在"解决自己的问题"。它们给予心理学家以及其他工作人员的活动以合理性，因为他们正在从事一项真正具有挑战性的工作，即减少罪犯重新犯罪的风险。由于假释委员会及其成员曾宣誓要对公共安全进行保护，他们也很有可能会对罪犯参与类似工作表示支持。尽管这些源于国外的研究证据是英国实践的重要依托，但这些被过度依赖的、具有广泛支持性的国外研究也会有一个适用期限。我们已经远远超过了这一系列罪犯"治疗"产品的"最佳保质期"。因此毫无疑问的是，需要将新的产品与思路引入这一充满利益（正如我们所见）的市场。

这自然而然地又把我们带到了专业性与伦理性的领域。在日常的实践活动中，要把重点放在最重要的专业和伦理问题上是非常有挑战性的。因此那些"以体系为中心"的问题或许尤为重要。因此，对于个体而言，他可以尽自己的最大努力，在专业性与伦理性上拿出最好的表现，但他却处于一个潜在的不道德的组织环境中。这使其在情感上与理智上都非常困难。因此他们没有简单的答案，时常需要去做出最困难的选择。这就需要个体具备道德观念、专业性与勇气。对于专业人士，一些最为困难的道德决策往往发生在当坚持做一件正确之事的同时，意味着需要付出个人以及专业的代价。所以，对于工作人员，特别是具有专业资质的工作人员来说，最重要的是确保对自身监督与管理之下的行为进行关注并提出质疑。先前的观察表明，心理学家们在制度化进程的面前一点也不能免俗。确实，在历史上有许多惨痛的教训在提醒着我们这点。坦白地讲，职业心理学是在纳粹德国兴起的（Geuter，2008）。所以，我们更应该吸取历史教训，不应去过度地关注当下的政治或流行的事物。司法心理学已经从一个边缘化的学科发展成为被国家所认可并支持的专业领域，随之而来的是重大的责任。在以权力分化为特征的环境中，我们尤其要铭记我们的专业责任，即保护弱者，并在需要的时候质疑强者。这包括当同事在进行一些专业实践活动时，如果存在值得担忧之处，心理学家就要大胆地表达出来。尤其是对那些可能会有损国家合法性的活动。行业内的伦理问题往往集中在个人行为中，有时也发生在群体行为中，但有时也会关注相对考虑较少的更加广泛的背景问题。管理主义的影响以及日益发展的心理测验和罪犯治疗课程产业，使得进一步的专业及伦理审查变得必要。专业与伦理审查的发展对当前司法环境产生了重大的影响，许多心理学家都在司法领域发挥着重要作用。

在针对心理学家的职业规范发展历史中，最具里程碑意义的是在2009年7月，由卫生专业委员会（HPC）制定了针对心理学从业者的法律规范。这是一个具有非常积极意义的发展事件，代表着心理学家独立规范体系的形成。因为心理学家在审视同行的不当行为之时很可能会看到自身利益的影子，所以基于同侪的监督系统缺乏公信力并存在隐患。所以在审查一些不端的行为时，需要一个从更广泛且更具独立性视角出发的系统，这才会让审查表现得更加有效且符合伦理。这样许多心理学从业者会更加安心，更重要的是，公众会对这样的结论更加信任。当然，新规定中的具体细节非常重要。但最为重要的是这样做所遵循的原则，即由一系列独立的他人监管会比被自己，或被同侪监管更为有效（Towl，2014）。所以监管过程的贯穿性与透明性是非常重要的。这些都是令人激动的时刻，法律规制的出台正越发被视为英国心理学实践史中一个重要的历史转折点。

心理学视角

在心理健康领域，有许多关于精神疾病诊断分类标准是否有效、是否得到充分的实证检验的争论，这样的争论在司法心理健康领域同样存在。许多探讨与争论在本书中均有涉及。可以说，这不仅仅是一个分类学本身的问题，还有关于分类学所应用的环境，即众多心理学家似乎都认为应当在现有的基础上继续发展它的科学严谨性。这样的争论自从本书第一版以来，逐渐达到了顶峰。即便缺乏支持其有效的科学证据，精神卫生机构仍不遗余力地推动着这个不断发展、不断壮大、却饱受争议的精神疾病诊断标准。这似乎意味着这些争议更多的是针对职业权力，而不是关于对患者的关怀与照料。还有一个问题是，不加批判地使用这些引入的精神疾病术语（的现象）是很常见的。有时，组成分类标准的一系列描述仅仅是通过一些概念去解释另一些概念，而不需要建立在一系列可被观察到的现象之上。读者可以形成自己的判断，但这种判断都应当受到批判思维的考察，而不仅仅是根据符合精神病学的诊断标准来判断。

许多司法领域都采取严格的科学途径去考察研究方法。因为科学的严谨性建立在研究方法之上，所以研究方法的发展至关重要。关于犯罪的形成轨迹已有了大量研究探讨，但仍需进一步使用更加严格、独立并具有科学稳健性的随机控制组实验（RCTs）来进行验证，同理这样的探索还应包括纵向研究。本书中的许多章节都提到，在证人证言领域具有大量各式主题的研究，包含儿童的证人证言。法庭中的决策过程也被作为学术研究的研究对象。此外，在风险评估领域也有许多优秀的研究成果。犯罪的发展轨迹研究得到了广泛的认可，它为干预措施奠定了一个明确的证据基础。如果我们能够拥有以证据为导向的政策并开展以证据为指导的实践活动，那么就可以削减在监狱服务与高度安全医院的投入，并将更多的资金投入早期干预中。

但是在对减少再犯罪风险的干预活动有效性的评估研究中，研究的质量良莠不齐。首先，缺乏对 RCTs 使用的相关研究。其次，在评估监狱与缓刑机构中旨在减少再犯罪风险的干预活动的有效性的过程中，存在过度依赖自评量表与相关心理测量方法的问题。

在基于英国监狱的研究中，一些"项目"的评估研究质量很差，几乎不能令人满意。由此阻碍了 RCTs 的发展。这或许表现出对于干预项目本身的稳健性缺乏自信。这基本上不可能是因为资金问题，因为大量的公共资金已经被投入到了各种实验研究中。关于 RCTs 的使用，还有许多伦理方面的问题。最首要的伦理问题是，没有对那些可能需要治疗的个体进行治疗，可能会使这些人对他人造成伤害。如果我们知道这些治疗本身是有效的，那或许将更有说服力。但事实是我们并不知道治疗是否有效，而这也是需要我们去探明的。所以，对于许多治疗项目而言，它仅仅教会参与者学习并运用合适的语言，以获得对他们有利的评估报告，如支持他们的假释申请。在这方面，许多罪犯都善于利用这个项目。所以，如果我们认为这些课程是能够使得他们行为发生潜移默化的改变的一些有力工具，那么我们可能需要考虑一下，这一改变可能会与我们的初衷背道而驰。也就是说，对于许多参与者而言，他们参与这些课程的结果可能会产生更高的再犯罪风险。当然，我们希望这种情况不会发生，而且希望对参与者的所有改变都是积极正向的。但事实并非如此。就事实而言，其中一个给予我们的提醒，就是需要我们更加小心地选取适合课程的参与者。不幸的是，这一伦理问题有时会因管理主义的需要而妥协，即"实现"这些缓刑机构或监狱中课程的"目标"。正如前文所述，当这样的情形发生时，心理学家具有明确的伦理责任去质疑这些实践活动。

第三个需要被考虑的心理学视角，是在司法心理学的研究与实践中，实验心理学方法与知识被广泛应用的巨大潜力。在司法心理学的许多领域中这已成为日常的工作方法。例如，利用记忆研究的结论去审视证人证言。可以明确的是，不论是记忆的实验室研究，还是实地研究，都有益于提升人们对于司法领域问题的理解。这些模型与方法或许都需要被更广泛地应用于司法领域。例如，在司法评估中，对于风险评估进行的访谈可能过于依赖有关患者对于以往行为的报告。记忆研究的深入或许可以有助于判断这些信息。实验心理学的人类行为模型被越来越多地应用于司法领域。令人欣喜的是，自本书的第一版以来，该领域的许多关键方面已经通过这一方式取得了良好的发展。越来越多的司法心理学家利用实验心理学的发现证明了相关的观点，例如，关于目击者的证人证言，在早些年被认为是"法律心理学"的内容，如今又再度被关注。现在的学科氛围对于实验室研究与实地研究而言都有巨大的机遇。在司法心理学领域，机遇与挑战并存。

自从本书第一版以来，有关心理学从业者法律规制的主题便开始大量受人关注。在有关伦理指导的章节（第26章）中提到国际心理学家专业规范中的一个主题，这也是一个跨学科主题，即这是个体而非组织，个体恰恰要为他们的行为负责。这一原则意味着，当发生不良的组织行为时，个体有责任将其提出，引起管理者的注意，并且采取恰当的行动。

通过多专业的共同作用，针对心理学从业者的法律规定明显有利于这个群体，因为它使得心理学从业者跨越专业、学科的界限，实现持续性学习。我期望这样的法律规制能够得到更好的完善。

未来展望

相比过去，全球化的经济衰退对英国的公共财政产生了巨大压力，特别是近年来政府在公共服务上的投入持续增高，包括医院、监狱与缓刑服务机构等方面的投入。这些领域的高级管理者享受着财政预算增加所带来的利益。因此当下需要一种全新的管理模式。虽然前文所述的管理主义模式不太可能完全消失，但也可能需要一些改进的方法。大规模的服务可能会产生严重的浪费，因此有可能在不损失服务的质量或数量的前提下节省开支。

441

在心理学学科与心理学模型的应用方面，需要对这一工作的某些领域采取更加严格且符合经验的方法。例如，我们可以看到，对缓刑机构与监狱中的罪犯所实施的心理学课程，将会得益于根据证据基础而进行的独立审查。风险评估是近年来取得较大发展的一个领域，但政策制定者与实践者同样需要更好地了解证据。心理学家能够对刑事与民事司法制度做出核心的贡献，就是通过心理学的证据基础与观点来提高实证的严谨性。但是，这需要司法心理学学术界共同做出更多的努力。我们面临着这样的挑战，即如何从更为广阔的实验心理学知识库中汲取有利于增强对司法心理学理解与实践的养分。这需要一个过程，而司法心理学的许多领域都已经取得了较好的发展，这在本章中已经得到了充分的论证。鉴于学科的发展阶段，司法心理学在近些年已经逐渐成熟，是时候去实现最初的承诺了。或许事出偶然，法律规范在这一学科发展的关键时期成型。所以，对于心理学家们来说，司法心理学未来会是一个利用基于证据、符合伦理的方法进行自我批判、自我反省，并且被独立监管的学科，更重要的是，公众（包括那些进行犯罪的个体）将会成为最大的受益者。

442

参考文献

Crighton, D. A. , & Towl, G. J. （2008）, *Psychology in prisons* （2nd edn）, Oxford：BPS Blackwell.

Geuter, U. （2008）, *The professionalisation of psychology in Nazi Germany*, *Cambridge Studies in the History of Psychology*, Cambridge：Cambridge University Press.

Towl, G. J. （2014）, Reflections of a new HCPC Council member, *The Psychologist*, April.

姓名索引

主题索引

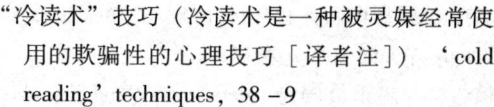

图书在版编目（ＣＩＰ）数据

法证心理学：第二版/ (英) 戴维・A.克雷顿, (英) 格雷厄姆・J.托尔主编；
马皑等译.—北京：中国政法大学出版社，2019.11

ISBN 978-7-5620-8641-3

Ⅰ.①法⋯　Ⅱ.①戴⋯　②格⋯　③马⋯　Ⅲ. ①司法心理学
Ⅳ. ①D90-054

中国版本图书馆CIP数据核字（2018）第249228号

书　　　名	法证心理学 FA ZHENG XIN LI XUE
出 版 者	中国政法大学出版社
地　　　址	北京市海淀区西土城路 25 号
邮　　　箱	fadapress@163.com
网　　　址	http://www.cuplpress.com（网络实名：中国政法大学出版社）
电　　　话	010-58908435(第一编辑部)　58908334(邮购部)
承　　　印	保定市中画美凯印刷有限公司
开　　　本	787mm×1092mm　1/16
印　　　张	37.5
字　　　数	913 千字
版　　　次	2019 年 11 月第 1 版
印　　　次	2019 年 11 月第 1 次印刷
印　　　数	1～3000 册
定　　　价	109.00 元